Fritjof Berg

Land der dunklen Wälder

Erinnerungen und Wege eines Ostpreußen

Band 1&2

Fritjof Berg

Land der dunklen Wälder

Erinnerungen und Wege eines Ostpreußen

Band 1&2

IMPRESSUM:

Fritjof Berg, Land der dunklen Wälder. Erinnerungen und Wege eines Ostpreußen.

E-Mail-Adresse: lindenbaum-verlag@web.de
Abbildung Schuber: Der Königsberger Schloßteich, historische Postkarte um 1900.
Titelabbildung Band 1&2: Masuren, Anlegestelle Upalten, historische Postkarte um 1900.
Druck: Generál Druckerei GmbH, Kollégiumi Str. 11/H, 6728 Szeged, Ungarn
Printed in Germany
ISBN: 978-3-938176-94-8

In dankbarem Gedenken

an

meine Eltern, Geschwister, mein geliebtes, durch ihr unheilbar-grausames Leiden viel zu früh von mir gerissenes Hannelchen, ihre verehrten Eltern und all die ungezählten anderen, die in der Abfolge der Lebensjahre menschlich-geistig-seelisch, fern vom uns allen geraubten ostpreußischen Heimatboden, Heimat für mich waren und sie zum unzerstörbaren Fundament und Inhalt meines Lebens gemacht haben.

Inhaltsverzeichnis

Zum Warum dieses Buches

Friedrich Schiller ist in seiner berühmten Antrittsvorlesung als Professor der Geschichte und Philosophie an der Universität Jena im Anfangsjahr der Französischen Revolution 1789 der Frage nachgegangen: „Was heißt und zu welchem Ende studiert man Universalgeschichte?“

Nun, ich habe mit meiner Niederschrift über „25 Jahre, die ein ganzes Leben formten“ keine Universalgeschichte geschrieben – obwohl viele Ereignisse in meinen ersten 25 Lebensjahren durchaus universalgeschichtliche Folgewirkungen hatten: Die Zerschlagung der Mitte Europas als eigenständiger politischer, wirtschaftlicher und militärischer Machtfaktor, die Annexion von rund einem Drittel deutschen Staatsgebiets durch einen südlichen und drei östliche Nachbarstaaten, die Annullierung von Volksabstimmungen mit überwältigenden Zustimmungsergebnissen eines 80-Millionenvolkes und die Auflösung des – erstmals in der deutschen Geschichte – so entstandenen einigen Deutschen Reiches in drei miteinander rivalisierende Einzelstaaten, die Totalaustreibung von rund 15 Millionen Deutschen aus ihren angestammten Heimatgebieten mit bis heute und wohl für immer entschädigungsloser Totalkonfiskation ihres Eigentums, die millionenfache Schändung deutscher Frauen und Mädchen – alles ohne eine einzige Ahndung und Wiedergutmachung der dabei in astronomischer Zahl begangenen und ebenfalls wohl für immer ungesühnt bleibenden Verbrechen, stattdessen zu Tabuthemen in Schweigebeton verwandelt.

Aber in Erinnerung an die im früheren Oberschulunterricht uns Schülern bekanntgemachte Frage Schillers habe ich mir die Frage nach dem Sinn und Zweck dieses Buches mit einem Umfang von vielen hundert Seiten gestellt, der doch wahrscheinlich letzten großen Arbeit in meinem Leben. Die dabei gefundene Antwort stimmt mit diesem Auszug aus der Urkunde des Johannes Graf von Holstein pp der Stadt Neustadt vom 3. Tage vor Michaelis 1393 überein:

„Auf daß nicht das, was in der Zeit geschieht, zugleich in der Zeit sich wieder verliere, muß solches durch Schriften befestigt werden, und geziemt es sich, dasjenige dem Gedächtnis von Zeugen anzuvertrauen – also es alle, sowohl Nachfahren wie Zeitgenossen, kennenlernen mögen – ...“
(aus: Wasserbuchakten betreffend das Neustädter Binnengewässer Tit. IV, Buchst. N Nr. ? – beim Ministerium für Ernährung, Landwirtschaft und Forsten Schleswig-Holstein)

Bei meinem Buch haben mehr als nur ein wenig die dreibändigen ausgewählten Lebensbeschreibungen „Splitterchen – und doch ein ganzes Leben“ meiner Frau Pate gestanden. Band 1 hält Vaters Berichte über viele bedeutende Ereignisse in seinem Leben fest, in die sich mit zunehmendem Alter mein eigenes Erleben mischt. Band 2 hält Schulzeit und Schulen fest, in die natürlich manches aus dem Inhalt von Band 1 fällt. Band 3 erzählt vom Ablauf der universitären Dinge, von epochalen Nachkriegsereignissen, vom pflichterfüllten, aber auch geselligen landsmannschaftlichen Gruppenleben, dem Suchen und Finden meines Lebensglücks schließlich in Hannelotte Behrend in meiner bewegten Studentenzeit.

In Band 1 hätte hineingehört, was mein Vater einmal freudig und mit strahlenden Augen über den Stolz, die Würde, die Lebensfreude und Mitwirkung der gesamten Dorfbevölkerung bei den Feierlichkeiten zu „Kaisers Geburtstag“ am 27. Januar eines jeden Jahres erzählte, die er bis zu seinem Schulabschluß 1913, dem letzten Friedensjahr vor Ausbruch des die ganze überkommene Ordnung zerstörenden Ersten Weltkriegs, in seinem Heimatort Goldbach, Kr. Wehlau/Ostpreußen, miterlebte. Aber als ich ihn bei Einschaltung des Tonbandgeräts um Wiederholung des Erzählten bat, verweigerte er sich – leider. Vielleicht war die dabei hervorgebrochene Unmittelbarkeit verbraucht – „das geht nicht auf Kommando“, waren seine Worte. In Vaters bildhafter Erzählung war eine Zeit so aufgelebt, wie sie wohl vom ganzen deutschen Volk in einem machtvoll aufblühenden Reich empfunden wurde.

Erster Band

Mein Vater erzählt –
und auch eigene Erlebnisse

Das Geigenspiel

Können und Wünsche

Ich möchte den eigenen Worten meines Vaters diese Vorbemerkung vorausschicken:

Er stand mit seinem Wunsch in jungen Jahren, das Violinspiel zu seinem Lebensberuf zu machen, unter seinen Geschwistern wahrscheinlich nicht allein. Künstlerische Neigungen müssen mindestens seine Brüder Leopold für das Theater und Otto für die Malerei zu erkennen gegeben haben. Von seinem Vater, meinem Großvater Wilhelm Berg, ist überliefert, daß er seinen Söhnen gesagt haben soll: Erlernt erst einmal ein ordentliches Handwerk. Wenn Ihr anders dann keinen Erfolg haben solltet, könnt Ihr immer darauf als solide Lebensgrundlage zurückgreifen. Nach dem Volksschulabschluß mit 14 Jahren im September 1913 in seinem Geburtsort Goldbach, Kreis Wehlau/Ostpr., lernte mein Vater also als Lehrling das Bäckerhandwerk vom 1. Oktober 1913 bis 30. September 1914 bei Bäckermeister Fritz Lyhs in Königsberg i. Pr., Tragheimer Kirchenstr. 3 (Taschengeld mtl. 3,– RM), danach vom 1. Oktober 1914 bis 31. Dezember 1916 bei Bäckerobermeister Fritz Segadlo in Königsberg, Steindamm 111 (Taschengeld 5,– RM mtl.) Nach Ablegung der Gesellenprüfung im Januar 1917 bis zu seiner Einberufung als Kanonier im Fuß Artl. Batl. 78 am 18. Dezember 1917 war er Geselle in zwei Bäckereibetrieben in Königsberg. Mit Granatsplitterverwundungen bei einem vernichtenden Artillerieduell in Frankreich kam er 1918 in das Lazarett St. Josephs-Hospital in Beuel/Rhein. Nach seiner Entlassung am 1. März 1919 kehrte Vater nach Ostpreußen zurück, wo er zunächst ein Vierteljahr arbeitslos war und sich ein weiteres Vierteljahr als Torfarbeiter verdingen mußte. Ab 1. Oktober war er dann wieder Geselle in verschiedenen Bäckereien in Königsberg, wo er am 26. August 1926 seine Meisterprüfung ablegte und sich nach seiner Eheschließung mit meiner Mutter Hildegard Terner am 16. Mai 1930 in Tilsit am 1. Juni

1930 zunächst im Stadtteil Maraunenhof selbständig machte. Diese Vita zeigt bereits auf, daß Vaters ursprünglicher Traum vom Geigenspiel als Lebensberuf nicht in Erfüllung gegangen war.

Er hat seinen Bäckerberuf aber mit der gleichen inneren Hinwendung, mit großem Können, Geschick und Erfolg ausgeübt, bis auch dieses in anderer Form vollendete Dasein mit der Eroberung seines Lebenswerks in Königsberg durch die Rote Armee am 9. April 1945 und schließlich die endgültige Vertreibung zerstört wurde.

Hannelotte Behrend mit Angerburger und ich mit Königsberger Geburtsurkunde hatten nach fünfeinhalbjährigem Kennenlernen in allen unseren geistigen und seelischen Verästelungen, das ein unzerstörbares Ehefundament geschaffen hatte, am 20. Januar 1961 in Bad Nenndorf geheiratet. Von ihrem Vater, meinem geschätzten und verehrten Schwiegervater Bürgermeister a. D. Fritz Behrend, hatte Hannelotte ihre warmherzige, humorvolle, ideenreiche und so anschauliche Redekunst geerbt. Achtzehn Ehejahre waren hinzugekommen, als sie somit in voller Kenntnis der Bergschen Familienseite in ihrer Geburtstagsrede zum 80. Geburtstag ihres Schwiegervaters Heinrich Berg am 4. September 1979 in Leese/Weser, nach dem erhalten gebliebenen Redemanuskript, ankündigen konnte, die wohl 50-köpfige Familiengeburtstagsrunde teilhaben zu lassen an Talenten und Begabungen, die in der Familie Berg schlummern.

> „Vielleicht kann man das als Angeheiratete sogar besser beurteilen als jemand, der blutsmäßig aus der Ahnenreihe derer von Bergs entsprossen ist. Da ist jener im Dunkel der Vergangenheit stehende unbekannte schwedische Offizier, der der Stammvater sein soll. Vermutungen, leider nicht verfolgte Durchblicke, vielleicht auch verpaßte Möglichkeiten. Dies eine steht fest, Musik und Kunst sind Gaben, die in den Adern der Familie Berg liegen. Auch die Fähigkeit zur schauspielerischen Gestaltung ist gegeben. Wir werden eine Kostprobe noch erleben dürfen ... Karin wollte mit ihrer schönen Sopranstimme Sängerin werden, Fritjof sang als Knabensopran im Königsberger Heinrich-

Albert- und dann als Tenor im Göttinger Ostlandchor. Zwei Mitglieder der Familie singen im bekannten Fischer-Chor in Stuttgart mit. Ein kleiner Sproß der Familie ist Mitglied des sehr guten Kieler Knabenchors. Eine angeheiratete Tante ist Opernsängerin gewesen, und an allen hätte der um 1900 lebende Onkel Heinrich Berg seine wahre Freude gehabt, der renommierter Opernsänger in Berlin, Hamburg und Nürnberg gewesen ist."

Ja, in einem meiner Toncassettenmitschnitte von Geburtstagsgesprächen erzählt jeder der noch lebenden, vollzählig anwesenden acht Berg-Geschwister aus Vaters Generation bruchstückhaft Einzelheiten über diesen berühmten Onkel/Großonkel, der mit seiner Tenorstimme das hohe C erreichte, laut meinem Großvater Wilhelm Berg in Berlin „eine Gage wie ein kommandierender General" bezogen und über eine komfortable, gastfreie Wohnung verfügt haben soll. Mein Vater oder Onkel Leopold hat irgendwann in den siebziger Jahren des vorigen Jahrhunderts eine Ablichtung aus dem Theateralmanach von 1907 besorgt, wo in der Totenliste 1906 unter der laufenden Nummer 21 angegeben ist:

> „Heinrich Berg, ehemaliger Opernsänger, † München, geb. 22. Januar 1847 zu Königsberg i. Pr. Der Entschlafene, ehemals ein gefeierter Heldentenor, der in seiner Blütezeit über eine schöne Stimme mit glänzender Höhe verfügte, hatte seine Laufbahn am Berliner Opernhause begonnen. Dann kam Berg über Düsseldorf, Darmstadt, Straßburg, Bremen nach Nürnberg, wo er vom Jahre 1884–1896 tätig war."

Onkel Leopold hatte auf Anfrage bereits am 29. Mai 1968 von der Städtischen Bestattung der Landeshauptstadt München erfahren, daß der Opernsänger Heinrich Berg auf dem Münchener Nordfriedhof am 27.7.1906 bestattet worden ist. „Seinerzeitige Grabbesitzerin war die Opernsängerin Konradine Berg. Die Grabstätte wurde im Jahre 1932 aufgelassen und neu verkauft."

Hannelotte bat laut dem Redemanuskript meinen Vater: „Lieber Vati, vielleicht ist es Dir möglich, uns alle einmal Deinen wunderbaren Bogenstrich hören zu lassen. Nur ganz kurz und ohne den Anspruch unsererseits auf Vollkommenes." Nach meiner Erinnerung ist es dazu aber nicht gekommen. Sollten wir überhaupt eine Geige bei der abendlichen Feier in einem Leeser Gasthaus bei uns gehabt haben, hätte er sich wahrscheinlich nicht mehr sicher genug gefühlt.

Das war einmal ganz anders gewesen. Über seinen „Werdegang" auf der Geige hat er erzählt, ich habe es mitgeschrieben:

> „Ich habe bei Herrn Becker Stunden genommen. Er stammte aus Sachsen, Gotha oder Coburg. In Berlin hatte er Stunden bei C. Joachim gehabt. Wohl bis zur russischen Revolution war er Erster Konzertmeister beim kaiserlich-zaristischen Symphonieorchester in St. Petersburg. Als ich in Königsberg mit dem Unterricht bei ihm begann, fragte er mich: ‚Herr Berg, was wollen Sie mit der Musik anfangen?' Ich antwortete: ‚Ich möchte so spielen wie Sie!' Darauf Becker: ‚Wenn Sie mir gesagt hätten, daß Sie Kaffeehausmusiker werden wollen, hätte ich gesagt: Packen Sie ein!'
>
> Geübt habe ich in der Backstube von Lyhs. (Mein Vater hat früher einmal erzählt, daß er beim Backbeginn in den frühen Morgenstunden keinen Bogen benutzen konnte, weil er mit dem Musizieren das ganze Haus aufgeweckt hätte; also machte er nur Fingerübungen auf dem Griffbrett.) Meine Geige hatte ich an Lyhs verpfändet. Ich habe sie dann vor der Hochzeit mit Mutter wieder ausgelöst.
>
> In Königsberg war Herr Becker ebenfalls Erster Konzertmeister. Er gründete mit Hindemith ein Quartett. Eines Tages sagte er zu mir: ‚Bei mir können Sie nichts mehr lernen, Herr Berg. Ich schreibe eine Empfehlung für Sie an die Großen in Berlin, dort können Sie dann weiterkommen.'
>
> Allerdings mußte ich zuerst noch irgendwo das horrende Stundenhonorar für die ‚Großen' verdienen. Also fuhr ich nach Berlin

und fing dort in einem Kino an. Die damaligen Stummfilme wurden musikalisch ja auf einem Klavier oder von einem anderen Instrument begleitet. Aber bei diesem Fiddeln zu wechselnden Szenen aus dem Stegreif heraus brach mir der Schweiß aus. Es war nichts für mich, und so kehrte ich nach Königsberg in die Backstube zurück."

Als ich selbst die Anfänge des Geigenspiels hinter mir hatte und also die hohe Kunst des Spielens schon etwas einschätzen konnte, habe ich meinen Vater bewundert, wie vollendet und auswendig er z. B. das Violinkonzert D-Dur von Beethoven oder das tief ins Gemüt gehende g-moll-Konzert von Max Bruch spielen konnte. An mein Üben legte er strenge Maßstäbe an, warnte bei jeder von ihm strafend so genannten „Speckfiddelei" mit einem Abbruch des Violinunterrichts bei Fräulein Harder. Ich werde hierauf und auf unsere Königsberger Geigen noch an anderer Stelle zurückkommen.

Die Geige für Helen

Mein Großvater hatte 20 Enkel. Reinhold und Helen Schulz (Vater Reinhold Schulz stammte aus der Holländerei, Kr. Wehlau), Kinder seiner Tochter Liesbeth, lebten mit ihren Eltern in den USA. Schulzens waren in der Zeit der großen Arbeitslosigkeit vor 1933 dorthin ausgewandert. 1937 kam Liesbeth mit Reinhold und Helen nach Goldbach zurück, wo sie bei Großvater und Tante Grete wohnten. Ehemann und Vater Reinhold Schulz war in den USA zurückgeblieben. Ich weiß nicht, ob die drei Schulzens ohne den drohenden Kriegsausbruch 1939 überhaupt nach Amerika zurückgegangen wären. Die Dauer und Verfestigung ihres über zweijährigen Aufenthalts wieder in Deutschland – ohne den Familienvater – und die Umstände ihres Aufbruchs back to the states lassen Zweifel daran aufkommen.

Ich erinnere mich, wie Cousin Reinhold und Cousine Helen in Königsberg zwischen der Wohnung von Onkel Ernst und Otto in der Zeppelinstr. 5, wo sie bei ihren Königsberg-Besuchen wohnten, und dem nahe gelegenen Hammerteich dauernd den Wunsch „I want ice!“ ausstießen (zuerst verstand ich ihn noch nicht). Die Speiseeiskarren standen damals ja an vielen Stellen am Straßenrand. Reinhold hatte von irgendjemandem ein mit Uhrwerk aufziehbares Unterseeboot geschenkt bekommen, das einen Mechanismus besaß, mit dem es tauchen und auch wieder auftauchen konnte. Ich war dabei, als es bei einer Vorführung nach dem Tauchen im Hammerteich nicht mehr an die Oberfläche kam (wo es wohl heute noch auf dem Grund liegt). Onkel Leopold hat bei der Feier von Vaters 80. Geburtstag jene Szene nachgespielt, wie Reinhold um den Tümpel schräg gegenüber dem Wohnhaus Berg in Goldbach herumrannte, auf dem Enten schwammen, und immerzu rief: „I catch him, I catch him!“

Bei meinem letzten Besuch im deutschen Goldbach im November 1944 – die Russen waren bereits bei Memel und Goldap in Ostpreußen eingebrochen, die Front war aber noch einmal zum Stehen gekommen; das russifizierte Goldbach habe ich seit 1990 mehrfach besucht – holte Opa eine Geige hervor und sagte zu mir, diese Geige würde Helen bekommen, „wenn der Krieg vorbei ist“. Reinhold Schulz hatte nach Goldbach geschrieben „der Hitler will Krieg“ und die Seinen zur sofortigen Rückkehr in die USA aufgefordert. („Der Hitler will Krieg“ – Tante Liesbeth hat laur Tante Grete im Kreise der Geschwister einmal geäußert: „Ach, Ihr mit Eurer Luftwaffe! Bei uns bauen sie schon die Viermotorigen.“ Fragt sich für den damaligen Zeitpunkt dann wohl doch, wofür und gegen wen ...) Tante Liesbeth folgte mit ihren Kindern dem Appell, mit dem letzten Passagierdampfer, der vor dem Kriegsausbruch 1939 noch unbehelligt den Englischen Kanal passieren konnte.

Deutschland befand sich Ende November 1944 mit den USA im Krieg, es herrschte erbitterte Feindschaft. Die Lage für Ostpreußen war bedrohlich. Der Nimrod August Klein, der im gleichen Haus wie Großvater und Tante Grete wohnte, war kurz vor Großvaters Bestimmung der Geige für Helen in dessen Zimmer lange unschlüssig mit der Frage umhergegangen, ob er einen bestimmten kapitalen Hirsch in seinem Jagdrevier schießen sollte oder nicht. „Schieße ich ihn, und die Russen kommen nicht, dann wäre dies ein jagdlicher Fehler. Schieße ich ihn nicht, und die Russen kommen, holen die sich den Hirsch!“ Man muß hierbei bedenken, daß auch in der Erinnerung von August Klein die russische Rennenkampff-Armee im 1. Weltkrieg bis zum östlichen Deime-Ufer bei Goldbach vorgedrungen, dann aber wie durch ein Wunder stehengeblieben und schließlich zum Rückzug gezwungen worden war. Würde sich so etwas diesmal vielleicht doch noch wiederholen?

Mit seiner Ankündigung, die Geige Helen zu schenken, ignorierte mein Großvater die Tatsache des Krieges, die die Familienbande nicht belasten oder gar zerstören konnte. Und in seine Gedankenwelt war auch nicht die schier unvorstellbare Möglichkeit eingedrungen, daß die Russen diesmal am Ende bis an die Elbe vordringen würden, er schon wenige Wochen später Hals über Kopf im tiefen Schnee auf die Flucht gehen und daß es danach keine Rückkehr nach Hause mehr geben würde. So wirklichkeitsfern dies im Nachhinein auch erscheinen mag: Es entsprach der „Normalität“ aller bisher erlebten oder bekannten Kriegsabläufe. Der Bruch der Sieger (aller!) mit dieser „Normalität“ zeigt an, welchen Bruch mit allen völkerrechtlichen und gesitteten Maßstäben sie vollzogen haben, welche Heuchelei es darstellt, wenn sie sich auf Menschenrechte und Menschlichkeit beriefen – und berufen!

Ihr verbrecherisches Handeln und das Unvermögen, derartiges überhaupt denken zu können, auch in einer militärisch noch so bedrohlichen Situation, hat jene innerlich so subtile Begebenheit in Großvaters Zimmer im November 1944 vor dem Vergessen bewahrt.

Rund um den Steindamm, den Paradeplatz und den Schloßteich in Königsberg

Mein Vater hatte Bäckerei und Geschäft, wir wohnten im gleichen Haus bis Ende Februar 1938, Steindamm 141, schräg gegenüber der ältesten Kirche Königsbergs aus dem 13. Jahrhundert, der Steindammer Kirche. In Karins und meinem Kleinkindalter waren unsere Ausflugsziele im Kinderwagen der nicht weit entfernte Paradeplatz und der Schloßteich.

Hierzu ein Sprung hinüber zu Vaters Geburtstagsfeier am 4. September 1979 in Leese: Hannelotte, am Ende ihrer Geburtstagsrede angekommen, glitt nun hinüber in ihr Element des Theaterspielens und machte von ihrer oft praktizierten Begabung Gebrauch, eine ganze Gesellschaft darin einzubeziehen und „einzuschwunken" (ostpreußischer Ausdrück für: in Schwung setzen, zu etwas antreiben): Sie besang im Trio mit ihren Schwägerinnen zur Melodie von „Ein Vogel wollte Hochzeit machen" die Kinderwagenzeit ihres Ehemannes und seiner Berg-Geschwister und ließ nach jeder Strophe alle in den Refrain einstimmen: „Fidiralla, fidirallala ..."

1. Bei Bergs ist heut' Familientag,
   da freuen sich die Gäste, ach! Fidirallala ...
2. Der Vati wurde gerade achtzig,
   seine Familie, ja die macht sich ...
3. Aus Tilsit holt'er Hildchen Terner,
   denn keiner hatte diese gerner ...
4. Sie feierten ihr Hochzeitsfest
   und viele Leut' war'n ihre Gäst'.
5. In Königsberg auf dem Steindamm,
   da fing die ganze Chose an.
6. Der Fritjof und die Karin klein,
   die kamen gleich zu zweit herein.

7. Roswitha hieß der nächste Schatz,
zu dritt ging's zum Paradeplatz.
8. Als alles sich zum „Heil!“ bekannte,
man Nummer vier die Heilwig nannte.
9. Als Nummer 5 kam Eginhart,
da war es Krieg, die Zeit war hart.
10. Die nächsten 30 Jahr' verschweigt
des Sängers große Höflichkeit.
11. Zum achtzigsten Geburtstagsfest
erheben sich nun alle Gäst'.
12. Am heut'gen Tag für dieses Werk
sei Dank und „Prost“ Dir, Heinrich Berg!
Fidirallala, fidirallala, fidirallalala!

Die Geburt ihrer Kinder Karin und Fritjof zeigen in dankbarer Freude an
Heinrich Berg u. Frau
Hildegard, geb. Terner
Königsberg i. Pr., den 9. Juni 1931
z. Zt. Privatklinik Lange Reihe 12

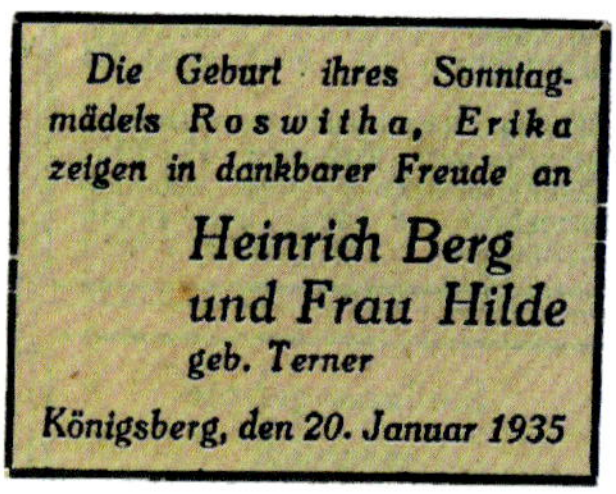
Die Geburt ihres Sonntagmädels Roswitha, Erika zeigen in dankbarer Freude an
Heinrich Berg
und Frau Hilde
geb. Terner
Königsberg, den 20. Januar 1935

Unser viertes Kind
Heilwig Gesine
ist am 13. Mai angekommen.
Heinrich u. Hildegard Berg
z. Zt. Vogelweide 4.

Eginhart Rother
ᛉ 14. Oktober 1939
unser 5. Kind
Heinrich Berg z. Z. im Felde
Hilde Berg

Hannelotte bei ihrer Geburtstagsansprache an ihren Schwiegervater. Ihr zugewandt Vaters Schwester / meine Tante Liesbeth, die mit Sohn/Cousin Reinhold und Tochter/Cousine Helen aus den USA angereist ist.

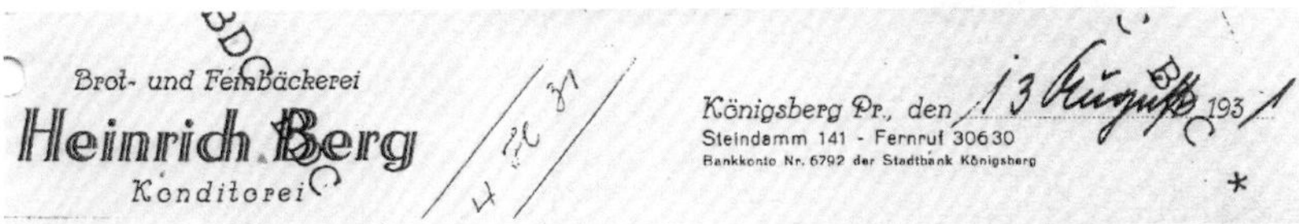

Brot- und Feinbäckerei
Heinrich Berg
Konditorei

Königsberg Pr., den 13 August 1931
Steindamm 141 - Fernruf 30630
Bankkonto Nr. 6792 der Stadtbank Königsberg

Meine Mutter (?)
„Das bin ich!“

Paradeplatz mit Universitätskolonnaden

Schloßteich Südspitze mit Schloß Nordflügel

NSDAP (Nationalsozialistische Deutsche Arbeiterpartei) – Gauleiter Erich Koch – USchlA (Untersuchungs- und Schlichtungsausschuß)

Beide Eltern waren frühe oder sogar sehr frühe NSDAP-Mitglieder. Mein Vater hat in seinem Schreiben vom 12. Februar 1932 an „Herrn Hitler“, in dem er diesen als oberste Parteiinstanz in dem seit 1930 gegen ihn laufenden Parteiausschlußverfahren bat, sich seinen „Fall vom Reichs-USchlA geben zu lassen und mir Gerechtigkeit widerfahren zu lassen, damit ich auch in 12. Stunde den Endsieg der Bewegung erzwingen helfen kann“, angegeben: „Ich möchte der Bewegung, die 11 Jahre lang mein höchstes Gut ist, nicht unschuldig fernbleiben müssen. Daß ich der Bewegung unter Hintansetzung meines Berufes gedient habe, werden gerne beweisen die Herren Hauptmann Göring, Himmler, Feder, Oberlindober, Koch (Ostpr.). Vom Jahre 1921 bis 1931 stand ich aktiv zum Teil als Sturmführer und in den letzten Jahren als Bezirksleiter in vielen Ecken Ostpreußens.“ (Quelle s. u.)

Nach dem Parteiverbot im Gefolge des gescheiterten Putsches vom 9. November 1923 in München, der Aufhebung des Verbots und der Neugründung der Partei am 27. Februar 1925 ist mein Vater mit der Mitgliedsnummer 87416 am 1. April 1928 erneut in die NSDAP eingetreten. Der Wuppertaler Erich Koch war am 15. September 1928 von Hitler zum Gauleiter von Ostpreußen berufen worden. Er entsandte meinen Vater zunächst 1929 als NSDAP-Bezirksleiter nach Allenstein.

Nach der Allensteiner Zeit beorderte Gauleiter Koch meinen Vater als Bezirksleiter nach Tilsit. Die genauen Daten sind mir auch hier nicht bekannt. Meine Mutter hat mir mehrfach erzählt, Koch habe meinen Vater mit den Worten nach Tilsit geschickt: „Dort wartet dein Glück auf dich!“ Ob er damit das Parteimitglied Hildegard Terner meinte, läßt sich nicht mehr klären. Meine Mutter hat Kochs Worte ganz offensichtlich auf sich selbst bezogen. Jedenfalls war sie bereits am 1. Januar 1929 in die NSDAP eingetreten und somit Parteimitglied, als mein Vater nach Tilsit kam. Da sie sehr wahrscheinlich auch ein reges Parteimitglied war, mag sie somit auch Koch bekannt gewesen sein, als er meinen Vater mit den von ihr zitierten Worten nach Tilsit beorderte. Sie gingen auch in Erfüllung – Vater und Mutter haben am 16. Mai 1930 in Tilsit geheiratet.

Meine Mutter hat mir wiederholt ebenfalls erzählt, daß das gegen meinen Vater gerichtete Parteiausschlußverfahren, das für ihn verleumderisch, ehrenrührig, hinterhältig und im Hinblick auf seinen Einsatz skandalös war, wahrscheinlich auf Veranlassung des später auch offiziellen Führer-Stellvertreters Rudolf Heß ein klangloses Ende gefunden hat. Mein Vater war durch einen Spruch des Gau-Untersuchungs- und Schlichtungsausschusses der NSDAP Ostpreußen, der ihm am 26.2.1931 zugestellt worden war, wegen angeblicher „gemeiner Verleumdung des Pg. Koch" aus der Partei ausgeschlossen worden. Seine hiergegen gerichtete Beschwerde vom 16.3.1931 wurde von demselben USchlA durch Beschluß vom 21.5.1931 wegen Fristversäumnisses verworfen. Alle Eingaben meines Vaters an den USchlA Reichsleitung unter dem Vorsitzenden Major a. D. Walter Buch blieben erfolglos. Außer Ausführungen zur Sache hatte er darin Befangenheitseinreden gegen seine Königsberger Verfahrensgegner erhoben und in seiner Eingabe vom 11. Januar 1932 (im Original Schreibfehler „1931") geltend gemacht: „Außerdem hatte meine Frau zu der Zeit eine langwierige Stirnhöhlenvereiterung (Behandlung Prof. Blomke – Anm.: Er war Chefarzt im Königsberger Krankenhaus der Barmherzigkeit, meine Mutter ist oft auf ihren sehr schmerzhaften Krankheitszustand zurückgekommen, in dem sie Karin und mich austrug) und befand sich in anderer Lage. Infolgedessen war ich stark in Anspruch genommen, so daß ich innerhalb der ges. Frist nicht Einspruch erheben konnte. Ich habe damals meine Beschwerde nicht näher begründet, weil ich dazu kurz vor Geschäftswechsel stand." (Anm.: Vom Betrieb und der Wohnung in der Dorotheenstr. 22 im Stadtteil Maraunenhof zum Steindamm 141 in Königsberg-Mitte.) Bei sachgerechter Würdigung wären diese Hinweise ja wohl als Antrag auf Wiedereinsetzung in den vorigen Stand zu verstehen gewesen, denen unparteiisch hätte stattgegeben werden müssen. Dies umso mehr, als mein Vater in seiner Eingabe am Ende das Rechtsinstitut der Wiedereinsetzung nur mit anderen, eben laienhaften Worten angesprochen hatte: „Sollte wider Erwarten keine Aufnahme des Verfahrens stattfinden, so werde ich durch Pg. Hauptmann Göring die Angelegenheit dem Führer unterbreiten lassen!“ Was er dann auch ohne weiteres Abwarten mit Schreiben vom 13. Januar 1932 tat, das er mit den Worten schloß: „Sie werden sich, Herr Hauptmann, an mich als Bezirksleiter von Tilsit noch erinnern.“

Nachdem auch dies alles ohne Erfolg geblieben war – Göring hatte Vaters Schreiben dem Reichs-USchlA „zur gefl. Erledigung“ zugehen lassen, Vater erhielt von dort mit Datum des 7. März 1932 die Mitteilung, „daß weitere Schreiben an den USchlA RL völlig zwecklos sind“, bat die NSDAP Gau Ostpreußen mit Schreiben vom 8. Juni 1932 durch Gauschatzmeister Penner (er hatte in der Sache immer auf Vaters Seite gestanden, siehe Vaters Schilderung des Vorgangs weiter unten) die Reichsleitung der NSDAP, Abt. Kartei, in München, Briennerstr. 45, „feststellen zu wollen, ob unter der Nummer 87416 der Parteigenosse Heinrich Berg noch als Mitglied geführt wird.“ Mit Datum des 15.6.1932 erhielt die Gauleitung Ostpreußen der NSDAP Königsberg, Paradeplatz 11, die Nachricht, „daß Pg. Heinrich Berg, Nr. 87416, in der Reichskartei seit 1.7.30 wieder bei der O.Gr. Königsberg als Mitglied geführt wird. Eine Abmeldungs- oder Wohnortsveränderungsanzeige ist bei der Reichsleitung bis jetzt nicht eingegangen.“ (Anm.: Auf Vaters Mitgliedsausweis ist handschriftlich eingetragen „1.X.28. n. A.“, was wohl heißt „nach Allenstein“, s. o., sodann „1.7.30 Königsberg G. Ostpr.“)

Das war’s, und dabei blieb es. Meinem Vater wurde auf Grund seiner Mitgliedsnummer unter 100.000 am 28. Februar 1934[1)] das Goldene Ehrenzeichen der NSDAP verliehen. Er war damit – wie die

---

1) Nach Vaters Bericht muß dies wesentlich früher erfolgt sein.

Meine Eltern um 1930

Nationalsoz. Deutsche Arbeiterpartei
Mitgliedsbuch Nr. [redacted]
für
Vor- und Zuname
Stand oder Beruf
Wohnort
Geburtstag
Geburtsort
Eingetreten am
Ausgetreten am
Wiedereingetreten am
Buchausgabe
München, den
Für die Reichsleitung:
Der Führer
Reichsschatzmeister
8

Personal-Ausweis
Eigenhändige Unterschrift des Inhabers.
Es wird hiermit bescheinigt, daß der Buchinhaber die durch obenstehendes Lichtbild dargestellte Person und Mitglied der Nat.-Sozialistischen Deutschen Arbeiterpartei ist, sowie die darunter befindliche Unterschrift eigenhändig vollzogen hat.
Die Ortsgruppenleitung (Unterschrift und Stempel)
9

1929.

Es weht eine Fahne im deutschen Land,
Von vielen verachtet, von vielen verkannt.
Die heilige Fahne, wie Blut so rot,
Sie führt unser Deutschland aus Nacht und
aus Not.

Großdeutschland erwache und folge uns nach,
Dann unser die Zukunft, und vor uns
der Tag!

Wir sehen in der Ferne Alldeutschlands Geschick
Ein Land, welch an Ehre, an Volke, reich an Glück
Die herrliche Zukunft, lieb Vaterland,
Legt wieder die Geschichte in unsere Hand.
Großdeutschland erwache und folge uns nach,
Dann unser die Zukunft, und vor uns
der Tag!

1929 – dann noch von Hildegard Terner (23/24 Jahre)

Reinschrift siehe folgende Seite

Gedicht von Hildegard Terner

1929

Es weht eine Fahne im deutschen Land,
Von vielen verachtet, von vielen verkannt,
Die heilige Fahne, wie Blut so rot,
Sie führt unser Deutschland aus Nacht und aus Not,
Großdeutschland erwache und folge uns nach,
Denn unser die Zukunft, und vor uns der Tag!

Wir seh'n in der Ferne Alldeutschlands Geschick,
Ein Land, reich an Ehre, ein Volk, reich an Glück.
Die herrliche Zukunft, lieb Vaterland,
Legt ernst die Geschichte in unsere Hand.
Großdeutschland erwache und folge uns nach,
Denn unser die Zukunft, und vor uns der Tag!

besonders herausgehobenen Ehrenbezeichnungen im Dritten Reich lauteten – „Alter Kämpfer" und gehörte der „Alten Garde" an. Meine Mutter hatte über seine Fahrt mit der Alten Garde Ostpreußen 1938 in den Gau Westfalen ein Album mit Zeitungsausschnitten angelegt, das mich damals als Jungen sehr beeindruckt hat. Es ist Ende August 1944 mit allem anderen in unserem Haus von britischen Brandbomben abgefackelt worden oder, falls mit Photoalben, Wertsachen usw. vorher in die alte Ordensmühle Neuhausen östlich von Königsberg ausgelagert und in scheinbare „Sicherheit" gebracht, dort 1945 untergegangen oder auf andere Weise verschollen. Mein Vater hat nach den Vorgängen um seinen gescheiterten Parteiausschluß keine Parteiämter mehr ausgeübt, jedenfalls keine bedeutsamen. Sein Amt als Kreishandwerksmeister Königsberg bis zu seiner Einberufung zur Wehrmacht am 26. August 1939, seine Zugehörigkeit wohl zum Aufsichtsrat der VOHK – Lebensversicherungsanstalt Ostdeutscher Handwerkskammern V.a.G. zu Berlin –, seine Berufung zum Kreishandwerksmeister Fischhausen Samland nach seiner Entlassung aus der Wehrmacht etwa 1942 gehörten nicht dazu. Er war wohl Mitglied der PO (Politische Organisation der NSDAP); bei meinem Älterwerden in der Schrötterstraße hörte ich ganz gelegentlich aus seinem Munde diese beiden Buchstaben, mit denen ich aber nichts anfangen konnte und die für ihn offensichtlich auch keine Bedeutung hatten.

Der Leser wird bestimmt wissen wollen, wie es mir möglich ist, aus den NSDAP-USchlA-Akten mit Angabe des Datums parteiamtliche und Schreiben meines Vaters zu zitieren. Mir war jahrzehntelang kaum noch gegenwärtig gewesen, daß bald nach Kriegsende Zeitungsmeldungen erschienen, die Sieger hätten das NSDAP-Mitgliederarchiv erbeutet, was wohl eine Warnung an die Millionen mit ihrer „Vergangenheit" konfrontierten Mitglieder sein sollte, sich dieser nicht entziehen zu wollen, denn: Wir wissen ja doch alles! Bis dann wohl 1989 in der von mir abonnierten Frankfurter Allgemeinen zu lesen war, mit NSDAP-Personalakten aus einem „British Document Center" würde ein schwunghafter, lukrativer Schwarzhandel betrieben. Konnte es sein, daß dort auch Vorgänge über die Eltern lagerten? Etwaige über meinen Vater als ehemaligen Goldenen Ehrenzeichenträger könnten hier auf ein besonderes Interesse stoßen und, wenn sie bisher die Zeiten überdauert haben sollten, für immer einer Kenntniserlangung durch seine Familie verloren gehen. Das brachte mich auf den Gedanken, umgehend für Mutter ein Schreiben an die nunmehr zuständige deutsche Dienststelle in Berlin aufzusetzen, in dem sie unter Angabe von ihrer und Vaters NSDAP-Mitgliedsnummer um Herausgabe der sie und meinen Vater betreffenden Vorgänge bat, falls solche vorhanden sein sollten, wenn nicht der Originale, wenigstens Kopien davon. Mutters erstes Schreiben vom 2. sowie ein weiteres vom 14.7.1989 blieben zunächst unbeantwortet, ihre Erinnerung vom 14.1.1990 hatte Erfolg. Mit Schreiben des Bevollmächtigten der Bundesregierung in Berlin – Geschäftsbereich des Innern – vom 1.3.1990 traf ein ganzes Konvolut von Unterlagen (Kopien) aus Vaters USchlA-Verfahren ein, über sie selbst nichts.

Es hätte meinen Vater innerlich wahrscheinlich sehr aufgewühlt, wären seine kopierten USchlA-Akten noch zu seinen Lebzeiten zu ihm selbst zurückgekehrt und wäre ihm so im Detail wiederbegegnet, was ihn einmal viel Kraft und Zeit gekostet hat, er aber in seiner ausgeglichenen Wesensart in einem um mehr als fünfzig Jahre jüngeren Lebensalter souverän zu Ende gebracht hat (er ist am 8. August 1985 in Kiel verstorben). Hören wir nun aus seinem Munde, was er, auch ohne Auffrischung des Gedächtnisses durch Rekapitulieren des Akteninhalts, über den Inhalt und Verlauf des gegen ihn angezettelten Parteiausschlußverfahrens erzählt hat (Mitschrift nach meiner Erinnerung bei seinem Weihnachtsbesuch 1979 bei uns in Kiel). Wir werden sehen, wie exakt beides miteinander übereinstimmt!

Mein Vater berichtet:

> „Erich Koch war Bediensteter der Deutschen Reichsbahn. Wegen seiner Zugehörigkeit zur NSDAP ist er zehn Mal strafversetzt worden. Hitler ernannte ihn zum Gauleiter Ostpreußen, weil sich kein Ostpreuße zur Übernahme dieses Parteiamtes

bereitgefunden hatte. Bei den Großagrariern hatte Koch einen schweren Stand. Onkel Erich Möller – seine Ehefrau Tante Erna geb. Giese war eine Cousine von meiner Mutter, eine ganz, ganz liebe Tante! –, Besitzer des Gutes Meyerhof, Kr. Labiau, bei Laukischken, Angehöriger des Erster Weltkriegs-Soldatenbundes ‚Stahlhelm', parteipolitisch ‚deutschnational', hat ihm in Gesprächen mit mir aber seinen Respekt bezeugt. Koch hat auch bei uns in Goldbach geschlafen. Er besaß nicht viel und ging in Halbschuhen mit auf Rebhühnerjagd.

Wir hatten einen Gaugeschäftsführer namens Heidrich. Es sollte der ‚Ostdeutsche Beobachter' gegründet werden. Dazu waren wir ‚Alten Kämpfer" geladen (ich hatte damals noch nicht das Goldene Parteiabzeichen). Mutti wollte zur Gründung der Zeitung 10 000,– RM spenden. Aber Omi hat dies – zum Glück! – verhindert.

Nach dem Erscheinen der Zeitung benahm Heidrich sich merkwürdig. Ihm wurden finanzielle Unregelmäßigkeiten nachgesagt. Er machte Dinge hinter dem Rücken des Gauleiters, die nicht gingen. Die ganze Alte Garde mokierte sich darüber. Aber wir wollten die Sache nicht an die große Glocke hängen, sondern entschieden uns für die Unterrichtung des Gauleiters. Ich besprach die Angelegenheit mit Gauschatzmeister Penner. Zur Unterrichtung des Gauleiters reisten wir nach Berlin, wo Koch sich gerade aufhielt. Wir wollten ihn im Hotel ‚Rheingold' treffen, wo Hitler zu den Reichstagsabgeordneten der NSDAP sprach. Nach dem Ende der Sitzung kam Koch heraus; wir haben ihn ‚abgefangen' und wünschten einen Termin. Er wurde uns nach dem Ende der Reichstagssitzung zugesagt. Treffpunkt war der Bahnhof Friedrichstraße, Wartesaal 1. Klasse. Dort haben wir Koch unsere Meinung über den Gaugeschäftsführer gesagt, Koch hörte sich alles an. Wir saßen bis zur Abfahrt des Zuges nach Königsberg zwischen 17 und 18 Uhr zusammen und fuhren dann zurück. Koch kam etwa eine Woche später, nach dem Ende der Sitzungen in Berlin, zurück. Ein paar Tage später rief er mich an, er wolle mich in seiner Wohnung in der Wallenrodtstraße sprechen. Ich ging hin, ich war allein mit Koch und seiner Frau. Sie war eine gute Frau. (Anm. von mir: Wäre sie es nicht gewesen, hätte mein Vater niemals ein solches Urteil über sie abgegeben![1]). Koch forderte mich auf: ‚Wiederholen Sie alles, was Sie mir in Berlin gesagt haben!‘ Ich tat es.

Ungefähr 14 Tage später erhielt ich die Aufforderung, zur Gaugeschäftsstelle auf dem Steindamm/Preußenhof zu kommen. Was ich dort antraf, rief eine große Überraschung in mir hervor. Wie an einem Richtertisch saßen Heidrich, Litzmann (SA-Führer Ostpreußen) und Koch, alle in Uniform. Sie begannen eine Vernehmung. Ich solle die Gauleiter Koch erteilten Informationen bestätigen. Als Heidrich eine Pistole vor sich auf den Tisch legte, erklärte ich: ‚Unter diesen Umständen habe ich nichts mehr zu sagen‘ und ging nach Hause.

Einige Wochen später wurde ein Sonder-Untersuchungs- und Schlichtungsausschuß einberufen, als dessen Vorsitzender sich Kreisleiter Schöpe aus Fischhausen bezeichnete. Als Beisitzer waren Bella (Anm.: Name wahrscheinlich nicht richtig verstanden) und Magunia benannt. Vorsitzender des Ausschusses war an sich Stülpner. Ich fragte ihn, wie es sich damit verhalten würde. Er sagte mir: ‚Vorsitzender bin ich. Reagiere nicht auf die Ladung.‘ Also ignorierte ich diese. Als die Sitzung – ohne mich – begann, rief Magunia an:

‚Komm' doch. Es ist ungefährlich. Bei Nichterscheinen mußt du mit folgenschweren Entscheidungen rechnen.‘ Ich blieb aber bei meinem Entschluß und ging nicht hin.

Ein paar Tage später erhielt ich einen Beschluß, daß ich nach § 4 Abs. 2 des Parteistatuts wegen parteischädigenden Verhal-

---

[1] Meine Mutter hat sich in anderem Zusammenhang immer wieder im gleichen Sinne über Frau Koch geäußert.

tens aus der Partei ausgeschlossen sei. Inzwischen bekamen alle Mitglieder bis zur Mitgliedsnummer 100 000 das Goldene Ehrenzeichen. Eines Tages erschien Penner und überreichte mir im Namen der NSDAP das Ehrenzeichen. Er, zuständig für Abmeldungen „in München", habe dies nicht getan. (Anm.: Hier besteht hinsichtlich des Zeitpunkts evtl. eine Diskrepanz zu dem auf der Kopie von Vaters Mitgliedsausweis eingetragenen Verleihungsdatum.)

Nun schrieb ich an Göring, den ich von Versammlungen in Tilsit her kannte. Koch hatte mich eine Zeitlang dort hingeschickt. Ich teilte ihm in vorsichtiger Form mit, was geschehen war. Für den Fall, daß ich Schutz brauchen würde, würde ich ihn unterrichten. Es bestand ja die Möglichkeit, daß Penner überspielt würde. Auch den Parteigenossen ‚Reichs-USchlA' Buch informierte ich über die von mir nicht anerkannte USchlA-Entscheidung und das dortige Verfahren.

Ich habe dann lange nichts mehr von der Angelegenheit gehört. Ein halbes Jahr später erschien Oppermann (Führer der Fliegerstaffel Ostpreußen), wahrscheinlich auf Weisung der Reichsleitung in München, bei mir im Geschäft auf dem Steindamm. Sie hatten einen Gauschlichtungsausschuß gebildet. Er eröffnete mir: ‚Parteigenosse Berg, ihr Fall ist als erledigt zu betrachten. Sie sind nach wie vor Mitglied.' Ich sagte zu ihm: ‚Danke. Aber meine Bereitschaft, wie früher mitzumachen, ist dahin. Sie werden mich nicht mehr sehen.'

Nach der Machtübernahme wurde Koch Oberpräsident[1)] von Ostpreußen.

---

1) Es war dies am 2.6.1933, siehe Rohrer, Nationalsozialistische Macht in Ostpreußen, München 2006, S. 247. Die Funktion und Bedeutung des Oberpräsidenten im Dritten Reich beschreibt Der Neue Brockhaus, Dritter Band L–R, Leipzig 1939, S. 413, so: Oberpräsident, in Preußen seit 1808–15 der oberste staatliche Verwaltungsbeamte einer Provinz. (Fortsetzung der Fußnote auf S. 45)

Magunia[1] sollte die Handelskammer Ostpreußen übernehmen. An dem Tag, an dem Koch Oberpräsident wurde, gab es eine Glückwunschaktion und es fand ein Empfang bei ihm statt. Ich lehnte aber eine Teilnahme ab, weil das Verhältnis zu Koch gestört und getrübt sei. Magunia versuchte, mich umzustimmen. ‚Er läßt dich *bitten*!' Ich blieb bei meiner Ablehnung. ‚Nein, zuerst muß eine Aussprache stattfinden. Der Gauleiter mag zu mir kommen.' Magunia teilte mir in einem weiteren Gespräch mit: ‚Der Gauleiter wird zu dir kommen.' Zum vereinbarten Ter-

---

(Fortsetzung der Fußnote 1, S. 44) Durch die 2. NeuaufbauVO. v. 27. Nov. 1934 sind die O. ständige Vertreter der Reichsregierung in den ihnen unterstellten Provinzen geworden und haben gegenüber sämtlichen Reichs- und Landesbehörden und öffentlichen Körperschaften ihres Amtsbereichs das Recht erhalten, Berichte einzufordern, Anregungen zu geben und bei Gefahr einstweilige Anordnungen zu erlassen; sie haben darüber zu wachen, daß die Verwaltung mit den Zielen der Staatsregierung im Einklang steht. Außerdem sind die O. sämtlichen Reichsministern für die Durchführung von Reichsaufgaben zur Verfügung gestellt worden. Ihre Stellung entspricht der der Reichsstatthalter. Dem O. ist Ende 1933 auch die Leitung der provinziellen Selbstverwaltung übertragen worden. Als beratendes Organ des O. besteht der Provinzialrat.

1) Mein Vater war mit Waldemar Magunia persönlich eng befreundet. Magunia betrieb auf dem Steindamm 87 ebenfalls ein Bäckereigeschäft. Er war Reichstagsabgeordneter. Aus meiner Königsberger Zeit habe ich nur eine einzige Begegnung mit ihm in Erinnerung, als er in der Vorweihnachtszeit auf dem Kaiser-Wilhelm-Platz bei schwerem Schlackschneewetter Spenden für das Winterhilfswerk sammelte. Wir warteten auf unsere Straßenbahn. Es muß also 1938 gewesen sein, als wir schon in der Schrötterstraße wohnten. Sonst wäre mein Vater mit mir sicherlich nicht zu der nur eine Haltestelle entfernten Haltestelle Steindamm/Poststraße gefahren, wo ja unweit schräg gegenüber Wohnung und Geschäft Steindamm Nr. 141 lagen. Auch trotz der bei dem dichten, nassen Schneefall unangenehm hohen Steigung des Steindamms dorthin. Im Krieg war Herr Magunia 1941/42 Beauftragter des Chefs der Zivilverwaltung im Bezirk Bialystok und 1942 Generalkommissar in Kiew (Rohrer a. a. O., S. 588). Hätte er in Ausübung dieser Funktionen vorwerfbare Handlungen begangen und moralische Schuld auf sich geladen, hätte Vaters enge Freundschaft und Kameradschaft zu ihm diese Zeitspanne nicht überdauert.

min stand ich am Fenster unserer Wohnung Steindamm 141. Koch kam pünktlich und sah nach oben, er ging auf und ab. Mutti meinte: ‚Geh' runter und hole ihn rauf.' Ich tat es aber nicht, und Koch kam nicht ins Haus.

Als Magunia die Handwerkskammer übernahm, brauchte er Leute. Lyhs, Legner, Onkel Hans Rohde und ich sollten führende Posten im Handwerk übernehmen. Magunia ging in eine Sitzung der noch amtierenden alten Leitung der Handwerkskammer herein. Er traf dort den bisherigen Präsidenten, ein Maurermeister, und die Herren Paul und Popp an. Magunia erklärte, daß ihre Tätigkeit beendet sei. Der Geschäftsführer Dr. Robiller blieb in seinem Amt. Mich bestimmte Magunia zum Kreishandwerksmeister von Königsberg. Ich erhielt die Weisung, am Abend zur Gauleitung zu gehen und Vollzugsmeldung zu erstatten. Ich ging hin und meldete dem jetzigen Gaugeschäftsführer

Empfang beim neuen Oberpräsidenten, dem mein Vater fernblieb, aus: Fuhrer Schön, Erich Koch – Hitlers brauner Zar, Ollzog 2010, S. 149.

Großherr, daß alles in Ordnung sei (Magunia hatte bereits nach Berlin berichtet). Da trat Koch durch die Tür. Er sprach mich mit den Worten an: ‚Berg, wollen wir uns wieder vertragen?‘ Ich gab ihm zur Antwort: ‚Gauleiter, wir haben uns ja nie gezankt!‘ Koch gab mir die Hand. Damit war alles beendet.

Nicht lange danach ergab sich eine Begrüßung mit Frau Koch vor der Ladentür auf dem Steindamm. Frau Koch fragte mich, warum ich mich ‚rar‘ mache und nicht mehr zu Kochs käme. Ich gab ihr zur Antwort: ‚Ihr Gatte hat andere Freunde gefunden! (Dr. Dzubba, Dargel usw.) Solange diese das Vertrauen Ihres Gatten haben, kann ich nicht kommen.‘ Darauf Frau Koch: ‚Dann kann ich Ihren Laden auch nicht betreten!‘“

Mein Vater hat das Erscheinen des Buches von Christian Rohrer „Nationalsozialistische Macht in Ostpreußen“, München 2006, nicht mehr erlebt. Er findet dort auf den Seiten 153, 176, 185, 549, 560 und 622 Erwähnung. Die Wiederbegegnung mit sich selbst in dem Buch, insbesondere mit der Affäre „Heidrich“, und gewiß vieles andere hätte ihn wahrscheinlich zutiefst aufgewühlt und wahrscheinlich noch manches andere geschichtlich-familiengeschichtlich Interessante aus der damaligen Zeit in sein Gedächtnis zurückgerufen und seine Schilderung vervollständigt. Zum Anlaß und Beginn des UschlA-Verfahrens gegen meinen Vater schreibt Rohrer (S. 153):

„In der ostpreußischen NSDAP trat nach der Septemberwahl 1930 erstmals ein bedeutender Konflikt an deren Spitze auf... Am 13. Oktober 1930 unterrichteten Bezirksleiter Berg und Gauschatzmeister Penner im Berliner Reichstag Gauleiter Koch über parteischädigendes Verhalten Heidrichs, der zu dieser Zeit stellvertretender Gauleiter und Gaugeschäftsführer war. Koch jedoch reagierte darauf nicht, sondern ließ vielmehr Heidrich freie Hand. Dieser schloß daraufhin den Bezirksleiter Berg, der Heidrich „ungeheure Macht“ zuschrieb, mittels parteigerichtlicher Untersuchung der Ortsgruppe Königsberg aus der NSDAP aus. Penner dagegen blieb unbehelligt. (Anm.: Es folgen in einer

> Fußnote Hinweise auf von mir erwähnte Schreiben im USchlA-Verfahren.) Die zu dieser Zeit erhobenen Vorwürfe Bergs sind nicht bekannt, decken sich jedoch vermutlich zumindest in Teilen mit Anschuldigungen, die Heidrich bis zu seinem Ausscheiden im Oktober 1931 gemacht wurden. (Anm.: Konkreter siehe meines Vaters Bericht.) So habe er ein Verhältnis mit der Ehefrau Kochs gehabt (Anm.: Von Rohrer in Fußnote angegebene Quelle politisch gegnerische Königsberger Volkszeitung: meines Vaters Einschätzung ihrer Persönlichkeit, die er scheinbar doch zusammenhanglos gemacht hat, bezieht sich vielleicht sogar auf diese damalige Unterstellung und widerspricht ihr eindeutig), er habe – inzwischen mit einer polnischen Agentin liiert – geheimes Parteimaterial an nicht näher bekannte gegnerische Stellen geleitet und schließlich Parteigelder unterschlagen."

Meine Mutter hat mir mehrfach gesagt, mein Vater sei mit Gregor Strasser befreundet gewesen. G. Strasser sei einer der fähigsten und charaktervollsten Köpfe der NSDAP gewesen. In Stockhorst, 5000 Köpfe – wer war was im 3. Reich, Kiel 1985, S. 415, ist angegeben: „Ende 1932 Trennung von Hitler und von der NSDAP." Auch Gregor Strasser fiel dem tödlichen „Aufräumen" am 30. Juni 1934 mit dem unbestreitbar drohenden Röhm-Putsch zum Opfer. Röhm war oberster und beliebter Führer der mittlerweile millionenstarken SA gewesen. Oberregierungsbaurat Salfeld hat in der Zeit meiner Zugehörigkeit zur Wasser- und Schiffahrtsdirektion Hannover 1961/62 oder 1965 bis 1973 unserer dortigen Mittagstischrunde einmal erzählt, er habe der Breslauer SA angehört. Unmittelbar vor dem 30. Juni sei der Befehl zum „Marsch auf Berlin" ergangen, der Bahntransport sei bereits angelaufen gewesen. Hitler hat sich zur Rechtfertigung der Hinrichtungsaktion außerhalb der bestehenden Rechtsordnung auf übergesetzlichen Notstand berufen. Ich habe meinen Vater einmal gefragt, ob ihm aus seiner persönlichen Beziehung zu Gregor Strasser im Zusammenhang mit dem Röhm-Putsch eine Gefahr erwachsen sei. Er konnte mir darauf keine Antwort geben.

„Alte Kämpfer“ – Kurzbiographien zu einem Pauschalurteil auch meinen Vater betreffend

Die „Reichskristallnacht“ – „Seid Ihr wahnsinnig geworden?“

„Gehen Sie nach Bialystok!“

„Ich werde wieder Soldat“

Letzte Begegnung mit Erich Koch Ende April 1945 in Pillau

2007 erschien im fibre Verlag Osnabrück ein Buch des laut Klappentext 1971 geborenen Historikers Dr. phil. Ralf Meindl an der Universität Freiburg mit dem Titel „Ostpreußens Gauleiter – Erich Koch – eine politische Biographie“. Am 7.12.2008 schickte ich ihm eine Stellungnahme, die Biographisches zu den in der Überschrift genannten Stichworten enthielt. Da es sich hierbei im wesentlichen um die Wiedergabe von Berichten meines Vaters handelt, übernehme ich sie im folgenden mit Ergänzungen an wenigen Stellen.

Ich schrieb dem Verfasser:

Mir als Königsberger des Geburtsjahrgangs 1931 ist der Name unseres damaligen Gauleiters Erich Koch selbstverständlich bestens vertraut und in fester Erinnerung geblieben. Aber dies allein wäre kein ausreichender Anlaß zu diesem Brief. Ausschlaggebend ist vielmehr die Tatsache, daß Erich Koch im Leben meiner Eltern schon Jahre vor meiner Geburt und in der Erinnerung auch nach 1945 immer wieder präsent gewesen ist. Es wäre sehr aufschlußreich gewesen, wie beide Ihr Buch aufgenommen hätten, wie es leider auch nicht mehr möglich ist, meinen Vater zu vielen Einzelheiten des Buches zu befragen. Ich bin sicher, daß er die Grundlinien Ihrer Charakterisierung von Erich Koch als zutreffend beurteilt, Anlässe, Motive seiner Handlungen und seine Beziehungen zu anderen Akteuren Ihres Buches manchmal aber anders gesehen und gewichtet hätte. Im folgenden stütze ich mich auf

Aufzeichnungen, die ich bei Erzählungen meiner Eltern über ihr Leben in Ostpreußen und hier vor allem in Königsberg (Pr) gemacht habe.

Mein Vater war „Alter Kämpfer“ und dürfte zu den ersten gehört haben, die Erich Koch nach dessen Bestimmung zum NSDAP-Gauleiter von Ostpreußen durch Adolf Hitler in „seinem“ neuen Gau begegnet sind. Meine Mutter war ebenfalls NSDAP-Mitglied, mit einer Mitgliedsnummer wenig über 100 000. In ihren Erinnerungen an Ereignisse um Erich Koch, die in Beziehung zu meinen Eltern standen, trat immer wieder die Betonung eines warmherzigen und vermittelnden Wesens von Frau Koch hervor.

Ich erwähne die frühe Zugehörigkeit meiner Eltern zur NSDAP, und dies ist der Anlaß zu diesem Brief, weil eine von mir als durchweg abschätzig empfundene Einschätzung der „Alten Kämpfer“ wie ein „roter Faden“ Ihr Buch durchzieht, da sie ja nun einmal – das scheint für mich dabei der gedankliche Ductus zu sein – moralisch Minuscharaktere und letztlich Mit-Wegbereiter des über unser Volk gekommenen Unheils gewesen seien. Dies kann indessen weder die persönliche Ehre noch die politische Ehrenhaftigkeit meiner Eltern tangieren, ebenso wenig diejenige, da bin ich mir ziemlich sicher, der meisten ihrer NSDAP-Weggefährten aus der Zeit vor 1933. Der Rektor meiner Königsberger Volksschule, der Hans Schemm-Schule – der Besuch dieser Schule hatte nichts mit der NSDAP-Mitgliedschaft meiner Eltern zu tun, er ergab sich ganz einfach aus der örtlichen Nähe unserer Wohnung in der Schrötterstr. 87/Gustloffstr. 1 zu dieser Schule – eine eher zu beargwöhnende Existenz? Ausgeschlossen! Oder z. B. ein – ob seiner geringen Körpergröße – „Bubi“ genannter NSDAP-Kamerad meines Vaters namens Müller, der mit den in Ihrem Buch erwähnten Trägern des gleichen Namens nicht das geringste zu tun hat, eine Unperson? Humorvoll hat er immer wieder erzählt: „Da ich der Kleinste war und deshalb am Ende marschierte, war ich es, der von der Kommune die meisten Prügel bezog.“ Daß er „nach 1933“ „zurückgeschlagen“ hat, davon habe ich nicht einmal andeutungsweise jemals auch nur ein Sterbenswörtlein von meinem Vater oder von ihm persönlich gehört.

In diesem Zusammenhang zur Person von Waldemar Magunia: Sofern ich die ihn betreffenden Textstellen in Ihrem Buch richtig gelesen habe, werfen Sie ihm nicht persönlich Verbrechen, Unrechtshandlungen o. ä. in den besetzten polnischen und ukrainischen Gebieten oder irgendeine Form der Teilnahme daran vor. Was Sie ihm offensichtlich „anlasten", ist seine sehr frühe Mitgliedschaft in der NSDAP. Dann würden Sie insoweit aus heute üblicher Sicht urteilen, und dies methodisch als fragwürdig zu bezeichnen, mag einem Historiker gegenüber genügen. Es ist mir leider nicht möglich, Ihren auf Magunia bezogenen Fundstellenkatalog auf seine etwaige Verstrickung in strafbare oder mindestens doch moralisch vorwerfbare Unrechtshandlungen an den „Ostvölkern" nachzuprüfen. Hier wäre für mich vor allem der von Ihnen immer wieder angeführte „Bericht M." wichtig. Zwei Begegnungen mit ihm bestimmen mein Persönlichkeitsbild von ihm, die ein rechtlich-moralisches Verdammungsurteil über ihn für mich bis heute ausschließen: Einmal stand er vor dem Krieg in der Vorweihnachtszeit bei eiskaltem Schlackschneetreiben mit einer großen Sammelbüchse an der Haltestelle vieler Straßenbahnen auf dem Königsberger Kaiser-Wilhelm-Platz. Das andere Mal erlebte ich ihn – nun als Erwachsener – als beeindruckende Persönlichkeit bei der Beisetzung des letzten Königsberger Bäckerobermeisters Richard Popp in Hannover. Dies ergab sich daraus, daß Magunia und meinen Vater nicht nur die gemeinsame „Kampfzeit" vor 1933 verband, sondern beide bis 1938 auch benachbarte Handwerkskameraden auf dem Königsberger Steindamm gewesen waren (Anfang 1938 bezogen wir den bereits erwähnten Neubau meines Vaters Schrötterstr. 87/Gustloffstr. 1). Wäre die „Vergangenheit" von Waldemar Magunia mit einem „Makel" behaftet gewesen, dann wäre nicht nur seine Teilnahme an der Trauerfeier für Richard Popp im Kreise zahlreicher Familienmitglieder und Innungskollegen ausgeschlossen gewesen, sondern wäre das Band zwischen meinem Vater und ihm – wie zu manchen anderen, s. u. – längst zerschnitten gewesen. Und noch dies: Sie sprechen in Ihrem Buch durchgehend von einem „Bäcker Magunia“, so auf Seiten 84 und 93. Das ist ungefähr dasselbe, wie wenn Sie zu einem „Geschichtskundigen“ herabgestuft würden. Herr Magunia war Bäckermeister, und in seiner Königsberger Zeit galt noch uneingeschränkt die alte Handwerksehre und -zunftordnung mit der Anrede „Meister“ im Betrieb wie auch dem ansonsten selbstverständlichen Respekt vor der Meisterwürde (auch die Ehefrauen der Handwerksmeister wurden damals noch mit „Frau Meister“ tituliert). Alles andere wäre subjektiv wie objektiv als entehrend empfunden worden.

Zusammenfassend erscheint Ihre pauschale Einstufung der „Alten Kämpfer“ als „bad boys“ im Sinne der späteren Besatzungsmächte von der diesbezüglichen Nachkriegsdoktrin gesteuert zu sein. Daß eine solche summarische Klassifizierung vielen einzelnen mit Sicherheit Unrecht antut, sei am Beispiel meines Vaters im folgenden näher belegt:

Erich Koch wurde nach den Erzählungen meines Vaters nicht „nur“ zwei Mal, sondern noch häufiger aus den Diensten der Reichsbahn in Wuppertal entlassen. Er kam ganz armselig nach Ostpreußen. In Halbschuhen nahm er an Rebhuhnjagden teil, und bei meinem Großvater in Goldbach Kr. Wehlau hat er auf dem Sofa in dessen bescheidener Wohnung kampiert. Seine glaubensmäßige und kirchliche Bindung dokumentierte sich nach Schilderungen des Königsberger Vikars und späteren Berliner Superintendenten Reinhold George – NS-Gegner und führend in der „Bekennenden Kirche“ in Ostpreußen! – darin, daß er noch 1933 in Königsberg die letzte evangelische Kirche bauen ließ bzw. deren Bau forcierte. Aber die Innehabung der Macht hat Erich Koch in zunehmendem Maße korrumpiert.

Wie es dadurch zu einem – im Nachhinein: für uns wahrscheinlich „glückhaften“ – Riß zwischen meinem Vater und Erich Koch kam, dazu nun aus meinen Aufzeichnungen mit seinen eigenen Worten: (Im Brief folgt dann wörtlich der bereits bekannte Bericht zur Sache Koch. Danach schrieb ich weiter:)

Der nächste, in seinen Folgen wohl noch gravierendere Vorfall, der eine differenzierendere Betrachtung der „Alten Kämpfer“ nahelegen sollte, war die „Reichskristallnacht“ oder, wie sie heute genannt wird, „Reichspogromnacht“ am 9. November 1938. Als ich einmal meinen Vater fragte, ob er etwas über „was, wie, wer“, die Königsberger Synagoge betreffend, wisse, erzählte er: Um Mitternacht des 9./10. November habe es an unserer Haustür in der Schrötterstraße „Sturm“ geläutet. Als er öffnete, habe dort sein früherer Kamerad aus der „Kampfzeit“, jetzt Gauhauptstellenleiter, gestanden und, außer Atem, erregt gerufen: „Laß mich rein, versteck' mich, die Polizei ist hinter mir her!“ Auf die Frage meines Vaters „Was ist passiert?“ habe der Flüchtige hastig geantwortet: „Wir haben die Synagoge angesteckt!“ Darauf mein Vater, sein Tonfall ließ auch nach Jahrzehnten immer noch die damalige Erregung und Wut erkennen: „Was habt ihr getan? Seid ihr wahnsinnig geworden?“

Zusatz an dieser Stelle, es steht nicht in meinem Brief: Vaters SA-Kamerad, „Alter Kämpfer“, Ehrenzeichenträger, habe die Worte gebraucht: „Es ist etwas Schreckliches passiert. Sie verfolgen uns!“ Mein Vater hielt Herrn K., der an den Ausschreitungen beteiligt war, dann drei bis vier Tage bei uns versteckt. Er ist bei der Verteidigung Königsbergs im April 1945 gefallen. Am 10. November erfuhr mein Vater zusätzlich von dem Handelsvertreter Ritter: „Auf der Laak (Anm.: Straßenviertel westlich von Schloß und Hundegatt) sind die Juden rausgeholt worden.“

In meinem Brief fahre ich fort:

Mein Kommentar dazu: Mein Vater, „Alter Kämpfer“, war weder zur Teilnahme an der Synagogenbrandstiftung aufgefordert noch vorher von ihr unterrichtet worden, weder von den Initiatoren noch von irgendwelchen Mitwissern. Ein Informationsdefekt ist auszuschließen, da ein Telephonapparat in seinem Herrenzimmer, ein zweiter im Erdgeschoß, im „Kontor“ zwischen Back- und Verkaufsräumen, stand, so daß weder er noch meine Mutter einen entsprechenden Anruf hätten überhören können. Für mich ist mein Vater ohne jeden Zweifel vorsätzlich von der Synagogenbrandstiftung in Unkenntnis gelassen worden. Und dies mit Sicherheit nicht in der Absicht, ihn vor der Verstrickung in ein Verbrechen zu bewahren, sondern auf Grund der Tatsache, daß die dafür Verantwortlichen sich des Mitmachens und der widerspruchslosen Hinnahme eines den Ruf Deutschlands und ihre eigene Ehre beschmutzenden Handelns gerade durch den ältesten Teil der NSDAP-Mitgliedschaft nicht sicher waren. Und dies sei noch abschließend hierzu angemerkt: Mein Elternhaus war, wie bereits gesagt, ein Eckhaus in der Schrötterstr. 87/Gustloffstr. 1. Selbstverständlich war meinen Eltern das Schicksal des Namensgebers der Gustloffstraße, Wilhelm Gustloff, seine Ermordung durch den Juden David Frankfurter am 4. Februar 1936 in Davos/Schweiz, bekannt. Niemals, ich betone: niemals hat es uns Kindern gegenüber auch nur ein einziges verhetzendes Wort gegen „die Juden" etwa der Art gegeben, daß „die Juden" u. a. wegen der Mordtat Frankfurters am Niederbrennen von Synagogen schließlich „selbst schuld" seien.

Hier möchte ich einflechten, was zum Komplex „Juden" gehört, aber ebenfalls nicht in meinem Brief steht:

Mein Vater hatte in seiner Königsberger Gesellenzeit einmal einen jüdischen Meister, Bartnitzki. Dessen Sohn arbeitete als Lehrling im väterlichen Betrieb. Sauberkeit und Hygiene gehören zum A und O in einem Lebensmittelbetrieb. Kraft der hierarchischen Ordnung im Handwerk und im Rahmen des Lehr-Ausbildungsverhältnisses erteilte der Geselle Heinrich Berg seinem Lehrling, Meisters Sohn, die Weisung zum Saubermachen der Backstube, was eben auch „von der Pike auf" gelernt werden muß. Aber der Herr Lehrling weigerte sich, der Anordnung des ihm übergeordneten Gesellen zu folgen. Statt dem obstinatschen (ostpr. Ausdruck für widerspenstig) Bengel nun auf der Stelle eine Maulschelle (ebenfalls ostpr. Ausdruck für Ohrfeige) zu verpassen – s. Zt. keineswegs strafbar oder anrüchig, soll im Gegenteil eine nachhaltig erfolgreiche Erziehungsmaßnahme gewesen sein! – , begab sich mein Vater zu seinem Meister mit der Bitte, seinerseits für Herstellung der gebotenen Ordnung zu sorgen. Stattdessen wurde meinem Vater jedoch beschieden, sie seien als Juden „etwas Besonderes“, deshalb brauche Meisters Sohn niedrige Arbeiten wie Saubermachen nicht zu leisten.

Was dann ja auch hieß: Die haben eben Sie, Herr Berg, zu erledigen! Mein Vater hat nur noch prompt geantwortet: „Dann bin auch ich ‚etwas Besonderes‘ und bitte um sofortige Aushändigung meiner Papiere!“ Finis scholae judaicae. Auch dies sei in diesem Zusammenhang festgehalten: Meine Mutter hat erzählt, ein jüdischer Arzt habe bei einer schweren Krankheit im Kleinkindalter wahrscheinlich ihr Leben gerettet. In ihrem Mahagoni-Bücherschrank stieß ich, zunächst unbemerkt, einmal in einer der unteren Schubladen auf Julius Streichers üble „Judenfibel“. „Trau keinem Fuchs auf grüner Heid’ und keinem Jud’ bei seinem Eid“, las ich da. Viel weiter kam ich nicht, als meine Mutter mich dann doch bei meiner heimlichen Lektüre erwischte. Sie riß mir das Buch mit den Worten aus der Hand: „Das siehst du nie wieder!“

Zurück zu meinem Brief an den Verfasser der Erich Koch-Biographie:

Und nun zu drei Ereignissen, die in ihrem Kern alle durch den Komplex „Korrumpierung durch Macht“ miteinander verbunden sind:

a) Bereits vor dem Beginn meines 10. Lebensjahres, im Frühjahr 1941, wurde ich zum Deutschen Jungvolk „einberufen“, und hier dem Fähnlein 48, Jungstamm 10, Bann 1 Königsberg, zugeordnet, gehörte ich ab Frühjahr 1942 dem Heinrich-Albert-Chor an, einem „Sonderfähnlein“ in der DJ/HJ. Unser Chorleiter Konrad Opitz war Studienrat an der Vorstädtischen Oberrealschule in Königsberg (Pr) und in seiner Eigenschaft als Leiter dieses Sonderfähnleins zugleich hauptamtliches NSDAP-Mitglied. 1942 oder 1943 sang der Chor auf dem „Gut des Gauleiters“ Groß Friedrichsburg (S. 192f. Ihres Buches). Ich selbst hatte daran nicht teilgenommen, entweder weil ich noch „zu neu“ im Chor oder erkrankt war. Jedenfalls sprach Konrad Opitz bei der nächsten darauf folgenden Chorprobe – in Luftwaffenuniform, er war inzwischen zur Wehrmacht eingezogen worden und in Königsberg stationiert – vor dem gesamten Chor voller Empörung und Abscheu über die Lebenshaltung des Gauleiters, die er in Groß Friedrichsburg erblickt hatte, womit die Einschränkungen für das ganze Volk gerade durch den Gauleiter in unerträglicher Weise mißachtet würden. Seine harte Verurteilung dieses Mißstandes blieb für ihn folgenlos. (Konrad Opitz überlebte trotz eines bereits 1944 vorhandenen Magenleidens die sowjetische Kriegsgefangenschaft. Nach seiner Entlassung 1948 wurde er, der „keiner Fliege etwas zu Leide getan" und „nur der Musik gelebt" hatte, der nun mittellos vor einem Neubeginn seines bürgerlichen Lebens stand, in einem Spruchkammerverfahren in Hessen zu einer Geldstrafe von 2 000,– Mark verurteilt ...)

b) Nach dem Krieg hat mein Vater mir von einem Angebot des Gauleiters – es muß 1942 oder 1943 gewesen sein – erzählt, einen größeren Bäckereibetrieb in Bialystok in Eigentümerstellung zu übernehmen. Die Antwort meines Vaters war eindeutig und blieb, ebenso wie im Falle Opitz, folgenlos: „Gauleiter, ich habe einen sehr schönen Bäckereibetrieb in Königsberg, mehr brauche ich nicht. Ich lehne es ab, mich an fremdem Eigentum zu bereichern, das mir nicht gehört!"

Was nicht im Brief steht:

Mein Vater hat ein anderes Mal ausführlicher über den Vorgang berichtet. Leider habe ich ihn nicht genau gefragt oder es auch vergessen, wie es überhaupt zu der Bialystok-Geschichte gekommen ist.

Es muß 1942, wohl nicht mehr 1943 gewesen sein, als er ein paar Monate hindurch mehrere Male für einige Tage von Königsberg nach Bialystok fuhr. Sein Opel-Kadett war gleich zu Kriegsbeginn von der Wehrmacht requiriert worden. Jetzt war ihm ein Mercedes zur Verfügung gestellt worden, von wem, weiß ich nicht. Er stand, wenn mein Vater in Königsberg war, in unserer Doppelgarage auf der linken Giebelseite des Hauses Gustloffstr. 1 am Fuß der Garagenabfahrt. In seinem Handschuhfach entdeckte ich immer wieder zahlreiche weiße Tonpfeifen, einmal habe ich wohl ein paar davon an Freunde „verschenkt". Außerdem befand sich in der Garage der Dreirad-Tempo-Lieferwagen meines gefallenen Onkels Otto, der mehrfach von einer Wehrmachtsinspektion gemustert, aber jedesmal als ungeeignet erachtet wurde.

Mein Vater hatte einen polnischen Kraftfahrer, Wjadscheslaw, dessen Zuverlässigkeit und Fürsorglichkeit er und meine Mutter immer wieder betont haben. „Den haben sie nach dem Krieg bestimmt umgebracht", schloß mein Vater jedesmal in traurigem Tonfall. Wjadscheslaw hat für meine Zwillingsschwester Karin und mich u. a. für unseren Schulbesuch wunderbare, handgearbeitete schwarze Rindslederaktentaschen besorgt (eine Rarität damals), die wir auf die Flucht mitgenommen haben und die uns nach dem Einrücken der Engländer seine in der Lüneburger Heide marodierenden Landsleute dann raubten ...

Anlaß und Aufgabenstellung meines Vaters für seine Bialystok-Fahrten kann ich also nicht beschreiben. Sie werden wohl mit der Getreidebewirtschaftung und Brotversorgung zu tun gehabt haben. Dies hat er einmal auf Toncassette gesprochen:

> „In Bialystok war ein jüdisches Ghetto eingerichtet worden. Kommandant war der Kreishandwerksmeister von Allenstein. Im Ghetto befanden sich Handwerker aller Art, sie produzierten vieles. Die Polen hatten ‚kein Gramm Salz' und litten sehr unter diesem Mangel. Ein ganzes Schulgebäude war aber vollgefüllt damit. Ich habe sie schaufeln lassen, sie kamen von weither mit Fuhrwerken. In acht Tagen waren alle Klassen leer.
>
> Der Gauleiter forderte mich auf: In Bialystok gibt es eine große polnische Bäckerei. Gehen Sie nach Bialystok und übernehmen Sie diese. Die Leute dort brauchen auch Brot. Der Schulbesuch Ihrer Kinder ist auch in Bialystok möglich, nehmen Sie sich eine Villa und ziehen Sie um. Ich entgegnete, ich wäre nicht der Richtige dafür, sondern Soldaten, die Arme und Beine verloren haben. Der Gauleiter bestellte mich dieserhalb dann noch einmal ins Oberpräsidium in Königsberg. Ich habe ihm nochmals dasselbe gesagt. Koch: ‚Sie wollen also nicht?' Ich: ‚Nein, das

tue ich nicht!‘ Daraufabschließend Koch: ‚Dann ist Ihnen nicht zu helfen!‘“

Zurück zum Wortlaut meines Briefes an Meindl:

c) Es muß ebenfalls im Sommer 1943 gewesen sein, als mein Vater mir bei einem Pirschgang in seinem Jagdpachtrevier im Kreis Pr. Eylau eröffnete, daß er wieder Soldat werden wolle (er war es bereits im 1. Weltkrieg, wurde am 26.8.1939 erneut eingezogen, nach dem Ende des Frankreichfeldzugs Ende August oder Anfang September 1940 aber überraschend wieder aus der Wehrmacht entlassen). Es traf mich wie ein Schlag, ich sah in Gedanken die letzten Seiten der Preußischen Zeitung vor mir, mit den immer zahlreicher werdenden schwarz umrandeten Kästchen und dem Beginn „Für Führer, Volk und Vaterland ...“ o. ä. Mein Vater erklärte mir seinen Entschluß: Weißt Du, da sind viele Dinge, die ich nicht mit ansehen kann. Was sollen unsere Soldaten dazu sagen, sollen sie etwa denken, daß Männer in der Heimat da mitmachen? Ich gehöre zu den Soldaten! Er fügte hinzu: Wenn in Berlin die Bronzeadler über der Reichskanzlei wegen Kupfermangels abmontiert werden und eingeschmolzen werden sollen, sie dann aber beim Gauleiter in der Ukraine auftauchen, dann gehöre ich dorthin, wo es so etwas nicht gibt, zu unseren Soldaten. Behalte das, was ich Dir eben gesagt habe, für Dich. Ich tat es! Warum mein Vater dann doch nicht nochmals Soldat wurde, diese Frage verschwand dann im Zuge der sich überschlagenden Kriegsereignisse im Nichts. Warum er sich nicht freiwillig meldete, worauf seine Sinnesänderung beruhte, ich habe ihn verständlicherweise nie danach gefragt, habe es nie erfahren.

Wie eingangs gesagt, gehörte mein Vater wohl zu den ersten, die Erich Koch als Gauleiter in Ostpreußen begegnet sind. Er dürfte auch einer der letzten Deutschen gewesen sein, die ihn auf ostpreußischem Boden zu sehen bekamen. Nach dem Tode des Kreishandwerksmeisters Pokar im Kreis Samland-Fischhausen war er zu dessen Nachfolger im Amt berufen worden. Als Anfang 1945 die Rote Armee Ostpreußen überrollte, pendelte mein Vater bis zur Schließung seines

Bäckereibetriebes am 15.3.1945 zwischen Pillau und Königsberg hin und her. In Pillau versuchte er mit Handwerkern aller Gewerke aus dem riesigen Flüchtlingsstrom Hilfsstationen für entsprechende Handwerkerleistungen aufzubauen. Als die Russen bereits in der Stadt standen, stellten die letzten 16 von ihnen, die bis dahin ausgeharrt hatten, die Frage: „Wir sind der Rest. Wie kommen wir noch raus?“ Mein Vater, der wußte, wo der Gauleiter sich aufhielt, begab sich zu ihm. Zwei SS-Wachen verwehrten ihm jedoch den Zugang. Als Koch die Stimme meines Vaters hörte, habe er befohlen: „Berg, kommen Sie rauf!“ Koch habe ihn zunächst mit der Frage konfrontiert: „Was, Sie sind noch hier?“ Darauf habe er, mein Vater, geantwortet: „Gauleiter, kennen Sie Ihre eigenen Befehle nicht? Wissen Sie nicht, wieviel Männer an den Bäumen hängen, mit einem Schild vor der Brust: Ich war ein Feigling!?“ Nach einem Wortwechsel über einen nur noch sinnlosen Volkssturmeinsatz von Vater und seinen 16 Getreuen habe Koch dann einen Marschbefehl für alle 17 Männer nach Berlin zum Reichsnährstand in die Schreibmaschine diktiert (Anm.: Koch war „Reichsverteidigungkommissar“; ohne seinen Marschbefehl hätte den Siebzehn bei Kontrollen durch Wehrmachtsstreifen standrechtliche Erschießung drohen können). Zum letzten Zusammentreffen meines Vaters mit Erich Koch gehört noch, daß dabei eine Granate einschlug. Eine Wand sei eingestürzt, aber Koch habe „sich nicht gerührt“.

Ich werde auf das Wirken meines Vaters bei der Versorgung der Flüchtlinge und seinen Abschied von Königsberg und Ostpreußen noch einmal ausführlicher zurückkommen.

Soldat in zwei Weltkriegen

Im Kapitel „Das Geigenspiel – Können und Wünsche“ haben wir bereits gelesen, daß mein Vater vom 18. Dezember 1917 als Kanonier im Fuß Artl. Btl. 78 (Haubitze 13)[1)] gewesen war und mit zahlreichen Granatsplitterverwundungen im Lazarett St. Josephs-Hospital in Beuel/Rhein gelegen hatte.

Auf Grund meiner Abordnung im Juni 1962 von der Wasser- und Schiffahrtsdirektion Hannover zum Bundesverkehrsministerium, Abteilung Straßenbau, waren wir noch jung verheirateten Eheleute Fritjof und Hannelotte Berg mit unserem gerade zwei Jahre alten ersten Sohn nach einer unerträglich langen und nervenaufreibenden Wohnungssuche und Wartezeit – in dem teilweise kriegszerstörten und für eine Bundeshauptstadt viel zu klein geratenen Bonn – am Januar 1964 von unserer schönen, modernen, ideal gelegenen Wohnung in Hannover, Aegidiendamm 5, in die dürftige, ofenbeheizte, viel engere Wohnung in der Bonner Bungartstr. 3 umgezogen. Und so blieb es nicht aus, daß die Eltern das neue Umfeld ihres filius, ihrer Schwiegertochter und ihres Enkelsöhnchens kennenlernen wollten. Seltsamerweise fehlt in meinem Notizbuch 1964 jegliche Eintragung, wann genau und ob beide zusammen oder mein Vater beim ersten Besuch allein kam. Jedenfalls stand ihm noch der Firmenwagen der Hefefabrik Tebbenhoff in Settrup zur Verfügung, es muß also vor seinem Eintritt in das Rentenalter am 1. September 1964 gewesen sein. Ich fragte ihn, ob er nicht

---

1) „Fußartillerie, Teil der Artillerie, der, mit schweren Geschützen bewaffnet, ursprünglich nur für den Festungskrieg bestimmt war, dann aber besonders im Weltkrieg als Schwere Artillerie zum Feldheer trat. Haubitze ... Geschütz, das eine Mittelstellung zwischen Flachfeuer-(Kanonen) und Steilfeuergeschützen (Mörsern) einnimmt. Feldhaubitze, als leichte F. Flach- und Steilfeuergeschütz der leichten Artillerie (Rohrweite: 10,5 cm), als schwere F. Steilfeuergeschütz der schweren Artillerie (15cm).“ Alle Beschreibungen aus Der Neue Brockhaus. Bd. 1 und 2, Leipzig 1938, Stichworte „Fußartillerie, Haubitze, Feldhaubitze“. Mit den mir verfügbaren Mitteln ließ sich nicht klären, ob die in Vaters Wehrpaß angegebene Geschützart „Haubitze 13“ der leichten oder schweren Artillerie zuzurechnen ist.

interessiert daran wäre und mir dann auch zeigen könnte, wo er in Beuel im Lazarett gelegen hatte. Meine Frage kam für ihn offensichtlich unerwartet, aber dann ging es – diesmal „unter einem guten Stern", so lautete damals die Mercedes-Reklame – auf das andere Rheinufer und nach einigem Fragen zum St. Josephs-Hospital. Dort hielt mein Vater eine ganze Weile schweigend an.

Hannelotte hatte inzwischen ein wunderbares Abendessen zubereitet, und danach „genehmigten" wir uns zu dritt eine Flasche Wein (vielleicht auch zwei – aus Geldgründen damals noch ein besonderen Gelegenheiten vorbehaltenes Getränk). Hätte ich doch ein Tischmikrophon besessen oder mitgeschrieben! Was nun kam, brach in stundenlanger Erzählung so aus meinem Vater hervor, als wäre er in vorderster Front in seiner Artilleriestellung oder im Schützengraben des Ersten Weltkrieges und würde alles noch einmal ganz unmittelbar erleben und erleiden. Natürlich konnte er nicht berichten, was seine Batterie auf der französischen Seite angerichtet hatte, dafür aber wie diese seine deutsche Batterie im beiderseitigen Granatenhagel zusammenschoß, bis fast alle Kameraden gefallen oder verwundet waren. Das stand nun in grausamen Bildern vor uns. Kein Wort des Hasses kam aus meines Vaters Mund, es war die Schilderung des Eingebundenseins und quasi „mechanischen" Mitwirkens in einer gegenseitigen Vernichtungs- und Tötungsmaschinerie – die gar keine Zeit zum „Nachdenken" oder irgendwelchen gefühlsmäßigen „Anwandlungen" ließ. Eingeflochten in das Miterleben des Artillerieduells war die Erwähnung, daß zwei Kameraden in seiner Batterie bereits rote Armbinden trugen, ihrer Agitation aber kein Gehör geschenkt wurde.

Aus seiner Weltkrieg I-Soldatenzeit hatte mein Vater zwei Granatsplitter in Arm und Bein übrig behalten, die bei Wetterumschwung wie ein Barometer reagierten. In einem Schrank in meinem Königsberger Zimmer hatte ich eines Tages Vaters Stahlhelm, ein Seitengewehr und eine Trinkflasche entdeckt, sie beschäftigten immer wieder meine Jungen-Phantasie. Was hatten sie mitgemacht? Die Erzählungen meines Vaters in Bonn kannte ich ja noch nicht.

Zum zweiten Mal in seinem Leben mußte mein Vater am 16. August 1939 wieder den „grauen Rock“ anziehen. Diesmal nicht mehr als Artillerist im Kampfeinsatz, sondern im Range eines Backmeisters, sodann Gefreiten, Unteroffiziers und schließlich Kriegswerkmeisters der Bäckereikompanie 503 der Deutschen Wehrmacht. Über seinen ersten Einsatz in Polen steht in seinem Wehrpaß: „1.9.39 bis 7.10.39 Feldzug gegen Polen im rückw. (Anm.: rückwärtigen) Operations-Gebiet“. Aber ganz so harmlos und gefahrlos, wie es bei dieser Eintragung scheinen mag, war der Einsatz wohl doch nicht. Mein Vater hat von der Nähe der Kompanie zu den schweren Kämpfen um die äußerst starken polnischen Festungen Modlin und Lomscha berichtet.

Im Wehrpaß steht dann weiter: „8.10.39 bis 31.5.40 Einsatz bei der Besatzungstruppe in Polen.“ Mein Vater war nicht der militärische Vorgesetzte der Kompanie, sondern sozusagen der betrieblich-fachliche Leiter des Backgeschehens. Er trug dieselbe Leutnantsuniform wie der Kompaniechef, allerdings mit anderen, schmaleren Schulterstücken. Seine handwerkliche Funktion und sein hierauf beschränkter Aufgabenbereich haben meinen Vater nicht daran gehindert, sich in gleicher Weise für die soldatische Disziplin und Ordnung verantwortlich zu fühlen wie der militärische Vorgesetzte der Kompanie. Es mag auch der Umstand eine Rolle gespielt haben, daß eine Wehrmachtsbäckereikompanie zwar eine militärische Einheit war, aber viele der Männer in Uniform mit Sicherheit aus dem Bäckerhandwerk kamen, deshalb weiterhin auf Wahrung der Handwerksehre achteten und bei deren Verletzung entsprechende Aufsichtsmaßnahmen insbesondere von ihrem Vorgesetzten Kriegswerkmeister Heinrich Berg erwarteten.

Mein Vater schildert zwei Vorfälle:

Vorfall 1:

> „Zwei Unteroffiziere unserer Kompanie hatten drei Frauen aus Warschau in ihre Unterkünfte mitgebracht. Sie wollten dort Orgien feiern. Ich wußte das und habe sofort beim Kompanie-

Wehrpaß
Heer

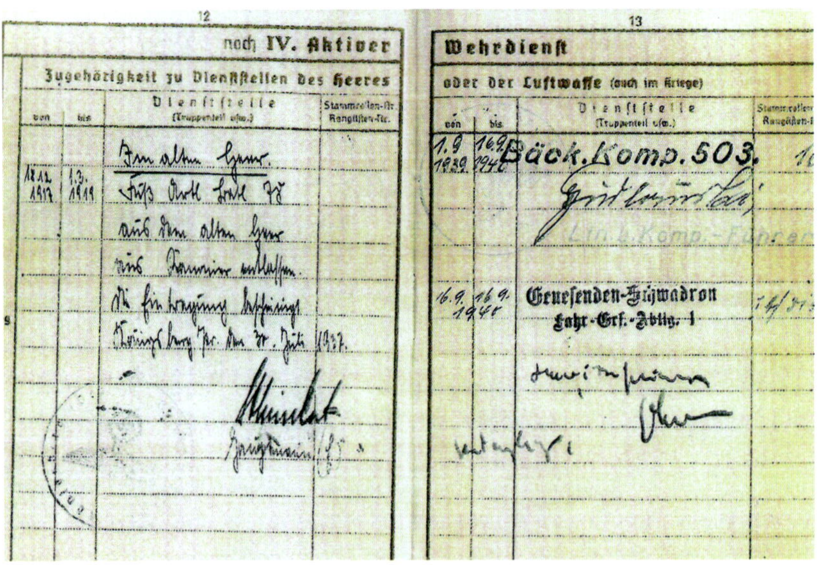
12
noch IV. Aktiver
Zugehörigkeit zu Dienststellen des Heeres
von
bis
Dienststelle (Truppenteil usw.)
Stammrollen-Nr. Ranglisten-Nr.
13
Wehrdienst
oder der Luftwaffe (auch im Kriege)
von
bis
Dienststelle (Truppenteil usw.)
Bäck.Komp.503
Genesenden-Schwadron
Fahr-Ers.-Abtlg. 1

führer Meldung gemacht. ‚Sie haben sich eingeschlossen.' Der Kompaniechef befahl einem Feldwebel: ‚Gehen Sie hin!' und mir: ‚Herr Backmeister, kontrollieren Sie ...' (Wort auf Toncassette unverständlich). Der Feldwebel klopfte an, befahl: ‚Aufmachen!'. Aber es blieb totenstill. Da nahm er das Seitengewehr und stach durch die Tür. Jetzt wurde geöffnet, der Feldwebel fand (Worte auf Cassette unverständlich) ... mit den Frauen. Er befahl: ‚Fahrzeug anspannen, ihr fahrt sofort mit den Frauen nach Warschau zurück und meldet euch dann beim Kompanieführer!' Nach ihrer Rückkehr sagte der Kompanieführer zu ihnen: ‚Was soll ich mit euch tun? Ich müßte euch beim Bataillon melden, bei der Division, und dann geht das vors Kriegsgericht. Wollt ihr euch entschuldigen und versprechen, daß ihr's nie wieder tut?' Sie kamen zu mir, ich war schon auf meiner Bude: ‚Herr Backmeister, können Sie uns das verzeihen?' Ich sagte: ‚Ich habe nichts zu verzeihen, ich habe nur meine Pflicht getan. Wenn ihr das wollt, müßt ihr das mit dem Kompanieführer abmachen!'"

Vorfall 2:

„In einem Forsthaus waren zwei Witwen. Deren Männer waren von den Russen in Lemberg ermordet worden. Sie waren Polen. Da hatte einer unserer Leute versucht zu schmusen. Ich habe ihm sofort gesagt: „Das dürfen Sie unter keinen Umständen hier machen. Die Frauen leben in Trauer, und Sie dürfen hier nicht solche Dinge tun!" Ich meldete es dem Kompanieführer, und der (Anm.: den mein Vater zurechtgewiesen hatte) ward nicht mehr gesehen."

Im Wehrpaß meines Vaters steht weiter: „1.6.40 bis 30.6.40 Feldzug gegen Frankreich. 1.7.40 bis 16.9.40 Aufgaben im rückwärtigen Operationsgebiet in Frankreich."

Mein Vater hat wiederholt geschildert bzw. meine Mutter hat es mir mit ihren Worten erzählt, wie stark ihn die Kathedrale von Rouen beeindruckt hat. Wenn ich mich recht erinnere, sprach er sehr traurig von Schäden, die sie bei Kampfhandlungen erlitten hatte. Ebenso ist mir in Erinnerung geblieben, daß seine Kompanie bereits das Verladen des gesamten Geräts auf schwimmende Einheiten für die Invasion Englands übte – wozu es dann ja nicht mehr kam.

Mein Vater wurde am 16. September 1940 zu unserer großen Freude und Überraschung (mit 50,– RM Entlassungsgeld) aus der Wehrmacht entlassen und kehrte zu seiner Familie und seinem Betrieb in Königsberg zurück. Ich empfand eine Riesenfreude darüber, daß nun ja wohl der Krieg zu Ende sein dürfte – ein schicksalhafter Irrtum! Sein Wehrpaß enthält auf Seite 26 den Vermerk des Truppenarztes Bartenstein vom 16.9.40 über den Befund der Entlassungsuntersuchung: „K.v. (= kriegsverwendungsfähig) und auf Seite 27 die Eintragung „Wehrdientsverh.: Landw. I (Landwehr)[1] u. Überw. an W.M.A. (= Wehrmeldeamt) Königsberg/Pr." Die Dienststempel unter allem lauten „Genesenden-Schwadron-Fahr-Ers.-Abt. 1". Ob mein Vater also zeitweilig wehrdienstuntauglich und dies der Entlassungsgrund war oder es sich um die zuständige Wehrmachtsdienststelle im Rahmen der truppenärztlichen Entlassungsuntersuchung handelt, vermag ich nicht zu sagen. Die Einstufung „k.v." spricht dagegen. Mein Vater war auch quicklebendig und trat sofort voll in Aktion, als er wieder zu Hause war. Lt. Wehrpaß Seite 5 ist noch eine „II a. Musterung" am 30. April 1943 beim Wehrbezirks-Kommando Königsberg (Pr) 1 mit dem „Entscheid kriegsverwendungsfähig im Wehrdienstverhältnis Landwehr I" erfolgt. Wie wir gesehen haben, ist es aber zu keiner weiteren Einberufung mehr gekommen.

---

[1] „Landwehr, die älteren Jahrgänge der ausgebildeten Wehrpflichtigen, im Deutschen Reich nach dem Wehrges. v. 21. Mai 1935 die Jahrgänge vom 35. bis 45., in Ostpreußen bis zum 55. Lebensjahr", Der Neue Brockhaus L–R, Bd. 3, Stichwort Landwehr. 10 Jahre längere Wehrpflicht für Ostpreußen spricht für längere Lebenserwartung eines kerngesunden Menschenschlages! F. B.

„Jetzt haben wir den Krieg verloren“

Erst Jahre nach dem Krieg fiel mir dieser Vorfall aus meines Vaters Soldatenzeit im Frankreichfeldzug 1940 wieder ein, weil sich seine dabei gemachte Vorhersage leider bewahrheitet hatte und die psychologische Kriegführung gegen Deutschland in Form der allgegenwärtigen „Vergangenheitsbewältigung“ nun auch Italien zum militärischen „Opfer“ Deutschlands machte.

Mein Vater war auf Kurzurlaub in Königsberg. Es muß einen außerordentlich wichtigen Grund dafür gegeben haben, denn sonst wäre er bestimmt nicht genehmigt worden. An dem flurseitigen Wandstück rechts neben dem doppelten Schiebetürdurchgang zwischen seinem Herren- und unserem Eß-/Wohnzimmer hing auf der Eßzimmerseite eine Frankreich-Karte, auf der der sich täglich verändernde Frontverlauf mit kleinen Fähnchennadeln abgesteckt wurde. Täglich um 14 Uhr kam im Radio der Wehrmachtsbericht. Mein Vater und ich standen zu dieser Zeit nahe besagter Kartenwand, als mit auftrumpfend-prahlerischer Stimme gemeldet wurde: „Und nunmehr ist das faschistische Italien an der Seite Großdeutschlands in den Krieg gegen Frankreich eingetreten.“ Es war vor dem Waffenstillstand vom 22. Juni 1940, als sich längst die Niederlage Frankreichs abzeichnete. Italien wollte offensichtlich als „siegreicher“ Verbündeter Deutschlands die Gunst der Lage nutzen und etwaige Früchte des Sieges einheimsen. Spontan und resignierend sagte mein Vater: „Jetzt haben wir den Krieg verloren!“ Er hatte die Uniform der doch überall siegreichen Wehrmacht an. Ich konnte seine Worte nicht begreifen und habe ihn mindestens verständnislos angeguckt. Aber mein Vater hatte im Ersten Weltkrieg ja schon einmal den Abfall und Verrat Italiens vom Dreibund mit den Mittelmächten Deutsches Reich und Österreich erlebt. Er sollte sich nicht irren, daß es wieder so kommen würde, auch wenn jetzt, im Juni 1940, noch gar nicht an den ein Jahr später beginnenden Krieg mit der Sowjetunion und seinen für Deutschland verhängnisvollen Verlauf zu denken war. Und auch nicht im einzelnen an die Etappen italienischen Versagens und Verrats, die in der Summe aber Vaters Einschätzung einer (mit) kriegsentscheidenden Bedeutung bestätigten: Die mit der deutschen Seite nicht abgestimmten, gescheiterten Griechenland-, Albanien- und Nordafrika-Abenteuer, die ein deutsches Eingreifen erforderlich machten und starke deutsche Kräfte sowie Kriegsmaterial banden, das an anderen Kriegsschauplätzen dringend fehlte; das Festhalten der italienischen Flotte, die der britischen Mittelmeerflotte tonnage- und kräftemäßig mindestens ebenbürtig war; der ständige Verrat der Nachschubtransporte nach Nordafrika; 1943 der Staatsstreich des italienischen Oberbefehlshabers Badoglio und der Sturz Mussolinis, wodurch der im Entstehen begriffene italienische Kriegsschauplatz die Anforderungen an das deutsche Kriegspotential weiter stark erhöhte; die bis dahin ständige Rücksichtnahme Deutschlands auf italienische Sonderinteressen gegenüber Frankreich, die der von zukunftsgerichteten deutschen und französischen Kräften gewünschten Herbeiführung eines modus vivendi zum Vorteil beider Seiten nachhaltig entgegenwirkte (siehe die deutsche Ausgabe von Jacques Benoist-Mechin, Zwischen Pétain und Hitler, Gilching 2016).

Vaters Einschätzung Italiens als unzuverlässigen „Verbündeten“ von zweifelhaftem militärischem Wert entsprach einer offensichtlich weit verbreiteten Stimmung im ganzen deutschen Volk. Sobald nach dem Krieg in meiner Gegenwart die Sprache auf Italien kam und meine Großmutter dabei war, sagte sie mit einer wegwerfenden Handbewegung nur „der Leiermann!“ Ein älterer sudetendeutscher Kollege in der Wasser- und Schiffahrtsverwaltung sprach stets höhnisch nur vom „Katzlmacher“, wenn er Italien meinte. Mein sieben Jahre älterer Königsberger Freund Arwed Sandner war Flugzeugführer einer He 111 gewesen. Er erzählte mir einmal, ein absolut glaubwürdiger Luftwaffenkamerad habe ihm dies berichtet: Eine Staffel deutsche Me 109 und eine Staffel italienische Piaggio hätten über dem Mittelmeer Patrouille geflogen. Bei Annäherung einer britischen Staffel „Spitfire“ seien die italienischen „Kameraden“ „abgehauen“. Der britische Staffelkapitän habe den deutschen über Bordsprechfunk angesprochen: „Wir

Engländer können Feigheit vor dem Feind ebenso wenig vertragen wie Sie. Sind sie mit einer gemeinsamen Verfolgung der Feiglinge einverstanden?" Es sei geschehen, danach hätten sich die brititische und die deutsche Staffel mit militärischer Ehrenbezeigung wieder getrennt. Auch wenn die Geschichte sich in Wirklichkeit nicht ereignet haben sollte, gibt sie doch jene Grundstimmung wieder, wie ich sie ohne Ausnahme bei früheren Wehrmachtssoldaten wahrgenommen habe, wenn von ihren italienischen „Kameraden" die Rede war.

Vaters Jagdpachtrevier in Penken-Seeben, Kr. Pr. Eylau – mein Kindheitsparadies und frühe jagdliche Passion

Vorbemerkung: Das Ostpreußische Güter-Adreßbuch, 2. Ausg. Stettin 1903, enthält für das Gut Penken, Kr. Pr. Eylau, auf den Seiten 138f. folgende Angaben:

Rittergut mit den Vorwerken Dollstädt, Kattlack, Seeben, Zwangshof. Größe in ha 1528, davon Acker incl. Gärten 918, Wiesen 189, Weiden 15, Holzungen 397, Wasser 9 ha. Als „Besitzer" ist Bernhard v. Podewils angegeben. Entfernung zur Bahnstation Schrombehnen 6,5 km. Amtsbezirk Penken.

Mein Vater berichtet:

„In der Gemeindeorganisation und in den Eigentumsverhältnissen sind späterhin Veränderungen eingetreten, die im letzten Jahrzehnt vor 1945 wie folgt aussahen: Die Gemeinde hieß ‚Penken', das Bürgermeisteramt befand sich in Seeben. Bürgermeister war Meier, sein Hof befand sich neben der Chaussee Schrombehnen – Dollstädt – Penken – Rositten. (Nach dem Zerwürfnis mit Förster Röhr, s. u., haben mein Vater und ich bei Jagdaufenthalten bei ihm gewohnt, sofern wir nicht im benachbarten Gasthaus Biller übernachteten. Nach der Ausbombung Ende August 1944 in Königsberg hielt sich die ganze Familie mit Köchin und Hauswirtschafterin Lotte Tolksdorf – sie stammte aus Landsberg – bis zum Herbst bei ihm auf.) Vom ehemaligen Gutsgelände war ein Teil aufgesiedelt. In der Ortslage bzw. im Gemeindebezirk gab es zu jener Zeit also Land im Eigentum von Bauern, Siedlern und Gut Penken.

‚Besitzer' des verbliebenen Gutslandes war Herr v. Katzler. Sein Vater war General v. Katzler, sein Sohn Bogislav war Erbe. Er lebte in Deutsch-Südwest-Afrika und hatte dort Besitzungen. Von hier ging er im Krieg an die Front (Nordafrika). Die Feldjagd stand der Gemeinde Penken-Seeben zu. Ich hatte sie von der Gemeinde gepachtet. Pächter der Waldjagd war Alfred v. Grammatzki/Schrombehnen. Als Pächter der Feldjagd war ich natürlich auch an der Waldjagd interessiert. Ich rief dieserhalb Herrn v. Grammatzki an, und wir trafen uns zu einem Gespräch über die Waldjagd auf dem Rennplatz Karolinenhof in Königsberg. Herr v. Grammatzki verpachtete die Waldjagd an mich weiter für 150,– RM. Die Jagdpacht betrug damit insgesamt 300,– RM (evtl. Hörfehler, dann: 500,– RM).

Waldaufseher war Herr Röhr. Er war gebürtiger Elsässer und „Bursche" bei Herrn v. Katzler sen. in einem Berliner Garderegiment gewesen. Herr v. Katzler sen. hatte ihn aus Dankbarkeit nach Penken mitgenommen. Herr Röhr legte bei der Landesbauernschaft eine Prüfung ab und wurde Privatförster. Im Krieg wurde Röhr eigenartig. Er wollte Zwangshof pachten. Der Kreisjägermeister Sohst war aber gegen eine Verpachtung an ihn.

Hier flechte ich, Fritjof, nun ein: Meine Zwillingsschwester Karin und ich verlebten bis in die Mitte des Krieges hinein unsere Sommerschulferien immer bei Röhrs. Es war eine herrliche Zeit: Der warme, trockene ostpreußische Sommer, der große, halb von hohen Bäumen eingerahmte Guts- und Badeteich[1)] gleich hinter dem Försterei-, Obst- und Gemüsegarten mit seinen unzähligen „Poggen" (ostpr. für Frösche) der unterschiedlichsten Art und Größe, die Stille und dörfliche Idylle, die Schmiede mit ihrem hellen „ping-ping-ping" beim Hufbeschlag und dem qualmenden Anpassen der noch glühenden Hufeisen, die vielen in der Luft kreisenden Störche, die große Linde vor „unserem" Zimmer, wo Frau Röhr uns in ihrer fürsorglich-mütterlichen Art vor dem Einschlafen immer das Lied „Guten Abend, gute Nacht" vorsang, das Lager des weiblichen Reichsarbeitsdienstes (s. u.), vor dessen langgestrecktem Wohngebäude die warm-weichen Teppiche von

---

1) ... in dem ich von einem Sprungbrett aus begeistert gebadet habe.

Gänsefingerkraut[1], der dortige Stall mit den Maikäfer fressenden Hühnern, ein rätselhafter Holzschuppen, in dem ich eines Tages eine tote Fledermaus fand mit ihrem so samtweichen Fell, aus dem sich nachts der Marder, dem mit noch so viel List nicht beizukommen war, immer wieder „seine" kleinen Entenküken holte, der Fahrradschuppen und erste „Radausflüge" auf Förstertochter Gabis Fahrrad im Gutspark und auf der Birkenchaussee nach Seeben, die gebückt und getarnt sich am hohen Gartenzaun entlangtastenden Soldaten im Manöver ...

Ich möchte noch einmal etwas näher auf das Stichwort „weiblicher Reichsarbeitsdienst" (RAD) zurückkommen.

Mehrere Male wurde ich nicht im vorerwähnten Giebelzimmer des Forsthauses, sondern in einer gemütlichen Stube in jenem zwischen Gutspark und „meinem" Badeteich (s. o.) gelegenen, langgestreckten Gebäude untergebracht, in dem sich in der anderen Hälfte des Gebäudes ein weibliches RAD-Lager befand. Zwischen diesem Gebäude und einem im Abstand von ca. 50 m parallel verlaufenden Wirtschaftsgebäude lag eine Wiese. Auf ihr war ein Fahnenmast errichtet, mit einer kreisrunden Kiesfläche rundherum, zu der ein Kiesweg führte. Unvergeßlich sind mir die weihevollen Minuten geblieben, wenn – vor meinem Aufstehen – die RAD-Maiden am klaren, hellen, warmen Morgen in Zweierreihen anmarschierten, rund um den Fahnenmast Aufstellung nahmen und – hierzu vielleicht mit erhobenem rechtem Arm, ich weiß es nicht mehr genau – nach dem Hissen der Fahne ein Lied unserer Jugend sangen – kein martialisches, sondern in unserer lebensbejahenden, zukunftsgewandten Stimmung mit ihren jugendlich-weiblichen Stimmen vielleicht:

> Und die Morgenfrühe das ist unsere Zeit,
> wenn die Winde um die Berge singen,
> die Sonne macht dann die Täler weit
> und das Leben, das Leben, das wird sie uns bringen.

---

[1] Ich lief soviel wie möglich barfuß.

Sibylle Burghardt schreibt in der von ihr abgeschlossenen „Chronik des weiblichen Arbeitsdienstes in Ostpreußen. Berichte – Briefe – Tagebücher – Zeitungsartikel“, als Schreibmaschinenmanuskript gedruckt 1983, auf Seite 126[1]:

Zwei Arbeitsmaiden kamen aus Süd-Westafrika

Lager Penken-Seeben, Kreis Pr. Eylau

„... war ich in der Zeit vom 5.1.–30.6.1937 in Penken-Seeben, noch im freiwilligen Arbeitsdienst. Wir waren aus allen Gegenden Deutschlands zusammengekommen, ja im II. Quartal trafen noch zwei Mädel aus Süd-Westafrika ein, die unser Deutschland kennenlernen wollten.

Ich selbst war zuerst im Innendienst eingesetzt, davon mehrere Wochen in der Webstube. Daran denke ich besonders gern zurück. Unsere Führerin war eine Wolga-Deutsche.

Nachmittags hatten wir oft Schulung und soweit mir erinnerlich auch einmal wöchentlich abends Volkstanz mit der dortigen HJ. Dann gab's Siedlerfeste, Lagerzirkus und hie und da auch Besuch vom männlichen Arbeitsdienst, der den in der Nähe gelegenen Truppenübungsplatz Stablack baute. Zweimal lernten wir im Rahmen von Siedlerfesten Jungbauern aus Sachsen und dem Rheinland kennen, die man in unserem weiträumigen Ostpreußen ansiedeln wollte. Die Sachsen waren nicht abgeneigt, dagegen aber die Rheinländer. Ich selbst bin froh darüber, im Arbeitsdienst gewesen zu sein. Es war eine gute Lebensschulung und ich wünschte, diese Einrichtung bestünde noch. Außer meinem Arbeitsdienstpaß besitze ich auch noch die Nadel, auf die ich sehr stolz bin.“

---

[1] Zur Entstehung des Lagers und seiner Bedeutung siehe S. 71–76 a. a. O.

Der Waschstreß

Nochmal Lager Penken-Seeben

„Von Buchwalde, wo ich als Arbeitsmaid war, sollte ich im Sommer als Kameradschaftsälteste nach Penken kommen ... In Penken kam ich zu früh an, so daß ich die 14 km von der Bahnstation (Anm.: 14 km? Von Schrombehnen waren es 6,5 km) zu Fuß laufen mußte. Auch durfte ich als erstes den Tagesraum anheizen, was ich noch nie gemacht hatte, so daß es bestimmt eine Stunde gedauert hat. Penken war etwas besser eingerichtet als Buchwalde. Jedenfalls waren die Waschräume groß und warm, und man konnte auch duschen. Aber der Schlafraum lag an einem Ende des Hauses und der Waschraum am anderen, nur über den Hof zu erreichen. Um Zeit zu sparen, wurde auf dem Weg schnell nur ein Handtuch vorgehalten, was eigentlich verboten war. Meist ging es ja auch gut. Aber wenn jemand in diesen Waschstreß hineinplatzte, konnte er herrliche Gestalten sehen.

Wir hatten ein sehr gutes Verhältnis zu den Bauern und haben viel in der Dorfgemeinschaft gearbeitet. Ganz stolz war ich einmal, als mich mein Bauer um Rat fragte. Das Frühjahr war sehr trocken gewesen und die Rüben schlecht aufgegangen. Sollte man nun das Feld noch einmal neu einsäen oder nur neue Pflanzen dazwischensetzen? Das eine war eine Kostenfrage, das andere eine Heidenarbeit. Ich meinte, wir sollten verziehen und pflanzen, ich würde auch tüchtig helfen. Das habe ich auch getan, auch in meiner Freizeit am Sonntag, und so haben wir es geschafft.

Wir haben herrliche Wanderungen gemacht, zum Teil mit dem Förster, der uns auch einmal ein Nest mit einem schwarzen Storch zeigte.[1] Im Sommer durfte ich auch einen Lehrgang im Weben in Domnau

---

1) Wenn meine Mutter von ihren Erlebnissen in Vaters Jagdrevier erzählte, erwähnte sie immer freudig das Vorhandensein dieser ornithologischen Seltenheit in seinem Revier. Auch mein Vater hat mir bei einem Pirschgang einmal das Nest hoch in einem Baum gezeigt. (Fortsetzung der Fußnote auf S. 76)

mitmachen und in einer Webwerkstatt in Insterburg. So habe ich im Winter im Lager gewebt, konnte alles selbst berechnen und die Kette aufbäumen."

Soweit der Blick in meine zeitweilige weibliche RAD-Nachbarschaft, dem noch hinzuzufügen wäre, daß ich manchmal, wenn ich zum Mittagessen ins Forsthaus ging, Maiden antraf, die auf der Böschungskante der Wiese saßen und sich offensichtlich in der Mittagspause von ihrer gewiß nicht immer ganz leichten körperlichen Arbeit ausruhten. Mißmutige Gesichter oder Zeichen des Abreagierens von irgendeinem erlittenen „Zwang", ein „geschichtspolitisch korrekter" „Spickfuß", der heute ja zu jeder RAD-Schilderung gehören würde, habe ich dabei nicht gesehen.

Und damit zurück zu meiner Zeit im Hause Röhr:

Ganz anders als im Verhältnis zu Frau Röhr und nicht minder zu den rührend um Karin und mich besorgten, einige Lebensjahre älteren Töchtern Margret und Gabriele („Gabi") – sie liehen uns z. B. ihre hochrädrigen Kinderpuppenwagen zum Spielen – empfand ich Herrn Röhr gegenüber immer eine unerklärliche Scheu. Er wirkte auf mich oft etwas rätselhaft und unheimlich. Lag dies nur an seinem (wohl Rottweiler-)Jagdhund „Baron", der uns Kindern als allzu grimmig erschien, und an dessen Antipoden „Bums", einem etwas umgänglicheren Rauhhaar-Dackel? Gleich hinter dem Hauseingang, der hübschen Veranda mit den bunten Gitterfensterscheiben (unvergeßlich, wie hier nach Fliegenvernichtungsaktionen mit „Flit" die Fliegen in einer dichten Schicht auf dem Boden lagen und mit Schaufel und Besen beseitigt werden mußten!) befand sich auf der linken Seite das „Dienstzim-

---

(Fortsetzung Fußnote 1, S. 75) Es befand sich im Hauptwald in Jagen 2, in Nähe der Jagdgrenze zum Nachbarjagdbezirk Porschkeim, am Ufer eines kleinen, idyllischen, verschwiegenen Waldsees, der zum Baden einlud. Aber es war äußerst behutsame Annäherung und absolutes Redeverbot angesagt, um diese menschenscheuen Waldvögel nicht – evtl. sogar für immer – zu vergrämen.

Vom Dachfenster aus ging der Blick zum Fahnenappell (in den Kellern „läuteten“ glockenrein die Kröten). Aufnahme aus dem Album von Gisela Stolz.

Zum allmorgendlichen Fahnenappell. Aufnahme aus dem Album von Gisela Stolz.

„Und die Morgenfrühe das ist unsere Zeit ...“ Im Hintergrund rechts: Karauschenteich. Aufnahme aus dem Album von Gisela Stolz.

mer“ von Herrn Röhr. Vor dem Fenster stand sein Schreibtisch, an der Innenwand gegenüber stand ein Glasschrank mit seinen Jagdgewehren. Sein Zimmer strahlte nicht die so anheimelnde Atmosphäre des übrigen Hauses aus. Als ich älter wurde, fiel mir auf, daß Herr Röhr oftmals erst nach Vaters Jagdbesuchen wieder im Forsthaus eintraf, wenn er – noch in Friedenszeiten – also mit dem Auto (Steyer, später Opel-Kadett) nach Königsberg zurückgefahren war. Aus seinem Schweiß-Rucksack holte er regelmäßig Jagdbeute hervor. Ging dies mit rechten Dingen zu? Auf einen besonders treulosen Mißbrauchsfall der ihm von meinem Vater erteilten Jagderlaubnis werde ich bei Vaters Schilderung einzelner Bockjagd-Erlebnisse zurückkommen. Ein häufiges Thema von Herrn Röhr war das Thema „Dachsfett“ – mit dem die damaligen Lederstiefel wasserdicht gemacht wurden. Gewiß eine nützliche Sache – aber was wußte mein Vater über die Beschaffung des Dichtungsmittels, was wußte er nicht, was sollte er nicht wissen?

Nun wieder mein Vater:

> „Da Röhr bei seinen Bemühungen um Zwangshof ohne Erfolg geblieben war, trachtete der danach, mich aus meinem Revier zu verdrängen. Folgendes ereignete sich (Mutter hat es um ein paar Einzelheiten ergänzt, s. u.):
>
> Eines Tages meldete sich am Telephon Rechtsanwalt Dr. Kather.[1] Dr. Kather ließ mich wissen, der Sohn v. Katzler sei an dem an Vater verpachteten Revier interessiert und wolle es übernehmen. Nun war v. Katzler jun. bekanntlich Soldat in Afrika.

---

[1] Nachmaliger Mitbegründer der CDU in der Britischen Besatzungszone, Präsident des Zentralverbandes der vertriebenen Deutschen, Erstunterzeichner der Charta der Vertriebenen, BHE-Abgeordneter im Bundestag und schließlich Spitzenkandidat der NPD auf der Landesliste Nordrhein-Westfalen zur verlorenen schicksalhaften Bundestagswahl 1969, erster Herausgeber der Aktion Deutschland Pressedienst adp und Verfasser der Bücher „Die Entmachtung der Vertriebenen“ sowie „Halali in Ostpreußen“ u. a.

Also antwortete ich, wenn sein Interesse weiter bestünde, könne er das Revier nach dem Krieg übernehmen, aber eben erst, wenn er aus dem Krieg zurückgekehrt sei. Im Urlaub könne er als Gast selbstverständlich schießen, was er wolle. Nun drohte Dr. Kather Klage an, falls ich das Revier nicht zurückgeben würde.

Daraufhin bat ich einen Herrn v. Sittmann, der als Pfleger des v. Katzlerschen Eigentums eingesetzt war, um einen Termin. Ich berichtete ihm über den Anruf Dr. Kathers. Herr v. Sittmann bezeichnete das Vorgehen Dr. Kathers als unerhört. Denn Herr v. Katzler jun. sei in Afrika vermißt und befinde sich vermutlich in kanadischer Gefangenschaft.

Als Dr. Kather ein zweites Mal anrief, war ich selbst nicht da. Die Mutter führte das Gespräch. Als Dr. Kather wiederum auf einer Auflösung des Pachtverhältnisses bestand, antwortete sie: ‚Darüber muß mein Mann erst mit Herrn v. Katzler reden, wenn er die Jagd an ihn abtreten soll.‘ Daraufhin Dr. Kather: ‚Wir vermuten ihn in kanadischer Gefangenschaft.‘ Auf Mutters Frage ‚Wo kriegen Sie dann die Vollmacht her, Herr Rechtsanwalt?‘ sei am anderen Ende der Leitung ein fürchterliches Geschimpfe losgegangen. Mutter legte den Hörer auf – und bis zum bitteren Ende für alle Beteiligten herrschte Jagdfrieden. Die persönlichen Beziehungen zu Röhrs blieben allerdings dauerhaft gestört; nach der Vertreibung fand man dann wieder zueinander. (Anm. von mir, Fritjof: Dr. Kather in der verbands- und parteipolitischen Arbeit und ich im studentischen und universitären Bereich standen äußerst aktiv und engagiert in der Vertriebenenbewegung. Zur Bundestagswahl kandidierte er auf der Landesliste Nordrhein-Westfalen, ich auf der Landesliste Niedersachsen der Nationaldemokratischen Partei Deutschlands, NPD. Nach der für Deutschland verlorenen Wahl gründete Dr. Kather den Aktion Deutschland Pressedienst adp; hier fanden wir zusammen, er bezog mich immer weiter in die Herausgabe des Pressedienstes ein, auch ich schrieb regelmäßig Artikel zu herausragenden ostpolitischen Ereignissen, meistens unter einem Pseudonym wie Mons Regiomontanae oder Heinrich Kolberg. Nach näherem Kennenlernen sprach ich ihn einmal auf die Sache angeblich Katzler (in Wirklichkeit Röhr) gegen meinen Vater an. Er gab vor, sich nicht daran zu erinnern, was ich ihm aber bis heute nicht abnehme. Zu seinem 80. Geburtstag lud er mich in sein Haus in Buggenried/Schwarzwald ein. Aus Familie und Vertriebenenbereich war ich der einzige Geburtstagsgast, lediglich zwei Gemeindevertreter machten einen durchaus persönlichen Besuch. Zwischen Mittagessen und Nachmittagskaffee pichelte Dr. Kather mit mir zwei Literflaschen ‚Hochprozentigen', es war wohl ein Obstler, leer ...)

Ich, Fritjof, fahre nun selbst fort:

Die beiden Waldarbeiter im Revier – sie standen unter der Aufsicht von Herrn Röhr – hießen Hantel und Schröder. Sie wohnten in Landarbeiterwohnungen in zweiter Reihe gegenüber dem RAD-Lager mit dem damals üblichen Zuschnitt. Von einem Besuch meines Vaters, wohl in Ausführung irgendeines Auftrags, ist mir in Erinnerung geblieben, daß ich die Wohnungen behaglich fand. Beide waren treu, absolut zuverlässig und immer freundlich. Zu Weihnachten suchten sie für uns in Königsberg immer einen wunderschönen, zimmerhohen Tannenbaum in „unserem" Wald aus, der dann stets einen Tag vor Heiligabend, taufrisch eingeschlagen und herrlich nach frischem Tannengrün duftend, bei uns in der Schrötterstraße eintraf. Er wurde an der nördliche Außenwand von Vaters Herrenzimmer vor dem mächtigen Geweih eines von meinem Vater erlegten Elches aufgestellt. Mutter schmückte ihn phantasie- und prachtvoll mit kostbaren, zumeist wohl handgeblasenen Kugeln, Schmetterlingen, Tannenzapfen u. ä.

Einmal wurde ich in den großen Sommerferien Zeuge eines furchtbaren Unglücks, das sich beim Fällen einer alten Rotbuche im Penker Gutspark, gleich neben dem langen Wirtschaftsgebäude auf der anderen Seite der vor dem RAD-Trakt gelegenen Wiese, ereignete. Die beiden Arbeiter hatten Schwierigkeiten mit der Zugsäge. Plötzlich brach der Baum um und schlug mit der Kante der Schnittfläche gegen die Stirn eines Waldarbeiters. Er blutete fürchterlich und brach zusammen. Ich habe mich von selbst entfernt oder mußte mich entfernen. Der Ausgang des Unglücksfalles ist mir nicht bekannt geworden.

Als ich in den Sommerferien 1940 wieder bei Röhrs war, traf eines Nachmittags ein größerer Trupp französischer Kriegsgefangener am Forsthaus ein. Der Grund hierfür dürfte gewesen sein, daß Herr Röhr als gebürtiger Elsässer mit Sicherheit fließend Französisch sprach und ihnen vor ihrer Verteilung auf ihre landwirtschaftlichen Arbeitsstellen alle nötigen Informationen über die ihnen noch völlig fremde deutsche Umgebung und Arbeitswelt in ihrer Muttersprache erteilen sollte. Sie suchten auf der Rückseite auf der Bank und unter dem Lindenbaum vor der Giebelseite des Hauses ein schattiges Plätzchen. Einer von ihnen fragte mich – ich war mit meinen neun Jahren perplex – auf Deutsch, ob es hier auch Frösche geben würde (er war wahrscheinlich Elsässer, aber diese Vermutung stellte sich erst Jahre später ein, als ich die für Deutschland tragische Geschichte der „Reichslande“ kennenlernte). Seine Frage konnte ich mehr als bejahen, befand sich doch der Gutspark-Teich oder vielmehr -See mit seinem „Poggen“-Reichtum in unmittelbarer Nähe. Hatte der Fragesteller ihn vielleicht schon entdeckt? Mit der Hand in Richtung des Teiches/Sees zeigend, sagte ich dem Soldaten, daß er nur an das dortige Ufer zu gehen brauche, und schon würden ihm die Frösche serienweise in die Hand springen. Nur konnte ich mit seiner Frage nichts anfangen, welchen Sinn sollte sie haben? Damals wußte ich noch nichts von der französischen Frosch-Spezialität.

Was mich jedesmal entsetzte, wenn ich gerade wieder bei Röhrs angekommen war, war ein Mann in liederlicher Kleidung, der an einer flachen Stelle des Teiches/Sees, die nicht vom Park, dem Weg bzw. Geländer für eine Überfahrt über einen Abflußschacht, von Röhrs Garten, Nebengebäuden wie RAD-Lager und Röhrs Wirtschaftsgebäuden oder Schilf versperrt war und an der sonst Kühe zur Tränke geführt wurden, bis zum Bauch im Wasser stand und tierisch schrie. Es muß sich um einen schwer Geisteskranken gehandelt haben. Wahrscheinlich lebte er in einem der Insthäuser, die in einer Reihe auf dem hohen Ufer standen.

Ein Ferienfreund hatte mir in einem Sommer einmal sein offensichtlich selbstgebasteltes „Ruderboot“ geliehen, es war eher eine Art Ruderkiste. Stolz und unternehmungslustig paddelte ich zum hinteren Ende des Teiches/Sees, der eigentlich immer im Schatten von hohen Bäumen lag und nun endlich einmal erkundet werden sollte. Aber bei der Annäherung an diesen geheimnisvollen Bereich kenterte mein Kahn. Zum Glück versank er nicht. Ich konnte aber nicht wieder hineinentern, ohne daß er bei jedem Versuch erneut umschlug. Schwimmend brachte ich ihn zu der Stelle zurück, wo ich ihn bestiegen hatte. Ich war pitschnaß und hätte mich geschämt, so Frau Röhr vor die Augen zu treten. Aber es war ja ostpreußischer Sommer! Also legte ich mich an einer Stelle, die nicht einzusehen war, auf das durchwärmte Gras, breitete meine Sachen aus – und kehrte trocken rechtzeitig vor dem Mittagessen in das Forsthaus zurück.

Unterhalb des Verbindungsweges, der den Teich/See abdämmte, auf dessen anderer Seite, befand sich ein Graben, der von dem kastenartigen Katarakt des Teiches/Sees gespeist wurde. Das Wasser war kristallklar und muß auch absolut rein gewesen sein. Hier tummelten sich Stichlinge, alle Versuche, sie mit der Hand zu fangen, schlugen fehl. Im sonnigen Uferbereich hausten Krebse. Wie oft ist mir dieser Abflußgraben später als Sinnbild der noch unzerstörten ostpreußischen Natur erschienen!

Vom Forsthaus hatte man einen freien Blick zum Himmel – unvergeßlich, wenn dort in großer Höhe unzählige Störche ihre ruhigen Kreise zogen, wenn sie Ende August den Abflug übten oder dazu sammelten.

Wo ein Mensch im Wasser stand und wie ein Tier brüllte. Gegenüberliegendes Ufer: Kleines Gebäude Holz- und Geräteschuppen Röhr, dahinter langgestrecktes Gebäude Fahrradschuppen, Hühnerstall Röhr, sonst alles RAD-Lager.

Zwei RAD-Maiden auf „meinem" Sprungbrett.

Wiedersehen nach 1990 – mein Badeparadies wüst, noch nicht ganz verlandet.

Als Herr Röhr an einem Sommertag mit seinem Audi nach Königsberg fuhr und mich mitnahm, erhob sich von einem Stoppelfeld oberhalb der Pasmarschlucht, in Richtung Dollstädt, ein Storch. Er konnte nicht mehr genug Höhe gewinnen, flog gegen den Kühler des Autos und verendete auf der Stelle.

Der landwirtschaftliche Betrieb und Verkehr vollzog sich zu jener Zeit im wesentlichen noch mit Pferden. Trecker wie den legendären Lanz-Bulldog gab es natürlich auch schon, aber eben noch verhältnismäßig selten. Und diese Pferde hinterließen auf ihren Wegen die sprichwörtlichen „Pferdeäpfel“, an denen sich zahllose Spatzen labten. Für mich war es ein heimliches Ferienvergnügen, barfuß in den frisch abgelegten, warmen und weichen „Pferdeäpfeln“ herumzustampfen. Ich habe mir die Füße dann natürlich im Teich/See gesäubert – aber eigentlich müssen sie beim Zubettgehen trotzdem noch verräterisch gerochen haben. Frau Röhr hat niemals ein Wort darüber verloren ...

Der Weg vom Forsthaus zur Chaussee Schrombehnen-Dollstädt-Penken-Seeben-Rositten führte an zwei Teichen vorbei, in denen Karauschen gehalten wurden. Die Menge der Fische beim Abfischen steht mir noch heute vor Augen. Die ostpreußische Redensart „Karauschen mit Maibutter“ erinnert an diesen äußerst wohlschmeckenden Fisch.

Gleich dahinter befand sich auf der rechten Seite die Dorf- bzw. Gutsschmiede. Dort habe ich immer wieder beim Beschlagen der Pferde zugeschaut, wie der zu beschlagende Pferdehuf hochgehalten und das Pferd damit gleichzeitig am Auskeilen gehindert wurde, wie es beim „Anpassen“ des Hufeisens knisternd zischte und nach verbranntem Horn roch, wie das Hufeisen noch mehrfach in die vom Blasebalg entfachte Glut gelegt und auf dem Amboß mit „ping, ping, ping“ solange geschmiedet wurde, bis es endlich in Paßform gebracht war. Die durch den Huf getriebenen Schmiedenägel wurden seitlich umgebogen.

Ein gewiß „einzigartiges“ Jagderlebnis bescherte uns jedesmal „unser“ Jagdhund „Treff“, wenn er dabei war. Karin, die sich immer einen

Hund gewünscht hatte, hatte ihn 1938 oder 1939 als Geburtstagsgeschenk erhalten, und als sie ihn, von der Hans-Schemm-Schule in der Schrötterstraße mittags nach Hause kommend, freudig begrüßen wollte, biß er sie ... „Treff" wurde daraufhin in die Obhut von Vaters Bruder, Onkel Otto, gegeben, der ihn jagdlich abrichten wollte (Onkel Otto ist im Oktober 1941 vor Leningrad/Schlüsselburg gefallen). Aber „Treff" wollte offenbar nicht Jagdgenosse sein, sondern lieber allein durch Feld und Flur streifen. Bis zum Kriegsbeginn fuhr mein Vater immer mit seinem Opel-Kadett nach Penken. Das Auto wurde dann nach dem Reichsleistungsgesetz reklamiert und auf Nimmerwiedersehen zur Wehrmacht „eingezogen". Waren Onkel Otto und nunmehr sein „Treff" mit von der Partie, so pflegte dieser beim Öffnen der Wagentür blitzartig zu entwischen und, statt gehorsam allen lauten Rückrufen zu folgen, seinem inneren Trieb nachzugeben und irgendwo seinen eigenen jagdlichen Leidenschaften hinterherzujagen. Sein Freiheitsdrang hatte am Ende immer eine geniale Note: Sobald der Motor zur Rückfahrt nach Königsberg angelassen wurde, die immer am Jagdhaus Röhr begann, traf auch „Treff" mit langen Fluchten pünktlich wieder ein ... Mit der Einberufung von Onkel Otto zur Wehrmacht verliert sich auch die Spur von „Treff".

Als die unlauteren Machenschaften von Herrn Röhr zu einer schweren Belastung der beiderseitigen Beziehungen geführt und ein Verweilen als „Gast" im Hause Röhr bei weiteren Aufenthalten im Jagdrevier unmöglich gemacht hatten, wohnten mein Vater und ich entweder im Gasthaus Biller oder beim Bauern/Bürgermeister Meier. Hier, auf der an die Scheune angrenzenden Wiese, unterwies mich mein Vater im Schießen und verantwortungsbewußten Umgang mit dem Gewehr. Eine einzige Erklärung, Ermahnung, ein Hinweis genügte, sie brauchte nie mehr wiederholt zu werden. Die erste praktische Schießausbildung erfolgte durch Vater an einer (französischen) Kaliber 24 Ejektor-Doppellauf-Schrotflinte. Zuerst ließ er mich den Deckel eines Blecheimers hoch in die Luft werfen; hatte dieser seinen höchsten Punkt erreicht, drückte mein Vater ab, der Deckel wurde getroffen und weiter geschleudert. Dann wiederholte sich das Spiel in umgekehrter Rollenverteilung. (Wie es dazu kam, weiß ich im einzelnen nicht mehr. Jedenfalls nahm Herr Röhr mich einmal zum Tontaubenschießen nach Pr. Eylau mit. Dort durfte ich „außer Konkurrenz“ mit einer stärkeren Schrotflinte „mithalten“. Eingedenk der „Ballistik“-Lehren meines Vaters war jeder Schuß ein Treffer, die Bändchen der getroffenen Tonscheiben flatterten zum Boden, und die erfahrenen Schützen sparten nicht mit Lob.) Auch mit dem Drilling-Kugellauf ließ mich Vater bereits einmal unter seiner Assistenz auf einen Zielpunkt auf einer Kartoffelmiete auf freiem Feld schießen; der ungewohnt starke Rückstoß des Gewehrs wurde von mir als heftiger Schlag gegen die Schulter empfunden.

Mit meiner Kaliber 24-Schrotflinte und den zugehörigen jagdlichen Regeln vertraut, durfte ich bei ein paar Drückjagden, die mein Vater veranstaltete, auch bereits diese Waffe – mit jungenhaftem Stolz – führen. Nach Beginn der Jagdzeit auf Hasen kam ich dabei einmal auf einen Hasen zum Schuß, der auf unsere Kette zuraste, um sie zu durchbrechen. Aber ich verfehlte ihn, er legte nur die Löffel an.

Zwei andere jagdliche Erlebnisse mit meinem Gewehr sind mir fest in Erinnerung geblieben:

Als wir ausgebombt waren und mitsamt Köchin Lotte Tolksdorf und Kindermädchen Marta bei Bauer Meier in Seeben wohnten, fuhr mein Vater eines Tages wieder früh nach Königsberg, um sich u. a. um die Wiederinbetriebnahme der Bäckerei zu kümmern. Es war ein wunderschöner frühherbstlicher Tag in unserer nun schon ganz unmittelbar vom Krieg bedrohten Heimat, und mein Vater hatte mir die Erlaubnis erteilt, mit meinem „Taubengewehr“ auf Taubenjagd zu gehen. Also machte ich mich mit 40 Schuß Munition nach dem Frühstück auf die Pirsch. Ich kam auch 40 Mal zum Schuß, hatte aber hinter den abstreichenden Tauben wohl nur Löcher in die Luft geschossen. Als mein Vater, abends nach Seeben zurückgekehrt, mich nach meinen Jagderfolgen fragte und ich ihm kleinlaut das Ergebnis gestand, gab er einen Kommentar ab, der wohl über aller Jagd schwebt und den ich zeitlebens nicht vergessen habe: „Alle Tage ist Jagdtag, aber nicht Fangtag!“

Das zweite Erlebnis „unter Gewehr“ beschließt zugleich das Ende meiner jagdlichen Passion in Ostpreußen, bevor das Land kurze Zeit später unterging. Es war nach meiner Erinnerung der 14. Dezember 1944, für den mein Vater mit einigen wenigen Schützen – Goldbacher Freunde und Offiziere vom nahe gelegenen Truppenübungsplatz Stablack, wie sie immer zu Treibjagden eingeladen worden waren – eine Drückjagd angesetzt hatte. Es war ein etwas trüber Wintertag, und es lag schon hoher Schnee. Wir hatten bis auf zwei schon alle Jagen des Hauptwalds durchstreift. Vom Durcharbeiten durch den hohen Schnee müde geworden, bat ich meinen Vater, mir statt des Drückens durch das vorletzte bruchartige Jagen eine Verschnaufpause auf dem „Gestell“ zu gönnen, gegen das gedrückt werden sollte. Er willigte sofort ein und beteiligte sich statt meiner am Drücken. Als dieses bereits dem Ende zuging, es war Stapfen im Schnee und Knacken von Ästen zu hören, trat aus dem Dickicht in höchstens 10 m Entfernung ein ungeheuer starker Keiler hervor, der natürlich Witterung von mir haben mußte, aber nicht flüchtig, sondern seelenruhig über das Gestell in das benachbarte Jagen hinüberwechselte. Nicht nur daß es kindischer Unverstand gewesen wäre, mit meiner Taubenflinte auf diese hünenhafte Sau mit ihrer dicken Schwarte abzudrücken. Selbstverständlich war mir auch längst bekannt, daß angeschweißte Wildschweine den Schützen „anzunehmen“ pflegen und daß dies für ihn eine große Gefahr sein kann. Während „mein“ Keiler gravitätisch zum anderen Jagen hinüberwechselte, fiel auf dem anderen Ende des Gestells von dem mit Vater befreundeten Jagdgast Schulz aus Goldbach ein Kugelschuß, der, wie sich dann herausstellte, aber nicht dem Keiler, sondern einer Ricke gegolten hatte. Schulz, der ein absolut treffsicherer Schütze war und auch an flüchtigem Wild nie vorbeischoß, hatte dort eine Ricke gestreckt. Als das Drücken beendet war und Schützen und Treiber sich wieder sammelten, berichtete ich von meinem Jagderlebnis, das, wäre Vater an meinem Platz geblieben, ihm wohl mit das größte „Halali“ in Ostpreußen beschert hätte. Denn alle bekundeten, als sie die Keilerfährte begutachteten, einhellig, daß sie noch nie solch große Trittsiegel eines Wildschweins gesehen hätten. Das sofort veranstaltete Drücken durch das Jagen, in das der Keiler hinübergewechselt war, brachte diesen nicht wieder zum Vorschein. Ein offenbar allem Jägerverstand überlegener „Schwarzkittel“, der bald darauf wohl sowjetischen Maschinenpistolen o. ä. zum Opfer gefallen sein dürfte.

Mein Vater hatte Bürgermeister Meier Jagderlaubnis erteilt, wovon dieser aber ganz offensichtlich kaum Gebrauch machte. Meier war aus dem Ersten Weltkrieg schwer kriegsbeschädigt, er lahmte auf einem Bein oder trug hier sogar eine Prothese. Einmal begleitete ich Meier auf der Pirsch. Als wir im Hauptwald auf dem Hauptgestell an dem immer sehr wildreichen Jagen 3 entlang gingen, trat von dort in etwa 10 m Entfernung der erste Elch heraus, dessen ich in meinem Leben ansichtig wurde. Der Elch war von unserer Nähe völlig unbeeindruckt, er äste ruhig und ausdauernd an einer jungen Eiche.

Nicht weit entfernt kam mein Vater auf einen Rothirsch zum Schuß, als er einige Tage, nachdem wir in Königsberg ausgebombt worden waren, aufgrund der schweren Erlebnisse die Stille des Waldes suchte und mich auf die Pirsch mitgenommen hatte. Beim Brand unseres Hauses in Königsberg hatte er sich eine leichte Beinverletzung zugezogen, und seine Hand hatte offensichtlich auch noch nicht die sichere Ruhe wiedergewonnen. Was geschah, als meinem Vater das Jagdglück versagt blieb, schildert er mit seinen Worten so: „Ich hatte einen kapitalen Hirsch zum Abschuß frei. Wir gehen nachmittags um 3 Uhr ins Revier. Wir stoßen auf ein ganzes Rudel Hirsche, sie verharren ruhig. Durch mein Glas mit achtfacher Vergrößerung erkenne ich einen Hirsch mit gewaltigen Auslagen. Ich hatte mir (Anm.: zum Anlegen) einen Schießstock gemacht und lasse fliegen. Ich bleibe stehen und sage zu Fritjof ‚geh’ gucken, ob das Stück gefallen ist‘. Er kann nichts finden. Ich gehe nun selbst zum Standort des Rudels. Ich bin doch an der Anschußstelle gut abgekommen, wir suchen nochmals die Stelle ab, aber es ist kein Schnitthaar, kein Blut zu finden. Also habe ich glatt vorbeigeschossen." Soweit Vaters Bericht. Ich selbst hatte, als mein Vater anlegte, überhaupt nichts in der herbstlichen Färbung des Laubs gesehen, sondern hörte nur das Poltern des fliehenden Rudels, nachdem der Schuß gefallen war. Mein Vater fügte seiner Erzählung noch hinzu: „Als wir ausgebombt wurden, verbrannten meine ganzen Gehörne, der Wohnungsflur vor meinem Herrenzimmer war voll von ihnen." – Ja, auch ich sehe die Wand immer noch so vor mir.[1)]

Nicht allzu weit von hier entfernt, zwischen Hauptwald und „Kleinem Wäldchen", hatte ich ein anderes, ebenfalls unvergeßliches Jagderlebnis mit meinem Vater. Es war am 4. August 1944, also noch vor der Zerstörung unseres Königsberger Hauses durch die Royal Air Force. In der Abenddämmerung eines Hochsommertages, wie ihn uns die Natur sozusagen als einen vorletzten Abschiedsgruß von unserer Heimat nicht schöner schenken konnte, gingen wir aus dem Hauptwald in Richtung Seeben zurück. Vorsichtig näherte mein Vater sich dem Waldrand; auf dem davor befindlichen Kleeschlag könnte sich ja ein Rehbock aufhalten, der festgesetzte Abschußplan war noch nicht erfüllt. Und tatsächlich, dort äste ein Rehbock, der von dem hoch gewachsenen ostpreußischen roten Klee fast vollständig verdeckt war. Im letzten Büchsenlicht ließ mein Vater fliegen, und im gleichen Augenblick war der Bock vor unseren Augen verschwunden. Wir begaben uns sogleich auf die Nachsuche, konnten aber weder den Bock noch die Anschußstelle sofort finden. Abgesprungen war er jedenfalls nicht, also mußte er sich doch in dem Kleeschlag befinden. Wir fanden ihn dann auch – es war ein kapitaler Sechsender! Nun mußte er noch in der – in Ostpreußen rasch hereinbrechenden – beginnenden Dunkelheit „versorgt", d. h. aufgebrochen werden. Denn trotz der

---

1) Die (wenigen) Gehörne von „Spießern" darunter, wie in der Jägersprache Rehböcke mit degenerierten, verkrüppelten, in allen Arten gekrümmten Gehörn-Mißbildungen genannt werden, haben meine Phantasie damals mehr beschäftigt als die Gabler oder gar Sechser mit ihren z. T. wunderbar geperlten Rosen, ebenmäßigen Stangen und Sprossen.

Kühle der Nacht wäre sein Fleisch schon am nächsten Morgen ungenießbar gewesen. Also wurden seine Innereien entfernt, der ludernde Fuchs würde sie in einem Dickicht finden. Mehr durfte ihm aber nicht überlassen werden, deshalb mußte der aufgebrochene Bock auf einen Ast gehievt werden, den der Fuchs nicht erreichen konnte. Wir würden dieses ablieferungspflichtige Wildbret am nächsten Morgen holen (lassen). Das – im Rahmen der Fleischbewirtschaftung nicht ablieferungspflichtige, freie – „Geräusch", also Leber, Herz, Lunge und Nieren, nahmen wir gleich mit. Das Gehörn dieses Bocks ist dann zusammen mit allem anderen bei dem schweren britischen Luftangriff am 29./30. August 1944 in unserem Hause, oder, falls es noch bei dem Büchsenmacher und Geweihpräparator Klimpel in der Koggenstraße in Schloßnähe war, dort verbrannt.

Besonders erlebnisreich verliefen immer die Treibjagden, zu denen mein Vater immer kurze Zeit vor Beginn der Schonzeit für Hasen (16. Januar), etwa um den 10. Januar herum, einlud. Es herrschte immer strenger Frost, Feld und Wald waren stets tief verschneit. Beteiligt waren immer bis zu zwei Dutzend Schützen, eine mindestens ebenso große Zahl von Treibern (ich war einer von ihnen), darunter stets die immer hilfsbereiten, absolut zuverlässigen Waldarbeiter Schröder und Hantel (Penken) sowie einige Jugendliche aus Penken/Seeben, für die die Treibjagd Abwechslung in den Dorfalltag brachte (Fernsehen gab es damals noch nicht, und wie viele Filmabende fanden in einem Penker Veranstaltungs- und Filmvorführraum statt?).

Die Hasenstrecke schwankte nach meiner Erinnerung zwischen vielleicht einigen vierzig bis achtzig Stück. Wenn die Hasen im Feuer roullierten und tot liegen blieben, war dies „normal". Waren sie aber (leider) „nur" angeschossen und wurden dann von einem mitgeführten Jagdhund ergriffen und in dessen Fang zu Tode geschüttelt, so stimmten sie vorher eine laut quäkende Klage an, die schon durch Mark und Bein gehen konnte. Die erlegten Hasen waren, wie das bereits erwähnte „Geräusch" des Rehwilds, nicht ablieferungspflichtig. Sie wurden verteilt, grundsätzlich erhielt wohl jeder Schütze und Treiber einen Hasen als Jagdlohn. Da praktisch den ganzen Winter hindurch in Ostpreußen mehr oder weniger strenger Frost herrschte, wurden die von meinem Vater mitgenommenen Hasen in unserem Haus in Königsberg auf den Dachboden gebracht. Dort hingen sie dann, steifgefroren, nebeneinander an dem Längsbalken des Dachfirstes, bis Lotte dann ungefähr allwöchentlich einen köstlichen Hasenbraten, der Rücken mit Speckstreifen gespickt und dadurch nicht mehr trocken, sondern saftig, bereitete. Es war immer eine spannende Frage, wer beim Hasengericht auf ein Schrotkorn beißen würde ... Das Abziehen des Fells pflegte „unser“ Franzose Robert zu besorgen.

Zur Treibjagd-Beute gehörten meistens wohl auch einige Stücke Schwarz- und Rehwild (Ricken) sowie Füchse, die in der unterschiedlichsten Färbung vorkamen, von rot bis gelbbraun, alle mit ihren schwarzen Fesseln. Das Legen der Strecke und ihr feierliches Verblasen waren für Auge und Ohr ein majestätisches, würdevolles Erlebnis, immer in frostiger Winterluft.

Zum abendlichen Schüsseltreiben im Gasthaus Biller war ich wegen meines noch jung-jugendlichen Alters nur ein einziges Mal zugelassen, und das hatte einen besonderen Grund. Meine Mutter war eine Liebhaberin der Dichtkunst von Hermann Löns (dessen Tier-, Natur- und Heideromane auch ich verschlang, wenn ich wegen meiner zahlreichen Krankheiten in jenen Jahren wieder einmal das Bett hüten mußte). Obwohl sie stets eine starke Abneigung gegen Vaters (und dann auch meine) jagdlichen Unternehmungen an den Tag legte, bestand sie darauf, daß ich zum Abschluß einer Treibjagd (1942, 1943 oder zur letzten 1944?) das Wilderer-Gedicht „Prokoll“ von Löns aufsagen sollte. Meinem Vater war diese „Einlage“ seines Ältesten natürlich mehr als willkommen. Sie gelang, und nach Teilnahme am Essen wurde ich dann irgendwann zum Schlafengehen im Gasthaus Biller verabschiedet ... Es gab übrigens Rinderfleck, ich lernte diese ostpreußische Spezialität hier zum ersten Mal kennen. Frau Biller hatte sie in großen Weckgläsern eingemacht, und als „Extra“ reicherte sie die Fleck mit hart gekochten Eierscheiben an. Ihr Mann war als Soldat auf dem Balkan tödlich verunglückt. Von ihr selbst habe ich nach dem Krieg nie wieder etwas gehört. Welches Schicksal mag sie erlitten haben?

Es folgt nun das „Protokoll“ von Löns, das ich selbstverständlich auswendig aufsagte:

Protokoll

Ich heiße Friedrich Wilhelm Schläger,
Nicht vorbestraft, bin vierzig alt,
Verehelicht, ich stand als Jäger
In Bückeburg und bin bestallt
Seit sieben Jahren über Echter,
Aubruch, Kirchlohe, Hellenstein
Als Jagdaufseher von dem Pächter,
Dem adeligen Jagdverein.

Ich merkte es seit ein'gen Wochen,
Es war nicht sauber im Revier,
Hier war ein Rehbock aufgebrochen,
Dort fehlte eine Ricke mir;
Pfingstsonntag wurden zwei Gescheide
Auf einmal mir ins Haus gebracht,
Von alten Ricken, alle beide
Enthielten eine reife Tracht.

Am dritten Juli bei halb viere
Stand ich am Kösterbruche an
Dem besten Wechsel im Reviere,
Da kam von Meyers Busch ein Mann;
Die Mütze trug er im Gesichte
Und unterm Arme das Gewehr,
Er pürschte von der Zwillingsfichte
Sich langsam vor der Wiese her.

Dort äste bei der Vorflutbrücke
Vertraut seit einer Stunde sich
Mit ihrem Kitze eine Ricke,
Auf dieses zu der Wilddieb schlich;
Ich sah, wie er sich fertig machte
Und langsam vortrat aus dem Wald,
Und ehe daß es drüben krachte,
Ging ich in Anschlag und schrie: „Halt!"

So wie ich rief, da riß er Funken,
Der Hagel schlug um mich herum,
Da nahm aufs Korn ich den Halunken

Und machte auch den Finger krumm;
Ich sah im Feuer ihn roullieren,
Den Knall er nicht vernommen hat,
Er tat nicht Hand noch Fuß mehr rühren,
Es saß die Kugel Mitte Blatt.[1)]

Vor der Treibjagd 1942 oder 1943 hatte mich eine schwere Erkältung erwischt. Mein Schnupfen war seit Kindesbeinen immer so heftig, daß zwischen den Kamillendampfbädern einzig und allein Windeln den Nasenfluß auffangen konnten. Als es nun morgens ans Aufstehen und zum Hauptbahnhof gehen sollte (Abfahrzeit nach Schrombehnen etwa 6.30 Uhr) zeigte das Thermometer -26 °C! Meine Mutter sprach kategorisch: „Der Junge bleibt zu Hause!" Vater hielt dagegen – und setzte sich zu meiner unbeschreiblichen Freude durch. Am Bahnhof Schrombehnen (die Stationen davor waren Wickbold und Tharau) bestieg unsere Jagdgesellschaft, soweit sie aus Königsberg angereist war, die zu unserer Abholung aus Penken-Seeben bereitgestellten Kutschen und Leiterwagen. Wir wurden darin in dichtes Stroh eingepackt, das von oben mit Decken oder Planen abgedeckt war. So, wunderbar wohlig-warm eingehüllt, wurde die ca. 6 km lange Fahrt nach Penken durch den prickelnd frostklaren Morgen ein unvergeßliches ostpreußisches Wintererlebnis.[2)]

---

1) Das Gedicht ist kein Produkt dichterischer Phantasie. Löns, der selbst Jäger war, hatte sicherlich vor Augen, daß in seinem, dem 19. Jahrhundert durch regelloses Jagen und Wilderei nicht nur ganze Bestände und Wildarten in ihrer Existenz bedroht oder sogar ausgerottet waren, sondern auch immer wieder Forstbeamte und Jagdausübungsberechtigte der mörderischen Kugel von Wilderern zum Opfer fielen. Der ostpreußische „Wanderjäger" Rudolf Herrenkind hat am 24. Januar 1980 in seinem Vortrag „Die Jagd in Ostpreußen" vor der Ostpreußischen Frauengruppe Kiel diese auch tödlichen Folgen des Wildererunwesens hervorgehoben.

2) Manch einem vor allem jüngeren Leser, der so etwas hierzulande ja noch nicht selbst erlebt hat, mag beim Gedanken an die gegenwärtigen „Wintertemperaturen" eine Minustemperatur von -26 °C als dem Reiche der Phantasie entlehnt erscheinen. Noch mehr die Mitteilung, daß ich 1942 an einem Januarmorgen am Außenthermometer an unserer nördlichen Hauswand einen Kältegrad von -41 °C abgelesen habe. (Fortsetzung auf S. 97).

Mein Vater pflegte bei der Einladung zu den Treibjagden seinen Gästen zu sagen, sie bräuchten keine Gewehre mitzubringen, er habe genug eigene und könnte jedem eine Flinte für den Jagdtag geben. Diesmal machte wohl nur August Klein aus Goldbach von seinem Angebot Gebrauch. Er erhielt eine Kaliber 12 oder 16-Schrotflinte mit Damast-Rohren (mein Vater hat zu den so bezeichneten Gewehrläufen erklärt, sie seien aus weicherem Stahl und würden besser schießen, aber mit Schwarzpulver-, nicht rauchloser Munition). Vor dem Abmarsch zum ersten Treiben gab es irgendein warmes Getränk oder Suppe. Der Kessel wurde auf einem riesigen Sturzacker gebildet,

---

(Fortsetzung Fußnote 2, S. 96) Diese Temperaturangaben haben sich in meinem Gedächtnis festgesetzt, weil in jenem „Rußlandwinter" 1941/42 die täglichen Lagemeldungen von der Ostfront uns eindringlich vor Augen hielten, daß unsere Soldaten dort noch eisigeren Temperaturen und größeren Schneemassen standhalten mußten (Hunderttausende von ihnen erlitten z. T. schwere Erfrierungen, ihre Kriegsauszeichnung für das Halten der Front unter derartigen Bedingungen erhielt von ihnen die Bezeichnung „Gefrierfleischorden"). Und auch jene Nachkriegslizenzjournalisten haben für ein Nichtvergessen gesorgt, die noch viele Jahre nach Kriegsende Ostpreußen nicht genug als „kalte Heimat" schmähen und verspotten konnten. Meine Temperaturangaben werden auf der großen Linie durch die Witterungsberichte des Statistischen Reichsamts bestätigt. Dort werden mit unterschiedlichen Januardaten 1942 für Tilsit -37,6, Königsberg i.Pr.-Sternw. -33,3, Osterode i.Pr. -28,6, Treuburg -30,6 °C angegeben. Und in dem 1948 nachträglich vom Deutschen Wetterdienst in der US-Zone (Zentralamt Bad Kissingen) veröffentlichten Textteil heißt es auf Seite 28: „... Ostströmung, mit der nun die russische Kaltluft weit nach Westen vorstoßen konnte. Die bereits stark abgekühlten Luftmassen führten über der verbreiteten Schneedecke bei Hochdruckwetter am 10. bis 12. zu intensiven Strahlungsfrösten ... strömten immer wieder neue Schübe festländischer Kaltluft nach Mitteleuropa ... Die tiefsten Temperaturen traten am 25. und 26. ein, als von Nordosten her eine ganz extreme Kaltluftmasse das nördliche Ostpreußen und Ostpommern streifte, die in ihrem Kerngebiet in der freien Atmosphäre um 7 °C kälter war, als je in Mitteleuropa gemessen wurde, und damit ostsibirischen Verhältnissen entsprach. Bei ihrem Vorüberzug traten in den genannten Gebieten bei bedecktem Himmel und leichtem Wind Temperaturen von minus 33 bis minus 37 °C auf; die bisher beobachteten absoluten Tiefstwerte wurden an zahlreichen Orten unterboten ..." (Fortsetzung der Fußnote auf S. 98)

dessen tiefe Furchen noch nicht ganz mit Schnee zugedeckt waren. (In der Nähe dieses Sturzackers befand sich eine Weide, auf der im Sommer die rosafarbenen Champignons buchstäblich „mit der Sense" geerntet werden konnten. Ein Nebenprodukt der ostpreußischen Pferdezucht!) Das Gelände war hügelig, so daß anfangs die auf der Gegenseite den Kessel bildenden und in ihn hinein marschierenden Schützen und Treiber nicht zu sehen waren. Als er geschlossen war, wanderte von dort ein ununterbrochenes „Bautz-Bautz" der Schrotabschüsse im Kreise herum auf uns zu, und als so das Schießen näher kam, erscholl von Mann zu Mann der Ruf auf ostpreußisch Platt: „De Foß, de Foß!" Ein Fuchs, der in der Deckung der tiefen Furchen zu entkommen versuchte, ich selbst habe nur seine Lunte gesehen. Er passierte heil einen Schützen nach dem anderen – und durchbrach am Ende die Treiberkette. Weg war er! Mindestens 100 Schuß waren regelrecht „verballert". Der einzige, dem das Jagdglück hold gewesen war, war August Klein. Er hatte einen Hasen geschossen. Dieser hünenhafte Recke und stets mit treffsicherem Humor begabte Nimrod aus Goldbach, der die Berg-Geschwister mit „Sie", aber mit ihrem Vornamen anzureden pflegte, kommentierte sein Jagdglück kurz und knapp mit den Worten, auf sein Gewehr zeigend: „Herr Heinrich, das Ding schießt ja wie von selbst!" Er konnte dies mit umso größerer Genugtuung sagen, als außer ihm alle anderen Schützen lediglich den Sturzacker angebleit hatten ... Alles was August Klein zum Besten

---

(Fortsetzung Fußnote 2, S. 96) Die entsprechenden Angaben für die Tage vom 11. bis 26. Januar 1943 lauten: Tilsit -22,7, Königsberg i.Pr.-Sternw. -18,4, Osterode in Pr. -22,3, Lyck -19,8 °C. Das nachveröffentlichte und ergänzte Manuskript des vom Statistischen Reichsamt nicht mehr herausgegebenen Deutschen Witterungsberichts für Januar 1943 besagt u. a. folgendes (S. 40 der Publikation des Deutschen Wetterberichts in der US-Zone): „... Ein neues Sturmtief, das über den Kanal hinweg Jütland erreichte, ließ die Warmluft bis zur Weichsel vorstoßen, so daß nur noch Ostpreußen im Bereich der kalten Festlandluft verblieb ... im östlichen Ostpreußen war es um mehr als 3 °C zu kalt ... Die Zahl der Eistage nahm entsprechend von 4–6 im Südwesten auf 20–26 in Ostpreußen zu, und ebenso die Zahl der Frosttage von 11–14 im Rheinland auf 30 im östlichen Ostpreußen."

gab, tat er mit seiner ostpreußisch-kernigen, durchdringenden Stimme.

Alle folgenden Treiben gingen durch teilweise recht tiefen Schnee, oft mußten auch die Stacheldrahtzäune der Sommerweiden überwunden werden. Das Wandern von Kessel zu Kessel war also auch ein gehöriges Stück körperliche Arbeit, und obwohl die Temperatur an diesem Tag mit Sicherheit nicht über die Marke von -20 ° C geklettert war, war von Kälte oder Frieren keine Spur. Im Gegenteil, mir wurde mehr als warm! Ein schöner Nebenerfolg des Tages, auch gegenüber Mutter, war, daß die ganztägige Bewegung in der herrlich-trockenen Winterluft, wie sie für Ostpreußen so typisch war, den Schnupfen vollständig vertrieben hatte! Als wir am nächsten Vormittag mit dem Zug von Schrombehnen nach Königsberg zurückfahren wollten, lief aus Richtung Pr. Eylau eine vollständig von einem Eispanzer eingehüllte Dampflokomotive ein; sie nahm sich aus wie ein Urgetüm vom Nordpol!

Aber die damals keimende jagdliche Passion in mir – die dann 1945 unwiederbringlich ein jähes Ende finden sollte – bestand nicht etwa allein aus dem Nachstellen des Wildes, dem Selbstgefühl beim Tragen einer Jagdwaffe oder der so komplexen Gefühlswelt bei jagdlichen Erfolgen. Dieser Zeit, d. h. im wesentlichen meinem Vater, verdanke ich auch ein Hineinwachsen und einen Kenntnisreichtum von Natur und Landschaft, wie dies selbst damals nicht mehr allen jungen Menschen zuteil wurde. Ich lernte die Spuren und Fährten vieler frei lebender heimischer Tierarten kennen und aus der Form ihres Abdrucks das Verhalten des Wildes ablesen. Die körperlichen Ausdrucksformen des Wildes verrieten, ob es arglos war oder eine Gefahr witterte bzw. schon erkannt hatte. Das Spielen der jungen Dachse war wie ein Abbild aus dem Garten Eden. Schimpfte ein Eichelhäher über unser Erscheinen, so war gleichzeitig die gesamte Tierwelt vor der Species Mensch gewarnt. Das Schrecken eines Rehbocks stempelte uns unweigerlich zu Eindringlingen in eine Welt ab, die nun einmal der kreatürlichen Symbiose von Flora und Fauna gehörte. Viele Tier- und Wildarten haben infolge der Zersiedlung und „Erschließung“ der Landschaft in den letzten Jahrzehnten manche Verhaltensweisen geändert, haben ihre natürliche Scheu verloren und sind so „Bestandteil“ ihrer technisierten Umwelt geworden. Ich habe es noch beim Ansitz mit meinem Vater erlebt, daß er die Position an einem guten Wildwechsel verließ, weil in einiger Entfernung ein Lanz-Bulldog pflügte, dessen dumpfes Knattern das gesamte Wild im weiten Umkreis vergrämte. „Komm’, wir gehen, hier kommt nichts mehr“, sagte er. Wir wechselten von hier auf einen Hochsitz im Walde, der für uns ein recht unangenehmer Aufenthaltsort wurde. Denn es war ein hochsommerlich warmer Nachmittag oder besser schon Spätnachmittag, und die Mücken piesackten (ostpr. Wort u.a. für quälen, hier stechen) uns unbarmherzig. Wir waren dieser Plage wohl schutzloser ausgesetzt als das Wild, das sich im Dickicht oder in der Suhle einen Abwehrpanzer schaffen konnte. Wollten wir von einem Rehbock, dem der Ansitz galt, unbemerkt bleiben, so waren Abwehrbewegungen gegen die Plagegeister wie Kratzen oder Schlagen ausgeschlossen, und wir mußten ihren Jagddrang nach Menschenblut hinnehmen. Die Mückenschleier, die mein Vater mitgenommen hatte, waren ein zweischneidiger Schutz. Sie hielten die Mücken nicht restlos fern; die eine oder andere fand den Weg auch unter den Schleier und begann ihr Werk in diesem Käfig umso bohrender. Außerdem hielt der Schleier in einem gewissen Maße die frische Luft fern, und in der wohl auch schwülen Luft wurden unsere Gesichter schwitzig-feucht. Am Ende traten wir auch von diesem Platz den Rückzug an, mein Vater sollte offenbar überhaupt nicht zum Schuß kommen.

An dieser Stelle möchte ich eine Begebenheit einflechten, die sich erst ein halbes Jahrhundert später in der Praxis meines Kieler Arztes Dr. Wensky abspielte. Bei Untersuchungsterminen waren mir im Wartezimmer Luftaufnahmen von der masurischen Seenlandschaft aufgefallen. Ostpreußische Landschaftsaufnahmen in einer schleswigholsteinischen Arztpraxis? Das konnte kein Zweifel sein, hier mußte irgendeine persönliche Beziehung bestehen! Und der Name Wensky, das ergab jetzt eine Gedankenverbindung, klang ja auch nicht gerade schleswig-holsteinisch. Also sprach ich Dr. Wensky beim nächsten Besuch hierauf an und fügte hinzu: „Darf ich Sie nach Ihrer Herkunft fragen?" Daraus ergab sich ein bühnenreifes Frage- und Antwortspiel, das mit der Antwort von Dr. Wensky auf die Frage nach seiner Herkunft begann: „Kennen Sie ja doch nicht." Ich: „Vielleicht doch?" Er: „Aus Ostpreußen." Ich: „Von wo denn da?" Er: „Kennen Sie ja doch nicht." Ich wiederum: „Vielleicht doch?" Er nunmehr: „Aus dem Kreis Pr. Eylau." Nun wurde es spannend, ich fragte: „Von wo denn da?" Er, wie gehabt: „Kennen Sie ja doch nicht." Darauf wieder ich, wie gehabt: „Vielleicht doch?" Und nun rückte er mit der Antwort heraus, die erst mir, dann ihm fast die Sprache verschlug, er sagte: „Aus Dollstädt." Fast ungläubig hörte er jetzt von mir, daß ich durch dieses Dorf mit seiner Ortsdurchfahrt aus unvergeßlichem Kopfsteinpflaster ungezählte Male mit dem Auto, per Fahrrad oder mit der Kutsche zu unserem Jagdrevier Penken-Seeben oder von dort zurückgefahren sei. Wenig später fiel mir ein, daß meine Mutter mir zu einer Kriegsweihnacht ein Buch mit dem Titel „Brumbo und der Süße" geschenkt hatte, Verfasser Bruno Wensky. (Es kam mir wenig jungenhaft vor, fesselte mich nicht.) Hierauf bei der nächsten Konsultation angesprochen, erwiderte Dr. Wensky: „Das ist mein Vater. Er war Pfarrer in Dollstädt." Auch hier hatte sich wieder ein Kreis geschlossen. Als ich ihm von meinen Ortsbesuchen in der Gegenwart erzählte, berichtete er, daß er gerade erst vor wenigen Tagen eine russische Bewohnerin des heutigen Dollstädt operiert habe.

Zur ordnungsgemäßen Jagdausübung, zur (in der bundesrepublikanischen Gegenwart viel geschmähten) Hege und Pflege des Wildes gehört auch die Bekämpfung wildernder Hunde und Katzen. In der gängigen laienhaften Vorstellung der meisten Menschen gilt diese Art der „Jagdausübung" im Gegensatz zu derjenigen des Jägers als „harmlos", sie stößt, anders als das „Morden" und das „Abreagieren niedriger Instinkte" durch den Jäger, auf weitestgehendes Verständnis, es herrscht vollständige Ahnungslosigkeit über den Umfang des Schadens, den wildernde Hunde oder allein ein einziger Kater vor allem unter dem jungen Niederwild (wozu auch Rehkitze gehören!) anrichten können.

Ich war einmal dabei, als zwei wildernde Hunde in der freien Feldmark vor dem Penken-Seebener Hauptwald hin und her jagten, um etwas aufzuspüren und es sich dann solange gegenseitig zuzujagen, bis es ermüdet war und eine leichte Beute wurde. Sie waren zu weit entfernt, als daß mein Vater sie mit seinem Drilling hätte fassen können. Ich war auch dabei, als er einmal in höflicher Form einen Bauern in Seeben – sein Hof lag dicht neben dem noch heute vorhandenen Kopfsteinpflasterweg in Richtung Hauptwald – bat, seinen Hund am Wildern zu hindern, und ihn gleichzeitig auf die denkbaren Konsequenzen aufmerksam machte. Trotzdem ist dieser Hund dann später meinem Vater vor die Flinte gelaufen. Er wurde erschossen, und als Vater dem Besitzer Mitteilung von dem Geschehenen machte, soll dieser seiner Empörung freien Lauf gelassen haben ...

Auch an dieser Stelle mache ich nun einen Zeitsprung von 45 bis 60 Jahren, die alles so schicksalsschwer verändert haben. Seit dem Ende der Sowjetunion und der damit einhergehenden Öffnung des militärischen Sperrbezirks „Kaliningradskaja Oblast“ für Besuchsreisen habe ich bei meinen 22 Königsberg-Aufenthalten von 1990 (da noch „schwarz“ eingeschleust von den neu gewonnenen russischen Freunden Jurij und Tamara Ivanov) bis 2008 jedes Mal nach Möglichkeit auch mein Kindheitsparadies Penken-Seeben aufgesucht. Es war zwar – wie alles im sowjetisch annektierten Teil Ostpreußens – zerstört, verkommen, verwildert, von Grund auf verändert, ich hatte auch nur den widersinnigen Visum-„Ausländer“-Status in meiner Heimat. Aber die einst gewachsene Bindung an dieses Stück Erde war doch stärker als alle Melancholie. Gleich mir strömten zehntausende ostpreußische „Wiederkehrer“ und viele wie ich immer wieder in die ihnen jahrzehntelang vorenthaltene Heimat zurück, und mit ihnen ergoß sich ein wahrer DM-Regen über das Land. Es etablierten sich viele Taxi-Fahrer mit hart umkämpften Platz-Vorrechten, sie erwarben deutsche Mittelklasse-(wohl Gebraucht-)wagen, und auf ihren Fahrten über Land packten sie jetzt den Kofferraum voll – natürlich in Erwartung einer honorigen Bezahlung, aber auch in einer angeborenen, überaus herzlichen russischen Gastfreundschaft – mit allem, was zu einem reichhaltigen Unterwegs-Picknick gehört: Klapptisch und Klappstühlchen, Wodka, drei (größer als die deutschen „Fingerhut"-Gläschen, so ungefähr in Richtung „schto gramm") sind russische Mindestregel, Mineralwasser, Säfte, Limonade, Kaffee, Brot, Butter, gekochte Eier, Wurst, Tomaten, Gurken, Äpfel und, und, und ...

Mein bzw. unser Standard-Picknick-Platz wurde nun eine verwilderte, leicht geneigte Wiese in der Nähe des Gehöfts, von dem aus einmal „Bello" eigenmächtig „auf Jagd" gegangen war und das erhalten geblieben war. Wehmütig ging mein Blick von hier über die versteppten Felder, ungepflegten Wälder, Baumreste an Wegen des Ferien- und Jagdreviers von einst ... Bei einer Ostpreußenreise des Akademischen Freundeskreises Ostpreußen vom 30. September bis 9. Oktober 2004, an der Hannelotte nicht teilnahm, war ich am 6. Oktober wieder an diesem Ort. Während der sehr nette Michael Stepanov, der beruflich in einem Seefahrtsamt angestellt gewesen war, die Mittagsmahlzeit, wie beschrieben, vorbereitete, ging ich am ehemaligen, verwilderten „Kleinen Wäldchen" vorbei in Richtung Hauptgestell des Hauptwaldes (in den ich allein aber nicht hineingegangen wäre!), als vor mir ein Hase aufstand. Er hatte sich bis zuletzt im hohen Gras in seiner Sasse gedrückt, so daß ich fast auf ihn raufgetreten wäre. Seine Löffel waren, wunderschön gezeichnet, schwarz-weiß-braun. Hasen sind reviertreu – war es also ein „Nachfahre" aus unserer Zeit? Die Begegnung mit ihm in Vaters einstigem Jagdrevier hat mich sehr berührt, anders als bei den damaligen Treibjagdhasen empfand ich zu diesem Mümmelmann sozusagen eine persönliche Beziehung ... Und noch etwas anderes geschah beim diesmaligen „Durchatmen" unter dem Himmel meines einstigen Kindheitsparadieses: Von besagtem Gehöft kam eine alte Frau auf mich zu. Wir hatten uns schon in einem früheren Jahr einmal begrüßt. Da beherrschte ich noch soviel

Russisch, daß ich einfache Gespräche führen und ihr also meine „Zugehörigkeit“ zu Penken-Seeben erklären konnte. Sie hatte mich wiedererkannt und nahm Michael und mich in „ihr“ Haus mit – in dem sie uns stolz die ansehnlichen Einmachvorräte im Keller mit seinen massiven Gewölben zeigte und ohne Ende die Qualität der deutschen Hausarchitektur lobte.

Am Ortsrand von Penken, auf der linken Straßenseite in Richtung Seeben, befand sich zu deutscher Zeit die Volksschule beider Orte mit ihrer ansprechenden, klar gegliederten Backsteinarchitektur der 30er Jahre des vorigen Jahrhunderts. Sie war erhalten geblieben, wurde jetzt aber offensichtlich zu Wohnzwecken genutzt und befand sich äußerlich in einem ähnlich ungepflegten Zustand wie mehr oder weniger alles andere in der „Oblast Kaliningrad“. In geringer Entfernung dahinter, ebenfalls auf der linken Straßenseite in Richtung Seeben, hatte sich in einer Geländesenke ein großes Moor befunden, das mein Vater mit mir und seiner Büchse mehrfach durchstreift hatte. Es war vor Seeben durch einen Höhenzug begrenzt, vor dem ein Vorfluter den Wasserabfluß regulierte. Da die Russen von Drainagen, Meliorationen, landwirtschaftlichem Wasserbau, als sie „ihren“ Teil Ostpreußens in Besitz nahmen, nach eigenen Aussagen „keine Ahnung“ hatten oder dies alles ihnen immer noch gleichgültig war, war das Moorgelände „abgesoffen“, dort ist ein riesiger See entstanden. Der genannte Vorfluter, in dem ich auch zum ersten Mal in meinem Leben einen Biberbau zu sehen bekommen hatte, hatte mangels Unterhaltung seine Abflußfunktion verloren. In diesem Jahr 2004, von dem ich eben berichtet habe, hatte sich aber an der Schule eine radikale Veränderung vollzogen: Sie erstrahlte wieder in ihrer früheren Schönheit. Das hatte ganz offensichtlich diesen Grund: Das Gelände war ordentlich mit einem Staketenzaun oder auch Gitterzaun umgeben, und am Eingangstor prangte ein Schild mit – einem Elchkopf! Der Anblick war für mich sehr schmerzhaft – nun hatten die jetzigen Herren also sichtbar auch von Vaters Jagdrevier mit dem – nach sicherer Ausrottung anno 1945 ff – offensichtlich wiedererlangten Elchbestand Besitz ergriffen! Ich überlegte, ob ich in dieses nun wohl zum Jägerheim umgewandelte Gebäude hineingehen und ein Gespräch versuchen sollte, tat es aber nicht, da ich sehr bösartige Reaktionen nicht ausschließen konnte.

Wie bei jeder „Heimkehr“ zuvor, machte ich auch diesmal einen Abstecher in das ehemalige Penken. Hatte die einstige Gutsscheune den Zeitenbruch bisher noch ohne endgültigen Zusammenbruch überstanden, ragten jetzt allenfalls noch Fachwerkreste aus Trümmerschutt heraus. Wie überall in der „Oblast Kaliningrad“ – so auch beim Stallgebäude von Gut Meyerhof meiner Verwandten Möller im Kreis Labiau – war man mittlerweile daran gegangen, selbst die noch relativ gut erhaltenen, massiven landwirtschaftlichen Gebäude abzureißen und mit den dabei gewonnenen Ziegelsteinen zum Preise von 1,– DM/ Stück einen einträglichen Handel zu betreiben. Ganze Schiffsladungen deutscher Ziegelsteine fuhren zu diesem Preis bis ins Baltikum! Den Gebäudetrakt mit dem ehemaligen RAD-Lager hatte ich bislang in einem stark heruntergekommenen Zustand wahrgenommen, das ehemalige Forsthaus Röhr in einem ebensolchen, nicht mehr steigerungsfähigen Zustand, von dem niemand, der es nicht gekannt hatte, auch nur ahnen konnte, daß es sich einmal um ein stattliches Forsthaus gehandelt hat, vom benachbarten, verlandet/verwilderten Teich/See im Gutspark noch mehr zu schweigen. Die beiden Karauschen-Teiche, von denen ich erzählt habe, waren zugekippt. Diesmal reckte eine Gans ihren Hals in den „pischerigen“ (ostpr. Wort für dünn, schwach u. ä.) Strahl eines unweit stehenden, leckenden Wasserhahns. Der eben erwähnte Gebäudetrakt war frisch weiß getüncht. Den Rest entnehme ich der Eintragung in mein Notizbuch für den 6. Oktober 2004: „Dort sechs finstere Asserbeidschaner, ein ‚weißer‘ Russe. Er bewohnt das Forsthaus Röhr, zeigt es mir: So etwas an Schmutz, Verwahrlosung, Unordnung habe ich noch nie gesehen!“ Ich nahm Abschied von dieser Stätte wohl behüteter Kindheits- und Jugendjahre ohne das Verlangen, sie unter solchen Vorzeichen jemals wieder zu betreten!

Nochmals zurück zu wildernden „Haustieren" in Vaters Revier: Ein anderes Mal war in der beginnenden Abenddämmerung die Jagd vorbei, Vater wollte mit mir von der nach Nordwesten gelegenen Jagdgrenze, den auf einer Bodenwelle ansteigenden „Hasseln", nach dem etwa 1,5 km entfernten Seeben zurückgehen. Wir gingen über ein abgemähtes Feld, auf dem in langen Reihen die Hocken standen. Plötzlich blieb mein Vater stehen. Er hatte vor einer Hocke einen wildernden Kater entdeckt, der sich dort vor uns zu drücken versuchte. Im wirklich letzten Büchsenlicht feuerte mein Vater in einigem zeitlichen Abstand aus seinem Drilling zunächst die beiden Schrotläufe Kaliber 12 ab, schließlich gab er dem Kater auch noch die Kugel, bis dieser erst dann reglos am Boden lag. Dies war für mich zugleich ein nachdrückliches Lehrbeispiel über die Zähigkeit und Lebenskraft der Katzentiere.

Die Zeit in Penken-Seeben war nicht nur das Erleben von Wild, Jagd, Wald und Flur. Ich habe dort auch noch vieles andere kennengelernt, wie es damals auf dem Feld und bei der Ernte war, ja für ein ganzes Leben persönlichkeitsformend blieb.

Bevor bei der Getreideernte Mähmaschine und/oder Getreidebinder zum Einsatz kommen konnten, mußten zunächst am Rand des Getreidefeldes ein oder zwei „Schwad" mit der Sense gemäht werden (dies auch dort, wo Regen und/oder Wind die Getreidehalme flächenhaft auf den Boden gedrückt hatten). Hier mußten die Garben dann auch noch von Hand gebunden werden. Eine Tätigkeit, die mir Spaß gemacht hat (und sich im späteren Leben noch oftmals als nützlich erweisen sollte), die allerdings durch die mitgemähten Disteln auch Arme, Beine und Brust zerkratzte. Die Erholungspausen bei Malzkaffee und Kuchen auf freiem Feld („Vesper" oder auch „Kornaust") ließen mich noch unverfälscht jene Seinsformen und Gefühlswelt auf dem ostpreußischen Lande kennenlernen, wie sie selbst in den noch erlebnisfrischen Nachkriegsjahren keine „landsmannschaftliche Arbeit" mehr vermitteln konnte. „Wie am Schnürchen", man braucht das Wort „generalstabsmäßig" nicht zu scheuen, lief nach dem Austrocknen des

Getreides das Einfahren ab: Viele fleißige Hände arbeiteten flink und gekonnt beim Staken und Beladen sozusagen im Takt, die in der Regel vierspännig gezogenen Leiterwagen beförderten ihre Fracht im „Karacho“ entweder ins „Fach“ der Scheunen oder direkt zu den Dreschmaschinen. Auch dort habe ich noch oben auf dem Kasten gestanden und sah abends – wie alle anderen – vom stundenlangen Staubaufwirbeln wie ein halber Schornsteinfeger aus. Beim Hockenaufstellen war ich die Wette eingegangen, daß ich eine lebende Maus fangen würde. Ich ergriff sie auch – um den Preis, daß sie mir heftig in den Finger biß.

Als Auszeichnung, für einen ostpreußischen Jungen im Grunde aber selbstverständlich, empfand ich den Auftrag des Bauern Meyer, in den Ferien allabendlich seine Trakehner Stute mit ihrem Fohlen nach der Tagesarbeit zur Weide zu reiten. Geritten wurde dabei nur mit Zaumzeug, ohne Sattel. Dies war bei Trab schon etwas „stukerig“, aber wenn ich Galopp einlegte, war es ein Reiten „wie in Abrahams Schoß“. Putzig, aber oftmals auch mit mühevollen Wiedereinfangversuchen verliefen Begegnungen beim Ritt zur Weide mit von der Feldarbeit heimkehrenden Pferdegespannen. Statt der eigenen Mutterstute zu folgen, machte dann mein Fohlchen „auf dem Teller“ kehrt und lief mit seinen behend-beschwingten, stelzig-staksigen Schritten (all diese Charakteristika enthielt die Laufart des „Hietscherchens“) neben den fremden Pferden zum Dorf zurück. Es war manchmal, wie gesagt, gar nicht so einfach, das „fremdgehende“ Fohlen wieder auf den richtigen Pfad zurückzuholen. Zu meiner Verantwortung als „Pferdebursche“ gehörte auch das ordnungsgemäße Schließen und Sichern des Gatters im Weidezaun gegen ein etwaiges Öffnen durch die Pferde. Andere Gefahren für ein Abhandenkommen der Pferde oder gar sadistische Grausamkeiten an ihnen waren damals noch unbekannt! Schließlich hat sich in mein Gedächtnis eingeprägt und höre ich noch heute das ruhig-gleichmäßige Mahlen der Pferdegebisse im Stall, empfinde ich noch heute die wohlige Wärme, die mir dort vor allem im Winter entgegenschlug. Mit dem Ausreiten zur Weide verbindet sich auch die

Erinnerung an die silberne Taschenuhr meines Großvaters Bruno Terner. Ich hatte diese zu Weihnachten von Mutter geschenkt bekommen und trug sie auch beim Ritt auf die Weide stets bei mir. Einmal fiel ich auf dem holprigen Pflaster der Hofeinfahrt vom Pferd, und das Glas vor dem Ziffernblatt zerbrach. Obwohl dies in der Endphase des Krieges geschah und Ersatz damals gar nicht mehr so leicht zu beschaffen war, konnte sie repariert werden und ging 1945 mit auf die Flucht. In Leese hat sie dann, als ich zum Studium in Göttingen weilte, unter lieber zu verschweigenden Umständen „den Rest" erhalten.

Als das täglich zur Postagentur Seeben kommende Postauto (die Farbe der Reichspost war damals rot) wegen zunehmender Treibstoffverknappung nicht mehr verkehrte und die Anlieferung und Abholung der Post auf Pferdefuhrwerk umgestellt wurde, erhielt ich in den Ferien einen weiteren Auftrag, der „zu Pferde" auszuführen war und den ich ebenfalls als Ehrung empfand. Wenn nicht täglich, so mußte, nein, durfte ich mehrmals wöchentlich mit einem Pferdegespann des Bauern Meier die Post zu einer Poststation auf dem Truppenübungsplatz Stablack bringen bzw.von dort abholen. Die Fahrt ging über sandige Wege durch Wiesen und Felder, war erfüllt von der Stille und Einsamkeit der ostpreußischen Landschaft, mit der „Begleitmusik" trillernder Lerchen, klappernder Störche oder irgendwo vom Dengeln der Sensen. Wieviel inhaltsschwere Briefe von Vätern, Söhnen, Brüdern, die Soldat waren, oder umgekehrt an diese von Eltern, Kindern, Geschwistern, Bräuten sich in meinen Postsäcken stets befunden haben mögen, ist mir damals kaum in den Sinn gekommen.

Den Höhepunkt meiner Verantwortung für Pferde oder mit Pferden bildeten aber gelegentliche Kutschfahrten zum Bahnhof Schrombehnen, wenn ich, nachdem wir ausgebombt waren, dort meinen Vater von seinen Fahrten nach Königsberg abholen oder ihn dorthin bringen sollte. Es erzeugte schon ein stolzes Gefühl, in meinem damaligen Alter von dreizehn Jahren ein Pferdefuhrwerk kutschieren zu dürfen. Vor Antritt der Fahrt wurden jedesmal Wagenräder, Schutzbleche und Sitze der Kutsche gereinigt, die Pferdehufe eingerieben und blank geputzt. Dies alles geschah noch so selbstverständlich, als wären wir noch mitten im Frieden.

Meine Mutter allerdings sah diese Kutschfahrten nach Schrombehnen mit deutlichem Unbehagen, führte die Straße nach Schrombehnen doch durch die Pasmar-Schlucht, in die sie auf beiden Seiten des Flusses in einer lang gezogenen S-Kurve abschüssig hinabführte, eingesäumt von dicht nebeneinander stehenden alten Birkenbäumen. Meine Mutter war dort einmal als junges Mädchen mit einem Pferdeschlitten verunglückt, als sie nach dem Besuch ihres Onkels Waldemar Terner in Gr. Krücken (etwa 6 km südwestlich von Seeben gelegen) zum Bahnhof Schrombehnen gebracht wurde. Die Pferde hatten bei der Abfahrt zum Pasmar gescheut, sie gingen durch, der Kutscher hatte sie nicht mehr halten können, der Schlitten wurde gegen einen Baum und meine Mutter aus ihm hinausgeschleudert. Wie durch ein Wunder kam sie ohne ernsthafte Verletzungen davon, aber diese Fahrt durch die Pasmar-Schlucht und ihre Furcht davor übertrug sie – verständlicherweise – nun auf meine dortigen Passagen. Etwas „mulmig“ wurde auch mir einmal bei einer meiner Kutsch-Touren, als ich gerade die Pasmar-Brücke hinter mir gelassen hatte und in Richtung Schrombehnen „bergauf“ fuhr. Von hinten nahte, wahrscheinlich vom Truppenübungsplatz Stablack kommend, eine lange Kolonne von dreiachsigen Wehrmachts-Lkw (Hersteller dieses Fahrzeugstyps waren berühmte Firmen wie Büssing/Braunschweig, Henschel/Kassel[1)], Krupp/Essen). Zwar waren auch meinen Pferden Kraftfahrzeuge nicht

---

[1)] Vaters Bruder, Onkel Artur, hat mir bei unserem Wiedersehen 1951 in Ebingen/Württ. erzählt, daß er als Soldat einmal den Auftrag hatte, mit anderen Kameraden Henschel-Fahrzeuge aus Kassel abzuholen. In der Nacht erlebten sie einen schweren britischen Luftangriff auf die Stadt. Es sei furchtbarer gewesen als das Kampfgeschehen an der Front. (Anm.: Genau dies war ja die verbrecherische Zielsetzung, die der 1955 in einer der nationalen Würdelosigkeiten zum Karlspreisträger der Stadt Aachen erhobene englische Kriegspremierminister Winston Churchill und seine Mittäter mit ihrem Terror-Luftkrieg gegen die deutschen Städte und expressis verbis an vorderster Stelle: gegen ihre Bewohner verfolgten.)

mehr gänzlich unbekannt. Aber auf diese Massierung von geräuschvoll den Hang hinauffahrenden Großfahrzeugen reagierten sie doch spürbar unruhig. Um die Wehrmachtsfahrzeuge zügig vorbeifahren zu lassen, wich ich auf den in Fahrtrichtung auf der linken Straßenseite gelegenen „Sommerweg" aus. Ich zog die Zügel straffer und war froh, als das letzte Fahrzeug der Kolonne mich endlich überholt hatte und alles wieder „normal" verlief.

Von der Existenz meines Großonkels Waldemar Terner erfuhr ich allerdings nicht im Zusammenhang mit den vorerwähnten Kutschfahrten und erstmalig auch nicht durch meine Mutter. Mein Vater war einmal aus einem mir nicht mehr erinnerlichen Grunde mit mir per Fahrrad ein paar Kilometer über die westliche Grenze des Jagdreviers hinausgefahren, auf der von Seeben nach Rositten weiterführenden Straße. Sein Personenauto war, wie bereits erwähnt, bei Kriegsbeginn von der Wehrmacht reklamiert worden. Als er nach Beendigung des Frankreichfeldzugs im Spätsommer 1940 aus der Wehrmacht entlassen worden war und wieder die Jagd aufnehmen konnte, fuhren er bzw. wir immer mit dem Zug von Königsberg nach Schrombehnen. Zum Hauptbahnhof gelangten wir dabei im Sommer und Herbst auf unseren Fahrrädern (seines Marke „Goericke", meines Marke „Wanderer", beides damals bekannte Fahrradmarken, „Wanderer" baute auch Personenkraftfahrzeuge im Verbund der Auto-Union A.G., in der außerdem die Audi-Werke, DKW und Horch-Werke verschmolzen waren, alle in Zwickau, Zschopau bzw. Chemnitz/Sachsen). Die Räder wurden im Gepäckwagen aufgegeben, in Schrombehnen wieder in Empfang genommen, und bei ausnahmslos sonnigem Wetter – hat es dabei jemals geregnet?, die Antwort lautet in meiner Erinnerung: nein! – ging es von dort auf unseren Rädern nach Penken-Seeben weiter. Als wir umkehrten, hielt mein Vater an der Abzweigung nach Gr. Krücken an. Er erzählte mir, daß Mutters Onkel Waldemar Terner dort ein Gut besessen und in den 20er Jahren wegen Schulden Selbstmord begangen habe. Ich solle Mutter gegenüber nicht davon sprechen. Dieses ziemlich unvermittelt entstandene Wissen um einen Selbstmordfall in meiner Familie hat mich damals sehr belastet.

Meine Mutter hat viele Jahre nach dem Krieg Einzelheiten erzählt, auch über die genauen verwandtschaftlichen Beziehungen. Ihr Onkel Waldemar Terner war der Bruder ihres 1915 an den Folgen einer schweren Verwundung verstorbenen Vaters Oskar Bruno Terner, meines Großvaters mütterlicherseits. (Er war als Genesender bei einem Übungs-Patrouillenritt am Stadtrand von Königsberg vom Pferd gestürzt und hatte sich einen tödlichen Blasenriß zugezogen, als Jungen im Dunkeln sein Pferd wohl mit einer Taschenlampe blendeten und dieses dabei scheute.) Waldemar Terner erschoß sich etwa 1925, da er Krankenkassenschulden in Höhe von etwa 50.000,– RM für seine Landarbeiter hatte, die er nicht bezahlen konnte. Sein Selbstmord erhielt eine zusätzliche tragische Note dadurch, daß ein Freund ihres Vaters/meines Großvaters, Ernst Kühn, einen Kredit vermitteln und (am Todestag) bis 15 Uhr nachmittags anrufen wollte. Ernst Kühn wurde jedoch aufgehalten, so daß er nicht bis 15 Uhr anrufen konnte; Waldemar erschoß sich daraufhin.

Besondere Erlebnisse
Die Geschichte eines Elches

... die eine in den Schrecken des Krieges und der Sowjetisierung untergegangene Welt ganz gegenständlich und tagtäglich mit dem Hier und Heute verbindet – und lebendig erhält. Sie ereignete sich 1943.

Mein Vater berichtet: Überall erging der Aufruf, Soldaten aus der Österreichischen Jägerschaft, die Fronturlauber und auf der Durchreise durch Ostpreußen waren, als Gäste in das eigene Revier einzuladen. Eines Tages rief Kreisjägermeister Sohst/Kissitten an: Ich hätte doch einen Elch zum Abschuß frei, ob ich ihn nicht einem solchen Fronturlauber überlassen würde. Es handelte sich um den Wiener Pelzhändler Wagner, dem dort das Pelzhaus „Zum sibirischen Zobel“ gehörte. Sohst war mit ihm befreundet. Wagner würde an mich 1000,– RM Schußgeld zahlen. Da er Fronturlauber war, erklärte ich, daß ich gar nichts haben wolle. Ich hatte keine Zeit, mit Wagner in mein Revier zu fahren und ihn einzuweisen. Dies übernahm Sohst, der mein Revier ja kannte.

Wagner war dann drei Tage im Revier, aber immer noch nicht zum Schuß auf einen Elch gekommen. Eines Morgens um 7 Uhr wurde mir dann telephonisch mitgeteilt, er habe zwei Sauen erlegt. Dann wurde mir aber doch gemeldet, daß Herr Wagner auf einen Elch zum Schuß gekommen sei. Der Elch war über die Jagdgrenze in das Revier meines Jagdnachbarn Neumann/Porschkeim hinübergewechselt. Es fand eine Nachsuche durch ihn und Sohst statt, die aber ergebnislos verlief. Zwischen Neumann und mir war Jagdnachfolge vereinbart. (Anm.: D. h. sie durften ein angeschossenes oder verletztes Stück Wild über die Jagdgrenze in das Revier des jeweils anderen verfolgen – was ohne eine solche Vereinbarung selbst in einem solchen Fall strikt untersagt war.) Herr Neumann hat dann ein paar Tage später mit dem Fernglas einen Elch gesehen, dem der Wangenbart durchschossen war. Es war der, den Herr Wagner in dieser Weise verfehlt hatte. Er hat dann einen anderen geschossen. Nach erfolgreicher Jagd kamen

Forsthaus Röhr, vom Johannisbeergarten aus

Röhrs „Bums“?

Sohst und Wagner in unsere Königsberger Wohnung. Ich erhielt von Wagner einen Jagdmuff aus seinem Wiener Pelzgeschäft, Mutti einen großen Manikürkasten als Gastgeschenk.

Nachdem Herr Wagner abgereist war, war ich zwei Tage später im Revier. Ich war am Rande des Puttwalds (Anm.: Kleinerer, sehr schöner Mischwald gegenüber dem Hauptwald, der dann zur Pasmar-Schlucht abfällt) und stand an einem Baum. Vom Puttwald wechselte am helllichten Tag, zwölf Schritte entfernt, quer über das Feld ein Elch – aber was für einer! – zum Hauptwald, auf der einen Seite zwölf solche Zucken, auf der anderen zwei (Anm.: „Zucken" ostpr. Ausdruck, eher im südlichen Teil der Provinz, ab- oder geringschätzig meist für weibliche Wesen). Aber den konnte ich ja nun nicht mehr schießen, mein Abschuß war ja durch Herrn Wagner erfüllt." Auf den Einwurf von „Mutsch" (Hannelottes Mutter), was passiert wäre, wenn er doch geschossen hätte, die Elchhege stand ja unter besonderer Aufsicht von „Berlin", sagte Vater: „Stangenelche weniger. Sohst hätte mir geantwortet: ‚Das Geweih behalten sie und zahlen 500,– RM in die Jagdkasse.'" – Mein Vater fügte auf Befragen noch hinzu, er habe insgesamt drei Elche geschossen. (Ein kapitales Stangenelchgeweih hing an der nördlichen Wand in seinem Herrenzimmer, es ist dort, wie alle anderen Trophäen im Wohnungsflur, in der Bombennacht des 29./30. August 1944 verbrannt.) Mein Vater erzählte weiter auf Nachfrage: Das übliche Lebendgewicht eines solchen Elches betrug 10,5–12 Zentner. Im Krieg bestand Ablieferungspflicht. Kopf und Hals wurden bis zum Bauch abgetrennt, die Innereien wie Herz und Leber verblieben sowieso beim Schützen.

Durch das Jagdglück von Herrn Wagner hat die einzige Trophäe aus Vaters Jagdrevier, die erhalten geblieben ist, den Krieg überdauert. Am 13. Februar 1973 wurde ich von der Wasser- und Schiffahrtsdirektion Hannover zur Wasser- und Schiffahrtsdirektion Kiel versetzt. Nach unserem Umzug von Bad Nenndorf nach Kiel nahm ich alsbald Verbindung mit Herrn Sohst auf, den das Schicksal nach Kl. Waabs am Nordufer der Eckernförder Bucht verschlagen hatte. Bei einem

Besuch in unserer endgültigen Kieler Wohnung erzählte Herr Sohst von seinen schweren Jagdunfällen und natürlich auch von seiner engen Freundschaft mit Herrn Wagner in Wien. Sie hatten sich in den Jahren vor dem Krieg gegenseitig in ihr Jagdrevier eingeladen, Wagner Sohst zur Gamsjagd in den Alpen, Sohst Wagner zum ersten Mal zu einer Treibjagd in Ostpreußen. Herr Wagner habe dabei bald nach der Begrüßung ziemlich verlegen bemerkt „hier soll so viel getrunken werden ..." und ziemlich direkt von ihm, Sohst, die Antwort erhalten: „Hier wird gesoffen!"

Ich wußte, daß meine Zwillingsschwester Karin Herrn Wagner einmal in Wien aufgesucht und ihn vergeblich auf sein Penken-Seebener Elchgeweih angesprochen hat. Sie hatte es ganz gewiß in der ihr eigenen vorsichtigen Art getan. Und so fragte ich Herrn Sohst, ob er Herrn Wagner fragen würde, ob er auf meine Kosten einen Abdruck von dem Geweih anfertigen lassen würde. Er möchte Herrn Wagner gegenüber betonen, daß ich auf keinen Fall ihn als Schützen um die Überlassung der Originaltrophäe an mich bitten würde. Die Antwort von Herrn Sohst versprach praktisch alles: „Lassen sie man, ich mache das schon!" Nach einer ganzen Weile des Abwartens rief mich Herr Sohst an: „Sie können Ihren Elch bei mir abholen." Herr Wagner habe sich von dem Geweih mit den Worten getrennt: „Ehe die Maderln Knöpferl daraus machen ..." (Anm.: Er meinte damit seine Töchter.) Und so durfte ich am 16. Juni 1977 diese wehmütige Erinnerung an mein Kindheitsparadies Penken-Seeben von Herrn Sohst in Kl. Waabs in Empfang nehmen. Es war für mich seelisch eine erste Wiederbegegnung mit Vaters Jagdrevier – vielleicht sogar mit dem Elch, dem ich einmal auf der Pirsch mit Herrn Meyer im Sommer 1943 oder 1944 auf dem Hauptgestell im Hauptwald begegnet war, wo er, etwa 10 m von uns entfernt, völlig ruhig und ungestört an einem jungen Eichenbaum äste und dann ebenso ruhig in das gegenüberliegende Jagen wechselte. Ein Kollege und Vertreter im Dienst hatte mich zu Herrn Sohst gefahren. Er, der mit jagdlichen Dingen noch nie in Berührung gekommen war, erlebte nun eine waidgerechte und ehrwürdige, ostpreußische Zeremonie: Das Geweih lag auf einem Gestell auf einer weißen Tischdecke inmitten von frischem Tannenbruch ... Es hängt seitdem in unserem Wohnzimmer, das von der Bücherwand bis zu den Polstermöbeln aus der in einem Königsberger Möbelgeschäft auf dem Steindamm gekauften „Aussteuer“ einer in Bad Nenndorf mit uns befreundeten, verstorbenen Königsbergerin durch und durch ein Ostpreußenzimmer ist. Auf der Rückseite der Geweihplatte steht: „9.8.1943“ und „4 Kilo“.

Feierlich-weihevolle Begrüßung auch in unserem Wintergarten

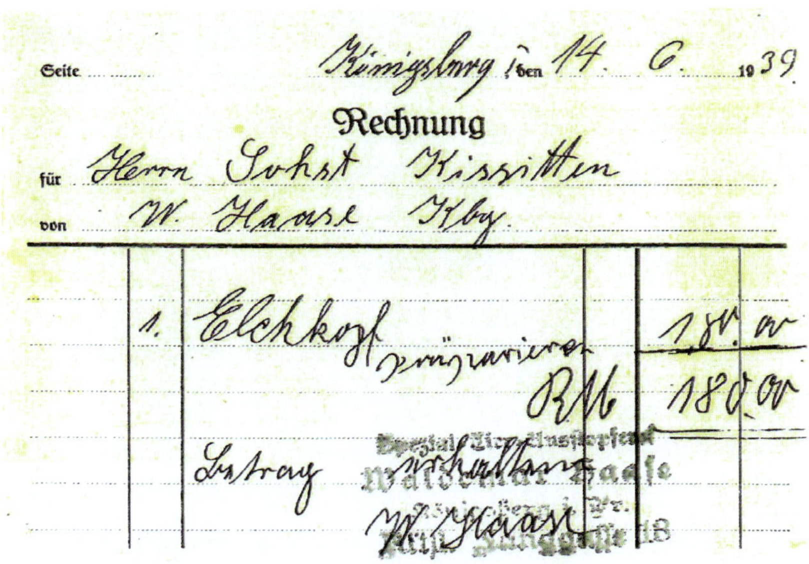

Seite .... Königsberg i/Pr, den 14. 6. 1939

Rechnung

für Herrn Sohst Kissitten

von W. Haase Kbg.

1. Elchkopf präparieren 180.00

RM 180.00

Betrag erhalten

W. Haase

Ein anderer Elch des Vermittlers 40 Jahre zuvor ...

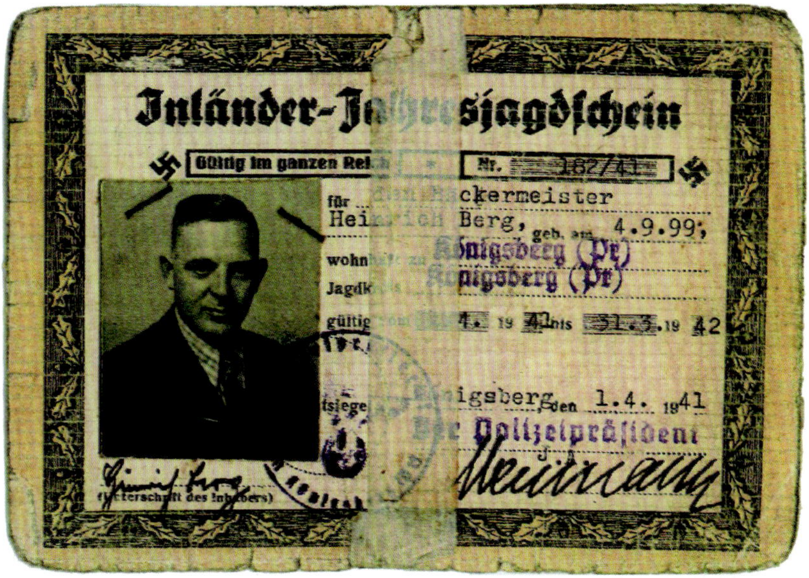

Inländer-J sjagdschein

Gültig im ganzen Reic | Nr. 182/41

für ... ckermeister

Hei Berg, geb. am 4.9.99,

wohn Königsberg (Pr)

Jagdk Königsberg (Pr)

gültig 4. 19 41 bis 31.3. 19 42

igsberg, den 1.4. 1941

Der Polizeipräsident

(Unterschrift des Inhabers)

An der Chaussee Dollstädt-Penken-Pasmar-Schlucht; wo rechts die Straße ansteigt, begann das Jagdrevier meines Vaters; auf dem Wege zur Jagd, Onkel Willy mit „Treff", Onkel Otto mit Patronentasche, mein Vater neben seinem Opel Kadett.

Die treu-fürsorgliche Gabi (Gabriele Röhr) mit Karin und mir, „behütet“ von „Baron“ und „Bums“.

Ganz rechts die ältere Schwester Margret, links neben ihr und ganz links Namen unbekannt.

So sah ich das „Forsthaus Röhr“ zum ersten Mal nach 1990 wieder ... Agnes Miegel zum Schicksal Ostpreußens: Ach wäre es im Meer versunken!

Auf dieser Chaussee zwischen Penken-Seeben lernte ich auf Gabis Rad das Fahrradfahren!

Der Krieg dringt in mein Kindheitsparadies ein

Bereits mehrfach ist angeklungen, daß und in welcher Weise die Begleit- und Mangelerscheinungen des Krieges in die gewohnte Lebensordnung meines Kindheitsparadieses Penken-Seeben eindrangen, sie veränderten, überlagerten. Vor Kriegsbeginn hatte ich mehrfach beobachtet, wie Infanteristen im Manöver mit laubgetarntem Stahlhelm und in gebückter Haltung neben dem Zaun, der auf der anderen Seite des kopfsteinholprigen und abschüssigen Weges stand, welcher am Forsthaus Röhr vorbeiführte, und der durch die dahinter befindlichen Reihen hochgewachsener Johannisbeersträucher Sichtschutz gewährte, sich „nach vorne" vorarbeiteten. Ich hatte erlebt, wie die Dorfbevölkerung „ihre" Soldaten aufnahm, in welch geradezu festlicher Stimmung irgendein Manöverabschluß vorbereitet wurde, kurz: daß Ostpreußen und „seine" Soldaten eins waren. Voller Staunen und mit der Frage, was da eigentlich passiert, war ich unverhofft vom Röhrschen Garten aus einmal Zeuge des Schauspiels geworden, wie eine Staffel Sturzkampfbomber Ju 87 („Stukas") etwa in Richtung Kreuzburg in immer neuen Anflügen mit ihrem immer lauter aufjaulenden Heulton hinabstürzte ... Diese kriegerischen Bilder noch im Frieden verhießen damals Sicherheit, Geborgenheit, ja auch Stolz. Sie waren nach Kriegsbeginn mit dem Vordringen der deutschen Fronten in eine weite Ferne gerückt, durch die täglichen Wehrmachtberichte, Zeitungen, Wochenschauen, „Tage der Wehrmacht", Ausstellungen dennoch in einer viel direkteren, unerbittlichen und harten Form allgegenwärtig.

Aber dies alles griff noch nicht unausweichlich, unmittelbar, hart und grausam in das eigene Leben ein. Ich habe bereits aus einem Brief kurz ausgeführt und wiederhole es hier ausführlicher, daß es mich dagegen wie ein harter Schlag, wie ein vernichtender Eingriff der Kriegsmaschinerie in meine ganze Existenz traf, als mein Vater mir bei einem Pirschgang vom Hauptwald zum Puttwald eröffnete, daß er sich freiwillig melden, wieder Soldat werden wolle. Denn im gleichen Augenblick standen die immer zahlreicher werdenden, schwarz umrahmten

Kästchen auf den letzten Zeitungsseiten vor meinem Auge, daß der Vater, der Sohn, der Bruder, der Ehemann „im Glauben an Deutschland“ „für Führer, Volk und Vaterland“ gefallen ist. Schritt nun neben mir, in einer Umgebung, die für mich bis dahin eine wunderbare Einheit und Harmonie von Vater, Sohn und Natur gewesen war, vor, hinter und über meinem Vater schon die Ahnung, daß bald auch mein und unser Leben in solcher Weise eingerahmt und alles zerstört sein könnte? Ich brach verzweifelt und bis ins Innerste aufgewühlt in Tränen aus und flehte meinen Vater an, er möge den von ihm beabsichtigten Schritt nicht tun. Er antwortete nach einer Weile, daß ein Mann von Ehre und Anstand jetzt nur noch Soldat werden könne. Er hatte damit einen seelischen Bereich angesprochen, der durch das Geschehen des Krieges und das selbstverständliche Eintreten für das eigene Volk und Vaterland auch mich längst ebenso bewußt wie unbewußt zunehmend beschäftigte. Aber seine Antwort war für mich unverständlich, und der innere Aufruhr gegen seine Absicht tobte unvermindert in mir weiter. Das alles ging immer noch über meine Vorstellungskraft als Zwölfjähriger hinaus, ich bat meinen Vater weiterhin, daß er sich nicht melden möge. Nach einer Weile des Schweigens langten wir an einem Kartoffelacker vor dem Puttwald an, in dem Wildschweine ihre Spuren hinterlassen hatten. In der Nähe befand sich ein Siedlergehöft, das noch heute steht. Die Jagd hatte uns wieder, und es war gut so! Ein wunderschöner sonniger, windstiller Abend hatte die bleiernen Schatten des vorangegangenen Gesprächs verdrängt.

Mein Vater hat sich nicht freiwillig gemeldet. Ob er es unterlassen hat, weil sein Sohn im Penker Wald um ihn und sein Leben gekämpft hat, weiß ich nicht, ich habe ihn nie danach gefragt.

Der 20. Juli 1944

Der nächste, weit über alles Persönliche hinaus als schicksalhaft empfundene Paukenschlag kam – wiederum ausgerechnet in Penken-Seeben, wo ich die Sommerferien verlebte – am 20. Juli 1944. Auf der Bank neben dem Hauseingang auf der Rückseite des Hofes Meyer saßen im Schatten der Hauswand in der warmen, stillstehenden Luft die Tochter des Bauern Meyer und sein Sohn. Er trug Uniform, war bei Witebsk schwer verwundet worden und saß nun stark bandagiert neben uns, als am frühen Abend die Rundfunkmeldung vom Attentat auf Hitler zu uns nach draußen drang. Seine spontane Reaktion war so eindeutig und knapp, daß ich sie nie vergessen habe: „Wir halten vorne unseren Kopf hin, und diese Schweine hinten fallen uns in den Rücken!“

Ein Attentat auf den Führer? Das lag derartig außerhalb der Vorstellungswelt eines damals 13jährigen Jugendlichen, erschien so abwegig, daß die Meldung über das Mißlingen desselben als eigentlich selbstverständlich von mir aufgenommen wurde. Gewiß, die vormals sieggewohnte Wehrmacht befand sich seit Jahr und Tag nur noch auf dem Rückzug, die Fronten waren dem Reich immer näher gerückt. Die Luftwaffe konnte uns vor dem alliierten Bombenterror offensichtlich nicht mehr wirksam schützen, eine deutsche Großstadt nach der anderen wurde das Ziel nächtlicher Großangriffe. Die „neuen Waffen“, immer wieder als militärische Wende angekündigt, auf die wir sehnlichst warteten, was steckte eigentlich dahinter? Die Mangelerscheinungen, Einschränkungen nahmen scheinbar unaufhaltsam zu. Würde uns das Kriegsglück wirklich ganz verlassen, und falls ja, was dann? Solche – wohl eher undeutlichen und wieder verfliegenden – Gedanken waren auch mir nicht mehr ganz fremd. Die – sprachlich phänomenalen – Goebbels-Ansprachen warfen für mich doch noch ganz jungen Hörer immer mehr Skepsis und Fragen auf, als daß sie befriedigende Antwort gaben. Da waren die Sendungen „Es sprach Hans Fritzsche“ doch etwas anderes, ich hörte ihm gern und gespannt zu. Führer-Kult und gottgleiche Verehrung, wie sie nach dem Krieg ausgemacht worden sind, die habe ich nicht im Elternhaus, in dem doch beide Elternteile alte Nationalsozialisten waren, nicht in der Schule, ebensowenig in der Hitlerjugend erlebt. Dergleichen konnte deshalb auch keinen Einfluß auf mein Fühlen und Denken ausüben. Adolf Hitler war der Führer und Reichskanzler und in dieser Eigenschaft eine real-gegenwärtige Erscheinung, aber kein Befehlsgeber für das Denken, Sinnen und Trachten „rund um die Uhr". Nicht mehr und nicht weniger! Deshalb blieb auch das nach dem Attentat mit einem Anflug von Religiosität verkündete Wort von der Bestimmung durch die „Vorsehung" auf mich ohne sonderliche Aussage- und Überzeugungskraft. Eher mußte es sich bei den Attentätern um kleine Geister mit einem erbärmlichen Charakter handeln. Was konnten sie dem Führer schon anhaben? Von den dramatischen Vorgängen im Führerhauptquartier bei Rastenburg (mein Königsberger Klassenkamerad Karl Brucks hatte da mal „gequasselt", aber der genaue Standort blieb mir dennoch unbekannt) und in Berlin wußten und erfuhren wir in jenen Stunden natürlich nichts. Die bis zum Mythos und zur ethischen Verabsolutierung gesteigerte Glorifizierung des „Widerstandes gegen Hitler" konnte erst nach dem Krieg in Aktion treten. Es war die totale Umkehr von allem, was bis dahin auf der einen Seite als Ehre, Treue, Opfersinn gegolten hatte und auf der anderen Seite dem Verdikt des Verrats anheimgefallen war. Die pauschale Einstufung von Gewissensentscheidungen als gut oder böse blieb – nur eben mit jetzt völlig entgegengesetzten Vorzeichen, Be- und Verurteilungsmaßstäben. Sie wurde später sogar zum entscheidenden Auswahl- und Einstellungskriterium für die Bundeswehr.

Vor, beim und nach dem Dröhnen der britischen Bomber über Seeben

1943 hatten die Russen ihre Luftangriffe auf ostpreußische Städte wieder aufgenommen. Sie blieben jedoch in Königsberg – in Insterburg und Tilsit sah es anders aus – ohne größere Wirkung, was auch daran gelegen haben mag, daß die Stadt durch eine verhältnismäßig starke Luftabwehr geschützt wurde. Auf der anderen Seite war es offensichtlich nur noch eine Frage der Zeit, wann der immer weiter gesteigerte Bombenterror der Engländer und Amerikaner gegen die deutschen Großstädte und die deutsche Zivilbevölkerung auch Königsberg erreichen würde. Diese Ungewißheit mit einer an Sicherheit grenzenden Erwartung belastete unausgesprochen das Gemüt und die Übergangsstunden vom Tag zur Nacht. Kommen sie oder kommen sie nicht?

Ich war zugegen, als mein Vater irgendwann im Sommer 1944 erzählte, daß ein großer (dann wohl amerikanischer) Bomberverband das südliche Ostpreußen überflogen habe. Er hatte ihn selbst gesehen. Vielleicht veranlaßte die nun sichtbar gewordene Eindringtiefe der angloamerikanischen Bomber bis nach Ostpreußen die Eltern, uns fünf Kinder aus der damit gegebenen Gefahrenzone Königsbergs herauszubringen. Jedenfalls wurde unser Kindermädchen Martha mit allen fünf Kindern am 10. Juni auf die Reise geschickt. Martha kam mit den drei jüngeren Geschwistern zu unseren Verwandten, Tierarzt Dr. Adolf Lemke und Tante Dora Lemke (sie war eine Cousine meiner Mutter), nach Liebstadt, meine Zwillingsschwester Karin und ich kamen nach Mohrungen. Karin war dort Gastschülerin der 3. Klasse der nach Mohrungen evakuierten Karin-Göring-Schule aus Berlin-Lichterfelde, ich besuchte die Herderschule und wohnte bei der Frau eines Luftwaffenfeldwebels (sie hatte ein Kleinkind). (Zur Zeit in Mohrungen siehe mein Buch „Über die Weichsel – eine deutsche Rückkehr“, Seite 230ff, ich gehe auf sie auch noch im 2. Band „Schulzeit und Schulen“ ein.)

In Königsberg war es indessen ruhig geblieben, und so kehrten Karin und ich beim Beginn der Sommerferien am 4. Juli von Mohrungen nach dort zurück. Es war eine trügerische Ruhe, wie sich bald herausstellen sollte. Die drei jüngeren Kinder blieben noch bis zum Oktober in Liebstadt.

Wahrscheinlich bin ich gleich darauf in die Ferien nach Penken-Seeben gefahren. Jedenfalls war ich am 20. Juli dort, wie bereits geschildert. Wann die Schule wieder anfing und ich also wieder in Königsberg war, weiß ich nicht mehr auf den Tag genau. Aber am 26. August half ich meiner Mutter bis zum Einbruch der Dunkelheit beim Gießen ihres Gartens, es war ein heißer Tag gewesen, die Luft hatte still gestanden. Das Datum hat sich deshalb fest eingeprägt, weil nur ungefähr eineinhalb oder zwei Stunden nach dem Schlafengehen die Sirenen heulten und zum ersten Mal das Verhängnis in seinen ganzen grausamen Ausmaßen über Königsberg hereinbrach.

Was sich jetzt und drei Tage später ereignete, entnehme ich meinem „Bildungsgang“ vom 1. Dezember 1950, mit dem ich um Zulassung zum Abitur an der Albert-Schweitzer-Schule in Nienburg/Weser Ostern 1951 gebeten habe:

> „Alle Ausmaße vorstellbaren und erlebten Kriegsschreckens überschreitend, war über meine Vaterstadt inzwischen das Verhängnis hereingebrochen, das in zwei Augustnächten des Jahres 1944 den Großteil ihrer Wohnviertel in Trümmer legte. Schon oft hatten wir mit stockendem Herzen im Luftschutzkeller gesessen – jetzt kam eine Nacht, wie sie noch nie gewesen war. Eigenartig, während anfangs Angst und Weinen der Frauen den Luftschutzraum erfüllten, trat, obwohl sich das Inferno da draußen steigerte, allmählich Ruhe ein, als ob der Friede Gottes sein endliches Recht forderte. Das eigene Haus war unbeschädigt, aber hinter der Häuserfront der nächsten Straße (jetzige Anm.: Luisenallee) stand eine riesige Lohe: Ich blickte in den Brand meiner Heimatstadt. Die furchtbarste Nacht meines bisherigen Lebens gab den ersehnten Schlaf nicht. Ich wurde

mir des großen Gegensatzes bewußt, der das Menschenleben erfüllt: Das Trachten nach Dauer wider die rasche und gesetzmäßige Macht des Vergänglichen."

Mein Vater hatte nach einer Besichtigung der schwer in Mitleidenschaft gezogenen Stadtteile Sammitter Allee, Cranzer Allee und Maraunenhof von neuartigen, verheerenden Kampfmitteln berichtet: Phosphorkanister und Flammstrahlbomben. Er entschied, daß Karin und ich sofort zu Bauer Meyer nach Seeben zu fahren hätten. Meine Mutter und alle Betriebsangehörigen blieben bei meinem Vater in Königsberg.

In Seeben, ca. 30–35 km von Königsberg entfernt, wohnten wir bei Meyers in einem gemütlichen Zimmer, das durch das Wohnzimmer zugänglich war und auf die Straße zeigte (wie still und ruhig war sie doch im Vergleich zum heutigen Verkehrslärm selbst auf der entlegensten Dorfstraße!), d. h. dazwischen lag noch der von einem weiß gestrichenen Staketenzaun eingefaßte Vorgarten. Etwa um 23 Uhr wurden wir von einem gleichmäßig dröhnenden, ununterbrochenen und immer stärker anschwellenden Motorengebrumm wach. Wir gingen rasch hinaus auf den Hof, wo sich auch die ganze Familie Meyer einfand. Es war mondhell, aber das Mondlicht war von nebligem Dunst milchig-weiß. Die Verursacher des Dröhnens waren unsichtbar, aber es kam aus der Luft. Und damit war – mit lähmender, ohnmächtiger Gewißheit – klar: Sie waren wieder im Anflug aus Königsberg! Wenn unsere Abwehr sie doch daran hindern könnte! Nein, sie konnte es nicht, und so schrieb ich weiter in meinem Bildungsgang:

„In der übernächsten Nacht sah ich dem bisher schwersten Luftangriff auf deutsches Gebiet (Anm. von heute: Dies ist mit einem Fragezeichen zu versehen, aber unser Wissensstand und das Fehlen von praktisch allem Quellenmaterial verleitete 1950 zu dieser Annahme) von fern zu. Ein gigantisches Feuerwerk spielte sich über der Stadt ab und erstarb erst im Morgengrauen. Am Tage stand eine ungeheure Rauchwolke in den Himmel. Irgendwo in diesem Giftpilz suchten die Gedanken Eltern und

Heim – spät am Abend ratterte ein Lastauto heran. Ein erschütternder Anblick: Die Eltern in ungeordneter Kleidung, wie ich es noch nie gesehen hatte, und ein erbärmliches Häufchen Habe, so wie es aus den Flammen getragen war. Das Wenige da vor mir war ein Nichts, das furchtbar an den Verlust von Haus und Besitz erinnerte."

Mein Vater lahmte etwas, er hatte sich beim Versuch zu retten verletzt. Er hat später erzählt, als unser Haus brannte, sei ein Löschzug gekommen, die Feuerwehrmänner hätten gerufen: „die Bäckerei retten, die Bäckerei retten." Aber sie waren machtlos, der Hydrant schräg gegenüber unserem Haus an der Straßenecke Schrötter-Thaerstraße habe kein Wasser mehr hergegeben ... (Als ich nach 45 Jahren 1990 zum ersten Mal wieder dort war, stand er noch völlig unverändert „deutsch" in einer ansonsten trostlos heruntergekommenen, russifizierten Umgebeng, desgleichen war noch der dahinter befindliche Eingang zu dem in einem noch unbebauten Grundstück angelegten Schutzstollen vorhanden.)

Nicht in meinem Bildungsgang, sondern in meinem Beitrag „Es gab nicht nur eine Französische Straße" in Maria Sirowatkas Sammelband „Königsberg – Die goldene Stadt im Osten" (Kiel 1987, S. 77 ff) steht, was mein Vater zum Hergang in der vernichtenden Brandnacht des 29./30. August 1944 erzählt hat:

„Nur die Backstube blieb wie durch ein Wunder weitgehend unbeschädigt. Robert (Anm.: ‚unser' Franzose) hatte als erster bemerkt, daß auch unser Haus getroffen war. Eine Stabbrandbombe, die durch die Kellertür am Gang zum Luftschutzkeller geschlagen und hier bereits in den Glühprozeß übergegangen war, expedierte er eigenhändig nach draußen.[1] Dann

---

[1] Bei meinem ersten Wiedersehen mit meinem zerstörten Zuhause lagen überall im Garten lange Streifen feinsten schneeweißen Pulvers von verglühten Brandbomben. In dieser Dichte waren sie also auch auf unser Haus Schrötterstr. 87 / Gustloffstr. 1 gefallen ...

lief er treppauf in unsere schon lichterloh brennende Wohnung. Meinen Vater, der dort ebenfalls hinaufgerannt war, ließ er nicht aus den Augen.[1] Robert entriß den Flammen, was noch zu retten war. Viel war es nicht mehr. Umso mehr wiegen aber der Mut und die hochherzige Haltung dieses Franzosen. Niemand hatte Robert zu seinem Rettungsversuch aufgefordert, niemand hätte ihn dazu zwingen können. Alles geschah, obwohl der Terrorangriff noch im Gange war. Allein ein verirrter Flaksplitter konnte in dieser Situation lebensgefährlich sein."

Mein Vater hat ein anderes Mal hinzugefügt, daß Robert nach dem so erzwungenen Stillstand des Bäckereibetriebes zu Bäckermeister Fritz Thiel „in der Königstraße" (Anm.: nach 1933 in „Straße der SA" – SA = Sturmabteilung – umbenannt) kam. „Und dann kam er nochmal mich besuchen und sagte: O Meister, o Meister, mir gefällt es bei Ihnen so gut, kann ich nicht wieder zu Ihnen kommen? Ich sagte: Robert, wir können jetzt hier nicht backen, es ist doch alles kaputt ... Wir zogen dann in die Woedische Mietwohnung im Eckhaus Gustloffstr. 1 ein (Anm.: Sie war, wie das gesamte Eckhaus, ebenfalls ausgebrannt, hatte ein Notdach erhalten und war wieder instandgesetzt worden). Die Bäckerei wurde wieder in Betrieb gesetzt, der Backofen stand ja, und dann hab' ich wieder gewurschtelt." Robert war von da an wieder bei uns.

Außer uns mußten in Seeben noch zahlreiche andere ausgebombte Königsberger untergebracht werden. Mit Sicherheit lebten schon einige andere Bombengeschädigte oder vorsorglich Evakuierte „aus dem Reich" (so sagten wir Ostpreußen damals, wenn wir von den westlich gelegenen Teilen des Reiches sprachen) im Dorf, die dieses Schicksal vor uns Königsbergern getroffen hatte. Als wir nun noch hinzukamen, verweigerten zwei Bauern die Aufnahme von Bombenopfern. Aber ihre Ablehnung war nur von kurzer Dauer. Bauer Meyer ist in seiner

---

[1] In seinen Schilderungen soll er immer gesagt haben: „... Damit dem Meister nichts passiert."

Eigenschaft als Bürgermeister hingegangen und hat den Widerspenstigen zu besserer Einsicht verholfen.

Bei meiner Rückkehr per Lkw in die aus der Luft durch die Royal Air Force (Königliche (britische) Luftwaffe) gemordete alte Ordensstadt lag noch der sengende Brandgeruch zwischen den geborstenen Häuserzeilen. Dies geschah im Zusammenhang mit der Evakuierung der Mitglieder des Heinrich-Albert-Chores und der Rundfunkspielschar Königsberg nach Sarkau/Kurische Nehrung, wohin Karin als Mitglied der Spielschar und ich als Mitglied des Heinrich-Albert-Chores ebenfalls gelangten.

Nach meiner Erinnerung verblieb die übrige Familie noch in Seeben, da die vordem Woedesche Mietwohnung noch nicht wieder bezugsfertig war. In meine Gedanken schlich sich noch sehr unbestimmt die Frage ein: War dieser brutale Akt der Vernichtung meiner Heimatstadt vorbedeutend für das Kommende? Sollte aus den Ruinen neues Leben erblühen, oder kündigte das Werk der britischen Bomber den Beginn einer schweren Leidenszeit an?

Als letzte Begebenheit, bevor ich Seeben nach Königsberg/Sarkau wieder verließ, und vorletzte Begebenheit vor dem bereits geschilderten Jagd-Finale im Dezember 1944 ist dieser Vorfall in meinem Gedächtnis haften geblieben, der mich damals mit Genugtuung über das in mich gesetzte Vertrauen und einem sicherlich verständlichen jugendlichen Stolz über die komplikationslose Erledigung des mir erteilten Auftrags erfüllte: Mit uns nach Seeben war unsere unvergessene Köchin Lotte aus Landsberg/Ostpr. gekommen. Sie hatte ihr Zimmer in unserer Wohnung Schrötterstr. 87, gleich gegenüber ihrem „Reich“, der Küche – und damit ebenfalls ihre Bleibe mitsamt ihrer darin befindlichen Habe in der Bombennacht des 29./30. August verloren. Eines Abends klagte sie über starke Schmerzen. Ich weiß nicht mehr, welcher Art sie waren, aber sie müssen qualvoll gewesen sein. Es wurde beschlossen, den Arzt zu rufen – es gab damals auf dem Lande noch verhältnismäßig wenig Telephonanschlüsse, Meyers hatten, schon wegen des öffentlichen Amtes von Herrn Meyer, Telephon, das Fern-

Blick von Nord nach Süd mit unserem Eckhaus Schrötterstr. 87/Gustloffstr. 1. Wohl Winter 1938/39, es fehlt noch die Vorgartenbepflanzung: Hecke, Trauerweide, Birke und Lärche und die Obstbaumbepflanzung im Garten. Aufnahme: Erika Klescewski geb. Neumann aus Fenster Schrötterstr. 100.

Nach dem 29./30. August 1944. Aufnahme: Mieter Deinhard.

Rückseiten unseres Eckhauses von der Motherbystraße aus gesehen (Querstraße der Gustloffstraße); im Bild: Mutter meines in Hannover gebürtigen Freundes Wolfgang Elbe mit Töchterchen/Schwester Brigitte.

amt, das damals noch alle Ferngespräche nach Voranmeldung von Hand vermittelte, hatte den schönen (wohl altpreußischen) Namen Posmahlen – nur wohnte der Arzt in dem acht Kilometer entfernten Rositten und besaß kein Fahrzeug (mehr), mit dem er eben mal schnell Visite machen konnte. Also mußte bei Meyers „angespannt" werden, um den Arzt zu holen. Wer aber sollte nach Rositten fahren? Aus welchem Grund auch immer, es fand sich niemand, der die Kutschfahrt übernehmen konnte. Nun war ich selbst schon – ein einziges Mal! – vorher bei besagtem Arzt in Rositten gewesen und kannte den Weg dorthin, freilich bei Tageslicht! Keineswegs prahlerisch, sondern selbstsicher sagte ich, daß ich den Weg zum Arzthaus schon wiederfinden würde, dieses läge nach einer Wegegabelung, an der ich nach links abbiegen müßte, im Ort dann auf der linken Straßenseite. Also saß ich wenig später auf dem Kutschbock und ließ „meine" Pferde in Richtung Rositten traben – natürlich nicht durchgehend, es wurde auch Schritt gefahren. Es war stockfinstere Nacht, die (noch heute vorhandenen) Baumwipfel der (noch heute) von einem herrlichen Baumbestand eingefaßten Straße dienten zuverlässig der Orientierung. Rechts über mir, in Richtung Krücken, herrschte Fliegertätigkeit. Aber es konnten, auch dem Motorengeräusch nach, eigentlich nur eigene Flugzeuge sein von dem ungefähr 20 km nordöstlich gelegenen Luftwaffenflugplatz Jesau. (Die Wagenlaternen habe ich nach meiner Erinnerung erst auf der Rückfahrt angezündet.) Sollten es feindliche gewesen sein, so verliehen mir die Dunkelheit und das Blätterdach der Straßenbäume einen wirklich sorglos machenden Schutz. Ich hatte Glück: Ich fand in Rositten nicht nur die Abzweigung zum Arzthaus richtig wieder, sondern ohne weiteres auch dieses selbst. Einen Arzt im Fond zu haben, der „unserer" Lotte helfen sollte – es war schon ein das eigene Ich beförderndes Gefühl! Und auf der Rückfahrt machte ich eine neue Erfahrung: Ich brauchte die Pferde nur mit ganz losem Zügel laufen zu lassen, sie fanden den Weg „nach Hause" von selbst, eher hätten sie hier „Lenker" des Menschen sein können. Lottes Zustand besserte sich rasch. Wie ihr Arzt und Helfer wieder nach Rositten gelangt ist, weiß ich nicht mehr.

Vaters Jagdgewehre

Sie standen mitsamt der zugehörigen Munition in dem in meinem Zimmer aufgestellten Gewehrschrank meines Vaters, mindestens zwölf an der Zahl, Schrotflinten Kaliber 12 und 16, mindestens eine Bock-Büchse, „mein" „Taubengewehr" Kaliber 24 (oder 22?) und ebenfalls „mein" 4,5 mm Tesching. Sein Drilling (2 Schrotläufe Kaliber 12, 1 Kugellauf) mit feinen Gravuren, vieleicht auch noch andere Gewehre, stammte aus der berühmten Waffenfabrik Sauer und Sohn in Suhl/Thüringen. Alles befand sich noch wohlbehalten in unserem Ausgebombten-Quartier bei Bauer Meyer in Seeben. Die Gewehre sollen vor dem Eindringen der Sowjets im „Kleinen Wäldchen", in Ölpapier eingeschlagen, vergraben worden sein. Die Quelle dieser Nachricht und ihren Wahrheitsgehalt habe ich nicht überprüfen können.

Als bei einem meiner Penken-Seeben-Besuche nach 1990 wieder eine Picknick-Rast nahe dem „Kleinen Wäldchen" eingelegt wurde, machte ich eine Andeutung über Vaters mögliches Waffenversteck. Ich hatte keine Bedenken, da sie entweder sowieso substanzlos war, zutreffendenfalls aber das Versteck längst aufgespürt oder, wenn doch nicht, alles nach so langer Zeit unbrauchbar-verrottet sein würde, ich jedenfalls unter den obwaltenden Bedingungen nichts vom ererbten Eigentum meines Vaters durch den russischen Zoll bringen würde. Der russische Fahrer bekam sofort „ganz lange Ohren". Er meinte, das Gelände müßte mit Sonden abgesucht werden. Ich habe dazu nichts gesagt – die Vorstellung einer wahrscheinlich vergeblichen großen Suchaktion hat mich innerlich belustigt. Auch die rein rhetorische Forderung nach einer Beteiligung im „Erfolgsfall" habe ich gar nicht erst gestellt, denn die allgemein-russischen „Rechtsvorstellungen" bezüglich der deutschen Beute sowie „Spielregeln" bei der Verteilung von Gewinnen wie im vorliegenden Fall waren mir längst hinreichend bekannt. Das mochte bei guten russischen Freunden, die ich inzwischen ja hatte, anders sein, aber hier würde eine doch gänzlich anders strukturierte „Gang“ ans Werk gehen. Ich habe naturgemäß nie erfahren, was nach dem Ohrenspitzen des russischen Fahrers geschehen ist.

Penken-Seeben war mein Kindheits- und frühes Jugendparadies. Zu einem Lebensbericht gehört als ganz zentrales Kapitel eben dieses mir und uns allen geraubte Paradies mit seinen Menschen, Begebenheiten auf der Jagd und vieles andere mehr. Erschüttert und wehmütig habe ich ab 1990 mehrfach vor dem Gehöft Meyer in Seeben gestanden, von dem nur noch überwachsener Trümmerschutt übrig geblieben ist und für den, der alles noch unversehrt kannte, die gepflasterte Hofeinfahrt.

Das „Gehöft Meyer“, Aufnahme nach 1990 ...
Schweigen zu meinen Fragen – für immer!

Zwischen Königsberg und Pillau – miterlebte Zeitgeschichte

Vorbemerkung: Die nachfolgende Wiedergabe von Vaters Berichten über seine Erlebnisse in dieser Zeit beruht auf Mitschriften und Toncassetten-Mitschnitten. Er hat sie zu verschiedenen Zeiten und Gelegenheiten geschildert, es lagen immer größere zeitliche Abstände dazwischen. Ich habe mich bemüht, trotz aller zeitlichen Unterbrechungen die Erzählungen meines Vaters so zusammenzufügen, wie sie sachlich zusammengehören, und daß auch ihr chronologisch richtiger Ablauf gewahrt bleibt.

Nun berichtet also mein Vater selbst:

„Nachdem Ihr, Mutti mit Euch fünf Kindern, Omi, Opa, Tante Grete und Kindermädchen Marta mit M 801 aus Pillau ausgelaufen wart, erhielt ich von Herrn Dreher von der Gauleitung die Nachricht, daß Euer Schiff auf der Ostsee untergegangen sei. Daraufhin rief ich Oberbürgermeister Dr. Will an, dessen Schwiegersohn (Anm.: Leutnant z. See Fuchs) I WO (Erster Wachoffizier) auf M 801 war, der mir jedoch die Ankunft des Schiffes in Swinemünde bestätigte. (Anm.: Auf S. 26 ff meines Buches „Über die Weichsel – eine deutsche Rückkehr", Düsseldorf 1978, ist nachzulesen, worauf diese Falschmeldung beruht haben mag, die für meinen Vater grausam gewesen sein muß.)

Zwei bis drei Tage, nachdem Ihr raus wart, es war noch vor der Einschließung Königsbergs durch die Russen, erhielt ich vom stellvertretenden Gauleiter Großherr (Anm.: Er ist bei den Endkämpfen um Königsberg gefallen.) den Auftrag, mich als Kreishandwerksmeister Samland in Pillau um die Brotversorgung der Flüchtlinge zu kümmern. Ich rief den Getreidewirtschaftsverband an, der einen Lastwagen mit Anhänger stellte. Zum vereinbarten Treffpunkt fuhr ich mit dem Fahrrad; überall fluteten Soldaten herum. Vollgeladen mit Brot

> ging es nach Pillau. Hier suchte ich sofort die Bäckereien auf, die meisten hatten schon geschlossen. Aus der ganzen Provinz kamen Bäcker. Sie wurden von den zuständigen Organisationen aufgefangen, ich habe sie dann in Bäckereien eingewiesen."

Mein Vater schilderte diesen Einzelfall: Eine Meistersfrau, deren Mann in Palmnicken selbständig und als Soldat an der Front war, suchte dringend einen Bäcker. Ich fragte herum: Wer will dorthin? Stoll, der Kreishandwerksmeister aus Stallupönen, ging hin. Gewohnt habe ich in Pillau bei Bäckermeister Fritz Leeder, wo ich sehr gut aufgenommen wurde. (Anm.: Fitz Leeder hat die Leistung seines Betriebes unter Frontbedingungen auf Seiten 14 ff des 19. Mitteilungsblattes der Sammelaktion des ostpreußischen Bäckerhandwerks, Dezember 1960, beschrieben, dessen Herausgeber Bäckermeister Arthur Tobias, Königsberg (Pr), Kneiphöfsche Langgasse 14, in Lübeck war und dessen Redaktion und Versand wohl von Anfang an meine Eltern besorgten. Ich habe den Nachdruck dieses Berichtes, in dem Leeder auch Vaters letztes Wirken als Kreishandwerksmeister im untergehenden Ostpreußen gewürdigt hat, unter dem Titel „Letztes Brot in Ostpreußen" im Ostpreußenblatt vom 28.3.1992, Seite 12, veranlaßt. Ich werde den ersten Teil meines Buches mit diesem eindrucksvollen Bericht als Schlußwort abschließen.)

Zwischenbemerkung: Königsberg wurde in den letzten Januartagen in allen Himmelsrichtungen vollständig von der Roten Armee eingeschlossen. Eine Landverbindung nach Westen, nach Pillau, wurde am 19. und 20. Februar wieder freigekämpft. Sie wurde bis zu dem am 6. April beginnenden Sturm auf die Stadt gehalten.

Nun wieder mein Vater selbst, der ja in Pillau war:

> „Dann brachen die Russen durch. Königsberg war eingeschlossen. Da rief Fleischerobermeister Bartsch aus Königsberg an (Anm.: Die Telephonverbindungen waren noch intakt): ‚Hier sind die Kühlhäuser voll von Fleisch, wir wissen nicht mehr, wo wir

was hinstapeln sollen (Anm.: Wahrscheinlich wurde beim Verlassen der Bauernhöfe in der näheren Umgebung viel Vieh in die Stadt getrieben, anderes irrte, in den Ställen losgebunden, herrenlos herum, die Kühe ungemolken und vor Schmerzen brüllend), holt das ab ...' Da habe ich mit der Gauleitung vereinbart, daß sie ein Kühlschiff bestellt. Es kam auch, und dann sind wir reingefahren nach Königsberg. Im Seekanal erhielten wir im Durchbruchsbereich der Russen von beiden Ufern Beschuß mit Leuchtspurmunition, gelangten aber ohne Verluste und Beschädigungen nach Königsberg. Vollgeladen mit Fleisch sind wir dann wieder raus und nach Pillau gefahren.

Als ich in Königsberg angekommen war, war Mg-Feuer zu hören (Anm.: Mg = Maschinengewehr). In stockfinsterer Nacht ging ich über die Laak, den Steindamm, besuchte dort Hans Rohde (Anm.: Cousin meines Vaters) und ging danach am Nordbahnhof vorbei nach Hause. (Anm.: In Luftlinie war es ein Fußweg von etwa 3 km Länge, de facto aber, da es vom Hafen ja keine geradlinige Straßenverbindung zur Schrötterstraße gab und auch wegen der Umwege über Steindamm und Nordbahnhof, einiges mehr.) Überall klapperten offene Fenster (Anm.: Das Öffnen der Fenster war eine bei Alarmen angewandte Vorsorgemaßnahme gegen Zerstörungen durch den Luftdruck explodierender Bomben.) Als ich bei Hans war, kam der Inhaber der benachbarten Käsehandlung Lange und sagte zu mir: ‚Herr Berg, ich kann doch nicht raus, ich muß doch mein Geschäft wahrnehmen.'

In unserem Haus in der Schrötterstraße traf ich unsere Köchin Lotte, Wallner (Vaters Backwerkmeister aus Tilsit) und die Verkäuferin Rosa Freund an. Lotte kampierte und schlief im Büro unter dem Schreibtisch (Anm.: Es war in der Bombennacht des 29./30. August 1944 erhalten geblieben), sie ging nicht in den Luftschutzkeller. Dort schliefen Wallner und die anderen. Am Tag backten sie, Rosa Freund verkaufte. Im Büro und überall standen Mehlsäcke herum. Sie wurden von der Partei den Betrieben zugeteilt, vom Getreidewirtschaftsverband angefahren und mußten immer gleich bezahlt werden. Wallner wirtschaftete und führte Regie. 100 Sack Roggenmehl waren gerade geliefert worden. Auf meine Frage, wieviel er heute bezahlt habe, sagte Wallner: 3000,– Mark.

Die Russen waren schon bis zur Ringchaussee in Tannenwalde vorgedrungen. Schon auf dem Weg zur Schrötterstraße waren von dort Lautsprecher zu hören. Nun hörte ich in rein deutscher Aussprache Aufrufe an unsere Soldaten: „Schießt nicht, wir kommen euch befreien!“ Die Aufrufe wurden von Märschen abgelöst.

Am 15. März war ich zum letzten Mal in Königsberg. Die Propaganda aus den Lautsprechern mit den ständigen Aufrufen an unsere Soldaten war jetzt ganz deutlich zu vernehmen, die Front war schon ganz nahe an der Schrötterstraße. Die Giebelwand von der Fleischerei hatte einen Volltreffer erhalten, alles war im Dutt. Die Mädchen schanzten zwei oder drei Stunden, haben neue Schützengräben ausgehoben, dann haben sie wieder gebacken. Da sagte ich zu mir: Ich kann das nicht mehr verantworten, wir machen dicht, und Ihr kommt alle raus! Ich ging zu Ortsgruppenleiter Neskien, der in der noch nicht zerstörten Burgschule residierte – er ist später gefallen – und sagte: ‚Ich mache Schluß, morgen ist mein Betrieb geschlossen. Ich nehme mein Personal raus, ich lasse es nicht hier für die Russen.‘[1)]

[1)] Mein Vater hatte auch ein anderes Mal die Lage so angesprochen, wie sie wirklich war: „An einem Tag hatte ich noch in der Handwerkskammer vor den versammelten Obermeistern gesprochen. Ich schilderte ihnen den Verlauf der Front im Samland, ebenso die Dinge, die ich erlebt hatte. Ich forderte alle zum Verlassen der Stadt auf. Ich hatte nicht gewußt, daß sich unter den Zuhörern auch zwei Geheimpolizisten befanden. Nachdem ich gesprochen hatte, kamen sie zu mir und sagten: „Endlich hat einer die Wahrheit gesagt!“

Er sagte: ‚Gut, aber der Wallner muß hier bleiben.' Er teilte ihn Bäckermeister Otto Strogies zu. (Anm.: Bäckerei in der ein paar hundert Meter entfernten, etwas mehr stadteinwärts gelegenen Stägemannstraße, in der Nähe der Straßenbahnhaltestelle Schrötterstraße der Linien 3 und 15.)

Wallner war schon beim Volkssturm gewesen, aber wieder entlassen worden, weil er mit seiner Magenschleimhautentzündung nicht richtig ernährt werden konnte. In unserem Luftschutzkeller im Eckhaus Gustloffstr. 1 hatte er noch mit Rosa Freund Verlobung gefeiert. Nach der Einnahme Königsbergs durch die Russen ist er noch gesehen worden. Er ist im Lager Adlig Legitten umgekommen.

Am 15. März machte ich zu. Sie holten von mir alle Gewehre ab[1] und was weiß ich wieviel, alles wurde ausgeräumt. Ich habe Onkel Leopold in seiner Batteriefeuerstellung in Quednau[2] angerufen und ihm gesagt: ‚Willst du Honig haben, Mehl, Zukker, dann komm und hol das ab, sonst kriegen es die Russen. Ihr müßt aber heute kommen.' Er erschien mit ein paar Unteroffizieren, und sie nahmen einen Zentner Honig, einen Sack Zukker und das restliche Mehl auf einem Sanitätswagen (Kastenwagen) mit. Da haben sie wenigstens noch was verzehren können.

---

1) Dies steht im Widerspruch zu der zuvor erwähnten Version über den Verbleib von Vaters Jagdgewehren; ich kann ihn nicht mehr aufklären und lasse beides so nebeneinander stehen.

2) Quednau war ein auf einem Hügel angelegtes, stark befestigtes Fort im Zuge des äußeren Festungsrings von Königsberg. Onkel Leopold hat mir nach dem Krieg erzählt, daß die dort stationierte Flakgeschützeinheit den Sowjets im zusammengefaßten Feuer schwerste Panzerverluste zugefügt hat. In seinem Brief vom 1.3.45 aus Pillau-Neutief an meine Mutter schrieb Vater: „Leopold wird auch das E.K. erhalten. Seine Einheit hat sich gut geschlagen."

Lotte und Rosa Freund brachte ich mit einem Lkw zur Signalstation Peyse am Seekanal[1]. In den dortigen Reichsbahnunterkünften hausten Tausende von Flüchtlingen. Sie wurden nach und nach für Transporte nach Pillau abgerufen. Lotte konnte ich irgendwo raufbringen in Pillau. Ich wußte ja, daß Ihr in der Lüneburger Heide wart. Als ich Lotte in Marsch setzte, sagte sie: ‚Ich gehe zur Frau Meister.' Sie ist bis Stralsund gekommen, konnte aber nicht weiter. Es gab keine Zugverbindung mehr. Von Stralsund aus ist sie nach Königsberg zurückgegangen. Wir haben mit der Wirtin, bei der sie in Stralsund gewesen ist, korrespondiert. Deutlicher hat mein Vater in einer anderen

---

[1] Zum bisherigen Ausharren von Lotte in Königsberg: Zum Abschied vom deutschen Königsberg für immer bei Antritt unserer Flucht am 23. Januar 1945 habe ich auf Seite 20 meines Buches „Über die Weichsel – eine deutsche Rückkehr" geschrieben: „Nun standen sie vor der Tür des Ladengeschäfts, mein Vater und unsere Köchin Lotte Tolksdorf, die den Gedanken an Flucht ausgeschlagen hatte und den ‚Meister' in der nun anhebenden schlimmen Zeit betreuen wollte ... Bei einem letzten Zureden vor der Ladentür schlug sie endgültig alles Grübeln in den Wind, indem sie zuversichtlich meinte:‚Unkraut vergeht nicht!' In seinem Brief vom 1.3.45 aus Pillau-Neutief an meine Mutter schrieb Vater: ‚... Ich war inzwischen in Königsberg und habe dort alle vorgefunden. Ich versuche jetzt unsere Sachen aus dem Keller nach Pillau zu schaffen. 2 Koffer und Mamas sind schon da. Lotte will noch in Kgb. bleiben ... Einen ersten Brief habe ich nach Helmsdorf an Dich gerichtet (Anm.: Bäckererholungsheim bei Dresden, das die Eltern als unser Fluchtziel festgelegt hatten) und dann fernmündlich von Karl Grüßer (Anm.: Reichsinnungsmeister der Bäckerinnungen in Berlin, dem meine Mutter unseren tatsächlichen Aufenthaltsort Sirachsberg mitgeteilt hatte) erfahren, daß Du nun ganz woanders steckst. Wenn nun dieser schwere Trennungsschritt Dich etwas mit der Heimat von Löns versöhnt, dann wirst Du es leichter ertragen. Ich habe hier auch Umlaufts getroffen. Sie waren schon bei den Sowjets! Tante Erna ist von ihnen auf dem Treck gesehen worden. Schwerkrank rausgekommen ... Heute oder morgen will ich nochmal nach Königsberg. Es geht schon zu Wasser, auch zu Lande. Einzelne Teile meines Kreises habe ich schon besucht, nachdem sie frei wurden. Mich erreichst Du unter der Adr. Flieger Karl Müller L 63260 a L.G.P.A. Berlin ...' (Fortsetzung auf S. 145)

Erzählung gesagt: Lotte wurde in Stralsund von den Russen überrollt und nach Königsberg zurückgeschickt. Um nicht zu verhungern, machte sie sich nach Litauen auf. Seitdem fehlt jede Spur von ihr. Dann verließ ich Königsberg."

Als ich ihn fragte: „Als Du aus Königsberg rausgingst, hast Du da gedacht, es ist für immer, oder hat Dich die Frage gar nicht beschäftigt?", antwortete er: „Man hat ja gar nicht denken können, wie das alles mal kommen wird. Das ist schwer zu sagen."

Mein Vater berichtet weiter:

> „Ich wohnte wieder bei Fritz Leeder. Von hier aus unternahm ich Versorgungsfahrten im Rahmen meiner Aufgaben. In Fischhausen, das unter Beschuß lag, wurde die Mühle auf Anordnung des Getreidewirtschaftsverbandes geräumt. Der Kreisbauernführer fragte mich, ob er sich erschießen solle, er wolle sich nicht von den Russen schnappen lassen. Ich antwortete ihm: ‚Sieh zu, daß du raus kommst!'

(Fortsetzung Fußnote 1, S. 144:) Und in seinem Brief vom 2.4.45 aus Pillau schreibt mein Vater an Mutter: ‚Einige Briefe längeren Inhalts hat Lotte in der Tasche, die ich versuche, Dir nachzuschicken. Dieser Brief kündigt Dir nur 2 Pakete an, die ich durch Flugverbindung und dann als Kuriergepäck zu Dir schicke. Es könnte also auch Nachlaßgepäck oben stehen. (Anm.: Es ist nie bei uns auf dem Sirachsberg angekommen.) Deswegen sollst Du also keine Sorgen haben. Mir geht es auch bisher noch gut. Mache Dir keine Sorgen, Lotte wird sicher bald von hier weg können, und dann erhältst Du alles ausführlich. Wie ich Deine Anschrift erfuhr, habe ich darin geschildert ... Ich halte zu einzelnen Wehrmachtsstellen gute Verbindung. Wir haben jetzt 3 Tage Regen und bedeckten Himmel. Das ist gut so. Man hat dann wenigstens von oben Ruhe ... In der Hoffnung, Dich bald wiederzusehen und bei Euch oder Ihr bei mir sein zu können, grüße ich Dich und die Kinder herzlich ...'
Lotte hat einen Freund gehabt, der war beim Generalkommando in Königsberg und Wiesbadener. Ich, Fritjof, höre sie immer noch freudig singen: ‚Das muß ein Traum vom Himmel sein ...' War dies mit ein oder *der* Beweggrund für ihr langes Ausharren in Königsberg?"

Einmal fuhren Leeder und ich durch den Seerapper Forst. Hier war auf Hunderten von Metern, wenn nicht auf einen Kilometer Länge ein ganzer Flüchtlingstreck zusammengeschossen worden. Selbst starke Bäume waren zerfetzt. Alles lag im Graben, dazwischen auch russische Soldaten – ohne Köpfe.

In Palmnicken war ein Fleischermeister, er hatte zwei Töchter von etwa 20, nicht zum Weggehen zu bewegen. „Wer soll denn das Geschäft weiterführen?", fragte er. Bei einer anderen Fahrt ins Samland winkte plötzlich ein Posten neben der Straße: „Herunter von der Straße, Scharfschützen!"

In Germau, das die Wehrmacht bei einem Gegenstoß zurückerobert hatte, boten sich diese Bilder: Alle Häuser waren verwüstet, die Gardinen hingen aus den zerschlagenen Fenstern heraus, alles war auf die Straße hinausgeworfen worden, sie waren übersät mit Federn der aufgeschlitzten Betten. Die Frauen waren mit ihren Kindern in der Kirche zusammengetrieben worden. Dort hatte man sie drei Tage hungern lassen, um sie gefügig zu machen, und dann sind sie in Gegenwart ihrer Kinder auf dem Altar vergewaltigt worden. Den Fleischermeister Stemp (Name?) fanden wir aufgeschlitzt vor, er war von Maschinenpistolengarben von oben bis unten regelrecht zersägt worden.

Als ich mich eines Morgens zum Betrieb Laubinger begab, um festzustellen, ob alles ordnungsgemäß lief, traf ich dort auf den Gutsbesitzer Caspary aus Kobbelbude. Die Russen hatten ihn bei Königsberg überrollt und total ausgeplündert. Dasselbe war mit Otto und Ella Umlauft geb. Kadgiehn (Verwandte von Mutters Seite) aus Adlig Christoplacken geschehen, die bei mir erschienen. Sie waren auf der Flucht bei der Mühle Lauth von den Russen überrollt und total ausgeplündert worden. Sie konnten nachts entkommen und sich nach Pillau durchschlagen. Mit einem Seetransport gelangten sie nach Westen und landeten schließlich in Calw/Württemberg.

Auch Tante Grete – Ehefrau von Bruder/Onkel Willy – war mit ihren Kindern schon in Pillau angekommen. Nachdem die Einschließung Königsbergs aufgesprengt worden war, ging sie aber wieder zu Fuß nach Königsberg zurück, weil sie vergeblich auf den Abtransport per Schiff gewartet hatte. Sie hat die Todeszeit von Königsberg überlebt, aber bis auf den ältesten Sohn, der wohl schon Soldat im Westen war, und Gregor kamen alle anderen Kinder um. Nach dem Eindringen der Russen kam ihr Sohn Manfred zu ihr gelaufen. Er hatte ein Messer im Rücken und schrie: ‚Mutter, jetzt sterbe ich!‘ Gregor ist kurz vor dem Sturm auf Königsberg vom Kommandeur seiner Volkssturmeinheit nach Hause geschickt worden. Er ist von den Sowjets ein Jahr lang im vormaligen Polizeigefängnis eingesperrt worden. Nach seiner Freilassung fand er seine Mutter nicht wieder. Er heiratete eine ältere Lettin, die sich seiner angenommen hatte, und lebte bis zu seinem Tod in Riga. Onkel Willy überlebte

Der Ort des Geschehens – „Kirche“ Germau, Aufnahme 2004.

ebenfalls die russische Kriegsgefangenschaft. Er und Tante Grete fanden sich 1948 in Stralsund (?) wieder und bekamen nochmals zwei Kinder: Adalbert und Brigitte. Ein Kamerad, der im Vorort Metgethen gekämpft und ein Bein verloren hat, sagte mir: „Es ist grauenhaft gewesen, was wir da gefunden haben.“ Klaus Marchand, Ehemann meiner Schwester Heilwig[1)], hat in Metgethen gewohnt und mit seiner Familie das Grauen von Metgethen mit- und überlebt.

Die Familie meines Königsberger Nachbarkollegen Lettau hatte in Metgethen ihr Sommerhäuschen.“

Anmerkung: Wenn es Bäckermeister Lettau in der Krausallee war, war dessen Sohn Horst mein Klassenkamerad in der Burgschule. Wir trafen uns nach 1990 vor einem Flug nach Königsberg auf dem Flughafen Langenhagen bei Hannover wieder und haben den fast originalgetreu erhalten gebliebenen Betrieb seines Vaters aufgesucht. Hannelotte hat Tagebuch hierüber geführt. Horst und ich wurden von den jetzigen „Inhabern“ auch zum Mittagessen in der elterlichen Wohnung eingeladen – jeder, auch die russischen Frauen, hatte am Ende einen Liter russischen Wodka intus, der ja kein schleswig-holsteinischer Landwein von nur 32 % ist ... In der Straßenbahn zum Hotel „Kaliningrad“ wurden wir wie Glasperlen behandelt, unsere Fahrscheine wurden zum Entstempeln über das Menschengedränge im Mittelgang hin- und zurückgereicht. Zurück zu den grauenhaft entgegengesetzten russisch-deutschen „Begegnungen“ des Jahres 1945!

„Kollege Lettau war Soldat, Feldwebel im Felde. Seine Frau Elfriede und beide Kinder haben die Russen in Metgethen geschnappt. Sie hat Grauenhaftes durchgemacht. Sie wurde nach Karschau verschleppt, dort hat sie in der Gärtnerei arbeiten müssen. Die Frau war schneeweiß, als sie wiederkam.“

---

1) Beide sind bereits verstorben.

Bei solchen Erzählungen denke ich bloß an die alte Frau Sohst, die Mutter von Bernhard Sohst. Sie war 81 Jahre alt. Als ich sie fragte, wo sie hingekommen war, sagte sie: „In Pommern haben sie mich geschnappt. Herr Berg, es war grauenhaft. ‚Frau komm!‘, achtzehn bis zwanzig Männer.“ Ich zu Frau Sohst: „Sie vergewaltigten Sie?“ Frau Sohst: „18 bis 20 Männer, nach dem, was passiert ist, war ich glücklich, daß nur noch einer kam.“ Mein Vater: Stell dir das mal vor, eine 81jährige Frau. Mein Vater erwähnte daraufhin den Schändungsaufruf von Ilja Ehrenburg[1].

---

[1] Ilja Ehrenburg: „... Brecht mit Gewalt den Rassehochmut der germanischen Frauen! Nehmt sie als rechtmäßige Beute!“ Die Existenz und Urheberschaft Ehrenburgs an einem solchen Aufruf wird von beflissener Seite angezweifelt oder gar bestritten. Aber die – bis auf zahlenmäßig bedeutungslose Ausnahmen – Massenschändung aller nur greifbaren deutschen und sogar polnischen Frauen und Mädchen mit Sadismus und Ermordung bei Abwehr läßt keinen Zweifel an ihrer propagandistischen Freigabe als Beuteobjekt zu.

Vetter/Onkel Hans Rohde

Hans, Geschäft und Café Steindamm 141, hatte ich von Pillau aus angerufen, als der Einschließungsring um Königsberg wieder aufgebrochen war. Um Königsberg ohne persönliches Risiko verlassen zu können, wollte er einen Brottransport nach Pillau bringen. (Anm.: Er war volkssturmpflichtig und unterlag den strengen wehr- und kriegsrechtlichen Bestimmungen und Einschränkungen.) In der Hindenburgstraße geriet er in einen russischen Feuerüberfall. Mit einem Sanka (Sanitätskraftwagen) wurde er nach Pillau gebracht. Er habe „Furchtbares erlebt" (von Vater nicht näher konkretisiert). Nach mehreren Tagen plagte ihn das Gewissen. Ich konnte die Verbindung zu einem Luftwaffenleutnant Schumacher herstellen, und so wurde er mit einer Kuriermaschine nach Devau (Anm: Königsberger Flughafen) eingeflogen. Im Suff brach er sich in seiner Wohnung ein Bein. Er lag mit gebrochenem Bein im Stadthaus und erlebte so den Russeneinmarsch. Er soll dann mit Pferd und Wagen Brot gefahren haben und auf einem „Propagandamarsch" zum Sammellager Pr. Eylau umgekommen sein. Jedenfalls ist er mit ungeklärtem Schicksal verschollen.

Anders, noch entsetzlicher als das nach Vaters Schilderung vermutete Ende von Onkel Hans ist es nach dem gewesen, was mir ein mittelbarer Zeuge hierüber erzählt hat. Eineinhalb Jahre verheiratet, unser erster Sohn ein Dreivierteljahr alt, war ich im Juni 1962 von der Wasser- und Schiffahrtsdirektion Hannover zum Bundesverkehrsministerium in Bonn abgeordnet (später versetzt) worden. Verzweifelt suchte ich dort nach einer Wohnung, in einer Stadt, die teilweise noch bombenzerstört und in ihrer Gesamtstruktur überhaupt nicht auf die Funktion als Regierungssitz von halb Deutschland und den Ansturm Abertausender Bundesbediensteter mit ihren Familien vorbereitet war. „Für Geld" wäre es sicherlich leichter gewesen, aber das hatten wir für die daraus erwachsende finanzielle Beweglichkeit noch auf Jahrzehnte hinaus nicht. Mein Vater versuchte, uns mit der Anknüpfung an eine Beziehung in Königsberger Zeit zu helfen. Über das Ergebnis und die Kenntniserlangung über das wahrscheinliche Ende von Onkel Hans schrieb ich am 1. November 1962 an Hannelotte:

„Heute ist hier gesetzlicher Feiertag, Allerheiligen. Man sah viele Menschen mit Blumensträußen unterwegs, gebimmelt hat es auch genug. Am späten Vormittag suchte ich Herrn Gotaut in Bad Godesberg auf, den Vater mir genannt hatte und der mir lt. Vati hoffnungsvoller Schimmer am dunklen Wohnungshorizont sein mußte. Wir lernten uns per Zufall schon auf der Straße kennen, und ich merkte sofort, daß ich mich mit einer auch nur indirekten Frage lächerlich machen würde. Herr Gotaut erinnerte sich gut an den ‚Bäckermeister und Kreishandwerksmeister Berg aus Königsberg' und war auf Anhieb rührend freundlich zu mir, aber die beiden haben sich seit Kgb. nicht mehr gesehen. Er ist 72 Jahre alt, hat aus der Gefangenschaft bei den Russen schwere Leiden zurückbehalten, lebt von irgendeiner bescheidenen Rente und wohnt selbst zur Miete. Obwohl wir uns bisher nicht kannten, erzählte er mir seine ganze furchtbare Leidensgeschichte vom April 1945 in Königsberg bis zu seiner Ankunft in Schleswig-Holstein, einmal kamen ihm bei einer wahrscheinlich sehr aufwühlenden Schilderung – er hatte sich an einem See bei Schwerin hingesetzt, um zu sterben, fand sich dann aber beim Lied ‚Lobe den Herrn' in einem Lazarett wieder – die Tränen.

Zwischendurch tränkte er sich und mich mit Steinhäger und ‚Blutgeschwür' (Sherry mit einem Schuß Eiercognac). Diese alten Ostpreußen sind wirklich das Salz der Erde! Ich sollte sogar mittags zur Hühnersuppe bleiben.

Jedenfalls ist es bei unseren alten Herrschaften immer dasselbe, zumindest habe ich es bei meinem Vater schon erlebt: Seine ehemaligen Freunde, Bekannten und Kameraden haben wahrscheinlich zu Hause ‚etwas' dargestellt, d. h. sie hatten Einfluß. Heute sind sie im großen und ganzen prächtige Menschen geblieben, aber auf einen nach den Maßstäben dieser Welt unbedeutenden Status herabgesunken, nur betrachten sie sich gegenseitig oftmals aus der früheren Perspektive. Tragisch, ergreifend tragisch ist das. Durch Herrn Gotaut erhielt ich nun auch eindeutige Gewißheit über das Ende meines Onkels Hans Rohde. Beim Untergang von Königsberg ist er erschlagen vor seinem Geschäft auf dem Steindamm gesehen worden, bisher gab es andere Schilderungen. Es ist Herrn Gotaut sofort von einem Fleischergesellen aus einem Nachbargeschäft erzählt worden, muß also stimmen."

Eigene Anmerkungen zu Onkel Hans:

Als wir einmal bei winterlichem Wetter mit Fahrrädern vom Bahnhof Schrombehnen zum Jagdrevier Penken-Seeben fuhren, schimpfte er auf die Bauern, die auf einer Weide neben der Straße ihre Kühe im Schnee weideten. In der Unterhaltung mit meinem Vater fiel mit Bezug auf die Vor-NS-Zeit aus seinem Munde das Wort von der „System-Zeit". Ich konnte damals mangels Kenntnis der Zusammenhänge und Abläufe nichts Genaues mit dem Begriff anfangen, ahnte aber, daß Onkel Hans damit seine Geringschätzung für diese Zeit zum Ausdruck brachte.

Als wir Ende Februar 1938 in die Schrötterstr. 87 / Gustloffstr. 1 im Stadtteil Hufen umzogen, kaufte Onkel Hans das Haus- und Geschäftsgrundstück Steindamm 141, wo mein Vater bis dahin seine (Pacht-)Bäckerei hatte und wir in einer gar nicht mehr zeitgerechten Wohnung wohnten. Onkel Hans baute dort praktisch ein neues, komplett modernes Haus mit ebenfalls ganz neuen Betriebsräumen. Wo vorher die Backstube war, befand sich jetzt ein Café. Ich kehrte eigentlich immer sehr gern dorthin zurück. Angefangen von den Butzenscheiben, die ich dort zum ersten Mal in meinem Leben erblickte, atmete alles eine Atmosphäre von Wohlhabenheit und Gediegenheit. Außerdem besaß mein Vetter Joachim etwas, was damals noch eine Rarität war: eine elektrische Märklin-Eisenbahnanlage Spurweite H0! In einem ganz verglasten Raum am Eingang zum Ladengeschäft und Café residierte Tante Liesel quasi als Empfangsdame. Wenn ich mit der Straßenbahn oder dem Fahrrad vorbeifuhr und nicht Halt machte, hatte ich jedesmal eine Art schlechtes Gewissen.

Kehren wir nun vor weiterem zu Onkel Hans in der benachbarten Butter-, Käse- und Feinkosthandlung Lange ein, Herrn Lange sind wir ja bereits kurz begegnet. Von ihm und seinem Geschäft habe ich dies in Erinnerung behalten: Bis zu unserem Umzug in die Schrötterstraße wohnten wir Tür an Tür nebeneinander, aber mit meinen 6 ¾ Jahren nahm ich wohl nicht viel mehr als das Wissen um sein Geschäft und diese Nachbarschaft in unser neues Zuhause mit. Später hatte ich dann hin und wieder irgendwelche Aufträge der Eltern bei ihm zu erledigen, er kam mir jetzt immer streng geschäftlich, ja irgendwie „käsebesessen" vor. Hierzu und zur letzten Begegnung mit ihm paßt ein Vorfall, der keine frei erfundene Anekdote, sondern tatsächlich passiert sein soll: Direkt neben seinem Geschäft lag das Lichtspielhaus „PRISMA". Kinobesuche standen im Krieg hoch im Kurs, allerdings auch hier verbunden mit „Anstehen" bzw. „Schlangestehen" vor der Kinokasse. Und so bildete sich diese „Schlange" zwangsläufig mehrmals täglich auch vor seiner Ladentür und behinderte den freien Zugang zu seinem Geschäft. Also soll Herr Lange, um seinen Kunden „freien" Eintritt zu verschaffen, eines Tages kurzerhand den Schlangestehenden aus dem 1. Stock einen Eimer Wasser auf den Kopf gegossen haben, wofür er gerichtlich mit einer spürbaren Geldstrafe belegt wurde. Berichtet wurde dies wohl von seinen Nachbarn Rohde, zu denen ich nun zurückkehre.

Ich erinnere mich, daß Onkel Hans im Gespräch am großen runden Tisch im Wohnzimmer, Fenster mit dem langvertrauten Blick auf den Steindamm und die schräg gegenüberstehende Steindammer Kirche, mehrfach meiner Mutter in die Parade fiel, als sie klar und unmißverständlich „die Behandlung der Ostvölker" rügte: „Hildchen, davon verstehst du nichts!" Immerhin hatte sie eigene praktische Erfahrungen mit Angehörigen der „Ostvölker". Auf dem Gut ihres Vaters, meines Großvaters Bruno Terner, arbeiteten russische Kriegsgefangene, von denen meine Mutter zeitlebens immer menschlich achtungsvoll gesprochen hat. Nachdem Vater/Großvater Terner als Genesender von seiner Kriegsverwundung nach dem Sturz bei einer Übungspatrouille seiner dabei erlittenen schweren Verletzung (Blasenriß) erlegen war, das Gut Tuttenberg verkauft worden und Omi mit meiner Mutter nach Tilsit gezogen war, begegnete sie dort nicht nur immer wieder dem erhaben durch die Straßen stolzierenden litauischen „Seher" Vidunas, sondern erlebte auf dem Markt auch immer wieder den Nationalstolz der litauischen Händler, Bauern, Verkäufer aus „Übermemel", dem Memelgebiet auf dem anderen Memelufer: „Wir sind preußische Litauer!" Wie oft hat meine Mutter später in unserem Elend im Leeser Armenhaus meinem Vater gegenüber voller Bitterkeit Onkel Hans zitiert: „Hildchen, davon verstehst du nichts!" Es war die Herstellung einer Kausalität, wenn auch bei weitem nicht jener, wie sie die siegerdevote Nachkriegs-„Geschichtsschreibung" später festzurren wollte.

Bemerkenswert muß das Verhältnis zwischen dem Ehepaar Kristeleit und ihrem ukrainischen Dienstmädchen gewesen sein. Die Eltern und Kristeleits waren miteinander befreundet. Gerhard Kristeleit war Gauhauptstellenleiter und ist bei der Verteidigung Königsbergs gegen die Rote Armee 1945 gefallen. Frau Kristeleit, die nach dem Krieg in Bonn lebte und die ich nach meiner Versetzung dorthin wiedergesehen habe, hat meinem Vater erzählt: Als die Sowjets im Oktober 1944 im Raum Gumbinnen in Ostpreußen eingedrungen waren und ihre unter dem Schreckensbegriff „Nemmersdorf" bekannt gewordenen Verbrechen begingen, habe das ukrainische Dienstmädchen, so Frau Kristeleit, treuherzig zu ihr gesagt: „Gnädige Frau, keine Angst haben! Wenn Russen kommen, ich werde sagen: „Frau immer gut gewesen. Russen dann nicht quälen, gleich totschießen." Eine Erinnerung, die hiermit nichts zu tun hat, möchte ich an dieser Stelle festhalten: Als ich einmal – ich war in Uniform – mit dem Fahrrad etwas zu Kristeleits, die am Körnerplatz ein Haus besaßen, hinbringen oder von dort abholen sollte, wurde ich aus einem Haus an einem neben Kristeleits abzweigenden Seitenweg mit der Luftbüchse beschossen. Ich habe es bestimmt den Eltern erzählt, aber sie haben augenscheinlich nichts zur Aufklärung des Vorfalls und Bestrafung des Täters unternommen. Sonst hätte es ja mindestens eine kriminalpolizeiliche Anhörung auf meiner Seite gegeben. Ob der feige Heckenschütze, so er das Königsberg-Ende überlebt hat, sich nach dem Krieg seines „Widerstands“ gebrüstet hat?

Im Jagdrevier meines Vaters: Jagd vorbei!
Onkel Hans neben seinem Steyr-Cabriolet, mit Vaters Hensoldt-Dialyt-Nachtglas (ein optisches Wunderwerk!). Vater entlädt seine Schrotflinte. Mit „meinem“ Prismenglas auf dem Reserverad fahren wir los, bemerken das Fehlen rechtzeitig, kehren um – und finden es!

Polnische Arbeitskraft in unserem Haus

Zwei Begebenheiten, die sich in unserem Hause Schrötterstr. 87 bzw. in der Bäckerei abspielten, sollen ebenfalls festgehalten werden:

Meinem Vater wurde zur Ergänzung des Betriebspersonals – alle männlichen Arbeitskräfte im wehrpflichtigen Alter waren, soweit k.v. (kriegsverwendungsfähig), zur Wehrmacht eingezogen – einige Zeit nach Robert noch ein kriegsgefangener polnischer Bäcker zugewiesen. Er genoß selbstverständlich genau dieselbe korrekte Behandlung und Freundlichkeit wie Robert, erhielt wie dieser ein ordentliches eigenes Zimmer im Dachgeschoß, nahm an der für alle gleichen Verpflegung in unserem Hause teil. Aber er war unzugänglich, wirkte verstockt, ja feindselig. Seine „Betriebszugehörigkeit" bestand in nichts anderem als kontinuierlicher Verweigerung jeglicher Mitarbeit. Mit einem ostpreußischen Wort: Er war obstinatsch (= eigensinnig, widerspenstig). Er hat nie zu verstehen gegeben, welchen persönlichen Hintergrund, welche Erfahrungen, welche anderen Ursachen sein Verhalten gehabt haben mag. War es der geschichtliche Urgegensatz der Polen gegen uns Deutsche? Wie auch immer, mein Vater mußte sich wieder von ihm trennen, und so war er eines Tages für mich einfach „weg". Unnötig zu erwähnen, daß die Veranlassung hierzu nicht von meinem Vater oder von meiner Mutter ausgegangen war.

Das andere Ereignis betraf ebenfalls drei Polen, die in der Fleischerei Neubert Gustloffstr. 1 beschäftigt waren und, so wie Robert, im Dachgeschoß unseres Hauses Schrötterstr. 87 wohnten. In einer wunderbar-frostklaren Nacht Ende November oder Anfang Dezember kehrten meine Eltern mit mir von einem Besuch bei Onkel Leopold, Tante Irmgard und Vetter Harald in der Horst-Wessel-Straße 1 (Nähe Hauptbahnhof) etwa zwischen 22 und 22.30 Uhr nach Hause zurück. (Es war in der Mitte des Krieges, das genaue Jahr weiß ich nicht mehr, kann auch nicht mehr sagen, ob die anderen Geschwister dabei gewesen sind.) Im Vorgarten und auf dem Bürgersteig vor unserem Haus lagen viele zerbrochene Dachziegel. Mein Vater entdeckte bei einem Blick nach oben eine offene Stelle im Dach. Was war hier vor sich gegangen? Er eilte in unsere Wohnung im 1. Stock, holte aus seinem Nachttisch eine Pistole und lief die Treppen zum Obergeschoß hinauf. Mit Pistole? Ja, gewiß, es war Krieg, und hier lag eine Gewaltanwendung vor, die auch eine nicht kalkulierbare Gefahrenlage für ihn und für uns beinhalten konnte. Oben fand er nur noch die von den polnischen Gehilfen des Fleischers Neubert bewohnten Zimmer in einem verwüsteten Zustand vor. Sie waren verschwunden und hatten, wie sich herausstellte, ihren „Ausstieg" über das Dach auf der Rückseite des Hauses und unseren Balkon vollzogen. Mir ist nie bekannt geworden, ob sie gefaßt werden konnten und welches Schicksal ihnen beschieden gewesen ist. Jedenfalls beruhte ihre Flucht, was keiner Worte bedarf, nicht auf Umständen, die etwa von meinen Eltern zu vertreten gewesen wären.

Kriegsgeschehen in Pillau, letzte Stunden in Ostpreußen und bei Gauleiter Koch, Rettung über See und Ankunft in Saßnitz

Vater berichtet:

Um den Flüchtlingsmassen, die nicht auf dem Seeweg abtransportiert werden konnten, die Flucht nach Westen auf dem Landweg – über die Frische Nehrung – zu ermöglichen, hatten Pioniere eine Fähre für den Übersetzverkehr über das Pillauer Seetief nach Neutief auf der Nordspitze der Frischen Nehrung gebaut. Sie diente natürlich auch der Beförderung von Wehrmachtsfahrzeugen und -gütern. Sie wurde „Seeschlange" genannt und war das Ziel pausenloser Luftangriffe, wurde aber nie ernsthaft getroffen. War man bei solchen Angriffen auf der Fähre, verkroch sich alles unter etwa vorhandenen Fahrzeugen. Anfangs liefen bei Angriffen Torpedoboote auf die Reede. Sie feuerten aus allen Rohren und legten so einen starken Abwehrschirm über die „Seeschlange". Dann aber wurde unsere Luftabwehr immer schwächer ... Vorübergehend „Luft" verschafften uns auch die schweren Schiffseinheiten, wenn sie auf See ausliefen und mit ihrer schweren Artillerie Landziele unter Feuer nahmen. (Anm.: Siehe auch Vaters Brief an meine Mutter aus Pillau vom 2.4.1945)

Als der Kampf im Heiligenbeiler Kessel zu Ende ging, wurden die Artillerieeinheiten der 50. ID (Infanteriedivision) auf die Frische Nehrung bei Neutief übergesetzt. Aber die Geschütze 15 cm Langrohr standen nur herum, sie bekamen drei Schuß pro Nacht. In Neutief waren auch tausende Pferde eingezäunt. Sie bekamen kein Futter, die Bäume waren kahl gefressen, sie mußten erschossen werden. Auf der Düne waren lange Gräben für Leichen ausgehoben, diese wurden nachts dorthin gefahren. Eine alte Frau hörte ich sagen: „Laßt mich noch sterben, ich bin doch noch nicht tot!"

Die aus dem Heiligenbeiler Kessel auf die Nehrung übergesetzten Einheiten der 50. ID richteten im Keller von Leeder eine Nachrichtenstelle ein. Ein Leutnant aus Stendal – immer mit schußbereiter Pistole neben dem Feldbett – nahm mit einem Funkgerät die Meldungen von der Front entgegen. „Die Russen sind jetzt in ...“, ihre Bewegungen wurden ständig beobachtet. Der Stendaler Leutnant stellte eines Nachts um 24 Uhr eine Telephonverbindung zu Reichsinnungsmeister Grüßer in Berlin, Ansbacher Straße 30, her. Er meldete sich mit tiefer Stimme und sagte, daß Mutti mit den Kindern sich in Sirachsberg, Kr. Uelzen, in Sicherheit befinde.

Zu meinen Aufgaben in Pillau gehörte auch die Belieferung der in Neutief stationierten Luftwaffeneinheit mit Brot. Neutief war vorher Seefliegerhorst gewesen, in den Flugzeughallen war jetzt bis zur Decke Leder gestapelt. (Eigene Erinnerung: Bei einem Klassenausflug von Königsberg nach Pillau noch vor Kriegsausbruch erlebte ich im Pillauer Tief den Start einer ganzen Seefliegerstaffel, es war ein imposanter Anblick.) Und so ergab sich auch ein persönlicher Kontakt zu einem schwäbischen Luftwaffenmajor, der mir zusicherte: „Wir sorgen für Sie. Notfalls stecken wir Sie in Offiziersuniform, falls es doch kein Entkommen mehr geben sollte.“ In der Bodenwanne einer Maschine wollte mich auch die Besatzung einer Kuriermaschine mitnehmen, wenn sie Pillau endgültig verlassen würde. Sie flog täglich von Pillau nach Wismar oder Stralsund, alle Besatzungsmitglieder waren hoch dekoriert. Jedoch auch hierzu kam es nicht, die Maschine wurde über der Ostsee abgeschossen. Schließlich traf ich meinen alten Kameraden Otto Dierß wieder. Er war bei der Küstenartillerie in Neutief stationiert und gab mir seine Kieler Anschrift. (Anm.: Vater sprach einmal von Paketen nach Schleswig-Holstein, die nie ankamen.)

Das Ende sah dann ganz anders aus, Rettungsfahrzeug war ein Flugsicherungsboot der Luftwaffe. Zu seinem Kommandanten Leutnant Schumacher hatte sich ebenfalls ein Kontakt ergeben. Er versprach mir: „Wir nehmen Sie mit.“ Als die Russen bereits in Pillau eingedrungen waren, sagten die letzten getreuen 16 Handwerker zu mir: „Kreishandwerksmeister, wann kommen wir raus?“ Um einen Marschbefehl zu erhalten, ohne den jeder Absetzversuch mit einem tödlichen Risiko verbunden war, begab ich mich zum Gauleiter, von dem ich wußte, wo er sich aufhielt. Er war Reichsverteidigungskommissar und konnte als solcher über Leben und Tod entscheiden. Als ich an seinem Hauseingang ankam, versperrten mir zwei SS-Wachen den Weg. Koch hörte meinen Wortwechsel mit den beiden und befahl: „Berg, kommen Sie rauf!“ Er empfing mich mit den Worten: „Was, Parteigenosse Berg, Sie noch hier?“ Ich sagte ihm ins Gesicht: „Gauleiter, kennen Sie Ihre eigenen Befehle nicht? Haben Sie nicht an den Bäumen Männer mit einem Plakat hängen sehen: ‚Ich war ein Feigling‘?“ Dann konfrontierte ich ihn mit der Frage: „Gauleiter, außer mir sind wir noch 16 Mann, wie kommen wir raus?“ Er wollte uns zum Volkssturm abkommandieren. Ich entgegnete sehr bestimmt: „Nein! Der Volkssturm marschiert nur noch sinnlos hin und her! Wir brauchen einen Marschbefehl von Ihnen, damit wir Pillau verlassen können!“ Nunmehr diktierte Koch Marschbefehle für uns zum Reichsnährstand in Berlin in die Schreibmaschine. Währenddessen war eine Granate eingeschlagen, eine Wand stürzte um. Koch reagierte weder feige-ängstlich noch warf er sich zu Boden. Er rührte sich überhaupt nicht. Meine sechzehn Getreuen kamen mit ihrem Marschbefehl noch in der Nacht raus. Ich selbst blieb noch in Pillau zurück, in das die Russen, wie gesagt, bereits eingedrungen waren.[1)]

---

1) Jahrzehnte später, ich war zur Wasser- und Schiffahrtsdirektion Kiel versetzt worden, waren die Eltern auf Weihnachtsbesuch bei uns. Wir hatten zum ersten Feiertag auch Eva Rehs eingeladen. Sie hatte in Königsberg unter den Sowjets überlebt, war unverheiratet und kinderlos geblieben und leitete mit Tatkraft, Willensstärke und klaren politischen Vorstellungen auf hohem Niveau die Frauengruppe in der Ostpreußen-Hilfsgemeinschaft (OHG). Dieser waren Hannelotte und ich alsbald nach meiner Versetzung beigetreten. Als Vater von seiner Endzeit in Pillau erzählte, sagte Eva Rehs: „Der Gauleiter war feige!“ Vater widersprach ihr, aber nur dem Wort „feige“. „Nein, feige war er nicht. Was er tun konnte, hat er für die Menschen getan, hielt sich letzten Endes aber an die Befehle aus Berlin.“ Erst nach der Einnahme von Heiligenbeil kam er nach Neutief. Er ist mit dem Fieseler-Storch über die russischen Linien bis nach Tilsit geflogen. Nach dem Geschehen in Nemmersdorf im Oktober 1944 befahl Koch die Räumung der Grenzkreise. Aber manche befolgten diesen Befehl nicht, sie blieben. Die Bauern gingen auch nur in die Nachbarkreise, weiter war ihre Evakuierung damals nicht vorgesehen.

Leutnant Schumacher hielt Wort, aber jetzt überstürzte sich alles in Sekundenschnelle. Er ließ in den Keller von Fritz Leeder die Nachricht durchgeben: „Wo bleibt Herr Berg? Wir legen ab, spätestens in einer halben Minute!" Wir jagten zum Leuchtturm auf der Mole[1]), wo das Flugsicherungsboot anlegte und, nachdem es uns an Bord genommen hatte, mit voller Kraft voraus schon unter direktem Beschuß Fahrt aufnahm. An Bord befanden sich etwa 70 bis 80 Personen – es war für 25 Mann Besatzung gebaut –, die meisten waren Wehrmachtshelferinnen. (Anm.: Als mein Vater die Schiffsplanken bestieg, hatte er den letzten Schritt in seinem Leben auf ostpreußischer Erde getan. Er sollte die Heimat niemals wiedersehen.)

Auf hoher See ereignete sich ein Maschinenschaden, der uns manövrierunfähig machte. Zu unserem Glück konnte er repariert werden, ohne daß wir von See oder aus der Luft angegriffen wurden. Wir liefen dann als erstes Nexö auf Bornholm an und danach Saßnitz auf Rügen. Dort übergab ich zwei Jungen im Alter von 8 und 12 Jahren, die ihre Eltern in Palmnicken verloren hatten, der zuständigen Dienststelle.[2])

---

1) Der Leuchtturm stand/steht an der Spitze der nördlichen Seemole. Die Bäckerei Leeder befand sich aber in Neutief. Von hier ging/geht die Südmole ab. Ein Übersetzen von Neutief zur Nordmole – womit noch? – hat wegen der unmittelbaren Frontnähe mit Sicherheit nicht mehr stattgefunden. Wahrscheinlich hat mein Vater gemeint, daß das Flugsicherungsboot querab von dem Leuchtturm auf der Nordmole an der Südmole lag und dann noch in deren Schutz auf der Südseite.

2) Mein Vater hat bei seinem Kurzaufenthalt in Saßnitz einige gerettete Sachen in seinem Quartier zurückgelassen. Als wir nur noch „von der Substanz" lebten und auch diese zu Ende ging, hat er sich um Wiedererlangung der in Saßnitz verbliebenen Sachen bemüht. Das Ergebnis lautete im Schreiben des Saßnitzer Bürgermeisters folgendermaßen, es „atmet" bereits den neu angebrochenen „Zeitgeist":
„Unter Bezugnahme auf Ihr Schreiben vom 12.8.46 muß ich Ihnen zu meinem Bedauern mitteilen, daß die Nachforschungen nach den von Ihnen zurückgelassenen Kleidungs- und Ausrüstungsgegenständen ergebnislos verlaufen sind. Der Hafenkapitän Köhler war s. Zt. in die Wohung des Schulrektors Bendix eingewiesen worden. (Fortsetzung auf S. 165)

Mit meinem Marschbefehl machte ich mich nunmehr auf den Weg nach Schwerin, wo ich mich befehlsgemäß in einer Kaserne meldete. Als der wachhabende Spieß meine Personalien aufnahm, sah ich, wie der Posten am Kasernentor unter Stahlhelm und Gewehr vorbeifahrenden Panzern salutierte, aus denen Köpfe mit roten Baretten herauslugten. An den Spieß gewandt, sagte ich: „Das sind doch nicht unsere!“ Worauf er antwortete: „Nein, Herr Berg. Das sind Engländer! Für Sie ist der Krieg zu Ende!“ Worauf ich, ohne Entlassungspapiere, das Kasernengelände wieder verließ.

(Anm.: Es blieb also für immer bei dem Entlassungsstempel von 1940 in Vaters Wehrpaß. Zu Ende war der Krieg freilich keineswegs, denn nun begann sofort der erniedrigende Nachkrieg der Sieger und ihrer polnischen und sonstigen „Mitsieger“ gegen uns Deutsche.)

(Fortsetzung Fußnote 2, S. 164) Bendix hat aber auch nach dem Luftangriff, vor dem Einzug der Besatzungsmacht in Saßnitz, seine Wohnung verlassen, und Köhler ist geflüchtet, somit stand die Wohung mit allen Einrichtungsgegenständen und mit Ihrer zurückgelassenen Habe herrenlos da. Die Folge davon war, daß nur sehr wenige Gegenstände nach Eintritt geordneter Verhältnisse vorgefunden wurden. Wem diese Gegenstände gehörten, war nicht zu ermitteln. Diese wurden den aus Ostpreußen zwangsweise evakuierten Familien Schönlein und Behrendt übergeben. Ich bin nicht in der Lage, Ihnen zu Ihrem Eigentum zu verhelfen, nachdem Sie dieses zurückgelassen und an sich gedacht haben.“

Wie bereits angekündigt, schließe ich Band 1 meines Rückblicks auf meine ersten 25, für mein ganzes Leben wegweisenden und in ihm immer gegenwärtig gebliebenen Lebensjahre mit dem Bericht von Fritz Leeder über den Backbetrieb in Pillau-Neutief unter Frontbedingungen von Ende Januar bis Ende April 1945 im 19. Mitteilungsblatt der Sammelaktion des ostpreußischen Bäckerhandwerks, Dezember 1960. Ich habe ihn unter dem Titel „Im Hagel der Bomben und Granaten – letztes ostpreußisches Brot bis Ende April 1945“ im Ostpreußenblatt vom 28.3.1998, Seite 12, einer breiteren Öffentlichkeit bekanntgemacht. Königsberg fiel am 9. April 1945, zwei Wochen vor dem Restzipfel Ostpreußens um Pillau Ende April, in Sowjethand. Deshalb habe ich dem Bericht von Fritz Leeder den von Alfred Seeck „Letztes deutsches Bäckerbrot in Königsberg“ im 21. Mitteilungsblatt der Sammelaktion, Dezember 1962, Seiten 10–13, vorangestellt. Wir werden dort Personen und Ereignissen, die wir schon aus dem vorherigen Buchinhalt kennen, wiederbegegnen.

Sammelaktion

des ostpreußischen Bäckerhandwerks

21. Mitteilungsblatt - Dezember 1962

Herausgegeben von
Arthur Tobias, Lübeck- Travemünde, Am Heck 2
früher Königsberg (Pr.), Kneiphöfsche-Langasse 14

Zusammenstellung und Versand
Heinrich und Hilde Berg

Letztes deutsches Bäckerbrot in Königsberg

Von Bäckermeister Alfred Seeck, Königsberg (Pr), Vorderroßgarten 37, Anmerkung des Herausgebers:

Kollege Alfred Seeck war einer von denen, die bis zum letzten Tag in unserer Provinzial-Hauptstadt blieben und von den zuständigen Stellen verantwortlich mit der Versorgung von Wehrmacht und Bevölkerung beauftragt wurden. Er kam in russische Gefangenschaft und hat sich ein schweres Leiden zugezogen, das ihn an der Ausübung seines Berufes hindert. Er schreibt:

Am 22. Januar 1945 hatte der letzte Zug ins Reich mit Frauen und Kindern Königsberg verlassen. Die Russen waren bei Elbing mit Panzerspitzen durchgestoßen, und Ostpreußen war vom Reich abgeschnitten. Kollege Alfred Frick †, Obermeister von Lyk, der noch mit seinem P.K.W. den Versuch unternommen hatte, den Westen zu erreichen, mußte umkehren. Frei war der Zugang nach Pillau und von da über die Ostsee. Kollegen, die aus Ostpreußen auf der Flucht waren, meldeten sich bei der Innung, baten um Unterkunft und Rat, stellten ihre Wagen ab und versuchten, über See ins Reich zu kommen.

Am 23. Januar bekam ich den Auftrag, Bäckereimaschinen zu registrieren, die auf dem Gelände des alten Bahnhofs lagerten. Es waren dies Maschinen, die aus dem ostpreußischen Raum hierhin verlagert waren. Da ich diese Arbeit ohne eine Hilfe kaum bewältigen konnte, bat ich Alfred Frick, mir zu helfen. Die bisherige Brotversorgung des Ostwalles war beendet. Jetzt war es nötig, die Festung Königsberg mit Brot zu versorgen. Diese Aufgabe war nicht leicht, Betriebe fielen aus durch Beschuß und Bomben, Arbeitskräfte wurden für andere notwendige Aufgaben gebraucht. In dieser Zeit übernahmen die Kollegen K. Frick und W. Vothel † die anfallenden Innungsarbeiten.

In diesen Tagen rief mich Kollege Hans Rohde † an und bat mich, ab sofort die Leitung der Einkaufsgenossenschaft der Bäckerinnung zu übernehmen. Seit 2 Tagen war die Genossenschaft ohne Leitung, der Reichsnährstand hatte die Verwaltung übernommen. Ein großer Teil der Angestellten war noch da, es war also nicht ganz so schlimm, die Aufgaben zu erfüllen. Das tägliche Arbeitspensum war angefüllt mit Lagebesprechungen, Verordnungen waren zu befolgen und die Engpässe in der Versorgung zu beseitigen. Wir hatten keine Hefe, Lazarette und Kranke brauchten Weißbrot. Also noch vorhandene Trockenhefe-Bestände aufspüren, sicherstellen, rationieren. Die Bestände waren nicht sehr groß, wir mußten an die noch vorhandenen Brauereien herantreten wegen Bierhefe. In Bierfässern wurde sie angeliefert. Die Umstellung für die Bäcker auf Bierhefe war nicht einfach, aber der Zweck wurde erreicht.

Hans Rohde war durch eine Verletzung seines Beines stark behindert, zur Besprechung der Lage besuchte ich ihn täglich in seinem Büro, es lag im Stadthaus am Hansaring. Bei diesen Besprechungen war Dr. Will, unser Oberbürgermeister, zugegen. Im Zuge der Abschnürung waren die Fettlagerbestände verlorengegangen. Dr. Will hatte die Meiereien beauftragt, da noch Rindertalg und Öl vorhanden waren, ein Aufstrichmittel herzustellen. Diese Versuche waren fehlgeschlagen. Wir erboten uns, die Versuche weiterzuführen. In der Bäkkerei von Hans Rohde wurde nun eifrig probiert. Am andern Tag konnten wir mehrere gelungene Mischungen vorweisen. Dr. Will war begeistert und auch erstaunt, was die Bäcker alles konnten. Es wurde uns der Auftrag erteilt, für ca. 80 000 Versorgungsberechtigte Aufstrich zu fertigen. Alle vorhandenen Anschlagmaschinen bekamen Arbeit. Schwierig allein war die Aufgabe, die noch erreichbaren Aufbereitungsmittel zu erlangen. Ansonsten waren wir ja in der Aufbereitung mit Talg vorbelastet.

Der Oberbürgermeister stellte uns Pferd und Wagen zur Verfügung. PKWs waren genug vorhanden, aber Benzin war knapp. Auf dem Hof der E. d. B. standen 39 verlassene PKWs. Der Fuhrbetrieb der E. d. B. klappte gut, die Krupp-Diesel wurden stark beansprucht, es war nicht immer einfach, sie vor dem Zugriff der zahlreich vorhandenen Dienststellen zu schützen, über zu wenig Organisation und Papierkram konnten wir uns in keiner Zeit beklagen.

Am 30. Januar war die Lage ernst. Man merkte, es lag etwas in der Luft. Ich bat meine vorgesetzte Dienststelle, den Reichsnährstand, mir umgehend Bescheid zu geben, um es wiederum allen Kollegen weiterzugeben, wenn irgendetwas schief ginge. Stündlich rief ich an, bekam auch immer Anschluß. In der Nacht dann bekam ich den lakonischen Bescheid: „Wir haben uns abgesetzt.“ Meine Ausrufe dieserhalb waren bestimmt nicht stubenrein! Eine ganz neue Lage, wir mußten handeln. Bestände, die in der E. d. B. lagerten, mußten unbedingt aufgeteilt werden, um nicht an einem Platz total vernichtet zu werden. Alle halfen mit, die Bäcker holten selbst ab, und jeder hatte nun einen Vorrat. Nach einigen Tagen war der Reichsnährstand wieder da, die Luft war weniger eishaltig. Ich wurde gerügt, und die Töne waren nicht zu überhören, denn wir waren Festungsstadt und hatten Kriegsrecht.

Am 31. Januar mußte ich unbedingt die E. d. B. erreichen. Alfred Frick, der bei mir wohnte, und ich machten uns zeitig auf den Weg. Unser Weg ging über die Arndtstraße (Ratshof) am Pregel entlang zur Eisenbahnbrücke – Viehmarkt. Täglich wurden wir von Wehrmachtsstreifen kontrolliert. An diesem Morgen hatte die SS das Kommando übernommen. Ausweise hatten ihre Gültigkeit verloren, uns war davon nichts bekannt. Wir wurden gefangengenommen, im Gänsemarsch ging es ab, unterwegs wurde unser Haufen größer, Franzosen, Polen, Belgier etc., jedenfalls ein interessanter Haufen. Ab ging es ins Polizeipräsidium. Hier sollten wir uns entkleiden und uniformartige Bekleidung erhalten. Auch befand sich unter uns eine größere Anzahl „Staatspensionäre“ (Gefängnisinsassen), sie hatten gelbe Biesen an den Hosen. Wie gesagt, wir wurden eine neue kampfstarke Einheit. Bei der daraufffolgenden Besichtigung wurde ich erkannt, und man bat mich, von meiner neuen Beschäftigung Abstand zu nehmen. Nun mußte ich noch Alfred Frick freibekommen, er war ja als Zugereister unbekannt. Wir waren nun frei, doch unsere Freiheit behagte uns nicht. Dieses

Erlebnis konnte sich jederzeit wiederholen. Wir mußten Papiere haben, die hieb- und stichfest waren. Unter sicherem Geleitschutz ging es nun von Stelle zu Stelle, bis wir alles beieinander hatten. Jedenfalls hatten wir einen fröhlichen Vormittag in guter Gesellschaft verbracht. Wir mußten nun auch dafür sorgen, ähnliche Fälle bei unseren noch backenden Kollegen zu vermeiden.

Die allgemeine Lage hatte sich beruhigt. Walzmühle Karow war unser Zulieferbetrieb, die E. d. B. war größer geworden, wir hatten ca. 20–30 kaufmännische Betriebe mit den gesamten Vorräten übernommen. Es handelte sich um Betriebe, die ohne Leitung waren. Mit Direktor Bohl von der Zentralgenossenschaftsbank wurde der tägliche finanzielle Teil erledigt. Noch einmal bewährte sich genossenschaftliches Denken und Handeln. Das Jaulen der feindlichen Lautsprecher, die uns eine paradiesische Zukunft verkündeten, Beschuß und Bomben ließen uns erkennen, daß die Situation um uns herum sich wenig geändert hatte.

Die Genossenschaft als Verteilerstelle half allen, soweit es möglich war. Die Mehlbestände reichten noch für einige Monate, das Kühlhaus war gefüllt mit Schweinefleisch, Frischfleisch fiel aus den zurückgeführten Vieh- und Pferdebeständen an. Der Tag hatte für uns 24 Stunden, wir mußten nicht nur backen, wir bekamen auch Waffen und Munition und mußten Wache schieben. Unsere kleine Einheit bestand aus den Kameraden Zeich, Eimler, Kaschowski und einigen ostpreußischen Kollegen.

Für Ostern hatten wir noch Gebäck aus vorhandenen Backmassebeständen (Persipan) gefertigt.

Noch 2 Tage vor meiner Gefangennahme durch die Sowjets bekam ich den Auftrag, 14 Keller bombenfest zu machen und die vorhandenen Mehlbestände zu verlagern. Der Ring um Königsberg wurde enger; der Beschuß und die Fliegerangriffe nahmen zu. Als dann ein Mehltransport, der die Brotfabrik Döbler versorgen sollte, wegen starker Feuereinwirkung umkehren mußte, beschlossen wir, bis auf weiteres den Betrieb einzustellen. Um nicht sinnlos Menschen zu opfern, ging die noch vorhandene Belegschaft in den Bunker. Bei mir in der Lawsker Allee angekommen, mußte ich feststellen, daß sich hier die Feldjägereinheit absetzte. Der Endkampf begann. Abends suchte mich noch ein Apotheker auf; er wollte sich von mir verabschieden und nachfragen, ob ich noch irgendetwas nötig hätte. Am anderen Tage weilten er und seine Familie nicht mehr unter den Lebenden. Nicht wenige waren es, die diesen Ausweg suchten. Jetzt fing der große Leidensweg für alle an, unbeschreiblich ist es, was ostpreußische Frauen gelitten und durchgemacht haben.

Wäre nicht das grausige Kriegsgeschehen so nahe und stets gegenwärtig gewesen, es hätte Freude gemacht, mit solchen Mitarbeitern Großes zu leisten. Der größte Teil von ihnen weilt nicht mehr unter uns. Alle aber haben sie bis zum bitteren Ende ihrem Handwerk und ihrer Heimat die Treue gehalten.

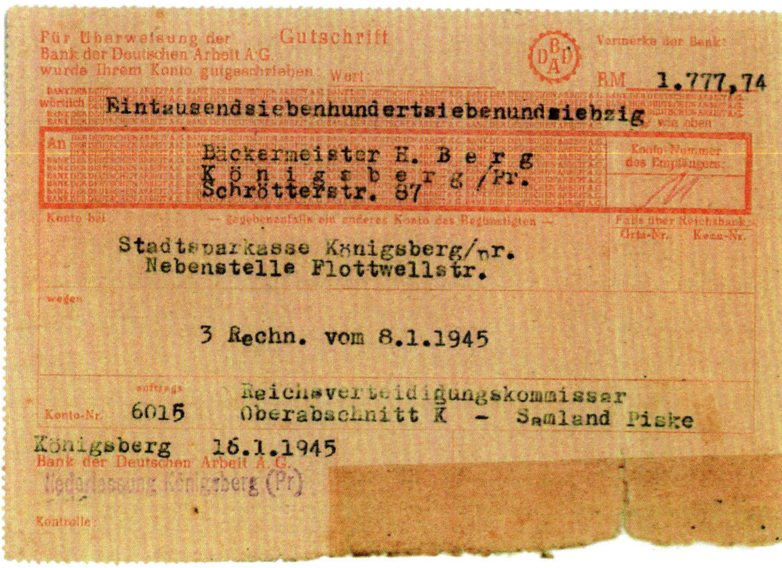
Für Überweisung der Bank der Deutschen Arbeit A.G.
wurde Ihrem Konto gutgeschrieben:

Gutschrift

Wert:

Vermerke der Bank:

RM 1.777,74

wörtlich Eintausendsiebenhundertsiebenundsiebzig

wie oben

an Bäckermeister H. Berg
Königsberg/Pr.
Schrötterstr. 87

Konto-Nummer des Empfängers:

Konto bei — gegebenenfalls ein anderes Konto des Begünstigten —

Stadtsparkasse Königsberg/Pr.
Nebenstelle Flottwellstr.

Falls über Reichsbank: Orts-Nr. Konto-Nr.

wegen

3 Rechn. vom 8.1.1945

Konto-Nr. 6015 Reichsverteidigungskommissar Oberabschnitt K - Samland Piske

Königsberg 16.1.1945

Bank der Deutschen Arbeit A.G.
Niederlassung Königsberg (Pr)

Kontrolle:

Letzte Geschäftsvorgänge der Bäckerei Heinrich Berg in Königsberg (Pr).

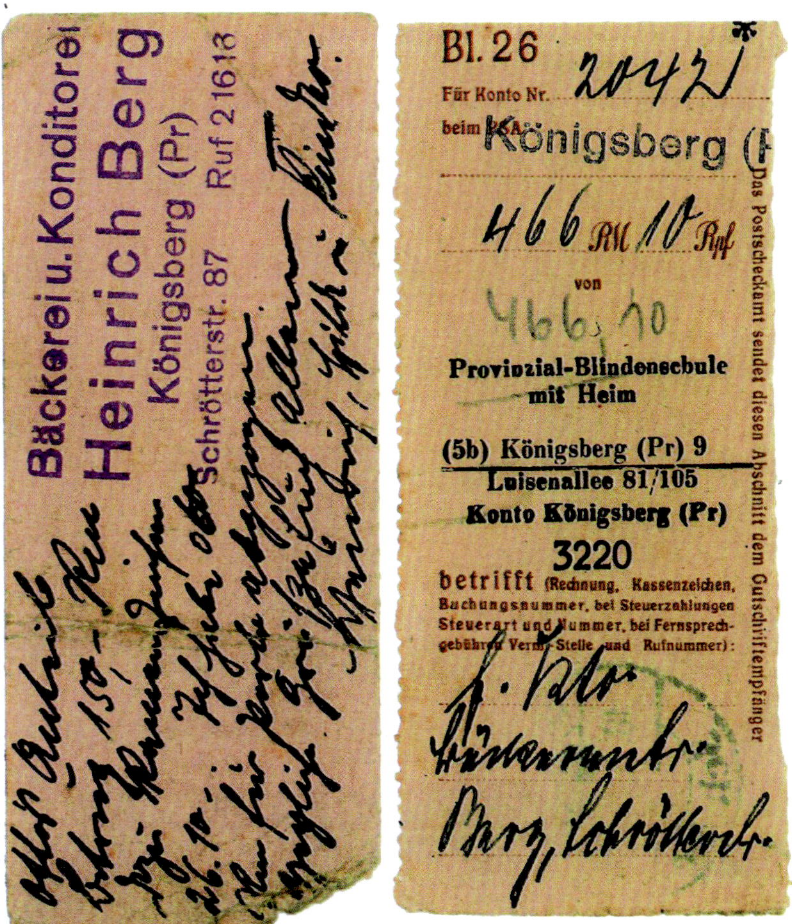

Bäckerei u. Konditorei
Heinrich Berg
Königsberg (Pr)
Schrötterstr. 87
Ruf 21613

Bl. 26
Für Konto Nr. 20421
beim PSA Königsberg (P
466 RM 10 Rpf
von 466,10
Provinzial-Blindenschule
mit Heim
(5b) Königsberg (Pr) 9
Luisenallee 81/105
Konto Königsberg (Pr)
3220
betrifft (Rechnung, Kassenzeichen, Buchungsnummer, bei Steuerzahlungen Steuerart und Nummer, bei Fernsprechgebühren Verm.-Stelle und Rufnummer):
Das Postscheckamt sendet diesen Abschnitt dem Gutschriftempfänger

Sammelaktion

des ostpreußischen Bäckerhandwerks

19. Mitteilungsblatt - Dezember 1960

Herausgegeben von
A r t h u r T o b i a s, Lübeck-Travemünde, Am Heck 2
früher Königsberg (Pr.), Kneiphöfsche-Langgasse 14

Zusammenstellung und Versand
H e i n r i c h und H i l d e B e r g

Pillau-Neutief, Frische Nehrung, 22. Januar 1945

Fritz Leeder, Konditor- und Bäckermeister, Bremen

Ein denkwürdiger Tag! Können wir noch an Großdeutschland glauben? Wintertag, Frost, Schnee! Vor meinem Geschäft stauen sich Fahrzeuge aller Art. Ich gehe hinaus, um nachzusehen, was da vor sich geht. Wer begreift mein Entsetzen? Es ist ein Flüchtlingstreck, der auf der Frischen Nehrung Rettung sucht. Die Heimat ist Schlachtfeld geworden. Meine traurigen Ahnungen werden Gewißheit. Ein Glück, daß ich im Ersten Weltkrieg Soldat war! Neutief, unser schönes Neutief, das wir die Insel der Seligen nannten, das letzte Eiland von Ostpreußen und Samland, wird für uns zu einer grausamen Rattenfalle.

Zu diesem Zeitpunkt habe ich in meiner Bäckerei zwei Franzosen, Kriegsgefangene, und drei Polen, Zivilinternierte, zur Verfügung; alles prächtige Menschen, die in meinem Betrieb, der Gott sei Dank modern vollmechanisch ausgerüstet ist, gut eingearbeitet sind. Betriebsklima: gut. 300 Sack Mehl aus dem Kontingent, das ich noch bis Ende Februar bei der Mühle Fischhausen aufrechterhalten kann, stehen mir zur Verfügung. Von diesem Zeitpunkt ab geht alles kopfüber. Ich bin mir darüber klar, daß wir, noch geschützt auf der Nehrung, wohl die letzte Bäckerei sein werden, die unsern lieben Ostpreußen das letzte Brot auf den Weg in eine ungewisse Zukunft geben darf. Und so ist es auch gewesen. Der liebe Herrgott hat seine Hand schützend über uns gehalten und uns geholfen, bis zum 19. April 1945, drei Tage bevor der Russe von Pillau 1 zur Nehrung übersetzte, dies Werk vollenden zu dürfen.

Inferno Pillau

Eis und hoher Schnee. Pillau ist noch nicht von der Zivilbevölkerung geräumt worden und wird nun vor allem aus Königsberg und der ganzen Provinz überschwemmt. Die Menschen schlafen in ihren Betten auf den Straßen im hohen Schnee. Meine Augen sehen einen Kinderwagen mit Zwillingen, tot, erfroren, von Menschen verlassen. In allen Hausfluren sitzen und stehen Menschen, verzweifelt an der Hoffnung, noch über See herauszukommen.

März 1945

Zurück zu meiner Bäckerei. Wir sind die Letzten! Pillau 2, Pillau 1, alles im Granathagel liegend, wird zerschlagen. Wir backen für den Fliegerhorst Neutief, für Flüchtlinge und alles, was noch da ist. Unsere Kapazität in Tag- und Nachtschichten sind 3 600 Brote. Im Auftrage der Stadtverwaltung Pillau und für die NSV backen wir ununterbrochen Brot zur Verteilung an die Flüchtenden, die mit Schiffen aus Pillau hinausgeschafft werden. Alles Mehl, das greifbar ist, auch aus den Vorräten der ostpreußischen Trecks, die hier in Neutief Pferde und Wagen stehen lassen müssen und nur mit Handgepäck aufs Schiff gehen können, wird herbeigeschafft. Fürwahr, eine traurige Bilanz! Tausende Leiterwagen, Kutschwagen mit silberverzierten Kutschgeschirren, sind im Dünensand aufgefahren. Tausende von Pferden, herrliche Tiere sind in den kleinen Fichtenschonungen eingezäunt. Kein Futter! Ich habe mit eigenen Augen mit ansehen müssen, wie diese armen Tiere von den als Einzäunung verwandten Leiterwagen alles Holz gefressen haben und alle kleinen Bäume und Sträucher auffraßen. Ein furchtbarer Anblick war es, wenn in diese Pferdemengen Granaten einschlugen. Schließlich gingen Soldaten aller Waffengattungen umher und erschossen mit Pistolen die Pferde. Die Wellen schlugen über den mit Pferden besäten Strand.

Unser Kreishandwerksmeister Heinrich Berg landet bei mir aus Königsberg, noch im letzten Moment, und nimmt die Belange der noch verbleibenden Bäckereien und anderen Handwerksbetriebe in Pillau, Fischhausen und den restlichen Orten des Samlandes wahr. Er zieht in meine Wohnung, und ich biete ihm das Bett meiner Frau an, die ich schon hatte wegschicken können. Er verteidigt mein Heim bis zum letzten Tag gegen alle Beschlagnahme und ermöglicht es mir dadurch, in meinen Räumen Nacht für Nacht Flüchtlingen eine kurze Ruhestatt und letzte Wegzehrung zu geben. Wir sind mit Heinrich Berg in meinem Wagen noch zwei Mal bis Rauschen und Neukuhren und bis kurz vor die HKL (Hauptkampflinie) vorgestoßen. Auf der Gegenseite lag der Iwan. Sämtliche Badeorte, wie Rauschen, Groß und Klein Kuhren, Georgenswalde, auch noch Brüsterort, waren mit Flüchtlingen zu Tausenden überfüllt, und wir waren bemüht, noch Bäcker zur Versorgung mit Brot in Einsatz zu bringen. Grauenhaft war das, was wir in Germau vorfanden. Hier hatten die Russen schon acht Tage gehaust. Die Möbel waren durch die Fenster auf die Straße geschmissen, die Betten aufgeschlitzt, die Federn über die Straßen verstreut. Die Sowjets hatten dort die Einwohner und Flüchtlinge in die Kirche getrieben, hungern und frieren lassen, und die für ihre Kinder um Brot bittenden Frauen und die jungen Mädchen in Gegenwart der Männer auf dem Altar geschändet. Als nach den letzten schweren Kämpfen um den Galtgarben die russische Feuerwalze über alles hinwegrollte, ist der größte Teil dieser armen Menschen mit den letzten noch kämpfenden Truppen in Richtung Pillau buchstäblich getrieben worden.

Zurück zur Bäckerei!

Wir backen bei Beschuß. Aus Königsberg und Heiligenbeil schießt der Iwan mit 17,5 Kreuzfeuer in unberechenbarer Form. Ich zähle am Tage fünfzehn Tieffliegerangriffe der Sowjets. Alarm gibt es nicht mehr. Mehrmals am Tage müssen wir bei drei vollen Herden Brot alle Züge und Türen am Backofen aufreißen, damit das Kostbare nicht verbrennen kann, und in die Bunker laufen. Zum Schluß hat der Feind über Heiligenbeil einen Fesselballon stehen und legt Zeitzündergranaten in unser Neutief. Wir sehen die Kurzgranaten kommen – einschlagen – und wieder ist ein Haus vom Erdboden verschwunden. Wenn man bedenkt, daß diese Häuser voll sind mit Flüchtlingen und keine Luftschutzkeller haben, so kann man die volle Tragik der Vernichtung ermessen. In meiner Bäckerei ist durch Beschuß weder Licht noch Strom mehr. Wir improvisieren mit Autobatterien, Azetylenlampen, und zum Schluß mit Talglichtern, die infolge der Wärme alle Augenblicke umfallen.

Noch ein Hinweis auf die Gefahren, die wir durchstehen mußten: Täglich müssen Heinrich Berg und ich zu den noch arbeitenden Bäckereien in Pillau.

Die pausenlos Tag und Nacht fahrenden Fähren bewältigen den Verkehr lange nicht mehr. Die Wehrmacht hat mit ihren Pioniereinheiten eine fast 100 m lange Fähre gebaut, „Seeschlange" genannt. Oft befinden wir uns bei Tieffliegerangriffen und Artilleriebeschuß auf den mit Menschen und Fahrzeugen überladenen Fähren, auf denen es keinen Schutz und kein Ausweichen gibt.

19.4.1945 Ausklang und Abschied.

In diesen Tagen landet in Neutief der Bäckerei-Zug 556 aus Heiligenbeil unter Bäckermeister Feldwebel Ehlers, früher Elbing, mit 50 Hiwis und übernimmt meine Bäckerei in militärischen Besitz. Drei Tage durfte er noch backen, dann war es aus.

Ein gütiges Geschick in Form eines Flugsicherungsbootes der Luftwaffe Neutief rettete uns nachts aus diesem Inferno entlang der samländischen Küste, die von schaurigem Feuer überloht war, nach Bornholm. An dieser Stelle herzlichen Dank an Feldwebel Knuff, Fliegerhorst Neutief.

Gott war mit uns! Wir durften in seiner Güte und Gnade in Ostpreußen das letzte Brot backen und verteilen.

Königsberg/Pr.

Zweiter Band
Schulzeit und Schulen

Band 2.1

Meine Königsberger Schulzeit

Pimpf in der Königsberger Hitlerjugend

Der Heinrich-Albert-Chor

Erster Teil

Meine Königsberger Schulzeit

Ich werde Schüler – Einschulung in der Herbart-Schule

Das Schuljahr begann früher immer an Ostern, und so wurde ich nach den Osterferien 1937 im Alter von fünfdreiviertel Jahren in der Herbart-Schule für Jungen am Heumarkt eingeschult, während Zwillingsschwester Karin die gleichnamige Schule für Mädchen in der vom Heumarkt abzweigenden Drummstraße besuchte.

In dieser frühen Altersstufe ist das Geflecht der Erinnerungen wohl bei allen noch etwas lückenhaft. Ich weiß also nicht mehr, mit welchen Empfindungen ich damals dem nahenden ersten Schultag entgegensah. Aber ich sehe mich noch ganz deutlich im Klassenzimmer, hinter dem Schuleingang, Erdgeschoß, erste Tür rechts, irgendwo in der Mitte der Fensterreihe, sitzen. Fensterreihe, der Blick ging also auf den Heumarkt, und hier befand sich gleich vorn eine öffentliche Bedürfnisanstalt für Männer, Pissoir genannt, wie sie damals überall anzutreffen waren, aber längst in einer schon weit zurückliegenden Vergangenheit verschwunden sind: Ein überdachtes, eckiges, gußeisernes Gebilde, von dessen mittlerer Höhe bis dicht über dem Erdboden eiserne Lamellen herabhingen, so daß nicht sichtbare oder aber sichtbare Schuhe „frei" oder „besetzt" signalisierten – bei Wind schwangen sie leicht hin und her – eine unkomplizierte, sehr praktische Einrichtung.

Vom ersten Schultag sind ein paar Bilder lebendig geblieben. Ein Fremdsein, Einsamsein unter den vielen anderen, gänzlich unbekannten Schulanfängern. Die bunte Vielfalt der Schultüten – in meiner eigenen, das weiß ich noch, befanden sich zu Hause am Steindamm 141 nur noch geringe Reste ... Der Ledertornister mit Schiefertafel und dem daran befestigten, aus dem Tornister herausbaumelnden Schwämmchen, der Griffelkasten mit den Schiefergriffeln, die beim Schreiben auf der Schiefertafel so herrlich quietschten ... Vor der Tafel versuchte eine Lehrerin, Vertrauen in diese völlig neue, gar nicht zu begreifende Welt ohne die gewohnte häusliche Umgebung zu wecken. Welch eine Geborgenheit, als meine Mutter mich, nachdem sie mich auch morgens zur Schule gebracht hatte, nach diesem zeitlich wohl kurzen Schulbeginn wieder nach Hause abholte!

Die Schreibschrift, die wir damals als erste lernten, war die wohl auch damals so genannte „deutsche", die „Sütterlin", die seit 1934 einheitlich an allen deutschen Schulen gelehrt wurde. Sie zu erlernen, war im Grunde denkbar einfach: Mit Aufstrich und Abstrich, den Strichen „auf, ab" konnte der Lehrer an der Tafel „auf einen Strich" seinen Neuanfängern ganze Buchstabenkombinationen mühelos „eintrichtern". Und als wir von der Schiefertafel zum Schreibheft übergingen, da schrieben wir mit Federhaltern mit einsteckbaren Stahlfedern, „Brause", „Ly" oder wie sie sonst geheißen haben mögen, und mit Tinte. Füllfederhalter waren in diesem frühen Schulstadium verpönt, Kugelschreiber, Filzstifte und dergleichen gab es ohnehin noch nicht. In unseren Pulten befanden sich gefüllte Tintenfässer. Streng wurde auf eine sauber ausgeschriebene, einwandfrei lesbare Schreibschrift geachtet. Sie wurde zensiert, und es gab sogar das Unterrichtsfach „Schönschrift". Auf dem Deckblatt der Schulhefte fand Verkehrserziehung statt. „Augen auf im Straßenverkehr" stand da zu lesen, ein Schutzmann dirigierte die Verkehrsteilnehmer, Verkehrszeichen steuerten die Verkehrsabläufe. Aus dem ersten Lesebuch habe ich den Reim behalten: „Auf dem Rade kerzengrade, Rudolf will ein Radler sein", damit verbunden war ein Hinweis zum Verhalten im Verkehr. Viel mehr als diese Erinnerungssplitter an Unterricht und Schularbeiten des Anfangs sind vom Gedächtnis nicht „gespeichert" worden.

Aber dies ist darin fest verankert: Oftmals mußten wir uns auf dem Schulhof in Dreierreihen aufstellen (es war kein exerziermäßiges „Antreten“!), und dann ging es, unserem Lehrer folgend, mit etwas staksigem Schritt (es war kein „Marschieren“!) unter Absingen des Liedes

„Wer will unter die Soldaten,
//: der muß haben ein Gewehr, ://
das er kann mit Pulver laden
und mit einer Kugel schwer.
Büblein, wirst du ein Rekrut,
merk' dir dieses Liedchen gut.
Pferdchen munter, immer munter, lauf Galopp!“

mehrfach um den nicht sonderlich großen, quadratischen Schulhof herum. (Dieser ist heute noch zu erahnen, unser Schulgebäude in typisch „preußischer“ Klinker-Backsteinarchitektur ist verschwunden. Das Schulgebäude der Mädchen in der Drummstraße ist dagegen erhalten geblieben.)

Der Schulweg von der Schule zu unserer Wohnung Steindamm 141 führte ein kurzes Stück durch die Drummstraße, dann links über den verwinkelten, lichtarmen Büttelplatz, vorbei an Mutters Obst- und Südfrüchtegeschäft, und auf dem Steindamm vorbei an DeFaka, dem Feinkostgeschäft und Wildhandlung Rehberg, dem bekannten Fahrrad- und Autohaus Totenhöfer und dem Blumengeschäft Kählert. Mit diesem Schulweg ist eine schlimme Erinnerung verkrustet. Häufig trat auf dem Nachhauseweg ganz plötzlich heftiges Nasenbluten ein. Einmal muß es sehr schwer gewesen sein. Ich sehe mich noch im Schlafzimmer meiner Eltern liegen, auf einem Stuhl daneben eine Schüssel mit kaltem, mit essigsaurer Tonerde-Lösung versetztem Wasser, in das immer wieder ein Tuch gesteckt, ausgedrückt und mir dann auf die Stirn gelegt wurde, um das Bluten zum Stehen zu bringen.

Ehemaliger Schulhof im Straßendreieck Lange Reihe, Heumarkt, Drummstraße; ich selbst, Reisebekanntschaft, Hannelotte.

Erhalten gebliebenes, architekturgleiches Schulgebäude der Mädchen-Herbart-Schule in der Drummstraße.

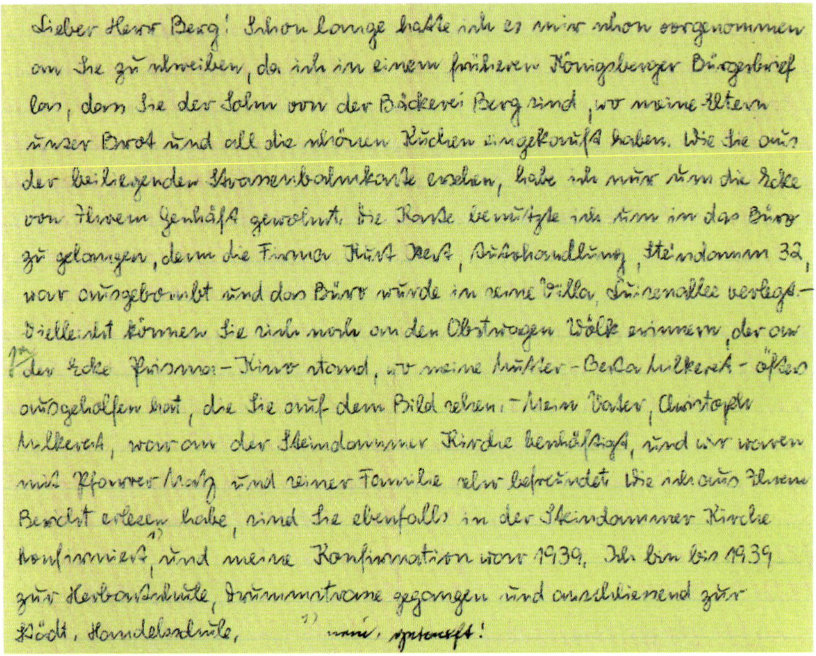

Lieber Herr Berg! Schon lange hatte ich es mir schon vorgenommen an Sie zu schreiben, da ich in einem früheren Königsberger Bürgerbrief las, dass Sie der Sohn von der Bäckerei Berg sind, wo meine Eltern unser Brot und all die schönen Kuchen eingekauft haben. Wie Sie aus der beiliegenden Straßenbahnkarte ersehen, habe ich nur um die Ecke von Ihrem Geschäft gewohnt. Die Karte benützte ich um in das Büro zu gelangen, denn die Firma Kurt [illegible], Buchhandlung, Steindamm 32, war ausgebombt und das Büro wurde in eine Villa, Luisenallee verlegt. – Vielleicht können Sie sich noch an den Obstwagen Wölk erinnern, der an der Ecke Prisma-Kino stand, wo meine Mutter – Berta Milkereit – öfter ausgeholfen hat, die Sie auf dem Bild sehen. – Mein Vater, Christoph Milkereit, war an der Steindammer Kirche beschäftigt, und wir waren mit Pfarrer [illegible] und seiner Familie sehr befreundet. Wie ich aus Ihrem Bericht ersehen habe, sind Sie ebenfalls in der Steindammer Kirche konfirmiert, und meine Konfirmation war 1939. Ich bin bis 1939 zur Herbartschule, [illegible] gegangen und anschließend zur Städt. Handelsschule, [illegible]!

Brief von Hildegard Schwarz

Vor dem Hause Steindamm 144/145, Blick auf Steindammer Kirche und Dresdner Bank, Aufnahme: Heinz Schmidt, September 1931.

Berta Milkereit, am Obstwagen Wölk an der Ecke Steindamm/Nikolaistraße (Prisma-Kino, gegenüber Steindammer Kirche), Sommer 1939.

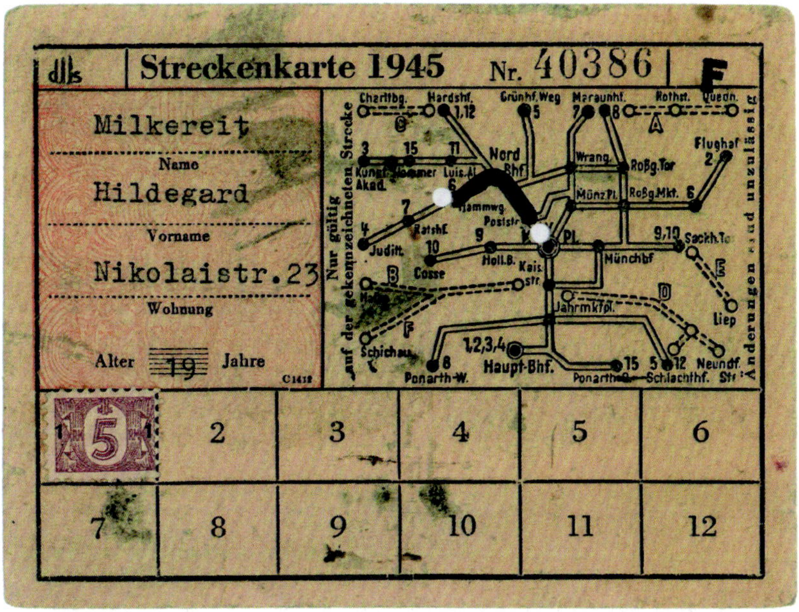

Streckenkarte 1945 von Hildegard Milkereit

Hans Schemm-Schule, Aufnahme: Werner Klebusch, Königsberg (Pr), Schleiermacherstr. 52.

Schulwechsel zur Hans-Schemm-Schule

Ein vielseitiger Klassenkamerad aus Hannover erweitert meinen „Königsberger Horizont" – und bleibt lebenslanger Freund

Die Herbart-Schule haben Zwillingsschwester Karin und ich nur ein Dreivierteljahr lang besucht. Ende Februar 1938 – es war Matschwetter mit Massen von schmelzendem Schnee – zogen wir in den Neubau der Eltern Schrötterstr. 87 / Gustloffstr. 1 um. In etwa gleich weiter Entfernung wie vorher von der Herbart-Schule zum Steindamm 141 befand sich jetzt in der Schrötterstr. 131 die Hans-Schemm-Schule. Ein hochmoderner Schulneubau, lichtdurchflutet mit geräumigen Klassenzimmern, Jungen und Mädchen unter einem Dach, aber nach Klassen getrennt. In den gemeinsamen Pausen auf dem Schulhof waren ihre Beine mehr als einmal Ziel eines ganz üblen „Zergens" (ostpr. Ausdruck für: necken, hänseln, sich streiten) von ausgemachten Rowdies: Sie „schossen" aus einem „Pusterohr", einem Holunderstab, aus dem das Mark entfernt war, mit kräftigem Pusten beispielsweise Holunderbeeren auf die Mädchenbeine, einmal sogar eine Stecknadel mit irgendeinem Bausch.

Aber nicht dies Häßliche ragt aus meiner Erinnerung an die Hans-Schemm-Schulzeit heraus, sondern viel deutlicher dies: Es war eine schöne Gewohnheit, wenn im Advent zum Gedenken an die Deutschen im Ausland auf jeder Schulbank eine oder auch zwei blaue Kerzen angezündet wurden (nicht täglich, und natürlich wird dies heute als Symbol für „NS-Weltherrschaftsstreben" verdammt). Am 9. Juni hatten meine Zwillingsschwester Karin und ich Geburtstag, sie besuchte ja ebenfalls die Hans-Schemm-Schule. Nach Schulschluß am Mittag waren alle unsere Klassenkameraden zum Windbeutelessen in der Bäckerei Berg eingeladen, woran sich stets nicht wenige beteiligten. Dieser schöne

Brauch mußte in den Kriegsjahren im Zeichen der Lebensmittelmarken-Einschränkungen leider aufgegeben werden. Als einmal ein Klassenausflug über den Königsberger Seekanal nach Pillau stattfand, packte mein Vater seinen Opel-Kadett mit Schulkindern mehr als voll und fuhr uns zur Schiffsablegestelle an der Reichsbahn(dreh)brücke über den Pregel. Aber auch dies habe ich nicht vergessen, obwohl ich damals gar nicht wußte, worum es eigentlich ging: Am 10. November 1938 meldete sich ein Schüler, es war wohl im Religionsunterricht, und sagte: „Die Synagoge hat gebrannt." Was war eine Synagoge, und warum hatte sie gebrannt? Die Antwort unseres Lehrers beendete jedes weitere Fragen: „Darüber wollen wir lieber nicht sprechen." Immerhin behielt ich damals diese Antwort im Gedächtnis mit der unausgesprochen bleibenden Frage, warum wollte er darüber nicht sprechen?

An jedem Morgen sprachen wir zu Beginn der ersten Schulstunde stehend dieses Gebet:

Schütze, Gott, mit starker Hand
unser Volk und Vaterland.
Laß' auf uns'res Führers Pfade
leuchten Deine Huld und Gnade.
Laß' uns immer stolz und rein
Deine deutschen Kinder sein.
Amen.

Als ich meine neue Klasse zum ersten Mal betrat, wurde ich an der mittleren Bankreihe entlang zu meinem Platz geführt. Im Vorbeigehen faßte ich einem auffallenden Lockenkopf in die Haare, dem das aber gar nicht gefiel, und der mir deshalb auf der Stelle kräftig „eine verpaßte". Es war der in Hannover gebürtige und bei der Versetzung seines Vaters zum Reichssender Königsberg nach Königsberg gekommene Wolfgang Elbe. Aus dieser

In unserem neuen Haus in Königsberg (Pr), Schrötterstraße 87. Auf dem Kamin Olympialuster und schöpfende Stute aus Cadiner Majolika, Schale aus ostpreußischem Granit. Wo noch das „Einhorn im Walde“ von Böcklin hängt, hing bald darauf das „Lichtgebet“ von Fidus (letzte Version).

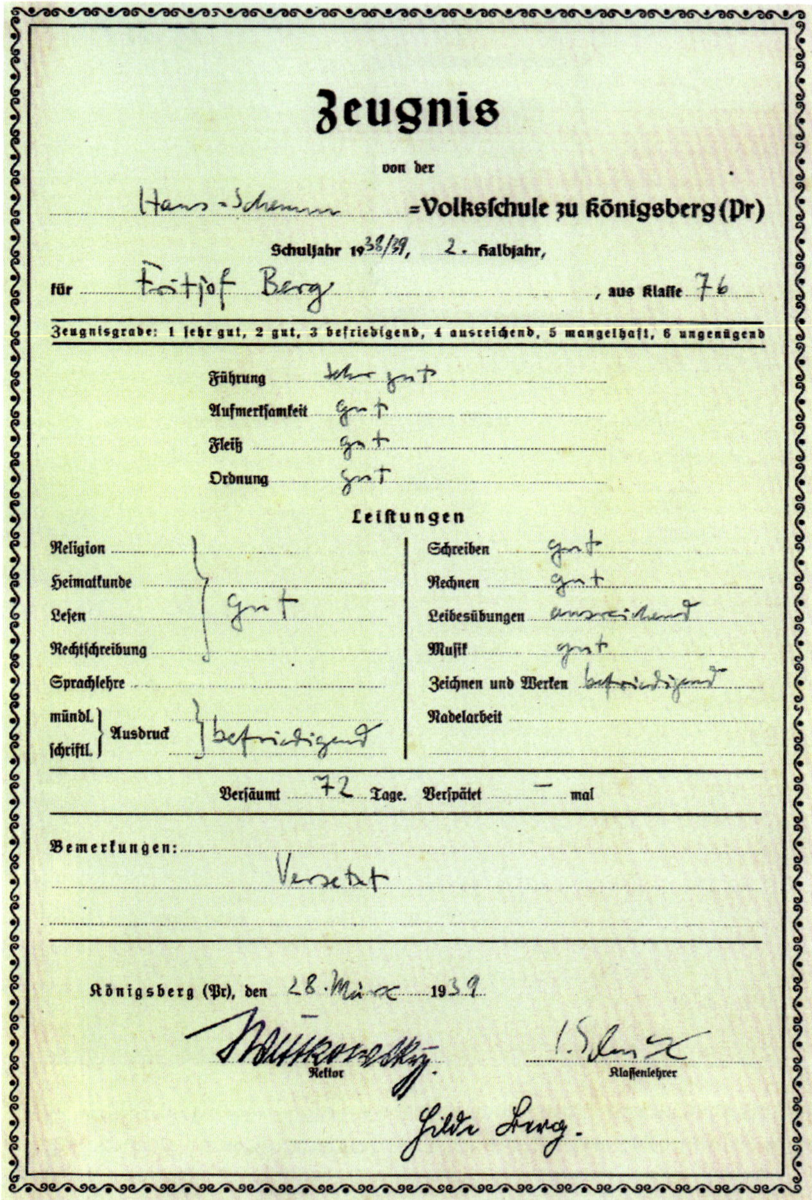

Zeugnis

von der

Hans-Schemm =Volksschule zu Königsberg (Pr)

Schuljahr 1938/39, 2. Halbjahr,

für Fritjof Berg, aus Klasse 7b

Zeugnisgrade: 1 sehr gut, 2 gut, 3 befriedigend, 4 ausreichend, 5 mangelhaft, 6 ungenügend

Führung sehr gut

Aufmerksamkeit gut

Fleiß gut

Ordnung gut

Leistungen

Religion	gut	Schreiben	gut
Heimatkunde	gut	Rechnen	gut
Lesen	gut	Leibesübungen	ausreichend
Rechtschreibung	gut	Musik	gut
Sprachlehre		Zeichnen und Werken	befriedigend
mündl./schriftl. Ausdruck	befriedigend	Nadelarbeit	

Versäumt 72 Tage. Verspätet – mal

Bemerkungen:

Versetzt

Königsberg (Pr), den 28. März 1939

[Signature] Rektor [Signature] Klassenlehrer

Hilde Berg.

Mein Zeugnis von der Hans Schemm-Volksschule 1938/39

ersten „handgreiflichen“ Begegnung „auf Gegenseitigkeit“ sollte eine lebenslange Freundschaft erwachsen.

Bei ihr möchte ich unter Verwendung des Titels von Hannelottes Erzählungen „Splitterchen – und doch ein ganzes Leben“ etwas länger verweilen. Wolfgang war in jenen Jahren kein „zimperlicher“ Typ. (Aber unter seiner bisweilen rauhen Schale verbarg sich ein sehr sensibles Gewebe.) Im Eckhaus Gustloffstr. 1 wohnte eine Tilsiter Schulfreundin meiner Mutter, Hilde Fuchs aus Moritzkehmen („Tante Hilde“), zur Miete, sie war verheiratet mit dem Gartenbauarchitekten Hans Woede. Woedes waren gebildet und kultiviert, ich erinnere mich an ihren Konzertflügel und Gespräche, die mir immer als „hoch“ vorkamen. In ihrem Bücherschrank stand aber auch die Gesamtausgabe der Werke von Karl May. Während seine Bücher mich nicht sonderlich interessierten und ich mir nur „Klassiker“ wie „Winnetou“, „Der blau-rote Methusalem“ und „Durchs wilde Kurdistan“ zu Gemüte führte, war Wolfgang eifriger Karl May-Leser. Und so kam es, daß eines Tages an der Teppichklopfstange eines Nachbarhauses in der Schrötterstraße „Karl May“ nachgespielt wurde: Ein etwa gleichaltriger Sohn von Woedes, Konrad, wurde mit einer Wäscheleine an einen Pfosten der Klopfstange gefesselt, und Wolfgang sagte zu ihm: „Du wirst jetzt skalpiert!“ Es klang so ernst und nachdrücklich, daß er wie am Spieß schrie ... Dieser Junge, der immer etwas unbeholfen und nicht jungenhaft-aktiv wirkte, mußte auch ein anderes Mal für Wolfgangs „überlegenen“ Ton ihm gegenüber herhalten. Es war üblich, daß die engeren Straßennachbarn unter uns Jüngeren sich gegenseitig zu ihren Geburtstagen einluden. So lud also auch Konrad seine Altersgenossen zu einem seiner Geburtstage im Mai ein. Nur, wer zur angegebenen Zeit nicht da war, war das Geburtstagskind Konrad selbst. Auch Wolfgang kam etwas zu spät. Tante Hilde Woede fragte ihn besorgt, ob er wisse, wo Konrad sei. Daraufhin Wolfgang trockenungerührt: „Der numeriert gerade seine Knochen!“ (Es war aber nicht Wolfgang, mit dem Konrad aneinander geraten war. Neu zugezogen in ein Haus schräg gegenüber von uns in der Schrötterstraße war eine Familie Maurischat, deren beide Söhne gern ihre Kräfte mit anderen maßen. Einer von beiden wird es wohl gewesen sein.)

Wie bereits erwähnt, war Wolfgang gebürtiger Hannoveraner und sein Vater Carl Elbe 1936 vom Sender Hannover (zugehörig zum Reichssender Hamburg) zum Reichssender Königsberg versetzt worden. Hier war er im Rundfunksymphonieorchester 1. Flötist. Mit welchen Gefühlen Elbes von Hannover nach Ostpreußen gegangen sind, ist mir nicht bekannt.[1)] Ich war damals noch zu jung und wuchs außerdem in einer Atmosphäre betonter nationaler Zusammengehörigkeit aller Deutschen gleich welcher

---

1) Nicht wenige Deutsche „aus dem Reich" (so nannten wir Ostpreußen die westlich der Weichsel gelegenen Reichsteile) kamen bei ihrer Übersiedlung/Versetzung mit mehr oder weniger deutlich ausgeprägten Zwangsvorstellungen und Befürchtungen über den kulturellen und zivilisatorischen Lebensstandard nach Ostpreußen, die sämtlich auf Unkenntnis beruhten und somit Vorurteile waren. So auch mein späterer dienstältester juristischer Kollege Dr. Walter Tiemann (Hannoveraner) bei der Wasser- und Schiffahrtsdirektion Hannover bei seiner Versetzung vom Regierungspräsidenten Unna 1937 zum Oberpräsidenten Königsberg – Wasserstraßendirektion. Aber wohl bei allen erwuchs sehr bald eine starke Zuneigung, Bindung an Land und Leute. Bei Dr. Tiemann kam das in den Worten zum Ausdruck, daß er „auf Socken" nach Ostpreußen zurückgehen würde. Trotzdem konnte er es leider nicht unterlassen, in unserer Kantinenmittagstischrunde immer wieder von sich zu geben, Ostpreußen sei „50 Jahre zurück" gewesen. Ihm war die Intensivierung des Fremdenverkehrs in Masuren übertragen worden, er hatte dafür als Dienstwagen einen „Horch" gestellt bekommen. Ich habe darauf zunächst immer ironisch hinzugefügt „nein, es waren sogar 100!" und zur Sache gesagt, er habe alles natürlich mit den Augen des Stadt-Hannoveraners gesehen. Meinerseits könnte ich als Stadt-Königsberger durchaus auch einiges über meine niedersächsischen Zufluchtsorte „liefern".

landsmannschaftlichen und sonstigen Herkunft auf, als daß solche Fragen und Gedanken überhaupt aufkommen konnten. Nach dem Krieg ergab sich leider keine Gelegenheit zu einem Gespräch hierüber. Bei den seltenen Begegnungen mit den Eltern Elbe in ihrer Wohnung in Hannover war alles überlagert von Jubel, Trubel und Heiterkeit einer Feier, zu der Wolfgang eingeladen hatte. Ein über die Königsberger Zeit angelegtes und erhalten gebliebenes Album enthält über der Zeichnung eines Reisezuges von Vater Elbe die Überschrift: „1936 Ab nach Königsberg!" (Über die Umstände, die zur Rettung des Albums führten, siehe weiter unten.) Sollte dies eine anfangs irgendwie fatalistische Stimmung zum Ausdruck gebracht haben, schlug dies aber bald in ein schöpferisches Eindringen der ostpreußischen Umwelt in das innere Sein von Carl Elbe um. Er komponierte eine virtuose Suite „König Elch", die häufig gesendet wurde und mir heute noch in den Ohren klingt.

Nach dem Krieg sahen wir uns bei der Aufführung von Joseph Haydns Oratorium „Die Schöpfung" am 15. Mai 1949 in der Nienburger Martinskirche – ich wohnte in Leese, Kr. Nienburg/Weser und war Fahrschüler – ein anderes Mal wieder. Herr Elbe erzählte mir, daß er eine „Masurenkantate" komponiert und diese der Landsmannschaft Ostpreußen angeboten habe oder habe widmen wollen. Welches von beidem, weiß ich nicht mehr. Von der Landsmannschaft sei eine negative Antwort gekommen, erzählte er mir voller Unverständnis und sichtbarer Enttäuschung, aber auch Erhabenheit über soviel Engstirnigkeit.

Wolfgang ist beruflich seinem Vater gefolgt. Jahre vor mir begann er mit dem Geigenspiel und hat es deshalb schon als Schüler hier viel weiter gebracht als ich. Im Jungvolk gehörten wir ab Frühjahr 1941 zunächst beide dem Königsberger Fähnlein 48, Jungstamm 10, Bann 1 an, aber dann gingen wir zu getrennten musikalischen Formationen der Hitlerjugend. Während ich im Frühjahr 1942 als Knabensopran in den Königsberger Heinrich-

Albert-Chor kam, probte und konzertierte Wolfgang in der Ersten Geige der Rundfunkspielschar Königsberg (auch Gebiets-Streichorchester). Er hat mir Jahrzehnte später ein gerettetes Notenblatt aus jener Zeit geschenkt. Nach dem Krieg wurde Wolfgang nach bestandenem Probespiel in das Rundfunkorchester Hannover aufgenommen, wo er – als es Symphonieorchester des Norddeutschen Rundfunks geworden war – in den Bereich des Konzertmeisters aufstieg. Seine Namensnennung bei einer Rundfunkübertragung führte dazu, daß nun auch der Dritte aus unserem Königsberger Burgschul-Klassentrio, Karl Brucks, wieder zu uns fand (Weiteres zu allem siehe weiter unten). Wolfgang, ein Vierteljahr älter als ich, hält noch heute seine Finger, Hand- und Armgelenke durch mindestens einstündiges Geigenspiel täglich „in Form". Ob wohl auch die Chaconne von Bach dazu gehört, die er einmal meisterhaft beherrschte und mir vorgespielt hat, wenn wir uns trafen?

Wolfgangs Vater besaß außer Flötenspiel in Vollendung und schöpferischer Gestaltungskraft in Noten noch andere Talente. In unserer Königsberger Zeit kannte jedermann die Zeichenbilderbogen oder auch das Buch „Vater und Sohn". Diesen Titel transponierte Vater Elbe in zeichnerische Darstellungen über das Zusammenleben mit seinem Sohn Wolfgang in laufender Fortschreibung bzw. -zeichnung.

Der Weihnachtsmann hatte mir 1935 oder 1936, als wir noch auf dem Steindamm 141 wohnten, eine Märklin-Uhrwerkseisenbahn gebracht, die wohl unentwegt ihre Schienenrunden um den Tannenbaum drehte, aber stehen blieb, wenn ihre Stahlfedern erschlafften; sie mußte dann neu aufgezogen werden. Zum „Weihnachtsmann", der sie mir beschert hatte, gehört dieser Rückblick: Ich erinnere mich noch ganz genau an sein Erscheinen. Nagten bereits Zweifel an der Fabel, die ihn umgab? Er bevölkerte auch nicht in Scharen wie heute die Straßen schon im November, sondern führte im wesentlichen eine familienbezogene und auf Heiligabend beschränkte Existenz. Also klingelte es nach langer Erwartung in jenem Jahr abends an unserer Wohnungstür, wohin auch ich eilte. Die Mär vom „Weihnachtsmann" fand ihr jähes Ende, als ich seine Stimme (die bühnenreife des Charakterdarstellers, der er hauptberuflich war) erkannte und unter dem langen Mantel Halbschuhe herausragen sah – und belustigt sagte: „Das ist ja der Onkel Leopold!" (Bruder meines Vaters.)

Außerdem hatte ich später einen wunderschönen Holzzug geschenkt bekommen. Wolfgang aber besaß den Wunschtraum eines jeden Jungen: eine elektrische Märklin-Eisenbahn Spurweite 0, die noch bis in die ersten oder sogar zweiten Kriegsweihnachten hinein ständigen „Zuwachs" erhielt. Ich erinnere mich genau daran, wie geradezu andächtig ich davor stand, wenn die Anlage aufgebaut war, Wolfgang Loks und Wagen aufachste und über den Trafo (Transformator) in Fahrt brachte. An der Modellbahnplatte und ihren Aufbauten hatte Wofgangs Vater ein anderes seiner Talente zur Schau gestellt: Er hatte sie eigenhändig mit Laubsäge und Leim hergestellt. (Plastikbausätze gab es noch lange nicht!)

Meine staunend-bewundernde Reaktion auf all dies beschreibt Wolfgang in einem Dankesbrief an seine Großeltern in Hannover vom 28. Dezember 1939 so:

> „Ich habe mich sehr über die Flugzeugabwehrkanone gefreut, überhaupt weil ich noch dazu einen Schweinwerfer habe, denn damit kann ich die Gegend ableuchten, und wenn ich das Flugzeug gefunden habe, dann schieße ich darauf los und habe den Fliegerangriff abgewehrt. Das Motorrad mit Beiwagen ist Sache Lehmann. Mama findet es von allem am schönsten, weil es so naturgetreu ist. Von Papa und Mama habe ich einen Nachrichtenkraftwagen bekommen, der mir sehr gefallen hat ... Fritjof war heute bei mir und hat sich alles angesehen. Wir haben ja auch die

Eisenbahnanlage aufgebaut ... Fritjof hat immer nur gesagt: Au wie zackich."

Die Leserschaft wird sich fragen, wie es mir möglich ist, aus einem Brief vom 28. Dezember 1939 aus Königsberg nach Hannover zu zitieren. Wie bereits zum Photoalbum betreffend „Ab nach Königsberg" erwähnt, hat dieses wie auch der Brief vom 28.12.1939 u. a. Bombenkrieg und Vertreibung bei Wolfgangs Großeltern in Hannover, Spielhagenstraße, überdauert. Als die Lage für Ostpreußen bedrohlich wurde, haben Wolfgangs Eltern sicherlich noch manches andere nach dort geschickt. Die Lage hatte sich umgekehrt: Hannover, bis August 1944 jahrelang vom Bombenkrieg ungleich härter heimgesucht als Königsberg, erschien nun angesichts der Ostpreußen drohenden Gefahren als „sicherer". Das Haus, in dem Wolfgangs Großeltern wohnten, hatte keine Bombenschäden erlitten, jedenfalls nicht deren Wohnung im Erdgeschoß. Und hier hielt das Accidentale im Leben, das mit unserer ratio nicht zu begreifen ist und in Königsberg nicht einmal in der verworrensten Phantasie aufgetaucht wäre, in der Relation Fritjof Berg – Wolfgangs Großeltern, denen ich ja bereits aus seinen Königsberger Briefen bekannt war, noch eine besondere Überraschung bereit: Als ich im September 1957 als Gerichtsreferendar in der Geibelstr. 2 Untermieter von Frau Margarete Dittmar wurde, konnte ich von meinem Mansardenfenster auf der Rückseite des Hauses über die von Geibel-, Tieste-, Wildenbruch-, Spielhagenstraße umschlossene Hausgärtenfläche hinweg zur Wohnung von Wolfgangs Großeltern sehen ...

Zum Thema „Kriegsspielzeug" und „Modelleisenbahn" in Wolfgangs Brief sei noch dies hinzugefügt: Zu seinem Flugabwehrgeschütz – Modell der berühmten „Achtacht" – kam noch hinzu oder war schon vorhanden seine wehrmachtsgetreue Zugmaschine. Sie zog das Geschütz bis zur Feuerstellung im Spiel, wo es ebenfalls originalgetreu abgeprotzt werden konnte. Kein Zweifel, wenn wir Nachbarjungs mit unserem Spielzeugkriegsgerät, wozu auch aus dem Geschützrohr Funken sprühende Panzer gehörten[1)], auf der Rasenfläche zwischen den Häusern auf der anderen (unserer) Straßenseite von Elbes zusammenkamen, spielte Wolfgang auch hier im sprichwörtlichen Sinne die „Erste Geige“.

„Kriegsspielzeug“ ist heute „tabu“. Aber damals war Krieg, er war unser Alltag, und wir Menschen gingen auch damals „mit unserer Zeit mit“. Obendrein entsprach es unserer Jungennatur, auch auf diese Weise bei unseren Soldaten „dabei“ zu sein. Ich glaube auch, daß wir unsere „kriegerischen“ Urinstinkte so ein für alle Mal für das weitere Leben harmlos-ungefährlich abreagiert haben. Unzähligen der Heutigen in unserem damaligen Alter ist der Zugang oder die Möglichkeit des Erwerbs von Kriegsspielzeug verwehrt. Sind Gewalt, Brutalität gegenüber dem anderen, die Sucht nach entsprechenden Fernseh- und Videoproduktionen eine weitaus gefährlichere und folgenschwerere „Kompensation“ dafür, daß ihnen unser harmlos-ungefährliches Medium vorenthalten wird?

Wolfgang hat zum Thema Modelleisenbahn seinerseits immer wieder mit einer gewissen Faszination von einer Anlage Spur 1 berichtet, die dem Preußischen Ministerpräsidenten und späteren Reichsmarschall Hermann Göring gehörte und im Neuen Rathaus Hannover am Maschpark aufgebaut war. Mich selbst hat nicht weniger eine große Modellbahnschau Spur 0 der Wehrmacht in der Mitte des Krieges im Königsberger Schloß fasziniert, die die Verbindung „Front – Heimat“ in vollendeter Ausstattung und technischer Perfektion darstellte. Mein Cousin Joachim Rohde, der in unserer ehemaligen, von seinem Vater praktisch neu ge-

---

[1)] und vorbildgetreue Elastolin (Kunststoff)-Soldaten in zusammen mindestens Zugstärke.

bauten Steindammer Wohnung lebte, besaß das Non-plus-ultra von Modelleisenbahnneuerungen, eine große Märklinanlage Spur H0. Sie wurde im Wohnzimmer aufgebaut. Ich durfte mitspielen. Sowohl die aufziehbare Märklin-Eisenbahn als auch die elektrische hat heute einen astronomischen Liebhaberwert.

In jenen Jahren begegnen wir im Leben Wolfgangs aber nicht nur der kleinen Eisenbahn, der Märklin-Modellbahn, sondern auch der großen, der Deutschen Reichsbahn. Mit ihr unternahm er von Königsberg aus nach damaligen Begriffen große, weite Reisen – er besuchte in den Schulferien regelmäßig seine Großeltern in Hannover. Dabei mußte er in beiden Richtungen den „polnischen Korridor" passieren, wie ihn Artikel 27, 28, 87 und 94 des (offizielle, amtliche Bezeichnung) „Friedensvertrages zwischen Deutschland und der Entente" (einzig richtige Bezeichnung, weil dem Zustandekommen, dem Inhalt, den Tatsachen und dem Ergebnis entsprechend, auf den Ursprungsort Bezug nehmend: Versailler Unfriedensdiktat) geschaffen hatten. Jedesmal, wenn Wolfgang vor dem Kriegsausbruch mit Polen am 1. September 1939 vom Ferienbesuch bei seinen Großeltern in Hannover nach Königsberg zurückkam, berichtete er von seinen Erlebnissen, also den polnischen Schikanen bei der Zugreise durch den „polnischen Korridor" von und nach Ostpreußen – die es nach den heutigen „geschichtspolitischen" Einstellungen gar nicht gegeben hat, die samt und sonders bösartige Erfindungen der NS-Propaganda gewesen seien.

Wolfgang trug zur Allgemeinbildung seiner Königsberger Altersgenossen bei, wenn er, was nach meiner Erinnerung vor allem nach seiner Rückkehr aus Hannover geschah, stolz Erzeugnisse seiner Vaterstadt nannte, die auch jeder Ostpreuße kannte, wenn er nur halbwegs mit Gegenständen des Gebrauchs und Verbrauchs vertraut war: etwa die Maschinen-, Traktoren- und Automobilfabrik Hanomag (in deren Nähe, in der Niemeyerstr. 11 im Stadtteil Linden, Hannelotte und ich nach unserer Eheschließung vom Februar bis September 1961 einmal Quartier beziehen sollten), die Reifenfabrik Continental, die Schreibwarenfabrik Pelikan (Tinte und Federn, die wir benutzten, kamen von dort), die Schokoladen-, Süßwaren- und Keksfabrik Sprengel. Elbes bewohnten in Königsberg auf der anderen Straßenseite, schräg gegenüber in geringer Entfernung von uns, in der Schrötterstr. 102 im 1. Stockwerk eine geräumige Dreizimmerwohnung mit Küche und Badezimmer, deren Geräteausstattung dem damaligen Standard entsprach. Im Erdgeschoß darunter wohnte eine Familie Passenheim (dies ist auch der Name einer ostpreußischen Kleinstadt). Frau Passenheim hatte eine derartig breite Aussprache, daß es selbst mir, dem gebürtigen Ostpreußen, (unangenehm) auffiel. Umso mehr Wolfgang, dem gebürtigen Hannoveraner, der sich bis heute ein Vergnügen daraus macht, das Ostpreußisch von Frau Passenheim nachzuahmen, wenn die Rede auf diese Mitbewohner des Hauses kommt. Von dessen Rückseite ging der Blick über den Hausgarten und einen hohen Lattenzaun auf das große Areal der Provinzialblindenanstalt in der Luisenallee. Die östlich der Elbe ganz überwiegend vertretene hellgrau-schwarz gefiederte Nebelkrähe (deswegen von unserem Insterburger Landsmann Tomuschat, den wir 1990 in Schwarzort/Kurische Nehrung kennenlernten, „Preußenkrähe" genannt) baumte dort, über dem Schnee gut sichtbar, vor allem im Winter gern auf. Wenn Wolfgang und ich in Elbes Wohnung allein waren, ließ er von einem Fenster aus aus seiner Luftbüchse Diana Modell 27 Blei-„Eierbecher" auf dieses Jagdobjekt fliegen, eventuell gab es auch einmal andere wie z. B. Spatzen. Wegen der Entfernung war die Treffer- oder gar Abschußquote naturgemäß gering.

Um 1938 – Blick aus der Wohnung Naumann, Schrötterstraße 100, über das zu 102 gehörige Gartengrundstück auf das Gelände der Blindenanstalt in der Luisenallee. Derselbe Blick, dieselbe Perspektive aus Elbes Wohnung, aus der und in dieser Richtung Wolfgang seine Luftbüchse betätigte. Aufnahme: Erika Kleszewski, geb. Naumann.

Das Rattenschießen

Ein anderes Jagdrevier, an dem als weiterer Schütze u. a. der Dritte im Bunde, unser Burgschul-Klassenkamerad Karl Brucks, teilnahm, war die Stützmauer neben der Garageneinfahrt an unserem Eckhaus Gustloffstr. 1.

Diese bildete die Grundstücksgrenze zum Zweifamiliennachbarhaus Gustloffstr. 3. Direkt an der Grenze und oberhalb der Stützmauer hatte der unmittelbare Nachbar Link ein veritables Taubenhaus gebaut. Es zog Wanderratten an wie Futter die gefräßigen Tauben. Sie hausten unter dem Taubenhaus. Wenn es Abend wurde, kamen sie aus ihren sicheren Schlupflöchern/Gängen heraus – und liefen manchmal in Kolonne auf unserer Stützmauer entlang, von wo sie am Ende des Taubenhauses dann wieder auf dem Grundstück Link verschwanden. In der Garageneinfahrt erwartete eine Zeitlang besagte „Schützenkette" die Symbiose-Tierchen der Tauben und kam garantiert zum Schuß. Nun ist mit einer Luftbüchse der genannten Art eine Ratte nicht immer gleich mit dem ersten Schuß zu erledigen. Ich habe diese Erfahrung später selbst gemacht, z. B. als sich Ratten – „wo eine ist, sind 50 andere" lautet eine Sprichwort – an kleinen, nicht verwertbaren Äpfeln auf dem Komposthaufen an der Grenze unseres Hauses in Kiel labten. Ob sie, die „Königsberger" Ratten, getroffen, am Ende unter dem Taubenhaus Link oder anderswo verendet sind, mag schon sein. Ich selbst mußte dem Schießen tatenlos zusehen. Ich besaß zwar ein weitaus wirksameres Gewehr als die anderen, einen Tesching Kaliber 4,5 mm. Aber mit Explosivgeschossen an diesem Ort auf „Jagd" zu gehen, verbot sich von selbst. Hätte ich es dennoch getan, hätte mir mein Vater nicht nur meinen Tesching sowie meine Ejektor-Schrotflinte Kaliber 22 entzogen, sondern auch – was viel schlimmer gewesen wäre – sein Vertrauen, daß ich mit Waffen verantwortungsbewußt umgehen würde.

Verkommene Garageneinfahrt, Zustand 1990 und danach. Links hatte meine Mutter eine Steingarten-Böschungsbepflanzung angelegt. Unsere Garage links ist zugemauert, die der Mieter hinter der linken Hausecke existieren noch. Von dort fand das Rattenschießen statt. Die überwucherte Stützmauer ist noch nicht zusammengebrochen.

Wahrscheinlich hat er dem Rattenschießen dann bald ein Ende bereitet. Nach meiner Erinnerung an ein Gespräch hierüber am Abendbrottisch auf Drängen meiner Mutter; nicht etwa, weil sie im Prinzip gegen eine Bekämpfung der Ratten auf diese Weise war. In der Gustloffstr. 1 befand sich die Fleischerei Neubert, bei uns Vaters Bäckerei und Konditorei. Abfälle aus beiden Lebensmittelbetrieben wanderten u. a. in die Mülltonnen, die in der Garageneinfahrt unterhalb des Ratten-Eldorados und auch am gegenüberliegenden Ende derselben standen. Aber meine Mutter befürchtete wohl zu Recht Weiterungen bei Fortsetzung unseres Rattenschießens, seien es polizeiliche oder abträgliches Gerede in der Nachbarschaft und unserer Kundschaft. Nachbar Link war Polizeimeister a. D. Wegen mangelnder Bekämpfung „seiner“ Ratten durch ihn selbst kam es wohl – erfolglos – zu irgendwelchen Auseinandersetzungen mit ihm.

Getrennt und wiedergefunden

Das Folgende gehört streng genommen nicht in allem zum Kapitel „Schulzeit und Schulen". Aber Wolfgang blieb für immer in meinem Leben, er wurde 1971 sogar Patenonkel unseres zweiten Sohnes. Und so sei die Wanderung auf den uns beide betreffenden Wegen an dieser Stelle nicht abgebrochen und in getrennten Etappen in anderen Kapiteln wieder aufgegriffen, sondern ohne Unterbrechung fortgesetzt.

Nach den vernichtenden britischen Terrorangriffen auf Königsberg in den Nächten des 26./27. und 29./30. August 1944, vor denen sie in dem schräg unserem Haus gegenüber an der Straßenecke Schrötter-Thaerstraße gebauten Erdbunker Schutz suchten, wurde Wolfgang mit seiner Mutter und seinen jüngeren Schwestern Brigitte und Hedda nach Guttstadt (Ermland) evakuiert. Sie werden dort wenig komfortabel gewohnt haben, fern der gewohnten großstädtischen Lebenskultur, in einer ländlich geprägten Kleinstadt mit orthodox katholisch-geistigem „Überbau". Wolfgangs Eltern hatten nach meiner rückschauenden Einschätzung zu allen Lebensbezügen eine eher konziliant-offene Einstellung, so daß sie sich mit diesem Teil der Evakuierung wahrscheinlich am „glattesten" arrangiert haben. Für Wolfgang mag Guttstadt in dieser Hinsicht eine Art „Vor-Lebensschule" gewesen sein – seine spätere Ehefrau aus Oberschlesien war katholisch! Durch die Evakuierung nach Guttstadt verloren wir uns aus den Augen.

Als wir uns dann nach langer Zeit wiedersahen, waren die apokalyptischen Reiter bis in den entlegensten Winkel hinein über Deutschland hinweggerast. Es gab keine Deutsche Wehrmacht mehr, die unser Volk vor Haß, Rache, Verbrechen, Gewalt und Willkür der Sieger hätte schützen können. Repräsentanten des Dritten Reiches und hohe Militärs waren vor die Tribunale der Sieger gezerrt worden, Hunderte wurden noch Jahre nach Kriegsende am Galgen gehenkt. Der größte Prozeß fand in Nürnberg statt, der vormaligen „Stadt der Reichsparteitage“, wo hunderttausende Teilnehmer aus allen Gauen und Formationen des Dritten Reiches auf imposanten Kundgebungen die Größe und Stärke ihres neuen Deutschland zur Schau gestellt hatten. Mit der Wahl dieses Gerichtsortes war eine zusätzliche Demütigung und Schmähung Deutschlands beabsichtigt. Die spätere Bundesrepublik mußte sich vertraglich verpflichten, die Urteile der Siegerjustiz unangefochten bestehen zu lassen (eine viel gerühmte Spitzenpersönlichkeit der Bundesrepublik scheute sich 1985 nicht vor der Bezeichnung „Urteile, die wir Deutschen als gerecht empfinden“). Auf der Siegerseite ist bis heute kein einziger Soldat oder Politiker wegen seiner Untaten zur Rechenschaft gezogen worden. Der Hauptverantwortliche für Friedensverweigerung mit Deutschland, für Kriegsausweitung, für den Bombenkrieg mit dem Ziel der Tötung einer größtmöglichen Zahl von Zivilpersonen, der Zerstörung ihrer Wohnstätten und identitätstiftender kultureller Zeugnisse aller Art in allen deutschen Großstädten (nur Danzig und Breslau blieben vom westlichen Bombenkrieg verschont, wahrscheinlich weil sie den polnischen „Freunden“ als Teil ihrer „wiedergewonnenen Westgebiete“ unversehrt in die Hand fallen sollten!) und am Ende auch Mittelstädten, für Vertreibung und die Annexion Ostdeutschlands war der britische Premierminister Winston Churchill. In der endlosen Reihe nationaler Nachkriegswürdelosigkeiten war dies alles für Angehörige der „politischen Elite“ der Bundesrepublik aber kein Hinderungsgrund, ihm, der ein wirklicher Hauptkriegsverbrecher war, den Aachener Karlspreis umzuhängen.

Deutschland war 1945 in vier Besatzungszonen der Sowjets, US-Amerikaner, Briten und Franzosen aufgeteilt worden. Die deutschen Ostprovinzen waren in Abschnitt IX der Potsdamer Abreden des Sowjetdiktators Stalin, des US-Präsidenten Truman und des britischen Premierministers Atlee vom 2. August 1945 am

Ende ihrer Potsdamer Konferenz „bis zur endgültigen Festlegung der Westgrenze Polens auf der Friedenskonferenz unter die Verwaltung des polnischen Staates“ gestellt worden, sie sollten „in dieser Hinsicht nicht als Teil der sowjetischen Besatzungszone in Deutschland betrachtet werden“. Gemäß Abschnitt VI a. a. O. hatte die Konferenz „vorbehaltlich der endgültigen Bestimmung der territorialen Fragen bei der Friedenskonferenz“ „grundsätzlich dem Vorschlag der Sowjetregierung hinsichtlich der endgültigen Übergabe der Stadt Königsberg und des anliegenden Gebietes an die Sowjetunion ... zugestimmt“.

Von diesen Einzelheiten der Königsberg betreffenden Absichten der Sieger wußten wir so gut wie nichts. Aus ganz Ostpreußen drangen kaum Nachrichten zu uns, es dauerte noch lange, bis unsere Eltern wieder ein Radio besaßen (keinen AEG-Super wie in Königsberg), die dürftige Lizenzpresse hatte den Wert von und diente als Klopapier ... Es war für uns schier unvorstellbar, daß wir für mehr als eine Übergangszeit, gar für immer Flüchtlinge und aus unserer Heimat Vertriebene bleiben sollten. Unser Wille zur Rückkehr nach Königsberg war ebenso ungebrochen wie selbstverständlich.

Millionen Deutsche irrten auf der Suche nach ihren Angehörigen und einer Bleibe „abgekoddert“ und hungernd durch die Lande. Das Wechseln von der sowjetischen in die britische und amerikanische Besatzungszone war schon damals ein lebensgefährliches Unterfangen. Aber auch das Übersiedeln von einer westlichen Besatzungszone in die andere war nur mit einer Sondergenehmigung statthaft. Hannelotte hat in ihrem Essay „Die Eisenbahnen in meinem Leben“ im Kapitel „Umsiedlung im Mai 1946 von Bayern nach Niedersachsen; die Zonengrenze in Eichenberg, Omchen auf dem Klo“ die Mühsal eines solchen Vorhabens beschrieben und es noch ausführlicher in einem ihrer Briefe an mich geschildert.

In diesem brodelnden Durcheinander unzähliger Menschen suchten meine Gedanken auch meinen Königsberger Freund Wolfgang Elbe. Ich kann heute nicht mehr sagen, auf welche Weise wir uns wiederfanden. Da er ja Hannoveraner war, lag die Vermutung nahe, bestand die Möglichkeit, daß er in seine Geburtsstadt zurückgekehrt war – in der Hoffnung, daß Elbes den Untergang des Reiches im Osten überlebt hatten. Also wird es wohl so gewesen sein, daß ich mich oder meine Eltern sich mit einer entsprechenden Anfrage an das Einwohnermeldeamt Hannover wandten (den „Datenschutz" von heute gab es damals zum Glück noch nicht; man stelle sich so etwas einmal vor dem Hintergrund der geschilderten Binnenwanderung von Millionen Suchenden vor!).

Jedenfalls kam es zu unserer ersten Wiederbegegnung im niedersächsischen Dorf Leese, Kr. Nienburg/Weser. Wir „wohnten" im ehemaligen Armenhaus der Gemeinde (ich komme hierauf an anderer Stelle ausführlich zurück), aber nach meiner Erinnerung bezogen wir entweder in Tante Gretes Zimmer im Haus des Bauern/Stellmachers Feegel Quartier (dann war es nach Großvaters Tod 1948, sie hatte ihn ja betreut und mit ihm das Zimmer geteilt), oder sie hatte uns irgendwo anders untergebracht – das sagt und liest sich heute so einfach, war damals aber mit nicht geringen Schwierigkeiten verbunden, denn das Dorf war vollgestopft mit Ortsfremden: Die halbe Einwohnerschaft bestand aus Bombenevakuierten und -geschädigten zumeist aus dem Ruhrgebiet und Flüchtlingen, viele von ihnen waren Schlesier. So oft wir uns später auch getroffen haben, jedesmal rief Wolfgang diese Begebenheit in die Erinnerung zurück: Das Haus Feegel lag an der Ecke Dorfstraße/Weg zur Kirche. Dort trafen zwei Männer aufeinander, die sich offenbar noch nicht kannten. Wolfgang zitiert dann die Frage des einen an den anderen: „Kommst du auch aus Schlesien?" mit imitierter schlesischer Aussprache – ja, wie bereits erwähnt, das Schesische sollte ihn nicht mehr loslassen, Schlesien trat einige Jahre später in Gestalt seiner Ehefrau Hedel für immer in sein Leben ein ...

Es folgte alsbald ein Gegenbesuch von mir bei Elbes in Hannover, das sie 1936 als pulsierende und unter vielen herausragende Großstadt verlassen hatten und in das sie nun als Trümmerwüste zurückgekehrt waren. Ich weiß nicht mehr, in welcher Straße sie jetzt wohnten, aber es waren sehr beengte Wohnverhältnisse. Neben anderen sehr hohen Schäden – ausnahmslos z. B. an allen historischen Kirchen und kulturgeschichtlich bedeutenden Gebäuden – hatte es bei etwa 125 schweren anglo-amerikanischen Luftangriffen mehr als 60 Prozent seiner Wohnfläche verloren. Wolfgang führte mich u. a. durch die Innenstadt von Hannover, in der sich, im Aegidiendamm 5, ein gutes Jahrzehnt später das Zuhause von Fritjof und Hannelotte Berg befinden sollte ... Aber wie sah diese Innenstadt damals aus? Nach Königsberg war es für mich die Begegnung mit der zweiten deutschen Großstadt, die in ihrem Zentrum und weit darüber hinaus ihr Gesicht verloren hatte, ein Trümmerskelett geworden war. Vor mir sehe ich noch die stolze Fassade des Opernhauses, aber ansonsten gähnten in der Georgstraße weit und breit leere Fensterhöhlen auf die am Straßenrand aufgeschichteten Trümmerberge herab ...

Wolfgang und ich drückten nun nicht mehr in derselben Schule die Schulbank, aber unsere gemeinsame Schulzeit in Königsberg wurde bei Zusammenkünften bis ins höhere Lebensalter hinein immer wieder lebendig.

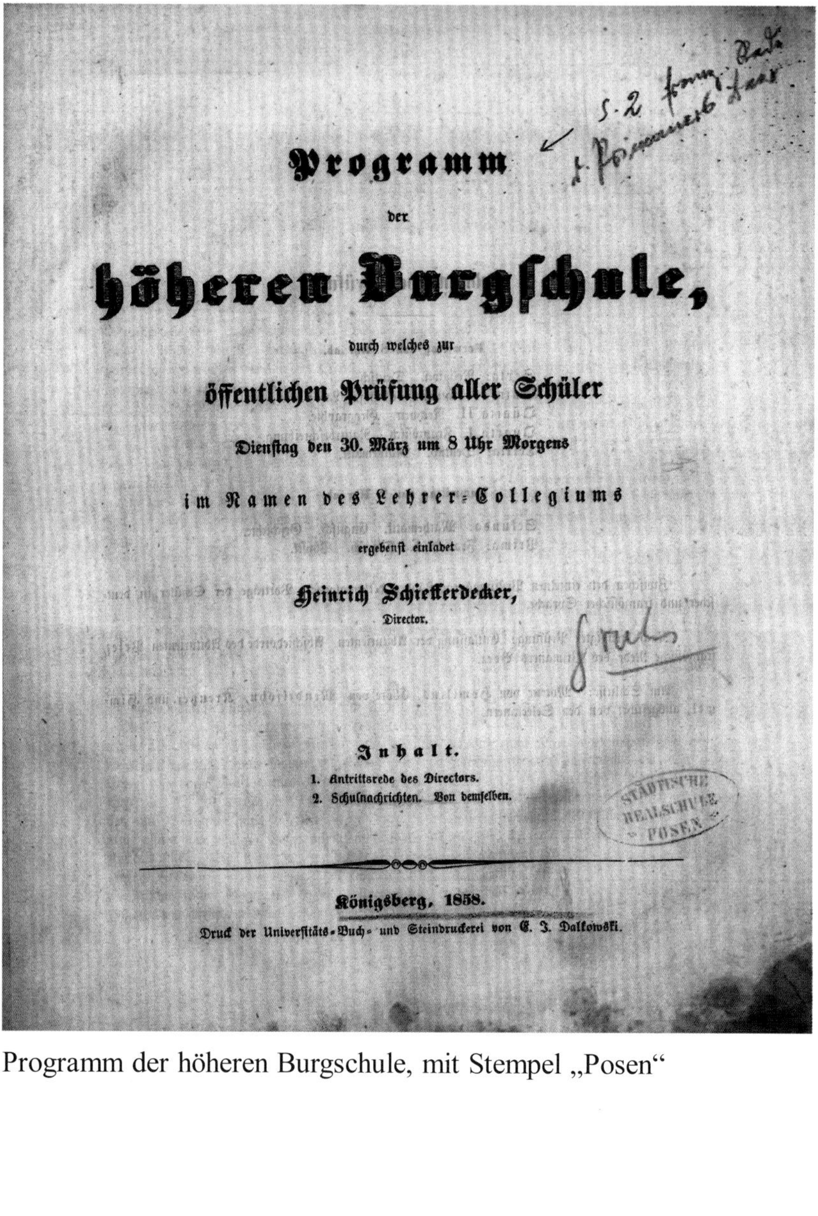

Programm
der
höheren Burgschule,
durch welches zur
öffentlichen Prüfung aller Schüler
Dienstag den 30. März um 8 Uhr Morgens
im Namen des Lehrer-Collegiums
ergebenst einladet
Heinrich Schiefferdecker,
Director.

Inhalt.
1. Antrittsrede des Directors.
2. Schulnachrichten. Von demselben.

STÄDTISCHE REALSCHULE POSEN

Königsberg, 1858.
Druck der Universitäts-Buch- und Steindruckerei von E. J. Dalkowski.

Programm der höheren Burgschule, mit Stempel „Posen“

Oberschüler in der Königsberger Burgschule

Ein Klassentrio auf Lebenszeit entsteht

Die 1658 gegründete Burgschule bezog ihren Namen von der nördlich der Burg (dem Schloß) gelegenen „Burgfreiheit". „Freiheiten", das waren von der Burg oder den Städten, in deren Gebiet sie liegen, in Verwaltung, Rechtspflege, Kirchen- und Schulangelegenheiten abhängige Siedlungen. In der Königsberger „Burgfreiheit" wurden am Ende der Regentschaft des Großen Kurfürsten (1640–88) 350 französische Refugiés (Hugenotten) hauptsächlich in der Burggasse angesiedelt, die deshalb später den Namen Französische Straße erhielt. In der Französischen Straße kam 1776 Ernst Theodor Amadeus Hoffmann zur Welt, er wurde der berühmteste Schüler der Burgschule. Diese wurde 1859 Realschule, 1882 Realgymnasium und 1892 in eine Oberrealschule umgewandelt, in welcher Schulform ich sie dann von 1941 bis 1945 besucht habe. 1927 erfolgte der Umzug in das neue, stattliche, Maßstäbe setzende Schulgebäude Am Landgraben / Lehndorffstraße im Stadtteil Hufen (siehe zu allem Albinus, Lexikon der Stadt Königsberg Pr. und Umgebung, Leer 1985, S. 52, 87, 129, 135). Dies mag der Grund dafür gewesen sein, daß die sowjetischen Eroberer ihr nach 1945 den Namen „Schule Nr. 1" gegeben haben. Als unser ältester Sohn Anfang August 2008 zum ersten Mal die Vaterstadt seines Vaters besuchte und uns am 7. August ein Fremdsprachenlehrer der „Schule Nr. 1", der mich als vormaligen Burgschüler in schon gewohnter Weise herzlich begrüßte, bis auf den Dachboden durch die gesamte Schule geführt hatte, bemerkte er: „So etwas habe ich noch nicht gesehen." Er war sichtlich beeindruckt – und hat vielleicht auch nach den Burgschuleindrücken noch besser als vorher verstanden, warum sein Vater stolz auf seine Heimatstadt ist und treu zu ihr steht.

Mein Volksschulklassenkamerad Wolfgang und ich mußten uns vor dem Übergang in die Oberschule – es sollte die Burgschule, Staatliche Oberschule für Jungen, in unserer unmittelbaren Nachbarschaft sein, sie war von unseren Wohnungen in der Schrötterstraße in Luftlinie ungefähr 300 m entfernt, aus dem Fenster meines Zimmers konnte ich über die Baumwipfel der am Landgraben beginnenden Grünanlagen hinweg ihren Turm sehen – einer Aufnahmeprüfung unterziehen. Sie fand in der Burgschule in den Sommerferien vor Beginn des neuen Schuljahres 1941/42, im Spätsommer 1941, in einem hörsaalartig angelegten Unterrichtsraum der Burgschule, also mit nach oben gestaffelten Bankreihen, statt. Ein erstes „universitäres" Erlebnis in unserem Leben, dieser Unterrichtsraum hat den Zeitenbruch von Königsberg zu „Kaliningrad" und von der Burgschule zur „Schule Nr. 1" unbeschädigt und unverändert überdauert. Bei der Aufnahmeprüfung mußten wir wohl ein deutsches Diktat schreiben und alle möglichen Rechenaufgaben in den Grundrechnungsarten lösen, vielleicht auch noch anderweitige Kenntnisse nachweisen oder „Intelligenzprüfungen" bestehen, aber letzteres weiß ich nicht mehr genau. Jedenfalls hatten wir bestanden und fanden uns zu Beginn des neuen Schuljahres 1941/42 nun als Burgschüler in der Klasse 1a wieder. Als neuer Klassenkamerad und alsbald Dritter im Bunde kam einige Zeit später Karl Brucks hinzu (mehr über ihn s. u.).

Nur besuchten wir am Anfang nicht unsere eigene „Penne", die Burgschule. Den Heutigen ist dieser im ganzen Reich und auch noch lange danach unter uns Oberschülern geläufige Ausdruck für unsere Schule wie auch der im Schülerjargon daraus abgeleitete Begriff „Pennäler" nicht mehr bekannt. Natürlich gingen wir „auf die Schule", aber unter uns eben „auf die Penne". Ebensowenig kennen sie die Bezeichnung „Pauker" für unsere Lehrer, die uns eben etwas „einpaukten", bis es „saß". Das Erlernen, Begreifen, Beherrschen, richtige Einordnen des Unterrichts-

Mit meinem Klassenkameraden Horst Lettau 1991 an der Straßenkreuzung Schrötter-, Thaer-, Gustloffstraße mit Blick auf das russifizierte Berg-Eckhaus Schrötterstraße 87 / Gustloffstraße 1.

Meine „Penne“ von August 1941 bis Januar 1945, Gebäudeecke Am Landgraben/Lehndorffstraße; Hauptflügel Lehndorffstraße, Seitenflügel Am Landgraben mit Turnhalle, Aula, Kunst- und Werkräumen

Haupteingang mit den Büsten von Kopernikus, Kant, Herder, Corinth, des Bildhauers Hans Wissel, die der spätere Schüler der russischen „Schule Nr. 1“ Jurij Iwanov in seinem damals infernalischen Deutschenhaß abgeschlagen hat.

Hannelotte, unser mitgereister Sohn und Reisebekanntschaft blicken wie versteinert auf die „hingerichteten“ Büstenreste von Kopernikus, Kant, Herder und Corinth.

Rückseite West- und Nordflügel (Turnhalle, Aula) und Schulhof

Turnhalle mit Artillerieeinschlag, der wohl zur Erinnerung der Schüler an den „ruhmreichen" „Sturm Keenigsberga" für immer erhalten bleiben soll. Vom Schulhof aus betraten durch den Nebeneingang in der Ecke Wolfgang Elbe, Karl Brucks und ich unsere „Penne".

Die Aufstellung von unserer Reisebekanntschaft, Hannelotte und Sohn lenkt den Blick auf den Schulnebeneingang im Hintergrund, durch den einst das Klassentrio Elbe, Brucks, Berg ihre „Penne“ betraten.

Nicht nur Steine reden Deutsch – Gullideckel in der Lehndorffstraße

Flur und Treppenhaus im 1. Stock, hinter dem ersten Torbogen links meine Klasse.
Aufnahme: Klassenkamerad Horst Lettau (†)

Auf Wunsch der uns begleitenden/führenden russischen Lehrkraft sollte ich meinen Namen an die Tafel schreiben. Ich tat es in „deutscher" und „lateinischer" Schrift mit dem Datum „4. August 2008".

Ich sitze auf russischem Stuhl etwa an der Stelle, wo in der mittleren Bankreihe meine Bank mit Manfred Hellwig stand.

Vestibül im 1. Stock, Zugang zum Musiksaal und zur Aula.

Aula mit Orgelempore

Oberstudiendirektor Dr. Fritz Falcke
Er war zu meiner Burgschulzeit von August 1941 bis Januar 1945 Soldat, ich habe ihn nie persönlich kennengelernt. Vertreter: „Oberrat" Lange. Zu meiner großen Überraschung erhielt ich zum Beginn der Weihnachtsferien 1943 oder 1944 ein von Dr. Falcke signiertes Buch mit der Eintragung: „Dem Schüler Fritjof Berg in Anerkennung seiner guten schulischen Leistungen", „Führerhauptquartier", Datum, Unterschrift Falcke, z. Zt. Führerhauptquartier, Stempel „Führerhauptquartier". Das Buch ist leider in Königsberg zurückgeblieben, es hätte mit diesen Eintragungen heute einen hohen „Liebhaberwert". Seinen Titel und Inhalt habe ich nicht mehr in Erinnerung.

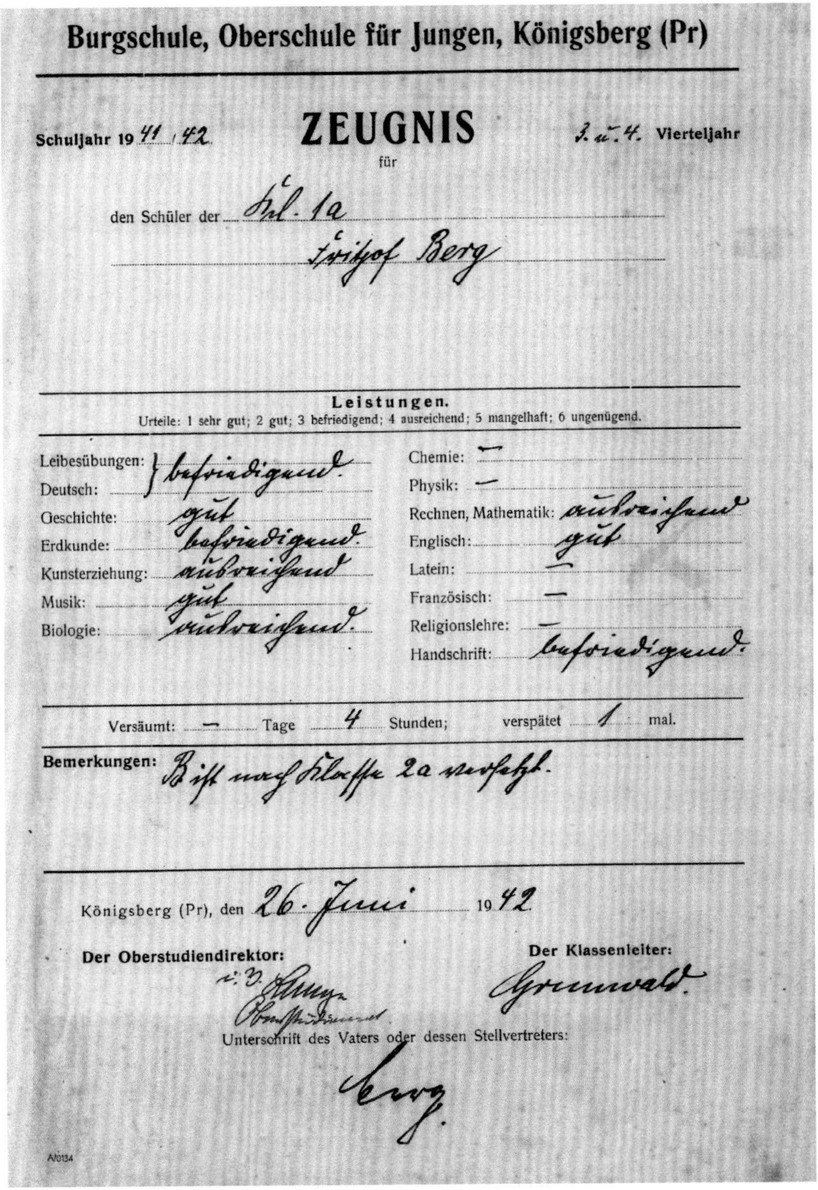

Burgschule, Oberschule für Jungen, Königsberg (Pr)

Schuljahr 1941/42 **ZEUGNIS** 3. u. 4. Vierteljahr

für

den Schüler der Kl. 1a

Frithjof Berg

Leistungen.

Urteile: 1 sehr gut; 2 gut; 3 befriedigend; 4 ausreichend; 5 mangelhaft; 6 ungenügend.

Leibesübungen:	befriedigend.	Chemie:	—
Deutsch:	befriedigend.	Physik:	—
Geschichte:	gut	Rechnen, Mathematik:	ausreichend
Erdkunde:	befriedigend.	Englisch:	gut
Kunsterziehung:	ausreichend	Latein:	—
Musik:	gut	Französisch:	—
Biologie:	ausreichend.	Religionslehre:	—
		Handschrift:	befriedigend.

Versäumt: — Tage 4 Stunden; verspätet 1 mal.

Bemerkungen: Wird nach Klasse 2a versetzt.

Königsberg (Pr), den 26. Juni 1942

Der Oberstudiendirektor: i. V. [illegible] Oberstudienrat

Der Klassenleiter: Grunwald.

Unterschrift des Vaters oder dessen Stellvertreters:

Berg.

A/0134

Zeugnis Schuljahr 1941/42

stoffes in Zusammenhänge war damals Voraussetzung dafür, darüber auch „diskutieren“ zu können. Unsere Burgschule war zwischenzeitlich von der Wehrmacht belegt worden, nach meiner Erinnerung von einer Sanitätseinheit. Unser „Ausweichquartier“ war das wesentlich weiter entfernte Hufengymnasium, zwischen dem Tiergarten (Königsberger Zoo) und der herrlichen Endmoränen-Parklandschaft Luisenwahl gelegen. Die jetzigen Herren haben seiner Außenfassade einen weiß-blauen Anstrich gegeben, die Inneneinrichtung ist, wenn sie nicht nach Moskau verfrachtet worden ist, ebenso wie das meiste der Burgschule, in den furchtbaren Notjahren nach Beginn der Sowjetzeit 1945 wahrscheinlich verheizt worden. Die erhabene Innenarchitektur ist aber erhalten geblieben, sie beeindruckt wie eh und je.

Von unseren Lehrern in der Übergangszeit bis zur Rückkehr in unsere eigene „Penne“, die Burgschule – außer diesem Begriff ist den Heutigen auch die für uns damals selbstverständliche Anrede mit der Dienstbezeichnung „Herr Studienrat, Herr Oberstudienrat, Herr Direktor“ usw. abhanden gekommen –, kann ich mich nur noch an meinen ersten Englischlehrer erinnern und, wenn er schon im Hufengymnasium als unser Burgschul-Klassenlehrer fungiert haben sollte, an Studienrat Grunwald. An erster Stelle deshalb, weil er in Habitus und Aufmachung und Unterrichtsmethode tatsächlich „Englishman“ war. Man bedenke, wir standen 1941 im dritten Kriegsjahr, Großbritannien war nicht nur nicht friedensbereit, sondern unter seinem Premierminister Winston Churchill zur totalen Vernichtung des Reiches entschlossen. Durch den seit zwei Monaten tobenden Krieg gegen die Sowjetunion war beides zusammen für uns Deutsche ein Kampf auf Leben und Tod geworden. Meine erste Oberschulunterrichtsstunde überhaupt war Englisch, und zu dieser erschien besagter „Pauker“ – im Eton-Frack. Nicht nur dies. Er begrüßte uns auch nicht etwa mit „Guten Morgen“ oder „Guten Tag“ (die Begrüßung durch den Lehrer und unsere Erwiderung stehend mit

„Heil Hitler“ wurde wohl erst später eingeführt), sondern sagte „Good morning boys“. Wir waren ja sowohl in der „Burg“ als auch hier im Hufengymnasium eine reine Jungenschule. Meine Zwillingsschwester Karin besuchte das von diesem nicht weit entfernte Hufenlyzeum. Und dann ging es consequently English spoken weiter, den Sinn erahnend, mußten wir nachsprechen: „This is a piece of chalk“, sagte er, ein Stück Kreide in der Hand, an der Wandtafel. Ich saß wohl vorn in der Schulbank-Fensterreihe, jedenfalls nahm er mich an die Hand, führte mich zu den Fenstern und forderte mich auf: „Open the window, please!“ Was sagte er, was sollte ich tun? Er öffnete das Fenster, schloß es wieder, gebot mir mit der nochmaligen Aufforderung „open“ usw., es selbst zu tun – aha, so hieß also das Fensteröffnen. – Um es gleich zu sagen: Dieser Eton-teacher wurde wohl alsbald Soldat.

Der Schulweg von unseren Wohnungen zum Hufengymnasium war um ein Vielfaches länger als der zur Burgschule. In der Luftlinie betrug die Entfernung etwa 2 km. Eine direkte Straßenbahnverbindung dorthin gab es nicht. Auf dem Weg zur Schule mit Schulbeginn um 8 Uhr war die Zeit ja immer knapp bemessen, wir legten ihn zu Fuß zurück. Aber zurück nach Hause hatten wir es auch nach regelmäßig fünf oder sechs Unterrichtsstunden am Vormittag, dies auch am Sonnabend, trotz des Hungers auf das Mittagessen oftmals nicht sonderlich eilig. Lag es nun daran, daß wir uns vom schulischen Vormittag etwas abreagieren mußten, oder waren es die nie versiegenden Einfälle von Karl Brucks für mehr oder manchmal auch weniger lustige Streiche, deren Ausführung einen zügigeren Nachhauseweg verhinderte?

Morgens auf dem Hinweg war es manchmal der Terrier des Schreibwarenhändlers Torkler in der Luisenallee 50, der als Objekt herhalten mußte, um sein ewig mißmutiges Herrchen zu ärgern. Während einer von uns in dessen Laden hineinging und seine Aufmerksamkeit mit irgendeinem Kaufwunsch auf sich lenkte, streute einer von uns beiden anderen Niespulver vor die

Hauswand unterhalb des Schaufensters, reizte den Terrier, bis dieser zu niesen anfing ... Eine häßliche „Gaudi“ vor dem „Ernst des Lebens“ in der Penne! Auf dem Nachhauseweg, wenn er uns durch die Hindenburgstraße führte, kamen wir an der Sonnen-Apotheke vorbei. Einmal stach Karl der Hafer vor dieser Apotheke. Er forderte mich auf, in der Apotheke „für 10 Pfennig Provisorchen“ zu kaufen. Ich konnte zwar mit dem Wort „Provisorchen“ nicht so recht etwas anfangen (es handelte sich um den ersten Gehilfen einer Apotheke), ahnte aber, daß sich hinter Karls scheinbar harmloser Aufforderung etwas für ihn wahrscheinlich Spaßiges, für mich aber das Gegenteil verbarg. Also lehnte ich es ab, dieses Rollenspiel zu übernehmen. Nun kam ein Wort, das ich nie in meinem Leben auf mir habe sitzen lassen: „Feigling!“ Ich ging schnurstracks in die Apotheke hinein, während Karl und Wolfgang draußen darauf lauerten, was wohl passieren würde. Mit meinem Kaufwunsch „für zehn Pfennig Provisorchen“ geriet ich an eine Pharmazeutin. Ich hatte meinen Wunsch kaum zu Ende ausgesprochen, als ich auch schon mit einem wütenden Wortschwall wie „du unverschämter Lümmel“ achtkantig aus der Apotheke hinausgejagt wurde. Ich bin in der ersten Zeit danach immer so schnell wie möglich an der Apotheke vorbeigegangen!

Karl war es auch, der für uns den Schleier über einem der bestgehüteten Geheimnisse des Dritten Reiches lüftete. Es war im Sommer 1942 oder 1943, als er mittags auf dem Nachhauseweg, jetzt von der Burgschule, in der Motherbystraße an Wolfgang und mich die Frage richtete: „Wißt Ihr, wo das Führerhauptquartier liegt?“ Natürlich wußten wir es nicht und erfuhren nunmehr von Karl: „Bei Rastenburg!“ Karl stammte aus Peitschendorf „am See“ (von dem er mit diesen beiden Worten immer schwärmte), Kr. Sensburg, dem Nachbarkreis des Kreises Rastenburg.

Drei weitere Einfälle von Karl sind mir in Erinnerung geblieben. An der Ausführung von einem beteiligte ich mich, an den beiden anderen nicht.

Seit Jahren war Krieg. Das Explodieren von Bomben, Granaten, Sprengungen gehörten zu dem, was wir Tag für Tag in Bildern sahen, wovon wir hörten und lasen, was uns in Gedanken beschäftigte. Kann es da eigentlich verwundern, daß wir heranwachsende Bengels derartiges auch einmal im kleinen ausprobieren, erleben wollten? Karl war irgendwo an Jagdmunition und Zündschnüre herangeraten. Er hatte die Gewehrkugeln bzw. Schrotkörner von bzw. aus den Patronenhülsen entfernt und aus ihnen den Pulvertreibsatz entnommen, es war eine respektable Menge. Auf einer noch unbebauten Fläche, schräg gegenüber seinem Zuhause, wurde ein Loch gegraben, das Gefäß mit dem Sprengstoff hineingetan, das Ganze mit einem Erdhügel abgedeckt, in ausreichender Entfernung in Deckung gegangen, die Zündschnur angesteckt und – wumm! – freudestrahlend als „Erfolg“ erlebt. Hätten meine Eltern von meinem Dabeisein erfahren – ob es bei einer ernsthaften Belehrung allein geblieben wäre?

Bei den beiden anderen Vorhaben von Karl entzog ich mich von Anfang an strikt jeglicher Beteiligung. Wir kamen ja ins Pubertätsalter, entdeckten uns selbst und das andere Geschlecht mit einer Mischung von Verlegenheit, Scheu, mit der heimlichen Frage an sich selbst, wie kommt das bloß, daß hier ein Drang, mehr wissen zu wollen über „die andere“, und zu verstohlener Annäherung an „sie“ spürbar wird – und was machen die älteren Jungs und Mädchen eigentlich, wenn sie mit sich allein sind? Unser Schulweg führte durch den Beginn der kilometerweit in das Samland verlaufenden Anlagen am Landgraben. In Höhe unserer Burgschule befand sich dort eine Wiese, ein Weg, neben diesem eine Bank, überragt von einem höheren Baum. Karl, dessen schon etwas ungezügelte Phantasie sich mit einem in der Tat recht hübschen Mädchen aus unserer Nachbarschaft beschäftigte (der Name soll ungenannt bleiben), kam nun auf die Idee, diese Bank einmal, im Schutz der Dunkelheit, aus luftiger Höhe in dem Baum über ihr, einer Beobachtung zu unterziehen. „Kommst

belauschen?“ Nein, ich kam nicht. Es ging mich nichts an, was auf der Bank passierte, ich hätte mich vor mir selbst geschämt. Auch bei Wolfgang hatte Karl, außer wörtlicher Wiederholung seiner Frage an uns bis in unsere späteren Zusammenkünfte hinein, keine Resonanz gefunden. Er selbst hat sich wohl auch nicht über seine eigenen Worte hinausgewagt.

Zwischen der Grünanlage und der parallel verlaufenden Gustloffstraße mit ihren Zweifamilienhäusern und Hausgärten lagen viele Tennisplätze. Jedenfalls die unserem täglichen Schulweg nächstgelegenen waren mit hohen Maschendrahtzäunen eingezäunt. Obwohl „Balljungen“ beim Tennisspiel fehlgeschlagene Bälle einsammelten, blieben doch immer welche am Zaun liegen. Die so wunderschön federnden und ideal zu werfenden Tennisbälle waren begehrte Artikel, dies umso mehr in der Kriegszeit, in der wir lebten, in der sie immer schwieriger zu beschaffen waren. Dessen ungeachtet kam Karl auf den Gedanken, wiederum bei Dunkelheit, über die Zäune zu klettern und etwa liegen gebliebene Bälle für uns selbst einzusammeln. Er wollte mich dazu anstiften, biß bei mir aber vom ersten Augenblick an auf Granit. Ein deutliches Rechtsbewußtsein hieß mich schon damals, zwischen Mein und Dein zu unterscheiden und auch danach zu handeln. Ich weiß ganz genau, daß ich Karl auf das Unrechtmäßige seiner Absichten hinwies. Mit abwiegelnden Sprüchen, enttäuscht und murrend nahm er davon Kenntnis. Wenn ich mich recht erinnere, hat er mir bald darauf mit verschmitztem Lächeln einen Tennisball vor die Nase gehalten ...

Nichts für ungut, Karl. Diese Geschichten zu erzählen, ist kein Schlechtmachen. Ich wollte sie festhalten, weil auch sie zu unserem ungestümen Heranwachsendenalter in unserer Königsberger Schulzeit gehörten. Als wir uns im späteren Leben, wie beschrieben, wiederfanden, warst Du zwar immer noch zu Scherz, Froh- und auch Unsinn aufgelegt, hast aber in Deinem Denken und Urteilen schonungslos offen Recht und Unrecht beim Namen genannt.

In memoriam Karl

Karl war der erste aus unserem Trio, der nach langer tödlicher Krankheit von den Lebenden abberufen wurde. Er hatte seiner Familie ein Haus gebaut, in dem mit Wolfgang und seiner Ehefrau sowie Hannelotte und mir bei viel Frohsinn so manche Brucks-sche Familienfeier „stieg“. Karl erlag seiner unheilbaren Krankheit am 1. Mai 2014. Er hat auf dem Friedhof in Brelingen seine letzte Ruhestätte gefunden. Auch für Wolfgang habe ich an seinem Grab diese Worte gesprochen:

Lieber Karl!

Nun bist Du als erster von dem Trio Karl Brucks, Wolfgang Elbe, Fritjof Berg, das von unserer Klasse in der Königsberger Burgschule übrig geblieben war, von uns gegangen.

Als Du in unsere Klasse kamst, kamst Du aus dem Land der dunklen Wälder und kristallnen Seen, wie es im Ostpreußenlied besungen wird und eben an Deinem Sarg in der Trauerkapelle erklungen ist. Nicht mehr einen der dreitausend masurischen Seen vor der Haustür, nicht mehr das Schrecken des Rehbocks und das Warnen und Schimpfen des Eichelhähers im nahe gelegenen Wald im Ohr. Sondern Du warst nun in die Großstadt Königsberg gekommen, mit ihrem gänzlich anderen Lebensrhythmus, wohntest hier in einem Neubauviertel. Und so hast Du vor Wolfgang und mir immer wieder von Deinem masurischen Paradies, von Peitschendorf und Kersten am See geschwärmt, wenn wir nach fünf oder sechs Schulstunden – damals auch am Sonnabend! – zu dritt nach Hause gingen, wobei „so nebenbei“ auch dieser und jener Streich ausgeheckt wurde.

Das Kriegsende riß uns auseinander, der Weg zurück nach Ostpreußen wurde uns von den angemaßten neuen russischen und polnischen Landesherren verwehrt. Wolfgang, der gebürtige Hannoveraner, und ich fanden uns alsbald in meinem Flüchtlingsdorf Leese an der Weser wieder. Und Du machtest unser Königsberger Trio wieder vollständig, als Du in einer musikalischen Sendung des Norddeutschen Rundfunks den Namen von Wolfgang in seiner – darf ich das so allgemein ausdrücken, Wolfgang? – führenden Position im NDR-Symphonieorchester gehört hattest. Seitdem gab es praktisch kein familiäres Ereignis mehr in unseren drei Familien, bei dem wir nicht, um es mit einer ostpreußischen Redewendung auszudrücken, „bis in die Puppen zusammenkluckten“. Das Schicksal hatte es so gefügt, daß Du in Renate die Brandenburgerin, Wolfgang in Hedel die Schlesierin und ich in Hannelotte eine ganz enge Landsmännin von Dir, Masurenkind wie Du, gefunden hatte. Und so trat zu unserem Königsberger Klassentrio ein aus Herkunft, Schicksal und Treue gleichgesinntes, herzlich aufeinander eingestimmtes, stets Frohsinn und Optimismus verbreitendes, lebenslang fürsorgliches weibliches Trio hinzu. Ihm sei auch an dieser Stelle für all dies nochmals herzlich gedankt!

Diesen Absatz in meinem Manuskript habe ich in meinen Abschiedsworten am Grab weggelassen: In Hannelottes Herz, die ja nun schon zwei Jahre vor Dir der Geißel der Menschheit erlegen ist, hattest Du immer ein sicheres Plätzchen. Wenn es stimmt, daß Menschen des gleichen Schlages auch einander ähnliche Wesenszüge und Eigenschaften haben, so läßt sich auch nicht von der Hand weisen, daß – so ganz masurisch – ein leises Verschmitztsein, ein bißchen Bauernschläue hinter den Ohren, Neigung zu Schalk und Zuversicht gegenüber den Tücken des Lebens sowie Friedfertigkeit auch Hannelotte nicht fremd waren. Und trat auch bei Dir, wie es bei ihr geschehen konnte, bei Überforderung dieser Friedfertigkeit ein, was der Dichter des Masurenliedes am Anfang der ersten Strophe mit den Worten „Wild flutet der See ...“ beschrieben hat?

Hannelotte stammte aus Angerburg, das einmal „die Pforte Masurens“ genannt wurde. Bei Angerburg liegt der Heldenfriedhof Jägerhöhe, auf dem die Gefallenen aus den Schlachten des Ersten Weltkrieges – so wie auf allen damaligen ostpreußischen Soldatenfriedhöfen – nebeneinander bestattet sind, die deutschen unter dem Kreuz unserer beiden christlichen Konfessionen, die russischen unter ihrem russisch-orthoxen. Von dort geht ein wunderbarer, fast schon nicht mehr diesseitig anmutender Blick über Schwenzait-, Mauer- und Dargainensee nach Süden, wo irgendwo Dein Ursprungsort liegt.

Die neuen Herren des Landes hatten Jägerhöhe zum „strategischen Punkt" und militärischen Sperrgebiet erklärt. Hannelotte, unser ältester Sohn und ich haben dort an einem frühen Morgen im Schutz von Kusselkiefern mit einem Eßlöffel vom Hang zum Schwenzaitsee Erde in einen Beutel gefüllt und nach Westdeutschland mitgenommen.

Karl, Du ruhst nun in niedersächsischer Heimaterde. Mit dieser Beigabe vom Heldenfriedhof Jägerhöhe soll sich der Kreis zu Deinem masurischen Ursprungsort schließen. Ebenso das Gedenken – ich schließe die Dir vorangegangene Hannelotte und Hedel hier mit ein – von Wolfgang und mir an die Stunden in Königsberg, die uns für ein ganzes Leben und auch darüber hinaus miteinander verbunden haben.

Unsere Burgschullehrer

Von „Lord“ und „Seehund“ bis „Ober“ und von „Schock schwere Brett noch mal“ bis „Jungs, da kommt etwas auf uns zu!“

Wie wir gesehen haben, war die Burgschule zu Beginn meiner ersten Oberschulklasse im Spätsommer 1941 von der Wehrmacht beschlagnahmt und waren wir in das Hufengymnasium ausquartiert worden. Unsere Burgschule wurde erst etwa ein halbes Jahr später von der Wehrmacht wieder für den Schulbetrieb freigegeben.

Unser Englischlehrer bis zur Einstellung des Burgschulunterrichts für immer nach Beginn der sowjetischen Großoffensive gegen Ostpreußen am 13. Januar 1945 war jetzt Studienrat Dr. Schulz. Der Unterricht wurde „bis auf weiteres“, wie es hieß, am 20. Januar eingestellt – an der deutschen Burgschule für immer. Es wäre damals für uns unvorstellbar gewesen. So wie fast alle „Pauker“ hatte auch Dr. Schulz einen Spitznamen, er hieß für uns „Lord“. Seine phonetischen Sprechübungen mit möglichst still zu haltendem Unterkiefer zwecks Erlangung einer originalsound englischen Aussprache mögen der eine Entstehungsgrund für seinen Spitznamen gewesen sein, den wir vorfanden und selbstverständlich sofort übernahmen. Der andere war wahrscheinlich seine britische Amtstracht, die Knickerbocker. Er trug nur solche, wenn er nicht gerade – offensichtlich unmittelbar vorher – aus seinem Jagdrevier irgendwo in Ostpreußen zurückgekehrt war und seinen Unterricht im Weidmannsanzug abhielt.

Mit der Erinnerung an „Lord“ verbindet sich inzwischen untrennbar ein Erlebnis in der russischen Gegenwart seines Geburtsortes, das deshalb hier wiedergegeben sei. Was ich bislang nicht wußte und erst jetzt der Festschrift zum 300jährigen Jubiläum der Burgschule Königsberg (Pr) und zur Übernahme der Patenschaft durch das Mercator-Gymnasium in Duisburg im September 1958 „300 Jahre Burgschule Königsberg“ entnehme (Seiten 77,78), ist sein Geburtsort Gudwallen bei Angerapp. Mein älterer Mitschüler „auf der Burg“, Klaus Munier, der verwandtschaftliche Beziehungen zum Verwalter des Gutes Gudwallen gehabt hatte, machte nach der Öffnung des militärischen Sperrgebiets „Kaliningradskaja oblast“ Anfang September 1996 mit seiner aus Bublitz/Hinterpommern stammenden Ehefrau Hildegard und mir von Angerapp aus eine Erinnerungs- und Besichtigungsfahrt nach Gudwallen. Klaus hatte mich im Klappentext zu meinem 1978 erschienenen Buch „Über die Weichsel – eine deutsche Rückkehr“ als seinen Conpennäler entdeckt und nahm sofort Verbindung mit mir auf. Zwischen uns und unseren (inzwischen verstorbenen) Ehefrauen entstand eine jahrzehntelange enge Schulkameradschaft, Freundschaft und Kiel-Altenholzer Nachbarschaft. Als wir in Gudwallen einen Russen aufsuchten, der wohl so etwas wie ein Ortsvorsteher war und bevorzugt in einem alten deutschen Einzelhaus wohnte und nicht in einer der langen Reihen von Insthäusern (Landarbeiterwohnungen früherer Art, die nach 1933 nach und nach durch moderne Einzel- oder Doppelhaussiedlungen ersetzt wurden), gerieten wir völlig ahnungslos in dessen üppig vorbereitete Geburtstagsfeier hinein, eine Stunde bevor die eigentlich erwarteten Gäste eintreffen sollten. Wir wurden als Deutsche überaus offen und freundlich willkommen geheißen und mit Speis’ und Trank über alle Maßen so bewirtet (außer dem selbstredend dazugehörigen Wodka ist mir eine sehr schmackhafte Vielfalt von Tomatengerichten in Erinnerung geblieben), wie es die einstige Gutsherrschaft nicht freundlicher und herzlicher hätte tun können. Wie hätte es unser Ansehen noch gesteigert, hätten Klaus und ich berichten können, daß ein Gudwaller unser Englischlehrer an der Schule war, die die Russen in ihrem „Kaliningrad“ „die Erste“ nennen ... Aber von seinem

Geburtsort unter unseren Füßen wußten wir hier in Gudwallen damals ja noch nichts.

Studienrat Dr. Schulz starb nach der eben genannten Festschrift am 6. Juni 1945 an Entkräftung in dem 20 km von Kopenhagen entfernten Flüchtlingslager Hövelte. Er gehörte zu denjenigen unserer „Pauker", die bei den Ausflügen von Wolfgang Elbe, Karl Brucks und mir in unsere Burgschulvergangenheit am häufigsten „wieder zum Leben erwachten", wobei genüßlich besonders seine „superenglisch" ausgesprochene Aufforderung „spell the word" nachgeahmt wurde ...

Amtlicher Vertreter von Studiendirektor Dr. Falcke als Leiter der Burgschule war Oberstudienrat Lange, „Ober" genannt. Er war gebürtiger Hannoveraner. Ich weiß nicht mehr, ob Wolfgang Elbe mir diese Tatsache schon in Königsberg oder erst später mitgeteilt hat. Sonderlich stolz oder freudig schien er es jedenfalls nicht zu tun. Denn Oberstudienrat Lange, der uns nach Studienrat Grunwald in Mathematik und wohl auch Physik unterrichtete, war in einer Vermittlung des Unterrichtsstoffes, wenn wir für ihn nicht schnell genug „kapierten", oftmals aufbrausend-unbeherrscht und deshalb gefürchtet. „Wenn hier A ist und da B", höre ich ihn heute noch mit irgendeiner daraus folgenden Ableitung zu irgendeiner Dreieckslehre einen Klassenkameraden laut und ungehalten „anfahren". Ich selbst war zwar nicht begriffsstutzig, aber „Mathé" (die Betonung lag bei uns auf der zweiten Silbe) lag mir nicht, und so wurde ich gegen Ende des Jahres 1944 eines Tages in das Direktorendienstzimmer von Dr. Falcke bestellt, wo der „Ober" als dessen Vertreter residierte. Beklommen und eingeschüchtert trat ich diesen Gang an, welches Gewitter würde über mir niedergehen? Aber mich traf kein Donnerschlag, mir trat kein gefürchteter „Ober" entgegen, sondern das ganze Gegenteil, ein gütiger, verstehender, aufmunternder Pädagoge. Ermutigt und zuversichtlich verließ ich seinen psychologischen Nachhilfeunterricht. Und dann erhielt ich zu Beginn der

Weihnachtsferien eine Dotation, deren Widersprüchlichkeit zu dem vorher doch konstatierten „Wackeln“ mir bis heute unerklärlich ist. Das Büchlein, dessen Titel mich nicht sonderlich ansprach und den ich auch vergessen habe, das heute sicherlich als hohe zeitgeschichtliche Besonderheit eingestuft würde, enthielt eine Widmung, die mich aus einem weiteren Grund im Zeichen der damaligen Zeitumstände und des schicksalhaften Eingebundenseins in den täglichen Wehrmachtsberichten „Aus dem Führerhauptquartier. Das Oberkommando der Wehrmacht gibt bekannt“ mitgeteilten Kriegsverlauf mit Stolz erfüllte: „Dem Schüler Fritjof Berg in Anerkennung seiner schulischen Leistungen. Falcke, Oberstudiendirekter, z. Zt. Führerhauptquartier.“ Ein entsprechendes Dienstsiegel war beigedrückt. Einen solchen (Soldaten-)„Direx“ zu haben – ich war doppelt stolz. Da unser Fluchtgepäck hastig zusammengesucht werden mußte und wir wegen der begrenzten Tragfähigkeit nur wirklich lebensnotwendige Dinge mitnehmen konnten, ist dieses später zum „Zeitdokument“ gewordene Büchlein bei Antritt unserer Flucht am 23. Januar 1945 gar nicht in den Blick geraten und in Königsberg zurückgeblieben.

Bevor ich nun auf meine anderen Königsberger „Pauker“ zu sprechen komme, ist für etwaige jüngere Leser eine Vorbemerkung erforderlich. Wohl die meisten der jüngeren Angehörigen des Lehrerkollegiums hat mein Einschulungsjahrgang ebenso wie die drei noch folgenden gar nicht mehr zu Gesicht bekommen. Sie waren Soldat, der eine oder andere von ihnen vielleicht auch schon gefallen. Außer den weiblichen Lehrkräften waren die meisten anderen in der Rückschau des pensionierten Beamten Fritjof Berg offensichtlich im Pensionsalter, es mag sogar sein, daß der eine oder andere bereits pensioniert war und aus einem von den Heutigen kaum noch verstandenen Pflichtgefühl heraus zur Schließung der durch den Wehrdienst der Jüngeren entstandenen Lücken wieder den Schuldienst antrat bzw. auf sich nahm.

Ihr vorgerücktes Alter und ihre dadurch verringerte Belastbarkeit mag manche Eigenheiten erklären, die vielen der nachfolgend genannten „Pauker" anhafteten. Aber was wußten und verstanden wir insoweit unreifen Unterstufenpennäler von alledem? (Ansonsten waren wir im Vergleich zu den Heutigen unserer damaligen Altersstufe aber wesentlich weiter entwickelt, die harten, für jeden unausweichlichen alltäglichen Bedingungen des Krieges formten und forderten uns!) Und so nahmen wir bisweilen wenig Rücksicht auf das Gehabe und die Eigenheiten unserer „Pauker" und machten uns darüber lustig. Hinzuzufügen bleibt allerdings, daß wir durch die damals selbstverständlichen Erziehungsprinzipien im Elternhaus und auch in der Hitlerjugend, der wir alle kraft Gesetzes angehörten, darauf eingestellt waren, daß Disziplin, Rücksichtnahme, Einordnung, ja sogar Unterordnung zum Zusammenleben mit dem anderen gehören.

Unser Klassenlehrer bis zum Ende des ersten Dritteljahres des Schuljahres 1943/44 war Studienrat Grunwald. Er gab Mathematik, Biologie und Erdkunde. Sein länglich-runder Kopf mit Glatze, der Ausdruck seiner Augen und die Form seines Oberlippenbartes hatten ihm den Spitznamen „Seehund" eingebracht, den wir Sextaner sofort übernahmen. Zutreffender konnte keine Physiognomie gekennzeichnet werden. „Seehund" konnte uns drastisch-plastisch vieles mit wenigen Worten „eintrichtern". Wenn z. B. irgendetwas auf einer Landkarte am Kartenständer nicht wörtlich der Himmelsrichtung Nord zugeordnet wurde, sondern als „oben" liegend bezeichnet wurde, belehrte „Seehund": „Und wenn Du die Karte umdrehst, was ist dann ‚oben'? Also ..." Wenn wir in Mathematik zu lange „schwer von Kapee" blieben, verlor er oft die Nerven. Es lief ein Schauspiel ab, das bühnenreif war und in einem UFA-Film ganze Schülergenerationen so in Begeisterung versetzt hätte wie bekannte Szenen im Heinz Rühmann-Film „Die Feuerzangenbowle". Dann streckte „Seehund" rechtwinklig vor dem Oberkörper den rechten Oberarm aus, daran rechtwinklig nach oben angewinkelt den Unterarm und hier wieder rechtwinklig nach außen gekehrt die sich heftig hin und her bewegende Handfläche. Dies war die Begleitung zu einer Art Verwünschung, die bei keinem Wiedersehen von Wolfgang Elbe, Karl Brucks und mir fehlen durfte, wenn Burgschule und „Seehund" aus der Vergangenheit zu uns zurückkehrten:

„Schock schwere Brett noch mal! Heiliger Brahmaputra, Indus und Ganges. Ihr seid so doof wie einer, der Wasser im Sieb den Berg raufträgt. Geht Filzschuh' wichsen!"

Aber wir hatten allen Grund, ihm dankbar zu sein. Was er uns „beibrachte", das „saß". Es blieb „gekonntes" Wissen ein Leben lang!

Mein letztes Burgschulzeugnis für das zweite Drittelјahr des Schuljahres 1943/44 vom 31. März 1944 trägt unter „Der Klassenlehrer" die Unterschrift „Schaknies (Meine Mutter hat mit einer Reihe von persönlichen Urkunden und Dokumenten bei unserer Flucht aus Königsberg auch meine Zeugnismappe gerettet.) Nach meiner hier sehr blassen Erinnerung hat er Deutsch unterrichtet, evtl. auch Geschichte. Wenn diese Erinnerung nicht trügt, neigte er zu cholerischen Ausfällen und hat bei einem solchen einmal einem Klassenkameraden ins Gesicht geschleudert: „Wenn es diese Zensur gäbe, würde ich diese Arbeit (war es ein Diktat oder Aufsatz?) mit 26 zensieren!"

Wohl am kauzigsten tauchte in den Burgschulerinnerungen des Klassentrios Elbe-Brucks-Berg immer Studienrat Büchert auf. Er unterrichtete uns im Fach „Kunsterziehung" und betätigte sich auch fachlich in „Zeichnen und Werken". Warum erschien er uns so kauzig? Die gegenseitige Begrüßung zu Beginn jeder Unterrichtsstunde geschah damals mit dem Gruß „Heil Hitler". Wir Jungen waren in der Schule ja nicht im Jungvolk- bzw. Hitlerjugenddienst, trugen hier also keine Uniform, sondern Zivil und erwiderten den Gruß des Lehrers „Heil Hitler" zwar aufrecht stehend, in korrekter Haltung und mit vorschriftsmäßig ausgestrecktem Arm, aber nicht etwa, wie es im „Dienst“ der Fall gewesen wäre, in strammer Haltung, mit Zusammenschlagen der Hacken und Händen an der Hosennaht. Aber wie bot sich uns dabei Studienrat Büchert dar: Den Kopf zur rechten Schulter geneigt, erhob er seinen Arm, und aus seinem Mund kam ein langgezogenes „Haeieil Hitler!“ Und dann, wenn wir uns gesetzt hatten, oft ging dabei – zu unserer Freude – fast die ganze Unterrichtsstunde drauf, trug er ellenlange Beschwerden vor, welchen Unfug, ja Schaden irgendwelche unerkannten Schüler wieder einmal angerichtet hatten. Er hatte ja recht, etwa das mutwillige Beschädigen von Schmirgelsteinen war keine eines Oberschülers würdige „Heldentat“ – zumal nicht in unserer Kriegszeit, in der für alles und jedes kaum noch Ersatz zu beschaffen war. Aber still sitzend, schweigsam immer wieder seinen ellenlangen Monologen zuzuhören – das überforderte Jungen unserer Altersstufe. Und so war er wohl selbst die Ursache für die Art und Weise, wie das „Abreagieren“ praktiziert wurde, über das er Klage führte.

„Beigebracht“ hat Studienrat Büchert uns das Schreiben der lateinischen Großbuchstaben in Schönschrift mit Rundschriftfeder und Kunstschrift-Tusche Scribtol. An die Inhalte seiner Kunsterziehung etwa in Malerei und Architektur kann ich mich so gut wie gar nicht erinnern. Es waren sicherlich nicht die heroischen Darstellungen auf Plakaten, die uns überall in Schaufenstern und an Litfaßsäulen begegneten. Aber sie wird sicherlich der damals maßgebenden Kunstanschauung entsprochen haben, die naturalistisch war und das Schöne und Erhabene zum Leitbild erhob. Den Begriff „entartete Kunst“ für hiervon abweichende modernistische, provozierende Kunstrichtungen hat Büchert ganz gewiß nicht zum Unterrichtsgegenstand gemacht, denn diese standen bestimmt nicht im staatlichen Lehrplan. Als uns nach dem Zeitenbruch des verlorenen Krieges im Sommer 1946 in meiner neuen Klasse und Schule, der Staatlichen Oberschule für Jungen in Nienburg/Weser, im Kunstunterricht zum ersten Mal mit befürwortenden Interpretationen das impressionistische Gemälde „Blaue Pferde“ von Franz Marc vorgeführt wurde, habe ich solche „Malerei“ als widernatürlich-abstoßend-fremdartig empfunden und abgelehnt. Tempora mutantur, sed non semper nos in illis!

Musikunterricht in der Königsberger Burgschule erteilte Studienrat Henry Goldberg. Auf Grund unserer musikalischen Veranlagung und außerschulischen Musikausübung – Geigenspiel, Wolfgang auch im Streichorchester der Rundfunkspielschar, ich außerdem ab Frühjahr 1942 im Heinrich-Albert-Chor (hierzu ausführlich in einem späteren Kapitel), waren wir in diesem Fach in unserer Klasse „Primus“. Auch Goldberg hatte eine besondere, allerdings nicht musikalische „Note“, die auch mit kriegsbedingtem Mangel zu erklären gewesen sein mag, aber mehr noch wahrscheinlich auf einem persönlichen Sauberkeits-, Sparsamkeits- und Ordnungssinn beruhte. Wir schrieben Noten in unseren Notenheften mit Bleistift oder Tinte. Und so mußte jedes Notenheft ein Löschblatt haben. Aber dieses von Goldberg mit einem dumpfen „öh“ ausgesprochene Löschblatt durfte nicht lose im Notenheft liegen. Es mußte, an der Heftstelle der Deckblättter mit einer Auflage verstärkt, mit einem Nähfaden am Heft befestigt sein. Zu Beginn jeder Musikstunde ging Goldberg in unseren Bankreihen im Musiksaal entlang und kontrollierte, ob die „Löschblatt“-Befestigung ordnungsgemäß vorhanden war. Aber trotz dieser Eigenheit: Er war kein verlachter oder verspotteter Sonderling, dann hätte er sich wahrscheinlich wie manch anderer auch „seinen“ Spitznamen „verdient“ – er hatte keinen! Mangelndes Musikverständnis und fehlende Musikveranlagung nahm er nach meiner Erinnerung stets beherrscht und als unabänderliche Tatsache zur Kenntnis. Er war auch geachtet und genoß vielleicht sogar die Zuneigung seiner Schüler. Wie mir seine Tochter, die ich Jahrzehnte später in unserer Stadtgemeinschaft Königsberg (Pr) kennengelernt hatte, erzählte, wurde ihm alljährlich am

1. Mai vor seiner Wohnung von Burgschülern ein Mailiedersingen dargebracht. Ob dieser Brauch noch zu meiner Burgschulzeit gepflegt wurde, vermag ich nicht zu sagen, jedenfalls habe ich nie daran teilgenommen.

Teilgenommen habe ich aber als Sopran mit einer Sängergruppe, die Goldberg aus seinen Schülern zusammengestellt hatte, an einer Aufführung des „Feldherrn" von Händel im November 1943 in der Königsberger Stadthalle. (Der richtige Titel „Messias" war wohl als biblisch-„jüdisch" umgetauft worden, was ich in meinem Alter von 12 Jahren weder wußte noch die Gründe dafür mir bekannt waren.) Unser kleiner Knabenchor sang zum zugehörigen Marsch:

> Seht den Sieger, ruhmgekrönt.
> Schallt, Trompeten! Zimbeln, tönt!
> Flechtet grünes Lorbeerreis,
> singt und jauchzt dem Helden Preis!
> Fahnen schwingt und Blumen streut.
> Jubelsang und Spiel sei festlich ihm geweiht!

Dirigent war Hugo Hartung, ein weit über Königsberg hinaus bekannter Mann, der mir als sehr streng vorkam und von dem bzw. zu dem kein Funke übersprang. Wolfgang Elbe, dessen Vater Carl Elbe war ja 1. Flötist am Rundfunksymphonieorchester, erzählte mir, Hartung würde in Musikerkreisen „der Löwe" genannt, er soll sogar mit dem Taktstock ins Orchester geworfen haben. Jedenfalls versagte Goldbergs Sängerauswahl bei der Aufführung kläglich, sie mußte unterbrochen, der Einsatz wiederholt werden. Als Baß, seine Rolle „der Seher", trat bei dem Konzert Willy Rosenau auf, an den ich nach dieser einmaligen Begegnung überhaupt keine Erinnerung hatte, zu dem aber Jahrzehnte später eine ostpreußisch-herzliche Beziehung entstand: Rosenau war Angerburger, mein späterer Schwiegervater Fritz Behrend aus Angerburg hatte als leitender Kommunalbeamter

Willy Rosenaus Gesangausbildung in Berlin gefördert. Rosenau hat sein Leben lang seine Dankbarkeit hierfür mit vielen Zeichen der Freundschaft zur Familie Behrend bewahrt, und über meine spätere Ehefrau Hannelotte Behrend begegnete er seinem damaligen „Mitsänger" Fritjof Berg wieder und nahm auch ihn ostpreußisch-herzlich in den Rosenau-Behrend-Verbund auf. Viele Briefe und Präsente im Familienbesitz legen Zeugnis hierfür ab. Als Hannelotte 1983 Leiterin der Ostpreußischen Frauengruppe in der Ostpreußen-Hilfsgemeinschaft Kiel e. V. wurde, hat sie das von ihm gegründete und nach ihm benannte Rosenau-Trio – ein weltweit tätiges Musik- und Vortragsensemble mit tradiertem deutschen Liedgut und Dichtungen, wobei Rosenau kaum jemals einen „Ausflug" in seine ostpreußische Heimat unterließ, mit ihm als Tenor, Helga Winkler als Pianistin und Martin Winkler als Sprecher (nach Rosenaus Tod übernahm Holger Bonschior als Bariton seinen Gesangspart) – mehrfach zur Ausgestaltung einer ihrer monatlichen Veranstaltungen eingeladen.

Nach diesem Abdriften von Henry Goldberg kehre ich noch einmal zu ihm zurück. Ein Lehrer, der uns nur kurzzeitig unterrichtete und dessen Namen ich für mich behalte, sagte einmal – den Anlaß weiß ich nicht mehr –, als es zu einem Gespräch zwischen ihm und mir und zwei oder drei weiteren Klassenkameraden kam, in Bezug auf Goldberg: „Eigentlich hat er ja einen jüdischen Namen, aber sagt es ihm nicht." Ich habe mit dieser Äußerung damals überhaupt nichts anfangen können. Später habe ich mir die Frage gestellt, warum er diese Äußerung getan hat, was er damit bezweckte. Wahrscheinlich wollte er seinen Kollegen damit nicht nach den judenfeindlichen Bewertungsmaßstäben der damaligen Zeit herabsetzen. Eher dürfte er vorausschauend, da auch wir ja eines nicht mehr allzu fernen Tages mit der „Judenfrage" konfrontiert sein könnten, uns auf Takt und Anstand Goldberg gegenüber einschwören. Sein Musiksaal hat einen langen Nachklang behalten.

Einen recht unangenehmen „Nachhall“ hat bei mir dagegen Studienrat Dr. Schumacher hinterlassen. Möglicherweise „gab“ er unserer Klasse „Bio“, aber das weiß ich nicht mehr mit Sicherheit. In deutlichster Erinnerung habe ich eine einzige Unterrichtsstunde – gemeinsam mit einer anderen Klasse –, die im Physik- oder Chemiesaal mit seinen nach oben gestaffelten Sitzreihen stattfand. Von oben schritt Dr. Schumacher abwärts. Er zitierte einen Schüler zu sich – aus welchem Grund, weiß ich nicht mehr – und verpaßte ihm eine „Maulschelle“ bzw. „Ohrfeige“ (Schlag mit der Hand auf die Wange). Die „Prügelpädagogik“ war damals noch nicht ausgestorben oder gar verboten, aber es war dies der bis dahin einzige Fall körperlicher Züchtigung, den – wenn meine Erinnerung nicht trügt – ich bis dahin in Herbart-, Hans Schemm- und Burgschule miterlebt hatte. Dr. Schumacher hatte dabei eine Methode, die selbst nach damaliger Anschauung über die Zulässigkeit, ja Notwendigkeit der Prügelstrafe eine disziplinarische Ahndung verlangt hätte: Er zog seinen Delinquenten mit der Hand an der einen Wange, mit angewinkelten Fingerkuppen der anderen Hand und damit mit seinen Fingernägeln schlug er ihm auf die andere Gesichtshälfte. Auch angesichts seiner mäßigen körperlichen Statur hätte es keinen treffenderen Spitznamen für ihn geben können: Er war der „Giftzwerg“! Dr. Schumacher ist „noch in der Abwehrschlacht vor den Toren Königsbergs als Führer einer Volkssturmkompanie“ gefallen, wie ich dem Rückblick von Oberstudiendirektor i. R. Dr. Falcke auf einige Angehörige seines Königsberger Lehrerkollegiums in der bereits erwähnten Burgschul-Festschrift entnehme.

Eine „Ohrfeige“, die dann noch in schmerzlichster Form „daneben“ ging, hatte ich mir durch eine freche Herausforderung selbst eingehandelt, also „verdient“. Mein Nachbar in der damals üblichen Zweierbank war ein Sohn des Königsberger Drahtzaunfabrikanten Hellwig, dessen Hersteller- und Reklameschild praktisch an allen Drahtzäunen zu sehen war. Mein Hellwig-Banknachbar nahm mich einmal in sein Elternhaus in einer ganz bevorzugten Wohnlage mit – der Reichtum prangte in jedem Winkel. Auch in den damaligen Kriegs- und Mangeljahren brachte Manfred ab und an Überraschungen in die Klasse mit, wie z. B. ein handgroßes Modell des Sturzkampfbombers („Stuka") Ju 87, in das zwischen der beweglichen Propellerspitze und dem Rumpf ein Zündplätzchen eingelegt wurde. Beim Fallenlassen und Aufschlag gab es dann einen spitzen Knall, alles so recht nach dem Vorbild des legendären Sturzkampfbombers. „Du traust Dich nicht", sagte Manfred zu mir. Doch, ich traute mich! Als „Opfer" wurde die noch junge Studienassessorin Schneider auserkoren, die nach meiner Erinnerung vertretungsweise Deutsch und Geschichte unterrichtete, mindestens schon ein Kind hatte und wohl „in anderen Umständen" war. Ich ließ also den Modell-„Stuka" stürzen, es knallte beim Aufschlag auf den Fußboden – und ich war sofort als „Täter" ausgemacht. Schneider/in hieß mich vortreten, langte kräftig zu, traf aber nicht mein Gesicht, sondern, da ich wohl „gezuckt" hatte, einen Furunkel auf dem Rücken neben dem Schulterblatt (eine damals häufige Erkrankung als Folge des kriegsbedingten Vitaminmangels, siehe auch unten). Ich schrie vor Schmerz auf. Sie fuhr vor Schreck zusammen und bat mich, der sie herausgefordert hatte, in mütterlich-liebevoller Art um Verzeihung, um sich zusätzlich in jeder Folgestunde nach meinem Ergehen zu erkundigen. (Das Geschwür mußte dann aufgeschnitten werden. Zur Heilbehandlung wurde die äußerst wirksame Zugsalbe Ichthyolan eingesetzt, die wegen ihrer schwarzbraunen Farbe und ihres teerartigen Geruchs auch „Teersalbe" genannt wurde.)

In die Revue meiner Burgschullehrer sei an dieser Stelle ein anderes schulisches „Stuka"-Erlebnis eingeblendet. Der „Stuka" war als überlegene und erfolgreiche Angriffswaffe damals selbstverständlich jedem Jungen bekannt. Neben unserer Schrötterstraße und in Sichtweite der Burgschule lag ein Überlaufteich mit einem steil geböschten Verbindungsgraben zum Landgraben, wir nannten ihn „Stauer“ (er ist heute zugeschüttet und überbaut). In den damals strengen Wintern war er stets bereits Mitte November zugefroren. Solange die Eisdecke noch dünn war, gingen wir, mehrere Jungs untergehakt, im Gleichschritt stampfend, „wuchten“, so daß das dünne Eis wellenförmig in Bewegung geriet. War es dick genug, war der „Stauer“, etwa 200 m von meinem Zuhause entfernt, ein herrliches Schlittschuhrevier, auf dem sich die ganze Jugend der Umgebung mit Eislaufkünsten gegenseitig überbot. Es bildeten sich auch regelmäßig Eishockeymannschaften, deren „Spielfeld“ von den Mädchen wegen der stürmischen Wucht der Jungen natürlich gemieden wurde. Um einen gestürzten und auf dem Eis liegenbleibenden Schlittschuhläufer versammelten sich einmal wohl zu viele von uns auf einer Stelle, mit einem lauten Knall barst das Eis, es bildete sich ein über den ganzen „Stauer“ verlaufender Eisriß. Als mein Vater einmal seinen Ältesten Schlittschuhlaufen sehen wollte, meinte er wegwerfend, wir könnten gar nicht mehr richtig laufen. Denn wir würden ja gar keine Bogenlaufkünste mehr vollführen. Es gab sie noch, die Schlittschuhe mit dem vorn nach innen verlaufenden Rundbogen, aber die „modernen“ hatten eine Spitze, eine eckige oder auch rund-gezackte. Meine, Marke „Hudora“, hatten eine eckige Spitze. Sie wurden mit einem Schlüssel an den Sohlenrändern unserer hohen Schuhe angeschraubt, wir sagten „angenuddelt“, der Schlüssel dafür hieß „Nuddler“. Fest anmontierte Schlittschuhe für Schnellauf (wie z. B. Hockeyspiel) gab es natürlich auch längst, aber sie waren viel teurer und – zumal in jenen Kriegsmangeljahren – weniger zahlreich vertreten; die der Jungs hatten eine eckige Spitze, die der Mädchen eine rund-gezackte. (Diese „Geschlechterunterscheidung“ nach Schlittschuhformen und den damit verbundenen Eigenschaften ist heutzutage nicht mehr festzustellen; ich hatte mir nach dem Krieg zunächst originalgetreuen Königsberg-Ersatz gekauft, später aber ebenfalls an der Schuhsohle fest montierte mit der ehedem „weiblichen“ Form der rund-gezackten Spitze.) Die Schlittschuhfreuden auf dem „Stauer“ waren bei dem meistens schon Mitte Dezember einsetzenden Schneefall bald vorbei, das freiwillige Freiräumen einiger weniger kleinerer Flächen kam wegen immer neuen Schneefalls schnell zum Erliegen. Wir wichen dann auf die mittels Feuerwehrschläuchen in gut gepflegte Eisflächen verwandelten Tennisplätze im ungefähr 2 km entfernten Tiergarten aus. Der Eintrittspreis betrug 10 Pfennig, an den Rändern der ständig von Schnee freigeräumten Eislaufflächen standen in der Benutzungszeit Öfen mit durchgehend glühendem Koks zum evtl. Aufwärmen der Hände.

Der „Stauer“ hätte so etwas wie ein Natur- und „Bio“-Lehrteich sein oder werden können. Bevor er ganz zuschneite, sah ich im extrem kalten Winter 1941/42 durch die Eisdecke vom Grund des Teiches das Grundeis stalagmitenartig nach oben wachsen. (An einem Januarmorgen zeigte das Außenthermometer am Herrenzimmer meines Vaters -41 °C an, ich habe es selbst abgelesen.) Im Mai quarrten an seinen Rändern Hunderte, wenn nicht gar Tausende von Fröschen mit einer solchen Lautstärke, daß es immer noch deutlich vernehmbar bis zu uns herüberdrang. In dem das ganze Ufer durchziehenden Schilfrand war das Wasser von Froschlaich quasi „verdickt“, und es wimmelten quirlig unübersehbare Mengen von Kaulquappen. Ich hatte es nicht glauben wollen, als meine Mutter mir einmal erzählte, daß in den Landgrabengewässern die europäische Landschildkröte vorkäme, bis ich eines Tages am Ausgang eines auf der Sonnen-Südseite gelegenen Zulaufs Schildkröten entdeckte. Natürlich habe ich es freudestrahlend meiner Mutter erzählt. Die Russen haben diesen idyllischen Tummelplatz von Fröschen, Schildkröten und Schlittschuhbeinen und die daran anschließende große Wiesen-Geländevertiefung bis auf Geländeniveau der ihn umgebenden ehemaligen Schrötter- und Motherbystraße wahrscheinlich mit Trümmern der Stadt zugeschüttet, wie ich bei meinem ersten Besuch 1990 in dem noch gesperrten Königsberg entsetzt feststellen mußte, und dann zwischen 2005 und 2008, wie meine Besuche in diesen beiden Jahren ergaben, mit einem Riesenklotz von Wohnhaus überbaut.

War es nun im Winter 1941/42 oder erst ein Jahr später? Zu unserem Schulwegtrio Elbe, Brucks, Berg gesellte sich häufig unser Klassenkamerad Windt, der in der General-Litzmann-Straße 99 wohnte und deshalb einen wesentlich weiteren Schulweg zur „Burg“ als wir hatte und dessen Vater dort ein Kolonialwaren- und Feinkostgeschäft besaß („Kolonialwarengeschäft“ war früher eine Bezeichnung für Lebensmitteleinzelhandelsgeschäfte). Wegen seiner stark erweiterten körperlichen Ausmaße nannten wir ihn den „dicken Windt“. Eines Morgens, es war schon heller Tag, muß also im Oktober oder Anfang November gewesen sein, gingen wir auf dem Weg zur „Penne“ zu dem vom „Stauer“ wegführenden Überlaufgraben, um festzustellen, wie dick die Eisdecke dort schon war. Das geschah mit herumliegenden Steinen, die beim Werfen von Karl, Wolfgang und mir keine Löcher mehr in das Eis schlugen. Daraufhin nahm der besser proportionierte dik-ke Windt mit den Worten „jetzt kommt Stuka!“ Anlauf. Beim Werfen verlor er auf der Böschungskante den Halt und schlitterte die lange Böschung herunter in das brechende Eis. Pudelnaß zogen wir ihn heraus und trabten schnellen Schritts durch die frostige Luft zur nicht mehr weit entfernten Burgschule. In unserer Klasse wurde er vollständig ausgezogen, seine Sachen wurden auf die unter den Fenstern in Längsrichtung verlaufenden Heizungsrohre gehängt, und mit Kleidungsstücken von anderen Klassenkameraden wurde er provisorisch „eingekleidet“. Die „Heizungswäscheleine“ ließ natürlich jeden unserer Lehrer zu Beginn der Unterrichtsstunde nach dem „Wieso, Woher, Warum“ fragen – unter Gelächter, aber ohne Schadenfreude, erhielten sie Auskunft.

Außer der Studienassessorin Schneider sind mir noch drei weitere weibliche Lehrkräfte im Gedächtnis geblieben, die längere oder kürzere Zeit um unser geistiges Voranschreiten „in corpore sano“ bemüht waren. Die nachhaltigste Erinnerung hat Fräulein Milthaler hinterlassen, obwohl ich nicht einmal mehr mit Sicherheit sagen kann, worin sie uns unterrichtet hat. War es möglicherweise Musik, nach Henry Goldberg, oder Latein? Auf jeden Fall hat sie viel wertvolles Wissen aus den Bereichen Kulturgeschichte und künstlerische Gestaltung an uns weitergegeben. Und sie war, zusammen mit ihrer Schwester, eine weit über Königsberg hinaus bekannte Persönlichkeit, traten beide doch immer wieder als Alt-Duett – die „Geschwister Milthaler“ – mit wohl auch mundartlichen Gesängen im Reichssender Königsberg auf. „Unser“ Fräulein Milthaler trug, ganz in Übereinstimmung mit ihrem „klassischen“ Unterrichtsstoff und ihrer persönlichen Ausrichtung, eine Knoten-Frisur („Dutt“). Pflegte eine solche Jungs oft zu irgendwelchen Witzeleien zu reizen, gab es hier nicht einmal einen Anflug davon, es paßte eben alles in vollständiger Harmonie zueinander, auch die dunkle, „römische“ Haarfarbe. Etwas respektlos war allenfalls unsere Abwandlung ihres Namens in eine Kurzbezeichnung für sie: „Die Milax“.

Sportunterricht – damals „Leibesübungen“ genannt, die im Zeugnis als Fach und mit zugehöriger Zensur an erster Stelle standen! – erteilte Fräulein Bartels. Ich setze zur Richtigkeit dieses Namens ein kleines Fragezeichen, weil ich von älteren Burg-Pennälern nach dem Krieg für die Sportlehrerin immer nur den Namen „Irmer“ gehört habe. Vielleicht waren es eben doch zwei verschiedene Sportlehrerinnen, die zeitlich nacheinander in der Turnhalle (in der ganzen Länge und Breite des Seitenflügels der Schule) „kommandierten“. Außerschulisch konnte ich nach meiner heutigen Selbsteinschätzung sehr gut bis hervorragend Schlittschuhlaufen, Skifahren und (auch gezielten!) Weitwurf.

Auch im Schwimmen und Tauchen war ich nach meiner Selbsteinschätzung durchaus gut und leistungsfähig. Die Badeanstalt

Hardershof war von unseren Wohnungen in der Schrötterstraße in Luftlinie ungefähr 1 km entfernt. Dort waren Wolfgang Elbe und ich zumindest in den Sommerferien beinahe täglich „Dauergäste". Wir gingen meistens zu Fuß zur Badeanstalt. Der Blick auf den Abstellplatz für Fahrräder war von den Schwimmbecken und der Liegewiese aus durch das Eingangsgebäude versperrt. Im Krieg war alles Mangelware geworden, und so mochte das Abschließen des Fahrrads noch vor einem Diebstahl im ganzen schützen, nicht aber vor dem loser Einzelteile wie Luftpumpen und Ventilen! Und diesen galt die besondere Vorliebe von Losefingern – welch böse Überraschung, wenn dann beim Aufschließen des Fahrrads das Ventil fehlte, das Rad nach Hause geschoben werden mußte und die Ersatzbeschaffung, wie gesagt, immer schwieriger wurde. Unser Taschengeld war obendrein auch bei weitem nicht so üppig bemessen wie in späteren Jahrzehnten des „Wirtschaftswunders". Von einem über den tiefsten Bereich über das ganze Nichtschwimmerbecken führenden Balken aus übten Wolfgang und ich mit stundenlanger Ausdauer den Hechtsprung und das immer länger andauernde Tauchen. Bis wir dann Schwimmunterricht nahmen.

Unser Schwimmlehrer hatte nach meiner Erinnerung nicht den Namen der Unterschrift auf meinem Freischwimmerzeugnis, sondern hieß Hinz. Bei den Trockenübungen auf dem Rasen hatte er für die Schwimmbewegungen Ausführungskommandos, die Wolfgang so schön nachahmen konnte und die uns bei späteren Ausflügen in die Vergangenheit immer zum Schmunzeln brachten: „Aus – ein – drin!" „Aus" für das Ausstrecken der Arme, die Hände waagerecht, nicht senkrecht zur Wasseroberfläche, „ein" für das seitliche Schwenken der Arme bis wieder nach vorn, „drin" für den Beinschlag. Dies wurde dann, an einer langen „Angel" des Schwimmeisters mit Gurt um die Brust, so lange im Schwimmerbecken geübt, bis wir davon losgelassen werden konnten und nur noch, anfangs noch unter seiner Aufsicht, eine immer längere Ausdauer im Schwimmen übten.

Städt. Schülerbadeanstalt Badeanstalt Hardershof

Freischwimmer-Zeugnis

[illegible],

10 Jahre alt, Schüler der [illegible], Klasse 4c

hat im Brust schwimmen eine Ausdauer von 20 Minuten nachgewiesen.

Königsberg (Pr), den 23. Juli 1941

[illegible]

Schwimmlehrer.

Freischwimmer-Zeugnis der Städtischen Schülerbadeanstalt

Dazu gehörte dann auch das Springen vom „Einer“ (1 m-Sprungbrett) des Sprungturms, auf dem ich dann später, „freigeschwommen“, auf das 2- und auch 3 m-Sprungbrett hinaufstieg – zum Hecht-, nicht zum „Dame“-Sprung, ohne den äußerst unangenehmen „Bauchklatscher“.

Durch die Schwimmbecken floß der sog. „Wirrgraben“. Es hieß, aus ihm gelangten Blutegel in die Badeanstalt. Nun, ich habe mir nie einen eingefangen und konnte es nicht so recht glauben. Soweit ich bei einem meiner Königsberg-Besuche nach 1990 beim Blick über eine Bretterwand auf unsere weiträumig abgesperrte ehemalige Badeanstalt feststellen konnte, haben die Russen sie (wahrscheinlich mit den Trümmern Königsbergs) zugekippt!

Im schulischen Geräteturnen hingegen schwankte meine Zensur von bestenfalls „befriedigend“ bis sogar „mangelhaft“. Mein Wille war zwar da, aber an den meisten Geräten erwiesen sich meine körperlichen Kräfte oder auch „körperliche Intelligenz" als zu gering. Es war dies in jenen Jahren wahrscheinlich eine Nachwirkung des schweren halbjährigen Gelenkrheumatismus fast die ganze erste Jahreshälfte 1939, die meine körperliche Weiterentwicklung geschwächt hatte. Begonnen hatte er buchstäblich am ersten Schultag im neuen Jahr nach den Weihnachtsferien.[1)] Im Zeugnis der Hans

---

1) Nach den Weihnachtsferien 1938/39, am ersten Schultag des neuen Jahres, konnte ich nicht aufstehen. Ich konnte mein linkes oder rechtes Bein nicht mehr bewegen, schon jede noch so leichte Berührung war äußerst schmerzhaft. Am Abend war ich am ganzen Körper gelähmt. Bei jeder Berührung schrie ich vor Schmerzen, dies blieb während der ganzen Krankheitsdauer so. Unsere Kinder-„Hausärztin" Dr. med. Ruth Lindstädt diagnostizierte: Gelenkrheumatismus. Am Vortag hatte ich beim Mittagessen starke Schmerzen an einem Backenzahn bekommen. (An dieser. Stelle sei angemerkt, daß über unserem Eßtisch in Mutters Wohn- und eben auch Eßzimmer ein großer Bernsteintropfen mit elektrischem Klingelknopf hing. Im Zimmer standen noch ein großes Büfett, ein Glasschrank, ein dreisitziges Sofa, eine große Blumen-Fensterbank und das Klavier.) Mein Vater fuhr mit mir gleich (13.30 Uhr) in seinem Auto zu seinem Zahnarzt Dr. med. dent. Knöfel am Heumarkt 8. Er zog den Milchzahn, er war vereitert. Bei der Extraktion muß Eiter in die Blutbahn gelangt sein, dies war wahrscheinlich die Krankheitsursache.

Über die medikamentöse Behandlung meiner schweren Krankheit kann ich keine Angaben machen; sie entsprach gewiß noch nicht den heute erreichten pharmazeutischen Möglichkeiten. Ich habe sicherlich viele Südfrüchte erhalten. Sie waren zwar nicht kontingentiert, aber gleichwohl knapp. Meine Mutter kaufte sie in ihrem alten Geschäft am Büttelplatz in der Innenstadt. Sie genoß beim Einkauf eine bevorzugte Behandlung. Eine andere Kundin soll sich einmal darüber beschwert haben. Die Ladeninhaberin oder Verkäuferin habe dieser entgegnet: „Die Dame (gemeint meine Mutter) hat ein schwer krankes Kind, das geht vor!"

Woche um Woche verging ohne jedes Anzeichen einer Besserung hoffnungslos, bis ich eines Tages doch einen schwachen, zaghaften Aufstehversuch machen konnte. Aber am nächsten Tag war der vollständige Rückschlag da, ich „lag wieder lang". Als sich dies mehrfach nach einem, höchstens zwei Tagen „Besserung" wiederholt hatte, schickte Dr. Lindstädt mich mit meiner Mutter zur Visite zum Leiter der Universitäts-Kinderklinik (Steindammer Wall, am Volksgarten), Prof. Dr. Bamberger. (Fortsetzung der Fußnote auf S. 264)

Schemm-Volksschule für das Schuljahr 1938/39, 2. Halbjahr, vom 28. März 1939 steht: „Versäumt 72 Tage“, d. h. daß ich also bis zu diesem Tag 1939 keinen einzigen Tag in der Schule gewesen war; das sollte fast noch ein ganzes weiteres Vierteljahr so weitergehen ...

Aber noch einmal zurück zu Fräulein Bartels bzw. Frau Irmer. Es war ja Krieg. Auch Sportkleidung ebenso wie z. B. unsere HJ-

---

(Fortsetzung der Fußnote 1, S. 263) Sie fand an einem Tag statt, an dem es mir wieder einmal besser ging. Um Professor Bamberger waren in Weiß mehrere Mitgutachter versammelt. Ich muß wohl wirklich einen „guten Tag“ gehabt haben, denn als Professor Bamberger mich fragte: „Kannst Du auch boxen?“, holte ich aus und schlug ihm mit der Faust in die für mich erreichbare Körpergegend, wohl in den Magen-Darmbereich. Er war nicht böse, aber doch sichtlich überrascht, als er sagte: „So hatte ich das nun auch nicht gemeint!“Aber auch die Konsultation von Professor Bamberger brachte zunächst keinen Heilungserfolg. Es ging, so wie bereits geschildert, weiter. Was nun folgt, liest sich wie ein Märchen voller Einbildung und Phantasie oder der Glaube eines früheren Naturvolkes, ist in seinem Ablauf aber wahr. Mir war ärztlicherseits der Verzehr von tierischem Eiweiß strikt untersagt. Bis sich mein Vater eines Tages, an dem ich „mal wieder auf den Beinen“ war, in seiner Verzweiflung über dieses Verbot hinwegsetzte. Es war in der Küche (die einen Handaufzug in den Speiseraum des Bäckereipersonals im Keller hatte, in dem ich mich – verbotswidrig – zusammengekauert auch wiederholt „nach unten“ beförderte), Vater sagte zu mir: „Ich tue jetzt etwas, Du darfst das niemand erzählen!“ Nicht nur, daß ich jetzt so lange entbehrtes gekochtes Fleisch zu essen bekam – es war Elchfleisch. Es war wie ein contraindikatorisches Wunder – es hatte nicht die von den Ärzten angenommene schädliche Wirkung. Ich war von Stund an gesund, dauerhaft wieder im Besitz meiner vollen Beweglichkeit und konnte also auch wieder, nach einer fast halbjährlichen Unterbrechung, zur Schule gehen. An dieser Stelle möchte ich meinem tiefen Dank an Dr. Lindstädt Ausdruck geben, die mich wohl beinahe täglich untersucht und auch bei meinen zahlreichen anderen Erkrankungen in Königsberg betreut hat. Sie wohnte in der Dürerstr. 30 im benachbarten Stadtteil Amalienau und fuhr – weshalb ich sie bestaunte – einen Mercedes, mit dem sie wahrscheinlich auf dem Wege zu oder von ihrer Praxis in der Kantstr. 2 (Verbindungsstraße zwischen Kaiser-Wilhelm-Platz und altem Speicherviertel in der Stadtmitte) zu uns in die Schrötterstraße kam. (Fortsetzung der Fußnote auf S. 265)

Pimpfenuniform gab es nur auf die limitierten Abschnitte der Reichskleiderkarte (als Muster siehe meine Vierte Reichskleiderkarte). Meine Mutter in ihrer vorbildlichen, charakterlich herausragenden Gemeinschaftsgesinnung betonte immer wieder, daß an erster Stelle die Versorgung unserer Soldaten zu stehen habe, alles andere zurückzustehen habe, also auch der Kauf von (wie sie generell in der kriegsbedingten Zwangsbewirtschaftung hießen) „Spinnstoffen" auf das wirklich unvermeidbare Maß zu beschränken sei, selbst wenn die Kleiderkarte dies noch ermöglichen würde.[1] Ihre Selbstbeschränkung zugunsten „unserer Soldaten" führte gleich zu Beginn der ersten Sportstunde bei Fräulein Bartels bzw. Frau Irmer zum Eklat. Meine Mutter hatte für mich eine weiße Turnhose handgeschneidert, ein paar Nähte mit den von ihr geliebten Kreuzstichen. Was wußten wir zu damaliger Zeit in unserem Alter von weiblicher Unterwäsche? Aber ein Gefühl, daß ich hier „irgendsoetwas" anziehen sollte, war da.

(Fortsetzung der Fußnote 1, S. 263) Als sie ein Berufsjubiläum beging, war ich von ihrer Praxis-(Berufs-)„Schwester Maria" mit ein paar anderen kleinen Patienten auserkoren, ihr ein Ständchen zu bringen, ich auf meiner Geige. Nach dem Krieg praktizierte sie in Nürnberg weiter. Bei einer ernsten Erkrankung unseres ersten Sohnes habe ich sie zu Rate gezogen, als der örtliche Kinderarzt keine Abhilfe schuf. Sie tat es mit einer nach alter Art „ad 1" usw. von der Apotheke auszuführenden Rezeptur, die sofort wirkte. Wir blieben in brieflicher Verbindung, ich habe sie einmal in meiner Studentenzeit in Nürnberg besucht, ihrerseits besuchte sie die nun eigene Familie ihres ehedem kleinen Patienten Fritjof Berg einmal in Kiel. Sie stand in Treue zu dem uns geraubten Deutschen Osten.

[1] Als es auch hiermit immer knapper werden sollte, setzte eine regelrechte Propaganda und Praxis „Aus Alt mach' Neu" ein. So wurde z. B. der SA-Mantel meines Vaters gewendet und in einen Wintermantel für mich umgeändert. Mit ihm ging ich 1945 auf die Flucht und habe ihn noch in der Besatzungszeit völlig unbehelligt getragen, bis ich endgültig aus ihm herausgewachsen war. Im Vergleich zu dieser Zeit mit ihrem vollständigen Fehlen von Versorgungsgütern aller Art für uns Deutsche war selbst die vorausgegangene Kriegszeit ein „Goldenes Zeitalter" gewesen.

Meine Königsberger „Tante Doktor“ Ruth Lindstädt Ende 1975 zu Besuch bei Bergs in Kiel. Sie gehörte auch zu den tragenden Mitgliedern der Ostpreußischen Arztfamilie, auf deren Jahrestagungen in Göttingen wir uns schon mehrfach in meiner Studentenzeit wiedergesehen hatten. Auf einer „Anhalter“-Tour als Student habe ich sie auch einmal in ihrer Nürnberger Praxis besucht.

Absender **Dr. Lindstädt** Kronprinz in Königsberg: Kantstr. 2
Kinderärztin
85 Nürnberg, Wodanstr. 78 56

uns ~~geschah durch die Rus-~~
sen,an unseren Frauen - -
~~die deckungslos übers Eis~~
ziehenden Menschenschlangen,
die von ~~Fliegern niedergemäht~~
wurden,die Schiffe vol Men-schen
schenfracht,die torpediert
wurden - haben Sie davon
auch nur eine Andeutung gese-
hen?? - Ich habe am Sonntag
in einer Freundesrunde ein
Gedenken gehalten;sie waren
alle über die Idee so begei-
stert gewesen,daß sie immer
noch anläuten.Darin haben
Sie gefehlt!Es werden sich
wohl auch anderswo solche Krei-
se zusammengefunden haben!
Seien Sie mit Ihren Liben
herzlich gegrüsst v. Ihr Tante Doktor.

Post – damit man voneinander hört
POSTKARTE

40
NÜRNBERG -8.4.75-22 85

Herrn Regierungsdirektor
Fritjof B e r g

23 K I E L
Postleitzahl
Lantziusstr 45

Nürnberg,8.4.75

Lieber Fritjof!
In dieser schwer mit Erinnerung belasteten Zeit denke ich an die Freunde,die überall verstreut leben und deren Gedanken dieselben Wege wandern.Und wie sollte unter diesen nicht die Familie Berg an erster Stelle stehen!Morgen vor 30 Jahren starb unsere liebe Stadt und mit ihr unsere ganze Heimat!Während hier im Westen aus all den hoffnungslos scheinenden Trümmern neues Leben erwachte,ist für uns alles,was wir liebten,hin.Und dieser Westen "überbietet"sich geradezu an Teilnahme - finden Sie nicht auch?Ich habe in unserer Zeitung,die als einzige ein Bild vom zugefrorenen Haff voll Bombenlöchern brachte mit einem Text dazu,der besagte,daß die Regierung eine "Dokumentation"nicht herausgeben zu können meine,weil die Zahlen nicht genau sein würden(! meinem Herzen Luft gemacht!Ich freute mich über Anrufe die daraufhin kamen voller Zustimmung!Ja,das Fernsehen ist meine ganze„Freude":was die alles ausgraben,um 30 Jahre zurückschauen zu müssen!Erst gestern Buchenwald, immer Greuelgeschichten der Deutschen - aber was an

Brief von Dr. Lindstädt, 8.4.1975

Ich weigerte mich, wurde aber (nicht etwa mit Schlägen, sondern mit strengen Worten) gezwungen, mit solcher „Sportbekleidung“ in die Turnstunde zu gehen. Als Fräulein respektive Frau Irmer mich damit erblickte, schmiß sie mich „achtkantig“ aus der Turnhalle heraus und verbot mir, nochmals in solcher „Turnhose“ zu erscheinen. Ich glaube, sie forderte mich auch noch auf, eine wörtlich sehr harte Kritik an meine Mutter weiterzugeben. Meine Klassenkameraden nahmen den ganzen Vorfall nach meiner Erinnerung unbeteiligt zur Kenntnis, sie haben mich danach jedenfalls nicht gehänselt.

Nicht nur, daß nun eine wirkliche Turnhose für mich besorgt werden mußte. Der Vorfall führte auch dazu, daß ich jetzt auch eine komplette vorschriftsmäßige HJ-Pimpfenuniform bekam, jedenfalls die Sommeruniform aus Braunhemd mit schwarzem Dreieckstuch und geflochtenem braunem Lederknoten, schwarzem Koppel und Schulterriemen und kurzer grauer Leinenhose. Letztere war bis dahin auch nur „Ersatz“ gewesen, der von den besser „behosten“ der anderen abstach und mich stets in eine Gefühlslage des Ungleichen, Minderbemittelten versetzt hatte. Ich hatte sie beim „Dienst“ um ihre – auch im Aussehen – bessere Uniform beneidet. Nur bei der Winteruniform „haperte“ es weiter. Zwar hatte mir ein Schneider Ende 1943 oder auch erst Ende 1944 als Ersatz für meine dunkle Trainingshose endlich eine wirklich „zackige“, obendrein gut wärmende Skihose gemacht, auch meine Skimütze mit HJ-Abzeichen war vorschriftsmäßig. Aber die Uniformjacke fiel wiederum gegenüber der richtigen, „echten“ der anderen mit Uniformtaschen und -knöpfen deutlich ab, es war eine dunkle (und weniger wärmende) Trainingsjacke. Wie Vaters umgeänderten Uniformmantel habe ich auch meine Skihose noch im Fluchtwinter 1945 getragen, bis auch sie mir beim polnischen Raubüberfall im Frühsommer 1945 auf dem Sirachsberg, Kr. Uelzen, gestohlen wurde. (Ich komme hierauf an anderer Stelle zurück.) Das einzige Kleidungsstück,

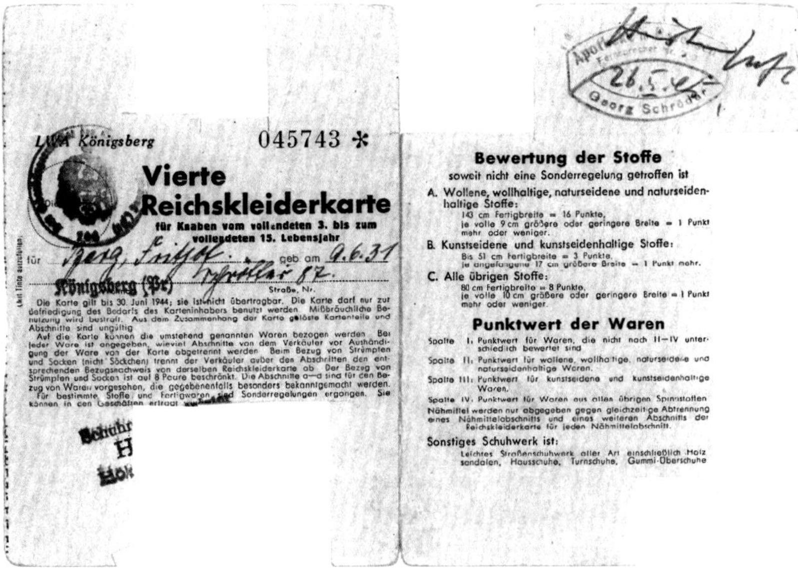

LWA Königsberg 045743 *

Vierte Reichskleiderkarte

für Knaben vom vollendeten 3. bis zum vollendeten 15. Lebensjahr

(Mit Tinte auszufüllen)

für Berg, Fritjof geb. am 9.6.31

Königsberg (Pr) Straße, Nr.

Die Karte gilt bis 30. Juni 1944; sie ist nicht übertragbar. Die Karte darf nur zur Befriedigung des Bedarfs des Karteninhabers benutzt werden. Mißbräuchliche Benutzung wird bestraft. Aus dem Zusammenhang der Karte gelöste Kartenteile und Abschnitte sind ungültig.

Auf die Karte können die umstehend genannten Waren bezogen werden. Bei jeder Ware ist angegeben, wieviel Abschnitte von dem Verkäufer vor Aushändigung der Ware von der Karte abgetrennt werden. Beim Bezug von Strümpfen und Socken (nicht Söckchen) trennt der Verkäufer außer den Abschnitten den entsprechenden Bezugsnachweis von derselben Reichskleiderkarte ab. Der Bezug von Strümpfen und Socken ist auf 8 Paare beschränkt. Die Abschnitte a–d sind für den Bezug von Waren vorgesehen, die gegebenenfalls besonders bekanntgemacht werden.

Für bestimmte Stoffe und Fertigwaren sind Sonderregelungen ergangen. Sie können in den Geschäften erfragt werden.

Georg Schröder

26.5.45

Bewertung der Stoffe

soweit nicht eine Sonderregelung getroffen ist

A. Wollene, wollhaltige, naturseidene und naturseidenhaltige Stoffe:
143 cm Fertigbreite = 16 Punkte,
je volle 9 cm größere oder geringere Breite = 1 Punkt mehr oder weniger.

B. Kunstseidene und kunstseidenhaltige Stoffe:
Bis 51 cm Fertigbreite = 3 Punkte,
je angefangene 17 cm größere Breite = 1 Punkt mehr.

C. Alle übrigen Stoffe:
80 cm Fertigbreite = 8 Punkte,
je volle 10 cm größere oder geringere Breite = 1 Punkt mehr oder weniger.

Punktwert der Waren

Spalte I: Punktwert für Waren, die nicht nach II–IV unterschiedlich bewertet sind.
Spalte II: Punktwert für wollene, wollhaltige, naturseidene und naturseidenhaltige Waren.
Spalte III: Punktwert für kunstseidene und kunstseidenhaltige Waren.
Spalte IV: Punktwert für Waren aus allen übrigen Spinnstoffen.

Nähmittel werden nur abgegeben gegen gleichzeitige Abtrennung eines Nähmittelabschnitts und eines weiteren Abschnitts der Reichskleiderkarte für jeden Nähmittelabschnitt.

Sonstiges Schuhwerk ist:
Leichtes Straßenschuhwerk aller Art einschließlich Holzsandalen, Hausschuhe, Turnschuhe, Gummi-Überschuhe

Gemeinde Röbbel Kreis Uelzen

Bürgermeister
Jenecke

CR № 070093

Fünfte Reichskleiderkarte

für Knaben vom vollendeten 3. bis zum vollendeten 15. Lebensjahr

(Mit Tinte auszufüllen)

für Fritjof Berg geb. am 9.6.31.

Königsberg (Pr) Schrötterstr. 87
Wohnort Straße, Nr.

Die Karte gilt bis 31. Dezember 1945; sie ist nicht übertragbar. Die Karte darf nur zur Befriedigung des Bedarfs des Karteninhabers benutzt werden. Mißbräuchliche Benutzung wird bestraft. Aus dem Zusammenhang der Karte gelöste Kartenteile und Abschnitte sind ungültig.

Auf die Karte können die umstehend genannten Waren bezogen werden. Bei jeder Ware ist angegeben, wieviel Abschnitte von dem Verkäufer vor Aushändigung der Ware von der Karte abgetrennt werden. Beim Bezug von Strümpfen und Socken (nicht Söckchen) trennt der Verkäufer außer den Abschnitten den entsprechenden Bezugsnachweis von derselben Reichskleiderkarte ab. Der Bezug von Strümpfen und Socken ist auf 6 Paare beschränkt.

Bewertung der Stoffe

soweit nicht eine Sonderregelung getroffen ist

A. Wollene, wollhaltige, naturseidene und naturseidenhaltige Stoffe:
143 cm Fertigbreite = 16 Punkte,
je volle 9 cm größere oder geringere Breite = 1 Punkt mehr oder weniger.

B. Kunstseidene und kunstseidenhaltige Stoffe:
Bis 51 cm Fertigbreite = 3 Punkte,
je angefangene 17 cm größere Breite = 1 Punkt mehr.

C. Alle übrigen Stoffe:
80 cm Fertigbreite = 8 Punkte,
je volle 10 cm größere oder geringere Breite = 1 Punkt mehr oder weniger.

Punktwert der Waren

Spalte I: Punktwert für Waren, die nicht nach II–IV unterschiedlich bewertet sind.
Spalte II: Punktwert für wollene, wollhaltige, naturseidene und naturseidenhaltige Waren.
Spalte III: Punktwert für kunstseidene und kunstseidenhaltige Waren.
Spalte IV: Punktwert für Waren aus allen übrigen Spinnstoffen.

Nähmittel werden nur abgegeben gegen gleichzeitige Abtrennung eines Nähmittelabschnitts und Abgabe von 1½ Punkten.

59 ● Gültig ab 1.11.44	59 ● Gültig ab 1.11.44	60 ● Gültig ab 1.11.44	60 ● Gültig ab 1.11.44
49 ● Gültig ab 1. 2. 45	49 ● Gültig ab 1. 2. 45	50 ● Gültig ab 1. 2. 45	50 ● Gültig ab 1. 2. 45
39 ● Gültig ab 1. 5. 45	39 ● Gültig ab 1. 5. 45	40 ● Gültig ab 1. 5. 45	40 ● Gültig ab 1. 5. 45
29 ● Gültig ab 1. 8. 45	29 ● Gültig ab 1. 8. 45	30 ● Gültig ab 1. 8. 45	30 ● Gültig ab 1. 8. 45
19 ● Gültig ab 1.10.45	19 ● Gültig ab 1.10.45	20 ● Gültig ab 1.10.45	20 ● Gültig ab 1.10.45
9 ● Gültig ab 1.10.45	9 ● Gültig ab 1.10.45	10 ● Gültig ab 1.10.45	10 ● Gültig ab 1.10.45

A ●
Bezugsnachweis über 1 Paar Strümpfe
Zu beziehen ab 1. 9. 44

Reichskleiderkarten und Bezugsnachweise

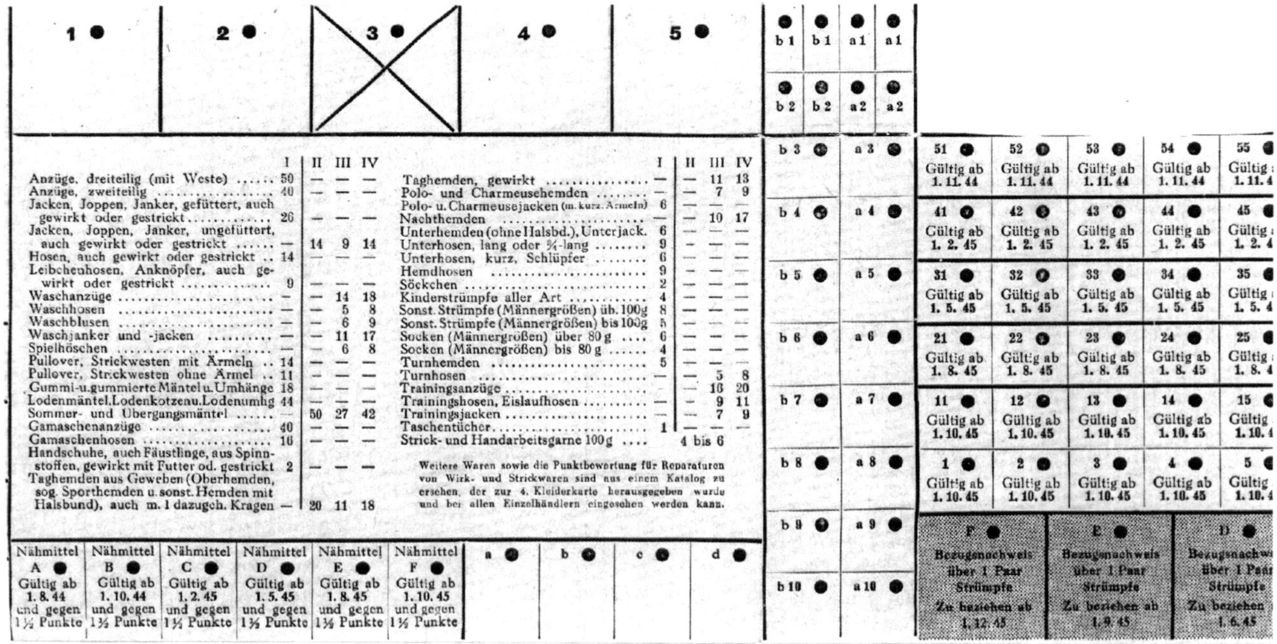

	I	II	III	IV
Anzüge, dreiteilig (mit Weste)	50	—	—	—
Anzüge, zweiteilig	40	—	—	—
Jacken, Joppen, Janker, gefüttert, auch gewirkt oder gestrickt	26	—	—	—
Jacken, Joppen, Janker, ungefüttert, auch gewirkt oder gestrickt	—	14	9	14
Hosen, auch gewirkt oder gestrickt	14	—	—	—
Leibchenhosen, Anknöpfer, auch gewirkt oder gestrickt	9	—	—	—
Waschanzüge	—	—	14	18
Waschhosen	—	—	5	8
Waschblusen	—	—	6	9
Waschjanker und -jacken	—	—	11	17
Spielhöschen	—	—	6	8
Pullover, Strickwesten mit Ärmeln	14	—	—	—
Pullover, Strickwesten ohne Ärmel	11	—	—	—
Gummi-u.gummierte Mäntel u. Umhänge	18	—	—	—
Lodenmäntel, Lodenkotzen u. Lodenumhg	44	—	—	—
Sommer- und Übergangsmäntel	—	50	27	42
Gamaschenanzüge	40	—	—	—
Gamaschenhosen	16	—	—	—
Handschuhe, auch Fäustlinge, aus Spinnstoffen, gewirkt mit Futter od. gestrickt	2	—	—	—
Taghemden aus Geweben (Oberhemden, sog. Sporthemden u. sonst. Hemden mit Halsbund), auch m. 1 dazugeh. Kragen	—	20	11	18

	I	II	III	IV
Taghemden, gewirkt	—	—	11	13
Polo- und Charmeusehemden	—	—	7	9
Polo- u. Charmeusejacken (m. kurz. Ärmeln)	6	—	—	—
Nachthemden	—	—	10	17
Unterhemden (ohne Halsbd.), Unterjack.	6	—	—	—
Unterhosen, lang oder ¾-lang	9	—	—	—
Unterhosen, kurz, Schlüpfer	6	—	—	—
Hemdhosen	9	—	—	—
Söckchen	2	—	—	—
Kinderstrümpfe aller Art	4	—	—	—
Sonst. Strümpfe (Männergrößen) üb. 100g	8	—	—	—
Sonst. Strümpfe (Männergrößen) bis 100g	5	—	—	—
Socken (Männergrößen) über 80 g	6	—	—	—
Socken (Männergrößen) bis 80 g	4	—	—	—
Turnhemden	5	—	—	—
Turnhosen	—	—	5	8
Trainingsanzüge	—	—	16	20
Trainingshosen, Eislaufhosen	—	—	9	11
Trainingsjacken	—	—	7	9
Taschentücher	1	—	—	—
Strick- und Handarbeitsgarne 100g	4 bis 6			

Weitere Waren sowie die Punktbewertung für Reparaturen von Wirk- und Strickwaren sind aus einem Katalog zu ersehen, der zur 4. Kleiderkarte herausgegeben wurde und bei allen Einzelhändlern eingesehen werden kann.

1 ● 2 ● 3 ● 4 ● 5 ●

b 1 ● b 1 ● a 1 ● a 1 ●
b 2 ● b 2 ● a 2 ● a 2 ●
b 3 ● a 3 ●
b 4 ● a 4 ●
b 5 ● a 5 ●
b 6 ● a 6 ●
b 7 ● a 7 ●
b 8 ● a 8 ●
b 9 ● a 9 ●
b 10 ● a 10 ●

Nähmittel A ●	Nähmittel B ●	Nähmittel C ●	Nähmittel D ●	Nähmittel E ●	Nähmittel F ●
Gültig ab 1. 8. 44 und gegen 1½ Punkte	Gültig ab 1. 10. 44 und gegen 1½ Punkte	Gültig ab 1. 2. 45 und gegen 1½ Punkte	Gültig ab 1. 5. 45 und gegen 1½ Punkte	Gültig ab 1. 8. 45 und gegen 1½ Punkte	Gültig ab 1. 10. 45 und gegen 1½ Punkte

a ● b ● c ● d ●

51 ● Gültig ab 1. 11. 44	52 ● Gültig ab 1. 11. 44	53 ● Gültig ab 1. 11. 44	54 ● Gültig ab 1. 11. 44	55 ● Gültig [illegible] 1. 11. 4[illegible]
41 ● Gültig ab 1. 2. 45	42 ● Gültig ab 1. 2. 45	43 ● Gültig ab 1. 2. 45	44 ● Gültig ab 1. 2. 45	45 ● Gültig [illegible] 1. 2. 4[illegible]
31 ● Gültig ab 1. 5. 45	32 ● Gültig ab 1. 5. 45	33 ● Gültig ab 1. 5. 45	34 ● Gültig ab 1. 5. 45	35 ● Gültig [illegible] 1. 5. 4[illegible]
21 ● Gültig ab 1. 8. 45	22 ● Gültig ab 1. 8. 45	23 ● Gültig ab 1. 8. 45	24 ● Gültig ab 1. 8. 45	25 ● Gültig [illegible] 1. 8. 4[illegible]
11 ● Gültig ab 1. 10. 45	12 ● Gültig ab 1. 10. 45	13 ● Gültig ab 1. 10. 45	14 ● Gültig ab 1. 10. 45	15 ● Gültig [illegible] 1. 10. 4[illegible]
1 ● Gültig ab 1. 10. 45	2 ● Gültig ab 1. 10. 45	3 ● Gültig ab 1. 10. 45	4 ● Gültig ab 1. 10. 45	5 ● Gültig [illegible] 1. 10. 4[illegible]

F ●	E ●	D ●
Bezugsnachweis über 1 Paar Strümpfe Zu beziehen ab 1. 12. 45	Bezugsnachweis über 1 Paar Strümpfe Zu beziehen ab 1. 9. 45	Bezugsnachw[illegible] über 1 Paa[illegible] Strümpfe Zu beziehen [illegible] 1. 6. 45

Reichskleiderkarten und Bezugsnachweise

das ich in jener Königsberger Zeit „den anderen“ in puncto Kleidung mit Abstand voraus hatte, war ein in Maßarbeit gefertigter Sommermantel aus wunderbar leichtem englischen Kaki-Beutestoff.

Kehren wir noch einmal zum Stichwort „Textilien“ in die Burgschul-Turnhalle zurück. Unvergeßlich ist mir von dort ein ganz anderes Bild als das von Turnenthusiasten oder weniger leistungsstarken Klassenkameraden an Reck, Barren, Kletterstangen usw.: Frühzeitig und mit elementarer Urgewalt war der „Rußlandwinter“ 1941/42 über das deutsche Ostheer hereingebrochen. War es die nicht in Erfüllung gegangene Erwartung eines siegreichen Abschlusses des Angriffs auf die Sowjetunion vor dem Wintereinbruch oder war es Verrat gewesen, daß unsere Soldaten ohne die erforderliche Winterausrüstung bei arktischen Temperaturen und meterhohem Schnee in ihren Stellungen ausharren mußten, während nun die Rote Armee in weißer Tarnuniform, wattierten Kapuz-Joppen und Filzstiefeln zum Gegenangriff antrat? Mein Göttinger Studienfreund und späterer Patenonkel unseres zweiten Sohnes, Dieter Rondeck, der am Wolchow südöstlich von Leningrad schwer verwundet wurde und dessen linkes Bein amputiert werden mußte, hat die Lage auf der Rückseite eines Photos, das ihn vor einer weiten Schneefläche in der grün-grauen Sommeruniform mit EK 2, Obergefreitenwinkel und weiß getünchtem Stahlhelm zeigt, mit diesen Worten beschrieben: „1941. Und im Hintergrund der Wolchow. 5 km vor Wolchowstroij Treffpkt. zwischen der finnischen Armee und uns, das wir aber niemals erreichten. Eine Tragik (nächstes Wort unleserlich). So liefen wir herum bei 30 °C Kälte.“ Auch dies viel zu spät, wurde jetzt das deutsche Volk zu einer Spendenaktion mit Wintersachen für seine Soldaten aufgerufen. Wenn das Ergebnis überall im Deutschen Reich so ausgesehen haben sollte wie dasjenige, das ich in unserer Turnhalle vor mir sah, die in eine Annahmestelle verwandelt worden war, dann bleibt es ein einzigartiges Zeugnis der Opferbereitschaft und der kampfentschlossenen Verbundenheit unseres Volkes mit seinen Soldaten. Auch ich hatte dort etwas im Auftrag meiner Eltern abzugeben, ich glaube, es war ein Innenpelz meines Vaters. Meterhoch türmten sich in der Turnhalle die Stapel von Mänteln, Wollsocken, Handschuhen, Schals, Stiefeln, hohen Schuhen usw. Ich habe dieses Bild nie vergessen.

Auch an mich erging ein strenger Appell an meinen Gemeinschafts- und Opfersinn. Ich hatte zu Weihnachten Eschenholzskier in der für mich an sich noch zu großen Länge von 1,80 m geschenkt bekommen. Stolz und glücklich hatte ich von ihnen Besitz ergriffen und es bei täglich stundenlangem Laufen schon bald zu einigen Skilauffertigkeiten gebracht, auch im Springen,

Der „Sturm-Keenigsberga“-T34 zwischen „Am Fließ“ und der verschwundenen Tragheimer Pulverstraße, wo ich im Haus Nr. 5a um diese Zeit mit dem Geigenunterricht begonnen hatte, bei Fräulein Harder, die im Einwohnerbuch 1941 nicht verzeichnet ist. Ein kontrastschwerer Seelenspaziergang ...

Weser wiederbegegnen sollte. Bis zu meinem Abitur an dieser Schule am 19. Februar 1951 habe ich sechs Jahre lang am Lateinunterricht teilgenommen – und dabei einen unschätzbaren Reichtum für mein ganzes Leben gewonnen. Ob für die Gesetze der Logik, den gedanklich-konstruktiven Aufbau längerer Sätze, die Allgemeinbildung – selbst beim Erlernen der russischen Sprache in meinen Dienstjahren ab 1986 machte ich die Entdeckung, daß die Beherrschung der lateinischen Deklination und Konjugation eine nützliche Hilfe war!

Aber wer führte denn nun den Cursus Latinus mit uns durch? Mir ist entfallen, wer es war. War es die bereits erwähnte „Milax"/ Milthaler, oder war es einer der noch nicht genannten Studienräte Stadie, Garkisch? Studienrat Stadie, der wahrscheinlich zu den Reaktivierten gehörte, ist mir durch seine oft in Erscheinung tretende Hilflosigkeit bei der Durchsetzung eines ordnungsgemäßen Unterrichtsablaufs als tragische Erscheinung in Erinnerung geblieben. Wenn es ihm nicht gelang, und das war oft der Fall, geriet er ins Stottern „halt, bit, seid doch, bit...", weshalb er sich den Spitznamen „der Bit" zugezogen hatte. Studienrat Garkisch, war er es, bei dem wir eventuell Latein und außerdem einen auch schon religionsvergleichenden Religionsunterricht hatten? Seine Frisur war ein Bürstenschnitt, der ihm den Spitznamen „Igel" eingebracht hatte. „Igel" führte einmal im Winter in der Pause die Aufsicht auf dem Schulhof. „Schneeballieren" war verboten, aber trotzdem flogen unaufhörlich Schneebälle durch die Luft. Einer zerplatzte, da „Igel" trotz des strengen ostpreußischen Winters keinen Hut auf dem Kopf hatte, auf seinem „Igel"-Haarschnitt buchstäblich wie ein Schrapnell. Brüllendes Gelächter derer, die das gesehen hatten, übertönte den ohnehin schon hohen Geräuschpegel der Pausen-„Konversation".

Mit Absicht als letzter meiner Burgschullehrer sei nun Dr. Schmitt genannt. Er gab Deutsch und/oder Geschichte. Gleich nach Betreten der Klasse am 12. oder 13. Dezember 1941 richtete er die Frage an die Klasse: „Na, Jungs, was gibt's Neues?" In der bisher gewohnten Siegeszuversicht kam im Ton solcher Gewißheit die Antwort: „Krieg mit Amerika!“[1] Dr. Schmitt stellte gleich darauf die Frage: „Ihr kennt doch die großen deutschen Industriereviere, welche sind das?“ Sie wurden der Reihe nach aufgezählt:

---

[1] Nach dem japanischen Luftangriff auf den US-Flottenstützpunkt Pearl Harbor im Pazifik erklärten Deutschland und das noch mit ihm verbündete Italien den USA den Krieg, den die bis dahin „neutralen“ USA de facto längst gegen Deutschland begonnen hatten, u. a. mit der Überlassung von 50 „Leihzerstörern“ und anderen immensen Lieferungen an Großbritannien, das sich mit Deutschland im Krieg befand, mit ebenfalls gigantischen Hilfslieferungen an die mit Deutschland im Krieg befindliche Sowjetunion bereits im Sommer 1941, mit der Erteilung des Schießbefehls auf deutsche U-Boote an US-Einheiten, die britische Geleitzüge auf dem Atlantik eskortierten. Alles seitens einer kriegsvölkerrechtlich im Status des non belli gerens befindlichen Macht.

Vereint mit dem Kriegstreiber und von blindem Haß zur Vernichtung Deutschlands angetriebenen britischen Premierminister Winston Churchill, war US-Präsident Franklin D. Roosevelt ungeachtet dieses Zustands nicht davor zurückgeschreckt, in Ziffer 6 der von beiden am 14. August 1941 weltweit verkündeten „Atlantik-Charta“ zu erklären: „Sie hoffen nach dem endgültigen Sturz der Nazityrannei einen Frieden aufgerichtet zu sehen ...“ Die diesbezüglichen Tatsachen und Zusammenhänge waren uns Unterstufenschülern damals natürlich kaum bekannt. Könnte es nicht auch sein, daß Hitler in realistisch-richtiger Einschätzung der unbedingten Kriegsentschlossenheit der Roosevelt-Administration mit der Zielvorgabe „Germany first!“ und des Auflaufens der US-Rüstungsproduktion zum Höchststand 1943 die unausweichliche Entscheidung in der strategisch richtigen Erkenntnis tat, daß die USA jetzt noch, nach Eintritt des Kriegszustandes mit Japan, zur Aufteilung ihres Kriegspotentials in einem „Zweifrontenkrieg“, in Asien und in Europa, gezwungen sein, nicht also nur gegen Deutschland kämpfen würden? Unzählige Autoren haben mit ihren wissenschaftlichen Werken der geschichtlichen Wahrheit längst zum Durchbruch verholfen – nur nicht im „amtlichen“ Deutschland und seinen Hofmedien. Für sie hat immer noch Deutschland mutwillig und größenwahnsinnig den Krieg mit den USA vom Zaun gebrochen.

Ruhrgebiet, Saarland, Oberschlesien. Dr. Schmitt berichtete nun von seinen Erfahrungen und seinem Wissen über die USA, wobei er hinzufügte, daß die deutschen Einwanderer im Gegensatz zu anderen Nationalitäten schon bald ihre deutsche aufgeben und beispielsweise „was“ mit dem englischen „doubleyou“ aussprechen würden. Um dann zu sagen, ich habe diese Worte nie vergessen: „Seht mal: Die USA sind eine ungeheure Industriemacht. Allein die Industrieregion Pittsburgh ist größer und produziert mehr Eisen und Stahl als die drei deutschen Industriegebiete zusammen, die wir eben genannt haben. Da kommt etwas auf uns zu!“

Was auf uns zukam – schon vorher:

Ausbruch des Krieges mit der Sowjetunion

Königsberg im Visier der sowjetischen Luftwaffe

Ja, es kam mehr als „etwas“ auf uns zu. Anfangs in eher noch unmerklichen Schritten, dann aber immer deutlicher, schneller und spürbarer. Ich gehe hier nicht auf die Entwicklung der allgemeinen Kriegslage und die zunehmenden kriegswirtschaftlichen Einschränkungen ein – das Jahr nach der „Blickerweiterung“ durch Dr. Schmitt, 1942, stand bis zur Stalingrad-Einkesselung der 6. Armee im November ja noch im Zeichen deutscher Macht, Stärke und Siegeszuversicht –, sondern beschränke mich bei der Schilderung dessen, „was auf uns zukam“, auf Königsberg (Pr) und seine Auswirkungen auf meine dortige Schulzeit.

Das Leben dort war bis zum endgültigen Ende am 22. Januar 1945 vom Bombenkrieg gekennzeichnet. Hier will ich zunächst auf dessen Beginn eingehen. Auch wenn ich da noch kein Burgschüler war, sondern es erst zwei Monate später wurde, steht alles bereits in einem engen zeitlichen Zusammenhang miteinander. Ohne zu wissen, was da eigentlich vor sich ging, wurden viele Königsberger, darunter auch ich, am 22. Juni 1941 etwa um 4.20 Uhr morgens durch Bombenabwürfe aus dem Schlaf aufgeschreckt, die u. a. auf die Stadtteile Hufen, Amalienau und Ballieth niedergingen. Mein Elternhaus war, wie bereits an anderer Stelle erwähnt, das Eckhaus Schrötterstr. 87/Gustloffstr. 1. Um 4.20 Uhr, eher noch ein paar Minuten früher, wurde ich vom Knall explodierender Bomben aus dem Schlaf gerissen und sah aus meinem Zimmer, wie auf den unweit hinter unserem Haus gelegenen Tennisplätzen und Schrebergärten, im Straßendreieck Am Landgraben (wo an der Straßeneinmündung zur Lehndorfstraße die Burgschule stand)/Krausallee/Gustloffstraße Erdfontänen in die Luft geschleudert wurden. Ohne überhaupt Kenntnis vom Anlaß und den Zusammenhängen zu haben, stürzten alle Hausbewohner der Schrötterstr. 87 sofort in den dort befindlichen, für uns nächstgelegenen provisorischen Luftschutzkeller; es war der Teil des Einmachkellers meiner Mutter, der für diesen Zweck von den Regalen mit vielen hundert Weckgläsern frei gelassen und mit Sitzbänken ausgestattet war. Erst als wir „unten“ waren, gab es Fliegeralarm.[1)]

Alle Ungewißheit hatte ein Ende, als wir uns nach „Entwarnung“ (dies sei wegen vieler diesbezüglicher Nachkriegslügen bezüglich der angeblich generellen Aussperrung von Kriegsgefangenen aus Schutzräumen erwähnt) einschließlich „unseres“ Franzosen Robert in Vaters „Herrenzimmer“ versammelten und nach Einschalten unseres „AEG-Super“ und einiger spannungs-

---

1) Vorerst suchten wir bei den sich häufenden Luftangriffen immer diesen „Schutzraum“ auf. Erst später „bezogen“ auch wir den gemeinsamen Luftschutzkeller für beide Eckhäuser im Eckhaus Gustloffstr. 1, der als Neubau des Jahres 1937 entsprechend dem damals gültigen Standard mit Betonwänden, Stahlbetondecke, gasdichten Stahltüren und Notausstieg gesichert war. Außer dem notwendigen Sitzmobiliar für alle Hausbewohner standen in ihm auch ein paar Doppelstockbetten. Im Laufe des Krieges erhielt die Außenwand des Luftschutzkellers – wie jetzt überall üblich – eine abgeschrägte Erdanschüttung, die den Luftdruck von Sprengbomben nach oben ableiten sollte und in der die Kelleraußenschächte in der erforderlichen Breite auf der Innenseite ausgespart waren. Auf dem schräg uns gegenüber gelegenen, noch unbebauten Grundstück an der Straßenecke Schrötter-/Thaerstraße war zunächst ein bloßer Erdschutzbunker gebaut worden, für den französische Kriegsgefangene fünfeckige Spanten und die Holzabdeckung zusammennagelten, aus den inneren Holzverkleidungen der Dächer, die dort – auch zur Verringerung der Brandgefahr – ausgebaut worden waren. Zum wesentlich verbesserten Schutz erhielt der Bunker alsbald eine Betonabdeckung und betonierte Seitenwände. Er war bei meinen ersten Königsberg-Besuchen nach 1990 noch vorhanden. Jetzt steht dort ein pompöser Neubau.

geladener Wartezeit um 5.30 oder 6 Uhr voller Bedrückung und düsteren Ahnungen die Rundfunkansprache von Reichspropagandaminister Dr. Goebbels hörten, in der er mit Verlesung der Proklamation Adolf Hitlers an das deutsche Volk den Beginn des Krieges mit der Sowjetunion verkündete.

Die Häufigkeit und Heftigkeit der sowjetischen Luftangriffe steigerte sich noch in den folgenden Tagen, bis sie dann mit dem Vordringen der Ostfront bis vor die Tore Moskaus und an die Wolga für etwa zwei Jahre ganz aufhörten. Eine Königsberger Ansichtskarte, mit Poststempel 27.6.1941 nach Kiel abgesandt, die ich hier per Zufall antiquarisch erwerben konnte, bestätigt die anfangs hohe Zahl sowjetischer Einflüge – bei denen es jedesmal Tote und Gebäudeschäden gab –, wenn es dort heißt: „Hatten 18 Alarme." 18 Alarme in fünf oder sechs Tagen ...

Meinen vollständigen Bericht über das Luftkriegsgeschehen in Ostpreußen bis zu diesem Zeitpunkt mit der Überschrift „Vor 55 Jahren – Wecken durch russische Bomben – die Legende vom ‚Überfall' schwindet" hat das Ostpreußenblatt in seiner Ausgabe Nr. 26 vom 29. Juni 1996 unter dem Titel „Vor 55 Jahren: Durch Sowjet-Bomben ‚geweckt' – Luftkriegsgeschehen über Ostpreußen gleich zu Beginn des Rußland-Feldzugs" gekürzt veröffentlicht (siehe folgende Seiten). Gleichartige Leserbriefzuschriften an die Frankfurter Allgemeine Zeitung vom 31.3.1985, vom 28.4.1996 und vom 29.2.2000 sowie vom 3.11.1986 an die Wochenzeitschrift DIE ZEIT und vom 26.6.2001 an die Tageszeitung Kieler Nachrichten blieben unveröffentlicht. Sie sind unbelehrbare, strikte Statthalter der einseitig schuldbeflissenen These vom deutschen „Überfall" auf die ach so friedfertige, arglose Sowjetunion, der schon die wenigen von mir mitgeteilten Fakten den Boden unter ihren wackeligen Füßen wegziehen. Das Werk des ehemaligen Truppen- und Generalstabsoffiziers der Nationalen Volksarmee der DDR (NVA) Generalmajor a. D. Dr. rer. mi. Bernd Schwipper dürfte jetzt dieser geschichtswidrigen These den endgültigen Todesstoß versetzt haben: „Deutschland im Visier Stalins – Der Weg der Roten Armee in den Europäischen Krieg und der Aufmarsch der Wehrmacht. Eine vergleichende Studie anhand russischer Dokumente“ (Gilching, 1. Auflage 2015).

Königsberg, Tiergartenstraße, Einmündung in die Hufenallee, am 22. oder 23.6.1941. Auf der linken Straßenseite begann das Gelände des Hufengymnasiums; im dortigen Direktorengebäude war ein Generalkommando der Wehrmacht einquartiert.

Postkarte Königsberg i. Pr., Am alten Speicherviertel, 27.6.1941: 18 Alarme in fünf oder sechs Tagen!

Vor 55 Jahren – Wecken durch russische Bomben
Die Legende vom „Überfall“ schwindet

von Fritjof Berg

Der 22. Juni ist ein Tag, an dem nicht nur Gedanken und Erinnerungen an den Ausbruch des deutsch-sowjetischen Krieges an eben diesem Tag im Jahre 1941 zurückkehren. Auch 55 Jahre danach sind die Ergebnisse dieses Krieges immer noch schmerzhafte Gegenwart, selbst wenn zahllose Deutsche davon nichts mehr wissen wollen oder so tun, als hätte die Weltgeschichte dieses Ereignis längst „abgehakt“. Das durch eine geheimnisvolle „Wiedergeburt“ von Jahr zu Jahr erneuerte Gegenwartsbewußtsein der Deutschen soll ja gerade dafür sorgen, daß die deutsch-russische Katastrophe als dunkles Kapitel der eigenen Geschichte lebendig bleibt, aus deren Finsternis dann sowjetische Kriegsgreuel, Vertreibung, Gebietswegnahme und die „Umschreibung“ aller Rechte und Rechtstitel der Ostdeutschen auf fehlerhaft Besitzende wie eine selbst gezeugte Geburt hervorgegangen sein sollen.

Als wirksamster Entwickler für ein durch und durch finsteres Bild von deutscher Schuld und Last muß auch heute noch das Wort vom „Überfall“ auf die Sowjetunion am 22. Juni 1941 herhalten. Zwar haben Historiker wie Werner Maser, Joachim Hoffmann, Walter Post und Viktor Suworow mit ihren sozusagen dicht auf dicht folgenden Buchveröffentlichungen zum Ausbruch des deutsch-sowjetischen Krieges die deutsche Seite endgültig vom Vorwurf des einseitigen, russischerseits nicht provozierten Angriffs- und Eroberungskrieges entlastet, was anderen vor ihnen noch nicht gelungen war. Und war es vordem ein leichtes, solche „revisionistischen“ Geschichtsschreiber mit dem Bannstrahl des „Rechtsradikalismus“ zu belegen, muß ein derartiges Unterfangen nunmehr an der russischen Abkunft von Viktor Suworow scheitern. Kein Wörtlein aus der Diffamierungsküche kann seine Forschungsergebnisse mehr „fällen“.

Dennoch wollen die Verfechter lizenzierter Geschichtsurteile und -verurteilungen nicht wanken und nicht weichen. Zu ihnen gehört selbstredend das Polit-Magazin „DER SPIEGEL“. Bei dessen Versuch, Suworow, Post und Hoffmann zu widerlegen, erfährt der Leser auch: „Tatsache ist, beide (kursiv gedruckt!) Seiten haben in den ersten Wochen des ‚Barbarossa‘-Krieges Gefangene nicht gemacht, sondern sie erschossen, wie seit langem durch den Briten Alexander Werth bekannt.“ Demnach müssen es wohl Phantom-Gestalten gewesen sein, die mir eine Woche nach Beginn des Rußlandkrieges (es war wiederum ein Sonntag) in der Königsberger Wrangelstraße begegneten, ein langer Zug russischer Kriegsgefangener, oder, ebenfalls sehr bald nach Kriegsbeginn, die bei der städtischen Müllabfuhr eingesetzten russischen Gefangenen, alle in ihren bereits blau und grün eingefärbten Uniformen ...

Hoffmann hat auch den St. Petersburger Professor Dr. Jurij Bassistow auf den Plan gerufen, der die Doktrin vom deutschen Überfall auf eine ahnungslose und ihrerseits auf einen Angriff gegen Deutschland nicht vorbereitete Sowjetunion verteidigt. Er schrieb vor kurzem in der Frankfurter Allgemeinen Zeitung: „Der Krieg kam für die Bevölkerung Rußlands wie Donner vom hellen Himmel“, in seinem eigenen Bereich habe bis zuletzt eine friedensmäßige Stimmung geherrscht.

Ich habe weder die Möglichkeit noch das Recht, die Schilderung der eigenen Situation von Professor Bassistow im Juni 1941 in Zweifel zu ziehen. Es stellt sich allerdings die Frage, aus welchem Anlaß und zu welchem Zweck Professor Bassistow Offizieren der sowjetischen Luftstreitkräfte in Peterhof bei Leningrad Deutschunterricht erteilt hat, wie er den Leser wissen läßt. Zur Auflockerung des militärischen Dienstbetriebes oder zur Vorbereitung auf russisch-deutsche Kasino-Feste wird dies doch sicherlich nicht geschehen sein. Offenbar haben die Initiatoren dieses Sprachunterrichts doch wohl mit anderen deutsch-russischen „Begegnungen" als solchen unter „Waffenbrüdern" gerechnet ...

Es soll den Schock und das Entsetzen der russischen Bevölkerung über den Kriegsausbruch nicht im geringsten antasten, wenn mit Blick auf die deutsche Bevölkerung dasselbe festzustellen ist. Und auch bei allen Teilen der Wehrmacht, die nicht direkt in den Aufmarsch gegen die Sowjetunion einbezogen waren, dürfte dieselbe Ahnungslosigkeit geherrscht haben wie bei der Stelle, bei der Professor Bassistow Dienst tat.

Meine Großmutter, die damals in Tilsit lebte, hat später einmal gesagt, angesichts der rollenden Transporte und Fahrzeugbewegungen über die Eisenbahn- und die Königin-Luise-Straßenbrücke über die Memel in den letzten Tagen vor Angriffsbeginn habe ein „Blinder mit dem Stock" merken können, daß „etwas in der Luft lag". Dies ändert aber nichts daran, daß auch für sie in Tilsit der Ausbruch des Krieges mit der Sowjetunion „wie Donner vom Himmel" kam, als ihr Haus und ihre Wohnung bereits am 22. Juni 1941 um 6 Uhr morgens Bombenschäden davontrugen. Dies wird kaum daran gelegen haben, daß sie Am Anger wohnte, der in jenen Jahren „Adolf-Hitler-Straße" hieß. Vielmehr dürften die hier und noch an anderer Stelle der Stadt vereinzelt abgeworfenen sowjetischen Bomben dem hinter der Straße gelegenen Kasernenkomplex gegolten haben. Angesichts des deutschen Angriffsbeginns um 3.05 Uhr war dies doch sicherlich eine erstaunlich schnelle Reaktion eines ahnungslos überfallenen und auf eigene militärische Schläge nicht vorbereiteten Landes!

Vollkommen versagen muß diese These in Anbetracht der Schnelligkeit, mit der sowjetische Flugzeuge am 22. Juni 1941 Bomben auf Königsberg (Pr) abluden, auch wenn der erste und die vielen folgenden Angriffe der ersten Kriegswochen bei weitem nicht die verheerenden Wirkungen der Flächenbombardements der Royal Air Force im Sommer 1944 hatten (bei denen auch wir total ausgebombt wurden). Mein Elternhaus lag an der Ecke Schrötterstraße/Gustloffstraße. Um 4.20 Uhr, eher noch ein paar Minuten früher, wurde ich vom Knall explodierender Bomben aus dem Schlaf gerissen und sah, wie auf den unweit hinter unserem Haus gelegenen Tennisplätzen und Schrebergärten, im Straßendreieck Am Landgraben/Krausallee/Gustloffstraße Erdfontänen in die Luft geschleudert wurden. Ohne überhaupt Kenntnis vom Anlaß und von den Zusammenhängen zu haben, stürzten alle Hausbewohner sofort in den Luftschutzkeller. Erst dann gab es Fliegeralarm. Alle Ungewißheit hatte ein Ende, als wir um 6 Uhr voller Bedrückung und düsterer Ahnungen im Rundfunk die Ansprache von Dr. Goebbels hörten, mit der er den Beginn des Krieges gegen die Sowjetunion verkündete.

Zusammen mit Freunden habe ich am Nachmittag die Abwurfstelle aufgesucht. Einem Haus in der Krausallee war der Giebel weggerissen worden. Hier war ein Pflichtjahrmädchen erschlagen worden. Neben dem Haus sah ich zum ersten Mal in meinem Leben in einen tiefen Bombentrichter.

An ein paar anderen Stellen der Stadt war es zu gleichartigen Bombenabwürfen gekommen. Auch wenn es überall lediglich Einzelabwürfe waren: Sie erfolgten nicht viel später als nur eine Stunde nach Eröffnung der Feindseligkeiten durch Deutschland. Ist es vorstellbar, daß ein vom Angriff überraschter Gegner innerhalb einer derartig kurzen Zeit Flugzeuge auftanken, mit Bomben beladen, munitionieren und sie zu einem nicht schon vorher bestimmten Angriffsziel führen kann? Und waren die Bomben in unserer Nachbarschaft etwa wahllos niedergegangen? Bis heute finde ich die einzig plausible Erklärung darin, daß wenige Tage vorher auf einem schon erschlossenen, aber noch nicht bebauten Geländestück in unmittelbarer Nähe der Abwurfstelle eine große Transporteinheit der Wehrmacht gestanden hatte, die von sowjetischen Aufklärungsflugzeugen erkannt, dann aber – unerkannt – abgerückt war. Dies dürfte das eigentliche Ziel der Fehlwürfe gewesen sein. War die sowjetische Feindaufklärung also doch so gut und vollständig, daß auch dies einen vorsichtigeren Umgang mit dem Wort „Überfall“ nahelegen sollte, als es von beflissener Seite immer noch geschieht?

Die Häufigkeit und Heftigkeit der sowjetischen Luftangriffe steigerte sich noch in den folgenden Tagen, bis sie dann für etwa zwei Jahre ganz aufhörten. Eine Königsberger Ansichtskarte, mit Poststempel vom 27.6.41 nach Kiel abgesandt, die ich hier vor einiger Zeit per Zufall erwerben konnte, bestätigt meine Erinnerung, wenn es dort heißt: „Hatten 18 Alarme.“ 18 Alarme in fünf oder sechs Tagen ...

Das Luftkriegsgeschehen buchstäblich der ersten Stunde(n), aber auch Tage über dem deutschen Hinterland gibt den Blick frei auf die Tatsache, daß die sowjetische Luftwaffe in den frontnahen Räumen angriffsbereit war. Wenn sie sich in der Anfangsphase dennoch nur in geringem Umfang entfalten konnte, dann deshalb, weil die deutsche Luftwaffe ihr zuvorgekommen ist und die sowjetische Luftmacht mit diesem „Praevenire“ in den frontnahen Räumen in erheblichem Umfang am Boden zerstört hat. Laut Wehrmachtbericht vom 29.6.1941 waren bis zum 23. Juni abends bereits 2582 sowjetische Flugzeuge vernichtet. Was aber wäre geschehen, wenn die sowjetischen Luftstreitkräfte voll zur Entfaltung gekommen wären? Das für Königsberg und Tilsit geschilderte Einzelgeschehen ist sicherlich in ein größeres Gesamtkonzept der sowjetischen Luftwaffe einzuordnen, das sich auch dem Wehrmachtbericht vom 22.6.1941 entnehmen läßt, der hier mit allen selbstverständlich gebotenen Vorbehalten zitiert sei: „Ein Versuch des Feindes, nach Ostpreußen einzufliegen, wurde unter schweren Verlusten abgewiesen. Deutsche Jäger schossen zahlreiche rote Kampfflugzeuge ab.“ Die Wehrmachtberichte der folgenden Tage melden dann noch die Bombardierung beispielsweise der Städte Königsberg und Memel mit Todesopfern „vorwiegend unter Kriegsgefangenen“ und Gebäudeschäden, verursacht durch „schwächste Kräfte“ der Roten Luftwaffe oder durch „einzelne Sowjetflugzeuge“.[1)]

Das Unheil des deutsch-sowjetischen Krieges läßt sich nicht mehr rückgängig machen. Im Zeichen der Trauer und des bleibenden Schmerzes hierüber sollte aber endlich die sowjetische Geschichtsorthodoxie vom deutschen „Überfall“ der Vergangenheit angehören, um die beteiligten Völker auch insoweit für eine neue Zeit frei zu machen.

Fritjof Berg

Kiel, den 6.6.1996

Als 1943 Memel, Tilsit und Insterburg mit zunehmender Wucht, Zerstörungen und Opfern das Ziel sowjetischer Luftangriffe wurden, setzten auch die Angriffe auf Königsberg wieder ein. Bei nächtlichem Fliegeralarm begann unser Schulunterricht jetzt erst um 10 Uhr. Das bedeutete nun aber keineswegs, daß sich unsere gestörte Nachtruhe auch entsprechend verlängerte. Im Gegenteil! Hatte die Flak geschossen (Flak = Fliegerabwehrkanone), galt es, bei Tageslicht so schnell wie möglich und möglichst als erster auf der Straße zu sein, um dort die von den in großer Höhe explodierenden Granaten in die Luft geschleuderten und auf die Erde herabgefallenen Splitter einzusammeln. Die Funde wurden dann voller Finderfreude und Stolz verglichen. Besonders begehrt waren Flaksplitter mit einem Stück des Kupferführungsringes.

Im Vorgriff auf den Dezember 1944 will ich ein besonderes und unvergeßliches Flaksplitter-Erlebnis beschreiben, das mich um Haaresbreite mindestens zum „Verwundeten“ hätte machen können. Es war uns strengstens verboten, uns beim Schießen der Flak im Freien aufzuhalten. Aus gutem Grund. Wir, Bergs, waren

1) Quelle: Veröffentlichungen deutschen Quellenmaterials zum Zweiten Weltkrieg. Der deutsche Wehrmachtbericht, Band 1.

ausgebombt und hatten die mit einem Notdach versehene und innen wieder instandgesetzte Mietwohnung Woede in unserem Eckhaus Gustloffstr. 1 bezogen. An einem frostklaren Tag Anfang Dezember in der Mittagszeit sahen zwei oder drei Freunde aus der Nachbarschaft, unter ihnen Wolfgang Elbe, wie in großer Höhe ein von der Sonne beschienenes silbernes Pünktchen in scheinbar geringer Geschwindigkeit nach Norden flog. Eine Einzelmaschine, es muß also ein feindlicher Aufklärer gewesen sein. Bald war er von schwarzen Wölkchen der explodierenden Flakgranaten regelrecht eingedeckt, konnte aber offensichtlich entkommen. Wir beobachteten diesen Vorgang gespannt, aber nicht etwa unter und im Schutz des Vordachs über dem Hauseingang Gustloffstr. 1, sondern unter freiem Himmel davor. Bis es plötzlich unmittelbar vor meinen Füßen metallisch klirrend „ping" machte – und ein „wunderschönes" Exemplar von Flaksplitter, scharfgezackt und etwa 10–12 cm lang, vor mir lag. Einen Schritt weiter, und ich hätte mich in einer Situation befinden können, die Wolfgang Elbe immer mit den Worten beschrieben hat: „Der braucht keinen neuen Hut mehr". Schade, daß ich dieses Andenken besonderer Art beim Verlassen des deutschen Königsberg am 23. Januar 1945 – für immer – nicht in eine Jacken- oder Manteltasche gesteckt habe. Bei den folgenden Kämpfen um die Stadt bis zum 9. April 1945 ist es von Abermillionen anderen Granatsplittern zermalmt worden, aber dieser eine war in meinem Leben eben ein ganz besonderer.

Waghalsige „Inspektionen“ bei unserer Luftwaffe

Eine Batterie mit dem legendären 8,8 cm-Flakgeschütz (einfach „8-8“ genannt und damals jedem bekannt), zeitweilig auch mit 7,5 cm belgischen Beutegeschützen, stand nordwestlich ungefähr 2 km Luftlinie von unserem Haus entfernt auf einer großen unbebauten Fläche. Den bellenden, scharfen Mündungsknall ihrer in Sekundenschnelle feuernden Geschütze habe ich für alle Zeiten im Ohr behalten. Ich wäre kein richtiger Junge gewesen, wenn ich nicht den Wunsch gehabt hätte, mir eine Flak-Stellung und die „8-8“ einmal näher anzusehen. Also schlich ich mich eines Vormittags, es muß in den Ferien gewesen sein, bei einer Radtour in eine westlich gelegene Flakstellung ein. Aber nur eine kurze Zeit betrachtete ich Geschütze und Granatboxen in den Erdschutzwällen. Die Furcht, dabei entdeckt zu werden und wahrscheinlich eine „handgreifliche“ Belehrung für mein verbotenes Herumspionieren in einer militärischen Anlage zu erhalten, trieb mich schnell wieder hinaus. Bis heute ist mir unbegreiflich, daß die Stellung offensichtlich unbewacht war.

Vom gleichen Entdeckungsdrang getrieben und mit gleichem Ergebnis endete eine andere Unternehmung, die nun aber nicht mit der Luftverteidigung Königsbergs zusammenhing, sondern umgekehrt mit dem Einsatz unserer Luftwaffe gegen russische Ziele. An einem Sommerabend (war es schon 1941 oder erst 1942 oder 1943?) fuhr mein Vater mit mir auf dem Fahrrad zum Luftwaffenfeldflugplatz Prowehren nordwestlich von Königsberg, etwa 5 km von unserem Haus entfernt. Von der am Rand des Platzes entlangführenden Chaussee beobachteten wir, wie die schwerfällig wirkenden zweimotorigen He 111-Bomber zum Feindflug abhoben. Manch einer schien nur viel zu langsam Höhe zu gewinnen und in eine den Platz östlich begrenzende Baumreihe hineinzurasen. Von Feindflügen, deren Start nicht abends, sondern bei Tageslicht begonnen haben mußte, kurvten die zurückkehrenden Bomber nachmittags bis zum frühen Abend mehr oder weniger direkt über unserem Haus Schrötterstr. 87/Gustloffstr. 1 zur Landung in Prowehren ein. Nach meiner Erinnerung waren es kaum noch He 111, sondern der weitaus modernere zweimotorige Bomber und auch Sturzkampfbomber Ju 88 und danach seine noch modernere Version Ju 188 mit den spitz ihrem Ende zulaufenden Tragflächen. Sie hatten einen quer über die Tragflächen verlaufenden gelben Markierungsstreifen und beim abendlichen Landeanflug auch Positionslichter gesetzt.

Und diese Ju 88/188-Typen hatten es mir angetan. (Wie alle gängigen deutschen, italienischen und auch feindlichen englischen, russischen Flugzeugmuster, die ich aus Modellbaubögen gebastelt hatte, hing natürlich auch eine Ju 88 an einem der längs gespannten Drähte unter der Decke meines Zimmers. Der UHU-ähnliche Ersatzklebstoff für meine vielen Bastelarbeiten hieß Therokal.) Also fuhr ich an einem strahlenden Sommertag nochmals, diesmal allein, nach Prowehren. Wie erhofft, war am Rande des Flugplatzes, direkt neben der Chaussee, eine Ju 88 abgestellt. Nachdem ich mich gründlich vergewissert hatte, daß kein Posten in der Nähe war, schlich ich wie ein Indianer gebückt zu der Maschine. Aus der Bodenwanne hing eine Ein- und Ausstiegsleiter heraus. Auf dieser stieg ich in die Bodenwanne ein. Dort lag Munition und anderes herum. Nun beschlich mich aber doch die Angst, entdeckt zu werden, ich kletterte zur Erde zurück, schwang mich schleunigst wieder auf mein Fahrrad (Marke Adler) und suchte das Weite.

Französische Konditorkunst für die deutsche Luftwaffe, in deren Genuß auch ich kam

Mein Vater belieferte damals eine Luftwaffeneinheit mit Konditorwaren (die sonst nicht mehr erhältlichen Zutaten wie z. B. Ananas, Mandeln, dickflüssige hochkonzentrierte Kondensmilch in kleinen Fässern wurden von ihr gestellt), es wird sicherlich die in Prowehren stationierte gewesen sein. Die Verarbeitung und Herstellung von Gebäck oblag „unserem" Franzosen Robert Gay in seinem eigenen Konditoreiraum – zu dem eine von beiden Seiten (von ihm und mir) diskret verschwiegene, durchaus auch „schulisch" ausgelöste Beziehung bestand. Den Heimweg von der Burgschule durch die Landgrabenanlagen, Motherbystraße (Motherby war ein Freund Immanuel Kants), kürzte ich vom Frühjahr bis zum Herbst bisweilen über ein zwischen dieser und unserem Haus gelegenes, noch unbebautes Grundstück ab. Von hier ging es über unseren Grenzzaun, Mutters Blumengarten, Verandatreppe, Veranda, durch die bereits geräumte Backstube in Roberts Konditorraum hinein. Stand die Tür nach dort offen, winkte er mich mit einer Handbewegung zu sich herein. Er war scheinbar immer auf mein Kommen vorbereitet – wenn nicht, dann wurde dies eben „nachgeholt". Mit Anschnitten von „Wiener Rollen", scheinbar mißratenen Eclairs (wir nannten sie „Liebesknochen"), Baisers und anderem erhielt ich eine bereits sättigende, leckere „Vorspeise", ehe es zum eigentlichen Mittagessen in unsere im 1. Stock gelegene Wohnung weiterging. Es machte Robert sichtlich ein wenig schelmische Freude. Weniger erfreut war er von einer Nascherei, auf die Wolfgang Elbe gekommen war: Am Nachmittag hatte auch Robert sein Reich geräumt. Oft stand dort auf einem Stahlschrank eine große Tüte mit Mandeln. In diese wurde am Boden ein Loch gestoßen, und wenn von dort genug Mandeln „stibiezt" waren, wurde die Seite mit dem Loch zur Wand gedreht. Hatte Robert diese Frechheit entdeckt, konnte er so herrlich französisch schimpfen – das „mon dieux“ begriff ich rasch, das andere nicht. Es war wohl auch besser so. Ich habe Robert in meinem Buch „Über die Weichsel – eine deutsche Rückkehr“ (Düsseldorf 1978) auf Seite 21 und in meinem Beitrag „Es gab nicht nur eine Französische Straße“ in Eva Maria Sirowatkas Buch „Königsberg, Die goldene Stadt im Osten“ (Kiel 1987 auf Seiten 77–84) ein bleibendes Denkmal gesetzt.

Die Burgschule im Zeichen des Luftkriegs

Der Wiederbeginn und die Steigerung des Luftkriegs über Königsberg griff sichtbar auch in unseren schulischen Alltag ein. Damit Flakbedienungen für den Fronteinsatz verfügbar gemacht werden konnten, wurden, wie überall im Deutschen Reich, die noch „zur Penne“ gehenden männlichen Angehörigen der Oberstufe zur Heimatverteidigung als Luftwaffenhelfer (verkürzt „Flakhelfer“ genannt) dienstverpflichtet. Die Klassen, die Korridore und der Schulhof waren von ihnen geleert. Sie befanden sich rund um die Uhr in den Baracken der Flakstellungen, wo auch der Schulunterricht für sie weiterging. Ihre „Pauker“ kamen zu ihnen in ihre Stellungen. Aber manchmal tauchten die Burgschul-Flakhelfer auch für kurze Zeit wieder in unserer „Penne“ auf. Ich weiß nicht, aus welchem Anlaß sie kurzfristig dorthin „zurückgekehrt“ waren, sehe sie aber heute noch – was ja verboten war – wie fröhliche lustige Jungs der jüngeren Jahrgänge, nicht aber wie Männer mit soldatischem Auftrag, auf den Treppengeländern die Stockwerke hinunterrutschen. Stattlich-schmuck sahen sie in ihren dunkelblau-grauen Uniformen aus. Ich sah ihnen ein wenig neidisch hinterher: Zum einen genossen sie augenscheinlich größere schulische Freiheiten als wir Noch-Klassenzöglinge, und zum anderem konnten sie sich gegen Angriffe auf unsere Stadt wehren bzw. daran teilnehmen, was uns Jüngeren ja noch verwehrt war. Ich schreibe (nicht nur hier!) so, wie ich damals fühlte und dachte. Alles andere wäre unwahr und deshalb wertlos. Ich überlasse das all denen, die „schon immer dagegen“ waren, alles „besser“ wußten und „kommen“ sahen ...

Außer den jungen Flakhelfern gehörten zum Personal der Flakstellungen auch russische Hilfswillige, „Hiwis“ genant. Onkel Leopold Berg, von Beruf Schauspieler/Charakterdarsteller, war zur Luftwaffe eingezogen und Soldat in einer Königsberger Flakstellung. Wenn er von dort zu uns in die Schrötterstraße auf Besuch kam, brachte er nicht nur immer neue russische Ausdrücke mit (deren Beherrschung ihm beim Gang in die russische Kriegsgefangenschaft im April 1945 in Königsberg zum Vorteil gereichen sollte!), sondern handgefertigtes russisches Spielzeug, das wir in dieser Art bisher nicht kannten und das verblüffend einfach funktionierte. So z. B. Hühner, die im Kreis auf einer runden Holzplatte pickten, die durchbohrt war und mit einem in Bewegung gesetzten Gewicht darunter die Pickbewegungen erzeugte. Das Ganze war in sehr geschmackvoll aufeinander abgestimmten Farben in einer Art pointillistischem Kunststil bemalt.

Noch einen anderen Kriegsdienst hatten die älteren Jahrgänge der Mittelstufe zu leisten. Ich kann mich nicht daran erinnern, daß ich selbst oder gleichaltrige Klassenkameraden auch schon dazu herangezogen wurden, mag mich aber auch irren; wenn, dann geschah es nur ausnahmsweise. Es war die sog. „Brandwache“ des Nachts in Einsatzbereitschaft an den in der Schule aufgestellten großen Sandkisten und anderen Löschmitteln. Und auch hier möchte ich einen Zeitensprung von einem halben Jahrhundert zu einem Erlebnis machen, das ich im August 2008 in meiner ehemaligen Schule hatte:

Als der Bombenkrieg noch nicht die Dimensionen der späteren Flächenbombardements mit der auf angloamerikanischer Seite „wissenschaftlich“ einstudierten Erzeugung eines Feuersturms zwecks Vernichtung ganzer dicht bebauter Wohnviertel auf einen Schlag hatte und die deutsche Propaganda und Schulung für einen wirksamen Luftschutz noch immer von der Bekämpfung einzelner durch das Dach geschlagener Brandbomben ausging, als Reichsluftmarschall Hermann Göring sich noch zu der Äußerung verstieg „Ich will Meyer heißen, wenn auch nur ein einziges feindliches Flugzeug nach Deutschland eindringt“, was, als es dann hundert- und tausendfach geschah, ihm den ironisierenden Namen „Hermann Meyer“ einbrachte, da war in Zeitungen, auf Plakaten und an Hauswänden zu lesen: „Gegen Feuer und

Brand mehr Wasser und Sand!“ Dafür bereitstehende Hilfsmittel waren Wasser- und Sandbehälter, eine (ich setze hier den ostpreußischen Ausdruck „pischerig“ für klein, unbedeutend davor) Spritze und „Feuerpatsche“ in jedem Haus. Sie standen selbstverständlich auch bei uns vor der Treppe zum Dachboden.

Ende Juli 2008 waren Hannelotte und ich mit fast der ganzen Berg-Familie nach Schwarzort auf der Kurischen Nehrung gereist. Nach einwöchigem Aufenthalt in Schwarzort fuhren letztere und ich nach Königsberg/Kaliningrad weiter, Hannelotte und die Familie unseres jüngsten Sohnes blieben in Schwarzort. In Königsberg stieß unser ältester Sohn zu uns, er sah zum ersten Mal die russifizierte Heimatstadt seines Vaters. An einem Tag trennten wir beiden uns von den anderen und besuchten u. a. die Burgschule, die jetzige russische „Schule Nr. 1“, wie ich es bei meinen vorausgegangenen 21 Königsberg-Besuchen seit 1990 schon mehrfach getan hatte. Auch diesmal wurde ich in nun schon gewohnter Weise als früherer Burgschüler von einem jüngeren „leidlich“ Deutsch und Englisch sprechenden Lehrer (ich in gleicher Weise Russisch) überaus freundlich begrüßt und durch die mir vertrauten Räume samt Turnhalle begleitet bzw. geführt. Diesmal stiegen wir zusätzlich in einen Bereich hinauf, den ich noch nie gesehen hatte: auf den Dachboden. Während in vielen Königsberger Häusern die in Ostpreußen als Kältedeämmung üblichen inneren Holzbrettverkleidungen der Dächer zwecks Verminderung der Brandgefahr herausgerissen und z. B. (von Kriegsgefangenen) zu fünfeckigen Spanten von Luftschutzbunkern verarbeitet worden waren, die dicht bei dicht mit ebensolchen Brettern als Decke versehen und mit einer dicken Erdschicht überdeckt wurden – so auch auf dem unserem Haus schräg gegenüber gelegenen, noch unbebauten Grundstück an der Straßenecke Schrötter-Thaerstraße, der dortige, später mit massivem Beton umgebaute Schutzbunker war noch mehrere Jahre nach 1990 vorhanden, ist dann aber für einen Hausneubau auf diesem Grundstück beseitigt worden –, war dies hier nicht geschehen. Die Dachverkleidung war mit ihrem kalkhaltigen weißen Feuerschutzanstrich auch nach Jahrzehnten in ganzer Länge immer noch vorhanden, obwohl doch beispielsweise Parkett und Gestühl der Aula, sofern letzteres nicht als Beutegut irgendwohin verfrachtet wurde, in der Not- und Schreckenszeit ab April 1945 verfeuert worden waren. Offensichtlich wollte unser „Schulführer" uns aber etwas ganz anderes zeigen: Neben der Tür des Bodenraums standen sie, vollzählig, die Requisiten des anfänglichen Luftschutzes von ehedem, eine riesige Holzkiste mit Sand gefüllt, eine ebenso große Zinkwanne, die Feuerpatsche, Handfeuerspritze, an der Wand eine Schaufel, eine Hacke, ein Feuerschutz-Stahlhelm mit dem Luftschutzzeichen. Und ebenda in originalgetreu erhalten gebliebener Großschrift „Gegen Feuer und Brand mehr Wasser und Sand"! Leider hatte ich mit einer solchen Burgschulführung vorher nicht gerechnet, ich hatte alles Filmmaterial „verknipst". Welch ein hochinteressantes und vielseitig verwendbares Bildmaterial hätte ich sonst in das um unsere Ostgebiete amputierte Restdeutschland mitnehmen können!

Trotz aller Veränderungen schien überall die deutsche Vergangenheit der Schule durch und prägte ihr deutsch gebliebenes Gesamtbild. Mein Sohn war von Architektur, künstlerischen Überbleibseln wie Tierreliefs aus Cadiner Majolica im Haupteingang, Größe der Räume derart beeindruckt, daß er, es sei hier wiederholt, sagte: „So etwas habe ich noch nicht gesehen!"

Luftschutzfunktionen der Eltern im Ernstfall

Evakuiert nach Mohrungen

Mohrunger „Splitterchen", die blieben

Meine Mutter hat 1938, 1943 und 1944 an insgesamt 18 Luftschutzlehrgängen teilgenommen. Sie hat, als es ernst wurde, im Luftschutzkeller Ruhe und Besonnenheit weitergegeben. Mein Vater hatte sich bei Alarmen an einem Treffpunkt der „Technischen Nothilfe" einzufinden. Es muß da einen personellen Einsatzplan gegeben haben, denn er ist bei manchen Alarmen bei uns geblieben.

Im folgenden gibt es Wiederholungen aus Band 1 „Mein Vater erzählt – und auch eigene Erlebnisse", aber ohne sie würde manches zusammenhanglos erscheinen.

War es nun 1943 oder 1944, als mein Vater nach einem Aufenthalt in Masuren berichtete, über seinen Aufenthaltsort sei ein großer US-Bomberverband hinweggeflogen? War es dieses Erlebnis, das den Eltern drastisch vor Augen führte, daß die Eindringtiefe der viermotorigen angloamerikanischen Bomberflotten und ihrer Begleitjäger längst ausreichte, um nach der systematischen Devastierung der west-, nord-, süd- und mitteldeutschen Großstädte nun auch Königsberg anzugreifen, und das den Ausschlag dafür gab, die „Evakuierung" ihrer fünf Kinder vorzunehmen? Jedenfalls wurden die drei jüngeren Geschwister mit Kindermädchen Martha Anfang Juni 1944 zu Verwandten nach Liebstadt gebracht, in das geräumige Haus von Tierarzt Dr. med. vet. (Onkel) Adolf Lemke. Seine Frau, Tante Dora, geb. Gerhard, war eine Cousine meiner Mutter. Karin und ich selbst wurden in der etwa 12 km entfernten Kreisstadt Mohrungen einquartiert. Meine „Vizemutter" hatte ein Kleinkind und war fürsorglich auch mir gegenüber. Das konnte aber nicht verhindern, daß sich in mir

Reichsluftschutzbund
Reichsluftschutzbund
Ortsgruppe Königsberg-Nord
Reviergruppe XII 9/IV

Königsberg (Pr), am 25. Juni 1943

Der Beginn des Lehrgangs wird ... Versicherungsbeitrag von 0,10 RM. erhoben.

Einberufung
zu einer Ausbildungsveranstaltung

Nachdem Sie durch polizeiliche Verfügung zur Dienstleistung im Luftschutz — § 9 der 1. Durchführungsverordnung vom 4. Mai 1937 — herangezogen worden sind, werden Sie ersucht, sich am 5. Juli 1943 um 19 Uhr in der Taubstummenanstalt Schleiermacherstr. Eing. IV Laienhelferinnen zur Ausbildung im Selbstschutz einzufinden.

Sollten zwingende Gründe Ihr Fernbleiben an obiger Ausbildungsveranstaltung rechtfertigen, so haben Sie dieses umgehend beim zuständigen Polizei-Revier (bzw. Dienststelle des RLB.) zu beantragen, dem die Entscheidung obliegt.

Auf die Ihnen bekannten Bestimmungen des Luftschutzgesetzes — Rückseite des Heranziehungsbescheides — nach denen ein unentschuldigtes Fernbleiben eine Bestrafung nach sich ziehen kann, wird hingewiesen.

Diese Einberufung ist zur Ausbildung regelmäßig mitzubringen zwecks Bescheinigung der Anwesenheit auf der Rückseite. Laienhelferinnen ... mitbringen.

Herrn / Frau / Frl. Hildegard Berg
Schröttersstr. 85/87

(Stempel)

Der Reviergruppenführer
m.d.F.d.G.b.
I. A.

(Name, Dienstgrad)

Anlage B zu ZL I 2b Nr. 3582/37

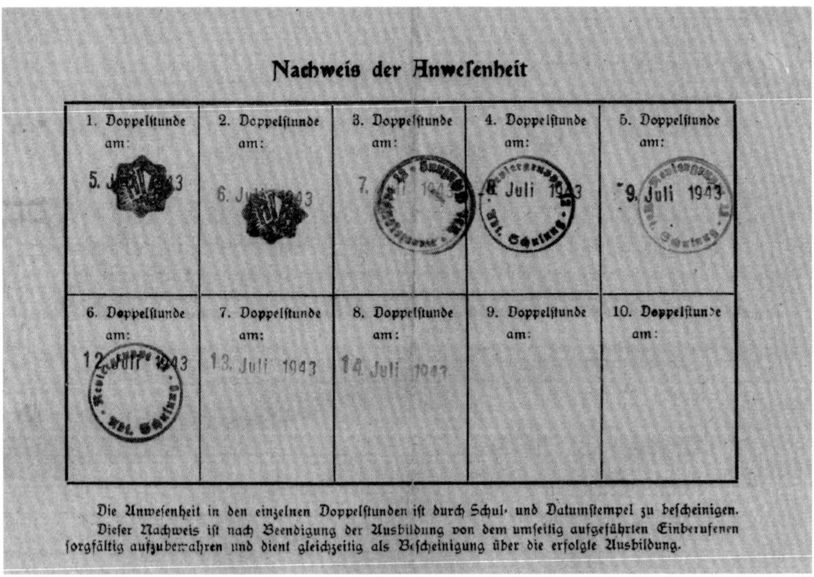

Nachweis der Anwesenheit

1. Doppelstunde am:	2. Doppelstunde am:	3. Doppelstunde am:	4. Doppelstunde am:	5. Doppelstunde am:
5. Juli 1943	6. Juli 1943	7. Juli 1943	8. Juli 1943	9. Juli 1943
6. Doppelstunde am:	**7. Doppelstunde am:**	**8. Doppelstunde am:**	**9. Doppelstunde am:**	**10. Doppelstunde am:**
12. Juli 1943	13. Juli 1943	14. Juli 1943		

Die Anwesenheit in den einzelnen Doppelstunden ist durch Schul- und Datumstempel zu bescheinigen. Dieser Nachweis ist nach Beendigung der Ausbildung von dem umseitig aufgeführten Einberufenen sorgfältig aufzubewahren und dient gleichzeitig als Bescheinigung über die erfolgte Ausbildung.

Nachweise über Luftschutzlehrgänge meiner Mutter 1943

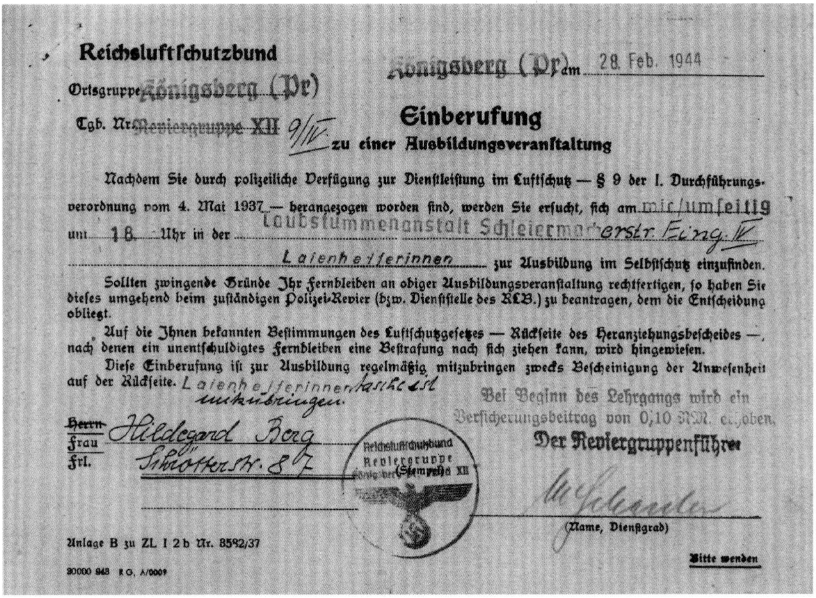

Reichsluftschutzbund

Ortsgruppe Königsberg (Pr)

Tgb. Nr. Reviergruppe XII 9/IV

Königsberg (Pr), am 28. Feb. 1944

Einberufung

zu einer Ausbildungsveranstaltung

Nachdem Sie durch polizeiliche Verfügung zur Dienstleistung im Luftschutz — § 9 der I. Durchführungsverordnung vom 4. Mai 1937 — herangezogen worden sind, werden Sie ersucht, sich am mit/umseitig um 18 Uhr in der Taubstummenanstalt Schleiermacherstr. Eing. IV Laienhelferinnen zur Ausbildung im Selbstschutz einzufinden.

Sollten zwingende Gründe Ihr Fernbleiben an obiger Ausbildungsveranstaltung rechtfertigen, so haben Sie dieses umgehend beim zuständigen Polizei-Revier (bzw. Dienststelle des RLB.) zu beantragen, dem die Entscheidung obliegt.

Auf die Ihnen bekannten Bestimmungen des Luftschutzgesetzes — Rückseite des Heranziehungsbescheides —, nach denen ein unentschuldigtes Fernbleiben eine Bestrafung nach sich ziehen kann, wird hingewiesen.

Diese Einberufung ist zur Ausbildung regelmäßig mitzubringen zwecks Bescheinigung der Anwesenheit auf der Rückseite. Laienhelferinnentasche ist mitzubringen.

Bei Beginn des Lehrgangs wird ein Versicherungsbeitrag von 0,10 RM. erhoben.

~~Herrn~~
Frau Hildegard Berg
Frl. Schrötterstr. 87

Reichsluftschutzbund Reviergruppe Königsberg (Pr) XII

Der Reviergruppenführer

(Name, Dienstgrad)

Anlage B zu ZL I 2 b Nr. 8582/37

20000 948 R.G. A/0009

Bitte wenden

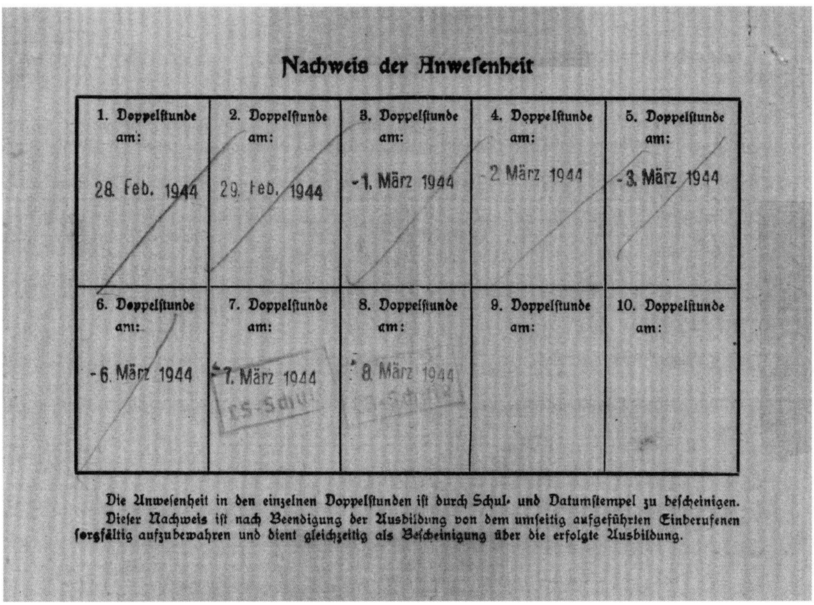

Nachweis der Anwesenheit

1. Doppelstunde am:	2. Doppelstunde am:	3. Doppelstunde am:	4. Doppelstunde am:	5. Doppelstunde am:
28. Feb. 1944	29. Feb. 1944	1. März 1944	2. März 1944	3. März 1944
6. Doppelstunde am:	**7. Doppelstunde am:**	**8. Doppelstunde am:**	**9. Doppelstunde am:**	**10. Doppelstunde am:**
6. März 1944	7. März 1944	8. März 1944		

Die Anwesenheit in den einzelnen Doppelstunden ist durch Schul- und Datumstempel zu bescheinigen. Dieser Nachweis ist nach Beendigung der Ausbildung von dem umseitig aufgeführten Einberufenen sorgfältig aufzubewahren und dient gleichzeitig als Bescheinigung über die erfolgte Ausbildung.

Nachweise über Luftschutzlehrgänge meiner Mutter 1944

ein Gefühl regte, das ich bis dahin noch nicht gekannt hatte: Ich hatte ein im Innern ständig nagendes Heimweh nach meinem Zuhause in Königsberg – ich war hier ja ganz allein, alles und jeder war mir fremd. Nur an zwei Wochenenden meiner Mohrunger Zeit bin ich mit der Eisenbahn zu Bergs bei Lemke nach Liebstadt gefahren. Der Mann meiner „Vizemutter" war Soldat. Ihre Wohnung befand sich in einer Reihe stattlicher neuer Miethäuser in einer Straße, deren Namen ich ebenso wie den ihrigen vergessen habe.

Von dem Zimmer, das ich dort bewohnte, ging mein Blick über eine unbebaute Fläche direkt zur Herderschule, so benannt nach dem großen Sohn der Stadt, Johann Gottfried Herder (geb. 1744, gest. Weimar 1803). Wohl kürzer als ursprünglich beabsichtigt, besuchte ich die Schule vom 10. Juni bis zum 4. Juli 1944, also noch nicht einmal einen ganzen Monat. Aber trotz dieser Kürze ist mir dies, z. T. mit nicht gerade heiteren Gefühlen, in Erinnerung geblieben:

Obwohl im Zeugnisvordruck und in Dienstsiegeln die Herderschule als „Städtische Oberschule für Jungen" bezeichnet wird, war sie tatsächlich eine gemischte Schule für Jungen und Mädchen. In meiner Klasse 3 stand ihre Bankreihe an den Fenstern, wir Jungen saßen in zwei Bankreihen zur Innenseite hin. In meinem bisherigen schulischen Dasein hatte ich ausschließlich Jungenschulen besucht oder, wie es in der „gemischten" Hans Schemm- und, als diese etwa ein halbes Jahr lang von einer Sanitätseinheit der Wehrmacht belegt war, in unserer Ausweichschule, der Kraus-Hippel-Schule der Fall gewesen war, in einer reinen Jungenklasse gesessen. Genauso war es dort bei den Mädchen. Ich machte also eine völlig neue Erfahrung. Mag ja sein, daß ich bei fortschreitendem Pubertieren es heimlich oder offen ganz anders empfunden hätte – aber hier erschien mir das dauernde Hochschnellen der Mädchenhände mit dem Knallen von zusammenschnippendem Zeige- und Mittelfinger im Frage- und

Antwortspiel des Unterrichts als unkameradschaftlich-aufdringlich-streberhaft. Das machten wir Jungen ja auch, aber es war vergleichsweise weniger gewollt-auffällig.

Aus dem Anfang meiner Pimpfenzeit in der Hitlerjugend im Königsberger Bann 1, Jungstamm 10, Fähnlein 48 (siehe Kapitel „Pimpf in der Königsberger Hitlerjugend – der Heinrich-Albert-Chor") hatte ich die Vorstellung mitgenommen, für mein ganzes Leben das Pensum „Dauerlauf" bereits übererfüllt zu haben. Auch in Mohrungen hätte ich an sich sofort einer dortigen Jungvolkeinheit angehören müssen, was aber nicht geschah. Meine Vorstellung von „genug Dauerlauf" wurde somit nicht in einer Staatsjugend-Formation, sondern in der Städtischen Herderschule widerlegt. In den Sportstunden, die ich dort mitgemacht habe, veranstaltete unser Sportlehrer Fürstenberger ausschließlich Dauerlauf von ungefähr 5000 m bis 8000 m Länge um die Lichtung in einem neben der Schule gelegenen Park herum. Das übertraf bei weitem alle Königsberger „Vorläufe", es war zum Umfallen. Die Turnhalle der Schule habe ich nie gesehen – Geräteturnen also „Fehlanzeige".

Bei unserer Entlassung in die Sommerferien am 4. Juli 1944 veranstaltete der Schulleiter, Oberstudiendirektor Dr. Dobbek, eine Zeremonie, wie ich sie, außer beim Aufmarsch des gesamten Königsberger HJ-Banns 1 am 1. Mai 1941 auf dem Erich-Koch-Platz, schulisch noch nie erlebt hatte. Wie beim Antreten beim HJ-Dienst in Uniform, so standen wir auf dem Schulhof in Dreierreihen in einem offenen Karree und hörten eine Ansprache von Dr. Dobbek, die im damaligen Sprachgebrauch das Prädikat „zündend, mitreißend, beispielhaft" erhalten hätte. Der Mittelabschnitt der Ostfront befand sich im Zusammenbruch mit der darauf für Ostpreußen unmittelbar heraufziehenden Gefahr. Dieser Hintergrund war uns Jüngeren in aller Deutlichkeit weder bekannt noch seine Bedeutung bewußt. Für Dr. Dobbek konnte dies aber kaum gelten. Und dann mußten wir am Ende seiner

Ansprache stehend (ob auch „stramm", weiß ich nicht mehr) und mit zum Hitler-Gruß erhobenem rechtem Arm drei Strophen Deutschlandlied und vier Strophen Horst-Wessel-Lied absingen. Nur wer sieben Liedstrophen lang seinen rechten Arm in „exakter" gerader Hitler-Gruß-Haltung ausstrecken mußte, wird verstehen, wie froh ich war, im dritten Glied zu stehen und meinen rechten Arm mit dem linken stützen zu können – was, wurde es von einem Führenden entdeckt, selbstverständlich nicht geduldet wurde. Dr. Dobbek wurde nach dem Zeitenbruch 1945, bis zu seiner „Republikflucht" Anfang der sechziger Jahre des vorigen Jahrhunderts, ein anerkannter Herder-Forscher in der DDR, in Weimar, wo der Mohrunger Herder sein geistiges Zentrum und seinen Lebensmittelpunkt gefunden hatte.

In meine eher von Negativstimmungen überlagerte Mohrunger und Herderschulzeit ragen aber zwei gänzlich entgegengesetzte „Mohrunger Begegnungen" hinein. Am 19. Februar 1951

Die Herderschule, Abbildung aus: Ostpreußen in 1440 Bildern, Verlag Gerhard Rautenberg, Leer (Ostfriesland) 1972.

Blick auf Mohrungen, Abbildung aus: Ostpreußen in 1440 Bildern, Verlag Gerhard Rautenberg, Leer (Ostfriesland) 1972.

Herders Geburtshaus, Abbildung aus: Ostpreußen in 1440 Bildern, Verlag Gerhard Rautenberg, Leer (Ostfriesland) 1972.

Das Mohrunger Rathaus, Abbildung aus: Ostpreußen in 1440 Bildern, Verlag Gerhard Rautenberg, Leer (Ostfriesland) 1972.

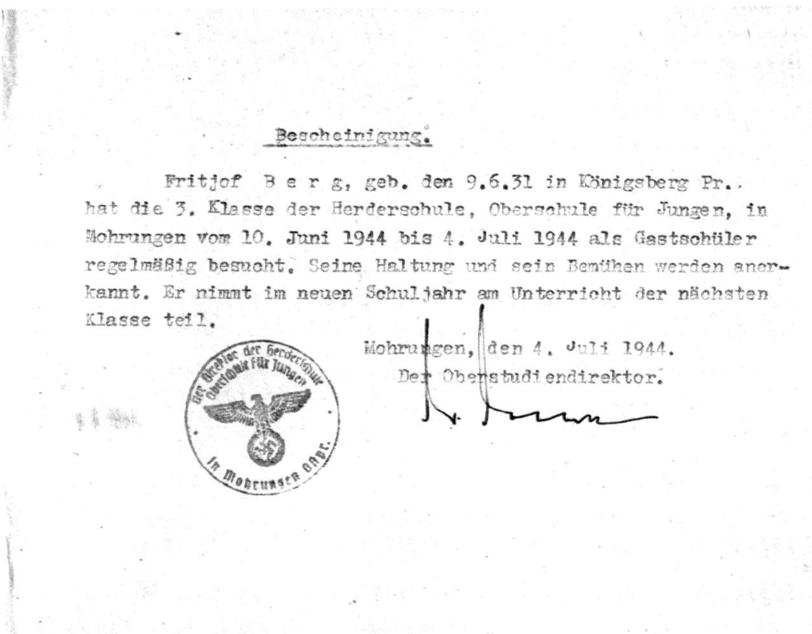

Bescheinigung.

Fritjof B e r g, geb. den 9.6.31 in Königsberg Pr., hat die 3. Klasse der Herderschule, Oberschule für Jungen, in Mohrungen vom 10. Juni 1944 bis 4. Juli 1944 als Gastschüler regelmäßig besucht. Seine Haltung und sein Bemühen werden anerkannt. Er nimmt im neuen Schuljahr am Unterricht der nächsten Klasse teil.

Mohrungen, den 4. Juli 1944.
Der Oberstudiendirektor.

Bescheinigung Herderschule

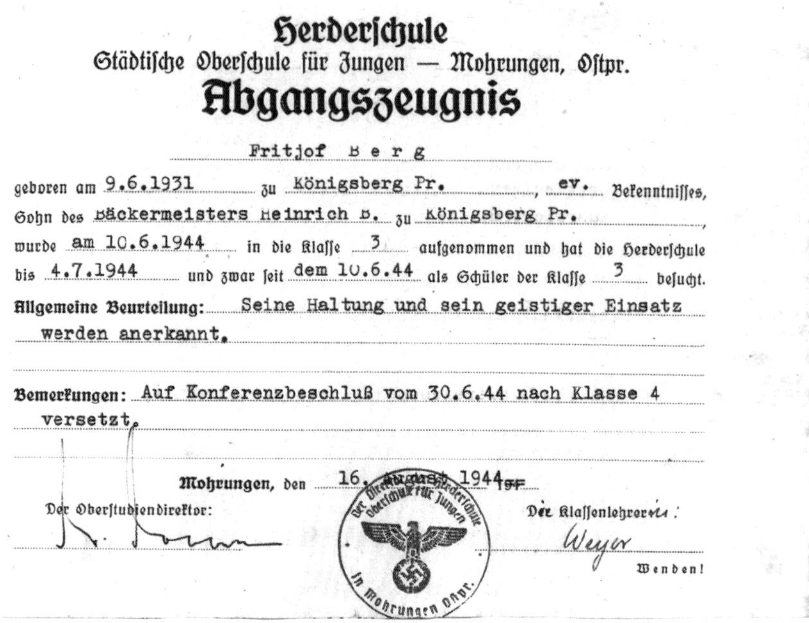

Herderschule

Städtische Oberschule für Jungen — Mohrungen, Ostpr.

Abgangszeugnis

Fritjof B e r g

geboren am 9.6.1931 zu Königsberg Pr., ev. Bekenntnisses,

Sohn des Bäckermeisters Heinrich B. zu Königsberg Pr.,

wurde am 10.6.1944 in die Klasse 3 aufgenommen und hat die Herderschule

bis 4.7.1944 und zwar seit dem 10.6.44 als Schüler der Klasse 3 besucht.

Allgemeine Beurteilung: Seine Haltung und sein geistiger Einsatz werden anerkannt.

Bemerkungen: Auf Konferenzbeschluß vom 30.6.44 nach Klasse 4 versetzt.

Mohrungen, den 16. August 1944

Der Oberstudiendirektor: Die Klassenlehrerin:

Weyer

Wenden!

Abgangszeugnis der Herderschule

habe ich an der Albert-Schweitzer-Oberschule für Jungen in Nienburg/Weser mein Abitur abgelegt. Meine Eltern hätten damals noch nicht einmal wenigstens anteilmäßig-bescheiden ein Universitätsstudium bezahlen können. Um es deshalb selbst finanzieren zu können, arbeitete ich bis zum Beginn des Wintersemesters 1951/52 für einen „mäßig-mittelprächtigen" Lohn in der Maschinennadelfabrik Groz & Beckert in Ebingen/Württemberg (siehe im einzelnen das Kapitel „Werkstudent und Entschluß zum Jurastudium").

Um mich an meinem künftigen Studienort Göttingen immatrikulieren zu lassen, unterbrach ich hier die Rückreise von Ebingen zu meinen Eltern in Leese, Kr. Nienburg/W. Obwohl seine Familie selbst in ganz beengten Verhältnissen lebte, durfte ich in Göttingen bei einem Mohrunger Landsmann übernachten und meine Füße unter seinen gedeckten Tisch strecken, dessen Anschrift ich erfahren hatte: Es war Studienrat v. Riesen, dessen allenfalls flüchtiger Schüler an der Herderschule und wenige Male wohl auch Besucher ich doch gewesen war und der ein paar Häuser weiter in einem schönen Eigenheim in derselben Mohrunger Straße gewohnt hatte wie ich bei meiner „Vizemutter“. Wenn ich dort aus irgendeinem Anlaß erschien, bekam ich jedesmal eine kleine Zusatzration zum „Futtern“ mit.

Ohne es damals zu wissen oder so etwas auch nur ahnen zu können: Die Freundin und spätere Ehefrau meines ostpreußischen

Ort der Ankunft und des Abschieds: Der Bahnhof Mohrungen

Sehr berührt hat mich der Bericht des Wiener Offiziers Allmayer-Beck über seine Ankunft an diesem Ort, die Mohrunger Garnison, Land, Leute und das gesellschaftliche Leben in diesem Teil Ostpreußens in „Herr Oberlaitnant, det lohnt doch nicht“, S. 49ff, Wien, Köln, Weimar 2013. Abbildung aus: Ostpreußen in 1440 Bildern, Verlag Gerhard Rautenberg, Leer (Ostfriesland) 1972.

Jura-Kommilitonen und Freundes in Göttingen Gerd Grzybinski, Annelore Ritter, hatte, wie sich bei unserem Kennenlernen unter großer Heiterkeit herausstellte, mit mir gemeinsam in Mohrungen die Herder-Schulbank gedrückt, allerdings ein paar Klassen über mir. Wahrscheinlich waren wir in der Herderschule auch schon aneinander vorbeigelaufen, aber das Sich-ins-Gesicht-sehen und Kennenlernen geschah nun erst als Flüchtlinge weit im Westen Deutschlands ... Unsere Gespräche kehrten bei jeder späteren Begegnung auch zur Herderschule zurück.

Noch ein drittes sei hier erwähnt, das ich ohne meine Mohrunger Kurzschulzeit niemals als kostbare Erinnerung an meine Heimat Ostpreußen in den Westen hätte mitnehmen können: Wie ich es in meinem späteren Leben an neuen Wohnorten immer getan habe, erwanderte ich meine Kenntnis von Mohrungen und Umgebung mit vielen Spaziergängen. So gelangte ich auch an den am östlichen Stadtrand von Mohrungen gelegenen Scherting-See. Aus einem vorgelagerten Tümpel erscholl in glockenreiner Schönheit und Klarheit in heller Tonlage der Ruf ungezählter Unken in sich vielstimmig überlagernder Polyphonie. Es sollte bis zum Juni 1987 dauern, daß ich bei einem Aufenthalt beim Bauern Hermann in Kronau am Deyguhn-See, Kr. Lötzen, zum zweiten Mal in meinem Leben bei der Wanderung von Kronau nach Doben am gleichnamigen See und zurück dem Unkenruf meiner hier polonisierten Heimat wiederbegegnete. Auf dem Rückweg geriet ich mit meinem Königsberger Burgschulkameraden und Freund Klaus Munier und seiner Ehefrau Hildegard aus Bublitz/Hinterpommern in ein schweres Gewitter hinein, worüber ich im Ostpreußenblatt vom 9. April 1988 unter dem Titel „Der Ritt über den Doben-See – Nächtliche Wanderung im Gewitter“ berichtet habe. Den vorherigen Unkenruf habe ich darin mit diesen Worten wiedergegeben: „... erklang aus einem Tümpel am rechten Wegesrand ununterbrochen und in vielschichtiger Überlagerung das Geläut von Unken. So klang es damals, als das Land uns allen noch Heimat und Zukunft war, und so klingt es über die Zeiten hinweg. Der Unkenruf, der den Menschen zugleich vor gefahrvollem Untergrund warnt, war in seiner Reinheit eine wundersame Botschaft, die aus einer unberührten Tiefe zu kommen schien."

Das Wort „Unkenruf" und das zugehörige Verb „unken" haben in der deutschen Umgangssprache keineswegs diese etwas mystisch-feierliche Bedeutung, sondern bedeuten im Gegenteil „Unglück, Unheil ankünden". Und so will ich zum Schluß dieses Kapitels zu einem Ereignis zurückkehren, das in meine Mohrunger Zeit und einen Verwandten-Besuch bei Lemke-Berg in Liebstadt fällt, das mir damals unbeschreiblich-peinlich war, mich in meinem jetzt erreichten Lebensalter aber zum Lachen über mich selbst, den Tollpatsch, bringt. Ich zitiere hier den Bericht über mein Malheur anno 1944 aus meinem Buch „Über die Weichsel – eine deutsche Rückkehr" Seite 234 (Düsseldorf 1978):

> „Bevor wir Liebstadt erreichten, verlief die Landstraße ein gutes Stück am Mildensee entlang. Ich entsann mich, daß sie einen Bogen nach rechts machen mußte, um dann wieder nach links abzuknicken und geradewegs in die Stadt zu führen. Der Straßenverlauf hatte sich seit jenem Sommertag im Jahre 1944 fest in mein Gedächtnis eingeprägt, an dem ich erst im See gebadet und danach von einem Steg aus den Anglern zugeschaut hatte. Der See war so sauber, daß er noch metertief einen klaren Blick auf den Grund gestattete. Die Angler zogen unentwegt Barsche aus dem See. Beim eifrigen Zusehen passierte es, daß ich das Gleichgewicht verlor und in meinem Sonntagsstaat in den See purzelte. Es war Nachmittag und ohnehin nicht allzu warm, so daß ein Trocknen der Kleider in der Sonne nicht in Frage kam. Also mußte ich mich triefend und klatschnaß heimwärts in das Tierarzthaus begeben. Der zwei Kilometer lan-

ge Marsch unter den Chausseebäumen nach Liebstadt glich einem Spießrutenlaufen. Meine Zwillingsschwester Karin, die nach Liebstadt mitgekommen war, versuchte rührend, mir mit aufmunternden und das Ganze in seiner Tragikomik abschwächenden Worten über die peinliche Situation hinwegzuhelfen. Man wird verstehen, daß ein derartig unangenehmes Ereignis bleibende Erinnerungen hinterläßt. Als ich mich dem Schauplatz der Handlung nach 33 Jahren wieder näherte, beschäftigte mich natürlich die Frage, ob die Bucht noch so aussehen würde wie früher. Nein, sie war verlandet, und so wurde nur von der Straße aus eine Gedenkminute eingelegt."

Luftansicht von Liebstadt

Zurück nach Königsberg – in die Bomben

Auch hier wird es Wiederholungen aus dem Kapitel „Vor, beim und nach dem Dröhnen der britischen Bomber über Seeben“ in Band 1 geben. Sie gehören zu einer in sich geschlossenen Darstellung des Geschehens, das zum ersten schwerwiegenden Einbruch in mein bis dahin geordnetes junges Leben führte.

„Auf Konferenzbeschluß vom 30.6.44 nach Klasse 4 versetzt“, hatte es in meinem Abgangszeugnis der Herderschule Mohrungen vom 16. August 1944 geheißen. Erleichtert und frohen Mutes kehrte ich mit dem Ferienbeginn in mein noch unzerstörtes Elternhaus nach Königsberg zurück, nicht wissend, daß es ein Abschied vom deutschen Mohrungen für immer sein würde und daß mir nur noch wenige Wochen in meinem unzerstörten Zuhause vergönnt sein würden. Mit mir verließ auch meine Zwillingsschwester Karin Mohrungen wieder. Unsere drei anderen Geschwister blieben noch bis Ende Oktober in Liebstadt.

Was mochte meine Eltern bewogen haben, uns zum Beginn des neuen Schuljahrs nicht mehr nach Mohrungen zurückzuschikken? Die Gefahren aus der Luft waren doch nicht vorüber oder geringer geworden, sondern nahmen augenscheinlich nun auch für Königsberg ständig zu. Es gibt viele Fragen im Leben, die erst nach Jahrzehnten auftauchen, aber für immer unbeantwortet bleiben müssen. So geht es mir bei dieser Niederschrift, aber mein Vater und meine Mutter sind schon 1985 bzw. 1996 gestorben. Wahrscheinlich haben sie die Gefahrenlage von der Ostfront her als noch größer und für unser Leben bedrohlicher eingeschätzt, weil der Mittelabschnitt der Ostfront militärisch zusammengebrochen war und die Rote Armee nunmehr bis an die Grenze Ostpreußens herangerückt war. Warum sie dann aber zwar Karin und mich nach Königsberg zurückholten, unsere drei jüngeren Geschwister und Martha jedoch weiterhin in Liebstadt beließen

– wie schon gesagt, das Leben wirft Fragen auf, die für immer unbeantwortet bleiben müssen.

Niemand mehr konnte sich der Wahrscheinlichkeit, wenn nicht gar Gewißheit entziehen, daß, um an dieser Stelle die Worte meines Burgschullehrers Dr. Schmitt zu wiederholen, „da etwas (nunmehr ganz gegenwärtig im Präsens) auf uns zukommt“. Wie dies realiter-konkret beschaffen war, soweit es den Luftkrieg von westalliierter Seite gegen Königsberg betrifft, zeigt die nachfolgend abgedruckte, vollständige Abschrift meines Leserbriefes vom 28.8.2004 an die Frankfurter Allgemeine Zeitung auf, den die Zeitung in ihrer Ausgabe vom 11.9.2004 mit der Überschrift „Fatalistisch in Königsberg“ gekürzt abgedruckt hat.

Ernährungsamt Mohrungen, den 24. 10. 1944

Kartenstelle Liebstadt Str. Nr. .... Fernspr. ....

Umzugs-Abmeldebestätigung

Dem Ernährungsamt (Kartenstelle) des Zuzugsortes vorzulegen.

Zu- und Vorname: Berg, Roswitha

Beruf: Schülerin geb. am: 20. 1. 35

bisher wohnhaft in .... Str./Pl. Nr. ....

hat sich heute hier abgemeldet.

Neuer Wohnort .... Str./Pl. Nr. ....

Ausserdem verziehen folgende Haushaltsangehörige[1]):

1. Zu- und Vorname: Berg Hedwig, geb. am: 15. 5. 36
2. „ „ „ " Eginhard, „ „ 14. 10. 39
3. „ „ „ Jakowski, Marta, „ „ 31. 7. 18
4. „ „ „ ...., „ „ ....
5. „ „ „ ...., „ „ ....

Vorgenannter Verbraucher — und seine Haushaltsangehörigen — ist — sind — mit Lebensmittelkarten, Reise- und Gaststättenmarken, Berechtigungsscheinen für Marmelade, Zucker und Eier bis zum 12. 11. 1944[2]) versorgt. Hierbei sind die noch zu beliefernden Einzelabschnitte und der Stammabschnitt der Reichsmilchkarte ...... mit dem Stempelaufdruck „Reise" oder „Reisekarte" und dem Dienstsiegel versehen worden. — Die Nährmittelkarte ...... ist — sind — durch Streichung des Ortsgültigkeitsvermerks für den Zuzugsort gültig gemacht worden. — Soweit die Einzelabschnitte bestellscheingebunden sind, ist die Rückrechnung bei dem bisherigen Einzelhändler durchgeführt[3]).

Inhaber besitzt ausserdem überterminmässige Karten:

Eierkarten	bis / 194
Marmeladek.	bis Jan 1945
Zuckerkarten	bis / 194
Seifenkarten	bis Nov 194
Zusatzseifenk.	bis / 194
Raucherkarten	bis 194
Kartoffelkart.	bis 12 11 1944

Haushaltsnachweis wurde - belassen - eingezogen (Nichtzutreffendes streichen).

Anmerkungen. (Sebstversorgung — Krankenversorgung — Vegetarier — jüdischer Haushalt usw.:)

Magermilch - Obst - Gemüse u. Pizolkarte nicht im Besitz.

Stadt Liebstadt

Stempel

Im Auftrage

(Unterschrift)

1) Ohne Untermieter, Hausangestellte u. ä., für die besondere Umzugs-Abmeldebestätigungen auszustellen sind.
2) Hier ist stets der letzte Tag der laufenden Zuteilungsperiode einzusetzen.
3) Nichtzutreffendes ist zu streichen.

Bst.-Nr. W. 824 — Umzugs-Abmeldebestätigung
Ostdeutscher Formular-Verlag Posen T/0136 968

Umzugs-Abmeldebestätigung des Ernährungsamtes

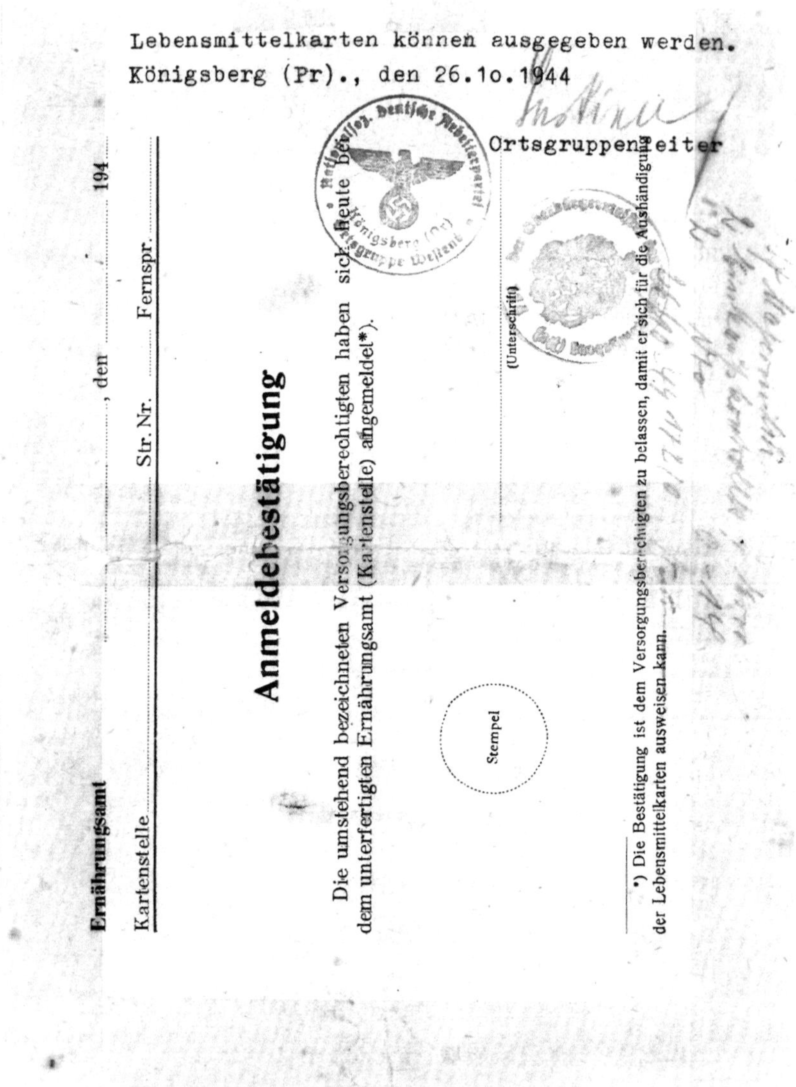

Lebensmittelkarten können ausgegeben werden.
Königsberg (Pr)., den 26.10.1944
Ortsgruppenleiter

Ernährungsamt ...., den .... 194....

Kartenstelle .... Str. Nr. .... Fernspr. ....

Anmeldebestätigung

Die umstehend bezeichneten Versorgungsberechtigten haben sich heute bei dem unterfertigten Ernährungsamt (Kartenstelle) angemeldet*).

Stempel

....
(Unterschrift)

*) Die Bestätigung ist dem Versorgungsberechtigten zu belassen, damit er sich für die Aushändigung der Lebensmittelkarten ausweisen kann.

Anmeldebestätigung des Ernährungsamtes

Brief an die Frankfurter Allgemeine Zeitung vom 28. August 2004

Sehr geehrte Damen und Herren!

Zu Ihrem Bericht „Vor 60 Jahren: Der Anfang vom Ende Königsbergs“, FAZ v. 27.8.04, übersende ich Ihnen den nachstehenden Leserbrief eines von dem Geschehen ganz unmittelbar betroffenen, orts- und sachkundigen Königsbergers:

Der FAZ gebührt Dank, daß sie mit ihrem Bericht „Vor 60 Jahren: Der Anfang vom Ende Königsbergs“ (FAZ vom 27.8.2004) und mit dem zugehörigen großformatigen Photo vom eingeäscherten alten Speicherviertel im Stadtzentrum an die vernichtende Wirkung der beiden britischen Großangriffe Ende August 1944 erinnert hat. Allerdings kann ich mich nicht, wie Sie schreiben, an eine zu jener Zeit noch bestehende „Illusion“ erinnern, „die Stadt werde von alliierten Luftangriffen verschont“ bleiben und sei, mit Blick auf die „wenig Schaden“ anrichtenden russischen Luftangriffe seit 1941, „vor der Zerstörung sicher“. Allenfalls wurde das nun doch nicht mehr Undenkbare sorgenvoll-fatalistisch verdrängt, daß nach der systematischen Zerstörung der west-, nord-, süd- und mitteldeutschen Großstädte durch RAF und USAF auch Königsberg irgendwann „an der Reihe“ sein würde. Zutreffend dürfte daher die Einschätzung der eigenen Lage sein, wie sie der in meiner redaktionellen Mitverantwortung erschienene Königsberger Bürgerbrief vom Sommer 1994 (S. 63 ff) in der Erinnerung an die schrecklichen Bombennächte vor damals 50 Jahren beschrieben hat: „Es konnte somit nur noch eine Frage der Zeit sein, wann die Eindringtiefe der westlichen Bomber auch bis Königsberg reichen würde, wann auch die Königsberger in sternklaren Nächten sorgenerfüllt mit der Frage zum Himmel blicken würden: ‚Kommen sie oder kommen sie nicht?‘“ –

Konnte im Juli 1944 noch unzerstört ihr 400jähriges Gründungsjubiläum begehen:

Die Bereithaltung der am Ende völlig wirkungslosen Löschmittel wie Wasser- und Sandbehälter, Spritze und „Feuerpatsche" in jedem Haus, dazu die Parole „Gegen Feuer und Brand mehr Wasser und Sand", die strikt kontrollierte Verdunkelung, die Einberufung zu Luftschutzübungen, das Herausreißen der in Ostpreußen üblichen Holzverkleidungen von der Innenseite der Dächer zur Verringerung der Brandgefahr und ihre Verwendung zum Bau erdabgedeckter Splitterschutzgräben, die Erdanschüttungen vor den Außenwänden der Luftschutzkeller und deren Markierung mit Pfeilen sowie den Buchstaben L.S.R. für die Rettungskräfte, der Bau ober- und unterirdischer Luftschutzbunker (ein solcher Tiefbunker befand sich noch bis Mitte der 90er Jahre schräg gegenüber meinem Elternhaus) sowie künstlicher Feuerlöschteiche, die Teilevakuierung von Kindern und Jugendlichen (so auch von meinen vier Geschwistern und mir im Frühsommer 1944, die wir allerdings vor den britischen Großangriffen in die Stadt zurückkehrten), die Schießübungen der Flak und Scheinwerferübungen – dies alles ließ keinen Zweifel mehr daran, was auch uns Königsbergern bevorstehen könnte. Gewiß mußten wir weiterhin in zwei Richtungen denken, d. h. auch an sowjetische Luftangriffe, von denen der erste schon eine gute Stunde nach Beginn des Rußlandkrieges stattgefunden hatte, die dann ein paar Wochen lang anhielten, um danach für knapp zwei Jahre ganz aufzuhören, bis sie mit einem Angriff von noch nicht erlebter Schwere am 12. April 1944 wieder aufgenommen wurden. Aber im Sinne einer Bedrohung aus der Luft von noch nicht gekannten Ausmaßen für die ganze Stadt richteten sich die größten Befürchtungen doch nach Westen.

Der Einflug von 174 Lancaster-Bombern in der Nacht des 26. zum 27. August 1944 war bezüglich der Verletzung der Neutralität Schwedens keine Propagandaerfindung der Preußischen Zeitung, des in der Tat amtlichen Nachrichtenblattes der NSDAP und aller staatlichen und städtischen Behörden Königsbergs, wie es sich beim Lesen Ihres Zitats „Feindbomber kamen über Schweden" aus dem „nationalsozialistischen Propagandablatt der Stadt" darstellt. Vielmehr vermerkt der britische Bomber Command Report über die „night operations 26th/27th August" für die dabei u. a. eingesetzte 50. Squadron „many reported heavy flak over Sweden", für die Lancaster LM 646 des F/O I R Cowan von der 467. Squadron „lossing compass over Sweden" und für die 630. Squadron „many reported accurate flak over target and some light flak over Sweden". Die britische Übersichtskarte über die Bomberströme der „Night Operations 29th–30th August 1944" zeigt für die in dieser Nacht zum zweiten Großangriff auf Königsberg angesetzten Verbände für den Hin- und Rückflug wiederum die Route über Schweden. Übrigens luden laut diesen Unterlagen in der Nacht des 26./27. August 1944 372 weitere Lancaster ihre tödliche Bombenlast über der Stadt ab, in der ich jetzt lebe: auf Kiel. Die Briten verstanden es inzwischen meisterlich, so auch in dieser Nacht, die deutschen Abwehrkräfte zu täuschen, sie dadurch zu zersplittern und so ihre eigenen Verluste zu verringern. Bei dem Königsberg-raid vom 26./27.8.1944 gingen von den 174 eingesetzten Bombern nur vier verloren. Weiterhin sollen nach den gleichen RAF-Unterlagen bei dem zweiten Vernichtungsangriff auf Königsberg vom 29./30. August 1944 nicht, wie auch in Ihrem Bericht angegeben, etwa 600 Bomber zum Einsatz gekommen sein, sondern lediglich 189. Bei diesem Angriff, bei dem auch mein im stadtauswärts gelegenen Stadtteil Hufen gelegenes Elternhaus durch Brandbomben zerstört wurde, büßte die RAF 15 Maschinen ein. Der gewaltige Zerstörungsgrad, den ein Drittel der landläufig immer wieder genannten Zahl von 600 Bombern bewirkte, beruhte auf den neu eingesetzten Brandmitteln in großenteils eng verwinkelten alten Straßenvierteln. Meine Frau hat einen hellen Feuerschein am Himmel damals als junges Mädchen noch im rund 100 km von Königsberg entfernten Angerburg gesehen ...

Der erste Angriff traf entgegen Ihren Angaben noch nicht den Steindamm, die innerstädtische Hauptverkehrsader und -geschäftsstraße des alten Königsberg, die auch nicht im Norden der Stadt lag. Er wurde von seinem Beginn in Schloßnähe bis zu seinem Ende in der Nähe des Nordbahnhofs (der nicht im Norden der Stadt liegt, sondern dessen Name sich aus seiner Funktion als Seebäderbahnhof zu den Seebädern an der Samlandküste ableitet) vielmehr erst bei dem zweiten Angriff vom 29./30. August nahezu total ausgelöscht.

Korrekturbedürftig sind schließlich Ihre Angaben, daß „im Oktober russische Angriffe aus der Luft und mit Artilleriebeschuß folgten", auch daß Königsberg schon zu diesem Zeitpunkt zur Festung erklärt wurde. Nach den britischen Großangriffen hatten wir in Königsberg bis zur sowjetischen Belagerung Anfang 1945 aus der Luft Ruhe, von gelegentlichen Einflügen von Aufklärern in großer Höhe abgesehen, die jedenfalls 1944 noch ein enormes Flakschießen auslösten. Einen Artilleriebeschuß auf Königsberg hat es bis dahin auch nicht gegeben. Nach dem Einbruch der Sowjets in der zweiten Oktoberhälfte im Raum Goldap-Gumbinnen mit dem Schreckensfanal Nemmersdorf war in der frostklaren Luft in Königsberg nur ein ganz schwaches, fernes Wummern zu hören. Die Erklärung der Stadt zur Festung erfolgte nach Beginn des sowjetischen Todesstoßes gegen Ostpreußen Ende Januar 1945. Ich habe sie damals (ebenso wie diejenige Breslaus) über das Bordradio unseres mit 242 Flüchtlingen vollgestopften M 801 alsbald nach unserem Auslaufen aus Pillau gehört.

Für die heutigen russischen Stadtführer erfüllen die britischen Großangriffe mit ihren unbestreitbar verheerenden Wirkungen eine Alibifunktion. Nicht nur, daß ihnen die vorausgegangenen Angriffe sowjetischer Flugzeuge gänzlich unbekannt sind und die Erwähnung dieser Tatsache ungläubig zur Kenntnis genommen wird. Ihre Schilderungen sind auch geeignet, bei dem Unwissenden den Eindruck zu erwecken, als sei die Zerstörung Königsbergs allein das Werk britischer Bomben gewesen. Verschwiegen wird nämlich stets, vollständig und vielleicht schamhaft, daß weder die britischen Bombenangriffe noch die Zerstörungen aus Belagerung und Straßenkämpfen, so schwer sie zusammengenommen auch waren, aus Königsberg dasjenige gemacht haben, was Kaliningrad an Ödflächen, Häßlichkeit und Verfall heute weithin darbietet. Die Zerstörungswut an allem, was deutsch war, ideologische Verblendung gegenüber historischen Wahrzeichen der Stadt bis 1990 und eine verbreitete „was macht's, soll es doch gehen, wie es will"-Mentalität waren in ihrer zerstörerischen Wirkung noch viel katastrophaler als der Bomber-Harris-Wahn, der wohl alle anderen Großstädte im Norden, Westen, Süden und der Mitte Deutschlands häufiger und mit einer größeren Bombenlast heimgesucht hat als Königsberg, die aber wiedererstehen konnten, weil ihnen das erst nach dem Ende des Bombenkrieges einsetzende, wirklich vernichtende Schicksal Königsbergs erspart geblieben ist. Allerdings muß der Wahrheit halber auch erwähnt werden, daß unzählige Einwohner des heutigen Kaliningrad nach der Zeitenwende von 1990 nicht nur das städtebauliche Erscheinungsbild des alten Königsberg, dessen deutsche

Vergangenheit sie nicht im geringsten bestreiten, am liebsten wieder „mit den Fingern aus der Erde kratzen" würden.

Mit freundlichen Grüßen

Fritjof Berg

Und so sah das, was aus britischen Bombenschächten über Königsberg gekommen war, für uns persönlich aus: Das neue, für mich vierte Oberschuljahr in der Burgschule hatte gerade begonnen. Bis gegen 22 Uhr hatte ich meiner Mutter am wunderschönen Sommerabend des 26. August 1944 beim Gießen ihres Blumengartens geholfen; sie benutzte dazu nicht den Gartenschlauch, sondern machte es immer mit der Kanne. Es muß gegen Mitternacht gewesen sein, als die Sirenen heulten (das innere Erstarren beim schauerlichen Auf und Ab des Heultons hat mich ein Leben lang nicht verlassen, auch wenn es nur beim „Probealarm" des zehn Jahre später anbrechenden jahrzehntelangen „Kalten Krieges" war). Wenig später, nachdem wir den Luftschutzkeller erreicht hatten, setzte auch schon ein Höllenlärm ein, wie wir es noch bei keinem der vorausgegangenen sowjetischen Luftangriffe erlebt hatten. In den maschinengewehrdichten Abschußknall offenbar der gesamten Königsberger Flak mischte sich das pausenlose Bersten explodierender Sprengbomben.

Darüber, was sich in meinem Inneren und draußen abspielte, lasse ich, wie schon in Band 1, am besten meinen Bildungsgang[1] vom

---

[1] Früher mußten wir Abiturienten für die Zulassung zum Abitur einen Bildungsgang schreiben. Er diente ganz wesentlich dem, was Hannelotte als Klassensprecherin in ihrer Ansprache zur Entlassungsfeier ihres Abiturientenjahrgangs der Helene-Lange-Schule zu Hannover am 24. März 1954 so formuliert hat: „Wir kamen zu dem Erkennen unserer Natur, unserer Wesensart." Daraus folgerten wir dann auch, wir Jungs ebenso wie die Mädchen, welcher Beruf der uns gemäße sein würde. (Fortsetzung auf S. 327)

1.12.1950 zur Zulassung zum Abitur sprechen, der dies in einem noch zeitlich nahen Abstand von sieben Jahren so beschreibt:

> „Alle Ausmaße vorstellbaren und erlebten Kriegsgeschehens überschreitend, war über meine Vaterstadt inzwischen das Verhängnis hereingebrochen, das in zwei Augustnächten des Jahres 1944 den Großteil ihrer Wohnviertel in Trümmer legte. Schon oft hatten wir mit stockendem Herzen im Luftschutzkeller gesessen – jetzt kam eine Nacht, wie sie noch nie gewesen war. Eigenartig, während anfangs Angst und Weinen der Frauen den Luftschutzraum erfüllten, trat, obwohl sich das Inferno da draußen steigerte, allmählich Ruhe ein, als ob der Friede Gottes sein endliches Recht forderte. Das eigene Haus war unbeschädigt, aber hinter der Häuserfront der nächsten Straße stand eine riesige Lohe: Ich blickte in den Brand meiner Heimatstadt. Die furchtbarste Nacht meines bisherigen Lebens gab den ersehnten Schlaf nicht. Ich wurde mir des großen Gegensatzes bewußt, der das Menschenleben erfüllt: das Trachten nach Dauer wider die rasche gesetzmäßige Macht des Vergänglichen.

(Fortsetzung Fußnote 1, S. 326) Nun, auch um die zwanzig Lebensjahre waren wir noch längst nicht „fertige" Menschen und Persönlichkeiten, und der weitere Weg hat oft eine Änderung an der im Bildungsgang vorgestellten Berufswahl gefügt. Hannelotte wurde nicht, wie sie in ihrem Bildungsgang ausführte und begründete, Jugendrichterin, sondern Jugendfürsorgerin, Mutter und Hausfrau, und ich nicht, wie ich es in meinem Bildungsgang darlegte, Rundfunkangestellter, sondern Jurist. Der Gewinn des Bildungsgang-Schreibens für ein ganzes Leben blieb, viel strenger noch als in Schulaufsätzen, die Beachtung der Anforderungen an folgerichtiges Denken und an sprachliche Disziplin sowie Gewandtheit in der Darlegung von Gedanken und Sachverhalten. Von der sicheren Beherrschung der Rechtschreibung und Interpunktion ganz zu schweigen, ohne die es zu damaliger Zeit an keiner deutschen Oberschule eine Zulassung zum Abitur und damit zur Erlangung der Hochschulreife gegeben hätte.

In der übernächsten Nacht sah ich dem bisher schwersten Luftangriff auf deutsches Gebiet von fern zu.[1] Ein gigantisches Feuerwerk spielte sich über der Stadt ab und erstarb erst im Morgengrauen. Am Tage stand eine ungeheure Rauchwolke in den Himmel. Irgendwo in diesem Giftpilz

---

[1] Nach dem ersten Terrorgroßangriff in der Nacht vom 26. zum 27. August war mein Vater durch die schwer betroffenen Stadtteile östlich von unserem Stadtteil Hufen gefahren. Er brachte die Nachricht mit, die Engländer hätten neuartige Brandmittel eingesetzt, Phosphorkanister und Flammstrahlbomben.

Wir Zwillinge wurden am 28. August zu dem Bauern Meyer in Penken-Seeben Kr. Pr. Eylau gebracht. Mein Vater und ich hatten bei ihm vorher bei Jagdaufenthalten in Vaters dortigem Jagdpachtrevier, die mit einer Übernachtung verbunden waren, schon mehrfach Quartier bezogen. Die Regelung war fernmündlich über das Fernamt Posmahlen getroffen worden; Ferngespräche wurden damals noch handvermittelt geführt. Das für Seeben zuständige Fernamt hatte diesen so ganz ostpreußischen Namen. Am 29. August wurden wir irgendwann gegen Mitternacht durch Flugzeuggeräusche wach. Meine Schwester Karin und ich gingen nach draußen auf den Hof, auch Herr Meyer kam hinzu. Es war leicht diesig und brummte von da oben unaufhörlich. Es wollte nicht aufhören. Entsetzen packte mich, wie gelähmt war klar, was bevorstand: ein zweiter Terrorgroßangriff. Als er beendet war, näherte sich am Himmel in Richtung Königsberg ein glühend-roter Punkt, der schließlich explodierte: ein angeschossener Bomber, hoffentlich kein eigener Nachtjäger, der Luftwaffenflugplatz Jesau lag ja ungefähr in derselben Richtung?

Meine Einschätzung als „bisher schwerster Luftangriff auf deutsches Gebiet“ beruht auf meinem Kenntnisstand von 1950. Die umfangreiche Nachkriegsliteratur über den alliierten Bombenkrieg gegen Deutschland war damals noch nicht erschienen und wäre wegen Geldmangels für mich auch gar nicht verfügbar gewesen. Die täglichen Wehrmachtsberichte der Kriegszeit hatten nach meiner Erinnerung die bei den westalliierten Angriffen entstandenen Opfer und Schäden immer nur pauschal als „schwer, erheblich, gering“ angegeben. Die Zahl der abgeschossenen gegnerischen Bomber und anderen Flugzeuge, ebenso die eigenen Verluste, wurden nach meiner Erinnerung dagegen stets exakt benannt.

suchten die Gedanken Eltern und Heim – spät am Abend ratterte ein Lastauto aus Richtung Penken kommend heran. Ein erschütternder Anblick: Die Eltern in ungeordneter Kleidung, wie ich es noch nie gesehen hatte, und ein erbärmliches Häufchen Habe, so wie es aus den Flammen getragen worden war. Das Wenige da vor mir war ein Nichts, das furchtbar an den Verlust von Haus und Besitz erinnerte."

Mein Vater reiste in der Folgezeit alle paar Tage zwischen Seeben und Königsberg hin und her, um dafür zu sorgen, daß die Bäckerei wieder in Betrieb genommen werden konnte – der Vorratslager- und der Verkaufsraum waren ausgebrannt – und die ausgebrannte Mietwohnung Woede im Eckhaus Gustloffstr. 1 als Notwohnung für uns hergerichtet wurde.

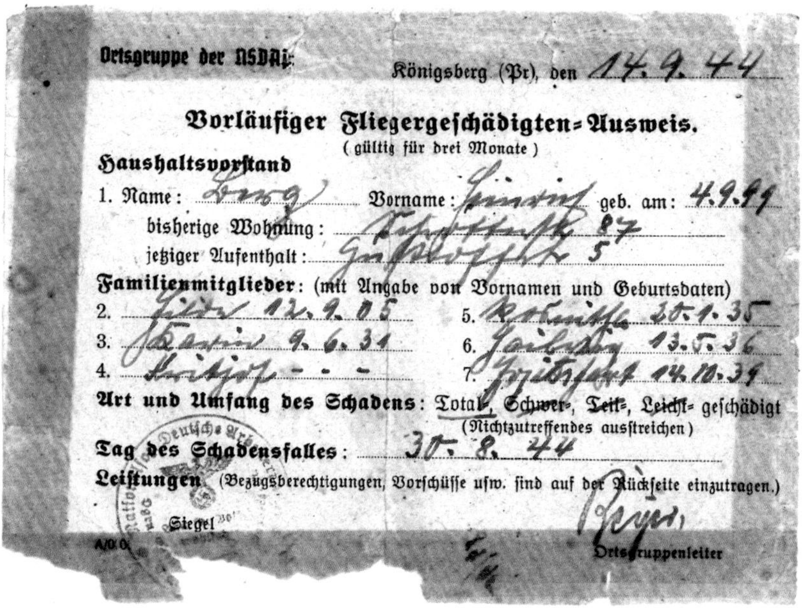
Ortsgruppe der NSDAP:

Königsberg (Pr), den 14. 9. 44

Vorläufiger Fliegergeschädigten-Ausweis.
(gültig für drei Monate)

Haushaltsvorstand
1. Name: [illegible] Vorname: [illegible] geb. am: 4.9.99
bisherige Wohnung: [illegible] 87
jetziger Aufenthalt: [illegible] 5

Familienmitglieder: (mit Angabe von Vornamen und Geburtsdaten)
2. [illegible] 12. 9. 05
3. [illegible] 9. 6. 31
4. [illegible] - - -
5. [illegible] 30. 1. 35
6. [illegible] 13. 5. 36
7. [illegible] 14. 10. 39

Art und Umfang des Schadens: Total-, ~~Schwer-~~, ~~Teil-~~, ~~Leicht-~~ geschädigt
(Nichtzutreffendes ausstreichen)

Tag des Schadensfalles: 30. 8. 44

Leistungen (Bezugsberechtigungen, Vorschüsse usw. sind auf der Rückseite einzutragen.)

Siegel

A/0.0.

Ortsgruppenleiter

Vorläufiger Fliegergeschädigten-Ausweis meines Vaters

Gemälde meines Cousins Horst Schillock

Abschied von Königsberg

von Agnes Miegel

Es forderte zum Fackeltanze Dich,
Gekrönte Vaterstadt, der grimme Tod.
Wir sahn von seinem Mantel Dich umloht
Und hörten, wie bei Deiner Türme Neigen
Die Glocken sangen Deinen Todesreigen
Und sahen, wie Dein Angesicht erblich
Und sahen schauerlich
Den Pregel schwarz an den verkohlten Pfählen
Vorbei an leeren Hafenstraßen schleichen,
Und sahn, wie Opferrauch am Grab, die reichen
Schätze gesunkner Speicher qualmend schwelen.
Und sahen Deinen furchtbaren Freier Tod
Aus Deiner Gassen leeren Masken starren
Und durch den grauen Rauch stromabwärts fahren
Mit zuckender Beute auf verglühendem Boot.
So sahn wir Dich. Und sahn was uns gehört
Wie Mutter ihrem Kind, in stummer Klage,
Vom Schnee bestäubt, durch kalte Wintertage
Fremd um uns stehn, gespenstisch und zerstört,
Doch immer noch bedroht von Haß und Neid
Und immer noch in Deinem Witwenkleid
Von Deinem Feind mit Schwert und Sturm begehrt!
O Angesicht, so bleich und so verstört,
O Stadt, umtobt vom Kampf, durchwühlt von Leid,
Wir wandern fort aus den zerstörten Gassen,
Doch wissen wir, die weinend Dich verlassen:
Wenn unsre Augen Dich nie wiedersehn,
Wenn wir vergehn
Mit unserm Blut, mit unserm Hab und Gut,
Daß noch in Dir, o Mutter, Leben ist,
Und daß Du, Königsberg, nicht sterblich bist!

Noch einmal zurück nach Königsberg – mit Zwischenaufenthalt in Sarkau

Als beides geschehen war, es muß irgendwann im September gewesen sein, kehrten wir mit einem Lkw nach Königsberg zurück. Zwischen den geborstenen Häuserzeilen lag noch der sengende Brandgeruch. Ich kehrte aber nicht auch in den Burgschulunterricht zurück, sondern wurde sogleich vom Nordbahnhof mit dem Zug zum Ostseebad Cranz auf die Reise geschickt und von dort mit einem Wehrmachts-Lkw nach Sarkau auf der Kurischen Nehrung gebracht.[1)] Dorthin waren bereits die zu einer Choreinheit zusammengelegten Chöre Heinrich-Albert-Chor, dem ich angehörte, und Rundfunkspielschar Königsberg, der Karin angehörte, evakuiert worden. Karin war ebenfalls in Sarkau und hat bei einem Telephongespräch, das ich bei der Manuskript-Niederschrift dieser Zeilen über unsere dortige Zeit mit ihr führte, bemerkt: „Da haben wir ja noch viele Dummheiten gemacht."

Wir waren in der Jugendherberge untergebracht, wir Jungen in vormilitärischer Ordnung mit „Bettenbauen", Spindappell, Antreten usw. Auch erlebte ich hier zum ersten Mal, daß in unserem Chor „geschliffen" wurde – aus nichtigstem Anlaß, wenn z. B. aus den Seegrasmatratzen der dreistöckigen Betten „okkulte" Sandkörner von den oberen auf die ansonsten ordnungsgemäß (d. h. Laken glatt gezogen, alle losen Bettsachen außer Kopfkissen am Fußende rechtwinklig zusammengelegt) „gebauten" Betten darunter gerieselt und von meinem Jungzugführer entdeckt

---

[1)] Wegen Treibstoffmangels erhielten immer mehr Fahrzeuge einen litfaßsäulenartigen Holzvergaser, in dem zerkleinertes Holz nicht verbrannt, sondern zu einer Gas erzeugenden Verglosung gebracht wurde. Auch dieser Lkw wurde so angetrieben. Auf der Fahrt von Cranz nach dem ungefähr 12 km entfernten Sarkau mußte er mindestens einmal anhalten, damit sein Gaserzeuger neu aufgefüllt werden konnte.

worden waren. Da ich „unten“ schlief, konnte ich machen, was ich wollte – war das Bettlaken „rein“, lagen beim nächsten Nachsehen schon wieder Sandkörnchen darauf. Das „Strafexerzieren“ fand auf einer Waldlichtung aus feinstem Dünensand vor der Jugendherberge statt: „Pumpen“ bzw. 50 „Ludwigs“ (Liegestütze), Kniebeugen (oft in der „verfeinerten“ Form von „10 Zeiten“ mit dem zusätzlich anstrengenden Aufwärts von z. B. 3 auf 9 oder Abwärts von 7 auf 4) sowie Hüpfen durch den pulverfeinen Nehrungssand von Waldrand zu Waldrand, als besondere Zugabe eventuell auch mit einem Ziegelstein auf den flachen Händen. Bei unserem ersten Wiedersehen nach dem Krieg hieran erinnert, schlug Helmut sich an die Brust und fragte entweder total vergeßlich oder scheinheilig: „Was, ich soll das getan haben?“ Dies habe ich hier nur deshalb erwähnt, weil es ein „Ausreißer“ und aus diesem Grund eine in besonderer Weise in der Erinnerung haften gebliebene Entgleisung aus unserer Musikkultur und unserem vorbildlich herzlich-kameradschaftlichen Miteinander war. Wäre unser von allen hochverehrter Chorleiter Konrad Opitz bei uns in Sarkau gewesen, Studienrat für Musik an der Vorstädtischen Oberrealschule in Königsberg, von wo die meisten seiner Sänger im Heinrich-Albert-Chor kamen, hätte er derartigen „Zeitvertreib“ eines gelangweilten „Jugendführers“ nie geduldet. Aber er war Luftwaffensoldat in Königsberg. Der Chor war das Sonderfähnlein S1 der Hitlerjugend. Hier war „Koni“ auch Hitlerjugendführer, deshalb galt zwischen uns die kameradschaftliche Anrede „Du“.

Schulunterricht fand in Sarkau nicht statt. Wo und in welcher Weise hätte er auch erteilt werden können? Im Heinrich-Albert-Chor waren wir alle Oberschüler, die meisten von uns waren „Vorstädter“, ich so ziemlich der einzige von einer anderen „Penne“. Aber die Angehörigen der Rundfunkspielschar kamen nicht nur aus wahrscheinlich allen Stadtteilen und damit von vielen Schulen, sie besuchten auch, nach Jungen und Mädchen getrennt, unterschiedliche Schularten, also Oberschulen für Jungen und solche für Mädchen (Lyzeen), und Mittelschulen. Es hätten also, obendrein nach Schuljahrgängen getrennt, mehrere Klassen gebildet werden müssen (für die Oberschüler/innen Unterstufen-, Mittelstufen- und eventuell auch schon Oberstufenklassen). Ein nach Stunden sehr stark eingeschränkter Unterricht hätte dann vielleicht im Speiseraum eines Nebengebäudes der Jugendherberge stattfinden können. Die von Königsberg nach Sarkau abgeordneten Lehrer hätten in einem besonderen Wohnheim untergebracht werden müssen, das es nicht gab. Oder sie hätten täglich hin und her fahren müssen, wegen der damals kriegsbedingt stark eingeschränkten öffentlichen Verkehrsverbindungen eine Unmöglichkeit. Sollte der eine oder andere von ihnen damals schon in Friedenszeiten ein Auto besessen haben, so besaß nun, da von der Wehrmacht requiriert, mit Sicherheit niemand von ihnen mehr ein solches.

In besagtem Speiseraum, in dem unsere Proben stattfanden, stand ein Flügel. An ihm „hottete“ Kurt Bowien, genannt „Kuller“, und auf ihm, der Deckel war heruntergeklappt, steppte manchmal „Quitsche“. Da wir in Sarkau mehr oder weniger immer „im Dienst“ waren, wir Jungen also meistens Uniform, die Mädchen „Kluft“ trugen, wird dies dann wohl auch in Uniform vor sich gegangen sein. Meistens erfolgte dieser „Auftritt“ nach dem gemeinsamen Mittagessen. Zur „Standardnummer“ waren dabei die sicherlich von „Kuller“ stammende Melodie und der so gar nicht zeitgemäße Song[1)] geworden: „Der Versturungshot der Privat-HJ/ aus Nischnij-Nowgorod,/ das ist ein toller Hot,/ da gibt es Salz und Brott/ und keinen Kußverbott/ und alles schläft wie tott“, mit dem die, die noch nicht gegangen waren, die Stimmungskanonen „Kuller“ und „Quitsche“ begleiteten. Natürlich verstießen wir damit gegen alle Regeln, denen wir beim Uniform-

---

1) in absichtlich verballhorntem Deutsch.

tragen und auch hinsichtlich „Hot“ und „hotten“ unterlagen. Eigentlich hätte unsere Aufsicht und Lagerleiterin „Lilo“ es doch „mitbekommen“ müssen. Dann hätte „der ganze Verein“ eine geharnischte Zurechtweisung erhalten. Ich kann mich zwar an ihre organisatorischen Ansagen erinnern, aber hieran nicht.

Das Essen war mäßig bis schlecht. Ich weiß noch, daß mein Vater mich einmal zu einem ihm bekannten Sarkauer Fleischermeister schickte. Ich richtete meinen Gruß reichlich verlegen aus, er begriff schon, warum ich gekommen war. Seine Mitgift ohne Fleischmarken, meine Lebensmittelmarken befanden sich ja alle bei der Lagerverwaltung, war ein kleines Stück Jagdwurst – ich bin kein zweites Mal zu ihm hingegangen. Nie in meinem Leben habe ich die bei unserer Lagerverpflegung immer wiederkehrende Dörrgemüsesuppe vergessen. Hatten wir zum Mittagessen Platz genommen und war das Essen noch nicht aufgetischt, stimmten wir unser „Wir haben Hunger, Hunger, Hunger, haben Hunger, Hunger, Hunger ...“ an, bis dann endlich die Terrinen, Schüsseln, Schalen, Platten erschienen. Bevor wir zu Messer und Gabel oder zum Löffel griffen, wurden markige Tischsprüche aufgesagt, von denen mir dieser im Gedächtnis haften geblieben ist: Bescheidenheit verlaß’ mich nicht,/ verlaß’ mich nicht bei Tische/ und sieh’, daß ich zu jeder Zeit/ das größte Stück erwische!

Was konnten wir Großstadtkinder sonst in der (an sich ja paradiesischen) Einsamkeit der Kurischen Nehrung unternehmen? Für uns Jungs ging es einmal zu „Mutproben“ durch Herabspringen von einer hohen, steilen, quer über die Nehrung verlaufenden Panzersperre nördlich Sarkaus, wobei ich mir gehörig einen Knöchel verstauchte ...

Wecken und Aufstehen fand mit der Ansage eines unserer „Vorgesetzten“ statt: „Reise, Reise, nach alter Seemannsweise./ Ein jeder stößt den andern an,/ der letzte stößt sich selber an/ und schläft dann ruhig weiter.“ Ebenfalls aus der Seemannskiste wurde beim Schlafengehen mit der Parole Ruhe geboten: „Ruh’ im

Schiff! Geister auf Stationen! Die zum Sterben Abgeteilten zum Sargempfang auf der Schanz antreten! Gute Nacht!“ So sah das Schlafengehen für uns Jüngere aus. Die Älteren im Stockwerk über unserem Schlafsaal veranstalteten jedoch fast allabendlich ihr geräuschvolles „Schemelrennen“. Sie (oder einige von ihnen) machten wohl auch mit gleichaltrigen Mädchen geheimnisumwitterte Spaziergänge zu einer Eisdiele am Ostseestrand. Es wurde von klammheimlichem Abseilen mittels Bettlaken zu später Stunde gemunkelt, da die Haustüren ja verschlossen wurden und damit kein Treppenknarren oder -getrappel die Ausflüge verriet.

Ja, wir haben „noch viele Dummheiten gemacht“, wie Karin sagte. Der Ernst des Krieges und die Ungewißheit über alles noch Kommende umgaben uns allüberall. Aber wir waren trotzdem doch jung. Unsere „Dummheiten“ waren nichts anderes als jugendliche Ausgelassenheit, die damit gleichzeitig das Fernsein von zu Hause und ein Nichtausgefülltsein der Sarkauer Tage überwand. Wie gut, daß ich damit schon ein Vierteljahr vorher in Mohrungen fertig werden mußte, insoweit also bereits „gereift“ war.

Die Aufsicht über uns und die Lagerleitung hatte die gebürtige Göttingerin Liselotte Grube, genannt „Lilo“. Sie war wohl 1943 vom Reichssender Saarbrücken zum Reichssender Königsberg versetzt worden. Für uns war sie dort Aufnahmeleiterin im Aufnahmestudio. Ihr zur Seite stand hier wie in Sarkau der schwer kriegsbeschädigte Max Naused. Beider „dienstlich“ vorgegebene Aufgabenstellung und Beziehung zueinander beschäftigte natürlich unsere jugendliche Phantasie, und so hatte einer von uns die Spottverse in Umlauf gebracht, zu singen nach der Melodie „Häschen in der Grube ...“: „Liselotte Grube saß und schlief, da kam der Max und küßte sie, potz tausend, wie sie lief!“ Sie erschien mir in Sarkau immer als etwas streng-unnahbar, hatte eben nicht das warm-verbindliche Wesen von unserem „Koni“. Vielleicht lag das auch ganz einfach nur an unserem damals noch bedeutsamen Altersunterschied und der im Interesse von Ordnung und Disziplin bestehenden Lagerhierarchie. Diese Faktoren existierten nicht mehr, als wir uns bei den Nachkriegstreffen unserer Chorgemeinschaft wiederbegegneten, wir haben jahrelang in einer geregelten Briefverbindung gestanden. „Lilo“ hat mir dabei einige interessante und wissenswerte Auskünfte über die technische Seite unserer Choraufnahmen im Königsberger Sender gegeben, ich werde darauf noch im Kapitel „Pimpf in der Königsberger Hitlerjugend – der Heinrich-Albert-Chor“ im einzelnen zurückkommen.

Als Chorleiter fungierte Chorkamerad Gerhard Kitzelmann. Zu Aufnahmen im Sender fuhren wir hin und wieder in Wehrmachts-Lkw’s.

Aus dem 90 km nördlich gelegenen Memel wummerte immer heftiger Kriegslärm. Wehrmachtsfahrzeuge, Schützenpanzerwagen kamen von dort, manche mit Gewehr- und Granatsplitterdurchschüssen. Sie standen getarnt um die Jugendherberge herum, teilweise mit dem Kühler gegen Splittereinwirkung in den Sand eingegraben. Ich fragte einen Landser, der sich am Führerhaus eines Lkw’s zu schaffen machte, warum die Anlasserleuchte überklebt sei. Er antwortete mit der Gegenfrage: „Was meinst Du, wie weit die zu sehen ist?“ Um gleich hinzuzufügen: „Kilometerweit!“

Die Stunde unseres Abschieds von Sarkau kam am 19. Oktober 1944. Wir, die aus Königsberg Evakuierten, wurden nach Königsberg zurückevakuiert, unser Gepäck, nach meiner Erinnerung aber auch wir selbst wiederum mit Wehrmachtsfahrzeugen. Ich sehe das alles heute noch deutlich vor mir, wie überall gründlich nachgesehen wurde, ob wir auch nichts vergessen hatten, wie unsere Sachen zu den Fahrzeugen getragen und aufgeladen wurden. In Königsberg ging mit Proben und Aufnahmen im Großen Sendesaal des Funkhauses das nunmehr wieder „normale“ Chorleben weiter, ebenfalls wieder unter „Koni“, der in Wehrmachtsuniform von seiner Luftwaffeneinheit kam. Doch nur für kurze Zeit. Denn schon bald nach dem dortigen „Neubeginn“ sorgte eine Ankündigung für fieberhafte Unruhe und brachte eine geordnete Chorarbeit fast zum Erliegen: Der Chor würde nach Prag evakuiert.

Dies geschah dann auch am 19. November 1944. Karin und ich reisten nicht mit. Obwohl das „Reichsprotektorat Böhmen und Mähren“ und Prag als weitaus weniger bombengefährdet als das Reichsgebiet eingeschätzt und deshalb auch „Luftschutzkeller des Reiches“ genannt wurden, hatten sich unsere Eltern gegen unsere Evakuierung nach Prag entschieden. Mag sein, daß sie um den versteckten Haß der Tschechen auf die Deutschen einschließlich der landeseigenen wußten. Wahrscheinlich wollten sie wegen der sich an allen Fronten verschärfenden Kriegslage – die Rote Armee war bereits im Oktober über die Reichsgrenze nach Ostpreußen eingedrungen und dort noch einmal zum Stehen gebracht worden, ihre Nemmersdorf-Verbrechen waren bekannt – die Kontrolle über ihre Kinder und uns deshalb bei sich behalten. Im Nachhinein erwies sich diese Entscheidung als richtig. Als sie so getroffen wurde, war ich darüber nicht traurig. Ich wollte in Königsberg bleiben (wohl auch deswegen, weil es mit meinem Vater weiter auf die Jagd gehen würde, was bei einer Abreise nach Prag ja nicht mehr möglich sein würde). Die in Königsberg verbliebenen Chormitglieder, ein kleiner, aber sehr leistungsfähiger Chor, führte mit Proben, Aufnahmen, Einsätzen den gewohnten Chorbetrieb weiter. Aus dieser nur wenige Monate dauernden Endzeit des in Königsberg weiter bestehenden Restchores sind diese besonderen Einsätze und Vorfälle in meiner Erinnerung haften geblieben:

Wir sangen im Standortlazarett vor vielen Verwundeten in ihren Zimmern, siehe hierzu auch meinen Bildungsgang im Kapitel „Pimpf in der Königsberger Hitlerjugend – der Heinrich-Albert-Chor“.

Wenn von einem Kameraden (männlich oder weiblich) ein Brief aus Prag an einen von uns Zurückgebliebenen eingetroffen war, wurde er immer mit lautem „Hallo" verlesen. An eine Schilderung aus Prag erinnere ich mich genau, weil sie 100prozentig im Gegensatz zu dem stand, wozu wir erzogen waren und woran wir uns hielten: In Prag würden die Jüngeren in der überfüllten Straßenbahn auf den Bänken sitzen, die Älteren aber stehen ...

Ende November oder Anfang Dezember sang ich mit einer Altstimme im Duett (wahrscheinlich war es die ebenfalls in Königsberg zurückgebliebene Thea Schmeer, Irrtum aber vorbehalten) für eine Aufnahme im Sender. „Wenn alle Brünnlein fließen" und „Ade zur guten Nacht". Rein zufällig – ich kannte Tag und Zeit der Rundfunkübertragung nicht – hörte ich mich dann in der vor unserer Ausbombung Woedischen Mietwohnung, die ein Notdach erhalten hatte und in der auch die anderen Bombenschäden beseitigt waren, im Radio den Rest von „Ade zur guten Nacht" singen. Ich fand meinen Sopran, den ich, im Mikrophon gefiltert, so ja noch nie gehört hatte, klar, rein, voll, einfach gut! Meine Mutter hatte alles gehört und war vollkommen überrascht, als ich sie fragte, ob sie wisse, wer da eben gesungen habe, und es ihr dann sagte. Ebenso überraschend erhielt ich für mein Solo/ Duett von der Reichsrundfunk GmbH in Berlin ein Honorar von 50,– RM. Dies war völlig gegen unsere Haltung im Chor: Wir sangen aus Freude und uneigennützig. Leider habe ich den Überweisungsbeleg bei unserer bald folgenden Flucht aus Königsberg nicht schnell in irgendeine Tasche gesteckt ...

Wenige Tage vor Weihnachten 1944 sangen wir in einem großen Raum des Flughafens Devau, es war ein weihnachtliches Konzert. Der Raum war bis auf den letzten Platz von Soldaten der Luftwaffe belegt. Er war feierlich geschmückt. Jeder von uns allen spürte, wußte, welche Gefahr uns nun schon in Ostpreußen bedrohte. Die weihnachtliche Stimmung vor diesem Hintergrund verband uns alle, Soldaten wie Sänger. Auch in ihrem Beifall schwang sie sicherlich mit. Nach dem Konzertende nahmen uns die Soldaten noch herzlich-kameradschaftlich an den weihnachtlich geschmückten und gedeckten Tischen in ihre Mitte, weihnachtliche Naschereien standen zum Zugreifen vor uns. Jeder von uns erhielt außerdem als Geschenk beziehungsweise Dank eine große „bunte“ Weihnachtstüte, die manche Leckereien enthielt, die wir schon lange nicht mehr gesehen hatten.

Vor einer unserer letzten Proben im Sender warteten wir auf einer Zuwegung zu diesem, die durch einen parkartigen Geländestreifen zwischen Adolf-Hitler-Straße und Sender/Staatsarchiv verlief, bis sich alle versammelt hatten. Es schneite, der Schnee backte. Als „Quitsche“ nahte, ballerte ich ihr übermütig einen Schneeball an den Kopf. Sie „klebte mir eine saftig“, ich habe es mein Lebtag lang nicht vergessen. Sie auch nicht, ich hatte bei den Jahrestreffen unserer Chorgemeinschaft nach 1977 sogar den Eindruck, daß sie mir immer noch nicht verziehen hatte.

In gewohnter Weise ging es noch weiter, bis nach Beginn der Großoffensive der 3. Weißrussischen Front gegen Ostpreußen am 13. Januar 1945 und ihrem raschen Vordringen Koni uns am 19. Januar in Wehrmachtsuniform im Großen Sendesaal des Königsberger Rundfunks aus unserer Chorarbeit für immer entließ. Seine kurze Ansprache, in der er am Ernst der Lage nicht vorbeiredete und sagte, niemand wisse, was die nächste Zeit für Ostpreußen und jeden von uns bringen werde, und in der er uns ermahnte, alles ehrenhaft zu bestehen, ist mir für immer im Gedächtnis geblieben.

Ich habe mit alledem etwas in den Inhalt des Kapitels „Pimpf in der Königsberger Hitlerjugend – der Heinrich-Albert-Chor“ hineingegriffen, weil es untrennbar mit den letzten Monaten meiner Königsberger Burgschulzeit verbunden war. Sie hatte sogleich nach der Rückkehr aus Sarkau wieder begonnen. Unsere Klasse war zahlenmäßig bestimmt kleiner geworden. An den Gang des Unterrichts im einzelnen oder irgendwelche schulischen

Ereignisse kann ich mich nicht mehr erinnern. Sicherlich hob die Mitte Dezember 1944 wie ein völlig überraschender Paukenschlag begonnene und zunächst erfolgreiche deutsche Ardennenoffensive an der Westfront noch einmal die allgemeine Stimmung und Hoffnung auf nochmalige Wende des Kriegsglücks auch in der Schule. Aber nach deren Scheitern und erst recht nach dem Losbrechen der Sowjetoffensive gegen Ostpreußen am 13. Januar 1945 lag über allem Schulunterricht bange Ungewißheit, Erwartung, Furcht vor dem Kommenden. Ich weiß nicht mehr von wem, mit welchen Worten es geschah – aber am 19. Januar wurden wir Schüler nach Hause geschickt. Nicht wissend oder grausame Ahnungen verdrängend, verließen wir unsere deutsche Burgschule für immer. Der 19. Oktober, 19. November 1944 und der 19. Januar 1945, dieser zweifach, waren Eck- und Endpunkte in meinem Königsberger Schülerdasein geworden.

Nach 45 endlos langen Jahren kann ich mit Hannelotte zum ersten Mal meine alte Schule wieder betreten

Als wir um keinen Preis unter die Herrschaft der Sowjets und der Roten Armee gelangen wollten, vor deren Haß und Verbrechen wir ja am 23. Januar 1945 geflüchtet waren, und eine Rückkehr uns ohnehin verwehrt war, an die wir nach dem als selbstverständlich erwarteten Eintritt wieder geordneter Verhältnisse aber fest glaubten, gingen mit der aus totalem Nichtwissen bestehenden täglichen Frage, wie es denn in Königsberg aussehen möge, meine Gedanken stets auch zur Königsberger Burgschule zurück.

Eine erste ganz genaue Kunde brachte unverhofft unser Nachbar „von schräg gegenüber", Schlömp. Er wohnte im gleichen Haus wie Elbes, diese Nr. 102, er Nr. 100. Wir hatten eigentlich keine Beziehung zueinander, außer daß Schlömps wahrscheinlich unsere Kunden waren und ihre Tochter Christel Klassenkameradin meiner Zwillingsschwester Karin. Von einem Besuch bei Schlömps habe ich in Erinnerung behalten, daß in Christels Zimmer ein Wandteppich mit Abzeichen (Städtewappen) des VDA (Verein der Deutschen im Ausland) „vollgepflastert" war.

Wir waren zu Beginn des Jahres 1946 von Sirachsberg, Kr. Uelzen, nach Leese, Kr. Nienburg/Weser, „umgezogen" und wohnten dort zunächst auf dem „Alten Hoop" des Bauern Wilhelm (siehe Kapitel „Wir sind Flüchtlinge, Fremdlinge auf dieser Erde"). An einem Sommertag dieses Jahres, mein Vater und ich waren gerade auf der Hoffläche, kam auf uns ein Mann mittlerer Größe zu. Er sah elend und völlig verhungert aus, trug einen schlaffen Rucksack, war noch „abgekodderter" als wir. Er sprach meinen Vater mit den Worten an: „Herr Berg, kennen Sie mich nicht mehr?" Darauf sagte mein Vater: „Nein, ich weiß nicht, wer Sie sind." Der noch Unbekannte nannte seinen Namen: „Ich bin Ihr Nachbar Schlömp", um sogleich hinzuzufügen: „Wußten Sie, daß ich Kommunist war?" Mein Vater verneinte es. Ich fürchtete, daß es jetzt zu einem Wortduell, zu einer „Abrechnung“ mit dem politischen Gegner, stellvertretend für all die anderen Millionen NSDAP-Mitglieder, mit dem Nationalsozialisten Berg, kommen würde, und dies auf dem Hof des uns feindlich gesonnenen Bauern Wilhelm. Woher hatte der Mann in den gegenwärtigen chaotischen Verhältnissen überhaupt unsere Anschrift? Aber weit gefehlt! Denn Herr Schlömp schuf gleich Klarheit, indem er seiner Frage hinzufügte: „Ich *war* Kommunist!“ Warum er es nicht mehr war, erklärte er ebenfalls auf der Stelle: Als die Sowjetsoldaten beim Endkampf um Königsberg Anfang April 1945 bis zu unseren Häusern vorgedrungen waren, sei er ihnen mit erhobener linker Faust und der roten Fahne in der anderen Hand entgegengelaufen. Dieser Willkommensgruß sei mit einem Schlag des Gewehrkolbens in sein Genick erwidert worden. Und dann das gleich danach einsetzende Plündern („Uri, Uri ...“) und das, „was sie mit den Frauen gemacht haben“, mit Rücksicht auf mein Alter von 15 Jahren so formuliert, es mußte etwas Schlimmes sein, war auch Karins Klassenkameradin Christel davon betroffen? Mein Vater hat keine Frage in dieser Richtung an ihn gestellt, und er schwieg darüber – wahrscheinlich hatte er seiner Frau Ängste vor den Sowjetsoldaten ausgeredet, er sei doch Kommunist, da könne ihnen gar nichts passieren, sicherlich hat er deswegen auch jeden Gedanken an Flucht ausgeschlagen – und haderte nun mit sich selbst, an sich doch schuldlos, mit den dennoch von ihm verschuldeten Schicksalen. Mein Chorkamerad aus dem Königsberger Heinrich-Albert-Chor Horst D. erzählte mir bei unserem Wiedersehen in den 70er Jahren des vorigen Jahrhunderts, sein Vater sei Kommunist gewesen, im Vertrauen auf die „Befreiung“ durch die Sowjets sei er mit seiner Familie in Königsberg geblieben, und dann hätten sie mit ansehen müssen, was mit seiner Mutter geschehen sei. Horst verurteilte seinen Vater nicht, aber seine Schilderung hatte einen bitter-anklagenden Ton. Herr Schlömp erzählte weiter, die Deutschen hätten vor Hunger in unserem Obstgarten bald nach der Baumblüte die noch ganz kleinen, harten, völlig unreifen Fruchtansätze gepflückt und verzehrt. Und: Die Burgschule habe nur geringe Schäden davongetragen. Diese seien von deutschen Kriegsgefangenen beseitigt worden. (Anmerkung: Aber bis heute nicht restlos. Bei meinem ersten Wiedersehen mit der Burgschule und auch noch beim letzten 2008 war an der Außenwand der Turnhalle zum Schulhof immer noch die Einschlagstelle einer Granate mit vielen „Ratschern" der Splitter zu sehen.) Es sollte die letzte unmittelbare Nachricht für Jahrzehnte bleiben, eine undurchdringliche bleierne Wand wurde von den Sowjets zwischen unseren Augen, unserem Wissenwollen und Königsberg/Kaliningrad errichtet.

Über diese Zeit des Vertriebenseins aus meiner Heimatstadt werde ich an anderer Stelle ausführlich berichten. Wie es 1990, als Königsberg (Kaliningrad) noch hermetisch abgeriegeltes sowjetisches Sperrgebiet war, zu einem ersten Wiedersehen mit der Stadt und hier auch mit der Burgschule kam, hat Hannelotte in ihrem Tagebuch über unsere Ferientage vom 24. August bis zum 7. September 1990 in Schwarzort/Kurische Nehrung festgehalten. Ich habe es zudem in dem von der Stadtgemeinschaft Königsberg (Pr) herausgegebenen Königsberger Bürgerbrief niedergeschrieben.

Im Bürgerbrief, Ausgabe XXXIV/Sommer 1990, schrieb ich (hier auszugsweise mitgeteilt) auf Seiten 34 ff:

> „Am Anfang stand die Ankündigung ‚der Sensation aus der DDR' im Weihnachtskatalog 1987 des Rautenberg-Verlages: Die ‚Suche nach Karalautschi – Report einer Kindheit' aus der Feder der in (Ost-)Berlin lebenden Königsberger Schriftstellerin Elisabeth Schulz-Semrau. Schon der Buchumschlag mit der Darstellung des Königsberger Schlosses machte deutlich, daß ‚Karalautschi' nichts anderes als die (litauische) Bezeichnung für Königsberg war ...

Elisabeth Schulz-Semrau schildert in ihrem Buch ... Begegnungen mit ihrem sowjetischen Schriftsteller-Kollegen ... Jurij Iwanow... Jurij Iwanow besaß nur noch undeutliche Konturen für mich, als er sozusagen mit einem Paukenschlag zum zweiten Mal in mein Bewußtsein trat. In der ersten deutschsprachigen Ausgabe von Moskow News im Mai 1988 heißt es über ihn, er habe „alles Deutsche gehaßt“, als er in das besiegte Königsberg kam. In meiner Schule, der Burgschule Am Landgraben und in der Lehndorffstraße, drückte er damals die Schulbank, schlug mit anderen russischen Schülern die Köpfe von Kopernikus, Kant, Herder und Lovis Corinth auf den Pilastern über dem Haupteingang ab ... Mit Elisabeth Schulz-Semrau war ein fester Briefwechsel entstanden. Darin teilte sie mir eines Tages mit, sie habe eine Einladung von Jurij Iwanow nach Kaliningrad erhalten ... ‚Im Oktober werde ich reisen‘ ... Vorher verabredeten und trafen wir uns im Ost-Berliner Palast-Hotel, in ihrer Wohnung gab es ein Kennenlernen der beiden Familien ...

Frau Schulz wollte es unternehmen, eine Verbindung zwischen Jurij Iwanow und mir – dem nach offizieller kommunistischer Lesart ‚kapitalistischen‘ und ‚revanchistischen‘ Königsberger – herzustellen. Als Gruß an einen einflußreichen Russen, der es nach 40jährigem Verschweigen offensichtlich unternahm, wichtige Ereignisse und Gestalten aus der Geschichte Königsbergs in das Bewußtsein der Bürger von Kaliningrad zu integrieren und tiefe Gräben zwischen beiden Völkern gerade in Königsberg zuzuschütten, nahm sie eine Alberte, Königsberger Marzipan von Schwermer, die Kopie eines Burgschul-Zeugnisses und eine Aufnahme von der zeitgenössischen Darstellung des Altstädtischen Marktes (in neuerer Zeit Kaiser-Wilhelm-Platz) für ihn mit.

Jurij Iwanow bedankte sich mit einem Produkt unserer Heimaterde, von dem er offenbar wußte, was es allen Ostpreußen bedeutet ... Seit jener Zeit gehen nun auch zwischen Jurij Iwanow und mir ... Briefe hin und her ..."

Ich unterbreche an dieser Stelle mein Selbstzitat aus dem Königsberger Bürgerbrief und lasse im Folgenden meinen ersten Brief vom 7.11.1988 folgen, mit dem ich nun selbst mit Iwanow in Verbindung trat und den ich ihm in russischer Übersetzung per Einschreiben am 14. November 1988 schickte.

Lieber Juri Iwanow!

Leider beherrsche ich die russische Sprache und Schrift zu wenig, um in Ihrer Muttersprache an Sie schreiben zu können. Ich habe vor Jahren einmal in meinem jetzigen Wohnort Kiel, der Ihnen vielleicht durch die Lage der Stadt an dem für die internationale Schiffahrt wichtigen Verbindungsweg zwischen Ost- und Nordsee (Kiel-Kanal) bekannt ist, versucht, in die Anfangsgründe des Russischen vorzudringen. Aber bei diesem Versuch ist es damals leider geblieben. Deshalb sende ich Ihnen eine Übersetzung meines Briefes, die ein hilfsbereiter Mensch für mich besorgt hat. Elisabeth Schulz-Semrau, diese Frau mit dem so tapferen, liebenden und darum völkerverbindenden Herzen, hat bei ihrem Besuch vor wenigen Wochen ja bereits eine Verbindung zu Ihnen hergestellt. Bevor ich mich Ihnen selbst mit ein paar Lebensdaten vorstelle, möchte ich Ihnen sehr herzlich für Ihre guten Grüße und das heimatliche, wertvolle Geschenk aus Ihrer Hand bedanken, das Elisabeth Schulz-Semrau nun aus Berlin an mich weitergeleitet hat.

Wie Elisabeth Schulz-Semrau erblickte ich 1931 in Königsberg (Pr) das Licht der Welt. Bis 1938 wohnten wir im Zentrum der Stadt auf dem Steindamm. In diesem Jahr bezogen wir einen geräumigen Neubau in der Schrötter-, Ecke Gustloffstraße, den mein Vater dort errichten ließ. Diese Straßen sollen nach meiner Kenntnis heute ul. Krasnaja und ul. Čekistov heißen. Das Haus ging bei dem schweren englischen Bombenangriff Ende August 1944 in Flammen auf. Jedoch blieben die Betriebsräume der Bäckerei wie durch ein Wunder erhalten. Ein Straßennachbar, der 1947 nach Westdeutschland kam, wußte zu berichten, daß das Geschäft damals als „Magazin" gedient haben soll. Seitdem habe ich nie wieder etwas davon gesehen oder gehört.

Elisabeth Schulz-Semrau hat mir von Ihrem Versuch berichtet, die fragliche Straßenecke zu finden. Ich sende Ihnen im voraus meinen Dank dafür, daß Sie mir, vielleicht sogar mit einem Bild, nach so vielen Jahren Gewißheit darüber verschaffen wollen, was aus meinem Elternhaus geworden ist. Obwohl der Krieg alles verschlungen hat, werde ich immer für die schöne Jugendzeit dankbar sein, die ich dort verleben durfte. Wie Sie nun ja schon wissen, besuchte ich ab 1941 die Burgschule, in der sich unsere Lebenswege so schicksalhaft gekreuzt haben. Seit jener Zeit sang ich auch im Heinrich-Albert-Chor mit; Heinrich Albert gewann im 17. Jahrhundert für das Königsberger Musikleben große Bedeutung. Ich habe hier an Rundfunkaufnahmen im Sender sowie an Konzerten in der Stadthalle am Schloßteich mitgewirkt.

Nach vielen anderen Stationen lebe ich mit meiner Familie (zwei Söhne) seit 1975 in Kiel. Ich bin hier Jurist in der Wasser- und Schiffahrtsverwaltung der Bundesrepublik Deutschland und habe in dieser Eigenschaft auch mit der Schadensregulierung von Havarien sowjetischer Schiffe im „Kiel-Kanal" zu tun. Aus einem solchen Anlaß schrieb ich auch einmal an eine sowjetische Reederei in Kaliningrad. Das Schreiben hatte einen ganz und gar sachlich-nüchternen Inhalt, aber wieviele Gefühle und Gedanken gingen doch mit in die Straßen meiner Kindheit!

Seit 1968 habe ich wiederholt die Botschaft Ihres Landes in der Bundesrepublik Deutschland und andere Stellen um die Ermöglichung eines Besuches gebeten. Es ist bis heute ein ständiges Bemühen und ein starker Glaube daran geblieben, daß irgendwann der Tag doch kommen wird! Übrigens habe ich die sowjetischen Stellen dabei auch mit genauen Ortsangaben um Nachforschungen nach dem Ölgemälde „Das Lichtgebet" des bei Kriegsende in Berlin-Erkner wohnhaften Professor Fidus gebeten. Sollten Sie bei Ihren Bemühungen um die Errichtung des Kulturfonds irgendwann einmal auf dieses Gemälde stoßen, darf ich es auch im Namen meiner noch lebenden Mutter Ihrer Fürsorge anvertrauen.

Bekanntschaft mit Ihnen machte ich erstmals zu Beginn dieses Jahres durch das Buch von Elisabeth Schulz-Semrau. Und bald darauf erschien dann auch in der führenden westdeutschen „Frankfurter Allgemeinen Zeitung" ein Bericht über eine Veröffentlichung in „Moscow News", in dem u. a. Ihre Bemühungen um den Kulturfonds hervorgehoben wurden.

Es war immer mein (bisher vergeblicher) Wunsch, zu den ersten Deutschen zu gehören, die in der Stadt am Pregel zusammen mit Angehörigen Ihres Volkes einen bedeutsamen Pfeiler für das Gebäude der künftigen Beziehungen zwischen Ihrem Volk und allen Deutschen errichten. Wo gute Nachbarschaft und vernünftige Beziehungen hätten herrschen müssen, hat Wahn seit 1941 einen oftmals irreparabel erscheinenden Trümmerhaufen hinterlassen. Niemand kann das entsetzliche Geschehen jener Jahre zwischen unseren Völkern ungeschehen machen, vor allem nicht das Leid, das Unglück und den Tod so vieler Menschen. Es läßt sich auch nicht aus dem Gedächtnis der Überlebenden tilgen. Aber wenn die ganze Sinnlosigkeit des furchtbaren Geschehens in der Geschichte überhaupt einen letzten Sinn haben soll, dann nicht nur die oft ausgesprochene Einsicht, daß sich so etwas nie mehr wiederholen darf. Über die Herstellung von vollständiger Friedfertigkeit und Vertrauen hinaus sind alle Verantwortlichen zur Schaffung eines Zustandes der beiderseitigen Beziehungen verpflichtet, der der Bedeutung unserer beiden Völker entspricht. Als Mitglied der „Stadtvertretung Königsberg" in der Bundesrepublik Deutschland will ich in dieser Richtung nach Kräften mitwirken. Ich darf Ihnen wahrheitsgemäß versichern, daß diese Einrichtung nichts mit dem Propagandagespenst vom „Revanchismus" zu tun hat, sondern daß in ihr Menschen zusammen sind, die aus Verantwortung eine Lösung der Probleme suchen, in die sie das Schicksal gestürzt hat.

Ich danke Ihnen für Ihr Bemühen, zu bewahren und wichtige Gestalten und Ereignisse aus der Geschichte des untergegangenen Königsberg (Pr) im Bewußtsein der Bürger von Kaliningrad lebendig zu erhalten. Im Jahre 1544 gründete Herzog Albrecht von Preußen die Universität Königsberg, die „Albertina", die eine weite Ausstrahlung in die Nachbarländer hatte. Zum Gedenken an dieses Ereignis wurde den Königsberger und allen ostpreußischen Abiturienten von Verwandten und Freunden die „Alberte" mit dem Bildnis des Herzogs angeheftet, die den Betreffenden als einen würdigen „cives academiae Albertinae" auswies. Dieser Brauch lebt hier und da in der Bundesrepublik Deutschland fort, und Elisabeth Schulz-Semrau hat Ihnen als einen persönlichen Gruß von mir und meiner Frau sowie als Ausdruck meiner Verbundenheit im Geiste der Universität von Immanuel Kant einen „Albertus" mitgebracht.

Grüßen Sie bitte auch die Straße, in der Sie wohnen. In der Nähe lebten Verwandte von mir, auf einem Sportplatz neben der Straße haben wir viele Sportwettkämpfe ausgetragen, in dem hügeligen Gelände bin ich Ski gelaufen.

Mit ausgezeichneter Hochachtung verbleibe ich

Ihr Fritjof Berg

Mit dem „Produkt unserer Heimaterde" habe ich dabei Bernstein-Manschettenknöpfe umschrieben, die eine billige Goldimitation als Einfassung haben, aber als Zeichen persönlicher Annäherung und Wertschätzung nach jahrzehntelanger Feindschaft und „Eiszeit" zwischen unseren Völkern einen hohen ideellen Wert für mich besaßen. Sie befinden sich inzwischen im Besitz und Eigentum unseres jüngsten Sohnes. Ich habe diese Umschreibung im Königsberger Bürgerbrief gewählt, da er mit Sicherheit auch von amtlichen russischen Stellen mitgelesen wurde und die nicht genehmigte „Ausfuhr" von Bernstein (unseres „ostpreußischen Goldes") russischerseits strafbar war (und es bis heute ist!) und ich Jurij Iwanov keine derartigen Ungelegenheiten „einbrocken" wollte. Er hatte die Manschettenknöpfe Elisabeth Schulz-Semrau bei ihrer Rückreise nach Berlin mitgegeben. Sie hat sie mir dann mit ihrem „Schuhkarton" voller Königsberger Erlebnisse (ihr Brief vom 30. Oktober 1988) oder bei unserem Treffen am 19. November in München übergeben. Wie man sieht, hatten wir für uns persönlich, Hannelotte inbegriffen, die Berliner Mauer schon ein Jahr vor ihrem endgültigen Fall am 9. November 1989 endgültig durchbrochen.

In ungekürzter Länge lasse ich den Antwortbrief von Jurij Iwanov vom 22.3.89 auf meinen Brief vom 7./14.11.1988 folgen, weil er mit Tamara und ich mit Hannelotte im Mittelpunkt vom Anfang des Endes der Sprachlosigkeit zwischen uns deutschen Königsbergern und den jetzt in unserer Heimatstadt lebenden Russen standen.

Sehr geehrter Fritjof Berg!

Entschuldigen Sie bitte, daß ich Ihren Brief nicht gleich beantwortet habe, es ist aber immer so, schreibt man nicht sofort zurück, so bleibt der Brief liegen! Ihr Brief ist aber sehr interessant und wichtig sowohl für mich als auch für unseren Fond.

Ganz zuerst möchte ich mich bei Ihnen für „Albertus" herzlich bedanken. Ich trage ihn zu allen wichtigen Sitzungen und Besprechungen (wörtlich: Er ist an den Aufschlag der Jacke meines Anzuges gesteckt, den ich zu wichtigen Sitzungen und Besprechungen trage).

Erstaunlich ist die Tatsache, daß wir die gleiche Schule absolviert haben! Wie sonderbar und kompliziert ist das Schicksal verschiedener Menschen: Sie sind am Pregelufer zur Welt gekommen, ich an dem der Newa. Wie schrecklich hat der Krieg so viele Menschen aufgewirbelt, über die ganze Welt zerstreut, aus den Heimatländern vertrieben ... Ohne Zweifel besteht unsere Hauptaufgabe jetzt darin, die Welt von den neuen Kriegen und solchen schrecklichen Erschütterungen zu schützen (wörtl.: zu befreien).

Was Ihre Reise in die UdSSR betrifft, so kann ich Ihnen leider keine Hilfe leisten. Unser Gebiet ist für Ausländer „geschlossen", nur nahe Verwandte bekommen noch Einreisegenehmigung. Wir kämpfen nach unseren Kräften gegen diese „Geschlossenheit", umso intensiver, seit M. Gorbatschov mit dem Bau unseres gemeinsamen europäischen Hauses begonnen hat. Nächste Woche werde ich eine Rede auf dieses Thema in unserer Stadtverwaltung (im Magistrat) halten, bin auch bei der Verfassung eines Briefes an die Internationale Abteilung ZK KPSS in Moskau, ich glaube aber nicht, daß es bald zu den erwünschten Ergebnissen kommen wird, denn der bürokratische Apparat ist noch sehr stark, besonders in den Ortschaften, Städten und Gebieten. Aber ich schreibe „noch“, also wollen wir die Hoffnung nicht verlieren!

In Kürze werde ich Ihnen über die Ergebnisse der Suche nach Ihrem Haus berichten können. Was die Stadthalle betrifft, so nähert sich ihr Wiederaufbau dem Ende zu, die Halle ist schon längst unter dem Dach, sie ist bereits verglast, zur Zeit werden die Arbeiten in den inneren Räumen ausgeführt. In dem Hause wird sich ein kunsthistorisches Museum befinden. Mit einem Konzertsaal, der bereits fertig ist.

Über Ihr Bild „Lichtgebet“ habe ich leider keine klare Vorstellung bekommen. Was ist das für ein Bild, was für ein Ort ist auf ihm dargestellt? War es im Besitz Ihrer Familie oder ist etwas Wichtiges für Ihre Familie mit dem Bild verbunden? Bitte teilen Sie es mir mit.

Was die „Stadtvertretung Königsberg“ anbetrifft, so würde ich gerne als Vorsitzender des Kulturfonds mit ihr freundschaftlichen Kontakt aufnehmen. Zur Zeit bemühe ich mich, mit Unterstützung der Gräfin Marion Donhof, um die Gründung eines eigenen „Unterstützungskomitées“ in der Bundesrepublik. Der Idee nach soll dieses Komitée die Pläne zur Verwirklichung des „Deutschen Programms“ unseres Fonds unterstützen. Das Programm enthält mehrere Punkte, die wichtigsten von ihnen sind: Restaurierung des Doms (Mittel dafür), Restaurierung des Wobsters Försterhauses, in dem Im. Kant in der Sommerzeit zu arbeiten pflegte, und die Umbettung der sterblichen Überreste der Königsberger auf den Memorialfriedhof (in der Umgebung von Friedrichswalde). Hier schulde ich Ihnen eine Erklärung. In unserem Lande existiert ein äußerst unsympathisches Gesetz, nach dem die Gräber, die 25 Jahre lang nicht gepflegt wurden, geebnet werden. Dieses Gesetz gilt für das ganze Land, deshalb wurden viele Friedhöfe in Rußland und in den anderen Republiken liquidiert. Leider war es auch das traurige Schicksal der Friedhöfe in Königsberg. Ein kleines Stück eines von ihnen gelang es uns zu retten und wir möchten dort liegende (wörtl.: geworfene) Tafeln, die noch gut erhalten sind, auf dieses Stück bringen. Dann möchten wir einen Ausschuß bilden, der die Umbettung der Überreste der Königsberger von allen alten Friedhöfen leiten wird, d. h. die Erde mit den Überresten, die zu finden uns gelingen wird, wird auf den Memorialfriedhof gebracht, und es werden Memorialtafeln mit der Inschrift „Hier ruhen Überreste der Bewohner der Stadt Königsberg vom .... Friedhof" angebracht. Dann wird es wenigstens einen Platz für die Blumenniederlegung an den Gedenktagen geben.

Aber, wie Sie wissen, für alles braucht man Geld. Wie Sie vielleicht schon wissen, dank der Bemühungen der Gräfin Marion Donhof, ist in Hamburg das Konto „Kulturfond Königsberg" Nr. 326305 eröffnet (näheres in der Zeitung „Die Zeit" v. 24.2.89) und wir hoffen, daß manche Gaben auf das Konto zufließen werden. Wenn jeder, der Königsberg/Preußen im Gedächtnis hat, auch nur eine Mark auf dieses Konto schicken würde!

Das Geld würde dann einem in BRD gebildeten „Komitée" zur Verfügung gestellt. Nun, wie wollen wir das Geld verwenden? Stellen wir uns vor, da bauen wir diesen Memorialfriedhof, dann könnten wir Gedenktafeln in Deutschland bestellen, vielleicht das Denkmal selbst. Oder, was das Wobsters Häuschen betrifft, dort könnte eine Büste Im. Kants stehen, sie könnte von einem deutschen Bildhauer gegossen werden. Oder, wenn es einen größeren Betrag gäbe, könnte man mit einer polnischen Restaurationsfirma einen Vertrag schließen; diese Firma hätte dann die Restaurierungsarbeiten im Dom ausgeführt und ihr Honorar von dem obenerwähnten Komitée erhalten.

Wir hätten gerne auch Kontakt zur Stadt Dortmund gestellt, war sie nicht Partnerstadt von Königsberg? Auch mit dem „Haus Königsberg" und anderen Organisationen, mit allen, die der Geschichte Königsbergs, den historischen Ereignissen und den großen Männern, die in dieser alten Stadt lebten, nicht gleichgültig gegenüberstehen.

Ich wäre Ihnen sehr zu Dank verpflichtet, wenn Sie mir zur Herstellung solcher Kontakte helfen würden, vielleicht eine „Kampagne" zwecks Unterstützung unseres Fonds durchführen würden. Und noch etwas: Wie gerne hätte ich einige Details aus Ihren Jugendjahren erfahren! Über Ihre Schule, ihre Bräuche, über die Schulfeste, Traditionen, über die beliebtesten Erholungs- und Vergnügungsplätze, über die Feierlichkeiten und auch über die Süßigkeiten, die bei den Schülern besonders beliebt waren. Und auch über jene schrecklichen Augustnächte, in denen Engländer die Stadt bombardiert haben. Über das, was damals in der Stadt und im Zoo geschah. Und über Ihre Evakuierung. Zur Zeit schreibe ich ein umfangreiches Buch über jene Jahre; die Darstellungsweise ist positiv, freundschaftlich. Das Buch soll der Überwindung des Hasses, der Unfreundlichkeit, die so viele Jahre unsere Völker trennten, dienen. Ihre Erzählungen würden dann in den Erzählstoff des Werkes eingeflochten sein.

Viele Grüße an Ihre Verwandten und Ihre Lieben, an Ihre Frau von mir und meinen Nächsten, meiner Frau Tamara. Wir wünschen Ihnen gute Gesundheit und Glück.

Ihr Jurij Iwanow

Die Übersetzung der beiderseitigen Briefe besorgte am Anfang Frau Nina W. in Kiel. Sie war Russin, als Tochter russischer

Emigranten in China geboren und von ihren Eltern russisch erzogen worden. Das dortige Grab ihrer Mutter wurde nach der chinesischen Revolution mitsamt dem ganzen Friedhof gesprengt. 1951 wurde Frau W. aus China ausgewiesen.

Die Kontaktaufnahme mit Jurij Iwanov stand im Zeichen der Entspannungs-„Perestroika"- und „Glasnost"-Politik des neuen Generalsekretärs der KPdSU Michail Gorbatschow und der nunmehr sensationellen „Öffnung" „Kaliningrads" auf nicht mehr umschriebenem Königsberger Urgrund in sogar mit Aufnahmen vom Königsberger Hafen ausgestatteten Presseartikeln in sowjetischen Zeitschriften von Jurij Iwanov. Waren bislang alle meine Gesuche um Einreiseerlaubnisse von den zuständigen sowjetischen Stellen abgelehnt worden, ging ich – weil in der Sowjetpolitik nichts absichtslos geschah oder den Launen nachgeordneter Stellen überlassen war – jetzt davon aus, daß hier etwas in Bewegung gesetzt worden war, was irgendwann zur Öffnung Königsbergs für uns Königsberger führen würde. Auf diesen Tag wollte ich auch sprachlich vorbereitet sein. Dazu würde mit an erster Stelle der Erwerb russischer Sprachkenntnisse gehören. Meiner Anfrage, ob sie mir Russischunterricht erteilen würde, erteilte Frau W. wegen ihres fortgeschrittenen Alters eine Absage. Sie verwies mich dieserhalb an Frau Tamara Frost hier in Kiel. Frau Frost war in Kiew geboren und Tochter eines Universitätsprofessors, der nach meiner Erinnerung Mathematik und Physik an den Universitäten Moskau und Kalinin (nicht Kaliningrad!) gelehrt hatte. Sie hatte den Medizin-Austauschstudenten Frost kennengelernt. Sie hatten geheiratet, sie war ihm in die Bundesrepublik Deutschland gefolgt. Sie hatten drei Tochter, jetzt war Frau Frost von ihm geschieden.

Frau Frost war sofort bereit, mir Russisch beizubringen. Sie übernahm fortan auch die Übersetzung der Briefe an und von Jurij Iwanov. In wöchentlich zwei Doppelstunden gegen je 40,– DM Honorar führte sie mich schnell mündlich und schriftlich in die russische Sprache ein. Wie ich es immer ausdrückte, setzte ich mich nach Dienstschluß, der Erledigung notwendiger Dinge in „Haus, Hof und Garten“, eines immer umfangreicher werdenden Schriftwechsels für und im Namen der Stadtgemeinschaft Königsberg „bis zum Rasieren am nächsten Morgen“, meistens jedenfalls über Mitternacht hinaus, „auf den Hosenboden“ und „büffelte“. Frau Frost ging „schulisch“ vor, ließ mich schreiben, auf Toncassette sprechen, ließ nichts „durchgehen“ und korrigierte. Sie hatte das russische Slawistik- und Germanistik-Diplom und war amtlich vereidigte Dolmetscherin an den Landgerichten Kiel und Lübeck. Da sie idiomatisch, orthographisch, grammatisch und auch in der Interpunktion absolut fehlerfreies Deutsch sprach und schrieb, durfte ich davon ausgehen, daß dies in ihrer (zunächst ukrainischen, später russischen) Muttersprache umso mehr der Fall sein würde. Als es dann mit der praktischen Anwendung meiner frisch erworbenen Russischkenntnisse in Königsberg „zum Schwur“ kam, haben z. B. meine russischen Freunde und Bekannten im Deutsch-Russischen Kuratorium zur Vorbereitung und Durchführung der Feierlichkeiten aus Anlaß des 450. Jahrestages der Gründung der Universität Königsberg 1994, wo ich in meiner Eigenschaft als jetziger Stadtvorsitzender der Stadtgemeinschaft Königsberg (Pr) Covorsitzender der deutschen Seite war, sie alle waren Universitätsprofessoren, mir mehrfach gesagt, ich würde ein „gutes“ Russisch sprechen. Es hat mir bei der Öffnung von Vertrauen, Herz und Verstand auf russischer Seite unausgesprochen, aber erkennbar sehr geholfen. Als ich im Mai 1991 zum zweiten Mal bei Iwanows zu Besuch in der Königsberger Steffeckstraße war und Tamara auf russisch begrüßte, rief sie begeistert auf russisch aus: Er spricht russisch!

Jurij verschaffte mir mit dem Ausweis Nr. 22 vom 23.5.1991 die Zugehörigkeit zum „Sowjetischen Kulturfonds Kaliningrad“. Fritjof Berg Mitglied einer sowjetischen Institution mit dem sowjetischen Schandnamen seiner Heimatstadt? Es war nur noch ein „gewesener“ Name. Der „Kulturfonds“ residierte in einem noblen deutschen Haus in der Haarbrücker Straße. Nina Patrowna – lebendes „Hausinventar“ – war mir wie einem Königsberger (!) Landsmann herzlich zugewandt. Außer den Alt-Königsberger Fundstücken hatten auch alle neueren Erwerbungen einen Königsberger Bezug.[1)]

Hannelotte hat immer wieder erzählt, daß es ihr die Sprache verschlug, wenn ich bei unseren Spaziergängen auf Königsberger Straßen Passanten auf russisch nach diesem und jenem fragte oder mich russisch unterhielt. Leider: Seit dem Ausbruch von Hannelottes tödlicher Krankheit 2008, als ich im August zum letzten Mal in Königsberg war und es seitdem keine Gelegenheit zur „Auffrischung“ meines Russisch in Königsberg mehr gibt und unsere dortige nach 1990 entstandene deutsche Präsenz politisch gewollt erkennbar in einen status quo ante zurückgedrängt wird – seitdem fehlen mir Zeit und Kraft und ich verspüre nur noch wenig Lust, wenigstens das einmal Erreichte zu erhalten. Es schrumpft in sich zusammen.

Aber mit dem Exkurs in meine russischen Sprachgefilde bin ich dem persönlichen Kennenlernen der Bergs und Iwanovs und dem von Jurij vermittelten Wiedersehen mit meiner Königsberger Burgschule schon ein Dreivierteljahr vorausgeeilt. Er hatte in seinem Brief vom 22.3.1989 sein Interesse an einer Kontakt-

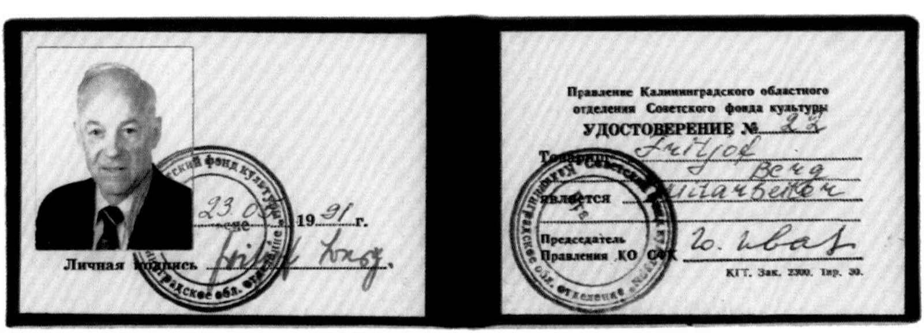

Ausweis „Sowjetischer Kulturfonds Kaliningrad“

1) Niemand und nichts war dort „sowjetisch“!

aufnahme mit der Stadtgemeinschaft Königsberg (Pr) bekundet, ein zur noch bestehenden Sowjetzeit ebenso sensationelles wie tapferes „Abweichlertum“ von der bislang nicht aufgegebenen Ideologie der Einstufung von uns Königsbergern und aller Vertriebenenorganisationen als „Revanchisten“ und Schlimmerem. Namens und im Auftrage der Stadtgemeinschaft habe ich ihn zu einem Besuch in der Bundesrepublik Deutschland eingeladen.

Nur, in meinem Artikel „und daß Du, Königsberg, nicht sterblich bist, Notizen einer Reise mit Jurij Iwanov“ im Königsberger Bürgerbrief Winter 1990 Seite 19 ff mußte ich schreiben: „Zwar sind die offiziellen Einladungen, die der Verfasser für die Stadtgemeinschaft Königsberg (Pr) zweifach ausgesprochen hatte, nie bei Jurij Iwanov angekommen, wie er nun nach seiner Ankunft hier im Westen berichtete. Offenbar sind sie ‚in irgendwelchen Dunkelheiten verschwunden‘, so hatte Jurij Iwanov schon einmal brieflich in anderem Zusammenhang bemerkt. Aber am Ende war dann doch eine persönliche Einladung des Verfassers erfolgreich und führte zur Verwirklichung des angestrebten Zweckes, nämlich der Vertiefung und dem Ausbau der in wenigen Jahren mit Windeseile gewachsenen Verbindungen zwischen russischen und deutschen Menschen, die in der Vergangenheit und Zukunft Königsbergs eine Aufgabe sehen, die – nach Jahren der offiziellen Verleugnung drüben und nicht eben selten auch hüben – beide Völker etwas angeht, sogar viel angeht![1)]

Freilich sind die „partini boss“, wie die Bremser gegen diese Entwicklung auf sowjetischer Seite so trefflich bezeichnet wer-

---

1) Bei meiner Rundreise mit Jurij und Tamara Iwanov(a) – sie waren meine/unsere Ehrengäste, alle Bahnfahrten somit selbstverständlich 1. Klasse – machte ich sie mit der Redaktion des Ostpreußenblattes in Hamburg bekannt, mit den Präsentationen des Ostpreußischen Landesmuseums in Lüneburg und des Kulturzentrums Ostpreußen in Ellingen und den Leitern dieser Institutionen, wir besuchten die Ausstellung „800 Jahre Deutscher Orden“ im Germanischen Nationalmuseum in Nürnberg. (Fortsetzung S. 360)

den, trotz aller Glasnost-Beteuerungen immer noch fleißig am Werk, um ihr unzeitgemäßes Soll und verknöcherte Normen aus der Zeit des stalinistischen Ungeistes weiter zu erfüllen. Kein Wunder also, daß Jurij Iwanov mehrfach betonte, niemand bei uns solle glauben, die Erlangung der Besuchs- und Reiseerlaubnis sei für ihn einfacher gewesen als etwa umgekehrt die Erfüllung deutscher Besuchs- und Reisewünsche in das nach wie vor bestehende „Sperrgebiet Kaliningrad".

Am Anfang und am Ende seines Besuchs vom 16. bis 27. Juli 1990 waren Jurij und seine Gattin Tamara Iwanova, eine stattliche Erscheinung und Persönlichkeit von Format, unsere persönlichen Gäste in unserem Kieler Haus gewesen. Für Hannelotte und mich hatten wir einen zweiwöchigen Ferienaufenthalt ab 23. Juli 1990 im Vertragsferienheim Azuolynas der Firma Gerhard Rautenberg/Leer in Schwarzort/Kurische Nehrung gebucht. Als wir am 27. Juli vor unserem Haus Abschied voneinander nahmen, kündigte Jurij an: „Wenn Ihr dort seid, hole ich Euch gleich nach Königsberg ab." Es sei hier wiederholt, daß alle meine Anfragen und Bittgesuche um Einreiseerlaubnis, die ich seit 1968 immer wiederkehrend an sowjetische Stellen von Bonn bis Moskau gerichtet hatte, und die erst in der letzten Zeit wenigstens mit Standardtexten – abschlägig – beschieden wurden, mittlerweile zwei Aktenhefter füllten. Königsberg war immer noch abgeriegeltes und streng bewachtes Sperrgebiet. Ein jahrzehntelan-

---

(Fortsetzung Fußnote 1, S. 359) In Duisburg, der Patenstadt Königsbergs, fand eine Gesprächsrunde mit Oberbürgermeister Krings in seinem Amtszimmer statt, und im dortigen „Haus Königsberg" sprach Jurij Iwanov vor 150 Gästen über gemeinsame Gegenwarts- und Zukunftsfragen Königsbergs. Wir waren Gäste beim damaligen Stadtvorsitzenden Klaus Weigelt und übernachteten bei ihm. Auf allen Stationen machte ich Iwanovs mit führenden Mitgliedern des Bundes Ostpreußischer Studierender aus unserer Studenten- und Referendarzeit und anderen Persönlichkeiten im Wirkungskreis der Stadtgemeinschaft Königsberg bekannt.

ges Sehnen und Fragen sollte dennoch jetzt in Erfüllung gehen? Wie wollte Jurij das möglich machen? Er war von einem glühenden Deutschenhasser zu einem Avantgardisten Königsberger Gemeinsamkeiten geworden, hatte zu den Organisatoren des Widerstands russischer Kaliningrad-Bürger gegen die Sprengung und Beseitigung der Königsberger Schloßruine gehört, hatte daraufhin sein Seefahrtspatent verloren und stand gewiß unter geheimpolizeilicher NKWD-Beobachtung. (Als wir bald darauf tatsächlich bei Iwanovs zusammenkamen, machte Tamara bei freimütigen Äußerungen von Jurij mit den rechtwinklig gekreuzten Fingern ihrer beiden Hände immer das Kennzeichen eines Gefängnisgitters, um ihn daran zu erinnern, was ihm drohte.) Welche Risiken und Gefahren wären mit den Kontrollen bei der Einreise und einem „schwarzen" Aufenthalt in Königsberg für uns verbunden? Verfügte Jurij über soviel Einfluß und heimliche Beziehungen, daß er es trotzdem schaffen würde?

Trotz allem Drang nach Königsberg und der immer noch realistischen Einschätzung, daß das Versprechen von Jurij eine einmalige nicht wiederkehrende Chance bedeuten könnte, mußten wir einen „klaren Kopf" behalten. Wir wußten aber auch, daß Jurij die unberechenbare Sowjetmacht und ihre „Gesetze" kannte, daß er uns und sich selbst nicht leichtfertig Gefahren aussetzen würde. Wir vertrauten uns ihm an – und er hielt prompt Wort!

Wir waren am 24. August gegen Mitternacht (Moskauer Ortszeit) am Hotel „Azoulynas" in Schwarzort angekommen. Vor unserem Bus begrüßte uns eine litauische Trachtenkapelle, wir erhielten den auch litauischen Willkommensgruß von Brot und Salz. Zum weiteren lasse ich nun Hannelotte in ihrem Tagebuch sprechen. Sie schreibt dort:

25.8.90. Wir haben sehr gut geschlafen ... Morgens einmal aufgestanden und die Ruhe genossen. Nur Haff und ein krähender Hahn. Um 8.30 Uhr gibt es leider schon Frühstück. Alles sehr ordentlich. Wieder handgepreßten Quark, Gurken, zuckersüße

Tomaten, Rührei und Speck (hinter „Quark" in Klammern: „ostpreußisch Glumse".), Marmelade, Wurst etc. Kaffee für 0,45 DM extra. Wir lassen uns von Wanda („Mädchen für alles", hatte sich bei der nächtlichen Begrüßung „Mutter der Kompanie" genannt!) und dem Chef des Hauses, der ein bißchen Englisch spricht, Räder geben, holen Badezeug und wollen zur Ostsee fahren.

Da tauchen Jurij und Tamara mit zwei Enkeln auf, um uns für 3 Tage abzuholen. Wir melden uns bei Willi (Anm.: noch fließend und fehlerfrei mit angenehmer ostpreußischer Klangfarbe deutsch sprechender Memellanddeutscher aus Heydekrug, wo er die deutsche Gemeinde in der bis auf geringe Schäden bestens erhaltenen evangelischen Kirche betreut, er ist unser Reiseleiter) ab und fahren zuerst in Schwarzort in den Teufelswald (dort litauischer Holzskulpturen-Park, die Figuren geben litauische Sagen wieder) ...

In Nidden besichtigen wir das Thomas-Mann-Haus. Sehr ordentlich, sehr gepflegt. Prospekte, Deutsche Nachrichten für 1,– DM.

Kleine Jungen gucken frech. Bilder, Photos vom Teufelsberg nur für 2,– DM, Tamara will sie aber nicht. (Anm.: offensichtlich nicht geschenkt haben; sie besitzt keine DM, aber einen würdevollen Stolz.) Wir wollen in Nidden im Restaurant essen, lange Schlangen. Wir fahren zu den Dünen. Wunderbar. Großes Kreuz steht in den Dünen zur Erinnerung an die sterbende Umwelt. (Anm.: Errichtet auf Initiative von Jurij Iwanov, gestaltet von Eduard Jonuschas, s. u.) Auf der Düne wird eine große Sonnenuhr aus Uralgranit errichtet. Hat viele Rubel gekostet.

Wir fahren zu Eduard Jonuschas, der 1 Jahr in Mohrungen zur Schule gegangen ist. Er ist Künstler und fertigt z. Zt. einen riesigen Christus und Kreuz aus einem uralten Kiefernstamm von der Nehrung an. Jurij hift ihm bei der Arbeit manchmal. Fritjof kauft für 70,– DM ein Bild, Kreidezeichnung von Kurenkähnen vor hohen Dünen. (Anm.: Jonuschas hat in seinem Dünenhaus viele

Besuchsstationen von Jurij und Tamara in der Bundesrepublik: im Ostpreußischen Landesmuseum Lüneburg ...

... in Nürnberg.

... im Museum Stadt Königsberg (Pr) in Duisburg. Führung durch Lorenz Grimoni.

Besucher der „Schule Nr. 1“ bei Burgschüler Klaus Munier in Kiel-Altenholz, in der Bildmitte Hannelotte Berg.

Abschiedsphoto mit Hannelotte vor unserem Haus.

Zwei Wochen später sind wir in Schwarzort auf der Kurischen Nehrung. Jurij und Tamara werden uns gleich nach unserer Ankunft nach Königsberg abholen, das noch streng bewachtes Sperrgebiet ist. Zum Bild: Wir machen einen Fahrradausflug nach Nidden.

Die Freunde Eduard Jonuschas und Jurij Iwanow

Hannelotte macht im Sinne von „Erbe und Auftrag Ostpreußens" für uns beide eine Eintragung im Gästebuch des Thomas-Mann-Hauses.

Kruzifix aus Kiefernstamm von Eduard Jonuschas. Jurij hilft bisweilen bei der Arbeit.

Mit Jurij, Tamara und Enkeln Marina und Rita am Kreuz zum Gedenken an die sterbende Umwelt – viele Wanderer legen hier einen Gruß nieder. Im Hintergrund Tal des Schweigens und Hohe Düne.

Vor dem „Tal des Schweigens“ und der Hohen Düne (60 m) bei Nidden, im Hintergrund Grabscher Haken.

Hannelotte führt Tagebuch. Ihre Bank: ein kleiner Sandhügel.

Unter den alten Chausseebäumen endlich wieder nach Königsberg – „Fritjof, was macht Herz?“ Ja, es war dankbar, aber schwer, sehr schwer, Jurij!

deutsche Fundstücke gesammelt und aus Stahlhelmen gefallener deutscher und sowjetischer Soldaten Stelen errichtet. Er hat später auch einen Kurenkahn nachgebaut, nach Originalplänen, die in einem US-Archiv lagern ... Ich bin darauf einmal mitgesegelt, ein sehr wellengängiges Schiff. Nach meiner Erinnerung hat er, wie auch ich bei meiner Evakuierung aus Königsberg 1944, in Mohrungen die Herderschule besucht. Also müssen seine Eltern doch Reichsdeutsche gewesen sein ...)

Tamara hat bei einem Privathändler ein gebratenes Hähnchen und Schinken erwischt. Wir fahren zu Jurij Iwanov nach Pillkoppen. Er bewohnt dort ein ehemaliges deutsches Fischerhaus in typischer Nehrungsarchitektur (Einfügung von mir). Es ist 15 Uhr. Dort werden wir von den zwei Töchtern Tatjana und Marita begrüßt. Auch ihre Männer Alexej und Wladimir sind da. Marina (17 Jahre), die mit einer zweiten Enkelin Rita bis Schwarzort mitgekommen war, spielt Bratsche. Sie übt zwei und mehr Stunden täglich, ist Musikstudentin in Königsberg. Rita wird am 1. September in der Burgschule eingeschult. Zum Haus gehören 2 Hunde, „Gabi“, der Dackel von 8 Jahren mit grauer Schnauze, und „Schimek“, der graue, blinde Pudel.

Zunächst Gartenbesichtigung mit Tamara. Viel Arbeit, viel Unkraut, karger Sandboden, Kartoffeln, Erdbeeren, Himbeeren, Gurken, Tomaten. Wir essen Mittag, Schweinebraten, Hähnchen, Brot, Butter, Tomaten, Gurken aus dem Garten, Tee aus Schalen.

Dann gehen wir baden, Tatjana, Alexej, Jurij, Fritjof, Marina und ich. 800 m durch den Wald, über die Nehrungsstraße zur Ostsee. Wunderbare Wellen, wir lassen uns von ihnen treiben, Schaumkronen. Jetzt haben wir wieder gefunden, wonach wir uns 45 Jahre lang gesehnt haben ...

Um 17 Uhr zurück in Pillkoppen. Am Haus Deutsche, ein Ehepaar Sakuth. Sie wohnen jetzt in Nidden, privat, ebenfalls bei Sakuth, suchen hier in Pillkoppen das Haus, das ihnen gehörte. Frau S. will Erde mitnehmen, Tamara gibt ihr einen Plastikbeutel.

Wir fahren um 18 Uhr von Pillkoppen nach Königsberg. Rossitten und Sarkau, wo Fritjof mit seinem Chor evakuiert war, bleiben aber unbesucht, weil es sonst zu spät wird.

An dieser Stelle möchte ich, Fritjof, ein paar Ergänzungen zu Hannelottes Notizen einfügen: Sie wird in ihren Tagebuchnotizen wiederholt hervorheben, wie einfühlsam Jurij Iwanov (dasselbe gilt für Tamara) mir als dem „älteren“ Königsberger kraft Geburt, Schicksal, verweigertem Bürgerrecht, Wissen und Bekenntnis beim ersten Wiedersehen mit meiner Heimatstadt nach 45 Jahren begegnet ist. Er tat es in der Tat taktvoll, mit russischem Gemüt, verstehend, vertrauensbildend, freundschaftlich, unaufdringlich – auf der Ebene von gleich zu gleich mit der nicht ausgesprochenen Frage im Hintergrund, warum das mit tödlichen Folgen einmal anders war.

Das Baden in der brandenden Ostsee in Pillkoppen war nach fast fünf Jahrzehnten von seelischer Urgewalt und ließ mich sagen: „Jurij, das werde ich Dir nie vergessen!" In ihrem Pillkoppener Hausgarten führten uns Tamara und Jurij auch eine Spülvorrichtung nach einfachstem russischem Patent vor: Ein Wasserbehälter mit einem Bodenverschluß, der, wenn er nach oben gedrückt wurde, das Wasser wie aus einer Leitung laufen ließ ...

Als wir auf der Fahrt nach Königsberg an der Sperre südlich von Sarkau/nördlich Cranz anhalten mußten, bedeutete uns Jurij, „mucksmäuschenstill" zu sein, und Hannelotte, babuschkagleich, ein einfaches Kopftuch umzubinden. Als er aus dem Kontrollgebäude zurückkam und wir den zweiten Schlagbaum passieren durften, antwortete mir Jurij auf meine Frage, wie er das geschafft hatte, verschmitzt: „Ich einflußreiches Mann."

Bei der Annäherung an die alte Chaussee Cranz-Königsberg erzählte ich Jurij wehmütig, daß mein Vater vor dem Krieg seine Kinderschar (mindestens jedenfalls Karin und mich) eben auf dieser Straße mit dem Auto „an die See" gefahren habe. Alle paar Minuten drehte Jurij sich auf der wenig befahrenen Chaussee nun kurz zu mir um und fragte: „Fritjof, was macht Herz?"

Lassen wir nun wieder Hannelottes Tagebuch weiter erzählen:

Um 20 Uhr etwa kommen wir an Cranz vorbei ... nach Königsberg. Jurij fährt noch an der Schrötterstraße vorbei, damit Fritjof sein Elternhaus wiedersieht.[1] Er knipst das Eckhaus Gustloffstraße. Eine Frau lacht uns an. Zwei Betrunkene gucken. Es ist spät gewor-

---

[1] Von der Hufenallee kommend, bedeutete ich Jurij, der offensichtlich geradeaus weiterfahren wollte, doch nach rechts einzubiegen, hier begann die Schrötterstraße. Meine Sicherheit nach 45 Jahren Abwesenheit muß ihn schon beeindruckt haben. Aber er fuhr verkehrsgerecht; was ich nicht wußte, wissen konnte, war, daß in der Schrötterstraße Richtung Hufenallee jetzt Richtungsverkehr galt. Jurij bog dann vom Hammerweg rechts in die Krausallee ein und von hier in die Gustloffstraße – wo mitten im Einmündungsbereich eine Kuh stand!

den. Fritjof zeigt „hier und hier war das, lebte der." Wir sind um 22 Uhr in der Steffeckstr. 65.[1)] Tamara macht Abendbrot, Tomaten, Gurken, Brot, Butter. Um 24 Uhr geht es schlafen.

Das Haus von Iwanows[2)] ist nicht groß, verschattet. Souvenirs aus aller Welt, Korallen, Kuba, Schloß Königsberg kaputt[3)], Schwerter, Bilder, von Freunden gemalt.[4)] Ein sehr interessantes Haus. Sie haben uns auch ihre Ehebetten eingeräumt, so wie wir vorher ihnen. Wir sind sehr müde. Auch Fritjof schläft gut. Jurij hat uns das Wiedersehen nach 45 Jahren erleichtert.

Sonntag, 26. August. Der Himmel über Königsberg ist ausgestirnt. Vor 46 Jahren erster englischer Angriff auf Königsberg. Wir sind wieder völlig erschossen. Valery Weinberg ruft an, fragt nach Harry Stallzus. Er kommt am 27.8. zur Burgschule.[5)]

---

1) Hier bin ich als Pimpf im Deutschen Jungvolk mehrmals vorbeimarschiert. Hätte mir damals jemand ein solches Wiedersehen prophezeit, ich hätte ihn für verrückt erklärt. Nun müssen Gehirn und Seele auch diese Verrücktheit verarbeiten ...

2) Jurij nennt als deutschen Eigentümer einen Architekten Müller, der seine Phantasie lebhaft beschäftigt. Er hat im Schornstein eingemauert viele Silber-Fünfreichsmarkstücke gefunden, von denen er mir eins gibt. Das Königsberg (Pr)-Einwohnerbuch 1941 nennt als Eigentümer den Architekten Eugen Kwade.

3) Hannelotte meint damit die große, beschädigte KPM-Vase mit der Darstellung das Königsberger Schlosses, die auf einer Anrichte im Wohnzimmer steht. Sie steht inzwischen, restauriert, im Königsberg-Museum im Dom als „Geschenk" von Jurij Iwanow. Ein „Geschenk", oder tun sich hier nach Kriegsvölkerrecht vielleicht doch Zweifelsfragen auf?

4) In Jurijs Arbeitszimmer u. a. ein dreisitziges Sofa, garantiert aus deutschem Haus, darüber ein Bücherbrett mit 30bändigem Meyers Konversationslexikon. Das Sofa wurde mir immer als Sitzplatz angeboten, von dem es mich innerlich hob ...

5) Valery ist Freund und „Burgschul"-Kamerad von Jurij. Er hat bei der Durchfahrt durch den Nord-Ostsee-Kanal/Schleuse Kiel-Holtenau unseren Landsmann Harry Stallzus aus Skaisgitren/Elchniederung kennengelernt, der am Nord-Ostsee-Kanal ein großes Tanklager betrieb. Harry Stallzus hat Valery jahrelang mit großen Zuwendungen unterstützt. Valery war wie Jurij zur See gefahren.

27.8.90, Montag. Frühstück 9 Uhr. Abfahrt zur Burgschule. Valery Weinbergs Auto ist schon da. Fritjof erkennt sofort am (Anm. Haupt-) Eingang die Säulen mit den Tierplastiken – Elch und viele andere – aus Cadiner Majolika wieder. Grüner Grundton der Kacheln. Treppengeländer alt, Parkett alt, es werden Gardinen aufgehängt.

Die Direktorin begrüßt uns, Valery Weinberg sehr herzlich. Sie zeigt zuerst Fritjof sein Klassenzimmer. Eine junge Russin unterrichtet ein kleines Jungchen. Sie gucken sehr erstaunt. Wir gucken in die Aula, roter Vorhang. Man sieht noch im Fußboden die Halterungen aus Messing für die Sitzreihen aus deutscher Zeit. Orgelempore heute Videobar. Fernseher. Die Orgel ist zerstört. Valery erzählt, daß sie als Jungens mit den Orgelpfeifen gespielt haben. Sie waren dumme Jungen und aufgeheizt mit Haß. Die Direktorin führt uns extra auf die Empore, damit Fritjof die Aula von oben knipsen kann. Dann führt sie uns auf den Turm, den Fritjof als Junge einmal betreten hat.[1] Die Luftschutzsirene ist noch da. Wunderbarer Blick in alle vier Himmelsrichtungen. Fritjof knipst und denkt beim Heruntersteigen nicht daran, daß er nun groß ist und den Kopf einziehen muß. Es ist eine Wendeltreppe, er stößt mit dem Kopf gegen eine Blechverkleidung. Blut. Eine Russin kommt mit Jod, verarztet Fritjofs Stirn.

Wir gehen ins Zimmer der Direktorin. Besprechung. Valery übersetzt, dann merken wir, daß die Direktorin Englisch spricht. Fritjof spricht mit ihr selbst Englisch. Es wird Kaffee angeboten, wir trinken russischen Pulverkaffee, essen Kekse und Käse.

Ergänzung von mir: Welch ein Gefühl, unter diesen völlig veränderten Umständen nun mit Russen bei Tee und Kaffee im ehe-

---

[1] Hier muß Hannelotte etwas falsch verstanden haben. Nein, jedenfalls wir in der Unterstufe haben den Turm niemals betreten dürfen. Es ging das Gerücht, ein (leichtes) Flakgeschütz sei auf dem Turm.

maligen Dienstzimmer des „Ober“ (Oberstudienrat Lange) zu sitzen, in dem er mich einmal wegen meiner unbefriedigenden Leistungen in Mathematik „ins Gebet nahm“ (die Grundrechenarten, heute fälschlich und hochtrabend „Mathematik“ genannt, gehörten damals noch nicht zur „Mathematik“). Hannelotte fährt fort:

Es ist der Schule mit allem geholfen. Musikunterricht kann kaum erteilt werden, es fehlen Instrumente und Noten, Flöten, Geigen. In der Aula steht ein Klavier, auf dem Fritjof „Land der dunklen Wälder“ klimpert. Wieder einmal bedauere ich es, daß ich nicht spielen kann. Austausch von Lehrern und Schülergruppen. Es gibt viel zu tun für die Burgschulgemeinschaft. Wir stehen am Anfang. (Anm.: In meinem Bericht „Für unsere gemeinsame Zukunft – Königsberg, im August 1990“ im Königsberger Bürgerbrief, Winter 1990, S. 35 f, habe ich erwähnt, daß Gesprächsgegenstand dieser „Burgschulkonferenz“ auch die Suche nach Möglichkeiten zur „Wiederherstellung der zerstörten Büsten von Kopernikus, Kant, Herder und Corinth über dem Hauptportal“ war.) Wir verabschieden uns etwa um 11 Uhr. Im Wartezimmer und auf dem Flur warten viele Russen vom „Schulsowjet“, Elternrat etwa. Jurij lobt die Direktorin sehr, die es erreicht hat, daß jetzt drei Gymnasialklassen in die Schule kommen.

In Hannelottes Tagebuch steht wörtlich, was wir Freunden auf Postkarten über unser erstes Wiedersehen mit diesem nördlichen Teil unserer Heimat geschrieben haben, es waren die gleichen bis in die tiefsten seelischen Bereiche hineingehenden Empfindungen wie bei unserem ersten Nachkriegsbesuch im südlichen Teil Ostpreußens 1977. Meinen Klassen- und anderen Burgschulkameraden schrieb ich über das Wiedersehen mit unserer „Penne“:

An Wolfgang Elbe, Hannover: „... die Hans-Schemm-Schule ist ein fremdartiges Magazin geworden, die Burgschule ist außen und innen in vielem unverändert. Im Zimmer vom ‚Ober‘ tranken wir mit der jetzigen Direktorin Kaffee und aßen Käse.“

An Karl Brucks, Brelingen: „In der Burgschule habe ich in ‚unserer‘ Klasse (auf dem alten Platz) auf einer neuen Schulbank gesessen, die alten Tafeln sind noch da und die Heizungsschlangen, auf denen der dicke Windt seine Sachen trocknete, als er im November am ‚Stauer‘-Graben ‚Stuka‘ spielte ...“

An Dietrich Zlomke, Ravensburg: „... Die heutige Direktorin unserer ‚Burg‘ empfing uns, ich bekam alle früheren Unterrichtsräume zu sehen. Nur ein paar Zwischenwände sind neu, Aula und Turnhalle ohne alles alte Inventar, auf der Orgelempore eine Art Bar.“

An Klaus Munier (Lehrfach Mathematik, Studiendirektor a. D.), Altenholz bei Kiel: „In Königsberg habe ich in meiner alten Klasse auf der Schulbank gesessen, an Euch gedacht und die Mathematikbücher zusammen mit J. Iwanow im Zimmer des ‚Oberrats‘ der heutigen sympathischen Direktorin überreicht. Sie konnte Englisch.“

Seit 1990 war ich 22 Mal wieder in Königsberg (Stand August 2008, danach noch nicht wieder, Stand August 2017). Nach Möglichkeit habe ich dabei auch die Burgschule aufgesucht. Es war jedesmal ein bewegendes Ereignis, die Begrüßung als ehemaliger Schüler der von den Russen „Schule Nr. 1“ genannten Burgschule zumeist herzlich und von persönlicher Nähe gekennzeichnet, über den Besuch mit Hannelotte, unserem jüngsten Sohn, einem Bekannten von ihm und Königsberg-Beflissenen sowie meinem Burgschul-Klassenkameraden Horst Lettau (die Reise zur gleichen Zeit war reiner Zufall, die gegenseitige „Wiederentdekkung“ auf dem Flugplatz Hannover-Langenhagen stürmisch!) und seiner Frau habe ich ich in meinem Notizbuch für den 14. Juni 1991 vermerkt: „... Danach mit Horst Lettau und Frau (sie ist Hannoveranerin, hat für Königsberg einen phantastischen Ortssinn) zur Burgschule. Direktorin im Weggang begriffen, zeigt uns aber auf meine Bitte die Schule.“ Mitte August 2005 fand eine

Königsberg-Reise mit zwei Geschwistern sowie meinem (10 Jahre älteren) Nachbarn in der Königsberger Schrötterstr. 73 (in Kiel ebenfalls nicht allzu weit entfernt wohnend) Helmut Rogowski und dessen Sohn Helmut statt. Am 19. August habe ich in mein Notizbuch eingetragen: „... zufälliges Treffen mit Rogowskis vor Burgschule; nach anfänglichen Schwierigkeiten Führung durch ‚Leiterin', durch Archiv und Museum."

Was ich bei all diesen Besuchen nicht wußte, sich aber, wäre es der Fall gewesen, wie ein bleierner Schatten auf die ohnehin nicht gerade sonnenhelle Stimmung gelegt hätte, habe ich erst jetzt bei der Niederschrift dieser meiner ganz persönlichen Beziehungen zur Burgschule aus dem Bericht „Leben und Treiben in der Burgschule 1945–1947" von Elvira Brandenburg in der Chronik „300 Jahre Burgschule Königsberg", Seite 54 ff (Sonderheft des „Forum". Zeitschrift des Mercator-Gymnasiums Duisburg) erfahren:

> „Wie durch ein Wunder war die Burgschule eines der wenigen Gebäude, die bis auf Kleinigkeiten diese Vernichtungen überstanden. Nach der Besetzung durch die Russen und bedingt durch meine Sprachkenntnisse, kam ich als Dolmetscherin in die Burgschule, wo ich bis Dezember 1947 ununterbrochen tätig war ... Bis April 1945 wohnten im Schulgebäude vorwiegend alte Leute. Das bezeugten die Gräber, die hinter der Schule im Garten am Landgraben waren. Kurze Zeit später wurden diese Gräber von den Russen eingeebnet, und heute ist nichts mehr davon zu sehen. Im April 1945 kamen ca. 100–120 deutsche Gefangene, die bis September die ganze Schule renovieren mußten ...
>
> Die sanitären Anlagen waren schon in den ersten Wochen nach Schulbeginn unbrauchbar. Die Becken waren zerbrochen, weil sich alle mit den Füßen draufstellten ... Später wurden auf dem Hof an der Landgrabenseite Gräben aus-

gehoben und mit Latten verschalt. Sie galten als Toiletten ...[1])

Nun zur Aula ... Die Orgel ist nur noch ein Gerippe. Sie ist vollkommen auseinandergenommen und die Pfeifen liegen in der ganzen Umgebung herum ...

Ferien waren von Mai bis September. In dieser Zeit war die Schule nicht etwa leer, sondern wurde als Seminar eingerichtet. Aus ganz Ostpreußen kamen jetzt Lehrer, die dort geschult wurden. Die Klassen wurden mit Stroh ausgelegt, jeder brachte sich eine Decke mit, und so wurde gehaust. Diese Erwachsenen waren aber noch schmutziger als die Jugend. Da es ja kein Licht gab, suchten sie nicht etwa die Toiletten auf, sondern begnügten sich mit einer Ecke oder einem Pfeiler. Wir, die deutschen Frauen, hatten dann das Vergnügen, am nächsten Tage alles sauber zu machen. Unsere ganzen Einwände halfen nichts. Es gab große Debatten ... aber alles blieb wie es war.

Die Ehrentafel für die Gefallenen wurde herausgestemmt und über das Loch ein riesiges Bild gehängt. Die Köpfe über dem Haupteingang wurden mit einem großen Trans-

---

1) Letzteres hatte ich ja bereits im Herbst 1944 kennengelernt, als russische Kriegsgefangene zu Aufräumarbeiten an unserem bombenzerstörten Haus eingesetzt waren und ihre landesübliche „Toilette“ in unserem Garten auf diese Weise angelegt hatten. Und das andere, auf den Kloschüsseln stehen – die hatten die meisten der jetzigen „Burgschüler“ wahrscheinlich noch nie gesehen. Waren es nicht die Erd-„Örtchen“, so waren es wahrscheinlich die anderen Primitiv-Aborte, die sie gewohnt waren. Als wir ab 1990 in der „Oblast Kaliningrad“ in Restaurants u. ä. die Toiletten suchten und fanden, schreckten wir zuerst vor Entsetzen zurück: Ein Loch im Boden, alles von Kotspritzern übersät. Vor allem für unsere Frauen grauenhaft! Bei solcher Art „WC“ waren Kloschüsseln natürlich vom „deutschen Affen“ und im Wege, also weg damit!

parent verdeckt, man hatte wohl Angst davor, es könnte einer von den ‚Kriegsverbrechern' darunter sein ..."

Auch Hannelotte hat natürlich von alledem nichts gewußt, von solchem Ende der deutschen Burgschule und Beginn der russischen „Schule Nr. 1". Jurij Iwanow und Valery Weinberg haben mit Sicherheit davon gewußt – Jurij hat ja erzählt, wie er in seinem damaligen Deutschenhaß die Köpfe der Büsten über dem Haupteingang abgeschlagen hat. Aber ansonsten haben sie – wahrscheinlich aus Takt und aus Scham – alles verschwiegen. Und das war auch gut so. Hätten Hannelotte und ich, für die alles ohnehin bedrückend war, davon gewußt, hätten wir dann immer noch so viel Selbstüberwindung und Tapferkeit des Herzens aufgebracht, wie sie der Mut zum Neubeginn mit den neuen Freunden und ihre Öffnung für uns verlangten, hätten wir also davon gewußt, wäre die erste „Konferenz" mit der russischen Schuldirektorin so unvoreingenommen verlaufen, wie sie es dann war? Hätten wir beiden uns gar dem verweigert, was Jurij und Valery, doch sicherlich auch nicht ohne Probleme und mit diplomatischem Geschick, dazu noch in der Sperrgebietszeit, zukunftsgerichtet eingefädelt hatten? Wahrscheinlich nicht. Aber es war, wie gesagt, für das Gelingen der ersten deutsch-russischen Burgschulbegegnung überhaupt gut, daß wir da von solchem Wissen noch „frei" waren. Wenn auch eben auf schicksalsschwer-tragische, überaus schmerzhafte, nie ganzheitlich-harmonische Weise, hatte sich nun der im Januar 1945 gewaltsam abgebrochene Beziehungskreis zu „meiner" Burgschule wenigstens auf diese Weise wieder geschlossen. Übrigens bemühte sich Jurij Iwanow bis zu seinem viel zu frühen Tod im Juli 1994 auf vielerlei Wegen darum und litt darunter, daß es nicht gelingen wollte, originalgetreue Vorlagen für die von ihm abgeschlagenen Köpfe über dem Haupteingang der Burgschule ausfindig zu machen, um sie dann rekonstruieren und wieder zu den Zöglingen unserer Schule sprechen zu lassen[1]. Tamara, die ihn auf seinem Weg zu uns Deutschen so begleitet und mitgetragen hatte, wie Hannelotte es auf unserer Seite mir gegenüber tat, wurde Jahre später von einem Einbrecher im Garten ihres Hauses ermordet, dem sie dort bei ihrer Rückkehr nach Hause unverhofft begegnete. Beide hatten in den wenigen Lebensjahren, die ihrem Kennenlernen vergönnt waren, in einer anregenden, herzlichen Freundschaft zueinander gefunden.

---

[1] Der Königsberger Bürgerbrief, Ausgabe Nr. 95 Sommer 2020, hat auf Seite 58 f. berichtet, daß mit einer Spende des Kaliningrader Unternehmers Pawel Naumov (ehemaliger Schüler der „Schule Nr. 1") und mit den Künstlerhänden von Andrej Schevtzov jetzt Nachbildungen der vier Porträtköpfe über dem Haupteingangsbereich der Schule angebracht worden sind. Die Stadtgemeinschaft Königsberg (Pr) habe „bei den Vorlagen der Köpfe vor einigen Jahren helfen können". Ob es sich hierbei um die Titelseite mit dem Haupteingang der Schule und den darüber befindlichen vier Charakterköpfen des Artikels „Die neue staatliche Burgschule in Königsberg i. Pr." im Zentralblatt der Bauverwaltung 1928, Nr. 31, Seiten 497 ff, gehandelt hat, muß offen bleiben. Die Abbildungen im Bürgerbrief weichen erkennbar von den feineren Zügen der Originalaufnahmen ab.

2. Teil
Pimpf in der Königsberger Hitlerjugend

Der Heinrich-Albert-Chor

Baldur v. Schirach über uns – und auch für mich

Der damit umschriebene Teil meines Lebens war ja eingelagert in meine Königsberger Schulzeit, aber er war so in sich abgeschlossen und bedeutungsvoll für mich, daß er die Darstellung in einem eigenen Kapitel verlangt. Obwohl nach dem Kapitel „Meine Königsberger Schulzeit" eigentlich die Fortsetzung mit dem folgerichtig wäre, was danach kam, füge ich das Pimpfen-Kapitel hier ein, damit sein Gegenstand chronologisch nicht ganz an die falsche Stelle gerät.

Ich möchte diesem Kapitel, das meine persönlichen Erlebnisse und meine Zeit in der Hitlerjugend beschreibt, drei Aussagen voranstellen, die auch für mich gemacht sind. Werner Kuhnt hat sein Buch „In Pflicht und Freude – Das Erlebnis Hitler-Jugend – Eine Bilddokumentation" (Preußisch Oldendorf 1988) „Dem Gedenken an alle toten Kameraden. Den noch Lebenden zur Erinnerung" gewidmet und weiter, dies im besonderen sind jetzt auch meine Worte: „Kindern und Enkeln zur gerechten Würdigung einer Generation, die auch einmal jung gewesen ist." Er läßt sodann seinem Vorwort eine Beschreibung des Wesens der Hitlerjugend folgen, zu der ich mich – in der Zeit meiner tatsächlichen Zugehörigkeit zu ihr in manchem wohl eher noch gefühlsmäßig statt aus Erkenntnis und exaktem Wissen – bekannt habe und bekenne. Er beruft sich (Seite 9 seines Buches) auf die dieser Jugend „Idee und Gestalt gebende Persönlichkeit" auch meines noch ersten Reichsjugendführers Baldur v. Schirach (ihm folgte später der schwer kriegsbeschädigte Artur Axmann), dessen Ziel der Mensch war:

- der über seine Familie hinaus in seinem Volk die kulturelle und soziale Gemeinschaft sieht, in die er hineingeboren ist und aus der er sich nicht lösen darf;
- der sein Vaterland über alles in der Welt liebt, weil Volk und Vaterland zueinander gehören;
- der weiß, daß alles, was er ist und hat, nur sein Erbe ist; der sein Leben als Dienst am Ganzen ansieht und seine Fähigkeiten und Tugenden zum Nutzen der Gemeinschaft zur höchstmöglichen Entfaltung bringt;
- der in Gesundheit und im Gleichklang von Körper, Geist und Seele seine Persönlichkeit entwickelt;
- der das Soldatische, Ästhetische und Geistige harmonisch in sich vereint, dem „Potsdam und Weimar" zugeordnet sind;
- schließlich, der weltoffen ist und in dieser Welt die vielen Völker und ihre Kulturen als von der Natur gegeben erkennt und achtet.

Und schließlich als Drittes, diese „Rückbesinnung", die Baldur von Schirach in seiner Gefängniszelle des Nürnberger Siegertribunals 1946 niederschrieb (Kuhnt a. a. O. S. 335):

> „Begreift ihr nicht? So wart ihr niemals jung, wie wir es waren. Jugend ist ein Lied vom Vogelzwitschern, Lachen, Saitenspiel, durch das die Brandung rauscht, ein süßer Sturm, Motorentakt und tausendfacher Chor der brüderlichen Stimmen ringsumher. Die Melodie tönt durch dein Leben fort. Und pickt die Elster Zeit/ mit scharfem Schnabel Glanz und Glück des Seins, um's fortzutragen in ihr dunkles Nest – dies stiehlt sie nicht, es bleibt auf immer dein: daß jung du warst. Bei Gott, wir waren jung!/ Jugend ist Licht, das nichts von Schatten weiß. O Licht, Du reines Licht! Wie heiß und hell hast Du für uns gebrannt, daß selbst entflammte,/ wer uns leuchten sah. Uns bleibt ein Schein

noch in der Dämmerung./ Begreift ihr nicht? So wart ihr niemals jung. Wir hatten Fehler,/ doch wir brachen Bahn. Ihr erntet nie – / ihr habt auch nichts getan!“

Ja, Ihr Leser dieser Verse, laßt diese Worte ein Antlitz aus Fleisch und Blut annehmen, seht sie Euch an, die Gesichter von uns damaligen Jungen und Mädchen beispielsweise in der Bilddokumentation von Kuhnt: Eine strahlende, leistungswillige, ihre eigene Zukunft gläubig in die Hand nehmende, in Haltung und Aussehen reine Jugend war es, die Deutschland sein eigen nennen konnte und die singend bekannte:

Nichts kann uns rauben Liebe und Glauben zu unserm Land;
es zu erhalten und zu gestalten, sind wir gesandt.
Mögen wir sterben, unseren Erben gilt dann die Pflicht: Es
zu erhalten und zu gestalten: Deutschland stirbt nicht!

Millionen andere und ich selbst, wir alle waren Staatsjugend, waren zum Dienst in der Hitlerjugend verpflichtet, sollten „außer in Elternhaus und Schule körperlich, geistig und sittlich im Geiste des Nationalsozialismus zum Dienst am Volk und zur Volksgemeinschaft“ erzogen werden und unterstanden einer öffentlich-rechtlichen Erziehungsgewalt nach Maßgabe der vom Führer und Reichskanzler erlassenen Bestimmungen. So stand es im Gesetz über die Hitlerjugend vom 1. Dezember 1936 (RGBl. I S. 993) und der Zweiten Durchführungsverordnung (Jugenddienstordnung) zum Gesetz über die Hitlerjugend vom 25. März 1939 (RGBl. I, S. 710). Und so gestaltete sich mein Dienstbeginn im Deutschen Jungvolk:

Anfang 1941 flatterte ein hektographierter Zettel der Ortsgruppe Westend in Königsberg (Pr) ins Haus, der mit der Anrede „Lieber Jugendgenosse!“ und den Worten „Du hast Dich ...“ begann. Ein unerhörter Eingriff in meine jugendliche Freiheit und Freizeit, die sich in den Grenzen voll ausleben konnte, die durch Schule, Einordnung in die Familie, Elternhaus, deren Geschäft und kriegsbedingte Beschränkungen vorgegeben und dennoch immer noch weit gezogen waren. Eigentlich rebellierte alles in mir gegen diese Zwangsrekrutierung. Die Einberufung in das Fähnlein 48 (Bann 1, Jungstamm 10) hatte nichts Verlockendes in sich.

Ich weiß genau, daß ich meinen „Einberufungsbefehl“ auf die Flucht aus Königsberg mitgenommen hatte. Als die Engländer auf dem Sirachsberg eingerückt waren (siehe Band 2.2 „Von Königsberg zum Sirachsberg“), habe ich die von den Eltern geretteten Familienurkunden und anderes in einem Blecheimer in der Durchfahrt der überdachten Wagenremise des Einzelgehöfts Sirachsberg, Kr. Uelzen, vergraben, in dem wir nach der Flucht untergekommen waren. Dazu gehörte dann wohl auch besagtes Schriftstück. Es kann aber auch sein, daß ich es mit Wertsachen in das Seegraskeilkissen von meinem Strohsackbett gesteckt habe, das ich aufgeschlitzt und dann wieder zugenäht hatte. Hierfür spricht der Umstand, daß ich den Blecheimer nach ein paar Wochen wieder ausgegraben habe, als eine gewisse Beruhigung der Lage eingetreten war, und alle anderen Königsberger Papiere erhalten geblieben sind. Beim Öffnen des nässe- und regendicht verschlossenen Blecheimers schlug mir nach einer doch kurzen Zeit bereits ein leicht muffiger Geruch entgegen. Den Zettel über meinen Dienstantritt in der Königsberger Hitlerjugend muß ich versehentlich im Seegraskeilkissen zurückgelassen heben, als wir Anfang 1946 vom Sirachsberg nach Leese, Kr. Nienburg/Weser, „umzogen“.

An die Einzelheiten des Dienstbeginns kann ich mich nicht mehr erinnern. Ich weiß nur noch, daß sich der Dienst im Fähnlein 48 (Hufen) in einem ewigen Hin und Her zwischen unserem Heim in der Boyenstraße und diesen Aktivitäten abspielte: Raustreten, Antreten, Strammstehen und Exerzieren wie „Richt’ Euch!“, Appelle, Ausmärsche zur Fürstenschlacht (dabei auch „Sonnengebirge“ genannt; die Russen haben dieses herrliche parkartige hügelige Areal zugekippt, wahrscheinlich mit den Trümmern

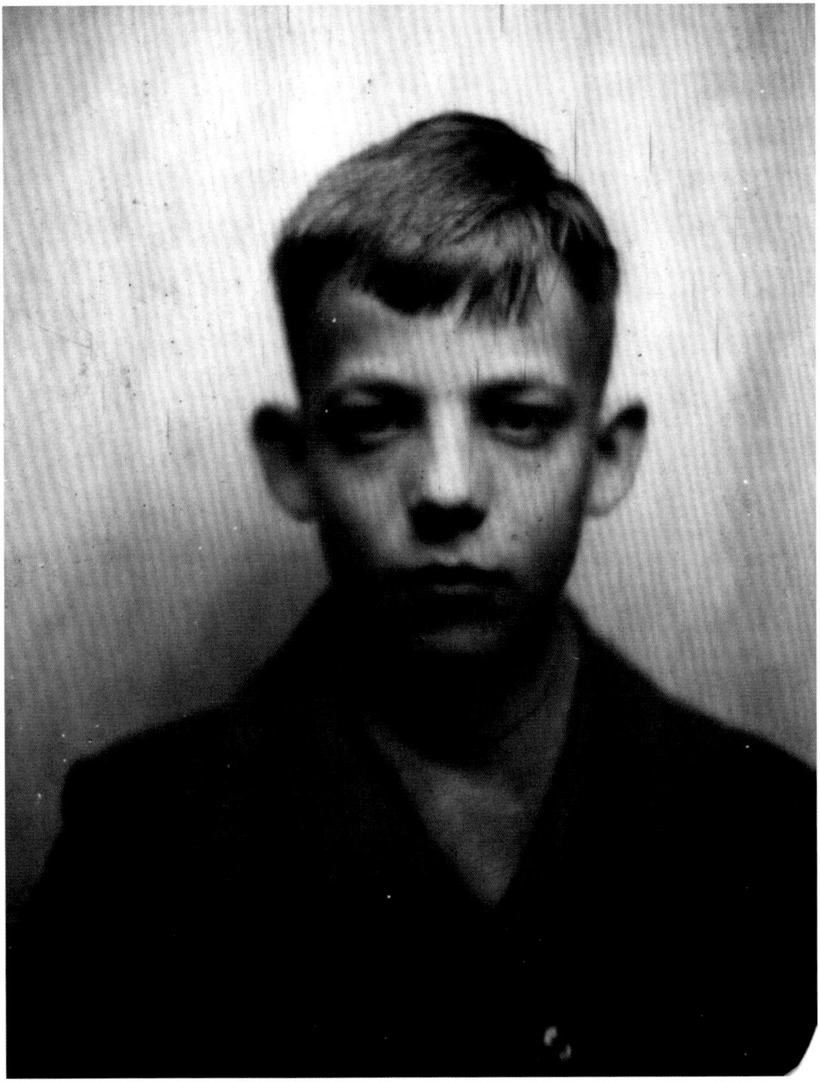

Photomaton-Aufnahme 1942 (Steindammer Kirchenplatz), das einzige Bild „mit Abzeichen“ oder „in Uniform“

Ursprüngliches „Gebietsdreieck“ „Ost Ostland“ (Ost: Obergebiet; Ostland: Untergebiet). Später durch „Ost Ostpreußen“ ersetzt. Der Aufnäher wurde am linken Oberarmärmel des Uniformbraunhemds und der Uniformjacke getragen.

Uniformzubehörteile von Chorkamerad Klaus Büther (RS 10). Es sind die gleichen, wie ich sie hatte (außer Achselklappe RS 10).

Königsbergs). Aufmärsche: An einem 1. Mai war wegen des am letzten Dienst-Tag vorher noch winterlichen Wetters Winteruniform befohlen, die bei der an diesem Tag – 1. Mai – dann aber plötzlich einsetzenden Frühjahrshitze beim meistens zwar „Rührt Euch!“, dennoch aber Stillstehen, zu ellenlangen Ansprachen der NSDAP- und HJ-Oberen Königsbergs den ganzen Vormittag über zur Qual wurde; der ganze Bann Königsberg, also Abertausende Jungen und Mädchen, war auf dem Erich-Koch-Platz angetreten[1)], ich konnte sehen, wie einige „schlapp“ machten. Zudem gab es Geländeübungen, Altmaterial- und Straßensammlungen. Schon am 20. April 1941, dem Geburtstag des Führers Adolf Hitler, waren wir auf dem in Sichtweite meiner (ab August) Burgschule gelegenen Bülow-Platz feierlich in die Hitlerjugend (Deutsches Jungvolk) aufgenommen worden. Dabei wurden wir auf die „Drei Schwertworte“ eingeschworen, die uns neu Aufgenommenen – es waren drei Fähnlein im offenen Karree vollständig angetreten – vorgesprochen wurden und die wir dann nachsprachen:

Pimpfe sind tapfer, schweigsam und treu.
Pimpfe sind Kameraden.
Des Pimpfen Höchstes ist die Ehre.

Wie die an die Million anderen eines jeden neu aufgerufenen Jahrgangs der Zehnjährigen erhielten auch meine Zwillingsschwester und ich die gleiche Aufnahmeurkunde. Die Urkunde in der Hand, kann ich mich an keine erhabenen und stolzen Gefühle

---

1) Bis 1933 Walter-Simon-Platz, dann mit dem Namen des NSDAP-Gauleiters Erich Koch umbenannt. Geheimrat Prof. Dr. Walter Simon (1857–1920) war Wohltäter Königsbergs gewesen. Er hatte den nach ihm benannten Sportplatz von 6,83 ha im Stadtteil Mittelhufen der Stadt geschenkt und sie auch mit anderen hohen Zuwendungen bedacht. Umbau zum Aufmarschplatz und Umbenennung verstießen also eklatant gegen den Willen des Stifters. (Nach Mühlpfordt, Königsberg von A bis Z. Ein Stadtlexikon, S. 163 f., München 1972, dort viele weitere Angaben.)

über die nunmehrige besondere „Verbundenheit mit dem Führer“ erinnern, es war alles so gestanzt, und er war fern. Meiner Schwester wird es ähnlich ergangen sein, ich kann mich an kein Gespräch über die getrennten Aufnahmerituale, sie bei den Jungmädeln und ich bei den Pimpfen, erinnern.

Zu unserem im Kellergeschoß befindlichen Heim in der Boyenstraße wäre noch zu sagen, daß wir an der Stirnseite auf ein Großphoto unseres Namensgebers Adolf Hitler schauten. In der Ecke links daneben war ein Fahnenständer. Wenn mich meine Erinnerung nicht trügt, trug ein Wimpel unseres Fähnleins 48 oder Jungzugs ein Symbol der pruzzischen Heldengestalt (Volksstamm der Natanger) Herkus Monte. In unserem Heim lernten wir sozusagen „vorwärts und rückwärts“ den Lebenslauf Adolf Hitlers, so wie er uns idealisierend dargestellt wurde. Ich könnte ihn heute noch auswendig aufsagen ...

An dieser Stelle möchte ich auf die sicherlich interessierende Frage eingehen, wie ich zu dem Mann stand, dessen Namen wir trugen und unter dessen Fahne wir sangen und marschierten, der – beileibe nicht allein, aber auf ihn konzentrierte und konzentriert sich in heutigen „Rückbetrachtungen“ ja alles – den Staat, das Reich geschaffen hatte, zu dessen Trägern wir ja erzogen werden sollten. Eine Beantwortung dieser Frage muß ehrlich, d. h. zeitbezogen-unmittelbar sein und nicht „durchdacht“ retrospektiv verstellt, einem anderen vorherrschenden „Zeitgeist“ angepaßt, sonst ist sie wertlos. Derartig „reformierte“ Aussagen, die in den Medien heute „das Sagen“ haben, haben mich wegen ihrer Unaufrichtigkeit stets angewidert.

Wie aber kann im Abstand von 70 und mehr Jahren die Aussage eines damals 10- und am Ende 14jährigen Jungen aussehen, um echt, wirklichkeitsgetreu zu sein? Gleichaltrige Leserbriefschreiber in der Frankfurter Allgemeinen Zeitung beziehen sich hierbei fast immer auf das Hitler-Bild ihrer Eltern, das dann – ein anderes käme gar nicht zum Abdruck! – „natürlich“ von vornherein negativ gewesen ist. Bevor Erfahrung, Wissen, gereifte Denkfähigkeit ein eigenes Hitler-Bild und damit auch die persönliche Beziehung zu ihm formen konnten, ist wahrscheinlich auch für mich ausschlaggebend gewesen, wie meine Eltern damals zu ihm standen. Für mich war er „der Führer", etwa in der Bedeutung und Realität, wie sie heute ein Kanzler der Bundesrepublik Deutschland darstellt. Ich habe auch als Pimpf in Hitler keinen Halbgott, Übermenschen o. ä. gesehen. Er war eben „da", auch eine eingebildete besondere persönliche Nähe zu ihm verspürte ich nicht. Sicherlich leitete bei meiner Sicht auf ihn auch mich das allgemeine Vertrauen „der Führer wird schon alles richtig machen", das durch die pausenlosen zunächst außenpolitischen und dann auch militärischen Erfolge ja ständig bestärkt wurde. Seit etwa 1941 habe ich wohl keine Rundfunkübertragung seiner Reden an das deutsche Volk ausgelassen. Hier erinnere ich mich wortgetreu und im besonderen an zwei seiner Aussagen, die doch bange Fragen in mir aufkommen ließen. Ich habe bereits beschrieben, wie wir am frühen Morgen des 22. Juni 1941 „voller Bedrückung und düsteren Ahnungen die Rundfunkansprache von Reichspropagandaminister Dr. Goebbels hörten, in der er mit der Proklamation Adolf Hitlers an das deutsche Volk den Beginn des Krieges mit der Sowjetunion verkündete". Das lag nicht nur daran, daß dieser Krieg nun nicht mehr weit von uns entfernt, sondern direkt „vor unserer Haustür" begann und stattfand, und an den riesigen räumlichen Ausdehnungen des neuen Kriegsschauplatzes, die die Wehrmacht bezwingen mußte und die auch mir als Zehnjährigem bereits beklemmend und klar vor Augen standen. Es waren die Worte Hitlers selbst, aus denen, nach der Rationalität seiner Begründungen für den Angriff auf die Sowjetunion, mit der Anrufung des Allerhöchsten am Ende seiner von Dr. Goebbels verlesenen Proklamation die ihm bewußte Unwägbarkeit des Verlaufs und Endes des nun beginnenden, in aller Deutlichkeit klar gemachten Kampfes auf Leben und Tod hervorging:

> „... Die Aufgabe dieser Front ist daher nicht mehr der Schutz einzelner Länder, sondern die Sicherung Europas und damit die Rettung aller.
> Ich habe mich deshalb heute entschlossen, das Schicksal und die Zukunft des Deutschen Reiches und unseres Volkes wieder in die Hand unserer Soldaten zu legen.
> Möge uns der Herrgott gerade in diesem Kampfe helfen!"
> (Zitiert nach: Der großdeutsche Freiheitskampf, III. Band, Reden Adolf Hitlers vom 16. März 1941 bis 15. März 1942, Seite 51 ff, München 1942.)

Die andere Aussage machte Hitler in einer Rede gegen Jahresende 1941, als er triumphierend und nun offenbar vollkommen siegesgewiß erklärte: „Der russische Koloß liegt zerschmettert am Boden." Ich zuckte förmlich zusammen und stellte ihm in Gedanken die Frage: „Und wenn nicht – was dann?" In dem längst eingetretenen extrem eisigen und schneeschüttenden „Rußlandwinter" widerlegte die Rote Armee seine voreilige Aussage in einer Weise, die die gesamte Ostfront an den Rand der Katastrophe führte – und mit ihrem Vordringen 1945 bis an die Elbe endgültig in grausamster Weise.

Für meine Eltern hatte der Begriff „der Führer" wahrscheinlich weitaus mehr Inhaltsschwere als für mich, von Zustimmung bis Nachdenklichkeit und auch dem Mut, diese auszusprechen. Sie waren alte Nationalsozialisten, wie in Band 1 im einzelnen nachzulesen ist, hatten mit Adolf Hitler um die Erringung der Macht in Deutschland gekämpft. Aber es wäre verfehlt, daraus Folgerungen ziehen zu wollen, wie sie heute üblich, „politisch korrekt" sind. Nein, Karin und ich (die anderen Geschwister waren ja noch zu jung) traten nicht etwa in Pimpfen- bzw. Jungmädeluniform vor dem Schulgang morgens an den Frühstückstisch und entboten unseren Eltern in strammer Haltung und mit erhobenem, ausgestrecktem rechtem Arm den Hitler-Gruß. (Das Tragen von Uniform in der Schule war übrigens generell untersagt.) Die Eltern frühstückten auch gar nicht täglich mit uns. Mein Vater hatte sich nach seinem Frühaufstehen und ersten Regelungen in der Backstube meistens noch einmal für ein Weilchen hingelegt; Meine Mutter war durch Bücherlesen u. ä. eher ein „Nachtmensch“ und stand manchmal erst auf, wenn wir längst aus dem Haus waren. Köchin Lotte und/oder Kindermädchen Martha sorgten dann für unser leibliches Wohl. Die Eltern haben das Wort „der Führer“ nie weihevoll hingehaucht, sondern ohne jede Akzentuierung ganz normal ausgesprochen. Die Redewendung, gar als unwiderlegliches Argument oder Befehl zum entsprechenden Denken und Handeln gemeint: „Der Führer hat gesagt ...“, habe ich nie aus ihrem Munde gehört. Stattdessen von Mutter: „Der Führer (oder auch: Hitler) ist ein Mensch wie jeder andere auch“, manchmal mit dem Zusatz: „auch mit seinen Fehlern und Schwächen“. Damit ist die Frage nach meinem (damaligen) Bild und meiner Beziehung zu ihm auch schon erschöpfend beantwortet.

Wie schon angedeutet, war da vielleicht noch ein Gefühl, kein ausgeprägtes Bewußtsein, von Vertrauen und Sicherheit zu allem Geschehen unter seiner Führung. Als ich 1944 im 14. Lebensjahr war, hörte ich Großmutter in diesem Sinne zu irgendwelchen Mißständen mehrfach sagen: „Wenn das der Führer wüßte!“ (Sie war eine deutschnationale Frau, aber keine Parteigängerin der NSDAP und Hitler-„Schwärmerin“!) Die Schlußfolgerung: Dann wären sie im Nu beseitigt, Hitler als Garant der Ordnung allüberall – es mochte schon sein, aber die ihm damit zugetraute Wächter-Funktion hat mich gedanklich nicht weiter beschäftigt.

Zusammenfassend sei dies klargestellt: Die Eltern haben uns Kindern zu keiner Zeit nationalsozialistischen „Weltanschauungsunterricht“ erteilt, uns zu doktrinären Ideologen erziehen wol-

Porträtaufnahme meiner Eltern Heinrich und Hildegard Berg des Photoateliers Charlotte Jurgeit auf dem Steindamm. Ich hatte sie dort entdeckt, und die Eltern waren nicht wenig überrascht, als ich ihnen meine Entdeckung freudig mitteilte. Frau Jurgeit hatte sie nicht nach ihrem Einverständnis gefragt. Meine Mutter, die sonst immer sehr auf die Einhaltung von Recht und Ordnung achtete, zeigte, als ich sie als erste informierte, keine Spur von Empörung, mein Vater erst recht nicht.

len. Ihren Nationalsozialismus verwirklichten sie in beispielgebendem Handeln und Vorleben: Das waren eine absolute rechtliche Gesinnung, persönliche Ehrenhaftigkeit, eine Lebensführung praktisch nach Maßgabe der christlichen zehn Gebote, Liebe und Treue zu Familie, Heimat, Volk und Vaterland, Einsatz- und Opferbereitschaft hierfür, Uneigennützigkeit an Stelle von Egoismus und ebenso rücksichts- wie skrupellosem Gewinnstreben. Neben der rechten Längsseite meines Bettes hing eine große, sehr informative Ostpreußenkarte, über dem Kopfende ein sehr schönes großes Porträtphoto der Eltern, mein Vater in Parteiuniform, Mutter in einer Art modisch drapierter Tracht. Und dann war da noch eine eindrucksvolle Abbildung des indischen Grabmals Tadsch Mahal, dessen helles Strahlen meine Phantasie beschäftigte. So selbstverständlich, wie „Schlips und Kragen" damals zum Anzug eines Herrn gehörten, trug mein Vater häufig sein Goldenes Parteiabzeichen am Revers. Natürlich war dies eine Aussage über die alltäglich gewordene Gewohnheit hinaus, in der wir lebten, sie war zugehörig zu der Zeit und Gegenwart, in der wir lebten, die mich in gleicher Weise überall umgab und formte, nicht mehr und nicht weniger.

Sie zu verstehen und Zusammenhänge zu begreifen, lernte ich durch eine Beschäftigung, die meine Mutter mir auftrug. Es muß in den Sommerferien 1943 gewesen sein. Mein Vater war starker Zigarettenraucher. Für seine Zigarettenmarken konnten Sammelcoupons gegen Alben und die ihnen zugeordneten Hochglanzbilder eingetauscht werden. Und so erhielt ich von meiner Mutter eine vollständige Bildersammlung, um sie – welche von beiden Dokumentationen es war, weiß ich nicht mehr – in die vom Cigaretten-Bilderdienst Hamburg-Bahrenfeld herausgegebene Schrift „Deutschland erwacht – Werden, Kampf und Sieg der NSDAP" oder „Adolf Hitler – Bilder aus dem Leben des Führers" einzukleben. Die Buchtexte habe ich sicherlich nicht von A bis Z durchgelesen, aber die Bildunterschriften zu den eindrucksvollen Aufnahmen ganz gewiß. Mutter besaß auch noch andere sehr schöne, lehrreiche Bücher von demselben Bilderdienst – sie sind alle in ihrem Königsberger Bücherschrank durch britische Brandbomben im August 1944 verbrannt. Antiquarisch wieder beschafft hat sie sich u. a. „Aus Wald und Flur – Tiere unserer Heimat“ und „Aus Wald und Flur – Pflanzen unserer Heimat“ sowie „Aus Deutschlands Vogelwelt“.

Kehren wir nun zum Dienst im Fähnlein 48 und hier zum Marschieren zurück. Zu ihm – wir waren vorher der Größe nach in drei Gliedern angetreten – nach den Kommandos: „Richt’ Euch! Stillgestanden! Rechts um! Im Gleichschritt marsch!“ schwenkten wir eigentlich immer nach links in Richtung Fürstenschlucht ein – gehörte das Singen von NS-Jugend-, aber auch alten Landsknechtliedern. Ihr Auswendiglernen „bis es sitzt“ gehörte zum ständigen Repertoire in unserem Heim, das dann von Antreten und Abmarsch abgelöst wurde. Ihre Texte waren in weiten Teilen mitreißend, sie sprachen unsere jugendlich-wachen Sinne, unsere Zusammengehörigkeit, das kameradschaftliche Miteinander an. Ich brauchte sie nicht lange auswendig zu lernen, behielt sie sofort, die zugehörigen Melodien sowieso. Auch das Niedersachsenlied „Von der Weser bis zur Elbe, von dem Harz bis an das Meer“ lernten, sangen wir, marschierten zu seiner Melodie durch die Straßen Königsbergs – wir lernten eben, bei aller mit Stolz bewußt gemachter „Stammeseigenheit“, regionaler Verschiedenheit, daß wir ein Volk sind. Meine späteren Nienburger Klassenkameraden waren überrascht, daß und woher ich ihr Niedersachsenlied kannte.

Nach der Ansage, welches Lied gesungen würde, folgte der Befehl „Anton“, woraufhin ein Spitzenmann die Tonlage durch Ansingen der Melodie angab, nach dem kurz darauf folgenden „Drei, Vier“ unseres Anführers (hier Jungzugführers) ging es los. Ein oft gesungenes Marschlied war das „Auf, hebt uns’re Fahnen in den frischen Morgenwind, laßt sie weh’n und mahnen die, die müßig sind! Wo

Mauern fallen, bau'n sich and're vor uns auf ..." (Wie prophetisch, es vollzieht sich in der jetzigen Bundesrepublik ...) Das Lied „Es zittern die morschen Knochen" sang ich nur mit widerwilligem Unbehagen mit. Weil es offensichtlich nicht nur mir so ging, steht das Lied auch nicht in dem von der Reichsjugendführung herausgegebenen „Unser Liederbuch – Lieder der Hitler-Jugend" (München 1939), gehörte also nicht zu deren offiziellem Liederkanon. Fälschlich und absichtsvoll bösartig wird ihm heute obendrein eine Textstelle unterlegt, die es nicht gab, sondern gefälscht ist. Es hieß da nicht „Denn heute gehört uns Deutschland und morgen die ganze Welt", sondern: „... denn heute hört uns Deutschland und ...". Ja, manche haben es auch in unserem Jungzug dumm-übermütig absichtlich falsch gesungen. Geschah es beim Ausmarsch, folgte dem sofortigen Befehl des Jungzugführers „Aus!" gewöhnlich ein Strafexerzieren im „Sonnengebirge". Als beim Rückmarsch zum Heim bei einem Lied einmal der „frei umgedichtete" Vers „wir pfeifen auf den Segen der Judenrepublik" anhob (gemeint war die Weimarer Republik, was wußten wir von der überhaupt?), wurde nach den Befehlen „Aus, Stillgestanden, ganz' Abteilung kehrt, im Gleichschritt marsch!" nochmals die Fürstenschlucht aufgesucht. Dort wurden wir „geschliffen", daß uns Hören und Sehen verging und ich es mein Lebtag lang nicht vergessen habe. Das Thema „Juden" kam in meiner gesamten Pimpfenzeit nicht ein einziges Mal vor. Hier war es provokativ hervorgezerrt worden. Da seine Nichtbehandlung offenbar auf zentraler Weisung beruhte, wurde der beim Marschieren laut gewordene Verstoß dagegen auf der Stelle geahndet. Wie bereits erwähnt, ist die herrliche, parkartige Fürstenschlucht von den Sowjets (wahrscheinlich mit den Trümmern Königsbergs, womit denn sonst?) zugeschüttet worden. Garagen stehen auf einer trostlos eingeebneten Fläche, von der nichts mehr an diese Perle der Königsberger Grünanlagen erin-

Das „Horst-Wessel-Lied“, Text und Noten

nert – und unter der auch die dortigen Stunden meiner Königsberger Pimpfenzeit vergraben liegen.

Die „Weihelieder“ der gesamten Hitlerjugend „Ein junges Volk steht auf“ und „Vorwärts, vorwärts! schmettern die hellen Fanfaren – Uns're Fahne flattert uns voran“ beherrschten wir alle natürlich „aus dem ff“ (oder sollten es wenigstens), aber zum Marsch gesungen haben wir diese Hymnen nach meiner Erinnerung nicht.

Dasselbe gilt für das „Horst-Wessel-Lied“: „Die Fahne hoch, die Reihen dicht geschlossen ...“

Es stand „im Rang“ auf einer Stufe mit dem „Lied der Deutschen“ (Deutschlandlied) von Hoffmann von Fallersleben und wurde mit seinen vier Strophen stets nahtlos nach den drei Strophen des Deutschlandliedes gesungen. Selbstverständlich mit erhobenem rechtem Arm – ich war froh, immer im dritten Glied zu stehen und so unbemerkt den rechten mit dem linken Arm stützen zu können.

Das Deutschlandlied haben wir, wenn nicht schon im Elternhaus, dann jedenfalls in der Schule auswendig gelernt. Wer es dann noch nötig hatte, der mag in der „Pimpfenstunde“ im Heim noch „Nachhilfeunterricht“ erhalten haben.

Aus dem Text des Horst-Wessel-Liedes, nicht weniger aus seiner Melodie sprachen männliche Entschlossenheit, Kraft, Siegeszuversicht – gegen eine Zeit der Unterdrückung, Feindschaft, Verleumdung, des Unverstands, der Erfüllung der von unseren Gegnern dem eigenen Volk auferlegten erdrückenden Lasten, von dem ein erheblicher Teil in aussichtsloser Arbeitslosigkeit und bitterem Elend lebte, eine Zeit, die es sogar fertig gebracht hatte, unseren Führer wegen des von ihm angeführten Marsches zur Feldherrnhalle in München am 9. November 1923 zu Festungshaft in Landsberg zu verurteilen. In etwa so hatten wir es gewiß auch in der „Pimpfenstunde“ im Zusammenhang mit der Vita Adolf Hitlers gelernt. Aber das Lied sprach auch begrifflich ganz konkret Geschehnisse aus der „Kampfzeit“ an (NS-Terminus für den 14jährigen Kampf der NSDAP zur Erringung der Macht in Deutschland), die den Älteren noch ganz gegenwärtig waren, ihnen „in den Knochen steckten“, mit denen wir nachgeborenen Jüngeren aber ohne nähere Erläuterungen nicht mehr so recht etwas anfangen konnten. Insoweit war das Mitsingen des Liedes jedenfalls für mich eher eine Art routinierte Pflichtübung denn freudiges Bekenntnis, wie es beim Deutschlandlied der Fall war.

Ja, wer und was waren in Strophe eins des Horst-Wessel-Liedes „Rotfront“ und „Reaktion“, die unsere Kameraden (daß die Toten auch die Kameraden von uns Lebenden waren, das hatten wir schon in uns aufgenommen) erschossen hatten? Und Freiheit und Brot, beides hatten wir doch, darauf brauchten wir im Zeichen des Hakenkreuzes doch nicht mehr zu hoffen, wie es in der zweiten Strophe heißt! Schließlich: Die Hitler-Hakenkreuzfahnen wehten an allen nationalen Feiertagen doch zahllos und machtvoll über allen Straßen. Sie hingen an allen Fahnenstangen vor öffentlichen und privaten Gebäuden, an den kleineren Haltern an zahllosen Fenstern und Türen, an den an Hauptverkehrsstraßen aufgestellten Masten hingen ihre großen Banner – es waren unvergeßlich-imposante Bilder. Und wir lebten in keiner Knechtschaft – so traten meine Gedanken diesen Worten in der dritten Strophe gegenüber. Vom heutigen Totalverriß des Liedes halte ich mich aber fern, wäre das Dritte Reich nicht untergegangen, sondern bestehen geblieben, so wäre der Inhalt des Horst-Wessel-Liedes historische Reminiszenz geworden, hätte keine mitreißende und die Gegenwart gestaltende Kraft mehr gehabt, hätte sich in den Kanon vieler historischer Lieder eingereiht.

Alle Lieder außer dem Deutschlandlied trugen den Geist der Erringung der Macht im gedemütigten, unterdrückten, reparationserpreßten, arbeitslos-elenden Deutschland der Jahre 1918 bis 1933 in sich – oder, als sie dann 1933 errungen war, ein Strahlen, den Glauben an eine stolze Zukunft. Als ich 1941 zur Hitlerjugend kam, war Krieg. Der auch kämpferische Charakter vieler „unserer“ Lieder wurde deshalb nicht als fremdartig, abstoßend empfunden. Er war nur die Antwort auf die Herausforderungen, die der Krieg an uns alle stellte.

Wir Jungen sollten Verständnis für Luftfahrt und Bereitschaft zum Fliegen als erste Stufe durch Flugzeugmodellbau erwerben. Die Beschaffung von Balsa- und Sperrholz aller Stärken, Klebstoffen, Spannpapier, Laubsäge und Sägeblättern war 1941 noch problemlos, ich kaufte fast alles im Fachgeschäft Lubbe am Roßgärter Markt. Zwei Modelle mit zugehörigen Modellbaubögen standen zur Auswahl, sie hießen nach meiner Erinnerung „Baby“ und „Jungvolk“. Die Tragflächen beider waren abnehmbar, sie wurden mit einem Gummiring am Rumpf befestigt. „Baby“ war sinnigerweise das größere, „Jungvolk“ das kleinere, ich entschied mich für das kleinere, war aber mit meinem Bastelergebnis wenig zufrieden. In einer Art Modellwettbewerb vom Abhang zur Wiese neben unserem „Stauer“ flogen viele andere viel eleganter, hielten Höhe, und flogen dadurch weiter. Ansonsten baute ich aus Pappmodellbaubögen fast alle deutschen und feindlichen Kriegsflugzeugtypen, sie hingen an längsgespannten Drähten unter der Decke meines Zimmers. Dieser Modellbau stand in keiner Beziehung zu dem zuvor erwähnten „dienstlichen“.

Unter den Leistungswettbewerben der Jugend nahm der Reichssportwettkampftag eine besondere Stellung ein. Er fand für unser Fähnlein 48 und wahrscheinlich den gesamten Jungstamm 10, dem unser Fähnlein angehörte, auf dem Jahnplatz statt, stadtauswärts hinter dem Hammerteich, links neben der hier beginnenden Steffeckstraße gelegen. Sportlich befand ich mich in den meisten Disziplinen wohl im schwächeren Leistungsbereich, war, wie man das damals etwas geringschätzig nannte, eine „Flasche“. Daß ich 1990 und in den Jahren danach immer wieder die Steffeckstraße entlanggehen sollte, auf der wir auch bis zur Ringchaussee marschiert waren, um dort mit Hannelotte unsere russischen Freunde Iwanow in „ihrem“ Haus in der jetzigen „Leitenanta Katina“ zu treffen – Quantensprünge des Schicksals, bei denen das Sortieren von Gedanken und Gefühlen nicht gelingen will.

Ich habe bereits das damals leidige Thema meiner behelfsmäßigen Ausstattung vor allem mit Teilen der Winteruniform gestreift. Hier war ich meiner Mutter wegen ihrer streng-restriktiven Einstellung zum Kauf von Uniformstücken doch etwas gram.

Eine Uniform brauchte ich, das stand auch für sie außer Frage. Koppel, Schulterriemen, Braunhemd, schwarzes Dreieckshalstuch, Lederknoten, unser Gebietsdreieck auf dem linken Ärmel „Ost-Ostland“ (nach dem östlichen Obergebiet des Reiches), später „Ostpreußen“, die dunkelgraue Sommeruniformhose, das alles wurde so wie benötigt angeschafft. Ich kaufte meine Uniformteile im Uniformengeschäft Benson in der Französischen Straße 11, nahm jedesmal Grüße von meinem Vater mit und brachte Gegengrüße von Herrn Benson an ihn zurück.[1] Aber ein Fahrtenmesser, in dessen Griff unser HJ-Abzeichen eingelassen war

Annonce in der Tageszeitung Königsberger Allgemeine Zeitung, Erscheinungsdatum unbekannt

---

[1] Herr Benson war wohl ebenso wie mein Vater altes NSDAP-Mitglied. Eine indirekte Wiederbegegnung mit ihm sei hier festgehalten: In der Wasser- und Schiffahrtsdirektion Kiel (später in „Nord“ umbenannt), in der ich nach meiner Versetzung Justitiar war, begegnete ich nach Rückkehr aus einem Urlaub in der Kanzlei einer neuen Schreibkraft, einer Frau Benson. Als ich ihr erzählte, daß ich in Königsberg in einem Uniformengeschäft gleichen Namens als Pimpf meine Einkäufe getätigt hätte, antwortete sie völlig unbefangen: „Ja, das war mein Schwiegervater.“ Er habe in Heikendorf auf dem Förde-Ostufer gelebt, sei aber schon verstorben. Schade, wir hätten uns viel zu erzählen gehabt. Auch mein Vater war nicht mehr am Leben, so daß ich ihm diese überraschende Nachricht nicht mehr übermitteln konnte. Hätten sich beide noch zu Lebzeiten hier in Kiel wieder getroffen, ich hätte dabei sein wollen ...

und das sichtbar am Koppel getragen wurde – das bekam ich nicht. Ich fühlte mich gegenüber den anderen Kameraden, die ein solches Messer besaßen und es stolz zur Schau trugen, benachteiligt. Bis zuletzt, d. h. bis zu unserer Flucht aus Königsberg, empfand ich dies nicht nur in puncto Fahrtenmesser so, sondern ebenfalls bezüglich meiner Winteruniform. Alle Spinnstoffe, und hierzu gehörten ausnahmslos alle Stoff-Uniformteile, gab es nur auf rationierte Abschnitte der Reichskleiderkarte. Hier vertrat meine Mutter rigoros den Standpunkt und handelte danach, daß an erster Stelle „unsere Soldaten" stehen und zu ihren Gunsten auch im Uniformbereich auf alles verzichtet werden muß, was nicht unbedingt notwendig ist. Ja, die Skimütze mit HJ-Abzeichen und herunterklappbaren Ohrenschützern, die brauchte ich schon in unseren damals extrem strengen ostpreußischen Wintern. Aber die schnittige Uniformjacke mit dazugehöriger Hose – da mußte nach Mutters Entscheidungskriterien ein Behelf genügen, der denselben Zweck erfüllte. Und so trug ich denn bis zuletzt irgendein anderes dunkles Zeug – es mag sogar eine Trainingsjacke gewesen sein (mit einem Wollpullover darunter). Lediglich zum letzten (HJ-) Winter 1944/45 erhielt ich maßgeschneidert aus dickem dunklem Stoff eine Hose, die in Schnitt und Maß voll einer vorschriftsmäßigen Uniformhose glich. Zur Ehre aller meiner Kameraden – auch im späteren Heinrich-Albert-Chor – möchte ich abschließend zu diesem Thema bemerken, daß sie meine „Behelfsuniform" für den Winter selbstverständlich erkannt haben, aber nicht einer von ihnen sich über meine von ihrer Norm-Uniform abweichende Winter-„Kluft" lustig gemacht oder gar einer meiner Vorgesetzten sich anheischig gemacht hat, mir Befehle zum Erscheinen in „richtiger" Uniform im Dienst zu erteilen. Vielleicht war ich in dieser Hinsicht auch nicht der einzige, aber das weiß ich nicht mehr. Auf ein Kleidungsstück war ich dagegen stolz, das hatte in meinem Umfeld kein anderer: Es war der auf der Photomaton-Aufnahme 1942 abgebildete Sommermantel mit HJ-Abzeichen – für mich maßgeschneidert aus bestem englischem Khaki-Beutestoff.

Ein Lehrstück für mein ganzes Leben, das sich in meiner Pimpfenzeit „nebenbei" ergab, soll nicht unerwähnt bieben: Die einzige Fahrt, an der ich im Rahmen dieses Programmpunktes der Hitlerjugendarbeit teilgenommen habe, ging an Pfingsten 1941 mit dem Fähnlein 48 nach Neukuhren an der samländischen Ostsee-Steilküste. Mein Vater hatte mir vor der Abreise seinen „Affen" (Tornister) gegeben und mir beim Packen zu meinem Erstaunen gezeigt, was bei sorgfältiger Ausnutzung des geringen Platzes alles in ihn hineingeht. Es war, wie gesagt, ein Lehrstück für überlegte, maximale und sachgerechte Raumausnutzung. Gezeltet haben wir auf einer Freifläche nahe der am Steilufer zum Strand hinabführenden Treppe. In die Zelte schütteten wir Stroh; nachts war es lausig kalt, um meinen „Affen" hatte ich ja nur eine Decke schnallen können. Mein Freischwimmerzeugnis hatte ich zu dieser Zeit noch nicht, ich erwarb es in der von unserer Schrötterstraße nicht allzu weit entfernten Städtischen Badeanstalt Hardershof erst am 23. Juli. Aber mindestens knietief sind wir alle, also auch die absoluten oder noch nicht perfekten Nichtschwimmer, in die noch empfindlich kalte See gegangen, es war windstill, sie war deshalb ruhig. Zimperlich sollte/wollte keiner von uns sein. Denn, so lautete die Devise: Gelobt sei, was hart macht! Das Essen in der Jugendherberge am Rande unseres Zeltplatzes war mäßig und für unseren jugendlichen Hunger ungenügend. Morgens gab es eine Art Kommißbrot und als Aufstrich nach meiner Erinnerung wohl nur Margarine, Marmelade und Honig. Ich war froh, als es wieder nach Königsberg zurückging.

In jener Zeit, über die ich ausführlich Auskunft gegeben habe, war ich häufig krank. Ich gehörte eher zu den Schwächeren, war wohl auch nicht sonderlich „zackig" und hatte keinerlei Aussicht auf Beförderungen, auf Schnüre und Sterne. In meinem Jungzug waren keine Spielfreunde oder Klassenkameraden. Ich empfand daher große Erleichterung, als mein Dienst im Fähnlein 48 im grausam-strengen Winter 1941/42 unverhofft endete.

Das Ende kam so: Ungefähr Mitte Dezember 1941 mußten wir noch einige Zeit nach Einbruch der Dunkelheit in Höhe der Burgschule in den dortigen Anlagen einen ziemlich steilen Hang hinaufrobben. Der hohe und eiskalte Pulverschnee drang in Kragen, Ärmel, Hose und Schuhe ein. Als ich nicht mehr mitmachen wollte und mich erhob, erhielt ich prompt den Befehl „Hinlegen!" Da ich ihn nicht befolgte, kam die Warnung: „Befehlsverweigerung!" Statt nun aber den Befehl zum „Hinlegen" und zum Weitermachen auszuführen, verließ ich mit einer wenig ehrerbietigen Bemerkung das „Dienst"-Gelände und ging durch die dunklen Anlagen und die verdunkelte Motherbystraße nach Hause. Der Weg war nicht weit.

Meine Eltern müssen über meinen Zustand wohl einigermaßen entsetzt gewesen sein. Obwohl beide der Partei angehörten, untersagten sie mir die weitere Teilnahme am Dienst, ich besinne mich, daß vor allem meine Mutter aufgebracht war, weil die Bestimmungen über das Dienstende vor Einbruch der Dunkelheit mißachtet worden waren.

Der Winter verging, ich beschränkte mich auf Schulbesuch, Geigenspiel, Basteln und andere altersgemäße Beschäftigungen. Der Dienst im Jungvolk war fast vergessen, als eines Tages zum Frühlingsanfang 1942 plötzlich der Bannführer persönlich bei meinem Vater anrief. Zufällig wurde ich Zeuge des Gesprächs. Der Bannführer hatte meinen Vater offenbar über seine Pflicht belehrt, „als Parteigenosse mit gutem Beispiel voranzugehen". Aber dieser Hinweis oder auch Einschüchterungsversuch wirkte bei meinem Vater nicht. Denn er gab dem Anrufer zur Antwort, daß er dafür sorgen möge, daß sich seine Unterführer an die geltenden Bestimmungen halten und ihre Stellung nicht mißbrauchen mögen. Dann würde auch ich wieder am Dienst teilnehmen. Das Gespräch war damit beendet.

Bald darauf wurde ich von meinen Eltern zu einer Probe des Heinrich-Albert-Chors und zur Vorstellung bei „Herrn Opitz“, dem Dirigenten des Chores, beordert. Von beiden hatte ich noch nie etwas gehört, alle Antworten auf diesbezügliche Fragen blieben kärglich. Wenn ich schon nicht mehr Pimpf war, dann sollte ich eine neue Form der Unfreiheit mitmachen, und dies auch noch in einem anderen Stadtteil, den ich nur mit der Straßenbahn (Linie 11) erreichen konnte? Mehr mißmutig als begeistert, mindestens aber mit geringen Erwartungen, machte ich mich an einem sonnig-warmen Frühlingstag auf den Weg. Als ich im Musiksaal des Löbenicht-Gymnasiums ankam, saß „Herr Opitz“ gerade am Flügel. (Wie ich später erfuhr, kannte er meine Eltern aus ihrer Tilsiter Zeit, und auf Grund dieser Bekanntschaft war dann ja auch die Verbindung zum Heinrich-Albert-Chor zustandegekommen.) Er begrüßte mich freundlich. Ich wurde den anderen mit Namen vorgestellt, mußte Tonleiter, Dreiklang und ein paar Takte Vokalmusik vorsingen – und wurde aufgefordert, auf einer Bank des Soprans Platz zu nehmen, also war ich aufgenommen und ganz formlos Chormitglied geworden. Ich glaube, daß „Herr Opitz“ – zu „Koni“, wie sie ihn alle zutraulich anredeten und wie sich dies aus seiner Funktion auch als Hitlerjugendführer uns gegenüber ergab, bestand noch eine Hemmschwelle, die ich erst zaghaft und allmählich überwand – mich gleich noch ganz beiläufig der Jungenschaft von Siegfried Glomb („Spitzmaus“) und dem Jungzug von Gottfried Stramm zuordnete. Beide begrüßten mich freundschaftlich-ungezwungen und nicht hoheitsvoll, wie ich es von meinen „Vorgesetzten“ im Fähnlein 48 gewohnt war. Alle Abneigung und Vorbehalte gegen das Neue waren verflogen, ich fühlte, daß ein neuer Lebensabschnitt begonnen hatte. Er sollte so beglückend werden, daß sein jähes Ende schon nach wenigen Jahren einen schweren seelischen Schmerz erzeugte und mich lange mit Trauer erfüllte. Der Heinrich-Albert-Chor war Singgemeinschaft und als solche eine Sonderformation in der Hitler-Jugend: Wir waren Sonderfähnlein 1 im Bann 1, trugen an unserer Uniform zwei Mal die „1", auf dem Achselstück das „S 1" und auf dem zugehörigen Knopf eine geprägte 1. Mit dieser Einser-Kombination standen wir in der zahlenmäßigen Kennzeichnung aller HJ-Formationen im ganzen Reich an erster Stelle, ich war sehr stolz darauf.

Als ich in den Chor aufgenommen wurde, fanden die Proben nicht mehr an seinem Ursprungsort, der Vorstädtischen Oberrealschule (abgekürzt „Vorstadt" genannt) statt, von wo die meisten Chorkameraden kamen, sondern in der Löbenichtschen Oberschule für Jungen an der Ecke Münchenhof/Hamannstraße. Der Löbenicht war eine der ursprünglich drei Teilstädte Königsbergs, die beiden anderen hießen Altstadt und Kneiphof (Insel, von Pregelarmen umschlossen). Die auf dem hohen Pregelufer 1255

Hamannstraße am Pregelarm Neuer Pregel, rechts Löbenichtsche Oberschule für Jungen, der Musiksaal, unser Proberaum, lag im 1. Stock.

Von der Löbenichtschen Oberschule ging der Blick auf die von den Pregelarmen umschlossene Kneiphofinsel mit Alter Universität (der Lehrstätte Immanuel Kants), Stadtgymnasium Altstadt-Kneiphof und Dom.

Seelischer Faustschlag in mein Musikzentrum: Wo einst unser Gesang erscholl, schnellt nun von einer Betonrampe auf der Leerfläche des ehemaligen Schulgebäudes ein Schnellboot in die Lüfte, das am „Sturm Keenigsberga“ teilgenommen haben soll.

vom Deutschen Orden erbaute Burg soll den Namen Königsberg zu Ehren des Böhmenkönigs Ottokar II. erhalten haben, der an einem Kreuzzug teilgenommen hatte. Die drei Teilstädte hatten sich jahrhundertelang oft erbittert befehdet, bis sie 1724 unter der Regentschaft Friedrich Wilhelms I. (der „Soldatenkönig") zu einer einzigen Stadtgemeinde vereinigt wurden. Vom Löbenicht ging der Blick über den Pregel zum Dom auf der von den beiden Pregelarmen umschlossenen Kneiphof-Insel.

Zu den Chorproben fuhr ich von der Luisenallee, Parallelstraße der Schrötterstraße, in der ich wohnte, meistens mit der Straßenbahnlinie 11. Die Proben waren „Dienst", wir trugen dabei also Uniform. Entsprechend diszipliniert hatten wir uns innerhalb und außerhalb des Musiksaals zu benehmen. Damit wir diesen „Benimm" auch richtig beherrschten, wurde – ganz, ganz selten! – auf dem Schulhof exerziert, z. B. anständiger, kein schlaksiger Gang, Grüßen usw. – lauter Dinge, die ich aus meiner Zeit im Fähnlein 48 „aus dem ff" beherrschte. Soweit es um das Marschieren geht, kann ich mich nur an einen einzigen Ausmarsch zu dem großen, zwischen Hauptbahnhof und Friedländer Tor gelegenen Horst-Wessel-Park erinnern. Es gibt hiervon eine Aufnahme vom Jungzug 1 vor der im Park gelegenen riesigen Ostpreußenhalle, wir stehen in der Stellung „Rührt Euch!", alle im ersten Glied haben schwarze Knie, meine sind nicht zu sehen, da ich im dritten Glied stehe (Gesicht halb verdeckt). Wir müssen also tatsächlich einmal das „Küssen der Erde" geübt haben.

Unseren Fähnleinführer Hans Adelberger (wir nannten ihn „Spinne") habe ich niemals „scharf" erlebt. Er blieb selbst dann gelassen und nahm unsere Herausforderung nicht an, als wir nach einem Geländespiel im Metgether Wald zur Endstation der Straßenbahnlinien 4 und 7 zurückmarschierten und ihn mit dem Dauergesang „Bub und Spinne, Bub und Spinne gingen in den Wald" reizen wollten. Dies war nach der Zusammenlegung unseres Chores mit der Rundfunkspielschar Königsberg, die ein

Aufnahme vom Jungzug 1 vor der Ostpreußenhalle

gemischter Chor war, der also Jungen wie Mädchen angehörten. „Bub“ bezog sich auf Helga Jankowski, „Bübchen“ genannt, und „Spinne“ war unser Fähnleinführer Adelberger. Es war uns nicht verborgen geblieben, daß die beiden „etwas“ miteinander hatten. Wir waren in einem Alter, in dem dieses „Etwas“ neu, unheimlich, geheimnisvoll war und verborgen gehalten wurde. Unser Gesang sollte „Spinne“ zeigen, daß es uns aber nicht unbemerkt geblieben war. Schleifereien habe ich nur später in Sarkau erlebt. Aber diese Zeit nahm eine Sonderrolle ein.

Was war nun der Heinrich-Albert-Chor als Teil des hochstehenden Königsberger Musiklebens? Über unseren Namensgeber zitiere ich aus der von den Chorkameraden Helmut Grundtner (†), Siegfried Glomb (†), Liesel Klein-Saal und Lieselotte Wargenau-Schomaker (beide Rundfunkspielschar) erstellten Chronik „Heinrich-Albert-Chor und Rundfunkspielschar Königsberg (Pr)“, S. 13:

> „Heinrich Albert wurde 1604 in Lobenstein im Vogtland geboren. Er kam als junger Mann nach Königsberg. Hier lernte er 1628 Simon Dach kennen, mit dem ihn bald eine feste Freundschaft verband. 1631 erhielt Albert die Organistenstelle am Königsberger Dom.
>
> Um diese Zeit bildete sich auch ein Kreis Königsberger Künstler, an deren Spitze der Komponist Heinrich Albert, der Dichter Simon Dach und der Kurfürstliche Rat Robert Roberthin, der geistige Führer dieses Kreises, standen. Ziel dieser Künstler war die Pflege der Dichtkunst und der Musik. Man traf sich in den Häusern und im Sommer in den Gärten der Mitglieder. Ganz besonderer Beliebtheit erfreute sich der Garten Heinrich Alberts, der am Pregel lag. Anziehungspunkt war eine Gartenlaube, die von Kürbispflanzen umrankt war, „die Kürbislaube“. Dieser verdankt der Künstlerkreis seinen Namen.

Heinrich Albert war Vertreter einer neuen Instrumentalpraxis. Seine Kompositionen wiesen einen neuen Musikstil auf, der nicht unumstritten war. Albert vertonte eigene Gedichte, die seines Freundes Simon Dach und seiner übrigen Freunde und veröffentlichte sie. Dadurch wurde er zum Schöpfer des weltlichen deutschen Liedes ...

Neben Johann Stabäus war Heinrich Albert einer der beiden bedeutendsten Musiker Königsbergs jener Zeit und zählt zu den meistgenannten deutschen Komponisten des 17. Jahrhunderts. Heinrich Albert starb 1651 in Königsberg."

Die Chronik ist Quelle der nachfolgenden Kurzgeschichte über die Entstehung des Chores:

Er wurde seit 1930 zielstrebig vom Musiklehrer der Vorstädtischen Oberrealschule Konrad Opitz zunächst als reiner Schulchor aufgebaut. Seine Sänger kamen überwiegend aus den Stadtteilen Vorstadt und Haberberg sowie aus den Vororten Rosenau und Ponarth (ich war insoweit auch 1942 noch ein „Außenseiter" vom entgegengesetzten Stadtende). Zur beruflich-sozialen Struktur heißt es in der Chronik (S. 17): „... Söhne von Beamten machten einen erheblichen Teil der Schülerschaft aus. Auch Angestellte, Arbeiter, Handwerker, selbständige Gewerbetreibende schickten ihre Söhne zur ‚Vorstadt'. Die Söhne der Bauern und Gutsbesitzer aus der näheren Umgebung Königsbergs, die hauptsächlich unter den ‚Fahrschülern' vertreten waren, vervollständigten die vielfältige Mischung der Schüler dieser reinen Jungenschule." Und zu den Auswahlkriterien, dem Weg zum rasch wachsenden Bekanntheitsgrad des Chores, zu seiner herausragenden Bedeutung für das Musikleben Königsbergs und zu seinem Aufstieg in die Spitzenreihe der zehn besten Jugendchöre Deutschlands nach nur elf Jahren seines Bestehens 1941:

„Ihnen allen bot sich ab 1930 die Möglichkeit, in den Schulchor der Schule, den späteren Heinrich-Albert-Chor, ein-

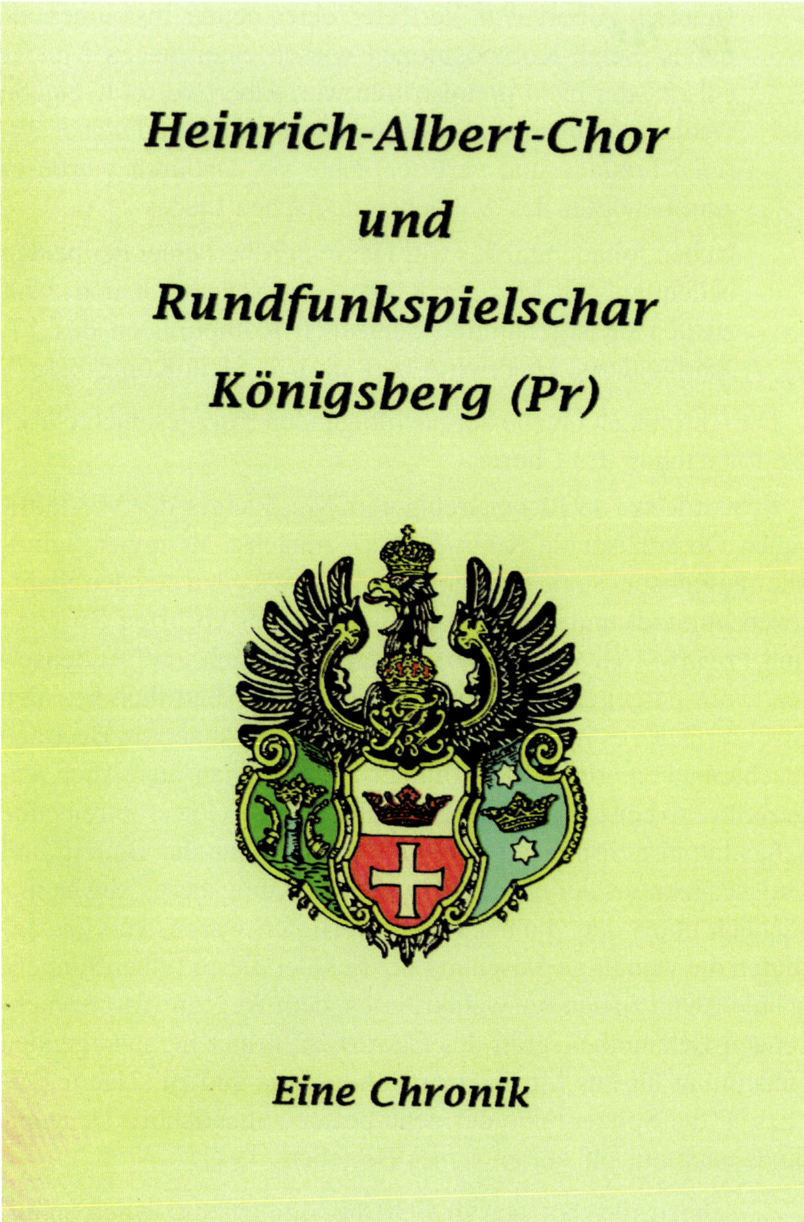

Chronik Heinrich-Albert-Chor und Rundfunkspielschar Königsberg (Pr)

zutreten, wenn die stimmlichen Voraussetzungen gegeben waren. Der Musiklehrer der ‚Vorstadt', Konrad Opitz, prüfte im Musikunterricht jeden seiner Schüler auf seine sängerische Begabung hin. Hatte er dann jemanden entdeckt, so ließ er nicht eher locker, bis derjenige Mitglied des Schulchores war ... Übungsstunden ... lagen teils 1–2 Stunden vor dem eigentlichen Unterrichtsbeginn, teils unmittelbar im Anschluß daran ... Vor Auftritten, Konzerten und Konzertreisen nahm die Zahl der Übungsstunden erheblich zu. Selbst in den großen Pausen kamen dann einzelne Stimmgruppen oder der ganze Chor zusammen, um zu üben." Aus einer Chorstärke von 120–150 Mitgliedern 1939/40 schälte sich ein „kleiner" oder auch Reisechor von 30–60 Jungen heraus, dem anzugehören der Ehrgeiz und Einsatz aller galt. Eine Zäsur für jeden einzelnen Sänger von den Knaben- (Sopran und Alt) zu den Männerstimmen (Tenor und Baß) war der Stimmbruch, der auch für den Chor insgesamt bedeutsam war, denn (Chronik S. 18) „generell lag das Eintrittsalter ... in den Chor bei 10 Jahren, verbunden mit der Einschulung in die Vorstädtische Oberrealschule. Das war spät für einen Beginn als Sänger in einem Jugendchor, der sich zum Hochleistungschor entwickelt hatte. Man muß berücksichtigen, daß sich naturgemäß bei den Jungen zwischen dem 13. und 15. Lebensjahr der Stimmbruch (Stimmwechsel) einstellt. Sie blieben dann zwar während dieser Phase überwiegend dem Chor erhalten, konnten aber an den Proben nur in beschränktem Umfang teilnehmen. Für Auftritte und Konzerte des Chores fielen sie ganz aus."

Die Dauer des Krieges und der Zugriff der Wehrmacht auf seine wehrpflichtig gewordenen Mitglieder wirkten sich einschneidend auf die Substanz des Chores aus. Die Chronik (S. 19) beschreibt es in knappen Strichen so:

„Ab Mitte 1942 verminderte sich die Zahl der Chorsänger zunehmend. Die älteren Jungen wurden zum Arbeitsdienst oder zum Militär eingezogen. Ab Frühjahr 1943 verließen die Jahrgänge 1926/27 als Luftwaffenhelfer die Schule; sie wurden fortan in den Flakstellungen unterrichtet und konnten nur noch unregelmäßig an den Chorproben teilnehmen. 1944 wurden auch die Jungen des Jahrgangs 1928 zu den Luftwaffenhelfern eingezogen. Wenige von ihnen wurden für den Dienst im Chor vom Dienst als Luftwaffenhelfer und vom Arbeitsdienst freigestellt. Doch auch die fielen vorübergehend als Sänger aus, denn als Kriegsfreiwillige, die die meisten von ihnen waren, mußten sie die mindestens dreiwöchige Ausbildung in einem Wehrertüchtigungslager absolvieren. Aber nicht nur die älteren Jahrgänge und damit die Männerstimmen wurden weniger, auch in den Knabenstimmen wurde ab Ende 1942 ein steter Schwund spürbar. Die sondierende und werbende Hand des Chorleiters als Musiklehrer in der Schule fehlte. So kam es, daß sich die Jungen daran gewöhnen mußten, nunmehr in den Knabenstimmen Unterstützung von den Mädchen der Rundfunkspielschar zu erhalten. Der Heinrich-Albert-Chor trat von nun an nur noch in seltenen Ausnahmefällen als reiner Knabenchor auf."

Der bis dahin so genannte „Heinrich-Albert-Chor der Vorstädtischen Oberrealschule zu Königsberg" war 1935 korporativ in die Hitlerjugend übernommen worden. Bis dahin taten seine Mitglieder Dienst in den Einheiten des Jungvolks (10–13 Jahre) und der HJ (14–18 Jahre) ihres jeweiligen Stadtbezirks. Jetzt wurden sie alle, sowohl die Pimpfe als auch die älteren HJ-Mitglieder, in der Sonderformation „S1" vereint. Vorgesetzte/Jugendführer im Chor wurden diejenigen, die bereits im Chor und innerhalb der einzelnen Stimmen bestimmte Führungsaufgaben wahrgenommen hatten. Etwa 1938 wurde der Chor der Gebietsspielschar des Obergebietes „Ostland“ angegliedert und unterstand von da an unmittelbar der Gebietsführung der HJ. Sie förderte den Chor so, wie es die Oberrealschule nie vermocht hätte. Sie organisierte und finanzierte Auftritte und Konzertreisen und stellte die Mittel für die Anschaffung neuer Noten bereit. Die Transformation des Schulchores in eine Hitlerjugendeinheit führte dazu, daß der Chor in den Programmen vieler Konzerte als „Heinrich-Albert-Chor der Königsberger Hitler-Jugend“ aufgeführt wurde (zum Vorstehenden Chronik Seite 23).

Außer den bereits genannten möchte ich in dieser persönlichen Lebensgeschichte über den Heinrich-Albert-Chor noch ein paar andere Chorkameraden erwähnen. Da waren einmal Alfred Seeck und die Brüder Heinz und Herbert Vothel. Sie waren wie ich Söhne von Königsberger Bäckermeistern (der Vater von Alfred hat den Bericht „Letztes deutsches Bäckerbrot in Königsberg“ geschrieben, der im 21. Mitteilungsblatt des ostpreußischen Bäckerhandwerks Dezember 1962 veröffentlicht worden ist und der als Abschluß von Band 1 nachzulesen ist). Nach den Geschäften/Wohnungen ihrer Väter zu urteilen, werden sie wahrscheinlich Schüler der „Vorstadt“ gewesen sein und auf diesem Wege zum Chor gekommen sein (Seeck Vorderroßgarten 37, Vothels Sackheim 7). Es kann aber auch sein, daß der Beruf des Vaters sie zum Chor geführt hat, war „Koni“ doch nicht nur unser Chorleiter, sondern auch Chorleiter des seit 1889 bestehenden Gesangvereins der Bäckerinnung Königsberg (Pr) und des 1930 gegründeten Frauenchores der Bäckerinnung. Herbert Vothel soll unter der Sowjetherrschaft in Königsberg umgekommen sein.

In dieser besonderen Namensreihe darf einfach unser „Stimmungsmotor“ Kurt Bowien („Kuller“ genannt) nicht fehlen. Ich habe nie seine Komikerrolle vergessen, die er bei einer tragikomischen Familiengeschichte zusammen mit „Lilo“ Grube spielte, die zum Programm der Feier des 10jährigen Bestehens des Chores im Sommer 1943 in der Aula der Löbenichtschen Oberrealschule gehörte: Eine Mutter von 7 Kindern stellte die Vollzähligkeit ihrer Kinderschar vor dem Schlafengehen immer ganz einfach durch Abzählen der „Klumpen“ fest („Klumpen“: ostpreußischer Ausdruck für gänserumpfartige Holzschuhe, wie sie auf dem Lande getragen wurden; das Wort kam in unzähligen zumeist plattdeutschen Redensarten vor). Eines Abends stellt sie nun entsetzt fest, daß nur sechs Paar „Klompe“ da sind. Sie zählt immer wieder ab „een Paar Klompe, twe Paar Klompe ...“, endet aber stets bei „seß Paar Klompe“. Als sie in ihrer Verzweiflung nicht mehr weiter weiß, wird der älteste Bruder („Kuller“) zum deus ex machina: „Mutter, de Willy iß mit sine Klompe ins Bett jegange!“ – „Kuller“ war es auch, der bei unserem Evakuierungsaufenthalt in Sarkau auf dem Flügel stets Tempo, Rhythmus, Stimmung vorgab. Er hatte unseren Königsberger Chorsatz des Ostpreußenliedes aufgeschrieben, nach dem wir beim großen Wiedersehen unserer Chorgemeinschaft Heinrich-Albert-Chor/Rundfunkspielschar Königsberg zum ersten Mal wieder „unser“ Lied konzertreif sangen. Außer bei unseren nun jährlichen Treffen gab es bis zu seinem Tode 1994 auch ein jährliches Wiedersehen beim Spätsommersegeltörn an Bord des Segelboots „Haffstrom“ (Ort am Ostufer des Frischen Haffs südlich Königsbergs, von den Russen zur Kiesgewinnung weggebaggert) unseres Chorkameraden Eberhard Guttack. Die Begegnungen mit Eberhard bei Chorproben waren selten gewesen, da er vier Jahre älter als ich und bei der Heimatflak in Königsberg stationiert war. Nachdem ich 1973 dienstlich von der Wasser- und Schiffahrtsdirektion (WSD) Hannover zur WSD Kiel versetzt worden war, ergab sich hier einige Jahre später ein unverhofftes Wiedersehen. Eberhard war wohlbestallter Zahnarzt mit eigenem Labor, und ich wurde sein Patient – und auch Crewkamerad bei unseren Sageltörns in die „dänische Südsee“, bis nach Schweden und Bornholm. Es waren Reisen mit und für seine Klassenkameraden von der „Vorstadt“ „Kuller“ (†), Georg Goerke (†), Erwin Heidemann (†) und Alfred

Schwarz. Georg („Schorsch“), Erwin und Alfred hatten nicht dem Heinrich-Albert-Chor angehört, kannten ihn aber bestens und genauso natürlich ihren „Vorstadt“-Musiklehrer Konrad Opitz. Ich war der einzige Nicht-„Vorstädter“ an Bord.

Konrad Opitz, der bereits als Gründer des Chores genannt worden ist, und seine Sänger waren in der Hingebung zur Vokalmusik, im Leistungswillen, in der menschlichen Zuneigung und im gegenseitigen Vertrauen eine Einheit. Ich habe bereits erwähnt, daß meine Eltern ihn in Tilsit kennengelernt hatten und ich wohl hierdurch seinem Chor zugeführt wurde. Es mag auch sein, wie ebenfalls an anderer Stelle erwähnt, daß der Katalysator für meinen Eintritt in den Chor seine Nähe zum Königsberger Bäckerhandwerk gewesen ist. Ein seltenes und für sich sprechendes Bilddokument im 22. Mitteilungsblatt des ostpreußischen Bäckerhandwerks, Dezember 1963, S. 14/15, und sein Brief an „Meine lieben Sangesfreunde und Sangesfreundinnen“ im 18. Mitteilungsblatt, Dezember 1959, keine Seitenangabe, mögen dies sowie die obige Feststellung der gegenseitigen menschlichen Verbundenheit belegen.

Sammelaktion

des ostpreußischen Bäckerhandwerks

22. Mitteilungsblatt - Dezember 1963

Herausgegeben von
Arthur Tobias, Lübeck-Travemünde, Am Heck 2
früher Königsberg (Pr.), Kneiphöfsche-Langasse 14
Zusammenstellung und Versand
Heinrich und Hilde Berg

„Meine lieben Sangesfreunde und Sangesfreundinnen!

Immer, wenn der Dienstag kommt und der Uhrzeiger auf 16 Uhr geht, werden in mir Erinnerungen wach. Ich steige in Gedanken aus der Straßenbahn und gehe in die Jägerhofstraße zur ‚Deutschen Ressource'. Hier begegnen mir schon meine Sangesbrüder, denn es ist ja heute die Chorstunde des Gesangvereins der Bäckerinnungsmeister von Königsberg. Pünktlich und vollzählig sind die Sänger zur Stelle, und jeder freut sich auf die Stunde des Übens, die Entspannung und Freude bringen soll. Unser Gesangverein bestand ohne Unterbrechung seit 1889.

Treten wir hinein in die Gaststube, so sitzen dort schon an den Tischen einige Unentwegte, und es wird der unvermeidliche Skat gedroschen. Sobald aber die Zeit des Singens herbeikommt, ist alles im Saal versammelt. Noten sind ausgeteilt, und mit einem fröhlichen Lied beginnt die Chorstunde. So mancher Zuruf geht hin und her, und helles Lachen klingt auf, aber doch, die ernste Chorarbeit beherrscht den Kreis der Sänger.

Wie oft wurde ich gefragt; ‚Warum haben Ihre Bäcker solch helle schöne Tenöre?', und meine Antwort, ob richtig oder falsch, war: ‚Das kommt vom Mehlstaub'. Vielleicht war es so, und immer haben wir uns über den klaren, hellen Klang der Tenöre gefreut. Ihr Bässe, seid darum nicht böse, auch des Basses Grundgewalt gab unseren Chören das rechte Fundament. Wie vieles könnte ich von diesen Stunden erzählen, lieber Freund Max Schwill, wenn Du manchmal zu spät kamst, und dann oft eine Stubenlage fällig war. Weißt Du noch, wie einmal eine Apfelsine jemandem an den Kopf flog? Oder wißt Ihr noch, wenn wir zu einem Stimmfest probten, mit welcher Begeisterung dann jede Stimme ihr ‚Eigenes' ausgestaltete?

Treu waren die Sänger, oftmals 75-85 aktive, und ich sage es hier sehr oft als Vorbild, wie viele fehlten keine Singstunde, ja es gab einige, die 10 Jahre hintereinander nie gefehlt haben. Das waren noch Sänger! Und so denke ich an all die schönen Stunden und Konzerte, Geburtstage und anderen Veranstaltungen. Ich sehe die Freunde, die zum 50. Geburtstag ihren Ehrenspazierstock bekamen, an meinem geistigen Auge vorbeiziehen. Ich höre die Bekanntmachungen, die unser Freund, Obermeister Popp, am Schluß der Singstunde den Sängern gab. Ich sehe mich mit diesem und jenem hinterher an der Theke stehen, und was für herrliche Dinge waren dort aufgestellt! Gerade in dieser Zeit muß ich an unser schönes Gänseessen denken und an die Ehrung, die unsere Schützenkönige erfuhren.

Wie ein Traum erscheint alles, und doch war es Wirklichkeit! Ja, und unser Frauenchor, unvergessen bleibt er, unvergessen die herrlichen Advents- und Weihnachtsfeiern! ‚... und habe wieder gesungen und alles ward wieder gut!'

Mögen diese Zeilen Euch erfreuen. Sollen sie zeigen, daß Sängerherzen immer Freude spenden. ‚Deutschland, Dir mein Vaterland', so sangen wir, und so soll es immer bleiben! Euch allen ein ‚Grüß Gott mit hellem Klang'!

Konrad Opitz"

Zu Bild Seite 427:
Anläßlich des 50jährigen Bestehens des Gesangvereins der Bäcker-Innung Königsberg (Pr) wurde ein Konzert gegeben. Es fand statt in der vollbesetzten Stadthalle, die 1604 Sitzplätze hatte. Zur Einleitung wurde die große Kantate von Bach: „Lobe den Herrn ..." gesungen. Dabei wirkte auch der 1930 gegründete Frauenchor der Bäckerinnung mit. Chormeister Studienrat Opitz dirigierte das Konzert. Er war damals auch Leiter unserer beiden Gesangsvereine. Die Leistung unserer Chöre wurde allgemein anerkannt. Unser Bild zeigt die Chöre und das mitwirkende Orchester mit dem Dirigenten.

Von Tilsit war Opitz an die Vorstädtische Oberrealschule in Königsberg versetzt worden, wo er laut Chorchronik 1932 zum Studienrat ernannt wurde. Schon 1939 wurde er zur Luftwaffe eingezogen. Er war auf dem Königsberger Flughafen Devau stationiert und konnte so bis zum bitteren Ende 1945 unser Dirigent bleiben. Bei den Proben trug er immer eine Luftwaffenuniform (kein Offiziersrang, den genauen Dienstgrad weiß ich nicht mehr). Ich habe ihn nach meiner Erinnerung nur ein einziges Mal in seiner parteiamtlichen HJ-Uniform erlebt, in der er aussah, als wäre er aus einer Requisitenkammer bühnenreif gemacht worden.

Was Konrad Opitz mir persönlich und für mein Werden bedeutet hat, kommt noch ganz unmittelbar in meinem Bildungsgang vom 1. Dezember 1950 zur Zulassung zum Abitur an der Albert-Schweitzer-Schule Nienburg/Weser zum Ausdruck. Meine einzige damals verfügbare „Quelle“ dafür war meine Erinnerung. Die Zeitumstände erlaubten es nicht, auch mit Rücksicht auf meine Eltern und in nüchterner Einschätzung aller Unwägbarkeiten auf der Seite der Zulassungskommission (z. B. unser Direx rühmte sich immer wieder, im KZ gesessen zu haben ...), die Stellung des Chores und seines Dirigenten im Gefüge des Dritten Reiches näher zu beschreiben. Computer und Internet (auch zum Ausforschen!) gab es damals zum Glück noch nicht! Ich schrieb also:

> „Im gleichen Jahre (1941) trat ich in den ‚Heinrich-Albert-Chor‘ der Gebietsspielschar ein. Ich kam hier in eine Gemeinschaft, deren lebenstragendes Glied jeder einzelne selbst war, an deren Spitze einer stand, der von Beruf Lehrer war und unvergleichlich segensreich in die innere Entwicklung seiner 10- bis 20jährigen Jungen und Mädel eingriff. In Ernst und Frohsinn reifte ein väterlich vertrautes Verhältnis zwischen ‚Koni‘ und Chorschülern, das jedem das Seinige auf den Lebensweg mitgab.

Bei der Chorarbeit lernte ich das deutsche Chorlied aller Stilepochen kennen. Hohe musikalische Begabung und Wahrheitstreue, Aufrichtigkeit und persönliche Ehrbarkeit waren die Grundbedingungen der Mitgliedschaft. So war denn der Sinn unseres Zusammenseins ein doppelter: die Pflege des guten deutschen Volks- und Kunstliedes im Auftrage unseres Namensgebers, und den Sinn ins Innere zu schärfen.

Da wir aus Liebe und Freiwilligkeit unsere Aufgabe erfüllten und Konrad Opitz nicht nur ein hervorragender Jugendführer, sondern auch ein anerkannter Musikpädagoge war und jeden Schüler in der Vokalmusik ausbildete, hatte der Chor im In- und Ausland größten Erfolg. Im Kriege war unser Wirkungsgebiet vornehmlich Ostpreußen. Das Lied von den dunklen Wäldern und kristallnen Seen, das wir damals immer wieder flammenden Herzens sangen, als ein inbrünstiges Bekenntnis zu unserer Heimat, ist mir seitdem nicht mehr aus den Ohren verklungen.

In den öffentlichen Konzertsälen bekam ich einen frühen Einblick in das Musikleben. Auch lernte ich während der Proben, Aufnahmen oder Sendungen alle Seiten des Sendebetriebs kennen. Der Gedanke, selbst einmal im Funkhaus zu arbeiten, reifte zu unbedingtem Entschluß, als ich für Solodarbietungen von Berlin 30 RM Honorar erhielt.

Bevor 1945 die Russenflut meine Heimat verschluckte, widmeten wir unsere Tätigkeit vornehmlich der Rundfunkprogrammgestaltung und der Lazarettbetreuung. Bei den häufigen Besuchen der Standortlazarette lernte ich den Auftrag der Kunst im Kriege kennen. Wie oft verstummte nicht ein leises Stöhnen und wich der Schmerz von den Gesichtern selbst der Schwerverwundeten einem tiefen Frieden oder beseelten Lächeln. Wo ringsum Tod und Sterben sind, da zieht in den Stunden der Besinnung ein Friede ein, der alle Härte und Grausamkeit der Schlacht überwindet.

Haben unsere Lieder diesen Frieden gebracht? Als ich bald darauf mit Millionen das härteste Schicksal, die Heimatlosigkeit, teilen mußte, habe ich die heilsame Wirkung herzlicher Worte erfahren."

Die Jahreszahl 1941, der Honorarbetrag von nur 30,– RM sind nicht ganz richtig angegeben, ich wurde auch nicht Rundfunkangestellter, wie ich mein Berufsziel für den Jahresbericht meiner Nienburger „Penne" bezeichnete, sondern Jurist, hätte später das eine oder andere vielleicht auch anders formuliert als der damals Neunzehnjährige unter den niederziehenden Lebensbedingungen in einem ehemaligen dörflichen Armenhaus und all der immer noch bestehenden Hoffnungslosigkeiten für die ganze Familie, unser Volk und Land – aber dieser Versuch der Selbstfindung in dem als Voraussetzung für die Zulassung zum Abitur zu schreibenden Bildungsgang gibt Gefühle und Gedanken um den Chor so wieder, wie sie mit ein ganzes Leben formten. Die sachlich unrichtige Erwähnung von „Mädeln" im Zusammenhang mit Heinrich-Albert-Chor und Konrad Opitz bereits für 1941 beruht nicht etwa auf Irrtümern oder Verschiebungen im Gedächtnis schon fünf Jahre nach dem Ende von allem in Königsberg. Der Chor war 1941 ja noch ein reiner Knabenchor. Ich habe hier absichtlich die zu jenem Zeitpunkt noch bestehende Selbständigkeit von Heinrich-Albert-Chor und Rundfunkspielschar und die erst später erfolgende Zusammenlegung weggelassen und der vereinfachenden Ungenauigkeit ohne Erwähnung des Begriffs „Rundfunkspielschar" den Vorzug gegeben. Und die Beschränkung auf das Wort „Berlin" für die Überweisungsstelle meines Honorars (von tatsächlich 50,– RM) ohne Nennung des Deutschlandsenders stellte 1950/51 noch niemand vor ein Rätsel, die Ansage „Hier ist der Großdeutsche Rundfunk mit allen seinen Sendern" war allen Rundfunkteilnehmern noch absolut geläufig.

Es vervollkommnet nur meine Aussage über Konrad Opitz, die ich 1950 ganz allein und ohne ein Zusammendenken mit anderen Chorkameraden gemacht habe, wenn die Chorchronik ihn so würdigt (Seite 11):

> „Konrad Opitz war ein guter Pädagoge, aber nicht bei allen Schülern beliebt. Trotz seiner immerwährenden Freundlichkeit war er ein strenger Lehrer, der in seinem Unterricht schon etwas verlangte. Wer sich in der Musik einsetzte, wurde sehr gefördert. Als Gründer und Leiter des Heinrich-Albert-Chores war ‚Koni' seinen Chorsängern väterlich zugetan. Bei unzähligen Chorkonzerten und -auftritten hat er sich stets als verläßlicher Dirigent erwiesen. Durch seine Ruhe, Freundlichkeit und seine Konzentration konnte er seine Sänger zu Höchstleistungen anspornen. Er war stets kameradschaftlich und hilfsbereit und hat nicht wenigen seiner jungen Sänger in kritischen Situationen mit Rat und Tat zur Seite gestanden."

Nur zwei Mal habe ich ihn gänzlich anders, das eine Mal unerbittlich entschieden, das andere Mal streng zurechtweisend erlebt. Beim ersten Mal verschlug es wahrscheinlich nicht nur mir die Sprache, als er zu Beginn einer Chorprobe im Löbenicht-Musiksaal bekanntgab, er habe Chorkamerad H. aus dem Chor hinausgeworfen. H., der über eine seltene Gabe verfügte, der als Knabensopran das hohe zweigestrichene C erreichte, aus dem Chor herausgeschmissen? Aber wir sangen ja nicht aus persönlicher Eitelkeit und um schnöden Geldlohn, sondern im Dienst von Frau Musica und der Zusammengehörigkeit stiftenden Musikkultur unseres Volkes. Und gegen beides hatte H. verstoßen. Er habe, so Koni, erklärt, daß er fortan nur noch für Geldes Lohn singen würde. Es muß ihn sehr geschmerzt haben, aus einem solchen, unserem Chor wesensfremden Grund einen derartig „begnadeten" Sänger zu verlieren.

Östliches Ende der Schlossteichbrücke zur Weißgerberstraße mit Blick auf Stadthalle und Bootsverleih.
In der Weißgerberstraße hatte Mutters Damenfriseur Lenz seinen Salon und Geigenbaumeister Molgedey, der meiner Hopf-Geige eine neue Decke aufgezogen hat, seine Werkstatt.

Eingang Stadthalle vom Vorderroßgarten aus

Das zweite Abweichen von seiner freundlich-verbindenden Art betraf mich selbst. An einem Sonntagvormittag im Februar, März oder vielleicht sogar noch Anfang April 1943 war unser Erscheinen zu einem Chorkonzert in der Stadthalle befohlen. Die Chronik erwähnt auf Seite 69 ein Auftreten im Februar anläßlich einer Feierstunde zur Einberufung der ersten Generation von Luftwaffenhelfern der Königsberger Schulen in der Stadthalle unter der Leitung unseres Fähnleinführers Adelberger. Aber nicht „Spinne“ hatte die Leitung „meiner“ Veranstaltung, sondern „Koni“, und dieser war es, der mich nach deren Ende „zusammengestaucht“ hat. Ich ging also, es war Matschwetter, rechtzeitig und in Winteruniform zur gewohnten Endstation der Straßenbahnlinie 11 an der Luisenallee, um mit ihr zu der im Vergleich zu anderen Straßenbahnlinien der Stadthalle am nächsten gelegenen Haltestelle Roßgärter Markt zu gelangen. Aber Entsetzen: Die „11“ verkehrte sonntags nicht! Nun hieß es, die Beine in die Hand nehmen und im Eiltempo zur nächstgünstigen Linie 7 zu rasen, Haltestelle Luisenkirche/Lawsker Allee. Aber auch hier herrschte Sonntagsverkehr. Die „7“ fuhr, aber offensichtlich auch nur eingeschränkt. Ich mußte doch zum Dienst, durfte/konnte also nicht umkehren, nach Hause gehen, wegbleiben. Nach einer mir endlos erscheinenden Zeit kam schließlich eine „7“. Am Ziel angekommen, raste ich die mir vertrauten Treppen in der Stadthalle und am Ende die Wendeltreppe von hinten zur Empore hinauf und reihte mich am gewohnten Platz in die erste Reihe des Soprans ein. Unauffällig konnte das natürlich nicht geschehen. Und in den ersten Reihen im Parkett saßen „Partei, Staat und Wehrmacht“, überwiegend braune Uniformen, darunter evtl. sogar Gauleiter Erich Koch? Nach dem Beifall am Ende und unserem formlosen Wegtreten kam Koni wütend auf den Stufen zum Parkett auf mich zu. Er vermutete einen Verstoß gegen die für Ansehen und Leistung des Chores selbstverständliche Disziplin. Was mir eigentlich einfiele, ihn und den Chor derartig zu blamieren ... Ich weinte, schilderte den Grund für mein Zuspätkommen und sagte zum Schluß: „Ich mußte doch kommen, es war doch Dienst!" Jetzt wurde mein eben auch „Vorgesetzter" wie umgewandelt wieder ganz Kamerad-Freund „Koni": Er nahm mich in den Arm, „schon gut, so war das doch nicht gemeint, richtig daß Du gekommen bist!"

Mit dem Wesen des Chores und seines Leiters, wie ich es beschrieben habe, mit der Wesenseinheit von beiden, hatte sich der Chor innerhalb von nur elf Jahren nach seiner Gründung in die Spitzenreihe der zehn besten deutschen Jugendchöre hineingesungen, stand hier und wurde genannt in einer Reihe mit so traditionsreichen und berühmten Klangkörpern wie Dresdner Kreuzchor, Thomaner-Chor Leipzig, Regensburger Domspatzen, Wiener Sängerknaben.

Die Nennung der Wiener Sängerknaben unter den zehn besten Jugendchören Deutschlands werden Nachgeborene evtl. mit einem Fragezeichen versehen, deshalb dieser geschichtliche Einschub. Wien und damit auch die Sängerknaben waren seit dem „Anschluß" 1938 Teil des nunmehr Großdeutschen Reiches. Es gehört zu den infamsten Nachkriegslügen, daß dies „die erste gewaltsame Eroberung Hitlers, Österreich das erste Opfer seiner Gewaltpolitik" geworden sei. Die großdeutsch ausgerichtete Einigungsbewegung aller Deutschen „von der Maas bis an die Memel, von der Etsch bis an den Belt", wie sie 1848 erstmals in der Frankfurter Paulskirchen-Nationalversammlung vor aller Welt sichtbar in Erscheinung trat, war bei der Reichsgründung Bismarcks 1871 bezüglich Österreichs unvollendet geblieben. Die Sieger des Ersten Weltkriegs hatten den Beitritt Deutschösterreichs entgegen dem einstimmigen Beschluß seiner demokratisch legitimierten Vertretung verboten. Die Weimarer Reichsverfassung sah in Artikel 61 Abs. 2 wörtlich seinen „Anschluß" vor. Volksabstimmungen in einzelnen österreichischen Landesteilen hatten mit nahezu hundertprozentigen Ja-Voten diese Forderung be-

R E I C H S V E R A N S T A L T U N G

DEUTSCHLANDS BESTE JUGENDCHÖRE STELLEN SICH VOR

Sonnabend, 15. November 1941, 19 bis 21 Uhr

Sonntag, 16. November 1941, 17 bis 19 Uhr

B E R L I N E R P H I L H A R M O N I E

SW 11 B E R N B U R G E R S T R A S S E 23

Durchgeführt

von der Reichsjugendführung

der NSDAP

Reichsveranstaltung: Deutschlands beste Jugendchöre stellen sich vor

E R S T E R   A B E N D

15. November, 19 bis 21 Uhr

I. TEIL

Festliche Fanfare

Titus-Ouvertüre von Wolfgang A. Mozart   Orchester des Bannes Dortmund

WIENER SÄNGERKNABEN

Jakobus Gallus	Repleti sunt (8-stimmig)
Wolfgang A. Mozart	Der Frühling (K. V. 532)
Franz Schubert	Ständchen, für Alt-Solo und Knabenchor

CHOR DER RUNDFUNKSPIELSCHAR BERLIN

Herbert Napierski/Heinrich Spitta	Wacht auf, das Land steht schon im Glanz
Jobst von Brant	Frisch auf in Gottes Namen
Leonhardt Lechner	Ein edler Jäger wohlgemut
Hugo Distler	Lob der Musik

DRESDNER KREUZCHOR

Heinrich Schütz	Vasto mar
Hubert Waelrant	Musikanten, die ihr froh uns singt
Ernst Pepping	Chor aus dem Zyklus: Das Jahr
Volkslied	Was blasen die Trompeten

Arie aus „Il re pastore" von Wolfgang A. Mozart

Sopran: Ruth Görshop, BDM-Untergau Dortmund   Orchester des Bannes Dortmund

Pause von 15 Minuten

II. TEIL

CHOR DER HJ-SPIELEINHEIT „MUSISCHES GYMNASIUM FRANKFURT/MAIN"

Johann H. Schein	Rundadinella
Erasmus Widmann	Rattenfängerlied
Hugo Distler	Der Feuerreiter
Johann H. Schein	Wenn Philli ihre Liebesstrahl'

MOZART-CHOR DER BERLINER HITLER-JUGEND

Johann Fr. Reichardt	Wanderers Nachtlied
Wolfgang A. Mozart	Singet leise
Orlando di Lasso	Echolied
Hans L. Hassler	Ach weh des Leiden
Hugo Distler	Musikanten

Romanze G-dur für Orchester und Violine von Ludwig v. Beethoven

Violine: Heinz Büthe, Bann Dortmund   Orchester des Bannes Dortmund

Programm „Erster Abend"

Z W E I T E R   A B E N D

16. November, 17 bis 19 Uhr

I. TEIL

THOMANER-CHOR LEIPZIG

Johann S. Bach	Eingangs-Chor aus der Motette: Singet dem Herrn
Johann S. Bach	3. Satz und Schluß-Fuge aus der Motette: Singet dem Herrn

Menuett aus der 5. Sinfonie B-dur von Franz Schubert   Orchester des Bannes Leipzig

CHOR DER RUNDFUNKSPIELSCHAR MÜNCHEN

Daniel Friderici	Wir lieben sehr im Herzen
Lorenz Lemlin	Der Gutzgauch auf dem Zaune saß
Josef Haydn	Die Harmonie der Ehe
Christian Lahusen	Trost der Welt, du gute Nacht
Volkslied	Es war amal an Abend spat

Flötenkonzert von Johann J. Quantz 1. und 2. Satz

Solist: Günther Vogler, Rundfunkspielschar Danzig   Orchester des Bannes Leipzig

Pause von 15 Minuten

II. TEIL

Feierliche Musik aus der Sonnenwend-Kantate von Heinrich Spitta   Orchester des Bannes Leipzig

HEINRICH-ALBERT-CHOR DER KÖNIGSBERGER HITLER-JUGEND

Heinrich Spitta	Land mein Land
Heinrich Albert	Die Lust hat mich gezwungen
Samuel Scheidt	Ei, du feiner Reiter
Masurisches Volkslied	Ging ein Weiblein Nüsse schütteln

REGENSBURGER DOMSPATZEN

Orlando di Lasso	Herr, hilf dem Führer (zeitgenössischer unterlegter Text)
Antonio Lotti	Crucifixus
Johannes Brahms	Feiger Gedanken
Max Reger	Der Mensch lebt und bestehet
Johannes Brahms	Wo ist ein so herrlich Volk

CHOR DER RUNDFUNKSPIELSCHAR WIEN

Paul Peuerl	O Musica, du edle Kunst
Kaspar Othmeyr	Stolzer Schreiber
Heinrich Isaack	Innsbruck, ich muß dich lassen
Antonio Scandelli	Kanzonetta napolitana
Orlando di Lasso	Landsknechtsständchen

Kurze Pause

Festlicher Ausklang   Christoph W. v. Gluck: FRÜHLINGSFEIER

Chöre und Orchester der Rundfunkspielscharen Deutschlandsender und Berlin der Hitler-Jugend

Sopran: Margot Kühr, Rundfunkspielschar Breslau

Programm „Zweiter Abend"

kräftigt. Wer der Wahrheit die Ehre gibt, muß anerkennen, daß Hitlers Worte vom Balkon der Wiener Hofburg am 12. März 1938 „Ich verkünde hiermit vor der Geschichte den Eintritt meiner Heimat in das Deutsche Reich“ nichts anderes als die Erfüllung eines alten Wunsches aller Deutschen „hüben und drüben“ zum Ausdruck brachten. Die Deutschösterreicher waren und sind nach Sprache, Wesen und ihrem übergroßen Beitrag zur deutschen Kultur wie auch der herausragenden Stellung Österreichs in der deutschen und europäischen Geschichte – mit landschaftlichen Besonderheiten, wie sie auch jeder andere deutsche Stamm hat – Deutsche wie alle anderen auch. Die Volksabstimmungen über den „Anschluß“ am 10. April 1938 in Österreich und (erst!) danach im „Altreich“ mit der fast hundertprozentigen Zustimmung zum „Anschluß“ in beiden Abstimmungsgebieten bedurften keiner Propaganda und keines Drucks. Ohne mit meinen noch nicht ganz sieben Jahren überhaupt richtig begreifen zu können, was da vor sich geht, höre ich bei einer Rundfunkübertragung aus jenen weltgeschichtlichen Stunden im März 1938 irgendwo (in Wien, in Linz?) noch heute die Massen ununterbrochen singen: „Nach Hause, nach Hause, nach Hause gehn wir nicht, bis daß der Führer spricht, nach Hause gehn wir nicht!“

Zu den deutschen Spitzenchören schreibt Reichsjugendführer Artur Axmann in „‚Das kann doch nicht das Ende sein‘ – Hitlers letzter Reichsjugendführer erinnert sich“, Koblenz 1995:

> „Ich denke an den Heinrich-Albert-Chor in Königsberg in Ostpreußen. Die traditionsreichen Spitzenchöre, die schon lange vor unserer Zeit bestanden hatten, gliederten sich in die Kultur- und Musikarbeit der Hitlerjugend ein, wie die Regensburger Domspatzen, der Thomaner-Chor Leipzig, der Kreuz-Chor Dresden, das Musische Gymnasium Frankfurt und die Wiener Sängerknaben. Leistungsfähige Spielscharen gab es in allen Gebieten, von denen einige zur Gestaltung von Reichsveranstaltungen herangezogen wurden,

wie die Rundfunkspielschar München. Jungen und Mädel mit musikalischer Veranlagung wurden angeregt, das Spielen eines Instruments zu erlernen. So trug auch die Hitlerjugend dazu bei, die Hausmusik als Ausdruck unserer Volkskultur zu beleben. Das sollte auch der Tag der Hausmusik in jedem Jahr bezwecken, der im ganzen Reich begangen wurde. Ein Fähnlein des Deutschen Jungvolks konnte man sich nicht ohne Fanfarenzug vorstellen, und zur Hitlerjugend gehörten selbstverständlich die Musik- und Spielmannszüge. Hier erbrachte der Reichsmusikzug Kölleda eine Spitzenleistung. Die Musikarbeit erforderte auf breitester Grundlage eine intensive Ausbildung der Musikerzieher. Sie erfolgte in Lehrgängen und Seminaren der Hochschule für Musikerziehung in Berlin-Charlottenburg, in Weimar, später auch in Graz und Hirschberg in Schlesien. Für die Ausbildung der Jugend standen im Reich etwa 150 Musikschulen zur Verfügung. Außerdem wurden in den Einheiten Musikschulungslager durchgeführt. Um die Jugend an das hohe Kulturgut heranzuführen, wurde ein Veranstaltungsring ins Leben gerufen, durch den ihre Teilnahme an Konzerten, Theateraufführungen oder Dichterlesungen zu günstigen Bedingungen möglich war."

Kehren wir nach diesem Ausflug zu den Wiener Sängerknaben und einem erhebenden Ereignis in der deutschen Geschichte – mit Blick auf alles, was nur sieben Jahre später kam, wurde es in meinen Augen zu ihrem größten überhaupt – zum Königsberger Heinrich-Albert-Chor zurück. Die Chronik hat auf Seiten 134/135 mehrere Pressestimmen zu seiner Konzertreise durch Mecklenburg und Pommern, die Kurmark, den Warthegau, Danzig-Westpreußen sowie nach Berlin wiedergegeben. Die Zeitungsrezension „Freude über den jugendlichen Stimmklang" von Dr. Erich Reißschläger in der Zeitung „Der Niederdeutsche" (Erscheinungsort und Datum sind nicht angegeben) beschreibt sehr „tonreich“ das Besondere, das Ostpreußische am Klangkörper unseres Chores:

> „Jede einzelne Programmnummer bewies nun, daß der Königsberger Hitler-Jugend-Chor seinen Ruf als hervorragende Singgemeinschaft mit Recht verdient. Es ist eine Freude, dem jugendfrischen Stimmklang zuzuhören. Selbst die tieferen Männerstimmen haben den hellen Klang der Jugend. Der Chor singt diszipliniert mit hervorragender Aussprache und geschulter Tongebung. Der lebendig empfindende Leiter des Chores weiß die Stimmen im richtigen Klangverhältnis zu mischen und ihnen das richtige Maß von Seele und Charakter mitzuteilen. Aber nicht nur das Technische und seine Vergeistigung im Vortrag haben einen hohen Stand erreicht. Auch die Auswahl der Lieder zeugt von geistiger Kultur, die in der Tiefe fest und gediegen untermauert sind. Mit Liedern der Heimat, wie dem ‚Ostpreußenlied‘ des Königsbergers Herbert Brust, begann das Chonzert. Hymnisch, innig und feierlich erklang der wohlgefügte Satz aus der Seele heimatlicher Herzen. Diejenigen, die der HJ wegen der Bevorzugung moderner, junger Komponisten, die der HJ nahestehen, musikalisch revolutionäre Tendenzen unterschieben möchten, werden überrascht gewesen sein, das von dem Tübinger Universitätsdirektor Silcher zur Biedermeierzeit vertonte ‚Ännchen von Tharau‘ aus jugendfrischen Kehlen zu hören. Den Text verfaßte bekanntlich Simon Dach, der zu Anfang des 17. Jahrhunderts als Professor an der Königsberger Universität amtierte. Weiter folgten neben Gesängen aus dem Lochemer Liederbuch Lieder des Dichter-Komponisten Heinrich Albert, ebenfalls um 1630, an der Königsberger Universität. Die Reihe der Chöre war mit instrumentalen Darbietungen durchsetzt. Wir hörten u. a. einen jungen Flötisten mit brillanter Technik eine leicht hingeworfene Sonate von Telemann blasen. Von

Mozart erklang ein hübsches Divertimento für Flöte, Violine und Cello. Es ist leicht erklärlich, daß bei diesen vorzüglichen Darbietungen die große Schar der jugendlichen Hörer in helle Begeisterung geriet und manche Zugabe erzwang."

Ich war damals (November 1941/März 1942) ja noch nicht Mitglied des Heinrich-Albert-Chores. Ich beschränke mich im weiteren deshalb auf das von mir mitgesungene Liedgut und die Zeit bis zur letzten Probe im Sender am 18. oder 19. Januar 1945. Alles andere und das heißt viel mehr ist – und auch dies noch immer nicht vollständig – in einer Auswahl unserer Lieder und Chöre auf Seiten 28/29 der Chronik verzeichnet.

Die zuvor abgebildeten Programme bezeichnen den Heinrich-Albert-Chor als „Chor der Königsberger Hitlerjugend". Ja, wir waren eine Hitler-Jugend-Formation, in welcher ganz persönlichen Beziehung aber jeder einzelne von uns zu ihr stand, hing in unserem Alter wahrscheinlich ganz entscheidend von der Einstellung der Eltern zu NSDAP und Drittem Reich ab. Der Vater von Chorkamerad Horst D. war Kommunist, aber das war bestimmt eine Ausnahme unter unseren Elternhäusern. Das Programm „Deutschlands beste Jugendchöre stellen sich vor" läßt klar die kulturpolitische Zielsetzung der Reichsjugendführung im Bereich der Vokalmusik erkennen: Die Pflege, Bewahrung, Verbreitung des überkommenen deutschen Liedguts als seelisch und national verbindendes Element in Volk und Staat. Dem Titel nach können nur ganz wenige der nach diesem Programm vorgetragenen Lieder als möglicherweise NS-spezifisch eingestuft werden. Das „Land mein Land" des Heinrich-Albert-Chores, das ich bei ihm später ja auch gesungen habe, gehört ganz gewiß nicht dazu. Es ist übrigens, ebenso wie das Ostpreußenlied „Land der dunklen Wälder", nicht in dem von der Reichsjugendführung herausgegebenen Werk „Unser Liederbuch – Lieder der Hitlerjugend" (Zentralverlag der NSDAP, Franz Eher Nachf., München, 2. Auflage 1939) verzeichnet.

Wir dürften uns wohl alle weniger als Chor „der", denn als Chor „in" der Hitlerjugend empfunden haben. Bezeichnend für diese Charakterisierung ist, daß ich zwar viele Texte und Melodien der „Hitlerjugendlieder" bis heute im Kopf behalten habe, aber – im Gegensatz zum gesamten anderen Liedgut – nicht mehr mit Bestimmtheit sagen kann, ob wir sie im Heinrich-Albert-Chor gelernt und gesungen haben, mit wenigen Ausnahmen wie z. B. dem heute als „NS-Lied" diskreditierten „Hohe Nacht der klaren Sterne, die wie weite Brücken stehn ..." von Hans Baumann (1936) oder:

> Morgensonne lächelt auf mein Land,
> Wälder grünen hier in dunklem Schweigen.
> Jedem Schatten bin ich nah verwandt,
> jedes Leuchten nimmt mich ganz zu eigen.
>
> Land, mein Land, wie leb ich tief aus dir!
> Löst sich doch kein Hauch von diesen Lungen,
> den du nicht vorher und jetzt und hier
> erst mit deinem Hauche hast durchdrungen.
>
> Steht kein Baum auf deiner weiten Flur,
> der nicht Heimat wiegt mit allen Zweigen,
> und in jedem Winde läuft die Spur
> einer Liebe, der sich alle neigen.
> Worte von Karl Bröger
> Weise von Heinrich Spitta

Die „sturmbewegten" Lieder, die ich im Zusammenhang mit dem Fähnlein 48 genannt habe, gehörten nicht zum gesungenen Liedgut unseres Chores. „Deutschland, heiliges Wort, du voll Unendlichkeit ...", „Heilig Vaterland! In Gefahren, deine Söhne sich um dich scharen ...", „Nichts kann uns rauben Liebe und Glauben zu unserm Land ...", „Nur der Freiheit gehört unser Leben, laßt die Fahnen dem Wind ...“, „Wir tragen das Vaterland in unsern Herzen ...“ – diese Lieder sind auch unserem Chor bestimmt nicht „fremd“ gewesen, aber als „tragende Melodie“ und Bild einer singenden Gemeinschaft treten sie eben nicht so bestimmt in Erscheinung, wie es mit dem anderen Liedgut der Fall gewesen ist.

Neben dem Ostpreußenlied „Land der dunklen Wälder und kristallnen Seen“, das wir mit unseren jungen und reinen Stimmen sicherlich „vollendet“ sangen, weil es ja unser Land war und wir wußten, wovon wir sangen, und dies unter der begnadeten Ton-Textinterpretation eines Konrad Opitz, war unser zweites „Leib- und Magenlied“ das „Sanctus“, „Heilig, heilig, heilig ist der Herr“ von Franz Schubert. Die Chronik (Seiten 28, 29) zählt fast 90 Lieder auf, „eine Auswahl der Lieder und Chöre, die der Heinrich-Albert-Chor zu seinem ständigen Repertoire zählte“. Mindestens 60 davon gehörten zum Liederstandard, den ich noch „mitbekommen“ habe. Es waren Lieder und Choräle aus allen Stilepochen, aus allen deutschen Landen und zu allen geistig-seelischen Bereichen „zwischen Himmel und Erde“, also geistliche Gesänge, Gute Nacht-Abendlieder, besinnliche und Weihnachtslieder, Liebeslieder, Natur- und Wanderlieder, Scherz- und Spottlieder, Soldatenlieder. Als Beispiele seien für jeden Komplex genannt – außer dem bereits erwähnten Ostpreußenlied und Sanctus – „Die Himmel rühmen“ (Beethoven), „Schlafe mein Prinzchen, schlaf ein“ (Mozart), „Gott ich bin Dein Wandersmann“ (Herbert Brust), „Ging ein Weiblein Nüsse schütteln“ (aus Masuren), „Steh’ auf hohem Berge, schau ins Tal hinunter, seh’ Soldaten dort marschieren ...“ (aus Masuren). Unser „Hausgesangbuch“ war das zweibändige sog. „Kaiser-Liederbuch“ aus dem berühmten Musikalienverlag C. F. Peters in Leipzig. Seine Entstehung beruhte auf einem Erlaß Kaiser Wilhelms II. vom 9. Februar 1907, in dem er die Hoffnung aussprach, „daß das Werk auf den deutschen Männergesang wie auch durch eine sachge-

VOLKSLIEDERBUCH
FÜR GEMISCHTEN CHOR

Heinrich-Albert-Chor

HERAUSGEGEBEN
DURCH DIE KOMMISSION FÜR
DAS DEUTSCHE VOLKSLIEDERBUCH

ALT.
II. BAND.

LEIPZIG, C. F. PETERS.

Volksliederbuch für gemischen Chor für den Heinrich-Albert-Chor

mäße Bearbeitung für gemischten Chor und für die Einzelstimme auf den Volksgesang überhaupt weitreichenden und vorbildlichen Einfluß ausüben werde". Und weiter: „Ich würde es im Interesse der gesamten nationalen Entwicklung mit Freuden begrüßen, wenn es gelänge, der Pflege des Gesanges und seinem veredelnden Einfluß im Volksleben wieder einen breiteren Raum zu gewähren. Zur Erreichung dieses Zieles mitzuwirken, ist insonderheit die Schule berufen." (Zitiert aus der Einführung der „Kommission für das Volksliederbuch" vom August 1915, die Verlagsbezeichnung heißt „Volksliederbuch für gemischten Chor.")
55 der in der nachfolgend abgedruckten Auswahl der Chronik genannten Titel entstammen dem Kaiser-Liederbuch. Die Auswahl ist, wie schon der Begriff sagt, unvollständig, unser Repertoire aus dem Kaiser-Liederbuch wäre somit ebenfalls noch höher. Weggelassen daraus ist z. B. das herrlich-strahlende „Morgenlied der Zigeuner" „Die Sonn erwacht! Mit ihrer Pracht erfüllt sie die Berge das Tal ..." aus Carl Maria v. Webers „Preciosa" von 1820. Wir haben es damals fröhlich, unbeschwert, frisch und frei gesungen, wie es ja auch nach Text und Melodie geschaffen ist – der gegenwärtigen „Zeitumstände" halber haben es die Verfasser der Chronik wohl „vergessen".

Zusammenstellung einer Auswahl der Lieder und Chöre, die der Heinrich-Albert-Chor zu seinem ständigen Repertoire zählte

(*Chöre aus dem Kaiser-Liederbuch)

Sanctus (Heilig, heilig ...)	Schubert*
Die Himmel rühmen ...	Beethoven bearb. Taubert*
Ave, verum corpus ...	Mozart*
Laudate dominum ...	Mozart*
Du bist's, dem Ruhm und Ehre ...	Haydn*
Es ist ein Schnitter, der heißt Tod...	bearb. J. Röntgen*
Fallen müssen viele und in Nacht ...	
Ade zur guten Nacht ...	bearb. von Hausegger*
Der Mond ist aufgegangen ...	J.P.A. Schulz*
Guten Abend euch allen hier beisamm'n	
Schon die Abendglocken klangen ...	Kreutzer*
Die Blümelein sie schlafen ...	Zuccalmaglio be. Rudorff*
Du hast mein Herz gefangen ...	Löns
All mein Gedanken ...	Lochheimer Liederbuch
Schlafe mein Prinzchen ...	Mozart
Guten Abend, gute Nacht ...	Brahms
Alle Birken grünen in Moor und Heid ...	E. Licht
Vögelein im Tannenwald ...	Silcher bearb. Berger*
Ännchen von Tharau ...	Silcher bearb. Taubert*
Land der dunklen Wälder ...	Herbert Brust
Es, es, es und es ...	

Innsbruck ich muß dich lassen ...	Isaak*
Der Bär (Es gingen drei Baurn ...)	Volksweise*
Ach du klarblauer Himmel ...	Silcher bearb. Riedel*
Die Lust hat mich gezwungen ...	H. Albert bea. Wolfrum*
Jetzund heben Wald und Feld ...	H. Albert be. Mendelsson*
Ich fahr dahin, denn es muß sein ...	Lochheimer Liederbuch
Ein Jäger aus Kurpfalz ...	v. Othegraven*
Woran ich meine Freude hab'... (Ist alles dunkel, ist alles trübe...)	Ph. Wolfrum*
Nun ade, du mein lieb Heimatland ...	Volksweise*
Muß i denn ...	Silcher bearb. Wolfrum*
Drei Laub auf einer Linde ...	J. v. Brant*
Nach grüner Farb' mein Herz verlangt ...	Volksweise bearb. Röntgen*
Hab' oft im Kreise der Lieben ...	Silcher bearb. Koch*
Ei du feiner Reiter ...	Scheidt be. Scheuermann*
Der Feuerreiter	Wolf
Ade du liebes Städtchen ...	Silcher
Abschied (Friedlich Dorf und Stadt)	Herbert Brust
Bachgeflüster (Der blinkerblanke Bach)	Herbert Brust
Gott ich bin dein Wandersmann ...	Herbert Brust
Feinslieb du hast mich g'fangen ...	Hassler*
Der Gutzgauch auf dem Baume saß ...	Volksweise Satz Lemlin*
Die Sonne scheint nicht mehr ...	Volksweise b. G. Schumann*
Das Lieben bringt groß Freud ...	Volksweise/Othegraven*
Kein Feuer, keine Kohle ...	Volksweise b. E. Rudorff*
Wenn die Nachtigallen schlagen ...	

Ein Schifflein sah ich fahren ...	Volksweise be. Woyrsch*
Steh auf hohem Berge ...	
Die blauen Dragoner, sie reiten ...	
Auf Matrosen die Anker gelichtet ...	Pohlenz bearb. Scholz*
Wer geht mit, juch-he ...	bearb. J. Röntgen*
Wenn die Soldaten durch die Stadt marschieren ...	Volksweise bearb. Wolfrum*
Echolied	Orlando di Lasso*
Schnützelputzhäusel	bearb. S. Ochs*
Fahren wir froh im Nachen ...	G. Gastoldi
Ein Hennlein weiß ...	A. Scandellus*
Vetter Michel ...	bearb. G. Schumann*
Ihren Schäfer zu erwarten ...	bearb. v. Othegraven*
Wann ich weiß, was du weißt ...	Fr. Lachner*
Hopsa Schwabenliesel ...	bearb. Ph. Scharnwenka*
Hans hat Hosen an und die sind bunt ...	bearb. M. Vogel*
Es soll sich halt keiner mit der Liebe abgeben ...	bearb.v. Othegraven*
Schwewelhölzle ...	bearb. W. Berger*
Jetzt fahr'n wir übern See ...	Böhmische Volksweise*
Wie heißt der Bürgermeister von Wesel	bearb. Fr. Gernsheim*
Zwischen Berg und tiefem Tal ...	bearb. v. Othegraven*
Auf einem Baum ein Kuckuck ...	Berg. Volksweise*
Buhköken von Halberstadt ...	Ed. Aug. Grell*
Ging ein Weiblein Nüsse schütteln ...	Masurische Volksweise
Und der Hans schleicht umher ...	F. Woyna bearb. Koch
Reiten lassen (Hopp, hopp, hopp mein Kindchen ...)	O. Nicolai*

Laß doch der Jugend, der Jugend ...	Volksweise aus Franken
Im Walde (Es zog eine Hochzeit ...)	Rob. Schumann
Schön Rohtraut (Wie heißt König Ringangs Töchterlein ...)	Rob. Schumann
Der Schmied (Ich hör meinen Schatz)	Rob. Schumann
Wach auf mein Herzens Schöne ...	Joh. Fr. Reichardt
Feiger Gedanken, bängliches Schwanken	Joh. Brahms

Oh Jesulein zart ...	bearb. R. Fuchs*
In dulci jubilo ...	bearb. C. Thiel*
Kindelein zart, von guter Art ...	bearb. F. Wüllner*
Es ist ein Ros' entsprungen ...	M. Praetorius*
Auf dem Berge, da geht der Wind	bearb. F. Woyrsch*
Vom Himmel hoch, ihr Engel kommt ...	bearb. v. Othegraven*
Zu Bethlehem geboren ...	bearb. T. Volbach*
Hohe Nacht der klaren Sterne ...	

Bevor ich nun zum Entstehen der Chorgemeinschaft Heinrich-Albert-Chor/Rundfunkspielschar Königsberg übergehe, möchte ich zwei Eigenheiten des Chores hervorheben, die seine herausragende Musikalität belegen und an die mich erst die Chronik wieder erinnert hat (Seite 38): „Der Heinrich-Albert-Chor (wie auch später dann die Chorgemeinschaft) sang bei seinen Auftritten und Konzerten – nicht selten von 1–2 Stunden Dauer – seine Lieder stets a capella und auswendig! Lediglich bei neu einstudierten Kantaten und größeren chorsinfonischen Werken traten die Sänger mit Noten auf die Bühne. Wenn bei Auftritten Jungen mit absolutem Tongehör mitsangen ..., dann gaben sie aus dem Chor heraus den Ton an. Die Sänger nahmen den Ton auf, ohne ihn hörbar zu wiederholen. Die Zuhörer waren immer wieder verblüfft über die gleichwohl tonal präzisen Einsätze des Chores und erstaunt über das beachtliche Textgedächtnis aller Sänger." Als ich nach dem Krieg z. B. im Göttinger Ostlandchor unter der Leitung von Professor Dehne mitsang (Tenor) und mir dieses „Wahrzeichen" des Königsberger Chores noch frisch im Gedächtnis war, wurde mir dessen tonsichere Überlegenheit nicht nur jedesmal von neuem bewußt, sondern hat mich das „Ansummen" in jeder Stimme nach der Tonangabe durch den Dirigenten regelrecht gestört und habe ich es als qualitätsmindernd empfunden.

Irgendwann im Frühjahr 1943 eröffnete Konrad Opitz eine Chorprobe im Musiksaal der Löbenicht-Oberschule mit der Mitteilung, daß wir fortan mit der Rundfunkspielschar[1)] üben und singen würden, daß er die Leitung des vereinigten Chores übernommen habe und die Proben künftig nicht mehr hier, im Musiksaal, sondern im Sender (Reichssender Königsberg) stattfinden

---

1) Dem eigenen Chorchronik-Manuskript von Chorkamerad Heinz Krüger entnehme ich dem Kapitel „Die Spielscharen der Hitlerjugend" (Seiten 9,10) zum Begriff „Rundfunkspielschar": „Die ersten Rundfunkspielscharen entstanden etwa um 1934/35, um den als „Jugendfunkleiter" an den deutschen Reichssendern eingesetzten HJ-Führern für ihre Sendungen, die ja mehrheitlich musikalischer Art waren, ein musikalisches Fundament zu geben. Die erste RS entstand 1934 am Deutschlandsender in Berlin und trug die Nummer 1; die weiteren wurden dann geographisch durchnumeriert: Berlin, Leipzig, Stuttgart, München, Köln, Hamburg, Kiel, Breslau, Königsberg, Saarbrücken und Wien.

Anfangs waren die Rundfunkspielscharen, bestehend aus Jungen und Mädchen; mit der Zeit kamen auch Instrumentalgruppen dazu ... Einzelne Jungen und Mädchen wirkten auch als Sprecher in den Jugendfunk- und Kinderfunksendungen mit.

Organisatorisch waren in den Rundfunkspielscharen sowohl Jungvolk-Pimpfe (10–14 Jahre) als auch Hitlerjungen (15–18 Jahre) und entsprechend Jungmädel und BdM-Mädel zusammengefaßt. Die Gesamtführung lag beim Jugendfunkleiter, dem eine BdM-Referentin zur Seite stand. Alle Rundfunkspielscharen gehörten, ebenso wie die Jugendfunkleiter, zum Kulturamt der Reichsjugendführung ... Sie unterstanden also nicht den örtlichen HJ-Dienststellen ..."

Reichssender Königsberg zwischen Adolf-Hitler- und Orselnstraße. Unser Eingang war in der Mitte des langen Gebäudeflügels.

1942 in der Deutschen Oper Berlin: Rundfunkspielschar Berlin, Mozart-Chor der Berliner Hitler-Jugend. In der ersten Reihe: Knabenstimmen des Heinrich-Albert-Chores (Chronik S. 93, keine Angaben, aus welchem Kalender das Kalenderblatt ist).

Rundfunkspielschar RS 10 im Großen Sendesaal des Reichssenders Königsberg am 15.10.1939 (gemischter Chor, Gebietsstreichorchester u. a.)

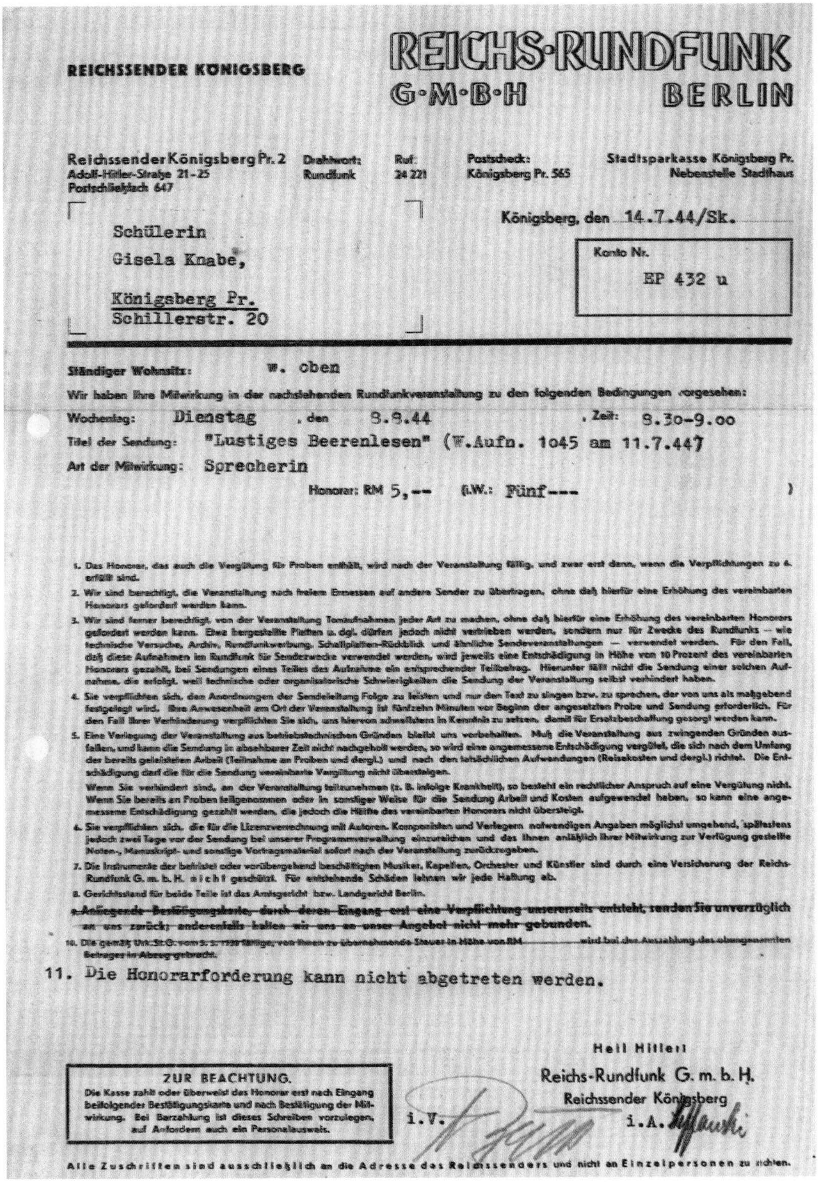

REICHSSENDER KÖNIGSBERG

REICHS-RUNDFUNK G·M·B·H BERLIN

Reichssender Königsberg Pr. 2
Adolf-Hitler-Straße 21-25
Postschließfach 647

Drahtwort: Rundfunk | Ruf: 24 221 | Postscheck: Königsberg Pr. 565 | Stadtsparkasse Königsberg Pr. Nebenstelle Stadthaus

Schülerin
Gisela Knabe,
Königsberg Pr.
Schillerstr. 20

Königsberg, den 14.7.44/Sk.

Konto Nr. EP 432 u

Ständiger Wohnsitz: w. oben

Wir haben Ihre Mitwirkung in der nachstehenden Rundfunkveranstaltung zu den folgenden Bedingungen vorgesehen:

Wochentag: Dienstag, den 8.8.44, Zeit: 8.30-9.00

Titel der Sendung: "Lustiges Beerenlesen" (W.Aufn. 1045 am 11.7.44)

Art der Mitwirkung: Sprecherin

Honorar: RM 5,-- (i.W.: Fünf---)

1. Das Honorar, das auch die Vergütung für Proben enthält, wird nach der Veranstaltung fällig, und zwar erst dann, wenn die Verpflichtungen zu 6. erfüllt sind.
2. Wir sind berechtigt, die Veranstaltung nach freiem Ermessen auf andere Sender zu übertragen, ohne daß hierfür eine Erhöhung des vereinbarten Honorars gefordert werden kann.
3. Wir sind ferner berechtigt, von der Veranstaltung Tonaufnahmen jeder Art zu machen, ohne daß hierfür eine Erhöhung des vereinbarten Honorars gefordert werden kann. Etwa hergestellte Platten u. dgl. dürfen jedoch nicht vertrieben werden, sondern nur für Zwecke des Rundfunks — wie technische Versuche, Archiv, Rundfunkwerbung, Schallplatten-Rückblick und ähnliche Sendeveranstaltungen — verwendet werden. Für den Fall, daß diese Aufnahmen im Rundfunk für Sendezwecke verwendet werden, wird jeweils eine Entschädigung in Höhe von 10 Prozent des vereinbarten Honorars gezahlt, bei Sendungen eines Teiles der Aufnahme ein entsprechender Teilbetrag. Hierunter fällt nicht die Sendung einer solchen Aufnahme, die erfolgt, weil technische oder organisatorische Schwierigkeiten die Sendung der Veranstaltung selbst verhindert haben.
4. Sie verpflichten sich, den Anordnungen der Sendeleitung Folge zu leisten und nur den Text zu singen bzw. zu sprechen, der von uns als maßgebend festgelegt wird. Ihre Anwesenheit am Ort der Veranstaltung ist fünfzehn Minuten vor Beginn der angesetzten Probe und Sendung erforderlich. Für den Fall Ihrer Verhinderung verpflichten Sie sich, uns hiervon schnellstens in Kenntnis zu setzen, damit für Ersatzbeschaffung gesorgt werden kann.
5. Eine Verlegung der Veranstaltung aus betriebstechnischen Gründen bleibt uns vorbehalten. Muß die Veranstaltung aus zwingenden Gründen ausfallen, und kann die Sendung in absehbarer Zeit nicht nachgeholt werden, so wird eine angemessene Entschädigung vergütet, die sich nach dem Umfang der bereits geleisteten Arbeit (Teilnahme an Proben und dergl.) und nach den tatsächlichen Aufwendungen (Reisekosten und dergl.) richtet. Die Entschädigung darf die für die Sendung vereinbarte Vergütung nicht übersteigen.
   Wenn Sie verhindert sind, an der Veranstaltung teilzunehmen (z. B. infolge Krankheit), so besteht ein rechtlicher Anspruch auf eine Vergütung nicht. Wenn Sie bereits an Proben teilgenommen oder in sonstiger Weise für die Sendung Arbeit und Kosten aufgewendet haben, so kann eine angemessene Entschädigung gezahlt werden, die jedoch die Hälfte des vereinbarten Honorars nicht übersteigt.
6. Sie verpflichten sich, die für die Lizenzverrechnung mit Autoren, Komponisten und Verlegern notwendigen Angaben möglichst umgehend, spätestens jedoch zwei Tage vor der Sendung bei unserer Programmverwaltung einzureichen und das Ihnen anläßlich Ihrer Mitwirkung zur Verfügung gestellte Noten-, Manuskript- und sonstige Vortragsmaterial sofort nach der Veranstaltung zurückzugeben.
7. Die Instrumente der befristet oder vorübergehend beschäftigten Musiker, Kapellen, Orchester und Künstler sind durch eine Versicherung der Reichs-Rundfunk G. m. b. H. nicht geschützt. Für entstehende Schäden lehnen wir jede Haftung ab.
8. Gerichtsstand für beide Teile ist das Amtsgericht bzw. Landgericht Berlin.
9. ~~Anliegende Bestätigungskarte, durch deren Eingang erst eine Verpflichtung unsererseits entsteht, senden Sie unverzüglich an uns zurück; andernfalls halten wir uns an unser Angebot nicht mehr gebunden.~~
10. ~~Die gemäß Urh.St.G. vom 5. 2. 1938 fällige, von Ihnen zu übernehmende Steuer in Höhe von RM ______ wird bei der Auszahlung des obengenannten Betrages in Abzug gebracht.~~
11. Die Honorarforderung kann nicht abgetreten werden.

Heil Hitler!
Reichs-Rundfunk G. m. b. H.
Reichssender Königsberg
i.V. [Unterschrift] i.A. [Unterschrift]

ZUR BEACHTUNG.
Die Kasse zahlt oder überweist das Honorar erst nach Eingang beifolgender Bestätigungskarte und nach Bestätigung der Mitwirkung. Bei Barzahlung ist dieses Schreiben vorzulegen, auf Anfordern auch ein Personalausweis.

Alle Zuschriften sind ausschließlich an die Adresse des Reichssenders und nicht an Einzelpersonen zu richten.

Schreiben des Reichssenders Königsberg

würden. Maßgebend für die chorische Zusammenlegung war gewiß die Einberufung der Älteren in beiden Chören (Männerstimmen) als Luftwaffenhelfer, zum Reichsarbeitsdienst oder zur Wehrmacht. Die bei Königsberger Flakbatterien stationierten Luftwaffenhelfer wurden zu Proben, Aufnahmen im Sender oder zu Konzerten beurlaubt, aber nur unregelmäßig. Es machte sich natürlich auch bemerkbar, daß die Gewinnung neuer Sänger für den Heinrich-Albert-Chor aus der „Stammschule" des Chores, der „Vorstadt", darunter litt, daß der „Ziehvater" Konrad Opitz dort keinen Musikunterricht mehr erteilte, sondern Soldat war. Letzten Endes ausschlaggebend für die Bildung der nunmehrigen Chorgemeinschaft aus Heinrich-Albert-Chor und RS 10 dürfte aber gewesen sein, daß der Leiter des Rundfunkspielschar-Chores Arno Lemke 1942 zur Wehrmacht eingezogen wurde und als einziger Dirigent nur noch der in Königsberg stationierte Konrad Opitz verfügbar war. Was die Länge des Weges zum Dienst im Sender angeht, hatte sich dies im Verhältnis zu meinen Heinrich-Albert-Chorkameraden zu meinem Vorteil umgedreht. Hatte ich vorher wahrscheinlich den weitesten Weg von allen zum Löbenicht gehabt, hatte ich nun wahrscheinlich den kürzesten Weg von allen, von der Schrötterstraße im Stadtteil Hufen zum Sender an der Adolf-Hitler-Straße (vormaliger Hansaring). Außer im Winterhalbjahr, wenn ich mit der Straßenbahn (Linien 3 und 15) von der Schrötterstraße zum Nordbahnhof und in umgekehrter Richtung wieder zurückfuhr, habe ich den Weg zum Sender fast immer mit dem Fahrrad oder zu Fuß zurückgelegt.

Da wir als Heinrich-Albert-Chor ja ein reiner Knabenchor waren, kam uns die Vorstellung, mit der Rundfunkspielschar und dann sogar mit Mädchen einen gemischten Chor zu bilden, zwar irgendwie wesensfremd vor, aber es gab kein deutliches Murren. In Proben, Aufnahmen, Konzerten waren wir bald wirklich nur noch ein Chor, so, als ob wir nie in einer anderen Form bestanden hätten. Die Chronik vermerkt diese Entwicklung für unsere nunmehr gemeinsame Königsberger Zeit so (S. 19, 20): „Die Jungen erlebten nun in der Chorgemeinschaft ein völlig neues Gefühl. Sie, die bisher im reinen Knabenchor und von einer reinen Jungenschule kommend nur die Kameradschaft und Freundschaft zwischen Jungen kannten, entwickelten jetzt zu ihren Mitsängerinnen in nicht wenigen Fällen Zuneigung und tieferes Empfinden, aus dem sich später in einigen Fällen auch Ehen ergaben.“ Um aus der Sicht der Mädchen hinzuzufügen (Chronik S. 46): „Die Mädchen, die bislang in den Frauenstimmen unter sich waren, akzeptierten nun auch die Knabenstimmen in ihren Reihen.“

Die Chronik spricht damit Empfindungen an, die sich ganz unerklärlich und scheu auch in mir etwa um die Jahresmitte 1944 zu regen begannen, wie ich auch umgekehrt von den Mädchen augenscheinlich „akzeptiert“ wurde. Es wäre töricht, hieraus irgendwelche weitgesteckten, konkreten Verfestigungen ableiten zu wollen, wenn ich hierzu erzähle: Da war Erika Rehs („Resei“), sie sang nach meiner Erinnerung im Alt. Sie war eine „Betriebsnudel“, hatte Mutterwitz, Charme, lustige Einfälle „zum Brüllen“ ohne Zahl. Wenn eine Aufnahme gut gelungen war, kam manchmal in skurrilem Deutsch ihr Kommentar: „Das war ein schöner Lied, das war ein feiner Lied. Der Lied hat fein geklingt, der wird noch mal gesingt!“ Als nach dem britischen Terrorangriff Ende August 1944 ringsherum nur noch Trümmer das „Stadtbild“ abgaben, wurde ich im Herbst von ihr zu irgendeiner Feier in das einzige unversehrt gebliebene (Hoch-) Haus auf dem linken Ufer des Neuen Pregel oberhalb der Holzbrücke eingeladen. Sie war wie Karin und ich nicht mit dem größeren Teil der Chorgemeinschaft nach Prag mitgegangen (s. u.). Als wir uns beim zweiten Nachkriegstreffen der Chorgemeinschaft 1978 in Vielbrunn/Odenwald wiedersahen, antwortete sie mir auf meine Frage nach ihrem Ergehen seit der Verabschiedung der noch kleinen übrig gebliebenen Schar durch Konrad Opitz im Sender am 19. Januar 1945: „Ich war in Königsberg geblieben. Ich habe für Euch alle büßen müssen." Damit war alles gesagt, ich habe innerlich geschluckt und äußerlich geschwiegen. Nichts mehr von dem eben geschilderten sprühenden Temperament war übrig geblieben. Erika gehörte weiter „dazu", aber doch mit einer spürbaren Ferne zur allgemeinen Wiedersehensfreude.

Thea S., die wohl ebenfalls Alt sang, erzählte mir bei unserem ersten Nachkriegswiedersehen eine Geschichte, die mir gänzlich unwahrscheinlich vorkam und vorkommt. Nach einer Probe des Restchores und Aufnahme im Sender habe ich sie – es muß im November oder Dezember 1944 gewesen sein – auf meinem Nachhauseweg zur Schrötter-/Gustloffstraße durch das stockfinstere verdunkelte Königsberg bis zu ihrer Wohnung – weiter oberhalb ebenfalls in der Schrötterstraße – begleitet. Das war doch ganz selbstverständlich, wir wurden ja noch zur männlichen „Beschützerrolle" und zu Kavaliersdiensten erzogen. An der Haustür will sie mir aus Dankbarkeit spontan einen (richtigen) Kuß gegeben haben. Ich bezweifle dies sehr, aber Frauen haben in diesen Dingen bekanntlich ein gutes Gedächtnis ... Es wäre ja beinahe so etwas wie strafbare „Verführung Minderjähriger" gewesen, Thea war fünf Jahre älter als ich. „Mütterliche Gefühle?" Ihre Gleichaltrigen waren alle Soldat – ich war da gewiß kein „Ersatz", aber auch sie war eben: Kriegsgeneration!

Zur „Abrundung" dieser neuen Zusammengehörigkeit zweier vorher selbständiger Chöre wäre noch zu sagen, daß die Mädchen Konrad Opitz, der nunmehr auch „ihr Koni" geworden war, einfühlsam als Dirigent folgten, ihn verehrten und manche für ihn vielleicht sogar schwärmten. Das Liedgut der neuen Chorgemeinschaft war in vielem dasselbe, wie ich es aus dem Heinrich-Albert-Chor kannte. Als jetzt für mich „neue" Lieder fallen mir nur wenige wie z. B. „Fahren wir froh im Nachen" oder „Tanzen und springen" ein. Unvergleichlich in ihrer starken, hellen, strahlenden Reinheit war und ist mir unvergeßlich geblieben die von Anneliese du Maire gesungene Kantilene zu „Schlafe mein

Prinzchen, schlaf ein". Sie hätte einen liebevolleren Spitznamen verdient als „die Pinne".

Die Aufnahmen im Aufnahmestudio des Senders steuerte Liselotte Grube („Lilo") zusammen mit dem schwer kriegsbeschädigten Max Naused. Beim Aufleuchten einer grünen Lampe hatte absolute Stille zu herrschen, nur noch unser Gesang durfte zu hören sein. Auch bei der nur geringsten Unreinheit – melodisch, rhythmisch, sprachlich –, die wir gar nicht, das Mikrophon aber „unbestechlich" bemerkte, wurde die Aufnahme mit einer rot aufleuchtenden Lampe unterbrochen. Sie mußte dann vollständig wiederholt werden. So sicher und „eingespielt" auf den Sendebetrieb wir auch waren, wir waren doch froh, wenn „Rot" erst nach dem Ende des Liedes anzeigte, daß alles „geklappt" hatte.

Lilo, gebürtige Göttingerin, war im Mai 1943 vom Reichssender Saarbrücken zum Reichssender Königsberg als Leiterin des Kinder- und Jugendfunks versetzt worden. Sie war hier verantwortliche Redakteurin einer der Standardsendungen des Königsberger Rundfunks, deren gesangliche Ansage mir noch heute in den Ohren klingt: „Das da ist die kunterbunte, immer frohe Kinderstunde." (Angehört habe ich sie so gut wie nie, ich war darüber „ja längst hinaus"!)

Es ist eine bislang offen gebliebene Frage, ob irgendwelche Tonträger unserer Aufnahmen erhalten geblieben sind. Ich ging hierbei von der Annahme aus, daß unsere Gesänge auf Tonband aufgenommen worden sind. Das Tonarchiv des Deutschen Rundfunks war am Kriegsende nach Moskau verschleppt und 1993 oder 1994 an Deutschland zurückgegeben worden, so dachte ich. Nachdem ich dies erfahren hatte, wandte ich mich mit Schreiben vom 21. Februar 1998 mit der Anfrage an das Deutsche Rundfunkarchiv in Frankfurt a. M., ob sich unter den zurückgegebenen Beständen auch Aufnahmen unserer Chorgemeinschaft und von mir selbst befinden. Mit Antwortschreiben vom 2. März 1998 teilte mir das Rundfunkarchiv mit: „Mit Bedauern muß ich Ihnen mitteilen, daß im Bestand des Deutschen Rundfunkarchivs weder Aufnahmen des Königsberger Heinrich-Albert-Chores noch der Rundfunkspielschar Königsberg nachweisbar sind. Es ist im übrigen nicht zutreffend, daß die Tondokumente von den Moskauer Behörden zurückgegeben wurden. Die Kopien, die damals von den regionalen Reichssendern an das Berliner Zentralarchiv gingen, lagerten während der DDR-Zeit in alten Bunkern. Nach der Wende wurden diese leider nicht mehr vollständigen Bestände nach Frankfurt gebracht, um den hiesigen historischen Bestand zu ergänzen. Es handelt sich also nicht um die noch in Moskau lagernden Aufnahmen."

Liselotte Grube hat meine Vermutung, daß „wir" im Zentralarchiv des Deutschen Rundfunks vertreten gewesen sein müßten, in einem Gespräch hierüber im Februar 2000 eher verneint. Ein Teil unserer Königsberger Chöre im Sender sei nur auf Wachsplatten aufgenommen worden. Sie seien nur für eine einzige Übertragung brauchbar gewesen und dann ausgesondert worden. Die anderen Aufnahmen seien über Reichsposttelephonleitung, wie damals überall, zum Reichssender Berlin überspielt und von dort gesendet worden. Aufnahmen mit rein örtlichem Charakter wie die „Kunterbunte Kinderstunde" seien nicht überspielt worden. Magnetophonbänder hätten nur für die Aufnahmen der Kriegsberichterstatter und Rundfunksendungen in die Feindstaaten zur Verfügung gestanden.[1)] Max Naused sei in diesem technischen Bereich, aber kein Mitarbeiter des Rundfunks ge-

---

[1)] Das Königsberger Rundfunkgebäude hatte einen Paternosteraufzug vom Keller bis zum obersten Stockwerk. Aus Neugier bin ich einmal bis in den Keller gefahren und sah in einem offenen Raum große Tonbänder über Rollen laufen. Die Warnung vor Spionen – „Feind hört mit!" – war damals allgegenwärtig. Um nicht evtl. entdeckt zu werden und in falschen Verdacht zu geraten, stieg ich schleunigst wieder in den Paternoster nach oben ein. Niemand hatte mich gesehen ...

wesen. Sie habe bei ihrem Dienstantritt in Königsberg eine Schallplatte mit unserem „Ging ein Weiblein Nüsse schütteln“ gehört.

Wie Liselotte Grube hat auch Konrad Opitz vor seinem Tode am 18. September 1974 erzählt, daß die Aufnahmen auf Wachsplatten erfolgt oder nach Berlin überspielt worden seien. Ebenso sprach er von einer Schallplatte mit unseren Chören: „Ein Idiot hat mir mit der Post im Briefumschlag eine Schellackplatte mit unseren Chören geschickt, sie kam in tausend Stücken bei mir an.“

Habe ich mich über die Aufnahme unserer Gesänge auch auf Tonband geirrt? In der Chronik lese ich (mich bestätigend) auf Seite 47: „„... wird weiterhin im Funkhaus geprobt, und es werden zahlreiche Tonbänder mit Chorbeiträgen für Rundfunksendungen besungen.“ Das Vorhandensein einer (leicht zerbrechlichen, s. o.) Schellackschallplatte hat mir auch Chorkamerad Gerhard Schulz telephonisch am 1. März 2000 bestätigt. Ich habe über das Gespräch sofort diesen Vermerk gemacht: „Es gab doch Tonbandaufnahmen im Sender Königsberg. Allerdings war die Tonbandtechnik noch nicht so ausgereift, so daß am Anfang und am Ende einer Aufnahme Überlagerungs- oder Löscheffekte auftraten/auftreten konnten. Dies hat ihm ein Rundfunktechniker im Sender erklärt, als er sich nach der Ursache von Nebengeräuschen erkundigte ... Aus Leningrad ist eine ganze Lkw-Ladung mit geraubten Tonbändern mit Berliner Aufnahmen zurückgelangt. Was liegt noch in Rußland? Es gibt in den USA ein Riesenlager mit deutschen Tondokumenten.“

Das einzige größere Chorwerk, das ich in der nunmehrigen Chorgemeinschaft mitgesungen habe, war die Kantate „Segen der Erde“ von Hermann Grabner unter der Leitung von Konrad Opitz. Sie kam im Herbst 1943 in der Stadthalle zur Aufführung. Andere große Werke wie z. B. Friedrich Schillers „Das Lied von der Glocke“ in der Vertonung von Andreas Romberg kamen entweder vor meinem Eintritt in den Chor im Frühjahr 1942 zur

Aufführung, oder es waren später andere Gründe, aus denen ich nicht teilnehmen konnte, evtl. Verhinderung durch meine häufigen Krankheiten.

Die Stadthalle lag dicht neben dem Ufer des fast 2 km langen Schloßteichs. Nach einer Probe vor dem Konzert in der Stadthalle liehen vier von uns Jungen uns an einem Bootsverleih direkt neben der Schloßteichbrücke ein Ruderboot. Beim Rudern zerbrach ein Paddel. Wir waren wegen der Folgen ziemlich bedrückt und unschlüssig, wie wir mit dem Schaden umgehen, was wir tun sollten. Ich glaube, der Eigner ließ uns ohne die Geltendmachung von Schadensersatzansprüchen gehen. Jedenfalls zeigt unsere Betroffenheit, nicht nur wegen der schwierigen Ersatzbeschaffung im Kriege, daß die Achtung vor fremdem Eigentum größer geschrieben wurde, als es heutzutage der Fall ist.

Der „Segen der Erde“ begann mit den Worten „Das erste Morgenklingen geht über Feld und Land, nun heben wir an zu singen vom heiligen Bauernstand“ und endete nach den Schlußtakten „Wir fragen nicht, wir zagen nicht, wir tuen treulich uns're Pflicht, wir halten fest an Seiner Hand, denn Bauernstand ist Gottesstand“ mit einem langgezogenen, paraphrasierten „Amen“. Warum schreibe ich dies auf? Es war mit unserer Hitlerjugend einiges doch wohl anders, als die „Vergangenheitsbewältigung“, die eine immer einseitigere, verhetzende Vergangenheitsvergewaltigung geworden ist, den völlig unwissenden Nachgeborenen weismachen will. Wir wurden alle noch in Schule und Elternhaus auch religiös erzogen, die heute straflos betriebene Blasphemie habe ich in meiner Königsberger Schul- und Pimpfenzeit nirgends erlebt!

Nach dem Attentat vom 20. Juli 1944 auf Adolf Hitler stand am Eingang zum Sender ständig ein mit Maschinenpistolen bewaffneter Doppelposten der Waffen-SS. Unsere Proben und Aufnahmen dort waren ja Dienst, wir trugen also Uniform. Ich glaube, daß jedenfalls für uns Jungen deshalb Grußpflicht bestand.

Die einzelnen Phasen des Luftkriegs gegen Königsberg und seine Einwirkungen auf Schule und Chorleben habe ich bereits in Band 1 und im 1. Teil dieses Bandes beschrieben. Weil es zur Endzeit im Chor und als Pimpf in der Hitlerjugend überhaupt gehört, sei hier vieles nochmals zusammengefaßt:

Es trifft nicht zu, wie es heute – wenn überhaupt noch – dargestellt wird, daß Ostpreußen bis zu den schweren britischen Terrorangriffen auf Königsberg Ende August 1944 vom Krieg „verschont" geblieben sei. Die ersten sowjetischen Fliegerbomben fielen auf Königsberg knapp eineinhalb Stunden nach Beginn des deutschen Angriffs auf die Sowjetunion um 3,05 Uhr. Es folgten wochenlang manchmal mehrere Alarme am Tag mit Bombenabwürfen, Toten und Häuserschäden. Dann trat mit dem Vorrücken der Front nach Osten für etwa zwei Jahre „Ruhe aus der Luft" ein. Dann aber nahmen die Sowjets ihre Luftangriffe – nicht nur auf Königsberg – mit größerer Heftigkeit und größeren Schäden wieder auf. Flächenbombardements mit Auslöschung ganzer Stadtteile und Tausenden von Toten wie im Norden, Westen, Süden und in der Mitte des Reiches durch die britischen und amerikanischen Bomberflotten waren es allerdings trotzdem nicht. Diese ereilten Königsberg erstmals in der Nacht vom 26. zum 27. und noch verheerender in der Nacht vom 29. zum 30. August 1944. Bei diesem Angriff wurde auch unser Haus in der Schrötterstr. 87/Gustloffstr. 1 zerstört.

Sofort, schon am nächsten Tag, dem 30. August 1944, wurden etwa 80 Mädchen und Jungen des vereinten Chores (einschließlich des Kinderchores und der Nachwuchschöre der Rundfunkspielschar) nach Sarkau auf der Kurischen Nehrung evakuiert. Die Lagerleitung hatten Liselotte Grube und Helga Römer, die Chorleitung übernahm Gerhard Kitzelmann. Karin und ich trafen erst etwas später in Sarkau ein. Chorkamerad Heinz Krüger hat in seiner Chronik einige interessante Aspekte unserer Evakuierung nach Sarkau erblickt: Wir sind „gemeinsam in der Jugendherberge untergebracht. Die Probenarbeit läuft ununterbrochen weiter. Zwangsläufig ist ein Idealfall eingetreten: Der Tagesablauf ist fast internatsmäßig aufgezogen, es kann täglich ein- bis zweimal geprobt werden ... Die Jugendherberge liegt mitten im Wald. Sie ist nur etwa 400 m von der Ostsee und die gleiche Strecke vom Kurischen Haff entfernt. Es ist für alle ein guter Ort, um die Eindrücke von der zerstörten Heimatstadt verdrängen zu können." Heinz Krüger spricht von „bis zu zweimal" wöchentlichen Fahrten per Wehrmachts-Lkw zu Tonaufnahmen nach Königsberg, mir ist das als so häufig nicht in Erinnerung.

Meine eigenen „Erinnerungssplitter an Sarkau" habe ich 1982, also rund 20 Jahre vor dem Kennenlernen der Chroniken Grundtner/Glomb/Wargenau-Schomaker und Krüger in meinem persönlichen Bild-Text-Album „Heinrich-Albert-Chor und Rundfunkspielschar Königsberg – Bilder – Erlebtes – Gedachtes – Band 1" festgehalten. Einiges davon ist hier bereits nachzulesen. Es sei hier vollständig, so wie 1982 niedergeschrieben, zusammengefaßt: „Sarkau", das war

- irgendwann im September 1944 Anreise mit einem Wehrmachts-Lkw über die Cranzer Chaussee; der Holzvergaser mußte ungefähr alle 20 km neues „Futter" bekommen (Verarbeitungsreste aus der Königsberger „Spulchenfabrik"?)
- Unterbringung im linken Erdgeschoßsaal der Jugendherberge
- ewiges Rieseln von Sandkörnern auf die unteren Etagenbetten (ich schlief „unten") mit ständigem Spind- und Bettenappell – alle Ecken ausgerichtet auf 90° –, beim Vorhandensein der unvermeidbaren Sandkörner aus der oberen Bettenetage
- Strafexerzieren auf einer Waldlichtung vor der Jugendherberge: „Pumpen" oder 50 „Ludwigs", Kniebeugen (oft in

der „verfeinerten“ Form von „10 Zeiten“) sowie Hüpfen durch den pulverfeinen Nehrungssand von Waldrand zu Waldrand, als besondere Zugabe evtl. auch mit Ziegelsteinen auf den flachen Händen

- wie anders als durch eine gewisse Strenge sollte auch die Disziplin von so vielen Jugendlichen aufrechterhalten werden?
- Herausfallen von Horst Kaeswurm, der über mir schlief, aus dem Bett, und der sich dabei furchtbar die Nase aufschlug
- Sprüche zum Aufstehen und Wecken: „Reise, Reise nach alter Seemannsweise/ Ein jeder stößt den andern an/ der letzte stößt sich selber an/ und schläft dann ruhig weiter“ und zum Schlafengehen: „Ruh’ im Schiff! Geister auf Stationen! Die zum Sterben Abgeteilten zum Sargempfang auf der Schanz antreten!“
- „Mutproben“ durch Herabspringen von einer quer über die Nehrung verlaufenden Panzersperre nördlich Sarkaus, wobei ich mir gehörig den Knöchel verstauchte
- frühes Schlafengehen der Jüngeren, während die Älteren im Stockwerk über dem Schlafsaal fast allabendlich ihr „Schemelrennen“ veranstalteten und oft wohl auch (mit den Mädchen) geheimnisumwitterte Spaziergänge zu einer Eisdiele machten; man munkelte sogar vom klammheimlichen Abseilen mittels Bettlaken zu später Stunde, damit kein Treppenknarren die Ausflüge verriet
- ewiger Hunger bei uns Heranwachsenden bei dürftigen und bescheidenen Essensrationen, das Essen war mäßig bis schlecht; unvergeßlich die immer wiederkehrende Dörrgemüsesuppe ...
- wozu vor den Mahlzeiten markige Tischsprüche aufgesagt wurden, von denen mir dieser im Gedächtnis haften ge-

blieben ist: „Bescheidenheit verlaß' mich nicht, verlaß' mich nicht bei Tische und sieh, daß ich zu jeder Zeit das größte Stück erwische!"

- die „Stimmungskanone" „Kuller", der am Flügel wenig zeitgemäße Rhythmen spielte und mit immer neuen Einfällen herauskam, bis schließlich folgender „song" zum uni-sono-„Dauerbrenner" wurde:

Der Versturungshot der Privat-HJ
aus Nischnij-Nowgorod,
das ist ein toller Hot,
da gibt es Salz und Brott
und keinen Kußverbott
und alles schläft wie tott.

- und auch ein Spottvers auf unsere Betreuer Max Naused (vom Sender Königsberg) und Liselotte Grube („Lilo"):

Liselotte Grube saß und schlief.
Da kam der Max und küßte sie,
Potztausend, wie sie lief.

- Zeitvertreib der geschilderten Art, bis eines Tages nun auch in Sarkau ein immer unausweichlicher geahntes Schicksal an die Pforten klopfte: Anfang Oktober dringt das Grollen der Front nördlich von Memel in die paradiesische Ruhe der Nehrung ein, und bald darauf graben zurückgehende Wehrmachtseinheiten für ihre teilweise zerschossenen Fahrzeuge überall neben der Jugendherberge Splitterboxen; die Soldaten erklären uns, wie weit sogar eine brennende Zigarette und eine (überklebte) Startlampe nachts zu sehen sind ...
- Verabredung eines allgemeinen Wiedersehens an einem bestimmten Tage in Sarkau.

- Mit dem Näherrücken der Front geht die Sarkauer Zeit ihrem Ende entgegen. Über meiner Oberlippe bildet sich ein furunkelartiges Geschwür. Lilo befindet, daß mit Entzündungen oberhalb des Mundes nicht zu spaßen sei und schickt mich mit einem als Kurier verkehrenden Wehrmachts-Lkw an einem nebligen Oktobertag nach Königsberg zurück. Dort ist in windstiller und frühwinterlicher Luft bald tagelang leise und mitunter anschwellend das Rumoren der Schlacht bei Goldap zu hören. Die Kunde von „Nemmersdorf" verbreitet Entsetzen. Der gesamte Chor ist aus Sarkau längst wieder in Königsberg eingetroffen. Der größere Teil reist bald nach Prag weiter, der kleinere Teil bleibt, nun wieder unter der bewährten Leitung von Koni, in Königsberg, darunter Zwillingsschwester Karin und ich.

Soweit meine „Erinnerungssplitter an Sarkau". Die Räumung der Jugendherberge war auch deshalb erfolgt, weil sie als Lazarett für die in Memel kämpfenden Truppen benötigt wurde. Bei meinem ersten Wiedersehen mit der Kurischen Nehrung im Spätsommer 1990, Sarkau gehörte noch zum sowjetischen militärischen Sperrgebiet „Kaliningrad", war von der Jugendherberge keine Spur mehr vorhanden.

Mit der Verabschiedung des Restchores durch Konrad Opitz am 19. Januar 1945 im Königsberger Sender endete meine Zeit als Pimpf in der Königsberger Hitlerjugend, mit ihren unvergeßlichen und mein Werden stark prägenden Jahren im Heinrich-Albert-Chor/Chorgemeinschaft mit der Rundfunkspielschar Königsberg. Gesetzlich, aber nur noch theoretisch unterlag ich weiterhin der Jugenddienstpflicht, auch nach unserer Ankunft als Flüchtlinge auf dem Sirachsberg bei Bevensen, Kr. Uelzen/Niedersachsen. Von den ganz praktischen Fragen abgesehen – welche Jungvolkeinheit, wo? –, erledigten sich diese durch die sich überschlagenden Ereignisse bis zur Niederlage Deutschlands.

Epilog

War der Heinrich-Albert-Chor nur eine Idylle inmitten einer pervertierten Staatsjugend, als welche die Hitlerjugend von denen eingestuft wird, die heute den Ton angeben? Gibt ihnen der zu Beginn dieses Kapitels geschilderte Werdegang des „Jugendgenossen" Fritjof Berg, die erwähnten Vorfälle, gibt ihnen das alles nicht recht?

Sie malen genüßlich die Schatten, und kein noch so bescheidenes Fleckchen Licht darf übrig bleiben. Sie ducken sich vor dem heutigen Zeitgeist und merken nicht, daß sie damit die kleingeistige Tradition fortsetzen, die sie doch so geifernd ablehnen. Sie können und wollen es sich nicht leisten, der Staatsjugend von damals Wahrheit und Gerechtigkeit angedeihen zu lassen. Und dies war die andere Wirklichkeit, die nicht weniger wirklich war als jene Auswüchse, die ich nicht verschwiegen habe und die der – im Vollzug weitgehend unkontrollierten – Maxime „Jugend führt Jugend" zuzuschreiben sind: Unsere „Schwertworte" waren kein leeres Geschwätz. Sie waren Verpflichtung für jeden einzelnen und sollten von ihm vorgelebt werden. Sie bedeuteten auch Härte gegen sich selbst. Wir besaßen einen starken Glauben an die Zukunft und waren sauber in unserer Lebensführung. Wir waren stolz darauf.

Aber hochmütig? Nein, das waren wir nicht. Hochmut wurde bekämpft. Tapferkeit, Treue, Kameradschaft, Einstehen für die Gemeinschaft und persönliche Ehre – wehe dem Gemeinwesen, das ohne diese Tugenden auskommen will!

Obwohl man dieser Jugend, die in ihren Formationen den Namen Hitlers trug, nichts anhaben kann, soll es aus dieser Jugendzeit nichts mehr geben, woran sie mit Freude und Stolz zurückdenken darf. Die Lieder ihrer Zeit sind verpönt, ihr Absingen strafbar. Wir seien „verführt" worden, sagen die Barden der „Vergangenheitsbewältigung". „Verführer", von wem und wozu? Von

Gottfried Stramm, „Spitzmaus“, „Spinne“ oder „Koni“? Das ist reiner Quatsch!

Ich kann hier nur für meinen Königsberger Erfahrungsbereich sprechen. Da wir aber Teil einer nach reichseinheitlichen Grundsätzen geführten Jugendorganisation waren, glaube ich nicht, daß es anderswo im Reich grundlegend anders gewesen ist. Die Tatsache, daß mir auch eine ungebrochene Weiterentwicklung ohne das Ende von 1945 keinen Aufstieg in der Hierarchie der Hitlerjugend beschert hätte, spricht mich von dem Verdacht frei, etwa aus persönlichen Gründen irgendetwas beschönigen zu wollen.

Ich lasse nun als musikalischen Ausklang Noten und Texte unserer meistgeschätzten Lieder folgen, vom „Sanctus“ und „Land der dunklen Wälder“, letzteres in seinen Aussagen zu Landschaft, Menschen, Tierwelt und Lichtverheißung über Ostpreußen, dann auch mit eigenen Bildaufnahmen untermalt.

Chorkamerad Wolfgang Stintat war Organisator von mehr als 40 Nachkriegstreffen der Chorgemeinschaft (siehe Schlußkapitel „Daß wir uns hier in diesem Tal noch treffen so viel hundertmal ...“)

Um dem Leser einen authentischen Eindruck von unserem Chorgesang zu vermitteln, werden diesem Band Tonaufnahmen unseres Nachkriegskonzerts 1978 in Vielbrunn beigefügt, auf denen insbesondere unser „Land der dunklen Wälder“ und „Sanctus“ zu hören sind.

118

57. Sanctus

Johann Philipp Neumann (1774-1849)

Sehr langsam

Franz Schubert, 1826 (1797-1828)
aus der deutschen Messe V

„Sanctus“, Noten und Text, aus: Volksliederbuch für gemischten Chor („Kaiserliederbuch“), Leipzig o.J., 1. Band, S. 118

Land der dunklen Wälder

H. Brust

1. Land der dunklen Wälder und kristallnen Seen.
Über weite Felder lichte Wunder gehn.

2. Starke Bauern schreiten hinter Pferd und Pflug.
Über Ackerbreiten streicht der Vogelzug.

3. Und die Meere rauschen den Choral der Zeit.
Elche stehn und lauschen in die Ewigkeit.

4. Tag ist aufgegangen über Haff und Moor.
Licht hat angefangen, steigt im Ost empor.

„Unser“ Lied: Land der dunklen Wälder. Satz 1947 von Kurt Bowien („Kuller“) aufgezeichnet

Land der dunklen Wälder und kristallnen Seen ...

Blick vom Heldenfriedhof Jägerhöhe bei Angerburg über Schwenzait-, Mauer- und Dargainensee

Zwischen Lötzen und Sensburg, Nähe Rhein

... über weite Felder lichte Wunder gehn.

Beide Aufnahmen bei Kronau, Kr. Rastenburg

Starke Bauern schreiten hinter Pferd und Pflug...

beide Aufnahmen in Masuren

... über Ackerbreiten streicht der Vogelzug.

Beide Aufnahmen zwischen Königsberg und Labiau

Und die Meere rauschen den Choral der Zeit ...

Steilküste bei Rauschen, Richtung Westen (Brüsterort)

Sturmtag an der Ostseeküste bei Schwarzort

Elche steh'n und lauschen in die Ewigkeit.

Elch im Bast

Aufnahme: Rechtsanwalt Dr. Harder, Kiel, bei Ostpreußenreise um 1935

Tag ist aufgegangen über Haff und Moor ...

Beide Aufnahmen Haffufer in Schwarzort/Kurische Nehrung, Blick zum Ostufer

Licht hat angefangen, steigt im Ost empor.

Blick von der Windenburger Ecke aus (Einmündung des Memelmündungsarmes Atmath in das Kurische Haff) in Richtung Südosten

Daß wir uns hier in diesem Tal noch treffen so viel hundertmal

Die ersten Jahre nach der Flucht – Verlust von Reich und Heimat, Entwurzelung, Fremdheit, Deklassierung, Aussichtslosigkeit – waren von der Frage erfüllt: Wo seid Ihr alle geblieben, auch Ihr Gefährten aus den Königsberger Chorjahren? Die Erinnerung an diese legte immer wieder einen hellen Lichtstrahl über die alltägliche Not. Als erstes ergab sich ein Briefkontakt mit Kurt Bowien („Kuller“), der bei der Reichsbahn (ja, so hieß sie damals noch!) auf dem Hamburger Hauptbahnhof als Wagenputzer, Telephonist und Telegraphist im Stellwerk und dann wegen der höheren Bezahlung im Rangierdienst angefangen hatte. Zur gleichen Zeit trat ich mit Konrad Opitz („Koni“) in Verbindung. Er war in russische Kriegsgefangenschaft geraten und – vorher korpulent – mit einem Gewicht von 96 Pfund sowie einer schweren Verletzung an der rechten Hand entlassen worden. Seinen „Neuanfang“ in Gießen beschrieb er in seinem ersten Brief vom 6. Januar 1948 so: „Mein Weg war: Kippensammler, Ofenheizer beim Ami, Hilfsarbeiter in einer Mosterei, nach Handoperation spielte ich in einem Conzertclub als Pianist, später als Begleiter in einer Tanzstunde und seit Anfang Oktober bin ich in einer Volksschule als Lehrer tätig. Spruchkammerurteil war: Mitläufer und 1000 M ... Wir leben der Erinnerung, denken an unser Traumland. Haben wir es wirklich einmal erlebt? Eure Zukunft soll besser sein. Bleibt treu und fleißig.“

Koni hatte seinem Brief ein paar Anschriften von Chorkameraden und -kameradinnen beigefügt, mit denen er ebenfalls in Verbindung stand. Auf meiner Fahrt nach Ebingen/Württemberg nach meinem Abitur am 19. Februar 1951, wo ich Geld für den Studienbeginn verdienen wollte, besuchte ich ihn in Gießen, ich konnte bei ihm übernachten. Es wurde viel über die Zeit seit Januar 1945 erzählt, Hauptthema war immer wieder der Chor. Mir fiel auf, daß er über einige seiner ehemaligen Sänger/Sängerinnen nachteilig sprach. Eine von ihnen sei Alkoholikerin geworden. Auf der gegenüberliegenden Straßenseite von Konis Wohnung befand sich ein großer moderner Kasernenkomplex, der nun von der US-Army belegt war. Als am Nachmittag oder Abend das Trompetensignal zum Niederholen der Flagge erscholl, ging er zum Fenster und sagte: „Komm', ich zeige Dir etwas!" Die US-Flagge sank herab, alle Fußgänger auf der Straße mußten respektvoll stehen bleiben! Deutlicher konnte uns Deutschen nicht vor Augen geführt werden, welche Rolle die Sieger uns zugedacht hatten.

Koni hatte sich wahrscheinlich für immer von seiner Schöpfung, dem Heinrich-Albert-Chor, von der späteren Chorgemeinschaft und von seiner Existenz als „unser Koni" verabschiedet. Pfingsten 1955 fand in der Patenstadt Duisburg in großem Rahmen die 700-Jahr-Feier für Königsberg statt. Zum Programm gehörte auch ein Treffen unserer Chorgemeinschaft. 43 waren gekommen, Karin und ich gehörten dazu. Im Königsberg-Chor-Album Band 1 habe ich vermerkt: „Es wurde zur traurigen Gewißheit – ‚Koni', zum ersten Nachkriegstreffen sehnsüchtig erwartet, damit er seine anhänglichen und hingebungsvollen Sänger wie einst dirigiere, war nicht erschienen ... Den Grund haben wir nie erfahren. So traurig dies auch war, dennoch sangen wir – noch! – wie einst!"

Konrad Opitz hatte neben seinem Schuldienst ein neues Aufgabengebiet in der landsmannschaftlichen Arbeit gefunden. Er war u. a. von 1952 bis zu seinem Tode am 18. September 1974 Vorsitzender der Landesgruppe Hessen der Landsmannschaft Ostpreußen und von 1959 bis 1964 und dann nochmals von 1968 bis 1971 Kulturreferent im Bundesvorstand der Landsmannschaft. Wir trafen uns einmal bei einem Aufenthalt von ihm in Bad Nenndorf bei meinen dort wohnhaften Schwiegereltern und ein letztes Mal bei einer Freizeit der Schloßberger Jugend vom 27. Juli bis 4. August 1968 in der heimatpolitischen Bildungsstätte der Landsmannschaft Ostpreußen „Ostheim“ in Bad Pyrmont, wo ich im Rahmen des Tagungsthemas „Deutschland und seine Nachbarn im Osten“ über „Ungelöste Probleme zwischen Elbe, Memel und Donau“ sprach.

In unermüdlicher Kleinarbeit haben die Chorkameraden Hans-Dieter Heyse und Wolfgang Stintat seit Mitte der 70er Jahre des nun schon vorigen Jahrhunderts Anschriften von „Ehemaligen“ gesammelt und ein erstes großes Nachkriegstreffen vom 21.–25. September 1977 in Hessisch-Lichtenau organisiert. Da Hans-Dieter Heyse mich erst danach ausfindig gemacht hatte, konnte ich erst am nächsten Treffen vom 29. September bis 1. Oktober 1978 in Vielbrunn/Odenwald teilnehmen. 127 Ehemalige, einige mit ihren Ehegatten, waren erschienen. Nach sehr intensiven Proben gab die Chorgemeinschaft unter der Leitung von Siegfried Glomb

Duisburg 1955. Kein vollständiges Gruppenbild – wir waren noch einige mehr.

in der dortigen evangelischen Kirche nach dem Erntedank-Gottesdienst ein Chorkonzert auf immer noch beachtlichem Niveau. Es wurden zusammengeschnittene Gesamtaufnahmen von einer Chorprobe und unserem Auftritt in der Kirche angefertigt. Diese werden als Kostprobe unseres Gesangs diesem Buch beigefügt. Mein Bericht über dieses uns alle in allen Stimmungslagen tief bewegende Treffen unter dem Titel „Und die Meere rauschen ... Erstes Konzert des Königsberger Heinrich-Albert-Chores nach 30 Jahren“ ist ganzseitig im Ostpreußenblatt vom 2. Dezember 1978 veröffentlicht worden. Der Zeitungsartikel sagt vor einer damals noch weiten Öffentlichkeit viel darüber aus, wer unsere Königsberger Chorgemeinschaft war und was sie für mich bedeutet hat.

Der nächste öffentliche Auftritt unter Siegfried Glomb fand am 26. September 1982 beim Festakt zum 30jährigen Bestehen der Patenschaft Duisburgs für Königsberg in der Patenstadt statt.

Der Chor unter Leitung von Siegfried Glomb bei der großen Königsberg-Feier in der Duisburger Mercatorhalle

Bei der Probe – beim ersten Ansingen von „Ännchen von Tharau“ wurden manche Augen feucht ...

★ 391. Ännchen von Tharau

Simon Dach, 1637 (1605-59),
hochdeutsch von Herder, 1778

Lebendig

Friedrich Silcher, 1825 (1789-1860)
Bearbeitung von E. E. Taubert

9910

Unser Kirchenkonzert-Auftritt in Vielbrunn

Ein Musikkundiger bemerkte beim Vorbeigehen am Proberaum: „Schon beim ersten Takt hört man, daß ihr Profis seid."

Schließlich sang der Chor bei seinem 10. Treffen vom 30. Oktober bis 1. November 1987 in Ringelai/Bayern, wo der „Prager Teil" im April 1945 in einem vormaligen Lager des weiblichen Reichsarbeitsdienstes (RAD) Unterschlupf gefunden hatte, vor Bürgermeister, Dorfpfarrer und im Sonntagsgottesdienst in der katholischen Kirche wiederum unter Siegfried Glomb. Ich habe an all diesen Wiedersehensfeiern teilgenommen.

Durch Wegsterben und alters-/krankheitsbedingt ist die Schar der Teilnehmer immer weiter zusammengeschmolzen, Sang und Klang und Tanzbeinschwingen wie zu Beginn mit unserem noch „jugendlichen" Temperament und Schwung sind nur noch wehmütige Erinnerung.

Zum Schluß möchte ich noch dies zum oftmaligen Gesang unseres Ostpreußenliedes im Königsberger Sender hinzufügen:

Im Rahmen der Ehrung der Universität Königsberg anläßlich ihrer Gründung vor 450 Jahren fand am 28. September 1994 ein Empfang der Stadt „Kaliningrad" im ehemaligen Stadthaus (es war das Hauptverwaltungsgebäude der Stadt) am Nordbahnhof/ Adolf-Hitler-Platz statt, wo bei der Eroberung der Stadt durch die Rote Armee im April 1945 schwerste Kämpfe getobt haben und in Bombentrichtern unterhalb der jetzigen Straßendecke unzählige Tote verscharrt worden sind. Ich war als deutscher Covorsitzender des Deutsch-Russischen Kuratoriums zur Vorbereitung und Durchführung der Albertina-Ehrung geladen. Schweren Herzens betrat ich den Ort, an dem einmal die kommunalen Geschicke meiner deutschen Heimatstadt bestimmt worden waren. Aber meine Anwesenheit nicht nur als Covorsitzender, sondern eben auch als Stadtvorsitzender der Stadtgemeinschaft Königsberg (Pr) gerade an diesem Ort war ja keine Demütigung des Besiegten mehr, sondern dokumentierte das Neue, Zukunftweisende der beiderseitigen Beziehungen und vereinten Arbeit, hätte bei entsprechender Bewertung und Auswertung durch die politischen Instanzen beider Seiten durchaus epochale Bedeutung gewinnen können – was diese aber gerade zu verhindern suchten. Es hätte mich allerdings von meinem Stuhl heben und aus dem Saal treiben können, als die „Stadt Kaliningrad“ der russischen Universität das Großgemälde eines bekannten Königsberger Geistlichen aus nachreformatorischer Zeit „schenkte“ – ein instinkt-, taktloser und zutiefst verletzender Vorgang gegenüber uns anwesenden Deutschen (ob alle von ihnen dies so empfunden haben, ist glücklicherweise eine unbeantwortet gebliebene Frage). Aber es wäre ein Eklat gewesen, der allen Gewinn unserer mehrjährigen gemeinsamen Arbeit zunichte gemacht hätte.

Sodann trat ein nicht weniger aufwühlendes Ereignis ein: Ein russischer gemischter Jugendchor sang „unser“ Ostpreußenlied – und zwar so, als würden wir als die Damaligen selbst hier stehen. Mit derselben jugendlichen Reinheit und Klarheit der Stimmen und landschaftsgebundenen Phrasierung, wie wir „unser“ Lied im in unmittelbarer Nähe gelegenen Reichssender Königsberg immer wieder zu Gehör gebracht hatten und es wohl kein anderer deutscher Chor vorher, zur gleichen Zeit oder später vermochte – außer eben diesem russischen hier. Seine Phrasierung folgte der dichterischen Aussage über die jeweilige Erscheinungsform der ostpreußischen Landschaft, beispielsweise bei den „hinter Pferd und Pflug schreitenden starken Bauern“ der zweiten Strophe legte der Chor – wie wir – betont skandierend in jede Silbe/Note den schweren Schritt eines pflügenden Bauern hinein.

In den vorausgegangenen Jahren hatte ich mich – vergeblich – bemüht, irgendwo einen Tonträger u. a. mit dem von uns gesungenen Ostpreußenlied aufzutreiben. Konrad Opitz hatte einmal aus Berlin eine Schellackplatte mit Chören des Heinrich-Albert-Chores erhalten – ungeschützt in einem Brief, bei ihm waren nur noch Trümmer dieser leicht zerbrechlichen Platten angekommen. „So ein Idiot“, war sein Kommentar. Hatte dem russischen Chor jetzt doch ein Tonträger von uns als Vorlage gedient? Falls nicht, waren die „lichten Wunder der weiten Felder“ (erste Strophe) durch seine Proben „gegangen“, hatte er das Wesen unserer – von den russischen Eroberern zuvor doch vernichteten, verwüsteten, verhaßten – Heimat erkannt, in sich aufgenommen und vollendet weitergegeben.

Cadiner Majolika[1]

von Hilde Berg-Terner

War ich eingeschlafen in der hellen,
Stillen Sommernacht am Memelstrande?
Wecktest du mich auf mit hellem Wiehern,
Stießt mich an mit sammetweicher Nase?
Sieh, ich träumte! Sah dich an der Seite
Deiner Mutter, jener starken, treuen
Stute mit den sanften braunen Augen
Mit dem Wind durch grüne Koppeln springen.
Blauer Himmel sah in blaue Seen,
Schwarzer Acker dampfte in der Sonne.
Vor dem Pfluge ging die braune Stute,
Leichten Schrittes folgtest du der Guten.
Und ich streichelte dein warmes Fellchen,
Schnuppernd suchtest du in meiner Hand nach Zucker.
Sommerwind weht über Roggenfelder,
Gerste schimmerte wie gelbe Seide,
Rauschend schnitt die Sense durch die Halme,
Herbststurm fegte über kahle Flächen.
Wintertage kamen, klare, kalte.
Ging am Weihnachtsabend ich zum Stalle.

---

[1] Das Gut Cadinen in Ostpreußen war Privateigentum Kaiser Wilhelms II. Hier befand sich eine Werkstatt, die außer Blumenvasen, Schreibzeug usw. aus der Hand großer Künstler herrliche Tierfiguren schuf. Die Manufaktur wurde im Zweiten Weltkrieg vernichtet. Nach dem Kriege wurde versucht, eine Ausweichwerkstatt in Nienburg/Weser zu errichten. Vergeblich! Die am Leben gebliebenen Künstler waren in alle Winde zerstreut.

Weißt du noch? Mit munterm Schnauben
Hast du mich begrüßt, mit hellem Wiehern.
Wieder kam der Frühling, kam der Sommer,
Bist ein strammer, brauner Jährling worden.
Künstleraugen sahen deine Schönheit,
Künstlerhände schufen Ton zu deinem Bildnis.
Heimat, Heimat, weites Land im Osten,
Wunderbar ist deines Reichtums Fülle.
Hell umstrahlt von deiner Bernsteinkrone
Sehen stolz auf dich, wir, deine Kinder.

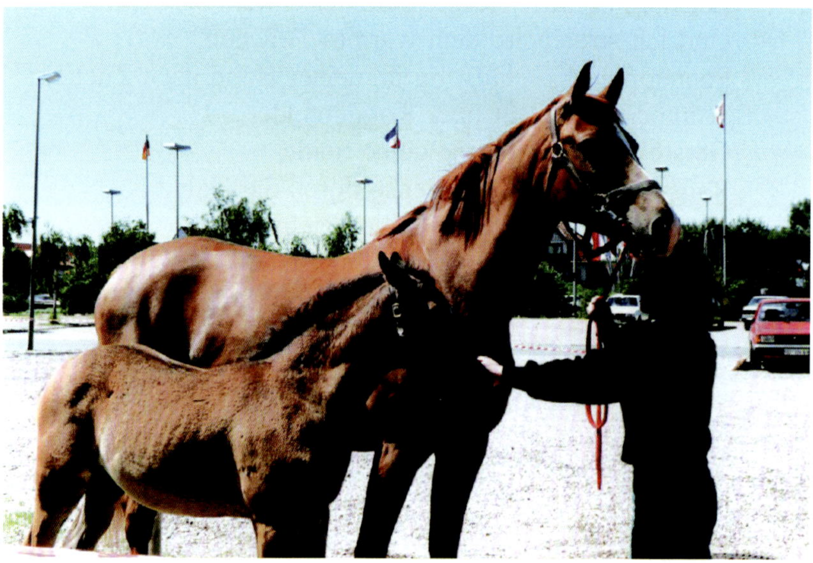

Trakehner Stute mit ihrem Fohlen am Schleswig-Holstein-Tag im Mai 1989 in Neumünster, ausgerichtet vom Verband der Heimatvertriebenen (VdH) Kiel.

Band 2.2

Von Königsberg zum Sirachsberg

An der Staatlichen Oberschule für Jungen Nienburg (Weser)

Das Leben im Leeser Tief bis zum Abitur im Februar 1951

1. Teil: Von Königsberg zum Sirachsberg

Was noch nicht in meinem Buch „Über die Weichsel – eine deutsche Rückkehr" stand

Leutnant z. See / Kapitän z. See Fuchs ergänzt

In meinem Buch „Über die Weichsel – eine deutsche Rückkehr", das die erste Rückkehr von Hannelotte und mir in unsere ostpreußische Heimat nach dem Krieg mit unseren beiden Söhnen schildert und das 1978 im Auftrag der Staats- und Wirtschaftspolitischen Gesellschaft in einem Düsseldorfer Verlag erschienen ist, habe ich eingangs im Kapitel „M 1801 zum Gedächtnis" (Seiten 18–29) meinen Abschied von Königsberg (Pr) und die Dramatik der Flucht über See auf diesem Schiff geschildert.

Auf Seite 22 schrieb ich, daß das Schiff „unter dem Kommando von Leutnant zur See Fuchs stand". Er war Schwiegersohn des Königsberger Oberbürgermeisters Dr. Will. Die Bekanntschaft meines Vaters mit Dr. Will mag dazu geführt haben, daß er vom Hafenaufenthalt des Schiffes erfuhr und wir so an Bord gelangten. Ich gehörte etwa ab 1980 der Stadtvertretung der Stadtgemeinschaft Königsberg (Pr) e. V. in der Landsmannschaft Ostpreußen an, desgleichen der Sohn des Königsberger Oberbürgermeisters Dr. Christian Will. Von ihm erhielt ich die Anschrift seines Schwagers, des einstigen Kriegsmarineoffiziers auf unserem Fluchtschiff und Bundeswehr-Kapitäns zur See a. D. Hans-Henning Fuchs, der von 1973 bis 1983 auch Protokollchef der Bundeswehr war. Ich schickte ihm mein Buch. In meinem Begleitbrief vom 27. März 2000 schrieb ich:

> „Hätte ich bei der Abfassung des Buches bereits etwas über Ihren Verbleib gewußt und Ihre Anschrift gekannt, so hätte ich mich vor der Drucklegung selbstverständlich vergewissert, ob die von mir mitgeteilten Einzelheiten, soweit sie

sich auf Ihr Schiff beziehen, in allem exakt und ohne Abweichung im Detail richtig wiedergegeben worden sind. Sollte von mir das eine oder andere etwas ungenau geschildert worden sein, bitte ich um Nachsicht. Denn es handelt sich auf Ihrer Seite ja um einen Kriegseinsatz, ohne ‚Informationen zur Reise' für Ihre ‚Passagiere', und außerdem war die Fülle von Erlebnissen und Eindrücken für mich damals knapp Vierzehnjährigen einfach so groß, daß die objektiv richtige Wahrnehmung dadurch evtl. beeinflußt werden konnte. Sollte also an meiner Schilderung Ihres Einsatzes Ende Januar 1945 etwas korrekturbedürftig sein, würden Sie mir mit diesbezüglichen Hinweisen einen großen Gefallen erweisen.

Vielleicht ist es für Sie interessant zu erfahren, daß mein Vater am 31. Januar 1945 in Königsberg die Nachricht erhielt, daß seine gesamte Familie auf See ertrunken sei – obwohl wir uns zu diesem Zeitpunkt ja bereits an Land in Sicherheit befanden. Diese Falschmeldung war natürlich grausam. Wenn ich mich richtig erinnere, brachte dann eine telephonische Anfrage meines Vaters bei Ihrem Herrn Schwiegervater „Entwarnung". Zum anderen scheint mir die Änderung Ihres ursprünglichen Einsatzbefehls, Danzig (oder Gotenhafen?) anzulaufen, in Verbindung mit der Falschmeldung an meinen Vater, einen Hinweis darauf zu geben, daß wir möglicherweise zur weiteren Verschiffung auf die ‚Gustloff' vorgesehen waren, deren Schicksal uns dann durch Ihre Kursänderung erspart blieb – was aber der die Falschmeldung übermittelnden Stelle bis dahin nicht bekannt war."

In seinem Antwortbrief teilte Kpt. z. See a. D. Fuchs zu seiner Person mit, daß er in Maldeuten, Kr. Mohrungen, geboren wurde (ein Ort, dessen Name mir aus Berichten von Onkel Adolf Lemke über aktuelle Maßnahmen bei Ausübung seiner tierärztlichen

Praxis in Erinnerung geblieben war, wenn ich bei Lemkes als in Mohrungen Evakuierter zu Besuch war, siehe Band 2.1 „Meine Königsberger Schulzeit“) und in Osterode sowie auf Familiengütern in Geierswalde, Frögenau, Grünfelde und Vierzighöfen aufgewachsen war. Wir waren also Landsleute! Von 1946 bis 1961 hatte Herr Fuchs in Kiel gelebt. Sodann: „Nun zu M 801. Bei Ihrem Buch müßte die vordere 1 gestrichen werden. Hochachtung – Ihre Erinnerungsgabe mit 14 Jahren und später ist eine seltene Leistung. Der rote Faden im Buch, Kapitel M 801, stimmt und wäre nur in Details ergänzenswert. Dieser Kriegsmarsch kann nie in Vergessenheit geraten, denn soviel Glück einerseits, so viel Trauriges gab es doch auf der anderen Seite; wie im Leben: 2 Frauen außenbords und andererseits ein kräftiger Junge – Höhe Stolpmünde geboren! Anbei füge ich Ihnen die Ablichtung unseres Kriegstagebuches bei mit den Daten vom 22.1. bis 27.1.1945“ (siehe folgende Seiten).

Zu M 801 auch als U-Boot-Jäger und dem Klarmachen von Wasserbomben auf dem Achterdeck schreibt Kpt. z. See Fuchs in seinem Brief vom 6.4.2000: „Hierzu ist zu bemerken, daß M 801 am 23. Februar 45 das russische U-Boot S 4 ... versenkt hat anläßlich eines Libau-Geleites.“ War es dasselbe, ein anderes Geleit oder liegt hier eine Verwechslung vor, wenn er in seinem Brief vom 12.6.2000 schreibt: „Die Versenkung von ‚S 4‘ ist in dem Buch ‚Chronik des Seekrieges 1939–1945‘ von S. Rohwer/ G. Hümmelchen, G. Stalling Verlag Oldenburg ... auf Seite 514 dokumentiert. S 4 griff unser Geleit für Flüchtlingsschiff ‚Göttingen‘ (6267 BRT) an, wurde von uns versenkt, während das 2. sowj. U-Boot 5 C 30 leider die ‚Göttingen‘ traf und sie nach 2 Std. sank. Überlebende fast vollzählig gerettet.“

Wie ein Keulenschlag traf es mich, als ich über das Ende unseres „Rettung über See“-Schiffes im Brief von Kpt. z. See Fuchs vom 6.4.2000 las: „M 801 als A 5315 GAZELLA im Dienste der italienischen Marine, die es als US-Kriegsbeute erhalten hatte.

M 801

M 801 – Klarmachen von „Wabos“ – Wasserbomben – auf dem Achterdeck

22.1.45	Königsberg Schichau Werft	Div.Dienst. Beginn mit den restlichen Schiffbauarbeiten. 15.00 Befehl durch "Haka" Befehl des O.b.d.M. Boot sofort fahrbereit zu machen zum Abtransport von Flüchtlingen. 22.00 Boot fahrbereit und s-eeklar.
23.1.45	Königsberg	04.00 verhole nach Hafenbecken I 05.15 Hafenbecken I fest. Übernehme Evakuierte (242 Personen). Verhole nach Schichau Werft zurück, erwarte weitere Befehle.
24.1.45	Königsberg-Pillau Windstill Seeg ./. Eis,0, 10/10 Sicht mässig	10.00 seeklar, laufe aus nach Pillau R.Bootsbegleitschiff im Schlepp. Nettelbek ist manöverierunfähig, das Ruder liegt auf St. B. 10 fest, so, dass N. an Kreuzleinen geschleppt wird und stark scheert. 14.00 werfen N. zum Ankern im Vorhafen von Pillau los. 14.15 ankere selbst auf Pillau Seetief (10m Wasser) erwarte weitere Befehle. 15.45 Anker auf, laufe ein. 16.06 Pillau Kohlenpier fest. 17.45 Leinen los, fahre Schleife (M.E.S.) 21.00 Schleifenfahrt beendet. 21.15 Pillau Kohlenpier fest. Übernehme Kohle und Munition.
25.1.45	Pillau Hafen	11.00 lege ab, gehe bei "Nettelbek" im Vorhafen längsseit, erwarte weitere Befehle: erhalte Befehl mit N. im Schlepp über Küstenweg nach Swinemünde zulaufen, dabei nicht vor 14.00 bei Hela Süd zu stehn.

Kriegstagebuch der M 801, Seite 1

Tag Uhrzeit	Ort Wetter	Vorkommnisse
26.1.45	Pillau-Swinemünde Wind SO-O 3-5 Seeg 3-4 auffrischend auf 8-9 Seeg.5 O 10/10 Sicht mässig.	07.00 Seeklar, 07.05 Anker auf, nehme Nettelbek in Schlepp, laufe aus nach Swinemünde. Schleppe N. mit 100 m Draht und etwa 100 m Kette auf dem Hahnepot mit Schlipphaken. N. scheert durch die Ruderlage etwa 100 m nach Steuerbord und bleibt so liegen. Da die Leine nicht genügend im Wasser liegt, wird noch 50 m Kette gesteckt. Auf N. wird versucht, durch einen an Backbord ausgebrachten Balken die Ruderlage auszugleichen. Um 14.38 bricht auf 54° 38' N und 38° 51' O der Ring des Schlipphakens in der Schweissnaht, gehe, da Gefahr der Strandung besteht, trotz starken Seegangs längsseits, um ihn abzuschleppen. Boote schlagen stark zusammen, sodass keine Verbindung hergestellt werden kann. Gebe N eine Schleppleine von Heck und versuche abzuschleppen. N. scheert stark nach StbB. und liegt quer zur See, beie Boote treiben schnell auf Land zu, eigenes Boot steuert nicht, starke Grundsee (8m Wasser) 15.15 Schleppverbindung bricht zum zweiten Mal. N. ankert auf 4 - 6 m Wasser. Ankere etwa 150 m vor N., um mich an der Kette an ihn heranzufieren. Setze Jolle aus zum ausfahren 220 m Leine. Da N. stark auf Land vertreibt, bleiben 2 Versuche ohne Erfolg. Erhalte Meldung, dass N. aufsitzt. Versuche mit Jolle Hilfe zu leisten, wegen zu starker Grundsee nicht möglich. Kutter schlägt bei Aussetzversuch leck. Beim Einsetzen der Jolle bricht Heissvorrichtung, sodass Jolle verloren geht. Durch K.SS. angeforderte Schlepper und Bergehilfe kann keine Hilfe leisten, treibe selbst vor 2 Ankern je 120 m Kette auf Land zu. 23.40 erhalte, da Hilfe von Land unterwegs, von 3.Sich. Flott. Befehl, weiterzulaufen. 23.50 Anker auf, setze Reise fort.
27.1.45	Pillau Swinemünde Wind SO-O 8-9 SO-O 5-4 Seeg.5-3 10/10 Swinemünder Bucht Eis	0010 - 0115 Fliegeralarm. 0330 Ruderversager. Steuern mit Handrudern. 0345 Ruderstörung behoben. 0845 auf 54° 57,4' N, 16° 8,1 O ein Mädchen geboren. 0700 erhalte Meldung, dass 2 Frauen vermisst werden, die nach allen Anzeichen Selbstmord begangen haben. 15.10 Swinemünde. Hohenzollernpier fest, geben Evakuierte von Bord

Kriegstagebuch der M 801, Seite 2

Inzwischen abgewrackt. Die Fotos hat mein Sohn über Computer hergestellt!“

Unser ach so „tapferer“ Weltkriegsverbündeter Italien, solange die Teilhabe an evtl. Früchten eines gewonnenen Krieges winkte, der dann aber, als sich das Blatt endgültig zu wenden schien, wie schon im Ersten Weltkrieg, seinen Verbündeten Deutschland verriet, den unsere Soldaten stets nur verächtlich „Itaker“ o. ä. genannt haben, erhält „unser“ M 801 ...

Kpt. z. See Fuchs stellt schließlich klar, daß nicht er, sondern Oblt. z. See Damerow, ein ehemaliger Handelsschiffkapitän, Kommandant von M 801 gewesen sei. „Ich war 1. Offizier und für den Bordbetrieb sowie Waffeneinsatz verantwortlich ... In Königsberg war ich auch der verantwortliche Einschiffungsoffizier. Mein Schwiegervater Dr. Will, damaliger OB von Königsberg, hatte mir einige Namen aufgegeben, denen ich mich, wenn zu verantworten, annehmen sollte. Dunkel erinnere ich mich an den Namen Berg mit vielen Kindern.“

MS Gazella (ex M 801) Genua 1962

Kpt. z. See Fuchs ist auf die Ausführungen in meinem Brief vom 27.3.2000 über die „Änderung des ursprünglichen Einsatzbefehls Danzig (oder Gotenhafen?)“ und die hieraus von mir abgeleitete Falschmeldung an meinen Vater, daß wir alle in der Ostsee ertrunken seien, nicht eingegangen. Die Antwort hierauf gibt ja auch das mir in Kopie überlassene Logbuchblatt über den damaligen Einsatz, in dem es heißt: „26.1.45 ... 7,05 Anker auf, nehme Nettelbeck in Schlepp, laufe aus nach Swinemünde.“ Und für den 27. Januar: „15.10 Swinemünde, Hohenzollernpier fest, geben Evakuierte von Bord.“

Dennoch läßt mich der Gedanke nicht los, daß M 801 ursprünglich doch Kurs Danzig genommen haben könnte und dann die „Gustloff“ unser Schicksalsschiff hätte werden können. Denn wie anders ist der Anruf einer Parteidienststelle bei meinem Vater mit der niederschmetternden Nachricht über unseren Tod in der Ostsee zu erklären als damit, daß wir als kinderreiche Familie als auf der „Gustloff“ eingeschifft galten und deshalb ... Die Tatsache, daß wir doch aber bereits am 27. Januar in Swinemünde an Land gegangen und insoweit in Sicherheit waren, ist den Übermittlern der grausamen Falschmeldung demnach unbekannt gewesen. Die „Gustloff“ ging am 30. Januar unter, mein Vater erhielt den katastrophalen Anruf am 31. Januar, und wir waren Ende Januar auf keinem anderen Schiff als M 801 aus Pillau ausgelaufen.

Schwer vorstellbar auch, daß M 801, ein Minensuch- und Kampfboot, von dessen Typ nach den Angaben von Kpt. z. See Fuchs in seinem Brief vom 12.6.2000 nur sechs gebaut und im Einsatz waren, durch den Havaristen im Schlepp selbst zur „lahmen Ente“ geworden, mit dem wesentlich weiteren und längeren Weg nach Swinemünde als nach Danzig von der Marinebefehlsstelle bewußt einer schnelleren anderweitigen Verwendung entzogen wurde. Könnte es gar sein, daß M 801 Begleitschutz für die „Gustloff“ fahren sollte und auf dem Weg zu deren

Liegeplatz ihr Anhang „Nettelbeck" auf seiner letzten „Reise" ebenfalls eine größtmögliche Zahl von „Evakuierten" dorthin mitnehmen sollte? Fragen, die trotz scheinbar eindeutiger Logbucheintragungen des M 801 nicht künstlich konstruiert sind, aber für immer offen bleiben werden. Jenseits aller Spekulationen bleibt gültig, was ich in „Über die Weichsel ..." (Seite 27) schrieb: „In rückschauender Betrachtung ist es eine gnädige Fügung gewesen, daß M 1801 (Anm.: „1801" von Kpt. z. See korrigiert) Danzig nicht angelaufen hat. Denn was hätte uns dort erwartet? Entweder wären wir von Danzig aus abermals und unter ungleich bedrohlicheren Umständen eingeschifft worden, oder die Flucht in den rettenden Westen wäre überhaupt nicht mehr geglückt. Keine Phantasie reicht aus, um das Ende richtig auszumalen."

So, wie es bei uns evtl. hätte sein können, hat die „Wilhelm Gustloff" noch bei zwei anderen Familien aus unserem ostpreußischen Bekannten- und Freundeskreis schicksalhaft in ihr Leben hineingewirkt. Mein Königsberger Nachbar Eberhard Gatzke aus der Gustloffstr. 5 war mit seiner Mutter bereits auf dem Schiff, ging mit ihr aber wieder von Bord, weil sie noch irgendetwas an Land erledigen wollte. Als sie zurückkam, war das Schiff ausgelaufen ... Eberhard Gatzke ist nach dem Krieg nach Texas ausgewandert, er hat mir dies einmal in einem Brief geschrieben. Durch unsere Zugehörigkeit und Arbeit in der Göttinger studentischen Landsmannschaft Ordensland (LO) und im Dachverband Bund Ostpreußischer Studierender (BOSt) lernten Hannelotte und ich unsere Landsleute Hartmut und Irmgard Gassner kennen, zu ihnen entwickelte sich eine enge Freundschaft. Hannelotte hat in ihrer Ansprache zu Irmgards 75. Geburtstag, den wir am 7. Juli 2002 in großer Gesellschaft im Bonner Hotel „Königshof" feierten, an Irmgards schicksalhafte Begegnung mit der „Gustloff" erinnert: „... es war ja schon mehr als Glück, wie wir so leicht dahinsagen, als Du mit Deiner Mutter von der ‚Wilhelm Gustloff' wieder hinunter mußtest, weil Ihr keine kleinen Kinder mehr in

Eurer Obhut hattet. Was für eine Verzweiflung in diesem Augenblick bei Euch beiden – und welch gnädige Fügung im Nachhinein."

Zum Abschluß all dieser mit dem Schiffsnamen „Wilhelm Gustloff" persönlich verwobenen Tatsachen und Fragen möchte ich meinen Leserbrief zur Verherrlichung des Kommandanten des sowjetischen U-Bootes, das die „Gustloff" versenkte, in einem großen Denkmal am Königsberger Schloßteich, Nähe Stadthalle, folgen lassen, den die Frankfurter Allgemeine Zeitung in ihrer Ausgabe vom 4. Mai 2007 veröffentlicht hat.

Marinesko-Denkmal

Der Skandal des Marinesko-Denkmals

Leser Wolfgang Hahn spricht in seinem Brief „Die Tragödie der Gustloff" (F.A.Z. vom 16. April) von den „Rückführungen von Flüchtlingen, Verwundeten und Soldaten" beim Rettungseinsatz der Kriegs- und Handelsmarine 1944/45 über die Ostsee. Er verwendet damit einen Begriff, wie er für alle möglichen Menschenströme in jener Zeit üblich war, aber eben nicht für den Abtransport von uns Ostpreußen, Westpreußen, Danzigern über See in Richtung Westen. Denn der Sinngehalt von „Rückführung" hätte ja Verlassen der ostdeutschen Heimatgebiete in westliches Reichsgebiet für immer bedeutet. Einer solchen Vorstellung hätte damals aber niemand Vorschub geleistet, weder offiziell noch inoffiziell. Und so heißt es deshalb im Kriegstagebuch des Kriegsmarineschiffes M 801, mit dem meine Mutter unter anderem mit uns fünf Kindern Ende Januar 1945 von Königsberg nach Swinemünde gelangte, bei der Eintragung „23.1.45 Königsberg: Übernahme Evakuierte (242 Personen)". Für den 27.1.1945 ist dort gleichlautend vermerkt: „15.10 Swinemünde, Hohenzollernpier fest, gaben Evakuierte von Bord". Dieselbe, unzweifelhaft amtliche Sprachregelung für die Wasserflucht nach Westen findet sich in der „Abreisebescheinigung" des Landrats des Kreises Uelzen/ Oldenstedt vom 10. März 1945 für unsere Familie, die von Königsberg „vorsorglich nach Röbbel umzuquartieren ist". M 801 versenkte übrigens am 23. Februar 1945 in der Ostsee das sowjetische U-Boot S 4. Kein gesitteter Mensch, der den Krieg zwischen unseren beiden Völkern als Fluch und mehr begreift, könnte heute noch Genugtuung über den grausamen Seemannstod der an Bord dieses U-Bootes befindlichen sowjetischen Seeleute empfinden. Nicht auslöschen läßt sich aber das Wissen darum, daß S 4 durch die Kriegshandlung seiner Versenkung den Schiffstragödien zum Beispiel der „Wilhelm Gustloff", „General von Steuben", „Goya" keine weiteren mehr hinzufügen konnte.

Wolfgang Hahn beschreibt den Standort des von ihm zu Recht angeprangerten Denkmals für Alexander Marinesko, dessen U-Boot S 13 die „Gustloff" versenkte, als „unweit eines zentral gelegenen Stadtsees" von Königsberg/Kaliningrad. Mit dem „See", der kein solcher im geologischen Sinne ist, meint er in Anlehnung an die heutige russische Bezeichnung „Unterer See" den allen Königsbergern vertrauten und mit seinen herrlichen Uferpromenaden sowie der hölzernen Brücke beliebten Schloßteich, der im Zuge der zum Pregel fließenden Katzbach (die Katzbach wurde, unabhängig vom jeweiligen Bildungsstand, von allen Königsbergern mit diesem weiblichen Artikel genannt) bereits vom Deutschen Orden zum Betrieb von Mühlen angelegt worden war und sich vom Münzplatz an der Nordostecke des Königsberger Schlosses auf einer Länge von 1,2 Kilometern bis zu den künstlerisch gestalteten (heute verkommenen) Kaskaden an der Wrangelstraße erstreckte, über die er aus dem oberhalb gelegenen Oberteich (von den Russen „Oberer See" genannt) gespeist wurde.

Wenn seit meinem letzten Besuch in meiner Heimatstadt Königsberg im August 2005 keine Umgestaltungen vorgenommen worden sind, faßt Wolfgang Hahn die Stilelemente von zwei verschiedenen Marinesko-Denkmälern in einem zusammen. Die von ihm genannte, eher unscheinbare Bronzetafel für den sowjetischen U-Boot-Kommandanten befindet sich auf einem mäßig großen Findling an der Südostecke des Schloßteiches und verkündet mit erhabenen Lettern in freier Übersetzung: „Alexander-Marinesko-Uferpromenade, 1990 so benannt zu Ehren des Helden der Sowjetunion Alexander Iwanowitsch Marinesko (1913–1963) für seine Teilnahme am Kampf um Ostpreußen mit seinem legendären Ostsee-Unterseeboot". Die Tafel zeigt ein stilisiertes U-Boot.

Es traf mich wie ein Faustschlag, als ich 2005 in der Nähe der einstigen – 1944 zerbombten, von den Sowjets in äußerlich gleicher Form wieder aufgebauten – Stadthalle, dem heutigen Museum für Kunst und Geschichte, ebenfalls am Schloßteichufer gelegen, erstmals einem offensichtlich neu angelegten Alexander-Marinesko-Denkmal begegnete, das bei vorangegangenen Besuchen dort noch nicht gestanden hatte. Es zeigt den U-Boot-Kommandanten in Überlebensgroße in einem aufgeschlitzten U-Boot-Rumpf mit Turm auf Zieleinstellung in Richtung Westen am Sehrohr seines S 13. Dieses Denkmal, an diesem Ort und vor dem Hintergrund der von Marinesko verursachten bis dato weltgrößten Schiffskatastrophe, zielt immer noch auf all die Namenlosen, die sich an Bord der „Wilhelm Gustloff" befanden oder – wie meine eigene Familie – dort hätten sein können. Dies ist nicht nur der menschliche, sondern auch politische Skandal des Denkmals, das mit seiner erzenen Wucht und Gewalt jene wunderbare Renaissance preußisch/deutsch-russischer Beziehungen im Sinne bester geschichtlicher Traditionen zerstampft, zu der nicht wenige ostpreußische Vertriebene nach 1990 einen nicht mehr wegzudenkenden Beitrag geleistet haben.

Fritjof Berg, Kiel

Wie der Anhang von M 801, das Wrack der „Nettelbeck“, zu seinem letzten Einsatz kam und wie dieser endete

Während unser M 801 ein moderner Neubau der Königsberger Schichau-Werft vom Typ Minensuch- und Kampfboot war, der vor unserer „Reise“ am 23. Januar 1945 gerade erst in Dienst gestellt worden war, handelte es sich bei unserem am 26. Januar 1945 auf Hela gestrandeten Anhang, dessen Heck ich in „Über die Weichsel ...“ (S. 24) als „bizarren Schrotthaufen“ bezeichnet habe, um ein M-Boot Baujahr 1915/16, das also schon am Ersten Weltkrieg teilgenommen und der Kaiserlichen Marine angehört hatte. Es war umgebaut und verlängert worden. Es hatte nach dem Auslaufen aus Reval am 21. Juni 1944 zwei Bombentreffer erhalten. Das Heck wurde abgeschottet, aber das Ruder war funktionsunfähig und war auf StB 20 verklemmt, am Bug Steuerbordseite klaffte oberhalb der Wasserlinie ein riesiges Loch. Von der Besatzung waren 13 Gefallene und 27 Schwerverletzte zu beklagen. Das schwer beschädigte Schiff wurde zur Wiederinstandsetzung in eine Königsberger Werft geschleppt. Dort wurden jedoch alle Waffen ausgebaut, desgleichen die Kesselanlage.

All diese Fakten waren mir bei Abfassung meines Buches „Über die Weichsel ...“ noch nicht bekannt, ich habe sie erst später dem Buch von Gröner, Jung, Maß „Die Schiffe der Deutschen Kriegsmarine und Luftwaffe 1959–45 und ihr Verbleib“ entnommen. Viele der erwähnten Einzelheiten stehen im Havariebericht „Nettelbeck“ des Kommandanten Oberleutnant z. See d. R. Danielo Devaux, den dieser mir mit Brief vom 26.11.2005 übersandte bzw. ergaben sich bei einem Anruf von ihm am 24.11.2005.

Zum Schiffsnamen „Nettelbeck“: Nettelbeck war damals ein jedem deutschen Jungen bekannter preußischer Volksheld, der als Bürgeradjutant an der Seite des Stadtkommandanten Gneisenau 1807 erfolgreich der Belagerung Kolbergs durch Napoleon Widerstand leistete.

In seinem Havariebericht schreibt Oblt. z. See. Devaux zur Herstellung der Fahr-, sprich Schleppbereitschaft der „Nettelbeck“: „Im Januar 1945 erging der Befehl zum Verlassen der Werft für alles, was irgendwie schwimmfähig war. Das Loch in der Außenhaut (Abteilung 10) wurde durch Bretter und Segeltuch abgedichtet und von innen durch Bretter verstärkt. Zertrümmerte Schotten und Bullaugen sind auf die gleiche Weise abgedichtet. Da Kasselanlage ausgebaut, Ankerspill nur handbetrieben klar.“

Mit alledem war die Frage in meinem Buch nach der Ursache des Heckschadens und der Manövrierunfähigkeit unseres Anhangs beantwortet.

Unbeantwortet blieb für mich für lange Zeit auch die auf Seite 28 meines Buches gestellte Frage nach dem Schicksal der Menschen an Bord des Havaristen: „Was mag aus seiner Besatzung geworden sein? Konnte er geborgen werden, oder ...?“ Daß es schließlich doch eine Antwort auf diese Frage gab und wie sie aussah, habe ich im Ostpreußenblatt vom 15. März 1986 geschildert:

„... und landeten dort mit einem Schuhkarton.“

Nach über vierzig Jahren das Schicksal einer Familie geklärt: Zweimal schiffbrüchig im Januar 1945

In meinem Buch „Über die Weichsel – eine deutsche Rückkehr“ (Seiten 26 bis 28) habe ich geschildert, wie meine Flucht über die Ostsee Ende Januar 1945 begann: Der von unserem Kriegsfahrzeug geschleppte Anhang riß sich bei eisigem Sturm in der tobenden See los und trieb hilflos auf die Küste der Halbinsel Hela zu. Alle Rettungsversuche, die unser Schiff unternahm, scheiterten. Es muß dabei selbst in bedrohliche Situationen geraten sein, denn das Murren der Besatzung über die immer neuen vom Kommandanten befohlenen Anläufe zur Bergung des Havaristen war nicht mehr zu überhören. Schon fiel das Wort vom „Absaufen“. Dennoch: Trotz der Gefahren, die ringsherum auf uns selbst lauerten, trotz der düsteren Gedanken an die eigene Zukunft lastete das Schicksal des Sturm, Wellen und eisigen Temperaturen ausgelieferten Anhangs mit seiner „Fracht“ von Flüchtlingen und Bordpersonal schwer auf uns allen.

Die einzige Nachricht von dem abgetriebenen Anhang, die uns tags darauf noch erreichte, besagte, daß dort Zwillinge zur Welt gekommen seien. Ansonsten mußte ich aber in meinem Buch feststellen: „Von dem Havaristen haben wir danach nie mehr etwas gehört. Was mag aus seiner Besatzung geworden sein. Konnte er geborgen werden, oder ...?

Fast schien es so, als ob diese Frage nie eine Antwort finden würde – eine Frage, die mich nie mehr losgelassen hat, auch wenn seit jenem Ereignis im Januar 1945 Jahrzehnte verflossen sind. Bis der Zufall eines Tages ein Kennenlernen mit Hildegard Anton und ihrer Tochter aus Königsberg-Ponarth fügte, die mein Buch gelesen hatten und das in Seenot geratene Fahrzeug als dasjenige wiedererkannten, auf dem sie die Flucht angetreten hatten. Daraufhin bat ich um ihren schriftlichen Bericht.

In diesen Tagen nun hat mir Hildegard Anton ihren Erlebnisbericht zur Verfügung gestellt, der die Notizen ihrer Tochter aus dem Jahr 1945 über das damalige Geschehen zusammenfaßt. Der Bericht füllt alle unbestimmten Ahnungen auf meiner Seite mit den schlimmsten Schrecken des Krieges aus. Ich gebe ihn mit Zustimmung von Frau Anton nachfolgend wortgetreu und ungekürzt wieder:

„Meines Mannes Mutter, Schwester mit 5jähriger Tochter, meine Tochter, mit Freundin und Mutter, sollten am 23. Januar 1945 um 18 Uhr auf dem Schiff ‚Nettelbeck' (ich glaube, es war ein Minenräumboot), das auf der Schichau-Werft in Königsberg zur Reparatur lag, sein. Am 24. Januar um 10 Uhr wurde das Schiff zur Abfahrt klar gemacht. Um 16 Uhr gingen wir in Pillau vor Anker. Dortselbst wurde ein Geleit zusammengestellt, und am 26. Januar (¾ 10 Uhr) fuhren wir von Pillau ab. Da das Schiff ohne Motor war, wurde es von einem anderen Schiff geschleppt. (Anm. der Redaktion: Das schleppende Fahrzeug war das Schiff, auf dem sich der Verfasser des Buches befand.)

Kurz vor Hela riß um 13 Uhr die Trosse, und um 16 Uhr trieben wir auf eine Sandbank. Ein Schiff kam von Hela, um uns zu helfen, landete dann auch auf einer Sandbank. Wir mußten sofort die Kajüten verlassen, da das Wasser in die unteren Kajüten drang. Bei eisiger Kälte und Sturm mußten wir uns die ganze Nacht auf Deck aufhalten. Nur die Älteren durften in den oberen Kajüten bleiben.

Die Marine war nachtüber bemüht, von dem backbordseits liegenden Schiff das Eis zu entfernen, damit es nicht so schnell sinkt. Am nächsten Morgen um 7.30 Uhr hatte die ‚Nettelbeck' backbordseits schon bedenklich Schlagseite, und in allen Kajüten stand das Wasser. An der Küste sahen wir Hilfe nahen. Mit einer Rakete hatte die Küstenwacht ein rettendes Seil mit Hosenboje herübergeschossen, und nun glitten die Schiffbrüchigen in der Hosenboje über die Brandung ans Ufer. Koffer und Gepäck mußten zurückbleiben.

Bis 13 Uhr wurden die Leute einzeln hinübergeleitet; da das Schiff bald zu sinken drohte, mußte jeder Erwachsene ein Kind auf den Schoß nehmen. Da bei mir das Seil nicht straff genug war, wurde ich durch die eisige See gezogen. Gottlob dauerte es nur Sekunden. Im Aufenthaltslager der Flak und Küstenartillerie wurden wir aufgenommen und mit Milch, Kaffee, Tee mit Rum, Suppe, Wurst und Brot gestärkt.

Am 28. Januar wurden wir trotz Weigerung auf dem Schiff ‚Memel' eingeschifft. Großer Sturm, Windstärke 8/9. Am 30. Januar, morgens um 4.15 Uhr, 2000 m von der Swinemünder Mole entfernt, lief das Schiff auf eine Mine. Da wir im Geleit fuhren, erspähten die Schiffe die von uns abgegebenen Leuchtkugeln und kamen uns zu Hilfe. Allerdings war von der ‚Memel' nur noch die Hälfte übrig geblieben, mit der versunkenen Hälfte wurden auch etwa 100 Menschen (Frauen mit Kleinkindern) von der Ostsee verschlungen (Anmerkung des Verfassers: Die Zahl 100 dürfte nach neueren Erkenntnissen wesentlich zu niedrig geschätzt sein).

Wir wurden von dem Schiff ‚Ürding' aufgenommen, andere wurden von anderen Schiffen gerettet. Wir wurden dann in Swinemünde ausgeschifft. Matt, elend, ärmer als der ärmste Bettler, wurden wir im Cafe ‚Nora' untergebracht. Leute aus Swinemünde und Umgebung kamen ins Café, um den auf Stroh liegenden Schiffbrüchigen zu helfen oder auch um sie zu bemitleiden. Meine Familie und ich wurden von Frauen aus Zirchow (Usedom) eingeladen.

Da Flüchtlinge unerwünscht waren, mußten wir leider am 6. Februar Zirchow verlassen. Von dort machten wir uns auf den Weg zu meines Mannes Bruder nach Gotha/Thüringen und landeten dort am 7. Februar 1945 mit einem Schuhkarton.“

Zweifache Seenot, zweifache Lebensgefahr innerhalb weniger Tage! Mein Vater, der als Kreishandwerksmeister des Kreises Samland und volkssturmpflichtig in Königsberg (Pr) zurückgeblieben war, erzählte später, er habe dort Ende Januar 1945 die Nachricht erhalten, daß wir mit unserem Schiff untergegangen seien. „Wir“, das waren seine Frau und seine fünf Kinder, sein Vater, seine Schwiegermutter, eine Hausangestellte sowie eine Schwägerin mit deren vier Kindern ... Der Bericht von Frau Anton hat nunmehr auch die Ursachen für diese Meldung offengelegt, die sich glücklicherweise als Falschmeldung herausstellen sollte.

Fritjof Berg

Fritjof Berg, Über die Weichsel. Eine deutsche Rückkehr. Schriftenreihe „Dokumente, Analysen, Kommentare“, Band 16. Dritte Auflage. Staats- und Wirtschaftspolitische Gesellschaft, Hamburg.

Oberleutnant z. See d. R. Danielo Devaux ergänzt

Hatte Leutnant z. See/Kpt. z. See Fuchs die Authentizität meiner Havarieschilderung in „Über die Weichsel“ bestätigt, so kann Gleiches für „... und landeten dort mit einem Schuhkarton“ von Hildegard Anton gelten, wenn Danielo Devaux in seinem Havariebericht und in Presseartikeln das Geschehen als Kommandant der „Nettelbeck“ schildert und Fritz Brustat-Naval, der im Bereich des Seetransportchefs für die Wehrmacht, Konteradmiral Engelhardt, an der Evakuierung der deutschen Ostprovinzen beteiligt war, in seinem 1970 in 1. Auflage bei Koehlers Verlagsgesellschaft Herford erschienenen Buch „Unternehmen Rettung – Letztes Schiff nach Westen“ eine Mitteilung des damaligen Korvettenkapitäns Gustav Pfeiffer wiedergibt:

> „Es dürfte Ende Januar 1945 gewesen sein. Es herrschte schon länger erhebliche Kälte und an diesem Tage ein gewaltiger Schneesturm. Da kam morgens die Meldung, daß am seewärtigen Strand, etwa 3 Kilometer vom Dorf Hela entfernt, ein Schiff gestrandet sei und mit schwerer Schlagseite daliege. Die Fischer von Hela erklärten (die Bevölkerung war noch nicht evakuiert), sie könnten bei dem Sturm und der Brandung nicht längsseit gehen, ohne zerschmettert zu werden. Dies traf bestimmt zu. Es blieb also nichts anderes übrig, als von außerhalb einen Raketenapparat mit einer Hosenboje zu holen. Bis zu deren Eintreffen vergingen mehrere Stunden. Dann mußte der Apparat mit dem einzigen geländegängigen Raupenfahrzeug durch die Dünen an Ort und Stelle gebracht werden.
>
> Auf dem Schiff befanden sich Flüchtlinge, die von Königsberg kamen. Sie erzählten, man habe sie von der NS-Volkswohlfahrt aus auf das stillgelegte, nicht geheizte Schiff gepackt, ohne Verpflegung. Das Schiff war nicht unter Dampf und wurde von einem anderen geschleppt. Bei Hela

riß die Leine und das Schiff wurde auf Strand getrieben. Es war mittlerweile total vereist. Die Insassen, Frauen, Kinder und alte Männer, wurden nun einzeln mit der Hosenboje an Land geholt. Da die Leine unter ihrem Gewicht natürlich durchhing, bekamen sie jeweils Brecher von oben und unten. Sie kamen völlig erschöpft an Land und mußten mehr getragen als geführt werden. Zum Glück befand sich in einigen hundert Metern Entfernung ein Scheinwerferstand meiner Marine-Flakabteilung 818, wo die Leute hingebracht, aufgewärmt und mit Suppe versorgt wurden.

Die Zahl der Leute ist mir nicht mehr in Erinnerung, es dürften wohl hundert gewesen sein. Sie waren etwa zwei Tage an Bord gewesen, und kamen in den Baracken der mir unterstellten Ausbildungsbatterie Hela unter und waren sehr dankbar dafür ..."

Das Buch stand in 3. Auflage seit 1979 in meinem Bücherschrank, aber ich habe es leider nur auszugsweise gelesen. Und so ist mir die vorstehend wiedergegebene Fundstelle entgangen, die mir noch vor Hildegard Anton Antwort auf die Frage nach dem ungewissen Schicksal des hilflos der Strandung entgegentreibenden, von M 801 losgerissenen Wracks hätte geben können. „Mit der Nase darauf gestoßen" hat mich erst Danielo Devaux in seinem Brief vom 24.12.2005. Und der war so zustande gekommen:

Auf Anforderung hatte ich für die Wochenzeitung „Junge Freiheit" meinen Erlebnisbericht über unsere Flucht auf M 801 und dessen havarierten Anhang geschrieben, der – mit redaktionellen Kürzungen bzw. nicht ganz tatsachengetreuen Änderungen – in der Sonderbeilage „60 Jahre Vertreibung der Deutschen" der Zeitung zur Ausgabe Nr. 42/05 vom 14. Oktober 2005 unter der Überschrift „In der eisigen Ostsee versunken" erschienen war. Ihn hatte auch der seinerzeitige Oblt. z. See Devaux gelesen. Er ging hierauf in einem Leserbrief ein (Junge Freiheit Nr. 47/05), und dieser löste die bereits benannte Telephon- und Briefverbindung zwischen uns aus.

In seinem Leserbrief erwähnt Devaux, er habe „Anfang ... Oktober die Danziger Bucht besucht und konnte bei Filmaufnahmen eines polnischen Teams unsere Geschichte erzählen und in Zusammenarbeit mit Tauchern das bis dahin anonyme Wrack identifizieren". In einer Pressevorlage aus Anlaß dieser Wrack-Identifikation schreibt er, nach Schilderung des Scheiterns aller Anläufe zur Wiederherstellung einer Schleppverbindung zu M 801: „... Die eisigen Temperaturen legten jede Technik lahm. ‚Nettelbeck' lag quer zur See und trieb vor dem Wind immer rascher auf die Küste zu. Die inzwischen ausgebrachten Anker hielten nicht. Bald setzte das Schiff mit schweren Stößen auf, vereiste zunehmend durch überkommende Gischt, wurde immer schwerer, bekam Schlagseite und drohte auseinanderzubrechen oder zu kentern. Hilfeleistung war nicht mehr möglich, der Einsatz von Schleppern wurde wegen der Wetterlage vorzeitig abgebrochen. An eine Ausschiffung von Alten und Kindern war wegen des Seegangs, der Kälte und einer starken Nordströmung nicht zu denken. Um noch Schlimmeres zu verhüten, mußte ich mich sogar dazu entschließen, die Ankerketten ausrauschen zu lassen, also freizugeben, bis das Schiff komplett aufsaß. Nun wurden die Verschalungen von der See zerschlagen. Einige Abteilungen liefen voll Wasser, die Lichtmaschine fiel aus, alle waren jetzt ohne Heizung und im Dunkeln den Naturgewalten ausgesetzt. Sehr zuversichtlich waren wir nicht mehr, denn ein immer schräger hängender Schlüssel im Kartenraum zeigte, daß es nicht mehr lange gut gehen konnte. Doch dann, im Morgengrauen, geschah ein Wunder. Durch unsere Funksprüche alarmiert, hatte der Hafenkapitän aus Danzig ein Rettungsmittel kommen lassen, das in der Seefahrt zwar schon eingesetzt worden war, aber noch nie für so viele Schiffbrüchige. Es handelte sich um eine ‚Hosenboje'. Zuerst wurde mit einem Raketenwerfer eine dünne Leine zum

Schiff geschossen. Der folgten dickere Leinen, bis man mit einem Stahltau schließlich eine stabile Verbindung zwischen Schiff und Land hergestellt hatte. Auf sie wurden Rollen gesetzt, an denen eine weite Gummihose befestigt war. In sie setzte man die Schiffbrüchigen hinein. So gelang es den jungen und kräftigen Soldaten unter großem körperlichem Einsatz, nach und nach jeden der 149 Flüchtlinge ohne Ausfälle zu bergen. Darunter waren 60 Kinder und 29 Besatzungsmitglieder. Die Aktion ist in der Geschichte der Seerettung wohl einmalig. Die ‚Nettelbeck' aber war verloren. Er blieb als phantastisches Eisgebilde in etwa 110 Metern Entfernung vom Strand und mit 22 Grad Schlagseite zurück."

In dem vorstehenden Buchauszug wird die Frage beantwortet, warum selbst ein manövrierunfähiges Fahrzeug wie die „Nettelbeck" beim winterlichen Rettungseinsatz von Kriegs- und Handelsmarine eingesetzt worden ist. Hierzu auch Devaux in seinem Brief vom vom 24.12.2005: „... Natürlich kommen auch Zweifel auf, ob es sinnvoll ist, derartig lang vergangene Ereignisse wieder aufzuwühlen und den Beteiligten damit womöglich neuen Schmerz zu bereiten. Oder sich gar Vorwürfen auszusetzen, deren Berechtigung aus heutiger Sicht durchaus nicht von der Hand zu weisen wären. Was aber hätte es geholfen, die ‚Nettelbeck' in Königsberg zu versenken, 150 Flüchtlinge weniger zu retten und selbst mit der Besatzung beim Volkssturm verheizt zu werden. Da war doch vorzuziehen, die Chance zu nutzen, auch mit einem schwer beschädigten Schiff die Reise anzutreten, die unter normalen Verhältnissen ja nur einen Katzensprung dargestellt hätte. Sie sehen, auch solche Gedanken kommen hoch bei der Beschäftigung mit diesem Thema."

Zur Beschäftigung mit diesem Thema gehört dann auch die gedankliche Reflexion Devaux's im gleichen Brief zur Ahnungs- und Verständnislosigkeit vieler Heutiger für Entscheidungen in der damaligen Notlage ohnegleichen: „Vor allem habe ich die

Auszüge aus Ihrem Buch mit großem Interesse gelesen und daraus wieder einmal erkannt, daß es für Menschen der jungen Generation unmöglich ist, auch nur vorstellungsweise nachzuempfinden, was damals geschah und zu welchem Dulden unsere Generationen verdammt waren. Wie viel Dramatik, Verzweiflung, Angst und Leid sich hinter den Zahlenwerken über die Kriegszeit verbirgt, kann man kaum jemandem aus unserer Wohlstandswelt begreiflich machen."

Dies den nachfolgenden Generationen begreiflich zu machen, wäre erzieherischer Auftrag der zuständigen Institutionen und Pflicht der politisch zu Verantwortung und Kontinuitätswahrung für unser Volk und Land Berufenen gewesen. Aber sie haben in übergroßer Zahl das Gegenteil getan und bewirkt: In ihrem Ausschließlichkeitsdogma von „deutscher Schuld" ist für Erwerb von Wissen, für Verstehen und Verbundenheit mit Leid und Schicksal der in der Zeit „deutscher Schuld" lebenden Angehörigen des eigenen Volkes kein Platz.

Und so haben die Schlußworte im Kapitel „M 1801 zum Gedächtnis" meines Buches „Über die Weichsel ..." leider nicht nur ihre Gültigkeit behalten, sondern nehmen sich wie etwas vollkommen Irreales in einer Gegenwart aus, die dem Deserteur Denkmäler setzt, aber selbst der Großtat des letzten Großeinsatzes der Kriegsmarine zur Rettung Millionen Ostdeutscher jede militärische Traditionswürdigkeit und damit Tausenden Angehörigen der Kriegsmarine wie dieser insgesamt ihre soldatische Ehre abspricht:

> „Die Nachkriegsgeschichte ist über den selbstlosen Einsatz all dieser Männer aus Kriegs- und Handelsmarine, für die M 1801 nur ein Beispiel inmitten schweigender Namenlosigkeit abgibt, abgestumpft und verlegen hinweggegangen. Noch heute, nach mehr als 30 Jahren, finden offizielle Stellen in Deutschland keine Worte für die Groß-

tat unserer Seeleute beim Rettungsunternehmen Ostsee. Sie hätten mehr als ein Denkmal in der deutschen Geschichte verdient.

Indem ich dies niederschreibe, möchte ich einer persönlichen und nationalen Dankesschuld genügen. Sie trifft nicht nur diejenigen persönlich, die durch die Rettungstat unbehelligt in den Westen gelangten. Abtragen könnte diese Schuld nur das gesamte deutsche Volk, indem seine Repräsentanten dem Mut der Marineleute wenigstens dadurch nacheifern, daß sie sich irgendwann zu deren beispiellosem Einsatz bekennen. Diese setzten in Eis und Schnee und in den Gefahren eines Krieges ohne Gnade ihr Leben ein – jene würden in persönlicher Geborgenheit lediglich die Standhaftigkeit aufbringen, ohne die auch heute keine freie Zukunft für unser Volk gewonnen werden kann.

Diese Betrachtungen mischten sich in das Wiedersehen mit dem Küstenstreifen um Hela. Sie erhielten durch die Verzichtspolitik gegenüber den östlichen Forderungen an Deutschland ihren sehr realen Sinn."

Ankunft auf dem Gehöft Främke auf dem Sirachsberg, Kreis Uelzen

Dem Kapitel über unsere Rettung über See und das damals mir noch unbekannte Schicksal der „Nettelbeck" habe ich in meinem Buch das Kapitel „Heimatlos – wehrlos – rechtlos: unserer Stunde 0 entgegen" folgen lassen. Es ist nur eine knappe Schilderung des Weges zu jener Existenzform, die die Charta der deutschen Heimatvertriebenen vom 5. August 1950 mit wenigen Worten in ihrer alles erfassenden Schwere und mit bleibender Gültigkeit beim Namen nennt: „Heimatlose sind Fremdlinge auf dieser Erde." Auch wenn sich hier und da Überschneidungen mit dem Buchinhalt ergeben, macht erst seine Ergänzung um viele Einzelheiten die Spuren und Entscheidungen deutlich, die der Abstieg von Königsberg zum Sirachsberg für ein ganzes Leben hinterlassen bzw. hervorgebracht hat.

Nach der Flucht über die Ostsee, unserem Zwischenaufenthalt in Neppermin/Usedom und dem Abtransport von hier nach Uelzen hatten wir ein paar Tage lang in einem Klassenzimmer der dortigen Oberschule auf einer von anderen Flüchtlingen bereits vollkommen „zerhäckselten" Strohschütte kampiert. Wenn auch die (rationierten) Essenportionen den Hunger nicht ganz stillen konnten, war die Betreuung durch die NSV (Nationalsozialistische Volkswohlfahrt) doch bestens organisiert. Unseren Kopfläusen, die wir uns in unserem Strohlager zugezogen hatten, wurde mit einer Art essigsaurer Haarwäsche der Garaus gemacht. Die mir dort „verpaßte" engzahnige „Lauseharke" habe ich danach noch viele Jahre als „Andenken" aufbewahrt.

Wie es von Uelzen weiter ging, habe ich auf Seite 33 meines Buches beschrieben: „Nach kurzem Zwischenaufenthalt verteilte ein Sonderzug die Belegschaft der Schule auf die Bahnstationen an der Strecke nach Hamburg. Ein Wagen mit Vierlingsflak vor Kopf der Lokomotive zeigte an, daß die Kriegsfurie uns immer noch fest in ihren Klauen hielt. Wohlbehalten konnten wir jedoch den Zug in Bevensen verlassen. Dort erwartete uns vor dem Bahnhof ein Ackerwagen mit Gummirädern. Wir waren erstaunt, denn nach unseren ostpreußischen Begriffen wäre eine Abholung mit der Kutsche selbstverständlich gewesen. Diese Art des Empfangs schien kein günstiges Omen zu sein. Dennoch beschäftigte uns mehr die Frage, wohin die Fahrt gehen würde. Auf sandigen Heidewegen rollten wir einer unbekannten Zukunft entgegen."

Die Verteilung von uns Flüchtlingen in unsere Aufnahmequartiere war offensichtlich gut organisiert. Vor dem Bahnhof Bevensen standen in langer Reihe Pferdegespanne, wir wurden namentlich aufgerufen. Opa und Tante Grete wurden von uns getrennt. Wie sich herausstellen sollte, besaß Bauer Främke, der uns mit seinem Landwirtschaftswagen abholte, gar keine Kutsche. Diese Selbstverständlichkeit auf jedem ostpreußischen Bauernhof hatte also falsche Erwartungen geweckt. Auch das Zweiergespann dieses Wagens bestand aus völlig unterschiedlichen Pferden. Das eine war groß, das andere klein.

Mit großer Spannung sah ich dem Aussehen der Heidelandschaft entgegen. In der Zeit meiner häufigen Krankheiten in Königsberg hatte ich die „Hermann-Löns-Abteilung" in Mutters Bücherschrank „ausgelesen". Das Bild, das sich mir nun auf der Fahrt zu unserem Zufluchtsort bot, entsprach so gar nicht den romantischen Vorstellungen und Erwartungen, die bei der Löns-Lektüre entstanden waren. Keine offene Heidelandschaft mit Birken, Wacholder, keine Schafherde mit Schäfer und Schafstall, urwüchsigen Bauernhäusern. Stattdessen am Stadtrand von Bevensen – hatten wir diesen uns bis dahin unbekannten Ortsnamen unter den vielen auf uns hereinstürzenden neuen Eindrücken und Ungewißheiten schon bewußt wahrgenommen und uns eingeprägt? – Ferienhäuser offenbar „gut betuchter" Hamburger, auf die Bauer Främke mit erkennbarem Stolz hinwies. Unser Personen-Ackerwagen hatte die nach links aus dem Ort herausführende Chaussee an einer Rechtskurve verlassen. Zunächst geradeaus und dann nach rechts abbiegend ging es auf einem Sandweg durch monotonen Kiefernwald dem uns unbekannten Ziel entgegen. Der Weg stieg kontinuierlich an, eben zum Sirachsberg hinauf (ob Bauer Främke uns den Namen bereits genannt hatte, weiß ich nicht mehr). Auf ebenem Weg angekommen, öffnete sich der Wald. Links ein größeres freies Feld, an dessen vorderem Ende ein Gehöft stand, der Bauernhof Främke.

Noch ein Stück geradeaus, dann bog der Weg nach links ab, nach etwa 150 Metern fuhren wir auf den rechts liegenden Hof – von dem es, entgegen der ganz selbstverständlichen Gewißheit, aber nicht alsbald wieder nach Königsberg zurückgehen sollte, sondern der für ein knappes Jahr unser erstes westdeutsches Zuhause und hier auch nur eine Zwischenstation werden sollte.

In der Mitte des auch gar nicht „lönshaften", sondern neuzeitlichen Bauernhauses befand sich der hofseitige Hauseingang (der Haupteingang auf der Vorderseite war für uns nicht geöffnet worden). Dort begrüßte uns die – wie sich bald herausstellen sollte – Herrin von Haus und Hof, Frau Främke. Nicht sonderlich warmherzig und mit erkennbarem Mitgefühl und Fragen nach unserem unfreiwilligen Fluchtweg, sondern eher kühl. Vom Hauseingang ging es in die geräumige Diele, die Küche war, und in der rechter Hand ein Tisch für uns gedeckt war. Es gab ein Gericht, das unsere Königsberger Köchin Lotte oft gekocht hatte und das ich sehr gern aß. Eine heißwarme Suppe mit Mehlklößen, Backobst, Pflaumen und Räucherspeck. Die Überraschung mit diesem Königsberger Lieblingsessen schien nun doch ein gutes Omen zu sein.

Nach dem Essen wurden wir durch eine Tür direkt rechts neben unserer Mittagstafel in unser Flüchtlingsdomizil geführt. Es waren zwei hintereinander liegende Zimmer mit einer Durchgangstür und drei Fenstern zur Hofseite. Eine fast gähnende Leere schlug uns entgegen: Im vorderen Raum stand auf der linken

Seite ein (an sich sehr schön emaillierter) Herd, sonst nichts. Im hinteren Raum standen ein Doppelbett lediglich mit Matratzen, ein Schrank und nach meiner Erinnerung noch eine Liege, vielleicht auch schon ein Waschtisch mit Schüssel und ein Stuhl. Unser Kindermädchen Martha erhielt zwar im Obergeschoß ihr eigenes Zimmer – aber wie und wo sollten wir sieben anderen, Mutter, Großmutter und wir fünf Kinder hier wohnen und schlafen? Meine Mutter hatte zwei große und schwere (russische) Wolldecken von Königsberg bis nach hier geschleppt (sie sind leicht verschlissen, aber erhalten geblieben und sollen eine Erinnerung an diese Zeit bleiben!), sie waren unser einziges Bettzeug, Främkes hatten nichts bereitgelegt. Wie gelähmt und voller ratlosem Entsetzen standen wir mit unserem geringen Flüchtlingsgepäck in dieser kaum bewohnbaren Leere. Daß Främkes nicht an das Stromversorgungsnetz angeschlossen waren und die Räume mit Petroleumlampen beleuchtet wurden, ist uns im Angesicht dieser Leere im ersten Augenblick sicherlich gar nicht aufgefallen. Rückblickend glaube ich, daß wir zunächst gar keine eigene Lampe hatten, also „mit den Hühnern" schlafen gingen.

Im Wohnhaus gab es auch kein WC. Es befand sich im gegenüberliegenden Stallgebäude, um die Ecke herum, ein „Donnerbalken" mit Auffangkübel, zwischen Schweineboxen. Natürlich gab es eine verschließbare Tür mit Krampe zu diesem Etablissement. Aber sie stand bei Benutzung durch die „Einheimischen" meistens offen – daß dies offenbar „landesüblich" war, daran mußten wir uns erst gewöhnen, für uns kam ein öffentlicher Stuhlgang selbstverständlich nicht in Frage. (Was haben wir beiden gelacht, als Hannelotte zehn Jahre später bei unserem Kennenlernen von einem gleichartigen „Urerlebnis" bei „ihrem" Bauern in Beckedorf bei Bad Nenndorf erzählte!) Der den Hof umgebende Wald hatte in vielen Bereichen dicke Moospolster. Zur Besorgung meiner „Geschäfte" bin ich häufig dorthin gegangen. Das Moospolster wurde hochgeklappt und nach Erledigung des

„Geschäfts" wieder zugeklappt – damit das Wild durch meine Hinterlassenschaft nicht vergrämt wurde (das Wild zu achten, gehörte ja zur Ausbildung in Hege und Pflege, mit der mein Vater in seinem Penken-Seebener Jagdrevier begonnen hatte).

Aber zurück in das Hausinnere, in unsere Leerräume. Wir schrieben Anfang März 1945, noch bestand und funktionierte die gewohnte öffentliche Ordnung mit allen ihren Einrichtungen. Wie wohl in den meisten Mehrfamilienhäusern im ganzen Deutschen Reich hing auch bei uns in Königsberg in den Eckhäusern Schrötterstr. 87/Gustloffstr. 1 eine große schwarze Haustafel mit dem Aufdruck: „Volksgenossen, braucht Ihr Rat und Hilfe, wendet Euch an die nächstgelegene Ortsgruppe der NSDAP", deren Anschrift und Telephonnummer dann angegeben war. Das tat meine Mutter in ihrer Verzweiflung nun auch hier auf dem Sirachsberg. Främkes Haus war zwar ohne elektrischen Strom, aber sie hatten einen öffentlichen Telephonanschluß. Ich bekam mit, daß und mit welcher nachdrücklichen Energie meine Mutter, mit welchen Appellen an seine Parteimitgliedschaft sie ihren Parteigenossen, den für Sirachsberg zuständigen, offensichtlich etwas „lahmen" NSDAP-Ortsgruppenleiter „in die Pflicht" nahm, der wohl in einer verwandtschaftlichen Beziehung zu Främkes stand. Durch seine Vermittlung erhielten wir nach meiner Erinnerung ein paar Wolldecken und Strohsackhüllen zum Füllen, mehr nicht. Mag sein, daß er auch Främkes noch etwas mit geringem Erfolg „zugeredet" hat. Ich hätte nie gedacht, wie angenehm und warm es sich auf einem solchen Strohlager schlafen läßt, wenn das Stroh frisch ist und nicht „ verhäckselt" wie in der Uelzener Oberschule. Im Gegensatz zu allen anderen Hilflosigkeiten und „Hilfen" ist mir in Erinnerung geblieben, daß der Pole auf Främkes Hof, dem es dort wirklich gut ging, beherzt aus Nutenbrettern ein stabiles Bett zusammenbaute. Es wurde die Liegestatt für mich allein. Auch Großmutter hatte eine Liege für sich allein; wie die anderen Familienmitglieder kampiert haben, zu denen zwei Monate später ja noch mein Vater dazukam, entzieht sich meiner Erinnerung.

Auf dem Hof Främke „arbeitete“ auch ein italienischer Kriegsgefangener, ein sog. „Badoglio“-Italiener. (Marschall Badoglio hatte den Staatsstreich gegen Mussolini am 25. Juli 1943 und den Übertritt Italiens auf die Seite der Gegner Deutschlands organisiert. Die seinem Befehl folgenden Teile der italienischen Armee konnten von der Wehrmacht praktisch ohne Gegenwehr entwaffnet werden, sie wurden in deutsche Kriegsgefangenschaft überführt.) Das Wort „arbeiten“ trifft für diesen Neapolitaner – er stammte aus Neapel – eigentlich nicht zu. Während Främkes Pole zuvorkommend, arbeitsam und zuverlässig war, war der Italiener das genaue Gegenteil davon. Ich sehe ihn immer noch eigentlich nur auf der Haustreppe sitzen, wo er sich von der Sonne bescheinen ließ oder Martha schöne Augen machte.

Ja, „unsere“ Martha. Sie hat uns treulos verlassen. Ihres Vorteils wegen verdingte sie sich als Magd bei Främkes und ließ uns in unserer Not im Stich. Ob und in welcher Form die Eltern irgendwann den mit ihr garantiert bestehenden sozialversicherungspflichtigen Dienst-/Arbeitsvertrag aufgelöst haben, um die Form zu wahren und auch Främkes zu zeigen, mit wem sie es eigentlich zu tun haben, entzieht sich meiner Kenntnis. Jedenfalls blieb sie, als wir Sirachsberg Anfang 1946 „valet“ sagten, dort zurück. Wir haben von ihr nie mehr etwas gehört oder gesehen – und wollten es auch nicht. Mit unserer Königsberger Köchin Lotte Tolksdorf hätten wir so etwas nie erlebt. Wir Kinder hingen an ihr und konnten sie mit unserem Betteln „Lotte, komm’ doch mit!“ nicht erweichen. „Einer muß doch beim Meister bleiben“ – sie hat ihre Treue am Ende mit ihrem Leben bezahlt (siehe „Über die Weichsel – eine deutsche Rückkehr“, S. 20 f. und Band 1 dieses Buches).

Während meine Mutter mit uns fünf Kindern, Großmutter und Kindermädchen Martha also auf den Hof Främke/Sirachsberg eingewiesen worden war, hatten Opa und Tante Grete im Gasthof Behn im etwa 5 km entfernten Röbbel, zu dessen Gemeindebezirk Sirachsberg gehörte, Unterschlupf gefunden. War unser Auskommen auf dem Gehöft Sirachsberg leider kein Beispiel nationaler Verbundenheit gerade in großer Not, hatten sie es dort gut angetroffen. Frau Behn, deren Mann Soldat war und die selbst vier kleine Kinder hatte, empfing auch meine Geschwister und mich immer sehr warmherzig einschließlich Sattfüttern, wenn wir Großvater und Tante besuchten. Hier sei zeitlich mit einer Beschäftigung in den Herbst 1945 vorgegriffen, die wir mehrmals auf dem Anwesen Behn verrichtet haben. Das Uelzener Becken war Zuckerrübenanbaugebiet. Wenn die Bauern ihre abgeernteten Rüben mit ihren Ackerwagen auf der Chaussee von Römstedt nach Bevensen fuhren, wo sie zur Zuckerfabrik in Uelzen verladen wurden, fielen immer wieder Rüben von den Wagen herab. Wir sammelten sie ein und schleppten sie nach Röbbel. Seitlich hinter dem Haus von Frau Behn kochten wir Sirup daraus. Sie gab noch eigene Rüben dazu – und auch das Brennholz für den Sirupkessel. Es war eine Arbeit, die viel Geduld verlangte, bis aus dem rohen Sirupbrei mittels ständigen Umgießens aus einem langstieligen großen Schöpflöffel jene goldgelbe Flüssigkeit herausgekocht war, die eine kraftspendende Zugabe zu der uns damals verordneten Hungerkost war.

Alle Schwere, Bitterkeit, Enttäuschung über unseren Beginn in Westdeutschland war überlagert von der nagenden Sorge um meinen Vater im fernen Königsberg und den Kriegsausgang. So sehr wohl ein jeder ein baldiges Kriegsende herbeiwünschte: Ein jeder wußte genau – und wo er es nicht exakt wußte, ahnte er es mit instinktiver Voraussicht –, was uns bei einer militärischen Niederlage von unseren Kriegsgegnern „blühen“ würde. Die Masse des deutschen Volkes war alt genug, um sich daran zu erinnern und davor zu fürchten, was dieselben Kriegsgegner, diesmal obendrein im Bündnis mit der Sowjetunion, ihm in ihren Unfriedensdiktaten von Versailles und St. Germain 1919 schon einmal an Gebietsverlusten, finanziellen und wirtschaftlichen Lasten, Lügen, Entbehrungen, Knebelungen und Wehrlosmachungen aufgezwungen hatten. War schon die Vorstellung von einem verlorenen Krieg nach einem wahrhaft heroischen Einsatz und Kampf unter größten Opfern von Front und Heimat mit der Frage, was dann kommen würde oder sollte, eigentlich undenkbar, so hatten der anglo-amerikanische Luftterror, die Erfahrung des Ostheeres mit der barbarischen Kampfweise der Roten Armee, deren grauenhafte Behandlung der deutschen Zivilbevölkerung, die jede Propaganda von Reichspropagandaminister Dr. Joseph Goebbels entbehrlich machte und noch weit in den Schatten stellte, ein Bewußtsein erzeugt, daß es für uns nichts anderes geben konnte als buchstäblich den „Kampf bis zum letzten".

Natürlich hatten wir in unserem Fluchtgepäck keinen Rundfunkempfänger mitnehmen können. Främkes besaßen ein Transistorradio. Aber dieses stand in ihrem Wohnzimmer, und in dieses habe ich nur ein einziges Mal Zutritt erhalten. Meiner Großmutter und Mutter wird es nicht anders gegangen sein. Nach dem „Empfang" im Hause Främke, wie ich ihn geschildert habe, hätte auch niemand von uns den Wunsch nach einem ständigen Aufenthalt in der „guten Stube" unserer „Gastgeber" verspürt. Hatte meine Mutter selbst eine Zeitung abonniert, oder waren wir Mitleser von Främkes Zeitung? Wie auch immer, die sich ständig verschlechternde Kriegslage, das Näherrücken der Front auf deutschem Boden, auch von Westen, war in vielem spürbar und Gegenstand bedrückter Gedanken und sorgenvoller Worte. Wann endlich werden sie eingesetzt, und welches sind nach „V1" und „V2" die so lange und so oft angekündigten „neuen Waffen", die noch einmal die große Wende zu unseren Gunsten erzwingen sollen?

Bis wir wieder ein eigenes Radio besaßen, sollten noch Jahre vergehen, genauer gesagt bis zu einem Zeitpunkt nach der Währungsreform vom 20. Juni 1948. Nur an einen einzigen Radioempfang in der Sirachsberg-Zeit kann ich mich genau erinnern. Es war am 12. April 1945 (der Geburtstag meiner späteren Ehefrau Hannelotte Behrend!). Meine Mutter und ich gingen gegen Abend zur etwa 2 km entfernten Postagentur Secklendorf, den größten Teil davon über freies Feld, was wegen der britisch-amerikanischen Tiefflieger mit ihrer Jagd selbst auf pflügende Bauern inzwischen nicht ganz ungefährlich geworden war. Wir wollten dort Post abholen oder aufgeben, vielleicht auch beides. Die Poststelle befand sich in einem Dorfkrug. Wir waren gerade angekommen, als in der leeren Gaststube die Übertragung einer Rundfunkansprache von Reichspropagandaminister Dr. Goebbels begann (der letzten, die ich von ihm gehört habe). Er verkündete den Tod unseres Erzfeindes US-Präsident Theodor Roosevelt. Er verglich dieses Ereignis mit dem „Mirakel des Hauses Brandenburg", das Preußen am Ende des Siebenjährigen Krieges (1756–1763) vor der anscheinend unmittelbar bevorstehenden Niederlage bewahrt hatte. Damals hatte der Tod der Zarin Elisabeth am 5. Januar 1762 Friedrich den Großen/Preußen aus seiner größten Bedrängnis befreit, da ihr für Preußen mehr als nur aufgeschlossener Thronfolger Peter III. am 5. Mai Frieden mit Preußen schloß. Damit schied Rußland aus der Kriegskoalition mit Österreich, Sachsen, Frankreich, Reichsarmee aus, und als hierdurch das Kriegsglück wieder auf die Seite Preußens zurückkehrte, kam es am 15. Januar 1763 zum Friedensschluß von Hubertusburg mit diesen Mächten. Preußen behielt Schlesien und wurde europäische Großmacht. Goebbels sagte als Folge des Todes von Roosevelt den Bruch der gegnerischen Kriegskoalition aus USA, Großbritannien, Frankreich auf der einen und der Sowjetunion auf der anderen Seite mit den daraus sich ergebenden Chancen für Deutschland voraus. Womit er ja recht behalten sollte, aber schon vier Wochen später mußte die Wehrmacht bedingungslos die Waffen strecken, und erst nach der Niederwerfung/Vernichtung des gemeinsamen Gegners Deutschland trat der rasche Bruch der Kriegskoalitionäre mit dem Übergang in den „Kalten Krieg" gegeneinander ein.

In Sirachsberg bemerkten wir sehr schnell, daß wir uns unter einer „Bomberstraße" befanden, in der die alliierten Luftarmadas pausenlos ihre tödliche Bombenfracht in Richtung Osten transportierten, nachts oft stundenlang die Engländer, am Tag die Amerikaner. Über unseren Köpfen schien sich der gesamte Luftkrieg gegen West-, Nord- und Mitteldeutschland zusammenzuziehen. Nur selten sahen wir, zur Tarnung fast in Baumwipfelhöhe fliegend, eine deutsche Ju 88 oder 188. Manchmal drang aus den Lüften auch ein tiefes Brummen zu uns; ich glaubte dann, dies seien unsere „Raketenjäger", der Himmel schien dann einmal für Stunden feindfrei zu sein.

Unvergeßlich ist mir die Nacht zum 20. April 1945, in der das Dröhnen der englischen Bomber überhaupt kein Ende mehr zu nehmen schien. Am Tage fanden wir dann Flugblätter: „Dies ist unser Gruß zu Führers Geburtstag!" Überhaupt die Flugblätter: Obwohl ihr Sammeln und ihre Einbehaltung unerwünscht waren, habe ich einige damals gesammelt – ohne ihnen auch nur ein Wort zu glauben! Sie befanden sich noch jahrelang bei meinen Eltern, sind dann aber leider auf unerklärliche Weise abhandengekommen.

Unvergeßlich auch ein Vorfrühlingstag, windstill und mit einem stahlblauen Himmel. Wie auch sonst beim Anflug der US-Bomber kroch ein immer lauter werdendes Dröhnen heran, das am Ende die Luft leicht vibrieren ließ. Der Anblick der in breiter Front fliegenden Pulks der Viermotorigen und ihrer Kondensstreifen war eine technische Faszination, aber eben auch eine tödliche, die unsere ganze Ohnmacht deutlich werden ließ. Diesmal bot sich allerdings ein zusätzliches Schauspiel. Wie in einem Aquarium mit silbernen Fischchen, so herrschte über und wohl auch im Bomberstrom ein quirliges Durcheinander silberner Pünktchen und ihrer ineinander verlaufenden geraden, bogenförmigen, runden Kondensstreifen – wahrscheinlich waren dort oben unsere Jäger mit amerikanischen Begleitjägern in Luftkämpfe verwickelt.

Nicht lange vor dem Einrücken der Engländer durchstreifte an einem Sonntagnachmittag ein seltsames Kommando aus Wehrmachtsoldaten, Polizei und wohl auch braunen Uniformen und Zivilisten die um den Sirachsberg gelegenen Wälder. Sie suchten die nach ihren Angaben aus einem Bomber abgesprungenen Besatzungsmitglieder. Noch als sie in unserer Nähe waren, erschien in niedriger Höhe ein Viermotoriger, der enge Schleifen flog, dessen Seitenleitwerk also offenbar angeschossen und verklemmt war. Als wir dann später im Sommer in der bald hinter Röbbel beginnenden Görde Blaubeeren suchten, stießen wir auf einen abgestürzten Viermotorigen. Ob es der war, der nicht lange vorher seine unfreiwilligen Runden über uns gedreht hatte? Ich kann nicht verhehlen, daß mich beim Anblick dieses Flugzeugwracks eine zwar unchristliche, aber nach allem, was „sie" uns zugefügt hatten, vielleicht menschlich verständliche Genugtuung überkam. Denn Millionen wehrlose Deutsche – Frauen, Kinder, Greise – in allen Großstädten außer Breslau und Danzig und dann auch Mittelstädten mit der Tötung Hunderttausender, der Zerstörung ihrer Wohnstätten mit allem Hab und Gut, dieses Schicksal hatte ja auch uns ein halbes Jahr vor unserer Flucht aus Königsberg getroffen –, ebenso die Vernichtung unwiederbringlicher städtebaulicher Kulturdenkmäler wie auch unabsehbarer Bestände anderer Kunstschätze waren ja das bevorzugte Ziel des alliierten Luftkrieges gewesen. An diesen Luftkrieg erinnerten uns in unserem waldreichen Wohngebiet noch viele Monate nach Beendigung der Kampfhandlungen jene Unmengen von Stanniol- bzw. Aluminiumstreifen, die die deutschen Ortungsgeräte stören sollten, die in den Kiefern und Tannen hängen geblieben waren und diese wie lamettageschmückte Weihnachtsbäume aussehen ließen.

Nun aber zum Geschehen auf der Erde. Als gegen Ende April das Näherrücken der Front mit immer deutlicher vernehmbarem Geschützdonner und aller Bedrückung über den wohl endgültig verlorenen Krieg und allen Ungewißheiten über das Kommende „in der Luft“ hing, quartierte sich in einem zum Gehöft Främke gehörigen Ferienhaus einer Hamburger Familie – es war gegen Sicht aus der Luft durch einen dichten Eichenbestand geschützt – ein deutscher Stab oder Nachrichtentrupp ein. Fahrzeugbewegungen am Tage waren so gut wie kaum noch möglich. Schon längst machten alliierte Jabos Jagd auf alles, was sich bewegte. Ich sehe auf allen Wehrmachtsfahrzeugen, die dennoch am Tage die Straßen benutzten, auf den Kotflügeln noch heute die Jabo-Späher sitzen ... Ein Feldwebel unserer Einquartierung fragte mich, ob ich Auto fahren könne. Damals, mit noch nicht ganz 14 Jahren? Natürlich mußte ich „nein“ sagen. „Komm, steig' ein!“ In unserem „nach oben“ verhältnismäßig gut geschützten Gelände brachte er mir in einem Schnellkursus das Fahren in seinem Schwimm-Kübelwagen bei (militärische Version als Schiffsrumpf mit Schiffsschraube des Volkswagens). Es war für mich unfaßbar, als er erzählte, daß immer mehr Landser ihre Waffen wegwerfen würden ... Wie ein grauenhaftes Omen, dann wehr- und schutzlos unseren Feinden ausgeliefert zu sein, klangen mir die letzten Worte eines Offiziers in den Ohren, als er beim Abrücken der noch gut motorisierten Einheit sagte, daß nach ihr „nur noch der Feind“ kommen würde ...

Er behielt recht. Zunächst sausten, ob Tag oder Nacht, Jabos sozusagen über unsere Köpfe hinweg. War die mehrere Tage auf dem Sirachsberg stationierte Wehrmachtseinheit erkannt worden? Dann gnade uns Gott! Meine Mutter bezog mit Großmutter und uns fünf Kindern etwa 300/400 m vom Hof entfernt in einer Kiefernschonung Quartier. Als „von oben“ wieder Ruhe einzukehren schien, kehrten wir wieder auf den Hof zurück. Die Gedanken kreisten nur noch um die lähmende Frage, wann „sie“ nun wohl kommen würden ... Bevor aber die ersten „Tommies“ bei uns auftauchten, ging auf uns und den an unser Gehöft angrenzenden Hochwald noch ein Feuerüberfall eigener DO-Werfer-Batterien hernieder. Einige Zeit vor den Detonationen war mir draußen eine ganze Zeitlang ein unerklärliches Sausen in der Luft aufgefallen, wie von Geschossen, nur daß weder Abschüsse noch Einschläge zu hören waren. Als dann orkanartig das Krachen losging, stürzte alles in den Keller des Bauernhauses, der trotz seiner ungeschützten Fenster noch am meisten Schutz zu bieten schien und in dem nun erstmals „Einheimische“ und wir Flüchtlinge Schulter an Schulter zueinander fanden. Als das Explodieren der „Stukas zu Fuß“ (wie unsere Landser jedenfalls die schweren Kaliber der Werfergeschosse nannten) aufhörte, ging ich nach draußen. Der Hochwald hinter dem Gehöft brannte lichterloh, und ein Unterstand, den ich kunstvoll vorsorglich dort in die Erde gegraben hatte, hatte einen Volltreffer erhalten ... In unseren Königsberger Wolldecken, die wir zum Auslüften im Freien aufgehängt hatten, hatten sich Geschoßsplitter verfangen, ohne das Gewebe zu durchschlagen. Welcher Feindbewegung der Überfall gegolten hatte und wo die Werferstellung lag, ist mir unbekannt geblieben. Noch einen Tag lang lagen wir im „Niemandsland“, dann war es soweit!

Ich stand morgens gerade an der vorderen Hofeinfahrt zum Bauernhof, als plötzlich auf dem Zufahrtsweg von der Chaussee Bevensen-Römstedt, wo er aus einem (nicht brennenden) Waldstück heraustrat, englische Kettenfahrzeuge erschienen. Wahrscheinlich habe ich instinktiv richtig gehandelt, indem ich nicht weglief; denn die Engländer hatten eine panische Angst vor dem „Wehrwolf“, wie sich noch zeigen sollte. Vielleicht hätten sie sofort hinter mir her geschossen ... Als die Fahrzeuge unseren Hof erreicht hatten, hielt ein an der Spitze fahrender Schützenpanzerwagen ruckartig an. Ein Tommy sprang heraus und riß von einem Eichenstamm eine weiße Fahne, die unser Bauer dort angenagelt hatte. Mit dem Ausdruck der Verachtung in seinem Gesicht trampelte er auf ihr herum. Das Hissen der weißen Fahne war von unserer Propaganda vorher immer als schimpflich hingestellt worden, und so stellte nun der Feind die „innere Ordnung“ wieder her. Ohne weiteren Aufenthalt rollten die englischen Fahrzeuge dann weiter.

Ich weiß nicht mehr genau, ob die ersten (nach heutiger „politisch korrekter“ Lesart) „Befreier“, die das Bauernhaus betraten, dann Panzerbesatzungen waren, die ewig nach „eggs“ verlangten, oder Infanteristen, die das Gelände durchkämmten. Jedenfalls geschah bei einem der ersten „Panzer-Besuche“ etwas, was bei mir einen Widerstreit der Gefühle zwischen Freund und Feind auslöste, unverhohlen mit dem Anflug eines Reflexes in Richtung Främkes: „Seht Ihr, das habt Ihr nun davon!“ Sie hatten sich bis dahin geweigert, auch nur ein Ei oder einen Liter Milch an uns zu verkaufen. Jetzt wurde ich Zeuge, wie einer der englischen Panzerfahrer in der Küche eine schwer erkennbare Kammertür entdeckte – hinter der bis zur Decke Paletten mit Eiern gestapelt waren, die nun samt und sonders Beute der Sieger wurden ...

Als die ersten beiden englischen Infanteristen mit gesenktem Karabiner und auf gepflanztem Seitengewehr den Innenhof betraten, sah dies zufällig auch meine Großmutter. Ich hatte gerade auf meiner aus Königsberg geretteten Geige die letzten Takte der Melodie des Deutschlandliedes beendet, das ich als seelische Zuflucht und auch Aufbegehren gegen die über uns gekommene hoffnungslose Lage gespielt hatte. Großmutter, die niemals eine Feindschaft gegen Juden verspürt hatte, sondern immer nur voller Hochachtung von einem jüdischen Arzt oder einem jüdischen Geschäftsmann in Tilsit sprach, mit dem sie es zu tun gehabt hatte (dieser hieß nach meiner Erinnerung Laser), verkündete im gleichen Augenblick ein Orakel, dessen Schicksalhaftigkeit es unvergeßlich gemacht hat: „Jetzt kommt die Rache des Juden!"

Ob es nun diese beiden Infanteristen oder andere waren, die als erste auch unsere Flüchtlingsbehausung heimsuchten, weiß ich nicht mehr. Jedenfalls erschienen eines Nachmittags zwei baumlange Kerle. In jeder Hand eine irgendwie zitternde Pistole, an einer Schnur befestigt, wie wir dies noch nie gesehen hatten, fragten sie als erstes nervös nach „deutsch Soldat". Als wir damit ersichtlich nicht dienen konnten, verlangten sie aufdringlich mit ständiger Wiederholung „watches, watches, watches". Da es schon sehr warm war, hatten sie ihre Ärmel aufgekrempelt. An ihren Unterarmen prangten bereits mehrere Armbanduhren, die sie anderen „Befreiten" abgenommen hatten. Als wir mit weiteren „Andenken" dieser Art nicht dienen konnten und wollten, ergriff einer der beiden die meiner Großmutter gehörige längliche Ledertasche mit einer Metallschließe, wie sie zu der Zeit üblich waren (sog. Hebammentasche). Er konnte sie nicht öffnen und nahm kurzer Hand sein Seitengewehr o. ä. zu Hilfe. Da sprang meine Mutter auf und fuhr beide wütend an: „Are you gentlemen?" Sie muß die beiden Beutemacher damit an der verwundbarsten Stelle eines Engländers getroffen haben, denn sie verließen mit puterrotem Gesicht und geradezu fluchtartig unsere Behausung. Die Szene und die Art, wie meine Mutter uns in einer nicht gerade angenehmen Lage Luft verschaffte, wird mir immer unvergeßlich bleiben.

Nicht lange danach brachte mich „unser" Bauer in eine recht unangenehme Lage, die wegen der vermeintlichen „Wehrwolf"-Szenerie ziemlich böse hätte enden können. Er wußte, daß ich als Oberschüler auch Englisch lernte. Und so bat er mich eines Vormittags, doch einmal mitzukommen, ohne mir zu sagen, worum es sich handelt. Er führte mich zu zwei Engländern, die vor ihrem Kleinschützenpanzer standen. Der eine hielt mir eine deutsche Zeltplane in Tarnfarben entgegen und richtete die Frage an mich: „What's that?" Nun hatte ich mit meinen Mittelstufen-Englischkenntnissen bis dahin ja noch nie mit einem leibhaftigen Engländer gesprochen, wunderte mich also über mich selbst, daß ich ihm offenbar so, daß er mich auch verstand, der Wahrheit entsprechend, sagen konnte, daß „German soldiers few days ago have rested here". Zischend entfuhr ihm die Frage: „SS?", und sofort brachte der andere seine Maschinenpistole gegen mich in Anschlag. Ich verstand diese für mich irre, offensichtlich mit dem Begriff „SS" zusammenhängende Reaktion überhaupt nicht, waren die SS-Leute für mich bis dahin doch „Soldaten wie andere auch" (je länger wir uns von der „Vergangenheit" entfernen, desto mehr werden sie hierzulande zu Abgesandten des Teufels gemacht), außer daß ich mich in meiner jugendlichen Unwissenheit oftmals gefragt hatte, warum es überhaupt diese Sondertruppe gab, da wir doch unsere Wehrmacht hatten. (Ich habe nach dem Krieg eine ganze Reihe von Angehörigen der Waffen-SS bis hin zu solchen der Leibstandarte Adolf Hitler kennengelernt und kann über die Pauschalverleumdungen gerade auch aus dem Mund der uns Regierenden nur meine tiefste Verachtung äußern.) Nun, die Verneinung der Frage, ob „SS", wurde mir abgenommen. Damit aber nicht genug. „Unser" Bauer hatte einen nagelneuen zweirädrigen Kfz-Anhänger gefunden, den die deutsche Einquartierung wenige Tage zuvor zurückgelassen hatte. Diesen wollte er nun unablässig bei den beiden Englishmen loswerden, obwohl diese völlig desinteressiert waren – weil sie daran ja gar keinen Mangel hatten und solches deutsches Fahrzeugzubehör überhaupt nicht zu ihren eigenen Gerätesystemen paßte. Aber meine Gegenwehr blieb erfolglos, die Engländer haben ihm am Ende den „Gefallen" getan, den Anhänger mitzunehmen, über den ich mich so gefreut hatte. Die deutsch-englischen Kupplungssysteme paßten überhaupt nicht zusammen, die Tommies transportierten den Anhänger mit einem Strick ab ...

Seine wohl unrühmlichste Rolle spielte „unser“ Bauer bei seinem abweisenden Verhalten gegenüber jenen Landsern, die sich im Schutz der Wälder am Tage und oftmals auch nachts nach Hause durchschlagen wollten, um der Gefangenschaft oder gar der Auslieferung an die Sowjets zu entgehen – die Elbe, die die Demarkationslinie zwischen den sowjetischen und westlichen Truppen bildete, war ja nicht allzu weit entfernt. Wenn sie auf ihren Schleichwegen auf „unseren“ Hof gerieten, baten sie oftmals um einen Schluck Milch oder, wenn diese Bitte abgeschlagen wurde, „wenigstens ein Glas Wasser“. Dann antwortete „unser“ Bauer immer nur langsam gedehnt: „Geht weiter!“ Als es einmal nach Einbruch der Dunkelheit an unser Fenster klopfte und meine Mutter öffnete, stand dort ein Offizier. Er stellte sich als Schauspieler aus oder an einer Bühne in Hannover vor, und es kam sogar zu einer kurzen Fachsimpelei zwischen unserer kunst- und literaturbeflissenen Mutter und ihm – angesichts der Lage, die uns mit all ihren Gefahren und Unberechenbarkeiten umgab, ein surrealistisch anmutendes und doch ganz wirkliches Ereignis. Mutter versorgte ihn mit irgendetwas aus unseren kümmerlichen Vorräten, und mit allen guten, gegenseitigen Wünschen, wohl auch für meinen Vater, begab er sich wieder auf seine nächtliche Wanderschaft – nach Hause.

Kaum etwas hat mich damals so befremdet wie das abweisende Verhalten „unseres“ Bauern gegenüber den vom Krieg Geschlagenen, weil ein gnädiges Schicksal ihm seinen einzigen Sohn unversehrt belassen hatte, der wegen eines mißgebildeten Fußes nicht Soldat geworden und von seinem Dienstposten auf einem parteiamtlichen Landbesitz im Gau Hannover alsbald nach Beendigung der Kampfhandlungen unbehelligt auf den väterlichen Hof zurückgekehrt war. Er war uns gegenüber von einem anderen „Kaliber“ als seine Eltern, aber diese führten eben das Regiment.

Um dies zu veranschaulichen, muß ich an dieser Stelle einen zeitlichen Sprung von 24 Jahren und vom Sirachsberg nach Bad Nenndorf machen. Nach meiner auf meinen Wunsch erfolgten Rückversetzung vom Bundesverkehrsministerium in Bonn zur Wasser- und Schiffahrtsdirektion Hannover im Oktober 1965 wohnten wir in Bad Nenndorf zunächst in einer (sehr schönen) Zwischenwohnung in der Lindenallee 34 und waren Ende 1968 in unsere endgültige, ebenfalls sehr schöne Neubauwohnung im Süntelweg 1 umgezogen. Um die Jahresmitte 1969, an einem Sonntag, ganz ungewöhnlich in der Mittagszeit um 14 Uhr, klingelte es. Ich drückte den Summer an der Haustür, und von unten stapfte jemand schweren Schrittes die Treppe hinauf zu unserer Wohnung im 1. Stock. Vor mir stand ein fremder Mann, ich sah ihn fragend an. Er fragte: „Herr Berg, kennen Sie mich nicht?“ Darauf ich: „Da müssen Sie mir schon etwas helfen!“ Seine Antwort: „Ich bin Hermann Främke vom Sirachsberg. Ich habe Ihren Namen auf der NPD-Landesliste zur Bundestagswahl (1969) entdeckt und mir gesagt, das kann doch nur der Fritjof Berg sein, der 1945 bei uns wohnte. Ich mache jetzt eine Kur in Bad Nenndorf.“ Ich bat ihn herein, Hannelotte machte Kaffee. Im Gegensatz zu seinen Eltern war er immer freundlich, offen und korrekt uns gegenüber gewesen. Wie bereits erwähnt, hatte er einen „Klumpfuß“, war deswegen wohl nicht Soldat gewesen.

Wir kamen ins Gespräch und erfuhren, daß nach uns eine schlesische Familie bei Främkes einquartiert worden sei. Zu uns, ihrer ersten Einquartierung zurückkehrend, sagte Främke: „Wir haben es nicht gewollt.“ (Gemeint war die Aufnahme und Behandlung, wie wir sie auf dem Sirachsberg erfahren hatten.) Er fuhr fort: „Aber was dem Menschen aufgezwungen wird, dagegen wehrt er sich.“ Ich beendete diesen unerfreulichen Teil unseres Gesprächs: „Ich weiß, wir sind Ihnen aufgezwungen worden. Aber haben Ihre Eltern jemals daran gedacht, was uns aufgezwungen worden ist? Das war doch wohl einiges mehr!“ Hermann Främke war offensichtlich gekommen, um mit einem versöhnlichen Wort „Abbitte" zu leisten. Wir haben nicht darüber gesprochen, aber hätte er die NPD gehaßt, verleumdet, bekämpft, abgelehnt, wie es Konsens „aller Demokraten" war, hätte er nicht den Weg zu mir/uns gefunden. Offensichtlich stand er angesichts der sich abzeichnenden tiefgreifenden Zerstörungen des nationalen Charakters unseres Volkes und Landes auf meiner Seite, gehörten wir politisch zusammen. Dann hatte er erkannt und deshalb den für ihn nicht ganz leichten Gang zu mir unternommen, daß mein Einsatz in der NPD ganz unmittelbar auch seiner niedersächsischen Heimat galt.

Zur Erinnerung an Hermann Främke gehört auch ein Unternehmen, das nicht nur Wagemut, sondern auch große Risikobereitschaft erforderte. Die Engländer waren noch nicht lange da, sie kontrollierten alle Straßen und Wege. Auf dem Hof Främke war – ob noch in Kriegsgefangenschaft oder schon entlassen, muß offen bleiben – der deutsche Landser Alfons aus Oberschlesien als Landarbeiter eingesetzt. Mit ihm unternahm Hermann Främke eine Expedition zu seinem vorherigen Gut im südlichen Niedersachsen, um von dort irgendetwas abzuholen. Mehr erfuhr ich zunächst nicht. Es wurde ein Ackerwagen für die weite Fahrt ausgerüstet, als Heu- oder Erntewagen getarnt. Wohlbehalten kehrten beide nach gar nicht allzu langer Zeit zurück. Unter dem Heu oder Stroh waren viele Konservendosen verborgen, auch einiges andere mehr, was im einzelnen, weiß ich aber nicht mehr. Mag sein, daß von allem eine symbolische Kleinigkeit für uns abfiel. In dezidierter Erinnerung ist mir dagegen geblieben, daß Alfons mir einmal weismachen wollte, sie hätten in Oberschlesien zu Silvester Katzenbraten gegessen ...

Damit sind wir auch wieder in die ersten Tage unter englischer Besatzung zurückgekehrt. Es war wohl zwei oder drei Tage nach dem Einmarsch der Engländer, als morgens von der nahe gelegenen Landstraße nach Römstedt/Himbergen ununterbrochen Motorengeräusch zu hören war. Obwohl es sich nun ja eigentlich nur um Engländer handeln konnte und ein Gang durch den Wald Gefahren in sich barg, machte mich dies neugierig, und so marschierte ich, ständig nach allen Seiten sichernd, zur Chaussee. Dort rollte, vollmotorisiert und vollkommen unbehelligt durch englische Bewachung – die Deutsche Wehrmacht. Mein erster glückseliger Gedanke war, daß wir nun wieder befreit waren und die Wehrmacht unseren Schutz übernommen hatte. Aber weit gefehlt, wie sich bei einem Halt herausstellte. Ich wurde gleich darüber belehrt, daß die ganze Einheit in die Gefangenschaft marschierte. Als ein Leutnant und ein Feldwebel oder Unteroffizier mir ihre persönlichen Sachen schenken wollten, wehrte ich zunächst mit den Worten ab, daß sie diese doch selbst benötigen würden. Nachdem ich die Annahme ein weiteres Mal abgelehnt hatte, beendete der Unteroffizier jede weitere Debatte im Befehlston: „Du weißt doch, was ein Befehl ist?“ Natürlich wußte ich das, und daß dem so war, wußte er eben auch. Ich wurde nachdrücklich belehrt, daß „die uns doch alles wegnehmen“, und ließ mir u. a. einen Reisewecker und einen halben Sack voller Zigarren schenken. Es mag dieselbe Einheit gewesen sein, der ich wenige Wochen später auf dem Weg nach Röbbel zu Großvater und Tante Grete beim Überqueren der Chaussee an derselben Stelle wieder begegnete. Hinter der Kuppe im Zuge der Straße in Richtung Römstedt erschollen plötzlich altbekannte Soldatenlieder. Und dann kamen sie, in Sechserreihen die ganze Fahrbahn breit und im exakten Marschschritt, von bewaffneten Engländern eskortiert, bis auf dürftige Uniformteile von allem „befreit“, in noch ungebrochenem Stolz heran. Sie marschierten in Richtung Bevensen, um von dort aus offensichtlich in ein anderes Lager abtransportiert zu werden – oder vielleicht sogar nach England?

Mit den mir geschenkten Sachen ging ich nicht sogleich ins Haus Främke, um sie dort vor meiner Mutter auszubreiten, sondern erst einmal in eine tiefe Kuhle neben dem Hof. Ich wollte dort eine Zigarre anzünden (Streichhölzer hatten demnach zur Schenkung gehört) und – zum ersten Mal in meinem Leben – probieren, wie Tabak „schmeckt". Aber weder wußte ich, an welchem Ende das zu geschehen hat, noch daß dieses angeschnitten werden muß. Und so verbrauchte ich nutzlos eine halbe Schachtel Streichhölzer, ohne das Ding „in Gang" zu bekommen. Ich gab auf und schenkte den ganzen Zigarrensack an Bauer Främke weiter. Hätte ich nur geahnt, daß schon wenige Tage später unser Vater sich zu uns durchgeschlagen hatte – der starker Raucher war, bis dahin Zigarettenraucher, aber der mit der Feindbesetzung – wie bei allen anderen Verbrauchsgütern – eintretende Zigarettenmangel hätte ihn natürlich „umsteigen" lassen.

Vorher kam es zu einer Begebenheit, die um Haaresbreite dazu hätte führen können, daß mein Vater seinen ältesten Sohn nicht mehr lebend wiedergesehen hätte. Beim Herumstreifen in den mir noch unbekannten Wäldern rings um unseren Bauernhof hatte ich bald entdeckt, daß die Landser, die in deren Deckung nach Westen und Süden tippelten, um der Gefangenschaft zu entgehen, überall militärische Ausrüstungsgegenstände aller Art weggeworfen hatten. Was ich da alles im Walde fand, war eine hochwillkommene „Ergänzung" unseres kümmerlichen Flüchtlingshaushalts: Dreifacheßbestecke (Messer, Gabel, Löffel), Kochgeschirre, Uniformteile wie Panzerhosen und vieles andere mehr. Ein Kunststoffbeutel, der drei Brandbinden enthielt, ist heute noch wohl gehüteter Aufbewahrungsort für die aus Königsberg geretteten Familienpapiere. Ein Fund von ganz besonderer Art hätte um Haaresbreite ein schlimmes Ende für mich nehmen können. Bei der Suche nach Sachen, derer sich unsere Soldaten entledigt hatten, stieß ich in einem gut einsehbaren Hochwald auf eine Panzerfaust. Die Fundstelle war etwa 10 Meter von einem Weg entfernt, auf dem die Engländer immer beim Verlassen unseres Gehöftes zur nächsten Ortschaft fuhren. Nun übte die Waffe „Panzerfaust“ nach ihrer häufigen Erwähnung in den Wehrmachtberichten, in allen möglichen Zeitungsartikeln mit zeichnerischen Darstellungen über ihre Bedienung und Wirkungsweise, mit Berichten über ihre erfolgreiche Anwendung bei der Panzerbekämpfung, eine magische Anziehungskraft auf mich aus. Um sie endlich einmal selbst in der Hand zu haben, ihr Gewicht zu erfahren und sie mir von nahe anzusehen, hob ich das vor mir liegende Exemplar auf. Den Auslösehebel würde ich nicht bedienen, mit welchem Ziel auch immer ... Und überhaupt beschlich mich ein Gefühl, das mich warnte. Also legte ich die Panzerfaust wieder nieder. Kaum hatte ich mich erhoben, erschien urplötzlich in langsamer Fahrt auf dem Waldweg ein englischer Schützenpanzer, aus dem die Gewehrläufe herausragten. Hätten seine Insassen mich in diesem Augenblick noch mit der Panzerfaust in der Hand erblickt, so würde ich heute wohl schwerlich meine Lebensgeschichte schreiben können. Ich bin mir ziemlich sicher, daß sie sofort das Feuer auf den vermeintlichen „Wehrwolf“ eröffnet hätten oder mir ein gleichartiges standrechtliches „Ergebnis“ gedroht hätte – zur Abschreckung dann auf Plakaten bekanntgemacht.

Ein anderer gefährlicher Fund waren sechs lederne Patronentaschen, wie sie von unseren Soldaten am Koppel getragen wurden. Sie waren mit vollen Patronenrahmen gefüllt. Das Koppel, an dem je drei auf der linken und rechten Körperseite neben dem Koppelschloß getragen wurden, hatte der Soldat, der sich ihrer entledigt hatte, offensichtlich behalten. Gerade dies aber wäre in der Situation, in der wir uns befanden, ein Geschenk des Himmels gewesen. (Viele trugen ihr Wehrmachtskoppel noch jahrelang. Nicht alle, aber die meisten hatten den Adler mit Hakenkreuz und auch das „Gott mit uns“ auf dem Koppelschloß abgefeilt, so daß nur noch die glatte Fläche übrig geblieben war.) Was aber mit den Patronentaschen tun? Ich wollte sie nicht einfach liegen lassen. Ich glaubte nun ja nicht mehr daran, daß eines Tages wieder deutsche Soldaten kommen würden, denen ich sie dann geben konnte. Würde ich sie aber irgendwo abliefern wollen und auf dem Wege dorthin von feindlichen Soldaten kontrolliert – mir würde dasselbe Schicksal drohen wie mit der Panzerfaust. Ich habe sie in einer Kiefernschonung unter hohen Moospolstern vergraben und sie bei unserer Abreise vom Sirachsberg Anfang 1946 und dann sogar für Jahrzehnte schlicht vergessen.

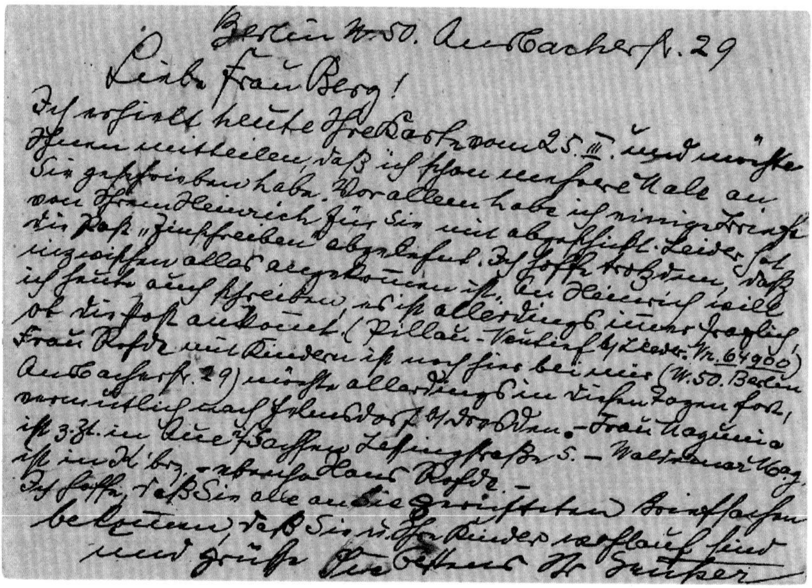

Postkarte an meine Mutter, betreffend Weiterleitung der Briefe meines Vaters

Mein Vater hat sich zu uns durchgeschlagen

Heraus aus dem Strudel des Untergangs!

Aber wie und wohin?

Auch als eine Bahnfahrt nach Helmsdorf bei Dresden nicht mehr möglich war, wo das dortige Bäckererholungsheim unser Zufluchtsort werden sollte (siehe mein Buch „Über die Weichsel ...", S. 19), müssen die Eltern bei unserem Abschied von meinem Vater und Königsberg verabredet haben, daß meine Mutter mit uns allen von dem Hafen, den unser Schiff anlaufen würde, nach Helmsdorf weiterreist. Denn mein Vater schreibt in seinem Brief aus Pillau-Neutief vom 1.3.1945 an meine Mutter: „Einen ersten Brief habe ich nach Helmsdorf an Dich gerichtet; und dann fernmündlich von Karl Grüßer (Anm.: Reichsinnungsmeister des Bäckerhandwerks in Berlin, s. u.) erfahren, daß Du nun ganz woanders steckst." Die Eltern müssen außerdem verabredet haben, daß meine Mutter sich in jedem Fall bei Grüßer meldet. Daß mein Vater hiervon ausging, ergibt sich aus seinem Brief vom 5.3.45 an Mutter, in dem er ihr mitteilt: „Ich habe von Karl Grüßer Deine Anschrift verlangt. Hoffentlich weiß er sie." (Daß dem so war, stand bereits in seinem vorausgegangenen Brief vom 1. März. „Ich habe schwer mit den Dingen des Handwerks zu tun", war in diesem Brief zu lesen, daran und an der sicherlich starken nervlichen Anspannung hat es sicherlich gelegen, daß ihm nicht alle Einzelheiten seines Briefes vom 1. März im Kopf waren, als er am 5. März wieder an Mutter schrieb.) Die beiderseitigen Briefe zwischen den Eltern sind augenscheinlich über Karl Grüßer an den jeweils anderen weitergeleitet worden. Ob sie in den sich überschlagenden Ereignissen der letzten Kriegsmonate vollzählig angekommen sind, läßt sich nicht mehr aufklären. Zwischen Berlin und Pillau und in umgekehrter Richtung sind sie offensichtlich nicht mehr auf dem normalen Postweg befördert worden, sondern per Luftwaffenkurier, den mein Vater am Ende seines Briefes vom 1.3.45 benannt hat: „Adresse Flieger Karl Müller L 63260 a L.G.P.A. Berlin“ (L.G.P.A. heißt wohl „Luftgaupostamt“). Vaters Beschriftung seiner Briefumschläge lediglich mit Mutters Namen mit Kopierschrift ohne ihre Sirachsberger Anschrift, die dann z. B. mit dem Poststempel Berlin-Charlottenburg 22.3.45 und der Absenderangabe Grüßer an sie weitergeleitet worden sind, macht dies deutlich. Dafür spricht auch die abgerissene Feldpostnummer in der teilweise ebenfalls abgerissenen Absenderangabe meines Vaters auf diesem Umschlag. Vater schrieb:

> Pillau-Neutief 1.3.45
>
> Mein liebes Kind!
>
> Sicher weißt Du schon, wo ich stecke, und daß es mir gut geht. Ebenso, daß unser Betrieb noch in Ordnung ist und arbeitet. Ich war inzwischen in Königsberg und habe dort alle vorgefunden. Ich versuche jetzt, unsere Sachen aus dem Keller nach Pillau zu schaffen. 2 Koffer und Mamas sind schon da. Lotte will noch in Königsberg bleiben. Ich habe schwer mit den Dingen des Handwerks zu tun.
>
> Liegt an den Umständen! lch hoffe, daß es Dir mit den Kindern gut geht. Ebenso glaube ich dieses von Mama, Vater und Grete. Einen ersten Brief habe ich nach Helmsdorf an Dich gerichtet und dann fernmündlich von Karl Grüßer erfahren, daß Du nun ganz wo anders steckst. Wenn nun dieser schwere Trennungsschritt Dich etwas mit der Heimat von Löns versöhnt, dann wirst Du es leichter ertragen. Ich habe hier auch Umlaufts getroffen. Sie waren schon bei den Sowjets! Tante Erna ist von ihnen auf dem Treck gesehen worden. Schwer krank.

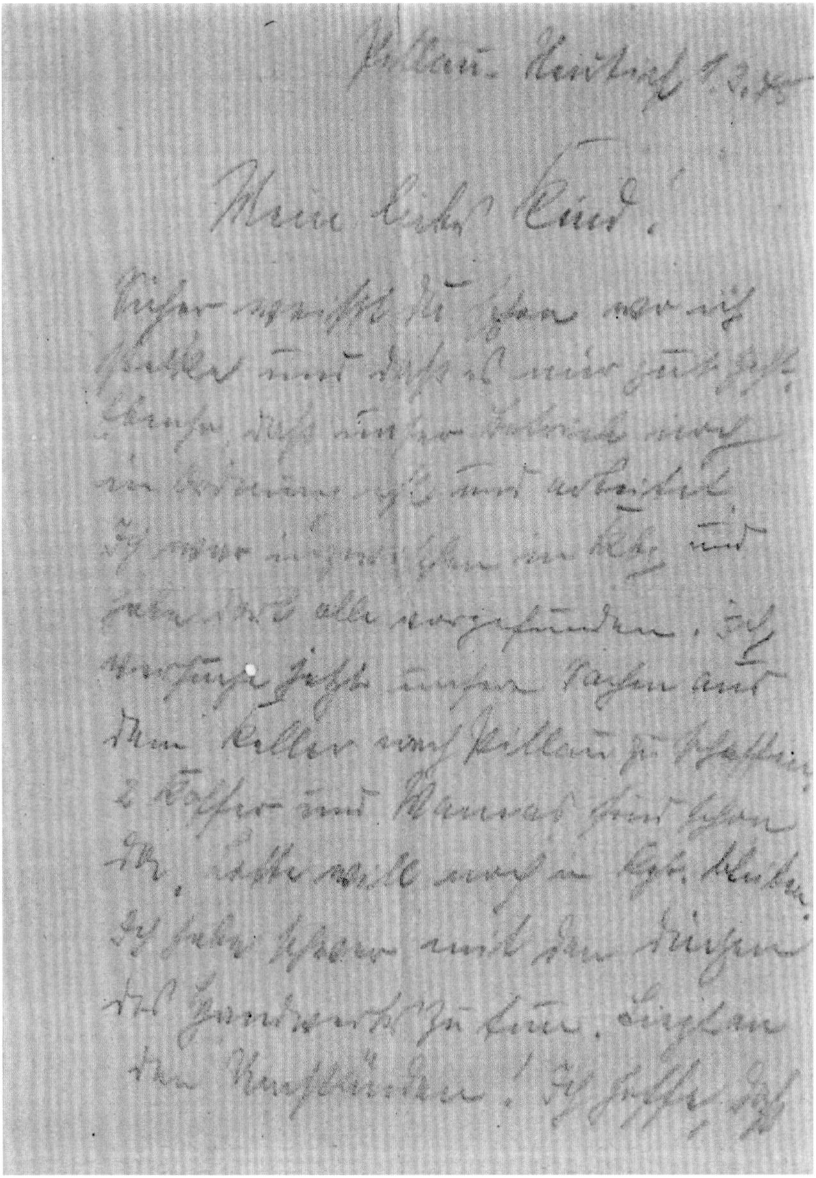

Mein liebes Kind!

Original-Brief meines Vaters, Seite 1

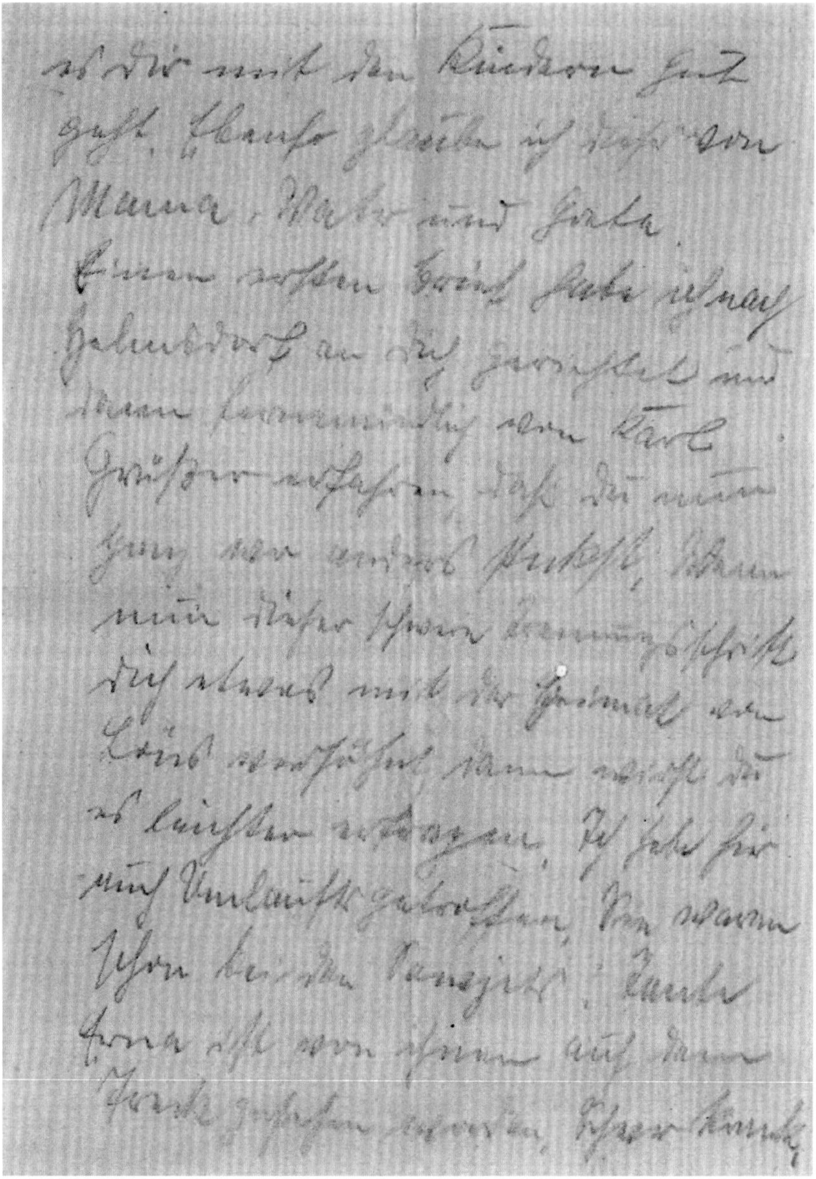

Original-Brief meines Vaters, Seite 2

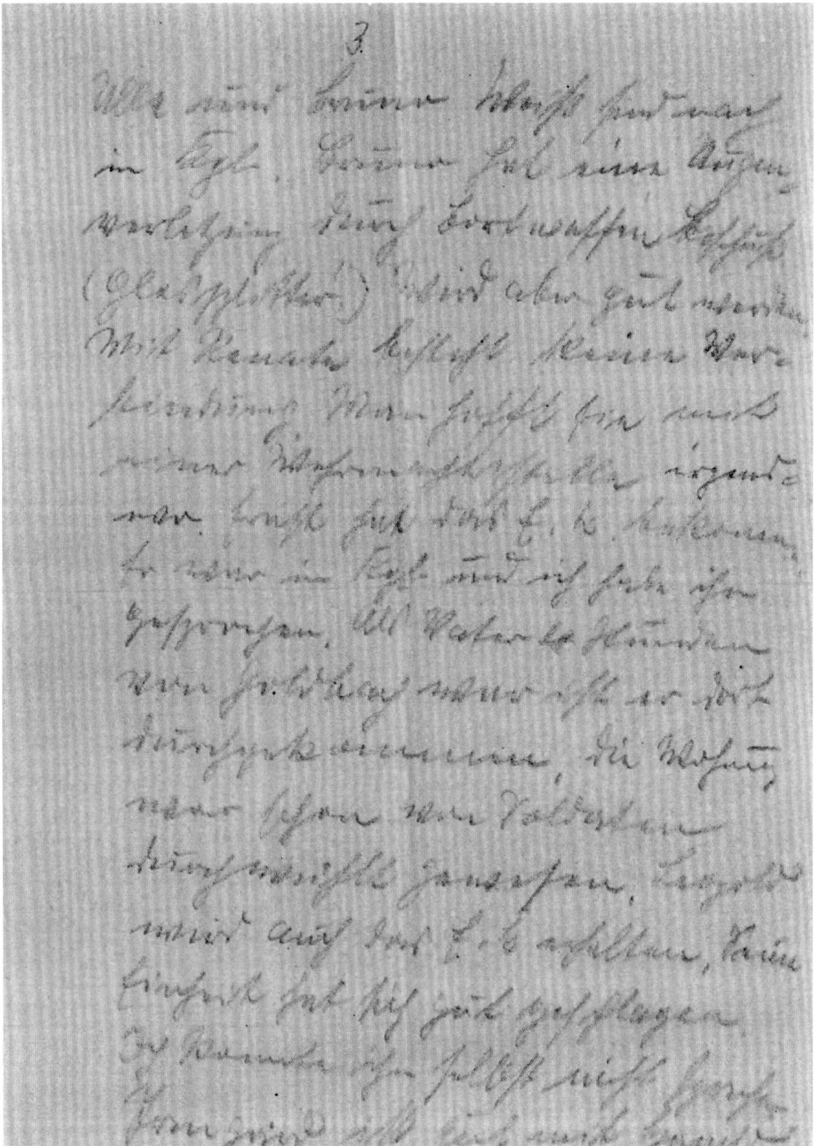

Original-Brief meines Vaters, Seite 3

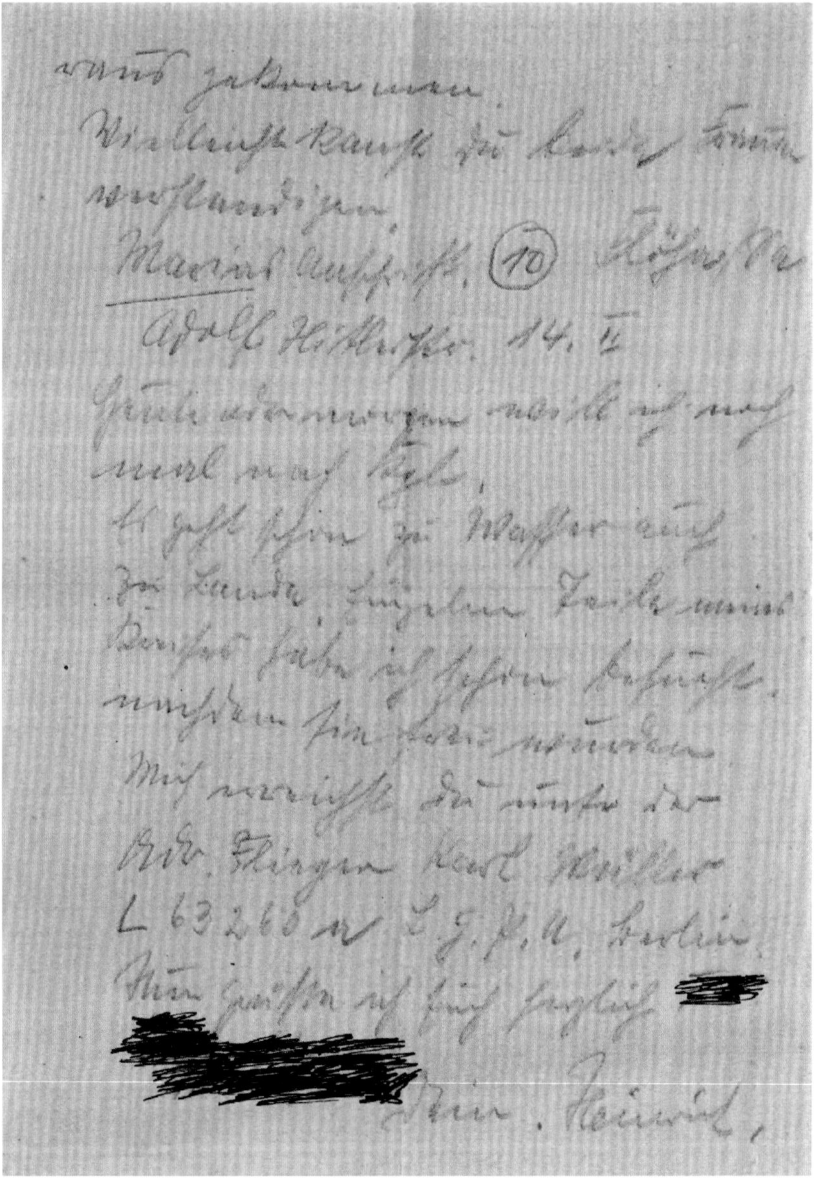

Original-Brief meines Vaters, Seite 4

Umschlag desselben Briefes

Ulle und Bruno Weiß sind noch in Königsberg. Bruno hat eine Augenverletzung durch Bordwaffenbeschuß (Glassplitter!). Wird aber gut werden. Mit Renate besteht keine Verbindung. Man hofft sie mit einer Wehrmachtsstelle irgendwo. Ernst hat das E. K. bekommen. Er war in Königsberg und ich habe ihn gesprochen. Als Vater 4 Stunden von Goldbach weg war, ist er dort durchgekommen. Die Wohnung war schon von Soldaten durchwühlt gewesen. Leopold wird auch das E. K. erhalten. Seine Einheit hat sich gut geschlagen. Ich konnte ihn selbst nicht sprechen. Irmgard ist gut mit Harald raus gekommen. Vielleicht kannst Du beide Frauen verständigen.

Marias Anschrift: 10 Flöha/Sa., Adolf-Hitler-Str. 14 II.

Heute oder morgen will ich noch mal nach Königsberg. Es geht schon zu Wasser, auch zu Lande. Einzelne Teile meines Kreises habe ich schon besucht, nachdem sie frei wurden.

Mich erreichst Du unter der Adresse Flieger Karl Müller L 63260 a L.G.P.A. (Anm.: Luftgaupostamt) Berlin.

Nun grüße ich Euch herzlich

Dein Heinrich.

In seinem Brief vom 5.3.45 schrieb mein Vater an Mutter: „Wenn das Glück es will und meine Anregungen beim Reichs-Verteidigungs-Kommissar Gehör finden, will ich Dienste in Berlin besorgen und schnell nach Euch sehen. Etwa in 8–10 Tagen!!" Und noch am 13.3.: „Eben habe ich Lotte und unsere Sachen aus Königsberg geholt. Was an Geschirr und Weck (Anm.: Einmachgläser) dort blieb, ist im Keller eingeschlossen ... Morgen wird unser Haus wohl mit Soldaten und Pferden belegt sein ... Unser Geschäft ruht .... Vielleicht habe ich Glück, Euch zu besuchen." Ich kann mir kaum vorstellen, daß mein Vater ernsthaft an eine Realisierung seiner vagen Besuchsankündigung geglaubt hat.

Obwohl er im vorerwähnten Brief erwähnte „Ich habe immer noch kein Post von Dir“ und in seinem wohl letzten bei meiner Mutter eingetroffenen Brief aus Pillau vom 2.4.45 wiederholen mußte „Von Euch liegt bei mir keine Post bisher vor“, wußte er mit Sicherheit ziemlich genau, wie es innerlich bei seiner Frau aussah. Er wollte ihr deshalb – gegen alle Wahrscheinlichkeit – etwas sagen, was ein bißchen Lebensmut und -willen in ihr wachhielt. In dieser Linie schließt Vaters Brief vom 2. April auch mit den Worten: „In der Hoffnung, Dich bald wieder zu sehen und bei Euch oder Ihr bei mir sein zu können ...“ Was mein Vater konkret in Pillau an verzweifelten Worten und Handlungen meiner Mutter nicht gehört und mit angesehen hat, aber eben ahnte, haben wir realiter in Sirachsberg erlebt. Hannelotte ist der einzige Mensch gewesen, dem ich es im einzelnen erzählt habe, ich will es nicht zu Papier bringen und deshalb an dieser Stelle für mich behalten. Für uns Kinder waren es schwere Einblicke in die innere Not der eigenen Mutter, Erfahrungen und Anforderungen in unseren jungen Lebensjahren.

Meine Mutter hat den Inhalt der Briefe meines Vaters damals wohl im wesentlichen für sich behalten. Ich kann mich nicht daran erinnern, daß sie uns Kindern Einzelheiten daraus mitgeteilt oder vorgelesen hat. Karin und ich waren jedenfalls alt genug und hatten bereits genug miterlebt und bewußt in uns aufgenommen, um vieles von Vaters Mitteilungen in ihrer Bedeutung zu erkennen und in Zusammenhängen einzuordnen. Bestimmt hat sie aber alle auch für Großmutter, Großvater und Tante Grete bedeutsamen Nachrichten meines Vaters an diese weitergegeben, z. B. daß mein Vater – hier nicht angeführt – die Söhne/Brüder Leopold und Ernst gesprochen hatte, daß sie mit dem EK 1 ausgezeichnet wurden, somit also noch am Leben waren. Martha gegenüber wird Mutter mit Mitteilungen eher zurückhaltend gewesen sein, wahrscheinlich auf das Königsberger Betriebs- und Ladenpersonal beschränkt (Einzelheiten aus Vaters Briefen hier ebenfalls nicht angeführt; aus Vaters mündlichen Erzählungen siehe Band 1 dieses Buches).

Über alle Verzweiflungsworte und -handlungen hinweg hat meine Mutter aber immer sehr überlegt und zielgerecht gehandelt. Alle unsere Sparbücher, die sie aus Königsberg mitgenommen hatte, hat sie schon am 27. Februar 1945, also sofort nach unserer Ankunft in unserem Uelzener Massenquartier, von der Sparkasse Uelzen gegen Abhebungen durch Unbefugte mit einem Sperrvermerk versehen lassen. Auf allen zusammen war ein Guthaben von rd. 25 000,– RM eingetragen, vor Kriegsende ein immer noch ansehnlicher Geldbetrag. Sparkassenbücher sind sog. Inhaberpapiere, d. h. der Aussteller ist nicht verpflichtet, kann aber außer an den darin bezeichneten Gläubiger an jeden tatsächlichen Besitzer des Papiers mit schuldbefreiender Wirkung leisten. Unserer „Umquartierung“ aus Königsberg zufolge hätte jeder Langfinger, der sich in der Uelzener Schule oder anderswo den Besitz unserer Sparbücher verschafft hätte, mit ihnen Abhebungen an jeder fremden Sparkasse tätigen können. Dem hatte meine Mutter nun einen wirksamen Riegel vorgeschoben.

Mit der Abreisebescheinigung des Landrats des Kreises Uelzen vom 10. März 1945 (anders als in den heutigen Bundesländern im Bereich der ehemaligen britischen Besatzungszone war der damalige Landrat keine parteipolitische Instanz, sondern nach der preußischen Staatsordnung Hoheitsträger mit umfassenden öffentlich-rechtlichen Aufgaben und Befugnissen) hatte meine Mutter sichergestellt, daß Främkes ihre zwar unliebsamen, aber amtlich eingewiesenen „Gäste“ nicht nach Belieben „an die Luft setzen“ konnten. Es mag auch sein, daß meine Mutter mit dieser ihrem Rechtscharakter nach behördlichen Verfügung eine Legitimation in der Hand hatte, wegen der unzuträglichen Verhältnisse auf dem Sirachsberg in das fünf Kilometer entfernte Dorf Röbbel übersiedeln zu können, zu dem Sirachsberg ja gehörte, und wo Großvater und Tante Grete untergekommen waren. Da

Mein Königsberger Sparkassenbuch

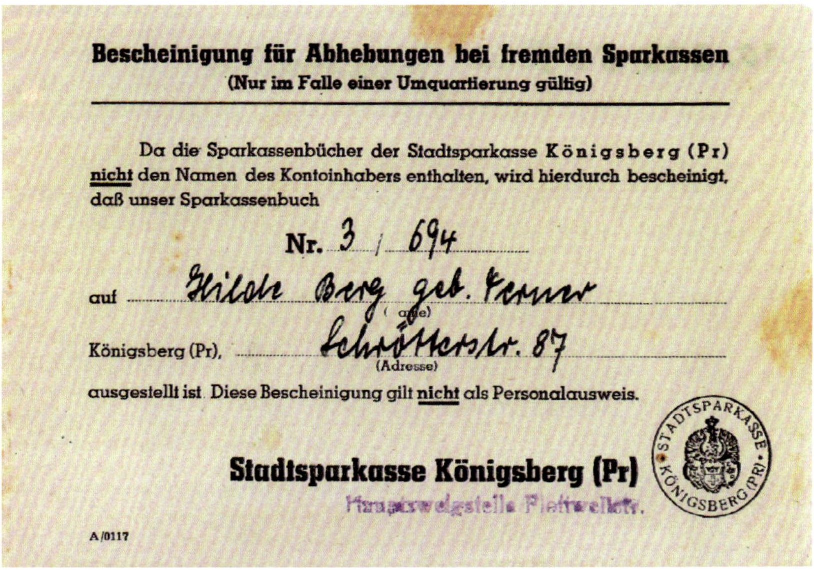
Bescheinigung für Abhebungen bei fremden Sparkassen
(Nur im Falle einer Umquartierung gültig)

Da die Sparkassenbücher der Stadtsparkasse Königsberg (Pr) **nicht** den Namen des Kontoinhabers enthalten, wird hierdurch bescheinigt, daß unser Sparkassenbuch

Nr. 3 / 694

auf Hilde Berg geb. Werner
(Name)

Königsberg (Pr), Schröttersstr. 87
(Adresse)

ausgestellt ist. Diese Bescheinigung gilt **nicht** als Personalausweis.

Stadtsparkasse Königsberg (Pr)
Hauptzweigstelle [illegible]

STADTSPARKASSE KÖNIGSBERG (PR)

A/0117

Bescheinigung für Abhebungen bei fremden Sparkassen der Sparkasse Königsberg

Reichsbanknote „Fünfzig Reichsmark“

Rentenbankschein „Eine Reichsmark“

Reichsbanknote „Zwanzig Reichsmark“

Rentenbankschein „Fünf Rentenmark“

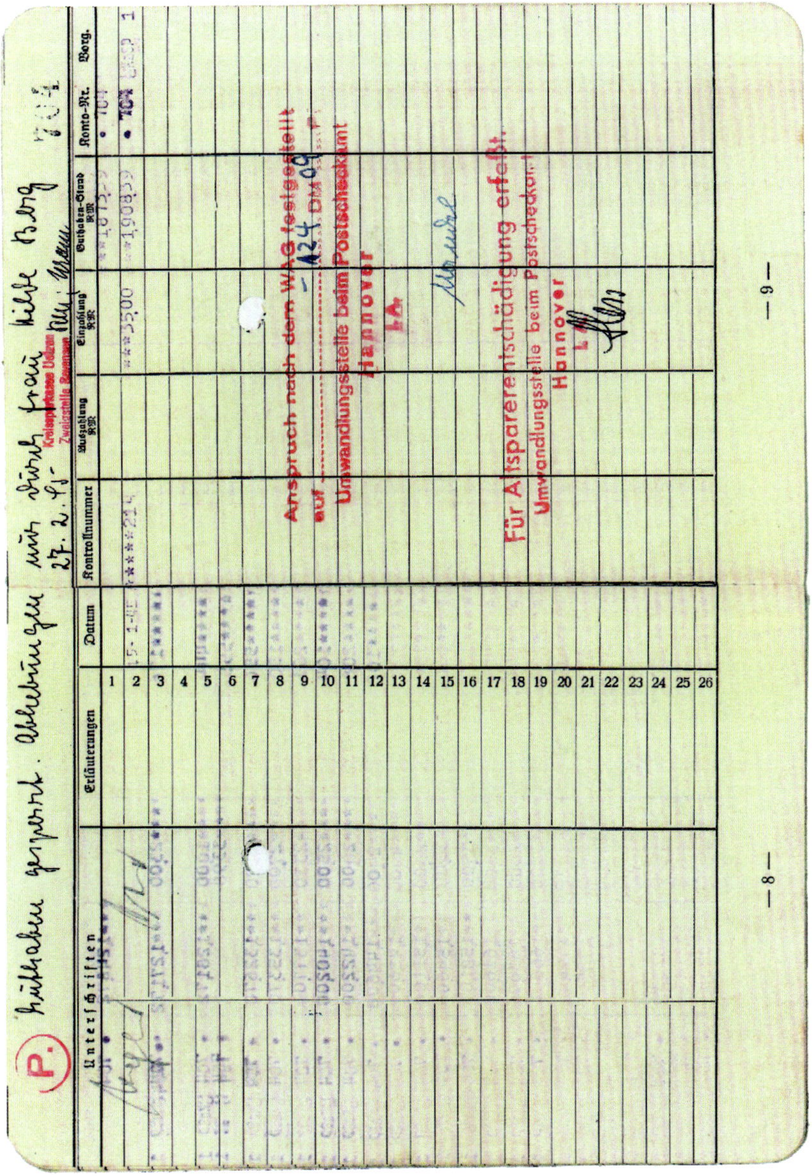

Auszug aus dem Sparkassenbuch Fritjof Berg mit Sperrvermerk der Kreissparkasse Uelzen, Zweigstelle Bevensen

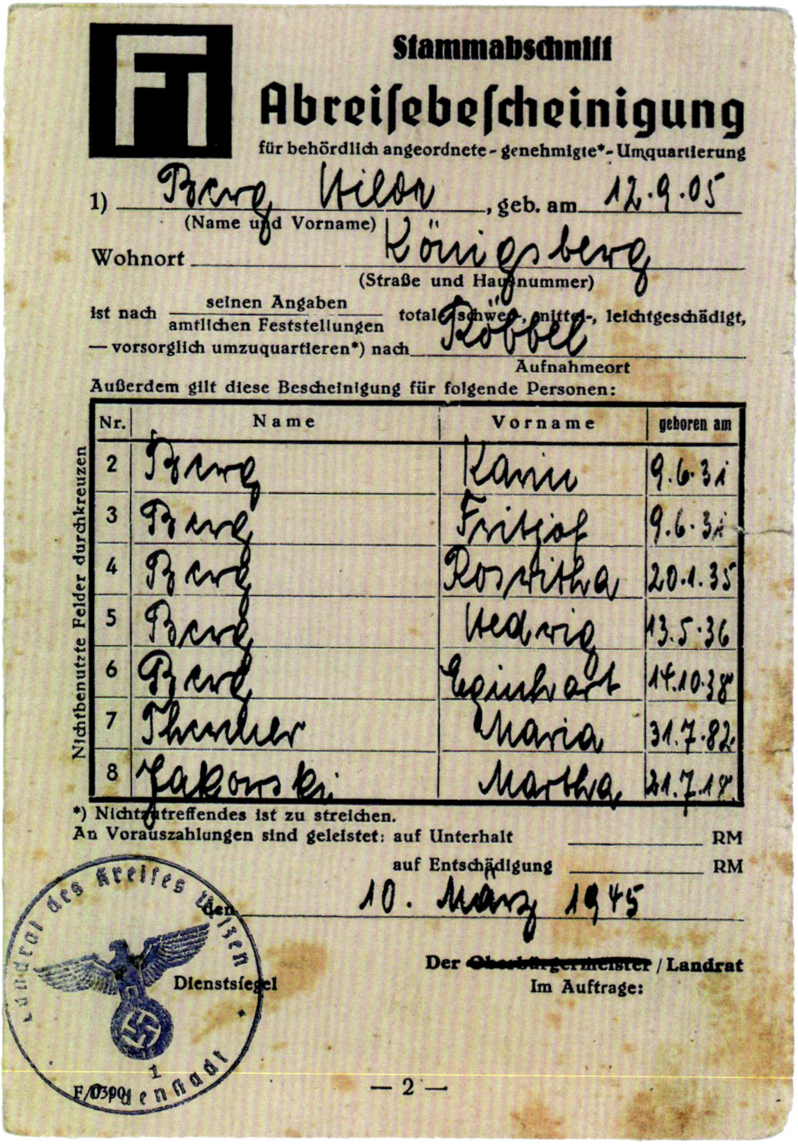

Stammabschnitt

FI **Abreisebescheinigung**

für behördlich angeordnete - genehmigte*- Umquartierung

1) Berg Wilh, geb. am 12.9.05

(Name und Vorname)

Wohnort Königsberg

(Straße und Hausnummer)

ist nach seinen Angaben / amtlichen Feststellungen total-, schwer-, mittel-, leichtgeschädigt,

— vorsorglich umzuquartieren*) nach Röbbel

Aufnahmeort

Außerdem gilt diese Bescheinigung für folgende Personen:

Nr.	Name	Vorname	geboren am
2	Berg	Karin	9.6.31
3	Berg	Fritjof	9.6.31
4	Berg	Roswitha	20.1.35
5	Berg	Hedwig	13.5.36
6	Berg	Eginhart	14.10.38
7	Thurner	Maria	31.7.82
8	Jakowski	Martha	31.7.18

Nichtbenutzte Felder durchkreuzen

*) Nichtzutreffendes ist zu streichen.

An Vorauszahlungen sind geleistet: auf Unterhalt ______ RM

auf Entschädigung ______ RM

den 10. März 1945

Der ~~Oberbürgermeister~~ / Landrat

Im Auftrage:

Landrat des Kreises Uelzen

Dienstsiegel

1

F/0390

— 2 —

Abreisebescheinigung des Landrats des Kreises Uelzen vom 10. März 1945 mit teilweise fehlerhaften Personaldaten

ich meine Mutter nicht mehr befragen kann, läßt sich dies nicht mehr genau aufklären.

Mein Vater kannte also unsere Anschrift auf dem Sirachsberg. In Band 1 habe ich bereits geschildert, daß er mit dem Marschbefehl des Reichsverteidigungskommissars Gauleiter Koch in einer Kaserne in Schwerin Meldung machte, daß aber just in diesem Augenblick englische Panzer am Kasernentor vorbeifuhren und er vom Spieß mit den Worten entlassen wurde: „Herr Berg, für Sie ist der Krieg zu Ende!“

Er machte sich nun zu Fuß – wie auch anders im Strudel des Zusammenbruchs? – auf den Weg nach Sirachsberg. Ob er eine Straßenkarte bei sich hatte, vermag ich nicht mehr zu sagen. Er hat noch irgendwo östlich der Elbe privat übernachtet und sich danach aller NSDAP-verdächtigen Utensilien entledigt, u. a. sein Goldenes Parteiabzeichen weggeworfen, auch seine Pistole. Seine Quartiergeberin für eine Nacht hat ihm sicherlich den Weg zur Elbe erklärt. Aber wie über den Strom auf das westliche Ufer kommen? Die nächstgelegene Brücke war gesprengt, in jedem Falle wurden reguläre Flußübergänge von englischen oder amerikanischen Posten streng bewacht und abgeriegelt. Wo mein Vater an das Ufer gelangte, hatten Polen einen Fährbetrieb eingerichtet, richtiger gesagt, einen schwunghaften Übersetzverkehr in Gang gebracht, mit einem deutschen Sturmboot. Um übergesetzt zu werden, mußte mein Vater seine goldene Taschenuhr an sie weggeben. Aber er war nun auf westlicher Seite der Elbe, ungefähr noch 60 Kilometer von uns entfernt.

Als er auf dem Sirachsberg ankam, war ich gerade nicht anwesend, sondern bei Großvater und Tante Grete in Röbbel. Völlig unwissend, daß ich meinen Vater dort lebend vorfinden würde, kehrte ich „nach Hause“ zurück. Er lag dort in meinem Strohsackbett, erschöpft und angeschlagen von den monatelangen Strapazen seit Beginn der sowjetischen Offensive gegen Ostpreußen und dem Gewalt-Fußmarsch der letzten Tage. Ich habe meinen

Vater bei diesem unerwarteten Wiedersehen vor Glück und Freude „erdrückt“ und heftig geweint ... In einem Rucksack hatte er einige persönliche Utensilien wie Rasierzeug und Ausweise, Urkunden mitgebracht, auch ein paar Wäschestücke. Zusammen mit Mutters und unserem Fluchtgepäck: Mehr war von unserem Königsberger Besitz nicht geblieben. Aber was zählte das schon in solch einem Augenblick, angesichts der Tatsache, daß Eltern und Kinder vollzählig wieder beisammen waren!

An dieser Stelle möchte ich eine Begebenheit einflechten, die deutlich macht, in welches Licht, nein, in welche düsteren Schatten die NSDAP-Mitgliedschaft der Eltern ab sofort gestoßen werden sollte. Als ich das erste Mal nach dem Einmarsch der Engländer wieder in Röbbel war, machte ich an der Ziegelmauer des stattlichen Bauernhofes Behnke, auf der anderen Seite des Gasthofs Behn, eine Entdeckung, die ich überhaupt nicht verstand und heftig ablehnte. Dort war auf einem Plakat ein großer Knochenhaufen abgebildet, ich las den mir völlig unbekannten Namen Bergen-Belsen, und daß wir Deutschen schuld an der Entstehung dieser menschlichen Überreste sein sollten. Wir an so etwas? Da hatten doch wohl die Engländer in lügnerischer Absicht Skelette aus den von ihnen zerbombten Städten zusammengetragen – was für eine heuchlerische Feindpropaganda. Das war mein Wissensstand und die darauf beruhende Reaktion. Bis heute anhaltende Behauptungen über eine generelle Mitwisserschaft „der Deutschen“ sind nie einer wissenschaftlich exakten Nachprüfung unterzogen worden. Als ich 1957 in Hannover bei Frau Margarete Dittmar in Untermiete ein Zimmer bezog, kam bald darauf als weiterer Untermieter der vormalige Generalmajor Warnecke hinzu (sie war die Schwester von General Krebs, der sich bei der Kapitulation Berlins erschossen hatte; eine frühere Verbindung von Frau Dittmar zu Offizierskreisen mag beim Hinzukommen von General Warnecke eine Rolle gespielt haben).

Generalmajor Warnecke (im folgenden abgekürzt „Gmj.") hatte sich bei den schweren innenpolitischen Kämpfen und Unruhen nach Kriegsende 1918 in Hamburg an der Sprengung eines kommunistischen Zeitungs- oder Verlagsgebäudes beteiligt und danach nach Südamerika abgesetzt. Er baute dort eine Kaffee-und Kakaoplantage auf. Die Arbeiterinnen waren Indiofrauen. Hannelotte, die ihn bei mir in der Geibelstr. 2 kennenlernte, bekam von ihm ein Kaffeerezept, mit dem sie, wenn sie in den Spezialgeschäften in Hannover und später hier in Kiel ein entsprechendes Mischungsverhältnis verlangte, Erstaunen erregte.

Nach Wiederherstellung der Wehrhoheit kehrte Gmj. Warnecke nach Deutschland zurück und wurde wieder Soldat. Beim Krieg gegen die Sowjetunion gehörte er zur 6. Armee. Sein „Bursche" wollte Journalist werden und hatte bis zum Vormarsch auf Stalingrad Tagebuch geführt. Er ist vor Stalingrad gefallen, so daß seine Aufzeichnungen dort enden. Gmj. Warnecke gab mir die Übertragung in Schreibmaschinenschrift zu lesen. Das Tagebuch berichtet immer wieder über kurze Einquartierungen und Übernachtungen in den einfachen russischen „Bauern"-Katen mit deren großem gemauerten Ofen, wo die russischen Bewohner einträchtig mit den deutschen Soldaten kampierten. Dem steht die mehrfach geschilderte bestialische Kampfweise der Roten Armee gegenüber. Hiervon ist mir diese im Gedächtnis geblieben, daß sie – es muß im barbarischen Winter 1941/42 gewesen sein – bei der Rückeroberung eines deutschen Feldlazaretts oder Hauptverbandsplatzes, der bei einem Angriff der Sowjets in deren Hände gefallen war, ein Bild vorfanden, bei dessen Wiedergabe die Feder stockt: Alle Verwundeten waren ins Freie gezerrt und mit Wasser übergossen worden, in einen Eispanzer gehüllt und auf diese Weise zu Tode gequält worden. Die Möglichkeit, das Tagebuch abzulichten, bestand in der Zeit des gemeinsamen Wohnens mit Gmj. Warnecke bei Frau Dittmar leider noch nicht. Ich habe es später leider versäumt, ihn rechtzeitig einmal darum zu bitten. Aus den Schilderungen Gmj. Warneckes über die Kämpfe in Stalingrad ist mir in Erinnerung geblieben, daß er einmal in vorderster Front an einem Pak-Geschütz lag. Zur Bedienungsmannschaft gehörte ein gerade erst aus der Heimat eingetroffener Achtzehnjähriger, der beim Beginn eines russischen Panzerangriffs aufgeregt zitterte. Es war in einer der für die Stalingrad-Landschaft charakteristischen Schluchten. Er, Warnecke, habe dem jungen, noch frontunerfahrenen Soldaten die Hand auf die Schulter gelegt und ihm gesagt: „Ganz ruhig, mein Junge! Den Spitzenpanzer schießen wir ab, die nachfolgenden können dann nicht weiter. Sie werden von der Seite aus erledigt." So sei es dann auch gekommen.

Gmj. Warnecke wurde in Stalingrad schwer verwundet und ausgeflogen. Nach seiner Genesung erhielt er ein Kommando in Norwegen, das den Auftrag hatte, den sich dort versteckt haltenden (nachmaligen SPD-Politiker, u. a. Bundeskanzler ab 1969) Willy Brandt aufzuspüren. Als sie ihm auf der Spur waren, sei es Brandt aber gelungen, sich seiner Festnahme durch die Flucht nach Schweden zu entziehen.

Am Kriegsende wurde Gmj. Warnecke von einem Zielfernrohr, das er aus Stalingrad mitnehmen konnte und in das der Name der Stadt eingraviert war, von britischen Soldaten „befreit".

Irgendwann einmal fiel wohl von meiner Seite gesprächsweise der Name Bergen-Belsen. Herr Warnecke bat mich, wie immer formvollendet, in sein Zimmer. Dort erzählte er mir, er sei im Krieg einmal mit anderen Offizieren in Bergen-Belsen gewesen. Auf ihre Frage, warum die Lagerinsassen in Häftlingskleidung herumliefen, sei ihnen geantwortet worden, da es sich bei Bergen-Belsen um einen Rüstungsbetrieb handele, würden die Lagerinsassen zur Tarnung in solcher Kleidung herumlaufen. Was also sollen die deutschen „Normalbürger" „gewußt haben", obendrein z. B. wir im fernen Ostpreußen vom niedersächsischen Bergen-Belsen?

Zurück zu Vaters Ankunft auf dem Sirachsberg. Unserem Bauern Främke konnte nicht verborgen bleiben, daß mein Vater starker Raucher war. Wie die Versorgung mit den Grundnahrungsmitteln war die Zuteilung von Tabakprodukten (wie alles andere ebenfalls „auf Marken“) in diesen Tagen zum Erliegen gekommen. Aber Bauer Främke kam nicht etwa auf den Gedanken, meinem Vater nun den Sack mit Zigarren mit dem Ausdruck der Freude zu überreichen, den ich ihm wenige Tage zuvor vermacht hatte. Mein Vater war seinerseits zu stolz, ihn darauf anzusprechen.

Wie sehr Gemeinsinn, Anstand und Redlichkeit mit der militärischen Niederlage ebenfalls zusammengebrochen waren, zeigte sich wenige Tage später auch aus anderem Anlaß. Trotz allem immer noch „ordnungsgemäß“ im Sinne der gewohnten Ordnung denkend und handelnd, hatte mein Vater sich sogleich nach seiner Ankunft bei der Gemeindeverwaltung Röbbel polizeilich angemeldet – am 9. Mai 1945. Am Vortag war die militärische Gesamtkapitulation vor den drei Hauptsiegermächten in Berlin-Karlshorst erfolgt, wovon wir mangels Radio und Zeitung wahrscheinlich gar nichts wußten. Das Dienstsiegel trägt noch den Reichsadler mit Hakenkreuz. Es wird an diesem Tag gewesen sein, daß mein Vater seinen Vater und seine Schwester, Tante Grete, nach Wochen banger Ungewißheit und Sorgen wiedersah, ebenso bewegt wie vorher zwischen Vater und Sohn auf dem Sirachsberg.

Die polizeiliche Anmeldebestätigung war ja Voraussetzung für die Zuteilung von Lebensmittelmarken. Also begaben mein Vater und ich uns an einem schönen Maitag zum Rathaus in Bevensen. Nach Anklopfen an der richtigen Tür, die wir nicht sogleich gefunden hatten, erscholl ein lautstarkes: „Herein!“ Im Büroraum angekommen, wurde mein Vater sogleich von einem vollgefressenen, dickleibigen Fettwanst (Verzeihung, aber den Gegensatz zu uns abgemagerten Gestalten kann ich nicht anders beschreiben) angebrüllt: „Was wollen Sie?“ Als mein Vater den Wunsch nach Lebensmittelmarken äußerte, wurde dies kurzerhand abgelehnt. Auf seinen Einwand „Aber ich muß doch leben“ schnauzte ihn sein Gegenüber an: „Müssen, müssen? Das war einmal. Raus!“ Dieses grausame und niederdrückende Erlebnis wird immer wieder wach, wenn ich das Hohelied auf alle vernehme, die „in der Stunde Null für uns begannen“.

Zu erwähnen ist in diesem Zusammenhang noch, daß mit dem Beginn der Besatzungszeit die Lebensmittelversorgung praktisch vollkommen zusammengebrochen war. Wir hatten vorher zwar auch nicht mehr allzu üppig und die ganzen Kriegsjahre hindurch auf Lebensmittelmarken nach Maßgabe der amtlichen Zuteilungen gelebt, aber diese waren bis zuletzt für ein Leben mit herabgesetzten Ansprüchen ausreichend gewesen. Wie sich später nach und nach anhand von vielen Beispielen herausstellen sollte, war das Deutsche Reich bei der Besetzung immer noch ein riesiges Vorratslager gewesen. Wenn wir nach der Besetzung wochenlang am Rande des Verhungerns und noch jahrelang zwischen Hunger und permanent furchtbarem Hunger leben mußten, so kann das nur daran gelegen haben – der Wegfall der landwirtschaftlichen Überschußgebiete im Osten des Reiches kam hinzu –, daß die Sieger diese Vorräte an sich gerissen und sich auch in den westlichen Besatzungszonen fleißig aus deren landwirtschaftlicher Produktion versorgten, die nun auch noch die vielen Millionen Flüchtlinge und Vertriebenen aus den geraubten deutschen Ostgebieten ernähren sollten. Der Export von Industriegütern und der Import fehlender Nahrungsmittel aus den hierbei verdienten Devisen war besatzungshoheitlich behindert, reguliert und kam erst viel zu spät wieder in Gang, die noch Jahre andauernde Demontage nicht zerstörter Fabrikanlagen und ihre Aufteilung zwischen den Siegern in Ost und West, der nach Kriegsverlusten und Beschlagnahmen fehlende Schiffsraum taten ein übriges. Etwa zwei oder drei Wochen nach solchem „Neubeginn“ wurde pro

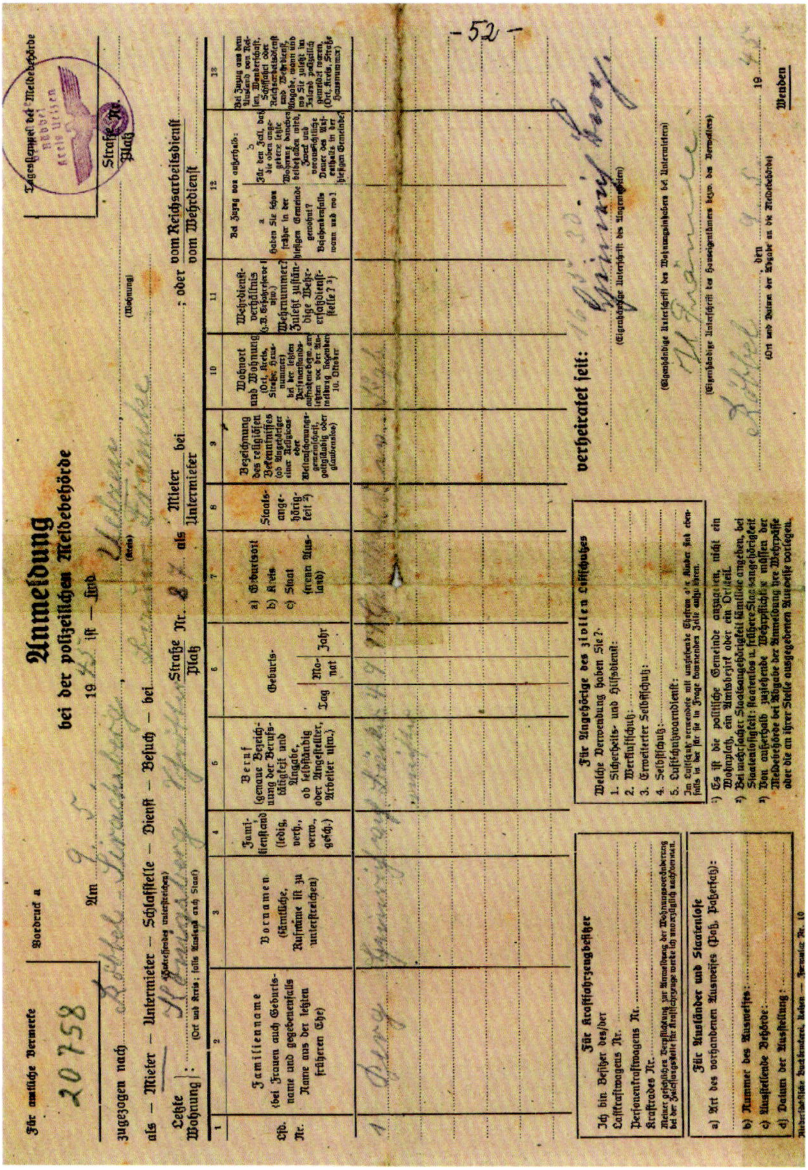

Für amtliche Vermerke 20758

Vordruck a

Anmeldung
bei der polizeilichen Meldebehörde

Tagesstempel der Meldebehörde [Stempel: Köbbel Kreis Uelzen]

Am 9. 5. 1945 ist — sind

zugezogen nach Köbbel-Sirachsberg, Uelzen (Kreis), (Wohnung) Straße Nr. Platz

als — Mieter — Untermieter — Schlafstelle — Dienst — Besuch — bei Bruno Främke (Zutreffendes unterstreichen)

Letzte Wohnung: Königsberg [illegible] (Ort und Kreis; falls Ausland auch Staat) Straße Platz Nr. 27 als Mieter Untermieter bei ; oder vom Reichsarbeitsdienst vom Wehrdienst

1	2	3	4	5	6			7	8	9	10	11	12		13
Lfd. Nr.	Familienname (bei Frauen auch Geburtsname und gegebenenfalls Name aus der letzten früheren Ehe)	Vornamen (sämtliche, Rufname ist zu unterstreichen)	Familienstand (ledig, verh., verw., gesch.)	Beruf (genaue Bezeichnung der Berufstätigkeit und Angabe, ob selbständig oder Angestellter, Arbeiter usw.)	Geburts- Tag	Monat	Jahr	a) Geburtsort b) Kreis c) Staat (wenn Ausland)	Staatsangehörigkeit ²)	Bezeichnung des religiösen Bekenntnisses (ob Angehöriger einer Religions- oder Weltanschauungsgemeinschaft, gottgläubig oder glaubenslos)	Wohnort und Wohnung (Ort, Kreis, Straße, Hausnummer) bei der letzten Personenstandsaufnahme bzw. am letzten vor der Anmeldung liegenden 10. Oktober	Wehrdienstverhältnis (z.B. Ersatzreserve I usw.) Wehrnummer? Zuletzt zuständige Wehrersatzdienststelle? ³)	Bei Zuzug von außerhalb: a Haben Sie schon früher in der hiesigen Gemeinde gewohnt? Bejahendenfalls wann und wo?	b Für den Fall, daß die oben angegebene letzte Wohnung daneben beibehalten wird, Zweck und voraussichtliche Dauer des Aufenthalts in der hiesigen Gemeinde?	Bei Zuzug aus dem Ausland von Reisen, Wanderschaft, Schiffahrt oder Reichsarbeitsdienst und Wehrdienst, Angabe, wann und wo Sie zuletzt im Inland polizeilich gemeldet waren. (Ort, Kreis, Straße Hausnummer)
1	Berg	Heinrich	verh.	Bäckermeister	4	9	[illegible]	[illegible]	[illegible]	[illegible]	Kgb.				

Für Kraftfahrzeugbesitzer
Ich bin Besitzer des/der
Lastkraftwagens Nr. ......
Personenkraftwagens Nr. ......
Kraftrades Nr. ......
Meiner gesetzlichen Verpflichtung zur Anmeldung der Wohnungsveränderung bei der Zulassungsstelle für Kraftfahrzeuge werde ich unverzüglich nachkommen.

Für Ausländer und Staatenlose
a) Art des vorhandenen Ausweises (Paß, Paßersatz): ......
b) Nummer des Ausweises: ......
c) Ausstellende Behörde: ......
d) Datum der Ausstellung: ......

Für Angehörige des zivilen Luftschutzes
Welche Verwendung haben Sie?
1. Sicherheits- und Hilfsdienst: ......
2. Werkluftschutz: ......
3. Erweiterter Selbstschutz: ......
4. Selbstschutz: ......
5. Luftschutzwarndienst: ......
Im Luftschutz verwendete mit umziehende Ehefrau oder Kinder sind ebenfalls in der für sie in Frage kommenden Zeile aufzuführen.

¹) Es ist die politische Gemeinde anzugeben, nicht ein Wohnplatz, ein Amtsbezirk oder ein Ortsteil.
²) Bei mehrfacher Staatsangehörigkeit sämtliche angeben, bei Staatenlosigkeit: staatenlos u. frühere Staatsangehörigkeit
³) Von außerhalb zuziehende Wehrpflichtige müssen der Meldebehörde bei Abgabe der Anmeldung ihre Wehrpässe oder die an ihrer Stelle ausgegebenen Ausweise vorlegen.

verheiratet seit: 16.05.30.

Heinrich Berg.
(Eigenhändige Unterschrift des Angemeldeten)

......
(Eigenhändige Unterschrift des Wohnungsinhabers bei Untermietern)

U. Främke
(Eigenhändige Unterschrift des Hauseigentümers bzw. des Verwalters)

Köbbel, den 9. 5. 1945
(Ort und Datum der Abgabe an die Meldebehörde)

Wenden

Niedersächsische Buchdruckerei, Uelzen — Formular Nr. 10

— 52 —

Anmeldung bei der polizeilichen Meldebehörde

Kopf, vom Säuglings- bis zum Greisenalter, 1 Pfund Butter zugeteilt – sie war ranzig. Trotzdem: Es wurden „fette" Tage, allerdings viel zu fett für uns. Einer fettreichen Nahrung völlig entwöhnt, bekamen wir ruhrartige Durchfälle, die uns in unserem Zustand der Unterernährung zusätzlich schwächten.

Ich habe bereits geschildert, wie britische Soldaten die an Främkes Küche angrenzende „Eierkammer" leerräumten und ich eine gewisse Schadenfreude darüber nicht verhehlen konnte. Sie überkam mich einmal aber auch einem dieser Eierrequirierer gegenüber. Sie hatten eine Art des Verzehrs, die wir bis dahin überhaupt nicht kannten und vor der wir uns vor Ekel schüttelten: Sie schlugen die rohen Eier irgendwo an und schlürften die Schale in diesem Naturzustand aus. Einer dieser Schnellgenießer mußte an ein angebrütetes Ei herangeraten sein. An Främkes Scheunenwand gelehnt, setzte er zum Leersuckeln an – um alles sofort im hohen Bogen mit einem gequälten Gesicht auszuspucken. (Als in meinen ersten Göttinger Semestern der Verzehr angebrüteter roher Eier als „gesundheitsfördernd" propagiert wurde und viele diesem Unsinn frönten, wurde ich täglich an mein erstes Erlebnis dieser Art auf dem Sirachsberg erinnert.)

Da die alten Främkes sich den Legefleiß ihrer Hühner scheinbar lieber von den gegnerischen Soldaten mit Gewalt wegnehmen ließen als uns aus freien Stücken etwas davon zu verkaufen, haben mein Vater und ich einmal im Dorf Röbbel Haus für Haus in dieser Absicht „abgeklappert". Wir wurden überall abgewiesen und haben einen derartig entwürdigenden Gang nie mehr wiederholt. In Främkes Hühnergatter unter freiem Himmel (so war die Hühnerhaltung tagsüber damals noch überall, die heutige Massentierhaltung, bei der die armen Geschöpfe in ihrem auf Kürze gesteuerten Dasein nicht ein einziges Mal Himmel und Wolken zu sehen bekommen und nie in der Erde nach Nahrung scharren können usw., gab es noch nicht) liefen drei Hühnerrassen herum: die Weißen, die buntgefiederten „Italiener" und die weißgrau Gemusterten. Einmal wurde ich dort Zeuge eines grausigen Schauspiels, eines erbitterten Hahnenkampfes, der für einen der beiden tödlich endete, mit dem Tothacken des am Boden Liegenden am Kamm durch den Sieger.

Für Främkes beschämend waren zwei andere Vorfälle im Bereich des fehlenden Verständnisses dafür, daß wir auf ihrem Hof hungerten! Gleich hinter dem Stallgebäude und angrenzenden Schweinegatter begann eine etwa zehn Jahre alte Kiefernschonung. Auf dem Waldboden hatten sich wunderbare dicke, feuchtwarme Moospolster gebildet. Dort wuchsen, besser gesagt gediehen Birkenpilze – „Rotkäppchen" – von geradezu künstlerischer Schönheit mit kräftigen „Birkenstielen", hell- bis mittelroten Kappen, festem Fleisch und sehr wohlschmeckend. Als ich einmal wieder dieses Revier absuchte, stieß ich auf ein Nest mit sechzehn Hühnereiern – ich lernte hierbei, daß Hühner gern außerhalb des Stalles „verlegen". „Was Dir nicht gehört", so war es mir anerzogen worden, „hast Du als fremdes Eigentum zu achten." Also lieferte ich, ein wenig stolz, meine Fundeier bei Frau Främke ab. Statt meine Ehrlichkeit zu belohnen „Danke, und für Deine Ehrlichkeit behältst Du die Eier!", ließ sie sich die Eier vollzählig aushändigen. Es sollte nicht wieder vorkommen. Die Erziehungsregel kippte in Hinsicht auf die Främke-Eier, und ich wußte ja nun, wo „Bartels den Most holt".

Der Roggen auf Främkes sandigem Ackerboden war „spiddrig" (ostpreußischer Ausdruck für mager, dürr). Umso prachtvoller waren die Kartoffeln, die darauf wuchsen. Eine Sorte hieß „Ackersegen". Främkes besaßen keinen Kartoffelgrubber. Als im Spätsommer/Frühherbst die Kartoffelernte begann, mußte dies mit der Bodenhacke besorgt werden. Auch ich wurde dazu „eingespannt", es war keine leichte Arbeit. Die Kartoffeln wurden auf einem Rüttelsieb sortiert. Unseren eigenen Bedarf an Winterkartoffeln haben wir aus Främkes Erntesegen decken können, bestimmt gegen Bezahlung, das war für uns selbstverständlich.

Absolut unbegreiflich und unvergeßlich ist mir deshalb geblieben, daß mein Bruder von Frau Främke verjagt, wenn nicht gar geschlagen wurde, als er einmal seinen Hunger mit gar gekochten kleinen Kartoffeln aus dem Schweinekübel stillen wollte.

Für eine gewisse „Entspannung“ der Beziehungen sorgte im Herbst der Beruf meines Vaters als Bäckermeister. Främkes besaßen auf ihrem Hof einen eigenen Backofen, wie es auf dem Lande noch häufig der Fall war. Die Backröhre wurde mit Holzbrand erhitzt, die Holzglut beim Verglimmen herausgekehrt. Also bat mein Vater eines Tages darum, in diesem Ofen unser Brot selbst backen zu dürfen. Främkes müssen anfangs nicht nur verblüfft gewesen sein, daß mein Vater mit diesem Ofen fachgerecht umzugehen verstand. Mehr noch muß sie das fertige Produkt, das duftende, nicht verbrannte, meisterhaft geporte und wohlschmeckende Brot veranlaßt haben, meinen Vater nunmehr auch als ihren „Hausbäcker“ anzusehen. Es wird wohl auch erst hiernach gewesen sein, daß wir ein schlachtreifes Huhn erhielten. Ich, ja ich, sollte es auf einem Hauklotz mit einem Beil schlachten, d. h. ihm den Kopf abhacken. Ich wehrte mich nicht grundsätzlich dagegen, aber ich hatte so etwas noch nie getan. Es erwies sich für mich „Ungelernten“ auch nicht als so ganz einfach, das Opfer ist ja ein Lebewesen, das, an den Füßen festgehalten und mit dem Hals auf den Holzbock gelegt, nicht einfach „stillhält“. Und so rutschte mein Beil beim ersten Ausholen ab und schlug gegen mein Schienbein. Die Wunde wollte lange nicht verheilen, die Narbe ist noch lange Zeit sichtbar geblieben. Daß die Sache trotz Verletzung der Knochenhaut gut ausgelaufen ist – wie sagt man: Glück gehabt!

Främkes hatten auch eigenen Wald. Zwischen dem Ferienhaus der Hamburger, in dem der deutsche Stab Quartier genommen hatte, und einem Fachwerkgebäude, an dem der Zimmermann jetzt mit Säge, Hammer, Meißel, Holzpflöcken das Fachwerk erneuerte – alles noch von Hand, elektrische Geräte hätten mangels Stromanschluß gar nicht eingesetzt werden können, und Batterieantrieb, falls es den schon gab, in jener Zeit des totalen Mangels an allem und jedem? –, zwischen beiden lagen Berge von Schnittholz, das darauf wartete, zerhackt zu werden. Aber vorerst war auch hier eine Abgabe von Brennholz an uns Flüchtlinge offenbar eine Hürde, die unüberwindlich zu sein schien. Es war ja noch Frühjahr, ein sehr warmes sogar, aber unser Kochherd brauchte nun einmal auch in dieser Jahreszeit Brennmaterial. Also gingen mein Vater und ich schon wenige Tage nach seinem Eintreffen daran, in dem von den Werfergeschossen erheblich in Mitleidenschaft gezogenen Waldstück für unseren Hausbrand Bäume zu fällen, selbstverständlich nur die von Splittern zerfetzten oder angebrannten. Urplötzlich, wie aus dem Nichts aufgetaucht, tippte ein Förster in seiner grünen Uniform meinem Vater auf die Schulter und fragte ihn: „Was machen Sie da?“ Mein Vater antwortete wohl, daß der Fragesteller das doch wohl sehen würde. Dieser erteilte ihm dann die Belehrung, daß dafür ein Holzsammelschein erforderlich sei, und ob wir einen solchen hätten. Als mein Vater dann auf die offenkundige Tatsache hinwies, daß wir doch nur zerschossene Bäume absägen würden, wurde der Mann im grünen Rock noch dienstlicher. Darauf gab Vater ihm zur Antwort, er sei als Pächter von u. a. 1000 Morgen Waldjagd im Kreis Pr. Eylau in Ostpreußen über die diesbezüglichen Erfordernisse sehr wohl im Bilde, nur hätten wir in diesen furchtbaren Tagen zunächst andere Sorgen, er würde auch noch gar nicht das zuständige Forstamt kennen (wie erreichen ohne Auto, Fahrrad oder dergl.?), und hätte er gar nicht ahnen können, daß dieses seinen Dienst offenbar schon wieder aufgenommen habe oder fortsetzen würde. Darauf ließ der Grünrock von uns ab, mit den gönnerhaften Worten aus dem „Landser-Kodex Nr. 1“: „Ich will ja nichts gesehen haben ...“ Immerhin bleibt festzuhalten: Der Vorfall macht deutlich, welcher Ordnungssinn und welcher Wille zur Wiederherstellung geordneter Verhältnisse, ja welcher Lebenswille überhaupt damals noch in unserem Volk vorhanden war. Trotz des gegenteiligen Erlebnisses in der Lebensmittelmarkenverteilungsstelle der Stadtverwaltung Bevensen. Trotz oder gerade angesichts des Absturzes in ein tiefes und schier ausweglos erscheinendes Nichts!

Späterhin haben mein Vater und ich das Främkesche Schnittholz nach und nach mit der Zugsäge auf einem Holzbock zersägt und zerhackt, ich beherrschte das Zerhacken alsbald so perfekt, daß selbst stark verästelte Kloben leicht zersprangen. Als „Lohn" dafür erhielten wir von Herrn Främke ein einziges Mal verstohlen einen Streifen Räucherspeck und eine Schale Haferflocken mit den Worten „die Frau darf nicht wissen ..."

Ich will das Thema „Brennmaterial" noch mit einer anderen bösen, weil für uns katastrophalen Begebenheit „abrunden". Främkes Hof war, wie gesagt, nicht an das öffentliche Stromnetz angeschlossen. Irgendwann waren wir schließlich doch in den Besitz einer Petroleumlampe gekommen, es war mit Sicherheit nicht mehr als eine Stallaterne. Petroleum war Mangelware wie alle anderen Gegenstände des täglichen Gebrauchs.

Trotzdem hatte ich einen Wehrmachts-Benzinkanister mit 20 Litern dieser kostbaren Flüssigkeit beschaffen können (wahrscheinlich gegen irgendeine besondere Bescheinigung). Im Stallgebäude hatten wir eine kleine Kammer erhalten, in der wir unser Brennholz lagerten. Darunter versteckte ich unseren Petroleumkanister. Die Tür von der Hofseite aus ließ sich sicherlich an einem Riegel mit einem Vorhängeschloß verschließen, aber ein solches hatten wir nicht und war auch nirgendwo zu erlangen. Und so geschah es, daß eines Tages der Kanister unter dem Holzstapel hervorgewühlt und gestohlen war. Auch insoweit standen wir nun wieder vor dem Nichts. Främkes schieden ganz selbstverständlich als Täter aus. Auch der Pole und der italienische Nichtsnutz waren nicht mehr auf dem Hof. Ob Alfons noch da war, weiß ich nicht mehr. Also engte sich der Tatverdacht auf ihn ein. Personen, die nicht auf dem Hof wohnten, schieden als Täter aus, da sie viel zu weit entfernt wohnten und deshalb gar nichts von der Existenz des Kanisters und seinem Aufbewahrungsort wissen konnten. Das wegen der damaligen Zeitumstände besonders verwerfliche Vergehen ist nie aufgeklärt worden.

Aber es sollte noch schlimmer kommen, wenn es zum Zeitpunkt des Petroleumdiebstahls nicht bereits geschehen war. Überall in der Heide marodierten und plünderten damals freigekommene Polen. Auch auf unseren Bauernhof wurden zwei Raubüberfälle verübt, der zweite war ein sehr schwerer. Solange noch der Pole unseres Bauern bei diesem verblieben war, den er wirklich anständig behandelt hatte und dem es unvergleichlich besser bei ihm ging als uns Flüchtlingen, hielt er offenbar seine schützende Hand über uns alle. Aber nach ein paar Wochen mußte er sich verabschieden, weil nach seinen Worten die Kameraden zu ihm sagten, er sei ein „Verräter", da er „immer noch bei den Deutschen" sei. Er hatte noch hinzugefügt: „Was nun kommt, weiß ich nicht." Aber diese Worte hätten keinen Sinn gehabt, wenn er es nicht mindestens geahnt hätte. Schon in der darauffolgenden Nacht holten diese „Kameraden" ein Schwein ab, und als mein Vater wegen des Getöses und Gequiekes des armen Tieres das Fenster öffnen wollte, stürzte sogleich ein Pole mit vorgehaltener Waffe auf ihn zu: „Halt, was is!?" Dabei blieb es zu unserem Glück. Wenige Nächte später wurde es dann sehr ernst. Wir hörten noch das Nahen eines Lkw's, auch daß plötzlich der Motor abgestellt wurde. Und schon stürmte ein ganzer Trupp Polen in das Haus, von denen jeder bewaffnet war. Zum Glück für uns Flüchtlinge stellten sie zuerst in der Wohnung unseres Bauern buchstäblich alles auf den Kopf, dann drangen sie bei uns ein. Ich hatte die kurze Gnadenfrist dazu benutzt, die von mir gerettete wertvolle Geige meines Vaters und meine eigene in zwei Strohsäcken zu verstecken und Uhren sowie Eheringe und dergleichen im Aschkasten unseres Herdes und in der Asche über dessen Bratröhre zu verstecken. Wir mußten uns auf den Bauch legen und durften weder sprechen noch uns bewegen. Noch heute spüre ich den kalten Lauf des Karabiners oder der Maschinenpistole meines persönlichen „Bewachers“ im Genick.

Außer daß sie gläserne Sachen zerschlugen, beraubten sie uns so schwer, daß von unserem Königsberger Fluchtgepäck, vor allem an Kleidung und Wäsche, so gut wie nichts übrig blieb und wir nun endgültig ganz arm dastanden (siehe nebenstehende Bescheinigungen).

Offenbar wußten die Herrschaften über die Einrichtungen und Räumlichkeiten des Hofes sehr gut Bescheid. Sie hatten nämlich, wie wir nach dem Überfall feststellten, vorsorglich die Telephondrähte durchschnitten. Als unser Bauer den Überfall meldete und der uns schon aus der Zeit vor der „Befreiung“ bekannte Polizist den Schaden aufnahm – er hatte keine Dienstwaffe mehr, versteht sich! –, meldete unser Bauer auch eine Sterke als gestohlen. Damals war ja jedes Stück Vieh registriert, zur Sicherstellung der Lebensmittelversorgung oder jetzt an erster Stelle der „Befreier“ ... Nur waren hier wirklich nicht die plündernden Polen die Täter. Vielmehr hatte unser Bauer die Sterke in einer bauernschlauen Eingebung sofort „schwarz“ geschlachtet. Und nun erhielten auch wir zum ersten und ziemlich einzigen Mal ein „Deputat“ als „Schweigegeld“. Wenn ich dieses Schweigen hiermit zum ersten Mal nach außen preisgebe, kann es nur noch ein schadenfrohes Lachen gegenüber den Besatzungs-Entnahmestellen bewirken, die auf diese Weise „geprellt“ worden waren.

Unseren kümmerlichen Flüchtlingshaushalt konnten wir mit manchem ergänzen, was wir beim Pilzesuchen in den Wäldern rund um den Sirachsberg fanden. Ich habe bereits die militärischen Ausrüstungsgegenstände erwähnt, die die Landser, die nach Westen und Süden tippelten, um der Gefangenschaft zu entgehen, dort weggeworfen hatten. Unsere reiche Pilzernte bescherte

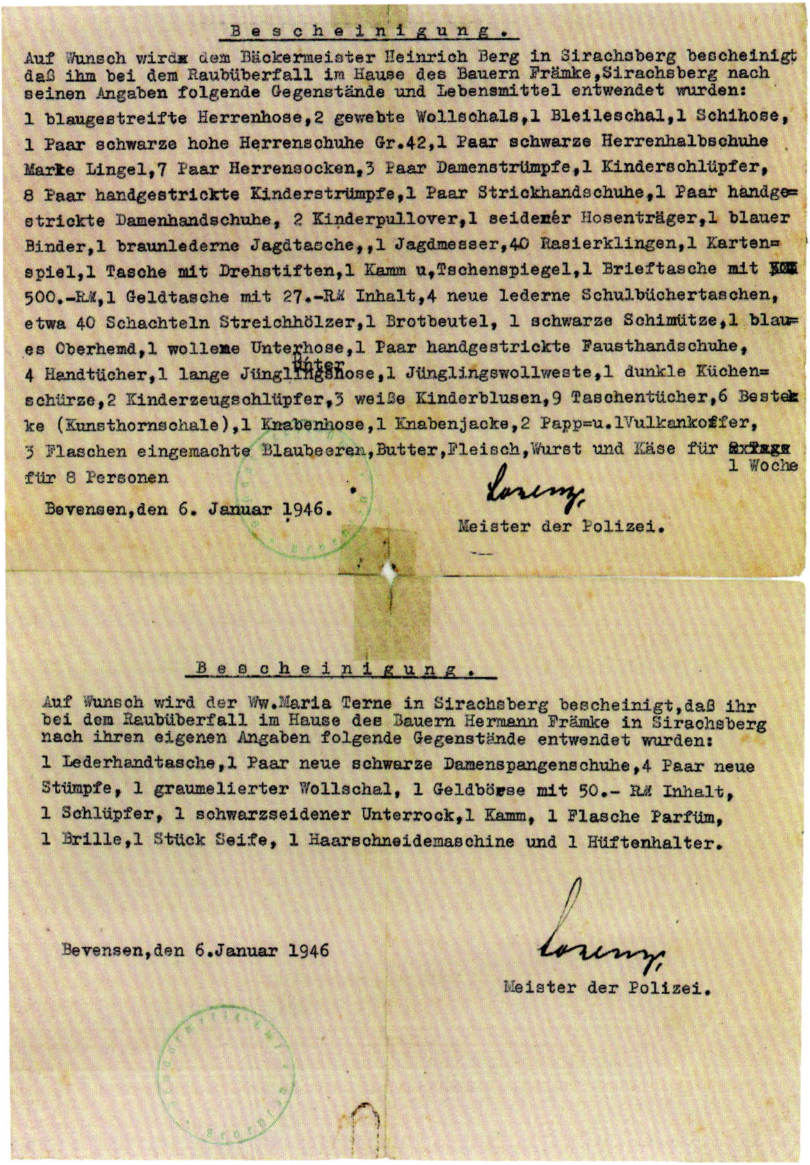

B e s c h e i n i g u n g .

Auf Wunsch wird dem Bäckermeister Heinrich Berg in Sirachsberg bescheinigt daß ihm bei dem Raubüberfall im Hause des Bauern Främke, Sirachsberg nach seinen Angaben folgende Gegenstände und Lebensmittel entwendet wurden:

1 blaugestreifte Herrenhose, 2 gewebte Wollschals, 1 Bleileschal, 1 Schihose, 1 Paar schwarze hohe Herrenschuhe Gr. 42, 1 Paar schwarze Herrenhalbschuhe Marke Lingel, 7 Paar Herrensocken, 3 Paar Damenstrümpfe, 1 Kinderschlüpfer, 8 Paar handgestrickte Kinderstrümpfe, 1 Paar Strickhandschuhe, 1 Paar handgestrickte Damenhandschuhe, 2 Kinderpullover, 1 seidener Hosenträger, 1 blauer Binder, 1 braunlederne Jagdtasche,, 1 Jagdmesser, 40 Rasierklingen, 1 Kartenspiel, 1 Tasche mit Drehstiften, 1 Kamm u, Tschenspiegel, 1 Brieftasche mit 500.-RM, 1 Geldtasche mit 27.-RM Inhalt, 4 neue lederne Schulbüchertaschen, etwa 40 Schachteln Streichhölzer, 1 Brotbeutel, 1 schwarze Schimütze, 1 blaues Oberhemd, 1 wollene Unterhose, 1 Paar handgestrickte Fausthandschuhe, 4 Handtücher, 1 lange Jünglingshose, 1 Jünglingswollweste, 1 dunkle Küchenschürze, 2 Kinderzeugschlüpfer, 3 weiße Kinderblusen, 9 Taschentücher, 6 Bestekke (Kunsthornschale), 1 Knabenhose, 1 Knabenjacke, 2 Papp- u. 1 Vulkankoffer, 3 Flaschen eingemachte Blaubeeren, Butter, Fleisch, Wurst und Käse für 1 Woche für 8 Personen

Bevensen, den 6. Januar 1946.

Lorenz

Meister der Polizei.

B e s c h e i n i g u n g .

Auf Wunsch wird der Ww. Maria Terne in Sirachsberg bescheinigt, daß ihr bei dem Raubüberfall im Hause des Bauern Hermann Främke in Sirachsberg nach ihren eigenen Angaben folgende Gegenstände entwendet wurden:

1 Lederhandtasche, 1 Paar neue schwarze Damenspangenschuhe, 4 Paar neue Stümpfe, 1 graumelierter Wollschal, 1 Geldbörse mit 50.- RM Inhalt, 1 Schlüpfer, 1 schwarzseidener Unterrock, 1 Kamm, 1 Flasche Parfüm, 1 Brille, 1 Stück Seife, 1 Haarschneidemaschine und 1 Hüftenhalter.

Bevensen, den 6. Januar 1946

Lorenz

Meister der Polizei.

Bescheinigung anläßlich des Raubüberfalls bei Främkes

uns täglich Eiweißersatz, ein ansehnlicher Wintervorrat wurde im Freien getrocknet. Uns kam zugute, daß die Einheimischen anscheinend gar keine Pilze aßen oder sich mindestens nicht viel daraus machten. Mein Vater und ich waren lange Zeit offenbar die einzigen Pilzsammler, und Ende August, Anfang September war es wohl das erste Mal, daß wir anderen Pilzsammlern begegneten. Es waren ebenfalls Vertriebene, Schlesier. Auch sie hatten die eher seltenen Stellen, an denen Steinpilze und Gelböhrchen (ostpreußischer Ausdruck für Pfifferlinge) wuchsen, entdeckt, so daß jetzt derjenige, der erst als Zweiter die frisch aus dem Boden gewachsenen Exemplare dieser besonders schmackhaften Pilzarten suchte und nicht mehr fand, sich „die Nase putzen" mußte. Champignons auf den Weiden gab es praktisch gar nicht. Umso gegenwärtiger war mir das Bild vor allem von Pferdeweiden in Vaters Jagdpachtrevier Penken-Seeben, wo ihre weiß-rosa Färbung flächendeckend war und sie sozusagen „mit der Sense gemäht" werden konnten. Von den anderen eßbaren Pilzen waren die meisten Maronen, Rotkäppchen und Butterpilze. Diese wuchsen vor allem an Rändern von Waldwegen und bildeten hier einen regelrechten Wegessaum. Unter den ungenießbaren und giftigen Pilzen war auffallend häufig der Satanspilz vertreten.

Abschied vom Sirachsberg – und spätere Wiederkehr

Zu unserer Um- und Neuorientierung gehörte auch die Fortsetzung der Schulausbildung meiner Zwillingsschwester Karin, meiner eigenen und unserer jüngeren Schwestern. Mein jüngerer Bruder, am 14. Oktober 1939 geboren, war bei unserer Ankunft auf dem Sirachsberg noch nicht schulpflichtig und somit als einziger von uns Geschwistern auch noch nicht in Königsberg eingeschult worden. Karin und ich besuchten in Königsberg bereits die vierte Oberschulklasse in für Jungen und Mädchen getrennten Schulen. Die für uns vom Sirachsberg aus nächstgelegene Oberschule war die in Uelzen, in der wir nach unserer Ankunft im Westen zunächst ja ein paar Tage lang kampiert hatten. Unsere Schwestern hätten sie bei einer Umschulung ebenfalls besucht. Noch aber hätten sie die ungefähr 3–4 km Fußweg entfernte Volksschule in Bevensen (das sich damals noch nicht „Bad" nannte) oder die in der Gemeinde Röbbel mit etwa 5 km Fußweg besuchen müssen.

Aber wie sollte das jetzt, im März/April 1945, überhaupt noch gehen? Der „Schulweg" von Karin und mir wäre – ausgemergelt wie wir bei den auf Lebensmittelmarken rationierten Zuteilungen im Wachstumsalter und durch die immer deutlicher in Erscheinung tretenden Versorgungsengpässe waren – entweder auf dem Waldweg, auf dem Bauer Främke uns zu seinem Hof geholt hatte, „müde durch Heide und Sand" verlaufen oder aber auf der Chaussee Römstedt-Bevensen. Zu Fuß, denn unsere Fahrräder (mein wunderbares Marke „Wanderer") hatten wir ja nicht auf die Flucht mitnehmen können, sie waren in Königsberg zurückgeblieben. (Mein Vater erzählte später, er habe sie nach Pillau „in Sicherheit" gebracht – aber dort fuhren dann ja wohl bald Russen auf unseren Rädern „spazieren"). Räder ausleihen oder gar kaufen? Wo denn, bei wem denn, damals? Und dann war da noch von Bevensen aus die Bahnfahrt nach dem etwa 15 km entfernten Uelzen. Fand dort überhaupt noch Oberschulunterricht statt? „Unsere" Ersatz-Penne war ja in allen Klassenräumen mit Flüchtlingen belegt, gab es evtl. Ausweichschulräume?

Aber all dies sind im Rückblick ohnehin nur theoretische Überlegungen. Meine Mutter hatte mit der bloßen Existenzsicherung ihrer Familie mehr als genug Sorgen, für die Anmeldung ihrer Kinder zum Schulunterricht und den praktisch gar nicht zu bewältigenden Schulbesuch blieben da gar keine Kraft und Zeit. Darüber gelagert waren obendrein die Gefahren des Krieges. Auch hier im Westen wich die Wehrmacht nur noch zurück, rückten die Front und damit unsere Feinde immer näher. Ein untrügliches Anzeichen dafür war die zunehmende Tätigkeit ihrer Tiefflieger, die auf alles und jeden skrupellos Jagd machten, der sich ungeschützt im Gelände bewegte. Züge auf den Bahnstrecken waren es allemal. Es war mindestens auf einem Flachwagen des Zuges, der uns von unserer Zwischenstation Uelzen nach Bevensen gebracht hatte, eine Vierlingsflak feuerbereit. Bei aller Pflichtenstrenge, die sie durch ihr Leben leitete und die sie z. B. mit den oft wiederholten Wahlsprüchen der preußischen Könige auch an uns Kinder weitergeben wollte[1)] – meine Mutter hätte uns niemals den Gefahren eines solchen „Schülerzuges" ausgesetzt.

Als dann Ende April / Anfang Mai 1945 die Engländer eingerückt waren, hatte es zwar mit den Gefahren aus der Luft ein Ende. Aber auch, nachdem die Ausgangssperren aufgehoben waren, die Besatzungsmacht dem Unwesen marodierender polnischer Banden ein Ende bereitet hatte, eine gewisse „Normalisierung" der täglichen Lebensabläufe eingetreten war, blieben die eben beschriebenen Schwierigkeiten für einen Schulanfang

---

1) Friedrich Wilhelm, der Große Kurfürst: Liebe vor allem Gott und Dein Volk!; Friedrich Wilhelm I.: Die Regenten sind zum Dienen geschaffen; Friedrich II., der Große: Ich bin der erste Diener meines Staates; Wilhelm. I.: Ich habe keine Zeit, müde zu sein.

mit Wohnsitz Sirachsberg unüberwindlich. Auch ließ ein geregelter Zugverkehr zwischen Bevensen und Uelzen offensichtlich noch lange auf sich warten. Ich entsinne mich des stundenlangen Wartens in einer großen Menschenmenge auf einen Zug im angehenden Winter 1945 auf dem Bahnhof Bevensen. Als dann schließlich eine Lokomotive mit offenen Güterwagen nahte und an einem Hydranten Wasser aufnahm, lockerte eine männliche Stimme – nach Lautstärke und Kommandoton wahrscheinlich die eines ehemaligen Offiziers – die „Stimmung" auf, indem er „befahl": „Nichtschwimmer von der Tribüne, der Riesenelefant will Wasser lassen!" Er hatte die Lacher auf seiner Seite. Aber derlei „humoristische Einlagen" konnten an den desolaten Verkehrsverhältnissen nichts ändern. Gleichwohl haben die Eltern irgendwann versucht, Karin und mich in der Oberschule Uelzen anzumelden. Meine Mutter hat mir später erzählt, der Direktor habe dies abgelehnt, da er eine Weisung der Besatzungsmacht habe, keine Flüchtlingskinder aus dem Osten aufzunehmen. Wenn es nicht erlogen war, war es ein Akt erbärmlicher Feigheit und Unterwürfigkeit gegenüber der Feindmacht!

Unser Leben auf dem Sirachsberg, das ja kein „bäuerliches" war, sein sollte und auch gar nicht werden konnte – wir waren Flüchtlinge, für viele Einheimische „die aus dem Osten", nicht mit Verstehen und Teilnahme an unserem Schicksal empfangen, sondern im Gegenteil mit Eiseskälte abgelehnt –, ein solches Leben ließ keine Aussicht auf Veränderung, keine eigenen Gestaltungsmöglichkeiten zu. Die Eltern waren deshalb in der zweiten Jahreshälfte 1945 unter Inkaufnahme der damaligen katastrophalen Verkehrsverhältnisse kreuz und quer durch Niedersachsen gereist, um eine neue Bleibe für uns zu suchen, eine Ortsveränderung zum Besseren zu erreichen. Nach der erhalten gebliebenen Verfügung des Oberpräsidenten der Provinz Hannover vom 8.1.1946 (die preußischen Staats- und Verwaltungsstrukturen waren noch nicht abgeschafft) hatten sie die Zuzugsgenehmigung

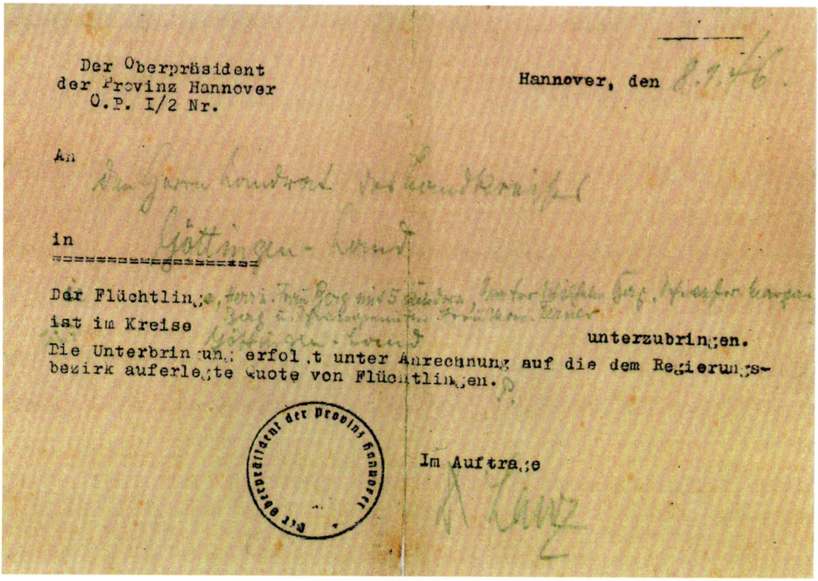

Der Oberpräsident
der Provinz Hannover
O.P. I/2 Nr.

Hannover, den 8.1.46

An

in Göttingen-Land

Der Flüchtling

ist im Kreise Göttingen-Land unterzubringen.

Die Unterbringung erfolgt unter Anrechnung auf die dem Regierungsbezirk auferlegte Quote von Flüchtlingen.

Im Auftrage

Bescheinigung zur Unterbringung der Familie Berg

für uns alle in den Landkreis Göttingen erhalten. Warum daraus nichts wurde, läßt sich nicht mehr aufklären. Ich hätte dann sicherlich mein Abitur in Göttingen gemacht. Aber hätte ich dann auch in Göttingen studiert? Oder hätte es mich in die Ferne gezogen, und hätte ich dann Hannelotte bei ihrem Studienbeginn im Sommersemester 1955 in Göttingen gar nicht kennengelernt? Fragen, die zu meinem Lebensglück unbeantwortet bleiben konnten!

Ein Handwerkskamerad und Berufskollege von Vater, Sötebier in Winsen/Luhe, den mein Vater kannte, beteuerte – wahrscheinlich ehrlich –, daß er wegen seiner NSDAP-Mitgliedschaft selbst „den Kopf einziehen" müsse. Schließlich fanden die Eltern in Leese. Kr. Nienburg/Weser, in Bürgermeister Pickel einen offenbar gutwilligen, hilfsbereiten Mann, dessen Worten „kommen Sie man her, dann sehen wir weiter" sie vertrauten. Dennoch kamen wir, wie wir noch sehen werden, was die allgemeinen Lebensbedingungen angeht, in Wirklichkeit „vom Regen in die Traufe“. In Bevensen hatte sich wenigstens ein menschlich sehr erfreulicher Kontakt zu Frau Lübbers, Inhaberin eines Lebensmittelgeschäftes gleich hinter der Ilmenau-Brücke, ergeben. In Röbbel hielten wir uns gern bei der schon genannten Frau Behn auf, und in der Nähe des Hofes Främke, seitlich links vom Waldweg nach Bevensen, hatten ausgebombte Berliner ein Behelfsheim aus Lehm, Stroh und Holz bezogen, das Wärme zu uns ausstrahlte und in dem wir noch das eine oder andere erhielten, was diese Menschen, die durch die Bomben ja selbst alles verloren hatten, eigentlich gar nicht entbehren konnten. Es hatten sich auch erste Flüchtlingsvereinigungen gebildet, in denen die immer zahlreicher aus den Ostgebieten ankommenden Vertriebenen – vor allem aus Schlesien – gegenseitig Halt und heimatliche Nähe suchten, die in Ansätzen auch begannen, die Vermögensinteressen der Vertriebenen wahrzunehmen und sie bei der Anmeldung des in den Ostgebieten zurückgelassenen Vermögens zu unterstützen.

Transkription der zuvor abgebildeten Handzettel:

Hiermit bescheinige ich, daß Herr Heinrich Berg den Beitrag für den Flüchtlingsverein bis 31. März 1946 bezahlt hat sowie die Aufnahmegebühr für das Kriegsschädigungsamt bezahlt sind.
Röbbel, den 11.3.46
Otto Karsten

Hiermit bescheinige ich, daß Herr Wilhelm Berg den Beitrag für den Flüchtlingsverein bis 31. März 1946 bezahlt hat sowie die Aufnahmegebühr für das Kriegsschädigungsamt bezahlt sind.
Röbbel, den 11.3.46
Otto Karsten

Unser „Umzug“ von Sirachsberg nach Leese mitsamt Großvater Wilhelm Berg und Tante Grete fand Anfang 1946 statt. Nach einer

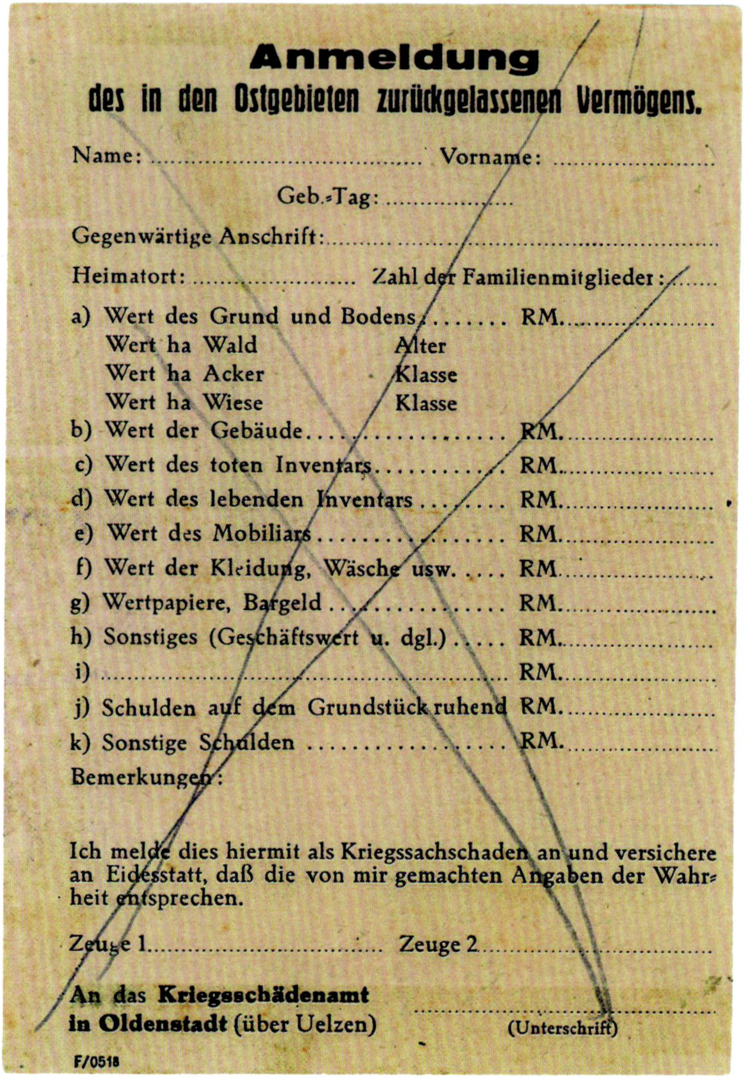

Anmeldung
des in den Ostgebieten zurückgelassenen Vermögens.

Name: .... Vorname: ....

Geb.-Tag: ....

Gegenwärtige Anschrift: ....

Heimatort: .... Zahl der Familienmitglieder: ....

a) Wert des Grund und Bodens .... RM. ....
Wert ha Wald Alter
Wert ha Acker Klasse
Wert ha Wiese Klasse

b) Wert der Gebäude .... RM. ....

c) Wert des toten Inventars .... RM. ....

d) Wert des lebenden Inventars .... RM. ....

e) Wert des Mobiliars .... RM. ....

f) Wert der Kleidung, Wäsche usw. .... RM. ....

g) Wertpapiere, Bargeld .... RM. ....

h) Sonstiges (Geschäftswert u. dgl.) ..... RM. ....

i) .... RM. ....

j) Schulden auf dem Grundstück ruhend RM. ....

k) Sonstige Schulden .... RM. ....

Bemerkungen:

Ich melde dies hiermit als Kriegssachschaden an und versichere an Eidesstatt, daß die von mir gemachten Angaben der Wahrheit entsprechen.

Zeuge 1 .... Zeuge 2 ....

An das Kriegsschädenamt
in Oldenstadt (über Uelzen)

....
(Unterschrift)

F/0518

Ein noch unter Besatzungshoheit entstandener, mit Blick auf die viele Jahrzehnte später erklärte Nichtgeltendmachung und -vertretung der ostdeutschen Vermögensverluste gegenüber den Vertreiber- und Konfiskationsstaaten interessanter Vordruck, wegen des damaligen Papiermangels wurde die Rückseite auch auch anderweitig verwendet, siehe nächste Seite.

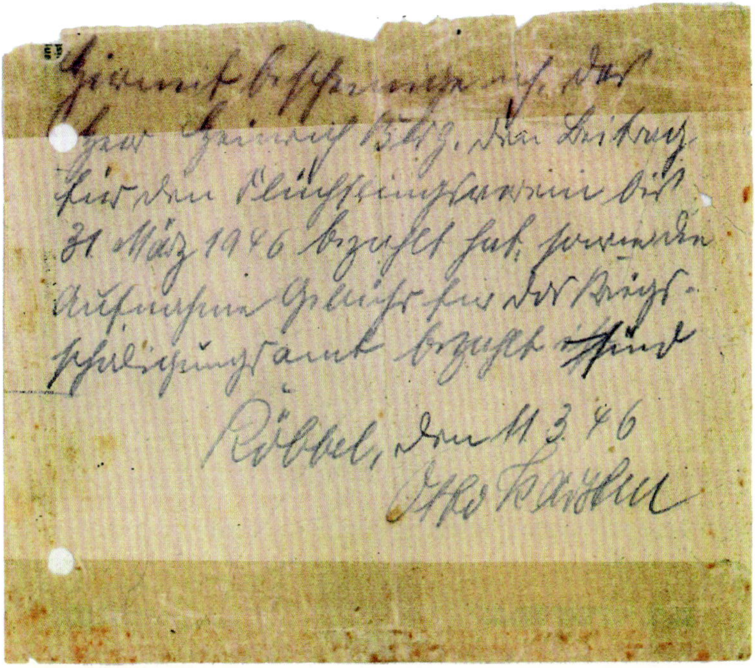

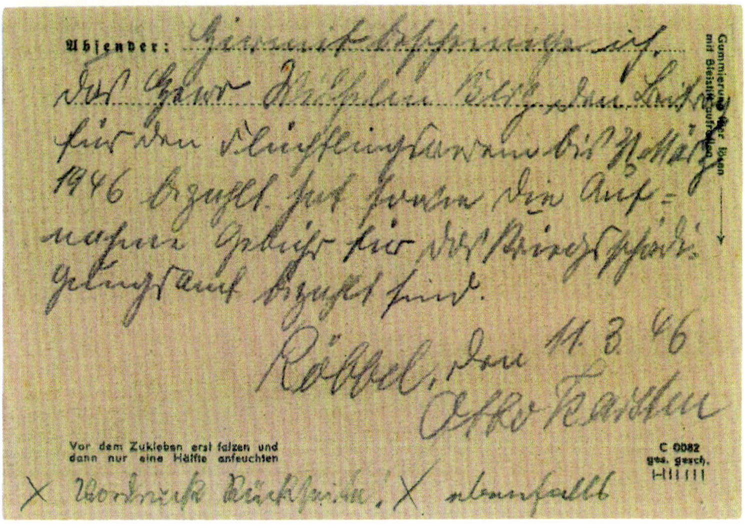

Die ostdeutschen Flüchtlinge beginnen, sich zu organisieren. Das darauf folgende Organisationsverbot der Besatzungsmächte wurde von diesem und jenem deutschen Politiker „der ersten Stunde“ unterstützt ...

Bescheinigung der Gemeindeverwaltung Leese vom 23. Juni 1949 für meinen Vater waren wir seit dem 19. März 1946 in Leese polizeilich gemeldet, angekommen waren wir dort wahrscheinlich schon etwas früher. Unser „Umzugsgut“ bestand im wesentlichen immer noch aus unserem Fluchtgepäck, schmerzhaft dezimiert um die beim polnischen Raubüberfall gestohlenen Sachen. Das „Speditionsfahrzeug“ war ein zweiachsiger ehemaliger Opel- oder Ford-Wehrmachts-Lkw, wir saßen auf den Holzbänken an den Seitenwänden der Ladefläche. Es war ein Holzvergaser, wie er mich schon zwischen Königsberg bzw. Cranz und Sarkau hin und her transportiert hatte. Etwa alle 10 bis 15 km mußte er anhalten und den thermenartigen runden Vergaserbehälter auffüllen, bis wir nach halbtägiger Fahrt – Luftlinie etwa 100 km – unseren künftigen Lebensmittelpunkt Leese erreichten, für Großvater und Großmutter die Endstationen ihres Lebens.

Mit dem Sirachsberg hatten wir den Ort verlassen, an dem uns der Untergang des Deutschen Reiches und in ihm unserer Heimat Ostpreußen in Abgründe gestürzt hatte, aus denen wieder herauszugelangen angesichts der damaligen Zeitumstände so gut wie aussichtslos erschien. Erst dem Wehlauer Heimatbrief 85. Folge – Sommer 2011, S. 340 ff – entnahm ich, in welcher denkbaren Gefahrenlage wir uns zusätzlich zu allem Schweren auf dem Sirachsberg bei Kriegsende befanden, von der wir nichts ahnten geschweige denn wußten. Beide Großelternteile, die Eltern, Tante Grete haben es zu Lebzeiten nicht mehr erfahren, sie sind lange verstorben. In seinem Artikel „Wie ich von der Frontlinie im April und Mai 1945 in der Lüneburger Heide überrollt wurde, bis zu meiner Wehrdienst-Entlassung am 5. Juli 1945“ berichtet der Verfasser Helmut Schmidt von den tage-, ja wochenlang andauernden Vergewaltigungen vieler Mädchen und Frauen durch schwarze US-Soldaten in Süschendorf und Umgebung in der Nähe von Dahlenburg/Lüneburger Heide, von Gewaltanwendung bis hin zur Bedrohung mit Schußwaffen. Sirachsberg, wohin es uns verschlagen hatte, war von Süschendorf/Dahlenburg ja nur etwa 10 km Luftlinie entfernt. Hier lebten sie nun, schutz- und wehrlos, wie wir alle jetzt waren, meine Mutter (40 Jahre), meine Zwillingsschwester, zwei jüngere Schwestern, unser Königsberger Kindermädchen, um die 27 Jahre alt. Sie alle waren in demselben Alter, das den Mitbewohnerinnen von Helmut Schmidt und manch anderer Frau zum Verhängnis wurde. 10 Kilometer Entfernung waren für die mit ihren geländegängigen „Jeeps“ reichlich ausgestatteten US-„boys“ ja kein Problem, hätten sie von unserem Hof (Einzelgehöft noch mehr als Süschendorf und obendrein an allen Seiten von Wald umgeben!) und seiner weiblichen Einwohnerschaft, etwa durch Kupplergeschäfte der brutal überall in der Heide, zweimalig auch auf dem Sirachsberg, plündernden und marodierenden polnischen „Mitsieger“, Kenntnis gehabt ...

Und dann noch der Gedanke, sie wären zu einem Zeitpunkt auf dem Sirachsberg aufgetaucht, als bereits mein Vater sich zu uns durchgeschlagen hatte. Er hätte sich diesen Bestien gewiß in den Weg gestellt – und es wahrscheinlich nicht überlebt. Für mich ist jede Aussage über mein Verhalten – gemeinsam mit meinem Vater – reine Spekulation. Hätte ich genauso gehandelt wie mein Cousin Klaus Rohde, der mit dreizehn Jahren ein Jahr jünger war als ich? Er hat mit seinem jungen Leben dafür bezahlt, als er sich in Berlin vor seine Mutter, meine Tante Liesel, stellte. Wie bereits vor ihm ihr Quartiergeber Reichsinnungsmeister der Bäckerinnungen Karl Grüßer wurde auch er vor ihren Augen von den sowjetischen „Kameraden“ der Süschendorfer US-„boys“ ermordet. Tanta Liesel hat „danach“ ihre Pulsadern geöffnet, konnte aber gerettet werden (siehe mein Buch „Über die Weichsel – eine deutsche Rückkehr“, Seite 30 f.). Ich weiß, wovon ich spreche: Eine Tragödie à la Süschendorf oder Berlin, vor der uns ein gnädiges Schicksal bewahrt hat, hätte auf dem Sirachsberg einen gleichartigen Verlauf genommen.

Ich habe die Zeit auf dem Sirachsberg nie vergessen oder die Erinnerung an sie verdrängt. Aber sie trat gedanklich und seelisch in den Hintergrund, im Vordergrund stand das Heute, seine Meisterung für ein besseres Morgen. Nichts hätte mich dazu bewegen können, nach einem größeren zeitlichen Abstand einmal zum Sirachsberg zu fahren und Nachschau zu halten, was sich zwischenzeitlich dort getan hatte. Wir hatten auch für immer von den Menschen auf dem Hof Främke Abschied genommen, mit denen uns nichts verband. Bis zu dem Tag, an dem Hermann Främke Hannelotte und mir und damit auch allen Sirachsberg-Bergs an unserer Nenndorfer Wohnungstür die Hand gab. Ich wußte noch aus der Sirachsberg-Zeit, daß bei Främkes manchmal von der uns bis dahin unbekannten evangelischen Akademie Hermannsburg gesprochen wurde und daß Hermann eine Beziehung zu ihr und zur Hermannsburger Mission hatte. Auf diesem – christlichen – Fundament hatte er nun den Brückenschlag über die Gräben der Vergangenheit vollzogen. Damit war nun auch das Fundament dafür geschaffen, daß Hannelotte und ich bei unserer etwa 300 km langen Radtour mit unserem jüngsten Sohn vom 10. bis 19. August 1980 von Kiel zu den Eltern in Leese am 15. August über Sirachsberg zu unserem Nachtquartier an diesem Tag in Bevensen fuhren. (Ein Angehöriger der Angerburger Eckloff-Familie, die in Angerburg am Neuen Markt 16 im gleichen Haus wie Behrends gewohnt hatte und mit der Hannelotte befreundet war, betrieb dort das Hotel „Lugano".) Unser Besuch kam für Främkes völlig überraschend, verlief, unbeschwert von allem Vergangenen, harmonisch. Der alte Bauer Främke lebte nicht mehr, seine Frau war behindert und saß in einem Sessel in dem in das Haus hineingebauten (umgestalteten) Eingang. Sohn Främke war kinderlos mit einer Sudetendeutschen verheiratet, die gesamte Landwirtschaft war wohl verpachtet.

Fast ein Vierteljahrhundert verging, bis ich noch einmal den Sirachsberg aufsuchte, wiederum mit dem Fahrrad. Die Komturei

Niedersachsen des Ökumenischen Tempelherren-Ordens e. V. – Ordo Militiae Templi – Deutsches Priorat –, dem ich angehörte, hatte einen Wochenendkonvent am 10. und 11. Mai 2003 in Munster/Lüneburger Heide ausgerichtet. Nach Abschluß des Konvents besuchte ich zunächst das Panzermuseum Munster, in dem u. a. fast alle deutschen Panzertypen des Zweiten Weltkriegs und andere Wehrmachtsfahrzeuge zur Schau gestellt waren – am Ende auch entsprechendes Gerät der beiden deutschen Hilfsarmeen der USA (Bundeswehr) und UdSSR (Nationale Volksarmee/NVA). Die stählern-monströse Masse und Zerstörungskraft dieser Vernichtungsgalerie erschlug jede Vorstellungskraft, was geschehen wäre, wenn sie auf Befehl der verfeindeten Siegermächte gegeneinander losgeschlagen hätte. Die Vorhersage von Reichspropagandaminister Dr. Goebbels am 12. April 1945 war

Foto: Im Stuhl Frau Främke (ihr Mann lebte nicht mehr). Hinter ihr Sohn Hermann mit Frau. Aber so harmonisch ging es 1945 nicht zu.

Hinter der Tür auf der Rückseite des Hauses, die damals der Hauseingang war, die Fenster unserer beiden Zimmer.

Hof Främke Sirachsberg bei Bevensen, Kr. Uelzen, erstes Wiedersehen nach 1945. Erdgeschoß linkes Fenster unser hinteres Zimmer.

Bei der Annäherung aus Richtung Bevensen kommend, eröffnet sich heute dieser Blick auf das ausgebaute und dadurch in Teilen wesentlich veränderte Gesamtgehöft Sirachsberg.

Nach der Ankunft bei meinen Eltern in Leese werden alle von uns durchfahrenen Ortschaften notiert. Es waren 90 an der Zahl ...

in der hier sichtbaren Konfrontation Wirklichkeit geworden, aber daß das einige Deutschland von damals einmal in den verfeindeten Lagern seiner Sieger geteilt deren jeweilige Speerspitze gegeneinander bilden würde, das wäre selbst diesem sprachgewaltigen Meister von Visionen, sieghaften Verklärungen wie apokalyptischen Horrorwortgemälden zur Verstärkung der propagandistischen Schubkraft seiner Worte nicht in den Sinn gekommen.

Ich atmete tief durch, als ich das Museum verließ, mein Fahrrad bepackte und gen Sirachsberg radelte. Im Rückblick auf die Zeit vor fast sechzig Jahren und die Entwicklung bis zu dem eben besichtigten Wahnsinn zwar auch nicht gänzlich unbeschwert nach der Melodie „Wohlan, die Luft geht frisch und frei" – aber es wurde doch eine schöne Radtour durch die frühlingsfrische Heidelandschaft bis Lüneburg, wo ich dann mit der Deutschen Bahn nach Kiel zurückfuhr.

Sirachsberg als Bauernhof gab es nicht mehr. An dem früheren Hauseingang auf der Hofseite las ich die Namensschilder „Schulze" und „Steinfeld". Keine Menschenseele war zu sehen, kein Huhn oder anderes bäuerliches Getier. Eine leblose Gebäudeansammlung, zu der auf der früheren Feldseite mindestens ein Neubau im Bungalowstil hinzugekommen war. Wo wir einmal den Kartoffel-„Ackersegen" geerntet hatten, befand sich jetzt ein Start- und Landeplatz für Sportflugzeuge. Nein, diesen Sirachsberg in „up to date"-protzigem Gewande wollte ich nicht mehr wiedersehen!

Aber es kam doch anders. Mein 75. Geburtstag am 9. Juni 2006 nahte. Es war ja kein „runder", sollten wir ihn trotzdem in größerem Rahmen feiern, wenn ja, wo? Hannelotte und ich waren uns einig, es zu tun. (Was würde am achtzigsten sein – diese Frage entschied unausgesprochen mit beim „Ja". Wie berechtigt sie war, sollte sich eindreiviertel Jahre später zeigen, als Hannelottes tödliche Krebserkrankung in unser Leben einbrach und ihre mit soviel Vorfreude begonnenen Vorbereitungen für ihren eigenen 75.

Geburtstag am 12. April 2008 à la Angerburg im Vereins-Bootshaus unseres jüngsten Sohnes an der Fulda in bedrückende Sorgen verwandelte und alle Planungen zunichte machte.

Bei meiner Radtour Munster-Lüneburg 2003 hatte ich vom 11. zum 12. Mai im Hotel „Vier Linden“ in Medingen übernachtet. Essen und Gastronomie waren ausgezeichnet. Die Gaststätte im alt-niedersächsischen Stil strahlte eine anheimelnde Atmosphäre aus, ein Gesellschaftsraum bot ausreichend Platz für die zu erwartende Gästezahl, wäre dies nicht der geeignete Ort, sozusagen der „Kontrapunkt“ am Ausgang meines Lebens zu der knapp vier Kilometer entfernten Stätte der tiefsten Erniedrigung der Familie Heinrich und Hildegard Berg am Beginn der „Jugend“ meines Lebens, dem Sirachsberg? So war es und so kam es. Hannelotte und ich unternahmen eine Besichtigungsreise und bereiteten meine Geburtstagsfeier in den Medinger „Vier Linden“ vor, mit Familienangehörigen und dem engsten Freundeskreis waren wir dreißig an der Zahl.

Hotel „Vier Linden“

An die Gäste verschickten wir diese Einladung:

„Am 9. Juni betrete ich die Schwelle zur zweiten Hälfte meines achten Lebensjahrzehnts.

Auch zu diesem ‚Jubiläumsgeburtstag' entfliehe ich wieder der Unrast und Unruhe, die sich zwangsläufig von früh bis spät bei einem Verbleib an meinem jetzigen Wohnort Kiel einstellen würde. Stattdessen ziehe ich eine Geburtstagsfeier in ruhiger Umgebung und im engsten Familienkreise sowie mit meinen langjährigen, treuen Freunden aus Königsberger Tagen und meiner Göttinger Studentenzeit vor. Da der 9. Juni auf einen Freitag, somit auf einen Wochentag fällt, einige von Euch aber noch im Berufsleben stehen, haben Hannelotte und ich es für zweckmäßig gehalten, die Geburtstagsfeier um einen Tag, d. h. auf Sonnabend, den 10. Juni, zu verschieben. Wir laden Euch also ein, vom 10. bis zum 11. Juni 2006 im Hotel/Restaurant ‚Vier Linden' in (jetzt Bad) Bevensen/OT Medingen, Bevenser Straße 1–3, inkl. Übernachtung unsere Gäste zu sein. Das ansprechende Vier-Sterne-Hotel ist landschaftlich schön gelegen und befindet sich unweit vom alten Kloster Medingen an einem geschichtlich und kulturell interessanten Ort. Einen Hotelprospekt mit Lageplan und Straßenübersichtsplan (die Bahnverbindungen sind nur sehr unvollständig angegeben, Bevensen liegt an der Hauptstrecke Hannover-Hamburg) findet Ihr anbei. Da uns das (bevorzugte) Hotel nur eine verhältnismäßig knappe Reservierungsfrist eingeräumt hat, wären wir für Eure Nachricht bis zum 10. März dankbar, ob Ihr uns die Freude Eures Kommens macht.

Eine Frage, die sich Euch vielleicht stellt, will ich kurz beantworten: Warum Bevensen-Medingen? Wenn Menschen älter werden, zieht es sie oftmals zu jenen Orten zurück, die in ihrem Leben eine besondere Bedeutung erlangt haben. Und dies waren das Einzelgehöft Sirachsberg und die kleine Ortschaft Röbbel bei Bevensen, wo ein Teil der Familie Berg nach der Flucht aus Königsberg (Pr) Anfang März 1945 als ‚Umquartierte' eingewiesen wurden. Hier hat sie das Kriegsende, den nachfolgenden Zeitenbruch erlebt und – im Hinblick auf die vielen Gefahren jener Zeit darf es so gesagt werden – überlebt, hier begann ihr weiterer Lebensweg in West-, Nord- oder auch Süddeutschland.

Wir planen folgenden Programmablauf:

Sa. 10.6. Anreise bitte bis etwa 11.30 Uhr, Zimmerbelegung

12 Uhr Begrüßung in der Hotelhalle

12.50 Uhr reichhaltiges Büfett als Mittagessen, ca. 15.30 Uhr Busfahrt nach Sirachsberg und Röbbel. Unterwegs ‚Kaffee und Kuchen' irgendwo in der Lüneburger Heide, in der Vater Berg und Sohn Fritjof 1945 zentnerweise Pilze gesammelt haben ...

ca. 19 Uhr gemeinsames Abendessen, Menü-Auswahl je nach persönlichem Geschmack.

Anschließend Heiteres, Besinnliches, auf Wunsch evtl. auch Filmbericht über einen Spaziergang der Berg-Geschwister im August 2005 u. a. durch Königsberg/Kaliningrad – Ende des Abends: offen.

So. 11.6. Um wieviel Uhr? Jedenfalls bis 10.50 Uhr gemeinsames Frühstück. Danach tränenreicher Abschied oder auch längerer Verbleib in Bevensen/Medingen, dann aber jeder in eigener Regie.

Wenn wir nichts vergessen haben, verbleibt uns nur noch, Euch mit der Bitte um Antwort (nochmals: bis zum 10. März) unsere herzlichsten Grüße zuzusenden.

Eure Fritjof und Hannelotte"

Meine Schwester und ihr Mann feierten dort einen Tag vorher auch ihre Goldene Hochzeit im allerengsten Familienkreis, und so ging dieses Jubiläum nahtlos in mein eigenes über. Zwillingsschwester Karin konnte aus Krankheitsgründen nicht dabei sein, wir vier anderen Geschwister unternahmen einen Gedächtnis-Spaziergang nach Sirachsberg, das ja nun kein Einzelgehöft mehr, sondern eine Wohnsiedlung geworden war.

Hannelotte kannte aus unseren gegenseitigen Lebenserzählungen viele Einzelheiten über mein Ergehen auf dem Sirachsberg. In ihrer fein durchdachten, ebenso ernsten wie humorvollen Geburtstagsrede stellte sie philosophische Betrachtungen über die alles andere als deckungsgleichen Begriffe „Glück gehabt“ und „glücklich sein“ an. Bezogen auf die Flucht von Königsberg nach Sirachsberg bedeutete dies: gelungene Flucht = Glück gehabt, aber auf dem Sirachsberg glücklich, sein: nein. Als ich nach ihrem Tod wieder auf das Manuskript ihrer Rede stieß, war ich unglücklich darüber, daß ich bei meinem Dankeswort für ihre Rede nicht geistesgegenwärtig genug gewesen war, ihr Wortspiel aufzugreifen und meiner Frau all meinen Dank und all meine Liebe mit diesen Worten zu sagen: „Hannelchen, Du meine und unsere gemeinsame Heimat Ostpreußen, welch ein Glück habe ich gehabt, Dich zu finden, um glücklich zu werden!“

Eine Busfahrt führte uns über Röbbel an die Stelle, wo mit Blick auf das Gehöft Sirachsberg 61 Jahre zuvor die ersten englischen Panzer aus dem Wald herausgekommen waren. Hier wurde Kaffee getrunken und einander zugeprostet, einen Teil des Kuchens hatte Hannelotte selbst gebacken und aus Kiel mitgebracht. Auf dem Verbindungswaldweg zur Straße Bevensen-Römstedt organisierte sie ein Völkerballspiel. Gerd Grzybinski, Rastenburger, Freund aus unserer Göttinger Landsmannschaft Ordensland und Patenonkel unseres ältesten Sohnes, war mit seinen achtzig Jahren jugendlich flinker Spielmacher.

Die festliche Geburtstagstafel

Gestaltung und Druck der Tischkarten: Mein Bruder Eginhart Berg.

Gestaltung und Druck der Tischkarten: Mein Bruder Eginhart Berg.

Wo 1945 finstere Wolken über unserem Leben gelegen hatten, stand die Feier meines 75. Geburtstags nunmehr im Zeichen der Umkehr der Überschrift dieses Kapitels, einer vitalen geistig-seelischen Rückkehr vom Sirachsberg zu den Wurzeln in Königsberg.

Das Jubiläumspaar erzählt von Personen und Ereignissen bei der Busrundfahrt Bevensen-Röbbel-Sirachsberg.

Wintermorgen in Leese

2. Teil: Schulzeit an der Staatlichen Oberschule für Jungen Nienburg (Weser), seit 1949 Albert-Schweitzer-Schule

Staatliche Oberschule für Jungen mit Gymnasium[1)]

Das Leben im Leeser Tief bis zum Abitur im Februar 1951

Ich vermag nicht mehr zu sagen, ob mein Schulbeginn an der Nienburger Oberschule vor oder erst nach meiner schweren doppelseitigen Lungenentzündung im Frühjahr 1946 war. Ihre Geschichte soll hier erzählt werden, da sie mich nach eineinhalb Jahren „Schulpause“ weiterhin zurückwarf. In meinem ersten Nienburger Schulzeugnis vom 25.9.1946 sind 85 (krankheitsbedingte) Stunden Unterrichtsausfall vermerkt (dies spricht für den Schulbeginn in Nienburg vor der Lungenentzündung).

Dies weiß ich noch genau: Schon auf dem Sirachsberg hatte ich ausreichend Gelegenheit gehabt, das „Handwerk“ eines Waldarbeiters zu erlernen, z. B. Fällen und auf etwa Meterlänge Zersägen der beim Do-Werfer-Beschuß zerfetzten Bäume, Zerhacken eines ganzen „Waldes“ von Holzklötzen des Bauern Främke, Stämme zu zerhackbaren Klötzen auf dem Sägebock zersägen usw. Das war nun auch in Leese beinahe täglich ausgeübte Routinearbeit. Es war nun Freitag vor Pfingsten oder Pfingstsonnabend 1946, als mein Vater, Tante Grete und ich im Leeser Wald uns als Kontingent zugeteilte Bäume fällten, entästelten, zersägten. Es war ein schwülwarmer Tag, ein lauer Wind wehte. In einer Arbeitspause ließ ich ihn mir, schweißgebadet auf einem gefällten Baumstamm sitzend, wohlig über den freien Oberkörper wehen. Es muß schon am nächsten Tag gewesen sein, daß ich zu hüsteln an-

1) „Gymnasium“ damals noch als altsprachlicher Schultyp, Latein wurde von Anfang an unterrichtet, Griechisch kam später hinzu, in Nienburg ab 1950.

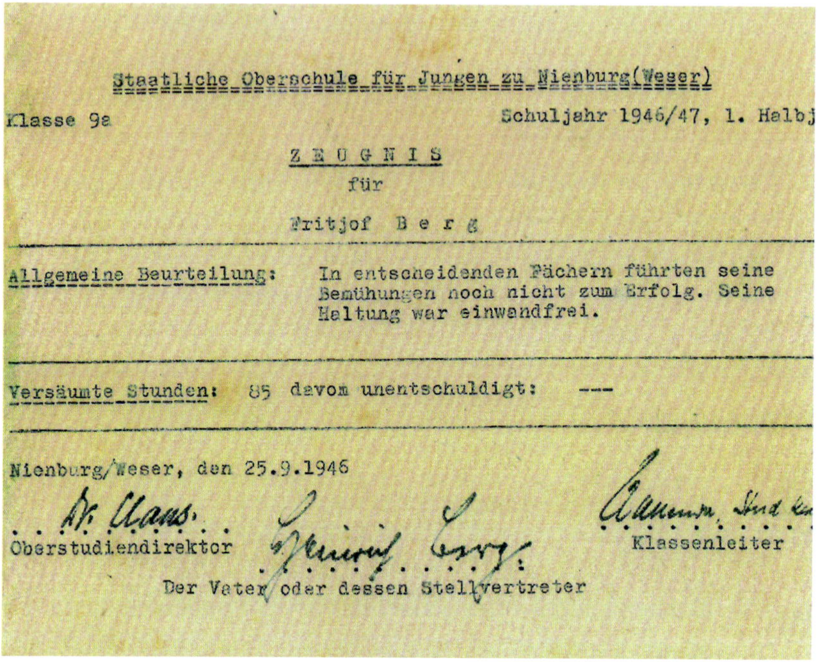

Staatliche Oberschule für Jungen zu Nienburg(Weser)

Klasse 9a Schuljahr 1946/47, 1. Halbj

Z E U G N I S

für

Fritjof B e r g

Allgemeine Beurteilung: In entscheidenden Fächern führten seine Bemühungen noch nicht zum Erfolg. Seine Haltung war einwandfrei.

Versäumte Stunden: 85 davon unentschuldigt: ---

Nienburg/Weser, den 25.9.1946

Oberstudiendirektor

Klassenleiter

Der Vater oder dessen Stellvertreter

Mein Zeugnis der 9. Klasse, Schuljahr 1946/47, 1. Halbjahr

fing und die Körpertemperatur auf dem Fieberthermometer kontinuierlich anstieg. Der herbeigerufene Dorfarzt diagnostizierte „Bronchitis" und blieb bei dieser Diagnose auch dann noch, als das Fieber auf über 40 °C angestiegen war, die unteren Lungenflügel beim Einatmen schmerzhaft stachen, ich bereits blutigen Auswurf hatte und in meinen Fieberphantasien schrie: „Was will der schwarze Hund hier?" Es war gewiß keine bezuglose Frage ... Mein Vater war jedenfalls ratlos gegenüber der offensichtlich falschen Diagnose des Arztes. Wie er es unter den damaligen Umständen – kein Telephon, kein Auto, keine Kenntnis von anderen Ärzten usw. – geschafft hat, daß ein britischer Sanka (Sanitätskraftwagen) mit einem deutschen Fahrer mich in das Kreiskrankenkaus Stolzenau auf der anderen (linken) Weserseite brachte – die Brücke war 1945 bei den schweren Abwehrkämpfen gesprengt worden, es verkehrte eine Seilfähre –, ist mir ein Rätsel geblieben. Wie ich späterhin, kurz vor meiner Entlassung, feststellte, war das Krankenhaus überbelegt, offensichtlich fungierte es auch noch als Lazarett für schwer verwundete deutsche Soldaten. Trotzdem wurde ich in ein Einzelzimmer gelegt, was sicherlich für eine sehr ernste Einstufung meines Krankheitsfalles durch die Ärzte sprach. Bevor ich in tiefen Schlaf versank, habe ich noch stöhnend aber dankbar gesagt: „Endlich wieder einmal ein anständiges Bett!“ Ja, es war sauber weiß bezogen und kein Gestell vom Schrottplatz, wie es jetzt die uns Flüchtlingen gemäße „Ausstattung“ war. Penicillin gab es schon, aber nicht für uns Deutsche. Trotzdem hat das Krankenhaus Stolzenau (und wohl auch meine trotz aller Schwächung resistente Natur) es geschafft, mich wieder „auf die Beine“ zu bringen. Sicherlich haben auch die Eltern dies und jenes zu meiner Stärkung angeschleppt, aber angesichts der Umstände – die schlimmste Nachkriegshungerzeit stand uns erst noch bevor! – kann es nur ein Bruchteil dessen gewesen sein, was sie sonst getan hätten. Südfrüchte waren mit Sicherheit nicht dabei, die gab es noch nirgends wieder zu kaufen, auch auf Lebensmittelzuteilungsmarken nicht. Nach etwa drei Wochen war ich wieder soweit hergestellt, daß ich entlassen werden konnte. Schwankend, in gestörtem Gleichgewichtszustand, verließ ich das Krankenhaus. Mit welchem Transportmittel, weiß ich nicht mehr. Zu Fuß kann ich den 3 km langen Weg nach Leese, bis zu unserem Domizil bei Wilhelm „Oler Hoop“ waren es sogar 4 km, in meinem Zustand nicht zurückgelegt haben.

Aber nun zu meinem schulischen Anfang in Nienburg. Unser Schulgebäude in der Friedrichstraße war noch von englischen Besatzungstruppen belegt. (Die Friedrichstraße war eine wahre Schülerrennbahn von und zum Bahnhof für die vielen Fahrschüler unserer Oberschule für Jungen und des benachbarten Hindenburg-Lyzeums der Mädchen aus mehreren niedersächsischen Landkreisen.) Unsere Ausweichschule, nach meiner Erinnerung ein einstöckiger Gebäudekomplex, befand sich direkt neben der Nienburger Kirche. Es war ein schöner frühlinghafter oder auch schon sommerwarmer Tag, an dem meine Nienburger Schulzeit begann – mit einem Paukenschlag. Die erste

Unterrichtsstunde sollte Latein sein. Auf meine Frage, wie „er" denn heiße, bekam ich von meinen neuen Klassenkameraden zur Antwort: „Clemens." Auch auf meine Erwiderung „clemens heißt weise, das ist sein Spitzname, ich habe schon so lange Latein gehabt wie Ihr, mich könnt Ihr nicht für dumm verkaufen!", blieben sie bei „Clemens". Wie ich späterhin erfuhr, hatte er die Angewohnheit, jeden der fortlaufend aus den Ostgebieten eintreffenden Neuen nach seinem Herkunftsort zu fragen. Als er mich entdeckte – wahrscheinlich war er auf Grund meiner schulischen Anmeldung darauf vorbereitet – steuerte er also auf mich zu und stellte seine Frage: „Von wo kommst Du denn?" (Es war die letzte Klasse vor Untersecunda, in der wir noch geduzt wurden.) Stolz gab ich zur Antwort: „Aus Königsberg, Herr Studienrat." Die Anrede mit der Dienstbezeichnung war noch jahrzehntelang üblich und hat für den nötigen Abstand gesorgt und eine „panjebratsche" Kumpanei zwischen Lehrer und Schüler verhindert. („panjebratsch", ostpreußischer Ausdruck: plump vertraulich. „Pan" polnisch: Herr, „brat" polnisch/russisch: Bruder.) Nun kam eine Szene, die ich nie vergessen habe.[1)] „Clemens", sein Name war Berkenkopf, erhob einen Arm mit ausgestrecktem Finger, drehte sich wie im Veitstanz im Kreise und stieß immer wieder lachend hervor: „Aus Keenichsbaarch, aus Keenichsbaarch ..." Das Nachäffen angeblich ostpreußischer Aussprache war längst zu einer verletzenden Unsitte geworden. Um alles in der Welt wollte ich kein „Flüchtling" sein, hier wurden meine Heimatstadt und obendrein ich selbst verhöhnt. Es ging gegen meine Ehre und die meiner Eltern, das Wort „Feigheit" hatte in meinem Leben noch nie Platz gehabt (auch wenn ganz „Kluge", wie ich erst noch lernen mußte, Feigheit zur „Klugheit", zum „clever sein" ummünzten). Als Chorschüler von „Koni" Opitz im Königsberger Heinrich-Albert-Chor hatte ich die phonetisch exakt-saubere Aussprache von Voka-

---

1) Es sollten später noch zwei weitere, nicht von mir provozierte Zusammenstöße mit anderen Lehrkräften folgen, mit der „akzessorischen" Zensurenabsenkung.

len, Umlauten und Konsonanten gelernt, beherrschte dies „wie im Schlaf". Also entgegnete ich, aufs äußerste verletzt und herausgefordert, nun in so geschulter Aussprache: „Ich komme aus Königsberg", um hinzuzufügen: „Aber Sie sind Studienrat, und deshalb wissen Sie bekanntlich alles besser!" „Clemens", der „Weise", war mit seiner Weisheit am Ende, ich hatte nunmehr aber die 5, mangelhaft, bei ihm „abonniert". Obwohl mein Vater dies in der damals noch bestehenden Reichsmarkzeit mit Reichsmark hätte bezahlen können, hat Oberstudiendirektor Dr. Claus unentgeltlich und in seiner Privatwohnung das „Mangelhaft" bald danach zu einem immerhin „Genügend" repariert („Lateinisch" im Zeugnis vom 20.12.1946 nach „mangelhaft", im Versetzungszeugnis vom 30.4.1947 „genügend").

Meine neue Klasse stellte mich als „Neuen" nun nicht mehr mit irgendeinem „witzigen" Einfall „auf die Probe", ich hatte diese vor aller Augen mit Bravour bestanden. Mein Klassenkamerad Ernsting, dessen Vater nach meiner Erinnerung in Nienburg ein großer mittelständischer Gewerbetreibender war, führte mich nach Schulschluß mit vielen Erläuterungen ausdauernd durch seine Heimatstadt Nienburg. Dies war zugleich eine andere erfreuliche Erfahrung, gleich am ersten Tag meiner Nienburger Schulzeit: Während „Clemens" sich so abstoßend, verletzend, unpädagogisch und im Grunde nicht anders verhalten hatte, als wir es in unserem Flüchtlingsalltag von nicht wenigen Einheimischen erfuhren, war dieses Gegeneinander, Getrenntleben, Sichabgrenzen in der Klasse aufgehoben, nicht existent. Es mag nicht zuletzt auch daran gelegen haben, daß wir alle ja als Angehörige der gleichen Jahrgänge von Nord bis Süd und von Ost bis West durch die gleiche „Schule" der Hitlerjugend gegangen waren, die den Niedersachsen Niedersachsen und den Ostpreußen Ostpreußen sein ließ, aber uns allen beibrachte, daß über allen heimatlichen und stammesmäßigen Besonderheiten dieses eine stand: daß wir Kameraden, Angehörige ein und desselben Volkes und Staates waren, daß wir schicksalsverbunden zusammengehörten. Es gab Takt- und Gefühllosigkeiten der in jeder Hinsicht besser situierten einheimischen gegenüber uns ostdeutschen Klassenkameraden, wenn z. B. der Molkereibesitzersohn K. in der großen Pause genüßlich seine Schinkenstullen stets mit einem prallen Apfel verzehrte, während wir Flüchtlinge froh waren, wenn es „zu Hause“ zum Mitnehmen einer Stulle Maisbrot mit Maisaufstrich gelangt hatte.

Aber so etwas hatte einen anderen Charakter als die Daseinsunterschiede am Alltag außerhalb der Schule, lag auf einer anderen Ebene. Es hat auch einheimische Klassenkameraden vom Lande gegeben, die mir von ihren wurstbelegten Schnitten abgaben. Eine außerordentliche Hilfsbereitschaft ohne „große Werte“ erwies mir auch mein Klassenkamerad Jürgen Verbarg aus meiner ersten Nienburger Klasse. Seinen Eltern gehörte das Bekleidungshaus gleichen Namens in Nienburg. Wenn es nach schulischen Abendveranstaltungen keine Zugverbindung mehr nach Leese gab, wurde ich zur Übernachtung in sein Elternhaus eingeladen. Außer mir gab es ja noch viele andere Fahrschüler, warum ich? War es eine deutliche Geste in Richtung der Entgleisung von „Clemens“? Niemand kann aus der Sicht der heutigen Verhältnisse ermessen, wie beglückend es war, mich aber auch unsicher und verlegen machte, für ein paar Stunden aus dem Leeser Armenhausmilieu in eine unzerstörte und obendrein erkennbar wohlhabende Wohnkultur zurückgekehrt zu sein.

Eine zweite freudige Überraschung hielt mein erster Nienburger Schultag bereit, d. h. sogar die erste Stunde bei „Clemens“. Zum Flucht- und Vertreibungsgepäck von uns Ostdeutschen hatten ja nicht unsere Lehrbücher gehört, die wir in Königsberg, Breslau, Hirschberg oder Oppeln in Schlesien benutzt hatten. Aber was zog mein Banknachbar aus seiner Schultasche: Es war das Lateinbuch „Cursus Latinus“ – genau dasselbe, das ich auf der Königsberger Burgschule benutzt hatte. Ich brauchte also nur die Seitenzahl aufzuschlagen, um dort fortzufahren, wo ich in meiner letzten Königsberger Lateinstunde aufgehört hatte. Mindestens in Preußen dürfte demnach Lehrbucheinheit, sicherlich auch Lehrplaneinheit mit landschaftlichen/provinziellen Besonderheiten, bestanden haben, vielleicht sogar im ganzen Reichsgebiet? Das war dann auch eine ganz bedeutende Grundlage für eine reichseinheitlich vergleichbare Zensurenregelung.

Ein Wiedersehen mit einem anderen wohlvertrauten Lehrbuch aus Burgschultagen ergab sich am gleichen Tag oder wenig später: Mein erster Nienburger Deutsch-, Englisch- und Klassenlehrer Studienrat Hollender überließ es mir. Nach dem Eindruck auf der Innenseite des vorderen Buchdeckels handelte es sich zwar um ein „Unberechnetes Handstück nur für den Unterrichtsgebrauch des Lehrers", aber es dürfte sich hierbei lediglich um einen geschäftlichen Hinweis des Verlages gehandelt haben. Inhaltliche Unterschiede gegenüber dem käuflich auch von mir 1941 im Königsberger Haus der Bücher Gräfe und Unzer erworbenen Schülerexemplar dürften nicht bestanden haben. Mit Stolz erfüllte mich jetzt der Verlagshinweis auf den Kreis der Mitarbeiter des Englischlehrbuchs, den ich in Königsberg wahrscheinlich überhaupt nicht zur Kenntnis genommen hatte, da die Stätten ihres Wirkens Königsberg, Breslau und Stettin so immanent zu unserer Lebenswelt wie alles andere ringsherum gehörten und außer den Nachkriegs-Superschlauvisionären niemand auch nur auf den Gedanken gekommen wäre, daß wir schon in wenigen Jahren aus ihnen vertrieben und sie uns geraubt werden würden: Fünf der sieben hatten in diesen Städten gelebt, zwei von ihnen sogar in Königsberg. Ich habe das Buch damals – wohl auch vor diesem Hintergrund – mit dem geretteten Königsberger Geschäftsstempel meines Vaters versehen (der spurlos verschwunden ist, aber nicht bei mir!). Es ist für mich ein geschätztes Zeugnis jener eben beschriebenen Zeit.

Nur kurzfristig fiel mir noch ein weiteres gemeinsames Königsberg-Nienburger Lehrbuch in die Hand, unser Biologiebuch „Das Leben" aus dem Schulbuchverlag Teubner in Leipzig und Berlin. Es war ganz gewiß im geheimsten Winkel des „Giftschranks" eingeschlossen. Hannelotte hat ihr Eigenexemplar dieses „Biobuchs" Band 1 für die Klassen 1 und 2 gerettet. Manche Abschnitte wie „Familie, Ahnen" (S. 66 ff) oder „Ahnen und Sippe" (S. 202 ff) enthalten Ausführungen, die sofort nach der Besetzung durch die Feindmächte als „NS-Gedankengut" = „verbrecherischer Ungeist" gebrandmarkt wurden. Es war, wie gesagt, Bestandteil von Hannelottes Fluchtgepäck. Obwohl das Buch den Stempel „Der Direkter der Staatlichen Hindenburgschule/Oberschule f. Jungen m. Aufbau-Förderklassen zu Angerburg“ mit der Registernummer „H.U.11963“ trägt, haben wir es in unserem Besitz behalten, und dadurch ist ihm vielleicht das Schicksal erspart geblieben, in einer „Heimatstube“ gleich „ausgesondert“ oder wegen seiner „Vergangenheit“ im hintersten Winkel versteckt zu werden. Wir haben dem Buch noch das von Schwiegervater/Vater Fritz Behrend, er war im Krieg kommissarischer Bürgermeister von Angerburg, gerettete Dienstsiegel der Stadt beigedrückt und dieses nach seinem Tod später der Heimatstube der Kreisgemeinschaft Angerburg im Heimatmuseum des Patenkreises Rotenburg/Wümme zur Aufbewahrung übergeben.

Studienrat Hollender war das vollkommene Gegenstück zu seinem Kollegen „Clemens“. Er begegnete seinen „Flüchtlingsschülern“ jedenfalls anfangs mit viel Wohlwollen, Hilfsbereitschaft (siehe sein/ „mein“ Englischlehrbuch!), Verständnis und Einfühlungsvermögen. Er war aus dem Ersten Weltkrieg schwer kriegsbeschädigt, hatte ganz oder teilweise ein Bein verloren und eine Prothese, die er oft mit „ahin, mein Holzbein!“ glossierte. So wie der Standardrefrain von „Seehund“ auf der Königsberger Burgschule (s. Band 2.1) sind mir diese Redeformeln von ihm in Erinnerung geblieben: „Geistiges Gipskaninchen“, „niente“ oder „mitnichten, o Knabe!“, „da haben sich wieder einmal einige nicht bergen können“ (d.h. schlechte Zensuren erhalten), bei der Rückgabe von Klassenarbeiten (Diktaten und Aufsätzen). Anders als „Clemens“ korrigierte er auch meinen Ausdruck „Gemüll“, den ich aus Königsberg mitgebracht und in einem Aufsatz für Hausmüll verwendet hatte. Zu seiner Randbemerkung „A“=Ausdruck bemerkte ich betroffen, es hieße doch „Gemüll“. Seine Richtigstellung war einfach humorvoll, nicht verletzend: „Mitnichten, es heißt Müll!“

Mit Sicherheit hatte Studienrat Hollender auch die Lehrbefugnis für Französisch. Denn er streute in seinen Unterricht gern französische Wörter ein, die ich für mein ganzes Leben behielt. Jede seiner schriftlichen Klassenarbeiten begann er mit dem Leitsatz „Chacun pour soi

Hirts und Velhagen & Klasings
Englisches Unterrichtswerk

Sprachlehre
für Oberschulen, Gymnasien
und Oberschulen in Aufbauform

Im Auftrage einer Arbeitsgemeinschaft
herausgegeben von
Heinrich Fischer

1938

Ferdinand Hirt, Breslau
Königsplatz 1

Velhagen & Klasing
Bielefeld und Leipzig

Englisches Unterrichtswerk, Sprachlehre für Oberschulen, Gymnasien und Oberschulen in Aufbauform

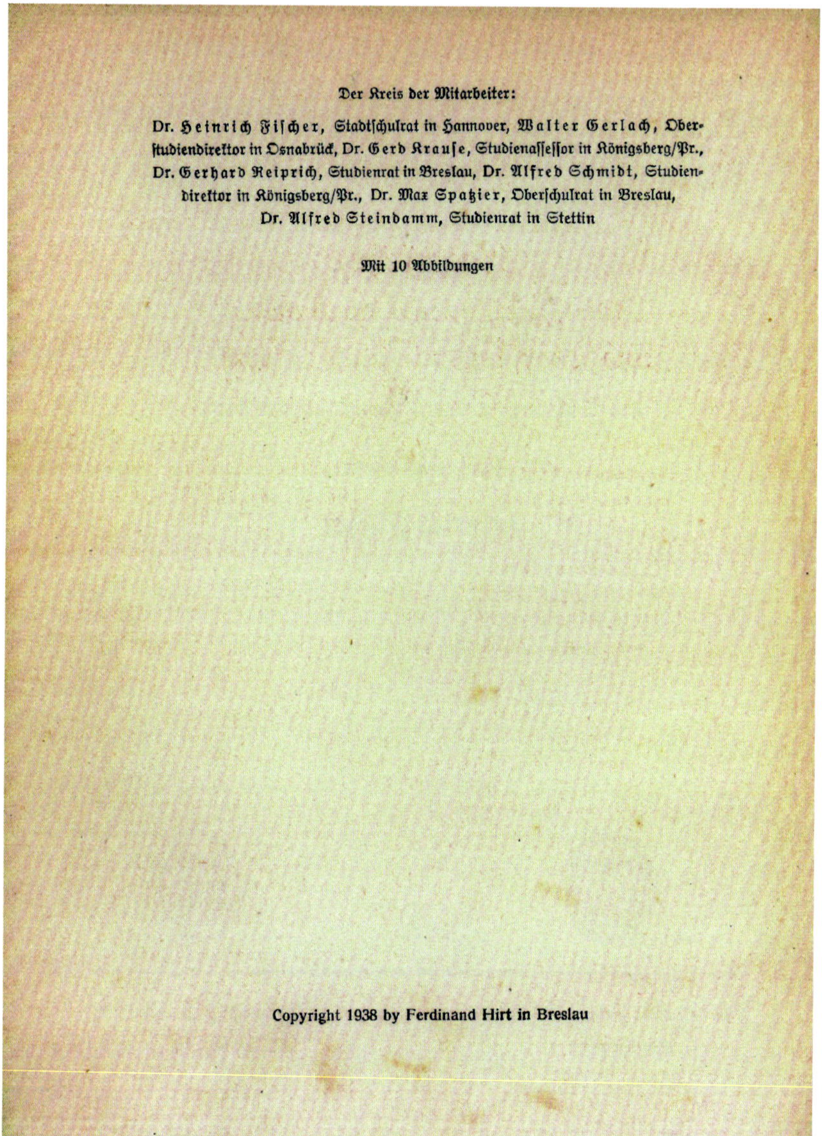

Der Kreis der Mitarbeiter:

Dr. Heinrich Fischer, Stadtschulrat in Hannover, Walter Gerlach, Oberstudiendirektor in Osnabrück, Dr. Gerd Krause, Studienassessor in Königsberg/Pr., Dr. Gerhard Reiprich, Studienrat in Breslau, Dr. Alfred Schmidt, Studiendirektor in Königsberg/Pr., Dr. Max Spatzier, Oberschulrat in Breslau, Dr. Alfred Steindamm, Studienrat in Stettin

Mit 10 Abbildungen

Englisches Unterrichtswerk, Innenseite des Buchdeckels

et dieu pour nous tous!" Aber merkwürdigerweise wurde auch in Nienburg, so wie zuvor in Königsberg, kein Französischunterricht erteilt. Das kann aber nicht am Kriegszustand mit Frankreich gelegen haben. Denn nach dem Waffenstillstandsvertrag vom 22. Juni 1940 unterhielt das Reich mit der im unbesetzten (Süd-) Teil Frankreichs amtierenden („Vichy"-) Regierung formell-exakte völkerrechtlich-diplomatische Beziehungen. England hingegen war weiterhin (von Churchill kriegsentschlossen unbeirrt betont und praktiziert!) Feindstaat. Englischunterricht wurde, davon unbehindert und unangefochten, vollkommen sachlich und korrekt erteilt. Die Hintanstellung des Französischen kann nur daran gelegen haben, daß Englisch dem Französischen, das einmal die Sprache der Diplomatie, der gebildeten Schichten und preußischen Eliten gewesen war, wegen seiner wachsenden praktischen Bedeutung „den Rang abgelaufen" hatte und bei den Einberufungen zur Wehrmacht auf die Erteilung von Französischunterricht durch den Betreffenden keine oder nur weniger Rücksicht genommen wurde. Französischunterricht wurde in Nienburg erst 1950, ein Jahr vor meinem Abitur, wieder eingeführt. Die Teilnahme wäre für mich freiwillig gewesen. Ich sagte damals zu mir – und habe es später immer wieder bereut: Ein Jahr vor meinem Abi fange ich damit doch nicht mehr an! Zwischen Latein und Englisch wäre es mir mit meinem schnell einprägsamen Gedächtnis nur so „zugeflogen"!

Alle Lehrbücher aus der NS-Zeit, selbst die rein naturwissenschaftlichen, waren von der britischen Besatzungsmacht verboten worden. Wie bereits geschildert, hatte ich den schulischen Wieder- oder Neubeginn nach Errichtung der Besatzungsherrschaft nicht direkt miterlebt. Deshalb nur vom Hörensagen halte ich an dieser Stelle fest, daß die Besatzungsmächte sogar zur Ablieferung aller Schulbücher aus der NS-Zeit aufgefordert haben sollen, um sie dann verbrennen oder einstampfen zu lassen. (Das heutige Moralgebläse über die studentische NS-Bücherverbrennung 1933 bekommt im Gedenken hieran eine Art Keuchhusten ...) Die total-totalitäre Verbannung aller zwischen 1933 und 1945 erschienenen Lehrbücher aus dem Unterricht, ihre möglichst umfassende Vernichtung erzeugte mit dem ausbleibenden Druck neuer Unterrichtswerke einen katastrophalen Lehrbuchmangel. Die dieser Aktion nur noch in geringen Stückzahlen entgangenen Bücher konnten von unseren Lehrern nicht offen für Unterrichtszwecke eingesetzt werden, es kam zu einer Art „U.T.“-Praxis („U.T“ = „unter dem Tisch“ war in den letzten Kriegs- und den ersten Nachkriegsjahren eine gängige Redensart für einen nicht ganz legalen oder bestimmte Kunden bevorzugenden, nicht offenen, versteckten Warenverkauf). Als „Lehrbuchersatz“ griffen sie zu Hilfsmitteln aller Art, die, da wir dabei ja notgedrungen aufmerksam und aktiv „mitgehen“ mußten, sogar den Lernerfolg begünstigten: Diktat, Aufschreiben und Abschreiben des Lehrstoffes von der Tafel (die Möglichkeit zu kopieren gab es noch nicht, sie wäre auch am drastischen Papiermangel gescheitert). Ein Beispiel wird im folgenden abgebildet.

Das erste neue Schulbuch, das wir etwa 1948 erhielten, war ein mit Lizenz der britischen Besatzungs- und Kontrollbehörde gedrucktes Deutschbuch. Auf seiner Titelseite zeigte es einen mit dem Seitengewehr schräg in die Erde gerammten deutschen Karabiner 98 K, über dessen Schaft ein deutscher Stahlhelm gestülpt war. Schräg-diagonal lief über die ganze Titelseite in Großlettern das Postulat oder die Verheißung „NIE WIEDER KRIEG!“ Die Schuldzuweisung für alles, was geschehen war, an uns, die Deutschen, war mit der geschilderten Titelseitengestaltung so eindeutig, daß ich das Buch nur notgedrungen, voller Ablehnung und Widerwillen, in die Hand nahm. Ich kann mich in nichts an seinen Inhalt erinnern, er hatte mit Sicherheit den gleichen Tenor, ihm fehlte mit Sicherheit jeglicher Lesestoff, der uns in den jetzt verbotenen Deutschbüchern mit „deutscher Seele“ erfüllen sollte. Nach meinem Abitur am 19. Februar 1951 habe ich das Buch entweder in den Ofen oder in eine Mülltonne gesteckt. Hätte ich es nie getan! Allein seine Titelseite hätte so vieles in einen Zerrspiegel gerückt, was seit seinem Erscheinen der verlogeneinseitigen Geschichtsdoktrin zuwiderlief.

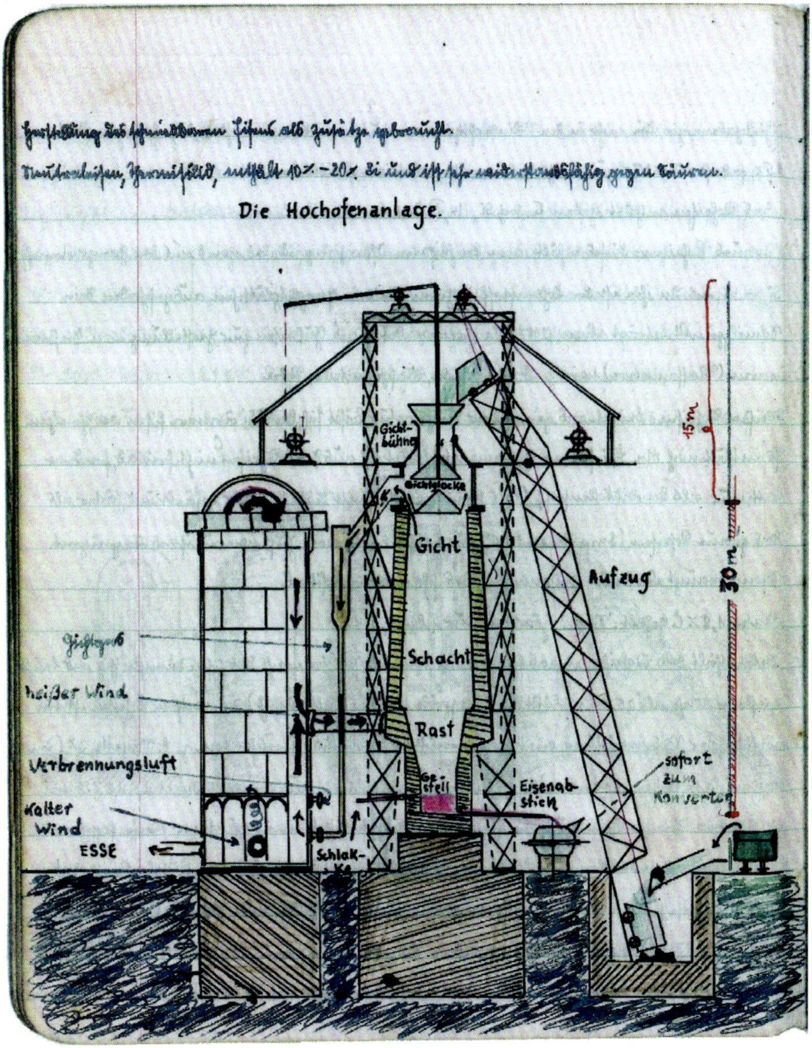

Beispiel aus meinen Schulheften

Der französische Indochinakrieg mit zum dortigen Kriegsdienst erpreßten deutschen Kriegsgefangenen vor allem aus der Waffen-SS oder anderen wegen Perspektivlosigkeit für ihr Leben in den Besatzungszonen „Freiwilligen“, der China-SU-US-Koreakrieg waren zu dieser Zeit voll im Gange und widerlegten den verlogenen Buchtitel innerhalb kürzester Zeit. Wegen der auch sonst allüberall betriebenen Verfemung des deutschen Soldatentums konnte ich aber weder vorhersehen oder auch nur ahnen, daß nicht nur in der Sowjetischen Besatzungszone mit zunächst der Kasernierten Volkspolizei die Remilitarisierung begonnen, sondern insgeheim auch auf westlicher Seite bereits Verhandlungen über eine deutsche Wiederbewaffnung geführt wurden, an deren Ende 1956 die Aufstellung der Bundeswehr in den institutionalisierten festen Ketten des NATO-Gefüges stand. In den vorangegangenen erbitterten Auseinandersetzungen gerade auch in der studentischen Jugend, der ich angehörte und die ja erfahren hatte, was Krieg und zum Kriege führende Automatismen bedeuten, hätte ich das Deutschbuch als argumentative Waffe sowohl gegen die westlichen als auch deutschen Betreiber einer Einbeziehung der vorher von den westlichen im Verein mit ihren jetzigen östlichen Gegnern niedergerungenen und dann verfemten Kampfkraft des deutschen Volkes in kriegsbezogene Bündnisse und Planungen einsetzen können. Dies seit Umwandlung der Bundeswehr in eine „out of area“ US-Verfügungstruppe erst recht. Da weltweit auf allen Soldatenköpfen nunmehr der Schutzhelm in Form des deutschen Wehrmachtsstahlhelms zu sehen ist, wäre die Titelseite des „Nie wieder Krieg“-Buches eine bildlich unschlagbare Parodie geworden!

Wie mit der Mangelware Lehrbücher sah es auch mit allem und jedem aus, was sonst noch zur Grundausstattung eines Oberschülers gehörte. Einheimische Klassenkameraden, deren Eltern bereits eine Oberschule besucht hatten, besaßen beispielsweise ein Reißzeug. Aber wir Flüchtlinge und Ausgebombten, die wir ungefähr die Hälfte der Klasse ausmachten? (Zur Zusammensetzung meiner beiden Klassen in Nienburg s. u.) War es nun der Mathematiklehrer, der uns die Herstellung eines ganz primitiven Zirkels Marke „Eigenbau“ vorführte: eine Nadel mit einem Stück Nähgarn, hieran befestigt ein angespitzter Bleistiftstummel. Bleistiftanspitzer – woher nehmen, die Frage galt für alles.

Ein irgendwo ergatterter Bleistift wurde, so vorhanden, mit einem Taschen- oder Küchenmesser, sonst mit einem anderen angespitzt. Ellipse, Hyperbel, Rechenschieber, alles wurde eigenhändig hergestellt.

Geschrieben habe ich bestimmt noch lange auf „klassische" Art mit Federhalter und Tintenfaß, bevor ich irgendwann einen „Füller" besaß (den Kugelschreiber gab es überhaupt noch nicht). Nur worauf? Papier, Hefte, alles war mehr als knapp, jedes bedruckte oder beschriebene Blatt, dessen Rückseite noch frei war, wurde in sparsamster Weise verwendet. Zwei dicke Diarien, die Vaters Schwester Liesbeth irgendwann einmal in einem ihrer Pakete aus den USA mitschickte, waren nach Papierqualität und Heftung ein Schatz wie aus dem Wunderland[1)].

Zu einem ganz unverhofften „Papiererwerb" kam es, als irgendwann im Spätsommer oder Frühherbst 1946 die Engländer unser Schulgebäude räumten und wieder für schulische Zwecke freigaben. Wir durchstöberten alle Räume und so auch den Dachboden. Dort hatten die Engländer nicht nur Soldatengesangbücher oder illustrierte Anleitungen für die Zivilbevölkerung zur Panzerbekämpfung im Falle einer deutschen Landung in Großbritannien zurückgelassen[2)]. Eine höchst

---

1) Tante Liesbeth Schulz hat jedes ihrer Geschwister bzw. jede Schwägerin in der britischen Besatzungszone – ihre Brüder Leopold und Ernst waren in russischer Kriegsgefangenschaft, Bruder Wilhelm mit Schwägerin Grete noch verschollen, Bruder Artur und Frau Helene ebenfalls – allmonatlich mit einem großen Paket versorgt, von Seife über Nudeln bis hin zu Bohnenkaffee, abgelegter Kleidung und Schuhen – damals eine unschätzbare Hilfe für jeden von uns. Mein Vater, Tante Mieze, Grete, Irmgard, Maria, fünf an der Zahl!

2) Das Soldatengesangbuch begann mit „Onward christian soldiers, marching as to war, with the cross of Jesus going on before." – Auch die Mannschaftsdienstgrade der Deutschen Wehrmacht trugen ein Koppelschloß, auf dem „GOTT MIT UNS" eingestanzt war. Hieß dies nun „Gott sei mit uns" (als Bitte) oder „Gott ist mit uns" (als Gewißheit seines Beistands)? Beides ist denkbar. Jedenfalls gaben sie sich damit nicht als Bannerträger Christi aus wie ihre englischen „Kameraden". Leider habe ich damals weder ein britisches Militärgesangbuch noch die Partisanenpanzerbekämpfungsanleitung an mich genommen.

willkommene Hilfe gegen unsere Papierknappheit waren Stapel von Plakaten, in deren Standardtext auf der Vorderseite die jeweiligen Veranstaltungen für die Truppe eingetragen werden konnten. Die Rückseite aber war freies unbedrucktes weißes Papier, aus dem ich mir damals einen ganzen Vorrat von „Schulheften" geschaffen habe, eine „Kostprobe" wird im folgenden abgedruckt.

Ein Fund verschlug mir die Sprache, ihn nahm ich ebenfalls an mich, er ist ein Lehrstück für die expansionistischen Absichten der US-Interventionsmilitärpolitik vom Ersten Weltkrieg bis zur Gegenwart. Es ist eine US-amerikanische Generalstabskarte aus dem Jahr 1944 (zusammengestellt hauptsächlich aus deutschen Generalstabskarten). Sie umfaßt den nordost-ostpreußischen Raum um Pillkallen-Schirwindt und reicht über die Memel noch kilometerweit nach Litauen hinein. Obwohl mir, in meinem Alter von 15/16 Jahren, die Verhandlungen und Beschlüsse unserer Kriegsgegner Großbritannien – USA – Sowjetunion über die Behandlung Deutschlands und das darin vorgezeichnete Unheil für meine Heimat Ostpreußen überhaupt noch nicht bekannt waren, stand für mich fest, daß es US-Generalstabsarbeiten für ein Vordringen der US-Streitkräfte bis in den Bereich gegeben hatte, den der US-Verbündete Sowjetunion für sich beansprucht und dann auch erobert hatte. Daran konnte nichts ändern, daß die Kartenseite den durchlaufenden Überdruck „cancelled" erhalten hatte und die Rückseite dann wohl ebenfalls nachträglich den schematischen Buntdruck einer Industrieanlagenzeichnung mit – in großen Lettern – den Wörtern „Work from Books/Use your Library" erhalten hat.[1)]

---

1) Ich schreibe dies in meinem Manuskript am 12. März 2015. Bis an den Rand der militärischen Auseinandersetzung ist zwischen NATO/EU, von diesen initiiert und provoziert, ein Konflikt mit Rußland vordergründig um die Ukraine entbrannt. Die US-Generalstabskarte ist Wirklichkeit geworden, US- und andere NATO-Streitkräfte einschließlich der Bundeswehr patroullieren im Baltikum bis hinauf nach Reval und Dorpat, letztere auch mit „Aufklärungsflügen" am Himmel und Truppenstationierungen in Litauen, dann ja wohl auch in früheren deutschen Kasernen in Memel ... (Fortsetzung S. 627)

Der Mangel an Büchern, Papier und Lehrhilfsmitteln aller Art wurde begleitet von einer immer weiteren Absenkung der Zuteilung von Lebensmitteln bis weit in das Jahr 1947 hinein. Sie betrug in der Kalorienberechnung am Ende ein Drittel des Lebensnotwendigen und lag zwischen 800 und 900 Einheiten täglich. Irgendwann nach Wiederaufnahme des Unterrichts in unserem regulären Schulgebäude wurde die sog. „Schulspeisung" eingerichtet, bei der wir aus einer „Gulaschkanone" o. ä. an jedem Schultag (dazu gehörte auch der Sonnabend) in der großen Pause einen gehörigen Schlag irgendwelcher Suppen erhielten; wir standen dann auf einer Nebenstraße vor dem Schulgebäude an. Besonders nahrhaft waren süße, schon breiartige Suppen mit Rosinen. Sehr beliebt waren die US-army-Verpflegungskartons „four in one" und hier vor allem die darin enthaltenen Dosen mit gerösteten Erdnüssen. So etwas hatten wir bis dahin noch nicht gekannt. Wenn sie leer waren, wurde mit ihnen in der Pause im Klassenzimmer manch ein Wurfduell ausgetragen – die meisten von uns waren noch im „Überläufer"-Alter und eben noch „große Jungs"! Wie bei dem US-Kartenfund verschlug es mir auch im Rahmen der Schulspeisung die Sprache, als wir zum ersten Mal Scho-Ka-Kola-Dosen erhielten – mit dem Aufdruck „Einsatzverpflegung für die Luftwaffe". Eine Luftwaffe, die es seit Mai 1945 nicht mehr gab! Also handelte es sich um Beutebestände, die hier verteilt wurden – wie riesengroß mußten die eingelagerten Vorräte im ganzen Deutschen Reich doch gewesen sein, wenn daraus immer noch etwas nun auch für uns Deutsche zur Verteilung kam ...

Zum Mangel an allem und jedem gehörte auch die Not bei der Beschaffung von Kleidung und Schuhen, gerade im Heranwachsenden-

---

(Fortsetzung Fußnote 1, S. 626) Ich sollte die US-Generalstabskarte anno 1944 ironisierend Se. Exzellenz dem Botschafter der Vereinigten Staaten in Berlin mit der Frage schicken, ob den USA jetzt nicht doch das Hinwerfen Königsbergs 1945 vor die Füße ihres „Uncle Joe" (Stalin) leid tue – es ist jetzt russisch-strategischer Pfahl im NATO-Fleisch zwischen Polen und Litauen ...

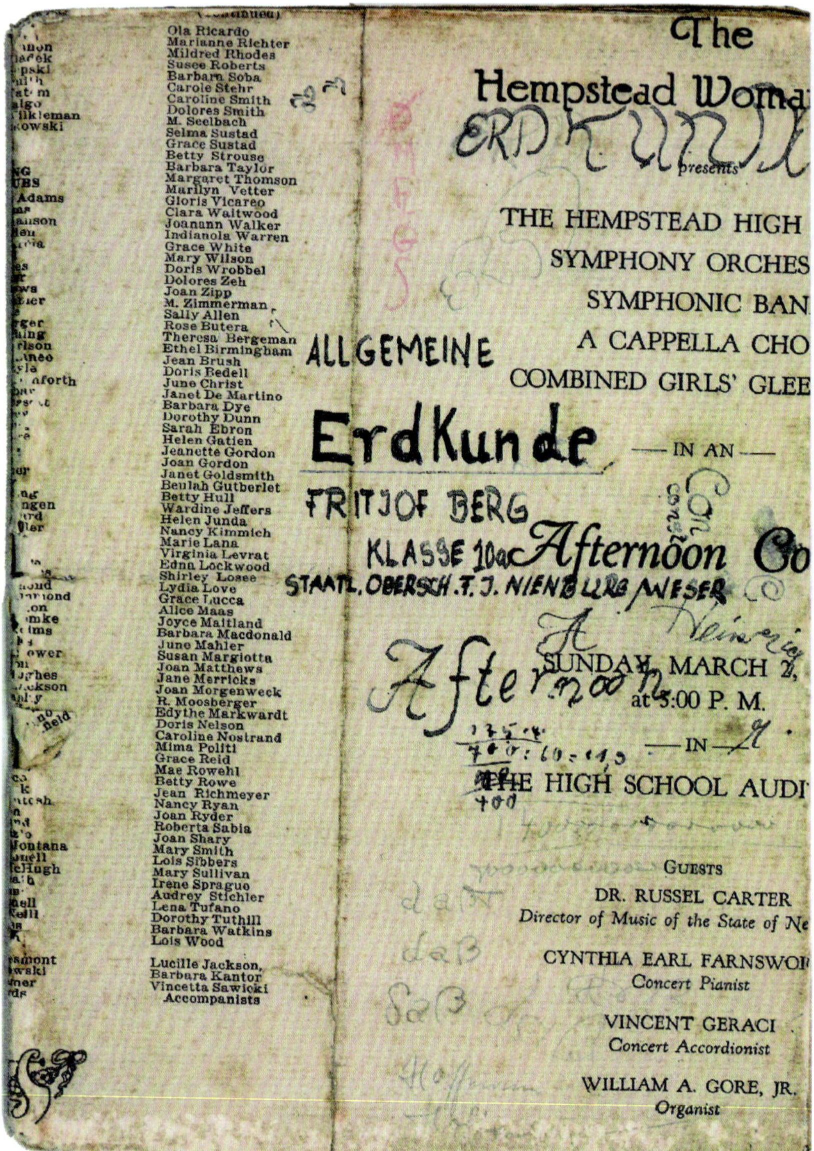

„Kostproben" unserer Papierknappheit

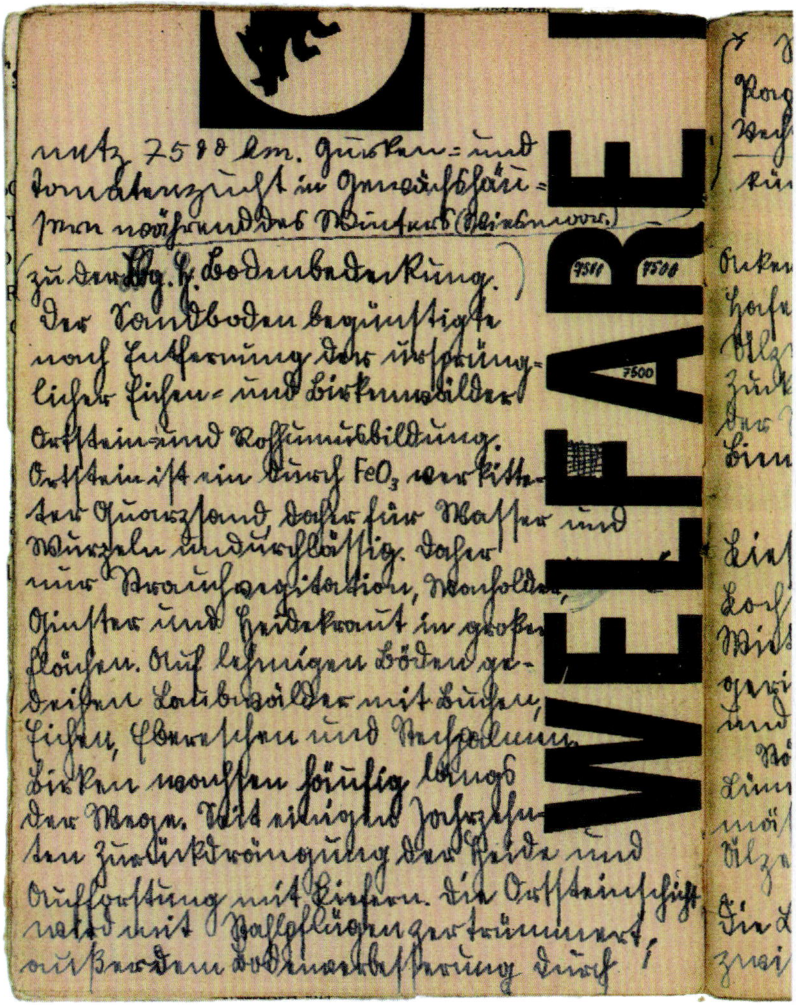

nutz 7500 km. Gurken- und
Tomatenzucht in Gewächshäu-
sern während des Winters

zu der Abb. f. Bodenbedeckung.
Der Sandboden begünstigte
nach Entfernung der ursprüng-
lichen Eichen- und Birkenwälder
Ortstein- und Rohhumusbildung.
Ortstein ist ein durch FeO_3 verkitte-
ter Quarzsand, daher für Wasser und
Wurzeln undurchlässig. daher
nur Braunheidevegetation, Wacholder,
Ginster und Heidekraut in großen
Flächen. Auf lehmigen Böden ge-
deihen Laubwälder mit Buchen,
Eichen, Eschen und Weißbuchen.
Birken wachsen häufig längs
der Wege. Seit einigen Jahrzehn-
ten Zurückdrängung der Heide und
Aufforstung mit Kiefern. Die Ortsteinschicht
wird mit Dampfpflügen zertrümmert,
außerdem Bodenverbesserung durch

US-Generalstabskarte 1944. Ausschnitte aus dem ostpreußisch-litauischen Grenzraum.

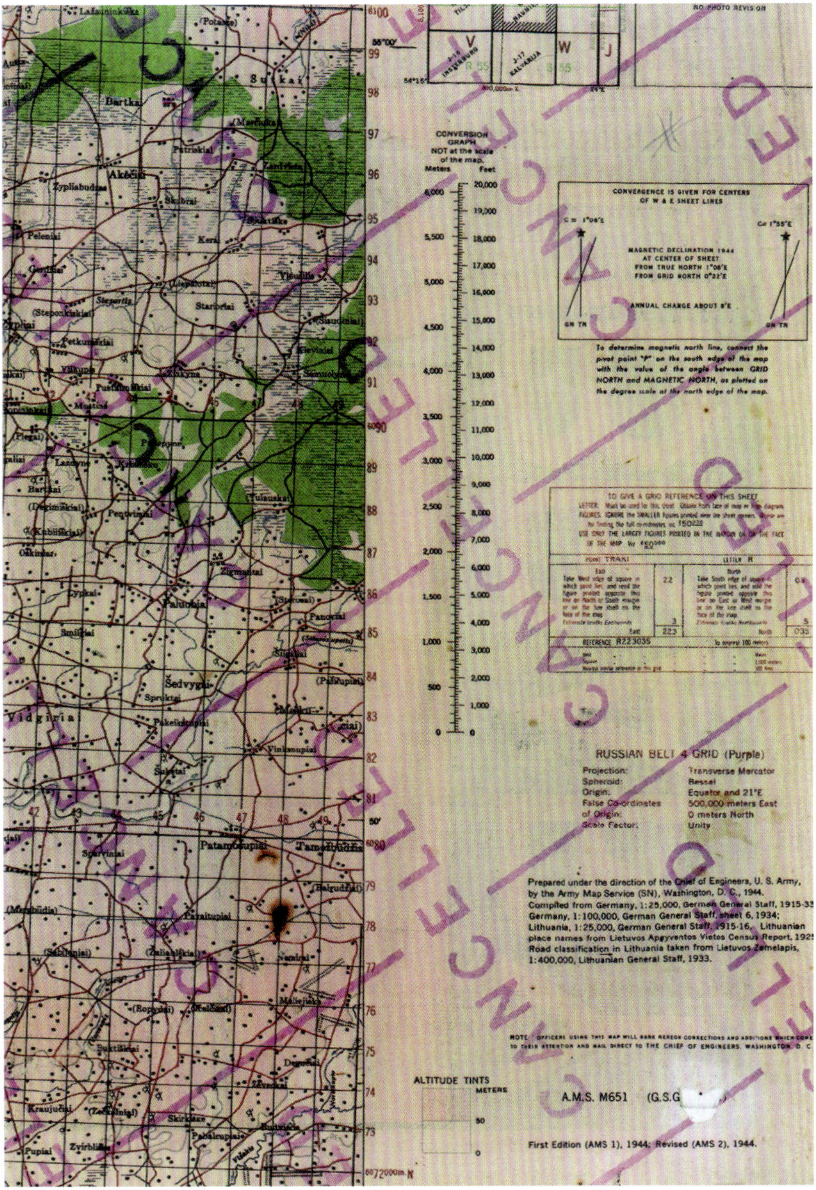
NO PHOTO REVIS ON
CONVERSION GRAPH NOT at the scale of the map.
Meters
Feet
CONVERGENCE IS GIVEN FOR CENTERS OF W & E SHEET LINES
MAGNETIC DECLINATION 1944 AT CENTER OF SHEET FROM TRUE NORTH 1°08'E FROM GRID NORTH 0°22'E
ANNUAL CHANGE ABOUT 8'E
To determine magnetic north line, connect the pivot point "P" on the south edge of the map with the value of the angle between GRID NORTH and MAGNETIC NORTH, as plotted on the degree scale at the north edge of the map.
TO GIVE A GRID REFERENCE ON THIS SHEET
RUSSIAN BELT 4 GRID (Purple)
Projection: Transverse Mercator
Spheroid: Bessel
Origin: Equator and 21°E
False Co-ordinates of Origin: 500,000 meters East 0 meters North
Scale Factor: Unity
Prepared under the direction of the Chief of Engineers, U. S. Army, by the Army Map Service (SN), Washington, D. C., 1944.
Compiled from Germany, 1:25,000, German General Staff, 1915-33; Germany, 1:100,000, German General Staff, sheet 6, 1934; Lithuania, 1:25,000, German General Staff, 1915-16. Lithuanian place names from Lietuvos Apgyventos Vietos Census Report, 1923. Road classification in Lithuania taken from Lietuvos Zemelapis, 1:400,000, Lithuanian General Staff, 1933.
ALTITUDE TINTS
METERS
A.M.S. M651
First Edition (AMS 1), 1944; Revised (AMS 2), 1944.
CANCELLED

alter, in dem alle Berg-Kinder sich befanden. Zwei Attribute zur Abhilfe will ich zur Bildhaftmachung nennen: Ein Leeser Schneider hatte aus Wehrmachtstarnstoff eine Jacke für mich gefertigt, sie ist auf meinem Paßphoto aus dem Jahre 1946 zu sehen. Noch 1949 trug ich einen ausgedienten RAD-Mantel (RAD = Reichsarbeitsdienst) mit neutralen Uniformknöpfen (d. h. ohne Adler mit Hakenkreuz o. ä.). Ich war nicht der einzige in der Klasse, der solche „ausgedienten“ Kleidungsstücke aus der NS-Zeit trug. Jedermann erkannte damals natürlich sofort, daß es ein solches war, aber niemand nahm daran Anstoß, sie waren ja nichts anderes als Zeichen der allgemeinen Not. In der heutigen Zeit des Überflusses einer „Wegwerfgesellschaft“ würde ein Spektakel sondergleichen bis hin zu staatsanwaltschaftlichen Ermittlungsverfahren anheben.

Das Zeugnis vom 30.4.1947 trug noch die Unterschrift von Oberstudiendirekter Dr. Claus, irgendwann danach war er in den Ruhestand eingetreten. Es herrschte ein mehrmonatiges Interregnum, in dem nach meiner Erinnerung Studienrat Muellerkönig die Geschäfte des Schulleiters wahrnahm. Die erwähnten kleinen Erdnußdosen wurden nicht wie die Suppen und dergleichen auf der Straße, sondern im Klassenzimmer verteilt. Ob es zum ersten oder nun schon wiederholten Male geschah, daß wir uns übermütig und mit lautem Hallo, durch Schemel als Schilde gedeckt, mit den leeren Dosen bewarfen, als ein unerwartetes Ereignis eintrat und uns zum Aufhören veranlaßte – plötzlich stand ein uns völlig unbekannter Mann in der Klassentür, den wir überhaupt nicht beachteten, der dies aber nach der gänzlich aus dem Rahmen fallenden Anrede „Good morning boys“ etwa mit den Worten forderte: „Wollt Ihr vielleicht einmal Kenntnis von mir nehmen, ich bin Euer neuer Direktor!“ „Der“ unser neuer Direx? Darauf waren wir überhaupt nicht vorbereitet (worden). Protzig wirkte er, im Gegensatz zu allen anderen (hungerschlanken) unserer Lehrer war er dickleibig und trug, ebenfalls im Gegensatz zu diesen mit ihren oft abgetragenen Sachen, einen hellen offensichtlich neuen Anzug. Wohl zu unserer Orientierung, mit wem wir es zu tun hatten, um uns zu imponieren und

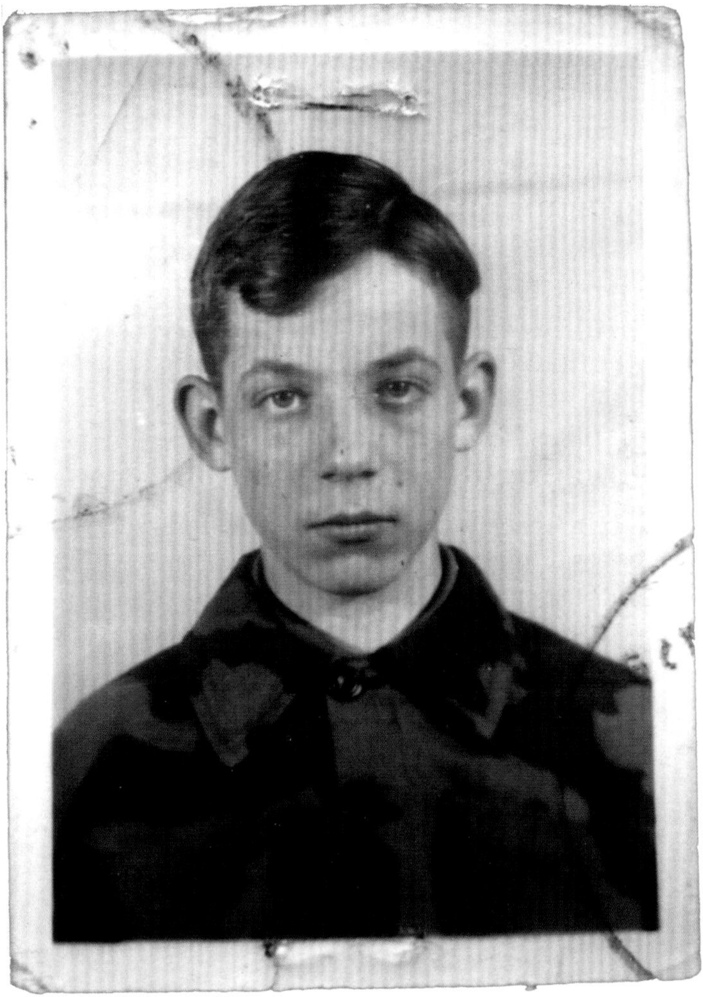

Paßphoto aus dem Jahr 1946 mit Jacke aus Wehrmachtstarnstoff

Respekt einzuflößen, fügte er seiner Vorstellung noch hinzu, daß er im KZ gesessen habe. Was wußten wir damals über die Einrichtung KZ (Konzentrationslager) und davon, was dort vor sich ging? Von uns Jüngeren mit an Sicherheit grenzender Wahrscheinlichkeit niemand. Nahezu dasselbe gilt für alle anderen Deutschen. Meine erste Begegnung mit der diesbezüglichen Greuelpropaganda bald nach dem Einrücken der Engländer bei einem Besuch meines Großvaters und meiner Tante in Röbbel auf einem Plakat mit einem großen Knochenberg an der Außenmauer des Bauernhofes Behnke habe ich bereits beschrieben. Auch meine instinktiven Zweifel, daß darauf die Wahrheit gesagt und gezeigt wurde, und daß es für mich feststand, daß hier uns Deutschen etwas in die Schuhe geschoben werden sollte, was die Engländer bei ihren Terrorangriffen auf unsere Städte selbst erzeugt hatten. Die „re-education" (Umerziehung) mit dem Ziel, daß wir Deutschen an unsere Täterschaft und an die uns unterstellte Mitwisserschaft und Billigung von Verbrechen wie dem auf dem Plakat gezeigten glauben sollten, setzte alsbald auf ganz breiter Front ein, in den Lizenzzeitungen der Besatzungsmächte, im Radio durch englische Sprecher selbst oder durch deutsche Lizenzträger.

Aber wer besaß noch oder schon wieder ein Radio? Einheimische hatten es an die Besatzung abliefern müssen (aber wahrscheinlich nur wenige haben es auch getan), und wir Ostflüchtlinge? Neu zu kaufen gab es einen solchen Komfortgegenstand noch nicht wieder. Und die Lizenzzeitungen? Sie waren von A bis Z Anklageschriften, enthielten Lügen über „Fortschritte" in unserer Alltagslebenswirklichkeit, wirkten auf mich nichts als abstoßend. Was wollte man einem Volk, dem man nichts als Verbrechen von Luther bis Hitler vorhielt, auch weismachen, das in den Städten meilenweit durch Bombenruinen ging (Nienburg lag zwischen Bremen und Hannover), dessen Männer noch zu Millionen kriegs-, völker- und menschenrechtswidrig in Kriegsgefangenschaft inhaftiert waren, dessen Millionen Vertriebene der Heimat und aller Habe beraubt, ihre Frauen millionenfach geschändet waren, das an Kulturgütern, Patenten, waffentechnischen Entwicklungen, Wirtschaftsgütern, Industrieanlagen, Vermögenswerten in dem größten Raubzug ausgeplündert wurde, den die Geschichte je gesehen hatte? Dazu der tägliche Überlebenskampf – für das, was der neue Direktor da von uns erwartete, verlangte, gab es seelisch und bewußtseinsmäßig so gut wie keinen Raum, keine Reserven. Alle unsere anderen Lehrer, die mit der eben geschilderten Lebenswirklichkeit auch schulisch fertig werden mußten, die zum Dritten Reich so oder anders gestanden haben mögen, beteiligten sich nicht an der vom Direktor erwarteten identitären Verbrechensverinnerlichung, ließen uns mit dem von ihm angestoßenen Thema in Ruhe. Die „jüngste Vergangenheit“ kam im Geschichtsunterricht (noch nicht) vor, sie war offensichtlich in den Lehrplänen ausgespart. Jeder von uns hatte sie ja nicht nur selbst miterlebt und in irgendeiner Weise mit getragen, sie war in zahllosen täglichen Reflexionen immer noch Gegenwart. Doktrinäre Konfrontationen mit ihr prallten gewiß bei den allermeisten von uns ab.

Als der Direktor uns das erste Mal gegenüber- oder auch entgegentrat, hielt er seine Hände tief in seinen Hosentaschen vergraben, weit entfernt von einer evtl. lässig gemeinten Note. Das galt damals uneingeschränkt als Zeichen mangelnder Erziehung und Achtung vor dem anderen, der Mißachtung gesellschaftlicher Anstandsregeln und eines flegelhaften Betragens. Vielleicht war es auch der Versuch einer nach damaligen Begriffen völlig unangebrachten und als aufdringlich empfundenen Kumpanei. Eine Ausnahme vom Abstandhalten zwischen Lehrer und Schüler machte Studienrat P. bei Nienburger Schülern. Er war HJ-Führer gewesen, und zwischen HJ-Angehörigen, die sich kannten, galt das kameradschaftliche „Du“. Es wurde in diesem Personenkreis fortgesetzt.

Meine Schulzeugnisse tragen vom 1.10.1947 bis zum 5.4.1949 die Unterschrift meines Klassenlehrers Studienrat Krusch, ab 30.9.1949 bis zum Abiturzeugnis vom 19. Februar 1951 die Unterschrift des auf Krusch folgenden neuen und letzten Klassenlehrers Dr. Wenzel und vom 1.10.1947 bis zum 30.9.1949 die von „Zenker/Oberstudiendirektor“ als Schulleiter. Das nächste Zeugnis vom 21.12.1949 und alle noch folgenden bis zum Reifezeugnis hat nicht mehr er unterzeichnet, sondern Studienrat Muellerkönig in seiner Eigenschaft als „stellvertr. Direktor“. Warum er und nicht mehr Zenker? Was war da passiert? Ich kann mich nicht daran erinnern, ob und mit welcher Begründung etwa Dr. Wenzel uns davon unterrichtet hat, daß die Amtszeit Zenkers schon nach zwei Jahren und offensichtlich ganz abrupt beendet war. Offensichtlich hat uns diese Frage auch nicht sonderlich beschäftigt, da sein Auftreten einerseits arrogant, andererseits wenig standesgemäß war und wir ihn innerlich ablehnten. Im nachhinein bleibt als einzige Erklärung, daß dieser Vorfall ein Disziplinarverfahren zur Folge gehabt haben muß:

Am 26. Februar 1949 fand im Nienburger Parkhaus (Anm.: nicht Pkw-Parkhaus, so etwas gab es damals ohnehin noch nicht, sondern Gesellschaftshaus) das erste Nachkriegsschulfest statt. Offensichtlich ist die Einladung uns damals wegen des immer noch großen Papier- und erst recht Geldmangels an der erst ein Dreivierteljahr vorher neu eingeführten Deutschen Mark in ein Schulheft oder auf ein Blatt Papier diktiert worden. Die Erziehungsberechtigten mußten ihre Kenntnisnahme von der Einladung und damit auch ihre Zustimmung zur Teilnahme ihrer Zöglinge unterschriftlich bestätigen:

> An unsere Eltern!
>
> Lehrer und Schüler der Staatl. Obersch. f. J. und des Gymnasiums in Nienburg feiern am 26.2.1949 erstmalig wieder ein Schulfest im Parkhaus zu Nienburg. Dazu laden wir unsere Eltern und Geschwister herzlich ein.
>
> Das Fest beginnt um 15 Uhr und füllt den Nachmittag und frühen Abend mit vielerlei Kurzweil der Klassen 5–8 und darüber aus. Dafür wird ein Eintrittspreis von 0,50 DM für jeden Teilnehmer erhoben.
>
> Ab 21 Uhr wird das Tanzbein geschwungen von allen, die das 16. Lebensjahr überschritten haben, schon ein Tanzbein haben und es bis 2 oder 3 Uhr in Bewegung zu halten vermögen. Dafür wird 1 DM Eintritt erhoben.
>
> Wir bitten um sofortige Mitteilung, wieviel Karten zu 0,5 und 1 DM erwünscht werden und gleichzeitig um Einzahlung des Betrages. Von einer Aufforderung und Einladung und Teilnahme

schulfremder Personen bitten wir abzusehen, es seien denn fröhliche, sittsame und tanzlustige Mädchen ohne Schminke und Überheblichkeiten, wir sehen auf das Herz, nicht auf die Mache.

Im Auftrage des Festausschusses:

gez. Zenker

gez. Frau Hilde Berg

In seiner Begrüßungsansprache wirkte der Oberstudiendirektor bereits angetrunken und sprach z. B. nicht von Akademikern, sondern von „Ekedemikern". Im weiteren Verlauf des Abends tanzte er solo Krakowiak, und irgendwann rutschte er von seinem Stuhl „unter den Tisch". So peinlich sein ganzer Auftritt war: Es hat uns belustigt, daß er sich in solcher Weise bloßgestellt hatte.

Im gedruckten Bericht der Albert-Schweitzer-Schule über das Schuljahr 1949/50, Ziff. 2 „Bericht über den Lehrkörper" heißt es: „Zu Beginn des Schuljahres standen folgende Herren zur Verfügung: Oberstudiendirektor Zenker ... Im November schied Herr Oberstudiendirektor Zenker aus und wurde an die Aufbauschule Walsrode versetzt. Die Leitung der Schule wurde vertretungsweise dem Studienrat Müllerkönig übertragen ..." Als Oberstudiendirektor nach gerade erst zweijähriger Amtszeit an eine Aufbauschule versetzt? Zur Vermeidung unerwünschter Mutmaßungen im Interesse des Betroffenen hätte es doch z. B. heißen müssen, daß die Versetzung auf Wunsch des Direktors erfolgt sei. Die dürre Mitteilung läßt nur den Schluß zu, daß es sich um eine Strafversetzung gehandelt hat.

Am 17. und 18. November 1950 feierte die Albert-Schweitzer-Schule ihr 400jähriges Bestehen als Lateinschule mit Studienrat Muellerkönig als stellvertretender Direktor. Obwohl meine Zwillingsschwester Karin (ebenfalls in der Abiturklasse im benachbarten Hindenburg-Lyzeum) so wie ich noch keinen Tanzstundenunterricht gehabt hatte und wir somit gar nicht richtig tanzen konnten, haben wir am Festball im Rahmen dieses Ereignisses teilgenommen.

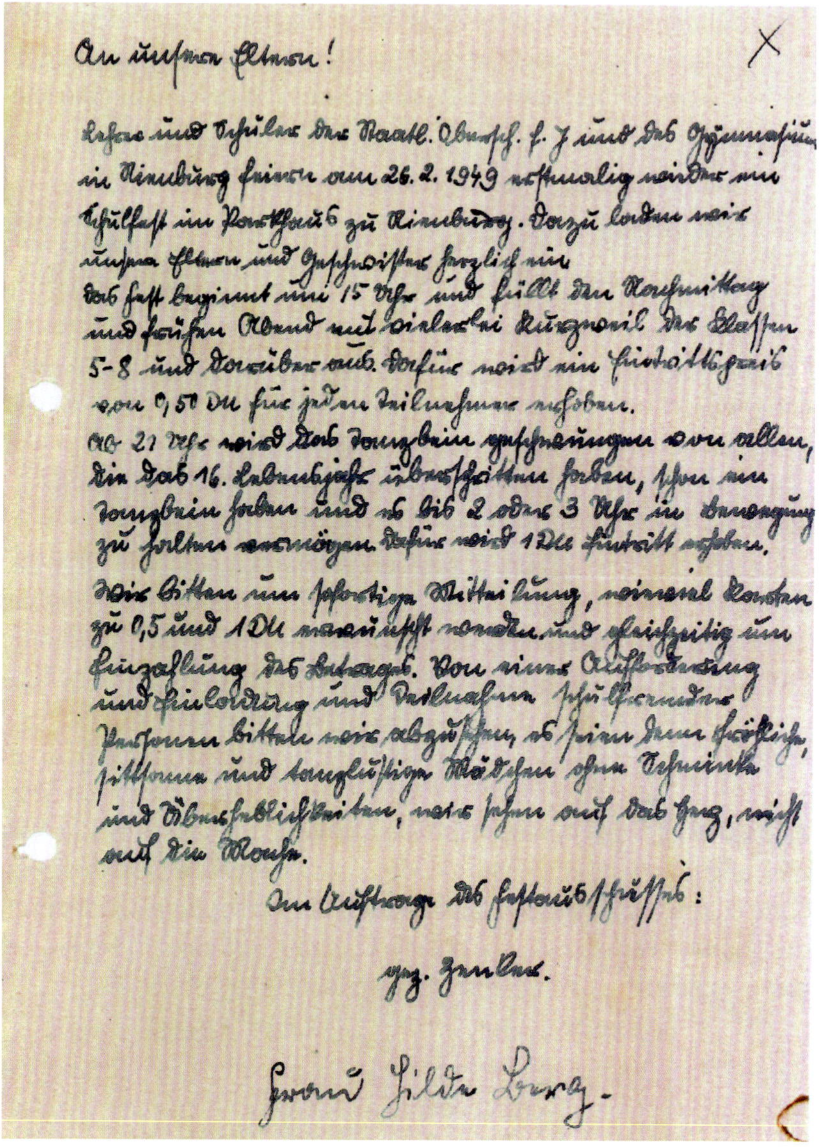
An unsere Eltern!

Lehrer und Schüler der Staatl. Obersch. f. J. und des Gymnasiums in Nienburg feiern am 26. 2. 1949 erstmalig wieder ein Schulfest im Kurhaus zu Nienburg. Dazu laden wir unsere Eltern und Geschwister herzlich ein.
Das Fest beginnt um 15 Uhr und füllt den Nachmittag und frühen Abend mit vielerlei Kurzweil der Klassen 5-8 und darüber aus. Dafür wird ein Eintrittsgeld von 0,50 DM für jeden Teilnehmer erhoben.
Ab 21 Uhr wird das Tanzbein geschwungen von allen, die das 16. Lebensjahr überschritten haben, schon ein Tanzbein haben und es bis 2 oder 3 Uhr in Bewegung zu halten vermögen. Dafür wird 1 DM Eintritt erhoben.

Wir bitten um sofortige Mitteilung, wieviel Karten zu 0,5 und 1 DM vorausgesetzt werden, und gleichzeitig um Einzahlung des Betrages. Von einer Aufforderung und Einladung und Teilnahme schulfremder Personen bitten wir abzusehen, es sein denn fröhliche, sittsame und tanzlustige Mädchen ohne Schminke und Äußerlichkeiten, wir sehen auf das Herz, nicht auf die Mache.

Im Auftrage des Festausschusses:

gez. [illegible].

Frau Hilde Berg.

Zustimmungsschreiben zur Teilnahme am ersten Nachkriegsschulfest

Für die Eltern waren der Eintrittspreis und ein „Taschengeld“ für den Festabend gewiß keine leicht zu erübrigenden Kosten. Aber wohl unsere ganze „Fahrschülerclique“ der Nienburg-Mindener Bahnstrekke von Schäferhof bis Leese nahm an dem Ball teil. Wir wollten auch endlich einmal ausgelassen in diesem Kreis unser Jungsein mitfeiern, zumal der Abschied von dieser auf vielen Bahnkilometern zusammengewachsenen Gemeinschaft nach unserem Abitur in wenigen Monaten bevorstand. Natürlich hat es mich „gewurmt“, daß ich nur stümperhaft oder gar nicht „mittanzen“ konnte. Aber z. B. Liselotte R., der wir an anderer Stelle noch einmal näher begegnen werden, nahm mich kameradschaftlich zu einem „Rheinländer“ an die Hand: „Komm, ich zeig Dir das!“ (Als ich ihn wenige Jahre später perfekt beherrschte, war er beinahe mein „Lieblingstanz“.) Es blieb für mich ein verlegen-unbeholfenes Hoppeln ... Ein schlimmer Fauxpas, den sie mir nie verziehen hat, passierte mir, als ich einen Klassenkameraden mit unserem Fahrgemeinschaftsmitglied Husemann aus Stolzenau bekanntmachen wollte. Sie wurde „Mausi“ genannt. Und so rutschte mir für ihren Namen das peinliche Mißgeschick „Fräulein Mausemann“ über die Lippen.

Wo Karin und ich übernachtet haben, weiß ich nicht mehr. Ein Hotel oder eine Pension wären für uns unbezahlbar gewesen. Oder wurde Adelheid Wagner (wegen ihrer Schönheit von „Molly“, s. u., mit „warum hat die Adelheid keinen Abend für mich Zeit?“ besungen), deren Vater Inspektor auf der Domäne Wasserstraße war, wie sonst vom Bahnhof Leese, diesmal in Nienburg mit einem sechs- bis achtsitzigen Mercedes abgeholt, in dem auch wir beiden Platz hatten und bis Leese mitfahren konnten? Vergessen!

DIE ALBERT-SCHWEITZER-SCHULE NIENBURG-WESER

Staatl. Oberschule für Jungen mit Gymnasium

beehrt sich, Sie zu der am 17. und 18. November 1950 stattfindenden

Feier ihres 400jährigen Bestehens

als Lateinschule

und

100jährigen Bestehens

als staatliche höhere Schule

ergebenst einzuladen

Einladung zur Schulfeier

Eintrittskarte

zum Festball der Albert-Schweitzer-Schule am 18. November 1950

für Herrn - ~~Frau~~ - ~~Fräulein~~ ....

Nicht übertragbar. Bitte aufbewahren, da für beide Festsäle gültig.

Eintrittskarte

zum Festball der Albert-Schweitzer-Schule am 18. November 1950

für ~~Herrn~~ - ~~Frau~~ - Fräulein ....

Nicht übertragbar. Bitte aufbewahren, da für beide Festsäle gültig.

Eintrittskarten zur Schulfeier

Meine erste Nienburger Klasse bis zum „Nicht versetzt!“ 1949.
In der Mitte: Studienrat Wemme (li.), rechts neben ihm Klassenlehrer Studienrat Krusch. Oberste Reihe rechts außen ich selbst, links neben mir Jürgen Verbarg.

1949 – ein schulisch ereignisreiches Jahr

1949 war schulisch ein ereignisreiches Jahr. Unsere Schule war eine Gründung der Reformationszeit und eine Folge des Sendschreibens Dr. Martin Luthers „An die Ratsherren aller Städte deutsches Lands, daß sie christliche Schulen aufrichten und halten sollen." (Aus: Albert-Schweitzer-Schule Nienburg-W., Bericht über das Schuljahr 1949/50.) Die trotz ihres hohen Alters bisherige Nienburger Oberschule Namenlos erhielt nun den Namen Albert Schweitzers, des berühmten Elsässer (aus Kaysersberg) Moraltheologen, Philosophen, Bach-Musikers und Urwaldarztes in Ogowe, Äquatorialafrika. Über die Namensgebung hatte ein Briefwechsel mit Schweitzer stattgefunden, in dem er seine Zustimmung zu dieser Namensgebung erteilte. Natürlich war dies nicht ohne intensive Einstimmung von uns Schülern auf das große Ereignis abgegangen. Auch diesmal ließ Oberstudiendirektor Zenker wieder eine Einladung dazu in unsere Schulhefte diktieren, die sprachlich doch Anlaß zu einigen Fragen an ihn gab und deren Empfang von den Eltern unterschriftlich zu bestätigen war, was meine Mutter auch tat.

> An alle Eltern und Freunde,
>
> wir erlauben uns, Ihnen mitzuteilen, daß wir am Freitag, d. 17. Juni 1949 um 10,30 Uhr in unserer Aula eine Feierstunde zu Ehren Albert Schweitzers halten. Wir freuen uns über die Teilnahme aller Freunde der Schule in ihrem Bemühen um das Wesentliche in Erziehung, Lehre und Vorbild.
>
> Nienburg, d. 11.6.1949
>
> gez. Zenker Oberstudiendirektor
>
> gez. Frau Hilde Berg

1949 war auch das Jahr, in das der 200. Geburtstag Johann Wolfgang Goethes fiel. Zu diesem Jubiläum wurden wir wissensmäßig ebenso intensiv „konfirmiert", d. h. gefestigt wie über die Persönlichkeit Schweitzers. Lasen wir schon Goethes „Faust"? Wohl noch nicht sondern erst später, auf jeden Fall habe ich schon beim ersten Lesen dieses Werkes viele s. Zt. volkstümliche Redewendungen entdeckt und im Gedächtnis behalten, die Goethe in seinem „Faust“ aufgezeichnet oder selbst geschaffen hat. Gelesen und erarbeitet haben wir im „Goethejahr“ mit oder ohne „Faust“ „Hermann und Dorothea“, „Egmont“ und „Götz von Berlichingen“.

Wenn nicht noch mehr, so haben wir damals diese Goethe-Gedichte auswendig gelernt:

Mir schlug das Herz: geschwind zu Pferde! (Willkommen und Abschied)

Wie herrlich leuchtet mir die Natur (Mailied)

Bedecke Deinen Himmel, Zeus (Prometeus)

Des Menschen Seele gleicht dem Wasser (Gesang der Geister über den Wassern)

Ach, was soll der Mensch verlangen (Beherzigung)

Edel sei der Mensch, hilfreich und gut (das Göttliche), auszugsweise

Natur und Kunst, sie scheinen sich zu fliehen (Natur und Kunst). Dieses Gedicht habe ich bei der Entlassungsfeier meines Abiturjahrgangs 1951 aufgesagt.

Über allen Gipfeln ist Ruh’ (Ein Gleiches)

Füllest wieder Busch und Tal still mit Nebelglanz (An den Mond)

Wer reitet so spät durch Nacht und Wind (Erlkönig)

Hat der alte Hexenmeister sich doch einmal fortbegeben (Der Zauberlehrling)

Der Türmer, der schaut zumitten der Nacht (Der Totentanz)

Ich ging im Walde so für mich bin (Gefunden)

Eine Neuerung, die mich zwar nicht sonderlich erregt hat, gleichwohl aber eine Sensation in der bisherigen Beziehung Lehrer-Schüler darstellte, war das Erscheinen der ersten Ausgabe des Schülermagazins

„Tintenklecks“ im Februar 1949. Herausgegeben wurde es noch mit Genehmigung des Niedersächsischen Ministerpräsidenten. Der monatlich erscheinende „Tintenklecks“ in der damals noch minderen Papierqualität war das „Organ“ der Schülerschaft der Albert-Schweitzer-Schule Nienburg, des Domgymnasiums Verden und der Hölty-Schule Wunstorf. Zur „Hauptschriftleitung“ gehörten meine Klassenkameraden Raimar Hahndorf, Bernhard Suin de Boutemard, Rudolf Dohrmann, Kurt Reckmann.

Das Jahr 1949 brachte für mich eine herbe Entscheidung mit sich, deren Ursachen in unzureichenden schulischen Leistungen in Deutsch, Latein und Mathematik gelegen haben sollen. Laut Konferenzbeschluß vom 29.3.1949 wurde ich nicht von der Klasse 11a in die 12. (und damals letzte!) Klasse versetzt. Das „Sitzenbleiben“ traf mich in meinem Selbstbewußtsein hart, das durch die Herabwürdigung zum „Flüchtling“ ohnehin „angeknackst“ war. Zwar war ich in „Mathe“ keine „Leuchte“, aber daß ich auch in den Fächern Deutsch und Latein am Rande des „ungenügend“ bzw. „mangelhaft“ entlangschrammen sollte, empfand ich als unrichtig und ungerecht. Ich habe die Stola des „Sitzenbleibers“ aber alsbald abgelegt.

Der Vergleich des Zensurenspiegels im Sitzenbleiber-Zeugnis vom 5.4.1949 mit dem im Zeugnis (des neu gebildeten Klassentypus s = sprachlich) der Wiederholungsklasse 11 s vom 30.9.1949 wirft wegen der unverhältnismäßigen Diskrepanz der Zensuren, die mir „das Genick gebrochen“ hatten, in der Tat die Frage auf, welche in nahezu allen Fächern denn nun die richtige sein soll. Die 1950 400 Jahre alt gewordene Nienburger Lateinschule hatte den fragwürdigen Ehrgeiz, die „beste“ zu sein. Dieser vermessene Anspruch ist – nicht etwa scherzhaft – auch vor meinen Ohren mehrfach verkündet worden. Entsprechend streng und hart mußten dann eben auch die Anforderungen sein. Mein Klassenlehrer bis zum Sitzenbleiben, Studienrat Krusch, gab außer Mathematik auch Musik. Er dirigierte auch das Schulorchester, dem ich angehörte. Er war Schlesier (Niederschlesier), seine Physiognomie einschließlich Haartracht erinnerte irgendwie an seinen Landsmann Gerhart Hauptmann, er hatte etwas von der singenden, schwingenden, weichen schlesischen Wesenheit an sich. Zum größeren Teil gewiß an mir, zum kleineren Teil aber auch hieran mag es gelegen haben, daß er mir, dem logisch-analytisches Denkvermögen doch nicht abgesprochen werden konnte, die abstrakten mathematischen Konstruktionen samt ihren Begrifflichkeiten und strengen Gesetzlichkeiten nur schlecht vermitteln konnte. Immer wieder „kapierte" ich deren Sinn und Ergebnisse nicht.

Ich habe mich später manchmal gefragt, ob ich ohne „Wiederholungsrunde" meine spätere Ehefrau Hannelotte Behrend noch so kennengelernt hätte, daß sich daraus unser „Bund fürs Leben" anbahnen konnte. Selbst wenn ich Jurastudent in Göttingen und Mitglied der dortigen Hochschulgruppe Ostpreußischer Studierender gewesen und der Studienverlauf derselbe wie bei meinem Beginn ein Jahr später gewesen wäre, ich auch nicht von einem anderen weiblichen Wesen gefesselt, sondern „frei" gewesen wäre, wäre das Sommersemester 1955, in dem Hannelotte nach Göttingen und in unsere Hochschalgruppe kam, das letzte Semester vor meinem Examen gewesen. Wir haben uns mit einer Bindung für immer aber erst nach ihrer Rückkehr in das Wintersemester 1955/56 kennengelernt, und da wäre ich, anders als Hannelotte, bei einem vorher bestandenen Referendarexamen höchstwahrscheinlich gar nicht mehr in Göttingen gewesen. Ich weiß nicht mehr, ob wir jemals über diese Perspektive meines Sitzenbleibens gesprochen haben. Ein „Makel" war es für Hannelotte ohnehin nicht, und sollten wir es getan haben, dann haben wir in meiner „Ehrenrunde" gewiß eine glückliche Fügung für uns beide gesehen.

Titelseite des Schülermagazins „Tintenklecks“

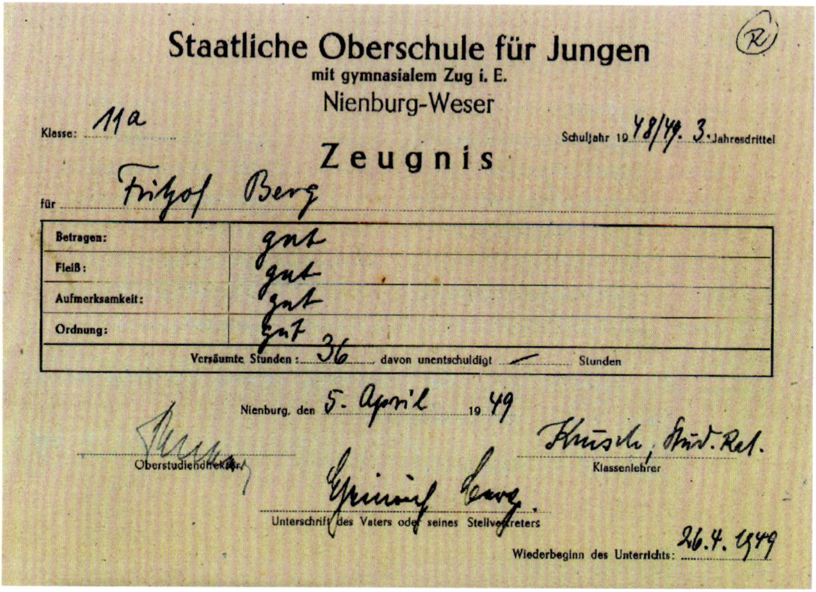

Staatliche Oberschule für Jungen
mit gymnasialem Zug i. E.
Nienburg-Weser

Klasse: 11a — Schuljahr 1948/49. 3. Jahresdrittel

Zeugnis

für Fritjof Berg

Betragen:	gut
Fleiß:	gut
Aufmerksamkeit:	gut
Ordnung:	gut

Versäumte Stunden: 36 davon unentschuldigt — Stunden

Nienburg, den 5. April 1949

Oberstudiendirektor — [illegible], Stud. Rat. Klassenlehrer

Unterschrift des Vaters oder seines Stellvertreters

Wiederbeginn des Unterrichts: 26. 4. 1949

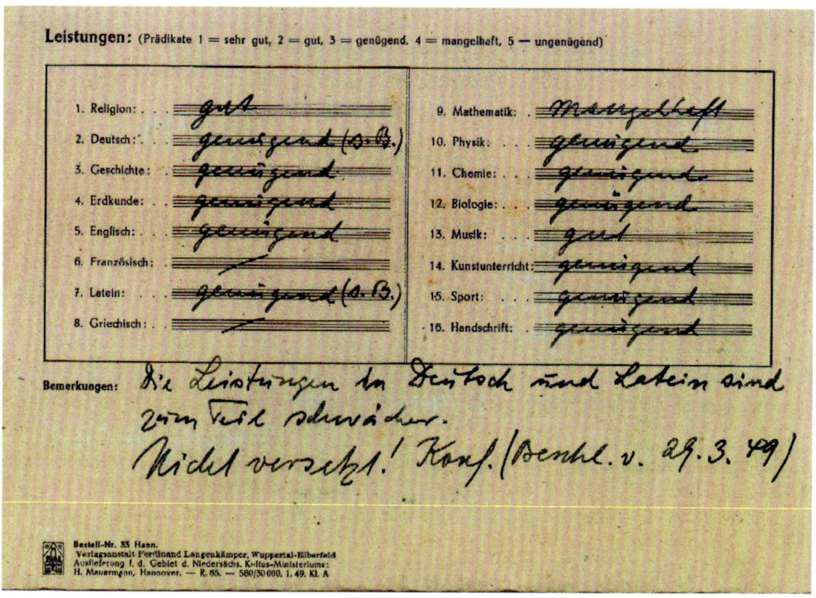

Leistungen: (Prädikate 1 = sehr gut, 2 = gut, 3 = genügend, 4 = mangelhaft, 5 — ungenügend)

1. Religion:	gut	9. Mathematik:	mangelhaft
2. Deutsch:	genügend (s. B.)	10. Physik:	genügend
3. Geschichte:	genügend	11. Chemie:	genügend
4. Erdkunde:	genügend	12. Biologie:	genügend
5. Englisch:	genügend	13. Musik:	gut
6. Französisch:	—	14. Kunstunterricht:	genügend
7. Latein:	genügend (s. B.)	15. Sport:	genügend
8. Griechisch:	—	16. Handschrift:	genügend

Bemerkungen: Die Leistungen in Deutsch und Latein sind zum Teil schwächer.
Nicht versetzt! Konf. (Beschl. v. 29. 3. 49)

Bestell-Nr. 55 Hann.
Verlagsanstalt Ferdinand Langenkämper, Wuppertal-Elberfeld
Auslieferung f. d. Gebiet d. Niedersächs. Kultus-Ministeriums:
H. Mauermann, Hannover. — R. 65. — 580/30000. 1. 49. Kl. A

Mein „Nicht versetzt!“-Zeugnis aus dem Schuljahr 1948/49

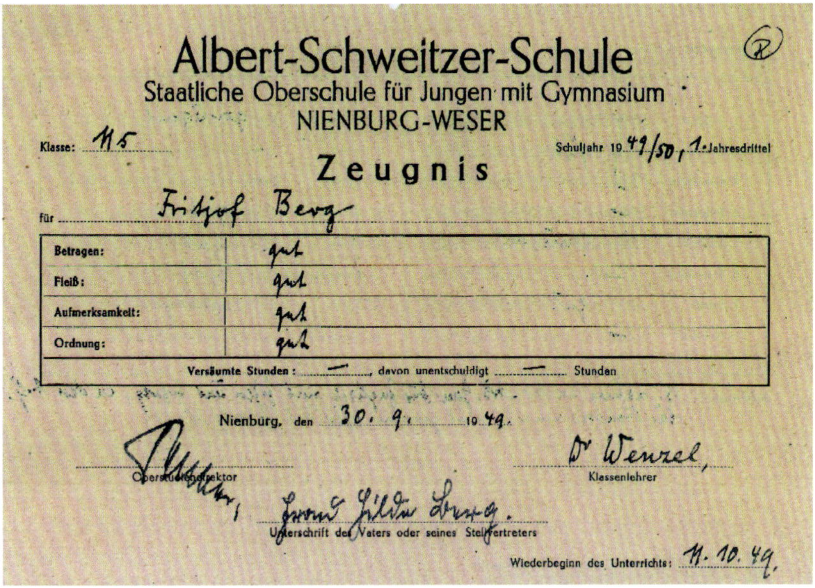

Albert-Schweitzer-Schule

Staatliche Oberschule für Jungen mit Gymnasium
NIENBURG-WESER

Klasse: 11s Schuljahr 1949/50, 1. Jahresdrittel

Zeugnis

für Fritjof Berg

Betragen:	gut
Fleiß:	gut
Aufmerksamkeit:	gut
Ordnung:	gut

Versäumte Stunden: —, davon unentschuldigt — Stunden

Nienburg, den 30. 9. 1949.

Oberstudiendirektor Dr Wenzel, Klassenlehrer

Frau Hilde Berg.
Unterschrift des Vaters oder seines Stellvertreters

Wiederbeginn des Unterrichts: 11. 10. 49.

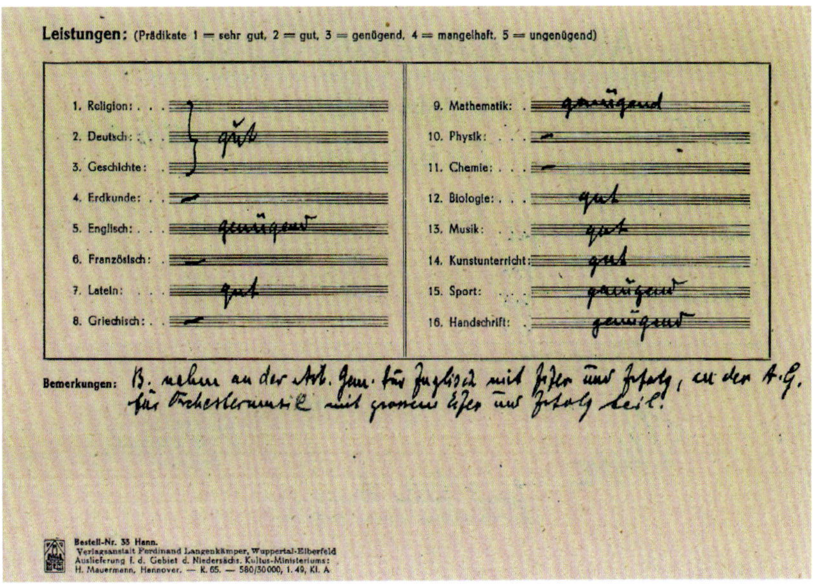

Leistungen: (Prädikate 1 = sehr gut, 2 = gut, 3 = genügend, 4 = mangelhaft, 5 = ungenügend)

1. Religion	gut	9. Mathematik	genügend
2. Deutsch	gut	10. Physik	—
3. Geschichte	gut	11. Chemie	—
4. Erdkunde	—	12. Biologie	gut
5. Englisch	genügend	13. Musik	gut
6. Französisch	—	14. Kunstunterricht	gut
7. Latein	gut	15. Sport	genügend
8. Griechisch	—	16. Handschrift	genügend

Bemerkungen: B. nahm an der Arb. Gem. für Englisch mit Eifer und Erfolg, an der A.G. für Orchestermusik mit großem Eifer und Erfolg teil.

Bestell-Nr. 33 Hann.
Verlagsanstalt Ferdinand Langenkämper, Wuppertal-Elberfeld
Auslieferung i. d. Gebiet d. Niedersächs. Kultus-Ministeriums:
H. Mauermann, Hannover. — K. 65. — 580/30000, 1. 49, Kl. A

Ein halbes Jahr später: Mein Zeugnis der Klasse 11s vom 30.9.1949

Unsere Leeser „vier Wände“, in denen ich dem Abitur entgegensah

Hinauswurf vom „Olen Hoop“ bei strengem Frost Silvester 1946

Eine überaus nachteilige Auswirkung auf meine schulische Leistungsbereitschaft und -fähigkeit hatten die Wohnverhältnisse, Lebensverhältnisse und das Milieu, in denen ich meine Nienburger Schulzeit verbringen mußte.

In unserer Leeser „Erstwohnung“ beim Bauern Wilhelm („Oler Hoop“) hatten meine Eltern und wir fünf Kinder zwei vielleicht als mittelgroß zu bezeichnende Zimmer zugewiesen bekommen. Über die Ausstattung mit Möbeln kann ich nichts Genaues mehr sagen. Mit meinem jüngsten Bruder, der nun ja auch schulpflichtig geworden war, mußten wir uns jedenfalls einen oder höchstens zwei Tische für die Erledigung unserer Schularbeiten teilen und wahrscheinlich auch die Knie als „Schreibunterlage“ benutzen. Meine Großmutter hatte schräg gegenüber auf der anderen Straßenseite bei einem weitaus verständnisvolleren Bauern, als unser Bauer Wilhelm es war, ein Zimmer. Dort habe ich dann oft Zuflucht gesucht, um in Ruhe und konzentriert arbeiten zu können.

Neben unserem zur Straßenseite gelegenen Zimmer, am Ende eines Korridors, befand sich ein schmaler Raum. Er war uns ebenfalls zugewiesen, gleichwohl verweigerte Bauer Wilhelm die Freigabe an uns. Er hatte zum Nachweis seiner „unverzichtbaren“ Eigennutzung eine Badewanne hineingestellt. Der Raum hatte weder Wasseranschluß noch -abfluß. Mein Vater bestand mit wiederholten Vorstößen bei Gemeinde und Kreis auf einer Übergabe des Raumes an uns. Wie angespannt die Beziehungen zwischen beiden Seiten waren, mag die behördliche (nicht einvernehmliche!) Festsetzung des von uns zu zahlenden Mietpreises verdeutlichen. (Schreiben des Oberkreisdirektors

Nienburg – Preisbehörde – vom 11.10.1946, Seite 127.) Bauer Wilhelm löste die streitige Raumfrage im Wege brutaler Gewalt: Am Silvestertag 1946 warf er uns mit Hilfe seines Knechtes oder eines anderen aus seinem Haus. Mein Vater wehrte sich, ihm wurde seine (damals unersetzliche!) Zahnbrücke zerschlagen. Unsere Habseligkeiten und mein Bruder wurden wie ein Stück Holz auf einen vor dem Hauseingang bereitstehenden Ackerwagen geworfen. Mein Vater bemühte sich verzweifelt um Hilfe, wir hatten weder Fahrrad noch Telephon. Der Dorfpolizist, unser Landsmann Manfred Sattler, beteuerte, er habe noch nicht einmal einen Gummiknüppel, geschweige denn eine Pistole. Er könne nicht einschreiten. Dasselbe bekam mein Vater von Bürgermeister Pickel zu hören. Er könne als Unterkunft nur das (ehemalige) Armenhaus der Gemeinde anbieten. (Wenn es trotz Überbelegung des Dorfes mit Flüchtligen und Bombenevakuierten immer noch leer stand, besagte dies wohl alles über Zustand und Zumutbarkeit.) Was sollten wir tun? Wir standen bei klirrendem, strengem Frost und bald einsetzender Dunkelheit hilflos, alleingelassen auf der Straße. Wir mußten hinein in das tatsächliche Armenhaus. Es war die bisher schlimmste Demütigung in unserem Leben. Was damals in uns vor sich ging und für immer an uns „hängen" blieb – ich habe es nie vergessen. Tante Grete, die in der Dorfmitte mit Opa bei Stellmacher und Kleinbauer Feegel ein Einzelzimmer bewohnte, leistete im Rahmen ihrer bescheidenen Möglichkeiten „erste Hilfe".

Wilhelms hatten obendrein die Niedertracht besessen, im Dorf die Lüge zu verbreiten, wir hätten ihren Bullen umgebracht. Das Tier hatte eine Rasierklinge gefressen und war daran zugrunde gegangen (wahrscheinlich mußte der Bulle notgeschlachtet werden.) Wir seien die Täter gewesen. Der wahre Sachverhalt sah freilich so aus: Gleich hinter dem Stalleingang verlief linksseitig eine etwa 1 m hohe Trennmauer, an der der Bulle angekettet war. Auf diese legte der Knecht sein Rasierzeug, es lag dort immer offen herum. Immer wieder habe ich mich kopfschüttelnd über diese Leichtfertigkeit gewundert. Bauer Wilhelm hat sie geduldet, er ist ersichtlich nicht dagegen eingeschritten. Nun aber wurden wir von Wilhelms eines grausamen Frevels bezichtigt.

Jahrzehnte sind seitdem vergangen. Nicht er allein, aber ganz wesentlich der Name des Bauern Wilhelm war es, der das Bild unseres endgültigen Zufluchtsortes Leese verdüsterte, wenn in meinem späteren Leben die Gedanken einmal dorthin zurückkehrten. Bei der Feier der „Eisernen Konfirmation" am 27. Juli 2014 in Leese kam im Gemeindesaal eine Frau auf mich zu, an die ich überhaupt keine Erinnerung hatte. Sie begrüßte mich freundschaftlich, erfreut und warmherzig: Sie sei Ruth Langer, geb. Wilhelm. Ich bemühte mich bis zuletzt, unbefangen und ebenfalls freundlich zu sein. Aber ich wurde die unausgesprochene Frage nicht los: Hatte sie von allem, was gewesen war, nichts „mitbekommen"? Das konnte eigentlich nicht der Fall sein, da sie damals ja ebenso alt war wie ich. Wollte sie etwas verdrängen oder sogar ihr Bedauern über das Verhalten ihrer Eltern zum Ausdruck bringen?

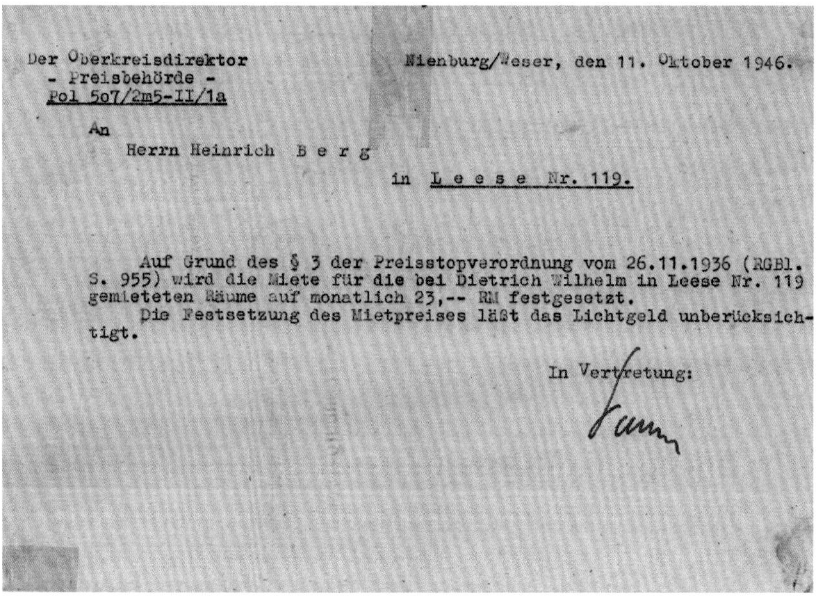
Der Oberkreisdirektor
- Preisbehörde -
Pol 5o7/2m5-II/1a

Nienburg/Weser, den 11. Oktober 1946.

An
Herrn Heinrich Berg
in Leese Nr. 119.

Auf Grund des § 3 der Preisstopverordnung vom 26.11.1936 (RGBl. S. 955) wird die Miete für die bei Dietrich Wilhelm in Leese Nr. 119 gemieteten Räume auf monatlich 23,-- RM festgesetzt.
Die Festsetzung des Mietpreises läßt das Lichtgeld unberücksichtigt.

In Vertretung:

Festsetzung des Mietpreises bei Bauer Wilhelm

Mit dem Datum 12.10.2014 überraschte sie mich mit einem Brief, dem sie einen Bildzeitungsausschnitt der Nienburger Tageszeitung „Die Harke" vom 24.9.2014 beigefügt hatte, der die „Diamantenen" und „Eisernen" Konfirmanden, welch letzteren wir beiden angehörten, abbildet und namentlich aufführt. Am Ende ihres Briefes nannte sie, unterstrichen, ihren Mädchennamen Wilhelm mit dem Zusatz „aus dem alten Hoop in Leese".

Ich habe mich lange damit schwer getan, wie ich es ihr „beibringen" kann, was damit in mir in Bewegung gesetzt wird. In meinem Dankesbrief zu Weihnachten vom 21.12.2014 umschrieb ich es vorsichtig so: „... Die Erinnerung an ‚damals' war immer wieder mit der Schwere der Lebensumstände für uns heimatlos Gewordene und den vielen Problemen des aufeinander Zugehens der Alt-Leeser und der ihnen ungefragt ins Nest gesetzten Neuankömmlinge aus Deutschlands Osten – obendrein des preußischen! – verbunden. Umso beglückender war es nun für mich, in dieser Weise, wie auch Du es getan hast, bei meiner Wiederkehr – auch tatsächlich! – in die Arme geschlossen zu werden."

Ihr Antwortbrief vom 26.12.2014 schien allem Unerklärlichen die Krone aufzusetzen: „... Mit sehr gewählten Worten hast Du Eure Einquartierung bei Bauer Wilhelm erwähnt. Damit will ich die Seiten nicht vollschreiben. Sie war eine unliebsame teuflische Frau. Ihr Mann war eingeheiratet und hatte nichts zu sagen, aber zu schweigen sein Leben lang."

„Sie", „ihr Mann" – diese Formulierung machte mich stutzig. Waren „unsere" Wilhelms gar nicht die Eltern von Ruth? Oder falls doch: Was mußte da vorgefallen sein, wenn eine Tochter so verächtlich über ihre Eltern schreibt? Ich wollte es jetzt wissen und rief sie an. Sie merkte gleich, worauf ich hinaus wollte. Nein, unsere Schinder seien nicht ihre Eltern gewesen, trotz Namensgleichheit auch nicht im entferntesten mit ihr verwandt. (In einem Dorf, in dem einige den immer gleichen Namen trugen? Es war nicht meine Sache!) Sie beteuerte es mehrfach, jedenfalls konnte es kein vernichtenderes Urteil als das einer „Einheimischen“ dafür geben, was „unsere“ Wilhelms uns angetan hatten. Danke, Ruth, für diese versöhnende Genugtuung!

Im Leeser Armenhaus

Nachdem wir am letzten Tag des Jahres 1946 bei klirrender Kälte von Bauer Wilhelm buchstäblich auf die Straße geworfen und dann in das ehemalige Armenhaus der Gemeinde verwiesen worden waren, waren die Rahmenbedingungen für unseren Schulbesuch noch katastrophaler als vorher bei Bauer Wilhelm.

Auf beiden Seiten des durch das ganze Haus verlaufenden, an beiden Enden mit Ein- bzw. Ausgangstüren versehenen Flures lagen kleine „Zimmer". Teilweise hatten sie keine verschließbaren Türklinken, sondern Riegel, man hätte diese Kammern auch als „gehobene" Schweineställe bezeichnen können. Die eine Hälfte des Domizils gehörte uns, die andere einer Frau D. mit ihren drei Töchtern. Eine Tür zwischen den beiden Wohnbereichen gab es nicht. Ihr Mann war in französischer Kriegsgefangenschaft. Allem Anschein nach betrog sie ihn schamlos. Vergnügt „erfreute", d. h. belästigte sie uns regelmäßig mit ihrem ordinären Song „Meine kleine Frau kann alles ..." Sie „konnte" bis zur Heimkehr ihres Mannes an einem frühen Morgen des Jahres 1947 oder 1948. Von mächtigem Radau „nebenan" wurden wir wach. Prügelnd und unaufhörlich brüllend „Du hast meine Gutheit (!) ausgenutzt", trieb er seine Frau durch ihren Wohnbereich des Armenhauses.

Unser einziger Tisch befand sich im Küchenraum. Ein von einem Bauern gestifteter Stuhl war weiß von Hühnerkot und war ein „Schaukelstuhl" auf ungleich langen Beinen. Im Eingangsbereich der am Nordrand von Leese gelegenen, von den Briten gesprengten, meterdick verbunkerten, im Wald gebauten und durch Kiefernanpflanzungen unsichtbar gemachten Kampfstoffmittel- und V2-Fabrik – nach Gründung der Bundeswehr ist das Ganze dann „wieder aufgebaut" worden – befanden sich unversehrt gebliebene Verwaltungsgebäude, in denen englische Besatzungssoldaten untergebracht waren. Nach deren Abzug wurde die Möbeleinrichtung unter die Leeser Flüchtlinge verteilt. Auch meine Eltern erhielten ein paar Teile, eine Spiegelkommode steht noch heute in unserem Kieler Schlafzimmer (anders genutzt).

Der Küchenraum befand sich an der Hausecke zur Straße und zu dem an der Längsseite benachbarten Bauernhof. Zwischen beiden Gebäuden befand sich der Misthaufen des Bauern, auf dem bisweilen auch tote Ferkel lagen. Im Sommer waren die Küchenwände schwarz von den dort hausenden Fliegen. Im Winter waren sie so von einer „Eistapete“ überfroren, daß du, wie ich dann sagte, darauf „schlittschuhlaufen“ konntest. Ich hatte auf der gegenüberliegenden Korridorseite zwar einen eigenen Raum für mich. Aber er war unbeheizbar, so daß dort zwar das (viel verordnete) Auswendiglernen (es war ein hervorragendes Training für das ganze Leben!) auch in den Wintermonaten möglich war, ich meine Schreibarbeiten jedoch in der vielbenutzten und somit unruhigen Küche erledigen mußte – deren Tisch obendrein ja nicht mir allein „zustand“. In den anderen Monaten verrichtete ich meine Schreibarbeiten in „meinem Zimmer“ auf einer umgestülpten leeren Äpfelkiste oder wiederum auf den Knien. Resultat; „Handschrift“ in meinen Nienburger Zeugnissen ein einziges Mal „befriedigend“, sonst Standardzensur „genügend“, einmal „ausreichend“. Im „Schlafzimmer“ meiner Eltern stand ein „pischeriger“ (ostpr. Ausdruck für kümmerlich) „Kanonenofen“ mit völlig unzureichender Heizkraft, im daneben liegenden Raum, den sich meine drei Schwestern teilen mußten, nach meiner Erinnerung, wie bei mir „vorn“, keiner. Wo mein Bruder in unserer Behausung untergebracht war, kann ich nicht mehr genau sagen.

Das Armenhaus lag im Ortsteil „Rieder End“. Großmutter war uns hierher nachgefolgt. Sie war auch hier bei einem Bauern Feegel vergleichsweise viel besser untergekommen, so daß ihr Zimmer auch jetzt wieder gelegentlich ein Ausweichquartier für meine Schularbeiten war. Sie hat mir dabei sehr viel Wissenswertes über die damals weitgehend „verschollene“ Verwandtschaft meiner mütterlichen Seite erzählt, mir auch, zu meinem späteren Vorteil, viele

Umgangsformen, Anstandsregeln und Pflichten aus dem allgemeinen Sittenkodex beigebracht.

Die Sonnabende waren, noch lange über mein Abitur 1951 hinaus, Schultag, die Nachmittage schulfrei, aber mit reichlich Hausaufgaben ausgefüllt. Erst im Schuljahr 1949/50 wurde eine Arbeitsgemeinschaft für Englisch eingeführt, die ein- oder auch zweimal wöchentlich am Nachmittag unter Studienrat Dr. Wenzel stattfand. Die Arbeitsgemeinschaft für Orchestermusik, in der ich (auf meiner aus Königsberg geretteten) Erste Geige spielte, fand unter Studienrat Krusch nach meiner Erinnerung regelmäßig in einer der letzten Schulstunden vormittags statt. Der schulfreie Nachmittag hätte also vor allem der Erledigung der Hausarbeiten vorbehalten bleiben müssen, wozu außer mündlichem oder schriftlichem Nacharbeiten auch Vorbereitungen auf den Unterrichtsstoff kommender Stunden gehörten. Das äußerst intensive und kompromißlos-exakte Geigeüben in meinem „Zimmer" kam hinzu.

Meine Nachmittags- wie auch Wochenendwirklichkeit sah indessen gänzlich anders aus. Um unsere Notlage wenigstens ein wenig zu verbessern, am existentiell wichtigsten im Ernährungs- und Brennstoffsektor, waren mein Vater, bis zu ihrer „Umsiedlung" 1948 nach Ebingen/Württemherg-Hohenzollern in der französischen Besatzungszone Tante Grete und ich unentwegt mit Sammeln, Herbeischaffen und Verwendbarmachen der entsprechenden Subsidien beschäftigt. Dies bedeutete also Holz aus dem Wald besorgen (inklusive Lungenentzündung für mich), es sodann ständig vor unserem Domizil zersägen und zerhacken. Festes Meterholz war streng zugeteilt, Kohlen waren noch knapper. Braunkohlen-Briketts wurden kontingentiert zugeteilt (Marke „Union" u.a., mit der auch unser Königsberger Backofen befeuert worden war). In einem Winter gab es gar keine, sondern nur nassen, d.h. ohne vorheriges Trocknen in unseren Behausungen gar nicht brennbaren Torf. Steinkohle sahen wir noch jahrelang nach Kriegsende überhaupt nicht. Stattdessen rollten die Ruhr-Kohle-Güterzüge über das nicht allzu weit entfernte Wunstorf ununterbrochen in Richtung Osten (aber nicht etwa als Hausbrand für unsere mitteldeutschen Landsleute!) und transportierten die vollbeladenen Schleppverbände die Ruhrkohle rhein- und moselaufwärts zur „Abnahme“ durch Frankreich ...

In einem Jahr durften wir Flüchtlinge im etwa 10 km entfernten Rehburger Moor unseren Torf selbst stechen. Das geschah mit einem spatenartigen, länglichen „Messer“, das an beiden Seiten scharf war. Ausgemergelt wie wir waren, war es eine entsetzliche Schinderei. Obendrein war es heiß und trocken, vom Staub sahen wir Negern ähnlich aus. Der Transport nach Leese erfolgte mit britischen Dodge-Lkw mit deutschen Fahrern. In unserem „Zuhause“ bei Bauer Wilhelm angekommen, bekam ich schweres Nasenbluten. Die Eltern konnten es mit den bewährten Hausmitteln Kopf hochlegen und Kaltwasserlappen nicht stillen, essigsaure Tonerde besaßen wir noch nicht wieder. Sie holten den Dorfarzt herbei, zu meinem Glück trafen sie ihn an. Mit einem Tampon brachte er die Blutung zum Stehen.

In der Zeit der Getreideernte waren wir, wie auch viele andere Flüchtlinge, unzählige Stunden unterwegs, um auf dem Geestrücken der Gemeinde nach dem Mähen und Abharken Roggenähren, in der Wesermarsch Weizenähren einzusammeln. Hierbei kroch uns einmal aus einer Roggenhocke der Danziger Friseur Thorun entgegen. Von kleiner Gestalt, hielt er meinem Vater ein Scherchen entgegen und sagte mit seiner lispelnden Stimme: „Mensch, Heinrich, Ihr seid doch bekloppt, daß Ihr Euch dauernd bückt. Sieh’ mal, wie ich das mache!“

Er schnitt die Ähren auf der Innenseite der Hocken von den Halmen ab. Was wunder, wenn die Leeser Bauern, sollte ihnen diese Art „Selbsthilfe“ eines einzelnen oder einzelner bekannt geworden sein, der Nachernte von uns Flüchtlingen auf ihren Feldern evtl. auch mißtrauisch zusahen. 1946 oder 1947 hatten wir, ausgedroschen, fünf Zentner Roggen und zwei Zentner Weizen gesammelt, absolut korrekt, nur die endgültig liegen gebliebenen, sonst bald untergepflügten Ähren. Das erschien aber einigen Einheimischen als absolut unmöglich, prompt wurden wir verdächtigt, es vielleicht mit der „Methode Thorun“ geschafft zu haben.

Der Ährenlese folgte wenige Wochen später auf dem Geestrücken, wenn die Kartoffelfelder mit dem Grubber oder teilweise sogar noch von Hand abgeerntet waren und sodann mit Ochsen oder Pferden umgepflügt wurden, hinter diesen die Nachlese der im Boden verbliebenen Kartoffeln aus den Furchen. Es war mitunter recht lohnend, natürlich hatten wir bei dieser Nachlese vorher immer den Pflüger nach seinem Einverständnis gefragt. Die Kartoffeln waren damals noch fest und wohlschmeckend – die Gewinnmaximierung mittels wäßriger Masseerzeugung stand noch nicht auf der bäuerlichen Tagesordnung. Einmal wurden mein Vater und ich vor der Ernte zum Kartoffeldieb. Wir hatten nirgends mehr Kartoffeln ergattern können. Wie sollte es ohne dieses Grundnahrungsmittel weitergehen? (Dann eben mit Reis und Nudeln? Oh Ihr heutigen Unwissenden! Reis gab es überhaupt noch nicht wieder zu kaufen, Nudeln der einfachsten Art und nicht weizenweiß gab es nach Maßgabe der amtlichen Hungerrationen-Zuteilung nur auf Lebensmittelmarken.) Am Abend, als kein Heimkehrer von den Feldern mehr zu erwarten war, schlichen/robbten wir in die Furchen eines Kartoffelfeldes und „ernteten“, längs liegend und mit den Händen, im Schutz des Kartoffelkrauts die noch nicht ausgewachsenen Knollen. Alles rebellierte innerlich dagegen – es war die bis dahin schlimmste Erfahrung für mich, im unlösbaren Widerstreit mit dem Gewissen Unrecht tun zu müssen, die Exculpationsformel „Not kennt kein Gebot“ gab in diesem inneren Konflikt keine beruhigende Rechtfertigung her!

Eine möglichst große Kartoffellese sollte nicht nur unserer eigenen Versorgung dienen. Um auch etwas mehr als Hungerrationen an Fleisch im Kochtopf zu haben, hatte mein Vater schon 1946, als wir noch auf dem „Olen Hoop“ wohnten, zwei Ferkel gekauft. Ihren Stall hatte er bei einem Klein(st)bauern auf dem Rieder End gemietet.

Mit dem Schweinekübel – gestampfte Kartoffeln, Kleie usw. – in der Hand, führte mein „Schulweg“ zum Bahnhof 1946 zunächst bei

Wind und Wetter über freies Feld vom „Olen Hoop“, später vom wesentlich näher gelegenen Armenhaus dorthin, um die bei meiner Annäherung vor Hunger wild quiekenden und schreienden, nach Kübellehrung aber gierig schmatzenden und wohlig grunzenden Tierchen mit der ersten Tagesfütterung zu versorgen. Im Winter, die Trichinenschau und behördliche Meldung gehörten dazu, erfolgte dann die Schlachtung in dem zwischen unserer Küche und dem „Schlaf- und Wohnzimmer“ meiner Eltern gelegenen Wäscheraum (aller Einwohner des Hauses). Er hatte eine Schwengelpumpe und einen Wasserabfluß (sicherlich in eine Sickergrube, denn Kanalisation gab es auf dem Rieder End noch nicht). Die Schwengelpumpe mußte meistens erst von oben mit Wasser aufgefüllt werden, damit der Ansaugmechanismus wirksam wurde. Im Winter, zu dem damals noch oft strenger Frost gehörte, mußte die dann zugefrorene Pumpe erst mit kochendem Wasser funktionsfähig gemacht werden.

Entsetzen löste bei der ersten Schlachtung aus, daß der niedersächsische Schlachter die wertvollsten Teile, die Rückenfiletstränge, zu Wurst verarbeiten wollte ... Tante Grete konnte nach der Schlachtung (die noch mit einem von Hammerschlag getriebenen Bolzen erfolgte) ihre aus Ostpreußen mitgebrachte meisterhafte Fertigkeit der Kochwurstherstellung und des Einweckens äußerst schmackhafter Blut- und Leberwurst voll zur Geltung bringen. Einen Kühlschrank im Leeser Armenhaus – den gab es nicht. Und für uns, auch nach Einführung der DM, noch jahrelang nicht zu kaufen. Die geräucherten Schinken wurden in einem gesonderten Raum an einer Querstange aufgehängt. Aber selbst hier fanden unsere „Mitbewohner“, die lieben Mäuschen, ihren Weg zu einem Schinkenimbiß. Auf dem Dachboden des Armenhauses darüber lagerten jahrealte Unmengen von Heu und Stroh. Und auf dem Fußboden quollen die Mäuse täglich aus Fugen und Ritzen hervor. Ihre Beseitigung aus den (schwer zu beschaffenden) Fallen gehörte auch schon beim Bauern Wilhelm außer dem morgendlichen Schweinefüttern an schulfreien Tagen ebenfalls zu meinem „Tagesbeginn". Ja, ich habe in meiner Nachkriegsschulzeit auch viel „Außerschulisches" für mein ganzes Leben gelernt.

Meine Leeser Mitschüler und Mitschülerinnen, zu denen ich an anderer Stelle ausführlicher zurückkehren werde, kannten natürlich mehr oder weniger genau unser Armenhausmilieu. Aber Karin und ich waren bemüht, Besuche von ihrer Seite dort nach Möglichkeit von uns fernzuhalten. Eine Ausnahme hiervon bestand bei einer Klassenkameradin von Karin, Brunhild Schönwandt. Sie war ein Mathematiktalent, bildete sich hierauf aber nichts ein, sondern gab sich in allem vollkommen natürlich-unkompliziert und kameradschaftlich. Und so kam sie hin und wieder in unser Armenhaus, um mir bei Mathematikhausaufgaben zu helfen. Hinzu kam, daß sie das Flüchtlingsschicksal mit uns teilte und somit eine Verständnisgrundlage für unsere mißliche Lage da war, die keiner weiteren Erklärungen bedurfte. An sich waren Brunhild und ihre Mutter Hannoveranerinnen. Ihr Vater, von dem sie so gut wie nie sprach und von dem ich deshalb ebensowenig weiß, war wohl im Krieg nach Lissa versetzt worden. Dadurch war „Bruni" wie wir zum Flüchtling geworden. Mutter und Tochter wohnten bei dem hoch geachteten Sattlermeister Hotze. Er war Anhänger oder auch Mitglied der Welfen-Partei, deren Ziel wohl irgendeine politische Restitution des hannoverschen Königshauses und eine konstitutionelle Separation Niedersachsens war. Dies hinderte ihn aber nicht daran, im Gegensatz zu vielen Einheimischen, zu uns Flüchtlingen ein verständnisvolles und auch wohlwollendes Verhältnis herzustellen. Wohl auf der Grundlage einer beiderseitigen Betonung und Postulate monarchistischer Werte – hie der welfischen, dort der preußischen – mit Gesprächsstoff, wie ihn meine Mutter schätzte und brauchte und er sonst in Leese auf Seiten der Eingesessenen für sie kaum gegeben war, war zwischen ihm und meiner Mutter eine beiderseitige Wertschätzung entstanden. Sie erzählte oft mit einer erkennbaren Zustimmung, daß Herr Hotze seinen Landsmann Wilhelm Busch für einen der größten deutschen Philosophen gehalten habe.

Da niemand von uns unser Wohnen im Armenhaus-Etablissement „verschuldet“ hatte und die allgemeinen Zeitumstände eine wie auch immer geartete Veränderung vorerst gar nicht zuließen, brauchten wir uns unseres Elendsquartiers eigentlich nicht zu schämen. Aber eine gefühlsmäßig ähnliche Bedrückung trugen wir gleichwohl ständig mit uns herum, sie hat für unser ganzes Leben tiefe Spuren hinterlassen. Hier liegt ein Urgrund für meinen Weg zu Hannelotte, die mich seelisch auffing, hieraufgeht meine penible Art des Erhaltens und Bewahrens von allem einmal errungenen Schönen ganz wesentlich zurück.

In unseren Nienburger Schulen, in Karins Hindenburg-Lyzeum, in meiner Albert-Schweitzer-Jungenschule, wußte sonst niemand von unserem Leeser Armenhaus-soi vivre. Ich mied jedes Gespräch darüber, erst recht natürlich gegenüber einer Nienburger Klassenkameradin von Karin, für die ich zu schwärmen begonnen hatte. Sie war gebürtige Nienburgerin, würde sie als Einheimische unsere Not begreifen, oder würde diese jeden Ansatz von Sympathie auch auf ihrer Seite sofort zunichte machen? Zwischen unseren Schulen lag ein Teich, an dem nicht nur die verbindende Straße vorbeiführte. Von unserem und anderen Klassenzimmern ging auch der Blick ungehindert hinüber, wenn die Mädchen in den Pausen auf dem parkartigen Weg vor ihrer Schule flanierten (wohl wissend, daß wir Jungs auf „Augenjagd“ bei ihnen gingen). Es gab auch gemeinsame schulische Veranstaltungen. Wie ich nun Inge A. persönlich kennengelernt hatte – es ist meinem Gedächtnis entschwunden. Jedenfalls zog es mich auf Anhieb zu ihr hin. Denn – sie hatte wie meine spätere Ehefrau Hannelotte Charme, geistreichen und schlagfertigen Humor, Mutterwitz. Spielte Hannelotte für ihr Leben gern Theater, so war es bei Inge die Kasperlebühne. Mit „Bimbo sein böse!“, den Worten eines Negerburschen über ihrer Hand – und für mich auch ihren eigenen! – rief sie mich einmal zur Räson, als ich als Zuschauer irgendeine witzige Bemerkung gemacht hatte. Was sie und mich aber zu einem („platonischen“!) Duo machte, war ihr Klavierspiel – und mein Geigenspiel. (Fast alle meine Freundinnen vor Hannelottes Eintritt in mein Leben spielten Klavier, Hannelotte hat immer beklagt, fast darunter gelitten, kein Musikinstrument spielen zu können.) Mit viel Beifall haben wir einmal bei einem Schulkonzert in ihrer Schule – nach fleißigem vorausgegangenem Üben! – das romantische „Ständchen“ von Heykens erklingen lassen.

Ich war hoffnungslos in Inge verknallt, durfte sie aber, wenn wir uns trafen, nur bis zur Straßenecke Hannoversche Straße, Mindener Landstraße begleiten, wo sie in einem Haus mit der Firmenaufschrift „Drünkler“ wohnte. Außer in einem gesellschaftlich ausgegrenzten Milieu waren Eltern damals noch auf den „guten, unbescholtenen“ Ruf ihrer Töchter bedacht wie diese selbst auch. Wenn eine junge Dame mit einem jungen Herrn gesehen wurde, setzte dies neugierige Beobachtungen, wenn hinter vorgehaltener Hand nicht gar mehr in Gang. Deshalb sprach meine Mutter noch im Frühjahr 1956 in richtiger Einschätzung meiner Beziehung zu Hannelotte in einem Brief fragend die Empfehlung aus, ob wir ihr nicht einen „offizielleren Anstrich“ geben wollten. Hannelotte, die sie erstmals ja erst bei meinem Geburtstag im Juni in Leese zu Gesicht bekommen sollte, war ihr schon jetzt für das übliche Gerede „hinter dem Rücken“ zu schade. Was Inge anging, war eben auch Nienburg eine Kleinstadt mit allem dazugehörigen Klatsch und Tratsch. Mein Klassenkamerad Heißenberg wurde einmal vor der Klasse von „Clemens“ belehrt, er solle „lieber in den ‚Livius‘ gucken, statt auf dem Wall spazieren zu gehen“ („st“ und „sp“ wie englisch ausgesprochen).

Und nun geschah das Unfaßbare: Völlig überraschend und darauf weder in Kleidung, mit einer Tasse Kaffee oder einem Stück Kuchen vorbereitet, erschien Inge Pfingsten 1948 oder 1949 mit drei anderen Klassenkameradinnen in unserem Leeser Armenhaus, darunter Anneliese Eßberger, ein Bild an Schönheit. Sie hatten eine Ruderwanderfahrt die (damals noch mit einer starken Strömung) Weser abwärts gemacht und in Stolzenau zu einem Landgang zu Karin und mir im 3 km entfernten Leese festgemacht. Meine Angebetete erblickte nun meine Lebenswirklichkeit, die ich so sorgfältig vor ihr versteckt hatte! Ich hätte vor Scham in der Erde versinken können.

Inges Kasperlefigur

Während ich an dieser Straßenecke oft und meistens vergeblich auf eine Zufallsbegegnung mit Inge wartete, wurde ich ein paar Mal Zeuge der Vorbeifahrt von ganzen Pkw-Konvois mit tiefolivgrünem britischem Militäranstrich und -kennzeichen. Der Aufbau der Fahrzeuge hatte eine Form, wie ich sie vorher noch nie gesehen hatte, sie glichen oliv-lackierten Maikäfern. Dann „dämmerte“ es mir: Ach ja, so sollte ja einmal der KdF (Kraft durch Freude)-Wagen aussehen, für den Millionen Deutsche einen Sparvertrag mit einem End-Erwerbsbetrag von 990,– RM abgeschlossen hatten. Das kam nun alles nicht mehr zum Zuge. Die angesparten Summen waren für jeden Sparer verloren. Stattdessen bedienten sich nun die Besatzungsmächte in aller Öffentlichkeit schamlos aus der vom Wehrmachts-„Kübel" auf die zivile Ausführung umgestellen Produktion des bald unter diesem Namen weltbekannt gewordenen Wolfsburger Volkswagen (VW)-Werks. Eine andere Variante der Ausplünderung Deutschlands auf dem Schienenweg!

Das Abitur, Jahre gingen ins Land, Inge und ich hatten uns völlig aus den Augen verloren. 1957/58 ereignete sich die nächste Überraschung zwischen uns, ein „Gegenstück" zu der von Leese zehn Jahre zuvor. Hannelotte kaufte zu dieser Zeit ihre Garderobe in den hannoverschen Geschäften für den gehobenen Geschmack Mäntelhaus Kaiser, Stallmach (?) oder von der Linde in der Karmarschstraße, ich die meinige in der benachbarten Gr. Packhofstraße in dem führenden Konfektionsgeschäft Niedersachsens C. Louis Weber. Wir waren jetzt verlobt und tätigten unsere Einkäufe gemeinsam. Was dem einen gefiel, sollte auch dem anderen gefallen. Wir ließen uns u. a. einen sommerlich-hellgrauen, leicht gemusterten Anzug zeigen, der dann auch gekauft wurde. Da erschien unverhofft auf der Bildfläche Inge A. Natürlich hatte ich Hannelotte von ihr erzählt. Sie war Geschäftsführerin oder Verkaufsleiterin in diesem renommierten Bekleidungshaus, und ich war gegenüber Hannelotte doch etwas stolz darauf, was aus meiner einstigen „Flamme" geworden war, von der Hannelotte sich vorher ja wenig vorstellen konnte, zumal Inge ja nur eine, wenn auch die erste ihrer „Vorläuferinnen" war (das war im übrigen nach unserer gegenseitigen Unterrichtung über unser „Vorleben" überhaupt kein „Thema" mehr zwischen uns gewesen). Umgekehrt wird Inge bestimmt aufmerksam registriert haben, welchen Weg ich genommen und wen ich mir da „angelacht" hatte. Es war gewiß ein Urteil, auf das ich auch in dieser Richtung stolz sein konnte.

Werbeanzeige für den KdF-Wagen (Innenlenker-Limousine)

Nun wieder ganz „schulisch“

Ich war froh und auch stolz darauf, durch ein Aufsatzthema mich einmal aus den Leeser Verdrießlichkeiten „in die Lüfte“ erheben zu können. Es muß 1948 oder 1949 gewesen sein. Studienassessor Tancke hatte uns für die großen Sommerferien den Hausaufsatz „Mein Heimatort“ aufgegeben. Er war bei der Luftwaffe gewesen und unterrichtete Deutsch und wohl auch Latein. Als er mit dem Unterricht bei uns begann, trug er noch seine blauen Offiziersbreeches, aber keine Stiefel. Von denen war er sicherlich im Zuge der später so genannten „Befreiung“ „befreit“ worden. Die verschnürten Breeches und dazu Halbschuhe – aber niemand hätte auch nur heimlich über dieses Bild gelacht. Er war ein „armes Schwein“ wie so viele von uns ...

Meine Heimatstadt Königsberg aus der Vogelperspektive porträtieren – so etwas würde wahrscheinlich kein anderer berichten können, und es mußte bei Tancke als vorherigem Luftwaffensoldaten „ins Schwarze“ treffen! Aber weit gefehlt! Nach dem Rumpelstilzchen-Veitstanz von „Clemens“ kassierte ich eine zweite herbe Enttäuschung in meiner Nienburger Schule, die wir frei nach Schillers „Wilhelm Tell“ „Zwing Uri“ nannten. Mein Vater hatte mich, es muß im Frühsommer 1939 gewesen sein, zu einem Rundflug mit einer Ju 52 über Königsberg und das Samland mitgenommen. Voller Staunen zeigte ich aus der Rundflughöhe auf die „vielen Häuserchen“ oder faßte meinen Blick auf die endlos erscheinende Ostsee, beginnend mit dem ostpreußischen Stereotyp „ei“, in einem sprachlosen „Ei viel Wasser“ zusammen. Wahrheitsgemäß beschrieb ich nun in meinem Hausaufsatz die Sicht auf Königsberg und das Samland, wie sie sich aus der Ju 52 bot. Einige besonders markante Punkte in der Stadt wie etwa Stadttore und das Schloß suchte ich, um sie und ihre Bedeutung näher beschreiben zu können, in meinem Aufsatz zu Fuß auf.

(Meine Mutter hatte dabei nicht etwa die gedankliche und stilistische „Federführung“, sondern half mir allenfalls mit heimatkundlichen Auskünften.) Als Studienassessor Tancke die Aufsatzhefte zurückgab, las ich voller Empörung unter meinem Aufsatz diese Beurteilung und Zensur, ich habe sie nie vergessen: „Idee des Fluges gut. Leider nicht zu Ende geführt. Daher nur genügend."

Das „nur genügend" war auf die von mir obendrein als ehrenrührig empfundene Unterstellung gestützt, der von mir beschriebene Sachverhalt sei keine Tatsachenschilderung, sondern eine erdachte Fiktion gewesen. Zusätzlich war es eine Unlogik sondergleichen, die von mir zu Fuß aufgesuchten Baulichkeiten der Stadt hätte ich in dieser Form auch aus der Sicht „von oben" darstellen können. Das ließ ich mir nicht gefallen und meldete mich. Mein Hinweis, daß der Rundflug keine „Idee" gewesen, sondern alles so abgelaufen sei wie geschildert, und daß ich einige Punkte in der Stadt, um sie näher zu beschreiben, doch nur zu Fuß erreichen konnte, prallte an Tancke ab, er blieb davon unbeeindruckt, eiskalt. Daraufhin fügte ich hinzu, die Logik „daher nur genügend" ebenfalls nicht begreifen zu können. Er konnte sie nicht erläutern, gab sich auch gar keine Mühe. Daraufhin sagte ich verbittert zu ihm: „Ich verstehe. Sie waren bei der Luftwaffe, da mußte bekanntlich alles geflogen werden!" Was er mit den Worten „Si tacuisses sapiens fuisses!" (wenn Sie geschwiegen hätten, wären Sie klug gewesen) und regelmäßig schlechten Zensuren quittierte, am Ende wohl auch mit einem entscheidenden Votum zu meinem Sitzenbleiben.

Die Aufsatzhefte mußten eingesammelt werden und verblieben in der Schule. Hätte ich mich doch darüber hinweggesetzt und meinen Aufsatz behalten! Er sollte am Ende ein unwiederbringlicher Verlust sein. Alles darin war noch ganz frisch im Gedächtnis und nicht von der grausamen Entwicklung überlagert, daß wir es endgültig verlieren sollten ... Wir gingen ja noch fest von der ganz selbstverständlichen Erwartung aus, nach Normalisierung der Verhältnisse und einem Abzug der Sowjets in unsere Heimat zurückkehren zu können. So ließ ich leider auch eine Bleistiftzeichnung von unserem Haus Schrötterstr. 87/ Gustloffstr. 1 im Heft, die mit einer Textseite fest verklebt war. Ich hatte darin alles bis ins einzelne so genau gezeichnet, daß ich selbst davon beeindruckt war. Nur eine kolorierte Stadtskizze, auf der die zu Fuß aufgesuchten „Objekte“ samt zugehörigen Straßen dargestellt waren (einen Stadtplan, der als Vorlage hätte dienen können, gab es noch jahrelang nicht zu kaufen), nahm ich heraus. Alle späteren Anfragen und Bitten nach dem Aufsatzheft z. B. in der Ablage auf dem Dachboden der Schule zu forschen, wurden ordnungsgemäß beantwortet, waren in der Sache aber erfolglos.

Die dritte, schwerste schulisch-pädagogische Fehlleistung oder auch Entgleisung mir gegenüber leistete sich mein Deutsch-, Englisch- und Klassenlehrer in der Unter- und Oberprima, Studienrat Dr. Wenzel (wir nannten ihn „Mc. Wenzel“), als ich folgende, im Leeser Armenhaus von mir gefertigte Shakespeare-Übersetzung aus „Macbeth“ abgeliefert hatte (Klasse 11s, 1949, hier aus meiner Kladde abgeschrieben):

> Erhalten hat der König freudenvoll die Botschaft Deines Siegs, Macbeth. Und als er von dem Mute las, mit dem Du fochtest vor dem Feind, erfüllte innrer Zweifel ihn, wieviel des Lobs und Staunens gehöre Dir und ihm. Hierüber wortlos, betrachtet er den andern Lauf desselben Tags und findet Dich, wie keine Furcht erfüllte Deine Brust zu solcher Tat und keine Angst vor'm Tode. Und hageldicht ereilte Botschaft uns auf Botschaft, sie alle priesen nur Dein Werk, mit dem Du Dich verdientest um das Land, die Bürgschaft seiner Krone, und jede Nachricht machte Deinen Heldenmut zu einem neuen glitzernden Juwel ihm.

Hierzu Dr. Wenzel vor der Klasse: „Das ist nicht von Ihnen!“ Ich glaubte nicht richtig zu hören. Meine Antwort auf diese Unterstellung war kurz und bestimmt: „Doch, Herr Studienrat!“ Er wiederholte: „Nein, es ist nicht von Ihnen!“ Darauf ich: „Meinen Sie etwa, ich hätte von „Tieck und Schlegel“ (ein Übersetzungswerk, das ich gar nicht besaß und das mir nur dem Namen nach bekannt war) ...?“ Er ließ mich gar nicht weiterreden, sondern entgegnete nur kurz: „Nein, nein, das ist es nicht!“ Da dieser Dialog vor der Klasse stattfand, in dem

Dr. Wenzel mich als Lügner und Täuscher hinstellte, forderte ich ihn nunmehr auf: „Wenn Sie bei Ihrer Behauptung bleiben, darf ich Sie bitten, sie auch zu beweisen!“ Darauf wieder er: „Das kann ich nicht, aber ich bleibe dabei.“

Meine Zeugniszensuren von Dr. Wenzel in Englisch „genügend, ausreichend“ und im „Zeugnis der Reife“ wiederum „ausreichend“ habe ich wohl mit einigem Recht als ähnlich „objektiv“ empfunden!

Dr. Wenzel war Breslauer. Um ihm gerecht zu werden, sei erwähnt, daß er uns manche bürgerlichen Umgangsformen vermittelt hat. Wie wir, die wir ja mit dem erhobenen Arm zum Hitlergruß groß geworden waren und nur unsere „Skimützen“ getragen hatten, mit einem Hut zu grüßen hätten, daß der Herr grundsätzlich auf der linken Seite der Dame zu gehen hätte (in England aber rechts, wenn anders die Dame am Straßenrand gehen würde) usw. Amüsiert hat es mich einmal, als er den Klassenkameraden Klages mit einem schlesischen Wort zu einer raschen und klaren Antwort aufforderte: „Klages, motschen[1] Sie nicht so lange herum!“ Klages, der niedersächsische Bauernsohn sah Mc. Wenzel hilflos-fragend an. Ja, wir Ostflüchtlinge mußten nicht nur so manchen „einheimischen“ Begriff für hochdeutsche Wörter dazulernen, sondern wurden wegen unserer mitgebrachten Aussprache und Ausdrücke allzu oft verlacht und verspottet. Hier war es mit dem „Dazulernen“ einmal umgekehrt ...

Dr. Wenzel hielt wohl grundsätzlich auf persönlichen Abstand. 1950 unternahmen wir mit einem Kleinbus eine mehrtägige Klassenfahrt nach Uslar/Solling. An irgendwelche Besonderheiten kann ich mich nicht erinnern. Die Weser kannten wir ja nun alle. Wir wohnten in der Jugendherberge in Räumen, die mit mindestens jeweils acht von uns belegt waren. Unter ihnen befand

---

1) „Motschen“ – könnte der Wortbestandteil „mot“ dem französischen „mot“ – Wort entlehnt sein? Hätte ich s. Zt. wenigstens Anfangskenntnisse in Französisch gehabt, hätte ich Dr. Wenzel wahrscheinlich danach gefragt.

sich mindestens ein starker Schnarcher. Diese Fahrt hätte ja nun Gelegenheit zum persönlichen Gespräch, zu einem etwas besseren gegenseitigen Kennenlernen gegeben, für Dr. Wenzel speziell zum Erzählen über die bedeutende ostdeutsche Großstadt Breslau, ergänzt vielleicht durch seine schlesischen Landsleute in unserer Klasse. Aber nichts dergleichen geschah.

Einen letzten Ratschlag vor der endgültigen Schulentlassung erhielt ich von Dr. Wenzel nach der mündlichen Abiturprüfung und „Urteilsverkündung“. Außer in Deutsch (Thema: Werner Bergengruen,

Dr. Wenzel stehend vor seiner Klasse bei Klassenfahrt nach Uslar/ Solling. Ich biete meinem Klassenkameraden Lorenz aus Oppeln/OS „Feuer“ an. Er spielte wie ich im Schulorchester in der 1. Geige.

„Der Großtyrann und das Gericht“ – 1. Von der 1. Präambel und von der 2. Gerichtsszene aus ist der tragende Gedanke der Dichtung kurz herauszustellen. 2. ...) und in Englisch (Thema: Cecil Rhodes – Organisation of the British Commonwealth) war ich zu meinem Leidwesen auch in Mathematik „rangekommen“. Dies zu allem Überfluß in sphärischer Trigonometrie. Ich sollte irgendeine mathematische Frage zur Ekliptik erläutern, es gelang mir nicht zur Zufriedenheit des Prüfers. Nachdem alle Anläufe in dieser Richtung gescheitert waren, fragte ich in meiner Verzweiflung, ob ich um die „Hautevolee“ herumlaufen solle (der Prüfungsausschuß saß an einem langgestreckten Tisch), um zu zeigen, was ich meine. Die Mathe-Prüfung wurde daraufhin abgebrochen, ich befürchtete das Schlimmste. In Deutsch hatte ich offensichtlich gut abgeschnitten, würde mir nun ausgerechnet Mathematik zum Verhängnis werden? Meine Befürchtung trat nicht ein. Ich erhielt in „Mathe“ zwar „nicht ausreichend“, in Deutsch aber „befriedigend“ – und hatte bestanden. Beim Glückwunsch mit Handschlag zum bestandenen Abitur sagte Dr. Wenzel zu mir: „So etwas wie mit der Hautevolee sagen Sie aber in Ihrem Leben nie wieder!“

Aus der Reihe meiner Nienburger Lehrer möchte ich noch zwei herausragende Persönlichkeiten nennen. Beide kamen aus Mitteldeutschland und sorgten damals noch dafür, daß wir ausreichende Kenntnisse über seine Geschichte, hohe kulturelle und wirtschaftliche Bedeutung für ganz Deutschland erwarben und eine lebendige Beziehung zu diesem Teil unseres Vaterlandes behielten. Da war einmal Studienrat Wemme. Er stammte aus Sachsen-Anhalt, den genauen Herkunftsort weiß ich nicht mehr, und gab Erdkunde und Chemie. Von seinen Aufzeichnungen an der Tafel – mangels Lehrbüchern und sonstiger Hilfsmittel – und mündlichen „Diktaten“ habe ich damals in einem von Tante Liesbeth aus den USA geschickten Diarium ein eigenes „Unterrichtswerk“ angelegt. Der andere war der Dresdner Dr. Weck. Sein Fach „Geschichte“ war eines meiner Hauptinteressengebiete. Bis in das Jahr 1947 hinein vom Unterricht vollkommen ausgespartes und peinlichst gemiedenes Lehrfach, war es dann wieder ein

„ordentliches“ geworden, freilich mit so viel „Stolpersteinen“ aus „Umerziehungsideologie“ und Besatzungsdogmatik versehen, daß die deutsche Geschichte bald nach Luther in der frühen Neuzeit endete... Dr. Weck freilich kümmerte sich nicht im geringsten darum. Rhetorisch gewandt und in der Universalität seines Wissens, der Verdeutlichung des geschichtlich so vielfältig miteinander Verbundenen, errichtete er vor uns ein Geschichtsgebäude, in dem wir uns zurechtfanden und wußten, welche Geschichtsmächte uns an den Platz gebracht hatten, auf dem wir nun standen, ohne Büßergewand! Aus der uns noch ganz gegenwärtigen Geschichte erzählte er uns, er sei Soldat am Atlantikwall gewesen. Unter Bezugnahme auf die erdrückende Luftüberlegenheit der Westalliierten sagte er, vor der Invasion seien ab und an zwei deutsche Jagdflugzeuge an der Kanalküste entlanggeflogen. Sie hätten sie „Max und Moritz“ genannt. Als Kriegsgefangener habe er in London Hydepark kennengelernt, wo jedermann seine Meinung in Volksreden habe äußern können. Dr. Weck verstand es, Geschichte zum Leben zu erwecken, daran wird es gelegen haben, daß viele meiner aufbewahrten Schulhefte die Aufschrift „Geschichte“ tragen.

Ein Unterrichtsthema, dem ich gleich anfangs in Nienburg – ich möchte sagen: – ausgesetzt war, stand in schreiendem Gegensatz zu dem, was ich aus Königsberg gewohnt war, da Lehrpläne und Lehrstoff zu jener Zeit wohl mehr oder weniger reichseinheitlich gewesen waren, werden meine jetzigen Klassenkameraden es genauso empfunden haben: die darstellende Kunst. Ich weiß den Namen meines neuen „Kunsterziehers“ nicht mehr, auch nicht, wie alles im einzelnen weiterging. Jedenfalls hängte er in meiner ersten Stunde bei ihm die „Blauen Pferde“ von Franz Marc an die Tafel und pries dessen expressionistischen malerischen Stil.

Ich empfand beides als widernatürlich, provokativ und schockierend, sowohl den Kunststil als auch dessen Bewertung. Dafür lautete meine Zensur im Zeugnis vom 1.10.1947: „mangelhaft“. Später wurde ich dann Schüler bei Studienrat Pöck. Bei ihm lernte ich graphisches Zeichnen und Aquarellieren im Sinne des ästhetisch Schönen. Meine Zensur im Kunstunterricht kletterte jetzt von einmal „genügend“ auf „gut“ und blieb hierbei stehen. Das 1949 mit Wasserfarben nachgemalte Bild eines Impressionisten „konnte sich sehen lassen“. Ich habe es zu Hannelottes Geburtstag am 12. April 1974 für sie rahmen lassen, es hängt seitdem als Wandbild in unserer Wohnung.

Im Fach „Leibesübungen/Sport“ kam ich über ein „genügend“ nie hinaus. Grund dafür waren meine Leistungsschwäche im Geräteturnen in Verbindung mit fehlender „körperlicher Intelligenz“ hierbei. Hätte es hierfür Zensuren gegeben, hätten diese mit Sicherheit anders ausgesehen:

Ich schaffte den Steinwurf vom rechten auf das linke Weserufer. Ausgangspunkt irgendwo zwischen Schlüsselburg und Stolzenau, schwamm ich die Weser flußabwärts, ging wegen der starken Strömung aber bald wieder an Land (die Weser war damals noch nicht kanalisiert), da die Entfernung zu meinen stromaufwärts abgelegten Sachen rasch immer größer wurde. Meine „Ersatz“-Badestelle wurde ein modderiger Tümpel unterhalb des Leeser Bahndamms.

In unserem „Wohnviertel“, dem „Riederend“, gab es einen anderen Teich. Als er im Winter 1946/47 zugefroren war – oder war es ein Jahr später? –, war es mir gelungen, bei einem „Einheimischen“ Schlittschuhe auszuleihen. „Übersetzen“, in voller Fahrt wenden, rückwärts laufen – es klappte noch alles wie beim letzten Mal in Königsberg. Rasch versammelte sich die „halbe“ Dorfjugend am Rande des Teichs uns sah staunend meinen „Künsten“ zu. Schlittschuhlaufen – und dann noch „so“ – war offenbar eine Rarität im damaligen Leese. Einmal von Einheimischen „bewundert“ zu werden, war Balsam auf meine Flüchtlingsseele.

Da ich einmal sitzengeblieben war, hatte ich Klassenkameraden in zwei verschiedenen Oberschulklassen. In beiden betrug das Verhältnis „Einheimische zu Flüchtlingen“ ungefähr 1:1. Von den Flüchtlingen waren die meisten Schlesier, von diesen wiederum die Mehrzahl Oberschlesier. So wurden mir durch meine schlesischen Klassenkameraden Städtenamen wie Breslau, Hirschberg, Liegnitz, Schweidnitz, Oppeln,

Mein impressionistisches Wasserfarben-Gemälde (nach französischen Farbdruck)

Beuthen schnell zu lebendigen Begriffen. In der Klasse 10a, von der ich zunächst ja nicht in die 11s versetzt wurde (s = sprachlich), waren Witwald Hübner und ich die einzigen Ostpreußen, nach der „Wiederholungsrunde“ und Versetzung in die 11s war ich hier der einzige Ostpreuße. In der 10a, in der ich „hängen“ blieb, waren noch drei Kriegsteilnehmer, in der späteren 11s noch einer (Heinz Wurm aus Breslau). Aus der 10a ist mir Arno Thoß aus Mülheim/Ruhr unvergeßlich. In mancher Deutschstunde zog er mit der ruhrkumpelhaften „Kodderschnauze“ Vergleiche, die uns Jüngere, die ja noch nicht wie er Soldat gewesen waren und sich nicht wie er mit unseren Lehrern auf ein und dieselbe Stufe stellten, die uns, oft unter großem Gelächter über seine „Geistesblitze“, staunend zuhören ließen, die vielleicht sogar nun auch auf unseren Umgangston mit den „Paukern“ (siehe „Hautevolee“) ein wenig abfärbten ... Etwas „feinkörniger“ und humorvoller konnte es Heinz Wurm, vor allem mit seinem Landsmann Dr. Wenzel.

Der Nienburger Klassenkamerad in der „10a“ Heißenberg hatte ein Nachkriegsschicksal, das demjenigen von uns Vertriebenen, soweit es materielle Verluste angeht, nahe kam. Die Engländer hatten nach der Besetzung Nienburgs das seinem Vater gehörige, auf dem Wall an der Weser gelegene „Weserschlößchen“ beschlagnahmt. Bei der (ersten) Freigabe hatten sie es radikal leergeräumt. Nachdem der Vater es unter den damals mehr als schwierigen Verhältnissen neu eingerichtet hatte, wurde das „Weserschlößchen“ ein zweites Mal requiriert und nach der zweiten nunmehr endgültigen Freigabe abermals total leergeräumt. Im „Weserschlößchen“ fanden dann im Rahmen der sog. „Brücke“ für uns Oberstufenschüler Vortrags-„Umerziehungs“-Veranstaltungen statt, in denen englische – fraglos elitäre – Persönlichkeiten uns auf den enthitlerisierten, wahren „way of life“ führen sollten. Sie taten es unauffällig-unaufdringlich, gentlemanlike, im gentlemanhabitus, auf die „feine englische Art“, stets auch mit einem Schuß Selbstironie. Wir wurden über den Vorteil eines Zweiparteiensystems belehrt, „I always am against a coalition“ sagte der Referent. Oder beim

Vergleich des englischen mit der traditionellen Vielfalt des deutschen Pressewesens brachte ein anderer seine Hörer zum Lachen, als er, der Engländer, einen adjektivisch „angereicherten“ Begriff verwandte, den wir Deutschen selbst nur geringschätzig benutzten: „The local Käseblatt.“

Namentlich nennen möchte ich auch meine Klassenkameraden Raimar Hahndorf und Werner Stumpenhausen aus der „10a“ sowie Rudolf („Rudi“) Dohrmann aus der „11s“. Sie hatten einen Schultypus durchlaufen, der bis heute für Verzerrungen aller Art herhalten muß: eine Napola (Nationalpolitische Erziehungsanstalt im Dritten Reich). In ihrer Person widerlegten sie alle nach 1945 verbreiteten Unwahrheiten. Weder waren sie „herrisch“, anmaßend, doktrinär, noch habe ich jemals aus ihrem Munde abschätzige oder verächtliche Äußerungen über andere Rassen als die der arischen vernommen, der anzugehören ja eine Voraussetzung für ihre Zuweisung zu einer Napola gewesen war. Was sie sagten, war durchdacht, klar, ausgewogen. Sie waren kameradschaftlich, fair, ehrlich, offen. Ihre sportlichen Leistungen waren sicherlich gut. Aber als herausragend habe ich ihre schulischen Leistungen fast jeweils ausnahmslos in allen Fächern in Erinnerung behalten. Andere Bekanntschaften in der Zeit des Studiums bestätigten diese Persönlichkeitsmerkmale und seinerzeitigen Napola-Auswahlkriterien ein weiteres Mal.

Mein bester Klassenkamerad und Freund wurde in der „11s“ Kurt Reckmann („Molly“). Sein Geburtsort war Wesel am Niederrhein. In Duisburg war er bei einem schweren Bombenangriff verschüttet, aber gerettet worden. Nach ein paar gemeinsamen Studiensemestern in Göttingen verloren wir uns aus den Augen. Nach unserer Wiederbegegnung bei der Feier unseres 50jährigen Abiturs 2001 in Nienburg ergab sich eine Vertiefung unserer Beziehung durch ein Ferment, von dem wir trotz zweijährigem Nebeneinander auf der gleichen Schulbank als eines gemeinsamen bis dahin nichts gewußt harten: Das feste Bekenntnis zu allem, was das Wort „Preußen“ beinhaltet, und jetzt die scharfe, kompromißlose Verurteilung der Selbstliquidation der Bundesrepublik Deutschland. Hannelotte wurde bei einem späteren Besuch bei Kurt in Dransfeld bei Göttingen von ihm und seiner Frau Hanna sofort so vorbehaltlos und eng angenommen, als hätte sie schon von Anfang an zu unserem Kreis gehört. Der Tod von Kurt schon wenige Jahre später durch die Geißel der Menschheit (Krebs) machte einer ständigen Wiederbegegnung unseres neu entstandenen Viererquartetts voller Lebensfreude, Harmonie und Gleichklang leider ein vorzeitiges Ende. Ein zweites „Aus" folgte, als auch Hannelotte 2008 von dieser Geißel heimgesucht wurde und ihr 2012 erlag.

Aus meinen Nienburger Klassenreminiszenzen möchte ich noch dies festhalten:

In der Abiturklasse (12s, Oberprima) gab es im geschlossenen Unterrichtsblock am Vormittag auch Freistunden, mag sein, daß es der Französischunterricht war, an dem ich törichterweise ja nicht teilnahm. Außer mir gehörten noch drei oder vier andere Klassenkameraden zu den „Freigängern" in diesen Stunden, darunter unser Klassenältester Heinz Wurm. Er „arbeitete" dann immer mit treffsicheren Kurzkommentaren das aktuelle schulische Geschehen auf. Obwohl vor dem Abitur stehend, durften wir die „Penne" nicht „mal eben so" in der Freistunde verlassen, wir unterlagen auch da weiterhin dem besonderen schulischen Gewaltverhältnis, wir benötigten dafür eine besondere schriftliche Erlaubnis unseres Klassenlehrers Dr. Wenzel. Bei unserem Stadtgang brachen wir ein eisernes schulisches Tabu: Wir „pafften", und dies auf offener Straße, wo jeder uns als Schüler kennen oder erkennen konnte. Da ich auch hier „arm wie eine Kirchenmaus" war, bot mir meistens ein anderer aus unserem „Freigänger"-Trio oder -Quartett einen „Glimmstengel" an.

Wir sahen der „Reifeprüfung" entgegen, waren manchmal aber alles andere als „Primaner". In der Ecke zwischen unserer Klassentür und der links davon anschließenden Stirnwand der Klasse mit Tafel, Podest und Lehrerpult darauf stand der Kartenständer. Ein „geistreicher" Einfall veranlaßte uns eines Tages, in kindischer Ausgelassenheit vor Beginn der nächsten Stunde seine konstruktive Beschaffenheit zur Erzeugung eines künstlichen weißen Klassennebels zu erproben. Der Ständer war aus Holz, quadratischer Grundriß, zwei der sich gegenüberliegenden etwa 10 bis 15 cm breiten Seitenflächen waren im Abstand von jeweils vielleicht 10 Zentimetern auf ganzer Länge (2-5 m) von oben bis unten durchbohrt. In ihnen wurde die innen verlaufende Stange mit der Kartenhalterung je nach gewünschter Höhe mit einem Stift arretiert. Wir nahmen nun die Halterungsstange heraus, warfen in den Ständerhohlraum Kreidereste von der Wandtafel hinein, senkten die Stange wieder hinein und zerstampften mit ihr die Kreidereste was das Zeug hergab. In Wolken wurde der Kreidestaub durch die Bohrlöcher in die Klasse geschleudert. Als der Studienrat die Klasse betrat, „bekam" er seltsamerweise „nicht mit", was es mit dem weißen Staub und „Nebel" auf sich hatte. Oder tat er klugerweise nur so? Wären die „Täter", zu denen auch ich gehörte, bei Aufklärung der Sache evtl. disziplinarisch bestraft oder wegen erwiesener „Unreife" gar vom Abitur zurückgestellt worden? (Bei einer Relegation von der Schule wäre uns die Aufnahme bei jeder anderen Oberschule versperrt geblieben.) Ich glaube, daß wir das „Experiment" nicht noch einmal wiederholt haben.

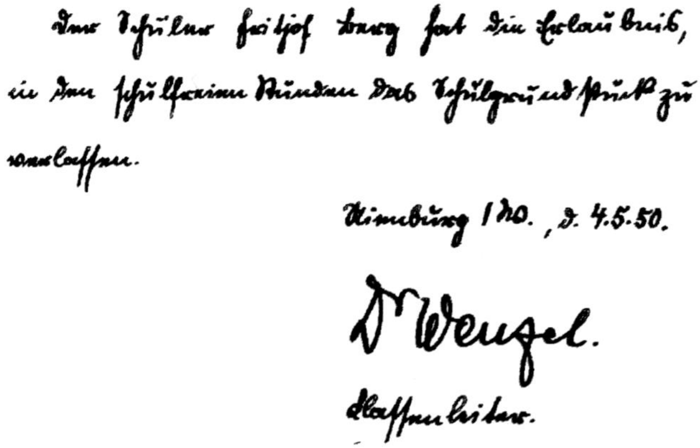
Der Schüler Fritjof Berg hat die Erlaubnis, in den schulfreien Stunden das Schulgrundstück zu verlassen.

Limburg/Lahn, d. 4.5.50.

Dr Wenzel.

Klassenleiter.

Stadtgang-Erlaubnis unseres Klassenlehrers Dr. Wenzel

Fahrschüler – eine bunt gemischte Erlebniswelt mit Nachklängen

Ich war Fahrschüler zwischen Leese und Nienburg und in umgekehrter Richtung. Die Haltebahnhöfe ab Leese waren Landesbergen, Estorf, Schäferhof, Langendamm und Nienburg. Aber mein „Fahren" begann in der ersten Zeit frühmorgens mit einem 6 km langen Fußmarsch auf der Chaussee von Leese nach Landesbergen. Es verkehrte noch kein Zug. Der Leser vergesse dabei nicht die schon mehrfach angesprochenen (Ver-) Hungerrationen jener Zeit im jugendlichen Wachstumsalter. Der Fußmarsch fand bei Wind und Wetter statt. Irgendeine Regenschutzkleidung oder einen Schirm besaß ich nicht, woher hätte ich das eine wie das andere damals bekommen können? Im Straßengraben entdeckte ich einmal ein Granatwerfergeschoß. War es ein deutsches oder englisches? Ich war neugierig, ließ es vorsichtshalber aber doch liegen, durch tödliche Vorfälle beim Hantieren mit derlei Zeug gewarnt. Von Landesbergen holte uns dann ein „Tommy"-Lkw mit einem deutschen Fahrer ab. Aber auch er brachte uns nur bis Schäferhof, 7 km vor Nienburg. Schäferhof war eine Domäne auf der linken Straßenseite zur Weser hin, aber auch ein riesiges Treibstofflager der Wehrmacht zwischen Straße und Bahngelände gewesen. Es war nun in britischer Hand, wie es zu unserer Abholung in Landesbergen mit hier stationierten britischen Militärfahrzeugen gekommen war, vermag ich nicht zu sagen. Von Schäferhof pilgerten wir dann, schon ausgehungert und durstig, zu unserer Nienburger „Penne" weiter. Mindestens einmal kam ich bis auf die Haut durchgeregnet dort an.

Zwar fahrend, aber noch langwieriger gestaltete sich noch eine ganze Zeit lang die Rückfahrt von Nienburg nach Leese irgendwann am Nachmittag. Ja, irgendwann, denn es war ein Rangierzug mit offenbar unbestimmter Abfahrzeit, mit einem zugestellten Personenwagen, der nur wenige Sitzplätze übrig behalten hatte und dessen Fenster noch mit Brettern vernagelt waren, nur kleine quadratische verglaste Gucklöcher ließen etwas Tageslicht herein. In Langendamm wurde wenig, in Schäferhof gar nicht rangiert. Mit dem An- und Abkuppeln der Güterwagen in Estorf und Landesbergen verging aber soviel Zeit, daß der Zug für die etwa 20 km Fahrstrecke von Nienburg nach Leese bis zu vier Stunden benötigte. Wieviel Zeit, Lust und Energie sollte bei solchem „Schulweg" für die Erledigung der häuslichen Schularbeiten da noch bleiben?

Auch als es für den Personenzugverkehr auf der Strecke Nienburg-Minden, an der Leese lag, wieder einen Fahrplan gab, der gut zu unserem Schulschluß paßte, blieb bis zur Abfahrzeit genug Wartezeit auf dem Bahnsteig, um in Ohnmacht und Wut Zeuge der Ausplünderung Deutschlands auf dem Schienenweg zu werden. Pausenlos rollten in Richtung Bremen/Bremerhaven die schweren Güterzüge, die mit Schrott, Baumstämmen (dem abgeholzten Harz!) und großen vernagelten Kisten vollgeladen waren, von wo aus dann der Weitertransport des Beuteguts per Schiff erfolgte. Lasen wir noch wenige Jahre vorher auf den Kohlentendern der Lokomotiven „Räder müssen rollen für den Sieg", hätte jetzt dort stehen können „Räder rollen für die Sieger". Offenbar reichten die Güterzugloks der Reichsbahn (so hieß dieses große und einst berühmte Verkehrsunternehmen in der Besatzungszeit immer noch!), die den Bombenkrieg einsatzfähig überstanden hatten, für den westalliierten Beutezug durch Germany nicht aus. Denn ab 1947 fand der eben beschriebene Gütertransport zunehmend auch mittels US-amerikanischer Güterzuglokomotiven statt, die eigens zu diesem Zweck über den Ozean nach Germany gebracht worden waren. In der umgekehrten Richtung waren die Züge mit geschlossenen Güterwagen und mindestens einem Mannschaftsbegleitwagen von amerikanischen Soldaten, meistens Schwarzen, bewacht. Sie standen mit schußbereiten Karabinern auf Güterwagentrittbrettern am Anfang und am Ende der Züge. Wenigstens eine kleine stille Freude war es für mich, auf manchen Güterwagen noch die Typenbezeichnungen mit ostdeutschen Städtenamen wie Oppeln, Breslau, Stettin, Königsberg zu lesen. Und immerfort wummerten als „Begleitmusik" zum Geschehen auf dem Schienenstrang in der Wartezeit auf dem Bahnsteig des Nienburger Bahnhofs die Sprengdetonationen aus der Munitionsanstalt („Muna") oder dem Munitionsdepot der Wehrmacht bei Langendamm herüber, noch lange mindestens, bis in das Jahr 1947 hinein ... Einmal brachte ein Klassenkamerad die ganze Ladung eines Explosivgeschosses mit, es waren längliche Stäbe.

Wie „Phönix aus der Asche" erschienen mir jene zweiachsigen Personenwagen der Gattung „Donnerbüchse", mit denen die Reichsbahn uns Fahrschüler eines Morgens in unserem Schulzug überraschte. Sie waren innen und außen vollständig neu lackiert, die Sitzbänke glänzten. Die neuen Ledergurte, mit denen die Fenster geöffnet und geschlossen wurden, hatten einen frischen, sauberen Farbton, waren noch nicht „begrabbelt" (ostpreußischer Ausdruck: noch nicht von ständigem Anfassen beschmutzt oder angedunkelt). An den Wagendecken hingen nicht mehr die lichtschwachen, blauen Verdunkelungsbirnen aus Kriegstagen, sondern auch hier war mit hellen Birnen die Helligkeit zurückgekehrt. Alles war noch vor Einführung der D-Mark erneuert worden und erschien umso strahlender, als bis dahin ja wegen des katastrophalen Mangels an Gebrauchs- und Verbrauchsgegenständen aller Art das Grau-in-Grau-Werden von allem immer weiter fortgeschritten war. Damals gab es noch drei Wagenklassen, die wie neu erscheinenden Wagen waren „dritter", wir fuhren natürlich „dritter". Schon seit langem gibt es nur noch zwei Wagenklassen, beide sind gepolstert. Die quer verlaufenden Holzlatten unserer „dritten" haben uns Damaligen keine Gesundheitsschäden zugefügt. Sonderlinge unter uns Leeser Fahrschülern waren der Sohn des Stolzenauer Pflanzensoziologen Professor Tüxen und ein Leeser Mitschüler. Sie waren zwei oder vielleicht sogar drei Jahre älter als wir und gehörten nicht zu unserer Fahrschülerclique aus beiden Nienburger Oberschulen. Der Tüxensohn trug selbst bei strahlendem Sonnenschein die Gummistiefel, die er wahrscheinlich beim Pflanzenkartieren mit seinem Vater benutzte. Der andere schraubte gleich am ersten Tag in dem so wunderbar restaurierten Wagen, in dem wir saßen – ob in den anderen auch, weiß ich nicht – die neuen Deckenbirnen aus und warf sie aus dem fahrenden Zug. Eine unerhörte Straftat angesichts der geschilderten Zeitumstände. Hätten wir ihn „verpfiffen“, wäre er damals garantiert relegiert, d.h. von der Schule „geflogen“, von den zivil- und strafrechtlichen Konsequenzen seitens einer noch nicht „knochenerweichten“ Justiz ganz zu schweigen. Als Folge einer Schulverweisung und der damit verbundenen Unmöglichkeit, andernorts das Abitur machen zu können, hätte er auch niemals mehr studieren können.

„Fahrschülerclique“: Wir waren keine Bande, kein Klüngel o. ä. Obwohl den getrennten Jungen- und Mädchenoberschulen und auch nicht alle der gleichen Schuljahrgangsstufe angehörend, waren wir miteinander doch „eine Klasse“, weitaus mehr als insgesamt mit und in unserer jeweiligen Schulklasse. Denn hier wurden Schularbeiten gemeinsam im Zug gemacht oder vom anderen abgeschrieben, das Neueste aus dem Dorf erzählt, gealbert und natürlich zwischen Jungs und Mädchen noch ganz unbeholfen ein bißchen „poussiert“. Viele unserer Eltern hatten Krieg und Kriegsende aus verschiedenen Teilen des Reiches und aus ganz unterschiedlichen Berufen in die Dörfer an der Bahnstrecke nach Nienburg verschlagen. Wir waren also auch soziologisch ein interessantes Gemisch, in dem der eine Einblick in die Lebenswelt des anderen erhielt, aus der er hervorgegangen war. Unsere Bahnfahrten enthielten also auch insoweit viel Lern- und Lehrstoff. Ernsthafte politische oder weltanschauliche Auseinandersetzungen habe ich nicht erlebt. Wir hatten ja alle der gleichen Staatsjugend angehört und trugen die Einheit unseres Volkes und Landes noch in uns. Der Zerfall der Kriegskoalition gegen Deutschland in gegnerische Blöcke und die Vereinnahmung der von der Sowjetunion bzw. den Westmächten in ihren Besatzungszonen beherrschten Teile unseres Volkes für ihre konträren Interessen hatte noch nicht Besitz von uns ergriffen. Der französische Kolonialkrieg in Indochina und der Koreakrieg zwischen China (mit der Sowjetunion im Hintergrund) und den USA straften die Verheißung dauerhaften Friedens nach der Niederwerfung und „Bestrafung“ der politischen, militärischen und wirtschaftlichen Führungsschichten unseres Reiches vor unseren Augen

Lügen. Wir waren noch junge Menschen und suchten nach der Wahrheit der Dinge, die nicht durch wahrheitsfremde Interessenlagen verschleiert ist.

Im folgenden mag es bei der Nennung einzelner Namen unserer Fahrschülergemeinschaft zu einigen wenigen Wiederholungen kommen, insbesondere bei den „Nachklängen". Zur Wahrung innerer Zusammenhänge werden sie auch dem Leser zweckmäßiger erscheinen als Verweisungen.

Adelheid Wagner hatte den weitesten Schulweg von uns allen. Aber sie war wohl auch die Bestsituierte unter uns. Ihr Vater war Inspektor auf dem Rittergut Schlüsselburg an der Weser. Wie sie morgens zum Zug kam, weiß ich nicht mehr. Jedenfalls wartete nach der Rückfahrt von Nienburg am Bahnhof Leese immer ein riesiger sechssitziger Mercedes auf sie, um sie nach Hause zu bringen. So etwas gab es damals nur einmal! Adelheid zog unter den Mädchen die meisten Augen von uns Jungs auf sich. Es war wohl „Molly" (Kurt Reckmann), der zu einer Schlagermelodie sang: „Warum hat die Adelheid keinen Abend für mich Zeit?"

Bildhübsch war auch eine litauische Klassenkameradin von Karin, deren Namen ich vergessen habe. In der zur gesprengten V2- und Kampfstoffabrik gehörigen Wohnsiedlung Uhlenberg waren viele Esten, Letten, Litauer und wohl auch Ukrainer untergebracht (nach ihrem Freiwerden 1952 erhielten meine Eltern wie auch viele andere Flüchtlinge dort endlich wieder eine zwar einfache aber richtige Wohnung). Hatten sie dort gearbeitet oder auf deutscher Seite gekämpft? Sie wurden nicht mehr von den Briten an ihre sowjetischen Todfeinde und dann auch Henker ausgeliefert, sondern warteten auf ihren Abtransport nach Übersee. Unsere litauische Mitschülerin wohnte wahrscheinlich mit ihrer Familie dort. Sie verließ uns sehr bald wieder.

Mein Klassenkamerad Günter Höltje aus dem nördlich von Leese gelegenen Ortsteil Hahnenberg stieg in dem für ihn näher gelegenen Bahnhof Landesbergen zu. Hahnenberg lag genau auf halber Länge zwischen den Bahnhöfen Leese und Landesbergen, so daß der Weg nach Landesbergen zeitlich für ihn der „kürzere" war. Erst gegen Ende unserer Schulzeit hatte ich mich mit ihm auch persönlich angefreundet, und es ist zu bedauern, daß die Verbindung zu ihm als einem meiner wenigen westdeutschen Freunde dann aber abgebrochen ist.

Hahnenberg: Natürlich gehörte meine Zwillingsschwester Karin zu unserer Fahrgemeinschaft. Aus unserer Königsberger Chorgemeinschaft Heinrich-Albert-Chor/Rundfunkspielschar Königsberg hatte sie ihre gute Sopranstimme und Sangeslust nach Leese mitgenommen. Von einer Opernsängerin, die es nach Hahnenberg verschlagen hatte, erhielt sie (nach meiner Erinnerung kostenlos) Gesangsunterricht.

In Landesbergen stieß der Professorensohn Martin Tauscher zu uns und in Estorf „Molly" und Wolfgang Gierke. Er stammte aus Schwiebus (Ost-Brandenburg). Da er das Kollern des Truthahns mit dem dumpfen „Husten" perfekt imitieren konnte, hatte ihm dies den Spitznamen „Puth" eingebracht. Er war der einzige „Mathematicus" unter uns Jungen, wir anderen waren alle in der (sprachlichen) Klasse s.

Die Nachklänge

Brunhild Schönwandt

Eine nahe freundschaftliche Beziehung von Karin und mir bestand mit Brunhild Schönwandt („Bruni"), die mit ihrer Mutter ebenfalls in Leese bei dem welfentreuen Sattlermeister Hotze wohnte. Bruni war gebürtige Hannoveranerin, es hatte sie aber – ob bombenevakuiert oder durch Versetzung ihres Vaters, weiß ich nicht mehr – nach Lissa verschlagen. Von dort war sie als Flüchtling nach Leese gelangt. Sie war ein Mathematik-„As" und wegen ihrer zuverlässig gelösten Hausaufgaben im Zuge stets von ihren Klassenschwestern umlagert. Auch mir hat sie im Leeser Armenhaus bei Matheaufgaben manchmal unter die Arme gegriffen. Sehr kameradschaftlich lieh sie mir auch mehrfach ihr Fahrrad aus. Bruni und ich fanden uns – unausgesprochen – gegenseitig gewiß sympathisch. Charakterlich, seelisch und in allen Dingen des täglichen Lebens war sie bestimmt eine „Frau fürs Leben". Als ich „hängen" blieb, überrundete sie mich. Sie ging nach Berlin und studierte dort entweder an der Freien Universität Medizin oder absolvierte eine medizinisch-technische Hochschulausbildung. Bis in das Jahr 1955 gab es noch einen an- und allmählich nur noch hinhaltenden Briefwechsel zwischen uns beiden, wir haben uns auch mindestens einmal in der Wohnung ihrer Mutter in Hannover-Wülfel getroffen, nachdem diese (nach einer weiteren Zwischenstation in Bad Münder) in ihre Heimatstadt Hannover zurückgekehrt war.

Wie sehr Bruni mich beobachtet und wesensmäßig erfaßt hatte, sei mit Zitaten aus zweien ihrer Briefe deutlich gemacht. Ich war schon wenige Tage nach meinem Abitur am 19. Februar 1951 nach Ebingen/ Württ. gefahren, wo Onkel und Tanten aus der Berg-Familie Arbeit und ihr Auskommen gefunden hatten, um dort ebenfalls mein Glück zu versuchen (u.a. in Niedersachsen herrschte noch große Arbeitslosigkeit) und Geld für den Studienanfang zu verdienen (ich werde hierauf noch näher im Kapitel „Meine Werkstudentenzeit" in Band 3 zurückkommen).

Ich hatte großes Glück und bekam einen Arbeitsplatz in der Fabrikbuchhaltung („Fabu") der Maschinennadelfabrik Groz & Beckert in Ebingen, einer Fabrik von Weltgeltung, in der Maschinennadeln für die Herstellung aller Gewebe und Strickwaren hergestellt wurden und werden, die wir am Körper tragen. Der Firmenteil Groz befand sich in Ebingen, der Beckert-Teil in Chemnitz. Beide Firmennamen mit den zugehörigen Standorten wurden damals noch auf den Geschäftsbriefbogen der Firma erwähnt. Ich mußte „blindschreiben" an Rheinmetall-Rechenmaschinen lernen und mit diesen den ganzen Tag lang nichts anderes als Zahlenkolonnen der Nadel-Fertigungsserien addieren, subtrahieren usw. Es war ein hervorragendes Gedächtnistraining, das mir in meinem späteren juristischen Beruf sehr dienlich sein sollte. In meinem Ehrgeiz schaffte ich es, dreistellige Zahlenreihen bis zur zwölften Position im Kopf schneller auszurechnen als mit der Hand auf der Rechenmaschine, wo die Finger bald auf 16tel und 32tel Notentempo eingespielt waren. Aber so dankbar ich für meinen Arbeitsplatz und viele Vergünstigungen in der beispielhaft sozialen Firma auch war – ich empfand sie als eintönig. Ein zehn Jahre älterer Kommilitone aus Sigmaringen, der Offizier gewesen war, nach seiner Entlassung aus russischer Kriegsgefangenschaft sein Studium gerade begonnen hatte und sich in der „Nadlerei" ebenfalls sein Kolleggeld verdiente, taufte die Rechenmaschinen (schwäbisch ohne „n" ausgesprochen) „Idioteharfe". Noch stumpfsinniger war die gelegentliche Fehlersuche im Differenzenkonto in einem großen Stahlschrank mit vielen, vielen Karteifächern.

Ich muß meinen diesbezüglichen Kummer Bruni mitgeteilt haben, denn in ihrem Antwortbrief nach Ebingen vom 31.8.51 schrieb sie mir:

> „... laß Dich ... von Deiner momentanen, stupiden, zur Gehirnparalyse führenden Büroarbeit nicht gänzlich unterkriegen! Anscheinend hat sie Dein seelisches Gleichgewicht schon ein we-

nig unterhöhlt, was aus Deinen pessimistischen Bemerkungen in Bezug auf Hoffnungen und Lebensansprüche hervorgeht. Ich finde nicht, daß es zu Dir paßt, wenn du das, was das Leben bietet, nur in den äußerlichen Vorzügen und Gegebenheiten erblickst oder doch wenigstens beängstigend geneigt scheinst, es zu tun ... Jedenfalls genügt es nicht, das Leben nur so anzufassen, wie es sich uns entgegenstellt, man darf dabei nicht den Humor vergessen und daß dabei überall ein wenig Sonne hinfällt." Wie recht sie hatte! Und nicht nur das: Wäre ich ihr gleichgültig gewesen, hätte sie mir doch keine Briefe geschrieben, in denen sie mein Inneres umkrempelt!

In der späteren Hochschulgruppe Ostpreußischer Studierender/Landsmannschaft Ordensland in Göttingen wurde mir der spöttische Beiname „mons orator" (der redende Berg) verpaßt. Hannelotte nannte mich wegen meines initiatorischen Organisationswirbels an allen Ecken und Enden in ihrem Essay „Meine Jugendlieben" „Hans Dampf in allen Gassen". Im Gegensatz zu den Göttingern hatte Bruni mich so doch allenfalls nur „am Rande" erlebt. Dennoch schrieb sie, die Göttinger bestätigend (Hannelotte war ja auch eine geworden), am 4.2.54 an mich nach Göttingen:

„Wann habt Ihr Semesterschluß? Und wann ist allgemein Aufbruch? ... Da Du doch durch Deine Tätigkeit organisatorisch so erfahren und begabt bist, möchte ich Dich bitten, beiliegenden Brief an die anderen unserer alten Clique weiterzugeben. Die meisten sind ja wohl augenblicklich in Göttingen. Karin würde ich selbst benachrichtigen. Ich dachte z. B. an Dich, Wolfgang G. und Martin, evtl. Molli, was mich sehr freuen würde, wenn er auch kommen könnte ...

Weißt Du, ich würde das als eine Art Geburtstagsfeier ansehen, weil ich ja sonst doch nicht feiere ... willst Du das wohl in die Hand nehmen?... Bitte, laß Deiner Redner- und Überzeugungsgabe ein bißchen Lauf und mach den Gemütern mal ein wenig Luft."

Da mein Notizbuch 1954 keine Eintragung enthält, hat es mit einem Wiedersehen im vertrauten Fahrschülerkreis offensichtlich nicht geklappt. Brunis Vorschlag bestätigt aber in schöner Weise, wie eng unsere „Fahrschülerclique" zusammengewachsen war.

Brunis letzter Brief an mich datiert vom 22.5.55 aus Hannover, wo wir uns in der Wohnung ihrer Mutter im Ortsteil Wülfel einmal getroffen haben. Wer unseren Kontakt als erster endgültig einschlafen ließ, vermag ich nicht mehr zu sagen. Ihm fehlte wohl auf meiner Seite der „prickelnde" Wunsch nach einer Vertiefung unserer Beziehung. Hätte Bruni ihrerseits da etwas „nachgeholfen", wer weiß ... Inzwischen hatten sich auf meiner Seite ja auch wirklich „prickelnde" andere Beziehungen ergeben, die die zu Bruni überlagerten und endgültig verdrängten. Aber darüber in Band 3 „Meine Werkstudentenzeit"/„Meine Studentenzeit" mehr.

Aber auch, was den Hang zur holden Weiblichkeit aus meiner Nienburger Schulzeit angeht, bin ich noch nicht ganz am Ende. Die beiden folgenden Geschichten gehörten zu ihr oder entwickelten sich aus ihr.

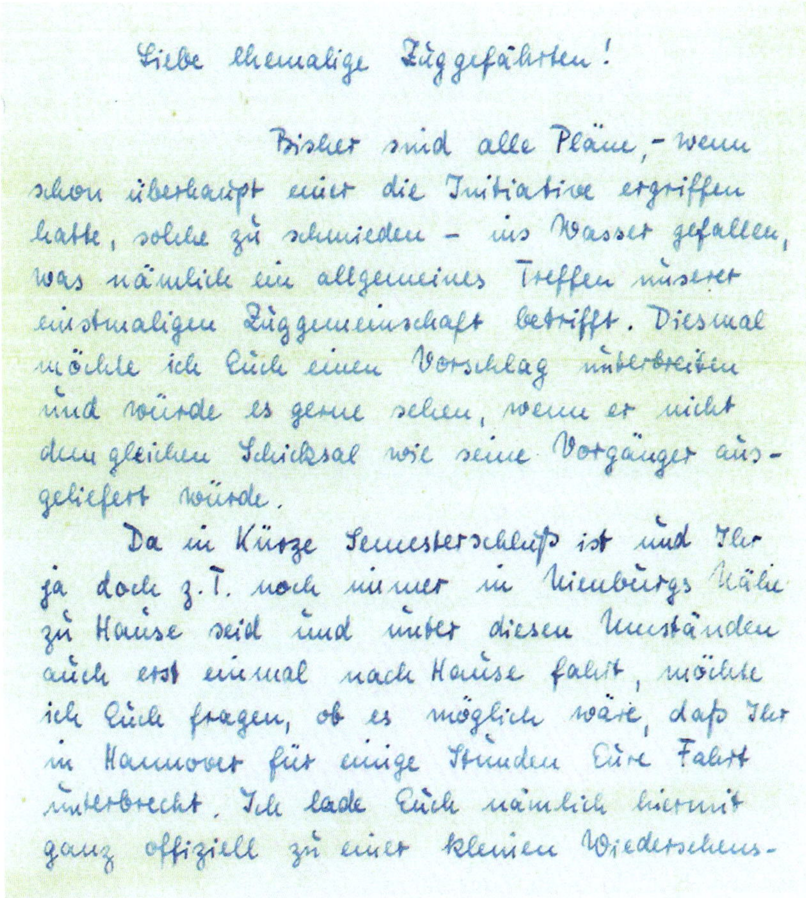

Liebe ehemalige Zuggefährten!

Bisher sind alle Pläne, – wenn schon überhaupt einer die Initiative ergriffen hatte, solche zu schmieden – ins Wasser gefallen, was nämlich ein allgemeines Treffen unserer einstmaligen Zuggemeinschaft betrifft. Diesmal möchte ich Euch einen Vorschlag unterbreiten und würde es gerne sehen, wenn er nicht dem gleichen Schicksal wie seine Vorgänger ausgeliefert würde.

Da in Kürze Semesterschluß ist und Ihr ja doch z.T. noch immer in Nienburgs Nähe zu Hause seid und unter diesen Umständen auch erst einmal nach Hause fahrt, möchte ich Euch fragen, ob es möglich wäre, daß Ihr in Hannover für einige Stunden Eure Fahrt unterbrecht. Ich lade Euch nämlich hiermit ganz offiziell zu einer kleinen Wiedersehens-

Brief von Brunhild an die Zuggefährten

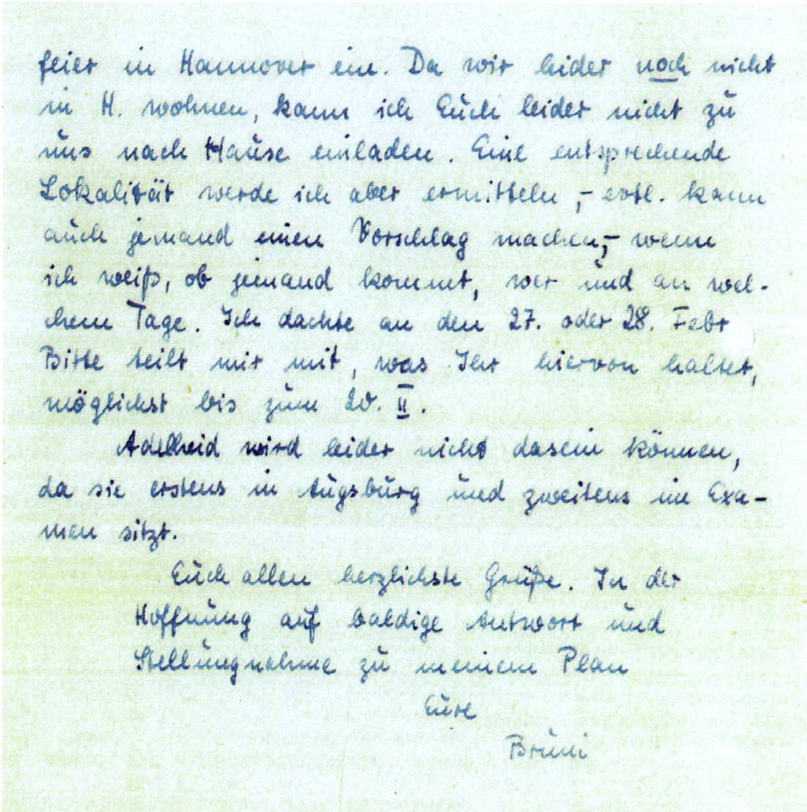
feier in Hannover ein. Da wir leider noch nicht in H. wohnen, kann ich Euch leider nicht zu uns nach Hause einladen. Eine entsprechende Lokalität werde ich aber ermitteln, – evtl. kann auch jemand einen Vorschlag machen, – wenn ich weiß, ob jemand kommt, wer und an welchem Tage. Ich dachte an den 27. oder 28. Febr. Bitte teilt mir mit, was Ihr hiervon haltet, möglichst bis zum 20. II.

Adelheid wird leider nicht dasein können, da sie erstens in Augsburg und zweitens im Examen sitzt.

Euch allen herzlichste Grüße. In der Hoffnung auf baldige Antwort und Stellungnahme zu meinem Plan

Eure

Bruni

Brief von Brunhild an die Zuggefährten

Liselotte

Mitschülerin aus Leese und Klassenkameradin von Karin war Liselotte. Sie und ihre Mutter waren aus Duisburg bombenevakuiert und wohnten in der Dorfmitte auf einem mit ihrem Nachnamen gleichnamigen Bauernhof, der zu den größten im Ort gehörte. Es handelte sich zweifelsohne um Verwandtschaft. Von Liselottes Vater weiß ich nichts (mehr), er war wahrscheinlich gefallen.

Liselotte gehörte nicht so eng zu unserer „Fahrschülerclique“, wie ich sie auf den vorstehenden Seiten beschrieben habe. Umso enger, direkter and heftiger sollte aber das Verhältnis zwischen ihr und mir werden, als wir uns unverhofft Mitte August in den Semesterferien zwischen dem Sommersester 1953 und dem Wintersemester 1953/54 in Leese wieder begegneten. Sie wohnte inzwischen wieder in Duisburg und machte in Leese ein paar Ferientage. Es wurde spontan eine Radtour verabredet, die in die Weseraue bei Schlüsselburg führte und im Leeser Wald endete.

Wer hatte mir ein Fahrrad geliehen, war es mein Vater gewesen? Wohl kaum. Denn als ich auf der Rückfahrt von Schlüsselburg strahlend mit „meiner Lilo“ in seinem Geschäft in der Leeser Ortsdurchfahrtstraße erschien, war er verblüfft, fiel buchstäblich „aus allen Wolken“. Er hatte mich noch nie in weiblicher Begleitung erlebt. Und nun gar eine Leeser Bekanntschaft ...

Lilos und meine Leeser Zeit war viel zu kurz gewesen, aber: Wir hatten uns ineinander verliebt! Lilo kehrte nach Duisburg zurück. Sie studierte Betriebs- und Volkswirtschaft in Köln und arbeitete bei Mannesmann als Werkstudentin in der Abteilung Verkauf. Hier bekam sie auch „hin und wieder englische und französische Briefe zwischen die Finger“ (ihr Brief vom 12. September 1953, der mit „et beaucoup d’embrassements“ endete).

Um auch Spanisch zu lernen, ging sie zu meinem großen Kummer mit einer Kommilitonin zum „Wintersemester“ 1953/54 nach Madrid. Ihre Briefe von dort sind ein „Baedeker“ voll von sprühendem Temperament und Entdeckungslust der spanischen Kultur, Architektur, Landschaft, Lebens- und Eßgewohnheiten, auch von spanischen Urteilen über uns Deutsche und der Unterschiede zwischen beiden Völkern.

Lilo und ich waren im Dritten Reich aufgewachsen, hatten beide seiner Staatsjugend angehört, hatten Kriegs- und Nachkriegszeit miterlebt und durchlitten, lebten jetzt in einem völlig entgegengepolten neuen Staatswesen, der Bundesrepublik. Dies stieß sie förmlich „mit der Nase“ auf Entdeckungen, die sie über dieselbe Zeit in Spanien machte. Im Brief vom 8.11.53 schreibt sie: „Bücher über Hitler u. seine Generale sind in jeder Buchhandlung zu finden.“ Und am 4. Mai 54: „Hier trifft man auf Schritt u. Tritt Spanier, die mit der Blauen Division in Deutschland waren.“ (Anm.: Spanische Freiwilligendivision an der Ostfront, die im Gegensatz zu den italienischen Kameraden bei unseren Soldaten in hohem Ansehen stand.)

Es war keine nervliche oder seelische „Beruhigungspille“ für mich, sondern sprach von ihrer gebliebenen Zuwendung zu mir, wenn sie z. B. in ihren Briefen aus Madrid schrieb:

> am 15. Dez. 1953: „Ich freue mich schon so, wenn Du zum Sommersemester nach Köln kommst.“ (Anm.: Ich muß ihr eine solche Ankündigung gemacht haben.),
>
> am 15. Januar 1954: „Wie schade, daß Du zum Sommersemester nicht nach Köln kommen kannst; ich hatte mich schon so darauf gefreut.
>
> 1) Brauchst Du Dir wegen des südländischen Temperaments keine Sorge zu machen.
>
> 2) Billige ich durchaus nicht alles, was ich schreibe, übe aber aus gewissen Gründen in meinen Briefen keine Kritik an meinem Gastland.“
>
> am 25. März 1954: „... ich habe Dir viel zu erzählen und freue mich schon auf unser Wiedersehen; auch in Spanien, Deine Lilo“,

am 4. Mai 1954: „Und das Meer ist so herrlich blau! Da müßten wir mal zusammen hinfahren.“,

am 15. Juni 1954: „Du, ich habe so Verlangen nach einem grünen Wald u. einer Wiese mit hohem Gras. Hier ist alles Gras ganz kurz u. vertrocknet ... Für heute Schluß, ich habe Dir viel zu erzählen.“

Ja, wußte sie denn nicht, was sie mir da schrieb? Sie war viel zu intelligent und gedankenreich, um es nicht zu wissen. Just da, wonach sie ihr Verlangen äußerte, hatte doch alles seinen Anfang genommen. Von meinen handschriftlichen Briefen besitze ich keine Abschriften, kann also nicht mehr genau sagen, daß die Objekte ihrer Sehnsucht dieselben waren, auf und in denen mit unserem Rendezvous im August 1953 alles zwischen uns begonnen hatte. Ich wäre jedenfalls nicht Fritjof Berg gewesen, wenn ich nicht bestimmt geantwortet und sie beim Wort genommen hätte, daß ihr Verlangen sich mit dem meinigen trifft, einer Wiese und einem Wald zum Wiedersehen für uns beide.

Lilo hat mir nicht mehr geantwortet, jedenfalls hat mich keine Antwort mehr erreicht. Was war da in Spanien passiert? Hätte es daran gelegen, daß mein Antwortbrief auf irgendeine Art und Weise verloren gegangen war, hätte sie angesichts der Eindeutigkeit all ihrer Erklärungen doch gewiß zurückgefragt, ob ich denn ihren letzten nicht erhalten hätte. Ich war sehr niedergeschlagen. Zwar war in dem Ausbildungsstand und in der Finanzlage, in der wir uns beide befanden, an eine Heirat überhaupt noch nicht zu denken. Aber ich suchte schon damals keine „Liebelei“ auf Abruf, sondern eine Bindung von Dauer. Ich glaubte, sie in Liselotte gefunden zu haben. Wäre sie mir treu geblieben, so wäre es bei diesem Mädchen, da bin ich mir sicher, meinerseits auf ein endgültiges „Ja“ zueinander hinausgelaufen. Und nun ein solches Ende – es traf mich schwer.

Als Knabensopran hatte ich mit einem Alt-Kameraden aus dem Königsberger Heinrich-Albert-Chor im Dezember 1944 über den

Großdeutschen Rundfunk mit allen seinen Sendern das Lied „Ade nun zur guten Nacht“ gesungen, dessen 4. Strophe lautet:

Die Mädchen in der Welt
sind falscher als das Geld
mit ihrem Lieben.
Ade nun zur guten Nacht!
Jetzt wird der Schluß gemacht,
daß ich muß scheiden.

Ich bin nie in der Lage gewesen, diese Worte trotz ihres plötzlichen und unerklärten Schlußmachens auf Liselotte zu übertragen. Was ich für sie empfunden hatte, saß viel zu tief, als daß ich es mit abschätzigen Worten hätte erniedrigen können.

Vom Sommer 1962 bis zum Jahresende 1963 habe ich eine bittere Trennungszeit von Hannelotte und unserem ältesten Sohn durchstehen müssen. Fast alle Wochenendfahrten von Hannover nach Bonn und zurück führten über Duisburg. Bei der Einfahrt in die Stadt und bei der Ausfahrt Richtung Hannover verlief neben der Bahnstrecke eine Straße mit einfacher Bebauung. Jedesmal beschäftigte mich beinahe zwanghaft die Frage, war es die Straße, in der Lilo gelebt hatte? Ich kam nicht daran vorbei – dann hatte sie einmal kurze Zeit zu meinem Leben gehört. Hätte ich je meinen Lebensinhalt und mein Lebensglück bei Hannelotte gefunden, falls Lilo ...?

Als Getrenntlebender und „möblierter Herr“ bei „Mutter Joppke“ in der Bonner Helmholtzstraße habe ich manchen Abendspaziergang am damaligen Bundeskanzleramt vorbei zum Rhein gemacht. Einmal kam mir von dort eine Frau in Hannelottes Alter mit zwei Kleinkindern entgegen, eines lag im Kinderwagen. Auf den ersten Blick, ich war mir sicher, das ist die verschollene Lilo! Ich mußte mich in Sekundenschnelle entscheiden: Soll ich sie ansprechen? Wir sahen uns beide an, aber ich tat es nicht. Wir gingen wortlos aneinander vorbei. Hätte ich es getan, sie wäre es aber nicht gewesen, hätte ich evtl. mit einer Abfuhr o. ä. rechnen müssen. Wäre sie es gewesen – wäre es nach unserem Umzug Anfang 1964 von Bad Nenndorf nach Bonn evtl. zu einer freundschaftlichen Beziehung zwischen unseren beiden Familien gekommen? Von „ihm“ wußte ich natürlich gar nichts. Hannelotte und Liselotte – beide waren ausgeprägt starke Persönlichkeiten. Aber der wesensmäßig in vielem offensichtlich bestehende Gleichklang wäre stärker gewesen. Ich habe es nachträglich oft bedauert, bei der Begegnung in Bonn meinen Zweifeln nachgegeben und die Fremde oder aber ganz Nahe nicht angesprochen zu haben. Ihre Stimme allein wäre schon Antwort genug gewesen. Hast du versäumt den Augenblick ... Eine zufällige weitere Straßenbegegnung bei unserem eindreivierteljährlichen Wohnen in Bonn hat es nicht mehr gegeben.

In meinem Rückblick auf Brunhild und Liselotte als doch mitprägende Begleiterinnen meines jugendlichen Lebens habe ich dem Leser ein wenig Einblick in den Briefverkehr mit beiden gegeben. Wer in den vollständig erhaltenen Briefen von beiden auch nur einen einzigen Fehler in Rechtschreibung (in der damals geltenden, nicht nach Maßgabe der heutigen Falschschreibung!), Grammatik, Zeichensetzung, Ausdruckweise suchen will – er wird keinen finden! Gleiches gilt für die Briefwechsel mit den anderen, die folgten und dem Kennenlernen von Hannelotte vorausgingen und auf die ich in Band 3 im Kapitel „Meine Studentenzeit“ zurückkommen werde. Ein vernichtenderes Urteil über das heutige Unbildungssystem mit seiner gewollten Niveauabsenkung u. a. in puncto Schreibfertigkeit und -fähigkeit beim Vergleich mit den s. Zt. an uns gestellten Anforderungen kann es nicht geben. Dem größeren Teil der heutigen Studentenmasse wäre allein wegen mangelhafter Beherrschung ihrer deutschen Muttersprache nie die Hochschulreife zuerkannt worden.

Janet Eldridge

Als letzte sei eine weibliche Bekanntschaft aus meiner Nienburger Schulzeit erwähnt, die einen für die damalige Zeit ganz außergewöhnlichen Entstehungsgrund hatte und deren Ende zugleich in die ganze materielle Misere jener Tage zurückführt.

Es war ein Julinachmittag anno 1950, als ich im Zug von Nienburg nach Leese einen freien Platz suchte und ihn in einem Wagen auf der linken Seite des Durchgangs auf einer zweisitzigen Bank fand, der gegenüber, auf einer gleichartigen Bank, zwei Frauen saßen. Als ich sie, einer damals geltenden Anstandsregel entsprechend, danach fragte, Platz nehmen zu dürfen, erhielt ich, einigermaßen erstaunt, auf englisch die Antwort, sie seien Engländerinnen und würden nicht Deutsch verstehen. Auf dem Abstellgleis des Leeser Bahnhofs hatte eine lange Reihe deutscher D-Zug-Wagen mit der Aufschrift „Allied Forces" (only) gestanden – und nun zwei Frauen der Sieger in unserem simplen Personenzug? Mein Erstaunen steigerte sich noch, als die ältere mir eröffnete: „We are going to visit our German prisoner of war in Minden." Alles und jeder, der Deutsche Wehrmacht gewesen war, war doch verfehmt! Und hier bekannten sich zwei Engländerinnen nicht nur zu einer menschlich offenbar guten Beziehung zu einem deutschen Soldaten, sondern wagten es auch noch, ihm in seinem verderbten, de facto immer noch besetzten Feindesland, ihre Aufwartung zu machen? Die Zeit bis Leese verging viel zu schnell, wir wollten in Verbindung miteinander bleiben, die Adressen wurden ausgetauscht. Aussteigen, winken und noch ein scheuer Blick – schade! Die jüngere, die Tochter, war eine attraktive Erscheinung, es schmeichelte mir, an sie schreiben zu dürfen. Aber wie? Ich war darin doch noch völlig unerfahren, und nun auch noch auf Englisch?

Die Abschrift vom Anfang meines ersten Briefes an Janet Eldridge ist erhalten geblieben, alle ihre Briefe ebenfalls. Meinen Briefanfang und Seite 1 des Antwortbriefes von Janet vom 29. August 1950 lasse ich auf den nächsten Seiten in Kopie folgen. Da schreibt sie doch „I was amazed that you were so sweet in speaking English." Und in ihrem Brief vom 31. Oktober 1950: „I expect that you would like me to point out any mistake in your letters, I assure you that there are not many, so do not be downhearted." (Im gleichen Brief korrigiert sie mich, daß ich in meinem vorausgegangenen „accident" und „incident" verwechselt hatte, peinlich!) Janet's Urteil über mein Englisch ist doch eigentlich ganz passabel. Mein Englischlehrer Dr. Wenzel hingegen fand es in der Zeit, in der Janet und ich uns englische Briefe schrieben, nur „ausreichend", so in den Zeugnissen vom 28.9. und vom 21.12.1950 und sogar im Reifezeugnis vom 19.2.1951. Wer von beiden, er oder Janet, urteilte nun korrekt und richtig oder war vielleicht ein bißchen „Partei"?

Janet in ihrem Brief vom 29. August 1950: „... the other boys were teasing you about me." Wie würden meine Eltern meine Bekanntschaft mit einer Engländerin aufnehmen, ich war ja noch nicht volljährig? Spätestens beim Eintreffen des ersten Briefes von Janet würden sie mich doch fragend ansehen ... England hatte uns den Krieg erklärt, britische Bomber unser Haus zerstört, Großbritannien hatte über ihr/unser Deutschland zu Gericht gesessen, war Besatzungsmacht (von dem verbrecherisch-frivolen Dreistreichholzspiel Churchills über die „Westverschiebung" Polens und die Zusage seines Nachfolgers Atlee auf der Potsdamer Konferenz im Juli/August 1945, die Einverleibung Königsbergs und des nördlichen Ostpreußen durch die Sowjetunion auf der Friedenskonferenz zu unterstützen, wußten wir noch nichts). Gewiß habe ich Janet gegenüber zu alledem kein Wort verlauten lassen. Meine Eltern haben unsere Briefbekanntschaft offenbar schmunzelnd zur Kenntnis genommen und gewähren lassen. Ich muß Janet in diesem Sinne von ihrer Reaktion unterrichtet haben, vielleicht auch von anfänglichem „Zerrgen" (ostpreußisches Wort = necken, „auf den Arm nehmen"). Denn in ihrem Brief vom 16. September 1950 geht sie darauf ein: „I am interested that your father and mother are teasing you. You must write and tell me more about your family. Perhaps one day I shall be able to meet them, I should very much like to do." Ja,

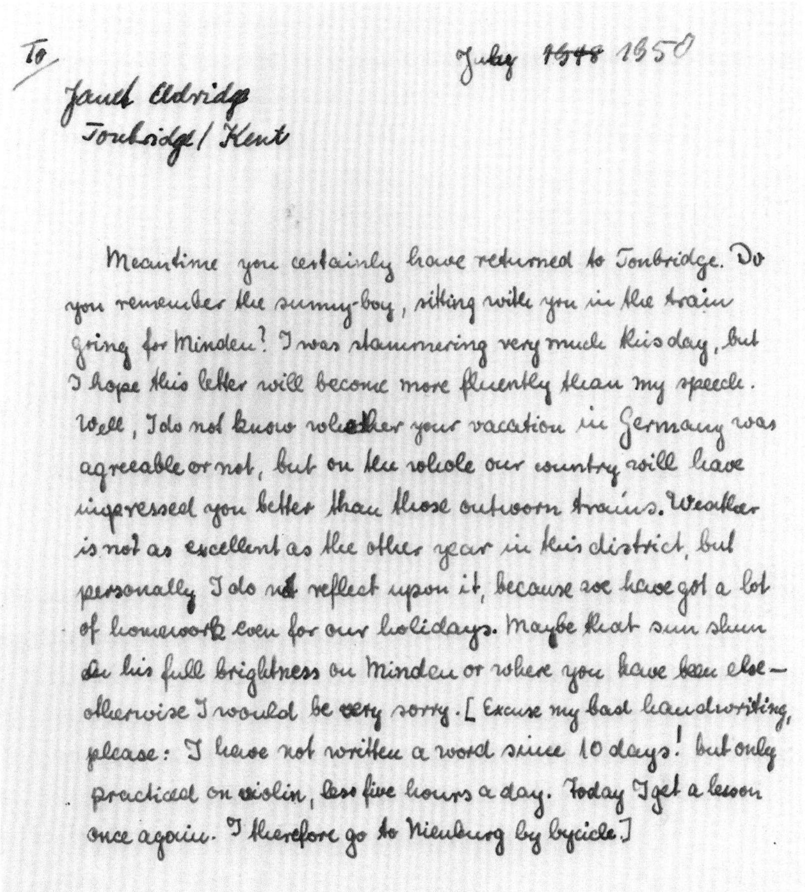

To
Janet Aldridge
Tonbridge/Kent

July ~~1948~~ 1950

Meantime you certainly have returned to Tonbridge. Do you remember the sunny-boy, sitting with you in the train going for Minden? I was stammering very much this day, but I hope this letter will become more fluently than my speech. Well, I do not know whether your vacation in Germany was agreeable or not, but on the whole our country will have impressed you better than those outworn trains. Weather is not as excellent as the other year in this district, but personally I do not reflect upon it, because we have got a lot of homework even for our holidays. Maybe that sun shone in his full brightness on Minden or where you have been else – otherwise I would be very sorry. [Excuse my bad handwriting, please: I have not written a word since 10 days! but only practiced on violin, less five hours a day. Today I get a lesson once again. I therefore go to Nienburg by bycicle.]

Brief an Janet, Juli 1950

schon in ihrem Brief vom 16. September 1950 hatte sie ihre Absicht bekundet, 1951 Deutschland weiter mit dem Fahrrad zu erkunden und „I should like to see you again very much but it is to early yet to make any arrangements.“ Und alle ihre Briefe endeten mit „Please give my kind regards to your parents.“

Janet schrieb viel über ihre ausgedehnten, nur so dahinflitzenden Radtouren, wobei sie einmal auch einen schweren Unfall erlitten hat-

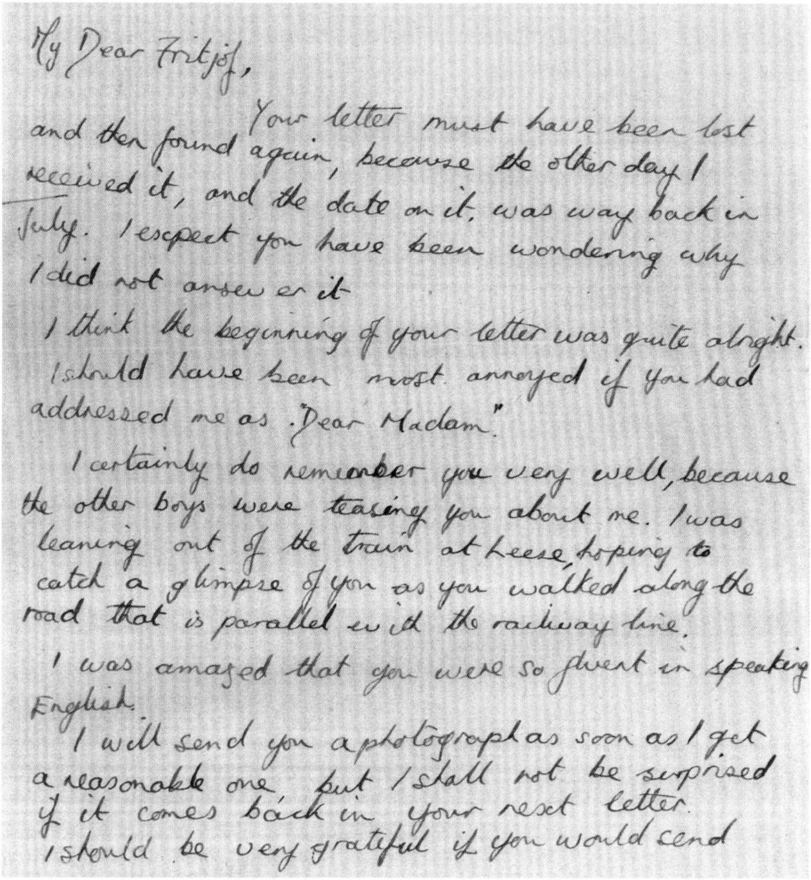

My Dear Fritjof,

Your letter must have been lost and then found again, because the other day I received it, and the date on it, was way back in July. I escpect you have been wondering why I did not answer it

I think the beginning of your letter was quite alright. I should have been most annoyed if you had addressed me as "Dear Madam."

I certainly do remember you very well, because the other boys were teasing you about me. I was leaning out of the train at Leese, hoping to catch a glimpse of you as you walked along the road that is parallel with the railway line.

I was amazed that you were so fluent in speaking English.

I will send you a photograph as soon as I get a reasonable one but I shall not be surprised if it comes back in your next letter.

I should be very grateful if you would send

Brief von Janet, August 1950

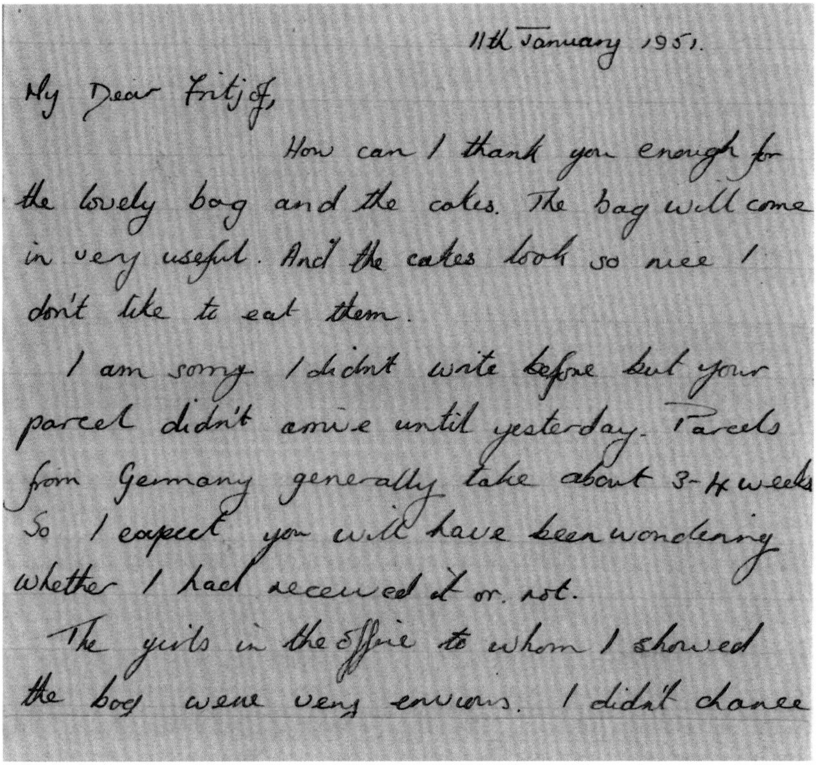

11th January 1951.

My Dear Fritjof,

How can I thank you enough for the lovely bag and the cakes. The bag will come in very useful. And the cakes look so nice I don't like to eat them.

I am sorry I didn't write before but your parcel didn't arrive until yesterday. Parcels from Germany generally take about 3-4 weeks So I expect you will have been wondering whether I had received it or not.

The girls in the office to whom I showed the bag were very envious. I didn't chance

Brief von Janet, Januar 1951

te, von dem sie sich aber schnell erholte. Bei ihrem Deutschlandbesuch 1950 war sie weit herumgekommen, auch mit dem Fahrrad, aber, so in ihrem ersten Brief vom 28. August 1950: „I did a lot of cycling at Bremerhaven, and I have come to the conclusion that I do not like your German bikes.“ Auch ihre Handschrift und ihr Briefstil waren schwungvoll, ohne Schnörkel offen, aber immer kultiviert, er sprach mich an. Sie schilderte alle Begebenheiten bildhaft, so ähnlich, wie es mir drei Jahre später in Liselottes und fünf Jahre später in Hannelottes Briefen erneut begegnen sollte. Einen „Schnappschuß“ von ihr, der ihrem letzten Brief vom 11. Januar 1951 beigefügt war, kommentierte sie so: „„... I know it will amuse you, but for goodness sake don't show your parents, they will have forty fits. (Anm.: vierzig Heiterkeitsausbrüche.) ... It will do frighten birds away from the seeds in the garden!" Ich selbst war nicht einmal in der Lage gewesen, ihr ein Photo von mir zu schicken, obwohl sie mich wiederholt darum gebeten hatte.

„I am working now at a shipping office in London, and I enjoy it very much." Sie hatte Freude und offensichtlich Geschmack an schönen Kleidern und am Tanzen. Und was war und hatte ich, fragte ich mich zunehmend. Ganz und gar unfertig; auch Janet rechnete nach ihren Mitteilungen sehr mit ihrem Verdienst, aber auch hier war bei mir nichts, gar nichts Vergleichbares vorhanden. Sie schrieb mir von englischen Sitten und Bräuchen (manches kannte ich ja aus dem Englischunterricht, aber hier bekam ich nun das Original geliefert), absichtsvoll oder nicht auch vom mistle toe unter dem Türbalken. Der Brief vom 5. Oktober 1950, dem sie einen gepreßten Blütenstengel beigelegt hatte, brachte die Einladung an mich: „Do you think you will be able to come to England at all? I expect it will be quite expensive to get over here, but we will meet you at Dover (Anm. : Es durchzuckte mich, da war sie wieder, diese verfluchte Kriegsvergangenheit, hatten doch die deutschen Ferngeschütze von der französischen Kanalküste aus Dover so oft unter Beschuß genommen ...), and you will stay at our house, so there will not be any other expense except for travelling here. We should be very glad to see you if you could manage to come." In meinem Antwortbrief muß ich wohl betrübt mitgeteilt haben, daß die Reise- und Aufenthaltskosten für mich unerschwinglich sind. Denn Janet ging hierauf ein und wollte mich offensichtlich ermuntern, wenn sie am 31. Oktober 1950 schrieb; „I think that the total cost of voyage is not as much as you think. When my mother & I went to Bremen, it cost us about (englisches Währungszeichen) 12 return each which is about 144 Marks, but I hope for your sake that it will not work out to dear."

144,– DM für die Überfahrt, hinzu wäre die Rückfahrkarte nach Bremen gekommen. Ich hätte Janet und ihren Eltern ein respektables Gastgeschenk als sichtbares Zeichen meines Dankes dafür überreichen müssen, daß sie mich 1950/51 als German boy persönlich zu sich einluden, für wie lange? Wie nahe wären Janet und ich uns gekommen? Ich wäre bestimmt mit ihr ausgegangen – in welchem guten Anzug, den ich nicht besaß, wie oft, wohin, zum Tanzen, das ich noch nicht konnte –, hätte sie ins Kino und ins Theater in London einladen müssen – und wollen!!! Ich hätte auch nicht visafrei reisen können. Zwar hätte ich, da ich als Jugendlicher im Hitlerstaat ja zur „democracy" erzogen werden sollte, mit Sicherheit ein Visum bekommen. Aber dies war ja nicht gebührenfrei, ebensowenig die vorherige Beschaffung eines Reisepasses mit Lichtbild. Eine schier unerschwingliche Summe für meinen Vater, erst recht für mich! Zwei junge Menschen aus Völkern, die sich noch wenige Jahre vorher erbittert bekämpft hatten, wollten sich begegnen und näher kennenlernen – aber der Englische Kanal war für mich als Deutschen wiederum, diesmal aus ganz trivialen Gründen, unüberwindlich.

Als Zeichen meines tiefen Dankes für das Offenstehen des Hauses Eldridge und meiner Zuneigung zu Janet schickte ich ihr zu Weihnachten einen Pompadour mit Schottenmuster, gefüllt mit Keksen, die mein Vater gebacken hatte. Ich hatte ihn in einem Nienburger Geschäft entdeckt, er kostete 10,– oder 12,– DM. Das war damals sehr viel Geld, für mich ein Vermögen! Die Überraschung und Freude in ihrem Brief vom 11. Januar 1951 waren sicherlich ehrlich:

> „My Dear Fritjof,
> How can I thank you enough for the lovely bag and the cakes. The bag will come in very useful. And the cakes look so nice I don't like to eat them.
> I am sorry I didn't write before but your parcel didn't arrive until yesterday. Parcels from Germany generally take about 3-4 weeks. So I expect you will have been wondering whether I had received it or not.
>
> The girls in the office to whom I showed the bag were very envious. I didn't dare taking the cakes to show them, it would have been fatal. At the moment I am just recovering from a heavy cold and slight Influenza. (You will have to look that up! Did I hear you say: Where is that dictionary?)"

Ich weiß nicht mehr, ob ich nochmals an Janet geschrieben habe, jedenfalls war es der letzte Brief von ihrer Seite. Wahrscheinlich habe ich eine Antwort zunächst hinausgeschoben. Am 19. Februar stand das mündliche Abitur mit vorherigem „last minute-Büffeln" bevor, dann kam die abrupte Abreise nach Ebingen/Württ. (siehe Band 3, 1. Teil „Meine Werkstudentenzeit") mit der ganzen Umstellung auf meinen neuen Wohnort, die Begrüßung der in Ebingen versammelten Berg-Verwandtschaft, der Arbeitsbeginn in der Maschinennadelfabrik Groz & Beckert. War es mir peinlich, erst nach Wochen und Monaten mit vielen Begründungen und Ausreden Janet zu antworten? Hätte sie von sich aus an ihren Brief erinnert und nach dem Warum meines Schweigens gefragt, dann wäre es brieflich zwischen uns wohl noch weitergegangen, nach meinem Abitur, das mir mehr Selbstsicherheit verliehen hätte, nunmehr sicherlich auch mit einem Hauch versuchter Flirterei. Aber zu welchem Ende? Janet war in Arbeit und Brot, ich noch für eine kaum vorhersehbare Zeit ohne Berufsabschluß und geregeltes Einkommen. Sie nahm als elegant gekleidete und sicherlich attraktive junge Dame an gesellschaftlich-repräsentativen Veranstaltungen ihrer Schiffsagentur teil (worüber sie mir schrieb), was hätte ich ihr in dieser Hinsicht bieten können? Ich hätte sie als ihr Begleiter noch nicht einmal zum Tanz, allenfalls zu einem unbeholfenen Gehoppel auffordern können. Daß mir nur wenige Jahre später eine andere junge Engländerin das unvergeßliche Kompliment „you are dancing divine" machen würde (siehe Band 3, 2. Teil „Meine Studentenzeit") – so etwas hätte ich Janet weder versprechen können, noch hätte es sie „getröstet". Nur um mir näher zu sein und mich besser als nur aus Briefen kennenzulernen, hätte sie dies wirklich gewollt, hätte sie im Hinblick auf all meine unfertigen Lebensbedingungen und Ungewißheiten kaum ihren gesicherten Lebensmittelpunkt aufgegeben und gegen einen ungesicherten mit vielen Fragezeichen in Germany eingetauscht, ich den meinigen nicht in merry old England einrichten können und wollen, wir waren beide jung und unternehmungslustig (allein ihre langen und schnellen Radtouren, von denen sie in ihren Briefen erzählt hatte, wiesen dies aus!) – hätte da ein bloß „platonisches“ Miteinander „über Zeiten und Meere“ hinweg Bestand haben können?

Wie verstandesmäßig bewußt dies alles Janet und mir war, kann ich für sie überhaupt nicht und auch für mich nicht mehr sagen. Ein Ahnen und Herantasten an diese Fragen war bei mir mit Sicherheit vorhanden. Das Hinüber und Herüber zwischen Janet und mir löste sich auf, bei mir aber nicht in endgültiges Vergessen. Dem stand schon der für jene Zeit ganz außergewöhnliche Entstehungsgrund unserer Bekanntschaft entgegen. Über meinen jungenhaften Stolz auf diese Bekanntschaft hinaus war mein Schulenglisch zu lebendigem Wissen geworden. Thank you forever, Janet!

Das nicht Zueinanderkönnen mit Janet aus vor der Hand geldlichen Gründen wirft ein Schlaglicht auf die Leeser Misere und Elegie meiner dortigen Jugendjahre, die fast traumatisch wieder auflebt, sobald die Gedanken nach „Leese“ zurückkehren. Über das hinaus, was ich über unseren dortigen Alltag bereits geschildert habe, gehört es ganz unmittelbar zu meiner Leese-Nienburger Schulzeit, mich für ein ganzes Leben formend.

Janets Haus – welche Folgen hätte der Schritt über dessen Schwelle für mein Leben gehabt?

Heraus aus dem Leeser Tief!

Hannelotte

Hannelotte Behrend sollte die Frau in meinem Leben werden, die mir – zwar „Zwillingsnatur“ und deshalb nach ihren Worten einmal „himmelhoch jauchzend“, dann aber „zu Tode betrübt“ – meine seelische Festigkeit und Stärke zurückgab, ganz entscheidend durch den festen Anker in unserer gemeinsamen ostpreußischen Heimat. Wir hatten uns bei unserem Kennenlernen natürlich auch über unseren anfänglichen Flüchtlingsstatus ausgetauscht, sie über Altötting/Bayern und Beckedorf/Niedersachsen, ich über Leese. Was sie mir im seelischen Desaster Leese bedeutete, habe ich ihr am Zweiten Weihnachtstag 1955 geschrieben, nachdem sie mich vorher brieflich nach meinem weihnachtlichen Befinden und Ergehen gefragt hatte: „Ja, Leese ... wir haben hier alle eine sehr schwere Zeit verlebt, die noch nicht vorüber ist (jedenfalls findet man sie bei jedem Besuch immer noch vor), und wir haben leider nicht immer genug Willen oder Lebenskunst gehabt, uns auf dem Wrack des Jahres 1945 gegenseitig zu ertragen und die innere Not gemeinsam zu überwinden. So ist jeder zum ‚seelischen Einzelgänger‘ – mehr oder weniger – geworden, und das familiäre Miteinander erscheint mir manchmal mehr konstruiert als naturgegeben-selbstverständlich ... vielleicht ist der fehlende seelische Bezugspunkt (zur Gott sei Dank erhalten gebliebenen Familie) neben meiner wohl examensbedingten Reizbarkeit oder Nervosität der Grund dafür, daß Du Anlaß hattest, mich ‚Mimo‘ (Anm.: Mimose) zu nennen. Wenn wir diesen vergraben haben, dann deshalb, weil Du mir die Zuversicht gabst, daß mir in Dir nicht das verloren gehen sollte, was ich hier in Leese vermisse und suche. ‚Mimo‘ existierte solange, als ich glaubte, dies befürchten zu müssen.“

Vaters Ringen um eine neue Existenz in seinem erlernten Beruf als selbständiger Bäckermeister

Bäckerei Schwerdtfeger in Leese

So gewiß, wie das „Amen“ in der Kirche, es für uns war und daß unser erbärmliches Flüchtlingsdasein doch ein Ende nehmen und wir nach Königsberg zurückkehren würden, so intensiv bemühte sich mein Vater, seinem und unserem Leben wieder einen Sinn und Inhalt zu geben, indem er seinen Beruf als selbständiger Bäckermeister ausüben konnte. Schräg gegenüber unserem ersten Leeser Domizil, dem Gehöft Wilhelm, stand die Bäckerei Schwerdtfeger leer. Sie war eine von drei Bäckereien, die die Dorfbevölkerung versorgt hatten (wieviel Hausbacköfen gab es daneben noch?), die mit den Bombenevakuierten und Flüchtlingen auf das Doppelte angewachsen war. Vaters Handwerkskollege Schwerdtfeger war in Stalingrad vermißt. Ich war dabei, als mein Vater Frau Schwerdtfeger aufsuchte und sie bat, den Betrieb bis zur Heimkehr ihres Mannes, den auch er von Herzen wünsche, an ihn zu verpachten. Der Betrieb würde weitergehen, und uns wäre wirksam geholfen. Er würde sich vertraglich verpflichten, Herrn Schwerdtfeger sofort nach seiner Rückkehr das Geschäft wieder zu übergeben. Frau Schwerdtfeger bat sich eine Bedenkzeit aus.

In den von den Eltern nachgelassenen Akten stieß ich nun auf Vaters Antrag vom 8. April 1946 an den Kreis Nienburg zur Erteilung der Gewerbegenehmigung für die Bäckerei Schwerdtfeger, das zugehörige Merkblatt (Ziffer 11!), den Vordruck „Eidesstattliche Erklärung“, den Ablehnungsbescheid aus politischen Gründen vom 24. April 1946, den Einspruch hiergegen vom 1.5.46 an den Regierungspräsidenten Hannover (Abschrift hiervon an den Landrat des Kreises Nienburg von mir gefertigt, meine damalige Handschrift!), die Erklärung unseres Königsberger Nachbarn Schlömp vom 30. April 1946, dem wir bereits in Band 2.1 begegnet sind, den Zwischenbescheid des Oberpräsidenten der Provinz Hannover vom 15. Juni 1946 (wie schon an anderer Stelle erwähnt, trat auch hier wieder die noch bestehende preußische Gebiets- und Behördenorganisation in Erscheinung). Mein Vater hat auf dieser Abgabenachricht „Erinnerung 18.7.46" und „2. Erinnerung 29.8.46" notiert. Da sich die vom Oberpräsidenten angekündigte und von meinem Vater in Erinnerung gebrachte „weitere Mitteilung" nicht im Vorgang der Eltern befindet, hat es sie auch nicht gegeben. De facto war es auch so, daß mein Vater die Bäckerei Schwerdtfeger nicht weitergeführt hat.

Voller Bitterkeit und Hohn und eingedenk der meinem Vater, ja uns allen zugefügten inneren Verletzungen bemerke ich zu der späteren Nomenklatura und Selbstbeweihräucherung der „politischen Klasse" der Bundesrepublik: So also sahen unsere „Befreiung" in der „Stunde Null" und nun schon zum zweiten Mal das Wirken derartiger Männer aus, die „für uns begannen"! Ihnen war es gleichgültig oder sie nahmen es mit ihrer „politischen" (!) Willkürentscheidung mindestens billigend in Kauf, daß wir in deren Konsequenz in unserem nicht selbst verschuldeten Flüchtlingselend stecken bleiben und nicht mehr aus ihm herauskommen sollten.

Transkription des handschriftliches Schreiben meines Vaters:

Heinrich Berg, Bäckermeister

Leese 119, den 8. April 46 bei Dietrich Wilhelm

Abschrift

An den Herrn Landrat des Kreises Nienburg

Betr.: Gewerbegenehmigung des Bäckereibetriebes Schwerdtfeger in Leese

Am 15.3.46 wurde ich als Ostflüchtling in die Gemeinde Leese mit meiner siebenköpfigen Familie eingewiesen. Zur Zeit sind hier bei gut 2000 Einwohnern zwei Bäckereien in Betrieb gegen vier vorhandenen und betriebenen vor dem Kriege. Nach Rücksprache mit dem Herrn Bürgermeister wird von ihm die Ingangsetzung eines dritten Betriebes befürwortet und auch als dringend notwendig erachtet. Bäckermeister Schwerdtfeger ist bisher noch nicht zurückgekehrt und gilt als vermißt. Seine Angehörigen sind ohne jede Nachricht. Amtlicherseits liegt ebenfalls keine Mitteilung über ihn vor.

Ich beantrage daher, mir die Genehmigung zur Eröffnung dieses Betriebes zu erteilen. Bei Rückkehr des Obigen trete ich selbstverständlich nach Vereinbarung zurück.

Ich bin Bäckermeister seit 1926 und war von 1930 bis 16. März 1945 in Königsberg Pr. selbständig. Ich hatte eigenen Grundbesitz. Ich bin mit der Herstellung sämtlicher Backwaren vertraut und habe meine Kunden stets zufriedenstellen können. Die Richtigkeit meiner Angaben kann durch Handwerkskarte belegt werden.

Um jede Unklarheit von vornherein zu beseitigen, bemerke ich, daß ich der NSDAP ab April 1928 angehört habe. Eine politische Funktion habe ich weder haupt- noch ehrenamtlich ausgeübt.

Ich bin am 4.9.99 als 2. Kind von 10 des Malermeisters Wilhelm Berg in Goldbach Kreis Wehlau (Ostpr.) geboren.

Heinrich Berg

Transkription des handschriftlichen Schreibens vom 1.5.46 Seiten, Beginn, Förmlichkeiten von meinem Vater, Abschrift der materiellen Begründung s. Zt. von mir gefertigt:

Heinrich Berg Bäckermeister

Leese 119, den 1.5.46

(20) Kreis Nienburg/Weser

An den Herrn Landrat des Kreises Nienburg

Im folgenden gebe ich Ihnen Kenntnis von einer Eingabe an den Herrn Regierungspräsidenten betr. meinen Antrag vom 8.4.46

Ihr Zeichen: Gewerbebehörde Pol. 505/6-II/1, a

Abschrift

An den Herrn Reg. Präsidenten Hannover

Am 8. April 1946 hatte ich an den Herrn Landrat des Kreises Nienburg einen Antrag wegen Genehmigung des Bäckereibetriebes Schwerdtfeger in Leese gestellt. Der Antrag war von mir als Ostflüchtling begründet und wurde auch von dem hiesigen Bürgermeister befürwortet, nachdem die Brotversorgung des Ortes geprüft und von den in der Gemeindeverwaltung tätigen Herren als nicht ausreichend angesehen war. Der Herr Kreishandwerksmeister hatte ebenfalls Erkundungen angestellt und einige Herren beauftragt, mit der Inhaberin des Betriebes zu verhandeln. Auch bei der Handwerkskammer in Hannover hatte ich dem zuständigen Sachbearbeiter Dr. Cohrs mein Anliegen vorgetragen und auch mit dem Geschäftsführer des Bezirksinnungsverbandes des Bäckerhandwerks eine Rücksprache herbeigeführt.

Mit Schreiben vom 24.4.46 erhielt ich den beigelegten Bescheid. Ich hatte an allen genannten Stellen klar angegeben, daß ich der NSDAP angehört habe und auch diese Tatsache im Antrag nicht verschwiegen. Es erscheint mir so, daß mein Antrag kurzerhand ohne jede ernsthafte Prüfung abgelehnt wurde. In der Anlage füge ich die Abschrift meines Antrages und Ablehnungsbescheides sowie Leumundzeugnis bei. Des weiteren will ich bemerken, daß in meiner Ablehnung eine Aberkennung meiner Mannes- und Familienehre zu sehen ist und mir jedes Recht auf Erhaltung und Ernährung meiner Angehörigen genommen ist. So gut es ehemaligen Parteimitgliedern möglich ist weiterzuleben, weil sie nicht von dem Unglück betroffen wurden, Heimat, Haus, Hof, materielle und ideelle Güter zu verlieren, andere, obwohl sie nicht der Partei angehörten, dasselbe behielten und womöglich noch U.K. (Anm.: unabkömmlich) gestellt im Kriege, heute aber Entnazifizierungsausschüssen angehören, womöglich aber damals die Partei und deren Einrichtungen unterstützten, darf es wohl die Gerechtigkeit erlauben, diejenigen, die als Mitglieder der NSDAP makellos und ehrenhaft dastehen, auch nicht aus dem Weiterleben und gekannten Berufen zu vertreiben. Ich bitte daher, meine Beschwerde zu prüfen und meinem Antrag stattzugeben.

Als eventuelle weitere Zeugen für mich führe ich den Geschäftsführer der Kreishandwerkerschaft Samland, Herrn August Sälzer, der sich z. Zt. in russ. Kriegsgefangenschaft befindet, und Herrn Dr. Hinz, früher Königsberg (Pr), jetzt Husum, Holstein, mit Praxis an.

Eine Abschrift dieses Schreibens ist an den Herrn Landrat abgesandt.

Zur Verweigerung einer selbständigen Berufsausübung aus politischen Gründen anno 1946 gehört dieses Gegenbeispiel aus Vaters Zeit als Kreishandwerksmeister von Fischhausen-Samland. Sie wird in der drei Jahre später auf westalliierten Befehl ins Leben gerufenen Bundesrepublik Deutschland in einer gleichgeschalteten Meinungsorthodoxie von staatlichen Institutionen, Parteien, Kirchen, Rundfunk, Fernsehen, Einheitspresse etc. allumfassend als „nationalsozialistische Zwangsherrschaft" in einem „totalitären, diktatorischen Unrechtsstaat" stigmatisiert. Wer auch nur die geringste Korrektur daran vorzunehmen wagt, wird einem Häretiker im Mittelalter gleich ausgegrenzt, ja es droht ihm ein ganzer Katalog von hierauf zielenden Straftatbeständen. Ich frage mich nur, wo und bei wem ich in jener Zeit mein selbständiges Denken gelernt, meinen felsenfesten Sittenkodex erworben habe, und wie dieses Verhalten von Vater zum diktatorischen Meinungsklischee in der Bundesrepublik paßt: Der Schneiderobermeister von Fischhausen-Samland hieß Tilwichs. Mein Vater wurde, so erzählte er mir, von NSDAP-Kreisleiter Bieske (?) in klar erkennbarer Absicht angesprochen: „Parteigenosse Berg, Herr Tilwichs ist doch kein Parteimitglied!" Darauf mein Vater: „Das interessiert mich überhaupt nicht. Wenn er wegen fehlender Parteimitgliedschaft nach Ihrer Ansicht als Obermeister untragbar ist, müssen Sie sich auch gleich einen anderen Kreishandwerksmeister suchen!" Damit war die Angelegenheit erledigt.

Wozu noch zu bemerken ist, daß die Abberufung von Tilwichs als Schneiderobermeister aus politischen Gründen zwar eine ehrenrührige Entfernung aus einem Ehrenamt gewesen wäre, aber keine existenzvernichtende Maßnahme. Bei der Ablehnung einer Weiterführung der Bäckerei Schwerdtfeger durch meinen Vater hingegen handelte es sich darum.

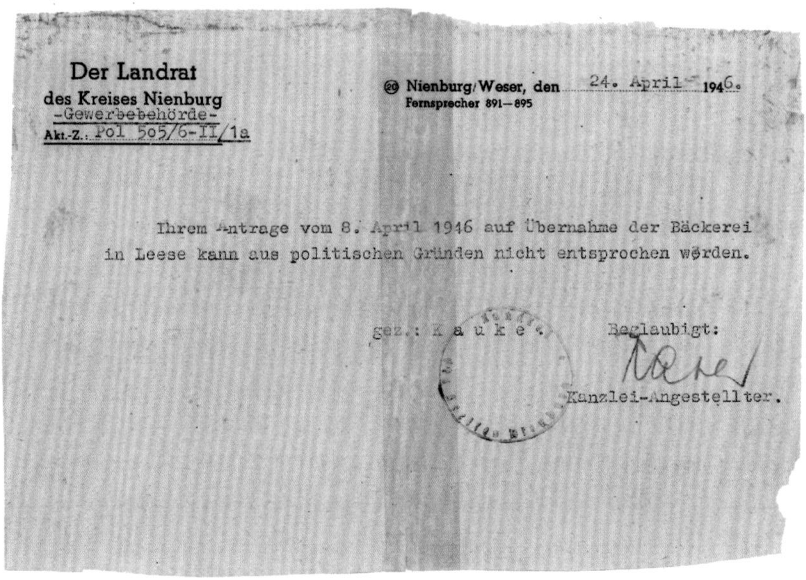

Der Landrat
des Kreises Nienburg
-Gewerbebehörde-
Akt.-Z.: Pol 505/6-II/1a

Nienburg/Weser, den 24. April 1946.
Fernsprecher 891—895

Ihrem Antrage vom 8. April 1946 auf Übernahme der Bäckerei in Leese kann aus politischen Gründen nicht entsprochen werden.

gez.: Kauke.

Beglaubigt:

Kanzlei-Angestellter.

Ablehnungsbescheid aus politischen Gründen

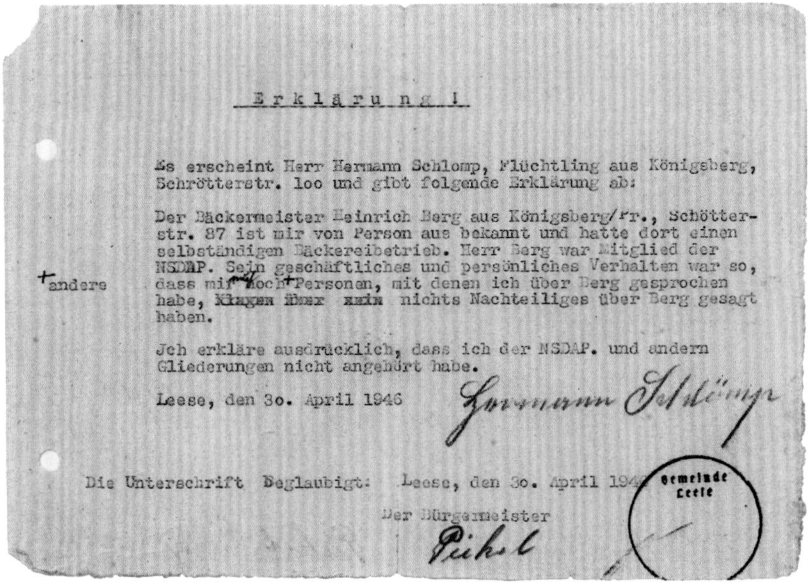

Erklärung !

Es erscheint Herr Hermann Schlomp, Flüchtling aus Königsberg, Schrötterstr. loo und gibt folgende Erklärung ab:

Der Bäckermeister Heinrich Berg aus Königsberg/Pr., Schötterstr. 87 ist mir von Person aus bekannt und hatte dort einen selbständigen Bäckereibetrieb. Herr Berg war Mitglied der NSDAP. Sein geschäftliches und persönliches Verhalten war so, dass mir noch +Personen, mit denen ich über Berg gesprochen habe, ~~Klagen über sein~~ nichts Nachteiliges über Berg gesagt haben.

+andere

Jch erkläre ausdrücklich, dass ich der NSDAP. und andern Gliederungen nicht angehört habe.

Leese, den 3o. April 1946 Hermann Schlömp

Die Unterschrift Beglaubigt: Leese, den 3o. April 1946

Der Bürgermeister

Gemeinde Leese

Erklärung Hermann Schlömp

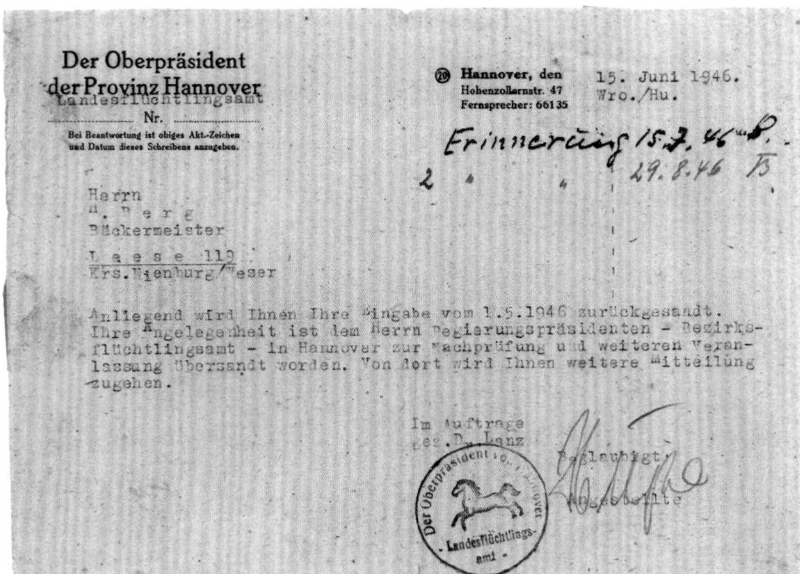

Der Oberpräsident der Provinz Hannover
Landesflüchtlingsamt
Nr.
Bei Beantwortung ist obiges Akt.-Zeichen und Datum dieses Schreibens anzugeben.

(20) Hannover, den 15. Juni 1946.
Hohenzollernstr. 47 Wro./Hu.
Fernsprecher: 66135

Erinnerung 15.7.46
2 " " 29.8.46

Herrn
H. Berg
Bäckermeister
Leese 119
Krs. Nienburg/Weser

Anliegend wird Ihnen Ihre Eingabe vom 1.5.1946 zurückgesandt. Ihre Angelegenheit ist dem Herrn Regierungspräsidenten - Bezirksflüchtlingsamt - in Hannover zur Nachprüfung und weiteren Veranlassung übersandt worden. Von dort wird Ihnen weitere Mitteilung zugehen.

Im Auftrage
gez. D. Lanz

Beglaubigt:
Angestellte

Der Oberpräsident d. Provinz Hannover
Landesflüchtlingsamt

Weiterleitung der Angelegenheit an den Regierungspräsidenten – Bezirksflüchtlingsamt – Hannover

Die Reise zu Walter Lubig nach Bonn

Elly Ney

Bald nach seinen vergeblichen Erinnerungen suchte mein Vater Hilfe für einen Neuanfang bei seinem Berufskollegen Walter Lubig in Bonn. Er nahm mich auf diese Reise mit, die, nebenbei bemerkt, die einzige Fernreise in meiner Nienburger Schulzeit bleiben sollte. Eine „mittelweite" veranstaltete gegen Ende dieser Schulzeit noch die Leeser Flüchtlingsvereinigung zu den Externsteinen am Nordabhang des Teutoburger Waldes.

Zur Mittagszeit bestiegen wir in Minden den D-Zug nach Köln. Je weiter nach Westen die Städte an unserer Bahnstrecke lagen, desto ausgedehnter, verheerender waren die Spuren des anglo-amerikanischen Luftkriegs gegen Deutschland. Für immer unvergeßlich ist mir der Anblick des Industriegleisgeländes von Hamm geblieben, des durch seinen Ruhrkohlenumschlag größten Verschiebebahnhofs im Deutschen Reich. Bombenkrater an Bombenkrater, ragten die Gleise gleichsam wie kahle Tannenbaumstämme in den Himmel. Rechts von der Bahnstrecke in Essen, das jedem Deutschen als „Waffenschmiede des Reiches" bekannt war, standen auf dem zerfetzten Gelände der Firma Krupp noch viele Geschütztorsos herum. In Mülheim/Ruhr kam „Leben" in unseren Wagen, als Männer mit „kölschem" Tonfall und Redefluß zustiegen. Bei Dunkelheit kamen wir in Köln an, d. h. auf dem rechten Rheinufer. Die gesprengte Hohenzollerbrücke lag noch „im Bach". Mit einer großen Fähre setzten wir auf das städtische Rheinufer über. Auch im Dunkeln, die heutige „Festbeleuchtung" gab es schon wegen Strommangels und Stromsperren nirgends, waren ringsherum nichts als Ruinen auszumachen.

Walter Lubigs Haus und Geschäft in Bonn (in der Weberstraße?) war vom Bombenkrieg unbeschädigt geblieben. Wir wohnten bei ihm. Ohne daß ich noch Einzelheiten nennen könnte, waren wir sehr gut untergebracht und wurden – nach den Maßstäben der damaligen Notzeit – hervorragend bewirtet. Es war insoweit für wenige Tage eine Rückkehr in die uns genommene zivilisierte Welt. Herr Lubig war ebenso wie mein Vater altes NSDAP-Mitglied. Beide hatten sich in Königsberg kennengelernt, als Lubig seine dortigen Innungskollegen besuchte. Er holte jetzt ein Andenken an jenen Besuch hervor, das ihm die Königsberger nach Bonn mitgegeben hatten, eine Replik der Kant-Tafel an der Zyklopenmauer an der Westseite des Königsberger Schlosses mit den berühmten Worten des großen Königsberger Philosophen Immanuel Kant. Sie war eine Anfertigung der Staatlichen Königsberger Bernsteinmanufaktur, in Bernstein eingefaßt und auf der Rückseite mit einer Widmung der Königsberger Bäckerinnung versehen. Da wir doch alles verloren hätten, bot Herr Lubig die Tafel meinem Vater zum Geschenk an, eine sehr freundschaftliche Geste. Aber mein Vater lehnte die Annahme völlig korrekt ab. Nicht er, sondern die Innung hätten die Tafel doch Lubig geschenkt, er könne sie als einzelner also auch nicht wieder in Empfang nehmen.

Lubig klagte über die außerordentlich deutschfeindliche und harte belgische Besatzung in Bonn. Sein Haus barg ein außerordentlich großes Geheimnis: Er gewährte der weltberühmten Pianistin Elly Ney Unterschlupf. Sie hatte (auch) vor Adolf Hitler gespielt. Deshalb war sie jetzt in Acht und Bann getan und bis zu ihrer überall bejubelten Wiederkehr noch auf Jahre hinaus für sämtliche Konzertsäle gesperrt. Lubig machte meinen Vater und mich mit ihr bekannt. 15jährig, kannte ich noch nicht einmal ihren Namen, wie hätte ich ihn im Leeser Armenhaus (damals noch) ohne Radio und aus Besatzungs-Lizenzzeitungen auch erfahren sollen? Ohne also richtig einschätzen zu können, welche Ehre sie mir damit erwies, unterhielt sie sich freundlich mit mir, und als sie hörte, daß ich Geige spiele und aus Königsberg bin, setzte sie sich an Lubigs Klavier und griff für mich in die Tasten. Als Göttinger Student habe ich Jahre später eines ihrer Konzerte besucht. Als am Ende der Beifallssturm losbrach, war ich nicht entschlossen genug, zu ihr vorzudringen und ihr für ihre schicksalsverbundene Ehrung anno 1946 zu danken. Leider ...

Bernsteinsouvenir mit Kant-Tafel (um 1935) im Ostpreußischen Landesmuseum Lüneburg. Inschrift auf der Tafel:

Immanuel Kant 1724–1804

„Zwei Dinge erfüllen das Gemüt mit immer neuer und zunehmender Bewunderung und Ehrfurcht, je öfter und anhaltender sich das Nachdenken damit beschäftigt: Der bestirnte Himmel über mir und das moralische Gesetz in mir.“

Herr Lubig unterhielt sich mit meinem Vater ausgedehnt über ein von ihm erfundenes Laktoseverfahren. Ich verstand gar nichts. Ferner ging es um irgendein Suppenpulver, das – damals wirklich ganz wichtig – lebensmittelmarkenfrei sein sollte. Aber es zeichnete sich ab, daß er – als alter Parteigenosse natürlich ebenfalls in seinen Wirkungsmöglichkeiten eingeschränkt – für meinen Vater nichts tun konnte. Dabei blieb es dann auch. Nach Sötebier in Bardowick, Schwerdtfeger in Leese die dritte große Enttäuschung für meinen Vater.

Herr Lubig hatte mir zum Abschied das im Zentralverlag der NSDAP Frz. Eher Nachf., München, erschienene Werk von Hans Zöberlein: „Der Glaube an Deutschland" geschenkt. Ins Leeser Armenhaus „heimgekehrt", habe ich das Buch „verschlungen". Es befreite mich von der Stickluft, in der wir, besiegt und entehrt, leben mußten, die nicht nur von den Siegern, sondern auch von nicht wenigen der von ihnen inthronisierten „Männer, die für uns begannen" in einer Weise erzeugt worden war, daß „kein Hund mehr ein Stück Brot" von uns nehmen wollte (und sollte!).

Als ich 1962 von der Wasser- und Schiffahrtsdirektion Hannover aus dienstlichen Gründen zum Bundesverkehrsministerium/Abteilung Straßenbau abgeordnet und dann versetzt wurde, habe ich Herrn Lubig mit Vaters Empfehlung aufgesucht. Er war nun nicht mehr bereit, sich von der Kant-Tafel zu trennen, sie zu verkaufen oder aber leihweise an eine ostpreußisch-landsmannschaftlich-kulturelle Institution zu übergeben. Hannelotte und ich waren – jung verheiratet und ich von unserem goldigen, geliebten Sprößling getrennt – verzweifelt über alle Fehlschläge, eine Wohnung für den Umzug von unserem Wohnort Bad Nenndorf nach Bonn zu finden. Ich bat Lubig, der mit seinen Filialen in der jetzigen Bundeshauptstadt ein „großer Mann" geworden war und sicherlich über viele Möglichkeiten verfügte, mir mit sachdienlichen Hinweisen zu helfen. Er war für diese Bitte offen – aber mehr geschah auch nicht.

Vaters Bemühungen auch ohne eigenen Bäckereibetrieb

Zurück nach Leese. Auch ohne einen eigenen Bäckereibetrieb wurde Vaters fachliches Können und Wissen im Dorf bald zu einem Qualitätsbegriff. Die einheimischen Frauen pflegten ihre Bleche mit Hefe-Butterkuchenteig zum Backen in die Leeser Bäckereien zu tragen. Es war einmal vor Ostern, als mein Vater von seinem Kollegen Strohmayer die Erlaubnis erhielt, in seiner Backstube eine Lehrstunde für feine Backwaren abzuhalten. Ich begleitete Vater.

Seine weiblichen „Lehrlinge" kamen in Scharen, mit und ohne Butterkuchenbleche. In der Backstube erklärte er ihnen u. a. die Herstellung von Blätterteig-Gebäck. Im großen Kreis standen sie aufmerksam um ihn herum. Da sich in einem Dorf alles schneller als mit Schallgeschwindigkeit verbreitet, entstand aus diesem Ereignis auch eine größere Dichte an menschlich vernünftigen Beziehungen, die Erkenntnis, daß die unerwünschten Habenichtse aus dem Osten doch „etwas" mitgebracht hatten: ihr Können und ihren Fleiß, die das Verhältnis „einheimisch – Flüchtling" entschärften.

Wie mein Vater die Folgezeit gemeistert hat, kann ich im einzelnen nicht mehr sagen. Unseren „Zeitvertreib" mit Ährenlesen usw. habe ich bereits geschildert. Leese hatte bei den schweren und für beide Seiten verlustreichen Kämpfen Anfang April 1945 um den Weserübergang Stolzenau durch englischen Artilleriebeschuß einige Schäden davongetragen. Als wir nach Leese kamen, stand oberhalb des Bahndamms, südlich der Straßenunterführung nach Stolzenau, noch ein 8,8 cm Flakgeschütz; auf dem Ackerweg, der zu unseren späteren Flüchtlings-„Schrebergärten" führte, lagen noch Unmengen von kleinkalibrigen Kartuschen und anderes Kriegsgerät. Einige Gebäude waren zerstört, zahlreiche andere wiesen Geschoßeinschläge auf. Bei meinem Leese-Besuch anläßlich meiner „Eisernen" Konfirmation am 27. Juli 2014 war eine Stallwand neben der nach Stolzenau führenden Straße (Ortsmitte) noch von vielen Splittereinschlägen einer Granate gezeichnet. Jedenfalls haben mein Vater und ich 1946 mehrere Wochen lang einem Nachbarn auf dem „Rieder End“ bei der Beseitigung von Schäden an seinem Haus geholfen, indem wir Mörtel von den wieder verwendbaren Ziegeln abschlugen (mit bloßen Händen, ohne Schutzhandschuhe, die es nicht gab!). Wenn ich heute sehe, wie selbst immer noch gut verwertbares Altbaumaterial sinnlos weggeworfen und vernichtet wird (es lebe der Mammon = Umsatz!), bäumt sich alles in mir in der Erinnerung daran auf, wie mein Vater und ich damals mit schließlich wunden Händen einem Nachbarn dabei halfen, aus Trümmerschutt seines Hauses durch Abklopfen von Putz und Mörtel neue Ziegelsteine für dessen Wiederaufbau zu gewinnen.

In der Wesermarsch selbst – Leese liegt ja auf einem Geestrücken hoch darüber – waren keine Spuren des Kampfes mehr zu sehen. Allerdings dauerte es bis zum Neubau der gesprengten Weserbrücke Stolzenau noch viele Jahre, bis dieser unabwendbar wurde, weil die ersatzweise betriebene Gierfähre über die Weser den stetig ansteigenden Verkehr nicht mehr bewältigte.

Eine bedeutsame Hinterlassenschaft des Krieges, die vielleicht auch eine Erklärung für die schweren Kämpfe in diesem Abschnitt liefert, befand sich neben dem oder auf dem Anschlußgleis zu einer hervorragend durch Erdaufschüttungen und Kiefernbepflanzung getarnten verbunkerten Kampfstoff- und auch Raketenfabrik am Nordrand von Leese (deren Bunker von den Engländern gesprengt worden waren und später für irgendwelche Bundeswehrzwecke wieder instandgesetzt wurden). Hier lagen ungefähr 20 gesprengte V2-Raketen. Der Boden der V2 bestand anscheinend aus massivem Kupfer, er hatte viele Rohrdurchlässe. In unseren Augen war dies damals immer noch unberührbares Reichseigentum – wenn der Raketenboden aus Kupfer bestand, von einem für damalige Verhältnisse unschätzbaren Wert, dessen sich dann irgendwann andere bemächtigt haben. In Leese lernten wir einen ostpreußischen Landsmann, Gärtnermeister Gromm, kennen, der zur Begleit- oder Bedienungsmannschaft der gesprengten V2-Raketen gehört hatte und mit seiner Familie, zu der zwei mit mir etwa gleichaltrige Tochter gehörten, im Brückenwärterhaus neben der leeseseitigen Auffahrt zur gesprengten Weserbrücke Stolzenau wohnte.

Östlich des Dorfes, neben einem Feldweg zum Ortsteil Hütten, entdeckte ich beim Pilzesuchen in einem Bestand mit mittelhohen Kiefern eines Tages das abgerissene Rumpfstück mit Höhen- und Seitenleitwerk einer Me 109, das zu meiner Überraschung in vielen Teilen aus Holz gefertigt war (die Verwendung dieses Materials bei unseren Jagdflugzeugen war mir bis dahin unbekannt). Die Bestimmung des Flugzeugtyps fiel mir nicht schwer, da ich in Königsberg ja fast alle serienmäßigen deutschen und auch zahlreiche gegnerische Flugzeugmuster als Modell gebaut hatte. Das bittere Ende unserer Luftwaffe überflog mitunter auch in Form einer ganzen Staffel Ju 52 in niedriger Höhe unser Rieder End, die nun die englische Kokarde trugen und wahrscheinlich in Wunstorf stationiert waren. Die Wesermarsch aber wurde zum ständigen Übungsgebiet englischer Düsenjäger (ob es sich um erbeutete oder nachgebaute Me 262 handelte, kann ich nicht sagen).

In geringer Entfernung vom Gasthof Asche befand sich ein Soldatenfriedhof für 51 bei den Kämpfen zwischen Stolzenau und Leese Gefallenen, darunter zahlreiche Angehörige der Waffen-SS. Kein Ort der Stille und Totenruhe, da ständig dem Lärmen aus der Gastwirtschaft ausgesetzt. Seine Pflege vollzog sich eher abseits und im Verborgenen, ich kann mich dunkel daran erinnern, daß schon damals von irgendeiner Seite eine zwiespältige Einstellung zu diesen Gefallenen produziert oder der Versuch dazu unternommen wurde. Es mag sein, daß es in der Anfangszeit der Bundeswehr, als ich ja nicht mehr in Leese war, im dortigen Raum noch Kommandeure (dann ehedem Wehrmachtsoffiziere) gab, die über die soldatische Ehre unserer Gefallenen nicht mit sich reden ließen und dies ohne Wenn und Aber an ihre Untergebenen weitergaben, einerlei welcher Waffengattung oder Formation die Toten angehört hatten, die dies etwa mit Kranzniederlegungen mit allen soldatischen Ehren bezeugten.

Die Einstellung als Fahrer von (hochexplosivem) Nitroglyzerin wohl für die in Schäferhof stationierten Besatzungseinheiten hat mein Vater prompt abgelehnt. Eine Zeitlang war er Waldarbeiter im Leeser Wald. In den Unterlagen zur Berechnung seiner BfA-Rente (Bundesversicherungsanstalt für Angestellte) sind in einer Aufstellung der Hamburg-Mannheimer Versicherung als Beitragsmonate mit (lt. Lohnsteuerkarte) bescheinigtem Arbeitsentgelt

für	1946	1 Monat	151,20 RM
	1947	12 Monate	981,60 RM
	1948	8 Monate	288,– RM/DM?
	1949	5 Monate	902,32 DM

angegeben. In der Lohnsteuerkarte 1947 hat der aus Leipzig stammende Zahnarzt Dr. Noll/Leese für die Zeit vom 14.11.47 bis 7.8.48 einen Arbeitslohn von 396,– eingetragen (wieviel davon Reichsmark bzw. D-Mark waren, ist nicht ersichtlich). Vermutlich hat mein Vater bei ihm „Handlangerdienste“ geleistet. Es kann auch sein, daß er gar keinen Lohn ausgezahlt bekam, sondern dieser mit den Zahnarztgebühren für die Wiederherstellung seiner Zahnbrücke verrechnet wurde, die das Schlägerduo Wilhelm bei unserem Hinauswurf Ende 1946 zerstört hatte.

Das Jahreseinkommen 1949 hat mein Vater in der Bäckerei Curt Mooshak in Wuppertal-Vowinkel erzielt. Er, der vordem selbständige Königsberger Bäckermeister, dortige Kreishandwerksmeister bis zu seiner Einberufung zur Wehrmacht 1939 und Kreishandwerksmeister von 1941 oder 1942 bis April 1945 von Fischhausen-Samland, verdingte sich bei seinem Wuppertaler Kollegen – als Werkmeister oder gar nur „Geselle“? – mit einer offenkundig miserablen Entlohnung (902,32:5 = rd. 180,46 DM monatlich). Ich entsinne mich, daß Vaters Reisen zwischen Leese und Wuppertal eine einzige Strapaze für ihn waren. Mindestens einmaliges Umsteigen in Minden, überfüllte Züge, 3. Wagenklasse, evtl. Verspätungen. Er traf immer frühestens am Freitagabend in Leese ein, um dann wieder am Sonn-

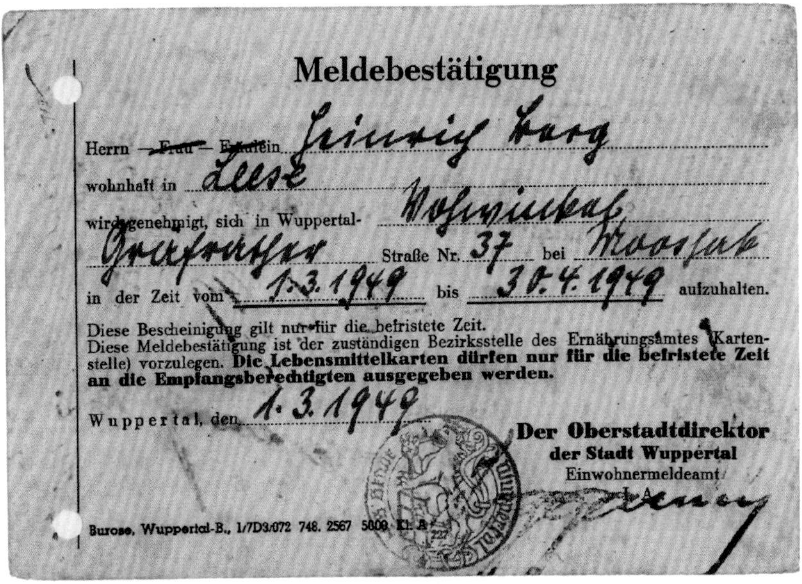
Meldebestätigung

Herrn ~~Frau~~ ~~Fräulein~~ Heinrich Berg

wohnhaft in Leese

wird genehmigt, sich in Wuppertal- Vohwinkel

Gräfrather Straße Nr. 37 bei

in der Zeit vom 1.3.1949 bis 30.4.1949 aufzuhalten.

Diese Bescheinigung gilt nur für die befristete Zeit.
Diese Meldebestätigung ist der zuständigen Bezirksstelle des Ernährungsamtes (Kartenstelle) vorzulegen. **Die Lebensmittelkarten dürfen nur für die befristete Zeit an die Empfangsberechtigten ausgegeben werden.**

Wuppertal, den 1.3.1949

Der Oberstadtdirektor
der Stadt Wuppertal
Einwohnermeldeamt
I. A.

Burose, Wuppertal-B., 1/7D3/072 748. 2567

Meldebestätigung meines Vaters Heinrich Berg

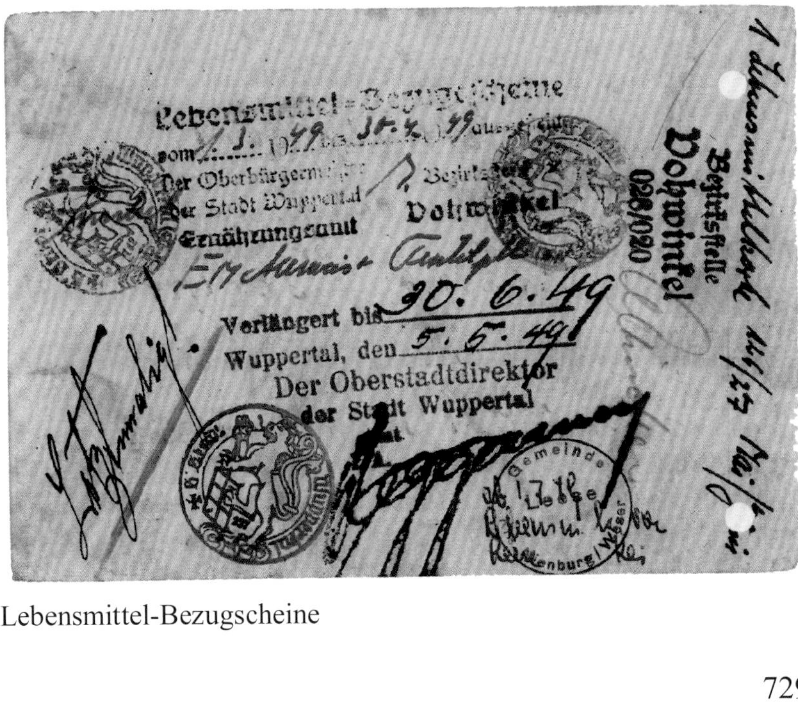
Lebensmittel-Bezugscheine
vom 1.3.49 bis 30.4.49 ausgegeben
Der Oberbürgermeister
der Stadt Wuppertal
Ernährungsamt
Bezirksstelle Vohwinkel
Verlängert bis 30.6.49
Wuppertal, den 5.5.49
Der Oberstadtdirektor
der Stadt Wuppertal
Gemeinde Leese

Lebensmittel-Bezugscheine

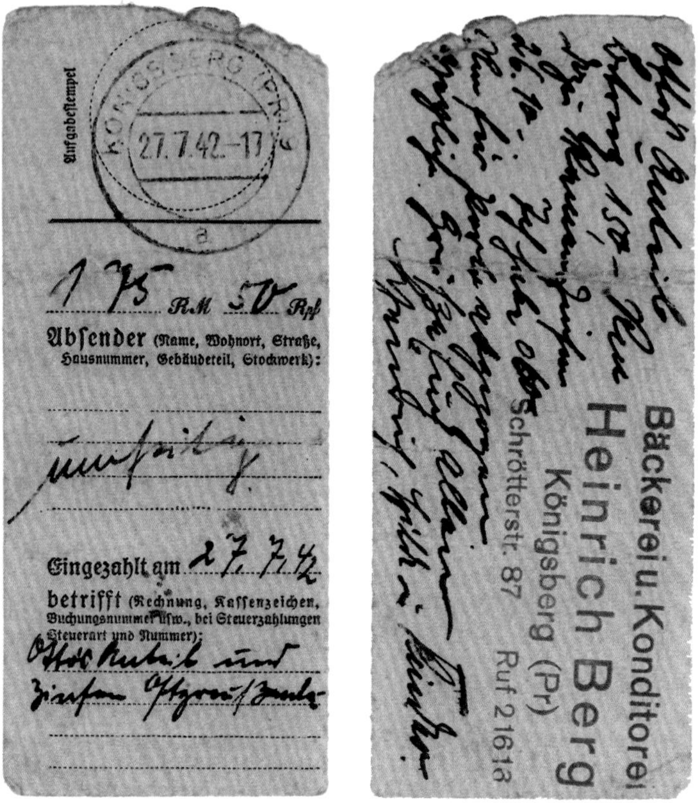

Postüberweisungsabschnitte meines Vaters mit Königsberger Geschäftsstempel

Neben dem Stempel auf der Rückseite des Überweisungsabschnittes steht: „Ottos Anteil betrug 150,– RM, dazu kamen Zinsen 26,10. Ich habe 0,60 RM für Porto abgezogen. Herzliche Grüße Euch allen – Heinrich, Hilde u. Kinder.“ Ein ganz normaler Beleg aus einem ostpreußischen Alltag, den, ja, den es tatsächlich einmal gab! Mein Vater hatte von allen lebenden Geschwistern, außer von seiner in den USA befindlichen Schwester Liesbeth, Vollmacht zur Abwicklung der erbrechtlichen Angelegenheiten seines bei Leningrad gefallenen Bruders. Die lebenden Brüder waren alle Soldat, ihre Zustimmungserklärungen wurden alle von Wehrmachtsdienststellen aus ihren jeweiligen Standorten eingeholt.

tag die Fahrt nach Wuppertal anzutreten. Wegen des geringen Arbeitseinkommens konnte er nur die 3. Wagenklasse benutzen. Nur wer die damals noch danieder liegenden Verkehrsverhältnisse miterlebt hat, kann ermessen, was mein Vater auch in dieser Hinsicht auf sich genommen hat.

Wahrscheinlich tat er es, weil er seine Wuppertaler Tätigkeit als Sprungbrett zu einer neuen Existenzgründung ansah oder dies wenigstens erhoffte. Über das gegen ihn verhängte Berufsverbot ist offensichtlich die Zeit hinweggegangen. Nach Beendigung seiner Wuppertaler Tätigkeit begab er sich zur Handwerkskammer Hannover, um sich dort in die Handwerksrolle eintragen zu lassen. Was dabei geschah, war eine weitere Würdelosigkeit in der so mannigfach bekundeten Behandlung von uns Ostdeutschen, die heute wahrheitswidrig als „Erfolgsgeschichte" unserer „Eingliederung" überhöht wird. Mein Vater erzählte also: Er habe seine gerettete Handwerkskarte der Handwerkskammer für Ostpreußen vom 8. Juli 1938 der für die Eintragung in die Handwerksrolle Hannover zuständigen Angestellten zum Nachweis seiner beruflichen Stellung als Bäckermeister vorgelegt. Ehe er es sich versah, habe sie als erstes den Stempel „Ungültig" auf seine Handwerkskarte „geknallt". Auf seine empörte Zurechtweisung „Was fällt Ihnen eigentlich ein?" habe sie geantwortet, daß die Karte in Niedersachsen nicht gelten würde. Seine Entgegnung, daß sie im ganzen Reich gelten würde, kam zu spät.

An der (Ersatz-)Handwerkskarte der Handwerkskammer Hannover vom 18. Oktober 1949 ist im Vergleich mit der von der Handwerkskammer für Ostpreußen ausgestellten bemerkenswert, daß ihr, anders als der ostpreußischen, neben der Erteilung der Befugnis zur Führung des Meistertitels die dazugehörige Befugnis zur Anleitung von Lehrlingen fehlt.

Den erwähnten Arbeitszeiten und Arbeitsentgelten ist einwandfrei zu entnehmen, daß letztere für den Unterhalt einer siebenköpfigen Familie nicht ausreichten. Da die Eltern die Sparguthaben aus Königsberg, wie sie in der Bescheinigung der Gemeinde Leese vom 17. September 1952 ausgewiesen sind, nicht angegriffen hatten, besaßen sie bis zur Währungsreform und Einführung der Deutschen Mark (DM) am 20. Juni 1948 offensichtlich noch genug Barvermögen, um damit „über die Runden" zu kommen. Bis zu diesem Tag gab es außer den rationierten Lebensmitteln ohnehin kaum einen „werthaltigen" Gegenstand zu kaufen.

Kreishandwerkerschaft des Kreises Samland

Geschäftsstelle:
Königsberg (Pr)
Gewerbeförderungsanstalt
Belle-Alliance-Straße
Fernruf Kbg. 39916

Postscheckkonto:
Königsberg (Pr) Nr. 3306

Ihr Zeichen | Ihre Nachricht vom | Unser Zeichen B/G Bei Antwort anzugeben | Königsberg (Pr) den [illegible]8.12.1943

Betrifft:

B e s c h e i n i g u n g !

Herr Willy P e t s c h u l l, geb. am 3.12.1912, war der Kreishandwerkerschaft Samland ab 1.Oktober d.Js. zur Einarbeitung als Geschäftsführer zugeteilt.

Herr Petschull hat sich außerordentlich gut bewährt, sich in die Materie sehr gut hineingefunden und das ihm gestellte Aufgabengebiet beherrscht.

Bei seinem Weggang von unserer Dienststelle spreche ich ihm für seine Arbeit meinen besonderen Dank und Anerkennung aus.

Kreishandwerksmeister des Kreises Samland

Kreishandwerksmeister

Bescheinigung der Kreishandwerkerschaft des Kreises Samland, unterzeichnet von meinem Vater als Kreishandwerksmeister

Mit der Währungsreform brach nun aber auch finanziell die Katastrophe über uns herein. Das an jedermann, ob arm oder reich, in gleicher Höhe ausgezahlte „Kopfgeld“ in Höhe von 40,– DM (oder waren es nur 20,–?) war bald verbraucht. Mein Vater war arbeitslos, seine Arbeitslosenunterstützung für uns alle betrug nach meiner Erinnerung 25,– DM wöchentlich. Die vom Arbeitsamt „vermittelte Arbeit“ bestand lt. Meldekarten ab 12.8.1948 in einer zwei Mal wöchentlichen Meldung beim Arbeitsamt Nienburg/Nebenstelle Stolzenau, ab 1.7.1949 nur noch einmal wöchentlich. Wahrscheinlich wurde dabei die Arbeitslosenunterstützung in bar ausgezahlt. Die Einrichtung eines Bankkontos für derlei Zahlungen, auch des Arbeitslohns, war noch, auf viele Jahre hinaus nicht üblich.

Was also konnten wir tun? Mit dem Tage der Währungsumstellung von Reichsmark auf Deutsche Mark war urplötzlich, wenn auch noch nicht alles, so doch aber vieles von dem wieder da, was – bis auf wenige Ausnahmen – alle Deutschen so lange entbehrt hatten. In Erwartung der neuen Währung hatten die Produzenten und Warenverteiler also gehortet. Auch die Lebensmittelbewirtschaftung war noch längst nicht aufgehoben, sie wurde erst nach und nach gelockert und für Fleisch- und Wurstwaren erst 1949 oder 1950 gänzlich aufgehoben. Urplötzlich waren wieder Süßigkeiten wie z. B. Pfefferminzdrops „Vivil“ und altvertraute Schokoladensorten wie Stollwerck, Mauxion, Sarotti, Trumpf im Handel. Das ließ meinen Vater auf den Gedanken kommen, diese Artikel bei Fußballspielen auf dem Leeser Fußballplatz an Sonntagen zu verkaufen. Nachstehend eine der hierfür erforderlichen Sondergenehmigungen, die ich in Vaters Unterlagen gefunden habe.

Die Großhandelsfirma in Stolzenau, bei der mein Vater die Verkaufsartikel erwerben wollte, wahrte zwar die Form, gewährte ihm aber keinen Kredit, da er ja keinerlei Sicherheit leisten konnte. Für den ersten Verkaufstag mußte mein Vater deshalb seine Arbeitslosenunterstützung einsetzen. Ich half ihm beim Verkauf auf dem Leeser Fußballplatz. Unser „Verkaufsstand“ waren zwei Malerböcke, über

Gemeinde Leese
Der Gemeindedirektor

Leese, den 17. September 1952.
Kr. Nienburg-Weser
Telefon 356

B e s c h e i n i g u n g

Wunschgemäss wird hierdurch bestätigt, dass die Familie B e r g, wohnhaft Leese/Weser, Hein Uhlenberg, im Besitz folgender Sparbücher ist:

Stadtsparkasse Königsberg	Name:	Betrag:
Nr. 3/707	Eginhart Berg	969,56
Nr. 3/694	Hilde Berg	16.634,55
Nr. 3/697	Heilwig Berg	1.245,58
Nr. 3/696	Roswitha Berg	1.497,12
Nr. 3/704	Fritjof Berg	1.908,39
Nr. 3/703	Karin Berg	1.902,86
Statut der Bäcker-Innung		
Mtgl.Nr. 453	Heinr. Berg	892,01

Gemeinde Leese Krs. Nienburg/Weser

Der Gemeindedirektor
I.A. Jorkin.

Bescheinigung über den Besitz von Sparbüchern durch den Gemeindedirektor der Gemeinde Leese

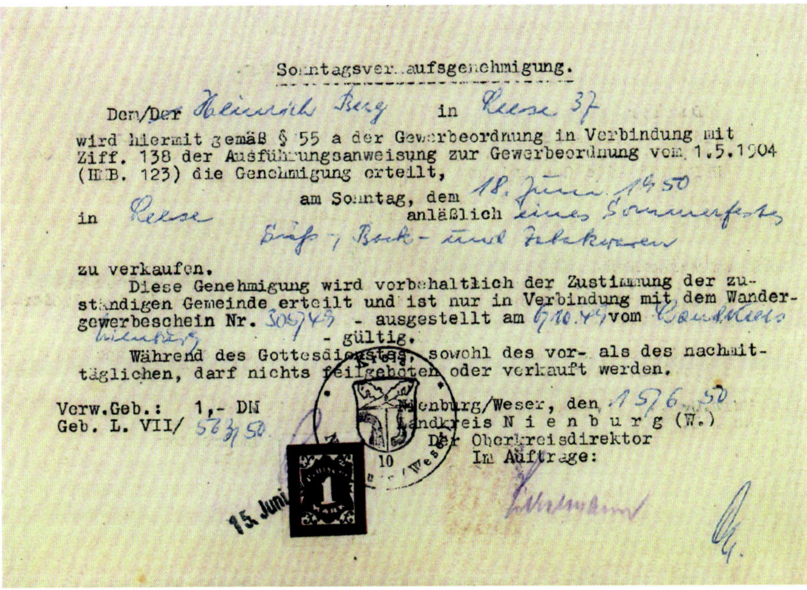

Sonntagsverkaufsgenehmigung.

Den/Der Heinrich Berg in Reese 37

wird hiermit gemäß § 55 a der Gewerbeordnung in Verbindung mit Ziff. 138 der Ausführungsanweisung zur Gewerbeordnung vom 1.5.1904 (HMB. 123) die Genehmigung erteilt,

am Sonntag, dem 18. Juni 1950

in Reese anläßlich eines Sommerfestes

Eis- u. Back- und Tabakwaren

zu verkaufen.

Diese Genehmigung wird vorbehaltlich der Zustimmung der zuständigen Gemeinde erteilt und ist nur in Verbindung mit dem Wandergewerbeschein Nr. 309/49 - ausgestellt am 6.10.49 vom Landkreis Nienburg - gültig.

Während des Gottesdienstes, sowohl des vor- als des nachmittäglichen, darf nichts feilgeboten oder verkauft werden.

Verw.Geb.: 1,- DM
Geb. L. VII/ 563/50

Nienburg/Weser, den 15.6.50.
Landkreis Nienburg (W.)
Der Oberkreisdirektor
Im Auftrage:

Sonntagsverkaufsgenehmigung meines Vaters. Das Datum paßt nicht zum Verkauf gleich nach Währungsreform 1948. Hat mein Vater 1950 noch einmal damit begonnen? Bemerkenswert die damals geltenden Auflagen!

Heinrich Berg
Königsberg (Pr)
Schrötterstr. 87
geboren am 4. September 1899
ist als Inhaber
eines Bäcker-Betriebes
am 27. November 1930
in die Handwerkerrolle eingetragen.
Der Inhaber dieser Handwerkskarte ist
zur Führung des Meistertitels und
zur Anleitung von Lehrlingen
im Bäcker-Handwerk befugt.
Königsberg (Pr), den 8. Juli 1938
Handwerkskammer für Ostpreußen
Präsident Geschäftsführer
Gebühr RM 2,– Beglaubigt:

Ungültig

Diese Karte ist nur gültig, wenn die entsprechende Jahresmarke geklebt ist.
Eigenhändige Unterschrift
Heinrich Berg
1943 1944
der Handwerkskammer zurückzugeben, Betrieb eingestellt wird.

Handwerkskarte meines Vaters mit dem Stempel „Ungültig“

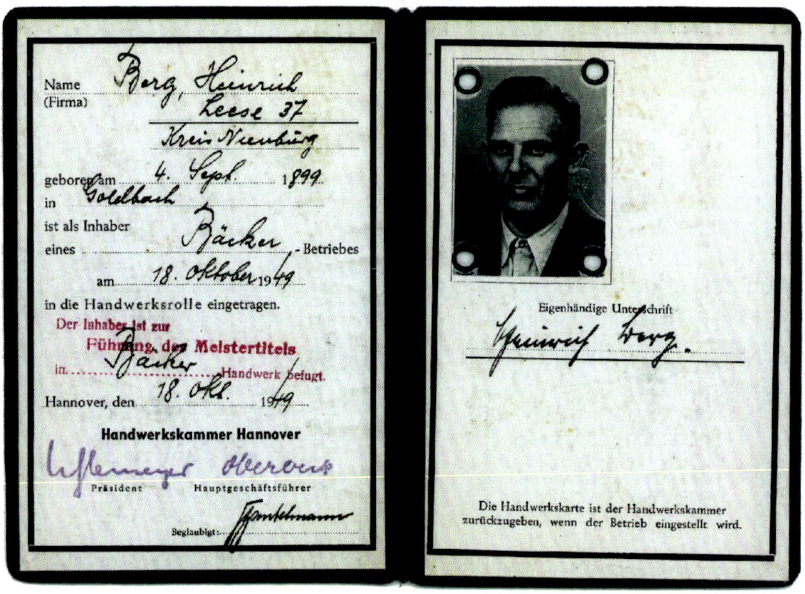

Name (Firma) Berg, Heinrich
Leese 37
Kreis Nienburg
geboren am 4. Sept. 1899
in Goldbach
ist als Inhaber
eines Bäcker-Betriebes
am 18. Oktober 1949
in die Handwerksrolle eingetragen.
Der Inhaber ist zur
Führung des Meistertitels
im Bäcker-Handwerk befugt.
Hannover, den 18. Okt. 1949
Handwerkskammer Hannover
Präsident Hauptgeschäftsführer
Beglaubigt:

Eigenhändige Unterschrift
Heinrich Berg.
Die Handwerkskarte ist der Handwerkskammer zurückzugeben, wenn der Betrieb eingestellt wird.

Gültige Handwerkskarte der Handwerkskammer Hannover

 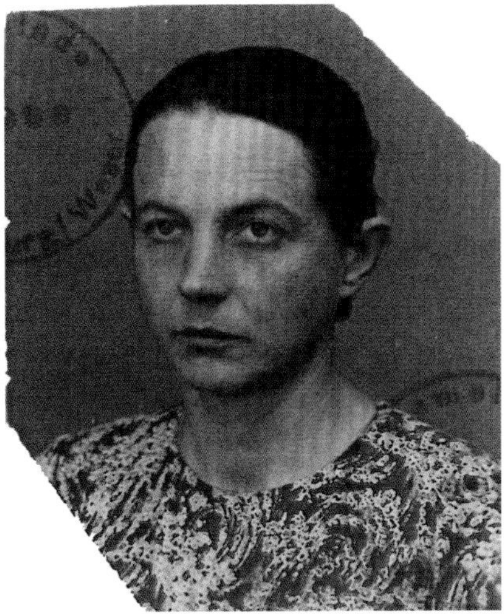

Paßphotos meiner Eltern anno 1946 oder 1947: Gesichter von „Befreiten“

die wir zwei oder drei Bretter gelegt hatten. Ich glaube, daß ich auch mit einem primitiven „Bauchladen“ umherging und unsere Waren anbot. Aber unsere Einnahmequelle „Fußballschokolade“ versiegte nach ein paar Wochen. Der Reiz des „Neuen-Alten“ ging verloren, wegen fehlenden Umsatzes gaben wir auf.

Da der Bau oder der Kauf eines eigenen Bäckereigeschäfts mangels DM-Kapitals oder Darlehensgewährung nicht möglich war, hat mein Vater bestimmt über einen anderen Lebensmittelhandel nachgedacht. Aber zu einer Realisierung kam es vorerst noch nicht. Was mein Vater bis dahin tat, um die Arbeitslosenunterstützung ein wenig aufzubessern, weiß ich nicht mehr. Ich selbst konnte für Zahnarzt Dr. Noll alle einschlägigen Konservierungs- und zahnprothetischen Arbeiten zu seinem Zahntechniker in Stadt Rehburg bringen, das in Luftlinie etwa 10-12 km von Leese entfernt war. Hin und zurück waren es also zwischen 20 und 25 km. Für die Fahrt dorthin lieh mir irgendjemand sein Fahrrad. Es war ein technisch längst ausrangierter

„Ewigtrampler", d. h. das Hinterrad hatte keinen Rücktritt und Leerlauf, wenn es rollte, drehten sich über die Kette die Pedale mit. In Richtung Loccum bis hinter den südlichen Ortsausgang Leese verlief die Fahrt noch auf befestigter Landstraße, nach Linksabbiegen dann ein Stück auf einem Trampelpfad am Waldrand entlang. Bald mußte ich nach rechts auf einen Feldweg einbiegen. Bei trockenem Wetter konnte ich aus einem Soldatenlied „müde durch Heide und Sand" singen, bei oder nach Regenwetter war der Feldweg ein tief aufgeweichter Schlammpfad. Durchgeschwitzt, im letzteren Fall obendrein durchnäßt – denn Regenkleidung hatten wir ja noch keine –, kam ich bei dem Zahntechniker und am Ende in Leese wieder an. Ich glaube, seine Frau versorgte mich jedesmal mit einer kräftigen Wurststulle. Dr. Noll wechselte sein Zahnlabor, das neue war in Bad Eilsen. Die fast ganztägigen Fahrten nach dort mit Umsteigen in Stadthagen konnte ich natürlich nur in den Schulferien ausführen. Für jede dieser Fahrten bekam ich 3,50 DM, Auszahlung in einem Betrag am Monatsende. Für mich war es selbstverständlich, für meinen Vater muß es aber doppelt bedrückend gewesen sein, wenn er mich dann fragen mußte: „Kannst Du mir nicht helfen?"

Der Spätsommer 1948 war sonnenreich und warm. An den Wegrändern der äußeren Gemarkung Leese reifte eine reiche und zuckersüße Brombeerernte heran. Daraus mußte sich doch Geld machen lassen, Aber die Erwartung trog. Ich verlangte für das dornenreich gepflückte Pfund 50 Pf. Die einzigen Abnehmer fand ich in den ausländischen Bewohnern von Heim Uhlenberg. Einmal begegnete mir dort eine bildhübsche und in ihrem taubenblauen Uniform-Kostüm bezaubernd-elegant aussehende junge Engländerin. Mit charmantem Gesichtsausdruck und der kessen Frage „what's that?" griff sie in meinen Brombeereimer. Ich erklärte ihr, daß es „blackberries" seien und ich ihr gern davon verkaufen würde. Aber mehr als ihren „Mundraub" wollte sie leider nicht haben. Sonderlich attraktiv werde ich in meiner Beerensammlerkluft und mit meinen zerstochenen Armen und Beinen wohl auch nicht ausgesehen haben. Die Begegnung mit dieser

Angehörigen des weiblichen britischen Hilfskorps hat mich immer daran erinnert, wie ehrverletzend ihre Gegnerinnen in der Kriegszeit, die „Blitzmädchen“ der Luftwaffe (sie trugen außer dem Luftwaffenadler einen Elektroblitz an ihrer nicht weniger eleganten Uniform), nach 1945 im eigenen Land straflos als „Blitzn...“ herabgewürdigt wurden. Die Buchstaben der einzelnen Punkte schreibe ich nicht aus, das kann sich jeder selbst „zusammen-klimbimmen“, um eine jener zahllosen gedankengeladenen skurrilen Wortschöpfungen von Hannelottes Vater zu verwenden. Und auch dies sei an dieser Stelle erwähnt: Bestanden zu den deutschen Einheimischen anfangs fast nur gespannte und nur in Einzelfällen persönlich-nachbarliche Beziehungen, so fanden nicht wenige Flüchtlinge schnell mit ihren ostmitteleuropäischen Nachbarn im Wohnlager Uhlenberg zusammen. Es wurden reguläre Schachturniere ausgetragen.

Mein Vater bei einem Schachturnier. Er trägt eine Geschenkjacke von seiner Schwester Liesbeth Schulz aus einem ihrer vielen Versorgungspakete, die sie an alle ihre Geschwister aus den USA schickte.

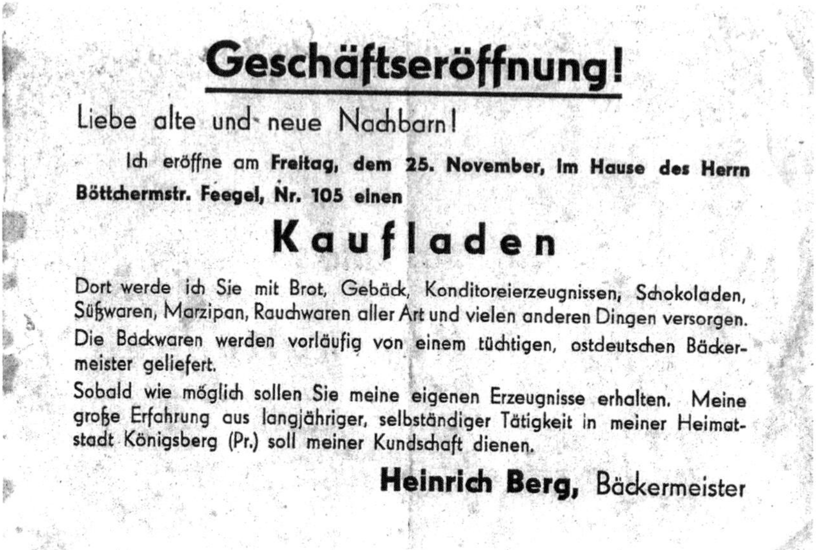

Geschäftseröffnung!

Liebe alte und neue Nachbarn!

Ich eröffne am **Freitag, dem 25. November, im Hause des Herrn Böttchermstr. Feegel, Nr. 105 einen**

Kaufladen

Dort werde ich Sie mit Brot, Gebäck, Konditoreierzeugnissen, Schokoladen, Süßwaren, Marzipan, Rauchwaren aller Art und vielen anderen Dingen versorgen. Die Backwaren werden vorläufig von einem tüchtigen, ostdeutschen Bäckermeister geliefert.

Sobald wie möglich sollen Sie meine eigenen Erzeugnisse erhalten. Meine große Erfahrung aus langjähriger, selbständiger Tätigkeit in meiner Heimatstadt Königsberg (Pr.) soll meiner Kundschaft dienen.

Heinrich Berg, Bäckermeister

Ankündigung der Geschäftseröffnung meines Vaters. Handzettel oder Postwurfsendung? Nicht mehr feststellbar.

Ladenraum hinter Fenstern neben Haustüre rechts.

Personen im Hauseingang wegen unzureichender Bildschärfe nicht identifizierbar. Wohl kaum Bergs. Diese hätten sich doch eher im oder vor dem Geschäftseingang (hinter dem Zigarettenautomaten an der rechten Hauswand) photographieren lassen.

Postkarte Leese a. Weser. Bild oben rechts: Im zweiten Haus von rechts Ladeneingang mit Ladenschild darüber

Um dem Elend ein Ende zu bereiten, eröffnete mein Vater am 25. November 1949 ein Einzelhandelsgeschäft für Kolonialwaren (der damalige Sammelbegriff für Lebensmittel), Backwaren, Tabakwaren und Getränke in der Leeser Hauptstraße, der Ortsdurchfahrt in Richtung Nienburg bzw. Wasserstraße und Loccum. Die Geschäftseröffnung meines Vaters wurde von der alteingesessenen Kaufmannschaft nicht gerade „kollegial", sondern eher mißgünstig zur Kenntnis genommen. Die Einwohnerschaft von Leese war durch Bombenevakuierte und Flüchtlinge um die Hälfte gestiegen. Bisher hatte die einheimische Geschäftswelt an dem verdoppeltem Käuferkreis allein verdient. Eine Ausnahme von dem eigensüchtig-ablehnenden Verhalten meinem Vater gegenüber machte der Kaufmann Nietfeld. Er war fair, korrekt, kollegial. Neben meinem Vater fungierten als Verkäuferinnen über Jahre hinweg: meine Schwestern, bisweilen auch meine Mutter, seltener wohl auch ich.

Vaters Verkaufs- und Geschäftsraum in dem mitten in Leese, in Nähe der Kirche gelegenen Hause des Stellmachers, Tischlers und Kleinlandwirts Feegel wurde das 14,5 qm große Zimmer, in dem vorher mein Großvater Friedrich Wilhelm Gustav Berg und seine jüngste Tochter, Tante Grete, untergekommen waren. Es wurde mit einer Ladentür versehen, für die die Außenwand des Hauses neben der zur Kirche und Schule führenden Dorfstraße durchbrochen worden war.

Hier blieben Opa und Tante Grete immer für mich gegenwärtig. Wenn ich dort war, führte Opa, der die Fritz-Reuter-Erzählungen alle von vorn und rückwärts aufsagen konnte, mich oftmals in Goldbacher Dorfgeschichten ein (Goldbach, Kr. Wehlau/Ostpr., war das Heimatdorf der Berg-Familie), bei denen Tanta Grete oftmals mit einem heftigen „Vater, der Jung!" intervenierte. Diese Histörchen waren es wohl gewesen, die Tante Irmgard, Ehefrau von Vaters Bruder Leopold, noch in Ostpreußen dazu gebracht hatten, Goldbach „das sündige Dorf" zu taufen. Meistens machte Tante Grete mir dann auch Kartoffelflinsen (ostpr. Ausdruck für Kartoffelpfannkuchen, ein bei den Ostpreußen sehr beliebtes Gericht), ein wahres Festessen in jenen

Jahren. Opa hat mir noch in seinem hohen Alter von über 80 Lebensjahren das Spalten von Baumstubben (Stubben ostpr. Wort für den Baumstumpf eines gefällten Baumes) so beigebracht, daß es nicht schwerer war als das Spalten von Holzkloben (Stubben unterlagen nicht der Kontingentierung von Festholz als Heizmaterial). Aber bei allem kreisten seine Gedanken immer um die sorgenerfüllte Frage „Was machen die Jungens?“ Seine Söhne Wilhelm, Leopold, Ernst, Artur waren alle Soldat gewesen (Otto war schon am 9. Oktober 1941 vor Leningrad gefallen). Waren sie am Leben geblieben, in russische Gefangenschaft geraten? – jahrelang blieb jedes Lebenszeichen aus, ihr Schicksal war ungewiß. Sohn Ernst war nach meiner Erinnerung der erste, der mit offener Lungen-Tb aus russischer Kriegsgefangenschaft entlassen wurde. Tante Grete hat ihn von Leese aus in einem Sanatorium im Harz besucht. Ob dies noch vor Großvaters Tod oder erst danach war, kann ich nicht mehr mit Bestimmheit sagen. Wenn es vorher war, war Ernst der einzige, den er zwar auch nicht wiedergesehen hat, von dem er nun aber wenigstens wußte, daß er am Leben geblieben war. Die lastende Ungewißheit über das Schicksal der anderen hat Großvater in sein Grab mitgenommen. Er war im Grunde kerngesund, in seinem Leben nie ernstlich krank gewesen. Kraft seines Geburtsjahres 1864 war er auch nie Soldat in einem der Kriege gewesen, in die das Deutsche Reich seitdem verwickelt war. Opa verstarb am 13. April 1948 an einer beim Kathetersetzen entstandenen Infektion oder Blutvergiftung, eine Folge der in den ersten Nachkriegsjahren vollkommen unzureichenden Hygiene- und Sterilisationsbedingungen. Sein Grab auf dem stillgelegten alten Leeser Friedhof ist, ebenso wie das daneben befindliche von Großmutter, Maria Agnes Terner geb. Klamant, die am 18. September 1975 im Alter von 93 Jahren verstorben war, eingeebnet.

Mein Leben lang habe ich nicht vergessen, daß ich in Großvaters/ Tante Gretes Zimmer einmal auf einen Stuhl stieg, um irgendetwas an der Deckenlampe zu kontrollieren. Ich bekam einen Stromschlag, bei dem mindestens die Arme vibrierten und bei dem ich alle Kraft aufbieten mußte, um meine Hände von den Messingarmen loszureißen, an denen sie „festklebten". Tante Grete pflegte auf den Ofen oder Herd im Zimmer immer eine Schüssel Wasser zu stellen, um so bei Bedarf immer warmes Wasser zur Verfügung zu haben. Bei einer der vielen Stromsperren hatte sie einmal zum Warmhalten Gulasch auf die Herd- oder Ofenplatte gestellt, ohne bei ihrem Weggang Großvater davon zu verständigen. Wir alle hatten aus irgendeinem Anlaß fleißig unsere Fleischmarken gesammelt, Tante Grete hatte mit ihrer Kochkunst gewiß ein „Festessen" daraus vorbereitet. Es war Stromsperre, im Zimmer dunkel. Ahnungslos nahm Großvater wie gewohnt und mit sicherem Griff die „Warmwasserschüssel" vom Herd/Ofen, um sich darin die Füße zu waschen. Er soll fassungslos über diese Art „Wasser" im Zimmer herumgelaufen sein. Unsere kostbaren Lebensmittel-/Fleischmarken waren für nichts „futsch", das „Festessen" dahin.

Nach Großvaters Tod habe ich häufig bei Tante Grete genächtigt. Ich war ja Fahrschüler, und das kürzte nicht nur den Weg zum Bahnhof ab, sondern ich erhielt bei ihr auch ein, durch die Lebensmittelrationierung bedingt, zwar bescheiden-einfaches, aber jedenfalls ordentliches Frühstück. Rasiert habe ich mich – d.h. ich mußte erst lernen, mit der Rasierklinge ohne Selbstverstümmelungen umzugehen – in einem zur Hausdiele hin offenen Waschraum. Beim ersten Flaum brauchte ich mich dieser anfangs umständlichen Prozedur nur im Abstand von ein paar Tagen zu unterziehen, aber bei dem sich schnell verstärkenden Bartwuchs mußte es dann bald schon täglich sein. Ein gepflegtes und nicht struppiges Gesicht gehörte zum selbstverständlichen äußeren Erscheinungsbild eines Oberschülers. Bartmoden, gleich welcher Art, gab es bei uns Jüngeren nicht.

Tante Grete war nach unserer Flucht aus Ostpreußen eine einfach nicht wegzudenkende Säule beim Tragen und Ertragen unserer am Rande des Vegetierens verlaufenden Existenz. Sie hatte das Herz „auf dem richtigen Fleck", fand immer das richtige Wort, packte „ohne viel Federlesen" zu, brachte von ihrem Leben auf dem Lande die praktische Erfahrung mit, die in unserer jetzigen Umgebung von unschätzbarem Wert und Nutzen war. Aus dem Goldbacher Kaufhaus Peterson, in dem sie im Krieg mehrere Jahre den Verkauf innehatte, brachte sie geschäftliche Gewandtheit mit, die uns zusätzlich zugute kam.

Aber all diese Eigenschaften und Fähigkeiten nutzte auch ihr Quartiergeber Feegel für seine kleine Landwirtschaft aus. Ich sehe Tante Gretes Gesichtsausdruck noch heute, wenn sie quasi als Magd zu landwirtschaftlichen „Hand- und Spanndiensten" „gebeten" wurde und von diesen ermüdet „nach Hause" zurückkehrte. Die kilometerweiten Wege zu den Feldern mußte sie zu Fuß zurücklegen, dies in unserem unterernährt-ausgemergelten Zustand in der in den Erntemonaten heißen Jahreszeit. Mag sein, daß dann und wann ein Ochsengespann zum Einsatz kam und Tante Grete auf dem von ihm – im ochsenlangsamen Tempo – gezogenen Wagen zu den Feldern und von dort zurück gelangte, aber dies war eher die Ausnahme. Die meisten Bauern in Leese hatten nur Zugochsen und keine Pferde. Im Gegensatz zur ostpreußischen Landwirtschaft, die Tante Grete „aus dem ff" kannte, war auch beim Geräteeinsatz manches rückständig-primitiv und dadurch beschwerlicher. Diese Einschätzung habe ich nicht nur von ihr, sondern wiederholt auch von einem Namensvetter Behrend von Hannelotte mit ihrem Mädchennamen vernommen, mit dem sie aber nicht verwandt war. Er war ostpreußischer Landwirt, die Größe seines Anwesens entsprach seiner Statur und Stimmgewalt: Lange Kerls, Gardemaß. Das Kleinliche für ihre Dienste, etwa in Form eines Liters Milch, ein paar Kartoffeln oder einem Stückchen Räucherspeck, war für Tante Grete und uns alle, die wir solchen „Übergang" in die über uns verhängte Existenzform nicht akzeptierten, verletzend und erniedrigend (was von ihrem „Dienstherrn" selbstverständlich nicht beabsichtigt war, de facto für uns aber so war).

Dies alles war ein Grund dafür, daß Tante Grete und mit ihr Tante „Mieze" (Maria Schillock geb. Berg, Schwester meines Vaters und von Tante Grete), die unweit in Luthe bei Wunstorf „gelandet" war (nach dem Verlassen Königsbergs mit Zwischenstation in Flöha/Sachsen), zum großen Kummer von Vater und mir noch 1948 oder vor

Vatis Geschäftseröffnung erst 1949 im Rahmen einer großen „Umsiedlungsaktion“ von 600 000 Vertriebenen in die bis dahin von Vertriebenen freigehaltene Französische Besatzungszone umzogen, nach Ebingen in Württemberg/Hohenzollern. Zwischen Luthe und Leese hatte ein reger gegenseitiger Besuchsverkehr geherrscht; zwischen den Endbahnhöfen Wunstorf und Leese verkehrte damals noch eine Klein-Schmalspurbahn, beide Orte waren so direkter und bequemer zu erreichen als mit der Großbahn mit Umsteigen in Stadthagen. Der Weggang beider Schwestern riß eine schmerzhafte Lücke in den so nach der Flucht in erreichbarer Nähe weiter bestehenden Familienverband im Kleinen. Wäre Tante Grete bei Vatis Geschäftseröffnung 1949 im Hause Feegel oder anderswo noch in Leese gewesen, so hätte sie ihrem ihr eng verbundenen Bruder Heinrich mit absoluter Gewißheit weiterhin treu zur Seite gestanden. Ihre (ebenso wie Vaters) gewinnende Art und ihre geschäftliche Erfahrung im Umgang mit Kunden, die sich in einem Dorf ja in Windeseile herumgesprochen hätten, wären ohne jeden Zweifel ein beträchtliches umsatzsteigerndes und -erhaltendes Kapital gewesen. Ihr Ortswechsel nach Ebingen sollte mir dann aber nicht viel später manchen Vorteil bringen, wie in Band 3 Kapitel „Meine Werkstudentenzeit“ nachzulesen sein wird.

Zu Vaters Kundschaft gehörten ganz überwiegend Flüchtlinge, nur wenige Einheimische fanden den Weg zu ihm. Sie hatten ja ihre altvertrauten Leeser Einkaufsstätten behalten. Die Bombenevakuierten kehrten nach und nach in ihre Heimatorte an Rhein und Ruhr zurück. Vorteilhaft für meinen Vater war es zunächst sicherlich, daß auch wieder Erzeugnisse ostdeutscher Hersteller in den Handel kamen, die vor dem Hereinströmen der Flüchtlinge aus dem Osten dem Leeser Einzelhandel und den Leeser Gastwirten gänzlich unbekannt gewesen sein dürften. Dazu gehörten der schlesische Kräuterlikör „Stonsdorfer“ und ein augenscheinlich hochprozentiger „Klarer“, dessen Namen ich lustig fand und deshalb behalten habe: „Windstärke 11“. Er wurde von der alten Königsberger Spirituosenfabrik Petereit hergestellt, die irgendwo „im Westen“ wieder aufgemacht hatte. Dasselbe galt für den

„Bärenfang“ aus der Königsberger Likörfabrik Teucke und König, der wie die anderen ostdeutschen Spirituosen offensichtlich gut „ging“. Da mein Vater nicht „trank“ und jede Flasche hohen Geldeswert für ihn hatte, also keine „Buddel“ extra für uns Bergs geöffnet wurde, habe ich keine z. B. dieser ostdeutschen Hausmarken in Leese auch nur als Kostproben kennengelernt. Den „Stonsdorfer“ und „Bärenfang“ andernorts später schon – die Mengenangaben müßten recht unterschiedlich ausfallen! –, der „Windstärke 11“ mußte ich mangels Vorkommens nirgends mehr standhalten.

Zunehmend nachteilig für meinen Vater entwickelten sich zwei Faktoren. Die Gewinnspanne war bei Massenartikeln wie Zigaretten und Zucker niedrig, diese Artikel machten beim Gesamtumsatz aber einen ungesund hohen Anteil aus. Sodann erhielten die alteingesessenen Kaufleute auf ihre ungleich größeren Einkaufsmengen Mengenrabatt, der zum Nachteil von Vater bis zu den Ladenverkaufspreisen durchschlug. Auch wenn es jeweils nur Pfennige waren – für die großenteils noch arbeits- und mittellosen Flüchtlinge war dies im Laufe der Zeit Anlaß, ihre Einkäufe nicht mehr oder nur noch in eingeschränktem Maße bei ihrem Schicksalsgefährten Berg zu tätigen.

Diese schleichende Entwicklung habe ich selbst noch bis zu meinem Abitur im Februar 1951 miterlebt. Einen vorübergehenden Geschäftsvorteil für meinen Vater brachte das Freiwerden der schon mehrfach erwähnten Wohnsiedlung Heim Uhlenberg von den Bewohnern aus Ostmitteleuropa. Wie viele andere Flüchtlinge in Leese erhielten auch die Eltern zu einem mir nicht mehr näher bekannten Zeitpunkt 1951 oder 1952 dort eine der frei gewordenen Wohnungen, die zwar auch nicht übermäßig komfortabel, aber endlich wieder menschenwürdig war. Mein Vater errichtete in einer massiv gebauten Baracke am 15. Januar 1952 eine Zweigstelle. Aber schon am 15. Oktober 1952 mußte er sie wieder schließen, da im Verkaufsraum Hausschwamm festgestellt und die Baracke in Teilen abgebaut wurde. Als Verkäuferinnen hatten in ihr meine Mutter und meine Schwestern fungiert. Der kurzfristige Betrieb beider Geschäftsstellen brachte eine Umsatzsteigerung von rd. 74 500,– DM im Jahr 1951 auf rd. 104 300,– DM im Jahr 1952, fiel dann nach Schließung der Filiale 1953 auf rd. 64 600,– DM wieder ab. Das als steuerpflichtig festgestellte Einkommen aus diesen Umsätzen betrug 1952 4146,– DM, für 1953 3700,– DM. Das ergibt für Vaters Vierpersonenhaushalt in dieser Zeit 1952 einen monatlich verfügbaren Betrag von rd. 345,– DM, für 1953 einen solchen von rd. 308,– DM ... Ich werde hierauf in Band 3 im Kapitel „Meine Studentenzeit“ bei Schilderung der Finanzierung meines Studiums zurückkommen.

Mein Vater gab den für ihn berufsfremden, durch und durch unbefriedigenden und bei der Sicherung des Studienabschlusses von Karin und mir mit viel Ärger und Zeitverlusten verbundenen Einzelhandel auf. Die Geschäftsschließung im Haus Feegel erfolgte am 31. Mai 1958 (siehe Schreiben Landkreis Nienburg (W.) vom 12.6.58).

Zum 1. Februar 1958 hatte mein Vater eine Anstellung als Reisevertreter bei der Hefefabrik Tebbenhoff in Settrup erhalten. Zur Verbesserung unserer Lage außer durch den Einzelhandel hatte er sich sehr früh auf einen Zweig seines Handwerks besonnen, in dem er sozusagen „zu sich selbst“ zurückfinden, in dem ihm niemand etwas vormachen konnte, den er wahrhaft meisterhaft beherrschte; die Herstellung von Königsberger Marzipan. Selbstverständlich war sein Marzipan das genußvollste und wohlschmeckendste vor allen anderen für mich. Aber nicht nur für mich, es sollte sich bald bestätigen. Freilich war die hier bestehende Verdienstmöglichkeit im wesentlichen auf die Weihnachtszeit beschränkt. Die eine der beiden Vorbedingungen, Marzipan in der benötigten Menge einkaufen zu können, war bereits eingetreten oder zeichnete sich ab. Aber die andere war die Verfügbarkeit von Marzipanstanzen zur Herstellung von Randmarzipan in Herzchen-, Rund- und Schiffchenform. Dies war neben einem speziellen Geschmackscharakteristikum die eigentliche Königsberger Spezialität. Auch gekniffte Stücke oder solche mit Schokoladenguß und einer halben Walnuß darauf waren Königsberger Marzipan, aber ohne gestanztes hätte mein Vater gar nicht erst mit einem Versandhandel anzufangen brauchen. Seine Königsberger Stanzen waren in Königsberg ge-

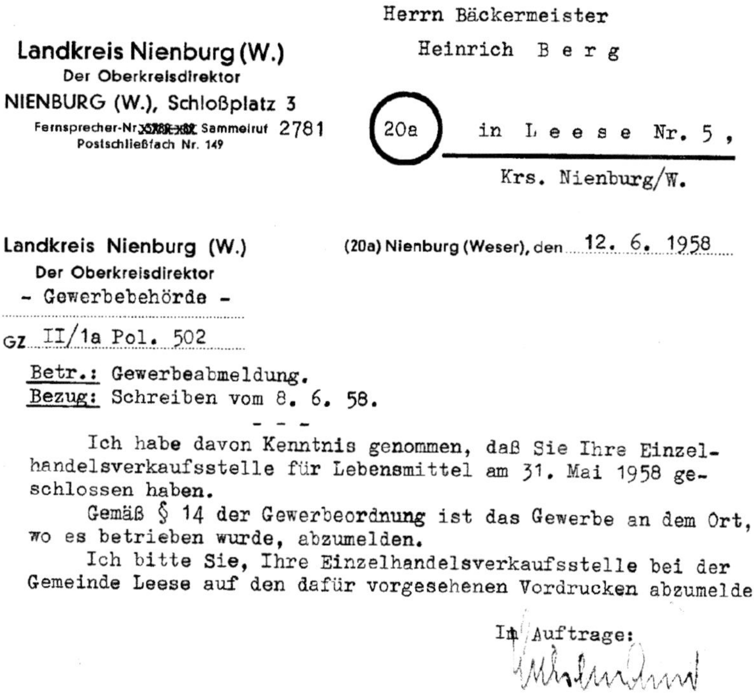

Landkreis Nienburg (W.)
Der Oberkreisdirektor
NIENBURG (W.), Schloßplatz 3
Fernsprecher-Nr. Sammelruf 2781
Postschließfach Nr. 149

Herrn Bäckermeister
Heinrich B e r g
20a
in L e e s e Nr. 5 ,
Krs. Nienburg/W.

Landkreis Nienburg (W.)
Der Oberkreisdirektor
- Gewerbebehörde -

(20a) Nienburg (Weser), den 12. 6. 1958

GZ II/1a Pol. 502

Betr.: Gewerbeabmeldung.
Bezug: Schreiben vom 8. 6. 58.

\- - -

Ich habe davon Kenntnis genommen, daß Sie Ihre Einzelhandelsverkaufsstelle für Lebensmittel am 31. Mai 1958 geschlossen haben.

Gemäß § 14 der Gewerbeordnung ist das Gewerbe an dem Ort, wo es betrieben wurde, abzumelden.

Ich bitte Sie, Ihre Einzelhandelsverkaufsstelle bei der Gemeinde Leese auf den dafür vorgesehenen Vordrucken abzumelde

Im Auftrage:

Schreiben bezüglich Gewerbeabmeldung meines Vaters

blieben. Wo und wie waren neue zu erlangen, in einem Gebiet, in dem bislang Lübecker und kein Königsberger Marzipan hergestellt worden war? Mein Vater fand tatsächlich einen (ich glaube) Klempnermeister, der es übernahm, eine ihm bis dahin völlig unbekannte Gerätschaft nach seinen Angaben herzustellen. Ich entsinne mich, daß mein Vater viele Male zu ihm gereist ist (Ort nicht mehr im Gedächtnis), bis die nunmehr Original-Königsberger Stanzen funktionsgerecht fertig waren. Wovon er die Reise- und vor allem die bestimmt hohen Fabrikationskosten bezahlt hat – ich weiß es nicht. Aber es konnte nun tatsächlich losgehen. Auch ohne einen Königsberger Gasflämmofen mit seinen Flämmröhren, das Randmarzipan mußte ja geflämmt (gebräunt) werden. Im Ersinnen von Behelfen waren wir inzwischen geübt, und so hielten die Eltern die Heizspiralen eines elektrischen Heizofens über die von ihnen hergestellten Rohlinge. Wie bereits erwähnt, war die Hauptgeschäftszeit für den Marzipanversand die Zeit vor Weihnachten. Was die Eltern hier geleistet haben, hat meine Mutter z. B. in einem Brief vom 17.12.1957 beschrieben, als ja auch noch das Ladengeschäft in der Dorfmitte in den gesetzlich vorgeschriebenen Öffnungszeiten bedient werden mußte:

> „Lieber Junge, Deinen Brief haben wir erhalten. Aber erst heute, abends 10 Uhr, ist es möglich, zu antworten, da wir in den letzten 2 Wochen vor Arbeit nicht mehr wußten, wie wir hießen, und in den letzten 10 Tagen geht es bis spät in die Nacht, teilweise bis ½ 4 Uhr, mit der Marzipanherstellung und Versand."

Mein Vater hat Herstellung und Versand seines Marzipans mit „Berg"-Qualität etwa bis zu seinem 80. Lebensjahr betrieben. Es war wohl beim ersten großen Heimattreffen der Ostpreußen in Hannover 1949 oder 1950, daß mein Vater dort einen Verkaufsstand für sein Marzipan einrichtete. Ob er einen solchen Verkaufsversuch wiederholt hat, weiß ich nicht mehr. Das Geld in den ostpreußischen Portemonnaies war äußerst knapp. Ich selbst habe auf einem anderen frühen Treffen von mir als Aquarelle handgemalte Königsberger Stadtwappen zum Preis von 2,– DM angeboten. Wappendrucke im Postkartenformat, in Broschüren u. ä. gab es noch nicht. Insoweit waren meine Wappen noch eine (auch künstlerische) Rarität. Trotz durchaus vorhandenen Interesses habe ich bei ganztägigem Stehen wegen fehlenden „Kleingelds" von 20 Wappen ganze zwei verkaufen können ...

Als Hannelotte und ich uns kennengelernt hatten, wurden auch wir – so wie mindestens die ganze andere engere Familie und Freunde der Eltern – alljährlich zu Weihnachten mit einem reichhaltigen Marzipangeschenk bedacht. Hannelotte war bei unseren Besuchen bei den Eltern in Leese oder deren Besuchen bei uns in Bad Nenndorf und in Kiel bei ihrem Schwiegervater in der Marzipanherstellung wie auch manch anderer Backwaren „in die Lehre gegangen“. Als mein Vater Herstellung und Vertrieb für immer einstellte, konnte Hannelotte deshalb mit den uns überlassenen Stanzen (es waren nicht alle), aber auch mit geknifftem und Schokowalnußmarzipan in Kiel für ihre Familie das süße Handwerk ihres Schwiegervaters weiterführen. Bildmaterial zum Vorstehenden siehe nachfolgende Seiten.

Nun mag jeder von uns sich im Kreise seiner Lieben am Weihnachtstisch versammeln. Die besinnlichen Stunden sollen ihm Kraft geben für die Zukunft. Und wenn ihm der Weihnachtsmann ein Marzipanherz unter den Lichterbaum gelegt hat, so soll es ein Herz für die Heimat sein! Euer Heinrich Berg

Abbildung der Marzipanherzen und des 1944 zerstörten Bäckereigrundstückes meines Vaters in Königsberg. Aus: 18. Mitteilungsblatt Dezember 1959 der Sammelaktion des ostpreußischen Bäckerhandwerks

Bäckerei/Konditorei Heinrich Berg, Königsberg, Schrötterstraße 87/ Gustloffstraße 1. Modell meines jüngsten Sohnes zu meinem 50. Geburtstag 1981 gebaut.

Neue Marzipanstanzen meines Vaters

Neue Marzipanstanzen meines Vaters

Neue Marzipanstanzen meines Vaters, mit ausgefahrenen Bedienungs-tasten/Druckhebeln

Ankündigung Königsberger Marzipan von Heinrich Berg beim Ostpreußen-Heimattreffen. Handschriftliche Beschriftungen: Notizen über bogentechnische Anweisungen meines Geigenlehrers.

Aus der Serie meiner 20 handgemalten Königsberger Stadtwappen

Zeichnung mit Stanzenrand für Königsberger Rand-Marzipan

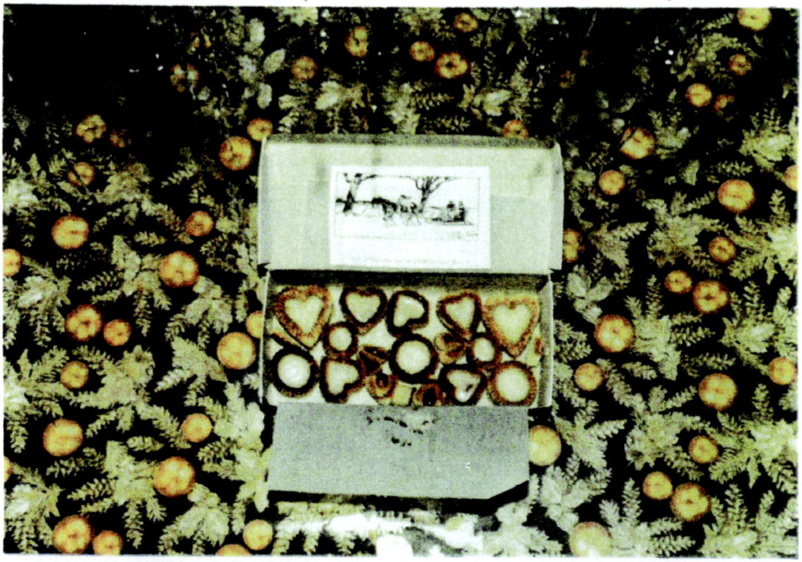

Alle Jahre wieder unter unserem Weihnachtsbaum: Vaters Königsberger Rand-Marzipan und Teekonfekt – ein Königsberger Meisterwerk, ein non plus ultra!

Marzipan aus Königsberg

Zu unserem Bericht „. . . der kan allerley Sachen machen" (KN vom 16. November)

Ihr Artikel stimmt schon ganz auf einen Hauptgenuß des „Bunten Tellers" zu Weihnachten ein: den (oder: das – quodlibet!) Marzipan. Und viele Menschen überall in der Bundesrepublik werden bei diesem Wort nicht nur an Lübeck denken, sondern ebenso an Marzipan mit einer anderen Ursprungsbezeichnung, die einmal genauso klangvoll war und denselben Ruf genoß (namensrechtlich aber leider nicht mehr in gleicher Weise geschützt werden kann): Königsberger Marzipan.

Die Königsberger Hersteller bezogen ihre Rohmasse, wenn sie sie nicht selbst anfertigten, u. a. auch – aus Lübeck. Dann aber trennten sich die Wege der Verarbeitung in Königsberg und in Lübeck. Königsberger Standard war die Beimengung von bis zu 100 g – jedoch nicht mehr – gesiebtem Puderzucker auf je 500 g Rohmasse (übrigens würde ein Zuckeranteil von mehr als 50 Prozent die Verwendung der Markenbezeichnung „Marzipan" unzulässig machen). Und im Gegensatz zu den Lübecker Herstellern, die Brot- und Tierformen bevorzugen und letztere färben, ist Inbegriff des Königsberger Marzipans neben dem (gekniffften) Teekonfekt das ausgestanzte Herz sowie die ebenfalls gestanzte runde oder spitzovale Form.

Die Marzipanrohlinge werden geflämmt, und hierbei bildet sich der unverwechselbare Duft. Die geflämmten Randmarzipanstücke erhalten sodann eine Zuckergußfüllung, die ihrerseits Zitronensaft enthält. Auf den Guß werden Geleestücke oder andere Dekorationen gelegt.

Marzipanstücke mit dem Elchkopf oder mit dem Königsberger Schloß waren nicht nur innerhalb der deutschen Grenze bekannt und geschätzt, sie gingen von Königsberg hinaus in alle Welt. Ausnahmslos alle der annähernd 400 Fachgeschäfte beschäftigten sich mit der Marzipanherstellung. Und obwohl die Marzipanschachteln zu Weihnachten in den Schaufenstern stapelweise zum Verkauf auslagen, war die Marzipanherstellung obendrein auch noch ein schöner Weihnachtsbrauch in ungezählten ostpreußischen Familien.

Fritjof Berg, Kiel

Von der Kieler Nachrichten-Redaktion eigenmächtig aus meinem Leserbrieftext gestrichen, was dem Marzipan seinen besonderen „Pfiff" gab: Rosenwasser!

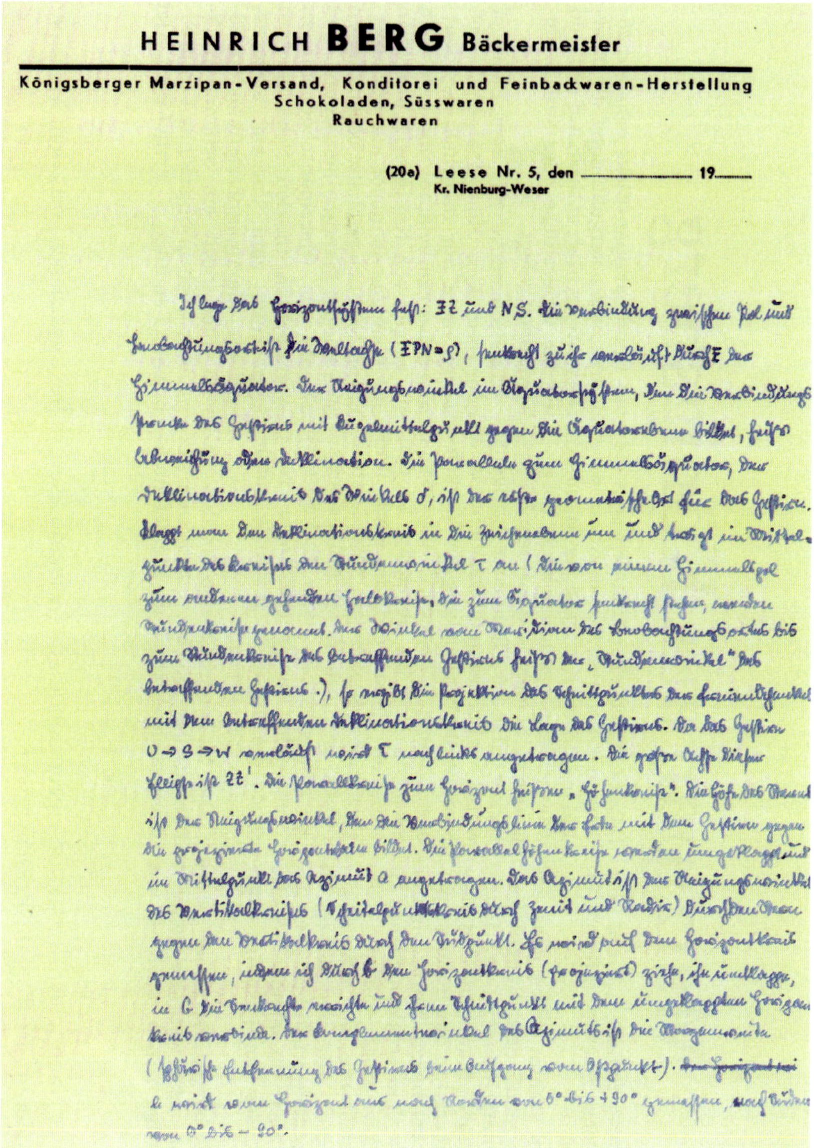

HEINRICH **BERG** Bäckermeister

Königsberger Marzipan-Versand, Konditorei und Feinbackwaren-Herstellung
Schokoladen, Süsswaren
Rauchwaren

(20a) Leese Nr. 5, den .... 19....
Kr. Nienburg-Weser

Geschäftsbogen meines Vaters für Schulaufgaben genutzt

Deckel der Marzipanschachteln

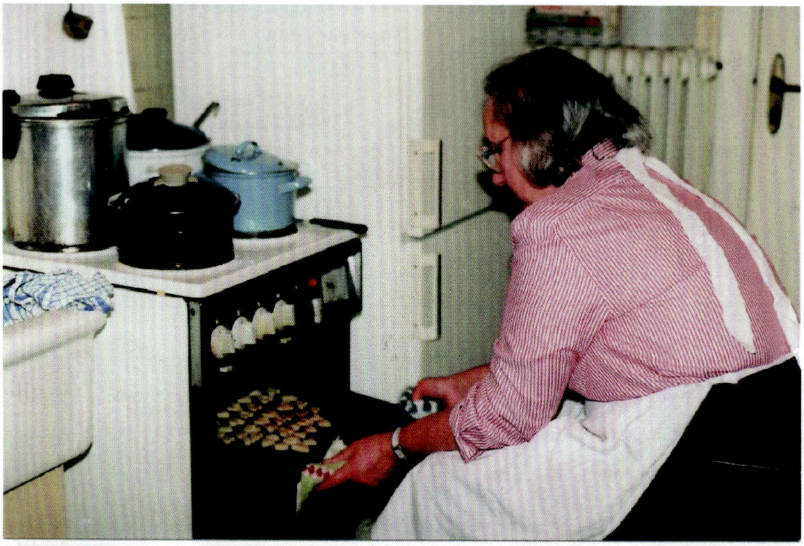

Hannelotte tritt in die Fußstapfen meines Vaters ...

Die Drei-Geschwister-Konfirmation 1949

Normalerweise wären meine Zwillingsschwester Karin und ich 1945 oder spätestens 1946 in Königsberg eingesegnet worden. Aber wir lebten da nicht mehr in „normalen“ Verhältnissen, sondern in einer bis in unseren letzten persönlichen Winkel total aus den Fugen geratenen Zeit, wie im vorangegangenen Kapitel „Von Königsberg zum Sirachsberg“ im einzelnen nachzulesen ist. Eine Einsegnungsfeier war ja nicht nur eine kirchlich-religiöse Weihe, sie gehörte nach überkommenen Konventionen auch zu einem geordnet-gesitteten Lebensauf, mit allen äußeren Rahmenbedingungen einer herausgehobenen Familienfeier. Von einem Einsegnungskleid für Karin, dem ersten „Schlips- und Kragen“-Anzug für mich, gepflegtem Schuhwerk, festlicher Kleidung der Eltern, entsprechenden Räumlichkeiten und, und, und... abgesehen – nichts von alledem war vorhanden: Das Vaterland und die Heimat in Trümmern, die Zukunft dunkel verhangen, wir sind Flüchtlinge ohne Zugehörigkeit zu einem Ort und irgendwem – nicht einmal der Hauch eines Gedankens an Einsegnung jetzt und eine zugehörige Feier wäre in uns aufgekommen. Und: Welches wäre auf dem Sirachsberg das für uns zuständige Pastorat gewesen? Bevensen, Römstedt oder welches sonst? Was für die Schulwege gesagt worden ist, galt auch hier, für den Konfirmationsunterricht, den Kirchbesuch ...

An alledem hatte auch unser „Umzug“ nach Leese nichts geändert, außer daß hier tatsächlich „die Kirche im Dorf“ war. Die für meine jüngere Schwester 1949 anstehende Einsegnung muß dann aber wohl den Ausschlag dafür gegeben haben, daß die Eltern außer ihr nun auch Karin und mich 1948 zum Konfirmationsunterricht anmeldeten. Nach ostpreußischem Sprachgebrauch Pfarrer, nach niedersächsischem Pastor Rauterberg trennte Karin und mich in unserem fortgeschrittenen Alter vom „aktuellen“ Konfirmationsjahrgang 1948/49 ab, mit dem etwa gleichaltrigen Sohn des früheren NSDAP-Ortsgruppenleiters von Leese erhielt unsere Dreiergruppe „altersgerechten“ Unterricht. Alle wurden aber gemeinsam am 10. April 1949 in der evangelisch-lutherischen Kirche zu Leese eingesegnet. P. Rauterberg war nicht doktrinär, in seinen Anforderungen an Erfüllung der Unterrichtspflichten aber streng. Als es einmal um einen Glaubensinhalt ging, der mit unserer menschlichen Verstandeskraft nicht zu erklären und zu begreifen ist – welcher konkret es war, weiß ich nicht mehr, antwortete er aufrichtig und ehrlich: „Ich kann Ihnen das auch nicht sagen. Entweder Sie glauben es oder nicht."

P. Rauterberg war schwer kriegsbeschädigt (nach meiner Erinnerung beinamputiert, mindestens aber eine ähnlich schwere Beinverwundung.) Er stammte aus Lüneburg und hatte zwei Semester evangelische Theologie in Königsberg studiert. Aber nicht ein einziges Mal hat er sich, abseits vom theologischen Lehrstoff, der Herkunft von Karin und mir, seinem Studienplatz Königsberg oder unserem ersten Zufluchtsort in der Nähe von Bevensen, das ihm ohne jeden Zweifel ein Begriff war, in einem persönlichen Gespräch angenähert. Der ne-

Meine Schwestern in ostpreußischer Tradition in weißen Einsegnungskleidern. Oberste Reihe hinter Pfarrer Rautenberg: ich selbst.

Vollständige Kontrastbilder aus Vaters Geburtsort Goldbach, aus: Heimatbuch Goldbach Band 2, Ortsplanarbeit Kreisgemeinschaft Wehlau e. V. 2014, Aufnahmen 022-1270 und 022-1573.

ben dem stattlichen Pfarrhaus, in dem unser Unterricht stattfand, gelegene Gemeindesaal war von Flüchtlingen bewohnt. Diese hatten davor aus losen Ziegelsteinen eine Feuerstelle errichtet. Es liegt mir fern, irgendwelche Behauptungen aufzustellen oder mit Unterstellungen darauf einzugehen. Aber eingedenk der gefühlsmäßigen Kälte, wie ich sie auf Seiten unseres „Hirten" empfunden habe, habe ich immer die Hoffnung gehabt, daß wenigstens Frauen mit Säuglingen oder Kleinkindern Zutritt zur Küche im Pfarrhaus erhielten.

Die Einsegnungsfeier für uns drei Geschwister war für uns alle die erste richtige Familienfeier in unserem Leben. Außer den Eltern, den beiden anderen Geschwistern und Großmutter waren auch andere Verwandte dabei, wer im einzelnen, vermag ich nicht mehr zu sagen. Wahrscheinlich waren es die aus Ebingen angereiste Tante Grete, Onkel Leopold und Tante Irmgard Berg mit Cousin Harald, die in Edemannswisch/Schleswig-Holstein oder auch schon wie viele andere Bergs in Ebingen wohnten, Mutters Tilsiter Klassenschwester Margot Boß (Patentante meiner jüngsten Schwester) etc. Es war wohl ein besonderes persönliches Entgegenkommen der Eigentümerin Witwe Broesch, daß unsere Feier im Gesellschaftsraum des traditionsreichen, aber nicht mehr bewirtschafteten Leeser Gasthofs „Deutsches Haus" stattfinden konnte. Sein berühmtester Dauergast war der im rd. 10 km entfernten Wiedensahl beheimatete Dicher Wilhelm Busch gewesen.

Auf der anderen Korridorseite unseres Feier-Raumes lagen zwei Traditionszimmer für den Dichter und auch „Wanderjäger" Busch. Frau Broesch öffnete sie für mich. Sofort sprang alles in mir in Vaters/unser Jagdpachtrevier im ostpreußischen Penken-Seeben über (siehe Band 1). Von einer humorigen Szene aus einer Jagdzeitschrift, als Bild gerahmt – „Wenn die Sau einen Floh hat", in einer Jagdkanzel sitzt ein Jäger, an einem tragenden Pfahl reibt sich ein Keiler die „Schwarte", der Schütze hat es nicht bemerkt, der Pfahl bricht splitternd –, habe ich kurz danach aus dem Gedächtnis in Aquarellfarben eine Replik gemalt.

Wenn die Sau einen Floh hat ...

Ehemaliges „Deutsches Haus“ mit modernisierter Fassade, 2004

Nicht, daß ich's schon ergriffen habe oder schon vollkommen sei; ich jage ihm aber nach, ob ich's auch ergreifen möchte, nachdem ich von Christo Jesu ergriffen bin. Phil. 3,12.

Fritjof Heinrich Berg

geboren am 9. Juni 1931 getauft am 8. November 1931
wurde am 10. April 1949 in der evang.-luth.
Kirche zu Leese konfirmiert.

Rauterberg, P.

Meine Konfirmationsurkunde

Zum zweiten Mal: Die politische „Vergangenheit" meines Vaters

Nach dem Berufsverbot nun auch Aberkennung des passiven Wahlrechts

Alle Deutschen von Ost bis West und von Nord bis Süd hatten den Krieg gemeinsam geführt, wohl jeder Familie hatte der Soldatentod an der Front und der Bombenkrieg in der Heimat schweres Leid gebracht. Aber sie hatten ihn am Ende längst nicht in gleicher Weise verloren, mußten seine Folgen nicht mit einer gleichen gerechten Verteilung der Lasten tragen. Die einheimische Bevölkerung auf dem Lande in Nord, West und Süd hatte kaum materielle Einbußen erlitten, außer bei Kampfhandlungen wie in Leese, durch Plünderungen wie z. B. auf dem Sirachsberg oder im Nienburger „Weserschlößchen" und Beschlagnahmen der Besatzungsmächte. Aber sie hatte ihre Lebensgrundlage behalten, alle ihre Heimat, in den westlichen Besatzungszonen die Grundeigentümer ihr dingliches Eigentum. Millionen Bombengeschädigte in Nord, West und Süd hatten ihr Hab und Gut verloren, aber auch sie hatten ihre Heimat behalten und konnten mit dem Wiederaufbau beginnen, die Evakuierten unter ihnen ungehindert in ihre Heimatorte zurückkehren. Bei den Mitteldeutschen sah dies alles schon ganz anders aus, viele von ihnen hatten außer Kriegsschäden und massiven Plünderungen Boden- und Betriebsenteignungen sowie die beginnende Zwangskollektivierung über sich ergehen lassen müssen.

Aber ungleich härter als sie alle traf es die Ostdeutschen von Memel bis Ratibor, die Sudetendeutschen und die Deutschen aus den außerhalb der Reichsgrenzen gelegenen Verbreitungsgebieten. Sie hatten den Krieg total verloren: die Heimat, all ihr dort gelegenes Grundeigentum, bis auf bescheidene Habseligkeiten ihre gesamte Habe. In der Lage, wie ich sie für meine Familie in Leese beschrieben habe, fanden die ersten allgemeinen Nachkriegswahlen statt. Da das Wahlrecht an die Volljährigkeit geknüpft war, die (richtigerweise!) erst mit

Vollendung des 21. Lebensjahres, für mich also erst am 9. Juni 1952 begann, war ich in meiner Leeser Schulzeit (und auch noch eine Zeitlang danach) nur Beobachter des politischen Geschehens, evtl. auch „Wahlhelfer“ für meinen Vater. Im Dritten Reich hatte ich ja keine Wahlkämpfe und kein Mehrparteiensystem kennengelernt, jetzt war alles für mich neu, fremd, das politische Gezänk von Parteien und Wahlbewerbern sogar befremdlich oder aber mit all seiner Kleingeisterei und bis ins Persönliche gehenden Gehässigkeiten auch belustigend. Ob wiederbelebte Altparteien aus der Zeit der Weimarer Republik oder Neugründungen – sie alle brauchten zu ihrem „demokratischen Neubeginn“ oder „Anfang“ auf dem Gebiet der späteren Bundesrepublik die Zulassung der westlichen Besatzungsmächte, waren – wie die Lizenzträger im Presse- und Rundfunkbereich – Lizenzparteien. In ihnen tauchten Namen auf, die mir allesamt unbekannt waren, bei denen ich aber meinen Vater manchmal „ach der!“ sagen hörte. Verlogen und unglaubwürdig erschien mir die Art, wie sich zahlreiche Parteifunktionäre von der erst kurz zurückliegenden Zeit des Nationalsozialismus absetzten und mit ihr auseinandersetzten. Sie seien schon immer „dagegen“ gewesen. Wirklich? Als eine solche Behauptung einmal in unserer Klasse für die Nienburger Bürgerschaft aufgestellt wurde, tauchten vor meinem geistigen Auge die Bilder auf, die ich selbst miterlebt hatte (die heutige Dauerberieselung im Fernsehen mit sog. „Vergangenheitsdokumentationen“ gab es ja noch nicht). Als wir noch in der Königsberger Innenstadt auf dem Steindamm wohnten, erlebte ich von einem Wohnzimmerfenster im 1. Stock unseres Hauses Nr. 141 aus die Vorbeifahrt der langen und imposanten Wagenkolonne Hitlers, er mit immer wieder erhobenem rechtem Arm im ersten Mercedes stehend. Arm in Arm untergehakt standen die Absperreihen von Polizei, SA und SS, die Mühe hatten, die nach vorne drängenden Menschenmassen zurückzuhalten, die ihrem Führer so nahe wie möglich sein wollten. Dieselbe Szene erlebte ich ein zweites Mal auf der über die Gleise des Nordbahnhofs führenden Schindekopbrücke. Ich widersprach also der Behauptung eines Nienburger

„Dagegen-gewesen-seins". Sie könne einfach nicht wahr sein, oder ob sie dort etwa „auf dem Mond" gelebt hätten! Damit war das Thema erledigt.

Die ersten Wahlen in Leese nach dem Krieg und zugleich die ersten in meinem Leben waren Gemeinde- und Kreistagswahlen, später auch eine Landtagswahl. Ohne mit meiner politischen Unerfahrenheit und fehlendem geschichtlichen Wissen zu verstehen, worauf er damit anspielte, sagte mein Vater beim Blick auf ein Wahlplakat vor dem Gasthaus Asche: „Diesmal haben sie dazugelernt." Die erste Bundestagswahl fand nach der Gründung der Bundesrepublik Deutschland am 14. August 1949 statt. Die politische Orientierung für die Stimmabgabe bei diesen ersten Wahlen wird sich bei den Wählern, die schon zur Weimarer Zeit wahlberechtigt waren oder an Abstimmungen im Dritten Reich teilgenommen hatten, und das war damals noch der allergrößte Teil der Deutschen, nach ihrer früheren gerichtet haben. Der Persönlichkeitsfaktor dürfte bei den Leeser und bei den Vertriebenen überhaupt noch eine ganz untergeordnete Rolle gespielt, wegen höchstpersönlicher nachteiliger Erfahrungen sogar einen Antieffekt ausgeübt haben. Das Vertreibungsschicksal und seine Bedeutung für den einzelnen wie für ganz Deutschland gehörte zwar zu ihrer Alltagwirklichkeit, schlug aber bei der lokalen Begrenztheit der Stimmabgabe wohl kaum durch. Das wird der Grund dafür gewesen sein, daß mein Vater mich aufforderte, für eine dieser ersten Wahlen ein Plakat für die Christlich Demokratische Union (CDU) zu zeichnen, die ihm vor allen anderen und mit etlichen Widerhaken wohl „am nächsten" stand.

Als jegliche Verbesserung unserer Lage ausblieb, bei den maßgebenden Parteien ihr gegenüber offensichtlich Gleichgültigkeit herrschte und kein Ansatz zu einem für alle tragbaren Ausgleich der Lasten des verlorenen Krieges erkennbar war, beschloß mein Vater, politisch aktiv zu werden. Der Block der Heimatvertriebenen und Entrechteten (BHE) als Antwort auf den Bruch vieler Versprechungen zur Herbeiführung dessen, was als selbstverständlichstes Recht auf den verschiedensten Lebensgebieten gefordert werden mußte, war noch nicht auf der politischen Landkarte erschienen, seine Gründung lag aber „in der Luft“. Um seine Wählbarkeit zu erlangen, mußte mein Vater, der ebenso wie meine Mutter ja altes NSDAP-Mitglied war (siehe Band 1), sich einem sog. „Entnazifizierungsverfahren“ unterziehen. Meine Mutter hat diese millionenfachen, von so viel Selbstbetrug, Selbsterniedrigung, Verlogenheit, Heuchelei und Pharisäertum durchzogenen Verfahren nach einem damals bekannten Farbreinigungsmittel zutreffend und spöttisch „Brauns Entfärber“ genannt. Als mein Vater vom kommunistischen Beisitzer des Entnazifizierungs-Hauptausschusses des Kreises Nienburg/Weser gefragt wurde, warum er der NSDAP beigetreten sei, stellte er ihm die Gegenfrage, warum er Mitglied der KPD geworden sei. „Aus Überzeugung!“, erhielt mein Vater zur Antwort. Darauf Vater: „Sehen Sie, ich auch. Dann haben wir uns gegenseitig ja wohl nichts vorzuhalten!“ Damit war die Verhandlung beendet. Aber es gab eben lizenzierte auf der einen und als strafwürdig eingestufte Überzeugungen auf der anderen Seite. Meinem Vater wurde das passive Wahlrecht aberkannt, siehe „Entnazifizierungs-Entscheidung“ vom 5. November 1948. Das war nach dem gewaltsamen Hinauswurf durch den Bauern Wilhelm, dem Verbot der Ausübung seines Berufs als selbständiger Bäckermeister für meinen Vater die dritte schwere Ehrverletzung in seinem Leben. Das Grundgesetz für die Bundesrepublik Deutschland vom 23. Mai 1949, das in Art. 4 Abs. 1 die Freiheit des weltanschaulichen Bekenntnisses für unverletzlich erklärte, deshalb in Art. 18 auch keine Verwirkung von Grundrechten in Hinsicht auf etwa nicht genehme Weltanschauungen vorsah, sah selbst keine hierauf gestützte Entziehung des Wahlrechts vor. Auf dem Umweg über Art. 38 Abs. 2 und 3 GG als „Rechtsgrundlage“ für das Wahlgesetz zum ersten Bundestag vom 15. Juni 1949 ist in dessen Vorspruch jedoch nicht dieser Grundgesetzartikel, sondern sind Anordnungen und Änderungen der westlichen Militärgouverneure zu dem am 10. Mai 1949 vom Parlamentarischen Rat beschlossenen, also noch vorkonstitutionellen Gesetz genannt, macht § 5 Abs. 1 Buchst. c dieses Gesetzes die Wählbarkeit von dem am 8. Mai 1949 geltenden

Recht des Landes abhängig, in dem der Wahlbewerber kandidiert. Somit wäre die Entscheidung, mit der meinem Vater das passive Wahlrecht aberkannt wurde, auch nach dem Inkrafttreten des Grundgesetzes immer noch „rechtens" gewesen.

Diese „Gesetzes- und Rechtslage" ist irgendwann später, ohne daß ich hier der Änderungsgesetzgebung im einzelnen nachgehe, obsolet geworden.

Mein Vater hat mit Schreiben vom 9. November 1948 gegen die Aberkennung seiner Wählbarkeit Einspruch erhoben. Eine Entscheidung hierüber fehlt in Vaters Unterlagen. Vielleicht ist auch gar keine förmliche Entscheidung mehr ergangen. Denn mein Vater hat gegen die Gebührenfestsetzung für das Verfahren vom 25. Januar 1949 Beschwerde erhoben. Ihr wurde mit Bescheid vom 8. Februar stattgegeben. Der darin durchgestrichene Satz „Der Bescheid in Ihrem Entnazifizierungsverfahren wird daher beigefügt." kann wegen des Wortes „daher" nur dahingehend ausgelegt werden, daß er Grundlage des Gebührenerlasses gewesen ist. Eine Aufhebung der Kostentragung ist ohne materielle Begründung, aus der diese Nichtauferlegung der Verfahrenskosten folgt, nicht denkbar. Mein Vater hat denn auch ab 1949 bei den Kommunalwahlen kandidiert. Er war BHE-Abgeordneter im Gemeinderat Leese und Kreistag Nienburg/W.

Entnazifizierungs-Hauptausschuß

des Kreises/~~der Stadt~~ Nienburg/W. Nienburg/W., den 5. November 1948

Az.: 8939 VE 1560 /48 Fernsprecher 532

Rechtskräftig am:
, (Ort, Datum)
(Stempel)
Unterschrift

Entnazifizierungs-Entscheidung im schriftlichen Verfahren

In dem Entnazifizierungsverfahren gegen

Name **B e r g** Vorname **Heinrich**

geboren am **4. September 1899** in **Goldbach**

wohnhaft **Leese Nr. 37**

Beruf **Bäckermeister**

ergeht auf Antrag des öffentlichen Klägers vom **5. November 1948** auf Grund der Verordnung über Rechtsgrundsätze der Entnazifizierung im Lande Niedersachsen vom 3. 7. 1948 und § 19 der Verordnung über das Verfahren zur Fortführung und zum Abschluß der Entnazifizierung im Lande Niedersachsen vom 30. 3. 1948 im schriftlichen Verfahren folgende Entscheidung:

1. **Heinrich Berg hat**

den Nationalsozialismus unterstützt.
(Kategorie IV)

Gem.§ 8 der VO über Rechtsgrundsätze der Entnazifizierung im Lande Niedersachsen vom 3.7.48 wird folgende Massnahme angeordnet.

Berg wird das passive Wahlrecht aberkannt.

2. Die Kosten des Verfahrens werden auf ~~DM~~ **noch** festgesetzt. Unter Anrechnung des Gebührenvorschusses in Höhe von DM ——— hat der Betroffene DM ——— zu zahlen.

b. w.

Formblatt (7)

Entnazifizierungs-Entscheidung Seite 1

Gründe: Der Bäckermeister Heinrich Berg unterliegt als voraussichtlicher Kandidat für die kommenden Gemeindewahlen der Überprüfung gem. den Vorschriften des Entnazifizierungsrechtes. Er ist Betroffener auf Grund der Bestimmungen des § 3 Ziff. 1 der VO. über Rechtsgrundsätze der Entnazifizierung im Lande Niedersachsen vom 3.7.48.

Er war nach seinen eigenen Angaben im Fragebogen Mitglied der NSDAP von 1928 bis 1945 ohne Amt. Durch seinen frühen Eintritt zur NSDAP hat der Betroffenen die Bestrebungen des Nationalsozialismus unterstützt, eine wesentliche Förderung ist nicht erwiesen.

Rechtsmittelbelehrung:

Gegen diese Entscheidung kann der Betroffene innerhalb einer Frist von 2 Wochen nach Zustellung Antrag auf mündliche Verhandlung stellen. Der Antrag ist schriftlich beim Entnazifizierungs-Hauptausschuß einzureichen. Wegen der Gebührenfestsetzung steht ihm das Recht der Beschwerde zu.

Nienburg, den 5. November 1948
(Ort, Datum)

Stempel

Unterschrift (Druve)

Dem Betroffenen durch Postzustellungsurkunde am 8.11.48 zugestellt.

Entnazifizierungs-Entscheidung Seite 2

HEINRICH B E R G
L E E S E Nr.37
KREIS NIENBURG/W.

den 9.November 1948

An den
Entnazifizierungsausschuss
Hauptausschuss Nienburg

N i e n b u r g /Weser

Mir ist soeben mündlich meine Einstufung in KATEGORIE IV mit Aberkennung des passiven Wahlrechts in Ihrem Büro mitgeteilt worden. Ich erhebe dagegen Einspruch.

Ich bitte,den Einspruch dringend zu behandeln,da ich als Kandidat für die Gemeindewahlen in Leese aufgestellt bin.

Begründung: Aus meinem Fragebogen geht hervor,dass ich lediglich Mitglied der NSDAP. seit 1928 war und nur deshalb das Ehrenzeichen der NSDAP.verliehen bekam. Ich habe kein Parteiamt bekleidet und war in keiner Weise Nutzniesser des nationalsozialistischen Systems. Ich gehörte zu den kleinen Parteigenossen,die der Partei in dem Glauben beitraten,einer guten Sache zu dienen. Dass ich später,als mir viele Zweifel aufstiegen,die Partei nicht verlassen konnte,wird jeder einsehen,der die ostpreussischen Verhältnisse kennt. Mein Parteiaustritt hätte den als absolut rücksichtlos bekannten Gauleiter Koch sofort veranlasst,meine Existenz zu vernichten.

Unter diesen Umständen ist es mir unbegreiflich,dass ich nur unter Aberkennung des passiven Wahlrechts in die Kategorie IV eingestuft wurde,zumal frühere Träger hoher und höchster Parteiämter völlig entlastet wurden,zumal Angehörige der Kategorie IV heute in hohen Beamtenstellungen sogar als Minister tätig sind. Unter diesen Umständen ist es wohl nicht sinnvoll,einem Angehörigen der Kategorie IV das passive Wahlrecht für die Gemeinde Leese abzusprechen. Mir fehlt die Zeit,Ihnen eine Liste der Namen vorzulegen,auf die ich im vorstehenden Bezug nehme. Ich will das aber gern nachholen.Vermutlich wird es aber gar nicht erforderlich sein,denn ich nehme an,dass den Mitgliedern des Berufungsausschusses diese Fälle durch die Tageszeitungen genau so bekannt sind wie mir. Da in der Rechtspflege noch immer der Grundsatz der Analogie gegolten hat,entspricht es wohl nur der Pflege von Recht und

b.w.

Einspruchschreiben meines Vaters, Seite 1

Gerechtigkeit entspricht, wenn ich Sie bitte, durch einen Beschluss des Hauptausschusses mir das passive Wahlrecht zuzuerkennen.

Einspruchschreiben meines Vaters, Seite 2

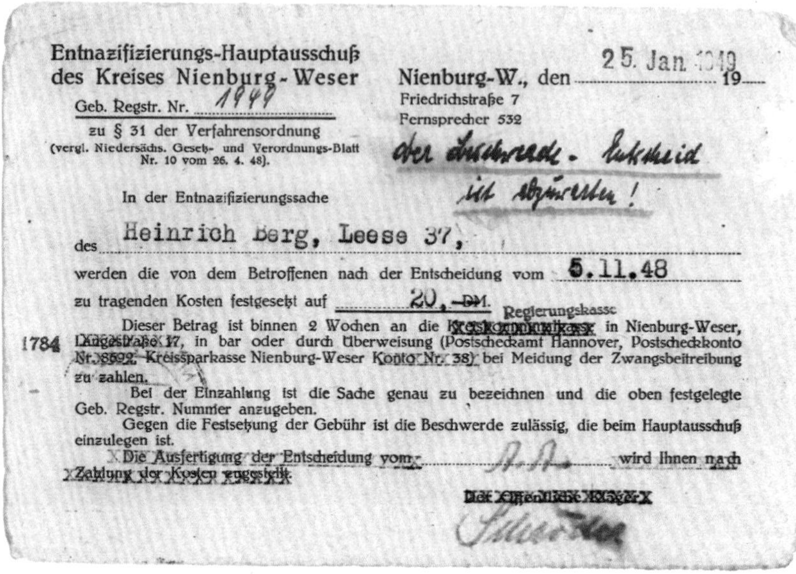

Entnazifizierungs-Hauptausschuß
des Kreises Nienburg-Weser

Geb. Regstr. Nr. 1949

zu § 31 der Verfahrensordnung
(vergl. Niedersächs. Gesetz- und Verordnungs-Blatt Nr. 10 vom 26. 4. 48).

Nienburg-W., den 25. Jan. 1949
Friedrichstraße 7
Fernsprecher 532

der Beschwerde-Entscheid ist abzuwarten!

In der Entnazifizierungssache

des Heinrich Berg, Leese 37,

werden die von dem Betroffenen nach der Entscheidung vom 5.11.48 zu tragenden Kosten festgesetzt auf 20,- DM.

Dieser Betrag ist binnen 2 Wochen an die ~~Kreiskommunalkasse~~ Regierungskasse in Nienburg-Weser, ~~Langestraße 17~~, in bar oder durch Überweisung (Postscheckamt Hannover, Postscheckkonto Nr. 8592, Kreissparkasse Nienburg-Weser Konto Nr. 38) bei Meidung der Zwangsbeitreibung zu zahlen.

1784

Bei der Einzahlung ist die Sache genau zu bezeichnen und die oben festgelegte Geb. Regstr. Nummer anzugeben.

Gegen die Festsetzung der Gebühr ist die Beschwerde zulässig, die beim Hauptausschuß einzulegen ist.

~~Die Ausfertigung der Entscheidung vom ... wird Ihnen nach Zahlung der Kosten zugestellt.~~

~~Der öffentliche Kläger~~

Schröder

Kostenfestsetzung vom 25.1.1949

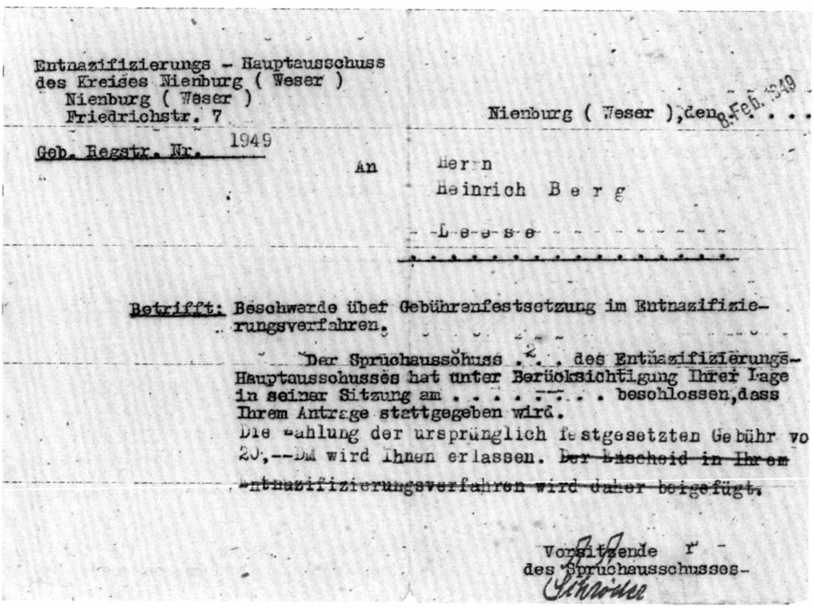

Entnazifizierungs - Hauptausschuss
des Kreises Nienburg (Weser)
Nienburg (Weser)
Friedrichstr. 7

Nienburg (Weser), den 8. Feb. 1949

Geb. Regstr. Nr. 1949

An

Herrn
Heinrich Berg
- Leese -

Betrifft: Beschwerde über Gebührenfestsetzung im Entnazifizierungsverfahren.

Der Spruchausschuss 2 des Entnazifizierungs-Hauptausschusses hat unter Berücksichtigung Ihrer Lage in seiner Sitzung am . . . . beschlossen, dass Ihrem Antrage stattgegeben wird.

Die Zahlung der ursprünglich festgesetzten Gebühr von 20,--DM wird Ihnen erlassen. ~~Der Bescheid in Ihrem Entnazifizierungsverfahren wird daher beigefügt.~~

Vorsitzende r
des Spruchausschusses-

Schröder

Endbescheid über Gebührenfestsetzung im Entnazifizierungsverfahren

Am 8. August 1985 ist der frühere Kreistagsabgeordnete

Heinrich Berg

verstorben.

Heinrich Berg gehörte dem Kreistag des Landkreises Nienburg/Weser von 1956 bis 1960 an.
Mit besonderer Tatkraft widmete er sich den Heimatvertriebenen und ihrer beruflichen und sozialen Eingliederung in den Landkreis Nienburg/Weser.
Wir werden Herrn Heinrich Berg ein ehrendes Andenken bewahren.

LANDKREIS NIENBURG/WESER

Rode	Dr. Hardegen
Landrat	**Kreisdirektor**

Nachruf auf meinen Vater 1985 in Nienburger Tageszeitung „Die Harke“

Was noch zu erzählen bleibt

Hans Hertel

Am Ende dieser Chronik über meine Nienburger Schulzeit, die sich nicht in einem Abseits von der haßerfüllten, niederdrückenden Besatzungsherrschaft gegenüber dem besiegten Deutschland und fern vom Überlebenskampf der eigenen Familie abspielte, sondern in beides eingeschlossen war, möchte ich – um den Titel von Hannelottes Lebensbeschreibungen in drei broschierten Bänden aufzugreifen – noch ein paar Leeser „Splitterchen“ auflesen, die mehr waren und ein ganzes Leben haften bleiben sollten. Wie vieles andere haben sie mich gegen alle Phantasien und Verfälschungen jener immunisiert, die das alles nicht durchlitten haben, nicht „dabei gewesen“ sind und schamlos-dreist die Niederlage Deutschlands mit unserem Schicksal im Gefolge – stellvertretend für zig Millionen andere, darunter Millionen weitaus schlimmere, wenn nicht gar tödliche – in unsere „Befreiung“ umlügen. Jene, die selbst die grausame Realität der Ankündigung des westalliierten Oberbefehlshabers General Dwight D. Eisenhower nicht wahrhaben wollen oder verdrängen: „Wir kommen nicht als Befreier, sondern als Sieger!“

Mein Vater nahm mich einmal in der dunklen Jahreszeit zu einem Treffen mit einem mir bis dahin unbekannten Herrn Hertel im Nienburger Ratskeller mit. Es muß noch vor der Währungsreform 1948 gewesen sein. Mir ist dunkel in Erinnerung, daß wir irgendetwas wie belegte Brote mitgenommen hatten, in jedem Falle war der Verzehr dürftig. Wären es auch noch so bescheidene Speisen gewesen, hätten wir sie nur gegen Lebensmittelmarken erhalten.

Schon an den Formen der Begrüßung, bei der ich nicht wie ein Schüler, sondern wie ein Herr angesprochen wurde, merkte ich, daß Herr Hertel eine Persönlichkeit war, die aus der nun gewohnten Umgebung herausragte. Mag sein, daß er schon bei dieser ersten Begegnung auch über seine Teilnahme an den Endkämpfen in Berlin und über die enormen sowjetischen Panzerverluste im Häuserkampf berichtete. Jedenfalls war seine Sicht der Dinge, die völlig von alledem abwich, was uns nun wie Hilfsschülern tagtäglich an allen Ecken und Enden im Wege der fortdauernden psychologischen Kriegführung = „Umerziehung“ (re-education) „eingetrichtert“ werden sollte, wegen ihrer geistigen Überlegenheit und Klarheit der Gedankenführung, wegen seines überragenden Wissens, beeindruckend und überzeugend.

Die Eltern haben mir damals aus naheliegenden Gründen noch nicht gesagt, wer Hans Hertel war. Sie haben es später getan, als ein evtl. „Plappern“ von meiner Seite ihm nicht mehr gefährlich, mindestens nachteilig hätte werden können. Hans Hertel stammte aus Schweidnitz in Schlesien. Seine Frau war Königsbergerin. Er hatte ein Lehramt an der Handelshochschule Königsberg. Ob mein Vater und er sich erst dort oder schon früher kennengelernt hatten, kann ich nicht mehr genau sagen. Hans Hertel wurde wohl erst im Krieg an das Reichspropagandaministerium beordert, er machte Simultanübersetzungen, die in die verfeindeten englischsprachigen Länder ausgestrahlt wurden. Hertel beschreibt seine dortige Tätigkeit in Band 1 (Seite 396) seiner Trilogie „Generation im Aufbruch“ (Preuß. Oldenforf 1977), „Volk ohne Raum“ (Selbstverlag Bremen 1978), „Vermächtnis“ (Selbstverlag Bremen 1981) so:

> „An diesem Abend (Anm.: 1. Mai 1945 in Berlin) erreichte mich noch eine Warnung, ausgerechnet über den englischen Rundfunk und durch Lindley Fraser, mit dem ich als Rundfunkkommentator jeden Sonnabend im ‚Bericht zur Lage‘ über die Ätherwellen die Klingen kreuzte. Schlösser, Ordonnanzoffizier in unserem Bataillon, holte mich an ein Empfangsgerät in unserem Bataillonsgefechtsstand, und so hörte ich, wie sich Fraser gerade mit Fritzsche[1] und mir beschäftigte: Fritzsche und Hertel,

---

[1] Hans Fritzsche war Leiter der Abteilung Rundfunk im Propagandaministerium. Seine allwöchentlichen Kommentare sind mir mit den Worten des Sprechers nach seiner Rede „Es sprach Hans Fritzsche“ in deutlicher Erinnerung geblieben. Er hatte nicht die (demagogische) Sprachgewalt seines Chefs Dr. Joseph Goebbels (Sprachgewalt bedeutet nicht Wahrheitsgehalt!) und wirkte durch seine sachbezogene, ruhige und klare Gedankenführung überzeugend(er).

das sind keine Mitläufer, sondern intellektuelle Urheber. Er verspricht uns ganz schlicht, daß wir als ‚Kriegsverbrecher' am Wilhelmsplatz aufgehängt werden sollen.

Also ‚Kriegsverbrecher'. Fraser nannte sogar meine Nummer in dieser Ehrenrangliste. Vielen Dank für die Warnung, Kollege! Aber die Nürnberger hängen keinen, sie hätten ihn denn. Jetzt weiß ich wenigstens, welche edlen Absichten die Engländer mit mir haben. Aber es ist immer noch besser, nach Westen zu gehen als zu den Russen, die mich mit Sicherheit töten würden. Im Westen kann man vielleicht noch durchkommen. Also, auf zur Elbe!"

Nach seiner Odyssee in dieser Richtung, die Hertel auf den folgenden Seiten beschreibt, gelangte er in den Kreis Nienburg. In der Stadt, in deren Ratskeller wir uns kennengelernt hatten, betrieb er nun, völlig unbehelligt, ein deutsch-englischsprachiges, hauptsächlich von den „Tommies" frequentiertes Übersetzungsbüro unter seinem bürgerlichen Namen Hans Hertel. Der war der englischen Besatzungsmacht selbstverständlich bekannt. Aber Hertel wurde offensichtlich noch gebraucht, sein Kontrahent Fraser hatte Gott sei Dank den Mund zu voll genommen.

„Alte Kämpfer“

War es Absicht meines Vaters oder Zufall? Ich war bei ihm, als es eines Tages zu einem Treffen zwischen ihm und seinen Kameraden aus der „Kampfzeit“ (nationalsozialistischer Terminus aus der Zeit zur Erringung der Macht in Deutschland vor 1933) Schulrat Immo Ehrenberg und „Bubi“ Müller vor dem Nienburger Bahnhofsgebäude kam. Vor dem so oft englische Soldaten in ihrem theatralisch-gestelzt wirkenden Stechschritt gedrillt wurden oder Vorgesetzte mit ihrer Ledergerte ihren Auto-Fahrschülern auf die Hände klopften, wenn wir Bahn-Fahrschüler aus Richtung Minden das Gebäude verließen und zu unseren Schulen in der dem Bahnhof gegenüber beginnenden Friedrichstraße gingen. Welche schicksalhaften Gegensätze standen sich in meinen Gedanken hier gegenüber! „Bubi“ Müller, den ich noch häufiger bei Königsberger Veranstaltungen wiedersehen würde, erzählte mit ostpreußischer Klangfarbe: „Ich war doch der Kleinste und Jüngste und marschierte (Anm.: in der SA) deshalb im letzten Glied. Wenn uns die Kommunisten von hinten überfielen, war ich immer der erste, der Prügel bekam.“ Ob auch mein Königsberger Volksschulrektor Wittkowsky bei diesem Alte-Kameraden-Treffen dabei war, weiß ich nicht mehr. Sein Sohn Hartmut machte in meiner Parallelklasse 12m (mathematisch-naturwissenschaftlicher Zweig) an unserer Nienburger Albert-Schweitzer-Schule ein oder zwei Tage später als ich Abitur. Meine Mutter hat damals immer wieder erzählt, seine (wohl ältere) Schwester Rosemarie (?) habe ein paar in ihrem geretteten Bademantel haften gebliebene Sandkörner aus dem Ostseebad Cranz (rd. 35 km nördlich von Königsberg) „wie ein Heiligtum gehütet“ ...

So also waren sie beschaffen, die Männer, die als „Alte Kämpfer“ der im Dritten Reich so genannten „Alten Garde“ angehörten, die unser Volk (mit) „verführt“, „Gewaltherrschaft“ über es ausgeübt haben sollten. Mein Vater, Hans Hertel, Schulrat Ehrenberg, „Bubi“ Müller, Rektor Wittkowsky? Es mußten doch überall im Reich Menschen gewesen sein, die diese Sprachschablonen der Sieger und ihrer deutschen Nachplapperer verkörperten! Ich war jung, suchte nach der absoluten Wahrheit (die es nie geben wird). Der unserem Volk verheißene, aber nicht eingetretene „Endsieg", das naturgegebene, instinktive Mißtrauen gegenüber allen Aussagen und Urteilen der Sieger über ihren besiegten Gegner, an dem sie auch nicht „ein gutes Haar" ließen, sondern ihn zum Menschenfeind erklärten, das alles nagte bereits bewußt oder unbewußt an mir, wenn es um Beteuerungen in politicis und um unser Wohl ging. Die falschen Propheten der Sieger haben es am Ende geschafft, für immer einen tiefen Argwohn gegenüber dem Wahrheitsgehalt all ihrer geschichts- oder gegenwartsbezogenen Verlautbarungen in mich hineinzupflanzen.

Lichtspielabende und Selbstzeugnisse der Flüchtlinge in Leese

Berühmte deutsche Spielfilme und Heimatabende von uns Flüchtlingen bringen uns seelischen Auftrieb und kulturelle Vielfalt ins Dorf. Abwechslung wie aus einer anderen Welt brachten in unsere Leeser Monotonie regelmäßig Filmvorführungen im Gasthaus Conrades. Ein Vorführwagen brachte die ganze dafür erforderliche Filmausrüstung mit. Sicherlich waren nicht alle „großen" Filme im besetzten Deutschland zugelassen – wie etwa die „Fridericus-Rex"-Filme mit Otto Gebühr als „Alter Fritz" und deutsches Soldatentum in Vergangenheit und Gegenwart darstellende, woran sich auch bis heute, siebzig Jahre danach, im Prinzip wenig geändert hat und nach Besatzungsmanier weiterhin selektiert wird. Aber unter den lizenzierten waren so viele, die ich in Königsberg noch nicht hatte sehen dürfen, da sie erst „ab 14" oder gar erst „ab 18" zugelassen waren. Einmal hatte ich aber doch, ich weiß nicht mehr, bei welchem Film es war, die Frage der Kartenabreißerin am Eingang zum Kinosaal, ob ich „schon 14" sei, wahrheitswidrig bejaht. Was z. B. UFA und TOBIS in den Filmen von „damals" boten, die auch ich nun zu sehen bekam, erzeugte Lachen, Hochgefühl, Ergriffenheit in einer Zeit, die gnadenlos zertrampelte, worauf wir einmal stolz gewesen waren.

In Leese und vielen anderen Orten, wo durch Bombenevakuierte hauptsächlich aus dem Ruhrgebiet und Flüchtlinge aus Deutschlands Ostprovinzen die Dorfbevölkerung vielleicht sogar um mehr als das Doppelte angewachsen war, entdeckten diese allmählich, daß sie äußerlich zwar Habenichtse waren, zusammen aber einen Schatz mitgebracht hatten, über dessen Vielfalt die Einheimischen nicht verfügten, nicht verfügen konnten. Sowohl beruflich als auch kulturell waren auf ihrer Seite alle Schichten und viele Stammeseigenheiten Deutschlands vertreten. Ihre soziale Deklassierung, ihr gemeinsames Flucht- und Vertreibungsschicksal, ihre landsmannschaftliche Zusammengehörigkeit bzw. Verbundenheit ließen in Leese den Entschluß heranreifen, im großen Saal des Gasthauses Asche einen Bunten Abend zu veranstalten, an dem sie einmal ihren Flüchtlingsbehausungen entrinnen, sich darauf besinnen und auch den Einheimischen endlich einmal zeigen konnten, wer und was sie eigentlich waren. Es war wohl mein Vater, der die Begrüßung vornahm. Zum Programm gehörte eine große Auswahl der unterschiedlichsten Darbietungen. Diese habe ich nicht vergessen:

Mein Vater und ich spielten auf unseren aus Königsberg geretteten Geigen ein Violin-Duett, mein Vater aus seinem großen Repertoire von Violinkonzerten und anderen Kompositionen sicherlich auch noch ein Solo. Zwillingsschwester Karin sang mit ihrem voluminös-weichen Sopran ihre Lieblingsarie aus Mozarts „Figaros Hochzeit“ „Sagt, holde Frauen, die Ihr das kennt...“, die Oberschlesierin Suchan ließ ebenfalls ihren kraftvoll jubelnden Sopran erklingen. Der Maurermeister Stritzel aus dem ostpreußischen Bartenstein „schwunkte“ (ostpreußischer Ausdruck für: in Stimmung bringen) die ganze Gesellschaft mit seinem Couplet „Das war in Bartenstein vor dreißig Jahr, is möglich, daß es auch noch früher war“ gehörig ein. Denn er sang diesen Refrain nach der Berliner Schlagermelodie, die ein jeder kannte und in die mit „Das war in Bartenstein ...“ dann alle einfielen, „Das war in Schöneberg im Monat Mai, ein kleines Mädelchen war auch dabei ...“. Es wurde getanzt, wobei ich, der das Tanzen ja noch nicht gelernt hatte, mit einer ostpreußischen Junglehrerin (Umlauft?) herumhoppelte, die ich dann nach Schluß der Veranstaltung in – beschreiben wir es so – sehr aufgeräumter Stimmung bis zur Tür der Leeser Volksschule begleitete, wo sie wohnte.

Der Abend war ein voller Erfolg. Er ließ zum einen einmal alle Bedrückung fliegen und verschaffte uns zum anderen bei den Leesern schlagartig ein wohltuendes Renommée. Hatten wir Flüchtlinge bereits die einheimische Kirchenordnung außer Kraft gesetzt, bei der Männlein und Weiblein im Gottesdienst in getrennten Bankreihen gesessen hatten, die kunterbunt gemischten Flüchtlinge nun aber „quer Beet“ in allen Bankreihen saßen – so durchbrach die Veranstaltung bei Asche endlich manche der auf beiden Seiten bestehenden Abschottungsgewohnheiten gegeneinander.

Das Geigenspiel

Vater und Sohn waren beim ersten großen Unterhaltungsabend der Leeser Flüchtlinge mit einem Geigenduett aufgetreten. Natürlich haben wir vorher gründlich das Miteinander-Spielen geübt. Mein Vater war ein gestrenger Zuhörer und Lehrmeister auf der Geige. „Speckfiddelei", wie er sie schon in Königsberg bei einem gleichgültigen, ankonzentrierten Daherfiddeln genannt hatte, duldete er nicht. „Dann hör' lieber gleich auf!", pflegte er dann zu solchem Geigenspiel seines Sohnes zu sagen. War ihm die Bezahlung von Tanzstunden nach der Währungsreform 1948 unmöglich – vorher, zur Reichsmarkzeit, hatte ich ja erst gerade das damals erforderliche Alter dafür erreicht –, so hat er mir nach deren Inkrafttreten die Fortsetzung des noch zur Reichsmarkzeit begonnenen Geigenunterrichts bei dem Geigenlehrer Heyer in Nienburg ermöglicht. Nach der Unterbrechung des Geigenunterrichts durch Ausbombung meiner Königsberger Geigenlehrerin Fräulein Harder in der Tragheimer Pulverstr. 5a wie auch von uns selbst in der Nacht des 29./30. August 1944 und die Flucht 1945 habe ich bei ihm viel gelernt und große Fortschritte gemacht. Fräulein Harder hatte mich ihrerseits zum weiterführenden Geigenunterricht bei ihrem eigenen Geigenlehrer Professor Schaeffer im benachbarten Hintertragheim 19 angemeldet, aber dazu kam es nicht mehr, weil auch sein Haus in derselben Nacht total bombenzerstört wurde (zum heutigen Aussehen des Ortes, an dem Fräulein Harder mich einmal in die Kunst des Geigenspiels einführte, siehe Band 2.1).

Als erstes brachte Herr Heyer mir eine andere Bogentechnik bei, als ich sie bei Fräulein Harder in Königsberg gelernt hatte. Er arbeitete hier wie auch in anderen Bereichen des Geigenspiels mit einfachen, bildhaften, einprägsamen Vergleichen. Nicht aus dem Drehen des Handgelenks u. a. beim Strichwechsel von Auf- und Abstrich müsse der Bogen geführt werden, sondern wie die Kolbenstange einer Dampflokomotive müßten Arm- und Handgelenk in einer festen Ebene bleiben. Die Lautstärke des Tons werde hauptsächlich durch das auf den Bogen übertragene Gewicht beim Heben oder Senken des Armgelenks erzeugt, beim spiccato „Aufsetzen wie beim Flugzeug" usw. Manche seiner Anweisungen habe ich mit Bleistift auf meinen Noten eingetragen, sie sind dort heute noch nachlesbar (in Sütterlin-Schreibschrift). Das Original des Marzipan-Verkaufsschildes ist vollgeschrieben mit solchen Notizen, die ich nach den ersten Unterrichtsstunden gemacht habe.

Die Königsberger Noten waren ja alle Ende August 1944 in unserem Haus verbrannt oder bei der Flucht dort geblieben. Was ich für den Unterricht bei Herrn Heyer neu brauchte, konnte ich bis zur Währungsreform beim berühmten Notenverlag Breitkopf & Härtel in Leipzig bestellen und gegen Rechnung mit Reichsmark bezahlen. Auch insoweit wurde das Vorpreschen des westdeutschen Wirtschaftsgebiets mit einer eigenen Separatwährung, der DM, ein massiver Sargnagel für die Einheit Deutschlands. Ein ideell außerordentlich wertvoller Notenbesitz ist Heft 2 der Kayser-Etüden aus der Königsberger Musikalienhandlung Hans Harpf in der Französischen Str. 12/13, aus dem schon Vater und nach ihm ich geübt hatten und das mein Vater Wolfgang Elbe (siehe Band 2.1) in Königsberg geliehen hatte. Bei ihm ist es erhalten geblieben. Wolfgang hat es später meinem Vater zurückgegeben.

Bogentechnik und exakte, tonal saubere Fingergeläufigkeit waren das A und O des Violinunterrichts von Herrn Heyer. Das hieß: Etüden, Etüden und nochmals Etüden üben. In den Schulferien habe ich es manchmal fünf bis sechs Stunden täglich getan. Es kann schon sein, daß ich mit Fortschritten beim Geigenspiel auch Pluspunkte bei meinem Schwarm Inge A. machen wollte. Großmutter hingegen, die ja bei einem benachbarten Bauern Feegel ihr eigenes Zimmer hatte, aber auch oft bei uns im Armenhaus war, fand bei solchen Aufenthalten meine Hartnäckigkeit beim Üben weniger bezaubernd. Bei den chromatischen Sitt-Etüden (Tonleiter in fortschreitenden Halbtönen) z. B. wanderten ihre Nerven auf- und abwärts mit ... Aber der Erfolg konnte sich sehen lassen. Bei einem Schulkonzert beider Nienburger Oberschulen gegen Ende meiner Schulzeit konnte ich das a-Moll-Violinkonzert von Antonio Vivaldi (1680–1743) vortragen, ob mit Klavierbegleitung, freihändig oder vom Blatt, weiß ich nicht mehr. Herr Heyer gratulierte mir, es war ja auch sein Erfolg. Als ich mit dem Geigenunterricht bei ihm aufhörte, habe ich mich bei ihm in aller Form gehörig bedankt.

Dafür, daß es überhaupt dazu kommen konnte, es sei nochmals betont, gebührt der Dank vor allem meinem Vater. Das Tanzenlernen konnte er nicht bezahlen. Aber den Geigenunterricht hat er mir ermöglicht. Zur gleichen Zeit erhielt Zwillingsschwester Karin Gesangsausbildung bei einer Opernsängerin (Sopranistin), die es in den Leeser Außenortsteil Hahnenberg verschlagen hatte. In undeutlicher Erinnerung ist mir so, als wenn sie kein Honorar dafür nahm, in richtiger Einschätzung unserer Misere und um Karins stimmliche Veranlagung zu fördern. (Ich kann Karin nicht mehr danach fragen, da sie bereits am 12. Februar 2016 verstorben ist.) Sollte es anders gewesen sein, wäre das Gesang-Honorar den Kosten meines Geigenunterrichts hinzuzurechnen. Mit dem Schulgeld für Karin und für mich sowie für alle anderen schulischen Aufwendungen wie Fahrgeld und z. B. Schreibmaterial, Bücher, Lehrmittel ergab alles zusammen einen Betrag, den die Eltern von ihrem geringen Einkommen nur mit großer Mühe und vielen Einsparungen bei den Lebenshaltungskosten aufbringen konnten.

In Ergänzung zu meinem Bildungsgang gab ich als Berufswunsch „Rundfunkangestellter“ an. Dies bedeutete aber nicht, daß ich praktizierender Berufsmusiker (Geige) werden wollte. Dann wäre ich ja längst aus der Schule ausgeschieden. Meine Angabe beruhte auf meiner Zugehörigkeit zum Königsberger Heinrich-Albert-Chor und dem miterlebten Sendebetrieb und Programmgestaltung (siehe Band 2.1). Von der Vorstellung einer verantwortlichen Programmgestaltung im Hörfunk nahm ich alsbald Abschied, nachdem ich die politischen Vorbedingungen dafür erkannt hatte, die ich nicht erfüllen konnte und wollte. Eine allenfalls nachgeordnete Tätigkeit in diesem Bereich erschien mir auch zweitrangig gegenüber einem Fachstudium, mit dem ich auf die drängenden Gegenwartsprobleme wie Vertreibung und Teilung Deutschlands wirksamer zugehen konnte.

Leihgabe meines Vaters in Königsberg (Pr) an Wolfgang Elbe, der dieses Etüdenheft nach Hannover gerettet und ihm zurückgegeben hat.

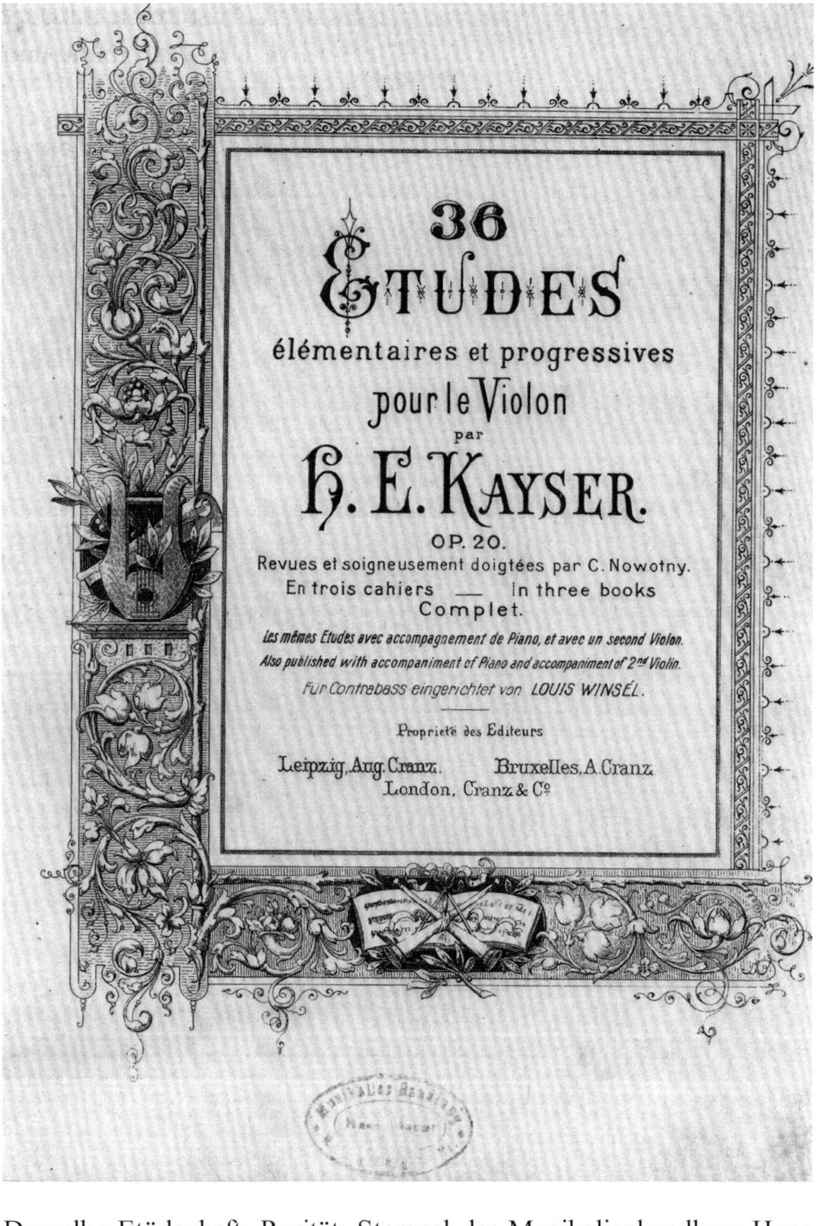

Dasselbe Etüdenheft. Rarität: Stempel der Musikalienhandlung Hans Harpf in der Französischen Straße.

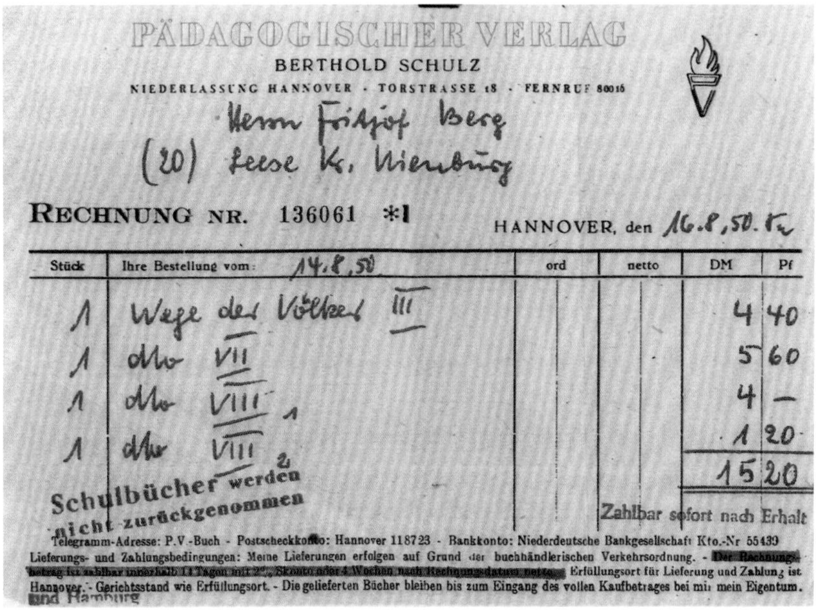

PÄDAGOGISCHER VERLAG
BERTHOLD SCHULZ
NIEDERLASSUNG HANNOVER · TORSTRASSE 18 · FERNRUF 80016

Herrn Fritjof Berg
(20) Leese Kr. Nienburg

RECHNUNG NR. 136061 *1 HANNOVER, den 16.8.50.

Stück	Ihre Bestellung vom: 14.8.50	ord	netto	DM	Pf
1	Wege der Völker III			4	40
1	dto VII			5	60
1	dto VIII 1			4	–
1	dto VIII 2			1	20
				15	20

Schulbücher werden nicht zurückgenommen

Zahlbar sofort nach Erhalt

Telegramm-Adresse: P.V.-Buch - Postscheckkonto: Hannover 118723 - Bankkonto: Niederdeutsche Bankgesellschaft Kto.-Nr 55439
Lieferungs- und Zahlungsbedingungen: Meine Lieferungen erfolgen auf Grund der buchhändlerischen Verkehrsordnung. - [redacted] Erfüllungsort für Lieferung und Zahlung ist Hannover. - Gerichtsstand wie Erfüllungsort. - Die gelieferten Bücher bleiben bis zum Eingang des vollen Kaufbetrages bei mir mein Eigentum.
und Hamburg

Rechnung Pädagogischer Verlag über Schulbücher

Nach dem „Bestanden“

Nach dem „Bestanden“ am 19. Februar 1951 gingen sechs Mann von uns erst einmal ins Kino. Danach begaben wir uns ins Bahnhofsrestaurant, um hier den nächsten Zug abzuwarten, die einen in Richtung Bremen, die anderen in Richtung Minden. Zu den „Mindenern“ gehörten „Molli“ Reckmann, Wolfgang Gierke (Klasse 12m) und ich. Wie es trotz aller finanziellen und materiellen Not selbstverständlich war, waren wir zur mündlichen Prüfung im schwarzen oder mindestens „gedeckten“ Anzug erschienen. Wir saßen also „mit Schlips und Kragen“ an einem runden Tisch und ließen die Wartezeit mit einem nichtalkoholischen Gesöff verstreichen. Da betrat ein Mann den Raum, der anscheinend Handelsvertreter war. Als er uns in unserem feierlichen Habitus erblickte, trat er an uns heran und sagte: „Darf ich die Herren fragen, was hier gefeiert wird, haben Sie etwa Abitur gemacht?“ Kaum daß wir dies bejaht hatten, rief er auch schon zur Theke: „Sechs Steinhäger bitte!“ Aus einem wurden schließlich sechs oder sieben „kurze“ Runden. Ich hatte noch nie in meinem Leben Schnaps getrunken; unser letzter Zug nach Estorf und Leese war längst weg. Also mußten wir den Heimweg „per pedes“ antreten. Sicherlich schwankend und mit vielen blödsinnigen Redensarten, aber wir schafften es und kamen, nachdem wir als ersten Hans-Georg Junker vor seiner direkt an der Straße gelegenen Haustür in Leeseringen abgeliefert hatten, unbehelligt nach Estorf, wo „Molli“ und „Put“ (Wolfgang Gierke) wohnten. Der Autoverkehr, zumal nachts, war damals ja noch gering. Bei „Put“ kippten wir noch eine Flasche Weißwein dem „Klaren“ hinterher. Die Wirkung konnte nicht ausbleiben. So nahm Wolfgang zu botanisch-philosophischen Betrachtungen einen Blumentopf von der Fensterbank. Dabei fiel der Topf auf den Fußboden, zerbarst, das Gewächs behielt er in der Hand. Seinen „Nachruf“ hierauf habe ich nie vergessen: „Die Pflanze lebt, der Topf ist tot!“ Genächtigt habe ich bei Wolfgang Gierke, es war sicherlich ein „Nachtlager zu Granada“.

Mit einem Morgenzug bin ich nach Leese gefahren. Es lag Schlackschnee, wahrscheinlich hatten wir das bei unserem abi-schnaps-seligen Torkeln nach Estorf gar nicht richtig bemerkt. Niemand von uns hatte damals ein Telephon, ich hatte die Eltern also weder vom Ergebnis des Abiturs noch von unserem „Ausrutscher“ nach Estorf verständigen können. Da ich nicht mit einer „Bestanden“-Meldung zurückgekehrt war, hatten die Eltern sich gewiß Sorgen gemacht. Mein Vater empfing mich sowohl sorgen- als auch vorwurfsvoll. Natürlich hellte die Mitteilung des „Bestanden“ die Stimmung auf. An ein feierlich-fröhliches Begießen des doch für die ganze Familie erfreulichen Ereignisses kann ich mich aber nicht erinnern. Mit welchem Geld, wo und wie auch?

In meinem Bildungsgang hatte ich geschrieben: „Es fehlten ... sämtliche Vergleichsmöglichkeiten in dem Alter, das so entscheidend für das Wachstum ist. Ich fand in der Dorfgemeinschaft, die sich gegen Zuwanderer abschloß, geistige Werte und den Persönlichkeitswert nicht schätzte, keine Vorbilder. Die Eintönigkeit des Dorfalltags sagte nichts aus über die Lebensrätsel, die dem jungen Menschen in seinen Reifejahren begegnen. Dinge, über die wir dann mit unseren Eltern nicht gerne sprechen, konnte kein Vertrauter enthüllen.“ Zum Schluß schrieb ich: „Auch bei der Niederschrift dieser Selbstenträtselung verspüre ich die hemmende Wirkung der anekelnden Räumlichkeit eines verfallenden ehemaligen Armenhauses, in dem ich meine Nienburger Schulzeit verbrachte. Wenn aber die weiten Wälder, Felder, Seen, Meere und Stätten der traulichen Kindheit im Blute wach werden, dann stellt die Kraft sich ein, das Kreuz (Anm.: des Deutschen Ostens), von dem ich sprach, auf mich zu nehmen für den künftigen Lebensweg.“

Ich sollte in der Tat nie mehr von ihm freikommen. Mit Hannelotte Behrend trat viereinhalb Jahre nach dem Abitur der Mensch an meine Seite, mit dem ich dabei seelisch, sittlich, gedanklich, geistig, charakterlich und nicht zuletzt willensmäßig eine unauflösliche ostpreußische Lebenseinheit wurde.

Bestanden!!! Abitur 1951, Klasse 12s
Kurt Reckmann („Molli“), rechts neben Dr. Wenzel, teilweise von Heinz Wurm verdeckt.

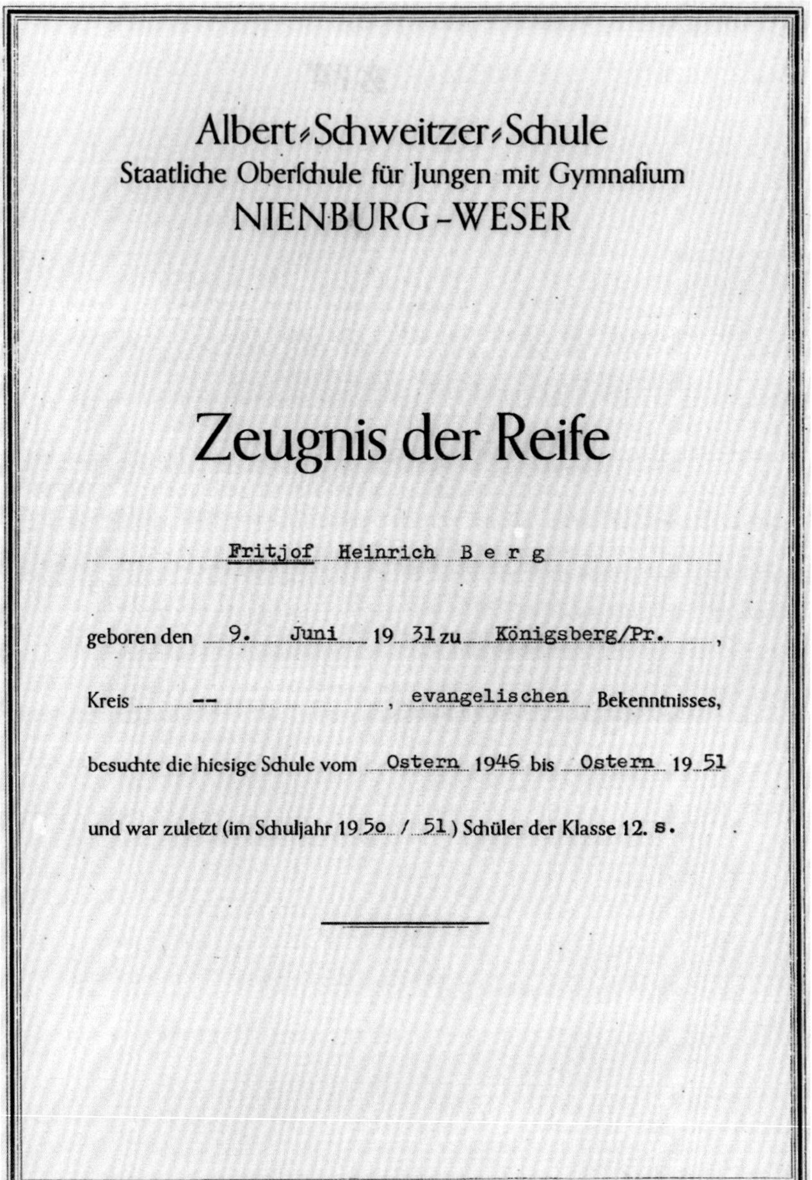

Albert-Schweitzer-Schule
Staatliche Oberschule für Jungen mit Gymnasium
NIENBURG-WESER

Zeugnis der Reife

Fritjof Heinrich B e r g

geboren den 9. Juni 19 31 zu Königsberg/Pr.,

Kreis --, evangelischen Bekenntnisses,

besuchte die hiesige Schule vom Ostern 1946 bis Ostern 19 51

und war zuletzt (im Schuljahr 19 5o / 51) Schüler der Klasse 12. s.

Mein Abiturzeugnis, Seite 1

Leistungen

(Urteile: Sehr gut – gut – befriedigend – ausreichend – nicht ausreichend)

1. Religion:	gut	9. Mathematik:	nicht ausreichend
2. Deutsch:	befriedigend	10. Physik:	befriedigend
3. Geschichte:	gut	11. Chemie:	befriedigend
4. Erdkunde:	gut	12. Biologie:	gut
5. Englisch:	ausreichend	13. Musik:	gut
6. Französisch:	---	14. Kunstunterricht:	---
7. Latein:	befriedigend	15. Sport:	ausreichend
8. Griechisch:	---		

16. Arbeitsgemeinschaften:

a) Englisch: ausreichend

b) Orchester: gut

c) ---

d) ---

Mein Abiturzeugnis, Seite 2

Der unterzeichnete Prüfungsausschuß hat ihm das

Zeugnis der Reife

zuerkannt.

Die Ergebnisse der Prüfungen in den einzelnen Unterrichtsfächern werden seit dem 1. 1. 1947 nicht mehr in einem Gesamturteil zusammengefaßt. (Erlaß des Niedersächsischen Kultusministeriums vom 11. 12. 1946 – K IVa Nr. 6309 a/Rö).

Nienburg/Weser, den 19. Februar 1951

Siegel

Der Prüfungsausschuß:

Dr. Seyfarth Oberschulrat
Prüfungsleiter

Siegel der Schule

Müller-König
Studienrat
stellvertr. Direktor

Dr Wenzel
Studienrat

Brandt Studienrat

[illegible] Studienrat

[illegible] "

Dr. Winter Studienrat

[illegible] "

Meusing Stud. Ass.

Krieg "

Tancke, Stud. Ass.

Mein Abiturzeugnis, Seite 3

Aus einem Brief von Hannelotte nach unserer Verlobung an meinem Geburtstag, dem 9. Juni 1957, den sie mir am 2.8.1957 aus der Wohnung ihrer Eltern in Bad Naundorf nach Braunschweig schickte, wo ich gerade meine Referendar-Ausbildungsstation „Landgericht" absolvierte:

„Heute studierte ich die Ostpreußenzeitung, und seitdem male ich mir immerzu aus, wie herrlich es sein wird, wenn wir erst zu Hause wieder aufbauen werden. Stell Dir vor, Du hast Dein Examen und kannst dann gleich so richtig anfangen. Dann wissen wir doch, wozu wir arbeiten. Sie haben eine Umfrage gemacht und festgestellt, daß 71 % Jugendliche 16–30 J. zurück wollen. Der Prozentsatz in diesem Alter liegt am höchsten. Ich finde ihn noch zu gering, und außerdem hat uns keiner gefragt, nicht?"

Meine Heimat reckt sich am Ostseestrand
zwischen Weichselfluten und Slawenland,
wo der Nordstern kreist, wo die Dühnen wehn,
wo die hellen Nächte des Sommers stehn,
wo der Elch und Winters der Wolf sich bricht,
wo der Weih der See in die Wogen sticht,
wo der Fischer kämpft, wo der Selbstmut nützt,
wo das Gold der Nehrung als Bernstein blitzt.
Meiner Heimat Felder sind gelb wie Saat,
ihre Wiese trotzt, wenn die Sense maht,
ihre Pferde sind wie aus Edelstein,
und ihr Reichtum ragt in das Reich hinein.
Meiner Heimat Kinder sind deutsch von Wort,
raunen Lit und Pole das ihre dort.
Und das Herz schlägt deutsch, ist das Land auch fern,
und die Tat bleibt fest und der Sinn ist kern.
Meine Heimat lauscht, wenn das Wetter saust.
Meine Heimat glüht, wenn der Weltsturm braust.
Meine Heimat blüht, wenn der Adler kreist.
Meine Heimat rauscht, wenn die Kette reißt!

Alfred Brust (†)

An Stelle eines eigenen Nachwortes

Den folgenden Leserbrief meiner Mutter vom 11.04.1986 hat die „politisch-korrekt“ geeichte Zeitung „Kieler Nachrichten“ selbstredend nicht abgedruckt.

Betreff: Kein Babyjahr für „Trümmerfrauen“, KN vom 11.04.1986

Sehr geehrte Damen und Herren!

Zu Ihrem vorgenannten Bericht sende ich Ihnen folgenden Leserbrief:

Nie wäre ich auf den Gedanken verfallen, vom Staat eine Bezahlung für die sog. „Babyjahre“ einzufordern. Nun aber, da die Geburtsjahrgänge ab 1921 begünstigt, wir älteren Frauen dagegen leer ausgehen sollen, melde ich mich ausdrücklich zu Wort:

Als mein Mann Ende August 1939 Soldat wurde und der Krieg ausbrach, saß ich mit meinen vier Kindern allein. Mein jüngster Sohn wurde sechs Wochen später geboren. Einen „Schwangerschaftsurlaub“ gab es für mich nicht, mußte ich doch unseren Bäckereibetrieb – der als „kriegs- und lebenswichtig“ nicht geschlossen werden durfte – weiterführen. Im Betrieb aber waren alle Männer im wehrpflichtigen Alter zur Wehrmacht eingezogen. Lebensmittelbewirtschaftung und -kontrolle, das Kleben und Abliefern der Brotmarken, die trotzdem immer noch „friedensmäßigen“ Gewohnheiten der Kunden, häufige Auseinandersetzungen mit Versorgungsämtern und anderen Behörden, strikte Befolgung der Verdunkelung, Luftschutzübungen – mit alledem mußte ich trotz der bevorstehenden Geburt und danach allein fertig werden – wie ungezählte andere Frauen im ganzen Reich. Als mein Mann dann im weiteren Verlauf des Krieges aus der Wehrmacht entlassen wurde, saß ich in den beginnenden Bombennächten mit meinen fünf Kindern und mit meiner Angst wiederum im Luftschutzkeller allein. Denn mein Mann mußte sich bei Fliegeralarm immer sofort bei der „Technischen Nothilfe“ melden. Millionen anderen Frauen ist es nicht anders ergangen.

Und als ich – nachdem wir ein halbes Jahr vorher total ausgebombt worden waren – Ende Januar 1945 mit meinen fünf Kindern und ohne meinen Mann meine Heimatstadt Königsberg (Pr) verlassen mußte, war ich in den Gefahren der Flucht endgültig ganz auf mich allein gestellt. In den darauffolgenden Nöten des Zusammenbruchs hatte ich außer fünf hungrigen Kindern gar nichts, nicht einmal „Schweinekartoffeln“ oder Stopfgarn waren zu haben. Millionen anderen, vor dem Stichjahr 1921 geborenen Frauen ist es ähnlich oder noch viel schwerer ergangen. Ich denke hier vor allem an diejenigen, die den gnadenlosen Haß der Tschechen, Polen oder Russen über sich und ihre Kinder ergehen lassen mußten.

Trotzdem haben wir unsere Kinder durchgebracht und sie zu tüchtigen und verantwortungsbewußten Menschen erzogen; diese sind mittlerweile die tragende Generation in beiden deutschen Nachkriegsstaaten. Diejenigen Frauen, die es sich mit englisch-amerikanischen Zigaretten oder ähnlichen Zuwendungen der Besatzungssoldaten leichter machen wollten, können in diesem Zusammenhang wirklich vergessen werden.

Und nun sollen ausgerechnet die Frauenjahrgänge, von denen manche die angedeuteten Schwierigkeiten, Sorgen und Nöte weder bestehen mußten noch ahnen oder zur Kenntnis nehmen wollen, ihr sog. „Babyjahr“ vergütet bekommen, während gerade die Jahrgänge, die durch ihre Selbstbeschränkung, ihr Opfer und ihren Einsatz die wirtschaftlichen Voraussetzungen dafür mitgeschaffen haben, nach der Devise abgespeist werden sollen: Der Mohr hat seine Schuldigkeit getan, er kann gehen. Empörend finde ich auch die Tatsache, daß der Bundesgesetzgeber ebenfalls jüngere Mütter mit einer nichtdeutschen Staats- und Volkszugehörigkeit für ihr „Babyjahr“ segnen will, während er uns „Vor 21er“ beim „alten Eisen“ sitzen läßt.

Wenn jemals der Gleichheitsgrundsatz, demzufolge doch alle Menschen vor dem Gesetz gleich sind (für deutsche Staatsangehörige gilt dies allemal) in sein Gegenteil verkehrt worden ist, dann ist es hier geschehen. Sollte eines fernen Tages ein Spruch des Bundesverfassungsgerichtes den eklatant verletzten Gleichbehandlungsgrundsatz wiederhergestellt haben, so wird die Last des Fiskus mit uns alten Frauen gleichwohl geringer geworden sein, weil dann eben viele „nutzlose Esser“ auf natürliche Art und Weise nicht mehr da sind. Denn es ist ja wohl nicht daran gedacht, die höchstpersönlichen „Babyjahr“-Ansprüche auch vererblich zu machen! Wirklich „feine“ Überlegungen zur Konsolidierung des Bundeshaushalts ...

Wenn Bundeskanzler Kohl sich bei der Verweigerung des „Babyjahres“ für die „Vor 21er“ auf die Staatsfinanzen beruft, so mag er zunächst einmal den Rotstift bei zahllosen anderen Einsparungsmöglichkeiten ansetzen. Ich denke hier z. B. an die staatliche Parteienfinanzierung, an die Zahlmeisterschaft der Bundesrepublik in der EG, an die Ausfallbürgschaften des Bundes für Kredite an marode Volkswirtschaften wie die der Volksrepublik Polen (die ohnehin seit vierzig Jahren ein riesiges deutsches Volksvermögen ausbeuten kann), an die Milliardenzahlungen für immer neue Ausländerströme aus aller Welt ... Wenn die zuständigen Verfassungsorgane uns Deutschen u. a. diese drückenden Lasten endlich wieder abnehmen, werde ich auch den Appell zur persönlichen Opferbereitschaft wieder willig hinnehmen, so wie ich es ein ganzes Leben lang selbstverständlich getan habe.

Mit freundlichen Grüßen

Frau Hildegard Berg

Fritjof Berg
Land der dunklen Wälder
Erinnerungen und Wege eines Ostpreußen
Band 3

Fritjof Berg

Land der dunklen Wälder

Erinnerungen und Wege eines Ostpreußen

Band 3

IMPRESSUM:

Fritjof Berg, Land der dunklen Wälder. Erinnerungen und Wege eines Ostpreußen.

E-Mail-Adresse: lindenbaum-verlag@web.de
Abbildung Schuber: Der Königsberger Schloßteich, historische Postkarte um 1900.
Titelabbildung Band 3: Masuren, Krutinnafluß und Reitbrücke, historische Postkarte um 1900.
Druck: Generál Druckerei GmbH, Kollégiumi Str. 11/H, 6728 Szeged, Ungarn
Printed in Germany
ISBN: 978-3-938176-94-8

Inhaltsverzeichnis

Dritter Band
Meine Werkstudenten- und Studentenzeit

Band 3.1

Meine Werkstudentenzeit

Vorbemerkung

Um es zusammenfassend vorweg zu sagen: Kein „Monatswechsel“ aus väterlicher Schatulle oder ein bundesrepublikanisch-staatliches Ausbildungsförderungsprogramm nach Maßgabe des Bundesausbildungsförderungsgesetzes vom 6. Juni 1983 (BGBl. I S. 645) bescherte mir eine materiell-finanziell gesicherte, sorglose Studentenzeit. An derlei Subsidien hat es nicht gänzlich gefehlt, aber sie setzten im Falle der monatlichen Ausbildungsbeihilfe nach den Bestimmungen des Lastenausgleichsgesetzes erst im Laufe des Studiums ein, dann, nach mindestens einmal jährlicher Prüfung des Ob und der Höhe der Weitergewährung, stets mit einer um Monate verspäteten Auszahlung der weiter gewährten Beihilfebeträge. Ich werde darauf, daß der Verlust der Lebensgrundlage mit einem auskömmlichen Einkommen der Eltern infolge Flucht und Vertreibung noch anfangs der 50er Jahre des vorigen Jahrhunderts ungezählten ostdeutschen Abiturienten ein Studium unmöglich machte oder sie zu seinem Abbruch zwang, noch im 2. Band „Meine Göttinger Studentenzeit“, gerade auch im Zusammenhang dieses Sachverhalts für mich selbst, eingehend zurückkommen.

In summa waren die von dritter Seite ohne Rückzahlungsverpflichtung erhaltenen Hilfen so unzureichend, daß ich mit ihnen allein kein Hochschulstudium hätte absolvieren können. Also habe ich neben meinem (Jura-) Fachstudium für ein ganzes Leben gelernt, notfalls „auf eigenen Beinen zu stehen“ und mit den mir von der Natur mitgegebenen und/oder erworbenen Fähigkeiten, wozu auch Zähigkeit und ein starker Wille gehörten, den vor mir sich auftürmenden Hindernissen überlegt und entschlossen entgegenzutreten und sie zu überwinden. Es ist mir nicht immer, aber fast immer gelungen. Mir kam dabei auch zugute, daß ich, einer einsamen Klausur im Studierzimmerchen abgewandt, in der Universitätsstadt Göttingen einer großen Zahl von Persönlichkeiten begegnete, deren Schicksal, Lebenserfahrung und Wissen Lehrstoff für mein ganzes Leben waren, die mir aufgeschlossen und oft hilfreich zur Seite standen, von denen ich mir die damals noch maßgebenden und selbstverständlichen gesellschaftlichen Umgangsformen aneignete, die „diplomatischer Schmierstoff" waren und manchmal – unausgesprochen – den Ausschlag für eine Entscheidung zu meinen Gunsten bzw. in meinem Sinne gegeben haben mögen.

In vielen Studentenliedern, die ich auf Kommersen der studentischen Korporationen kennenlernte und nach Kräften freudig mitsang, wurden nicht nur Vaterland, Ehre und Freiheit, die holde Weiblichkeit oder der leer gewordene Geldbeutel besungen. Das „Studentsein" als solches war es, dessen sämtliche Strophen in dem so titulierten Lied mit dem Refrain enden: „Das ist des Lebens schönste Feier, Herr laß sie nie zu Ende gehn!" Ja, auch hiervon hatte mein buntes Studienbuch viele Seiten, wie der Leser in concreto an manchen Stellen von Band 3.2 lesen wird.

Göttingen war Universitäts- und Vertriebenenstadt, in Teilbereichen von Lehrkörper und Studentenschaft beides in einem. Dadurch wurde aus Fremd- und Ausgestoßensein des Flüchtlings eine täglich sich realiter für mich verfestigende allgemein ostdeutsche und in einem engeren Sinne heimatlich-ostpreußische Existenz. Sie führte mich zusammen, wurde zum schönsten Geschenk meiner Göttinger Studentenzeit, dem unzerstörbaren Fundament des Lebensbundes mit der stud. iur. Hannelotte Behrend, meinem Hannelchen.

Nach dieser im Sinne eines Leitfadens geschriebenen Vorrede nun im einzelnen:

Werkstudent und Entschluß zum Jurastudium

Bei der Großfamilie Berg in Ebingen/Württemberg

Am Ende meiner Nienburger Schulzeit hatte mich der Gedanke beschäftigt, hauptberuflich in Ausübung meiner musischen Neigungen an der Programmgestaltung des öffentlichen Rundfunks mitzuwirken. In zunehmender Erkenntnis der inneren Verfassung das neudeutschen Rundfunks und seiner Lizenznehmer der Besatzungsmächte kam ich aber noch vor dem Abitur zur Erkenntnis, daß eine Weiterverfolgung dieses Gedankens irreal sein würde. Also wollte ich studieren, aber was? Meine Zeugnisse wiesen mein ausgeprägtes Interesse an Geschichte, Erdkunde und Biologie aus. Aber das würde am Ende wahrscheinlich „Schuldienst" bedeuten. „Pauker" jedoch wollte ich nicht werden. Nun, mit der endgültigen Entscheidung über Studienfach oder -fächer hatte es ja noch Zeit, denn für einen sofortigen Studienbeginn fehlte mir das Geld, ich mußte es erst noch verdienen.

Wo aber? In und von Leese aus war das allein wegen der hohen Arbeitslosenzahl unter uns Flüchtlingen ein aussichtsloses Unterfangen. Außerdem wollte ich so schnell wie möglich aus dem lähmenden Armenhaus-Logis heraus. Bis auf Tante Liesbeth in den USA hatten inzwischen alle Geschwister meines Vaters ihr Auskommen in Süddeutschland gefunden, mit Ausnahme von Onkel Willy, der in Schramberg lebte, in Ebingen/Württemberg-Hohenzollern. Was denen gelungen war, mußte mir doch auch möglich sein. Ich kann nicht mehr sagen, was mein Vater und meine Mutter von meiner Wunsch-Übersiedlung nach Ebingen hielten. Ich war ja noch minderjährig und auf ihr Einverständnis angewiesen. Sie legten mir jedenfalls keine Hindernisse in den Weg, und so fragte ich umgehend bei Tante Maria, Frau von Malermeister Ernst Berg, brieflich an, ob sie mich für eine Anfangs- und Übergangszeit aufnehmen würden. Wohnungsmäßig waren sie vor allen anderen Berg-Geschwistern allein dazu in der Lage.

Tante Maria antwortete prompt am 2.3.1951: „... pack umgehend Deinen Koffer und komm umgehend zu uns. Am 11.3. wird Anneliese (Anm.: Tochter von Onkel Artur Berg und Tante Lene) eingesegnet. Sieh zu, daß Du das Fest schon hier feiern kannst ... wir sind gerne bereit, Dich in unseren Haushalt mit aufzunehmen ... vielleicht kannst Du in eine Fabrik als kaufm. Angestellter eintreten, es wurde letztens ein junger Mann mit guter Schulbildung gesucht. Hätte ich gewußt, daß Du so früh fertig bist, hätten wir da schon angefragt ... Dann besteht auch die Möglichkeit, daß Du in die Schweiz kannst. Wir wollen nichts unversucht lassen. Bis dahin kannst Du als unser Hauslehrer Dein Brot bei uns verdienen, denn unsere beiden Mädels (Anm.: Edeltraut und Bärbel) sind nicht dumm, aber faul, und Edeltraut hat in Französisch eine fünf mit dem Vermerk, wenn bis zur Versetzung die Zensur nicht bis 3 sich gebessert hat, bleibt sie sitzen. Also Du siehst, wir brauchen Dich dringend, und Du verlernst dabei auch nicht, was Du Dir all die Jahre eingepaukt hast ...“

Welch eine verheißungsvolle Begrüßung, die einen festen Ausgangspunkt für alle offenen Fragen an die Zukunft schuf. Mag sein, daß hierbei die Erinnerung daran mitgespielt hat, daß Tante Marias zweite Tochter, meine Cousine Bärbel, als Kleinkind in Königsberg lebensgefährlich erkrankt war und erst eine Blutübertragung von meinem Vater eine dann sogar schlagartige Gesundung einleitete. Ebenso, daß mein Vater und Tante Grete sofort Onkel Ernst aufsuchten, als er mit Lungentuberkulose aus russischer Kriegsgefangenschaft entlassen worden war. Mein Vater hat in seinem Brief vom 29.5.1951, den er mir nach Ebingen schrieb, die lebensrettende Wirkung der Bluttransfusion nicht ganz so eindeutig betont, wie es oben steht. „Ich gab Bärbel zur Erhaltung dieses Lebens mein Blut, auch wenn dieses keine besondere Maßnahme war. Vielleicht ist es auch ungewiß, ob es gerade dieses war, was geholfen hat." Aber eben dies hat meine Mutter immer wieder mit absoluter Gewißheit herausgestellt, und ich kann mich daran erinnern, daß sie mir genau dies nach Wochen des Bangens und unmittelbar nach Vaters Blutspende – ein von mir damals als unheimlich und für meinen Vater doch gefährlich empfundener Vorgang – schon in Königsberg gesagt hat.

Auch wenn Tante Maria auf Grund ihrer launischen und unberechenbaren Wesensart bald damit begann, Wasser in den von ihr kredenzten Wein zu schütten, waren ihre Ankündigungen ehrlich gemeint. Also packte ich unverzüglich meinen Koffer und setzte mich auf die Bahn nach Ebingen. Wie wir noch sehen werden, muß die Bezahlung der Fahrkarte meinem Vater sehr, sehr schwer gefallen sein. Es war die erste Reise meines Lebens nach Süddeutschland, die ich deshalb in gespannter Erwartung antrat.

Unterwegs kam es zu einer Begegnung, die ich nie vergessen habe, weil sie mich zum ersten Mal in eine Form studentischen Lebens einführte, die damals Gegenstand heftigster Kontroversen, wenn nicht gar verboten war. Obwohl „knapp bei Kasse" den wahren Sachverhalt noch beinahe beschönigend beschreibt, wollte ich einmal einen Speisewagen mit dem legendären Namen „Mitropa" kennenlernen. Das Bedürfnis nach einer Tasse Kaffee löste den Gang dorthin aus. An einem Zweiertisch, an dem eine Dame saß, war noch ein Platz frei, auf den ich mich nach entsprechender Anfrage setzen durfte. Als der Zug in meiner späteren Universitätsstadt Göttingen hielt, machte sie sich ihrem Gegenüber – dem angehenden stud. irgendetwas – als Ärztin bekannt und berichtete von einem tragischen Vorfall, der sich kürzlich ereignet habe. Obwohl dies praktisch ausgeschlossen sei, sei bei einer Mensur die Schlägerspitze des einen dem anderen Kontrahenten mit tödlichem Ausgang durch die Nasenspitze ins Gehirn gedrungen. Ob sie mich vor dem Eintritt in eine „schlagende" Verbindung warnen wollte? An den weiteren angenehmen Gesprächsverlauf kann ich mich nicht erinnern. Nach Beginn des Studiums fand das Duellieren, und sei es auch nur in einer sog. „Bestimmungs-“, also Pflichtmensur, nach allen Bewährungsproben, die ein jeder von uns in den zurückliegenden Schicksalsjahren hatte bestehen müssen, in mir zwar keinen weltanschaulichen bzw. ideologischen Gegner, aber doch jemanden, der sehr genau nach Sinn und Zweck dieses Korporations-„Instituts“ fragen würde. Mag sein, daß meine Gesprächspartnerin mich am Ende in taktvoller Form zu meinem Getränk „einlud“. Sie hatte eine durch ihren Arztberuf gefestigte, aber vollkommen natürliche Art, hatte nichts Doktrinäres an sich. Meine Neugierde auf die Abläufe im Speisewagen (von einst!) war „nebenher“ befriedigt worden. Der Ober bediente sicher und souverän im Frack, alles hatte noch gesellschaftlichen Schliff und Format. Zur Mittagszeit wurde dann in den Abteilwagen zum vorher bestellten und reservierten „Ersten“ bzw. „Zweiten“ Mittagessen aufgerufen. Angesichts meines Mangels an genügend „Reisegroschen“ auch für mich? Ich weiß es nicht mehr genau.

Die weitere Reise zum Zielbahnhof Ebingen hielt beim Umsteigen in Stuttgart zunächst nach Tübingen zwei neue Überraschungen für mich bereit. Die eine: Mit Sicherheit hatte der Schalterbeamte auf dem Bahnhof Leese (die Reichsbahn- und danach Bundesbahn-Dienstverhältnisse waren damals bis in diesen Tätigkeitsbereich „herunter“ öffentlich-rechtlich, ihre Inhaber somit Beamte) oder ich selbst die Zugverbindungen nach Ebingen auf einen Zettel geschrieben. Die heutigen ausgedruckten Zugverbindungen mit Angabe des Gleises für die Weiterfahrt beim Umsteigen (ausgerufen oder auf Fahrplänen ausgedruckt wurden nicht die Abfahrtgleise, sondern nur der betreffende Bahnsteig) gab es damals noch nicht. Und so prallte auf dem Stuttgarter Hauptbahnhof mit seinen zwölf oder noch mehr Bahnsteigen die Ansage der Anschluß-Zugverbindungen unvermittelt und kompromißlos in einer Mundart auf mich herab, die ich bei späteren Reisen nach Ebingen zwar „im Schlaf“ aufsagen konnte, jetzt aber hilflos zum ersten Mal vernahm: In Original-Schwäbisch erfuhr der Reisende, daß „därr Zug nach Eßlinge, Plochinge, Nürtinge, Tibinge, Hechinge, Balinge, Ebinge, Seigmaringe, Tuttlinge, Konschstanz“ um ... Uhr von Bahnsteig soundso (auch die Zahlenangaben in schwäbischer Lautsprache) abgehen würde, mit dem Zusatz „wer auf de Have will, muß weiterfahre“. Dank wiederholtem Fragen und Fahrplanaushang habe ich den Anschluß geschafft. Die zweite Überraschung: Die Bahnstrecke war bis Tübingen elektrifiziert. Ich erlebte eine solche nun zum ersten Mal, auch daß die E-Lok nicht wie die evtl. durch eine Schublok verstärkte, auf Steigungen stampfende und keuchende Dampflok ihr Tempo verlangsamen mußte, sondern diese mit unverminderter Geschwindigkeit hinaufraste, als würde es sich um Flachland handeln. Nach dem Umsteigen in Tübingen ging es dann aber im Dampfbetrieb buchstäblich mit der „Schwäbischen Eisebahn“ („n“ aussprachegetreu weggelassen) weiter, von Bahnhof zu Bahnhof, es waren viel mehr „Haltstatione“ als die oben genannten. Und an den Hängen graste auch noch manche, zum „Wesensgehalt“ des bekannten, volkstümlichen, selbst-spöttischen Liedes gehörige Geiß. Zum ersten Mal in meinem Leben blickte ich in eine richtige Bergwelt, die Schwäbische Alb. Auf der gesamten Strecke bis Tübingen nicht ahnend, daß sie 1954/55 auch einmal die Reiseroute meiner späteren Ehefrau nach und von ihrem Studienort Tübingen sein würde. Die Aussprache der ab Tübingen Zusteigenden verlor immer deutlicher ihren noch „singenden“ Stuttgarter Klang, wurde herber, breiter.

So herzlich, wie Tante Maria am 2. März 1951 geschrieben hatte (61 Jahre später sollte es Hannelottes Todestag sein), wurde ich von ihr auch in Ebingen empfangen. Familie Ernst, Maria, Edeltraut, Bärbel Berg wohnte dort in der 1. Etage des Hauses Paulinenstr. 6. Am 7. April habe ich mich unter dieser Anschrift polizeilich in Ebingen angemeldet. Onkel Ernst betrieb von hier aus seinen aufwärtsstrebenden Malerbetrieb. Sein Neubeginn war nicht leicht in einer Stadt mit rd. 15.000 Einwohnern, die nach meiner Einschätzung mindestens zwanzig Malereibetriebe beherbergte. Aber er hat sich durch Fleiß und die Qualität seiner Arbeit bald an die Spitze der Ebinger Malerzunft gesetzt und in wenigen Jahren beträchtliche Vermögenswerte geschaffen. Mit ihm stand auch sein Bruder, Onkel Leopold, auf dem Malergerüst, der sich von Ebingen aus um Rückkehr auf „die Bretter, die die Welt bedeuten," bemühte. Onkel Ernst besaß eine stattliche Figur und ein gutes Aussehen, Onkel Leopold beherrschte als Schauspieler –Charakterdarsteller – die Kunst des Mienenspiels. Ich nahm es ihnen ab, daß sie dadurch manch eine am Gerüst vorbeigehende Frau vereint in ihren Bann zogen. Tante Maria war „Geschäftsführerin" des ganzen Unternehmens und trug mit großem kaufmännischen Geschick maßgeblich zu dessen Erfolg und Wachstum bei. Leider folgte dem Aufstieg zu Ansehen und Wohlhabenheit am Ende ein tragischer, selbstzerstörerischer Absturz. Ich werde auf alles an anderer Stelle zurückkommen.

Von dem Zimmer, in dem meine Liegestatt aufgeschlagen war, ging der Blick auf ein Haus auf der anderen Seite des zwischen beiden Grundstücken hindurchfließenden Bergbaches Schmiecha. Ich bemerkte, daß dort immer wieder ein sehr gut aussehendes Mädchen meines Alters in geradezu akrobatischer Weise Fenster putzte. Ich konnte mir gar nicht denken, einbilden, daß Irmgard, so war ihr Name, damit etwa meine Aufmerksamkeit erregen wollte. Denn sie war doch „Einheimische", damit unnahbar, ich dagegen nur „neigeschmeckter" Flüchtling. Wie falsch ich mit dieser Einstellung lag, die ich aus der allgemeinen, immer noch vorherrschenden Frontstellung „Einheimische gegen Vertriebene" aus Niedersachsen mitgebracht hatte, sollte ich bald im Alltag und in der Firma, in der ich Arbeit gefunden hatte, erfahren. Es gab sie einfach nicht, stattdessen ist mir aus dieser Firma der oft komplexhaft geäußerte Spruch im Gedächtnis geblieben: „Norddeutsche denket alleweil, mer sein nit gescheit!" Es wird beim Fensterreinigen von Irmgard wohl eher so gewesen sein, daß ich in Ebingen nicht nur im „Musterländle“ des Tüftelns und erfindungsreichen technischen Ingeniums, von Fleiß, Rechtschaffenheit und Sparsamkeit angekommen war, sondern auch einer Sauberkeit allüberall, die in dieser Form andernorts ihresgleichen suchen mußte, aber kaum finden würde. Nirgends sonst habe ich vorher oder später erlebt, daß an den Wochenenden die Steinplatten der Bürgersteige mit dem Scheuersand ATA gereinigt wurden!

Meine ersten Tage in Ebingen waren mit der Erkundung der Stadt, „Antrittsbesuchen“ bei den dort fast vollzählig versammelten Geschwistern meines Vaters und dem sofortigen Bemühen um einen Arbeitsplatz ausgefüllt, auf dem ich das nötige Geld für einen Studienbeginn im Wintersemester 1951/52 verdienen konnte. Die diesbezüglichen Gedanken von Tante Maria in ihrem Brief vom 2. März waren schöne Ideen, boten aber keine oder eine allenfalls unzureichende Grundlage dafür. Die Schweiz war geographisch nahe, aber für uns Deutsche war sie durchgehend abweisend. Für eine Einreise dorthin hätte ich mir einen Reisepaß ausstellen lassen müssen. Weder hätte ich – wie schon im Falle Janet Eldridge, siehe Band 2.2 – die Gebühren dafür und für ein Visum noch die ersten Aufenthaltskosten in einem Hotel – wo denn sonst? – und für das tägliche Leben bezahlen können.

Wie hunderttausende Ostdeutsche in die französische Besatzungszone kamen und Ebingen zum Sammelpunkt der Berg-Geschwister wurde

Ebingen besaß eine beachtliche Textil- und feinmechanische Industrie. Onkel Artur, der Schmiedemeister, hatte einen herausgehobenen Arbeitsplatz und Anerkennung in der Schraubenfabrik Gieringer (Name so oder ähnlich) gefunden, seine Ehefrau, Tante Lene, „schaffte" ebenso wie Tante Grete und „Mieze" in einer der zahlreichen Trikotagenfabriken. Onkel Artur und Tante Lene mit Anneliese hatten eine kleine, aber feine Mietwohnung in der Flandernstr. 10, Tante Grete und „Mieze" mit Horst hatten zunächst eine geräumige Zweizimmerwohnung über der Bäckerei Engel in der Bühlstr. 22, danach – an einer Straße mit ziemlich steilem Anstieg, aber schönem Panoramablick auf Ebingen und die gegenüberliegende Bergwelt gelegen – eine ebensolche, weitaus modernere in der Riedstr. 87. Onkel Leopold und Tante Irmgard mit Harald wohnten vergleichsweise bescheiden in der mit einer starken Steigung bergauf gehenden Bitzerstr. 61. Also wollte auch ich nun mein Glück in Ebingen versuchen.

Das liest sich heute alles so selbstverständlich. Wie aber hatten sie es geschafft, unter den Bedingungen der ersten Nachkriegsjahre, u. a. mit der Zuzugssperre zwischen den einzelnen Besatzungszonen, ihrem Pracherdasein in Nordwestdeutschland zu entfliehen und es gegen ein menschenwürdiges Leben im entgegengesetzten, südlichen Teil Deutschlands einzutauschen, Onkel Leopold und Tante Irmgard aus Edemannswisch/Dithmarschen in Schleswig-Holstein, Tante „Mieze" aus Luthe bei Wunstorf nahe Hannover und Tante Grete aus unserem bis dahin gemeinsamen Wohnort Leese, Kr. Nienburg/Weser? Als sie von hier nach Ebingen „umsiedelten", geschah dies in einem staatlich geordneten Rahmen, ohne den eine solche Veränderung der Lebensverhältnisse von ihnen und Hunderttausenden anderen Ostdeutschen damals gar nicht möglich gewesen wäre. Es soll hier beschrieben werden, verbunden mit einer jeweils kurzen persönlichen Königsberg- bzw. Goldbach-Rückblende und Nachkriegsskizze aller Bergs in Ebingen sowie von Onkel Willy und seiner (Tante) Grete in Schramberg.

Im Gegensatz zu Schleswig-Holstein und Niedersachsen in der britischen und Bayern in der amerikanischen Besatzungszone war die französische Besatzungszone (Rheinland-Pfalz, Baden, Württemberg-Hohenzollern) von Flüchtlingen/Vertriebenen praktisch frei geblieben bzw. hatte gar keine aufgenommen. Frühe Bestrebungen zu einer gleichmäßigen Verteilung waren an den Unzulänglichkeiten der Ausführung gescheitert. Auch die Zustimmung der Franzosen Anfang 1949 zu einem Länderabkommen über die Umsiedlung von 120 000 Flüchtlingen aus den am stärksten betroffenen Ländern Schleswig-Holstein, Niedersachsen und Bayern in die Länder der französischen Besatzungszone scheiterte daran, daß Württemberg-Hohenzollern, wozu Ebingen gehörte, nicht aber Baden und Rheinland-Pfalz die zugesagte Aufnahmequote erfüllt hatten. (Im Besatzungsstatut der drei westlichen Besatzungsmächte vom 12. Mai 1949 hatten sich diese in Ziff. 2 Buchst. d die Zuständigkeit für verschleppte Personen und die Aufnahme von Flüchtlingen vorbehalten.) Noch 1950 betrug der Bevölkerungsanteil der Flüchtlinge/Vertriebenen von 998.000 an einer Gesamtbevölkerung von 2 593 600 in Schleswig-Holstein 38,5 %, in Niedersachsen 6.795.100 : 2 126 700 = 31,3 %, in Bayern 9.116.600 : 2.185.200 = 24 % (Zahlen lt. „Der kleine Brockhaus", Wiesbaden 1951, S. 254). Erst legislatorische Maßnahmen nach Art. 119 des am 23. Mai 1949 in Kraft getretenen Grundgesetzes (Verordnung über die Umsiedlung von Heimatvertriebenen aus den Ländern Bayern, Niedersachsen und Schleswig-Holstein vom 29. November 1949 (BGBl. 1950 Nr. 2) und das Gesetz zur Umsiedlung von Heimatvertriebenen aus den Ländern Bayern, Niedersachsen und Schleswig-Holstein vom 22.

Mai 1951 (BGBl. 1951 Nr. 24) setzte eine Umsiedlung in Gang, die die Vertriebenen-/Flüchtlingszahlen in Bayern auf 1,9, in Niedersachsen auf 1,8 Millionen, in Schleswig-Holstein auf 786 000 herabsenkte und bis zum 1. Oktober 1951 in Rheinland-Pfalz auf 208.000, in Baden auf 126 000 und in Württemberg-Hohenzollern auf 139 000 erhöhte. Das waren in Rheinland-Pfalz bei einer Wohnbevölkerung einschließlich Vertriebene von 3 094 000 rd. 7 %, in Baden bei 1 384 000 Einwohnern rund 9 % und in Württemberg-Hohenzollern bei 1 269 000 Einwohnern etwas mehr als 10 %. Der Anteil der Vertriebenen an den Arbeitslosen betrug zu diesem Zeitpunkt in Schleswig-Holstein immer noch 53,4 %, in Niedersachsen 40,1 % und in Bayern 38,1 %. (Zahlen aus „Die Umsiedlung der Heimatvertriebenen und das Vertriebenenproblem in Nordrhein-Westfalen – Ein Rechenschaftsbericht der Landesregierung Nordrhein-Westfalen“, Düsseldorf März 1952, S. 10, 57.) Da alle Ebinger Berg-Familien bei meiner Ankunft Anfang März 1951 bereits dort ansässig waren, gehörten sie zu den ersten Umsiedlungsschüben, die durch die Entscheidungen des Jahres 1949 ausgelöst worden waren. Soweit erst hiervon betroffen, war ihre Umsiedlung gem. § 3 der Verordnung vom 29. November 1949 unter Wahrung der Familien-, Haushalts- und Lebensgemeinschaft erfolgt; die Abgabeländer hatten die Kosten ihrer Umsiedlung incl. Habe bis zum Reiseziel Ebingen, das Aufnahmeland Württemberg-Hohenzollern die weiteren Kosten zu tragen.

Die Ebinger Berg-Geschwister

Rückblicke – Schicksale – Gegenwart

Auf diesem Wege also hatte sich die Berg-Familiengemeinschaft in Ebingen versammelt.

Über Tante Grete und darüber, was sie uns bedeutet hat, habe ich in Band 2.2 berichtet. Mein Vater hat dies in seinem Brief, den er mir am 29.5.1951 nach Ebingen schickte und auf den ich an anderer Stelle noch einmal zurückkomme, mit seinen Worten so zusammengefaßt:

> „Siehe Du nur zu und halte es gut mit Tante Grete, die Euch immer gefällig war. Sie hat in ihrem Leben immer schwer gearbeitet und war uns immer gut. Sie hat mir viel geholfen. Schade nur, daß ich sie nicht in unserem Laden habe."

Sie lebte in Ebingen, wie bereits erwähnt, immer mit Tante „Mieze" in einer gemeinsamen Wohnung zusammen. Obwohl beide damals erst Mitte vierzig waren, hatte Cousin Horst Schillock ihrer gemeinsamen Lebensform spöttisch die Bezeichnung „im Stift" gegeben. (Tante „Mieze" war am 8. Oktober 1905 geboren, Tante Grete am 9. März 1907.) Tante Maria hat in ihrem eingangs zitierten Einladungsschreiben vom 2.3.51 die Entstehung dieser Lebensbeschreibung so erklärt: „Weißt Du, die haben vergessen, daß man auch jung sein kann, und verlangen vom Leben gar nichts mehr." Ich habe mich an dieser Kränkung nie beteiligt, das Wort „Stift" nie verwendet, weil es ungerecht, undankbar, beleidigend war. Die Ebinger Wirklichkeit sah gänzlich anders aus, als Tante Maria meinte feststellen zu dürfen. In Wahrheit waren es die beiden als „Stifts"-Damen belächelten Schwestern, die die Ebinger Berg-Familien zusammenhielten. Da sie zu den jüngeren der ursprünglich neun Berg-Geschwister gehörten, wurden sie – einschließlich der in den USA lebenden Tante

Liesbeth Schulz geb. Berg – von den älteren Brüdern „die Mädchen“ genannt. Wo es etwas zu helfen gab, wo Familienfeste vorzubereiten waren, ob in Ebingen oder anderswo, immer waren es Tante „Mieze“ und Grete, die an vorderster Stelle kochten, buken, abwuschen, organisierten, den Dingen einen reibungslosen, harmonischen, festlichen Boden gaben. Sie waren es auch, die mich an den Wochenenden am häufigsten bewirteten und mit ihrer ostpreußischen Kochkunst verwöhnten, als ich nach meiner Ankunft in Ebingen und bei der späteren Wiederkehr in den Semesterferien zu den Wochenendmittagstischen „herumgereicht“ wurde. Sie haben mich auch wochenlang aufgenommen, als ich bei einer Semesterferienrückkehr nicht gleich ein eigenes Zimmer fand.

So wie Tante Grete hatte auch Tante „Mieze“ meinem Vater oftmals in Nöten beigestanden. Im Kriege kam sie oft in Vaters Geschäft in der Schrötterstr. 87. Tante „Mieze“ wohnte in der Nähe einer Zierde Königsbergs, des herrlich gelegenen Oberteichs (sein Name: Er floß über einen Katarakt in den tiefer gelegenen Schloßteich ab, der seinerseits über die 1903 kanalisierte Katzbach in den Pregel abfloß; die Königsberger sagten „die“ Katzbach), in der Dohnastr. 7. Ihr Mann, Onkel Leo Schillock, war laut Einwohnerbuch 1941 „Reichsangestellter“. Vermutlich war er bei der Reichsbankdirektion Königsberg angestellt. Denn im Kriege war er Heereszahlmeister im Offiziersrang.

Onkel Leopold, der Schauspieler, und Tante Irmgard, die gebürtige Stettinerin und Koloratursängerin mit ihrem kräftigen Sopran, wohnten in Königsberg mit Sohn Harald in der Horst-Wessel-Str. 1. Aus der Wohnung ging der Blick nach rechts zum Königsberger Hauptbahnhof, nach links auf die weiträumigen ehemaligen Festungsanlagen und die riesige Ostpreußenhalle, bis hin zum Friedländer Tor. Von hier aus habe ich nach dem Ende des Frankreich-„Feldzugs“ 1940 den Vorbeimarsch endlos langer Infanterieeinheiten – es mögen auch berittene Abteilungen

Der Blick zum Hauptbahnhof mit Bahnhofspostamt 5 (rechter Seitenflügel)

K.D.F.: Abkürzung für NS-Sozial-Freizeitorganisation „Kraft durch Freude“

und (pferde-) bespannte Artillerie dabei gewesen sein – auf der Posener Straße in Richtung Innenstadt miterlebt. Die Königsberger standen dicht gedrängt am Straßenrand, die Soldaten schritten durch ein Meer der ihnen zugeworfenen oder beim Vorbeimarsch in die Hand gedrückten Blumen. Ich kann mich an keinen laut aufbrausenden Jubel erinnern. Über allem Stolz und aller Freude (eines nach 1918 zutiefst gedemütigten Volkes) über den militärischen Sieg lag sicherlich auch die Trauer um die Gefallenen und die bange Hoffnung, daß es nun doch bald wieder Frieden geben würde.

So wie wir muß auch Tante Irmgard mit Harald über die Ostsee geflüchtet und dann nach Dithmarschen in Schleswig-Holstein gelangt sein. Was sie von dort in ihren Briefen über ihre Aufnahme und ihre Existenz bei „ihrem" Bauern berichtete, war augenscheinlich noch haarsträubender als alles, was uns auf dem Sirachsberg zuteil wurde. Jedenfalls in ihrem ersten Quartier, nach einem „Umzug", hatte sie es offensichtlich besser angetroffen. Leider existiert keiner ihrer damaligen Briefe an meine Eltern mehr, dann hätte ich hier konkreter werden können. Sie hat uns auch einmal auf dem Sirachsberg besucht.

Onkel Leopold war in Königsberg Soldat bei der Luftwaffe in einer Flakstellung gewesen. Er war seit Kriegsende verschollen, die Ungewißheit über sein Schicksal lastete ebenso wie die über die anderen Berg-Brüder Willy, Ernst und Artur auf uns allen. Sollte er am Leben sein und die Möglichkeit haben, Tante Irmgard ein Lebenszeichen zu senden – wohin? Er hatte doch ihren Aufenthaltsort in Schleswig-Holstein gar nicht mehr erfahren. Eine Kriegsgefangenen-Postverbindung kam erst viel später durch Vermittlung der Rotkreuz-Organisationen zustande, zumal mit den in sowjetische Gefangenschaft geratenen Soldaten. Onkel Leopold war, wie gesagt, bei der Flak gewesen. In Königsberg hatte er uns bei Besuchen in der Schrötterstraße Kostproben russischer Wörter gegeben, die er von „Hiwis" in seiner Flakstellung gelernt hatte. (Die russischen Hilfswilligen der Wehrmacht wurden etwas herablassend „Hiwis“ genannt. Sofern sie den Sowjets lebend in die Hände gefallen sind, haben sie ein erbarmungslos-grausames Schicksal erlitten.) Er brachte uns Kindern dabei auch das eine oder andere Spielzeug mit, das seine russischen „Kameraden“ in Handarbeit geschnitzt hatten, so z. B. eine runde Sperrholzplatte, auf der Hühner im Kreis befestigt waren. Ein Faden um den Hals führte durch Bohrlöcher zu einem Gewicht unterhalb der Platte. Wurde diese bewegt, begannen die Hühner auf der Platte vernehmlich zu picken.

Als ich Onkel Leopold nach seiner Entlassung zum ersten Mal wiedersah, erzählte er, daß bei der Vernehmung vor ihm alle Kameraden nach ihrer Einstellung zu Hitler befragt worden seien. Wie auch immer die Antwort ausgefallen sei, sie alle hätten mit dem Gewehrkolben Schläge ins Genick bekommen. Als er an der Reihe war, habe er – jetzt spielte der gesten- und mimikgeschulte Schauspieler seine Trümpfe aus – auf die Frage zu Hitler mit beiden Zeigefingern an der Stirn „Gitler durak!“ gesagt (die landläufigen Russen können das „H“ nicht aussprechen, sagen statt „h“ „g“, „durak“ heißt „Dummkopf“). Der vernehmende Offizier habe strahlend und laut „charascho!“ (prima, hervorragend) ausgerufen, die Vernehmung sei ohne Schlag mit dem Gewehrkolben damit beendet gewesen. Onkel Leopold erzählte dann noch, daß die nun im Erdkampf eingesetzten 8,8 cm-Flakgeschütze mit ihrer ungeheuren Geschoßgeschwindigkeit und Durchschlagskraft der Panzersprenggranaten einmal im zusammengefaßten Feuer mehrerer Batterien eine ganze sowjetische Panzerabteilung vernichtet hätten. In Georgenburg bei Insterburg hätten die Sowjets ein großes Gefangenenlager eingerichtet, dorthin sei auch er verbracht worden. In Insterburg habe er mit anderen Kameraden Klaviere und Flügel zum Abtransport in die Sowjetunion umladen müssen. Nicht nur wegen Entkräftung, sondern absichtlich seien die Instrumente dann zu Boden gegangen, sie hätten dabei mit einem letzten scheuen Akkord ihre musikalische Existenz beendet. In der Sowjetunion mußte Onkel Leopold in einer Filmfabrik bei Moskau arbeiten. Im Winter (1946/47?) sei ihm mit einem anderen Kameraden die Flucht gelungen. Aber sie seien nicht weit gekommen und erkannt worden. (Oder hatten sie die Aussichtslosigkeit ihrer Flucht – lumpige Kleidung, Frost, Schnee, keine Verpflegung, Unterkunft, Sprache – eingesehen und selbst aufgegeben und sich gestellt? Ich kann nicht mehr ausschließen, daß Onkel Leopold es auch so erzählt hat.) Um einer Auslieferung an „sein" Lager und der dort zu erwartenden schweren Strafe zu entgehen, habe er eine andere Identität, die des Cousins aller Berg-Geschwister Artur Gohrt aus Tapiau angenommen (dieser wird uns in Kürze wiederbegegnen). Er habe diese „Identität" mit Erfolg vortäuschen können und sei dann auch als „Artur Gohrt" entlassen worden.

Onkel Leopold hat sich nach seiner Entlassung und Rückkehr zu seiner Familie unermüdlich – bis zuletzt vergeblich – um eine Wiederanstellung in seinem Beruf als Schauspieler bemüht. Einmal ist ihm eine Stelle beim Süddeutschen Rundfunk in Stuttgart angeboten worden – unter der Voraussetzung, daß er SPD-Mitglied wird. Er hat seine anders geartete politische Überzeugung nicht des persönlichen Vorteils willen opportunistisch mit Füßen getreten, sondern diese Anmutung unter Inkaufnahme des Verlusts der sonst erlangten Anstellung unter Wahrung seiner persönlichen Ehre zurückgewiesen.

Von Onkel Ernst und Tante Maria ist bereits die Rede gewesen, hier nun die dort angekündigten Ergänzungen mit ihrem Aufstieg und dramatischen Abstieg eines Familienlebens. Onkel Ernst hatte zusammen mit Onkel Otto, seinem am 9. Oktober 1941 vor Leningrad gefallenen Bruder, bis zum Kriegsbeginn in Königsberg das Malerhandwerk ausgeübt.

Beide waren selbständige Malermeister. Ihr Werkstattraum befand sich wohl in einem Hofgebäude ihrer Wohnung in der

Zeppelinstr. 5, im städtebaulich/architektonisch, landschaftsgestalterisch herausgehobenen Stadtbereich Zwillings-Teiche/Hammerteich gelegen. Sie haben alle Malerarbeiten in Vaters Eckhausneubau Schrötterstraße 87/Gustloffstr. 1 ausgeführt. Onkel Otto wäre dank seiner diesbezüglichen Begabung wahrscheinlich auch ein bekannter Kunstmaler geworden. Er hat als Werkstattfahrzeug einen Wagen der damals bekannten Marke „Dreirad-Tempo“ besessen.

Onkel Otto mit Tante Irmgard und Cousin Harald neben seinem „Dreirad-Tempo“ irgendwo zwischen Königsberg und Goldbach. Als unser Onkel Soldat wurde, wurde sein „Dreirad-Tempo“ in unserer Garage im Eckhaus Gustloffstr. 1 abgestellt.

Immer wieder hat ihn dort eine Wehrmachtsinspektion begutachtet, aber trotz Fahrzeugmangels der Wehrmacht wurde er offensichtlich stets als ungeeignet befunden. Er wurde also nicht requiriert und ist wahrscheinlich in der Garage im April 1945 den Sowjets in die Hände gefallen.

Zum lebendigen Gedenken an die Gefallenen zweier Weltkriege in unseren Familien Berg und Behrend haben Hannelotte und ich (es war Hannelottes schöner Gedanke) unserem zweiten Sohn nach seinem Rufnamen als zweiten und dritten Vornamen die Vornamen ihres Großonkels Kurt Wolff und meines Onkels Otto Berg gegeben. Kurt Wolff war am 31. März 1918 bei Cambrai/ Frankreich gefallen.

Onkel Ernst war wohl technisch und zeichnerisch sehr versiert. Wie Onkel Otto wurde auch er zur Wehrmacht eingezogen. Bei seinen Heimaturlauben besuchte er uns jedesmal in der Schrötterstraße. Einmal schenkte er mir einen Elektromotor, das war damals etwas ganz Besonderes. Wenn ich ihn anließ und er so herrlich summte, entwarf ich in meinem Kopf schon alle möglichen Modelle, für die er Antrieb sein sollte. Zur Ausführung kam davon aber nichts mehr, da bei dem schweren britischen Terrorangriff in der Nacht des 29./30. August 1944 mit unserem ganzen Haus auch mein Elektromotor von den kofferweise abgeworfenen Brandbomben „abgefackelt“ wurde. Ein anderes Mal hatte Onkel Ernst mir eine lederne Kartentasche geschenkt. Sie erlitt dasselbe Schicksal wie der Elektromotor.

Zu der von Onkel Ernst und Otto gemeinsam bewohnten rechten Erdgeschoßwohnung in der Zeppelinstr. 5 wäre noch zu sagen, daß ich sie bei meinen Besuchen immer als viel zu klein und eng empfunden habe. Denn in ihr lebte ja auch die Familie von Onkel Ernst, also Tante Maria und meine Cousinen Edeltraud und Bärbel. Es lag sicherlich auch daran, daß ich in der Schrötterstr. 87 in einer viel, viel geräumigeren Wohnung lebte. Als ich das unzerstört gebliebene Haus 1990 zum ersten Mal wiedersah, befand es sich – wie alles andere weit und breit – in einem mehr als heruntergekommenen Zustand, einschließlich Vorgarten und Garten, versteht sich.

Nachdem die nördliche der drei sowjetischen Großoffensiven vom Januar 1945 mit der 3. Weißrussischen Front („Front“ = mehrere Armeen) unter Marschall Tschernjachowski am 13. Januar gegen Ostpreußen losgebrochen war – seine „Front“ war die grausamste von allen, der Marschall ist bei Mehlsack gefallen, ihm zu Ehren wurde Insterburg in „Tschernjachowsk“ umbenannt –, hatte Onkel Ernst, wie er später erzählte, auf dem Rückzug mit seinem Wehrmachtsfahrzeug noch einmal Goldbach aufgesucht. In seinem Elternhaus, in dem er und alle seine Geschwister groß geworden waren, hätten sich deutsche Soldaten einquartiert, es habe wüst ausgesehen. (Mein Vater hatte dies meiner Mutter bereits in seinem mir erst später bekannt gewordenen Brief vom 1.3.45 aus Pillau-Neutief mitgeteilt, siehe Band 2.2.) Am Ende ist er auf der Halbinsel Hela in russische Gefangenschaft geraten.

Zunächst aber wußte niemand mehr etwas von seinem Schicksal, er war verschollen wie Onkel Willy, Leopold und Artur auch. Tante Maria war in Ihrhove/Ostfriesland „gelandet“. Auf welchem Wege und wie sie es geschafft hat, neben ihren Kleinkindern Edeltraud und Bärbel von Königsberg noch Anzüge von Onkel Ernst dorthin mitzunehmen, entzieht sich meiner Kenntnis oder habe ich vergessen. In ihrer abrupt-forschen und oft auch kaltschnäuzigen Art schien sie jetzt davon auszugehen, daß Onkel Ernst tot war. Sie verschenkte oder verkaufte seine Anzüge. Auch mir nötigte sie bei einem Besuch noch auf dem Sirachsberg oder später in Leese ein – für mich viel zu groß geratenes – dunkelblaues Anzugjackett aus bestem Cheviotstoff auf – das sie dann nach der Entlassung von Onkel Ernst aus russischer Kriegsgefangenschaft zurückverlangte – und selbstverständlich erhielt. Da Onkel Ernst eine viel stämmigere Statur als ich hatte, hatte ich es trotz fehlender eigener Kleidung ohnehin so gut wie nie getragen. Mein Vater, der ebensowenig besaß, hatte es abgelehnt, unter den genannten Umständen Kleidung seines vermißten Bruders zu tragen.

Als Onkel Ernst, was schon in Band 2.2 erwähnt wurde, 1948 oder 1949 mit Lungentuberkulose aus russischer Kriegsgefangenschaft entlassen wurde – das Wort „Heimkehr“ verbietet sich, denn die hätte es im eigentlichen Wortsinn nur nach Ostpreußen geben können, das aber war ihm und uns allen ja verwehrt –, ist er wohl sogleich in das Lungensanatorium im Harz eingewiesen worden, wo seine Krankheit vollständig ausgeheilt wurde. Onkel Ernst wurde nun in Ihrhove nach Abwesenheit durch Soldatenzeit und Kriegsgefangenschaft erstmals tagtäglich Angehöriger seiner eigenen Familie. Da passierte es nun, daß eines Tages eine Kleidermotte von seinem Bett aufflog. Die Lungentuberkulose wurde damals landläufig, wohl zur Vermeidung dieses eine gefährliche und gefürchtete Krankheit verkörpernden Wortes, „die Motten“ genannt. Es war noch gar nicht so lange her und im Gegenwartsbewußtsein vieler Menschen immer noch lebendig, daß etwa 10 % der Menschen an Lungentuberkulose starben und Robert Koch 1882 den Tuberkelbazillus entdeckt und danach den Impfstoff Tuberkulin entwickelt hatte. Als Edeltraud und Bärbel das Insekt vom Bett ihres Vaters auffliegen sahen, fragten sie ihre Mutter, was das sei. Wohl in Gedanken an die gerade überstandene Krankheit ihres Mannes und zweifellos als scherzhafte Verwendung der allgemein gebräuchlichen Redensart gemeint, mit der ihre Töchter nun allerdings gar nichts anfangen konnten, weil sie sie bis dahin noch nie gehört hatten, antwortete Tante Maria ihnen, im Hinblick auf das Ergebnis unbedacht-unklug: „Der Papa hat die Motten!“ Beide sollen vor Entsetzen über diesen Mann, den sie als Kleinkinder in seiner Soldatenzeit nur selten und in den Jahren seiner Gefangenschaft gar nicht gesehen hatten und der ihnen deshalb zu dieser Zeit noch weitgehend fremd war, aufgeschrien haben.

Die etwas – nennen wir sie so – unstete, oft auch unbedacht-schnelle, andererseits aber auch rührend-gutmütige Art von Tante Maria beruhte sicherlich auf zwei Faktoren: Abkunft und Kindheit. Der Vater Ferdinand Baar war verheiratet mit Anna Michailowna Adeonowa. Ihre Tochter Maria kam am 22. März 1912 in Borvovitschi bei Nowgorod zur Welt. Nach dem Tod der Mutter in Urlup ging der Vater mit Tochter Maria nach Königsberg. Hier lebte Tante Maria zunächst in einem Waisenhaus, bis sie von einer Frau Behrendt adoptiert wurde. Sie wurde „Rechnerin", lebte in Birken, Kr. Insterburg. Hier haben Onkel Ernst, der am 24. Oktober 1913 in Goldbach geboren und also eineinhalb Jahre jünger war, und Tante Maria am 20. Mai 1939 geheiratet. Ist ihnen beim Wohnort von Tante Maria und Ort ihrer Eheschließung, Birken, Kr. Insterburg, bewußt gewesen, daß die Wurzeln vieler unmittelbarer Berg-Vorfahren im Raum Insterburg lagen? Meine Großmutter, die Mutter meines Vaters und von Onkel Ernst, Elisabeth Auguste Rohde, wurde am 9.11.1872 in Schwägerau geboren und am 1.12.1872 in Norkitten getauft, ihr Vater, mein Urgroßvater Theodor Adolph Rohde wurde am 26.10.1846 in Leipeninken geboren und am 3.11.1846 in Georgenburg getauft, ihre Mutter/meine Urgroßmutter Charlotte Caroline Lessel wurde am 9.3.1845 in Wengerin geboren und am 29.3.1845 in Insterburg getauft.

Die Eheleute Ernst und Maria Berg zogen nach Königsberg, wo Ernst, wie bereits geschildert, mit seinem Bruder Otto als selbständiger Meister das Malerhandwerk ausübte. Am 14. November 1940 kam Edeltraut zur Welt, sie wurde am 23. November 1940 in der Tragheimer Kirche in Königsberg getauft. Ihr folgte Barbara am 17. Dezember 1941, die am 24. Mai 1942 in Goldbach getauft wurde.

Wann genau und wie im einzelnen Onkel Ernst und Tante Maria nach Ebingen gelangt sind, ist mir entfallen. Ich habe bereits die Aufgabenteilung zwischen beiden beim erfolgreichen Aufbau ihres Geschäfts geschildert.

Nachdem ich bei der Maschinennadelfabrik Groz & Beckert als Werkstudent eingestellt worden war, begann ich mit der Zimmersuche und mietete mich bei einer echten schwäbischen „Hausfrau“ in der Ebinger Bühlstr. 22 ein. Auch das Haus war noch urschwäbisch. Das zur Wohnung im 3. Stockwerk gehörige WC auf dem Treppenabsatz davor war kein Spülklosett, sondern ein „Plumpsklo“, von dem das Abgehende hörbar nach unten gelangte (Hannelotte fand die gleichartige Einrichtung in ihrer erstsemestrigen Tübinger Wohnung immer wieder erwähnenswert).

An ein anderes Quartier in späteren Semesterferien in der Landhausstr. 14 kann ich mich ebenfalls gut erinnern, auch daran, daß ich bei meinen dortigen schwäbischen Wirtsleuten zwei schwäbische Spezialitäten bzw. Eigenheiten originalgetreu kennenlernte. Bei Arbeitsbeginn nach dem Sommersemester 1952 am 1. August wiederum in der „Nadlerei“ Groz & Beckert waren die Tage noch sehr sommerlich warm oder sogar heiß, und so reichten mir meine Wirtsleute oftmals ein Litermaß „Moscht“ in mein Zimmer, ein Gaumen und Schleimhäute zusammenziehender Säuerling, aber gleichwohl kühl-prickelnd erfrischender Genuß. Ein jeder kennt die Charakterbeschreibung „des“ Schwaben: „Schaffe, schaffe, Häusle baue, Kinder kriege und verrecke“ und die spöttische Version davon: „Schaffe, schaffe, Häusle baue, Hund abschaffe, selber belle“. Und hier ratterte nun im Zimmer neben mir bis in die späten Abend- bzw. frühen Nachtstunden hinein eine Industrienähmaschine, mit der die „Hausfrau“ ein Zubrot verdiente. Der Arbeitsbeginn bei Groz & Beckert war um 7 oder 7.30 Uhr, spätes Einschlafen wegen des Ratterns im Nebenzimmer mußte bald eine ausgeruhte Arbeitskraft und Konzentration, die ich an meinem Arbeitsplatz benötigte, beeinträchtigen. Für meine höflich vorgetragene Bitte um weniger „rrr“ zur Schlafenszeit fand ich Verständnis, und das „Schaffe“ wurde zeitlich vorverlegt.

Die rasche Aufwärtsentwicklung bei Onkel Ernst/Tante Maria verlief nach den Worten in Schillers „Lied von der Glocke“: „Die Räume wachsen, es dehnt sich das Haus“. Es war wohl erst nach meinen letzten Werkstudent-Semesterferien in Ebingen zwischen dem Wintersemester 1952/53 und dem Sommersemester 1953, daß sie ein geräumiges, schönes Haus, Baujahr etwa in den 1930er Jahren, in der Lautlingerstr. 135 gekauft und bezogen hatten. Außerdem hatte Onkel Ernst in dem nicht weit entfernten Streichen einen komfortablen Bungalow gebaut. Vom großen Wohnzimmer und der Freiterrasse ging der Blick in die Bergwelt der Rauhen Alb. Drinnen herrschte gediegene Wohlhabenheit. Onkel Ernst war Liebhaber und Sammler kostbarer Wand- und Standuhren geworden, die das Heim schmückten und ihm mit ihrem Gong einen vornehmen Ton gaben. Wertvolle Taschenuhren waren sein Stolz.

Vielleicht war es schon vorher einmal gewesen, spätestens aber im August 1959, daß ich alles kennen- und bewundern lernte, als ich in meinem Referendarurlaub nach Ebingen fuhr, um meine Verlobte Hannelotte Behrend in die dortige Berg-Verwandtschaft einzuführen. Wir wohnten bei Onkel Ernst/Tante Maria in ihrem Haus Lautlingerstr. 135 im 1. Stock, wie es sich damals gehörte und für uns ohnehin selbstverständlich war, in getrennten und sehr gut eingerichteten Schlafzimmern. Onkel Ernst, weniger Tante Maria, war wie immer ein großzügiger, unternehmungslustiger Gastgeber. Er unternahm mit uns in seinem Mercedes eine Fahrt zum bekannten, großen Bodensee-Feuerwerk in Konstanz, wo sich – mit den unvermeidlichen langen Straßenstaus – halb Württemberg zu versammeln schien. Für Hannelotte als vormalige Tübinger Studentin im Sommersemester 1954/Wintersemester 1954/55 war diese Bekanntmachungstour (die sie mit ihrem einfühlsam-verbindlich-humorbegabt-familiären Wesen natürlich mit Bravour bestand) zugleich eine Reise in die Vergangenheit. In Frankfurt a.M., wo wir, von Bad Nenndorf-Hannover kommend, umsteigen mußten, hatte noch 1954 der „seelische Mittelpunkt ihrer Jungmädchenjahre“ gelebt, wie sie ihn in ihrem späteren Rückblick „Meine Jugendlieben“ nannte. Außer zum Feuerwerk mit Onkel Ernst waren wir bereits vorher an den Bodensee gefahren, besuchten die Mainau.

Hannelotte zeigte mir Tübingen, den Markt, die Kirchgasse mit dem Haus Nr. 4, wo sie beim „Rößli-Kutscher“ Giringer im ersten Semester gewohnt hatte, natürlich auch das weit über Tübingen hinaus bekannt gewesene Studentenlokal von „Tante Emilie“. Wer das damalige einfache Studentenleben kennenlernen, wer mit einer jungen Studentin und ihren starken Romantikgefühlen das alte Tübingen durchwandern und bei ihrer Zimmergemeinschaft im zweiten Semester mit der Memelländerin Anni Makait die spätere Patentante unseres ersten Sohnes kennenlernen will, der nehme ihre geschlossen erhalten gebliebenen (und von mir nach Hannelottes Tod in einem roten Stehordner zusammengefaßten) Semesterbriefe von Hannelotte an ihre „parentes“ zur Hand, sie sind auch ein sprechender Zeitbericht, nicht zuletzt über die damals für ein junges Mädchen gültigen Ethik- und Moralbegriffe.[1)] Von Tübingen aus fuhren und stiegen Hannelotte und ich dann auch hinauf zur Hohenzollernburg bei Hechingen, wo – historisch und politisch verbannt – der Sarkophag Friedrichs des Großen auf seine Heimkehr nach Potsdam wartete. Wenn ich in meiner vorausgegangenen Werkstudentenzeit mit einem frühen Morgenzug von Ebingen ins Semester nach Göttingen zurückfuhr und der Himmel klar war, hatte die im hellen Morgenlicht erstrahlende Hohenzollernburg, um die am Fuß des Berges die Bahnstrecke im Halbkreis herumführte, mich immer in ihren Bann gezogen. Welch schöne

---

1) Hannelottes Bericht über ihre Teilnahme am Evangelischen Kirchentag 1954 in Leipzig als Tübinger Studentin im Brief an ihre Eltern vom 14.7.54 ist in der Zeitschrift des Tempelritterordens e.V. „Das NEUE NON NOBIS“, Ausgabe Mai 2015, auf Seite 62 ff gekürzt abgedruckt worden.

Blick auf die Hohenzollernburg bei Hechingen

Ein Vierteljahrhundert später. Hannelotte ist eine voll integrierte „Berg“ geworden. Tante Grete begleitet uns im Juli 1986 zum Zug nach Sigmaringen und Konstanz.

Fügung, daß ich wenige Jahre später alles hier noch einmal mit meiner angehenden „Frau fürs Leben“ nacherleben sollte!

Die Reise mit Hannelotte nach Ebingen zum Kennenlernen der Berg-Verwandtschaft über die Familie ihrer künftigen Schwiegereltern hinaus sollte für lange Jahre die letzte dorthin sein. Dann folgten nur noch Kurzbesuche bei Tante Grete und „Mieze“ in ihrer Neubauwohnung im Fasanenweg 12. Onkel Ernst und Tante Maria habe ich in Ebingen nicht mehr wiedergesehen, Tante Maria überhaupt nicht mehr. Sie hatten ihr Malergeschäft in Ebingen aufgegeben und waren nach München gezogen. Es sollte der Ort eines großen Unglücks für die Familie Ernst und Maria Berg werden, das alles zerstörte, was in Ebingen so erfolgreich begonnen worden war und in München zunächst in anderer geschäftlicher Form fortgesetzt wurde.

Am 12. Dezember 1951 war in Ebingen Onkel Ernsts und Tante Marias nachgeborener Sohn, mein Cousin Reinhard Berg, zur Welt gekommen. Ich habe es in meinen nachfolgenden Werkstudentsemesterferien erlebt, wie stolz Onkel Ernst auf seinen Sohn war.

Am tragischen Ende dieser Vater-Sohn-Beziehung zerbrachen Ehe, Geschäft und jeder weitere Aufbauwille, jedes weitere Aufbaustreben von Onkel Ernst und bestimmt auch von Tante Maria, ging alles angesammelte Vermögen „den Bach runter“.

Reinhard hatte sich am 3. Dezember 1969 das Leben genommen. In seiner Trauerpredigt in der Kirche von Streichen am 16. Juni 1970, deren biographische Angaben sicherlich auf Angaben der Eltern beruhen und den Selbstmord ihres Sohnes unbegreiflich erscheinen lassen, hat der Pfarrer laut hektographiertem Predigttext Reinhard als einen jungen Mann mit einer durchaus positiven Einstellung zum Leben beschrieben:

> „Er hat in Ebingen die Realschule zu Ende geführt. Er war ein leiblicher Riese, einige Zentimeter größer als ich. Er lernte sehr gut und besuchte die Berufsschule. In München. Denn die Eltern hatten in München ein Maler- und Farbegeschäft gegründet, das sehr gut ging. Nach dem Besuch der Schulen machte er eine kaufmännische Lehre bei der Firma Ford in München, wo er sehr beliebt gewesen ist. Er war überragend begabt, sah viel älter aus, als er wirklich war, fand aber nur sehr schwer Kontakt zu anderen Menschen. Er war und blieb ein Einzelgänger. Sein Vater hatte den Plan, das Geschäft in München vollends aufzubauen und es dann in absehbarer Frist seinem Sohne zu übergeben. Die Eltern wollten dann ganz nach Streichen ziehen, wo es ihnen so gut gefällt ... Am 2. Dezember wollte er sich freiwillig zur Bundeswehr melden. Er war ja kein Gammler und kein Protestler, sondern wollte etwas Gutes aus seiner Zeit und aus seinen Gaben machen. Auch mach-

Onkel Ernst mit Reinhard

von links nach rechts, oben: Onkel Artur, ich, Onkel Ernst; unten: Tante Maria mit Reinhard, Tante Lene (Frau von Onkel Artur), Tante Irmgard (Frau von Onkel Leopold), ganz rechts: unbekannt

te er in jenen Tagen die Fahrschule, um sofort nach Vollendung des 18. Lebensjahres seinen Führerschein zu haben. Am 2. Dezember war er noch in der Fahrschule und kam um ¾ 9 Uhr heim, wie sonst. Er hatte den Plan, später Maler und Zeichner zu werden. Am 3. Dezember des vergangenen Jahres wollte er dann, nachdem er die vielen Formulare für die Bewerbung ausgefüllt hatte, einen Spaziergang machen, wie er oft zu tun pflegte; auch hier in Streichen. Und er kehrte nicht mehr zurück. Weil er ein großer Natur- und Tierliebhaber war, war er schon oft in den Wald gegangen. Dort wähnte man ihn dann. Nachdem er aber längere Zeit nicht zurückkehrte, kamen die Eltern in Sorge. Aber alles Suchen und Forschen führte zu keinem Ziel ... Am Ende der vergangenen Woche hat nun ein Pilzsucher im Perlacher Forst, dem riesigen Waldgelände bei München, den Leichnam des Jünglings gefunden. Die dorthin gerufenen Eltern konnten den noch gut erhaltenen Körper ihres Sohnes identifizieren und waren nun seines Todes gewiß geworden. An jenem kalten Wintertag hatte der Bub seinen dicken Wintermantel angezogen und ist in den Wald gegangen. Etwa 2 Stunden mußte er gegangen sein bis an jene Stelle im dichtesten Wald. Dort machte er ein kleines Feuer und setzte sich auf einen Baumstamm. Nur das Antlitz war frei von der schützenden Jacke, deren Kapuze er über den Kopf gezogen hatte. Dort fand dann das junge und hoffnungsvolle Leben seinen Abschluß. Bei 14 Grad Kälte starb der Jüngling, auf einem Baumstamm sitzend. Und noch in derselben Stunde begann es zu schneien. Bis in den April hinein bedeckte der tiefe Schnee jenes Tages den einsamen Leichnam, bis er nun gefunden wurde."

Reinhard wurde am 9. Juni 1970 gefunden, an meinem Geburtstag. Von der ganzen Tragödie wußten Hannelotte und ich damals zunächst gar nichts. Als wir schließlich davon erfuhren, wurde gesagt, daß Reinhards Selbstmord, anders als in der Predigt dargestellt, eine Verzweiflungstat gewesen sei. Er soll am Zwist der Eltern zerbrochen sein, Briefe von ihm sollen dies belegen.

Hannelotte und ich haben nie ein Gespräch mit Onkel Ernst über das „Warum" nach diesem Ende seines Sohnes gesucht, haben nicht mit Fragen nach den Umständen der Vermögensauflösung bzw. des Vermögensverfalls in Ebingen/Streichen/München, des Zerbrechens der Ehe in diesen einst so stattlichen, selbstbewußten, leistungswilligen und -starken, nun aber innerlich sicherlich schwer verletzten, wahrscheinlich sogar selbst zerbrochenen Mann eindringen wollen.

Onkel Artur, der Schmiedemeister, war nicht wie seine Brüder Heinrich, Ernst und Otto selbständig. Wenn ich es richtig im Gedächtnis behalten habe, übte er eine seinem Beruf entsprechende Tätigkeit bei den Königsberger Werken und Straßenbahn (KWS) aus. Über seine Lebensjahre bis zum Wiedersehen in Ebingen weiß ich nur wenig. Meine Mutter hat mehrmals erzählt, daß er als Junggeselle sehr ungesund, da überaus fettreich („er trank das Schmalz aus der Pfanne"), gelebt haben soll und sie einmal in diesem Stadium eine ausgedehnte Furunkulose bei ihm behandelt hat. Als wir uns 1951 nach all den Schicksalsjahren in Ebingen zum ersten Mal wieder die Hand gaben, ermahnte Tante Lene (s. u.) ihn, nicht mit seiner kräftigen Hand die meinige zu zerdrücken! Aus seiner Zeit als Wehrmachtssoldat hat er hiervon berichtet: Er hatte einmal den Auftrag, aus Kassel eine Lieferung für die Wehrmacht abzuholen (wahrscheinlich waren es dreiachsige Lkw der Firma Henschel). Dabei geriet er mit seinen Kameraden in einen englischen Nachtangriff. „Fritjof, es war furchtbar, viel schlimmer als an der Front!" War es der britische Terrorangriff vom 20. Oktober 1943, der das herrliche städtebauliche Juwel der Kasseler Altstadt in Schutt und Asche verwandelte? Bei der Kapitulation 1945 befand Onkel Artur sich in der

Tschechoslowakei. Mit ein paar Kameraden wurde er von den Tschechen in den Keller einer Brauerei gesperrt, wo sie in eisigem Wasser stehen mußten. Nach ein paar Tagen wurden sie dort von russischen Soldaten entdeckt und herausgeholt. „Fritjof, in diesem Augenblick empfanden wir sie als Befreier!“ Onkel Artur hat viel, aber nicht feindselig über den „Natschalnik“ (Lagerkommandant) seines Gefangenenlagers in der Sowjetunion erzählt und – wie es viele seiner Kameraden getan haben – als „Souvenir“ aus der Kriegsgefangenschaft ein Paar Holzklumpen mit Stoffoberteil mitgebracht und aufbewahrt. Er hat sie mir noch gezeigt. Auch Onkel Artur schilderte ein Standardritual bei der Entlassung seines Gefangenentransports in Frankfurt/Oder: Nach dem Zählappell habe der sowjetische Begleitoffizier die in breiter Front angetretenen ehemaligen Wehrmachtssoldaten gefragt: „Hat noch jemand Forderungen an die Rote Armee?“ Hatten sie damals ein Würgen im Hals – so quittierte er diesen Hohn jetzt mit Lachen.

Seine Frau, Tante Lene (Helene) Berg geb. Astecker hatte Onkel Artur in Vaters Bäckerei auf dem Steindamm 141 kennengelernt. Sie war dort Verkäuferin und fütterte uns Kinder, wie ich bereits berichtete, von meiner Mutter unbemerkt, mit Kuchen. Der Sandkuchen von „Tante Elli“ war herrlich. Onkel Artur/Tante Lene wohnten im Königsberger Stadtteil Ponarth.

Tante Lene war schon im Herbst 1944 mit Anneliese und Gudrun nach Anklam/Vorpommern gelangt (wahrscheinlich war Onkel Artur zu jener Zeit dort stationiert). Nach dem Einmarsch der Roten Armee 1945 befahl der sowjetische Stadtkommandant, daß alle Ostdeutschen in ihre Heimatorte zurückzukehren hätten. Wenn es dabei nicht um die Erfüllung eines Solls zur Gestellung von Zwangsarbeitern ging, war es an sich ein nach Eintritt der Waffenruhe sinnvoller und richtiger Befehl. Aber Tante Lene kehrte mit Anneliese und Gudrun nicht in ihre vertraute Heimatstadt, sondern in die Hölle auf Erden zurück. Wie sie auch für Tante Lene aussah, haben für alle Umgekommenen und Überlebenden in ihrem Tatsachenberichten Zeugnis abgelegt, u. a. Hans Deichelmann (Pseudonym, der Verfasser war Prof. Dr. med. Schubert) in „Ich sah Königsberg sterben – Aus dem Tagebuch eines Arztes“. (Verlag der Aachener Nachrichten 1948/49, in Buchform Minden 1995), Lucy Falk in „Ich blieb in Königsberg“ (2. Auflage München 1965), Elfriede Kalusche in „Unter dem Sowjetstern – Erlebnisse einer Königsbergerin in Nordostpreußen 1945–1947“ (München 1974), Erika Morgenstern in „Überleben war schwerer als Sterben – Ostpreußen 1944–1948“ (Kiel 1992), Erna Ewert/Marga Pollmann/Hannelore Müller in „Frauen in Königsberg 1945–1948“ (7. Auflage Bonn 2000).

Weitere Berichte:

Eberhard Beckherrn/Alexej Dubatow, Die Königsberg-Papiere – Schicksal einer deutschen Stadt, München 1994

Pfarrer Hugo Linck, Königsberg 1945–1948. o. J., Oldenburg um 1950 (in mindestens vier Auflagen erschienen)

Irmgard Fischer-Rohde, Weite Wege nach Königsberg, Frankfurt a. M. 1990

Michael Wieck, Zeugnis vom Untergang Königsbergs – Ein „Geltungsjude“ berichtet, Heidelberg 1988

Prof. Dr. med. Wilhelm Starlinger, Grenzen der Sowjetmacht, Beiheft IX zum Jahrbuch der Albertus-Universität Königsberg, Würzburg 1955

Es handelt sich bei allen um Dokumentationen, die allein die Auslöschung Königsbergs und der in der Stadt verbliebenen deutschen Bevölkerung zum Gegenstand haben. Starlinger analysiert darüber hinaus seine Erfahrungen mit prominenten Sowjetführern in sowjetischen Regimelagern.

Tante Lene mußte für die Russen Kartoffeln schälen. Sie wollte für ihre beiden Kinder, die als „Nichtproduktive“ ohne Lebensmittelbezugsmarken mehr noch als „produktive“ Erwachsene dem Hungertod ausgeliefert waren, Kartoffelschalen zum

Abkochen mitnehmen. Sie wurden ihr von russischen Soldaten mit dem Kommentar „Gitler“ aus der Hand geschlagen. Meine Cousine Gudrun ist verhungert. Tante Lene hat sie – es gab weder reguläre Beerdigungen noch Särge etc. – in eine Ruine gelegt. Anneliese, die am 26. Januar 1945 zehn Jahre alt geworden war, hat sich – und auch ihre Mutter, Tante Lene – durch Betteltouren nach Litauen ab und an ein paar „Produkte“ besorgen können. Beide sind so am Leben geblieben. Nach ihrer Ausweisung aus dem am 4. Juli 1946 durch Erlaß des Präsidiums des Obersten Sowjets der UdSSR in „Kaliningrad“ umbenannten Königsberg mußten Tante Lene und Anneliese zunächst einmal in Anklam (welch ein Wiedersehen!) oder Quedlinburg eine SBZ-Quarantäne durchlaufen. Sie haben sich dann bald in die Westzonen abgesetzt. Wie sie wieder mit Onkel Artur zusammenfanden, ist mir entfallen.

Dies alles mußte ich erst einmal „verdauen“. Aber dann fand sie, Annelieses Einsegnungsfeier, wie von Tante Maria in ihrem Einladungsschreiben nach Ebingen angekündigt, in einer für mich nach dem Leeser Lebenszuschnitt überwältigenden Form statt. Natürlich hatte ich am Einsegnungsgottesdienst teilgenommen. Für den „weltlichen“ Teil hatte Tante Lene, die die Koch- und Backkunst ebenso vollendet beherrschte wie Tante Grete und „Mieze“, wahrscheinlich unter Mithilfe der beiden, alles so vorbereitet, daß die Tische nach der ostpreußischen Devise „gut und reichlich“ „brachen“. Alle Ebinger Bergs waren versammelt. Selbstverständlich wurde auch „anständig“ gepichelt, mehr als nur einer „zur Brust, gegen die Würmer, damit einem nicht schlecht wird, auf den Diensteid genommen“, wie diese und andere ostpreußische Trinksprüche lauteten, die ich nun allesamt zum ersten Mal hörte – und behielt. Sicherlich wurde auch einer auf mein Abitur „verlötet“. Aber es waren insgesamt weniger „kurze Sachen“, hauptsächlich wurde Bier und Wein getrunken. Als dieser am nächsten Morgen, so bei halb zwei Uhr, zu Ende ging, kam eines der Talente von Onkel Ernst zum Vorschein: genießen, schweigen, dann „groß herauskommen“. Er hatte die ganze Zeit auf einem Sessel in einer Zimmerecke gesessen und unbemerkt dahinter ein paar Weinflaschen gehortet. Auch sie mußten noch „dran glauben“, bevor am frühen Morgen „Feierabend“ war. Da ich ja bei Onkel Ernst und Tante Maria wohnte, konnte ich getrost „da bleiben“ und abwarten, bis er Schluß machte und zur Paulinenstraße 6 aufbrach.

Im Zusammenhang mit dem „Feste feiern, wie sie fallen“ möchte ich den Rückblick auf ein solches anschließen, als im „Stift“ 1951 oder vielleicht auch erst 1952 der Besuch des Cousins der Berg-Geschwister, des Ofensetzermeisters Artur Gohrt, gefeiert wurde, dessen Identität sich Onkel Leopold ja nach seinem gescheiterten Ausbruchversuch aus russischer Kriegsgefangenschaft zugelegt hatte. Außer meinem Vater und dem in Schramberg/ Schwarzwald lebenden ältesten Bruder, Onkel Willy, war wieder alles versammelt, was in Ebingen unseren Familiennamen Berg trug. Es stellte an Stimmung und überbordendem Lachen alles in den Schatten, was ich dort an „Feste feiern“ erlebt habe. Denn das unerschöpfliche Thema „Goldbach“, wo alle Berg-Geschwister aufgewachsen waren, hatte im „Stift“ so elementar Einzug gehalten, daß „die Wände wackelten“. Einer überbot immer den anderen bei der Herbeirufung von Personen, Originalen, Namen und Ereignissen in einem Dorf, das den Stoff für einen Roman hätte abgeben kennen. Großvater Wilhelm Berg, Opa – wenn seine Söhne und Töchter von ihm sprachen, sagten sie immer respektvoll „der Vater“ – kehrte in seinen vielen Goldbacher Rollen ins Leben zurück. Er wurde im Dorf „der Doktor“ genannt, da er als eine Art „Heilpraktiker“ manche Wehwehchen auskurieren half und die staatlich verordnete Trichinen- und Fleischbeschau durchführte. Im Gasthaus Peterson war er wegen seiner geselligen und mit mancherlei Schwänken und Possen wie auch Bänkelgesängen und Moritaten unterhaltsamen Art ein gern gesehener Gast. Sei-

Anneliese in ihrem Einsegnungskleid

ne Schlagfertigkeit wurde mit seinen plattdeutschen Antworten auf vorwitzige Worte seiner Nachbarn wieder Gegenwart:

Obwohl er seinen Malerberuf nicht mehr ausübte, hatte er in seinem Malerschuppen noch viele Farbdosen, -eimer und anderes Malerzubehör aufbewahrt, ich habe es selbst noch vor Augen. Auf die eigentliche Zwecklosigkeit von Schuppen und Malerutensilien anspielend, wurde er also gefragt: „Willem, wat mokst (was machst Du) mit dem Schuppen?“ „On wenn eck em Kat ropset!“ (und wenn ich eine Katze da raufbefördere) bekam der Naseweis zur Antwort. Opa verschloß seinen Schuppen auch gewissenhaft. Dabei wurde er einmal belehrt: „Da ward Di niemand wat rutdreje!“ (da wird Dir niemand etwas raustragen). Kürzer konnte die Zurechtweisung nicht lauten: „Ond rindreje ook nich!“ (und reintragen auch nicht). Als er einmal an einer handbetriebenen (großes Schwungrad mit seitlichem Handgriff) Häckselmaschine vorbeiging, mit der ein Nachbar Futterrüben zerkleinerte, wurde er aufgefordert: „Willem, komm drelle, moakt Spaß!“ (Wilhelm, komm' das Schwungrad drehen, es macht Spaß!). Opa antwortete seelenruhig: „Dann drell man wieder, eck will Di dem Spoaß nich verdarwe!“ (dann dreh' man weiter, ich will Dir den Spaß nicht verderben!). Vielleicht war es derselbe Nachbar, der einmal die im Hause anwesenden Berg-Söhne zur Mithilfe bei irgendetwas aufgefordert hatte. Er muß sich wohl über den mäßigen Erfolg seiner Aufforderung beschwert haben, denn Onkel Leopold zitierte seine Reaktion: „Oawer de Schaauspieler, de ligd opem Sofa un säd nuscht!“ (aber der Schauspieler, der liegt auf dem Sofa und sagte nichts!).

Onkel Leopold erzählte auch anschaulich, er sei einmal als Junge in den Wipfel einer der riesigen Kastanien hinaufgeklettert, die auf der dem Berg-Wohnhaus zugewandten Seite den nahe gelegenen Friedhof abgrenzten. Dort habe „der Vater“ nach langem vergeblichen Suchen seinen Sohn entdeckt. Hilflos und in Sorge um eine heile Rückkehr Leopolds zur Erde habe „der Vater“ ihm mehrfach zugerufen: „Jungchen, komm’ runter, Dir passiert auch nichts!“

Von Pfarrer Seemann, dem Dorfpolizisten oder Postmeister Dittrich und schrulligen Dorfbewohnern wie dem „Kootzer“ und Jucknies war die Rede. Aber auch diese bekannten Dorfbewohner versammelten sich um uns, die Bauern Heymuth, Mertsch, Erzberger, der „Besitzer“ von Gut Köwe Panzer, Schulz (er war leidenschaftlicher Jäger und als solcher regelmäßiger Gast bei Treibjagden in Vaters Revier im Kreis Pr. Eylau, ich habe ihn als sagenhaft treffsicheren Schützen in Erinnerung), der Fleischer Angrabeit, der Schmied Bressem (bei dem Onkel Artur gelernt hatte), der Sattler Jährling, der Bäcker Schergaut, natürlich immer wieder der Gastwirt Peterson, vor allem aber die unmittelbaren Hausnachbarn Bohn, Unruh und der benachbarte Bauernhof Rohmann.

Hier nahm unter ständigen Lachsalven den breitesten Raum der nicht mehr im Arbeitsleben stehende und im alkoholischen Dauerdelirium befindliche Maurerpolier Meyer ein. Er wohnte oder hauste in einem Raum im Parterre des Wohnhauses Berg. Er sprach die Berg-Kinder mit ihren Vornamen an, also „Fräulein Grete“, „Herr Leopold“ usw., sie ihn mit „Meister“. Diese beiden waren es denn auch, die diese Dialoge mit „Meister Meyer“ bühnenreif wiedergaben: Meyer habe „den Vater“ einmal angesprochen: „Ond Du weerscht nich?“ (Und Du warst nicht da?). „Wo denn, was denn?“, habe „der Vater“ geantwortet. Darauf Meyer: „Bie mie weer Kino.“ (Bei mir war eine Kinovorstellung). Opa ungläubig: „Bie Die weer Kino?“ Meyer: „Ja, de Ritter weer ook. De Poppkes jinge op’m Paneelbrett spazere.“ (Ja, der Ritter – Dorfgendarm? – war auch da. Die Puppen gingen auf der Oberkante der Paneeltäfelung spazieren.) Wenn Meyer sich bei Peterson – mit seinen Worten – „wedder moal de Klompe anständig vollgeschopft“ hatte (ostpreußische Redensart für betrunken sein – wieder einmal die Klumpen/Schuhe anständig vollgeschöpft), mußte er, von einer Dorfnebenstraße kommend, immer nach links abbiegen und auf einem stark ansteigenden Weg sein oben auf der rechten Wegseite stehendes Domizil ansteuern. Er visierte dann schwankend zunächst von einem Zaunpfahl links am Beginn des Aufstiegs einen auf der Höhe stehenden an. Als er einmal bei Dunkelheit am Haus angelangt war, fiel auf die vor der Giebelseite mit dem Hauseingang befindliche Bleiche (laut „Der Neue Brockhaus", Erster Band A-E, Leipzig 1938, „wird bei der natürlichen Rasenbleiche unter der Einwirkung des Sonnenlichts aus dem Wasser Sauerstoff freigemacht, der im Entstehungszustand ein außerordentlich starkes Oxidationsvermögen besitzt." Die Kochwäsche wurde auf diese natürliche Weise damals – ohne die heutigen chemischen „Weichmacher" – also noch weißer und ansehnlicher) aus den erleuchteten Fenstern im oberen Stockwerk Lichtschein. Zufällig begegnete dem „Meister" Tante Grete. Auf den auf den Bleicheplatz fallenden Lichtschein hinweisend, fragte Meyer sie in „gewählten" Worten (er hatte ja auch viel auf Gütern gearbeitet und sich dort manches angeeignet): „Fräulein Grete, hat Ihre Frau Mutter Wäsche gespreizt?" Tante Grete: „Nein Meister, wie kommen Sie denn darauf?" Darauf er: „Ach, dann ist das der künstliche Dünger, der im Dunkeln leuchtet."

Onkel Leopold erzählte immer wieder, so auch im „Stift", von einem Naturkundeunterricht, den Meyer ihm einmal erteilte. Ende August versammelten sich, wie überall in Ostpreußen, so auch in Goldbach an der Deime, in großer Zahl immer die Störche am hohen Himmel und übten in weiten Kreisen mit geringem Flügelschlag den Abflug nach Afrika. Meyer, auf irgendeine Bemerkung von Onkel Leopold zu diesem herrlich anzusehenden Naturschauspiel, das sie einmal gemeinsam beobachteten: „Der Älteste, der steigt mit ihnen in de erste, dann in de zweite und dann in de dritte Wolkeschicht." Onkel Leopold: „Und dann?" Meyer: „Aber Leopold, Sie sind doch intelligent. Von da een

Flochteschlag (Flügelschlag) und noch e Flochteschlag, und dann sind se in Afrika."

Auch die „Heringswette" wurde von Onkel Leopold im „Stift" natürlich zum Besten gegeben. Er hatte mit dem ungläubigen Meyer eine Wette abgeschlossen, daß es in der an Goldbach vorbeifließenden Deime (Nebenfluß des Pregel, der diesen mit dem Kurischen Haff verbindet) Heringe gibt. (Salzwassermeeresfisch in einem Süßwassergewässer?) Er besorgte bei Peterson einen Salzhering (Fässer mit Salzheringen gehörten damals zur Grundausstattung eines jeden Lebensmittelgeschäfts auf dem Lande), wickelte ihn in einer Tasche ein und ging mit Meyer samt Angelgeschirr an die Deime. Dort befestigte er, von Meyer unbemerkt, den Hering am Angelhaken und warf ihn mit der Angelschnur ins Wasser. Onkel Leopold hielt die Angelrute, das „Flottchen" (Schwimmer, der von dem am Köder anbeißenden Fisch ins Wasser gezogen wird und so dem Angler das Anbeißen meldet) schwamm ruhig auf dem Wasser. Bis Meyer aufgeregt schrie: „Sehne Se, er tibbert all. Tene Se em rut, tene Se em rut!" (Sehen Sie, er „tibbert" schon, d. h. der Fisch hat angebissen und das „Flottchen" gezogen, ziehen Sie ihn raus, ziehen Sie ihn raus!) Onkel Leopold tat es und schleuderte mit theatralischem Schwung den Salzhering auf das Ufer. Er nahm ihn vom Haken. Meyer stürzte darauf zu, biß in den Hering hinein und sagte fassungslos: „Wat Dievel es dat?" (Was für ein Teufel ist das?) Beim anschließenden Phototermin wurden „Herr Leopold", „Meister Meyer" und der Hering am Haken „auf die Platte" gebannt (Negativplatte aus Glas, die von der revolutionären Entwicklung der Phototechnik durch die Zelloloid-Filmstreifen verdrängt wurde).

„Zum Brüllen" – ja, die Wände „wackelten" vor Lachen manchmal an diesem Abend – war auch diese Begebenheit, für die Onkel Ernst als Junge gesorgt hatte: Auf jedem Bauernhof, in jedem Gewerbe- und Handwerksbetrieb gab es zu jener Zeit eine „Zentnerwaage", Fachbezeichnung „Brückenwaage". (Ungleicharmige

Nach der Heringswette

Hebelwaage, bei der die Last auf einer Plattform – „Brücke" – ruht, das Gegengewicht in einem viel geringeren Gewichtsverhältnis auf einer Schale.) An einer solchen muß Onkel Ernst sich wohl mit einer herumknauenden Katze (ostpreußischer Ausdruck, „knauen" = weinerlich jammern) betätigt haben, als er von einem vorbeikommenden Nachbarn gefragt wurde: „Eanta, wat mokst mit dem Koata?" (Ernst, was machst Du mit dem Kater?) Seine Antwort: „Eck heb em jewoge!" (Ich hab' ihn gewogen!)

Weniger lustig war ein Einfall meines Vaters mit einem anderen Bengel aus dem Dorf, der in die Reihe der Max- und Moritz-Streiche gehört hätte, lange Zeit für Aufregung gesorgt haben soll, aber nie aufgeklärt worden ist: Anlieger pflegten auf Wiesen am Deimeufer ihre Kochwäsche zu bleichen. Auf diesen „Stolz der Hausfrau" hatte nun mein Vater zusammen mit dem anderen Lorbaß/Luntruß (ostpreußischer Ausdruck für Lausebengel) nach dem Baden im Fluß mit moddrigen Füßen seine Siegel gedrückt ... Wären die Urheber dieses üblen Streichs entdeckt worden, wäre mein so gutmütig-nachsichtig-versöhnlicher Großvater gegenüber seinem „Söhnchen" wahrscheinlich doch einmal zur gerechten Strafe geschritten.

Onkel Artur Gohrt erzählte an jenem Goldbach-Abend eine Geschichte, die die Sparsamkeit und Gewissenhaftigkeit, aber auch die darin eingeschlossene Härte jener Zeit zum Ausdruck bringt: Er war Lehrling bei seinem Vater. Auf der Rückfahrt mit dem Fahrrad nach Tapiau bemerkte einer von den beiden, daß sie auf einer Baustelle in Koewe (Gut, etwa zwei km hinter Goldbach liegend, von dort stammte der berühmte Schauspieler Paul Wegener) einen Meißel vergessen hatten. Sohn Artur mußte zurückradeln und den Meißel holen – es war ein „Heimweg" von zusätzlich 15 Kilometern!

Onkel Willy und seine Frau, meine zweite Tante Grete, waren bei dem unvergeßlichen „Goldbach-Fest" in Ebingen nicht dabei. Sie wohnten in Sulgen/Schramberg-Schwarzwald. Nicht nur die

Onkel Leopold, der Schauspieler, ahmte bei seinen meisterhaften Meyer-Erzählungen auch stets die zugehörige Meyer-Mimik nach: Zwischen rechtem Daumen und Zeigefinger drehte sich die Hand um die Nasenspitze, dazu hatte Meyer geschnalzt.

Verkehrsverbindungen nach Ebingen waren umständlich, die Fahrt dorthin – das kann für unseren damaligen Neubeginn nicht oft genug gesagt werden – war sicherlich auch eine Geldfrage.

In Königsberg war Onkel Willy unselbständiger Bäckermeister gewesen und als langjähriger Werkmeister lange Jahre in Vaters Betrieb sowohl auf dem Steindamm als auch in der Schrötterstraße angestellt. Wie seine jüngeren Brüder Leopold, Ernst und Artur geriet auch er (in Königsberg) in russische Kriegsgefangenschaft. Dank ihrer von Natur mitgegebenen Gesundheit und Widerstandskraft hat auch er im Gegensatz zu Millionen anderen diese überlebt.

Onkel Willy und Tante Grete wohnten in Königsberg in der Hermann-Göring-Straße 57a. Er war ein sehr bedachtsamer, rücksichtsvoller, zurückhaltender Mensch, wie mein Vater Träger des Goldenen Ehrenzeichens der NSDAP, wie dieser über alle heutigen Herabsetzungen, Verunglimpfungen, Schmähungen, Verleumdungen erhaben. Sie hatten sechs oder sieben Kinder.

Der Älteste von ihnen, ebenfalls mit dem Vornamen Willi, war schon Soldat. Er geriet bei Kriegsende in englische Kriegsgefangenschaft und hat überlebt.

Es ist erschütternd, seinen Brief vom 13.2.55 an meinen Vater zu lesen, aus dem sich ergibt, daß er zehn Jahre nach Kriegsende immer noch nichts über das Schicksal seiner Eltern wußte und diese umgekehrt nichts vom Überleben des ältesten und neben Gregor zweiten ihrer Kinder:

> „Lieber Onkel Heinrich!
> Habe Deine Adresse im Ostpreußenblatt gelesen und möchte mal anfragen, ob Du nicht weißt, wo sich jetzt meine Eltern befinden. Ich bin nämlich der älteste Sohn Willi von Deinem Bruder Wilhelm und seiner Frau Margarete geb. Kunter. Wir haben zuletzt in Königsberg Herrmann-Göring-Str. 57a gewohnt. Seitdem ich zum R.A.D. (Anm.: Reichsarbeitsdienst,

für den für alle Heranwachsenden beiderlei Geschlechts eine allgemeine Dienstpflicht bestand) gekommen bin, hatte ich keine Gelegenheit mehr, nach Hause zu kommen.
Ich habe auch vor, zur 600-Jahrfeier[1)] nach Duisburg zu fahren, es ist nicht sehr weit von hier entfernt. Vielleicht finde ich dort jemanden von meinen Angehörigen. Lieber Onkel, wenn Du etwas weißt, dann sei bitte so gut und teile es mir mit.
Nun herzliche Grüße an Dich und Deine Angehörigen von
Familie Willi Berg
Oedt, Kirchplatz 10, Kr. Kempen, Krefeld"

Vom Schicksal der anderen, Tante Grete und meinem um ein Jahr älteren Cousin Gregor haben wir bereits in Band 1 gehört. Er war bei der Belagerung Königsbergs durch die Rote Armee zum Volkssturm eingezogen worden oder hatte sich freiwillig gemeldet. Wenige Tage vor dem Sturmangriff Anfang April 1945 hat sein Einheitsführer, ein Wehrmachtsoffizier, ihm und anderen Gleichaltrigen befohlen: „Jungs, Ihr geht jetzt nach Hause!" (Anm.: Wenn sie noch ein unzerstörtes hatten, ihre Eltern noch lebten und/oder nicht geflüchtet waren.) Das hat Gregor wahrscheinlich das Leben gerettet. Aber er wurde nach Erstürmung der Stadt verhaftet und ein Jahr lang in dem von den Sowjets im ehemaligen Polizeipräsidium am Nordbahnhof/General-Litz-

---

1) Anm.: Es handelte sich nicht um die 600-, sondern um die 700-Jahrfeier Königsbergs in dessen Patenstadt Duisburg, bei der die Landsmannschaft Ostpreußen und die Stadtgemeinschaft Königsberg (Pr) vor Tausenden von Teilnehmern und einer bundesweiten Öffentlichkeit durch Königsberger Persönlichkeiten, Programm und Veranstaltungen noch einmal das eindrucksvolle und mahnende geschichtliche, kulturelle und politische Antlitz der östlichsten deutschen Großstadt zur Geltung bringen konnten. Meine Eltern, andere Familienangehörige und ich haben an der Jubiläumsveranstaltung teilgenommen. Ich kann mich aber an keine Begegnung mit meinem Cousin Willi erinnern. Zweifelsohne wird mein Vater nach Erhalt des Briefes sofort die Verbindung zwischen seinem Bruder und seinem Neffen hergestellt haben. Willi war mit den Seinen Teilnehmer an der großen Familienfeier zum 80. Geburtstag meines Vaters.

mann-Straße eingerichteten NKWD-Gefängnis eingekerkert. Nach seiner Entlassung fand er seine Mutter nicht wieder, wußte nicht, ob sie noch lebte. Eine etwas ältere Lettin, Velta, nahm sich seiner an, sie haben geheiratet und lebten in Riga. Da die Stadt „Lettische Sowjetrepublik" und Gregor in ihr nun „Sowjetbürger" geworden war, war ihm auch der Besuch seiner Heimatstadt Königsberg möglich. Bei einem späteren Besuch seiner Eltern und unserer Verwandten in Süddeutschland soll er erzählt haben, daß, als er seine frühere Wohnung in der Hermann-Göring-Straße aufsuchte, die jetzigen Bewohner erklärt hätten: „Also, wenn die Deutschen zurückkommen, machen wir die Wohnung natürlich frei." (Angesichts meiner eigenen späteren Erlebnisse z. T. ganz anderer Art bemerkenswert!)

Seine Frau Velta ist vor ihm verstorben, er blieb allein in Riga und siedelte nicht in die Bundesrepublik über, blieb aber ganz bewußt Deutscher. Meine Schwestern und mein Schwager haben ihn viele Jahre hindurch finanziell unterstützt, unter anderem seelisch-geistig auch durch regelmäßige Zusendung des Ostpreußenblatts. Ich selbst konnte ihm durch gute Verbindung zum zuständigen Beamten im Auswärtigen Amt in Bonn nach 1990 bei der Wiedererlangung seiner deutschen Staatsangehörigkeit behilflich sein. Bei einem Besuchsaufenthalt bei meinem jüngeren Bruder in Eisbergen bei Minden haben Gregor und ich uns wiedergesehen und praktisch erst richtig kennengelernt. Sein abgrundtiefer Haß gegen Russen und alles Russische ist nicht mehr von ihm gewichen, ebenso seine unverbrüchliche Treue zu Deutschland. Gregor ist in Riga zu einem uns allen unbekannten Datum verstorben.

Bei Gregors abgrundtiefer Ablehnung alles Russischen und seiner feindseligen Einstellung gegenüber „den" Russen sollte der Leser bedenken, daß er wahrscheinlich miterleben mußte, wie sein drei Jahre jüngerer Bruder Manfred in den Armen seiner Mutter verblutete, als ein Angehöriger der laut amtlicher sowjetischer und in allem offiziell aufrecht erhaltenen russischen Geschichtsschreibung ach so „ruhmreichen Sowjetarmee“ ihm bei der Eroberung Königsbergs ein Messer oder einen Dolch in den Rücken gestoßen hatte. Es ist auch eher wahrscheinlich als unwahrscheinlich, daß Gregor ebenfalls miterleben mußte, wie seine Mutter – allen in der Heimat zurückgebliebenen Frauen und Mädchen gleich – bestimmt immer und immer wieder vergewaltigt wurde. Wer es nicht glauben will, daß die Sowjetsoldaten dieses Massenverbrechen selbst in Gegenwart von Ehemännern, Kindern, Eltern, Geschwistern der davon betroffenen Frauen und anderer Personen verübten, der möge sich von den zuvor angeführten Zeugnissen eines Besseren belehren lassen. Erna Rinklin hat ihrem dort nicht aufgeführten Erlebnisbericht als Titel die Frage gegeben, die sie als achtjähriges Mädchen ihrer Mutter stellte, als diese von ihren Vergewaltigern fortlaufend zur Schändung abgeführt wurde: „Mama, was wollen diese Männer?“ (München 1999).

Gregor ist bei seiner Haltung selbst dann geblieben, wenn ihm daraus höchste Gefahren für Leib und Leben erwachsen konnten. Als er nach 1990 zu einem zweiwöchigen Besuch bei meinem Bruder und seiner Frau in Eisbergen gekommen war, bin ich zu ihnen gefahren, um meinen Cousin ebenfalls wiederzusehen oder de facto richtiger neu kennenzulernen. Gregor war wegen seines Lebens in Riga ja unentrinnbar Sowjetbürger geworden und unterlag als solcher der sowjetischen Wehrpflicht. Er erzählte hierzu, wie er sich der Ableistung des Militärdienstes in der Roten Armee widersetzt hatte. Er leistete dem Musterungsbefehl Folge und erschien vor der Musterungskommission, der ein hoher Offizier angehörte – mit dem Gruß „Heil Hitler!“ Sie hätten ihn daraufhin ohne weitere Worte achtkantig aus dem Zimmer herausgeschmissen. Alsbald habe er einen zweiten Musterungsbefehl erhalten. Bei seinem Erscheinen habe er seinen Auftritt wie beim ersten Mal wiederholt. Daraufhin habe ihm der Vorgesetzte der Prüfungskommission angedroht: „Du kommst nach Sibirien!" Gregor, die Rolle des nicht Zurechnungsfähigen zu Ende spielend: „Oh, wie schön, da wollte ich ja schon immer mal hin!" Damit war er auch diesmal „entlassen".

Es kann sich bei Gregors Bericht um keine „Münchhausiade" handeln. Denn wäre er mit seinem §51-Rollenspiel (§51 berühmter deutscher Strafrechtsparagraph, der die strafrechtlichen Folgen von fehlender oder verminderter Zurechnungsfähigkeit regelt) gescheitert, wäre er mit Gewalt in die Sowjetarmee gepreßt worden, die ja keinen „Ersatzwehrdienst" wie die Bundeswehr z. Zt. der allgemeinen Wehrpflicht kannte, oder auf Nimmerwiedersehn tatsächlich nach Sibirien verbannt worden.

Seine Mutter, Tante Grete, die er nicht wiedergefunden hatte, hatte in Königsberg überlebt. Wann sie von dort ausgewiesen und Onkel Willy aus russischer Kriegsgefangenschaft entlassen wurde, wie sie sich wiedergefunden haben, ist mir unbekannt. Sie lebten zunächst in der Sowjetischen Besatzungszone. Dort wurden zwei Kinder nachgeboren, Brigitte und Adalbert.

Brigitte und Tante Grete

Treffen der Berg-Geschwister – wohl anläßlich des 75. Geburtstags meines Vaters – 1974 im Schwarzwald, Nähe Sulgen/Schramberg, Wohnort von Onkel Willy: von links nach rechts: Wilhelm (*1898), Heinrich (*1899), Leopold (*1901), Elisabeth (*1903), Maria (*1905), Margarete (*1907), Artur (*1911); es fehlen: Otto (*1909, gefallen), Ernst (*1913)

Kirche Goldbach, Taufkirche aller Berg-Geschwister

Kirche Goldbach bei meinem ersten Nachkriegsbesuch noch zur sowjetischen Sperrgebietszeit August/September 1990. Kirchenschiff wie zahllose andere völlig unzerstört gebliebene massive Gebäude im russisch annektierten Teil Ostpreußens als Ziegelsteinbruch verwendet, dabei „gewonnene“ Ziegelsteine zur DM-Zeit für 1,–/Stück ins Baltikum „verkauft“.

Friedhof Goldbach – erbrochene Gräber ohne Ende. „Ruhte“ in diesem Großmutter Berg? Das gleiche Bild im sowjetrussisch okkupierten Teil Ostpreußens bot sich unverändert noch jahrelang allüberall.

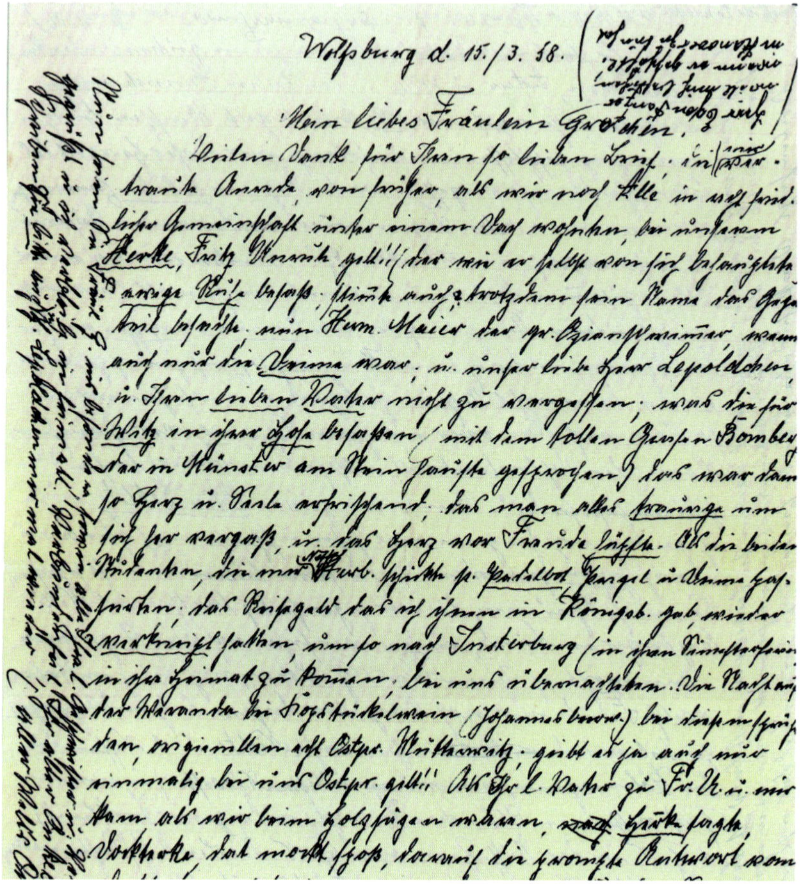
Wolfsburg d. 15./3. 58.

Mein liebes Fräulein Gretchen.

Dieser Brief des Goldbacher Berg-Familiennachbarn August Klein, dem wir als Jagdgast in Vaters Jagdpachtrevier Penken-Seeben, Kr. Pr. Eylau, bereits in Bd. 1 begegnet sind, schildert einige Bergs und auch anderes noch so unmittelbar und mit unverwechselbarem ostpreußischem Gemüt, daß ich ihn nachfolgend von „deutscher Schrift“ in Schreibmaschine transkribiert auszugsweise wiedergebe. (Wenn er Opas „Ich will Dir den Spaß nicht verderben“-Geschichte beim Holzsägen beschreibt und nicht wie bei Tante Grete immer wieder beim Rübenhäckseln, ist das für die Essenz dieser Geschichte unerheblich.)

Wolfsburg, d. 15.3.58

Mein liebes Fräulein Gretchen!

Vielen Dank für Ihren so lieben Brief; die mir vertraute Anrede, von früher, als wir noch Alle in recht friedlicher Gemeinschaft unter einem Dach wohnten, bei unserem Herke, Fritz Unruh gelt!! (der wie er selbst von sich behauptete) ewige Ruhe besaß; stimmte auch? trotzdem sein Name das Gegenteil besagte; nun Herm. Maier der gr. Ozianschwimmer, wenn's auch nur die Deime war; u. unser lieber Herr Lepoldchen, u. Ihren lieben Vater nicht zu vergessen; was die für Witz in ihrer Hose besaßen (mit dem tollen Grafen Bomberg, der in Münster am Stein hauste gesprochen) das war dann so Herz u. Seele erfrischend; das man alles traurige um sich her vergaß, u. das Herz vor Freude hüpfte. Als die beiden Studenten, die mir Neffe Herb. schickte p. Padelbot Pregel u. Deime passierten; das Reisegeld das ich ihnen in Königsb. gab, wieder verkneipt hatten, um so nach Insterburg in ihren Semesterferien, in ihre Heimat zu kommen; bei uns übernachteten. Die Nacht auf der Weranda bei Kopstückelwein (Johannisbeerw.) bei diesem sprühenden, origienellen echt Ostpr. Mutterwitz; giebt es ja auch nur einmalig bei uns Ostpr. gelt!! Als Ihr l. Vater zu Fr. U. u. mir kam, als wir beim Holzsägen waren, Herke sagte, Dockterke, dat mockt spoß, darauf die prompte Antwort vom Dockterke; nah spost man wieda, ek wel ju den Spoß nich vardarwe; setzte sich auf den Hauklotz u. sah uns ganz gemütl. zu; mit Entachen (Anm.: Ernst) auf Fuchsfahrten p. Schleife (Anm.: flacher Schlitten mit Ladefläche) u. 30. Grad Frost, mit Lepoldchen u. Ihnen Fräul. G. auf Pilzensuche im Köwer Wald gelt!! war das nicht schön?? dem lieben Otto dem großen Wiedo tresseur (Anm.: war dann im Krieg Opas Dackel, er wurde von einem Bus überfahren, es herrschte große Trauer) u. erstkl. Schützen, u. waidgerechten Jäger.

Er starb für's Vaterland; habe ihn in gutem Andenken; Liesbetchen, Artur u. Willi, u. den lieben Heinrich nicht zu vergessen; Ihr wahrt mir Alle liebe u. gute Menschen, die ich in mein Herz geschlossen, u. die solange mir unser Herrgott das Leben schenkt, nicht vergessen werde. Diese mir so lieben Erinnerungen, geben meinen alten Tagen immer wieder neuen Auftrieb. Es wäre wahrlich, unausdenkbar schön, könnten wir noch einmal Alle so zusammen kommen, u. uns in lieben, heimatl. Erinnerungen ausplaudern. Nun habe ich doch den Namen vergessen von Ihrer Frau Schwester, mit der ich beim l. Heinrich zur Einsegnung zusammen war u. dann noch 1. Nacht bei ihr Logiert (Anm.: gemeint offensichtlich die Einsegnung von meinen Schwestern und mir, siehe Band 2.2, übernachtet hat er dann bei Tante „Mieze" in Luthe bei Wunstorf) u. wir fuhren noch zusammen nach Hannover mit ihrem Sohn (gemeint mein Cousin Horst Schillock), wo wir ihren ehem. Mann, den Deplomlandwirt, nebst seinem Bruder (Anm: Berufsangabe richtig?) trafen?? – gelt!! wie heißt sie doch? – Den lieben guten Otto Deblitz (Anm.: Lebte auf Gut Köwe, er war ebenfalls passionierter Waidmann, manchmal Gast auf Vaters Treibjagden, mag sein, daß er in Köwe Gutsverwalter oder Privatförster war) möchte ich ja auch noch zu gerne mal sehen u. sprechen; ich glaube das er auch zahm geworden ist (u. seiner lieben Frau recht gehorsam). So manche Schnurren, die wir gegenseitig berissen mit Willi Erzberger im Bunde, würden wir sicher noch vom Stapel lassen ...

Ich trau mich schwerlich mehr auf Reisen zu begeben; mit bald 81. Lenzen. Nun habe ich wieder einmal aus der Schule geplaudert u. in heimatl. Erinnerungen geschwelgt.

Vielen herzl. Dank für Ihre so liebe Einladung; leider wird das nicht mehr gehn. Nun seien Sie Fräul. G. insbesondere, sowie alle Ihre l. Geschwister u. Verwandten recht recht herzl. gegrüßt u ich verbleibe in heimatl. Verbundenheit, Ihr alter Onkel August Klein. Schreiben Sie bitte auch u H. Lepoldchen mir mal wieder (aller Welt's – erster Buchstabe unlesbar – .nk!!??)

(Unveränderte, in allem buchstabengetreue Abschrift, FB.)

Friedrich Wilhelm Gustav Berg
Mein Großvater vor Holzwand mit „Widu“, Brennholzvorrat außer großen Kegeln für die Ofenheizung im Winter und den Küchenherd, bevor ein Elektroherd ins Haus kam.

Großvaters Tabakpfeife und Tabakdose, beides wunderschöne ostpreußische Erbstücke – ich war so manches Stündchen bei ihm, wenn er Goldbacher „Schnurren“ zum Besten gab oder Fritz Reuter rezitierte, z. B. „Ut de Franzosentid“, und dabei seine Pfeife stopfte und schmauchte, in den Notzeiten nach 1945 auch mit Pflaumenblätterverschnitt, gehäckselten Tabakpflanzenstielen u. ä. Einen lang andauernden Vorrat an Tabakwohlgerüchen brachten große Geschenkdosen in den Paketen von Tante Liesbeth aus den USA.

Großmutter Elisabeth Auguste Berg mit Tante „Mieze“ und Cousin Horst Schillock. Mutter von zehn Kindern, von denen eines schon im Kindesalter verstarb.

Das Zuhause der Goldbacher Bergs, Gemälde von Horst Schillock im Stil der sog. „naiven Malerei“. Im hinteren Hausteil links wohnten auch Fritz Unruh und August Klein. Das Haus lag zwischen den Gehöften Rohmann (im Bild oben) und Erzberger. Vor der Giebelseite mit Hauseingang wird Wäsche gebleicht.

Feldpost von Oberleutnant Dr. Hasse

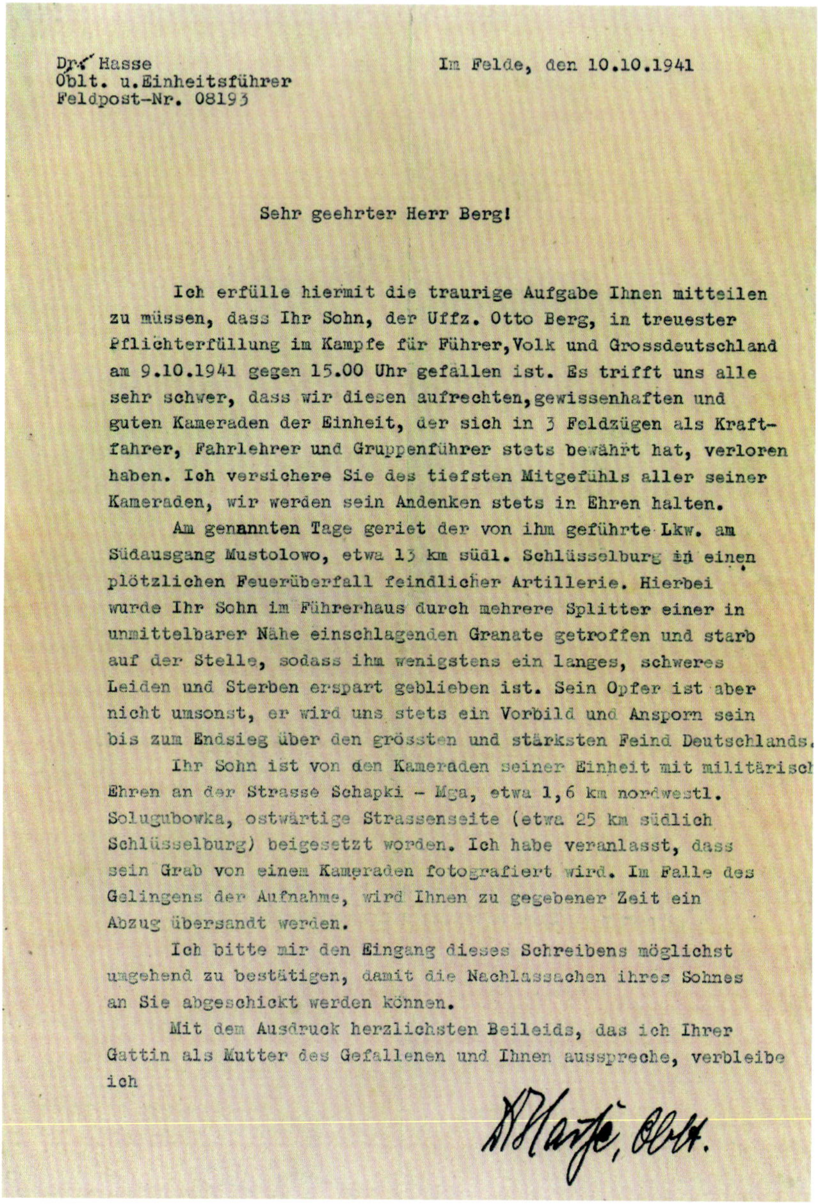

Dr. Hasse
Oblt. u.Einheitsführer
Feldpost-Nr. 08193

Im Felde, den 10.10.1941

Sehr geehrter Herr Berg!

Ich erfülle hiermit die traurige Aufgabe Ihnen mitteilen zu müssen, dass Ihr Sohn, der Uffz. Otto Berg, in treuester Pflichterfüllung im Kampfe für Führer,Volk und Grossdeutschland am 9.10.1941 gegen 15.00 Uhr gefallen ist. Es trifft uns alle sehr schwer, dass wir diesen aufrechten,gewissenhaften und guten Kameraden der Einheit, der sich in 3 Feldzügen als Kraftfahrer, Fahrlehrer und Gruppenführer stets bewährt hat, verloren haben. Ich versichere Sie des tiefsten Mitgefühls aller seiner Kameraden, wir werden sein Andenken stets in Ehren halten.

Am genannten Tage geriet der von ihm geführte Lkw. am Südausgang Mustolowo, etwa 13 km südl. Schlüsselburg in einen plötzlichen Feuerüberfall feindlicher Artillerie. Hierbei wurde Ihr Sohn im Führerhaus durch mehrere Splitter einer in unmittelbarer Nähe einschlagenden Granate getroffen und starb auf der Stelle, sodass ihm wenigstens ein langes, schweres Leiden und Sterben erspart geblieben ist. Sein Opfer ist aber nicht umsonst, er wird uns stets ein Vorbild und Ansporn sein bis zum Endsieg über den grössten und stärksten Feind Deutschlands.

Ihr Sohn ist von den Kameraden seiner Einheit mit militärisch Ehren an der Strasse Schapki - Mga, etwa 1,6 km nordwestl. Solugubowka, ostwärtige Strassenseite (etwa 25 km südlich Schlüsselburg) beigesetzt worden. Ich habe veranlasst, dass sein Grab von einem Kameraden fotografiert wird. Im Falle des Gelingens der Aufnahme, wird Ihnen zu gegebener Zeit ein Abzug übersandt werden.

Ich bitte mir den Eingang dieses Schreibens möglichst umgehend zu bestätigen, damit die Nachlassachen ihres Sohnes an Sie abgeschickt werden können.

Mit dem Ausdruck herzlichsten Beileids, das ich Ihrer Gattin als Mutter des Gefallenen und Ihnen ausspreche, verbleibe ich

Dr. Hasse, Oblt.

Feldpost von Oberleutnant Dr. Hasse

Werkstudent und Entschluß zum Jurastudium

Ich kann heute nicht mehr sagen, welchem glücklichen Umstand ich es zu verdanken habe, daß es zu einem Vorstellungsgespräch beim Leiter des Personalbüros oder sogar beim Prokuristen Wagenseil der (Maschinen-) Nadelfabrik Theodor Groz & Söhne & Ernst Beckert Ebingen (Württemberg)–Chemnitz (Sachsen) kam – die Firma führte damals noch ihren Chemnitzer Zweigbetrieb in ihren Geschäftspapieren auf – und ich dort am 27. März 1951 als Werkstudent in der Abteilung Betriebsbuchhaltung eingestellt wurde (betriebsinterne Abkürzung: „Fabu"). Denn in Abwandlung des stolzen Stuttgarter Bekenntnisses „Hol dei Gosch, I schaff beim Bosch" sagten die Angehörigen der Ebinger „Nadlerei" nicht weniger stolz von sich: „Hol dei Gosch, I schaff bei Groz". Groz/Beckert praktizierte eine vorbildliche betriebsinterne und soziale Einstellung, wodurch das Betriebsklima „warm" und „heimisch", von einem spürbaren Zusammengehörigkeitsgefühl aller Betriebsangehörigen geprägt war. Die Firma förderte auch viele städtebauliche Vorhaben u. a. an ihrem Standort Ebingen.

Bevor ich aber meine Tätigkeit, Personen und Erlebnisse in der „Nadlerei" schildere, ist es notwendig, noch einmal und zwar näher auf den finanziellen Hintergrund dieser Art „Studiumvorbereitung" einzugehen. Am unmittelbarsten und wirklichkeitsgetreuesten geben Briefe aus jener Zeit hierüber Auskunft, die an mich gerichtet waren.

So schrieb Großmutter Terner am 9.8.1950, als sie ihren Neffen und meinen Onkel Erwin Damm in Clausthal-Zellerfeld und ihre dort zu Besuch weilende Schwester Emma Damm, geb. Klamant, besuchte:

„Beiliegende Hose schickt Dir Onkel Erwin. Sie ist ganz neu, ihm aber zu klein ... Die Holzschuhe kannst Du vielleicht in Leese loswerden, als Klumpen für den Stall, vielleicht durch Euren

Schuster. Die Mützen, in dem Jackett, das ich an Mutti schickte, waren auch welche drin, die Ihr nicht braucht, schenkt anderen Flüchtlingskindern."

Onkel Leopold Berg in seinem Glückwunschbrief zum bestandenen Abitur vom 20.3.1951:

„Mit unserer Antwort auf Deine Karte, daß Du nun das Abitur bestanden hast, haben wir etwas lange gezögert – aus finanziellen Gründen –, denn ein Erwerbsloser hat im Hinblick auf die erhöhten Lebenshaltungskosten kaum einen Pfennig für Porto übrig ... Wir sind hocherfreut darüber, daß Du nun Deine Schulzeit hinter Dir hast und das Reifezeugnis besitzt, denn unter welchen heiklen Umständen ist dies geschehen! Früher hatten die Söhne wohlhabender Eltern keine Sorgen, die Dich schon recht früh belasteten, dann der andauernde Aufenthalt auf dem Lande, all das Drum und Dran, das Du ja zur Genüge kennst, sind große Hemmnisse auf dem schulischen Wege gewesen. Doch Du hast das Schicksal gemeistert ..."

Mein Vater am 21.3.1951:

„Deine beiden Briefe sind angekommen und hoffentlich umgekehrt die 10,– DM, die ich hier abgeschickt habe ..." und am 18.4.1951 (wohl auf meine Frage, ob ich mit dem Studium beginnen und mit welcher Hilfe ich rechnen kann):

„... Also Dir verspreche ich, obwohl zur Zeit sehr schlechte Möglichkeiten im Geschäft sind, zum September 200-300 DM bar geben zu können, wenn nicht besondere Umstände wie Krankheit oder Geschäftsverlust eintreten. Denn nach dieser gewaltigen täglichen Teuerung wird nur sehr wenig gekauft, und mehr und mehr rücken die Firmen vom Kreditgeben ab. Also kannst Du doch schon für Dein Studium Deine Bewerbungen loslassen. Für Dich sind hier 100 DM Hausratshilfe angekommen. Davon habe ich 50,– DM als Rest für Schneiderarbeiten bei Zeranski bezahlt (Anm.: Wohl für meinen schwarzen Abitur-Anzug, den

Ante portas Groz & Beckert 1986

ich noch lange, dann notgedrungen sogar als Alltagsanzug getragen habe ...), den Rest hebe ich Dir auf, oder wenn Du willst, schicke ich ihn Dir ... Wenn ich 20 000 DM hätte, könnte ich auch eine andere Existenz finden in Barsinghausen. Aber auch dann würde man wieder auf dem Lande sitzen. Ich möchte zu gerne in die Stadt. Und selbst wenn als Angestellter irgendwo für 400 DM monatlich. Es macht keine Freude mehr, hier auf dem Lande zu stümpern."

Meine Mutter in ihrem Osterbrief:

„Ich schicke Dir den alten Hut für Dreckwetter sowie das rote Oberhemd + alte kurze Unterbix als Schlafanzug. Ein neuer kostet auch in Ebingen mindestens 10,– Rm. Alte Strümpfe, die die Tanten nicht mehr stopfen können, schick mir gelegentlich zurück, denn Vati braucht auch welche zum Sommer."

Mein Vater am 21.5.1951:

„... weißt Du immer, daß Du bei mir jede Unterstützung findest, die Du brauchst, leider nicht finanziell, dazu bin ich zu schwach und will Euch allen fünf bis zu einem gewissen Grad durchs Leben helfen. Und selbst bei bestem Fleiß und größter Sparsamkeit wirft solch ein Krämerladen nicht den genügenden Verdienst ab. Bei den Kolonialwaren bleiben ja nur Pfennige und bei Rauchwaren fast nicht einmal diese! Dinge mit guter Verdienstspanne wie Süßwaren, Glas- und Blechwaren führe ich zum Teil nicht und werden, wie ersteres, zur Zeit wegen der Teuerung und Arbeitslosigkeit nicht gekauft. Um aber solch einen Laden großzügig aufzubauen, fehlt jede Kapitaldecke und ein fester Kundenstamm. Mein Kundenkreis wechselt oft den Kaufmann wegen der Pfennige und des Borgens. Außerdem sind es nur kleine Posten, die eingekauft werden. Und Brot und Gebäck wirft eben auch nur wenig ab, da ich darin nur Wiederverkäufer bin."

Mein Vater am 6.6.1951 zu meinem Geburtstag:

„... für das Studium im Herbst. Den Teil des Geldbeutels für Dich zu diesem Zwecke werde ich sicher aber nur langsam aufstocken." Anschließend meine Mutter: „Schick mir bald den blauen Bezug zurück, ich brauche ihn. Du hast den anderen roten doch gekriegt?" (Anm.: Es handelte sich um karierte Bettbezüge.)

Mein Vater am 17.6.1951:

„... jedenfalls freue ich mich, daß Du ein eigenes Zimmer hast und werde Dir auch in den nächsten Tagen ca. 50,– DM schicken."

Kein Brief, in dem mein Vater nicht darüber schreibt, daß und auf welchem Wege er nach der Wiedererlangung einer lebenssichernden Existenz trachtet, möglichst im erlernten Beruf – was alles letzten Endes an den für ihn als Vertriebenen fehlenden Sicherheiten für eine Kreditgewährung scheiterte.

Wie sah nun meine Beschäftigung als Werkstudent bei Groz & Beckert aus, mit der ich mir die finanzielle Basis für das erste Studiensemester verschaffen wollte? Leiterin der „Fabu" war „die Fräulein Egerter", wie sie schwäbisch mit dem weiblichen Artikel genannt wurde. Und wie es zu jener Zeit noch allgemein üblich und selbstverständlich war, hätte sie sich als unverheiratete Frau die Anrede „Frau" aus gutem Grund strengstens verbeten. In einem Brief vom 7. April 2002 an die „Nadlerei", wie die Fabrik firmenintern und stadtweit genannt wurde, in welchem ich um Überlassung eines evtl. Jubiläumsbandes zum 150jährigen Bestehen der Firma bat, habe ich Fräulein Egerter so in Erinnerung gebracht: „Da mir der Verdienst in Ihrem Hause den Beginn und die Fortsetzung meines Studiums ermöglicht hat und ich in Ihrer damaligen ‚Fabu'-Leiterin Fräulein Egerter durch ihre vorbildhaft-pflichtbewußte wie fürsorglich-soziale Haltung eine prägende und für das ganze Leben Maßstäbe setzende Persönlichkeit kennengelernt habe, bin ich der Groz & Beckert ‚Nadlerei' innerlich immer mit großem Dank verbunden geblieben."

Fräulein Egerter führte das „Regiment“ über elf Mitarbeiter, von denen zehn weiblich, einer männlich war. Von den weiblichen ist mir Fräulein Fischer in Erinnerung geblieben, die wie Fräulein Egerter in Reinheit die schwäbischen Tugenden Fleiß, Zuverlässigkeit, Gewissenhaftigkeit, Ehrlichkeit, Sparsamkeit und wohl auch Strebsamkeit verkörperte. Der einzige fest angestellte Kollege in der „Fabu“ war Herr Eisele. Er war Vertreter von Fräulein Egerter. Diese Stellung war für ihn in gewisser Weise tragisch, er hat darunter innerlich gewiß gelitten. Nicht nur, daß damals Frauen als Vorgesetzte noch kaum zu einem (heute unangefochtenen) allgemeinen Berufsbild gehörten, sondern die Fräulein Egerter war dies, wie dargelegt, als starke Führungspersönlichkeit auch verdienterweise. Herr Eisele war als Soldat wohl auch Feld-, Ober- oder sogar Hauptfeldwebel mit entsprechender Befehlsgewalt gewesen, was ihm die Unterordnung „unter eine Frau“ mit Sicherheit zusätzlich erschwerte. Er war in Kumehnen im ostpreußischen Samland in russische Gefangenschaft geraten. Es war sprachlich köstlich, wenn er mir als Ostpreußen gegenüber den Ortsnamen gewollt hochdeutsch aussprach, also mit dem, sonst auf Schwäbisch weggelassenen „n“ am Ende und quasi mit mehreren „eee“ in der zweiten Silbe. Sein Verhalten mir gegenüber war freundlich korrekt, aber manchmal schwankte es etwas zwischen einem Anlauf zum „Feldwebel a. D.“ und dem Respekt vor dem angehenden Universitätsstudenten.

Gearbeitet wurde nach meiner Erinnerung von 7.30 Uhr (oder Arbeitsbeginn auch schon 7 Uhr) bis 16.30 Uhr (oder 17 Uhr?) mit einer halbstündigen Mittagspause. Auch der Sonnabend (dort: Samstag) war noch Arbeitstag, wohl bis 12 oder 13 Uhr. Jeden Tag, etwa immer zur gleichen Zeit um 10 Uhr, machte der Firmenprokurist Herr Wagenseil seine „Runde“ auch durch unsere „Fabu“, eine achtunggebietende, würdevolle, respektable Persönlichkeit.

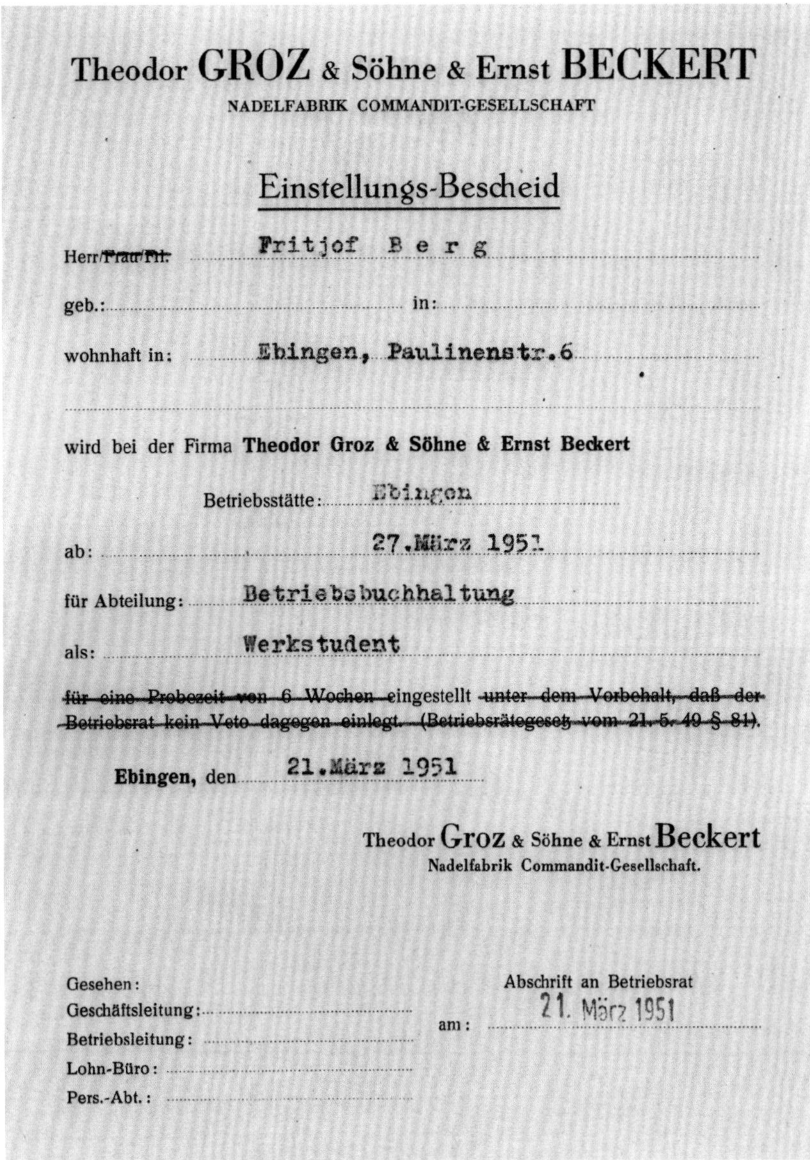

Theodor GROZ & Söhne & Ernst BECKERT

NADELFABRIK COMMANDIT-GESELLSCHAFT

Einstellungs-Bescheid

Herr/~~Frau/Frl.~~ Fritjof Berg

geb.: .... in: ....

wohnhaft in: Ebingen, Paulinenstr.6

wird bei der Firma **Theodor Groz & Söhne & Ernst Beckert**

Betriebsstätte: Ebingen

ab: 27.März 1951

für Abteilung: Betriebsbuchhaltung

als: Werkstudent

~~für eine Probezeit von 6 Wochen~~ eingestellt ~~unter dem Vorbehalt, daß der Betriebsrat kein Veto dagegen einlegt. (Betriebsrätegesetz vom 21. 5. 49 § 81)~~.

Ebingen, den 21.März 1951

Theodor Groz & Söhne & Ernst Beckert
Nadelfabrik Commandit-Gesellschaft.

Gesehen:
Geschäftsleitung: ....
Betriebsleitung: ....
Lohn-Büro: ....
Pers.-Abt.: ....

Abschrift an Betriebsrat
am: 21. März 1951

Einstellungsbescheid Groz & Beckert

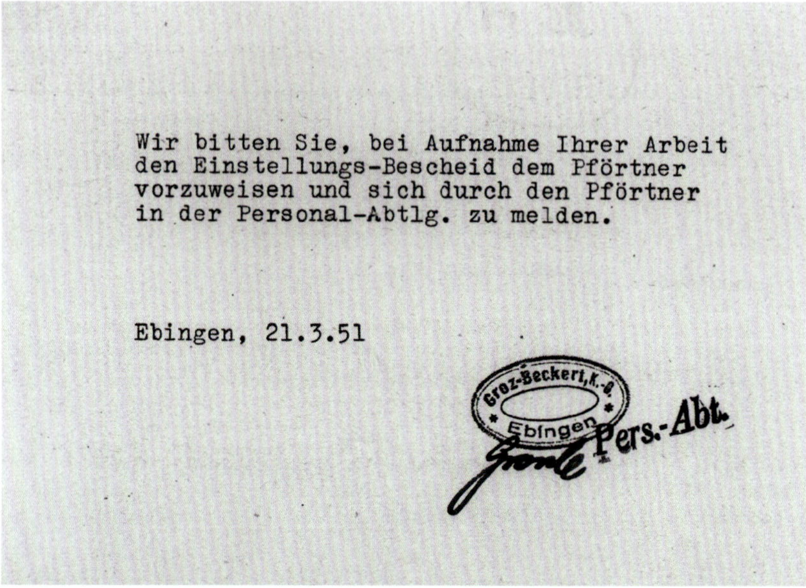

Wir bitten Sie, bei Aufnahme Ihrer Arbeit den Einstellungs-Bescheid dem Pförtner vorzuweisen und sich durch den Pförtner in der Personal-Abtlg. zu melden.

Ebingen, 21.3.51

Groz-Beckert, K.-G. Ebingen

Pers.-Abt.

Nachricht zur Arbeitsaufnahme 1951

Die Maschinennadelfabrik – Gesamtansicht

Mein damaliger Arbeitsplatz

1951 mein täglicher „außerdienstlicher“ Blick von Ebingen auf den Schloßberg (Photo 1986)

Meine Tätigkeit bestand vorwiegend aus der Addition und evtl. Multiplikation der täglichen Produktionszahlen der Vielzahl unterschiedlicher Nadeltypen, von denen jede ihren eigenen Namen hatte, an elektrischen Rheinmetall-Rechenmaschinen, und zwar in Blindschrift – die ich ganz schnell beherrschte (hierbei kam mir wahrscheinlich die Fingerfertigkeit vom Geigenspiel zugute).

Eine scheußliche, von der „Fabu"-Leitung bestimmt nicht so gesehene, von mir aber so angesehene „Strafarbeit" war das gelegentliche Suchen bzw. Aufklären von Differenzen in errechneten Produktionszahlen und Geldbeträgen, bis zu einem einzigen Pfennig hin. Wohl aus Gründen einer firmeninternen strengen Kontrolle der Geschäftsabläufe. Im hinteren Teil unseres großen Arbeitsraumes standen reihenweise Schränke mit unzähligen Karteikästen, die samt und sonders, erforderlichenfalls mehrfach, durchgesehen werden mußten, bis die Ursache der Differenz gefunden war. Ich war hierbei wenig erfolgreich und empfand es als Erlösung, wenn ich zu meinen Rechenmaschinen zurückkehren konnte. Diese bediente ich inzwischen so schnell, wie ich eben Sechzehntelnoten auf der Geige spielte. Mein Zahlengedächtnis wurde dabei so geschult, daß ich beim Kopf-Mitrechnen/Summieren dreistelliger Zahlen bis zur zwölften Position ebenso schnell war wie meine – „blind" bediente! – Rechenmaschine.[1)]

Womit ich aber anfangs noch erhebliche Schwierigkeiten hatte, war das Verstehen der Landessprache, des Schwäbischen, meinen „Fabu"-Kollegen so angeboren wie mir das Hochdeutsche, hier noch sehr breit und hart ausgesprochen, eben von der „Rauhen Alb". Außer Fräulein Egerter und Herrn Eisele, die mit mir hochdeutsch mit vielleicht ein paar schwäbischen „Einspreng-

---

1) Nach Feierabendbeginn habe ich mir in der „Fabu" autodidaktisch auch flüssiges Schreibmaschinenschreiben beigebracht.

seln“ sprachen, „schwäbelten“ alle anderen mit vielleicht hier und da einzelnen hochdeutschen „Einsprengseln“. Es war mir peinlich, ich konnte mangels fließenden Verstehens ja nicht laufend „wie bitte?“ fragen oder zwecks Vergewisserung, daß ich richtig verstanden hatte, das Gesagte hochdeutsch wiederholen. Und das hochdeutsche „wie bitte?“ barg obendrein die Gefahr in sich, als Vorhalt, als „hochnäsig“ mißverstanden zu werden. Noch heute höre ich „die“ bereits erwähnte Fräulein Fischer wiederholt sagen: „Norddeutsche denket alleweil, mer ssein nit gescheit.“ Was sie ganz gewiß nicht bösartig auf mich persönlich bezog, sondern eher gesprächsweise als (nicht gänzlich unberechtigten!) allgemeinen Vorwurf an die hochdeutsche Adresse meinte. Hinzu kam noch, daß man dort nicht „wie bitte?“, sondern eben auch hier rauher „waaas?“ fragte, die hochdeutsche Form also auch hier den Anschein eines „Feineren“-Dünkels erwecken konnte. Alle diese innerlich-psychologischen Probleme und nach außen auf eine möglichst nicht anstößige Form gebrachten Schwierigkeiten verflogen nach etwa sechs Wochen Gesamtaufenthalt in Ebingen quasi über Nacht – ich verstand fortan ohne weiteres „wie bitte?“ mühelos alles und alle. Ich habe mich aber auch streng gehütet, meinerseits ins Schwäbische verfallen zu wollen. Ich wäre mir albern vorgekommen, und es wäre von den anderen auch so, als plumpe Anbiederung, empfunden worden.

Natürlich wurde ich anfangs aufmerksam beobachtet, zumal eine ganz ungezwungene Neugierde eine (weniger sympathische) schwäbische Charaktereigenschaft zu sein schein. So wurde ich an einem Montagmorgen ganz unvermittelt von einer „Fabu-Kollegin“ gefragt: „Herr Berg, ganget Sie nit zur Kirche na?“ (... gehen Sie nicht in die Kirche?). Nein, das hatte ich nicht getan und wegen des dafür notwendigen frühen Aufstehens auch am Sonntag weiterhin nicht vor. Das konfessionelle Leben unweit der damals noch als trennend empfundenen Konfessionsgrenze unweit südlich von Ebingen empfand ich, wenn es mit

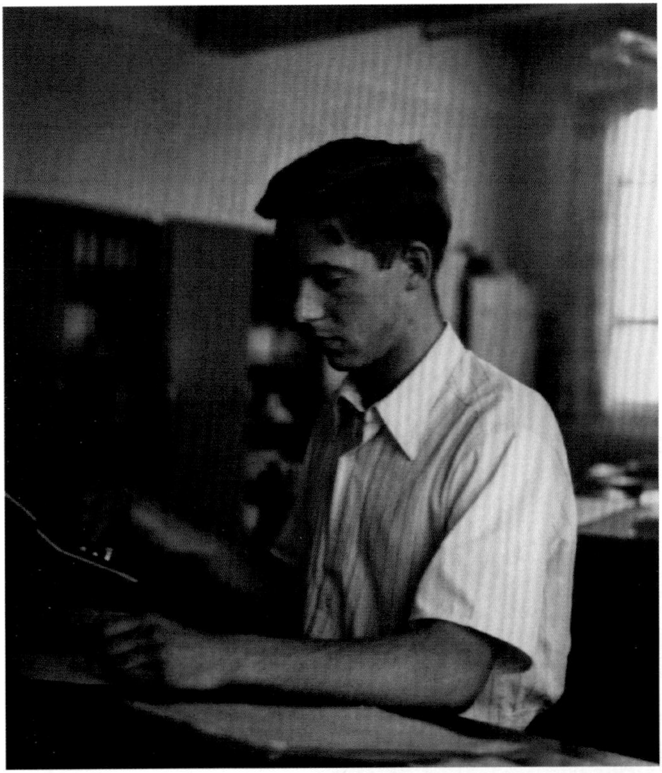

Abbildungen meiner Arbeit in der „Nadlerei“

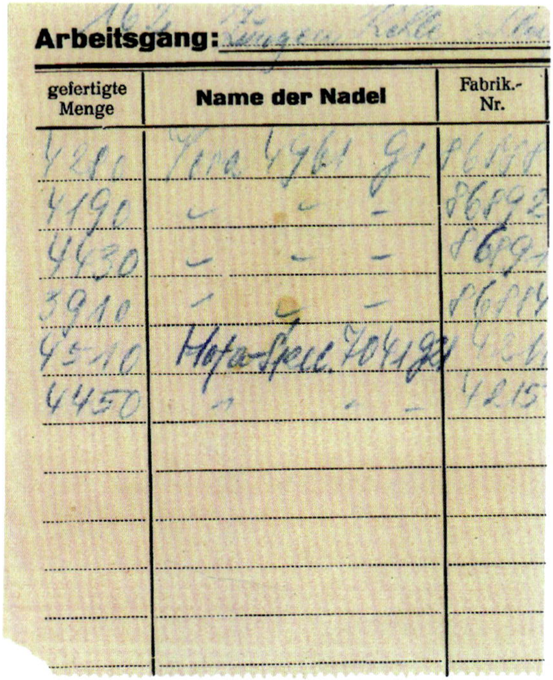

Arbeitsgang: [illegible]

gefertigte Menge	Name der Nadel	Fabrik.-Nr.
4280	Vera 4961 G1	86898
4190	– – –	86892
4430	– – –	86891
3910	– –	86884
4510	Hofa-Spez. 7041 G1	[illegible]
4450	– – –	4215[illegible]

Abbildungen meiner Arbeit in der „Nadlerei“

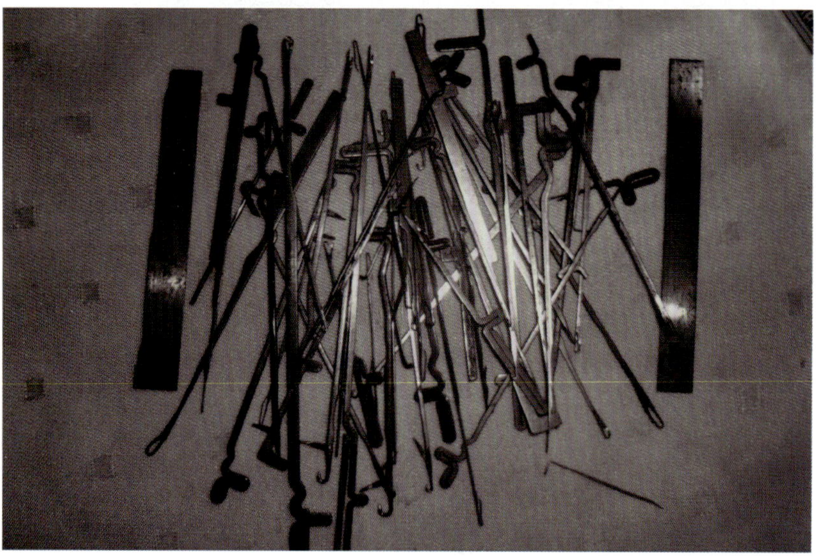

solchem „Wächtergehabe“ daherkam, als bigott. Die an mich gerichtete Frage konnte aber auch ein Anzeichen dafür sein, daß ich in der „Fabu“ „angekommen“ war und keine distanzierte Scheu mehr bestand, auch über ganz persönliche Dinge mit mir wie mit lange vertrauten Mitarbeitern zu sprechen.

Daß ich in einem sogar schon herausgehobenen Sinne „dazu“ gehörte, wurde offenbar, als mich der Leiter des Personalbüros Gronle eines Tages fragte, ob ich auf seiner Hochzeit als Brautführer fungieren würde. Und ob ich es tun wollte! Der Neue Brockhaus, Erster Band A–E, Leipzig 1938, beschreibt dieses ehrenvolle Amt so: „Verwandter oder Freund des Bräutigams; Brautjungfer, Freundin oder ledige Verwandte der Braut; beide führen bei der Trauung die Braut zur Kirche. Geht das Brautpaar zusammen zur Kirche, so bilden die zwei bis vier Brautführer mit ihren Brautjungfern die ersten Paare im Hochzeitszug hinter den Brautleuten.“ An die Einzelheiten, auch wer meine Brautdame war und wie sie aussah, kann ich mich nicht mehr erin-

Die vier Brautführer, ich bin ganz links

nern. Aber es war wie Balsam auf meine Seele: In Leese hatte ich im Verhältnis zu vielen „Einheimischen“ wie ein Ausgestoßener gelebt, hier nun in Süddeutschland wurde mir eine Ehrung wie einem vertrauten Alteingesessenen zuteil! Die Hochzeitsfeier fand in einem Gasthaus in einem Nachbarort von Ebingen statt (Onstmettingen/„Onschtmettinge“). Dort lernte ich einen mir bisher unbekannten Brauch kennen: Die Hochzeitsfeier fand in offener Gesellschaft statt, d. h. jedermann durfte sich als eingeladen betrachten. Aber kostenfrei war solche Teilnahme nicht. Nach Abschluß der Hochzeitsfeier stellte sich der Bräutigam am Ausgang mit seinem nach oben offenen Zylinder für die Hochzeitskollekte auf ...

Rühmenswert war das Mittagessen in der Fabrikkantine. Gemessen an der Qualität war der Standardpreis von 25 Pf. noch weniger als eine „Anerkennungsgebühr“. Als ersten Gang gab es täglich abwechslungsreich eine schwäbische Teigwarensuppe, von der mir die „Fädlesupp“ als die wohlschmeckendste in Erinnerung geblieben ist. Zum exzellenten (!!!) Hauptgang gab es regelmäßig Nudle, Spätzle u. ä., seltener Kartoffeln, häufig mit etwas grünem Salat gemischt. Davon verstand das Küchenpersonal offenbar weniger als von den zahlreichen Nudelsorten. Ich lernte in der Fabrik einen ostpreußischen Landsmann kennten, wir trafen uns immer zum Mittagessen. Die mit Salatstreifen durchmischten Speckkartoffeln nannten wir, den zugehörigen Vorgang auf einem ostpreußischen Bauernhof vor Augen, „Entenfutter“. Nach dem Essen gingen wir bei sonnigem, warmem Wetter, das wir meistens hatten, für die restliche Mittagspause immer auf ein noch unbebautes Grundstück neben den Fabrikgebäuden und streckten uns im hohen Gras aus. Gesprächsthema war fast ausschließlich unsere Heimat und unser Wunsch nach Rückkehr. Herr Rogowski (?) war Bauer aus einem masurischen Heimatkreis. Er arbeitete irgendwo im maschinellen Produktionsbereich. Er lehnte seine Arbeit keineswegs ab, war in seinem

Bewußtsein aber weiterhin Landwirt auf ostpreußischer Erde hinter Pferd und Pflug, sein „Blaumann“ eine persönlichkeitsfremde Garnitur für ihn. Ein anderer Ostdeutscher, Danziger, trug sein Fabrikdasein gänzlich anders, stellte immer Gelassenheit und Frohsinn zur Schau. Er war stolz auf den Erfolg seiner Arbeit, wie ihn damals, 1951, noch kaum ein vertriebener Ostdeutscher vorweisen konnte: Ein Horex-Motorrad „200er Kubik“.

Am 15. Juni 1951 fand ein Betriebsausflug mit einem langen Sonderzug von Ebingen zum Bodensee statt. (Firmenmerkblatt zum Ablauf und Lohnstreifen werden abgedruckt). Diesen in seinem deutschen Teil größten und so geschichtsträchtigen Binnensee kennenzulernen, empfand ich damals als große Bereicherung des Wissens um geschichtlich, kulturell, geographisch herausragende Stätten. Es war eine Halbrundfahrt um den See von Konstanz aus. Bei der Fahrtunterbrechung der Charterschiffe in Meersburg zum Abendessen luden mich Betriebskollegen zum ersten Weißweinschoppen meines Lebens ein. Es überkam mich ein Gefühl dankbarer Glückseligkeit. Die Rückfahrt durch die dunklen Bergkulissen nach Ebingen erzeugte romantische Gedanken.

Meine erstmalige Tätigkeit als Werkstudent bei Groz & Beckert endete am 12. Oktober 1951, bis zum Semesterbeginn im November waren von der Zimmerbeschaffung bis zur Immatrikulation an meinem künftigen Studienort ja noch viele Dinge zu erledigen. Mein monatlicher Bruttoarbeitsverdienst hatte sich schrittweise auf zuletzt 180,– DM, netto 173,15 DM gesteigert, so daß mir nach Abzug der allgemeinen Lebenshaltungskosten, bei denen die Sonntag-Rundummittagessen bei den Berg-Tanten in Ebingen eine große Hilfe bedeuteten, also Erstausstattung mit den Dingen des täglichen Lebens einschließlich Bekleidung, Zimmermiete und Reisekosten an meinen Studienort, noch rd. 600,– DM für den Studienbeginn zur Verfügung standen. Ich komme hierauf an anderer Stelle zurück.

Lohntüte und Lohnstreifen

Nach Studienbeginn bin ich noch zwei Mal in den Semesterferien als Werkstudent zu Groz & Beckert nach Ebingen zurückgekehrt, zum zweiten Mal in den Monaten August bis Oktober 1952, das dritte Mal im März und April 1953. (Einstellungszusage vom 11. Juli 1952 und -bescheid vom 1. August 1952 wird abgedruckt.) Die Begrüßung verlief jedesmal wie nun schon unter alten Bekannten. Die erste Frage von Fräulein Egerter bei meiner Rückmeldung lautete: „Wie isch gange?“ (Wie ist es Ihnen ergangen?) Sie hätte auch auf Hochdeutsch fragen können, das sie – leicht schwäbisch eingefärbt – selbstverständlich in hochstehender Form beherrschte. Aber sie tat es eben auf Schwäbisch, was ein Zeichen der Verbundenheit war und wohl zum Ausdruck bringen sollte, daß ich – mit zeitlicher Unterbrechung – wie alle anderen Betriebsangehörigen längst „Grozianer“ für sie war. Unvergeßlich, wenn sie nach kurzer Berichterstattung zum Telephonhörer griff und zur Kantine durchsagte: „Der Student isch wieder da!“ Was dann dort bei der täglichen Essenausgabe schmunzelnd mit einer deutlich vergrößerten Portion bedacht wurde. Ja, das Wort „Hungerstudium“ kannte damals noch ein jeder, und meine Ankunft in Ebingen war insoweit immer gleichbedeutend mit „erst einmal ordentlich sattessen“!

War es in den Semesterferien August-Oktober 1952 oder erst im März/April 1953, als ich in der „Fabu“ einem weiteren „Werkstudenten“ begegnete? Es war Eugen Hurm aus Sigmaringen (Alb-Schwäbisch: Sseigmaringe), der sich das Geld für sein Volkswirtschaftsstudium verdienen wollte. Aus seinen Erzählungen habe ich in Erinnerung behalten, daß er als junger Leutnant oder Oberleutnant ein Kommando in Italien hatte. Dort hatte er die Bekanntschaft eines italienischen Mädchens gemacht. „Aber immer, wenn ich sie besuchte, war die Alte dabei. Bis es mir eines Tages zu bunt wurde. Ich knallte meine Pistole auf den Tisch, und sie stob davon wie ein erschrecktes Huhn.“ Was folgte, verschwieg des Sängers Höflichkeit. Hurm wurde von Italien

Merkblatt.

Berg Fritjof 10 00

Der diesjährige Betriebsausflug führt wiederum an das „Schwäbische Meer" und zwar mit Konstanz als Ausgangspunkt. Die Betriebe Ebingen, Wehingen und Schwenningen fahren am 15. 6., die Betriebe Bitz, Meßstetten und Nusplingen am 22. 6.

Am 15. 6. werden die Betriebsangehörigen von Wehingen und Schwenningen mit Omnibussen direkt nach Konstanz gebracht. Die Omnibusse treffen dort, genau wie der Zug, um 8.09 Uhr am Bahnhof ein und fahren abends, ebenfalls wie der Zug, pünktlich um 23.30 Uhr dort wieder ab.

Von 8 bis 10 Uhr ist Gelegenheit geboten, die Stadt Konstanz zu besichtigen und ein Frühstück einzunehmen (Lokale nach Wahl). Ab 9.30 Uhr stehen die beiden Schiffe „Stadt Überlingen" und „Karlsruhe" im Hafen bereit und verlassen um 10.00 Uhr Konstanz. Schiff „Stadt Überlingen„ braune Fahrkarten, Schiff „Karlsruhe" grüne Fahrkarten (die Fahrkarten sind nur vorzuweisen, nicht abzugeben). Nach Ankunft in Langenargen bitten wir, zuerst die einzelnen, auf den Gutscheinen angegebenen Lokale aufzusuchen und das Mittagessen einzunehmen, das überall auf 13.00 Uhr bestellt ist. Anschliessend bis 17.30 Uhr Zeit zur freien Verfügung. Für Badelustige besteht Fahrgelegenheit mit Omnibus ab Gondelhafen zum Strandbad. Ausflugsteilnehmer mit Abzeichen erhalten Badekarten zu ermäßigten Preisen. Ungefähr um 17.00 Uhr werden die beiden Schiffe Signal geben, was daran erinnern soll, daß sie pünktlich um 17.30 Uhr abfahren (Fahrkarten wieder vorweisen, nicht abgeben).

Nach Ankunft in Meersburg bitte wiederum zuerst das Abendessen in den verschiedenen Lokalen einnehmen. Diejenigen Teilnehmer, die eine Abendessenkarte mit dem Aufdruck „Stadt Überlingen" oder „Karlsruhe" haben, bleiben an Bord der Schiffe. Die Schiffe machen, nachdem die anderen Teilnehmer ausgestiegen sind, wieder los und verlassen den Hafen. Nach eingenommenem Essen kehren die Schiffe zur Mole zurück, um ihre Gäste ebenfalls an Land zu bringen.

Spätestens um 22.25 Uhr müssen die Plätze auf den Schiffen wieder eingenommen sein, da diese pünktlich 22.30 Uhr Meersburg wieder verlassen (Fahrkarte jetzt abgeben). Nach Ankunft in Konstanz ist es erforderlich, sich sofort zum Zug bezw. an die Omnibusse zu begeben. Abfahrt in Konstanz um 23.30 Uhr. Nach Ankunft in Ebingen bitten wir höflichst Nachtruhestörungen zu vermeiden.

Wir weisen noch darauf hin, daß die beiden beiliegenden Gutscheine lediglich für das Mittag- und Abendessen Gültigkeit haben. Getränke, die nach Wahl und Bedarf bestellt werden können, müssen bezahlt werden.

Wir bitten, die oben angeführten Punkte zu beachten und wünschen, mit des Wettergottes Hilfe, allen Teilnehmern einen recht schönen und frohen Tag. Geniessen Sie die Reize des „Schwäbischen Meeres", entspannen Sie sich für einen Tag und lassen Sie einmal Ihre Sorgen zu Hause. Vergessen Sie auch Ihr leibliches Wohl nicht, seien Sie fröhlich, aber denken Sie auch daran, daß schon viele Feriengäste am Bodensee sind, die es nicht gerade begrüßen würden, wenn Sie sich durch allzu lautes und undiszipliniertes Verhalten bemerkbar machten. Sie würden dadurch nicht nur sich selbst, sondern auch uns einen schlechten Dienst erweisen. Dies möge sich besonders unser „Nachwuchs" zu Herzen nehmen.

EBINGEN, 10 Juni 1951

Theodor GROZ & Söhne & Ernst BECKERT
Nadelfabrik Commandit-Gesellschaft
EBINGEN

Die Reiseleitung befindet sich in einem besonderen Abteil in der Mitte des Zuges und in Konstanz im „Café Adler", in Langenargen im Hotel „Löwen" in Meersburg in der „Winzerstube".

Außerdem sind 4 Mann zum Sanitätsdienst eingeteilt, die durch Rotekreuzbinden gekennzeichnet sind.

Betriebsausflug 1951 – Firmenmerkblatt und Ausflug-Handgeld

Wir fahren an den Bodensee!

Am 15. Juni Werk Ebingen, Wehingen und Schwenningen

punkt 5 Uhr verläßt unser Sonderzug Ebingen und führt uns über Sigmaringen, Radolfzell, an den Ufern des Schwäbischen Meeres entlang bis nach Konstanz, das wir um 8^{09} Uhr erreichen.

punkt 10 Uhr geht dann die Reise mit den beiden Schiffen „Stadt Überlingen" und „Karlsruhe" weiter, am Schweizer Ufer entlang bis auf die Höhe von Rorschach, dann hinüber nach Langenargen, wo um 12^{30} Uhr angelegt wird.

13 Uhr Mittagessen in Langenargen

Am 22. Juni Werk Bitz, Meßstetten und Nusplingen

punkt 17^{15} Uhr Abfahrt unserer Schiffe, vorbei an Friedrichshafen, Immenstaad und Hagnau nach Meersburg.

19 Uhr Abendessen in Meersburg.

punkt 22^{30} Uhr fahren wir über den nächtlichen See wieder zurück nach Konstanz.

punkt 23^{30} Uhr wird die Heimreise von Konstanz aus angetreten. Ankunft in Ebingen um 02^{45} Uhr.

Betriebsausflug 1951 – Programm

Betriebsausflug 1951

Theodor Groz & Söhne & Ernst Beckert
NADELFABRIK COMMANDIT-GESELLSCHAFT

EBINGEN (WÜRTTEMBERG) CHEMNITZ (SACHSEN)

POSTANSCHRIFT: GROZ-BECKERT K.-G. (14b) EBINGEN (WÜRTT.)

Ihre Zeichen | Ihre Nachricht vom | Unsere Zeichen | (14b) EBINGEN, (WÜRTT.) 12.Okt.1951

Betrifft:

Bescheinigung

Wir bescheinigen hiermit Herrn Fritjof B e r g , geb.am 9.Juni 1931 in Königsberg, z.Zt. wohnhaft in Ebingen, dass er seit 27.März 1951 in unserem Betrieb tätig ist. Er wurde in unserer Abteilung Betriebsbuchhaltung beschäftigt, wo er Gelegenheit hatte, sich über das gesamte Arbeitsgebiet dieser Abteilung zu unterrichten. Er führte die ihm übertragenen Aufgaben mit Fleiss und guten Verständnis zu unserer Zufriedenheit aus.

Herr Berg scheidet mit dem heutigen Tage aus unseren Diensten, um sein Studium an der Universität Frankfurt a.Main aufzunehmen.

Theodor Groz & Söhne & Ernst Beckert
Nadelfabrik Commandit-Gesellschaft
ppa. Griesel.

Telegramme: Nadeln Ebingen · Fernsprecher: Nr. 2141-43 · Postscheckkonto: Stuttgart Nr. 142 · Landeszentralbank Ebingen, 592/81 · Württembergische Vereinsbank, Filiale Ebingen · Bankverein für Württemberg-Baden, Stuttgart · Kreissparkasse Balingen, Hauptzweigst. Ebingen, Volksbank Ebingen e. G. m. b. H.

3/1073

Bescheinigung Groz & Beckert 1951

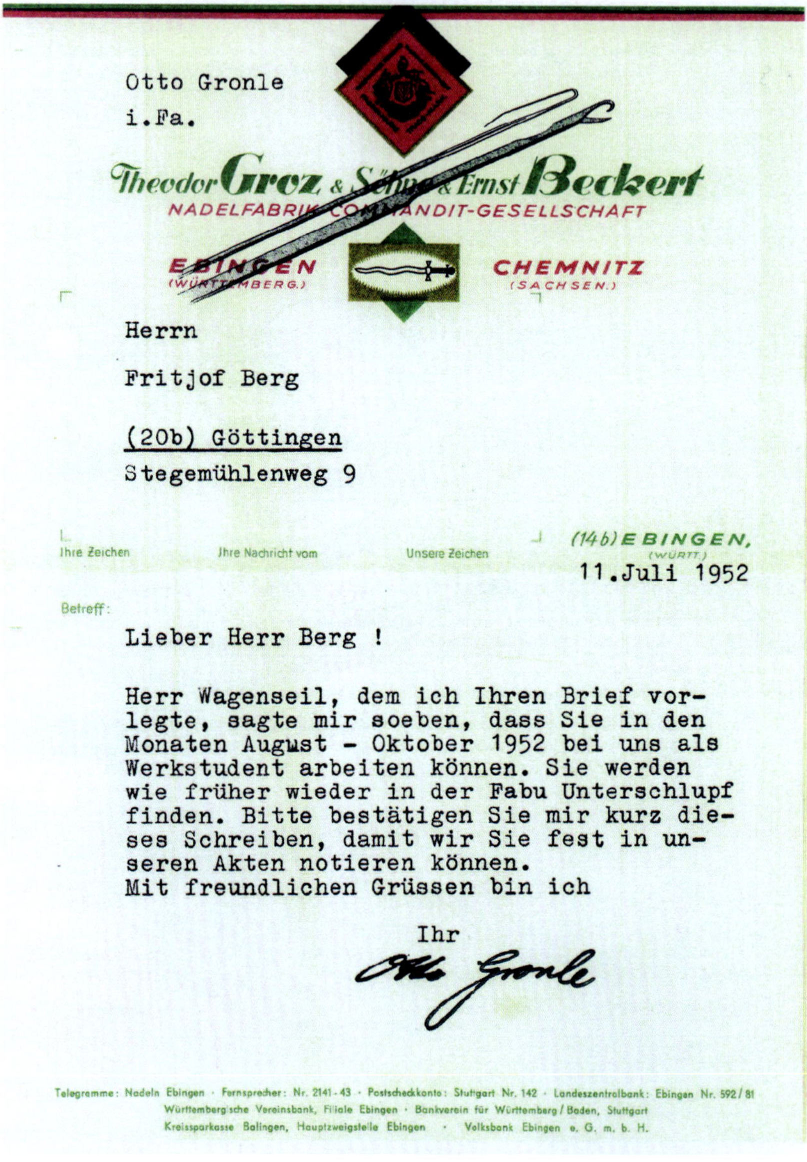

Otto Gronle
i.Fa.

Theodor Groz & Söhne & Ernst Beckert
NADELFABRIK COMMANDIT-GESELLSCHAFT

EBINGEN (WÜRTTEMBERG.)
CHEMNITZ (SACHSEN.)

Herrn

Fritjof Berg

(20b) Göttingen
Stegemühlenweg 9

Ihre Zeichen Ihre Nachricht vom Unsere Zeichen

(14b) EBINGEN, (WÜRTT.)
11.Juli 1952

Betreff:

Lieber Herr Berg !

Herr Wagenseil, dem ich Ihren Brief vorlegte, sagte mir soeben, dass Sie in den Monaten August - Oktober 1952 bei uns als Werkstudent arbeiten können. Sie werden wie früher wieder in der Fabu Unterschlupf finden. Bitte bestätigen Sie mir kurz dieses Schreiben, damit wir Sie fest in unseren Akten notieren können.
Mit freundlichen Grüssen bin ich

Ihr
Otto Gronle

Telegramme: Nadeln Ebingen · Fernsprecher: Nr. 2141-43 · Postscheckkonto: Stuttgart Nr. 142 · Landeszentralbank: Ebingen Nr. 592/81
Württembergische Vereinsbank, Filiale Ebingen · Bankverein für Württemberg/Baden, Stuttgart
Kreissparkasse Balingen, Hauptzweigstelle Ebingen · Volksbank Ebingen e. G. m. b. H.

Bestätigung Groz & Beckert für August bis Oktober 1952

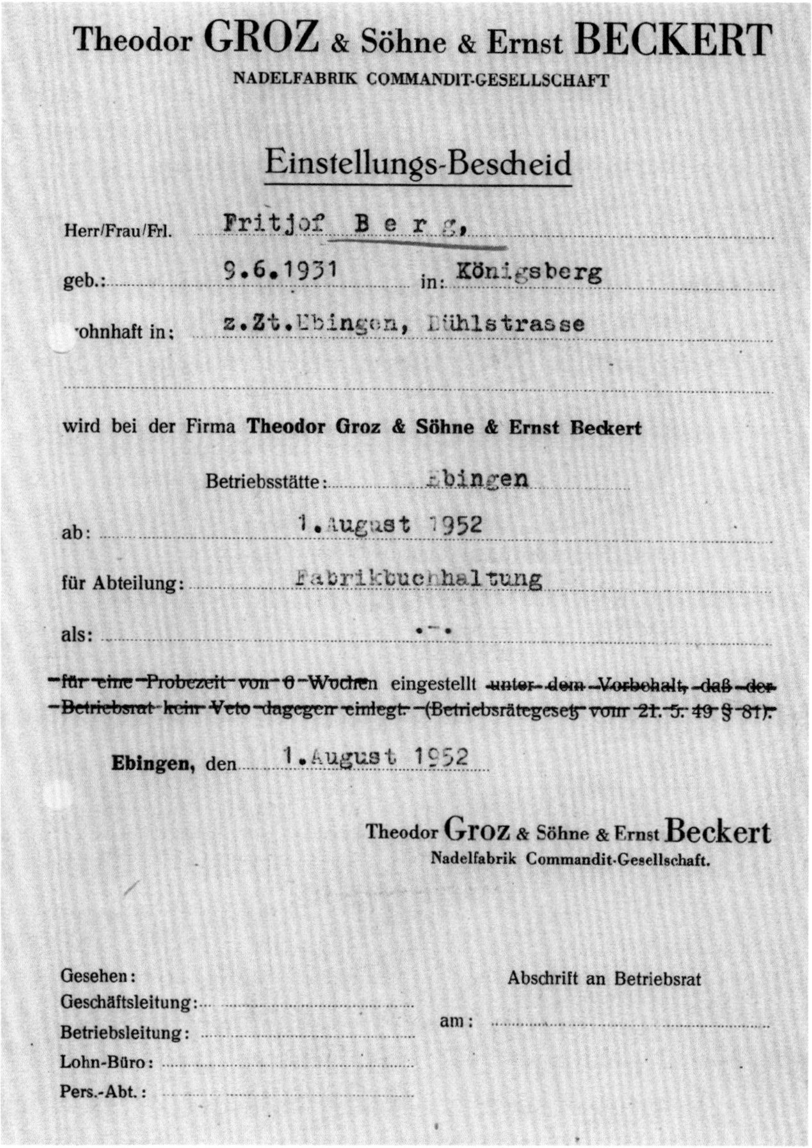

Theodor GROZ & Söhne & Ernst BECKERT

NADELFABRIK COMMANDIT-GESELLSCHAFT

Einstellungs-Bescheid

Herr/Frau/Frl. Fritjof Berg,

geb.: 9.6.1931 in: Königsberg

wohnhaft in: z.Zt.Ebingen, Bühlstrasse

wird bei der Firma **Theodor Groz & Söhne & Ernst Beckert**

Betriebsstätte: Ebingen

ab: 1.August 1952

für Abteilung: Fabrikbuchhaltung

als: .-.

~~für eine Probezeit von 6 Wochen~~ eingestellt ~~unter dem Vorbehalt, daß der Betriebsrat kein Veto dagegen einlegt. (Betriebsrätegesetz vom 21. 5. 49 § 81).~~

Ebingen, den 1.August 1952

Theodor Groz & Söhne & Ernst Beckert
Nadelfabrik Commandit-Gesellschaft.

Gesehen:
Geschäftsleitung:
Betriebsleitung:
Lohn-Büro:
Pers.-Abt.:

Abschrift an Betriebsrat

am:

Einstellungsbescheid 1952

an die Ostfront abkommandiert, von wo er eben erst an seinen Heimatort zurückgekehrt war. (Er sollte immer noch nicht zu den Letzten gehören, die sieben oder gar acht Jahre nach Kriegsende kriegsvölkerrechtswidrig von der Sowjetunion in Sklavenhaft festgehalten worden waren. Die letzten rd. 10.000 Überlebenden wurden erst 1955 nach dem Moskau-Besuch von Bundeskanzler Dr. Adenauer und der Aufnahme diplomatischer Beziehungen zwischen Bundesrepublik und UdSSR, wofür diese sie als menschliches Erpressungspotential mißbraucht hatte, freigegeben. (Auf meine Fahrt mit Hannelotte als Göttinger Studentin in das Durchgangslager Friedland zur Begrüßung eines Heimkehrertransports dieser Zehntausend komme ich in Band 3.2 „Meine Studentenzeit“ zurück.) Also mindestens 7- oder 8jährige sowjetische Gefangenschaft und Zwang zur Selbstfinanzierung des Studiums – so also sah der „Dank des Vaterlandes“ (der mittlerweile bestehenden Bundesrepublik) aus ...

Eugen Hurm mußte wie ich an den Rechenmaschinen addieren, subtrahieren, multiplizieren, dividieren. Für die vielen Rechenmaschinen im Raum mit ihrem monotonen Summen und Rattern prägte er den Begriff „Idioteharfe“ (auf schwäbisch das „n“ bei zwei Silben weglassend). Und zwischen den Karteischrankreihen im hinteren Teil der „Fabu“, von denen bereits die Rede war, war – wenn einmal die Chefin nicht anwesend war – oft ein beinahe kreischendes Gekichere zu hören, begleitet von einem gespielt-empörten „Herr Hurm, ganget SSie!“, oder auch ein seufzendes „Desch isch eppes mit dene Studente!“ (das ist schon was mit – generell gemeint – diesen Studenten). Dort hatte stud. Hurm dann offensichtlich wieder eine seiner „gewürzten“ Lebenserfahrungen zum Besten gegeben ...

In meine Werkstudentenzeit August bis Oktober 1952 fielen die groß angelegten Feierlichkeiten zum hundertjährigen Bestehen des Ebinger Unternehmenszweiges am 28. und 29. August. Ich nahm mit allen Rechten eines Betriebsangehörigen an allen

Veranstaltungen teil, erhielt wie sie die Jubiläumsschrift „100 Jahre Theodor Groz & Söhne & Ernst Beckert Nadelfabrik Commandit-Gesellschaft 1852–1952 Ebingen/Württ.“, Festabzeichen, ein Gutscheinheftchen sowie ein Bargeschenk von 10,– DM, die damals noch eine hohe Kaufkraft besaßen.

Auf einem noch unbebauten Firmengrundstück war ein großes Festzelt für alle Betriebsangehörigen einschließlich der Zweigwerke Meßstetten und Bitz errichtet, in dem unter Mitwirkung der Stuttgarter Philharmoniker am 29. August ein festlicher Jubiläumsakt und ein Großer Unterhaltungsabend stattfanden. Nicht erwähnt im Programm ist der Betriebsangehörige Canera, der in mundartlich-aussprachetechnisch vollendeten Kurzspäßen aus allen deutschen Sprachgebieten von Ostpreußen bis Württemberg pausenlose Lachsalven erzeugte. Er trat mit diesem Repertoire auch im Südwestfunk auf.

Ich habe damals den Jubiläumsband mit großem Interesse „in einem Rutsch“ von A bis Z durchgelesen. Auf Seite 46 stieß ich auf diese Mitteilung über die Zeit des Ersten Weltkriegs, die mir den Atem verschlug:

> „Die Strick- und Wirkwarenindustrien der überseeischen Abnehmerländer kamen durch das plötzliche Ausbleiben der deutschen Qualitätsnadeln in eine verzweifelte Lage. Auf dem Wege über die Schweiz gelang es noch eine Zeitlang, die spanischen Kunden zu beliefern. Mit England wurden, trotz des Kriegszustandes, deutsche Strickmaschinennadeln gegen das kriegswichtige Kupfer getauscht. Sogar dem Handels-U-Boot des Kapitäns König wurden deutsche Nadeln für die damals noch neutralen Vereinigten Staaten anvertraut, die allerdings niemals ihr Ziel erreichten. Als aber der Ring um Deutschland sich enger schloß, hörten alle diese Wege auf.“

Zur besonderen Beachtung!

Wir überreichen Ihnen heute die Festschrift, Festabzeichen und ein Gutscheinheftchen für unser 100-jähriges Jubiläum.

Wir bitten alle Betriebsangehörigen, das beiliegende Festabzeichen am Jubiläumstage sichtbar zu tragen. Den von uns aufgestellten Ordnern und Kontrolleuren ist auf Verlangen das auf den Namen ausgestellte Gutschein-scheinheftchen vorzuzeigen, es ist nicht übertragbar.

Die Betriebsangehörigen oder Arbeitsveteranen, die bedauerlicherweise krankheitshalber nicht an der Feier teilnehmen können, bitten wir höflichst, das Gutscheinheftchen wieder an unser Lohnbüro zurückzugeben. Wir werden den betreffenden Personen nach dem Jubiläum eine entsprechende Entschädigung zukommen lassen. (Es werden selbstverständlich nur volle Heftchen zurückgenommen.)

Das Festzelt wird am Freitag morgen um 9 Uhr geöffnet. Die Plätze sind spätestens bis 10.15 Uhr einzunehmen; sie werden von den Ordnern angewiesen. Wir bitten das Rauchen im Festzelt unbedingt zu unterlassen; Genußmittel irgendwelcher Art werden vormittags im Festzelt nicht verabreicht.

Der Festakt endet, wie aus dem Programm ersichtlich, mit dem letzten Satz aus der 5. Sinfonie von L. van Beethoven. Damit sich das Zelt möglichst rasch entleert und kein Gedränge entsteht, wird gebeten, nicht vor dem Ausgang stehen zu bleiben, sondern unverzüglich die zugewiesenen Lokale aufzusuchen. Das Mittagessen ist überall auf 13.00 Uhr bestellt. Für die außerhalb der Stadt gelegenen Lokale „Sportheim" und „Waldheim" stehen vor der Garage je zwei Omnibusse bereit. Die Omnibusse fahren um 14.15 Uhr wieder dorthin zurück.

Für einen Teil der älteren Betriebsangehörigen von Bitz und Meßstetten besteht Gelegenheit, im Bedarfsfalle ebenfalls von der Garage aus um 15.00 Uhr mit den Omnibussen nach Hause zu fahren. Die Omnibusse fahren punkt 18.00 Uhr von Bitz bezw. Meßstetten wieder ab. Eine andere Fahrgelegenheit besteht dann nicht mehr.

Die Kinosondervorstellungen finden um 14.30 Uhr und 16.30 Uhr statt, (nicht wie teilweise irrtümlich angegeben um 15.30 Uhr und 17.30 Uhr).

Unser Festzelt wird nachmittags umgeräumt und bleibt bis 18.00 Uhr geschlossen. Abends können die Plätze mit Ausnahme der für unsere Gäste vorgesehenen, wahlweise eingenommen werden.

Die Omnibusse für Bitz und den Heuberg stehen ab 23.00 Uhr wieder bereit und zwar wieder in der Friedhofstraße vor den Garagen, wo sie vormittags geparkt haben und fahren auf Wunsch, sofern sie voll besetzt sind, zurück. Die Abfahrt der jeweils letzten Wagen wird rechtzeitig im Zelt bekanntgegeben. Nach Abfahrt dieser Wagen besteht k e i n e Fahrgelegenheit mehr.

Die Toiletten für Männer und Frauen befinden sich innerhalb der Fabrik an den bekannten Orten.

Wir bitten ebenso höflich wie dringend, auch während der Abendveranstaltung Ordnung und Disziplin zu bewahren und mitzuhelfen, dem Fest einen fröhlichen Verlauf zu sichern.

Wir wünschen Ihnen einen frohen Festtag und bitten Sie, auch das Ihrige zum guten Gelingen beizutragen.

Theodor GROZ & Söhne & Ernst BECKERT
Nadelfabrik Commandit-Gesellschaft
EBINGEN/Württ.

N. B. Neben dem Haupteingang des Zeltes befindet sich ein kleiner, abgeteilter Raum der Festleitung, wo Auskünfte über Abfahrtszeiten und dergleichen eingeholt werden können.

Schreiben zum 100jährigen Jubiläum Groz & Beckert

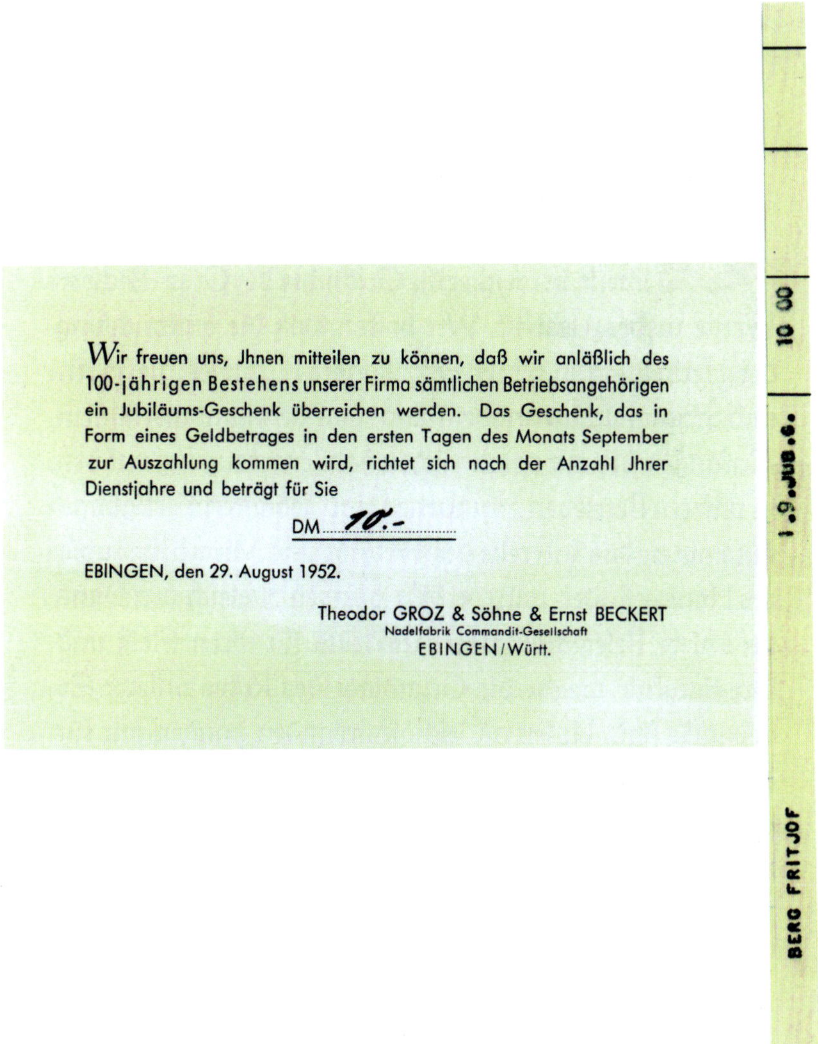

Wir freuen uns, Jhnen mitteilen zu können, daß wir anläßlich des 100-jährigen Bestehens unserer Firma sämtlichen Betriebsangehörigen ein Jubiläums-Geschenk überreichen werden. Das Geschenk, das in Form eines Geldbetrages in den ersten Tagen des Monats September zur Auszahlung kommen wird, richtet sich nach der Anzahl Jhrer Dienstjahre und beträgt für Sie

DM 10.-

EBINGEN, den 29. August 1952.

Theodor GROZ & Söhne & Ernst BECKERT
Nadelfabrik Commandit-Gesellschaft
EBINGEN/Württ.

Das besondere Jubiläumshandgeld

Anläßlich des hundertjährigen Bestehens unseres Unternehmens überreichen wir Ihnen eine Festschrift, in welcher die Geschichte der Groz-Beckert-Werke niedergelegt ist. Wir hoffen, daß die Entwicklung der Herstellung so feiner Präzisionsteile, wie es die Wirk- und Strickmaschinennadeln sind, von den handwerklichen Anfängen bis zur neuzeitlichen Massenerzeugung auf den in unseren Betrieben erfundenen und gebauten Fertigungsautomaten das Interesse der Freunde und Mitarbeiter unseres Hauses finden wird. ¶ Wir bringen zugleich den Dank an unsere Belegschaft zum Ausdruck für ihren Fleiß und ihre Sorgfalt, welche die Grundlage des Rufes unserer Erzeugnisse sind. Unseren Geschäftsfreunden danken wir für das unserem Unternehmen entgegengebrachte Vertrauen und wünschen, daß sie uns auch in Zukunft in freundschaftlicher Weise verbunden bleiben mögen.

THEODOR GROZ & SÖHNE & ERNST BECKERT

NADELFABRIK · COMMANDIT-GESELLSCHAFT

Ebingen/Württ., im August 1952

Vorspruch der Festschrift zum 100jährigen Jubiläum Groz & Beckert

Festschrift zum 100jährigen Jubiläum Groz & Beckert

THEODOR GROZ & SÖHNE & ERNST BECKERT
NADELFABRIK COMMANDIT-GESELLSCHAFT
EBINGEN

HUNDERTJAHRFEIER AM 29. AUG. 1952

SEIT THEODOR GROZ DEN GRUNDSTEIN ZU UNSERER FIRMA LEGTE, SIND HUNDERT JAHRE VERFLOSSEN.

DIESES EREIGNISSES WOLLEN WIR IN DANKBARER FREUDE GEDENKEN UND FÜR KURZE ZEIT DIE ARBEIT EINSTELLEN.

WIR LADEN ALLE BETRIEBSANGEHÖRIGEN UND ARBEITSVETERANEN EIN, AM

FREITAG, DEN 29. AUGUST 1952

DAS HUNDERTJÄHRIGE BESTEHEN UNSERER FIRMA FESTLICH MIT UNS ZU BEGEHEN

DIE GESCHÄFTSLEITUNG DER FIRMA
THEODOR GROZ & SÖHNE & ERNST BECKERT
NADELFABRIK COMMANDIT-GESELLSCHAFT

Einladung zur Hundertjahrfeier der Nadelfabrik Groz & Beckert

DONNERSTAG, DEN 28. AUGUST 1952

9.00 UHR

BETRIEBSVERSAMMLUNG

der Belegschaft des Werkes Ebingen und des Gesamt-Betriebsrates im Gemeinschaftsraum des Werkes Ebingen

Begrüßung durch die Geschäftsleitung und Übergabe des neuen Gemeinschaftsraumes an die Belegschaft

Ansprache eines Vertreters des Betriebsrates

Ansprache des geschäftsführenden Gesellschafters, Dipl.-Ing. Walther Groz

Ansprache des Gesellschafters Alfred Gass, Pfarrer a. D., Bitz

Schlußwort der Geschäftsleitung

FREITAG, DEN 29. AUGUST 1952

10.30 UHR

FESTLICHER JUBILÄUMSAKT

im Festzelt auf dem Fabrikgelände

unter Mitwirkung der Stuttgarter Philharmoniker

Leitung Dr. Willem van Hoogstraten

Vorspiel zu „Die Meistersinger von Nürnberg" von Richard Wagner

Ansprache des geschäftsführenden Gesellschafters, Dipl.-Ing. Walther Groz, Bürgermeister der Stadt Ebingen

Ansprache des Vorsitzenden des Gesamt-Betriebsrates, Karl Fritz, Ebingen

Ansprache des Herrn stellv. Ministerpräsidenten und Wirtschaftsministers des Landes Baden-Württemberg, Dr. Hermann Veit, Stuttgart

Sinfonische Dichtung „Finlandia" von Jan Sibelius

Weitere Ansprachen

Finale aus der 5. Sinfonie von L. van Beethoven

Programm der Hundertjahrfeier der Nadelfabrik Groz & Beckert

Mein Festanzug

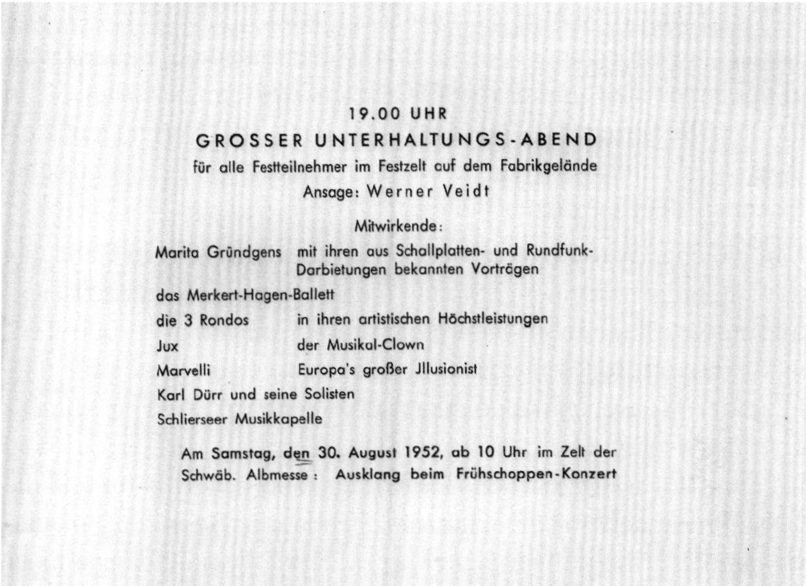

19.00 UHR

GROSSER UNTERHALTUNGS-ABEND

für alle Festteilnehmer im Festzelt auf dem Fabrikgelände

Ansage: Werner Veidt

Mitwirkende:

Marita Gründgens	mit ihren aus Schallplatten- und Rundfunk-Darbietungen bekannten Vorträgen
das Merkert-Hagen-Ballett	
die 3 Rondos	in ihren artistischen Höchstleistungen
Jux	der Musikal-Clown
Marvelli	Europa's großer Jllusionist
Karl Dürr und seine Solisten	
Schlierseer Musikkapelle	

Am Samstag, den 30. August 1952, ab 10 Uhr im Zelt der Schwäb. Albmesse: Ausklang beim Frühschoppen-Konzert

Programm des Schulußunterhaltungsabends

Gedenktafel zum Jubiläumsjahr 1952

Noch mehr verschlug es mir die Sprache, als ich einen älteren Betriebsangehörigen auf diese Buchstelle ansprach, dabei Zweifel anklingen ließ und er mir mit diesen Worten antwortete: „Im Zweiten Weltkrieg ist es genauso gelaufen." Für „Vergangenheitsbewältiger" und manchen „Zeitgeschichtler" gibt es offensichtlich noch allerlei aufzuarbeiten.

In gleicher Weise hat sich diese Begebenheit in mein Gedächtnis eingeprägt: An einem Sonntag meiner Werkstudentenzeit 1952 fand in Reutlingen ein Ostpreußentreffen mit über 10.000 Teilnehmern statt. Ich war verblüfft, in einer riesigen Werkhalle mitten in der Menschenmenge quasi „dazugehörig" auf vier Männer in französischer Uniform zu stoßen. Verblüfft deswegen, weil das Land zur französischen Besatzungszone gehört hatte und die Besatzungsmacht mit arrogant-rücksichtslosen Besatzungsmanieren ungute Erinnerungen hinterlassen hatte, die noch längst nicht verblaßt waren (bei den Älteren waren bestimmt auch die an die französische Ruhr-Besetzung der ersten 1920er Jahre wieder wach geworden mit einem entsprechenden Auftreten der Offiziere und der Kolonial-Besatzungstruppen). Die „Franzosen" hier in Reutlingen sprachen deutsch. Wie reimte sich das zusammen: Deutsch sprechende „Franzosen" auf einem Nachkriegs-Ostpreußentreffen? Auf mein Erstaunen hierüber erhielt ich diese Antwort: Wir sind Elsässer. Wir gehörten zu einer bespannten Artillerieeinheit und haben an den Kämpfen um Königsberg teilgenommen. Dabei sind wir auf Russen gestoßen, die zum Vergewaltigen „Schlange standen". Sie schilderten dann die sofortige Exekution, die so grausam war, daß ich sie an dieser Stelle nicht wiedergeben kann. Hätte es sich um andere Wehmachtsangehörige gehandelt ohne den hier gegebenen Schutz der Uniform der französischen Siegernation, hätte das öffentliche Bekanntwerden des mir mitgeteilten Vorgangs ein Erdbeben in der Rubrik „Zeitgeschichte" erzeugt, von den persönlichen Konsequenzen für die Betreffenden ganz zu schweigen.

Zum Themenbereich „Werkstudent“ ist abschließend zu erwähnen, daß ich mich für die Semesterferien nach dem Sommersemester 1952 vergeblich um eine Hilfsstraßenbahnschaffnerstelle bei der Überlandwerke und Straßenbahnen Hannover Aktiengesellschaft beworben hatte, woraufhin ich, nachdem ich wohl vorsorglich bei meiner Maschinennadelfabrik wegen einer erneuten Beschäftigung angefragt hatte, diese auch am 1. August 1952 antreten konnte. Ich hätte auch bereits vorher in den Semesterferien vom 1.3.-30.4.1952 abermals in der „Fabu“ arbeiten können, machte dann aber, was ich hinterher sehr bereute, von dieser Zusage leider keinen Gebrauch, da ich an meinem Studienort Göttingen diese Verdienstmöglichkeit gefunden hatte. Der Grund dafür dürfte gewesen sein, daß ich auch in den Semesterferien den Aufbau unserer im Sommersemester 1952 gegründeten Hochschulgruppe Ostpreußischer Studierender intern und in ihren Außenbeziehungen vorantreiben wollte (siehe Band 3.2 „Meine Studentenzeit“). Im Vergleich zum Ebinger Arbeitsumfeld empfand ich das dortige Betriebsklima als regelrecht kalt und habe später deshalb von jeder weiteren Bewerbung um Beschäftigung als Werkstudent in dieser Firma abgesehen.

Immer wenn ich den Bahnhof Ebingen für die Rückreise nach Norden betrat, stieß ich in der Bahnhofshalle an der Außenwand zu den Bahnsteigen auf künstlerische Reliefs über das „Schaffen“ in der Groz & Beckert-„Nadlerei“, sozusagen als Denkposten, wer dem an und von textil- und stahlverarbeitenden Betrieben reichen Ort das Gepräge gab. Die Rückreise mit viel, viel Gepäck (es aufzugeben kostete das knappe Geld!) begann immer mit einer Zugverbindung am frühen Morgen. Näherte sich der Zug Hechingen, so umrundete er in weitem Bogen den Zollernberg, auf dessen Spitzenplateau die Hohenzollernburg im frühen Sonnenlicht erstrahlte, damals noch noch Exil des Sarkophags Friedrichs des Großen. Es war stets eine bewegende Geschichtsstunde.

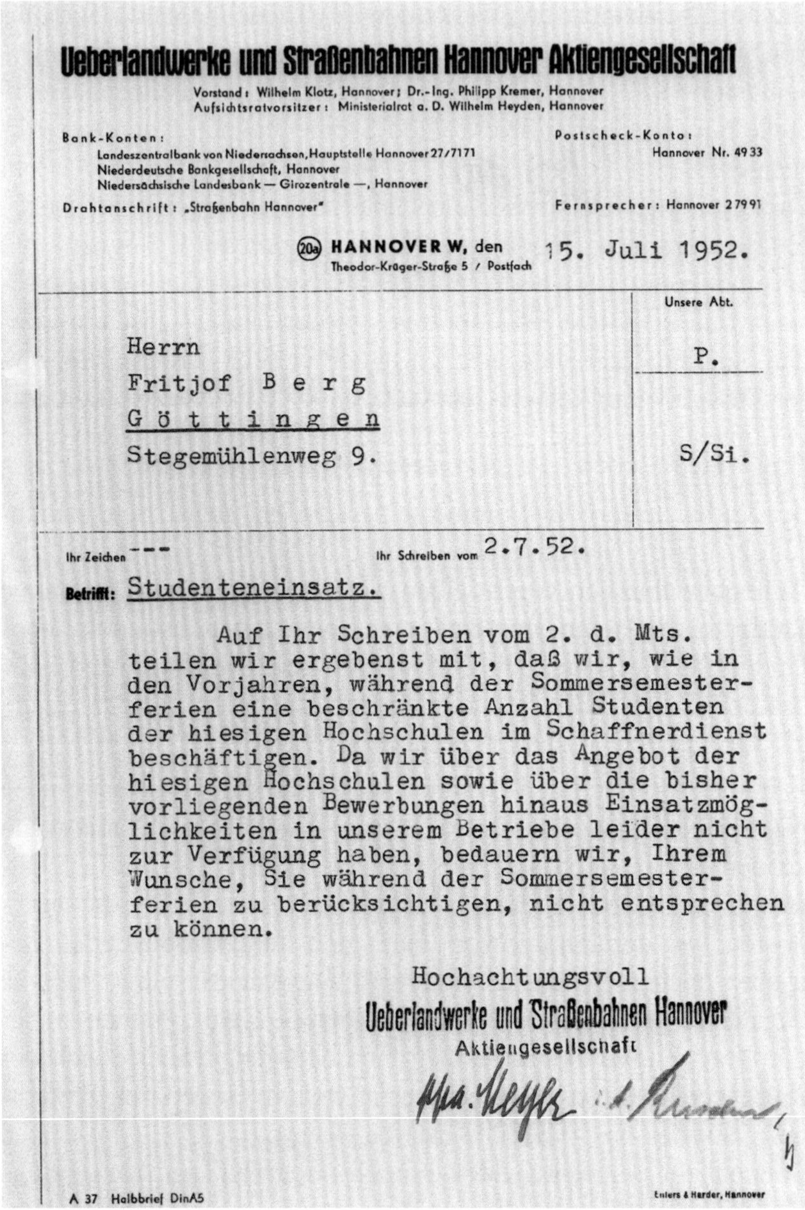

Ueberlandwerke und Straßenbahnen Hannover Aktiengesellschaft

Vorstand: Wilhelm Klotz, Hannover; Dr.-Ing. Philipp Kremer, Hannover
Aufsichtsratvorsitzer: Ministerialrat a. D. Wilhelm Heyden, Hannover

Bank-Konten:
Landeszentralbank von Niedersachsen, Hauptstelle Hannover 27/7171
Niederdeutsche Bankgesellschaft, Hannover
Niedersächsische Landesbank — Girozentrale —, Hannover

Postscheck-Konto:
Hannover Nr. 4933

Drahtanschrift: „Straßenbahn Hannover"

Fernsprecher: Hannover 27991

(20a) HANNOVER W, den 15. Juli 1952.
Theodor-Krüger-Straße 5 / Postfach

Unsere Abt.
P.
S/Si.

Herrn
Fritjof Berg
Göttingen
Stegemühlenweg 9.

Ihr Zeichen --- Ihr Schreiben vom 2.7.52.

Betrifft: Studenteneinsatz.

Auf Ihr Schreiben vom 2. d. Mts. teilen wir ergebenst mit, daß wir, wie in den Vorjahren, während der Sommersemesterferien eine beschränkte Anzahl Studenten der hiesigen Hochschulen im Schaffnerdienst beschäftigen. Da wir über das Angebot der hiesigen Hochschulen sowie über die bisher vorliegenden Bewerbungen hinaus Einsatzmöglichkeiten in unserem Betriebe leider nicht zur Verfügung haben, bedauern wir, Ihrem Wunsche, Sie während der Sommersemesterferien zu berücksichtigen, nicht entsprechen zu können.

Hochachtungsvoll
Ueberlandwerke und Straßenbahnen Hannover
Aktiengesellschaft

A 37 Halbbrief DinA5 — Ehlers & Herder, Hannover

Absagebrief der Überlandwerke und Straßenbahnen Hannover

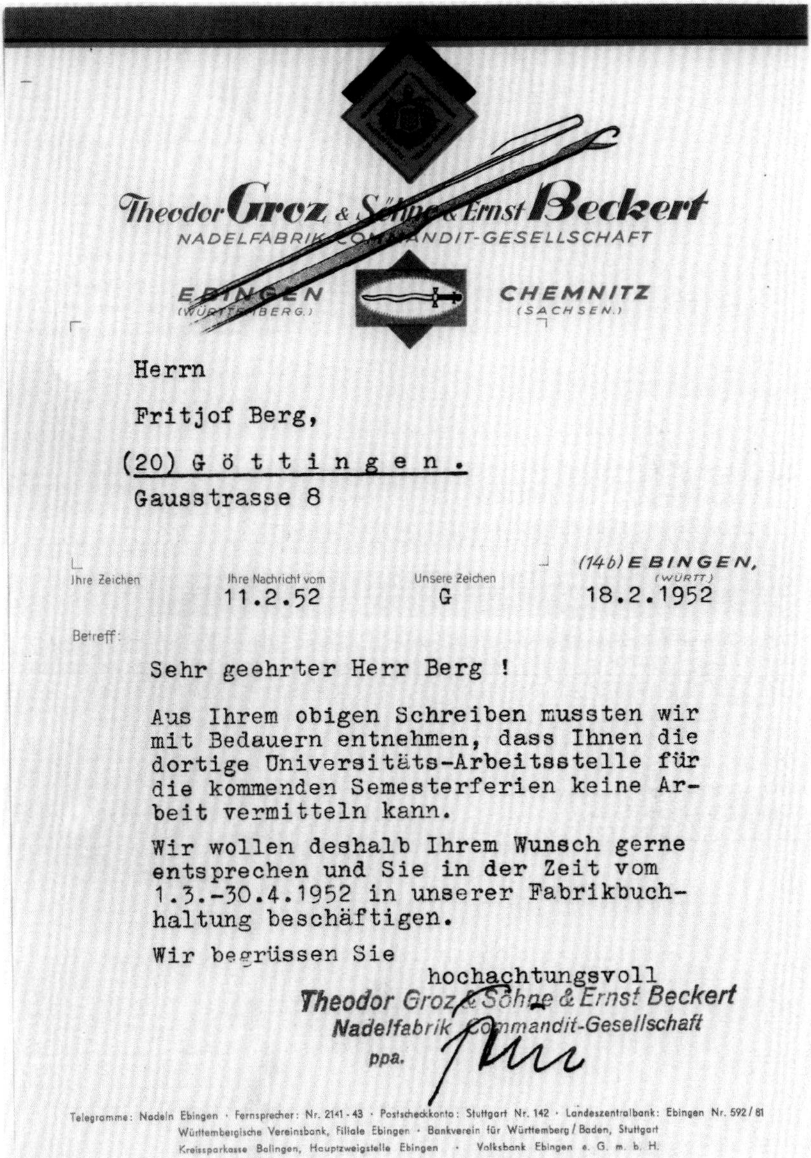

Theodor Groz & Söhne & Ernst Beckert
NADELFABRIK-COMMANDIT-GESELLSCHAFT

EBINGEN (WÜRTTEMBERG.) CHEMNITZ (SACHSEN.)

Herrn

Fritjof Berg,

(20) G ö t t i n g e n .

Gausstrasse 8

Ihre Zeichen	Ihre Nachricht vom	Unsere Zeichen	(14b) EBINGEN, (WÜRTT.)
	11.2.52	G	18.2.1952

Betreff:

Sehr geehrter Herr Berg !

Aus Ihrem obigen Schreiben mussten wir mit Bedauern entnehmen, dass Ihnen die dortige Universitäts-Arbeitsstelle für die kommenden Semesterferien keine Arbeit vermitteln kann.

Wir wollen deshalb Ihrem Wunsch gerne entsprechen und Sie in der Zeit vom 1.3.-30.4.1952 in unserer Fabrikbuchhaltung beschäftigen.

Wir begrüssen Sie

hochachtungsvoll

Theodor Groz & Söhne & Ernst Beckert
Nadelfabrik Commandit-Gesellschaft
ppa.

Telegramme: Nadeln Ebingen · Fernsprecher: Nr. 2141-43 · Postscheckkonto: Stuttgart Nr. 142 · Landeszentralbank: Ebingen Nr. 592/81
Württembergische Vereinsbank, Filiale Ebingen · Bankverein für Württemberg/Baden, Stuttgart
Kreissparkasse Balingen, Hauptzweigstelle Ebingen · Volksbank Ebingen e. G. m. b. H.

Zusagebrief von Groz & Beckert

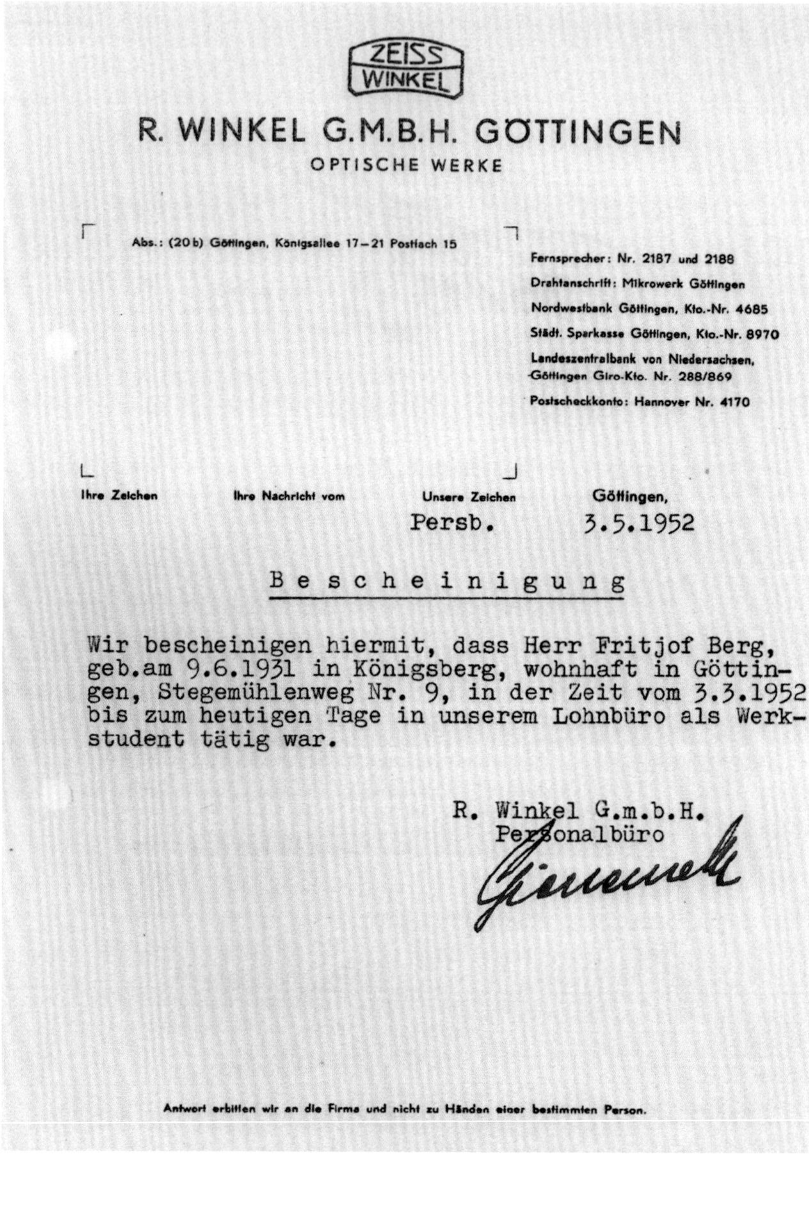

ZEISS
WINKEL

R. WINKEL G.M.B.H. GÖTTINGEN

OPTISCHE WERKE

Abs.: (20 b) Göttingen, Königsallee 17–21 Postfach 15

Fernsprecher: Nr. 2187 und 2188
Drahtanschrift: Mikrowerk Göttingen
Nordwestbank Göttingen, Kto.-Nr. 4685
Städt. Sparkasse Göttingen, Kto.-Nr. 8970
Landeszentralbank von Niedersachsen, Göttingen Giro-Kto. Nr. 288/869
Postscheckkonto: Hannover Nr. 4170

Ihre Zeichen	Ihre Nachricht vom	Unsere Zeichen	Göttingen,
		Persb.	3.5.1952

B e s c h e i n i g u n g

Wir bescheinigen hiermit, dass Herr Fritjof Berg, geb.am 9.6.1931 in Königsberg, wohnhaft in Göttingen, Stegemühlenweg Nr. 9, in der Zeit vom 3.3.1952 bis zum heutigen Tage in unserem Lohnbüro als Werkstudent tätig war.

R. Winkel G.m.b.H.
Personalbüro

Antwort erbitten wir an die Firma und nicht zu Händen einer bestimmten Person.

Bescheinigung von R. Winkel über Werkstudententätigkeit

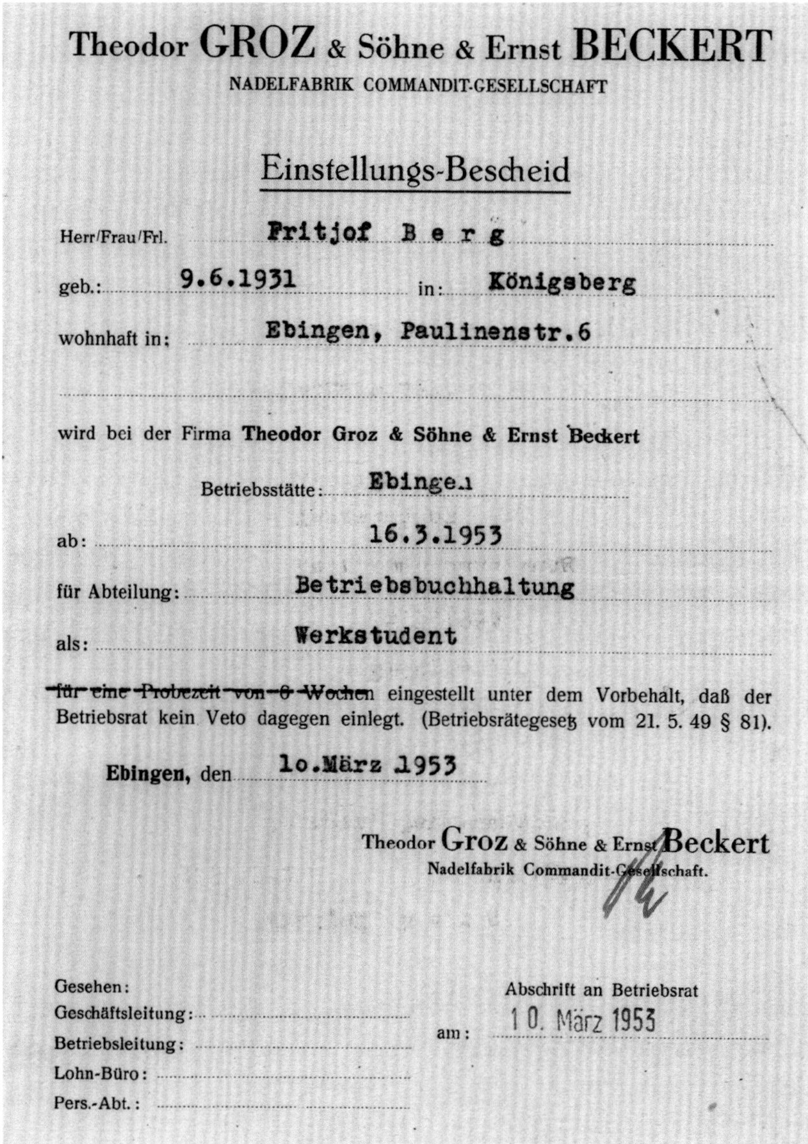

Theodor GROZ & Söhne & Ernst BECKERT
NADELFABRIK COMMANDIT-GESELLSCHAFT

Einstellungs-Bescheid

Herr/Frau/Frl. Fritjof B e r g

geb.: 9.6.1931 in: Königsberg

wohnhaft in: Ebingen, Paulinenstr.6

wird bei der Firma **Theodor Groz & Söhne & Ernst Beckert**

Betriebsstätte: Ebingen

ab: 16.3.1953

für Abteilung: Betriebsbuchhaltung

als: Werkstudent

~~für eine Probezeit von 6 Wochen~~ eingestellt unter dem Vorbehalt, daß der Betriebsrat kein Veto dagegen einlegt. (Betriebsrätegesetz vom 21. 5. 49 § 81).

Ebingen, den 10.März 1953

Theodor Groz & Söhne & Ernst Beckert
Nadelfabrik Commandit-Gesellschaft.

Gesehen:
Geschäftsleitung:
Betriebsleitung:
Lohn-Büro:
Pers.-Abt.:

Abschrift an Betriebsrat
am: 10. März 1953

Einstellungsbescheid Groz & Beckert 1953

Beim Abschied von meiner letzten Ebinger Werkstudentenzeit im Frühjahr 1953 ahnte ich beim Umsteigen in Tübingen in die Elektrobahn nach Stuttgart nicht, daß ein Jahr später hier meine spätere Ehefrau Hannelotte ihr Jurastudium beginnen würde. Als Verlobte haben wir dann bei ihrer „Einführung" in die Ebinger Berg-Großfamilie und ebenso bei späteren Besuchen in Ebingen auch den Ort meiner Werkstudentenzeiten aufgesucht. Das alte Gebäude, die Fenster der „Idioteharfe"-„Fabu" waren auch zuletzt noch unverändert da, aber es war nicht mehr das vertraute Bild mit dem dazugehörigen „Wir-Gefühl" zu den ehemaligen „Kollegen" und ihrem individuellen „Schaffe". Riesige Erweiterungsbauten erdrückten die ehemals persönlich-menschliche Arbeitswelt mit ihrer von mir so empfundenen Anonymität, was davor 1951, 1952, 1953 gewesen war, gehörte fortan nur noch zu meinem damaligen Werden und bleibenden Innenleben. Hier und heute waren keine Spuren und Festhaltepunkte dafür mehr vorhanden. Zurückgeblieben in den Mauern von damals, das sei beim Rückblick auf meine Werkstudentenzeit zusammenfassend und ausdrücklich gesagt, war mein großer und tiefer Dank für alles, was ich in ihnen an Hilfe und Wegweisung für mein Leben erfahren und auf den vorangegangenen Seiten beschrieben habe.

Das bei meinem Abitur angegebene Berufsziel „Rundfunkangestellter" hatte auf meiner frühen Teilhabe am Königsberger Musikleben in Verbindung mit Rundfunkaufnahmen und Einblicken in den Sendebetrieb beruht. Die diesbezüglichen Vorstellungen müssen mir bald danach reichlich nebulös erschienen und dem Gedanken an ein Studium der Volkswirtschaft gewichen sein, an der Universität Frankfurt a. M. Ich muß entsprechende Erklärungen beim Einstellungsgespräch bei Groz & Beckert abgegeben haben, denn anders ist der Schlußsatz in der Bescheinigung/Zeugnis der Firma vom 12. Oktober 1951 nicht zu erklären: „Herr Berg scheidet mit dem heutigen Tage aus unseren Diensten, um sein Studium an der Universität Frankfurt a. Main aufzunehmen."

Diesen Studienwunsch habe ich wohl nicht nur hier, sondern auch gegenüber meinen Eltern geäußert. Sie, die gar keine Erfahrung über akademische Studiengänge hatten, bewahrten mich dennoch vor einer fatalen Entscheidung für ein Studium, für das ich gänzlich ungeeignet gewesen wäre und das ich mit Sicherheit bald aufgegeben hätte. Nach meiner Teilnahme an den Pflichtvorlesungen „Theoretische Volkswirtschaftslehre I" von Professor Rittig im ersten Semester (WS 1951/52) und „Volkswirtschaftspolitik" im 7. Semester (WS 1954/55) an der Universität kann ich dies hier mit absoluter Gewißheit festhalten. Die Wahl eines Studienortes Frankfurt a. M. hätte mit ebensolcher Gewißheit nie zur Begegnung mit Hannelotte Behrend, meiner späteren Ehefrau, geführt. Selbst wenn irgendein Zufall bei ihren Reiseunterbrechungen nach Tübingen bzw. zurück nach Bad Nenndorf in Frankfurt so etwas ergeben hätte, wäre sie bis zu ihrem Studienortwechsel zum Sommersemester 1955 nach Göttingen noch fest an ihre fünfjährige Jugendliebe in Frankfurt gebunden gewesen.

Ich muß also meinen Eltern für immer dankbar bleiben, daß sie den Anstoß zum Jura- statt Volkswirtschaftsstudium gaben, das dann ja auch über meinen privaten wie beruflichen Lebensverlauf entscheiden sollte, als mein Vater mir in seinem Brief vom 11.7.1951 nach Ebingen schrieb:

> „Zu Deinem Studium. Herr Haasler (Anm.: Bekannter der Eltern aus Tilsit) sagte mir, ein Studium Volkswirtschaft kann alles, auch nichts bedeuten. Er meint, Juristisches ist dann zweckmäßiger, Volkswirtschaft gehört dazu. Aussichten sind dann vielseitiger und auch mehr Möglichkeiten. Also entscheide Dich richtig. Eine umfassende Aussprache zwischen uns muß schon deshalb bald erfolgen. Hoffentlich hast Du unser letztes Paket schon erhalten. Ich grüße Dich herzlich und erwarte Nachricht. Dein Vater."

Er kam dann auf Besuch nach Ebingen und knüpfte nach Rückkehr nach Leese in seinem Brief vom 28.8.1951 an seine vorausgegangenen Hinweise zum Jurastudium an:

> „... Ich kam gut nach Leese. Also alle Ratschläge, die ich einholte, lauten übereinstimmend ‚Göttingen'. Außerdem sagt Dr. Hammer und auch Fähnrich (Anm.: Dr. Hammer Oberkreisdirektor des Kreises Nienburg/W., Herr Fähnrich, wie mein Vater, Kreistagsabgeordneter des Blocks der Heimatvertriebenen und Entrechteten BHE), die Dich grüßen lassen und auch Jura studiert haben, nur Volljura zu belegen, keine Stunde auf Volkswirtschaft zu verschwenden. Also wird es wohl so auch richtig sein."

Mein Vater greift in diesem Brief auch bereits das leidige Finanzthema auf, das in Band 3.2 noch Stoff für ein ganzes Kapitel abgeben wird: „Ich werde, wenn Du erst anfängst, hier einen Antrag beim Soforthilfeamt stellen auf Ausbildungshilfe. Natürlich wird ein Antrag auch noch einige Monate laufen. Aber die Hauptsache, wir haben Erfolg."

Nun also waren die Würfel endgültig gefallen. Vorsorglich hatte ich bereits vorher, nach Vaters Brief vom 11. Juli, meine Zulassung zum Jurastudium an der Universität Göttingen beantragt. Nach Zwischenbescheid vom 30. Juli erhielt ich den Zulassungsbescheid vom 28. August 1951 (die nicht abgebildete Rückseite enthält Hinweise zum Erscheinen des Vorlesungsverzeichnisses für das bevorstehende Wintersemester und die Vorlage einer Bescheinigung über eine zahnärztliche Untersuchung aus neuerer Zeit).

Um an Ort und Stelle mit dem Studium beginnen zu können, brauchte ich natürlich eine „Studentenbude". Und hier konnte ich es nicht darauf ankommen lassen, zu Semesterbeginn nach Göttingen zu fahren und darauf zu vertrauen, daß ich auch gleich „etwas" finden würde. Angesichts der unvermindert fortbeste-

Der Rektor der
Georg-August-Universität

Göttingen, den 28. AUG. 1951
Aula - Wilhelmsplatz 1

Herrn/~~Frau~~/~~Fräulein~~ . . . Fritjof . . Berg . . . .

geboren am . . . 9. 6. 31 . . . .

Z u l a s s u n g s b e s c h e i d

Ihr Antrag auf Zulassung zum Studium im Wintersemester 1951/52 ist auf Vorschlag des Ausleseausschusses der

. Rechts- u. Staatswissenschaftlichen. Fakultät

genehmigt worden.

Ihre Einschreibung, zu der persönliche Anwesenheit erforderlich ist, ist für . . . . 30. Okt. 1951 . . . . , . 8 1/2. Uhr, im Aulagebäude, Wilhelmsplatz 1, I. Stock, Zimmer 12, vorgesehen. Wir bitten, diesen Termin möglichst einzuhalten. Letzter Tag der Einschreibung: 10.11.51.

An Ausweisen sind vorzulegen:

1. Das Reifezeugnis im Original (das Original wird nach Einsichtnahme zurückgereicht, abzugeben ist eine amtlich beglaubigte Abschrift, falls eine solche nicht bereits dem Immatrikulationsantrag beigefügt war). Bei Verlust des Reifezeugnisses infolge Kriegseinwirkung ist eine von dem früheren Anstaltsleiter oder einem ehemaligen Lehrer ausgestellte Hilfsbescheinigung über die Ablegung der Reifeprüfung einzureichen (Unterschrift amtlich beglaubigen lassen!);
2. ein polizeiliches Führungszeugnis (falls nicht seit dem Abgang von der Schule oder der zuletzt besuchten Hochschule weniger als ½ Jahr verstrichen ist);
3. von denjenigen Studierenden, die bereits in Göttingen oder an anderen Hochschulen immatrikuliert waren: eine Bescheinigung der zuständigen Akademischen Krankenkasse oder einen sonstigen Nachweis, daß die vorgeschriebene ärztliche Untersuchung stattgefunden hat; (Alle Studienanfänger und alle Studierenden im 5.Semester haben sich einer Pflichtuntersuchung zu unterziehen. Die Meldetermine werden von der Akademischen Krankenkasse durch Anschlag bekanntgegeben.)
4. drei unaufgezogene Lichtbilder im Paßformat;
5. ggf. die Abgangszeugnisse bisher besuchter Hochschulen.

Der Termin der feierlichen Verpflichtung durch den Rektor (Immatrikulationsfeier) wird durch Anschlag am Schwarzen Brett bekanntgegeben. Die Immatrikulation gilt erst mit Aushändigung der Immatrikulationsurkunde als vollzogen. Die Immatrikulationsurkunde wird bei der Immatrikulationsfeier ausgehändigt. Der endgültige Studenten-Ausweis wird ebenfalls erst am Tage der Immatrikulationsfeier ausgehändigt.

Beginn des Semesters: 18. Oktober 1951
Beginn der Vorlesungen: 1. November 1951

Riezaal

Falls Sie von der Zulassung keinen Gebrauch machen wollen, bitten wir diesen Bescheid umgehend dem Univ.-Sekretariat zurückzusenden.

Bitte wenden

Zulassungsbescheid zum Jurastudium, Wintersemester 1951/52

henden Wohnungsnot und der deshalb seit dem Krieg weiter geltenden Wohnungszwangsbewirtschaftung wandte ich mich mit der Bitte um Hinweise auf das zu tun Notwendige und Hilfe an die Universitätswohnungsstelle Göttingen und bat auch Onkel Erwin Damm in Clausthal-Zellerfeld um Rat. Er war ja nicht nur erfahrener Jurist, sondern verfügte als Landrat – nicht mehr wie in Preußen verbeamteter Leiter einer Kreisverwaltung, sondern nach der Niedersächsischen Landkreisordnung über seine Partei (BHE) gewählter (politischer) Vorsitzender von Kreistag und Kreisausschuß des Kreises Clausthal-Zellerfeld – vielleicht auch über hilfreiche Beziehungen nach Göttingen.

Von der Universitätswohnungsstelle bekam ich den nachfolgend abgelichteten, durchaus hilfreichen Bescheid. Von Onkel Erwin erhielt ich einen Brief, in dem sich die vorerwähnte Wohnungszwangslage in aller Schärfe widerspiegelt.

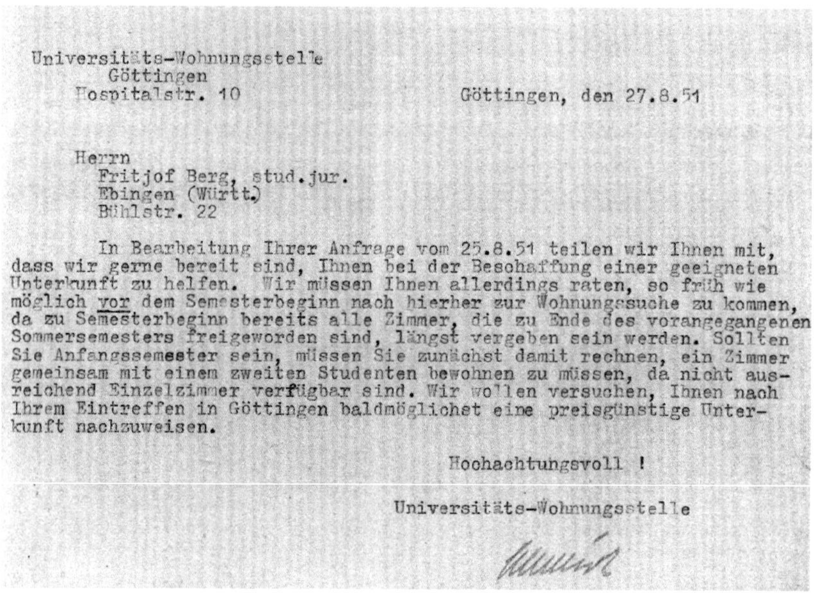

Universitäts-Wohnungsstelle
Göttingen
Hospitalstr. 10

Göttingen, den 27.8.51

Herrn
Fritjof Berg, stud.jur.
Ebingen (Württ.)
Bühlstr. 22

In Bearbeitung Ihrer Anfrage vom 25.8.51 teilen wir Ihnen mit, dass wir gerne bereit sind, Ihnen bei der Beschaffung einer geeigneten Unterkunft zu helfen. Wir müssen Ihnen allerdings raten, so früh wie möglich vor dem Semesterbeginn nach hierher zur Wohnungssuche zu kommen, da zu Semesterbeginn bereits alle Zimmer, die zu Ende des vorangegangenen Sommersemesters freigeworden sind, längst vergeben sein werden. Sollten Sie Anfangssemester sein, müssen Sie zunächst damit rechnen, ein Zimmer gemeinsam mit einem zweiten Studenten bewohnen zu müssen, da nicht ausreichend Einzelzimmer verfügbar sind. Wir wollen versuchen, Ihnen nach Ihrem Eintreffen in Göttingen baldmöglichst eine preisgünstige Unterkunft nachzuweisen.

Hochachtungsvoll !

Universitäts-Wohnungsstelle

Schreiben der Universitäts-Wohnungsstelle

Oberbürgermeister a. D. **Damm**
Verwaltungsrechtsrat
Zugelassen bei den Verwaltungsgerichten
und bei dem Oberverwaltungsgericht
Sprechstunden: Montag bis Freitag von 11-13 Uhr
und nach Vereinbarung

(20b) Clausthal-Zellerfeld 2, am 3. September
Bornhardtstraße 22
Telephon 694
Bank:
Kreissparkasse Clausthal-Zellerfeld Nr. 556

Herrn
Fritjof Berg, stud. jur.,
(14b) Ebingen (Württbg.)
Bühlstr. 22

Lieber Fritjof!

Soeben geht mir Dein Brief vom 1.9.51 zu. Vielen Dank für Deine von Herzen kommenden Worte zum Tode unserer Mutter. Du hast recht, sie war nur Güte und Liebe, und sie hat au[c] Dich, Deine Eltern und Geschwister immer sehr in ihre Gedanken für die Zukunft einbezogen; ihr grosser Schmerz war es immer, dass sie nicht helfen konnte, wo sie gern helfen wollte.

Wenn ich jetzt nur kurz schreibe, so nimm dieses Schreiben als Eilschreiben, das ich in grösster Zeitnot abdiktiere, um noch Zeit für wichtige Vorbereitungen für auswärtige Gerichstermine einzusparen.

In Göttingen kann ich Dir bezüglich der Quartierfrage leider ga[r] nicht behilflich sein, da ich dorthin in dieser Beziehung keine Ve[r]bindung habe; der Privatmann ist in solchen Dingen vollkommen ausg[e]schaltet, und Du musst Dich darauf konzentrieren, mit dem allgeme[inen] Studentenausschuss (ASTA) in Göttingen klar zu kommen. Diese Ausschüsse bekommen von den Städten Wohnungskontingente zur Verfü[gung] gestellt, die sie dann verteilen und auf diesem Wege Zimmer anmietungen vermitteln. Gleichzeitig wird es wichtig sein, dass Du mit der Flüchtlingsorganisation in Göttingen eine Verbindung her-

-2-

-2-

stellst, sei es von dort aus oder über Deinen Vater, damit diese durch Herumhören in ihren Kreisen Dir behilflich sind.

Diese Dinge musst Du sogleich in Angriff nehmen, damit Du überhaupt wohnungsmässig zum Zuge kommst. Wer nicht beizeiten auf einer entsprechenden Liste steht, hat immer das Nachsehen und erhält dann äusserstenfalls ein Quartier, das unbrauchbar ist.

Ich empfehle Dir auch, auf Deiner Rückreise unbedingt in Göttingen Station zu machen, um dort persönlich die Dinge zu klären und vorwärts zu treiben. Schliesslich bitte ich Dich dringend, auf der Rückreise auch bei uns Station zu machen, damit ich Dir weitere Fingerzeige allgemeiner Art für Dein Studium geben kann; Du musst nur rechtzeitig schreiben, wann Du hier eintriffst.

In der Hoffnung auf ein baldiges Wiedersehen
und mit vielen Grüssen von uns allen

Dein Onkel

Erwin.

Brief von Onkel Erwin

Auf meiner Rückreise zu den Eltern nach Leese machte ich also in Göttingen Station. Ich fand dort Aufnahme und Nachtquartier bei der Studienratsfamilie v. Riesen, die ich aus meiner Mohrunger Schulzeit (siehe Band 2.1) noch flüchtig kannte und mit der seit einiger Zeit eine lockere briefliche Verbindung bestand. Ihre Hilfe für mich war von ihrer Seite ein großes Entgegenkommen, denn sie wohnte unter sehr eingeengten und notdürftigen Bedingungen. Meine Vorsprache bei der Universitätswohnungsstelle hatte Erfolg, rechtzeitig vor Semesterbeginn erhielt ich die nachfolgend abgebildete Zimmerzuweisung vom 15.X.51.

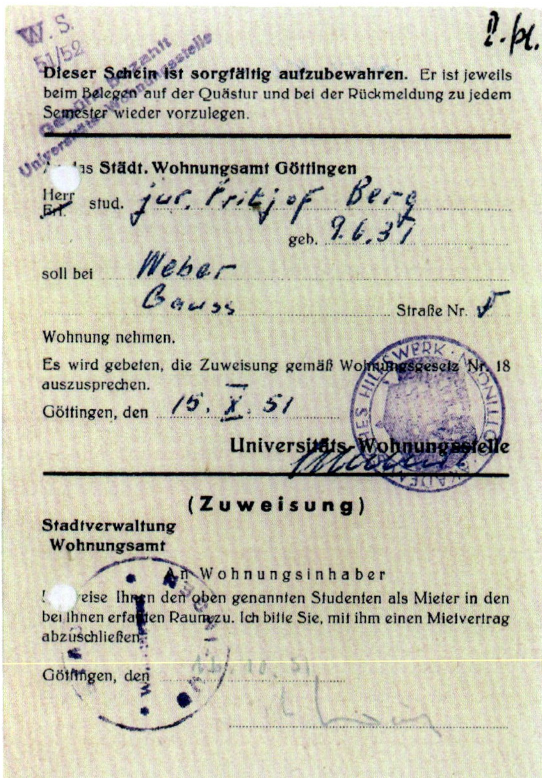

W. S. 51/52

Gebühr bezahlt Universitäts-Wohnungsstelle

I. pl.

Dieser Schein ist sorgfältig aufzubewahren. Er ist jeweils beim Belegen auf der Quästur und bei der Rückmeldung zu jedem Semester wieder vorzulegen.

An das **Städt. Wohnungsamt Göttingen**

Herr ~~Frl.~~ stud. jur. Fritjof Berg

geb. 9.6.31

soll bei Weber

Gauss Straße Nr. 5

Wohnung nehmen.

Es wird gebeten, die Zuweisung gemäß Wohnungsgesetz Nr. 18 auszusprechen.

Göttingen, den 15. X. 51

Universitäts-Wohnungsstelle

(Zuweisung)

Stadtverwaltung
Wohnungsamt

An Wohnungsinhaber

Ich weise Ihnen den oben genannten Studenten als Mieter in den bei Ihnen erfaßten Raum zu. Ich bitte Sie, mit ihm einen Mietvertrag abzuschließen.

Göttingen, den

Zimmerzuweisung des Städtischen Wohnungsamts Göttingen

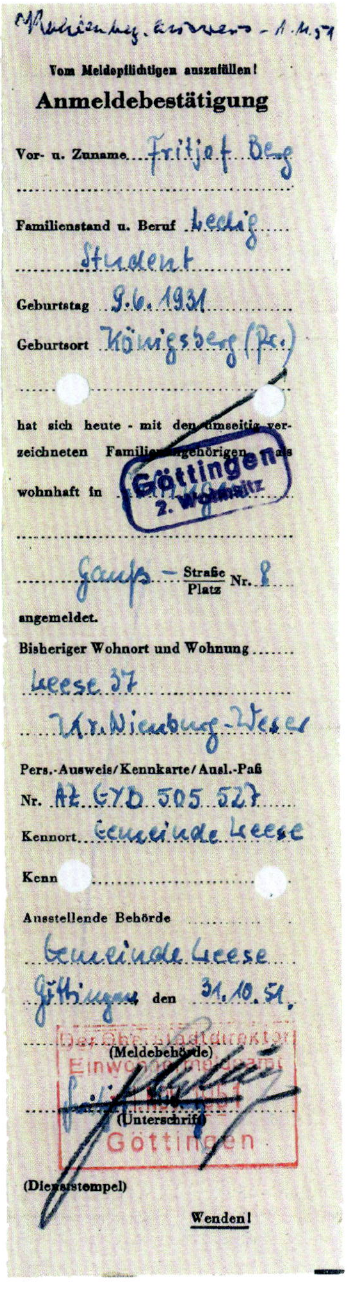

Vom Meldepflichtigen auszufüllen!

Anmeldebestätigung

Vor- u. Zuname Fritjof Berg

Familienstand u. Beruf ledig Student

Geburtstag 9.6.1931

Geburtsort Königsberg (Pr.)

hat sich heute - mit den umseitig verzeichneten Familienangehörigen als wohnhaft in

Göttingen 2. Wohnsitz

Gauß - Straße / Platz Nr. 8

angemeldet.

Bisheriger Wohnort und Wohnung

Leese 37 Kr. Nienburg-Weser

Pers.-Ausweis/Kennkarte/Ausl.-Paß

Nr. AZ GYD 505 527

Kennort Gemeinde Leese

Kenn

Ausstellende Behörde Gemeinde Leese

Göttingen den 31.10.51

Der Oberstadtdirektor Einwohnermeldeamt Göttingen

(Meldebehörde)

(Unterschrift)

(Dienststempel)

Wenden!

Band 3.2

Meine Göttinger Studentenzeit

Teil 1

Meine Göttinger Studentenzeit

Introitus: Eckdaten; worauf sich meine Niederschrift stützt

Es würde langweilen, wollte ich hier den Verlauf meines Studiums, von der Immatrikulation bis zum Referendarexamen in allen Einzelheiten ausbreiten. Ich werde mich in Unterkapiteln auf Eckdaten des Studiums, einige Professorenporträts, Zimmermilieus, epochale Ereignisse in meiner Studentenzeit wie die sogenannte „Stalin-Note“ vom 10. März 1952, also den Entwurf für einen Friedensvertrag mit Deutschland, „1000 Jahre Göttingen“, den 17. Juni 1953, Begrüßung der letzten Rußland-Heimkehrer 1955 in Friedland, Rückgliederung der Saar an Deutschland, das Ringen um die Wiederbewaffnung der Bundesrepublik, meine Teilnahme am ostpreußisch-landsmannschaftlichen und sonstigen ostdeutschen Leben in Göttingen, meine Schwärmereien bis zur festen Bindung mit Hannelotte Behrend, den in alles hineingreifenden Geldmangel und schließlich mein Referendarexamen und den darauf folgenden Abschied von Göttingen beschränken.

Nach dem Ende meiner Werkstudentenzeit in Ebingen hatte ich Zwischenstation bei den Eltern in Leese gemacht. Zur Beschaffung notwendigster Bekleidungsstücke wie vor allem eines Wintermantels fuhr mein Vater mit mir nach Hannover. Ich hätte diese Besorgungen mit meinem selbst verdienten Geld de iure ja auch allein machen können. Aber ich war nach dem damals geltenden (und in der Sache nach wie vor richtigen) Recht noch minderjährig, also trotz Abitur, Werkstudentenzeit und hier erworbener Selbständigkeit immer noch darauf eingestellt, daß hinter dem elterlichen Rat eine längere Lebenserfahrung stand und zu meinem Nutzen sein sollte. (Im vorhergehenden Band habe ich den diesbezüglichen Briefwechsel mit den Eltern angeführt; Hannelottes Briefwechsel aus ihren beiden ersten Tübinger Semestern mit ihren „parentes“ legen ein beredtes, noch viel dichter gefügtes Zeugnis von diesem Umstand auch auf ihrer Seite ab.) Aber es kam zu keinem Mantelkauf in Hannover. Ich mußte einsehen, daß meine Geldrücklage für den Studienbeginn (Vaters Finanznot ließ keine Aushilfen zu) den hohen Kaufpreis nicht hergab. Also mußte ein (ostpreußischer) Schneider in Leese einen alten Mantel für mich „zurechtschneidern“. Die Schulterpartie war entweder zerschlissen oder paßte nicht, sie erhielt einen Lederbesatz. Ich habe diesen Mantel bis zum Ende meines Studiums 1956, wahrscheinlich sogar noch lange bis in die Referendarzeit hinein getragen ...

Der Mantel – mit Gisela Grimm bei der Abholaktion unserer ostpreußischen Studentengruppe für die Bruderhilfe Ostpreußen (siehe Teil 2).

Dem Bericht über meine Studentenzeit liegen zugrunde:

- die Namens- und Vorlesungsverzeichnisse der Albertus-Universität Königsberg (Pr) WS 1936/37 und SS 1937/38
- das Personal- und Vorlesungsverzeichnis WS 1951/52 der Georg-August-Universität Göttingen
- Schwerin-Thieme, Deutsche Rechtsgeschichte, 4. Auflage Berlin und München 1950
- Weber, Spannungen und Kräfte im westdeutschen Verfassungssystem, Stuttgart 1951
- Rundschreiben, Der Kurator der Albertus-Universität Königsberg (Pr) – Meldestelle – 1946–1949, ab 1949 Rundbriefe der Albertus-Universität pp
- Götz von Selle, Geschichte der Albertus-Universität zu Königsberg i. Pr., 2. durchgesehene und vermehrte (Neu-) Auflage, Würzburg 1956
- Hubatsch-Gundermann, Die Albertus-Universität zu Königsberg/Pr., Würzburg 1966
- von Gierke, Große deutsche Juristen der Vergangenheit, Stuttgart 1949
- Mein Studienbuch, Kolleg-Mitschriften, Briefe Hannelotte Behrend SS 1955 und WS 1955/56 aus Göttingen an ihre „parentes“ sowie zwischen ihr und mir, mein Gedächtnis, meine Notizbücher 1953–1956
- Gesetzes- und Vertragstexte, besatzungsrechtliche Regelungen in Beck, Grundgesetz pp., 6. Auflage München und Berlin 1951, 43. Auflage München 1974
- Siegler, Wiedervereinigung und Sicherheit Deutschlands, Bonn-Wien-Zürich 1958 und 1960
- Koch, Konrad Adenauer – Eine politische Biographie, Reinbek bei Hamburg 1985

- Akten über die Hochschulgruppe Ostpreußischer Studierender bzw. Landsmannschaft Ordensland zu Göttingen und den
- Verband Heimatvertriebener und Geflüchteter Deutscher Studenten (VHDS)

Civis academicus Georgiae Augustae

Immatrikuliert und damit akademischer Bürger der Universität Göttingen wurde ich mit der Matrikelnummer 150 am 30. Oktober 1951. Exmatrikuliert wurde ich nach meinem am 24. August 1956 abgelegten Referendarexamen. Obwohl es damals noch üblich war, ein oder sogar mehrere Male den Studienort zu wechseln, habe ich also meine ganze Studentenzeit in Göttingen verbracht. Etwa im zweiten oder dritten Semester trug ich mich zwar mit dem Gedanken, nach Freiburg zu gehen. Aber, wie wir noch sehen werden, hielten mich die nach Gründung der Hochschulgruppe Ostpreußischer Studierender im Sommersemester 1952 hier erwachsenen freundschaftlichen sowie sonstige Bindungen und ostpolitische Aktivitäten fest, ließen mich nicht mehr los. Wie wir ebenfalls noch sehen werden, lag hierin auch der Grund dafür, daß ich die Pflichtsemesterzahl von sechs Semestern erheblich überschritt – es wurden zehn! –, wovon ich für die letzten drei Semester allerdings zwecks Examensvorbereitung von der Teilnahme am Studienbetrieb beurlaubt war.

Die Aufnahme in die Gemeinschaft der Akademischen Bürger am 17. November 1951 in der Aula des Universitätshauptgebäudes am Wilhelmplatz vollzog sich in traditionell feierlicher Form. Pedelle mit Zepter, in festlichem Ornat und wohl auch Perücken geleiteten den Senat zum erhaben bestuhlten Podest, mindestens der Rektor trug einen Talar. Die Urkunde über die Aufnahme in die „Gemeinschaft der Akademischen Bürger" mit der darin enthaltenen Verpflichtungserklärung liest sich heute, da das Volk, das seinem Staat den Namen gab, und dieser selbst in seiner Identität, Souveränität und Würde weitestgehend abgeschafft wird, wie der Ruf aus einer fernen, untergegangenen Welt: „... in Treue zu Volk und Vaterland." Dazu die Grundsätze der „gültigen akademischen Ordnung" auf der Innenseite der Faltblatturkunde: „... Den rechten Gebrauch staatsbürgerlicher Rechte und politischer Meinungsfreiheit werden wir achten und fördern. Soll der Student bald selbst ein Stück Verantwortung im öffentlichen Leben übernehmen und seiner schweren Pflicht gegenüber Volk und Vaterland als Akademiker gerecht werden, so kann er nicht genug seinen Blick weiten und sein Urteil schulen. Aber auch hier gilt das Gesetz der Universität: Streben nach Wahrheit und Belehrbarkeit durch Tatsachen statt dogmatischer Verhärtung. Achtung vor der fremden Überzeugung statt Einschüchterung und Bedrohung. Für demagogische Agitation und tumultuarische Ausschreitungen ist in der Universität kein Raum. Die Ehre politischer Gegner herabzuziehen und redlich um das gemeine Wohl bemühte Persönlichkeiten verächtlich zu machen, ist eines akademischen Bürgers unwürdig ...". Zum Ablauf der Akademischen Feier aus Anlaß der Verpflichtung der im Wintersemester 1951/1952 neu zugelassenen Studenten am 17. November 1951 siehe die folgenden Abbildungen. Unfaßbar, daß es der sogenannten „68er Generation" gelungen ist, dies alles mehr oder weniger widerstandslos u. a. durch Verächtlichmachung umzustoßen. Sie sitzt heute in Amt und „Würden", bekleidet leitende Staatsämter.

Beim Durchblättern meines Studienbuches muß späteren Studentengenerationen noch etwas anderes ins Auge springen: die Gebührenpflichtigkeit des Studiums. 199,30 DM Studiengebühren im ersten, 168,30 DM im zweiten Semester, das war für die meisten von uns mehr als „happig", für die Ostflüchtlinge, die vertriebenen Studenten allemal. Der damalige hohe Wert der DM stand im umgekehrten Verhältnis zu unserer dürftigen Finanzausstattung.

Mich selbst zwang die Höhe der Gebühren zu Ratenzahlungen weit über den Fälligkeitstermin hinaus. Vom dritten Semester ab erhielt ich vollen oder halben Gebührenerlaß, wofür die Bestätigung zufriedenstellender Leistungen durch einen Kollegprofessor Voraussetzung war. Mag auch sein, daß hier die Vermögensverhältnisse der Unterhaltspflichtigen oder z. B. die Vertriebenen-

Georg-August-Universität Göttingen

Unter dem Rektorat
des ordentlichen Professors der Theologie
D. Dr. Wolfgang Trillhaas

ist Herr Fridtjof B e r g ,
geb. 9.6.1931 zu Königsberg/Pr.,

in die Gemeinschaft der Akademischen Bürger, und zwar in die

Rechts- und Staatswissenschaftliche Fakultät,

aufgenommen worden. Er – ~~Sie~~ – hat sich dabei verpflichtet, die Verfassung der Universität und die Satzungen der Studentenschaft zu achten, Ehre und Ordnung der akademischen Gemeinschaft zu wahren, mit Ernst und Wahrhaftigkeit der Wissenschaft zu dienen und in Treue zu Volk und Vaterland für die Sache der Menschheit zu wirken.

Göttingen, den 17. November 1951

Der Rektor

Der Dekan

Urkunde über die Aufnahme in die „Gemeinschaft der Akademischen Bürger“ mit der darin enthaltenen Verpflichtungserklärung

Rektor und Senat der Georg-August-Universität haben am 18. Februar 1950 nachfolgende Grundsätze aufgestellt und zur gültigen akademischen Ordnung erklärt. Mit diesen Grundsätzen sind die Beschlüsse der Westdeutschen Rektorenkonferenz zu Tübingen vom Oktober 1949 und zu Bonn vom 3. August 1950 geltende Ordnung an der Universität Göttingen.

Mit dem Erwerb des akademischen Bürgerrechts tritt der Student in eine Körperschaft ein, die an ihre Glieder hohe geistige und sittliche Ansprüche stellt. Sie fordert mehr als den selbstverständlichen Respekt vor den allgemeinen Gesetzen des Staates und der äußeren Ordnung der Universität. Achtung vor dem akademischen Lehrer, Rücksicht und Hilfsbereitschaft gegenüber den Kommilitonen, Wahrhaftigkeit und Sauberkeit in allen menschlichen Beziehungen sind Grundelemente des akademischen Gemeinschaftslebens. Auch gewissenlose Selbstsucht und Haltlosigkeit in der Lebensführung verletzen die akademische Zucht und Sitte.

Die Pflichten des akademischen Bürgers enden nicht an der Tür des Hörsaales. Das Vorrecht, studieren zu dürfen, legt ihm eine erhöhte Verantwortung vor der Öffentlichkeit auf und verpflichtet ihn zur Rücksicht auf andere Volkskreise. Wer dagegen verstößt, kann nicht auf Rechte pochen, die ihm der Buchstabe der staatlichen oder akademischen Verfassung zubilligen mag. Er hat ihren Geist gröblich mißverstanden und schädigt durch Mißbrauch der Freiheit die eigene Ehre und das Ansehen der Universität.

Den rechten Gebrauch staatsbürgerlicher Rechte und politischer Meinungsfreiheit werden wir achten und fördern. Soll der Student bald selbst ein Stück Verantwortung im öffentlichen Leben übernehmen und seiner schweren Pflicht gegenüber Volk und Vaterland als Akademiker gerecht werden, so kann er nicht genug seinen Blick weiten und sein Urteil schulen. Aber auch hier gilt das Gesetz der Universität: Streben nach Wahrheit und Belehrbarkeit durch Tatsachen statt dogmatischer Verhärtung, Achtung vor der fremden Überzeugung statt Einschüchterung oder Bedrohung. Für demagogische Agitation und tumultuarische Ausschreitungen ist in der Universität kein Raum. Die Ehre politischer Gegner herabzuziehen und redlich um das gemeine Wohl bemühte Persönlichkeiten verächtlich zu machen, ist eines akademischen Bürgers unwürdig.

Wir begrüßen es, wenn sich Studenten freiwillig zu Vereinigungen von vielerlei Art zusammenschließen. Jede solche Gemeinschaft dient der menschlichen Bildung, wenn sie von einem geistigen Prinzip und nicht nur von gesellschaftlichen Rücksichten getragen ist. Die Universität wird das gesunde studentische Gemeinschaftsleben gegen Mißdeutungen schützen. Sie lebt selbst aus alter Tradition und achtet die Tradition studentischer Vereinigungen. Aber sie kann es nicht gutheißen, wenn unserer Zeit fremd gewordene Formen der Geselligkeit künstlich wiederbelebt werden, wenn Vereinigungen ihre Mitglieder zur Unterwerfung unter den Gruppengeist zwingen, statt sie zu geistiger Freiheit zu führen, wenn sie durch die Auswahl ihrer Mitglieder oder durch die Art ihres Auftretens, wie etwa durch öffentliches Farbentragen, einer sozialen Absonderung Vorschub leisten, oder wenn sie sich wieder den standesgebundenen, überspannten und veräußerlichten Ehrbegriff vergangener Zeiten zu eigen machen. Unserer in bitteren Erfahrungen geläuterten Einsicht in das Wesen menschlicher Ehre und Würde muß der frühere studentische Waffengebrauch heute als grober Mißbrauch gelten. Wer noch immer für Ehrenhändel Satisfaktion im Zweikampf sucht oder zur vermeintlichen Bewährung seines Mutes mit der blanken Waffe ficht, verwirkt darum den Schutz der Universität und das akademische Bürgerrecht.

Rektor und Senat sind überzeugt, mit diesen Grundsätzen für das gesunde Empfinden der akademischen Jugend nichts Unerwartetes zu sagen. Möge es genügen, sie nur auszusprechen. Jeder Student kann durch seine Haltung dazu beitragen, der geistigen Arbeit wieder die Achtung im deutschen Volk zurückzugewinnen, die ihr gebührt.

Akademische Ordnung der Georg-August-Universität

AKADEMISCHE FEIER

der Georg-August-Universität Göttingen

aus Anlaß der Verpflichtung der im Wintersemester 1951/52
neu zugelassenen Studierenden

am Sonnabend, dem 17. November 1951, um 10 Uhr
in der Aula, Wilhelmsplatz 1

*

1. Einzug des Lehrkörpers
   Einzugsmusik — Melchior Franck (1573—1639)
2. Larghetto und Allegro aus dem Concerto grosso Nr. 14
   in e-moll (op. 6 Nr. 3) — Georg Friedrich Händel (1685—1759)
3. Festrede von Prof. Dr. Ewald:
   „Soziale Schwierigkeiten der Psychiatrie
   und die Ursachen der Geisteskrankheiten"
4. Andante aus dem Concerto grosso Nr. 14 in e-moll
   (op. 6 Nr. 3) — Georg Friedrich Händel
5. Ansprache des Rektors der Universität,
   Seiner Magnifizenz Prof. D. Dr. Trillhaas,
   und feierliche Verpflichtung der neu immatrikulierten Studierenden
6. Auszug des Lehrkörpers
   Auszugsmusik — Valentin Hausmann (um 1600)

Mitwirkende:
Die Akademische Orchestervereinigung und die Bläsergruppe der Göttinger Stadtkantorei unter Leitung des Akademischen Musikdirektors Hermann Fuchs

Universitäts-Buchdruckerei Kaestner, Göttingen

Akademische Feier der Georg-August-Universität

Die Aula am Wilhelmplatz mit Durchblick durch die Barfüßerstraße zu einem der beiden Türme der Johanniskirche

Der Ort meiner Konstituierung zum Civis Academicus

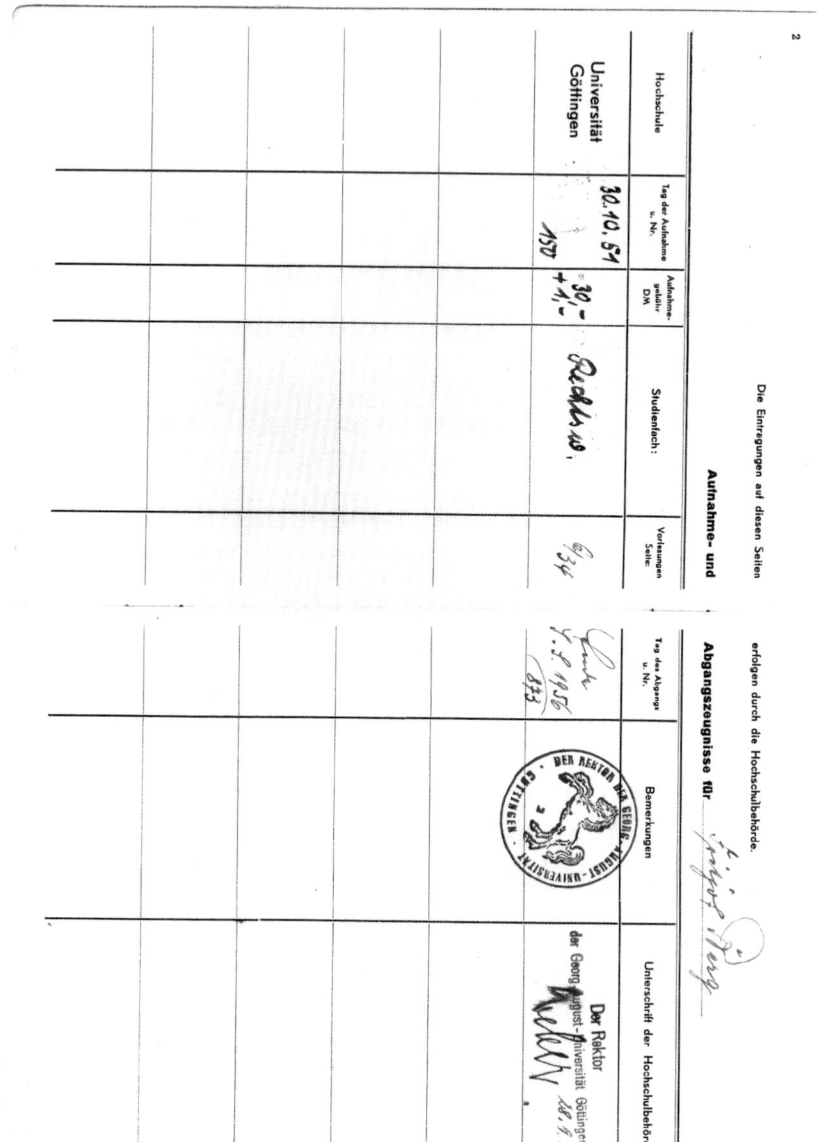

2

Die Eintragungen auf diesen Seiten erfolgen durch die Hochschulbehörde.

Aufnahme- und Abgangszeugnisse für [handwritten name]

Hochschule	Tag der Aufnahme u. Nr.	Aufnahmegebühr D.M.	Studienfach:	Vorlesungen Seite:	Tag des Abgangs u. Nr.	Bemerkungen	Unterschrift der Hochschulbehörde
Universität Göttingen	30.10.51 150	30.- +1.-	Rechtsw.	6/34	7.2.1956 873	DER REKTOR DER GEORG-AUGUST-UNIVERSITÄT GÖTTINGEN	Der Rektor der Georg-August-Universität Göttingen [signature] 28.9.56

Mein Studienbuch im Wintersemester 1951/52, auch Sommersemester 1956

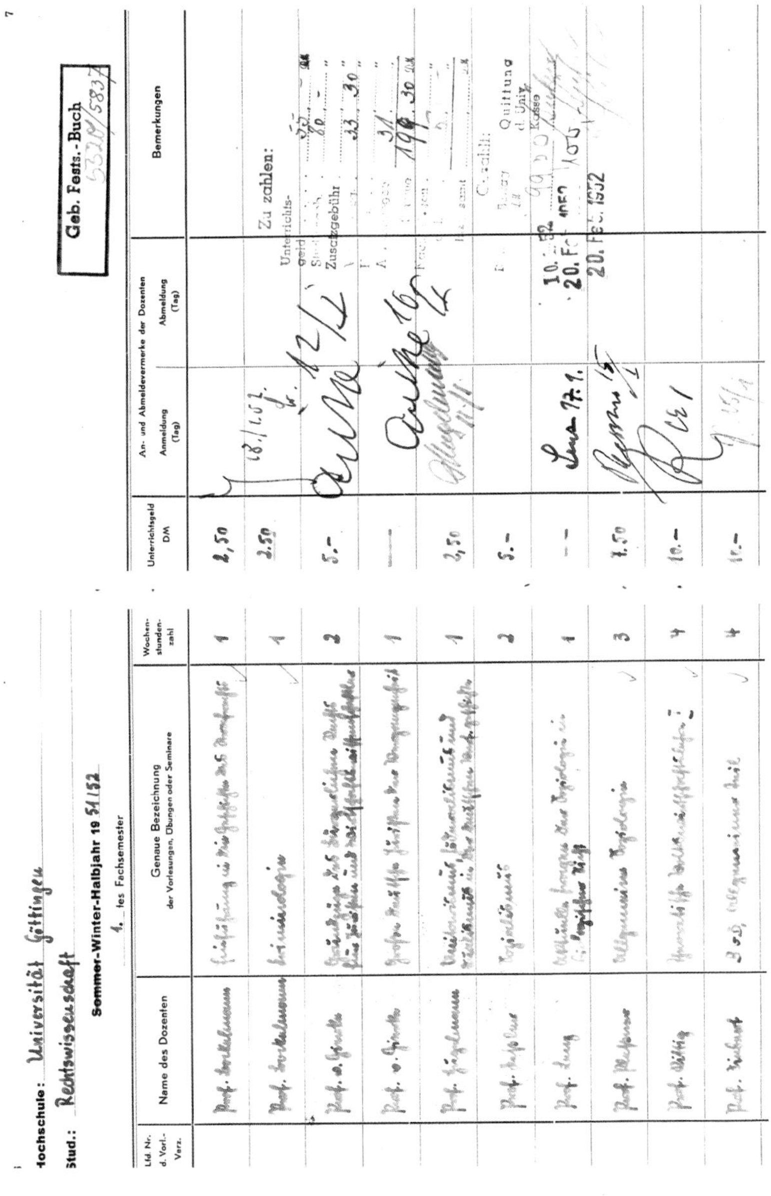

Hochschule: Universität Göttingen

Stud.: Rechtswissenschaft

Sommer-Winter-Halbjahr 19 51/52

1. tes Fachsemester

Lfd. Nr. d. Vorl.-Verz.	Name des Dozenten	Genaue Bezeichnung der Vorlesungen, Übungen oder Seminare	Wochenstundenzahl	Unterrichtsgeld DM	An- und Abmeldevermerke der Dozenten: Anmeldung (Tag)	Abmeldung (Tag)	Bemerkungen
			1	2,50			Geb. Fests.-Buch
			1	2.50			Zu zahlen:
			2	5.–			Unterrichtsgeld
			1	—			Zuschlaggebühr
			1	2,50			
			2	5.–			Quittung d. Univ. Kasse
			1	–			
			3	1.50			20. Feb. 1952
			4	10.–			
			4	10.–			

Studiengebühren im Wintersemester 1951/52

eigenschaft zu Erlaß oder Ermäßigung geführt haben. Aber wohl niemand von uns wäre auf den Gedanken gekommen, für eine staatliche Leistung, die das Bereitstellen von persönlichen und sächlich-anstaltlichen Mitteln für die Studentenausbildung ja war, grundsätzliche Gebührenfreiheit zu fordern. Dies blieb denen vorbehalten, die nach uns kamen. Ging für viele von uns Damaligen schon der Besitz eines Fahrrads weit über die „Grundausstattung“ eines Studenten hinaus, so besaßen nicht wenige der späteren Gebührenfreiheit-Forderer nicht nur ein Fahrrad, sondern auch schon einen Pkw, mit dem sie zum Kolleg fuhren ... Von meinem ostpreußischen Kommilitonen Gerd Brausch habe ich mir hin und wieder seinen „Ewigtrampler“ Marke „Brennabor“ geliehen, die Fahrt damit auf den im nördlichen Stadtgebiet ansteigenden bzw. fallenden Straßen war kein reines Vergnügen und nur bei der damals noch geringen Verkehrsdichte möglich. Erst in der zweiten Hälfte meines Studiums konnte ich meinem ostpreußischen Kommilitonen Preuß (er wohnte im Kriegsversehrtenheim auf der anderen Korridorseite mir gegenüber) sein Fahrrad – es war die reinste „Rostlaube“! – für 10,– DM abkaufen, als er nach dem Ende seines Physikstudiums Göttingen verließ.

Aus wahlopportunistischen Erwägungen hat der Parteienstaat Bundesrepublik auch in puncto Studiengebühren die Segel gestrichen.

Göttinger Hochschullehrer mit nachhaltigem „Testat“ in meinem Leben

Von den Professoren, die meine wissenschaftlich-akademischen Lehrer waren, will ich nur die nennen, die erkennbar die verbale Wurzel ihrer Berufsbezeichnung verkörperten – profiteri = offen bekennen –, mich fachlich-geistig wie auch persönlich formten oder für mich besondere persönliche Merkmale besaßen.

Stark beeindruckt, ja gefesselt hat mich gleich zu Beginn des ersten Semesters die – leider erst abends beginnende und damit mit evtl. abendlichen Vorhaben kollidierende – Vorlesung des bereits emeritierten, aber weiterhin mit der Abhaltung von Vorlesungen beauftragten Wiener Professors Dr. Karl Hugelmann „Unitarismus, Föderalismus und Dualismus in der deutschen Verfassungsgeschichte“. Denn hier ging es nicht nur um föderalistische gegen unitarische Abläufe in der deutschen Geschichte und Strukturen der staatlichen Ordnung. Professor Hugelmann stellte in den Mittelpunkt seiner geschichtlichen Ganzheitsschau immer wieder den machtpolitischen, geostrategischen, konfessionellen Dualismus/Antagonismus von Österreich-Brandenburg-Preußen/Preußen-Deutschland auf der einen Seite, die zu Synthese und auch staatlicher Einheit drängenden Grundeigenschaften beider auf der anderen Seite. Er schlüsselte die antithetischen Begriffspaare „österreichisch-preußisch“ und „großdeutsch-kleindeutsch“ nach vielen unterschiedlichen und doch ein Ganzes bildenden Einzelmerkmalen auf, fragte: „Wurde nicht in aller Gegensätzlichkeit, im dialektischen Prozeß und Kampf ahnend gesucht die Realisierung der uns gemäßen Einheit? Das Großdeutsche ist untergegangen. Ist die Synthese gescheitert? Es gibt keine Regeneration des Gesamtreichs, es droht völkische Entfremdung. Des Reiches Nordostseestellung im Ostseeraum ist zerbrochen. Österreich ist nicht stark genug für einen neuen Dualismus. Haben wir noch eine historische Aufgabe? Kommen wir zur Besinnung, zeigen wir würdiges Verhalten, wenn uns der Untergang bestimmt ist!" Auf dem letzten Blatt der Kollegmitschrift, die ich aufbewahrt habe, ist die Aufforderung von Professor Hugelmann wörtlich festgehalten: „Und da wir von Deutschland sprechen, wollen wir uns von unseren Plätzen erheben!"

Mit Professor Dr. Werner Weber, bei dem ich vom zweiten Semester an deutsches Staats- und Verfassungsrecht, Staatskirchenrecht und Verwaltungsrecht belegte, erhielt ich einen Staatsrechtslehrer, der weit über Göttingen hinaus einen beinahe legendären Ruf genoß, dessen Votum bei der Meinungsbildung und politischen Entscheidungsfindung in vielen öffentlich- und staatsrechtlichen Streitfragen gefragt war und dessen richtungsweisende Aussagen auch mein Staatsverständnis entscheidend geformt haben. Schon früh, zwei Jahre nach Inkrafttreten des Bonner Grundgesetzes am 23. Mai 1949, sagte er in seiner viel beachteten Monographie „Spannungen und Kräfte im westdeutschen Verfassungssystem" (Stuttgart 1951) die Durchdringung aller staatlichen Institutionen durch die aus der Ebene privater Vereinigungen herausgehobenen politischen Parteien voraus, die „Mediatisierung des Volkes durch die politischen Parteien" (Vorwort), desgleichen das Überwuchern und die Einflußnahme von Interessenverbänden aller Art auf die politischen Entscheidungsprozesse. Und er geht noch weiter, wenn er nach Analyse der einschlägigen Grundgesetzartikel über die (partei-)politische Einsetzung der Richter des Bundesverfassungsgerichts und die Mitwirkung (partei-)politischer Richterwahlausschüsse bei der Berufung der Richter der oberen Bundesgerichte Gefahren für die richterliche Unabhängigkeit heraufziehen sieht (S. 33 a. a. O.). Durch die Juridifizierung beinahe des gesamten Verfassungs- und Verwaltungslebens sei die „doppelte Gefahr einer Juridifizierung der Politik und Politisierung der Justiz in aller Breite eingelassen" (S. 31 a. a. O.).

In seinem öffentlich-rechtlichen Seminar hatte mir Professor Weber im Wintersemester 1954/55 eine hochaktuelle Arbeit übertragen: „Der Beitritt der Bundesrepublik Deutschland zum erweiterten Brüsseler Pakt (Westeuropäische Union) und zur Organisation des Nordatlantikvertrages."

Professor Weber hat seiner Monographie die Widmung vorangestellt: „In memoriam fratris Professor Dr. phil. Hans Weber †9. Juli 1942, El Alamein." Was mag ihm bei dem Hintergrund meines Seminarthemas durch den Kopf gegangen sein? Nach dem verlorenen Krieg die pazifistischen Parolen „Nie wieder!" in den westlichen Besatzungszonen, „Nie wieder soll eine deutsche Mutter um ihren Sohn weinen!" in der Sowjetischen Besatzungszone. Und nun Soldaten und Männer, die einmal Kameraden waren und Seite an Seite für die Freiheit ihres Landes und Volkes gekämpft hatten – wofür denn sonst? –, Hilfstruppen ihrer damaligen und jetzt miteinander verfeindeten Gegner ...

Professor Weber hat dem Lehrkörper der Universität und ihrer Studentenschaft den Schlußsatz in der damaligen Präambel des Grundgesetzes in Wort und Tat vorgelebt: „Das gesamte Deut-

Rechts- und Staatswissenschaftliche Fakultät
der Georg-August-Universität Göttingen

Abschrift.

Herr stud.jur. Fritjof Berg

hat im ~~Sommer~~/Winter-Semester 1954/55 an meinem Seminar über Fragen des öffentlichen Rechts

mit Fleiss und gutem ---------- Erfolg teilgenommen.

Er hat ein Referat gehalten über: "Der Beitritt der Bundesrepublik Deutschland zum erweiterten Brüsseler Pakt (Westeuropäische Union) und zur Organisation des Nordatlantikvertrages", das als unbedenklich gute Leistung bewertet werden konnte.

Göttingen, den 22. Februar 1955

gez. Prof. Dr. Weber.

Teilnahmeschein an Prof. Dr. Webers Seminar

sche Volk bleibt aufgefordert, in freier Selbstbestimmung die Einheit und Freiheit Deutschlands zu vollenden." In einer nicht gerade verbindungsfreundlichen Universitäts- und sonstigen Öffentlichkeit übernahm er das Amt des sogenannten „Vertrauensdozenten" der Alten Königsberger Burschenschaft Gothia zu Göttingen. Vor der von Harald Knuth (von ihm aus Examensgründen nur noch formell) und mir geleiteten Hochschulgruppe ostpreußischer Studierender sprach er am 18.2.1953 zum Thema „Die Chancen der Wiedervereinigung Deutschlands unter Berücksichtigung der westeuropäischen Bindung der Bundesrepublik Deutschland". Folgende Einladung zum Vortrag verschickten wir am 10.2.1953:

> „Lieber Landsmann!
>
> Sie haben sicherlich schon gehört, daß ostpreußische Kommilitoninnen und Kommilitonen sich alle 14 Tage zu heimatlichen Veranstaltungen treffen. Wollen Sie uns einmal unverbindlich kennenlernen, dann kommen Sie bitte am Mittwoch, dem 18.2.53 um 20 Uhr zur Wilhelm Busch AG, Burschenschaft Hannovera, Herzberger Landstr. 9, Herr Prof. Dr. jur. Werner Weber wird zu uns über die Chancen der Wiedervereinigung Deutschlands unter Berücksichtigung der westeuropäischen Bindung der Bundesrepublik Deutschland sprechen.
>
> Am Mittwoch, dem 25.2.53 treffen Sie uns bei einem masurischen Heimatabend. Beginn 20 Uhr im Studentenwohnheim, Stumpfebiel 2.
>
> Außerdem laden wir Sie höflichst zu einem Tanzfest ein, das am 22.2.53 um 19 Uhr im Hause der Filmaufbau AG, Wöhlerstr. 9, stattfindet.
>
> Mit Heimatgruß
>
> Hochschulgruppe ostpr. Studierender
>
> gez. Knuth gez. Berg"

Professor Weber erzählte mir auch einmal, als wir uns zufällig auf der Straße trafen, daß er in der zurückliegenden Zeit geprüft habe, ob die ostdeutschen Landsmannschaften den Status von Körperschaften des öffentlichen Rechts erlangen könnten. Er hätte sich dies gewünscht, aber leider seien diesbezügliche Initiativen aussichtslos. Keine Phantasie reicht aus, um sich auszumalen, welches politische, kulturpolitische, finanzstarke Gewicht die ostdeutschen Landsmannschaften durch solch eine Rechtsstellung erlangt hätten.

Da Professor Weber meine eigenen deutschlandpolitischen Überzeugungen kannte und den seinigen nahe sah, war er mir offenbar persönlich gewogen. Es hat seine fachliche Beurteilung meiner Leistungen nicht im geringsten beeinflußt, an Vergünstigungen irgendwelcher Art im Rahmen universitärer Hilfseinrichtungen kann ich mich nicht erinnern. Aber seine Bereitschaft, mich zu fördern, kam zum Ausdruck, als wir uns nach meinem Referendarexamen am 24. August 1956 im Auditoriengebäude Weenderstraße auf der Treppe zum Audimax (Auditorium maximum, dem größten Hörsaal) begegneten (und sich dadurch der von mir beabsichtigte Abschiedsbesuch erübrigte). Er hatte wohl von meinem Examen gehört und fragte mich, wie ich „reüssiert" hätte (er liebte diese französischen Versatzstücke an jeder nur passenden Stelle und verschaffte mir, der ja keinen Französischunterricht gehabt hatte, auch insoweit eine hochwillkommene Weiterbildung). Als ich ihm verlegen „ausreichend" antwortete, wollte er mich gleichwohl zur Promotion (dann natürlich bei ihm) ermuntern, was ja bedeuten mußte, daß er mich mit einem von ihm gewählten bzw. vereinbarten Dissertationsthema dorthin führen und für den bei „ausreichend" erforderlichen Fakultätsbeschluß zur Zulassung zur Promotion sorgen würde (sicherlich unter Hinweis auf meine semesterlangen ostverbandspolitischen Aktivitäten zu Lasten einer besseren Examensnote). Aber ich mußte ihm mit Dank für sein ehrendes Angebot betrübt erklären, daß ich für die bis zur Erlangung des Doktorgrades vergehende Zeit keinerlei finanzielle Basis hätte und existenznotwendig schnellstens mit dem juristischen Vorbereitungsdienst beginnen müßte.

Der Erwerb eines breit angelegten, sicheren Allgemeinwissens in allen deutschen Oberschulen der damaligen Zeit verschaffte jedem Studienanfänger die Grundlage für wissenschaftliche Weiterentwicklung und Verständnis eigentlich für jedes von ihm gewählte Studienfach, mit einer Ausnahme: dem juristischen, jedenfalls der zivil-, straf-, verwaltungs- und prozeßrechtlichen Disziplinen. Allenfalls für den Vorlesungsstoff Rechtsgeschichte, Staats- und Verfassungsrecht mochte etwa der Geschichtsunterricht in der Schule einige wenige Voraussetzungen geschaffen haben. Den allermeisten Professoren, in deren Kollegs ich als juristischer Neuling gesessen habe, war es nicht gegeben, statt „Hoher Schule“ zunächst einmal in pädagogisch geschickter Weise „Aufbauarbeit“ für die besondere juristische Begriffs- und Sprachwelt und ihre Denkgesetze zu leisten. Hier wiederum mit zwei Ausnahmen: Professor Weber, für dessen öffentlich- und staatsrechtlichen Vorlesungsstoff seine Hörer von der Schule gewisse Anknüpfungspunkte mitbringen mochten und Professor Keßler sowie vor allem Professor Dr. Wolfgang Siebert. Er „las“ Bürgerliches Recht (BGB Allgemeiner Teil und Sachenrecht) und Arbeitsrecht, hielt hierin Übungen und Seminare ab. Seine Vortragsweise war nicht gewunden-dozierend, von einem zunächst noch unverstandenen Begriff und seiner Bedeutung zum anderen übergehend. Er sprach leicht verständlich, mit begrifflich klaren Abgrenzungen und anschaulichen Beispielen. Davon ist mir dieses in Erinnerung geblieben: „Wenn der Schaffner kommt, was geschieht da rechtlich? (Nicht nur in der Eisenbahn, sondern auch in allen Straßenbahnen und Bussen machten damals noch Schaffner Fahrscheinkontrolle, verkauften Einzelfahrscheine oder „knipsten“ Mehrfachfahrscheine „ab“.) Natürlich ist das auch eine Fügung des Schicksals (Gelächter, Beifallklopfen). Aber rechtlich bedeutet der Verkauf des Fahrscheins, das Einziehen des Fahrgelds die Erfüllung der dem Fahrgast insoweit als Schuldner obliegenden Leistungspflicht aus dem mit dem Betreten des Beförderungsmittels schlüssig zustande gekommenen Beförderungsvertrag."

Professor Siebert hatte die Eigenheit, seine Vorlesungen im Sommersemester schon morgens um 7 Uhr c. t. zu beginnen (c. t. = cum tempore = „akademisches Viertel", d. h. tatsächlicher Vorlesungsbeginn hier um 7.15 Uhr). Wie es studentischem Witz und Schlagfertigkeit zu eigen ist, nannten wir einen derartig frühen Beginn „vor dem Aufstehen". Professor Siebert war die Pünktlichkeit in Person. Ein einziges Mal erschien er nicht „auf die Minute genau", kam und kam nicht. Daraufhin entstand ein lautes Durcheinanderreden. Unter uns befanden sich immer noch etliche Kommilitonen, die Soldat gewesen und deshalb einige Jahre älter als die meisten von uns waren. Da erhob sich ein solcher. Viele Studiker waren recht arme „Schlucker" und immer noch sehr behelfsmäßig ausstaffiert. Dieser hier trug noch die Uniformhose des Generalstabsoffiziers mit den roten Biesen. Im energischen Befehlston, den wir alle im Hörsaal aus Wehrmacht oder Hitlerjugend ja noch richtig einzuschätzen wußten, rief er in den Hörsaal hinein: „Meine Herren, ich verbitte mir diesen Lärm. Ich bitte mir Ruhe aus!" Die dann auch augenblicklich eintrat. Nicht nur, weil ein Generalstabsoffizier immer noch in hohem Ansehen stand und eben Respekt genoß, sondern weil wir wußten, daß unser Benehmen nicht „akademisch", sondern schülerhaft gewesen und seine Zurechtweisung deshalb berechtigt gewesen war.

Für Professor Siebert enthält das Verzeichnis des Lehrkörpers im Personal- und Vorlesungsverzeichnis Wintersemester 1951/52 der Georg-August-Universität Göttingen u. a. die Eintragung „Mit der Abhaltung von Vorlesungen beauftragt, außerplanmäßiger Professor, Siebert, Wolfgang, Dr. jur., o. Prof., Rechtsanwalt ..." Ein ordentlicher Professor zugleich praktizierender Rechtsanwalt? Sollte dies der Absicherung des Lebensunterhalts seiner Familie „für alle Fälle" dienen? Professor Siebert war Mitglied der Akademie für deutsches Recht gewesen, dort didaktisch sicherlich ebenso begabt und wissenschaftlich hoch qualifiziert wie jetzt in Göttingen. Der Neue Brockhaus, Erster Band A–E, Leipzig 1938, beschreibt die Aufgabenstellung der Akademie so (S. 41): „Akademie für deutsches Recht, die höchste wissenschaftliche Stelle für die Arbeit an der Gestaltung des deutschen Rechts im Sinne der nationalsozialistischen Weltanschauung. Sie wurde im Juni 1933 vom Reichsminister Frank gegründet und ist seit 1934 eine öffentlich-rechtliche Körperschaft des Rechts (Sitz in München)." Deshalb also war Professor Siebert lehramtlich offensichtlich immer noch in einem „Schwebezustand".

Die immer noch anschwellende, geradezu pathologische und psychopathische „NS-Vergangenheitsbewältigung" spricht der Akademie für deutsches Recht jegliche wissenschaftliche Qualifikation und Leistung ab, ihr angehört zu haben bleibt Makel und genügt für entsprechende Herabsetzung. Demgegenüber kann diese abgewogene Aussage des Zeitgenossen der Akademie und Fakultätskollegen von Siebert Professor Dr. Hans Thieme (bei dem ich u. a. Deutsche Rechtsgeschichte gehört habe) in Schwerin-Thieme, Deutsche Rechtsgeschichte (Berlin und München 1950, 4. Auflage; „der Begründer des Werks ‚Grundzüge der deutschen Rechtsgeschichte', Claudius Frhr. v. Schwerin, ist am 13. Juni 1944 einem Luftangriff auf München zum Opfer gefallen", S. VII der 4. Auflage) Gültigkeit beanspruchen: „Unter der Herrschaft des Nationalsozialismus geriet auch die Privatrechtswissenschaft in Bewegung. Als Sammelbecken ihrer rechtspolitischen Arbeit diente die Akademie für deutsches Recht mit zahlreichen Ausschüssen, oftmals im Gegensatz zu Parteistellen oder im Wettbewerb mit den amtlichen Sachbearbeitern des Reichsjustizministeriums. Einer ersten Phase, getragen von übersteigertem und unklarem, namentlich auch unpraktischem Erneuerungsdrang, folgte bald eine ruhigere, gelegentlich sogar rückläufige Entwicklung, die den Anschluß an bewährte Überlieferung des Privatrechts mit der Verwirklichung neuer Ziele zu vereinigen suchte. Ist auch so manches davon eine Verzerrung und ist auch vieles in den Anfängen stecken geblieben, namentlich das geplante Volksgesetzbuch, so zeugen doch eine Reihe von Entwürfen, Arbeitsberichten und Forschungen von der Ernsthaftigkeit jener Bemühungen, die in Lehre und Gesetzgebung (Ehegesetz, Testamentsgesetz, Aktiengesetz) weiterleben." (S. 270 a. a. O.)

Ich war einmal auch zu Professor Siebert persönlich eingeladen. Seine persönlich bescheidene Art ließ die Größe dieser Persönlichkeit als Rechtsgelehrter und -gestalter umso deutlicher hervortreten.

Zur Abrundung und Bestätigung meines Porträts von Professor Siebert möchte ich Hannelotte aus Briefen an ihre „parentes" zitieren, in denen sie über ihn schreibt, am 5.5.55:

> „Wenn ich Euch z. B. meinen heutigen Tag schildere. 6.20 Uhr Wecker, raus, 6.59 Uhr fährt der Bus hier 2 Minuten entfernt ab. Übrigens habe ich festgestellt, daß Seine Spektabilität, Herr Prof. u. Dekan der R. W. Fakultät Siebert, bei dem ich das Vergnügen habe Sachenrecht zu hören, 1 Station später einsteigt in meinen Bus. Von 7-8 Sachenrecht, von 8-9 Familienrecht, von 9-10 Handelsrecht I. (Blöder Mist übrigens, finde ich.)"

Und aus der „Universität, Göttingen, d. 16.6.55, 7.30 Uhr":

> „... Mir ist eben leider das Unglück passiert, daß ich meinen Bus versäumt habe und auch durch eine schnelle Wanderung über den Wall nicht mehr zur Zeit ins Sachenrecht

kam. In Tübingen wäre ich ohne Bedenken durch eine Hintertür gegangen (die dann auch nie bis zur Hälfte der Std. stillstand), aber hier hat sich der Prof., der gleichzeitig der Dekan unserer Fakultät ist, strengstens verbeten zu spät zu kommen. Wir sollten dann eine Wallwanderung unternehmen oder sonst etwas, aber seinem Kolleg fernbleiben. Das hätte mich auch noch nicht gestört, aber mit Prof. Siebert, so heißt die Kanone (Anm: Zu jener Zeit – noch! – gebräuchlicher Ausdruck für einen durch seine Begabung, sein außergewöhnliches Können, seine Leistung beeindruckenden Mann, F.B.), fahre ich sonst immer zusammen ins Kolleg. Er steigt zwei Stationen hinter mir ein. Er kennt mich also schon. Hat sich mit mir schon unterhalten und ist sehr nett. Ich möchte nicht auffallen. Also kann ich die Zeit nutzen, Dir zu schreiben."

Und nochmals aus dem Brief vom 5.5.55, sozusagen der „Extrakt" des Vorherigen:

„Hier bringen sie einem Disziplin bei. Dreimal in der Woche muß ich um 7 Uhr ins Kolleg. Herr Prof. Siebert ist der Dekan unserer Fakultät u. liest in dieser Herrgottsfrühe Sachenrecht. (Sehr gut übrigens!)"

Hannelotte schrieb das alles noch völlig unbeeinflußt von mir. Wir hatten uns am Gruppenabend unserer ostpreußischen Hochschulgruppe mit Gästen in der „Casa Prussia" am 9. Juni 1955, meinem Geburtstag, zum ersten Mal gesehen und, wie es sich gehörte, mit unseren Namen gegenseitig bekannt gemacht. Im Interesse der Gewinnung neuer Mitglieder hatte ich mich dazu erzogen, Namen der Neuankömmlinge auf der Stelle zu behalten – seien es noch so viele – und dann sogleich namentlich anzusprechen. Ob es mit Hannelotte an diesem ersten Abend überhaupt bei einem Gespräch dazu gekommen ist, weiß ich nicht mehr. Sie hatte in der Nähe der Casa-Eingangstür an einem langen Tisch in derselben Stuhlreihe Platz genommen, in der ich zwei Stühle weiter saß. Wenn, dann ist es über sachdienliche Auskünfte und Erklärungen nicht hinausgegangen. Ich war ja seelisch noch „ganz wo anders“, bei der ostpreußischen „Marjell“ Brigitte Steiner, in die ich mich erst wenige Wochen vorher in der „Springmühle“ bei unserem „Tanz in den Mai“ verknallt hatte. (In meinem Notizbuch steht am 30. April „Walpurgis-Abend 20 Uhr Springmühle!“) Sie tanzte traumhaft leicht und beschwingt, war mit mir in vollendeter tänzerischer Harmonie wie eine Feder durch die Walpurgisnacht gewirbelt. Aber es sollte gar nicht mehr allzu lange dauern, bis Hannelottes magnetisierendes Wesen – nicht nur! – auf mich zu wirken begann ...

Sicherlich hat Hannelotte ihrerseits ihre neue „Casa“-Umgebung aufmerksam und interessiert beobachtet. Ob dabei auch mich – ich weiß es nicht. Ihre Eindrücke waren anfangs noch recht unspezifisch, schrieb sie doch nur ganz allgemein über den Gruppen-Kennenlernabend am 9. Juni am 11. Juni an ihre „Mutsch“ (Mutter):

> „... am Donnerstagabend war ich das erste Mal in meinem ostpr. Club. Ganz nette Leutchen. Viel Juristen. Wir waren in unserer ausgebauten Garage, genannt Casa Prussia, etwa 20.“

Am 16.6. an ihren „Paps“ (für „Papa“) schon etwas präziser:

> „... In einer halben Stunde gehe ich zu einem Vortrag, der von unserem Freundeskreis veranstaltet wird, Pätzold (Anm.: Freundeskreis-Vorsitzender, den Hannelottes Eltern aus seiner Angerburger Amtsrichterzeit kannten und der mir Hannelotte als ganz bedeutende neu Hinzukommende angekündigt hatte, F.B.) als Obermanager. „Der deutsche Osten in der deutschen Geschichte.“ (Anm.: Das Thema von Professor Dr. Walter Hubatsch lautete exakt: „Die Be-

deutung des deutschen Ostens in der deutschen Geschichte".)

Und in der Fortsetzung ihres Briefes am 17. Juni 55 schreibt Hannelotte:

> „... Gestern war es ein sehr guter Vortrag. Ich habe Pätzold einen Gruß bestellt, er läßt wiedergrüßen u. danken. Die Leutchen in der Gruppe sind sehr nett. Mit einigen verstehe ich mich schon ganz gut. Zu irgendeiner Gruppe muß man ja gehören, sonst geht man in dieser Unzahl von Studenten völlig unter, ohne jemand zu kennen. Pätzold scheint sich sehr für uns einzusetzen. Am Sonntag bin ich zu Frau Kurator Hoffmann (Anm.: Ehefrau des letzten Kurators der Universität Königsberg, die Anrede mit dem Titel oder mit der Berufsbezeichnung des Ehemanns war damals durchaus noch eine nicht gänzlich abgeschaffte Höflichkeits- und Gesellschaftsform, und Frau Hoffmann bestand kategorisch darauf) eingeladen (Kaffee) mit noch zwei Studentinnen aus unserer Gruppe. Sie scheint eine sehr energische Dame zu sein."

Aber auch da hatte sich noch nichts an unserem Verhältnis quo ante geändert.

Äußerst spannend, weil eben in allem auch geschichts- und gegenwartsbezogen, war die Vorlesung „Sozialismus" von Professor Dr. Gerhard Keßler. Aus seinem Kolleg, dessen Mitschrift ebenfalls erhalten ist, habe ich diesen Satz behalten, weil er sich immer aufs neue bewahrheitet: „Aus den Genossen werden die Genießer." Professor Keßler war ostpreußischer Jude. Als ich ihm unsere landsmannschaftliche Zusammengehörigkeit offenbarte, lud er mich spontan in seine Wohnung ein. Dort zeigte er mir anhand vieler Karteikästen sein Forschungsvorhaben, das er aus einer spürbar tiefen Heimatverbundenheit und Traurigkeit über unser Schicksal offenbar noch leidenschaftlicher betrieb als sein

Fachgebiet Wirtschafts- und Sozialwissenschaften. Er betrieb ostpreußische Namensforschung. Mir blieb damals zu wenig Zeit, um in seiner Offenheit und mit seiner Hilfe auch in diese – natürlich hochinteressante! – Materie näher einzudringen. Da er sich, vielleicht aus naheliegenden und nicht erklärten Gründen, von der landsmannschaftlichen Arbeit in Göttingen fernhielt, ging auch durch dieses Vakuum der persönliche Kontakt zu ihm – leider – alsbald wieder verloren.

Obwohl seine Vorlesungen „Schuldrecht", „Handelsrecht" und „Deutsches Privatrecht" (die Ironie der Geschichte wollte es, daß meine Assessor-Hausarbeit einen HGB-Fall zum Inhalt hatte) mich nicht gerade in seinen Bann zogen, war Professor Dr. em. (emeritiert) Julius von Gierke eine bemerkenswerte Persönlichkeit, eine Koryphäe in seinem Fachgebiet Handelsrecht allemal, altersbedingt (80 Jahre, trotzdem stand er immer noch kolleg-stundenlang am Katheder) schon ein wenig schrullig. Zu seiner Vorlesung im Rahmen des „Studium generale" (für Hörer aller Fakultäten) „Große deutsche Juristen der Vergangenheit" hatte er eine Monographie mit dem gleichen Titel in Reimsprüchen verfaßt, als „Hilfsbuch für den Rechtsunterricht" (Stuttgart 1949). Und das hatte es „in sich". In geballter, komprimierter Versform, die, wie Gierke in seinem Vorwort bemerkt, „ja vom Herkömmlichen abweicht", hat er darin das rechtsgestaltende Wirken dieser Juristen von Eike von Repgow bis zu seinem bedeutenden Vater Otto von Gierke kenntlich gemacht. Den einzelnen Oden ist ein „Deutscher Spruch" vorangestellt:

> „Alle Ehre kommt von Treue"! (dem „Sachsenspiegel" entlehnt)
> Jeder präg' dies fest sich ein.
> Dann wird unser Volk aufs neue
> Stolz und frei und glücklich sein."

Von den von Gierke so titulierten „Meistern der deutschen Rechtswissenschaft“ sei hier seine laudatio auf Karl Freiherr vom Stein (1757–1831) wiedergegeben:

> „Als Preußen besiegt, zerbrochen und klein,
> Erschien als Retter der Freiherr vom Stein.
> Er löste die Erbuntertänigkeit
> Der Bauern, die drückte seit langer Zeit.
> Nach Martini 1810
> Waren in Preußen nur Freie zu sehn.
> Dann formte er, deutschem Geiste getreu,
> Das verknöcherte Recht der Städte neu:
> Gemeinsinn und rührige Selbstgestaltung
> Rühmt er als Ziele der Selbstverwaltung.
> Daß ‚Ruhe die erste Bürgerpflicht‘ wär’,
> Das galt seitdem in Preußen nicht mehr.
> Und reckenhaft setzt’ sich der Freiherr vom Stein
> Für Einheit und Freiheit von Deutschland ein.“

So wie Weber und Thieme es getan hatten, gedachte auch Gierke in seinem Vorwort eines ihm besonders verbundenen Kriegstoten:

> „Herzlichsten Dank schulde ich meinem hochverehrten Freunde, dem Reichsgerichtsrat Dr. Georg Müller, der mich durch seine erstaunliche Belesenheit und sein feines Sprachgefühl wirksam unterstützte. Mit großer Begeisterung begrüßte er den Plan und die Art meines Buches. Vor allem hat er mir bei der knappen Zusammenfassung des Lebenslaufes vieler Juristen wertvolle Dienste geleistet. Schmerzliche Trauer erfüllt mich, daß – wie ich jetzt erst höre – dieser vortreffliche deutsche Mann einem Fliegerangriff auf Leipzig im Jahre 1944 in seiner Wohnung zum Opfer gefallen ist.“

Gierke war schwerhörig. Er überhörte deshalb das Schellen am Ende der Kollegstunde ebenso wie Zurufe „Herr Professor, es hat geläutet" und dozierte munter weiter. Zu seinen Abendvorlesungen hatten deshalb regelmäßig mehrere Studenten Wekker mitgebracht und ließen diese dann rattern (was die damaligen noch laut schrillend taten). Ein wenig feiner Ulk, aber mit dem gewünschten Erfolg wirksam!

Bleibt im Rahmen meiner Auswahl noch der Strafrechtler Professor Dr. Paul Bockelmann zu erwähnen. Neben oder sogar vor seinen Vorlesungen über das materielle und das Strafprozeßrecht nahm seine Abendvorlesung „Kriminologie" in dem bis zum letzten Platz belegten Audimax im Auditoriengebäude Weender Landstraße einen besonderen Rang ein. Sie war nicht nur für Jurastudenten bestimmt, sondern gehörte zum „Studium generale" für Hörer aller Fakultäten. Bockelmann war rhetorisch glänzend begabt, und so hatte der Ruf von „Bockelmanns Märchenstunde" die Fachbezeichnung „Kriminologie" verdrängt. Übergingen andere Dozenten das Zuspätkommen einzelner mit Schweigen oder unterbrachen ihren Redefluß, so reagierte Bockelmann einmal ganz anders – eben als Bockelmann. Eine zu spät kommende Kommilitonin wollte einmal möglichst unauffällig auf dem an einer Außenwand gelegenen Gang in den oberen Teil des Hörsaals schleichen, als die gehässige Männerwelt durch Scharren mit den Füßen Mißfallen heuchelte, sich in Wahrheit aber nur an der Verlegenheit des armen weiblichen Wesens weiden wollte. Bockelmann setzte dieser Boshaftigkeit „noch einen drauf", als er mit seiner Rüge an die Adresse der so gar nicht kavalierhaften männlichen Hörer sagte: „Meine Herren, denken Sie an die vielen Fälle, in denen Sie selbst zu spät kamen!"

Er war nach meiner Erinnerung der einzige Dozent, der immer wieder betont gegen Unrecht im Recht und in der Rechtspflege der NS-Zeit zu Felde zog.

Bis es eines Tages einem älteren ostpreußischen Kommilitonen, der Soldat gewesen war, zu viel wurde und er vernehmlich sagte: „Der sollte lieber die Klappe halten. Der war Flottenrichter in Pillau und ein ganz scharfer Hund!“ Ein „Aha“-Erlebnis für mich: Sollten etwa auch andere moralische „Saubermänner“ ihre eigene „Vergangenheit“, wenn sie denn eine solche hatten, auf diese Weise reinwaschen wollen?

Am Ende dieses ersten Teils meiner Georgia-Augusta-Erinnerungen will ich zweier Männer gedenken, die das überall noch gegenwärtige Kriegsschicksal in einer ganz besonderen Weise verkörperten. Da war einmal mein Landsmann Ulrich Lapp, der durch eine schwere Verwundung sein Augenlicht verloren hatte. Er war also blind und betätigte sich als juristischer Repetitor (Examenseinpauker für das, was entweder zu akademisch gelehrt und deshalb nicht „angekommen“ oder gar nicht gelehrt oder auch durch „Bummeln“ versäumt worden war). Sein Repetitorium tastete er von laufenden Bändern ab, in die Punkte gestanzt waren ... Der andere war der Ukrainer Coziumaka, für den ich ein „Nachbar“ aus Ostpreußen war und der mir in vielen Gesprächen mitteilsam, freundschaftlich und warmherzig begegnete. Er war Soldat in der Deutschen Wehrmacht gewesen und konnte deshalb nicht in seine Heimat zurückkehren. Mit seinem Panzer hatte er nach der gelungenen Invasion an den schweren Abwehrkämpfen in der Normandie teilgenommen. Der einen Regenschirm tragende Engländer wurde damals auf deutscher Seite wegen dieses „unmännlichen“ Attributs verspottet. Coziumaka: „Herr Berg, wenn wir mit unserem Panzer Angriff gegen die Engländer fuhren, hielten wir aus dem Turmluk einen geöffneten Regenschirm heraus!“ Ich habe wohl etwas zweifelnd reagiert und fand das gar nicht so lustig. Denn auch bei den „Tommies“ gab es unerschrockene Männer, die auf den Panzer aufgesprungen wären und durch das geöffnete Turmluk eine Handgranate geworfen hätten. Coziumaka wollte damit wohl zum Ausdruck bringen, daß er voller Angriffsgeist und Überlegenheitsgefühl auf deutscher Seite gekämpft hatte und deshalb zu uns gehörte.

Die Georgia Augusta

„Patenuniversität“ der Albertus-Universität Königsberg

Wunsch und Wirklichkeit

Zur Aura der Universität Göttingen gehörte in unseren akademischen und allgemein-landsmannschaftlichen ostpreußischen Kreisen der Ruf, sie sei „Patenuniversität“ der Albertus-Universität Königsberg. Aber das war eher ein Wunschbild. Zwar war ein entsprechender personeller und wissenschaftlicher Fundus durchaus gegeben, aber realiter hat eine gewisse formelle Bestätigung und ein Tätigwerden in diesem Geiste erst nach meinem Verlassen der „Alma Mater Georgiae Augustae“ stattgefunden. Trotzdem war in meiner Studentenzeit nicht nur bei mir eine Bewußtseinslage vorhanden, daß zum Status des Göttinger Studenten auch ein „Standbein“ in der Königsberger Albertina gehörte. Bei wie vielen das aber wirklich der Fall war?

Worauf beruhte dies, worauf der Ruf einer „Patenuniversität“?

Am 28. Januar 1945 hatte der Kurator der Universität Königsberg, Dr. phil. h. c. Friedrich Hoffmann, weisungsgemäß die Universitätsverwaltung in die Universität Greifswald verlegt (dort sind später auch viele Unterlagen der medizinischen Fakultät der Uni Königsberg aufgefunden worden). Aber das war nur ein Zwischenstadium. Noch im April 1945 siedelte die Restverwaltung der Albertina nach Flensburg über. An den da noch bestehenden Oberpräsidenten der Provinz Schleswig-Holstein erging das Ersuchen um Betreuung der Angehörigen der Albertus-Universität.

Auch der Standort Flensburg blieb nur eine kurze Episode. Der Kurator der Albertus-Universität Königsberg schuf hier aus persönlicher Initiative, auf eigene Kosten und mit den beschränkten materiellen Mitteln jener Zeit wie z. B. Papier eine Meldestelle, von der aus er erste Rundschreiben mit Namen, soweit bekannt, Anschriften von Angehörigen des Lehrkörpers, der wissenschaftlichen Anstalten, Bibliotheken, der Verwaltung, Prüfungsämter, wissenschaftlichen Körperschaften und Vereine der Albertus-Universität versandte. Todesnachrichten, Vermißtenanzeigen, Gedanken zum Schicksal und an die ferne Heimat, Informationen, Gutachten zu den Nöten und Sorgen der Betreuten und vieles andere gehörten dazu.

Von Flensburg „verlegte" der Kurator nach Göttingen, das Rundschreiben Nr. 1 der Meldestelle von 1947 vom 1.12.1946 trägt die Anschrift eines wohl zur Universität Göttingen gehörigen Gebäudes Burgstr. 52. Von hier erfolgte 1948 der Umzug in die zentrale und repräsentative Aula am Wilhelmsplatz. Die von hier versandten Rundschreiben der Meldestelle heißen ab Weihnachten 1949 „Rundbrief der Albertus-Universität". Diese bedeutsamen Veränderungen haben wahrscheinlich dazu geführt, in der Universität Göttingen einen oder den Traditionsbewahrer der Königsberger Albertina zu sehen.

Aber weitere Faktoren kamen offensichtlich hinzu, die die Vorstellung oder den Wunsch nach einer Art „Symbiose" der beiden Universitäten befestigten. So wie Kurator Hoffmann die Meldestelle für die Königsberger Universitätsangehörigen ins Leben gerufen hatte, war er es auch gewesen, unter dessen Vorsitz im Sommer 1946 der Göttinger Arbeitskreis ostdeutscher Wissenschaftler gegründet wurde. In ihm wiederum begründete Professor Götz von Selle 1951 das von diesem Arbeitskreis herausgegebene Jahrbuch der Albertus-Universität zu Königsberg/Pr. Professor von Selle war an der Albertina von 1939 bis 1945 Honorarprofessor für deutsche Bildungs- und Geistesgeschichte und außerdem stellvertretender Direktor der Königsberger Universitätsbibliothek gewesen. Aus Anlaß des 400jährigen Bestehens seiner dortigen Wirkungsstätte erschien 1944 aus seiner Feder in geringer Auflage die „Geschichte der Albertus-Universität zu Königsberg“. Das Geleitwort zu der vom Göttinger Arbeitskreis 1956 herausgegebenen überarbeiteten und erweiterten Neuauflage schrieb der jetzige Vorsitzende Professor Dr. Herbert Kraus – der erste Vorsitzende Dr. Hoffmann war am 7. März 1951 verstorben –, in welchem er sagt: „... unsere Arbeitsgemeinschaft wurzelt in der Welt, welche die Albertus-Universität geschaffen hat, und sie ist willens, mit all ihrer Kraft, jene geistigen Werte am Leben zu erhalten und weiterzuentwickeln. Nicht zum letzten schöpft sie aus der Pflege der Königsberger Überlieferung im weitesten Sinne die Berechtigung ihres Daseins.“ Professor Kraus hatte an der Albertina seit 1928 den Lehrstuhl für Völkerrecht und amerikanisches Recht innegehabt (1937 wurde er zwangspensioniert) und war jetzt in Göttingen Professor für Öffentliches, Angloamerikanisches und Völkerrecht. Dies habe ich in meinem 4. Jurasemester bei ihm gehört. Als Völkerrechtler hat Professor Kraus wegweisende Schriften zur Oder-Neiße-Frage herausgegeben – die auf die rechtsverachtende Politik der sogenannten „westlichen Wertegemeinschaft“ nicht den geringsten Einfluß gehabt haben und auch von keiner Bundesregierung zur Grundlage einer offensiven Politik für einen völkerrechtskonformen Friedensschluß im Osten gemacht worden sind.

Mit seinem Lehramt und seinen wissenschaftlichen Aussagen verkörperte Professor Kraus eine Doppelstellung auf dem Boden beider Universitäten. Dies gilt auch für zwei Angehörige der Universitätsverwaltung. Es mögen noch mehr gewesen sein, aber nur diese beiden habe ich näher kennengelernt, den Universitätsinspektor Werner Schütze im Rektorat der Georgia Augusta, der an der Albertina zum Universitätskuratorium gehörte, und in besonderer Weise Elisabeth Reinecker, die, wie schon in Königsberg, in der Zahlstelle (Quästur) der Uni Göttingen Dienst tat.

Ich werde in anderem Zusammenhang nochmals auf beide zurückkommen.

Des Sachzusammenhangs wegen möchte ich an dieser Stelle meine Initiative erwähnen, die ich Ende 1954 als Vorsitzender und im Auftrage unserer ostpreußischen Hochschulgruppe unternahm, um die in einem nach außen überhaupt nicht sichtbaren Schwebezustand befindliche Treuhänderstellung der Universität Göttingen für die Universität Königsberg zu verfestigen, nach außen sichtbar zu machen und dadurch in das allgemeine Bewußtsein der Göttinger Studentenschaft zu rücken. Aus meiner nachfolgend wiedergegebenen Notiz vom 27.11.54 geht hervor, worum es sich gehandelt hat:

> „Hochschulgruppe Ostpreußen Göttingen, d. 27.11.54
>
> Notiz.
>
> Am 23. November wurde Se. Magnifizenz durch Herrn cand. iur. Fritjof Berg im Auftrage der Hochschulgruppe Ostpreußen das Interesse dieser Gruppe an einer engen Ausgestaltung des Patenschaftsverhältnisses zwischen Georgia Augusta und Albertina vorgetragen. Aus ihrer Verpflichtung der Albertina gegenüber unterbreitete die Hochschulgruppe zwei Vorschläge:
>
> 1. Durchführung eines Leseabends der Dichterin Agnes Miegel durch die Georgia Augusta in Zusammenarbeit mit der Hochschulgruppe Ostpreußen.
>
> 2. Jährliches Gedenken des Gründungstages der Albertina durch einen *dies* und eine akademische Feierstunde.
>
> Zu 1: Die Gestaltung eines Leseabends von Frau Agnes Miegel im üblichen Rahmen der in Göttingen durchgeführten Dichterlesungen würde der besonderen Bedeutung der Dichterin und ihrer Beziehung zur Albertina als Ehrenbürgerin dieser Universität nicht gerecht werden. Da Se. Magnifizenz auf die in bezug auf Dichterlesungen bestehende

Absprache zwischen der Universität und der Buchhandlung Deuerlich aufmerksam machte, fand am 26. November eine Unterredung zwischen dem Geschäftsführer dieser Buchhandlung, Herrn Winckelmann, und den Herren Berg und Brausch der Hochschulgruppe Ostpreußen statt. Herr Winckelmann erklärte sich bereit, in diesem besonderen Falle von einer bestehenden Absprache Abstand nehmen zu wollen. Es würde auch im Interesse der Dichterin liegen, der Buchhandlung Deuerlich die Möglichkeit einer Buchauslage zu geben.

Die Hochschulgruppe Ostpreußen bittet Se. Magnifizenz, Aula und organisatorische Hilfsmittel zur Verfügung zu stellen und in Zusammenarbeit mit der Hochschulgruppe den Abend vorzubereiten. Die Hochschulgruppe ist überzeugt, mit der Durchführung eines solchen Abends den Interessen der Gemeinschaft der Angehörigen der Albertina, des Göttinger Arbeitskreises, der Gesellschaft der Freunde Kants, des Freundeskreises Ostpreußischer Studierender und nicht zuletzt der großen Zahl ostpreußischer Heimatvertriebener in Göttingen zu dienen. Dem Patenschaftsverhältnis zwischen Georgia Augusta und Albertina würde ein sichtbarer Ausdruck gegeben werden.

Zu 2: *Dies* und akademische Feierstunde sind dazu angetan, eine Verpflichtung gegenüber einer bedeutenden Stätte deutschen Geistes zu erfüllen, die leider in der Gefahr des Vergessenwerdens steht.

Se. Magnifizenz mit der Bitte um wohlwollende Prüfung und Genehmigung der Vorschläge unterbreitet.

Für die Hochschulgruppe Ostpreußen

(Berg, Papendiek 16.)“

Das Schreiben des Rektors vom 17.12.1954 zeigt, welches Ergebnis meine Initiative gehabt hat:

„Der Rektor der Georg-August-Universität

An den Vorstand der Ostpreußischen Studentengruppe

z. Hd. Herrn cand. iur. Fr. Berg

Sehr geehrter Herr Berg!

Unter Bezugnahme auf Ihren Besuch im Rektorat am 23.11.1954 und auf Ihr Schreiben vom 29.11.1954 teile ich Ihnen mit, daß ich Ihre Vorschläge dem Senat der Universität gelegentlich seiner letzten Sitzung am 8.12. d. J. vorgelegt habe.

Die Universität würde bereit sein, die Hochschulgruppe Ostpreußischer Studierender bei der Durchführung eines Leseabends von Frau Dr. h. c. Agnes Miegel zu unterstützen und einen geeigneten Raum zu Verfügung zu stellen. In der Senatssitzung wurde angeregt, den Leseabend in dem Bibliothekssaal der Paulinerkirche durchführen zu lassen. Ich bitte Sie, sich deshalb mit Herrn Direktor der Staats- und Univ.-Bibliothek, Professor Hartmann, in Verbindung zu setzen. Ich schlage außerdem vor, mit Herrn Professor v. Selle als Vertreter der in Göttingen ansässigen ehemaligen Angehörigen der Albertus-Universität Königsberg in Verbindung zu treten. Ich bemerke, daß eine Einladung durch die Universität nicht beabsichtigt ist.

Ich bitte Sie, mich über den Fortgang Ihrer Besprechungen und über das Ergebnis Ihrer Anfrage bei Frau Dr. Miegel zu unterrichten.

Was Ihre Anregungen bzgl. des jährlichen Gedenkens des Gründungstages der Albertus-Universität durch einen *Dies academicus* und eine akademische Feierstunde anbetreffen, so hat der Senat der Universität Ihren Vorschlag mit Interesse zu Kenntnis genommen. Der Senat hat in Aussicht gestellt, in Abständen von 5 oder 10 Jahren eine akademische Feier abzuhalten, um das Andenken an die Albertus-

Universität lebendig zu erhalten. Ihren weitergehenden Anregungen kann der Senat nicht entsprechen, zumal die Übernahme der Patenschaft für die Albertus-Universität durch die Georg-August-Universität bisher noch keine formale Konstituierung erfahren hat.

Ich habe Herrn Professor v. Selle, der seit dem Tode von Herrn Univ.-Kurator Dr. h. c. Hoffmann die Interessen der früheren Angehörigen der Albertus-Universität in Königsberg vertritt, von der Stellungnahme des Senats zu Ihren Vorschlägen Kenntnis gegeben.

Mit freundlicher Begrüßung

Professor Dr. P. ten Bruggencate"

Es war enttäuschend, eine Weiterverfolgung der Sache auf der „Sparflamme" von Rektor und Senat hätte das von mir verfolgte Ziel verfehlt. Das Abwälzen einer universitätsoffiziellen Einladung an Agnes Miegel, Ehrenbürgerin der Stadt Königsberg (Pr) und Ehrendoktor der Albertus-Universität Königsberg, auf eine studentische Vereinigung, die Verweigerung des ihr gebührenden Auftretens in dem Festsaal der Universität, der Aula, in der ich Vorträge manch anderer prominenter Persönlichkeiten miterlebt hatte, war infam und ein feiges Wegducken vor der offensichtlich schon damals einsetzenden „Entfernung" der großen Dichterin aus der Ehren-Walhalla des deutschen Volkes. Die obendrein sehr unbestimmte Absicht, in einem 5- oder 10jährigen Abstand eine akademische Feier abzuhalten, „um das Andenken an die Albertus-Universität lebendig zu erhalten", erschien mir wie ein Hohn. Lebendig bleiben im Bewußtsein der sich von Semester zu Semester erneuernden Studentenschaft sollte und konnte sie ja nur durch eine institutionelle Veranstaltung in einem festen und dichten zeitlichen Rhythmus, hinter der die ganze Autorität der Universität stand, und an der so jeder Student wenigstens einmal in seiner Göttinger Studentenzeit teilhaben würde.

Das Ergebnis habe ich als Vorsitzender in meinem Tätigkeitsbericht der Hochschulgruppe Ostpreußen über das Wintersemester 1954/55 vom 25.6.1955 wie folgt festgehalten:

> „Unter dem 17. Dezember richtete der Rektor an die Hochschulgruppe Ostpreußen ein Schreiben, das praktisch die Ablehnung beider Vorschläge enthielt, und das darüber hinaus die damalige Einstellung der Universität zum Patenschaftsverhältnis für die Albertina ausdrückt. Bezüglich des Miegel-Abends wurde die Hochschulgruppe auf den akustisch ungeeigneten und der Verwaltung der Universität nicht unterstehenden Bibliothekssaal der Paulinerkirche verwiesen. Bezüglich des *Dies* habe ‚der Senat in Aussicht genommen, in Abständen von 5 oder 10 Jahren eine akademische Feier abzuhalten, um das Andenken an die Albertus-Universität lebendig (??) zu erhalten'. Den ‚weitergehenden Anregungen könne der Senat nicht entsprechen, zumal die Übernahme der Patenschaft für die Albertus-Universität bisher noch keine formale Konstituierung erfahren hat.'
>
> Eine Erneuerung oder Modifizierung dieser Vorschläge oder die Einbringung anderer erschienen in der damaligen Situation der Hochschulgruppe als aussichtslos."

Wohl unter dem Rektorat von Professor Dr. Weber und sicherlich durch einen erneuten Anstoß etwa von Hans-Günther Parplies in unserer Hochschulgruppe Ostpreußen/Landsmannschaft Ordensland sowie der Kuratorwitwe Erna Hoffmann kam es dann doch noch etwa für die Dauer eines Jahrzehnts zu Bekundungen einer institutionellen Bewahrerstellung der Göttinger Georgia Augusta für die Albertina Königsberg. Ich habe diese Entwicklung nicht mehr in Göttingen miterlebt und mittragen können, da ich Göttingen nach meinem Referendarexamen am 24. August 1956 verlassen hatte. Dies also stand nun endlich auf Seite 2 der Personal- und Vorlesungsverzeichnisse für das Sommersemester 1957 und für das Wintersemester 1957/58 (ob und wie lange danach noch, weiß ich nicht):

> „Die Georg-August-Universität zu Göttingen wurde durch Stiftungsurkunde vom 7. Dezember 1736 gegründet und am 17. September 1737 feierlich eröffnet. Ihr Stifter war Georg II. Kurfürst von Hannover und König von Großbritannien und Irland. Ihr erster und eifrigster Förderer war der Hannoversche Geheime Rat Gerlach Adolph Freiherr von Münchhausen. Die Georg-August-Universität pflegt die Tradition der Albertus-Universität zu Königsberg/Pr., gegründet von Herzog Albrecht von Preußen 1544."

Als es, wiederum primär auf Betreiben unserer studentischen Landsmannschaft Ordensland sowie ihres Freundeskreises unter der rührigen Leitung seines Vorsitzenden Amtsgerichtsrat Pätzold, zum Bau eines auf die Universität Königsberg ausgerichteten Studentenwohnheims Albertinum in Göttingen kam, engagierte sich die Universität Göttingen maßgeblich für die Verwirklichung dieses Vorhabens. Der Tag der feierlichen Einweihung des Studentenwohnheims Collegium Albertinum in Göttingen, Bonhoefferweg 2, der 14. November 1964, wurde (endlich!) als *Dies Academicus* im Zeichen der Königsberger Albertina begangen. Es war ein eindeutiges Bekenntnis zur Pflege der Tradition für die 420 Jahre zuvor gegründete Universität Königsberg.

Ein weiterer Höhepunkt in dieser Entwicklung war die Ernennung der Witwe des letzten Königsberger Universitätskurators, Frau Erna Hoffmann, am 28. Januar 1967 zum Ehrenbürger der Georgia Augusta. Wie es in der Ernennungsurkunde heißt, „würdigt die Georg-August-Universität mit dieser Ernennung in Wahrung der Tradition der Albertus-Universität zu Königsberg/Pr. die hohen Verdienste, die sich Frau Hoffmann um das Erbe der

Albertus-Universität sowie um den Bau des Collegium Albertinum in Göttingen erworben hat."

Auf einige der in diesem Kapitel Genannten werde ich nochmals in den Kapiteln über die Hochschulgruppe Ostpreußen/ Landsmannschaft Ordensland und ihren Freundeskreis zurückkommen.

Ob und in welcher Weise die Universität Göttingen in den folgenden zweieinhalb Jahrzehnten die Traditionspflege für ihre Königsberger „Patenuniversität" wahrgenommen hat, entzieht sich meiner Kenntnis. Es steht zu vermuten, daß sie als staatliche Einrichtung nach den „Ostverträgen" von 1970 und dem „2+4-Vertrag" von 1990 ihr von 1957 bis 1967 gezeigtes Engagement deutlich verringert hat. Als nach Öffnung des Königsberger Sperrgebiets 1991 Deutsche und Russen, Russen und Deutsche wie erlöst aufeinander zugingen, kam es im Februar 1992 in der Evangelischen Akademie Mülheim/Ruhr zu einer förmlichen Vereinbarung zwischen der russischen Gebietsverwaltung und der Stadtgemeinschaft Königsberg (Pr) e. V., deren Vorsitzender ich im Januar geworden war, die u. a. die Durchführung einer gemeinsamen Gedenkveranstaltung an die Gründung der Universität Königsberg vor 450 Jahren (1544) im Jahre 1994 vorsah. Die nähere Schilderung des äußerst arbeitsreichen und oft verworren erscheinendes Weges bis zu den Feierlichkeiten im September 1994 muß einer besonderen Aufzeichnung vorbehalten bleiben. In wenigen aber wichtigen Auszügen möchte ich aber unser Beginnen in seiner Bedeutung und Breite gerade auch für eine dauerhaft bleibende Verbindung der beiden wissenschaftlichen Lehranstalten, der deutschen in Göttingen und der russischen im jetzigen Kaliningrad, getragen nunmehr vom Erbe und Auftrag der Königsberger Albertina an beide, zusammenfassend in den auf den nächsten Seiten folgenden schriftlichen Wegmarken vom Anfang und dem Erfolg am Ende sichtbar machen. Leider hat die „hohe Politik" die hier begründeten, noch viel weiter reichenden

Chancen für ein Königsberg-Statut in all seinen menschlichen und rechtlichen Verästelungen nicht genutzt, weder in Bonn/Berlin noch in Moskau. Im Gegenteil, die hier Verantwortlichen haben bewußt und gewollt alles wieder zunichte gemacht, was unser Kuratorium in Freundschaft, Aufbauwillen, Idealismus und Gestaltungswillen für die Zukunft geschaffen hatte.

„Vereinbarung zwischen Stadt und Oblast Kaliningrad auf russischer Seite und der Mülheimer Initiative sowie der Stadtgemeinschaft Königsberg Pr. auf deutscher Seite während des Symposiums in der Evangelischen Akademie, Mülheim/Ruhr, 17.–19. Februar 1992

1. Absprache mit der Agnes-Miegel-Gesellschaft (vertreten durch Frau Canzler)

1.1 Am 26. Oktober 1992 (dem Todestag der Dichterin) wird eine Gedenktafel an ihrem Wohnhaus (ehemals

Paradeplatz Königsberg (Pr): Blick vom Kant-Denkmal (Christian Rauch) zum Stüler-Bau der Neuen Universität (Kolleg- und Seminargebäude), 1862 eingeweiht.

Königsberg, Hornstr. 7) in russischer und deutscher Sprache angebracht.

Als weitere Veranstaltungen zu diesem Ereignis werden vorgeschlagen:

1.2 eine Lesung aus den Werken der Dichterin (zweisprachig)

1.3 eine Ausstellung im Stadtmuseum

1.4 eine Spende: Bücher der Dichterin für das germanistische Seminar der Universität Kaliningrad [...]

4. 450-Jahrfeier der Königsberger Universität Albertina

4.1 Die russische und die deutsche Seite tragen gemeinsam die Verantwortung für die 450-Jahrfeier.

4.2 Die Stadtgemeinschaft Königsberg, insoweit vertreten durch Herrn Grimoni, übernimmt die Verantwortung für die Vorbereitung einer Ausstellung. Das soll in enger Zusammenarbeit mit dem Historischen Museum in Kaliningrad geschehen. Die personellen und finanziellen Voraussetzungen sollen geschaffen werden. Um die Wissenschaftlichkeit zu gewährleisten, sollen Wissenschaftler aus Rußland und aus Deutschland mit hinzugezogen werden.

Frau Mattjuschina gibt einen Überblick über die Exponate, die in Kaliningrad vorhanden sind. Auch auf deutscher Seite werden die Exponate zusammengestellt. Der Rohentwurf einer Konzeption wird bis Ende Juni dem jeweiligen Partner übermittelt. Bis Ende August kommen die russische und die deutsche Seite zusammen, um eine erste gemeinsame Konzeption zu erarbeiten, die im Dezember in einem mehrtägigen Treffen in Duisburg verabschiedet wird.

4.3 Auf Vorschlag der russischen Seite soll aus russischen und deutschen Vertretern ein Kuratorium gebildet werden, das gemeinsam die 450-Jahr-Feier vorbereitet. Zum Kuratorium auf deutscher Seite sollen gehören: die Herren Berg, Beister, Brilla, von der Groeben, zu Putlitz (Anfrage durch Herrn Berg), George, Vertreter der Universität Göttingen (Anfrage durch Herrn Berg), Vertreter der deutschen evangelischen Fakultäten (Anfrage durch Herrn Mildenberger). Herr Berg übernimmt die Federführung. Auf russischer Seite liegt sie in Händen von Herrn Medwedew. Zwischen den beiden werden Absprachen über die Planungsschritte getroffen. Die deutsche Seite wird zu einem ersten Gespräch im Juni 1992 eingeladen. [...]

Mülheim/Ruhr, 19. Februar 1992"

Es folgt mein Schreiben an den Rektor der Universität Göttingen vom 17.3.1992:

„Ew. Magnifizenz,

auf einer Tagung der Mülheimer Initiative vom 17. bis 19. Februar 1992 in der Evangelischen Akademie Mülheim/Ruhr haben die russische und die deutsche Delegation beschlossen, in gemeinsamer Verantwortung den 450. Jahrestag der Gründung der Albertus-Universität Königsberg im Jahre 1994 vorzubereiten und durchzuführen.

Zu diesem Zwecke soll ein deutsch-russisches Kuratorium gebildet werden, für das außer dem Unterzeichneten die Herren Beister und von der Groeben in Stiftung Königsberg Fördergesellschaft mbH., Essen, Herr Superintendent George, Berlin, sowie die Professoren Frhr. zu Putlitz, Heidelberg, und Brilla, Bonn, benannt worden sind. Ferner hat Herr Oberkirchenrat Mildenberger (Kirchenamt EKD, Hannover) die Anfrage an die Evang.-Theologischen Fakultäten deutscher Universitäten wegen Entsendung eines Vertreters in das Kuratorium übernommen.

Mir selbst ist die Federführung für die hiermit zusammenhängenden Angelegenheiten übertragen worden. Es ist für mich eine Freude und eine Ehre, daß mir dieser Auftrag auch gegenüber meiner alten Alma mater Göttingen zuteilgeworden ist, an der ich vom Wintersemester 1951/52 bis zu meinem 1. Staatsexamen Staats- und Rechtswissenschaft studiert habe. Zu jener Zeit gehörten dem Lehrkörper der Universität noch zahlreiche Professoren der Königsberger Albertina an, und im Zeichen der Patenschaft der Universität Göttingen für die Universität Königsberg standen die Planungen und der Bau des Studentenwohnheims Albertinum.

Die russische Seite, vertreten durch Herrn Prof. Dr. Andrej Medwedew, Rektor der Universität Kaliningrad, hatte in Mülheim/Ruhr bereits eine Einladung der deutschen Kuratoriumsmitglieder zu einer ersten Arbeitssitzung in Königsberg im Juni 1992 angekündigt. Prof. Medwedew hat bei einem Arbeitsgespräch in der 11. Woche in Königsberg, an dem der Unterzeichnete teilgenommen hat, um kurzfristige Bekanntgabe der deutschen Kuratoriumsmitglieder gebeten, damit er umgehend die Einladungen zu der für die Zeit vom 15.–20. Juni 1992 geplante Sitzung aussprechen kann. Die Konferenz wird u. a. im Rahmen eines Jubiläums anläßlich des 25jährigen Bestehens der Universität Kaliningrad stattfinden.

Deshalb wäre ich Ihnen zu Dank verbunden, wenn Sie mir die Entscheidung der Universität Göttingen betr. Beitritt zum Kuratorium und Mitwirkung bei der Vorbereitung und Ausgestaltung des Königsberger Universitätsjubiläums möglichst umgehend mitteilen könnten.

Zur Beschaffung des Visums für die Arbeitsbesprechung in Königsberg vom 15. bis zum 20. Juni 1992 weise ich darauf hin, daß die Stiftung Königsberg GmbH hierbei behilflich sein wird. Wegen der technischen Einzelheiten wie Verkehrsmittel und Reiseweg folgt zu gegebener Zeit weitere Nachricht. Ferner darf ich zur Durchführung der Reise nach Königsberg noch bemerken, daß die jeweiligen Kosten von der entsendenden Institution übernommen werden müssen und leider nicht von dritter Stelle getragen werden können.

Vom Inhalt meines Schreibens unterrichte ich auch den Vorsitzenden der Gemeinnützigen Gesellschaft Albertinum e. V., Herrn Prof. Dr. Dietrich Rauschning.

Mit vorzüglicher Hochachtung

Fritjof Berg.“

Mit Datum des 30.3.1992 antwortete Universitätspräsident Professor Dr. Norbert Kamp wie folgt:

„Sehr geehrter Herr Berg,

für Ihren Brief mit dem ausführlichen Bericht über die Überlegungen und ersten Schritte zur Ausrichtung der 450-Jahrfeier der Universität Königsberg im Jahre 1994 möchte ich Ihnen herzlich danken. In Abstimmung mit meinem gewählten Nachfolger, Herrn Professor Dr. Hans Ludwig Schreiber, der am 1.9.1992 das Amt des Präsidenten übernehmen wird, und in Anknüpfung an die nach wie vor in der Vergabe der Goldenen Doktorurkunden gewahrte Tradition einer Patenschaft der Georgia Augusta für die Albertina möchte ich Ihnen hiermit die Bereitschaft der Universität Göttingen bekunden, einem deutsch-russischen Kuratorium für die Ausrichtung des Königsberger Universitätsjubiläums beizutreten und an dessen Vorbereitung und Ausgestaltung mitzuwirken. Im Sinne einer Verfahrensvereinfachung möchte ich Ihnen vorschlagen, daß die Mitgliedschaft im Kuratorium vom jeweiligen Präsidenten der Universität wahrgenommen wird, allerdings mit dem Recht sich vertreten zu lassen. Ich glaube auch, daß eine solche Regelung der bisher von der Universität als akademischer Korporation insgesamt wahrgenommenen Patenschaft am ehesten entsprechen würde.

Da Herr Prof. Medwedew mir in der zweiten Aprilwoche als Rektor der Universität Kaliningrad einen persönlichen Besuch abstatten wird, rechne ich damit, von ihm weitere Einzelheiten zu erfahren.

Mit freundlichen Grüßen

Professor Dr. Norbert Kamp

P. S. Eine Durchschrift meines Schreibens erhalten die Professoren H. L. Schreiber, J. Bloech und D. Rauschning."

Das folgende kurze Schreiben vom 21.5.1992 erhielt Herbert Beister von Prof. Kamp:

„Sehr geehrter Herr Beister,

im Zusammenhang mit der Vorbereitung der für die Zeit vom 22.–28. Juni 1992 geplanten 1. Sitzung des Deutsch-Russischen Kuratoriums zur Vorbereitung der Feier des 450. Jahrestages der Gründung der Universität Königsberg möchte ich Ihnen gern mitteilen, daß ich Herrn Professor Dr. D. Rauschning gebeten habe, im Rahmen seiner ohnedies geplanten Reise nach Königsberg vom 23.–27. Juni 1992 die Universität Göttingen im Kuratorium zu vertreten. Herr Professor Rauschning bereitet seine Reise selbst vor.

Mit freundlichen Grüßen

Professor Dr. Norbert Kamp"

450 Jahre Albertus-Universität Königsberg

Einladung zur Feier „450 Jahre Albertus-Universität Königsberg“

Русско-Немецкий Кураториум имеет честь
любезно пригласить Вас

на юбилейное торжество по поводу 450-летия основания

Университета имени Альбертуса (Альбертины) в Кёнигсберге,

которое состоится в Калининградском Государственном Университете
с 27 по 30 сентября 1994 года в Калининграде (Кёнигсберг), А. Невского, 14.

ОТ ИМЕНИ КУРАТОРИУМА

Просим Вашего подтверждения по
Телефон: (007-0112) 46 59 17 (Калининград)
Телефаксу: (007-0112) 46 58 13 (Калининград)

Das Russisch-Deutsche Kuratorium
für die Gedenkveranstaltung aus Anlaß der Gründung der

Albertus-Universität zu Königsberg

vor 450 Jahren gibt sich die Ehre,

---

zu den Jubiläumsfeierlichkeiten, die in der Universität Kaliningrad in der Zeit vom 27. – 30. September 1994 in Kaliningrad (Königsberg), A. Nevskogo 14, stattfinden, ergebenst einzuladen.

Für das Kuratorium

U. A. w. g.
Telefon: (02 01) 818-2151 (Deutschland)
Telefax: (02 01) 818-2822 (Deutschland)

Einladung zur Feier „450 Jahre Albertus-Universität Königsberg"

Der folgende Artikel erschien im Königsberger Bürgerbrief, Ausgabe XLIII, Winter 1994:

„ALBERTINA-Jubiläum vom 27.–30. September 1994 in Königsberg. Eröffnung der Jubiläumsfeierlichkeiten für die ‚Albertina' am 27. September 1994 in Königsberg in der russischen Universität

Wir zitieren Kernsätze aus den einzelnen Reden:

Prof. Jurij Matotschkin, Leiter der Gebietsverwaltung, zeigte die besondere wirtschaftliche Situation und deren Schwierigkeiten auf, die das Gebiet Kal. in getrennter Insellage zum russ. Staat hat, wie auch Ostpreußen schon einmal eine getrennte Insellage zum deutschen Staat hatte. – Eine Autobahn über Weißrußland und Polen soll kommen, damit nicht mehr durch Litauen gefahren werden muß. Auch ist eine Autobahn von der BRD nach Königsberg geplant.

Prof. Gennadij Fjodorow, Rektor der Univ. Kaliningrad, strebt an, daß der internationale Studentenkontakt intensiviert wird. Die Zusammenarbeit mit europäischen Universitäten muß weiter ausgebaut werden. Der Standort Königsberg verpflichtet.

Botschafter Dr. L. Wittmann, Ausw. Amt Bonn:

‚An dieser Stelle ist es angezeigt, die Sorge der deutschen Regierung nicht zu verschweigen über manche russische Stimmen, die der deutschen Politik die Absicht unterstellen, das Gebiet Kaliningrad aus der Russischen Föderation zu lösen und es regermanisieren zu wollen. Besonders abwegig sind in der Presse erschienene Unterstellungen, Deutschland würde neben wirtschaftlichen Investitionen auch ‚kulturelle Einflußnahme' als Mittel dieser Strategie einsetzen. Bundeskanzler Kohl hat mich gebeten, gerade an diesem Ort und bei diesem heutigen festlichen Anlaß zu wiederholen, daß solche Anschuldigungen einer realen Grundlage entbehren und allein geeignet sind, unseren gemeinsamen Zielvorstellungen Hindernisse in den Weg zu legen und die Zusammenarbeit zu stören.

Die Haltung Deutschlands ist eindeutig: Das Gebiet Kaliningrad ist Teil der Russischen Föderation. Deutschland hat keine Gebietsansprüche! Unsere Grenzen sind festgeschrieben, zuletzt noch im Vertrag vom 12. September 1990 zwischen den damals noch zwei deutschen Staaten und den Vier Mächten.

Diese Haltung ist nicht nur völkerrechtlich festgelegt, sie entspricht auch den Interessen Deutschlands und aller Partner in Europa. Nur auf der Grundlage verläßlicher Grenzen können die europäischen Staaten ihr entscheidendes gemeinsames Interesse verfolgen, eine neue Ordnung des Friedens und der Zusammenarbeit in Europa aufzubauen.

(Wohl einer inneren Stimme folgend, fügte der Botschafter dann hinzu:) Das soll uns jedoch nicht daran hindern, Mitgefühl für den Schmerz und die Trauer der ehemaligen Königsberger zu empfinden.‘

Ministerin Steffie Schnoor, Vizepräs. d. Ständ. Konferenz d. Kultusminister der Länder der Bundesrepublik Deutschland ging auf einige Gedanken Kants ein, die sie mit der Politik von heute zu verknüpfen suchte.

Prof. Hartmut Boockmann, Humboldt-Univ. Berlin/Univ. Göttingen:

Der König von Polen verbot seinen Untertanen in Königsberg zu studieren. Er gab einen Überblick über die Entwicklung der Albertina durch die Jahrhunderte in Richtungen, Entwicklungen, Modernisierungen der Wissenschaften und Erweiterung der Fakultäten an und kennzeichnete betont den Widerstand der Albertina gegen Hitler!

Prof. H.-L. Schreiber, Präs. d. Georg-August-Univ. Göttingen:

Man will einen neuen gemeinsamen Boden wissenschaftlicher Zusammenarbeit schaffen. Der Geist der Albertina lebt nach 1945 in den westdeutschen Universitäten im besten Sinne weiter.

Prof. Pavilionis, Sprecher der Universität Vilnius, wies auf bedeutende litauische Wissenschaftler und Gelehrte hin, die an der Albertina studiert haben.

Es folgten Grußworte aus den USA und der Universität Lund-Schweden.

Fritjof Berg, Kovorsitzender des Russisch-Deutschen Kuratoriums und Vorsitzender der Stadtgemeinschaft Königsberg (Pr). Fritjof Bergs Ansprache (wie folgt) wurde als einzige wiederholt von starkem Applaus unterbrochen.

‚Mit dem Grußwort, das ich als Kovorsitzender des Russisch-Deutschen Kuratoriums an Sie richte, welches die Feierlichkeiten aus Anlaß der Gründung der Universität Königsberg vor 450 Jahren vorbereitet hat, überbringe ich Ihnen gleichzeitig als Vorsitzender der Stadtgemeinschaft Königsberg (Pr) die Grüße der früheren Einwohner und Bürger dieser Stadt.

Unermeßliches Leid hat der deutsch-sowjetische Krieg über die Völker der damaligen Sowjetunion und in seiner Schlußphase auch über das deutsche Volk gebracht. Keine andere Landschaft auf dem Gebiet des Deutschen Reiches mußte ein schwereres Schicksal hinnehmen als Ostpreußen mit seiner Hauptstadt Königsberg. Hatten bereits die britischen Flächenbombardements des Jahres 1944 den Stadtkern und die bedeutendsten historischen Bauwerke Königsbergs in Schutt und Asche gelegt, so schien die Stadt vollends dem Untergang geweiht, als die Kriegsfurie mit Kampf, Haß und Leid 1945 in ihr tobte. Des Wertvollsten beraubt, was einer Stadt und einem Land Gegenwart und eine gesicherte Zukunft verheißt, der Menschen in ihrer angestammten Heimat, erinnerten die Ruinen von Königsberg an das Schicksal Karthagos.

Der 45 lange Jahre währende ‚Kalte Krieg‘ tat ein übriges, um vor allem das Königsberger Gebiet hinter mehreren Grenzen und Horizonten von seiner einstmals doch so lebendigen Verbindung zum übrigen Europa abzutrennen. Die Gesetzmäßigkeiten eines militärischen Sperrbezirks schienen unabänderlich und für immer die Geschichte der Oblast Kaliningrad zu bestimmen.

Wenn ich die grauen, mehr noch grauenhaften Schatten vergangener Jahrzehnte habe anklingen lassen, dann nicht mit der Absicht, die feierlichen Stunden des heutigen Tages mit der Bürde der Vergangenheit zu verdunkeln. Im Gegenteil: Die Erinnerung an unselige Ereignisse soll deutlich machen, welchen Wandel das Geschehen dieser Tage in dieser Stadt belegt. Deutsche und Russen, Polen und Litauer und Vertreter vieler anderer Nationen haben sich zusammengefunden, um im Gedenken an das kulturell-geistige Erbe der Königsberger Albertus-Universität deren Vermächtnis für die Zukunft kraftvoll zu beleben. Die junge russische Universität möge eine geistige Pflanzstätte sein, die Brücken vor allem zu den Nachbarn baut, wie es die altehrwürdige Alma mater Albertina auszeichnete.

Die Königsberger Dichterin Agnes Miegel, der russische Freunde Rang und Namen in ihrer Heimatstadt zurückgegeben haben, hat die bekannten Worte gesprochen: ‚... daß Du, Königsberg, nicht sterblich bist.‘ Sie, die 1924 die Ehrendoktorwürde der Albertina erhalten hatte, hat damit mit Sicherheit auch die geistig-kulturelle Leistung der Universität Königsberg gemeint, die mit dem pulsierenden Leben der Stadt so vielfältig verbunden war. Unter den Überlebenden haben sich damals viele gute Geister geregt, die als konstitutives Element für künftige Entwicklungen bewahren wollten, was an der Albertus-Universität über ihren Untergang im Jahre 1945 hinaus unsterblich war. Diesem Ziel diente die vom letzten Kurator der Albertus-Universität Königsberg, Dr. h. c. Friedrich Hoffmann, und Angehörigen des Lehrkörpers der Königsberger Universität, die in Göttingen ein neues Wirkungsfeld gefunden hatten, betriebene Übernahme einer Patenschaft der Universität Göttingen für die Albertus-Universität. Sie wurde 1950 mit dem Ziel vollzogen, das geistige Erbe der Albertus-Universität zu bewahren. Um der Pflege dieses Erbes eine sichtbare Heimstatt zu geben und gleichzeitig eine Stätte der geistigen Begegnung mit den Menschen und Fragen des ostmitteleuropäischen Raumes zu schaffen, wurde dort am 14. November 1964 das Studentenwohnheim Collegium Albertinum eingeweiht. Der jetzige Vorsitzende der Gemeinnützigen Gesellschaft Albertinum e.V., der Direktor des Instituts für Völkerrecht der Universität Göttingen, Herr Professor Dr. Rauschning, befindet sich unter uns. Und lassen Sie mich bitte auch folgendes erwähnen: Es war der frühere Student der Rechts- und Staatswissenschaften an der Universität Königsberg und spätere Königsberger Rechtsanwalt Dr. Linus Kather, der als erster seine Unterschrift unter die Charta der deutschen Heimatvertriebenen vom 5. August 1950 setzte, mit der auch die Ostpreußen und mit ihnen die Königsberger auf Haß, Rache und Vergeltung verzichtet und sich zu einem geeinten Europa bekannt haben, in dem die Völker ohne Furcht und Zwang leben können.

Als dann Jahrzehnte später auch die äußeren Mauern fielen, schuf die Besinnung deutscher und russischer Menschen auf die Gründung der Universität Königsberg eine willkommene Gelegenheit, die Rückkehr beider Völker zu einem freundschaftlichen Miteinander und die Möglichkeit ihrer Zusammenarbeit in dieser leidgeprüften Stadt zu erproben und unter Beweis zu stellen. Die Mülheimer Initiative und die Stadtgemeinschaft Königsberg (Pr) wurden am 19. Februar 1992 Partner einer Vereinbarung mit namhaften Vertretern von Stadt und Oblast Kaliningrad, durch die auf Vorschlag der russischen Seite ein Kuratorium aus russischen und deutschen Persönlichkeiten zur Vorbereitung der Feierlichkeiten zu Ehren der Universität Königsberg berufen wurde.

Der heutige Tag gibt mir Gelegenheit, öffentlich allen Mitgliedern unseres Kuratoriums und nicht minder all den unsichtbar gebliebenen Helfern im Hintergrund für die große Arbeit zu danken, die jetzt Früchte tragen soll. Zwischen allen, die im Kuratorium zusammengewirkt haben, ist gegenseitige Achtung und Freundschaft erwachsen, ein Wert, der über den Tag hinaus nicht in Vergessenheit geraten sollte. Es ist allen russischen und deutschen Dienststellen, aber auch privaten Helfern zu Dank für ihren Beitrag bei der Lösung dieser Probleme verpflichtet. Wenn die Mitglieder des Kuratoriums gleichzeitig das Vertrauen der Menschen zueinander fördern konnten, die sich in dieser Stadt begegnen, deren Wohl ihnen am Herzen liegt, so wäre dies ein schöner zusätzlicher Gewinn unserer Arbeit.

Diese Stadt, in der ich geboren bin und in der ich wie hunderttausend andere glückhafte Kindheits- und Jugendjahre verleben durfte, die mich in entscheidenden Lebensjahren geprägt hat, ist auf diese Weise immer untrennbarer Bestandteil meines eigenen Ich geblieben. Deshalb kann ich dieser Stadt, ihren Menschen und ihrer Universität, für mich selbst und als Sprecher der Königsberger sowie der Freunde Königsbergs in der Stadtgemeinschaft Königsberg (Pr), zugleich auch im Auftrag der Landsmannschaft Ostpreußen insgesamt, zum Schluß ein Dichterwort zurufen, das ein früherer Rektor der Universität Königsberg, der Dichter Simon Dach, der Nachwelt hinterlassen hat:

Der Mensch hat nichts so eigen,
so wohl steht ihm nichts an,
als daß er Treu erzeigen
und Freundschaft halten kann,
wann er mit seinesgleichen
soll treten in ein Band,
verspricht sich, nicht zu weichen
mit Herzen, Mund und Hand.‘

Prof. Lawrinowitsch ging auf die bedeutenden wissenschaftl. Erfolge der Astronomie Königsbergs ein, unter besonderer Würdigung Bessels. Mathematiker, die in Königsberg ausgebildet waren, hatten besondere Begabungen für Physik und Naturwissenschaften schlechthin. Das Königsberger mathematische Seminar wurde zum Vorbild für alle anderen math. Fakultäten der deutschen Universitäten (Franz Neumann, Jakobi u. a.). Bedeutende russ. Wissenschaftler studierten in Königsberg. Die Unlösbarkeit der ‚Quadratur des Kreises' wurde durch Prof. Lindemann bewiesen. In Königsberg wurden viele entscheidende Grundlagen der modernen Naturwissenschaften gelegt.

Prof. Bernd Moeller

Albrecht nahm Sabinus ‚an die Hand', um zu dokumentieren, daß er selbst der Schirmherr ist. Die Uni war sein Lieblingsprojekt, um auf die geistige Bedeutung Preußens hinzuweisen. Er trat 1525 durch die Säkularisation aus der mittelalterlichen Kirchen-Weltordnung aus. Albrecht lag mit der Gründung seiner Univ. auf der Linie seiner Zeit. Er pflegte intensiven brieflichen Austausch mit Luther und Melanchthon. Die Univ. habe die Hälfte seiner Lebenskraft beansprucht. Die Albertina wurde ein Abbild der Universität Wittenberg (Luther).

Prof. Irina Kusnetzowa, Stellv. Leiterin der Gebietsverwaltung, rechtfertigte, daß nicht nur in Ostpreußen (Preußen) viele Völker vorhanden waren, sondern auch jetzt über 100 verschiedene Nationalitäten hier sind!

Anmerkung:

Viele Teilnehmer, darunter zahlreiche Hochschulprofessoren und Russen, haben Fritjof Berg ihre Anerkennung für seine Rede ausgesprochen, etwa mit den Worten, daß ‚der ganzen Veranstaltung die Wahrhaftigkeit gefehlt hätte, wenn diese Rede nicht gehalten worden wäre'.

Der Sprecher der Landsmannschaft Ostpreußen, Wilhelm v. Gottberg, der bei der Eröffnungsfeier zugegen war, hat auf der Tagung der Ostpreußischen Landesvertretung am 5./6. November 1994 in Kühlungsborn herausgestellt, daß Fritjof Berg in Königsberg Ostpreußen mit Würde und Standhaftigkeit vertreten hat.

Andere Teilnehmer an der Akademischen Feier schrieben: ‚Es ist mir ein Anliegen, Ihnen ein Wort des Dankes für alle Ihre Mühen zu schicken, die mit dem Königsberger Jubiläum auf Sie zugekommen sind. Diese Zusammenarbeit zwischen Russen und Deutschen hat deutlich ihre Früchte getragen und überall, wo Besucher des Jubiläums sich trafen, spürte man eine gewisse Atmosphäre. Und das ist auch Ihr Verdienst, herzlichen Dank!‘

‚... möchte ich Ihnen und Ihrer Frau noch ein Wörtchen des Dankes schreiben. Denn was Sie in den vergangenen zwei Jahren und in den Tagen des Jubiläums für unsere alte Alma mater und damit für ganz Königsberg getan und geleistet haben, das können wir Ihnen beiden niemals vergessen ...‘

‚Besonders danken möchte ich für die wohlausgewogenen Worte der Begrüßung am 27. September. Man merkte ja allen politischen Rednern des Tages die Klemme an, in der sie sich befanden, und die sich ausdrückte in Vorsicht und Distanz, die angesichts des Anlasses der Feier nicht angemessen schien. Sie waren der einzige, der es sich leisten konnte, aus sich herauszugehen. Und Sie haben es getan und unserer Trauer sowie unserer Freude Ausdruck gegeben mit Klugheit und Wärme. Das war für alle versöhnlich und wohltuend.‘

A. Sandner“

Meine „Studentenbuden" / Göttinger Quartiere

Die Zeit großer Ereignisse

Also bezog ich zu Beginn des Wintersemesters 1951/52 das mir zugewiesene Zimmer in der Gaußstr. 8 bei Frau Weber, das ich mit dem ebenfalls erstsemestrigen Jura-Kommilitonen Neemann teilte. Er war ein verträglicher, aber nicht sonderlich gesprächiger Ostfriese. Sicherlich haben wir uns über Herkunft, Elternhaus, organisatorische Fragen des Studienbeginns, Fächerbelegung ausgetauscht. Aber weiter reichte der Gesprächsstoff oder das Interesse an einer freundschaftlichen Vertiefung unserer Wohngemeinschaft von seiner Seite nicht. „Wir lugen hinaus in die sonnige Welt allzeit mit lachenden Augen ... Zum Trübsalblasen kommen wir noch, wallt Blauhaar silbern dem Greise: Es lebe die selige Jugendzeit, Holdlieb und die launige Weise", wie es am Anfang und Ende eines frohen Studentenliedes heißt, das ich auf manchem Kommers Göttinger Studentenverbindungen mit meiner kräftigen, hohen und hellen Tenorstimme mitgesungen/gejubelt habe – meinem Zimmernachbarn schien ein solches „Ja" zu unserem Jungsein, zumal zu Beginn des Studiums, fern zu liegen. Am deutlichsten ist mir in Erinnerung geblieben, daß er geruhsam im Lehnstuhl oder -sessel unseres Zimmers saß und sich dem Bücherstudium hingab. Auf lange Gespräche über gemeinsame Vorlesungen habe ich meinerseits keinen großen Wert gelegt. Ich habe im Rückblick auf diese erstsemestrige Wohngemeinschaft später manchmal gesagt, daß mein Zimmergenosse die Anfangssilbe seines Namens „Nee" zu Recht trug.

Vielleicht haben wir ganz selten einmal ein „Budenbier" miteinander getrunken, ob wir dabei vom „Sie" zum „Du" übergegangen sind – ich weiß es nicht mehr, glaube es kaum. Das allgemeine sofortige „Du" gab es damals noch nicht. Es mußte erst aus der beiderseitigen Vergewisserung, daß solche Vertraulichkeit gerechtfertigt ist, erwachsen. Gegenüber der holden Weiblichkeit galt das allemal. Jeder Verstoß hiergegen wäre als plumper, ungehöriger, den Betreffenden diskreditierender Annäherungsversuch in eisiger Form zurückgewiesen worden. Mein später mit seinem Motorrad tödlich verunglückter Cousin Ulrich Adami bemerkte einmal beim Vorbeigehen einer Jura-Kommilitonin, die betörend hübsch war und auch mit ihren zierlichen Proportionen den in eine Hörerbank eingeritzten Spruch „o qui raro accidit ut studiosa pulchra sit" (o wie selten kommt es vor, daß eine Studentin hübsch ist) Lügen strafte, mit vielsagendem Blick „Püppi". Sie muß es „mitbekommen" haben. Denn er kam noch mehrfach auf „Püppi" zu sprechen, aber wenig hoffnungsvoll so, daß sie diese Zurückversetzung in die Puppenstube mit „von wegen Püppi" quittiert hatte.

Wahrscheinlich hatte auch unsere Zimmervermieterin Frau Weber uns, wie es damals üblich war, darüber belehrt, „daß meine Herren keinen Damenbesuch zu empfangen pflegen". Mangels des Gegenstandes für entsprechende Versuchungen ging diese Direktive bei uns beiden ins Leere. Ob sie uns morgens mit Kaffee, Tee oder sogar mehr versorgte, weiß ich nicht mehr. Hingegen habe ich immer mit Dank hieran zurückgedacht: Nachdem sie erfahren hatte, daß ich Ostpreuße bin, schenkte sie mir eines Tages zwei original-ostpreußische Reiseprospekte, einen über die Reitturnierstadt Insterburg, den anderen über Masuren. Es war und blieb für mich ein „echtes", darum kostbares Stück Ostpreußen – ich habe es bis heute wie meinen Augapfel gehütet (viel Gleichwertiges ist im Laufe der Jahrzehnte hinzugekommen).

Das Interieur unseres Zimmers war wahrscheinlich das damals „budenübliche": Tisch, Stuhl, Bett, irgendein Kleiderschrank bzw. -haken oder Kommode, den Lehnstuhl habe ich bereits erwähnt. Im Zimmer stand ein Kachelofen von halber Zimmerhöhe, Zentralheizung gab es in Studentenzimmern damals fast noch gar nicht.

Um diesen Punkt etwas zeitgerecht-konkreter auszuschmücken, mache ich Anleihen bei meiner späteren Freundin/Verlobten Hannelotte Behrend/Ehefrau Berg, die in den ersten Briefen an ihre „parentes" vom Mai 1954 aus ihrem Studienort Tübingen ihr Zimmermilieu so schildert:

> „Ein winziges Dachkämmerchen mit Dachluke, ein Riesenbett, Engelsbildchen an den Wänden, ein Schrank und eine Waschkommode und 1 Tisch. Ich bin sehr glücklich. 25 DM. Reizend alte einfache Leutchen. Frühstücken könnte ich auch da, werde ich tun. Kirchgasse 4 bei Giringer. Mitten im Gassengewirr, 3 Treppen hoch ... Bettwäsche muß ich selbst haben ... meine Wirtin trägt Modezeitungen aus ... Ihr Mann war Fuhrmann am Güterbahnhof und fuhr mit dem Rößli ... Nur mit dem Licht bin ich nicht ganz zufrieden. Nur oben an der Decke eine Lampe ... Ich trage das Ganze mit Humor. Meine Bilder kann ich nicht aufhängen, denn da hängen diese kitschigen Dinger ‚Frühlingserwachen' und ‚Lebewohl' in leuchtenden Farben. Ich will Frau Giringer nicht beleidigen und finde sie eben schön. Über meinem Kopfende Christus bei Maria und Martha (Edelkitsch in Riesenformat). Über der Tür der Spruch:
>
> ‚Hab Sonne im Herzen, ob's stürmt oder schneit / ob der Himmel hat Wolken, die Erde voll Leid / Vertraue auf Gott, verlier nicht den Mut / Hab Sonne im Herzen und alles wird gut!'
>
> Christus bei Maria und Martha
>
> ‚Frühlingshoffen: Und wann ist Lieb am reinsten? Wenn sie sich selbst vergißt – Und wann ist Lieb am tiefsten? Wenn sie am stillsten ist!'

‚Lebewohl. Mein Herz, ich will Dich fragen, Was ist denn Liebe, sag? – Zwei Seelen und ein Gedanke, Zwei Herzen und ein Schlag!‘

(Anmerkung von mir: Das alles hing nicht nur in Hannelottes Dachkämmerchen, es war eine allgemein bekannte Poesie.)

Das hängt über der Waschkommode in rotem Kreuzstich. Ich muß immer grinsen, wenn ich reinkomme. Und dazu auf dem Tisch Sartre, Faust, Einführung in die Philosophie und Paps (Anm.: Papas Bild) als letzter Kommodore der Deutschen Eissegelwoche (Anm.: auf dem Schwenzaitsee bei Angerburg) und Mutsch (Anm: = Mutti) mit Flieder auf dem Arm. Auf jeden Fall ist es eine echte Bude im wahrsten Sinne des Wortes.“

Im zweiten Tübinger Semester (WS 1954/55) vollzog Hannelotte einen Zimmerwechsel in eine adäquatere „Wohnung, großartig, modern, gemütlich, gediegen, vornehm“, die sie mit ihrer in Tübingen erworbenen Freundin Anni Makait aus dem Memelland, ihrer dann auch Göttinger Kommilitonin und späteren Patentante unseres ältesten Sohnes, teilte.

Nach ihrem Orts- und Universitätswechsel nach Göttingen gab sie von ihrem Zimmer, „Olymp II“ genannt („Olymp I“ war ihre mehr als simple Dachkammer im Galeriegebäude in ihrem 1. Wohnsitz Bad Nenndorf), im ersten Brief an ihre „parentes“ vom 2.5.55 folgende Schilderung ab:

„Dies Haus hier (im Rastenburger Weg) ist riesenhaft lang. 2 Stockwerke und Mansarde (wo auch mein Olymp II liegt; Oberlicht heißt Dachluke) ... Mein Zimmer liegt unterm Dach ... Es ist reizend. Klein, aber fein. Ein entzückender Biedermeierschreibtisch mit vielen Lädchen, 2 Sesselchen, ziemlich alt, aber nett. Betten sind gar keine da. Frau Podszuweit (Anm.: Ostpreußin, die alsbald zur „Tante

Paula" avancierte) hat mir eine Daunendecke gegeben und ich schlief gut. An den Wänden hängen sehr viele Bilder, aber gute, Radierungen, Stiche, eine Leselampe überm Bett. Eine Stehlampe, zu der ich mir einen Schirm selbst aussuchen soll, auf Rechnung von Reedern. 2 Brücken liegen auf dem Fußboden. Eine helle Tapete macht alles sehr freundlich. Kleiderschrank ist groß und geräumig. Es ist wirklich luxuriös für meine Begriffe. Dazu kommt, daß sowohl Frau Podszuweit wie auch Frau v. Reedern ... wetteifern, mich zu bemuttern und zu beraten. Baden kann ich bei beiden. Betten habe ich von Frau P., Tauchsieder, d. h. elektr. Kochtopf von Frau v. Reedern ... alles so lieb und nett, daß ich ganz weg bin.

Ich bin in eine tolle Umgebung geraten. Großvater von Frau v. Reedern war Leibadjutant bei Friedrich (Anm.: „Friedrich" bei dem hier gemeinten Herrscher 1861–88 unrichtig, bleibt aber in Briefabschrift so stehen) Wilhelm I., uralter Adel alles, aber durchaus liebenswert, auch er ..." (Anm.: Die von Hannelotte erwähnten, für eine „Studentenbude" wirklich exklusiven Einrichtungsgegenstände stammten aus dem einst „hochherrschaftlichen" Besitz derer v. Reedern, wir werden ihrer jetzigen Wohnung im Rastenburger Weg in durchweg gleichartig ausgestatteter Wohnung noch später wiederbegegnen.)

„Ganz weg" und „tolle Umgebung", das war für damalige Studentenbehausungen völlig ungewöhnlich, eine glückliche Ausnahme für Hannelotte, für mein Zweimannquartier traf es, wie wir gesehen haben, ebenfalls nicht zu. Deshalb bemühte ich mich für das 2. Semester rechtzeitig um ein Einzelzimmer. Wiederum vom Städtischen Wohnungsamt Göttingen – Universitätswohnungsstelle – erhielt ich am 5.2.52 eine Zimmerzuweisung bei Frau Mahlmann im Stegemühlenweg 9, von der vorherigen Gaußstraße nicht allzu weit entfernt. Frau Mahlmann war eine

Zimmerwirtin vom ganz alten Schlage, sachlich-gestrenge, aber sehr umsichtig und auch fürsorglich, sorgte täglich für absolute Sauberkeit und auch ein warmes Morgen- und Abendgetränk. Bei ihr wohnte auch die Familie ihrer Tochter – ein Zeichen des selbst in dieser, vom Bombenkrieg verschont gebliebenen Stadt, herrschenden riesigen Wohnraummangels. Die Ausstattung meines länglichen, nicht sehr geräumigen Zimmers auf der Straßenseite war „budentypisch“: Bett (mindestens die Bettwäsche mußte ich selbst stellen), Waschkommode mit Marmorplatte, Waschschüssel und Wasserkanne, darunter oder daneben der „Patscheimer“, Kommode oder kleiner Schrank, Tisch und Stuhl. Die Toilette befand sich meinem Zimmer gegenüber auf der anderen Seite des Korridors. Damenbesuch? Er fand statt, an ihm ging aber die übliche Belehrung vorbei. Denn ich wurde aus der starken örtlichen Ostpreußengemeinschaft, der wir noch näher begegnen werden, mehrfach zur „Anlauf- und Beratungsstelle“ verheirateter ostpreußischer Frauen (es waren Damen von Format), die vor mir ihren aktuellen ehelichen Kummer ausschütteten. Vor mir, dem absolut noch „grünen“ – auch eherechtlich – vollkommen unerfahrenen Jüngling, dem sie außer Verständnis offensichtlich auch absolute Diskretion zutrauten (dies uneingeschränkt zu Recht, ich habe auch an dieser Stelle alle Namen und Beschwerdeinhalte „vergessen“).

Die „Stalin-Note" vom März 1952

Als ich mein Zimmer bei Frau Mahlmann bezog, stand die Bundesrepublik innen- und außenpolitisch noch unter dem Kuratell der drei westlichen Besatzungsmächte gemäß deren Besatzungsstatut vom 12. Mai 1949, das dem (mit Schreiben vom gleichen Tag genehmigten!) am 23. Mai 1949 in Kraft getretenen Grundgesetz vorgegeben war. In ihm wurde der Bundesrepublik die Selbstregierung zugestanden, „soweit dies mit der Besatzung vereinbar ist". „Den Beschränkungen dieses Statuts unterworfen", hatten die drei Besatzungsmächten sich u. a. diese zentralen Hoheitsbefugnisse und Zuständigkeiten vorbehalten: „Entwaffnung und Entmilitarisierung, Kontrolle über die Ruhr, auswärtige Angelegenheiten, Aufnahme von Flüchtlingen, Überwachung des Außenhandels." Die Besatzungsmächte hatten sich im Statut ferner das Recht vorbehalten, „die Ausübung der vollen Gewalt ganz oder teilweise wieder zu übernehmen, wenn sie dies für unerläßlich erachten für die Sicherheit oder zur Aufrechterhaltung der demokratischen Ordnung für Deutschland oder um den internationalen Verpflichtungen ihrer Regierungen nachzukommen".

In diese „Rechtslage" platzte – nach einer endlosen Kette von diplomatischen Initiativen und Vorschlägen zur Wiedervereinigung Deutschlands, die sämtlich an den konträren machtpolitischen Interessenlagen der inzwischen verfeindeten Siegermächte gescheitert waren – am 10. März 1952 der „sowjetische Grundriß eines Friedensvertrags mit Deutschland" hinein. Ein politisch, diplomatisch, psychologisch äußerst geschickter Schachzug der Sowjetunion, der tagespolitisch und in der Geschichtsschreibung die Bezeichnung „Stalin-Note" erhielt. Das Datum der „Note" war mit Sicherheit kein Zufall, denn auf den Tag genau 13 Jahre zuvor, am 10. März 1939, hatte Stalin auf dem XVIII. Parteitag der KPdSU seine Bereitschaft zu einem Arrangement mit dem ideologisch verfeindeten Dritten Reich erklärt. Aus einer völlig „festgefahrenen“ Lage und der sich verfestigenden Eigenständigkeit der östlichen und westlichen Besatzungsgebiete schien der als sensationell empfundene Vorstoß der Sowjetunion für viele Deutsche endlich das Tor zu ernsthaften Verhandlungen über die Wiederherstellung der Einheit Deutschlands und den im Potsdamer Protokoll der drei Hauptsiegermächte vorgesehenen Friedensvertrag aufzustoßen. Der Vertragsentwurf sah, nach Bildung einer gesamtdeutschen Regierung als Verhandlungspartner (!), als Grundlagen eines Friedensvertrages u. a. die Wiederherstellung Deutschlands als einheitlicher Staat vor, den Abzug sämtlicher Streitkräfte der Besatzungsmächte spätestens ein Jahr nach Inkrafttreten des Friedensvertrages, die Bündnisfreiheit Deutschlands, die Aufstellung nationaler Streitkräfte, „die für die Verteidigung des Landes notwendig sind“, das Territorium und die Grenzen Deutschlands, wie sie „durch die Beschlüsse der Potsdamer Konferenz der Großmächte festgelegt wurden“. Es war ein Entwurf für Verhandlungen, und gerade der letztgenannte Punkt schien im Hinblick auf den Wortlaut der in Bezug genommenen Potsdamer Verhandlungen – friedensvertraglicher Vorbehalt, bis dahin, von der Absicht einer endgültigen Übertragung des Königsberger Gebiets an die Sowjetunion abgesehen, Unterstellung der übrigen deutschen Ostgebiete unter vorläufige polnische Verwaltung – verhandlungsoffen zu sein.

Die ungeheuerlichen Kriegsverbrechen der Roten Armee überall in Ost- und Mitteldeutschland, ebenso die Vertreibungsverbrechen, die niederdrückende Ungewißheit oder auch Gewißheit über das endgültige Schicksal Königsbergs, die Errichtung einer kommunistischen Satrapenherrschaft in Mitteldeutschland, die immer noch andauernde Kriegsgefangenschaft von hunderttausenden deutschen Soldaten in Elendslagern der Sowjetunion – das alles stand weiterhin schwer einer „positiveren“ Haltung der Sowjetunion gegenüber und der Glaubwürdigkeit ihrer wirklich dauerhaft friedfertigen Absichten entgegen. Es war auch klar, daß die Sowjetregierung mit ihrem Vorstoß die Absicht der Westmächte und des – es läßt sich nicht anders bezeichnen – geradezu westintegrationsbesessenen Bundeskanzlers Dr. Adenauer, die noch unter Besatzungskuratell stehende Bundesrepublik mit ihrem Menschen- und Wirtschaftspotential in die geplante Europäische Verteidigungsgemeinschaft (EVG) und in die NATO einzubeziehen, durchkreuzen wollten. Ebenso, daß sie bei einem gedemütigten, immer noch unter Besatzungsherrschaft gestellten und dadurch in der souveränen Wahrnehmung seiner inneren und äußeren Angelegenheiten entmündigten Volk einen Stimmungsumschwung zu ihren Gunsten erzielen wollte, indem dieses durch den Vertragsentwurf wieder auf die Ebene eines gleichberechtigten Verhandlungspartners gehoben wurde. Jedem denkenden Menschen mußte aber auch klar sein, daß sich die Sowjetunion die Fernhaltung des – ihr nicht wohlgesonnenen – größeren Teiles des deutschen Volkes mit seiner alleinigen Kriegserfahrung gegen die Sowjetunion und des überwiegenden deutschen Industriepotentials aus einem Westbündnis gegen die Sowjetunion „etwas kosten“ lassen würde, mehr jedenfalls, als in ihrem Vertragsentwurf stand. Für mich als Königsberger stand fest, daß der Schuldanteil der Westmächte an der Vertreibung von uns Ostdeutschen schwerwiegend war, und daß sie, Frankreich an der Spitze, in der Wegnahme seiner Ostgebiete das wirksamste Mittel zur dauerhaften Schwächung Deutschlands sahen. Dieser Umstand sollte meine jahrzehntelange Teilnahme am Kampf um Durchsetzung des Völkerrechts und der allgemeinen Menschenrechte auch für uns Ostdeutsche nur noch verstärken. Aber ich übersah nicht und gab mich keinen Illusionen darüber hin, daß ein weiteres Zuwarten die diesbezügliche Position von uns Ostdeutschen gegenüber der jetzt verhandlungsbereiten Sowjetunion nicht verbessern würde. Der biologische Substanzverlust auf unserer Seite konnte sie nur verschlechtern.

In dem der „Stalin-Note“ folgenden Notenwechsel mit den Westmächten, in dem diese immer neue Prämissen und damit Hürden für einen Verhandlungsbeginn aufbauten, versickerte die Sowjetinitiative schließlich wieder. Obwohl Bundeskanzler Dr. Adenauer gar nicht ihr Adressat gewesen war, hintertrieb er seinerseits nach Kräften und raffiniert jeden Versuch anderer deutscher Politiker, auf das sowjetische Verhandlungsangebot einzugehen.

Immerhin beschleunigte der sowjetische „Grundriß eines Friedensvertrages“ vom 10. März 1952 den Abschluß des Vertrages zwischen der Bundesrepublik Deutschland und den Drei Mächten (Deutschlandvertrag) schon ein Vierteljahr später, am 26. Mai 1952. Er sah die Beendigung des Besatzungsregimes und die Aufhebung des Besatzungsstatuts mit dem Inkrafttreten dieses Vertrages vor, die Bundesrepublik würde dann „die volle Macht eines souveränen Staates über ihre inneren und äußeren Angelegenheiten haben“. Freilich beseitigte der Vertrag keineswegs die vorherigen Fesseln vollständig, sondern lockerte sie nur. Denn die Drei Mächte behielten weiterhin „die bisher von ihnen ausgeübten oder innegehabten Rechte und Verantwortlichkeiten in bezug auf Berlin und auf Deutschland als Ganzes einschließlich der Wiedervereinigung und einer friedensvertraglichen Regelung“. Ferner: „Bis zum Inkrafttreten der Abmachungen über den deutschen Verteidigungsbeitrag behalten die Drei Mächte weiterhin ihre bisher ausgeübten oder innegehabten Rechte in bezug auf die Stationierung von Streitkräften in der Bundesrepublik“. Und dies auch danach, „soweit sie für die Ausübung der Deutschland als Ganzes und Berlin betreffenden Vorbehalte und die Sicherheit der Streitkräfte erforderlich sind“.

Deutsche wieder Soldat – in gegnerischen Lagern und unter fremdem Oberbefehl

Einheit Deutschlands ade

Zugleich mit dem Abschluß des Deutschlandvertrages, am 27. Mai 1952, erfolgte der Abschluß des Vertrages über die Gründung der Europäischen Verteidigungsgemeinschaft (EVG), mit dessen Inkrafttreten die vorgenannten Vorbehaltsrechte der Drei Mächte ihr Ende finden sollten. Der EVG-Vertrag scheiterte jedoch zwei Jahre später am Veto der französischen Nationalversammlung. An die Stelle der EVG traten nun die Beitrittsverhandlungen der Bundesrepublik zum Nordatlantikvertrag. Sie führten am 23. Oktober 1954 zur Unterzeichnung der sog. „Pariser Verträge" über die Aufnahme der Bundesrepublik in die NATO. Sie traten am 5. Mai 1955 in Kraft. Am gleichen Tage verkündeten die Hohen Kommissare namens und in Vollmacht ihrer Regierungen (der USA, Großbritanniens, Frankreichs) die Aufhebung des Besatzungsstatuts. Die Vorbehaltsrechte in Bezug auf Deutschland als Ganzes pp sollten aber noch bis zum 27. Mai 1968 fortbestehen.

Die Bundesrepublik wurde am 9. Mai 1955 NATO-Mitglied – am 14. Mai 1955 wurde der Warschauer Pakt unter Einbeziehung der Deutschen Demokratischen Republik (DDR) gegründet, die wie die Bundesrepublik ihre „Souveränität" und eigene Streitkräfte erhielt. Die der Bundesrepublik unter amerikanischem, die der DDR unter sowjetischem Stahlhelm, rückten deutsche Streitkräfte nun wieder in Kasernen der vormaligen Wehrmacht eines einigen Volkes und Staates ein. Die Bilder der ersten zum Appell angetretenen Bundeswehreinheiten am 1. Januar 1956 in Andernach gingen um die Welt. Der Kreml-Herrscher Nikita Chruschtschow quittierte den Beitritt der Bundesrepublik zur NATO mit der schicksalhaften Vorhersage „er wird die Wiederherstellung der Einheit Deutschlands auf lange Zeit hinaus unmöglich machen“.

Der von Adenauer zunächst heimliche, dann offene Weg zu einer separaten Wiederbewaffnung im westlichen Lager hatte wohl ohne Ausnahme alle Deutschen zutiefst aufgewühlt. Nur wenige Jahre nach Kriegsende, die Wunden waren noch offen, die Städte noch sichtbar vom Bombenkrieg gezeichnet, die Ostgebiete abgetrennt, das westlich davon gelegene Reichsgebiet nochmals geteilt, immer noch saßen Deutsche auf der Anklagebank, befanden sich hunderttausende Soldaten in sowjetischer Kriegsgefangenschaft, die Demontagen waren gerade erst ausgelaufen, die Herstellung jeglicher Art von Kriegswaffen weiterhin verboten, die „Demilitarisierung“ und Anti-„Militarismus“-Propaganda noch nicht beendet und verhallt, gab es keinen Friedensvertrag. Alles war miteinander verflochten. War Adenauers Weg der richtige, oder würde er alle Hoffnungen auf Wiedererstehen eines gesamtdeutschen Staates zunichte machen? Nicht nur im Bundestag wurde hierüber erbittert und leidenschaftlich gerungen. Die Mehrheit der Deutschen (mit Sicherheit nicht nur in der Bundesrepublik) lehnte den Weg Adenauers zunächst ab. Der aus dem Kabinett Adenauer ausgetretene Bundesminister Gustav Heinemann (späterer Bundespräsident) gründete als politische Gegenkraft die Gesamtdeutsche Volkspartei, die anfangs beachtlichen Zulauf erhielt. Aber Adenauer hatte sein Ziel erreicht, viele arrangierten sich mit der neuen Lage – und mit ihm.

Ich habe die eben in ganz groben Umrissen beschriebene Entwicklung miterlebt, sie wirkte ganz unmittelbar in meinen studentischen Alltag hinein, füllte viele Gespräche und Diskussionen aus. Denn hier vollzog sich – wieder einmal – Geschichte. Ich habe an einer großen studentischen Kundgebung gegen die Adenauer-Politik teilgenommen, nicht aus einer pazifistischen Grundüberzeugung, sondern weil ich sie mit Blick auf die Teilung unseres Landes für verhängnisvoll hielt. Die Geschichte hat keine Antwort darauf geben können, welchen Weg Deutschland und Europa genommen hätten, wäre es nach Annahme der sowjetischen Friedensvertragsinitiative vom 10. März 1952 zu einem alsbaldigen Friedensschluß mit einem sicherlich bündnisfreien, neutralen Deutschland gekommen, weil „der Westen" mit Adenauer in der Vorreiterrolle diesen Weg blockiert hat. Ihre Antwort auf Adenauers Weg hat sie mit der in grausamer Weise Wirklichkeit gewordenen Vorhersage Chruschtschows für dreieinhalb wie eine Ewigkeit dünkende Jahrzehnte gegeben. Die kleindeutsche Wiedervereinigung – entgegen der Geschichtslüge von ihrer „Vollendung" blieb sie unvollendet. Denn um „vollendet" zu sein, hätten die vor der Teilung zu Deutschland gehörigen Ostgebiete zu dem wieder vereinigten Deutschland gehören müssen. Desgleichen ist es eine Geschichtslüge, Adenauers Starrsinn habe am Ende doch recht behalten. „Der Westen" und starke politische wie mediale Kräfte der Bundesrepublik hatten sich mit der westlich von Oder und Neiße entstandenen Zweistaatlichkeit Deutschlands von DDR und Bundesrepublik als geschichtlichem Dauerzustand längst abgefunden. Sie versuchten sogar, jedes Rütteln daran als „friedensgefährdend" zu diffamieren. Eine „generalstabsmäßig" angelegte, konsequente und dabei auch in ihren Konsequenzen durchdachte, aktive Wiedervereinigungspolitik „Bonns" hatte es zu keiner Zeit gegeben, gab es nicht, konnte es trotz aller verbalen, aber substanzlosen hehren Worte zur deutschen Einheit nicht geben. Eine darauf angelegte Politik und Willensbildung des Volkes und die von Adenauer zementierte Westbindung der Bundesrepublik schlossen sich gegenseitig aus. Selbst als die DDR in ihrem Bestand endgültig zu taumeln begann und dies auch durch ihre bombastischen Paraden und Umzüge zum 40. Jahrestag ihres Bestehens 1989 in ihrem Teil Berlins nicht mehr verdeckt werden konnte, meinte Bundeskanzler Helmut Kohl, der wähnte, ein „Enkel Adenauers" zu sein, die deutsche Wiedervereinigung stehe „nicht auf der Tagesordnung der Weltgeschichte“ Nein, ohne den Mauerdurchbruch der Berliner und Mitteldeutschen in Berlin am 9. November 1989 und das Zuschauen Michael Gorbatschows bei der stürmischen Umarmung Millionen Deutscher unmittelbar danach über die „Staatsgrenze West“ der DDR hinweg und sein konstruktives Handeln bei allem, was folgte, hätte sich daran wohl kaum jemals noch etwas geändert.

Als Kontrast zu NATO-Beitritt/ex Wiedervereinigung sorgten die Vorgänge in und um Österreich anno 1955 für den Beweis der Chancen und des Erfolgs einer gänzlich konträren Politik zu der Adenauers. Geradezu um vorzuführen, was auch Deutschland hätte erreichen können, erhielt das 1945 von ihm kraft Siegergewalt ohne Volksabstimmung wieder abgetrennte und ebenfalls viergeteilte Österreich nach jahrelangen Verhandlungen der vier Siegermächte am 15. Mai 1955, eine Woche nach Besiegelung der „Westintegration“ der Bundesrepublik, seinen Staatsvertrag. Er regelte den Abzug der Besatzungsmächte, gab Österreich seine (nunmehr wieder austrianationalistisch-eigenstaatliche) Souveränität zurück. Österreich verpflichtete sich zu militärpolitischer Neutralität – was Adenauer für die Bundesrepublik und ein wiedererrichtetes ganzes Deutschland gerade verhindert hatte – und Verzicht auf jeglichen neuen Anschluß an seinen größeren deutschen Nachbarn. Adenauer hatte in Konkordanz mit den jetzt so genannten westlichen „Freunden“ nicht nur dies verhindert, sondern weitaus mehr: Einen Gürtel neutraler Staaten von Finnland/Schweden über Deutschland bis nach Österreich – hier endet nicht die Phantasie, sondern fängt angesichts der Konfrontation zweier Weltmächte in einem Jahrzehnte andauernden „Kalten Krieg“ mit der Frontlinie mitten durch Deutschland gerade erst an.

Deutsche Zweistaatlichkeit perfekt:

Die Aufnahme diplomatischer Beziehungen zur Sowjetunion

Entlassung der letzten 10 000 aus sowjetischer Gefangenschaft

Ein weiteres diplomatisch-politisches Meisterstück gelang den Sowjets mit ihrer Einladung an Bundeskanzler Dr. Adenauer zu einem (Staats-) Besuch Moskaus, der alsbald der „Westintegration" der Bundesrepublik per Aufnahme in die NATO folgte. Es war ein Paukenschlag, der die neu gewonnenen westlichen „Freunde" aufscheuchte. Adenauer konnte die Einladung nicht ausschlagen, es wäre ein weltpolitischer Affront ohne Beispiel gewesen. Und er wollte es auch gar nicht. Denn so konnte er seine persönliche Souveränität wie auch die eben erst für die Bundesrepublik gewonnene (immer noch eingeschränkte) zur Schau stellen. Ein direkter und eigenständiger Kontakt zu Moskau aber beschwor bei den westlichen „Freunden" Erinnerungen an „Rapallo" 1922 und den Ribbentrop-Molotow/Hitler-Stalin-Pakt von 1939 herauf. Abmachungen mit der Sowjetunion, durch die das besiegte Deutschland 1922 und das wiedererstarkte Deutschland 1939 sich außenpolitischen Handlungsspielraum verschafft hatte. Ziel Moskaus war die Herstellung völkerrechtlicher, diplomatischer Beziehungen zur Bundesrepublik, und dies wiederum fachte die innerdeutsche Auseinandersetzung erneut an, ob ein solcher Schritt die Aussichten auf Wiedervereinigung ein weiteres Mal verschlechtern würde. Ein Sonderzug mit einem großen Stab von Regierungsangehörigen und Fachleuten setzte sich nach Moskau in Bewegung. Adenauer flog mit einer amerikanischen viermotorigen Super-Constellation der gerade wiedererstandenen Lufthansa (ihr Wiedererscheinen am Himmel war von den anderen damaligen großen internationalen Fluggesellschaften in freundschaftlichen und ehrenvollen Zeitungsinseraten begrüßt worden!) nach Moskau, wo er von einem Ehrenbataillon mit allen militärischen Ehren begrüßt wurde.

Dieser Vorgang, geradezu eine Rehabilitation, erzeugte die gewünschte Wirkung auf die immer noch ablehnende bis feindselige Einstellung vieler Deutscher gegenüber der Sowjetunion als Folge des Kriegs- und Nachkriegsgeschehens. Der Ablauf der Verhandlungen vom 8. bis 12. September 1955 war und bleibt packend, kann hier aber nicht im einzelnen wiedergegeben werden. Adenauer zeigte Format, Härte und Würde[1]. Aber es kam zu dem von den Sowjets gewünschten Ergebnis, der Aufnahme diplomatischer Beziehungen und dem Austausch von Botschaftern. Da auch ein solcher DDR-Emissär in Moskau residierte, bedeutete dies praktisch und durch die Hintertür die Anerkennung der Zweistaatlichkeit Deutschlands. (Auf die noch Jahrzehnte andauernde offizielle Nichtanerkennung der Eigenstaatlichkeit der DDR durch „Bonn" und die Versuche, die Anerkennung durch Drittstaaten zu verhindern, kann hier nicht näher eingegangen werden.) Die „Gegenleistung" Moskaus bestand in der (mündlichen, nicht schriftlichen!) Zusicherung, die letzten noch als abgeurteilte „Kriegsverbrecher" in der Sowjetunion festgehaltenen 10000 Gefangenen umgehend nach Deutschland zu entlassen. Dies nach langen quälenden Jahren voller Ungewißheit endlich

---

[1] Dr. Seraphim vom Göttinger Institut für Völkerrecht gab dortselbst am 24.11.1955 vor unserer seit dem 1. November den Namen „Landsmannschaft Ordensland" führenden Studentenvereinigung einen „taufrischen" Erlebnisbericht über die Verhandlungen in Moskau, an denen er teilgenommen hatte. Bei einem Empfang sei Chruschtschow entgleist, habe triumphierend gehöhnt: „Eure Soldaten haben wir tief unter die Erde gepflügt, mit erbeutetem Wein unsere Siege begossen". Adenauer habe dazu trocken erwidert: „Ich nehme an, der von mir mitgebrachte wird Ihnen besser schmecken!"

erreicht zu haben, wurde Adenauer vom ganzen deutschen Volk in einhelliger Dankbarkeit hoch angerechnet.

Die Sowjetunion hat ihr Versprechen sofort in die Tat umgesetzt. Davon Betroffene haben mir ihre Verblüffung geschildert, als sie schon beim Appell am nächsten Morgen von ihrer de facto bereits eingetretenen Freilassung erfuhren und über Nacht wie „alte Kameraden" behandelt wurden. Bald trafen die Bahntransporte aus vielen Teilen der Sowjetunion in Herleshausen an der Zonengrenze ein, von wo es unter dem Jubel zahlloser Deutscher auf allen Straßen zum Heimkehrerlager Friedland weiterging. Man kann es ruhig so bezeichnen, daß eine seelische Bewegung, ja Erschütterung durch das ganze deutsche Volk ging, das sich hiermit noch einmal vor aller Welt als in seinem nationalen Zusammenhalt einiges Volk darstellte. Ausgerechnet hierüber fehlt in meinem Notizbuch wie auch in meinen Akten Hochschulgruppe Ostpreußischer Studierender/Landsmannschaft Ordensland jede Eintragung, wann und welche Kommilitonen dieser Vereinigung außer mir zur Begrüßung eines Heimkehrertansportes von Göttingen nach Friedland gefahren sind. Es waren Semesterferien, die meisten von uns deshalb nicht in Göttingen.[1)] Zur Begrüßung waren Bundespräsident Heuß und Bundeskanzler Dr. Adenauer erschienen. Die Bilder beim Eintreffen unserer mindestens ein Jahrzehnt lang leidgeprüften Soldaten – ja, sie waren damals immer noch unsere Soldaten! – habe ich ein Leben lang nicht vergessen. Es gab herzzerreißende Umarmungen von Angehörigen mit ihrem Heimkehrer, aber beinahe mehr noch wurden überall den letzten Überlebenden der Sowjetlager Schilder mit der Aufschrift entgegengehalten „Wer kennt ...?", Name, Dienstgrad,

---

1) Es kann nur so gewesen sein, daß ich zur Begrüßung des wahrscheinlich ersten Heimkehrertransportes in der Zeit der Semesterferien von Göttingen allein nach Friedland gefahren bin und dort die Begrüßung wie nachstehend geschildert miterlebt habe.

evtl. mit Photo. Zur Aufklärung eines Vermißtenschicksals wird es an diesem Ort kaum jemals gekommen sein. Die Ansprachen von Heuß und Adenauer – wahrscheinlich war es von beiden so beabsichtigt – empfand ich dem ungeheuren emotionalen Geschehen gegenüber als flach, ausweichend. Als sie geendet hatten, erhob sich, wie ein „Nun danket alle Gott“, aus innerster Erlösung und als Ausdruck nicht gebrochener Treue gesungen, der von den Heimgekehrten angestimmte Gesang des Deutschlandliedes in allen drei Strophen. Unter den hier Versammelten wird es kaum jemanden gegeben haben, dem nicht die Tränen in den Augen standen, die Heimkehrer hatten ohne Ausnahme feuchte Augen.

Über die für sie erste und für mich zweite Friedland-Fahrt schreibt Hannelotte im Brief an ihre „parentes“ vom 16.12.55:

> „... Ich hatte mir doch vorgenommen, bei einem großen Heimkehrertransport nach Friedland zu fahren. Dies ist heute geschehen und ich bin froh, daß ich es getan habe. Ich erzähle Euch am besten selbst. Mitgenommen hatte ich bzw. für unsere Gruppe Weihnachtsmännchen aus Äpfeln und Nüssen als Gruß von ostpr. Studenten. Um 9 Uhr waren wir zu viert da im Lager und um 12 Uhr sollten die Heimkehrer erst ankommen. Also ran ans Helfen. Kartoffelschälen (meine Hände!), und dann bekam ich 1200 DM in die Hand gedrückt, und als sie alle in ihren Baracken waren, habe ich 60 Heimkehrern das erste deutsche Geld in die Hand gedrückt (20,– DM). Ich erzähle Euch von meinen Eindrücken lieber. Jedenfalls war der Empfang mit Gephräsele von einem Nuntius das Papstes, Laasch, und v. Kessel (Anm.: niedersächsischer BHE-Landesminister) zum Kotzen. Mir kam es wirklich hoch. Eine Frau war bei diesem Transport mit. Ein altes Mütterchen!“

Es blieb beim (amputierten) Deutschlandlied

Ob Heuß und Adenauer die ersten beiden Strophen des Deutschlandliedes mitgesungen haben, weiß ich nicht mehr. Waren sie doch wenige Jahre vorher am Versuch seiner Verdrängung durch die (zweifelsohne weihevolle) „Hymne an Deutschland“ von Rudolf Alexander Schröder beteiligt gewesen und hatten sich schließlich auf den „Kompromiß“ geeinigt, daß bei „staatlichen Anlässen“ die dritte Strophe des Liedes der Deutschen von Hoffmann von Fallersleben gesungen wird. Die für mich würdelose Auseinandersetzung um Abschaffung oder Beibehaltung des Deutschlandliedes fiel noch in meine Schulzeit, und wir wurden „schon mal“, allerdings noch ohne Lernzwang des Textes und „Einübung“ der Melodie, mit der angedachten bundesdeutschen Separathymne vertraut gemacht; die DDR hatte ja ebenfalls ihre eigene „Auferstanden aus Ruinen und der Zukunft zugewandt, laß uns dir zum Guten dienen, Deutschland, einig Vaterland. Alle Not gilt es zu zwingen, und wir zwingen sie vereint, denn es muß uns doch gelingen, daß die Sonne schön wie nie über Deutschland scheint, über Deutschland scheint.“ von Johannes R. Becher. (Als die Einheitsparolen der DDR verhallten und von der Staatsdoktrin zweier deutscher Staaten immerdar verdrängt wurden, wurde nur noch die Melodie der DDR-Separathymne gespielt, der Text nicht mehr gesungen.) Soldatenverbände, vor allem aber die ostdeutschen Heimatvertriebenen bei ihren riesigen Kundgebungen hatten am ganzen Deutschlandlied festgehalten und dadurch den Versuch seiner Abschaffung vereitelt.

Aufzeichnung aus meiner Schulzeit (1. Strophe):

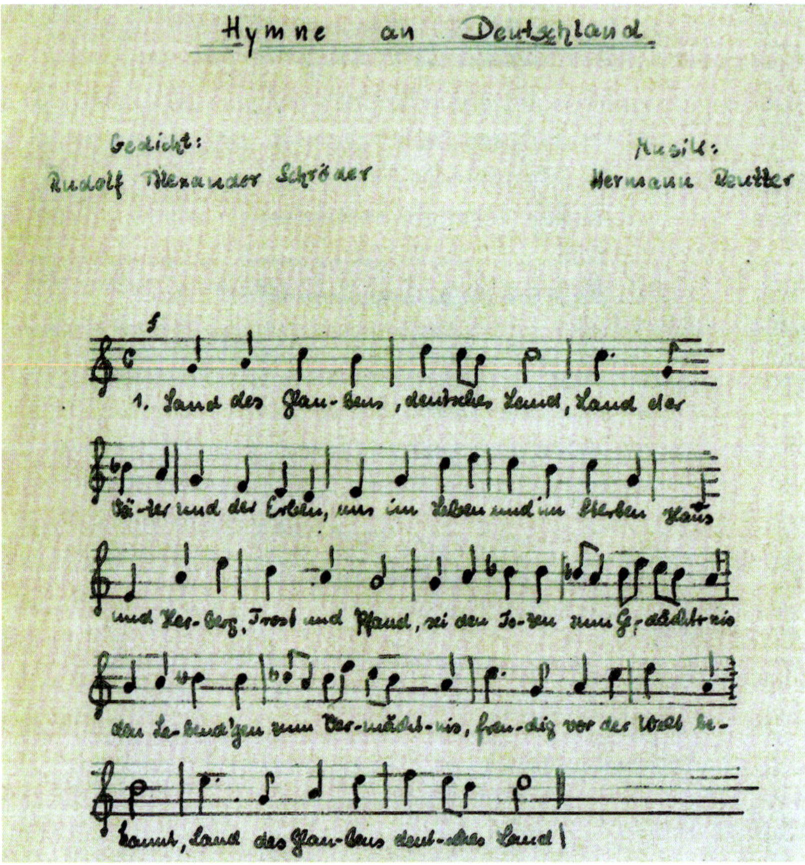

Zweite Rückkehr der Saar nach Deutschland

Ein weiterer deutschlandpolitischer Höhepunkt des Jahres 1955, der mit seinen Auseinandersetzungen nicht weniger als die anderen Ereignisse die aura academica erfüllte und ganz unmittelbar in meine Existenz als politisch verantwortungsbewußter und speziell als Vertriebener und von Gebietsraub betroffener Deutscher eingriff, betraf den Kampf um die Rückgliederung der Saar nach Deutschland. Nach Art. 45-50 des Versailler Friedensvertrages mit den dazugehörigen Anlagen I-III vom 28. Juni 1919, den der Reichsbankpräsident und Reichswirtschaftsminister Hjalmar Schacht in seiner Rede am 18. August 1935 auf der Deutschen Ostmesse Königsberg einzig richtig „das törichtste Friedensdiktat aller Zeiten" nannte, hatte Frankreich das Eigentum und das ausschließliche Ausbeutungsrecht an den Kohlegruben im Saarbecken erlangt und Deutschland trat seine Hoheitsrechte im Saargebiet an den als „Treuhänder" geltenden Völkerbund ab. Nach Ablauf von 15 Jahren sollte die Saarbevölkerung entscheiden, ob sie die Beibehaltung des so geschaffenen Zustandes, die Vereinigung mit Frankreich oder die mit Deutschland wünschte. Bei der Volksabstimmung hierüber am 13. Januar 1935 stimmten 90,5 % der Saarländer für die Rückkehr zum Reich, die am 1. März 1935 vollzogen wurde.

Nach dem für Deutschland verlorenen Zweiten Weltkrieg versuchte Frankreich in skrupelloser Nichtachtung des in Ausübung des Selbstbestimmungsrechts der Völker erst zehn Jahre zuvor getroffenen überwältigenden Bekenntnisses zu Deutschland ein zweites Mal, die Abtrennung des für Deutschland nach dem Ruhrgebiet und vor Oberschlesien zweitgrößten Schwerindustriereviers zu erzwingen. Anders als in den deutschen Ostgebieten jenseits von Oder und Neiße wurde die deutsche Bevölkerung nicht unter Zurücklassung des gesamten Hab und Guts ausgewiesen, sie erfuhr im Gegensatz zu den Deutschen in den anderen Teilen der französischen und in allen anderen Besatzungszonen eine deutliche Besserstellung. Während das übrige Deutschland hungerte, belieferte Frankreich das Saarland mit Lebensmitteln. Anders als in der West- und in der Sowjetzone fanden keine Demontagen statt. Kein ostdeutscher Heimatvertriebener wurde in das Saarland hineingelassen.

Das französische Kalkül schien aufzugehen. 1947 errangen bei Wahlen für ein 50-Mann-Parlament französische Politiker 48 Mandate, die Kommunisten zwei. Nunmehr wurde der französische Franc als Währung eingeführt, das Saarland erhielt einen französischen Hochkommissar. Briefzensur, Telephonüberwachung, Hausdurchsuchungen bei prodeutschen Bürgern, die Eisenbahn kam unter französische Regie, Französisch wurde Pflichtfach in der Schule (wie Russisch in der Sowjetischen Besatzungszone!), das Saarland erhielt die französische Trikolore mit einem weißen Kreuz. Am 3. März 1950 unterzeichneten der französische Außenminister Robert Schuman und Ministerpräsident „Joho" Hoffmann eine „Konvention", die Frankreich die diplomatische Vertretung der Saar und ihm für 50 Jahre die Ausbeutung der Kohlegruben übertrug.

Die immer deutlicher hervortretende französische Absicht, die Saar nicht nur wirtschaftlich-industriell, sondern auch staatlich für immer aus Deutschland herauszulösen, stand dem Ziel einer deutsch-französischen Verständigung und Annäherung im Wege, die im Mittelpunkt der Adenauerschen Europapolitik stand und deren Eckpunkte durch die Namen Konrad Adenauer und Robert Schuman verkörpert wurden. Es wurde ein „Saarstatut" erarbeitet, das zu einem staats- und völkerrechtlich „autonomen" Status der Saar geführt und sie damit endgültig aus dem deutschen Staatsverband herausgelöst hätte.

Eine Volksabstimmung sollte über die Annahme oder Ablehnung des Statuts entscheiden. Zwischen den frankreichorientierten Parteien, deren separatistische Anführer Johannes („Joho") Hoffmann und Edgar Hector verächtliche Schimpfworte und zum Inbegriff von Landesverrat wurden, und einem Kampfbündnis aller deutschen Saarparteien entspann sich ein Ringen um die Stimmen der Saarländer, dessen Härte der Auseinandersetzung um die westdeutsche Wiederbewaffnung in nichts nachstand, diese vielleicht sogar übertraf. Denn im Osten hatten Rußland, Polen und die Tschechoslowakei ein Drittel Deutschlands an sich gerissen, das sollte sich im Westen jetzt nicht wiederholen. Der prodeutsche Parteienblock unter Ney focht vehement gegen die Annahme des Saarstatuts. Obwohl er mit Adenauers Zustimmung aus dem Bonner Gesamtdeutschen Ministerium Millionenbeträge für seinen Kampf erhielt, fiel Adenauer ihm in den Rücken, indem er, je näher der Abstimmungstermin rückte – beinahe täglich in den Zeitungen abgedruckt – beharrlich die Aufforderung wiederholte: „Nehmt das Saarstatut an!" Es beeindruckte ihn offensichtlich wenig, daß – man darf es ruhig so sagen – dabei praktisch das ganze deutsche Volk gegen ihn stand und sich erkennbar auf die Seite Neys stellte. Unter den gegebenen Umständen war es deshalb ein triumphales Bekenntnis zu Deutschland, als am Abstimmungstag, dem 23. September 1955, das Saarstatut von rd. zwei Dritteln der abstimmungsberechtigten Saardeutschen der Ablehnung verfiel. Frankreich erkannte das Abstimmungsergebnis an, und das Saarland kehrte als nunmehr elftes Bundesland zu Deutschland zurück. Es war zum Segen der deutsch-französischen Beziehungen. Diese wären andernfalls auf Dauer von einem in wesentlichen Kriterien zwar andersgearteten, aber dennoch „westlichen" Oder-Neiße-Problem belastet geblieben.

Am Abstimmungstag, dem 23. September, hatten die Vorlesungen, Übungen, Seminare usw. des Wintersemesters 1955/56 noch nicht begonnen, die meisten Mitglieder unserer Hochschulgruppe Ostpreußen (sie hieß erst vom 1. November ab offiziell „Landsmannschaft Ordensland zu Göttingen") waren noch nicht aus den Semesterferien nach Göttingen zurückgekehrt. Ich selbst war nicht mehr Sprecher der Gruppe, übte auch kein anderes Vorstandsamt aus. Unser aktueller Sprecher Manfred Bormann befand sich noch nicht wieder in Göttingen. Mir war aber daran gelegen, daß wir Studenten aus dem östlichsten Teil des Reiches den Deutschen in dessen westlichstem Teil unseren Dank und unsere Freude über den Erfolg ihres Festhaltens am gemeinsamen Vaterland mitteilen. Mobiltelephone gab es noch nicht, niemand von uns hätte sich auch ein solches leisten können. Wenn überhaupt, dann hatten allenfalls Eltern von solchen Auswärtigen (wieder) ein Telephon, die Ärzte, Rechtsanwälte waren, oder einen ähnlichen Beruf mit einem berufsnotwendigen Telephonanschluß ausübten, also Gespräche mit ihren Junioren, unseren Mitgliedern, vermitteln konnten. Dann wäre aber unsererseits ein damals noch handvermittelter Telephonanruf aus Göttingen notwendig gewesen. Ferngespräche jedoch waren nicht wie heute extrem kostengünstig, sondern kosteten hohe Gebühren und waren somit für jeden von uns unbezahlbar, konnten also nicht geführt werden. Deshalb nahm ich es „auf meine Kappe", holte vielleicht per Fahrrad oder zu Fuß die Zustimmung des einen oder anderen der in Göttingen Anwesenden ein und sandte auch ohne förmliche Ermächtigung durch den Vorstand folgendes Telegramm an die Saar:

> „Hochschulgruppe Ostpreußen Göttingen 28.10.55
>
> An den Deutschen Heimatbund Saarbrücken
>
> Die Studentinnen und Studenten der Hochschulgruppe Ostpreußen zu Göttingen danken dem Deutschen Heimatbund und der Bevölkerung an der Saar für ihr Bekenntnis zu Deutschland und bekunden ihre Treue zum gemeinsamen Vaterland und Schicksal. In dem Vertrauen darauf, daß der Wille zur Wiedervereinigung und der Wunsch für das Bestehen eines guten Verhältnisses zu den Nachbarvölkern

eine Stärkung erfahren haben, übermitteln sie in Verbundenheit ihre Grüße.

Für die Hochschulgruppe Ostpreußen

Fritjof Berg."

Das niedersächsisch-ostpreußische Soldatenehrenmal

Im tausendjährigen Göttingen

Das niedersächsisch-ostpreußische Soldatenehrenmal – und seine Verlegung nach Oberschleißheim/Bayern

Von meinem Zimmer im Stegemühlenweg 9 hatte ich zum Auditoriengebäude in der Weender Landstraße, wo die meisten Vorlesungen und Seminare stattfanden, einen Fußweg von etwa 1 km. Mein Wohnquartier lag ganz in der Nähe des 82er Platzes mit dem schräg gegenüber (stadteinwärts) auf der anderen Straßenseite befindlichen 82er-Soldatendenkmal zur Erinnerung an das Göttinger Infanterie-„Hausregiment" 82 und seine Gefallenen des Ersten Weltkriegs, das dem Platz den Namen gegeben hatte.

Das Denkmal wurde 1953 bei der Errichtung des Ehrenmals für alle ostpreußischen Wehrmachtsverbände – Heer, Kriegsmarine, Luftwaffe, Volkssturm – im benachbarten Rosengarten in das offene Rechteck mit den Gedenktafeln dieser Verbände verlegt, die feierliche Einweihung fand am 29./30. August statt. Dieser symbolische Vorgang für die Schicksalseinheit aller Soldaten der Deutschen Wehrmacht sowie der alten Göttinger und der Neubürger aus dem Deutschen Osten geschah wahrscheinlich maßgeblich auf Betreiben des Vorsitzenden der mitgliedsstarken und sehr rührigen örtlichen landsmannschaftlichen Ostpreußenvereinigung Arnold Woelke. Er ist jedenfalls der Initiator des riesigen Blumenteppichs vor dem Ehrenmal gewesen, der aus unzähligen Sträußchen mit dem Namen eines Gefallenen entstanden war, die die Tausenden von Teilnehmern – mit der unterschiedlichsten landsmannschaftlichen Herkunft – bei der Einweihungsfeier dort niedergelegt hatten. Für den am 9. Oktober 1941 vor Leningrad gefallenen Bruder meines Vaters, Malermeister/Unteroffizier Onkel Otto Berg, hatte ich ebenfalls ein solches Angebinde niedergelegt.

Asternteppich vor dem 1953 in Göttingen errichteten Ehrenmal für die niedersächsischen und ostpreußischen Gefallenen, auch für meinen Onkel Otto Berg.

Der folgende Artikel über die alliierten Kriegsverbrecherurteile erschien im Göttinger Tageblatt, Erscheinungsdatum unbekannt. Der spätere Bundespräsident von Weizsäcker nannte sie gar: „Die Nürnberger Urteile, die wir Deutschen als gerecht empfinden."

„Unsere ‚Kriegsverbrecher'

Von Landgerichtsdirektor z. Wv. Dr. Grund, Hildesheim

Wenn das deutsche Volk auch hinsichtlich der Frage des Wehrbeitrages und damit des Anschlusses an den Westen in verschiedene Lager zerfällt, so ist doch die Bereinigung der Kriegsverbrecherprozesse zweifellos ein dringendes Anliegen des ganzen deutschen Volkes. Sie schien auch eine Prestigefrage für die Bundesregierung zu sein, die in wiederholten Verlautbarungen und ihrer ganzen Haltung stets die Anerkennung der Nürnberger Rechtssprechung abgelehnt und eine das deutsche Rechtsempfinden befriedigende Lösung gefordert hatte.

Noch während der Verhandlungen über den Generalvertrag hatte die Bundesregierung in Übereinstimmung damit sich geweigert, die verurteilten deutschen ‚Kriegsverbrecher' in ihren Gewahrsam zu übernehmen, weil darin ein freiwilliges Anerkennen von Nürnberg erblickt werden könnte. Diese Haltung ist, wie die Wehrbeitragsdebatte im Bundestag im Februar gezeigt hat, von allen politischen Parteien einmütig geteilt und gebilligt worden.

Im Gegensatz hierzu hat der Bundeskanzler durch seine Unterschrift unter dem Überleitungsvertrag die Vertragsbestimmung gebilligt und anerkannt, daß alle Urteile der Besatzungsmächte in Strafsachen ‚in jeder Hinsicht nach deutschem Recht rechtskräftig und rechtswirksam bleiben und von den deutschen Gerichten und Behörden demgemäß zu behandeln sind.'

Das ist ein nunmehriges uneingeschränktes Anerkenntnis der bisher von deutscher Seite als Unrecht bezeichneten Nürnberger Rechtsprechung wie der gesamten gegen Deutsche ergangenen Kriegsverbrecherurteile. Es bedeutet weiter einen Verzicht auf die Nachprüfung dieser Entscheidungen – selbst im Rahmen eines Wiederaufnahmeverfahrens – und enthält damit zangsläufig die Feststellung der Bundesrepublik, daß die Alliierten in Deutschland Recht gesprochen haben und daß ihre Urteile nicht gegen deutsches Recht und Rechtsempfinden verstoßen. Darüber hinaus hat die Bundesregierung sogar schon für die Zukunft anerkannt, daß ebenfalls die künftigen Kriegsverbrecherurteile der alliierten Militärtribunale gegen deutsche Staatsangehörige auch nach deutscher Auffassung gültiges Recht sind.

Das ist ohne Zweifel eine Erklärung, wie sie wohl noch kein besiegtes Land jemals abgegeben hat, und sie ist von umso größerer Bedeutung – und übrigens auch Propagandawirkung für die Siegermächte und ihre Rechtsprechung –, als die Bundesrepublik dieses unter dem Besatzungsstatut bisher verweigerte Anerkenntnis freiwillig und auf vertraglicher Grundlage abgegeben hat.

Die außerordentliche Tragweite dieses Anerkenntnisses auf rechts- und staatspolitischem Gebiet liegt auf der Hand; seine künftigen Folgen können zur Zeit gar nicht übersehen werden. Für die Vergangenheit bedeutet es jedenfalls praktisch – falls das Bonner Vertragswerk ratifiziert wird –, daß die Bundesrepublik Nürnberg gutheißt, sämtliche Urteile der alliierten Militärgerichtshöfe für gerecht erklärt und damit ihrerseits die verurteilten Deutschen in aller Form und vor der Weltöffentlichkeit zu Kriegsverbrechern stempelt. Damit bekennt sich das deutsche Volk vor der Geschichte als Volk der Kriegsverbrecher schuldig.

Die unmittelbare rechtliche Folge des Überleitungsvertrages ist die, daß die deutschen ‚Kriegsverbrecher' weiterhin unterschiedslos diffamiert bleiben und als Zuchthäusler behandelt werden müssen, und daß sie übrigens damit auch ihre beamtenrechtlichen Ansprüche verlieren. Daran ändert auch der Umstand nichts, daß der Überleitungsvertrag einen Gnadenausschuß vorsieht, der – ohne jede rechtliche Nachprüfung – nach Gutdünken Gnadenerweise ‚empfehlen' kann, ohne daß die Besatzungsmächte jedoch an diese Empfehlungen gebunden sind. Feldmarschall von Manstein und Feldmarschall Kesselring – um nur zwei Namen zu nennen – in einer Reihe neben dem achtfachen Raubmörder Pfeil: das ist das unfaßbare rechtliche Ergebnis der vertraglichen Regelung der Kriegsverbrecherfrage.

Das von jeher stark ausgeprägte Rechtsgefühl des deutschen Volkes wird sich damit nicht abfinden können. Wird diese Vereinbarung ratifiziert, so wird mancher deutsche Richter und deutsche Beamte in einen Gewissenskonflikt geraten, ob er an diese Urteile gebunden ist oder ob er nach übergesetzlichem Recht die Anerkennung der Alliierten Entscheidungen verweigern muß. Dies um so mehr, als gerade die Alliierten dem deutschen Richter vorgeworfen haben, daß er im Dritten Reich nicht gegen die Autorität des Staates für das wahre Recht eingetreten sei."

Mit der Einweihung des Göttinger Ehrenmals war am 30. August abends um 20 Uhr im Maschpark ein großes Niedersächsisch-Ostpreußisches Soldatentreffen verbunden. Ich war dabei, als unter schon nächtlichem Himmel – jedenfalls an diesen Ort – zum ersten Mal nach dem Krieg das Zeremoniell des Zapfenstreichs stattfand. Noch vor gar nicht allzu langer Zeit hatten die

Eintrittskarte zum Niedersächsisch-Ostpreußischen Soldatentreffen 1953

Gedächtnisfeier

aus Anlaß der Einweihung des Denkmals für die Gefallenen der Göttinger Regimenter, niedersächsischer Truppenteile und ostpreußischer Verbände des Heeres, der Kriegsmarine und der Luftwaffe,

im Rosengarten zu Göttingen

am 30. August 1953

11.00 Uhr:	**Evangelischer und katholischer Feldgottesdienst** Gesang der Gemeinde mit Musikbegleitung: »Ist Gott für mich, so trete . . . .« Vers 1 und 2 Ansprache des Akademiedirektors Pastor Dr. Doehring (ehemals evangel. Standortpfarrer in Insterburg u. Elbing) Gesang der Gemeinde mit Musikbegleitung: »Ich weiß, woran ich glaube . . .« Vers 1 und 2 Ansprache des Pastors Hübner (ehemals katholischer Divisionspfarrer der 267. Inf. Div.) Gesang der Gemeinde mit Musikbegleitung: »Ich weiß, woran ich glaube . . .« Vers 6
11.40 Uhr:	**Übergabe des Denkmals** durch den Oberbürgermeister der Stadt Göttingen, Rechtsanwalt und Notar Föge, Mitglied des Niedersächsischen Landtages. **Gefallenenehrung durch General d. Inf. a. D. Hoßbach** »Ich hatt einen Kameraden« gespielt vom Niedersächsischen Blasorchester und gleichzeitig **Kranzniederlegung** (ohne Ansprachen) der Abordnungen Chorlied: »Still vom Sturm . . .« gesungen vom Chor der Bonifatiusschule Dirigent Heinrich Holwitt »Ich bete an die Macht der Liebe . . . « gespielt vom Niedersächsischen Blasorchester Dirigent Obermusikmeister a. D. Aurich
13.00 bis 13.05 Uhr:	**Trauergeläute** der evangelischen und katholischen Kirchen **und Verkehrsstille** in Göttingen.

Ablauf der Gedächtnisfeier

Parolen der Sieger und ihrer deutschen Nachplapperer „Entmilitarisierung und Entnazifizierung“ gelautet. Da wären gegen das Vorhaben Gedenkstätte für ostpreußische Wehrmachtsverbände und gar eines öffentlichen ostpreußisch-niedersächsischen Soldatentreffens strikte polizeiliche Verbote ausgesprochen worden. Aber längst waren die insgeheim und hinter dem Rücken des deutschen Volkes geführten Verhandlungen über die Aufstellung neuer deutscher Streitkräfte hüben und drüben als Hilfstruppen der nunmehr verfeindeten ehemaligen Kriegsgegner Deutschlands an das Licht der Öffentlichkeit gedrungen. Es konnte sogar sein, daß Veranstaltungen, wie die beiden Göttinger jetzt als Gegengewicht gegen die gleichzeitig mächtig anschwellende „Ohne mich-Bewegung“ erwünscht waren.

War es ebenfalls 1953 oder erst 1954? Nach meiner Erinnerung war die Göttinger Bevölkerung sogar zur Begrüßung einer Polizeieinheit aufgefordert worden. Und da kam sie mindestens in Kompaniestärke durch die Weender Straße anmarschiert, ich stand am Markt. Das war doch der verpönte „preußische Militarismus“ in Reinkultur. Im Gleichschritt, der Größe nach in Reih und Glied, Maschinenpistolen geschultert, blaue Uniform und Tschako, kurz, in einer militärischen Ordnung, als wäre es – zur Täuschung – eine in Polizeiuniformen gesteckte Wehrmachtseinheit. Und das waren ihre Angehörigen zum größten Teil ja wohl auch gewesen, die anderen, die noch nicht Soldat gewesen waren, beherrschten den Drill aus der Hitlerjugend. Meine und die Verblüffung vieler anderer und ein wenig Stolz über das tadellose Bild der Marscheinheit kann nur der verstehen, der die vorausgegangenen acht Jahre „Umerziehung“ mit „Entwaffnung, Entmilitarisierung und Entnazifizierung“ mit totaler Verunglimpfung deutschen Soldatentums durchgemacht hatte.

Ehrenmaleinweihung und Niedersächsisch-Ostpreußisches Soldatentreffen waren eingelagert in die Tausendjahrfeier von Göttingen. Mein zehn Jahre älterer Jura-Kommilitone und Freund in unserer ostpreußischen Studentengruppe Horst Wollermann aus Heiligenbeil lud mich ein, den Festumzug durch die Weender Straße von seinem im 1. Stock gelegenen Eckzimmer im Eckhaus Weender-Prinzenstraße aus mit anzusehen. Zum Umzug gehörte etwas, was noch wenige Jahre vorher wegen der Frontstellung „Einheimische/Flüchtlinge" wahrscheinlich undenkbar gewesen wäre: Die zentrale Figur, die „Miss Göttingen", war eine junge, strohblonde Danzigerin!

Die Gefallenenehrung mit Blumenteppich vor dem Denkmal im Rosengarten wurde zum festen jährlichen Bestandteil des Göttinger Kalenders, bis die Schändungen des Ehrenmals durch Teile der verhetzten, entnationalisierten „akademischen" Jugend zum Abbau des Ehrenmals führten. In Ausführung des Architektenentwurfs meines Königsberger Burgschulkameraden Dietrich Zlomle, der sich als Oktogon en miniature an das (beim Rückzug der Wehrmacht im Januar 1945 gesprengte) Tannenberg-Denkmal bei Hohenstein/Ostpreußen anlehnte, entstand die Gedenkstätte für die in den ostpreußischen Wehrmachtseinheiten Gefallenen mit den auf sie bezogenen Bronzetafeln in Oberschleißheim bei München neu. Ich habe an der denkwürdigen Einweihung des neuen Denkmals am 25. Juni 1995, die unter der Schirmherrschaft des bayerischen Ministerpräsidenten Dr. Edmund Stoiber stand, teilgenommen. Die gesamten immensen organisatorischen Vorbereitungsarbeiten hatten in der Hand meines ebenfalls Königsberger, zehn Jahre älteren Burgschulkameraden Hermann-Christian Thomasius gelegen. Mein Schulkamerad Zlomke, der inzwischen verstorben ist, hat mir vor Jahren kummervoll mitgeteilt, daß auch diese seine Schöpfung der zeitungeistigen Tyrannis zum Opfer gefallen, d. h. beseitigt worden ist. Es geschah 2010. Ganze 15 Jahre waren dem Bestand eines nationalen Ehrenmals beschieden, dessen Erhaltung weniger wichtig war als Festsetzungen in einem örtlichen Bebauungs- oder Flächennutzungsplan, denen es angeblich in Wege stand. Im Freistaat Bayern, dem Bundesland, das in einem eindrucksvollen Festakt am 16. Februar 1978 im Cuvilliés-Theater in München die Patenschaft für die Landsmannschaft Ostpreußen übernommen hatte und in der vom Bayerischen Ministerpräsidenten Goppel unterzeichneten Patenschaftsurkunde versprach:

> „... Die Übernahme dieser Patenschaft soll ein Zeichen der Verbundenheit mit den ostpreußischen Landsleuten, des Dankes für Einsatz und Leistung und der rückhaltlosen Gemeinschaft im Deutschland nach dem 2. Weltkrieg sein."

Soldaten mit Tragbahre, erschienen in der Ostpreußen-Warte vom September 1953

Kniend Frau Mila Woelke, Ehefrau des Vorsitzenden der Göttinger Ostpreußen, erschienen im Ostpreußenblatt vom 5.9.1953

„Deutsche Frauen, deutsche Treue,
Deutscher Wein und deutscher Sang
Sollen in der Welt behalten
Ihren alten schönen Klang,
Uns zu edler Tat begeistern
Unser ganzes Leben lang.
Deutsche Frauen, deutsche Treue,
Deutscher Wein und deutscher Sang!"

Nummer 202 GÖTTINGER TAGEBLATT Montag, den 31. August 1953

Das Ehrenmal für 100000 niedersächsische und ostpreußische Gefallene

Vor ehemaligen Soldaten, Ehrengästen und Göttinger Einwohnern weihte Oberbürgermeister Föge am Sonntagvormittag das Ehrenmal für über 100 000 niedersächsische und ostpreußische Soldaten, die in den schrecklichen Jahren des ersten und zweiten Weltkrieges gefallen sind. Mehr als 10 000 Menschen waren zu der ergreifenden Feierstunde gekommen. Unser Bild zeigt die Kranzabordnungen, die durch die Menschenmenge zum Ehrenmal gehen.

Im Göttinger Tageblatt vom 31. August 1953 erschienen: „Das Ehrenmal für 100 000 niedersächsische und ostpreußische Gefallene“

Göttinger Tageblatt

Göttinger Tageblatt, Gebr. Wurm, Göttingen, Verlag und Redaktion: Prinzenstraße 10/12, Postfach 13, Fernruf 3077, 3078 und 3903/03. Postscheckkonto: (Bohnsen & Co., GmbH.) Hannover 1044 77

Niedersächsische Morgenpost und Göttinger Zeitung

Bezugsbedingungen: Durch Träger sechsmal wöchentlich frei Haus monatlich DM 2,80 zuzüglich 30 Pfg Trägergebühr. Durch die Post DM 2,80 (einschl. Postgeb.) zuzügl. Zustellgeld. Anzeigen-Preisliste 7

65. Jahrgang | Montag, den 31. August 1953 | Einzelpreis 15 Pfg. / Nr. 202

Ergreifende Feierstunde im Göttinger Rosengarten: Weihe des Ehrenmals für 100000 Gefallene

Aufn. Hundertmark

Im Göttinger Tageblatt vom 31. August 1953 erschienen: „Das Ehrenmal für 100 000 niedersächsische und ostpreußische Gefallene“

In der Ostpreußen-Warte erschienen: „Ehrenmal für 100 000 Gefallene“

Niedersächsisch-ostpreußisches Soldatentreffen 29. und 30. August 1953 in Göttingen

Druck: Giebel & Oehlschlägel KG., Osterode/Harz · Klischees: Bondy & Gooss, Goslar/Harz

Niedersächsisch-ostpreußisches Soldatentreffen 29. und 30. August 1953 in Göttingen

1000 JAHRE GÖTTINGEN

FESTPROGRAMM

25. JUNI 1953 BIS 12. JULI 1953

Festprogramm „1000 Jahre Göttingen“

Tausende von Namen ...

Die Schleifchen von den Sträußen, die Angehörige von Gefallenen ostpreußischer und niedersächsischer Truppenteile beim Soldatentreffen vor dem neuen Ehrenmal in Göttingen niederlegten, wurden jetzt entfernt. Frauen, Männer und Jugendliche vom Ehrendienst der Landsmannschaft Ostpreußen ordneten in mühseliger Arbeit die Tausende von Namensschleifen, befestigten sie auf zwei Tafeln und gaben ihnen zunächst einen Platz an den Seiten des Ehrenmales in Göttingen. Später sollen die Tafeln mit den Schleifen im Göttinger Stadtarchiv aufbewahrt werden, wo sie dann auch von ostpreußischen Gästen in Augenschein genommen werden können. Unser Bild zeigt das Ehrenmal mit der von Angehörigen der ostpreußischen Landsmannschaft hergerichteten Gedenktafel

Tausende von Namen ...

Das Ostpreußenblatt – Die Brücke zur Heimat

Das Oktogon bei der Einweihungsfeier des Ehrenmals

Einladung

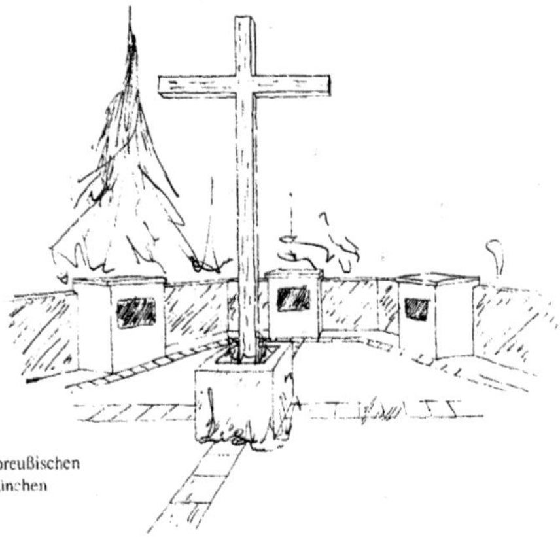

Ehrenmal der ehem. ost- und westpreußischen
Verbände Oberschleissheim bei München

Kuratorium ehem.
ost- und westpreußischer Verbände
Heer-Luftwaffe-Marine

Kuratorium
Ost- und Westpreußen-
stiftung in Bayern

bitten

Herrn Fritjof Berg

um Teilnahme an der Einweihung der neu errichteten Gedenkstätte zu Ehren der gefallenen, vermißten,
in der Gefangenschaft verstorbenen, deutschen Soldaten beider Weltkriege

am 25. Juni 1995, 11.00 Uhr.

Die Feier steht unter der Schirmherrschaft des bayerischen Ministerpräsidenten Dr. Edmund Stoiber.

Hermann-Christian Thomasius *Dr. Heinz Radke*

Oberschleissheim bei München, Ferdinand-Schulz-Allee / Am Tower.

Meine Einladung zur Einweihung der Gedenkstätte 1995

Die Fahnenparade zur Einweihung der Gedenkstätte von nah

Einmarsch und Platzkonzert des Gebirgsjäger-Musikkorps

Eröffnungsansprache durch Hermann-Christian Thomasius

Sprecher der Landsmannschaft Ostpreußen Wilhelm von Gottberg

Gedenktafeln ostpreußischer Infanteriedivisionen

Gedenktafeln ostpreußischer Infanteriedivisionen

Gedenktafeln ostpreußischer Infanteriedivisionen

Gedenktafel für die Soldaten der 24. Panzerdivision

Gedenktafel für die 1. Minensuchflotte, 1. U-Boot-Lehr-Division, V. Marine Artillerie-Abteilung Pillau

Zum Gedenken unserer treuen Kameraden ...

Blumenkranz für den Standort Pillau in Ostpreußen

Blumenkränze zum Gedenken ohne Zahl ...

Bei der Einweihungsfeier. Dritter von links Wilhelm von Gottberg, in der zweiten Reihe Ritterkreuzträger

Blumenkranz der Ordensgemeinschaft der Ritterkreuzträger

Gedenktafel für die Angehörigen des Sanitätsdienstes

Den gefallenen alten und jungen Männern des Volkssturmes

Gedenktafeln für die 61. und 161. ostpreußische Infanteriedivision

Blumenkränze zum Gedenken ...

Blumenkränze zum Gedenken ...

Der 17. Juni 1953

Den Feierlichkeiten in Göttingen war ein Ereignis von bleibender geschichtlicher Bedeutung vorausgegangen: der Volksaufstand am 17. Juni 1953 in Mitteldeutschland (DDR). Wer von uns Studenten besaß damals ein Radio und war so „auf dem laufenden" über die aufwühlenden, doch uns alle als Deutsche ganz unmittelbar angehenden Ereignisse? Mir jedenfalls war klar, daß es hier nicht „nur" um Arbeitsnormen und „Normerfüllung", um soziale Mißstände und Willkür ging, sondern mindestens gleichrangig um ein Aufbegehren gegen die Teilung Deutschlands, um ein Aufstehen von Millionen für die Wiedervereinigung Deutschlands. Was im einzelnen geschah, in Berlin oder evtl. auch anderswo, wir wußten es mangels ausreichender Informationsquellen nicht. Aber irgendetwas geschichtlich Großes mußte schon im Gange sein – als wir am 20. Juni 1953 im Hause des Vereins Deutscher Studenten (VdSt) am Nikolausberger Weg unser erstes Stiftungsfest mit Ball zum einjährigen Bestehen unserer Hochschulgruppe ostpreußischer Studierender feierten. Es war vor Ausbruch der Ereignisse des 17. Juni anberaumt und vorbereitet worden und für das innere Zusammenwachsen unserer noch gar nicht richtig gefestigten Ostpreußen-Gemeinschaft von großer Bedeutung – aber es hat mich hinterher immer bedrückt, daß wir dieses wirklich gelungene Fest vor dem Hintergrund tragischer, blutiger Ereignisse in Mitteldeutschland gefeiert hatten.

Hochschulgruppe
ostpreussischer Studierender

Göttingen, d. 16.6.53

Liebe ostpreussische Kommilitonen !

Wir haben der Immatrikulationsliste entnommen, dass Sie jetzt in Göttingen sind. Es besteht an der Georgia Augusta eine ostpr. Hochschulgruppe, die aus Anlass ihres einjährigen Bestehens am Sonnabend, dem 2o. Juni, um 2o^{00} Uhr im Hause des VDSt, Nikolausberger Weg 75, ein Sommerfest veranstaltet.
Dazu möchten wir Sie herzlichst einladen.
Sei es, dass [illegible] Sie allein oder auch in Begleitung unserer Einladung folgen, in beiden Fällen würden wir Sie gern begrüssen.

Mit landsmannschaftlichem Gruß

I.A. Berg

Unsere Veranstaltungen werden ständig am schwarzen Brett in Aula, Mensa, Auditoriengebäude und Hofauditorium bekannt gemacht.

Einladung zu Veranstaltungen der Hochschulgruppe ostpreußischer Studierender

Im Kriegsversehrtenheim

Zurück zu meinen „Studentenbuden“. Durch Unterstützungs- und Finanzangelegenheiten im Rahmen der Lastenausgleichsgesetzgebung hatte sich ein ständiger Kontakt mit dem Akademischen Hilfswerk ergeben. Und so kam es, daß ich mein Zimmer bei Frau Mahlmann aufgeben und irgendwann nach dem 1. Mai 1954 in das neu gebaute, zentral gelegene Kriegsversehrtenheim Papendiek 16 einziehen konnte. Das Haus war auch mit Lastenausgleichsmitteln erbaut worden. Die achtzehn oder neunzehn anderen Mitbewohner waren sämtlich schwer kriegsbeschädigte ehemalige Wehrmachtsangehörige, ich der einzige „Zivilist“ und eben Flüchtling/Vertriebener im Sinne des Lastenausgleichsgesetzes. Ich bezeichnete mich deshalb immer als „Konzessionsschulzen“ in diesem Hause, wurde aber – obwohl insoweit „Außenseiter“ – von allen, die Arm, Bein verloren oder andere schwere Verwundungen erlitten hatten, voll und kameradschaftlich akzeptiert. Erst später kam noch ein weiterer „Zivilist“, mein Landsmann Dietmar Onigkeit aus dem berühmten Gestütsort Trakehnen und Freund in unserer ostpreußischen Studentenvereinigung, nach dem Freiwerden eines Zimmers hinzu, das nun offenbar nicht mehr mit einem Schwerkriegsbeschädigten besetzt werden konnte. Mit ihm habe ich so manchen Skat „gedroschen“ – „dritter Mann“ war häufig der Treuburger und ebenfalls LO-Angehörige, Jahrzehnte später Straßennachbar in Kiel, Horst Brodowsky –, so manche Flasche „Hochprozentigen leergeknüllt“, die kurzerhand auch noch lange nach Mitternacht in einer Kneipe quer über den Markt und dann links um die Ecke in der Lange-Geismar-Straße besorgt werden konnte ...

Einige der kriegsversehrten Heimmitbewohner sind mir unvergeßlich geblieben. Mein Zimmer lag am Giebelende auf der Straßenseite im oberen Stockwerk des zweigeschossigen Hauses. Auf der rückwärtigen Korridor-Seite, mir gegenüber, wohn-

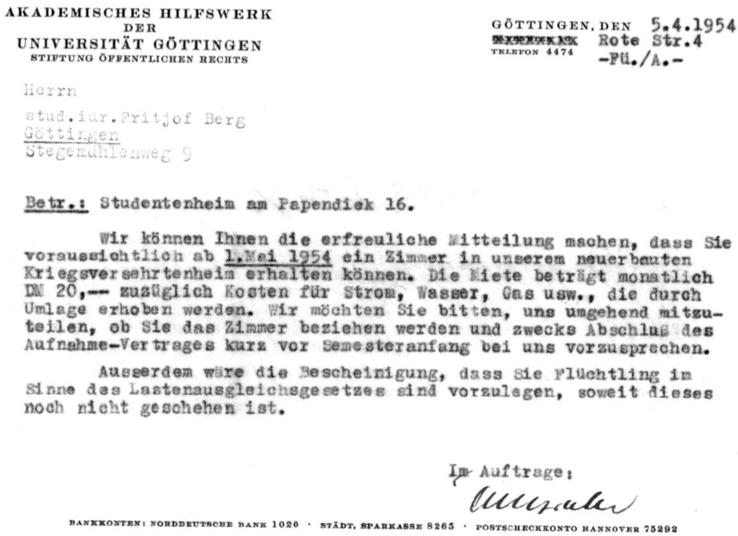
AKADEMISCHES HILFSWERK
DER
UNIVERSITÄT GÖTTINGEN
STIFTUNG ÖFFENTLICHEN RECHTS

GÖTTINGEN, DEN 5.4.1954
Rote Str.4
TELEFON 4474
-Fü./A.-

Herrn

stud.iur.Fritjof Berg
Göttingen
Stegemühlenweg 9

Betr.: Studentenheim am Papendiek 16.

Wir können Ihnen die erfreuliche Mitteilung machen, dass Sie voraussichtlich ab 1.Mai 1954 ein Zimmer in unserem neuerbauten Kriegsversehrtenheim erhalten können. Die Miete beträgt monatlich DM 20,-- zuzüglich Kosten für Strom, Wasser, Gas usw., die durch Umlage erhoben werden. Wir möchten Sie bitten, uns umgehend mitzuteilen, ob Sie das Zimmer beziehen werden und zwecks Abschluß des Aufnahme-Vertrages kurz vor Semesteranfang bei uns vorzusprechen.

Ausserdem wäre die Bescheinigung, dass Sie Flüchtling im Sinne des Lastenausgleichsgesetzes sind vorzulegen, soweit dieses noch nicht geschehen ist.

Im Auftrage:

BANKKONTEN: NORDDEUTSCHE BANK 1020 · STÄDT. SPARKASSE 8265 · POSTSCHECKKONTO HANNOVER 75292

Bestätigungsschreiben über Unterkunft Studentenwohnheim am Papendiek 16

te mein Landsmann Preuß. Er hatte in einem Gefangenenlager in Sibirien eine doppelseitige Lungenentzündung überlebt und studierte Physik. Mit dem theoretischen Teil pflegte er erst nach Mitternacht zu beginnen und „beflügelte" seine Eingebungen mit einer Flasche Cognac ... Hier muß ich dies einflechten: Als Preuß nach seinem Examen Göttingen verließ, überließ er mir sein Fahrrad für 10,– DM. Das war damals ein nicht gerade geringer Geldbetrag, für mich in jedem Fall. Bis dahin hatte ich mir hin und wieder von unserem Studentengruppenmitglied Gerd Brausch (aus Insterburg) sein Fahrrad geliehen, das ein „Ewigtrampler" ohne Rücktritt und auf den zum Hainberg aufsteigenden bzw. von dort abfallenden Straßen ein schwieriges und nicht ganz ungefährlichem Vehikel war. Ich war „glücklich", nach dem Verlust meines Königsberger Fahrrads Marke „Wanderer" endlich wieder

In meinem Zimmer im Kriegsversehrtenheim

Leinekanal am Papendiek – im Hintergrund Kriegsversehrtenheim

Hannelotte am Hauseingang. Auf Rückseite von ihr eingetragen: „Der richtige Standpunkt unserer Umwelt gegenüber, G. d. 5.2.56.“

Hannelotte mit Anni Makait vor dem Akademischen Hilfswerk, ihrer memelländischen Studienfreundin in Tübingen und Göttingen; Annis Flüchtlingsschiff über die Ostsee wurde von einem sowjetischen U-Boot torpediert, ihre Mutter und Geschwister ertranken, Anni wurde als einzige der Makait-Familie gerettet.

Besitzer eines eigenen „fahrbaren Untersatzes" zu sein (die zur Auto-Union AG gehörigen Wanderer-Werke in Schönau bei Chemnitz produzierten außer Kraftwagen und eben auch Fahrrädern nach meiner Erinnerung auch Schreibmaschinen, qualitativ allesamt Spitzenerzeugnisse damaliger deutscher Wertarbeit). Wahrscheinlich auf Grund langen Herumstehens im Freien war das Preuß-Fahrrad eine „Rostlaube". Durch Pflege wie Putzen und regelmäßiges Ölen von Kette und Nabe im Hinterrad hat es mir aber bis zu meinen Abschied von Göttingen im September 1956 und auch Jahre danach noch gute Dienste geleistet. Ihm fehlten selbstverständlich alle heute einfach „dazu" gehörigen technischen „Schickimickies" wie z. B. Gangschaltung. Zu einer Neuanschaffung war ich vorher nicht im entferntesten in der Lage gewesen, den heute üblichen Gebrauchtwarenhandel etwa mit Fahrrädern gab es noch nicht. Geld war derartig knapp, daß ein gerade erst erworbener Gebrauchsgegenstand nicht alsbald durch einen „moderneren" ersetzt werden konnte. Nicht nur die Vertriebenen, die ja bis auf tragbares Handgepäck alles im Osten hatten zurücklassen müssen, mehr oder weniger alle Deutschen hatten nach Bombenzerstörung, Kriegs- und Nachkriegsmangeljahren einen ungeheuren Neuanschaffungs-, Nachhol- und Ergänzungsbedarf, so daß ein Neukauf für bereits (endlich wieder) vorhandene Dinge einfach ausschied. Wofür das Geld fehlte, das konnte eben nicht gekauft werden. Leichtfertiges Schuldenmachen, „auf Pump" leben, galt damals noch als unehrenhaft. Ohne handfeste Sicherheiten, die kein Vertriebener und auch unzählige andere Deutsche nicht bieten konnten, gab es auch keine Kredite. Noch waren diese deutschen Charaktereigenschaften stabil. Sie wurden uns wie viele andere wertvolle angestammte Eigenheiten gezielt erst genommen, als inflationäre Geldentwertung und das aufdringliche Aufschwatzen von Krediten zum Zubehör einer profitsüchtigen Endlos-„Wachstums"-Ideologie wurden. Nicht zu verwechseln hiermit ist das damals oft und notgedrungen kurzfristige Geldleihen geringer Beträge bei Freunden und Bekannten oder das „Anschreibenlassen“ z. B. beim persönlich bekannten Einzelhandelskaufmann, den es damals noch überall „um die Ecke“ gab. Von ersterem habe auch ich wiederholt Gebrauch machen müssen, worauf ich an anderer Stelle zurückkommen werde. Vom zweiten konnte mein Vater in seinem Leeser Geschäft „ein Lied singen“. Hätte er nicht „anschreiben“ lassen, was seine finanzielle Unterausstattung an sich nicht erlaubte – die „angeschriebenen“ Beträge fehlten für den Wareneinkauf –, wären die hiervon Gebrauch machenden Kunden einfach weggeblieben, weil sie es dann eben bei der Konkurrenz tun konnten. Nicht zu verwechseln mit leichtfertigem Geldumgang war z. B. auch meine Darlehensaufnahme „zur Förderung des Studienabschlusses“ beim Akademischen Hilfswerk und eines weiteren Darlehens bei Tante Margot für studienbedingte Ausgaben und solche des täglichen Lebens, ohne die ich mein Studium nicht hätte zu Ende bringen können.

Neben mir oder im zweiten Zimmer daneben wohnte der Mediziner Bremer. Er war als einer von wenigen bereits verheiratet und immer „guter Dinge“, die sich allzu oft im Erzählen nicht gerade „stubenreiner“ „Medizinerwitze“ oder ähnlichem äußerte. Im zweiten Zimmer neben mir oder eben gleich nebenan wohnte mein Jura-Kommilitone Weinold. Sein Vater war Richter am Reichsgericht Leipzig gewesen, er gehörte zu denen, die aus innerster Bindung an Mitteldeutschland und Wissen über die Lebensumstände „drüben“ über ein klares politisches Urteil verfügten. Im Erdgeschoß wohnte Herr Martin. Er war an beiden Beinen beinamputiert. Er erzählte mir nach näherem Kennenlernen, ich habe keinen Zweifel am Wahrheitsgehalt, daß er mit zwei Unterschenkeldurchschüssen auf dem Hauptverbandsplatz gelegen habe. Als der Feldarzt ihn behandeln wollte, habe er, Martin, zu diesem gesagt, er möge doch vor ihm schwerer verwundete Kameraden versorgen. Der Arzt habe das auch getan;

durch das längere Liegenbleiben sei Wundbrand entstanden, der die Amputation beider Beine notwendig gemacht habe. In der Mitte „meiner“ Etage wohnte Herr Bockhorn. Er war Rostocker und Jurakommilitone und als ehemaliger Hauptmann oder Major militärisch der Ranghöchste unter uns Heimbewohnern. Er hatte einen Stahlhelmdurchschuß erhalten, die Kugel hatte den Kopf nicht verletzt, sie war aber am inneren Stahlhelmrand entlanggewandert – und hatte eine Gehirnschädigung verursacht, die sich so äußerte: Zwei Wochen lang war Bockhorn ein hochgeistiger, vor Witz und Mutterwitz sprühender Mensch, um danach zwei Wochen lang in einen verwirrten Zustand zu verfallen. Im gemeinsamen Waschraum „versorgte“ er uns morgens regelmäßig bei Gesang mit Versen, die offensichtlich von gleichartigen Kommißeinrichtungen „hängen“ geblieben waren und wie die vorerwähntem Mediziner-Extras an dieser Stelle nicht wiedergegeben werden können – und so wohl für immer dem Vergessen anheimfallen, so originell sie auch waren.

Bei dieser Heimbesetzung und ihren Schicksalen konnte es nicht ausbleiben, daß die Adenauersche Westmilitarisierungspolitik unaufhörlich die Gemüter bewegte. Zweifelsohne in der Absicht, uns Deutsche wieder mit der Existenz einer deutschen Armee auch auf westlicher Seite vertraut zu machen, war der Dreiteiler-Kinofilm „08/15“ gedreht worden. „08/15“ war das von der Wehrmacht weiter verwendete leichte Maschinengewehr des Ersten Weltkriegs gewesen, diese Bezeichnung war zum Synonym von „Barras“ = Wehrdienst geworden. Die Hauptfigur des Dreiteilers war der unnachahmlich echt dargestellte „Schleifer“ Platzek. Ihn hatten wohl alle Heimbewohner außer mir in ähnlicher oder mindestens abgeschwächter Form erlebt und erlitten. Wozu allerdings anzumerken bleibt, daß alle ostpreußischen Freunde in der Burschenschaft Gothia oder in unserer Hochschulgruppe Ostpreußen, die Soldat gewesen waren, übereinstimmend erklärt haben, daß ihre harte Ausbildung „Blut gespart“ habe.

„Angereichert“ noch durch aktuell brennende Fragen, wie die neue deutsche Truppe beschaffen sein, wie ihre Uniform aussehen würde, bildete sich beim Anlaufen von „08/15“ spontan der Entschluß, gemeinsam eine Vorführung in einem in Richtung Geismar gelegenen Kino (Filmtheater) zu besuchen. Man wollte die eigene „Barras“-Zeit noch einmal, diesmal auf der Leinwand, erleben. Es hätte nur noch des Befehls des als Soldat wohl ranghöchsten Heimbewohners Bockhorn zum Antreten bedurft, um dann nach dem „Richt’ euch, Stillgestanden, rechts um, ohne Tritt Marsch“ in militärischer Formation und Ordnung zum „Kintop“ abzumarschieren. Nach der Wiederbegegnung mit der „08/15“-Zeit, nach dem „Rückmarsch“ zum Wohnheim, kam ein Zubettgehen überhaupt nicht in Frage. Wir versammelten uns im Gemeinschaftsraum. Da ich nicht mehr Soldat gewesen war, hatte ich folglich auch keinen „Kompanieabend“ mitgemacht. Aber so muß es zugegangen sein: Eigene „Barras“-Erlebnisse wurden zum Besten gegeben, diese und Witze aus den „untersten Schubladen“ lösten brüllendes Gelächter aus, es wurde „gesoffen“, Lieder, die wir „einst“ sangen, angestimmt – bis sich einer nach dem anderen auf sein Zimmer „verkrümelte“. Da der Gemeinschaftsraum mit dem Lärmen auf der anderen Korridorseite lag, wäre ein Weggang vor dem Ende zwecklos gewesen, ich hätte doch nicht einschlafen können. Und so gehörte ich wieder einmal zu den Letzten beim Feiern, worin ich inzwischen ja einige Übung hatte.

Die Ausstattung unserer Zimmer war einfach, aber alles war tadellos „in Ordnung“: Tisch, Stuhl, Bett, Schrank, Kohlenheizofen, Linoleum-Fußboden. Ich habe mir selbst noch ein kleines Bücherregal zugelegt, es tut noch heute in unserem Haus in Kiel seinen „Dienst“. Nach unserem näheren Kennenlernen im Wintersemester 1955/56 stand Hannelottes Bild auf dem Tisch am Fenster vor mir, an der Wand über dem Bett in großen Strich- und Bogensilbenzeichen (was von Besuchern stets Fragen nach der Bedeutung auslöste) ihr Bekenntnis zu mir, soll heißen: Du bist min, ich bin Din, / des solt Du gewis sin./ Du bist beslozzen/ in minem Herzen./ Verloren ist dat schluzzelin, / Du muost och immer darinne sin. (frühes Mittelalter, Verfasser unbekannt.) An einer anderen Wand hing gerahmt eine kleine kolorierte Ostpreußenkarte, auch ein großes Schwarz-Weiß-Photo vom Königsberger Schloß. Die Zimmergröße mag 10-12 qm betragen haben. Sie reichte nicht nur für so manche LO-Sitzung, wir haben, das Bett diente als „Sofa", auf Kisten und Kasten, mit zusätzlichen Stühlen aus dem Gemeinschaftsraum darin, u. a. auch meine Geburtstage mit bis zu 24 Personen gefeiert. Ein Spruch in jenen Zeiten lautete: Eng ist gemütlich! Nach Hannelottes Rückkehr ins Wintersemester 1955/56 haben wir abwechselnd entweder hier oder bei ihr in „Rastenburg" (ihr Zimmer im Rastenburger Weg) möglichst täglich gemeinsam Abendbrot gegessen.

Die Zimmer hatten keinen eigenen Wasseranschluß, auch kein WC. In einem Gemeinschaftswaschraum befanden sich mehrere Waschbecken mit Kalt- und wohl auch Warmwasserhähnen, Duschen waren kaum vorhanden. Wenn Bockhorn seine „klaren" Tage hatte, kam hier, wie bereits erwähnt, immer etwas Erheiternd-Fröhliches über seine Lippen, nicht aus der „untersten Schublade", aber allenfalls für „Herrenabende" geeignet. Neben dem Waschraum gab es auch eine gemeinsame Kochstelle mit Gasflammen, an denen ich mir geringe Kochkünste aneignete, wie z. B. Kasseler mit Backobst. Hannelotte bewunderte sie anfangs, bis sie sie mir später restlos abgewöhnte ... Jeder hatte einen kleinen Verschlag im Keller, wo das Brennmaterial, Koffer oder z. B. mein von Preuß erworbenes Fahrrad aufbewahrt wurden. Eine Reinmachefrau sorgte täglich für vorbildliche Sauberkeit und Ordnung. Es war rundherum ein angenehmes Wohnen in diesem Kriegsversehrtenheim.

Wegen seiner zentralen Lage wurde mein Zimmer rasch zur Anlaufstelle für viele Freunde in unserer Hochschulgruppe Ost-

Wild flutet der See ...

preußen/Landsmannschaft Ordensland, „mal eben so im Vorbeigehen“ oder weil es ja ständig etwas über unser Gruppenleben zu besprechen gab. Ich war ja semesterlang Sprecher unserer Gemeinschaft und blieb Ratgeber und Informationsstelle auch nach der Abgabe meines Amtes eigentlich bis zu meinem Abschied von Göttingen. „Frauengeschichten“ oder üble Zoten schieden dabei aus, sie waren unter uns tabu. Zwischen uns „LO-lern“ hatten sich als Erkennungsmerkmal die ersten beiden Takte des Masurenliedes „Wild flutet der See“ entwickelt, sie waren ja einmal das uns allen bekannte Pausenzeichen des Reichssenders Königsberg gewesen. Und so erscholl bald vor den straßenseitigen „Buden“-Fenstern unserer LO-Freunde überall in Göttingen gepfiffen dieses sicher auch manchem Göttinger noch bekannte Pausenzeichen, um statt durch die Hausklingel oder Klingel an der Wohnungstür festzustellen, ob der andere „da“ ist. Einen ganz besonders heimatlichen Klang hatte dieser „Masuren-Pfiff“ für mich natürlich immer, wenn er über die Lippen „meiner Masurin“ Hannelotte Behrend kam. Als Erkennungszeichen, daß wir vor der Haustür standen, hatten wir ihn auch als Fritjof und Hannelotte Berg in Kiel beibehalten. Eines Tages meinte unser Hausnachbar Thomas (er war Sachse): „Pfeifen tut man dem Hund!“ Die Erklärung über die „Göttinger Tradition“ unseres Pfiffs stieß in eine ihm völlig fremde Welt hinein.

Natürlich wurde, es sei wegen der zeitweiligen Häufigkeit und Dauer bis in die Nachtstunden hinein hier noch einmal wiederholt, in meinem Zimmer auch manch zünftiger Skat „gedroschen“, nach seinem Zuzug waren Dietmar Onigkeit und ich das festgefügte Duo für den variablen „Dritten Mann“. Von allem, was sich mit meinem Zimmer sonst noch verbindet, sei dies berichtet: In kurzer Entfernung vom Kriegsversehrtenheim mündete die Straße Papendiek in die Goethe-Allee. An ihrem Beginn, auf der gegenüberliegenden Straßenseite, befand sich das „Stadt-Café“. Dort war an jedem Wochenende „Schwof“ (herablassendes Wort für Tanzververgnügen einer „gemischten Gesellschaft"). Beim Eintreten der Polizeistunde verließen immer auch zahlreiche „Tommies" das Lokal, die Ausgang aus den von britischem Militär belegten ehemaligen Wehrmachtskasernen hatten. Sie hatten sich im „Stadt-Café" sicherlich korrekt verhalten, außer daß sie sich vielleicht in den Augen manch eines deutschen Jünglings beim Tanzen zu sehr einer in dessen „Visier" befindlichen Schönheit genähert hatten. (Daß englische Soldaten sich korrekt, viele Deutsche dagegen in aufreizender Weise „daneben" benahmen, habe ich ein paar Jahre später erlebt, als einige Freunde und ich bei einem Ostpreußischen Studententag in Dassel/Solling zu später Stunde noch ein Gasthaus aufsuchten. Nach den Takten eines Musikautomaten wurde dort getanzt. Ein „Spaßvogel" drückte immerfort die Taste mit der Melodie des Deutschlandliedes. Die englischen Soldaten, die offensichtlich an einem Manöver teilnahmen und sich nun im Saal befanden und die der „Spaßvogel" damit wahrscheinlich provozieren wollte, „spritzten" jedesmal hoch und nahmen Haltung an, während viele Deutsche zur Melodie ihrer Nationalhymne tanzten ... Die „verdiente" Abrechnung hierfür sollen sie nach dem Ende des Vergnügens „draußen vor der Tür" von den düpierten Engländern bezogen haben ...) War ich also am Wochenende in meinem Zimmer, war ich entweder noch wach und arbeitete oder wurde im Schlaf geweckt, wenn sich auf der nachts autofreien Einmündung Papendiek/Goetheallee dieses Schauspiel vollzog: Meistens ein einzelner, offensichtlich ein Deutscher, und eine Gruppe, offensichtlich „Tommies", gerieten aneinander. Zunächst im Einzelkampf, bei dem regelmäßig ein Tommy nach dem anderen zu Boden ging. Dann war aber Schluß mit der englischen Fairness. Jetzt stürzten sich alle auf den bisher „siegreichen" Einen, bis dieser am Boden lag und geschlagen, wohl auch zerschlagen, das Weite suchte.

Die Finanzierung meines Studiums

Wiederholt habe ich in meinem bisherigen Lebensbericht auf die schwierigen, angespannten, mitunter katastrophalen finanziellen Bedingungen hingewiesen, die meinen studentischen Alltag ausfüllten (und, dies sei hinzugefügt, noch lange, lange Zeit bis in die Ehe mit Hannelotte hinein, nachwirkten). Im Kapitel über meine Mitarbeit im Verband Heimatvertriebener und Geflüchteter Deutscher Studenten (VHDS) werde ich auf die Mitwirkung des VHDS beim Zustandekommen einer geldlichen Ausbildungshilfe zur Erreichung eines Studienabschlusses der vertriebenen Studenten durch die Lastenausgleichsgesetzgebung eingehen. Auf mich persönlich bezogen ist ohne alle Umschweife zu sagen, daß ich nach Wegfall der Möglichkeit des Hinzuverdienens in den Semesterferien bei Groz & Beckert in Ebingen wegen fortgeschrittener Semesterzahl nach dem Sommersemester 1953 mein Studium hätte abbrechen müssen, wäre ich nicht in den Genuß der Ausbildungsförderung nach dem Lastenausgleichsgesetz (LAG) gekommen. Wie unterschiedlich, holperig aber auch diese verlief und welche Nöte dies dann für mich mit sich brachte, wird die Darstellung meiner Lage bis zum Studienabschluß in einem eigenen Kapitel aufzeigen.

Grundzüge des hart erkämpften Lastenausgleichsgesetzes (LAG)

Als die Vertriebenen ihr politisches Machtpotential einsetzten – und es danach für immer verspielten

Vorausschicken möchte ich ein paar Worte zur Geschichte des LAG und zu seiner für die nach diesem Gesetz Anspruchsberechtigten wichtigsten Regelung, der sogenannten Hauptentschädigung. Sie war keine auch nur annähernd gerechte Aufteilung der Kriegsfolgelasten zwischen den Vertriebenen, die alle bewegliche und unbewegliche Habe verloren hatten, sowie den einheimischen Bombengeschädigten auf der einen und den von beidem nicht betroffenen einheimischen Grundeigentümern auf der anderen Seite. Wir Vertriebenen begleiteten die heftigen und jahrelangen Auseinandersetzungen um dieses Kriterium mit den spöttischen Worten: „Laßt den Ausgleich!" Die Initiative zu einer ausgleichenden Gesetzgebung ging auch nicht etwa von der Bundesregierung und den sie tragenden (von den Besatzungsmächten lizenzierten) politischen Parteien aus. Sie mußte von den durch den Krieg total Geschädigten erst erkämpft werden. Ein eher größerer Teil der von Heimat- und Vermögensverlust verschont gebliebenen Deutschen, die noch wenige Jahre zuvor in dem jetzt die Bundesrepublik bildenden Staatsteil des Reiches in der ersten Strophe des Deutschlandliedes „wenn es stets zu Schutz und Trutze brüderlich zusammenhält" gesungen hatten, wollte von dieser Beistandspflicht gegenüber den ostdeutschen Landsleuten nichts mehr wissen. Diese wurden im Hinblick auf ihre Angaben zu Vermögensverlusten im Zuge der Lastenausgleichsverfahren – kaum einer von ihnen hatte Urkunden, Dokumente, Photographien als Nachweis gerettet, oder er war, falls bei der Ausweisung noch vorhanden, bei der „Totalfilzung" ihrer beraubt worden, fast alle waren auf Glaubhaftmachung und evtl.

vorhandene Zeugen angewiesen – landauf, landab sogar verhöhnt, sie seien bekanntlich ja alle Großgrundbesitzer gewesen, hätten ein Rittergut besessen ...

Zudem bestand in weitesten Bevölkerungskreisen die rechtsirrige Vorstellung, es handele sich um eine (nach rechtlichen Kriterien ermittelte) wertgleiche Entschädigung für die Vermögensverluste der Vertriebenen. Die damalige Bundesrepublik hätte eine solche Schuldübernahme zugunsten der Vertreiberstaaten, die das gesamte zurückgebliebene Vermögen der öffentlichen Hand und der Vertriebenen konfisziert hatten, niemals erklärt. Und so heißt es denn im Vorspruch zum mühsam erkämpften Gesetz über den Lastenausgleich (Lastenausgleichsgesetz – LAG) vom 14. August 1952 (BGBl. I, 446) eindeutig gerade auch in Richtung Vertreiberstaaten:

> Vorspruch
>
> In Anerkennung des Anspruchs der durch den Krieg und seine Folgen besonders betroffenen Bevölkerungsteile auf einen die Grundsätze der sozialen Gerechtigkeit und die volkswirtschaftlichen Möglichkeiten berücksichtigenden Ausgleich von Lasten und auf die zur Eingliederung der Geschädigten notwendige Hilfe sowie unter dem ausdrücklichen Vorbehalt, daß die Gewährung und Annahme von Leistungen keinen Verzicht auf die Geltendmachung von Ansprüchen auf Rückgabe des von den Vertriebenen zurückgelassenen Vermögens bedeutet, hat der Bundestag mit Zustimmung des Bundesrates das nachstehende Gesetz beschlossen:
>
> § 1. Die Abgeltung von Schäden und Verlusten, die sich infolge der Vertreibungen und Zerstörungen der Kriegs- und Nachkriegszeit ergehen haben, sowie die Milderung von Härten, die infolge der Neuordnung des Geldwesens im Geltungsbereich des Grundgesetzes einschließlich Berlin

(West) eingetreten sind, bestimmt sich nach diesem Gesetz; die erforderlichen Mittel werden nach Maßgabe dieses Gesetzes aufgebracht (Lastenausgleich).

Trotz mehrerer Änderungen zugunsten der Anspruchsberechtigten ist das Gesetz, mit Blick auf seinen Namen „Ausgleich“, immer eine lex imperfecta geblieben. Lex imperfecta nicht nur im Sinne mangelhafter materieller Ungerechtigkeit durch äußerst ungleiche Verteilung der Lasten zwischen Vertriebenen und Nichtvertriebenen, sondern auch im Hinblick auf die zeitliche Abwicklung der Vermögensabgabe von abgabepflichtigem Vermögen und die Leistungsgewährung an die Anspruchsberechtigten. Betrug bei natürlichen unbeschränkt abgabepflichtigen Personen das der Abgabe unterliegende Vermögen weniger als 35 000,– DM, jedoch nicht mehr als 25 000,–, war es für die Berechnung der Vermögensabgabe um einen Freibetrag von 5000,– DM zu mindern. War es höher als 25 000,– DM, waren je 200,– DM des Mehrvermögens um einen Freibetrag von 100,– DM zu verringern. Der so ermittelte, abzurundende abgabepflichtige Vermögensbetrag war mit einer Vermögensabgabe von 50. v. H. belegt. Diese Abgabeschuld war, zurückgerechnet auf das Jahr 1949, in gleichen vierteljährlichen Teilbeträgen, die eine Tilgung und Verzinsung der Abgabeschuld darstellten, bis zum 31. März 1979 zu entrichten. Die Vierteljahressätze wurden, gestaffelt nach deren Höhe, mit 1,1-1,5 v. H. der Abgabeschuld errechnet. War also die „Schröpfung“ des abgabepflichtigen Vermögens zur Aufbringung der für den „Lastenausgleich“ erforderlichen Mittel äußerst schonend, verfehlte vor allem die weit hinausgezögerte Freigabe der in langwierigen, komplizierten, von Beweisnöten geprägten Verfahren festgesetzten Hauptentschädigung den Gesetzeszweck, außer der Abgeltung von Vertreibungsschäden und anderen kriegs- und nachkriegsbedingten Verlusten „die zur Eingliederung der Geschädigten notwendige Hilfe“ zu gewähren (Vorspruch und § 1 LAG). § 1 LAG sprach sogar expressis verbis „die Milderung von Härten, die infolge der Neuordnung des Geldwesens im Geltungsbereich des Grundgesetzes einschließlich Berlin (West) eingetreten sind", an! Viele unmittelbar Anspruchsberechtigte auf Hauptentschädigung haben deren Freigabe zur Auszahlung nicht mehr erlebt. Die Auszahlung an meinen Vater erfolgte erst 1965, als es für einen Einsatz dieses Eigenkapitals für eine berufskonforme Existenzgründung (Bäckerei, Konditorei) wegen seines fortgeschrittenen Lebensalters von jetzt 66 Jahren längst zu spät war.

Ähnlich verhielt es sich mit den Währungsverlusten nach dem Gesetz über einen Währungsausgleich für Sparguthaben Vertriebener vom 27.3.1952 (BGBl. I, 213). Im Gegensatz zum Umstellungssatz von 10 % für die Sparguthaben Einheimischer sah § 3 des Gesetzes für die Vertriebenenguthaben nur eine Entschädigung in Höhe von 6,5 v. H. des Reichsmark-Nennbetrages des Sparguthabens vor. Das Ausgleichsguthaben war ab 1.1.1952 bis zur Freigabe mit 4 v. H. jährlich zu verzinsen, § 4 Abs. 3.

Ich selbst habe den Kampf um den Lastenausgleich, der zu einer schweren Zerreißprobe für die junge Bundesrepublik zu werden drohte, als Student durch Teilnahme an Kundgebungen begleitet. Zur größten von ihnen am 4. Mai 1952 in Bonn fuhr ich mit einer Abordnung der Göttinger Vertriebenen in einem vom Göttinger Bund Vertriebener Deutscher eingesetzten Bus mit. Auf dem Bonner Marktplatz, der noch von den Ruinen des Bombenkrieges eingefaßt war und auf dem wir dichtgedrängt bis in die Seitenstraßen hinein standen, herrschte eine entschlossene, hochspannungsgeladene Atmosphäre. Darüber gibt der nachstehend wiedergegebene Zeitungsartikel (leider ohne nähere Bezeichnung von Blatt und Datum) Auskunft:

„Wenn es stets zu Schutz und Trutze brüderlich zusammenhält …“

Am Sonntag, dem 4. Mai 1952, sieben Jahre nach dem vom ganzen deutschen Volk gemeinsam verlorenen zweiten Weltkrieg, haben auf dem Marktplatz zu Bonn am Rhein 75 000 Abgesandte der achteinhalb Millionen zurzeit in der Deutschen Bundesrepublik lebenden heimatvertriebenen Ostdeutschen für ihren Rechtsanspruch auf einen gerechten Ausgleich der Kriegsfolgelasten demonstriert. Zwei Tage vor dem Beginn der Debatte im Deutschen Bundestag über das Lastenausgleichsgesetz haben sie noch einmal in betont sachlicher Form den nicht zu überhörenden Appell an die Verantwortlichen der Bundesrepublik Deutschland gerichtet, endlich den innerdeutschen sozialen Friedenszustand wiederherzustellen.

Aus allen Teilen des Bundesgebiets – mit Sonderzügen der Bundesbahn, in Omnibussen, auf Fahrrädern und zu Fuß – trafen die Abgesandten der Heimatvertriebenen in der Bundeshauptstadt ein. Im Gegensatz zu manchen anderen politischen Veranstaltungen in dieser Zeit, bei denen der „Spesenersatz“ aus irgendwelchen dunklen Quellen zu Gepflogenheit geworden ist, trugen die demonstrierenden Heimatvertriebenen die Kosten der Bonner Protestfahrt selbst. In verschiedenen Kreisen Niedersachsens hatten sich z. T. ganze Ortsgemeinschaften des Bundes der vertriebenen Deutschen zusammengetan, um wenigstens einigen Schicksalsgefährten die Fahrt zu ermöglichen.

Unmittelbar vor der Kundgebung regnete es in Strömen. Dennoch wollten sich die Zehntausende nicht von ihrer Demonstration gegen die Verewigung des Unrechts abhalten lassen. Um 2 Uhr mittags bot der Bonner Marktplatz ein überwältigendes Bild. Der Platz reichte nicht aus, um die Massen zu fassen, bis tief in die engen Gassen und Zufahrtsstraßen hinein standen dichtgedrängt die ostdeutschen Menschen. Was niemand für möglich

„Wenn es stets zu Schutz und Trutze, brüderlich zusammenhält . . .“

Foto: Engels (Bonn)

hielt: Die Protestkundgebung des Vorjahrs wurde, was die Teilnehmerzahl anbelangt, noch weit übertroffen.

Wollen und Stimmung der Demonstranten war an den zahlreichen mitgeführten Transparenten deutlich ablesbar. Bezeichnende Beschriftungen waren: „Atlantik-Pakt gen Osten – soziale Waffen rosten!" – „Ohne Heimat und Herd ist Europa nichts wert!" – „Zu Deinen Almosen, Finanzminister, sagen wir nein, mach uns wieder zu Steuerzahlern, dann wird uns beiden geholfen sein!" – „Potsdam heißt Not – wollt Ihr uns rot?" – „Der nächste Wahltag ist Zahltag! Bei den Bundestagswahlen sehen wir uns wieder!" – „Erst Sozialvertrag – dann Generalvertrag!"

Die Liste der Ehrengäste, die der Landesvorsitzende des BVD Nordrhein-Westfalen Dr. Geisler in seiner Eröffnungsansprache begrüßte, war verblüffend kurz. Als einziger Minister von den fast hundert deutschen Nachkriegsministern war der niedersächsische Vertriebenenminister Schellhaus (BHE) erschienen. Der Bundesvertriebenenminister Dr. Lukaschek, der eigentlich der Anwalt der Vertriebenen sein sollte, sprach, wie schon im Vorjahr, durch seine Abwesenheit für sich selbst.

Anliegen und Forderungen der Vertriebenen brachte der 1. Vorsitzende des „Bundes der vertriebenen Deutschen", Abg. Dr. Kather, in einer großen Rede zum Ausdruck. Seine Rede … war frei von jeder Demagogie und zeichnete sich durch nüchterne Sachlichkeit aus. Er stellte noch einmal fest, daß es sich bei dem geplanten Gesetz keineswegs um einen Lastenausgleich handele, sondern höchstens um ein „Gesetz über soziale Hilfsmaßnahmen". Der CDU-Abgeordnete Kather sagte zu dem von seiner eigenen Partei mitgeplanten „Lastenausgleich": „Ich sage zu diesem Gesetz – nein! Komme, was da wolle!"

Er erinnerte mit Recht an die Worte, die der Bundespräsident an derselben Stelle zum Leitmotiv seiner Regentschaft erhob: „Gerechtigkeit erhöhet ein Volk." Keiner, der in jenen Septembertagen des Jahres 1949 die nächtliche Geburtsstunde der Bundesrepublik miterlebte, hätte wohl geglaubt, daß fast drei Jahre später die noch immer entrechteten Ostdeutschen den Bundespräsidenten so deutlich an die Gültigkeit seines Wahlspruchs erinnern müßten …

Die Mai-Demonstration der Heimatvertriebenen war nicht gekennzeichnet durch das Vorbringen radikaler und in der Praxis unerfüllbarer Forderungen. Die vorgetragenen Abänderungswünsche der Heimatvertriebenen für das Lastenausgleichsgesetz lassen sich bei gutem Willen erfüllen! Mancher Zwischenruf jedoch deutete eine Entwicklung an, für die niemand der Sprecher der Vertriebenen mehr die Verantwortung tragen könnte.

Noch war die Kundgebung eine Demonstration für den Frieden im eigenen Volk, noch war sie von einem gesamtdeutschen Verantwortungsbewußtsein getragen. Der Wille zu Gesamtdeutschland kam unüberhörbar zum Ausdruck, als Dr. Geisler die Abordnung der Heimatvertriebenen aus Berlin, der unveräußerlichen Hauptstadt des deutschen Volkes, begrüßte und seine Worte mit tosendem, langanhaltendem Beifall begleitet wurden.

Zum Schluß der Kundgebung sangen die 75 000 die erste und die dritte Strophe des Deutschlandliedes, das zwei Tage später endlich vom Bundespräsidenten wieder zur offiziellen Nationalhymne erklärt wurde. Es war ergreifend, zu hören, wie diese Menschen, die hierher gekommen waren, um für Arbeit, Brot und Wohnung zu demonstrieren: „Blüh‘ im Glanze deines Glückes, blühe deutsches Vaterland!“ sangen, oder: „Wenn es stets zu Schutz und Trutze brüderlich zusammenhält …“

Mußten nicht angesichts eines solchen Beweises echten vaterländischen Wollens die Schreiber jener Flugblätter, mit denen man die Vertriebenen bei ihrer Ankunft in Bonn gleichsam überschüttete, vor Scham erröten? „Tumulte und Demonstrationen bereiten Stalin den Weg!“ Mit dieser Flugblattaufschrift wollte die Bundesregierung oder die Regierungspartei die Vertriebenen vor ihrer Kundgebung warnen. Wie wenig kennen die armen

Schreiberlinge solcher abgedroschenen Phrasen die deutschen Heimatvertriebenen!

Diese Demonstration war auch in ihrer Thematik vielleicht die eindrucksvollste „antibolschewistische Kundgebung", die Bonn je erlebt hat! Weil sie eine kalte Bolschewisierung Deutschlands verhindern wollen, darum demonstrieren die Vertriebenen für die soziale Sicherheit!

Wann wird man endlich begreifen, daß die wirklichen Wegbereiter Stalins ganz woanders sitzen, nämlich da, wo man sich mit Worten zwar antibolschewistisch gebärdet, wo man aber durch seine unverantwortliche Haltung dem Bolschewismus den besten Boden bereitet!

Wer bereitet also in Wirklichkeit Stalin den Weg? Wer den 4. Mai in Bonn mit offenen Augen und wachen Ohren erlebt hat, wird zweifellos viel über diese Frage nachdenken.

Ja, „Tumulte“ und mehr müssen sie wohl befürchtet haben, die Hintermänner der in dem Zeitungsbericht erwähnten Flugblätter. Vielleicht nicht der Berichterstatter, ich habe sie aber vor Beginn der Kundgebung durch die noch vorhandenen Häuserlücken gesehen, die auf der (noch) Koblenzer Straße in langer Kolonne anrollenden Mannschaftswagen der Polizei, ganz offensichtlich hin zu einem Bereitstellungsplatz.

Der Protest auf dem Marktplatz und die von dort ausgehende Warnung an die „Bonner Parteien“ hätte für die Vertriebenen eigentlich ein Ereignis mit Signalwirkung werden müssen. Danach haben sie jedoch ihre ungeheure politische Macht, wenn sie untereinander einig waren und geschlossen auftraten, selbst verspielt. Sie ließen sich parteipolitisch zersplittern, und viele taten das, was der erste Bundeskanzler Dr. Adenauer einmal so formuliert hatte: Nur die allergrößten Kälber wählen ihre Metzger selber. Ihre eigene Parteigründung gegen die „Bonner Parteien“, den Block der Heimatvertriebenen und Entrechteten (BHE), ließen sie trotz und nach den sensationellen Anfangserfolgen, dessen Existenz sie sehr viel an Einfluß und Wiederaufstieg zu verdanken hatten, bei Wahlen immer mehr fallen – nachdem seine beiden Mitbegründer und entscheidenden Führungspersönlichkeiten den BHE verlassen und vom Bundeskanzler Dr. Adenauer in seinem Kabinett Ministerposten erhalten hatten. Dr. Adenauer wurde zum Idol vieler Vertriebener, zumal in der Führung ihrer Verbände, obwohl er sein Versprechen in seiner ersten Regierungserklärung gebrochen hatte, die Weltöffentlichkeit über das Vertreibungsverbrechen aufzuklären, im Gegenteil eine Politik der Zweideutigkeiten = Eindeutigkeiten betrieb und den anschwellenden Gebietsverzichtstendenzen nicht entgegentrat, sondern ungehindert freien Lauf ließ. Mitteldeutschland war in seinem Sprachschatz die „Ostzone“. In der Ausschließlichkeit der von ihm betriebenen „Westintegration“ war für eine austarierte und offensive Wiedervereinigungspolitik kein Platz.

Die Hauptentschädigung meines Vaters

Sein Königsberger Grundvermögen

Eckhaus Schrötterstr. 87/Gustloffstr. 1 und Betriebsvermögen

Die vom Ausgleichsamt des Landkreises Nienburg/W. errechnete Hauptentschädigung nach Maßgabe des 19. Änderungsgesetzes zum LAG betrug laut Bescheid vom 10.4.1969 22 000,– DM incl. Zinszuschlag von 1 v. H. für jedes angefangene Vierteljahr seit dem 1. Januar 1953, wobei der Verzinsung die durch mehrfach geänderte Bescheide geänderten und jeweils erhöhten Grundbeträge zugrunde gelegen haben. Der im ersten Teilbescheid vom 4. Juli 1957 ausgewiesene Grundbetrag betrug 9350,– DM. Bemerkenswert bleibt, daß der Feststellung der Höhe des Vertreibungsschadens die z. T. fiktiv errechneten Einheitswerte von Grundvermögen und Betriebsvermögen zugrundegelegt worden sind. Für Grundvermögen (in allen Bescheiden unverändert geblieben) 83 900 RM – die Rohbaukosten (ohne Nebenkosten wie Löhne und Installationen) betrugen nach der von Vaters Königsberger Architekten Rudolf Pries als Lastenausgleichsunterlage dezidiert erstellten Kostenermittlung vom 10. August 1955 mehr als das Doppelte: 165 500,– RM. Das Betriebsvermögen – u. a. ein dreigeschossiger Werner & Pfleiderer (Stuttgart)-Dampfbackofen mit ausfahrbarem Untergeschoß, Teigknet- und Teilmaschinen, eine spezielle Pumpernickelmaschine, Gasflammofen für Königsberger Randmarzipan, massive Arbeitstische und Beuten (hölzerne Tröge, in denen z. B. langreifender Pfefferkuchenteig aufbewahrt wurde), Speiseeis- und Tiefkühlaggregate, die gesamten Vorratslagerraum- und Ladeneinrichtungen – soll laut erster Schadensfeststellung vom 4. Juni 1957 nur 9000,– RM betragen haben! Sie ist dann laufend geändert, im letzten Änderungsbescheid vom 10. Oktober 1963 auf immerhin – aber weiterhin absolut unterbewertet – 15 950 RM erhöht worden.

Die für das Grund- und Betriebsvermögen festgestellten Werte sind durch LAG-Umrechnungsfaktoren und „sozial“ indizierte Zuordnung zu mehrfach geänderten „Schadensgruppen“ heruntergerechnet, in geringem Maße aber auch wieder heraufgesetzt worden, so daß sich am Ende der bereits genannte LAG-Schaden von 22 000,– DM ergab. Vorher war mein Vater durch Gesamtbescheid vom 29.11.1963 ein Schadensbetrag von 19 910,– DM zuerkannt worden, von dem nach Verrechnung mit einem Existenzaufbaudarlehen vom 26.7.1950 in Höhe von 5051,59 DM, eines Rückforderungsanspruchs von 569,– DM wegen „überzahlter“ Ausbildungshilfe (siehe weiter unten), einer Barzahlung wegen „dringenden Notstandes“ (Beschaffung von Aussteuer – wohl Zahlung an Schwester Heilwig als später Lohn für ihre Mithilfe in Vaters Einzelhandelsgeschäft) einerseits und Hinzurechnung von Zinsen für die Zeit vom 1.1.1953 bis 30.9.1962 in Höhe von 5482,19 DM lt. Rechenwerk des Ausgleichsamtes Landkreis Nienburg/Weser vom 29.1.1964 zu diesem Zeitpunkt ein Auszahlungsrest von 14 840,68 DM verblieb. Er ist dann mit Schreiben des Ausgleichsamtes vom 12.5.1964 durch Hinzurechnung weiterer Teilbeträge auf 15 754,26 DM und nochmals durch Bescheid vom 19.2.1965 auf 16 521,69 DM erhöht worden und in diesem Jahr, in dem mein Vater in seinem 66. Lebensjahr stand, nach einer generellen Weisung des Bundesausgleichsamtes über die Erfüllung des Anspruchs auf Hauptentschädigung bei Erreichung dieses Lebensalters – endlich! – an meinen Vater ausgekehrt worden. Mein Vater hat ihn dann 1966 für den zweiten Hausneubau in seinem Leben in Leese/Weser, Waldstr. 6, eingesetzt. Als dann letztendlich ein Bescheid vom 10.4.1969 den im Gesamtbescheid vom 29.11.1963 festgesetzten Anspruch auf Hauptentschädigung in Höhe von 19 910,– DM auf 22 000,– DM erhöhte, ließ mein Vater den Differenzbetrag von 2090,– DM zur Verbesserung seiner geringen Rente in eine etwa für die Dauer von zehn Jahren zu gewährende Unterhaltshilfe nach dem LAG umwandeln. Seine Angestelltenrente betrug für ihn und meine Mutter 1969 339,80 DM abzüglich 6,80 DM Krankenversicherung, also 333,– DM monatlich ... Der monatliche Unterhaltshilfebetrag ließ sich nicht mehr feststellen, dürfte aber nicht überragend hoch gewesen sein.

In einem außergerichtlichen Widerspruchsverfahren gegen die letztendliche Zinsberechnung habe ich meinen Vater – erfolglos – vertreten.

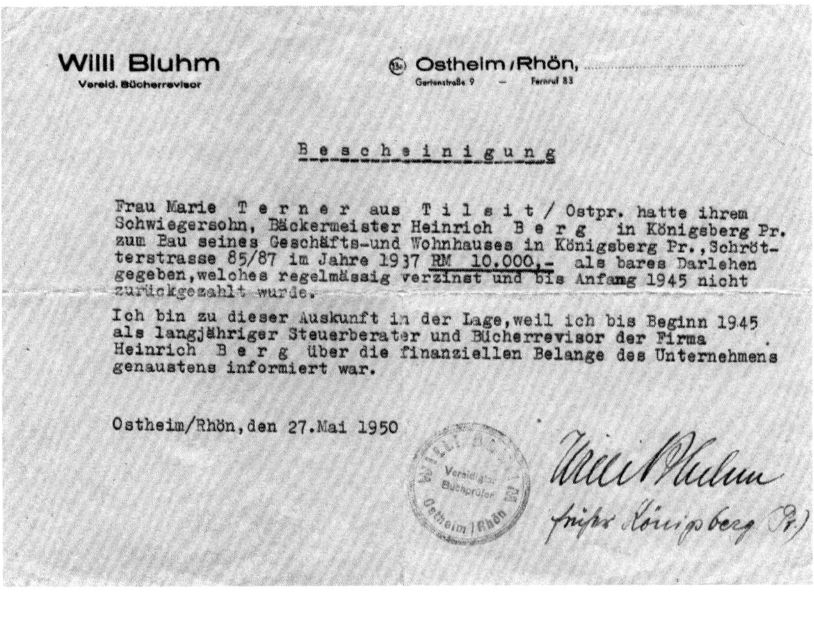

Willi Bluhm
Vereid. Bücherrevisor

Ostheim/Rhön,
Gartenstraße 9 – Fernruf 83

B e s c h e i n i g u n g

Frau Marie T e r n e r aus T i l s i t / Ostpr. hatte ihrem Schwiegersohn, Bäckermeister Heinrich B e r g in Königsberg Pr. zum Bau seines Geschäfts-und Wohnhauses in Königsberg Pr., Schrötterstrasse 85/87 im Jahre 1937 RM 10.000,- als bares Darlehen gegeben, welches regelmässig verzinst und bis Anfang 1945 nicht zurückgezahlt wurde.

Ich bin zu dieser Auskunft in der Lage, weil ich bis Beginn 1945 als langjähriger Steuerberater und Bücherrevisor der Firma Heinrich B e r g über die finanziellen Belange des Unternehmens genaustens informiert war.

Ostheim/Rhön, den 27. Mai 1950

Vereidigter Bücherprüfer Ostheim/Rhön

Willi Bluhm
früher Königsberg (Pr.)

Bescheinigung von Willi Bluhm über Darlehen in Höhe von 10 000 RM

Unser schönes Zuhause, im Wohnzimmer Straßenseite Schrötterstraße. Vor dem Kamin aus Meißener Kacheln. Auf dem Schoß meines Vater die jüngeren Schwestern. Auf dem Parkettfußboden Karin und ich.

Rückseite Eckhaus Gustloffstr. 1, im Hintergrund Bohnenlaube der Mieter Woede

Auf der linken Balkonseite mein Zimmer, Terrasse zum Garten, davor Kellereingang

Auf dem Bürgersteig Gustloffstraße wahrscheinlich Kinder von Fleischereipächter Neubert

Im Eckhaus Gustloffstr. 1, unter der Mietwohnung Woede

Aufnahme nach dem britischen Terrorangriff in der Nacht des 29./30. August 1944

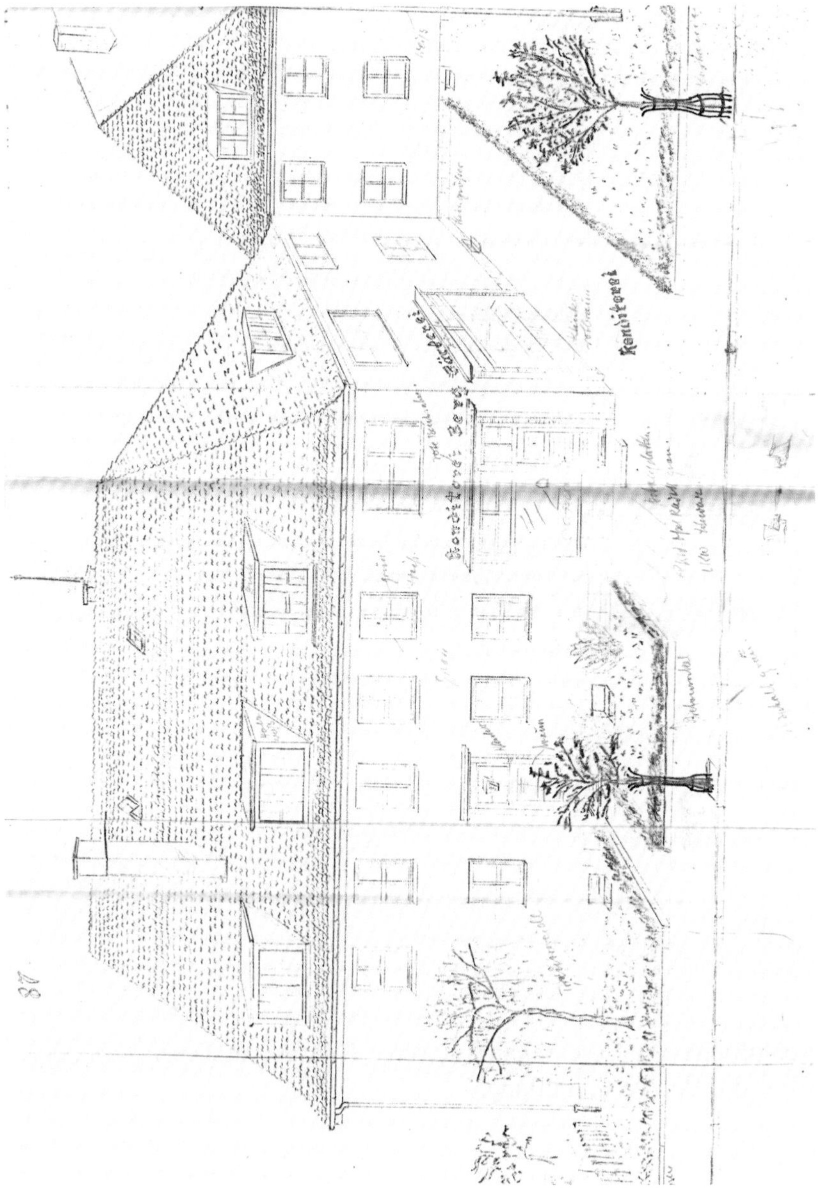

Zeichnung Eckhaus Schrötterstr. 87 / Gustloffstr. 1; Architekt und Jagdaufseher Rudolf Herrenkind.

-7-

Im Lastenausgleich erfaßt. Ausgleichsamt Diepholz X NI 52/107

B17

Beerensträuchern,einer Himbeerhecke und Staudengewächsen besetzt.Er ist vom übrigen Hofraum durch eine besondere Einfriedigung abgetrennt.

Bauausführung:

Die Bauausführung erfolgte durch in Königsberg(Pr,) ansäßige Handwerksfirmen und wird als sehr gut und handwerksgerecht bezeichnet.Die Bauzeit betrug rd. 10 Monate.

h. Planung und Bauleitung: Die Planung und Bauleitung lag in den Händen des Architekten Rudolf H.Pries früher Königsberg(Pr.) Hornstr.3.(jetzt Dortmund,Kolmarerstr.10)

i. Baukosten: Die Baukosten betrugen nach beiliegender Baukostenermittlung

rd: 177.500.- RM

Aufgestellt:

Dortmund,d. 10 August 1955

Rudolf H. Pries

Architekt.

Schlußseite der Beschreibung unseres Hauses durch den Architekten Pries mit Bauwertermittlung.

Die Ausbildungshilfe nach dem LAG – mit Sand im Getriebe und Motorstillstand

Für die Frage der Finanzierung meines Studiums bleibt festzuhalten, daß meinem Vater bis zu dessen Abschluß im August 1956 noch lange keine Geldmittel aus seinem LAG-Anspruch auf Hauptentschädigung zur Verfügung standen, selbst wenn er sie zu meiner Unterstützung hätte einsetzen wollen. Die erste Schadensfeststellung und -berechnung datierte ja vom 4. Juni 1957, als ich bereits zehn Monate vorher mein Studium beendet hatte.

Meinen Geldbedarf im ersten Semester (WS 1951/52), Lebensunterhalt, Miete, Studiengebühr, Lernmittel, Wäschereinigung, Minimalanschaffungen an Kleidung, hatte ich im wesentlichen aus den Rücklagen aus meinem rd. sechsmonatigen Verdienst bei der Firma Groz & Beckert in Ebingen/Württ. von etwa 600,– DM bestreiten können. Hinzu kamen ganz gelegentliche Lebensmittelpakete von meiner Mutter und Geldüberweisungen von Vater auf dem Postweg (ein Konto besaß ein Student damals in der Regel nicht, Hannelotte machte da schon eine Ausnahme, für die Geldzustellung gab es mindestens anfangs noch eigens einen Geldbriefträger) in der zweiten Semesterhälfte von 190,– DM, so daß ich einigermaßen glimpflich „über die Runden" kam. Mittlerweile war auch das Soforthilfegesetz in Kraft getreten, auf Grund dessen Ausbildungshilfe gewährt werden konnte. Aber es erwies sich als Rohrkrepierer, „wo nichts ist", hatte nach einer damals noch geläufigen Redensart „auch der Kaiser sein Recht verloren". Der Bescheid des Soforthilfeausschusses Göttingen vom 23.1.1952 (im folgenden abgelichtet) ist der Beleg dafür.

„Bescheidener" sah es für mich dann schon im zweiten Semester (SS 1952) aus. Ich hatte in den vorausgegangenen Semesterferienmonaten ja nur von März bis Mai 1952 bei Zeiß & Winkel in Göttingen mit einem Nettoarbeitslohn von rd. 400,– DM

9X

–126–

Der Soforthilfeausschuß

Aktenz.: 433/51

Göttingen, den 23.1.1952 195..
O./He.

Herrn/~~Frau~~ Fritjof B e r g

Göttingen

Gaußstr.8 Platz/Straße Nr.
bei Frau Weber

Bescheid

Auf Ihren Antrag vom .... hier eingegangen am ....
auf **Gewährung von Ausbildungshilfe** nach dem Soforthilfegesetz (SHG), für Sie – für Ihren Sohn – Ihre Tochter – .... hat der Soforthilfe-Ausschuß für den – Stadt- ~~Land~~ – Kreis Göttingen in seiner Sitzung am 14.12.51 beschlossen:

Der Antrag wird abgelehnt.

Gründe:

Der Antrag wird abgelehnt, weil Mittel zur Bewilligung nicht ausreichend zur Verfügung stehen.

Dem Antrag konnte daher nach den Bestimmungen des Soforthilfegesetzes nicht entsprochen werden.

Gegen diesen Bescheid ist ein Rechtsmittel nicht gegeben. Sie können jedoch schriftlich die Entscheidung des Beschwerdeausschusses beim Landesamt für Soforthilfe in Hildesheim anrufen, wenn Sie beweiserhebliche Tatsachen dafür vorzubringen vermögen, daß der Bescheid auf einem Ermessensmißbrauch beruht.

I.A.

(Klapprott)

Bestell-Nr. SH 87. Ablehnungsbescheid (Jugendausbildungshilfe).
Vordruckverlag Otto Schwartz & Co., Göttingen.

Der Ablehnungsbescheid vom 23.1.1952

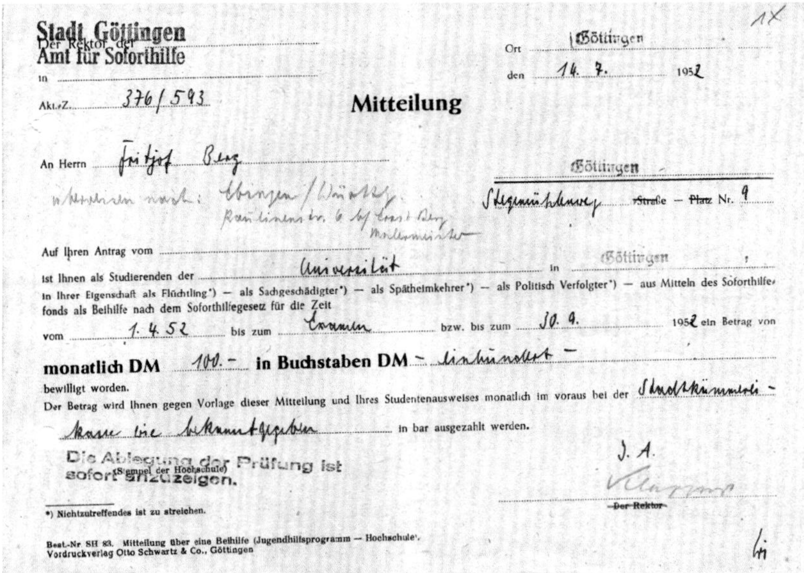

Stadt Göttingen
~~Der Rektor der~~
Amt für Soforthilfe
in

Ort Göttingen
den 14. 7. 1952

Akt.-Z. 376/593

Mitteilung

An Herrn Fritjof Berg

Göttingen

Stegemühleweg ~~Straße~~ — ~~Platz~~ Nr. 9

Auf Ihren Antrag vom

ist Ihnen als Studierenden der Universität in Göttingen,
in Ihrer Eigenschaft als Flüchtling*) — als Sachgeschädigter*) — als Spätheimkehrer*) — als Politisch Verfolgter*) — aus Mitteln des Soforthilfefonds als Beihilfe nach dem Soforthilfegesetz für die Zeit
vom 1. 4. 52 bis zum Examen bzw. bis zum 30. 9. 1952 ein Betrag von

monatlich DM 100.– in Buchstaben DM – einhundert –

bewilligt worden.
Der Betrag wird Ihnen gegen Vorlage dieser Mitteilung und Ihres Studentenausweises monatlich im voraus bei der Stadtkämmerei-kasse wie bekanntgegeben in bar ausgezahlt werden.

Die Ablegung der Prüfung ist sofort anzuzeigen.
(Stempel der Hochschule)

I. A.
~~Der Rektor~~

*) Nichtzutreffendes ist zu streichen.

Best.-Nr SH 83. Mitteilung über eine Beihilfe (Jugendhilfsprogramm — Hochschule).
Vordruckverlag Otto Schwartz & Co., Göttingen

Und dann begann der tote Gesetzesbuchstabe doch noch zu leben ...

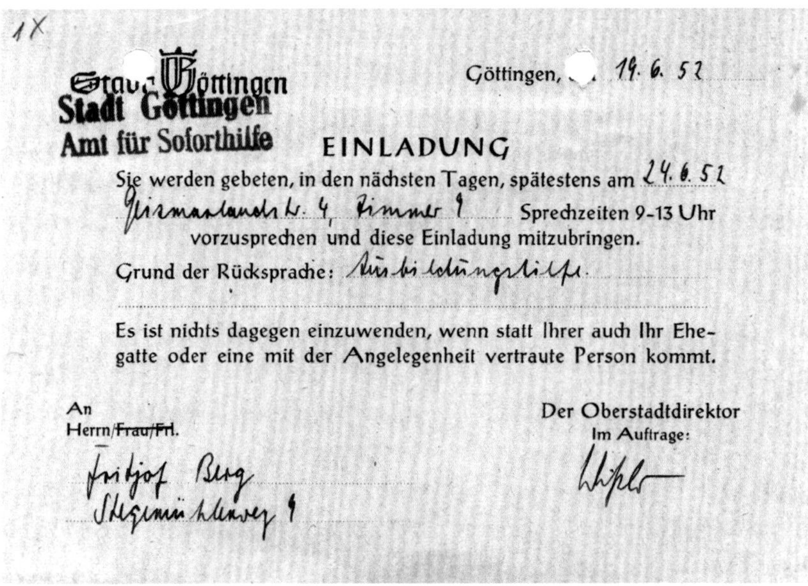

Stadt Göttingen
Amt für Soforthilfe

Göttingen, 19. 6. 52

EINLADUNG

Sie werden gebeten, in den nächsten Tagen, spätestens am 24. 6. 52
Geismarlandstr. 4, Zimmer 9 Sprechzeiten 9–13 Uhr
vorzusprechen und diese Einladung mitzubringen.

Grund der Rücksprache: Ausbildungshilfe.

Es ist nichts dagegen einzuwenden, wenn statt Ihrer auch Ihr Ehegatte oder eine mit der Angelegenheit vertraute Person kommt.

An
Herrn/~~Frau/Frl.~~
Fritjof Berg
Stegemühleweg 9

Der Oberstadtdirektor
Im Auftrage:

Einladung ins Amt für Soforthilfe der Stadt Göttingen

gearbeitet, diesmal aber ohne verwandtschaftliche Mithilfe meiner Ebinger Verwandten, meinen Lebensunterhalt auch in dieser Zeit also ganz allein getragen. Von meinem Vater erhielt ich in den Semestermonaten Mai bis August 230,– DM. Zwar wurde mir diesmal tatsächlich eine Beihilfe nach dem Soforthilfegesetz von monatlich 100,– DM für die Zeit vom 1.4. bis zum 30.9.1952 bewilligt, aber der Bescheid hierüber erging erst am 14.7.1952, so daß ich bis dahin, mit eher noch höheren Aufwendungen als im Wintersemester, ziemlich zu „knapsen" hatte. (Unter anderem waren das Abonnement der Frankfurter Allgemeinen Zeitung und wohl auch schon des Ostpreußenblatts hinzugekommen.) Die Auszahlung erfolgte lt. Bescheid bei der Stadtkämmereikasse Göttingen „im voraus" für die Monate April bis Juli, aber, wie wir gesehen haben, nur auf dem Papier. Mein Vater hatte mir in dieser Zeit, außer wahrscheinlich mit ein paar von meiner Mutter gepackten Paketen, mit einem Betrag von zusammen 230,– DM geholfen.

Die Zahlung der danach folgenden Ausbildungshilfen bis zum Studienabschluß Ende August 1956 erfolgte nach § 302 des Lastenausgleichsgesetzes vom 14. August 1952 (BGBl. I, 446) und den hierzu ergangenen Weisungen bzw. Ausführungsbestimmungen. Während aber das spätere Bundesausbildungsförderungsgesetz (BAföG) in § 1 einen Rechtsanspruch auf individuelle Ausbildungsförderung nach Neigung, Eignung und Leistung gewährte – und dies nach § 8 BAföG nicht nur für Deutsche im Sinne des Grundgesetzes, sondern auch für als Asylberechtigte anerkannte heimatlose Ausländer und andere Gruppen von Ausländern unter bestimmten, erleichterten Voraussetzungen –, handelte es sich bei § 302 LAG um eine Kannbestimmung: „Zur weiteren wirtschaftlichen und sozialen Förderung im Wege der Berufsausbildung Jugendlicher ... können zugunsten von Geschädigten (§ 229) ... Mittel in der durch dieses Gesetz begrenzten Höhe bereitgestellt werden." Teil I § 1 Abs. 1 und 2 der Weisung über die Ausbildungshilfe bestätigt noch einmal den Rechtscharakter von § 302 LAG als Kannbestimmung: „Ein Rechtsanspruch auf Ausbildungshilfe besteht nicht“, und Abs. 1 knüpfte ihre Gewährung noch an einen vorgegebenen fiskalischen Rahmen: „Nach Maßgabe der verfügbaren Ausgleichsmittel können auf Grund des § 302 LAG Beihilfen zur Berufsausbildung ... gewährt werden.“

Antragsberechtigt war nach Teil I § 3 dieser Weisung mein Vater als Geschädigter i. S. des LAG und Unterhaltsverpflichteter, nach einer Durchführungsbestimmung hierzu auch ich selbst, da ich bereits das 21. Lebensjahr vollendet hatte. Ich habe von meiner Antragsbefugnis durchgehend Gebrauch gemacht, während Antragsteller für Zwillingsschwester Karin meistens offenbar mein Vater war.

Das Bewilligungsverfahren war kompliziert und zu Lasten von Karin und mir zeitraubend. Nach den Verwaltungsrichtlinien zu § 302 LAG hatte ich als erstes meine Vertriebeneneigenschaft mit ständigem Aufenthaltsort vor dem 31.12.1950 im Bundesgebiet nachzuweisen, was natürlich unproblematisch war.

Gemeinde Leese
Der Gemeindedirektor

Leese, den 21. Mai 1952.
Kr. Nienburg-Weser
Telefon 356

B e s c h e i n i g u n g

Zur Vorlage bei dem Amt für Soforthilfe wird Herrn Fritjof B e r g, geb. am 9.6.1931, hierdurch bestätigt, dass er Flüchtling A im Sinne des Soforthilfegesetzes ist und am 21.Juni 1948 im Währungsgebiet (Leese/Weser, Krs.Nienburg) gewohnt hat.

Der Gemeindedirektor
i. A. Jolka.

Sodann war von Antragstellung zu Antragstellung darzutun, daß u. a. meine persönlichen Verhältnisse, die wirtschaftlichen und sozialen, sowie die Führung, Befähigung und Leistung des Auszubildenden die Aussicht bieten, daß eine abgeschlossene Ausbildung erreicht wird, was routinemäßig erfolgte. Dagegen erforderte der Nachweis meines und des Unvermögens meines Vaters, die mit der Ausbildung zusammenhängenden Kosten – es waren dies meine bzw. Karins, nach im einzelnen aufgegliederten Aufwendungsarten wie „Schulgeld", Lernmaterial, Kosten der Heimfahrt zu den Eltern, „Taschengeld" unter Berücksichtigung u. a. von Lebensalter und Art der Ausbildung, bemessenen „notwendigen" Ausbildungskosten sowie unser jeweiliger Lebensunterhalt, „bei freier Unterbringung ... außerhalb der Familie ein Betrag in Höhe des Richtsatzes eines Alleinstehenden und des Richtsatzes eines gleichaltrigen Haushaltsangehörigen sowie die einfache Miete" – aus eigenen Mitteln zu bestreiten, bisweilen schon etlichen „Papierkram". Denn Vaters Einkommen, sprich Gewinn aus seinem Einzelhandelsgeschäft, war ja nicht statisch und im voraus schon gar nicht zu „belegen". Es sollte dann der Einkommensteuerbescheid des Finanzamts für das Vorjahr oder, sofern noch keine Veranlagung vorgenommen war, eine Bestätigung des Finanzamts über die Anmeldung der für das Vorjahr zu versteuernden Einkünfte eingereicht werden.

Die Anträge auf Gewährung einer Ausbildungshilfe waren bei dem für den Wohnsitz der Eltern zuständigen Ausgleichsamt zu stellen, für Karin und mich also beim Ausgleichsamt des Landkreises Nienburg/Weser. Dieses hatte eine Ausfertigung der uns betreffenden Anträge nach Prüfung des Unvermögens der Eltern sowie von Karin und mir zur Tragung unserer Ausbildungskosten an das für unseren Ausbildungsort zuständige Ausgleichsamt zur weiteren Bearbeitung und Entscheidung weiterzuleiten, also an die Ausgleichsämter Hannover bzw. Göttingen. Diese stellten dann den Ausbildungsbedarf jedes einzelnen von uns beiden getrennt fest, jedoch unter Anrechnung eines evtl. von „Nienburg“ ermittelten für Vater sich ergebenden Unterstützungsbetrages, dessen Aufteilung zwischen Karin und mir dann wohl zwischen „Hannover“ und „Göttingen“ abgestimmt werden mußte. Oft blieben deshalb die zu leistenden Zahlungen trotz rechtzeitiger Antragstellung für den nächsten Bewilligungezeitraum monatelang ganz aus, so daß wir mangels auch nur annähernd ausreichender Unterstützungsfähigkeit meines Vaters zu ständigem Schuldenmachen gezwungen waren, um damit den laufenden Lebensunterhalt und auch schon aufgelaufene Schulden zu bezahlen.

Dies ging auf meiner Seite, wie für das Sommersemester 1952 geschildert, zunächst noch „stukerig“, aber nicht für die Fortsetzung des Studiums bedrohlich. Ebenfalls noch im Sommersemester 1953, vor dem ich ja nochmals und für ein letztes Mal im März und April bei Groz & Beckert in Ebingen gearbeitet hatte und dadurch für den Semesteranfang noch über einen „Grundstock“ verfügte. Der Bewilligungsbescheid des Lastenausgleichsamtes Göttingen auf meinen Antrag vom 17. März datierte immerhin „schon“ vom 19. Juni. Er sprach mir für die Monate April bis September eine monatliche Beihilfe von 110,– DM zu, desgleichen der Bescheid vom 16. November für die Zeit von 1.10.1953 bis 31.3.1954. Dieser Betrag war natürlich nicht auskömmlich. Er beruhte auf der Einkommensermittlung für meinen Vater, der ein Umsatz im Jahre 1952 zugrunde lag, der 1953 und in allen Folgejahren wegen Aufgabe eines Zweiggeschäfts meines Vaters in der Leeser Wohnsiedlung Uhlenberg bei weitem nicht mehr erzielt wurde (die sich hieraus ergebenden Weiterungen und Rechtsstreitigkeiten werden uns noch näher beschäftigen). Für das Sommersemester 1953 und das Wintersemester 1953/54 sind keine etwaigen Postüberweisungsabschnitte von meinem Vater und meiner Großmutter nachweisbar, so daß angesichts der ansonsten beinahe lückenlosen Nachweise über den geldlichen Ablauf meiner Studentenzeit davon auszugehen ist, daß es in dieser Zeit auch keine Geldüberweisungen von beiden an mich gegeben hat. Ich war im Juli 1953, erneut im Februar 1954 und dann in immer dichterer Folge gezwungen, beim Akademischen Hilfswerk oder beim Allgemeinen Studentenausschuß Darlehensbeträge von 50,– DM aufzunehmen, die dann in Monatsfrist zurückzuzahlen waren.

Mit der Einstellung der bis zum 31. März 1954 bewilligten Zahlung von Ausbildungshilfe und deren Wiederaufnahme erst am Ende des Sommersemesters 1954 trat für Karin und mich eine Lage ein, die nicht anders denn als Katastrophe bezeichnet werden kann. Von Vaters Zahlungen an mich liegen für diesen Zeitraum lediglich zwei Postanweisungsabschnitte vom 8. Juni über 20,– DM (der 9. Juni war mein Geburtstag) und vom 25. Juni über 50,– DM vor. Mein Notizbuch 1954 enthält dieses (vollständige?) „Schuldenregister", das ich den Lesern nicht vorenthalten möchte und das keiner weiteren Worte bedarf (wenn angegeben, erstes Datum „Anpumpdatum"/Kreditaufnahme, zweites Datum Rückzahlung): 20.4. 100,– Tante Maria, 5.10; 27.4. 50,– Akademisches Hilfswerk, 6.8.; Schulz 10,– 17.7., ...; S. (?) 150,– , M. (?) 20,–; S. 130,– 3.5., 40,– = 170,–; Wollermann 4.5., 26.5.; 5,– Klaus Wisotzki 11.5., 15.5.; 2,– Ulli 24.5., ...; 14.5. Akademisches Hilfswerk 50,–, 6.8.; 1.6. ... Dieter Rondeck, ...; 2.6. 100,– Landsmannschaft, 6.8.; 8.6. 50,– „Hamburg", ...; 11,– Horst Wollermann 21.6., 26.6.; 5,– Parplies 21.6., 15.7.; 19.6. 50,– Akademisches Hilfswerk, 6.8.; ... 10,40 Busse, 6.8.; 24.6. 2,80 Klaus Wisotzki, 29.6.; 12.7. 10,– Horst Wollermann, 15.7.; 15.7. 30,– Wollermann, 6.8.; 16.7. 10,– Wisotzki, 6.8.; 2-6.7. 1,50 und 28.7. 5,– Gerd Brausch, ...; ... 1,80 Kurt Fromm, 10.10.; 2.8. 10,– Wollermann, 6.8.

Das immer wieder genannte Datum des 6. August erklärt sich daraus, daß mir mit Bescheid des Ausgleichsamtes Göttingen zunächst 91,– DM Ausbildungshilfe monatlich ab 1.4. bis zum

31.3.1955 bewilligt worden waren und die Auszahlung am 6. August in der Rathaushalle erfolgt war.

Ich hatte die Fortsetzung der Beihilfezahlung am 15. April beantragt, Karin wohl noch eher. Da auch Ende Juni immer noch kein Bescheid vorlag und somit auch keine Zahlung erfolgt war, wurde mein Vater am 28. Juni beim Ausgleichsamt Nienburg vorstellig, um sich nach dem Sachstand zu erkundigen und auf Beschleunigung der Sache zu dringen. Noch am gleichen Tage teilte er dem Ausgleichsamt Hannover schriftlich mit, er habe in Nienburg festgestellt, daß der Karin betreffende Antrag „am 21.4. nach Hannover abgegeben worden ist“ und den Vermerk trägt, „daß auch für meinen Sohn Fritjof Ausbildungsbeihilfe beantragt ist“. Dem Ausgleichsamt Göttingen schrieb mein Vater in der Sache gleichlautend, daß mein Antrag „am 3.5.54 nach Göttingen abgegeben worden ist und den Vermerk trägt, daß für meine Tochter Karin ebenfalls Ausbildungshilfe beantragt ist“. Auf meine Sachstandsanfrage beim Ausgleichsamt Nienburg vom 29.6.54 erhielt ich von dort eine schriftliche Bestätigung dieser Auskunft vom 6.7.1954. Vaters Schreiben vom 28. Juni nach Hannover und Göttingen schlossen gleichlautend mit dem Hinweis:

> „Ich selbst bin nicht in der Lage, meiner Tochter (bzw. meinem Sohne) Zuwendungen irgendwelcher Art zu machen, da ich kein Vermögen besitze. Ich bitte Sie, diese Eingabe zu berücksichtigen und sofort die Bewilligung des Antrages für meine Tochter (bzw. für meinen Sohn) auszusprechen und auch die Höhe der Unterstützung so zu bemessen, daß ihr (bzw. sein) Studium nicht gefährdet wird.“

Was nun folgte, war eine behördliche Schmierenkomödie, die in einer „Bananenrepublik“ hätte ablaufen können, aber doch nicht in deutschen Verwaltungsbehörden, in denen viele Beamte/Angestellte zu jener Zeit immer noch „preußisch“ geprägt waren. Karin begab sich am 29. Juni zum Ausgleichsamt Hannover, um auch ihrerseits eine beschleunigte Bearbeitung ihres Antrags zu bewirken. Das Ergebnis ihrer Vorsprache teilte sie mir noch am gleichen Tage auf offener Postkarte mit: „Von Deinen Antrag weiß man hier nichts.“ In der gleichen Absicht, eine Beschleunigung in meiner eigenen Sache herbeizuführen, hatte ich meinerseits das Ausgleichsamt Göttingen aufgesucht – und von dort ebenfalls die Auskunft erhalten, man habe von der Antragstellung meiner Schwester keine Kenntnis und vom Ausgleichsamt Nienburg auf Anfrage die Auskunft erhalten, daß dort kein Antrag meiner Schwester vorliege. Diese Auskunft sei auf meinem Antrag vermerkt. Deshalb könne über meinen Antrag nicht entschieden werden. Die Karin und mir erteilten Auskünfte widersprechen somit diametral der meinem Vater mündlich und dann schriftlich mir erteilten Auskunft des Amtes Nienburg über unsere Antragstellung. An einer oder sogar mehreren Stellen wurde somit eindeutig gelogen! Hinzu kam, daß „Göttingen“ von mir eine Bescheinigung über die Antragstellung meiner Schwester verlangt hatte, Karin mir aber auf der vorerwähnten Postkarte mitteilen mußte, daß sowohl „Nienburg“ als auch „Hannover“ sich weigerten, eine solche Bescheinigung auszustellen.

Die erforderlichen Richtigstellungen zur Beseitigung der Verfahrenshindernisse veranlaßten mich zu Eingaben an das Ausgleichsamt Göttingen und danach an den Niedersächsischen Minister für Vertriebene, Flüchtlinge und Kriegssachgeschädigte von 7. bzw. 21.7.54. Es gab für uns nur den Schriftweg, da weder Vater noch Karin noch ich damals aus Geldgründen an die Anschaffung eines Telephons auch nur hätten denken können. Um dem Ersuchen um umgehende Bescheidung nochmals Nachdruck zu verleihen, schrieb ich beiden Dienststellen (hier aus beiden Schreiben zusammengefaßt):

> „Da die letzte Ausbildungsbeihilfe im März gezahlt wurde, ich sonstige Zuschüsse nicht erhalten kann und trotz rechtzeitiger Einreichung meines Antrags bislang keinen

Zahlungstermin in Aussicht habe, wird meine Lage immer unerträglicher. Es ist für mich und meine Kommilitonen unzumutbar, diese weiterhin (seit April) für Geldkredite in Anspruch zu nehmen. Wegen meines Unvermögens zur Zahlung der fälligen Studiengebühren kann ich mein Studienbuch nicht zurückerhalten. Die Hinauszögerung der Geldzahlung bis Semesterende kann die Beibringung der zur Anerkennung des Semesters erforderlichen Testate unmöglich machen."

Hierauf erhielt ich den Zwischenbescheid des Landesvertriebenenministeriums vom 30.7.54. (Ein weiteres Schreiben von mir an das Ministerium vom 4.8.54 enthält Richtigstellungen von mir zu der vorher irrtümlich verneinten Unterstützungsbedürftigkeit meiner beiden jüngsten Geschwister durch meinen Vater; ein Antwortschreiben des Ministeriums hierauf vom 19.8.54 weist auf die Berücksichtigungsfähigkeit dieses Umstands gegen Vorlage der entsprechenden Nachweise hierzu und zu anderen Punkten hin.)

Es erscheint jedoch äußerst fraglich, ob meine Eingabe vom 21. Juli bewirkt hat, daß „schon" am 22.7.1954 ein Bewilligungsbescheid des Ausgleichsamtes Göttingen über die Weiterbewilligung von Ausbildungshilfe vom 1.4.1954 bis zum 31.3.1955 erging. Denn selbst bei Eingang meiner Eingabe am 22. Juli im Ministerium und evtl. Anordnung einer sofortigen Vorgesetzten-Rücksprache sowie sofortigen Weisung an „Göttingen" hätte ein solcher Verwaltungsablauf nicht die Ausfertigung eines Bescheides mit Datum des 22. Juli bewirken können (wenn das Datum echt ist).

Allerdings lautete die Bewilligung auf den völlig unzureichenden Betrag von monatlich 91,– DM, und die dann bereits um vier Monate (!) verspätete Zahlung sollte – siehe Eintragung auf dem nachfolgend abgelichteten Bescheid in der unteren rechten Ecke – auch erst am 6. August erfolgen.

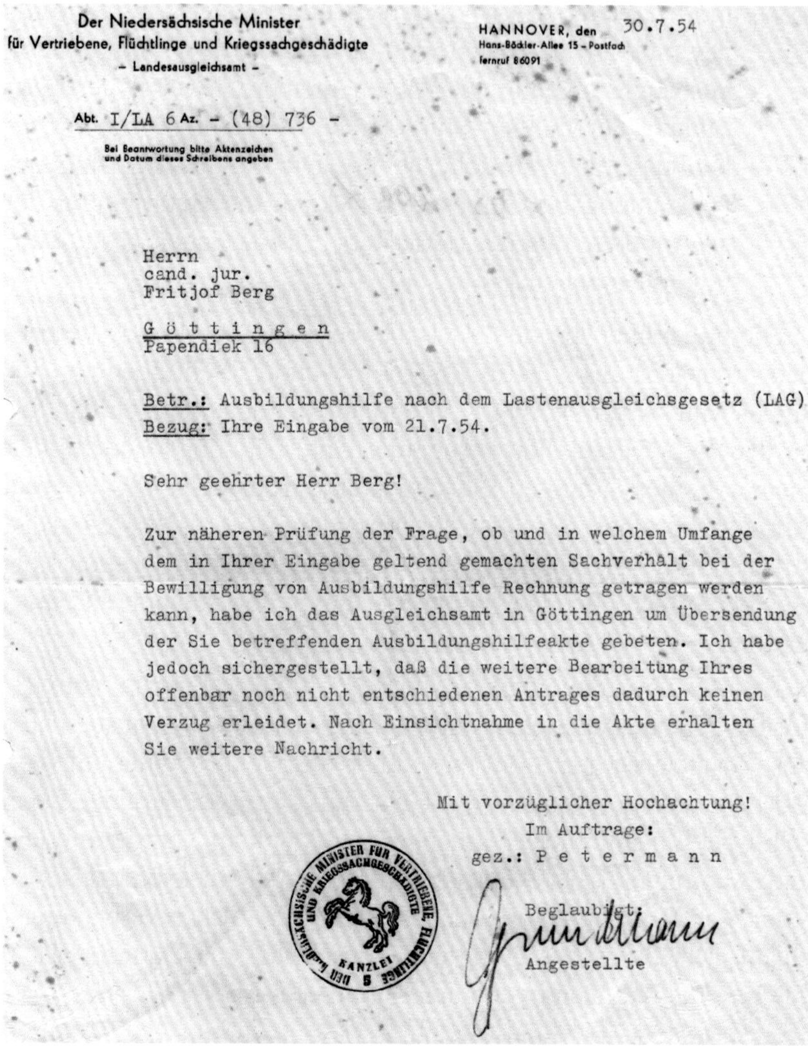

Der Niedersächsische Minister
für Vertriebene, Flüchtlinge und Kriegssachgeschädigte
– Landesausgleichsamt –

HANNOVER, den 30.7.54
Hans-Böckler-Allee 15 – Postfach
Fernruf 86091

Abt. I/LA 6 Az. – (48) 736 –

Bei Beantwortung bitte Aktenzeichen und Datum dieses Schreibens angeben

Herrn
cand. jur.
Fritjof Berg

G ö t t i n g e n
Papendiek 16

Betr.: Ausbildungshilfe nach dem Lastenausgleichsgesetz (LAG).
Bezug: Ihre Eingabe vom 21.7.54.

Sehr geehrter Herr Berg!

Zur näheren Prüfung der Frage, ob und in welchem Umfange dem in Ihrer Eingabe geltend gemachten Sachverhalt bei der Bewilligung von Ausbildungshilfe Rechnung getragen werden kann, habe ich das Ausgleichsamt in Göttingen um Übersendung der Sie betreffenden Ausbildungshilfeakte gebeten. Ich habe jedoch sichergestellt, daß die weitere Bearbeitung Ihres offenbar noch nicht entschiedenen Antrages dadurch keinen Verzug erleidet. Nach Einsichtnahme in die Akte erhalten Sie weitere Nachricht.

Mit vorzüglicher Hochachtung!
Im Auftrage:
gez.: P e t e r m a n n

Beglaubigt:
Angestellte

Schreiben des niedersächsischen Ministeriums für Vertriebene, Flüchtlinge und Kriegssachgeschädigte

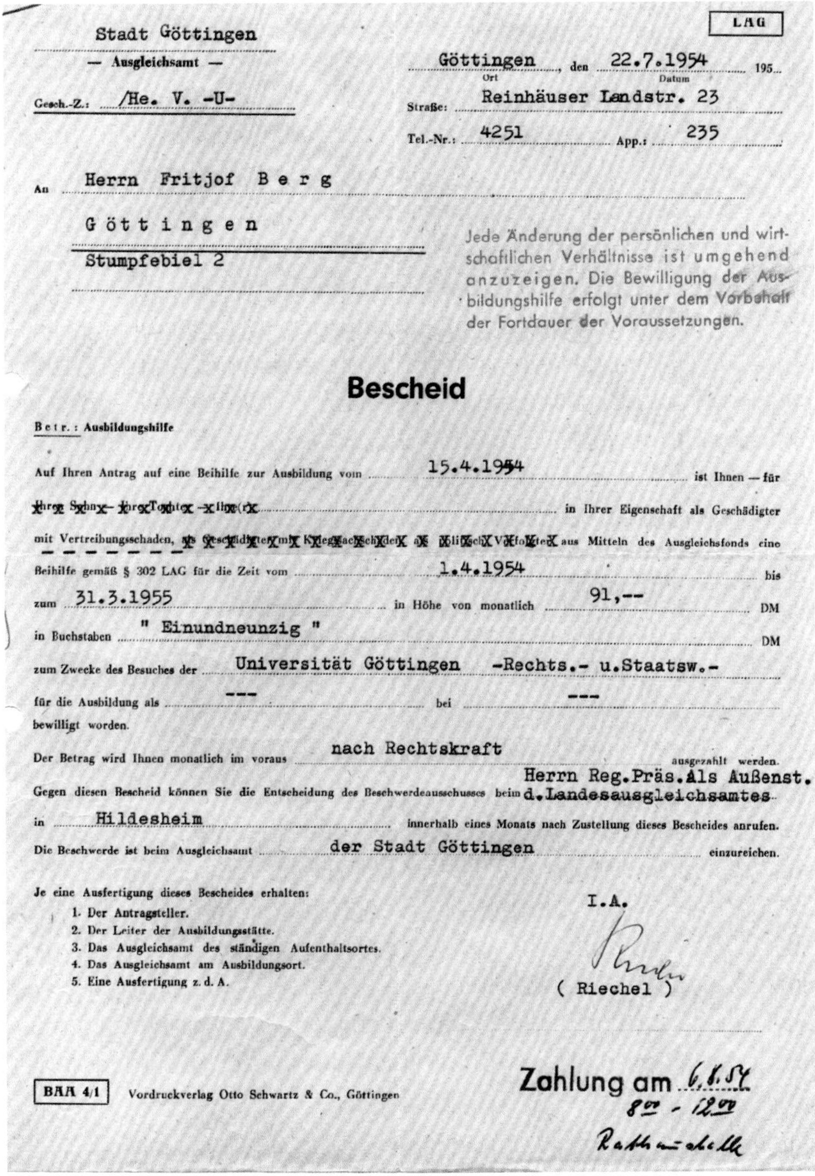

Stadt Göttingen

— Ausgleichsamt —

Gesch.-Z.: /He. V. -U-

Göttingen, den 22.7.1954

Ort / Datum

Straße: Reinhäuser Landstr. 23

Tel.-Nr.: 4251 App.: 235

LAG

An Herrn Fritjof Berg

Göttingen

Stumpfebiel 2

Jede Änderung der persönlichen und wirtschaftlichen Verhältnisse ist umgehend anzuzeigen. Die Bewilligung der Ausbildungshilfe erfolgt unter dem Vorbehalt der Fortdauer der Voraussetzungen.

Bescheid

Betr.: Ausbildungshilfe

Auf Ihren Antrag auf eine Beihilfe zur Ausbildung vom 15.4.1954 ist Ihnen — für ~~Ihren Sohn — Ihre Tochter — Ihr(e)~~ in Ihrer Eigenschaft als Geschädigter mit Vertreibungsschaden, ~~als Geschädigter mit Kriegssachschaden — als Politisch Verfolgter~~ aus Mitteln des Ausgleichsfonds eine Beihilfe gemäß § 302 LAG für die Zeit vom 1.4.1954 bis zum 31.3.1955 in Höhe von monatlich 91,-- DM

in Buchstaben " Einundneunzig " DM

zum Zwecke des Besuches der Universität Göttingen -Rechts.- u.Staatsw.-

für die Ausbildung als --- bei ---

bewilligt worden.

Der Betrag wird Ihnen monatlich im voraus nach Rechtskraft ausgezahlt werden.

Gegen diesen Bescheid können Sie die Entscheidung des Beschwerdeausschusses beim Herrn Reg.Präs.als Außenst. d.Landesausgleichsamtes in Hildesheim innerhalb eines Monats nach Zustellung dieses Bescheides anrufen.

Die Beschwerde ist beim Ausgleichsamt der Stadt Göttingen einzureichen.

Je eine Ausfertigung dieses Bescheides erhalten:

1. Der Antragsteller.
2. Der Leiter der Ausbildungsstätte.
3. Das Ausgleichsamt des ständigen Aufenthaltsortes.
4. Das Ausgleichsamt am Ausbildungsort.
5. Eine Ausfertigung z. d. A.

I.A.

(Riechel)

BAA 4/1 Vordruckverlag Otto Schwartz & Co., Göttingen

Zahlung am 6.8.54

8⁰⁰ - 12⁰⁰

Bescheid des Ausgleichsamtes der Stadt Göttingen

Die 91,– DM Ausbildungshilfe gem. Bescheid von 22. Juli waren der Betrag, der mir bei einer Vorsprache im Ausgleichsamt Göttingen unter der Voraussetzung einer Antragstellung durch Karin angekündigt worden war. Das Ausgleichsamt Göttingen hatte sich damit vollständig über die diesbezüglichen Einwendungen meines Vaters in seinem Schreiben von 28. Juni hinweggesetzt, ebenso über mein eigenes, das meines Vaters ergänzende Vorbringen in meinem Schreiben an das Amt vom 7.7.1954. Es war, in der Sache gleichlautend, auch in meinem Schreiben vom 21.7.54 an das Ministerium enthalten. Vom Ausgleichsamt Hannover hatte Karin „unter der Hand“ erfahren, daß ihre Ausbildungskosten in Höhe von 177,– DM ermittelt worden seien, ihr Antrag aber nicht bearbeitet werden könne, da mein Bedarf nicht bekannt sei ... „Nienburg“ habe auch keine Angaben über verfügbare Eigenmittel gemacht (die es jedenfalls bei Karin und mir auf Grund der fortgeschrittenen Semesterzahl nicht mehr gab!). Mein (angenommener) Bedarf nicht bekannt? Wie konnte „Göttingen“ eine Ausbildungshilfe von 91,– DM für mich errechnen, ohne ihn zu kennen?

Das verfahrensmäßige Durcheinander, um nicht zu sagen Verwirrspiel, erscheint in einem noch grelleren Licht, wenn ich nunmehr aus dem vorstehend erwähnten und zuvor bereits auszugsweise wiedergegebenen Schreiben meines Vaters vom 28.6.1954 seine Darlegungen zur Höhe seiner Einkünfte ab 15.10.1952 anführe, die der Bemessung seines Anteils an meinem (weit über 91,– DM monatlich liegenden, bei Karin mit 177,– DM angenommen!) Bedarf hätten zugrunde gelegt werden müssen, aber offensichtlich vollkommen übergangen worden sind:

> „Mein Sohn Fritjof Berg ... teilt mir unter dem 23.6.54 mit, daß ... nur 91 DM bewilligt werden könnten. ... Dem Antrag waren die erforderlichen Unterlagen beigefügt. Was die Höhe der Ausbildungsbeihilfe betrifft, so bitte ich von dem Bescheid des Finanzamts abzusehen, da es sich hierbei

um den Bescheid des Jahres 1952 handelt, bei dem ich mit einem Gewinn von 6000 DM ... veranlagt worden bin. (Anm.: Genau ist mein Vater mit 6176,– DM veranlagt worden.)

Ich hatte im Jahre 1952 eine Filiale errichtet, die sich in einer Baracke der Industrieverwaltungsgesellschaft befand. Schon am 15.10.52 mußte ich diese Filiale aufgeben, weil in dem Raum Schwamm festgestellt wurde und die Barakke räumlich abgebaut wurde. Damit fiel zwar der hohe Umsatz von über 100 000 DM an, jedoch konnte das Einkommen niemals für mich in Erscheinung treten, da mein Betrieb mit einem Aufbaukredit in Höhe von 5000 DM belastet ist und für die Filiale Investierungen großer Art nötig waren. Das Ergebnis ist, daß ich ab 15.10.52 wieder mit dem kleineren Umsatz zufrieden sein muß, aber die Abdeckung der Waren- und Steuerschulden zu leisten habe.

Der Steuerbescheid für 1953 kann noch nicht vorgelegt werden, da z. Zt. die Steuererklärung 1953 fertiggestellt und in etwa 4 Wochen dem Finanzamt eingereicht wird. Ich versichere aber, daß mein Umsatz 1953 nur 58 696,06 DM beträgt. Dementsprechend wird der Steuerbescheid nach meinem Familienstand höchstens an 3000 DM herankommen.

Der Umsatz des ersten Halbjahres 1954 beträgt nach meinen Aufzeichnungen höchstens 30 000 DM.

In meinem Hause befinden sich außer meiner Ehefrau zwei Kinder, die in die Berufsausbildung treten.

Ich selbst bin nicht in der Lage, meinem Sohne Zuwendungen irgendwelcher Art zu machen, da ich kein Vermögen besitze. Es ist völlig ausgeschlossen, daß ein Student mit 91 DM leben kann und noch dazu Aufwendungen für Kleider, Bücher usw. machen soll. Ich bitte Sie, diese Eingabe zu berücksichtigen und sofort die Bewilligung des Antrages für meinen Sohn auszusprechen und auch die Höhe der Unterstützung so zu bemessen, daß sein Studium nicht gefährdet ist."

Trotz des bis zum 31.3.1955 geltenden Bewilligungsbescheides vom. 22.7.1954 erhielt ich vom Ausgleichsamt Göttingen eine an alle Empfänger von Ausbildungsbeihilfe gerichtete Aufforderung vom 6.9.1954, daß „gemäß Erlaß des Niedersächsischen Ministers für Vertriebene, Flüchtlinge und Kriegssachgeschädigte vom 4.8.1954 vor Zahlung der Ausbildungsbeihilfe für den Monat Oktober 1954 von jedem Empfänger der Beihilfe ein neuer Nachweis über seine Einkünfte (Anm.: als solche galt auch Lohn aus Semesterferienarbeit) und die der zum Unterhalt verpflichteten Angehörigen beigebracht werden muß", und zwar spätestens bis zum 18.9.1954 unter Beifügung der „entsprechenden Netto-Einkommensnachweise des Monats September 1954 ... Die selbständigen Antragsteller oder Unterhaltsverpflichteten werden gebeten, den Einkommensnachweis des Finanzamtes für 1953 vorzulegen. Wo noch keine Veranlagung vorgenommen ist, wird um eine Bestätigung des zuständigen Finanzamtes gebeten, aus welcher hervergeht, welche zu versteuernden Einkünfte für 1953 angemeldet wurden."

Am 17.9. konnte ich dem Ausgleichsamt Göttingen dann die vorläufige Bescheinigung des Finanzamts Nienburg vom 2. September 1954 vorlegen, daß mein Vater „nach der vorliegenden Jahressteuerklärung in 1953 ein steuerpflichtiges Einkommen von 2.800,– DM ausgewiesen hat. Die Veranlagung ist noch nicht durchgeführt", verbunden mit der (ebenfalls verlangten) Bescheinigung der Photo-Fachhandlung Potthoff & Abbenthern in Hannover vom 15.9.54, daß meine Schwester Heilwig in einer inzwischen wieder beendeten einmonatigen Probezeit im Juli/August 1954 60,– DM verdient hat, weiter verbunden mit der Erklärung, daß sie wieder, wie mein jüngerer Bruder, einkommenslos im Hause unserer Eltern lebt, und daß ich selbst schließlich „in den gegenwärtigem Ferien oder neben der Ausbildung keinerlei Einkünfte erzielt habe“.

Ja, Ihr habt richtig gelesen, so war der Gang der Dinge, auch daß Vaters Jahreseinkommen 1953 mit 2800,– DM errechnet worden ist, also in Monatsdurchschnitt noch nicht einmal 240,– DM für einen Vierpersonenhaushalt betragen hat ... Das Finanzamt Nienburg hat in einer späteren Bescheinigung vom 8.11.54 ein noch wesentlich geringeres Einkommen ausgewiesen, nämlich daß mein Vater „mit einen steuerpflichtigen Einkommen von 1621,– DM für das Kalenderjahr 1953 zur Einkommensteuer veranlagt worden ist“. Wie es zu der hiervon wiederum abweichenden Bescheinigung des Finanzamts Nienburg von 28. Februar 1955 zur Ermäßigung von Schul- und Kolleggeld gekommen ist, daß mein Vater „zur Einkommensteuer für 1953 nach einen Gesamteinkommen von 3200,– DM veranlagt worden ist“, läßt sich nicht mehr feststellen.

Mit großer Erleichterung erhielt ich schließlich den Änderungsbescheid des Ausgleichsamtes Göttingen vom 25.9.1954, der meine Ausbildungshilfe rückwirkend ab 1.4.1954 auf monatlich 167,– erhöhte. Karin wurden auf ihren Antrag vom 31.3.1954 durch Bescheid vom 24.7.1954 (!) zunächst 120,– DM und durch Bescheid vom 22.11.1954 dann noch einmal 60,– DM monatlich zugesprochen. Mein Vater hat mich 1954, außer mit den gelegentlichen, von Mutter besorgten „Freßpaketsendungen“, bar mit einer Überweisung von 70,– DM im Juni, meine Großmutter mit einer Barüberweisung von 30,– DM im November unterstützt.

Da die Ausbildungsbeihilfezahlungen für Karin und mich am 31. März 1955 ausliefen, mußten für das Folgejahr, das schon in die Examenszeit hineinreichen konnte, neue Anträge auf Weitergewährung gestellt werden. Es sollte nicht vorhergesehene Verfahrensturbulenzen, Zahlungsverzögerungen und -einbrüche bereithalten! Ich komme hierauf weiter unten zurück. Großmutter half mir im Januar 1955 mit 35,– DM und dann in der am Ende

Stadt Göttingen
AUSGLEICHSAMT

GÖTTINGEN, den 25. 9. 1954
REINHÄUSER LANDSTRASSE 23
FERNRUF 4251

ZEICHEN: Wo./He. V. -U-
IN DER ANTWORT ANZUGEBEN

Herrn
Fritjof B e r g
G ö t t i n g e n
= = = = = = = = = =
Papendiek 16

Jede Änderung der persönlichen und wirtschaftlichen Verhältnisse ist umgehend anzuzeigen. Die Bewilligung der Ausbildungshilfe erfolgt unter dem Vorbehalt der Fortdauer der Voraussetzungen.

Änderungsbescheid.
- - - - - - - - - - -

Nachdem von Ihnen die Nachweise erbracht worden sind, welche eine neue Berechnung der Ausbildungshilfe rechtfertigen, wird Ihnen die Ausbildungshilfe ab 1.4.1954 rückwirkend auf monatlich 167,-- DM erhöht. Der Bewilligungsbescheid vom 22.7.1954 wird aufgehoben.

Der für den Monat April bis einschließlich September 1954 nachzuzahlende Betrag von 6 x 76,-- DM = 456,-- DM wird Ihnen mit der laufenden Beihilfe für den Monat Oktober am 5.10.1954 zusammen ausgezahlt. Gegen diesen Bescheid können Sie die Entscheidung des Beschwerdeausschusses beim Herrn Regierungspräsidenten als Außenstelle des Landesausgleichsamtes in Hildesheim innerhalb eines Monats nach Zustellung dieses Bescheides anrufen.

Die Beschwerde ist beim Ausgleichsamt der Stadt Göttingen einzureichen.

I.A.

Riechel

(Riechel)

Änderungsbescheid des Ausgleichsamtes der Stadt Göttingen

beihilfelosen Zeit von Juli bis Oktober nochmals mit zusammen 140,– DM, mein Vater einmalig im November mit 50,– DM. Kurzfristige, nach Ablauf eines Monats rückzahlbare Darlehen erhielt ich vom Allgemeinem Studentenausschuß (AStA) am 14.1. (40,–), 6.4. (40,–), 25.5. (50,–) und im Juni (50,–). Ein Blatt mit der Aufstellung der monatlichen Auszahlungen eines Darlehens des Akademischen Hilfswerks (AkaHi) über 1200,– DM enthält auch wieder Eintragungen über ganz kurzfristige Hilfen mit Kleinbeträgen zwischen 2,– und 10,– DM, einmal 50,– DM. Mit leidigen Erfahrungen und monatelangen Finanzlücken wie in den Vorjahren konfrontiert, und um wenigstens insoweit endlich einen Geldfluß ohne Unterbrechungen zu erreichen, hatte ich am 27.10.1955 das vorerwähnte AkaHi-Darlehen über den Höchstbetrag von 1200,– DM beantragt. Außerdem lautete der auf meinen Antrag vom 13.3.1955 nach der nun schon üblichen Bearbeitungsdauer von mehr als drei Monaten endlich am 16.6.1955 ergangene Bescheid des Ausgleichsamtes Göttingen (Auszahlung obendrein erst nach Eintritt der Rechtskraft, d. h. plus nicht vermerkte Zustellungsdauer irgendwann gegen Ende Juli!) für die Zeit vom 1.4. bis 30.9.55 auf lediglich 115,– DM monatlich zuzüglich 41,– DM Semestergebühr, der für sich allein zur Deckung von Ausbildungskosten und Lebensunterhalt nicht ausreichte. Auf seine formlose Gegenvorstellung und Anfrage an das Ausgleichsamt vom 18.7.55 nach den dafür maßgebenden Gründen („Ich bitte mir umgehend mitzuteilen, nach welchen Richtlinien dabei verfahren worden ist, da die Kürzung gegenüber der bisherigen Ausbildungshilfe meinen gleichgebliebenen Einkommensverhältnissen nicht entspricht.") erhielt mein Vater mit Datum vom 22.7.55 vom Ausgleichsamt diese Auskunft:

> „Die Ausbildungshilfe wurde neu berechnet, weil die Semestergebühren in den vergangenen Monaten anteilmäßig in den Zahlungen enthalten waren, während sie jetzt in einer Summe zusätzlich gezahlt wurden. Der Betrag, der auf die Semestergebühren entfiel, war im letzten bewilligten Zeitraum mtl. 20,70 DM.
>
> Die sich nach unseren Richtlinien ergebenden Gesamtkosten betragen 147,10 DM, hiervon wurde als anrechnungsfähiger Betrag Ihres Einkommens 32,– DM abgesetzt, so daß eine Bewilligung in Höhe von 115,– DM zuzüglich einer ein-

maligen Semestergebühr in Höhe von 41,– DM möglich war."

Es mußte also mit einer entsprechenden, absolut nicht auskömmlichen Höhe etwaiger Ausbildungshilfen auch für die Folgezeit gerechnet werden.

Erlangung meiner Darlehen als Grundsicherung bis zum Ende des Studiums in monatlichen Raten und deren Tilgung

Die Strenge der damaligen Voraussetzungen für eine solche Darlehensgewährung wird aus dem Darlehensantrag und den hierzu verlangten Anlagen sowie Sicherheiten für den Darlehensgeber deutlich. Die Originale meiner Schuldurkunde und der Bürgschaftserklärungen meines Vaters und meiner Tante Margot Boß habe ich nach vorzeitiger Tilgung des Darlehens von Februar bis Oktober 1958 von der Städtischen Sparkasse Göttingen mit Tilgungsbestätigung vom 17.10.1958 zurückerhalten (siehe folgende Seiten).

Die Darlehenssumme von 1200,– DM war beim damaligen Geldwert der DM ein sehr hoher Betrag, die Beibringung der beiden verlangten selbstschuldnerischen Bürgschaftserklärungen (d. h. der Bürge verzichtete auf die Einrede der Vorausklage, sollte ich meine Rückzahlungsverpflichtungen nicht erfüllen) stellte mich vor – auch psychische – Probleme. Hätte an Stelle der im Oktober 1955 gerade erst beginnenden Annäherung an Hannelotte schon die bereits wenige Monate später eingetretene feste Bindung von uns beiden aneinander bestanden, mit der erkennbaren herzlichen Zuneigung meiner späteren Schwiegereltern zu mir, hätte Hannelotte mit ihrem taktvollen und weiblich-diplomatischen Geschick mit einiger Sicherheit die Abgabe der einen benötigten Bürgschaftserklärung durch ihren „Paps“ herbeigeführt. Aber soweit war es zwischen Fritjof Berg und den drei Behrends eben noch nicht. Beim Rundumblick in der Verwandtschaft kamen angesichts der Verdienst-Vermögensverhältnisse einerseits und der Bürgschaftssumme andererseits nur einige wenige in Betracht, die ich dieserhalb „anzugehen“ wagen konnte. Mein Vater schied für mich aus diesem Grunde von vornherein aus. Onkel Ernst, sein Bruder, ebenfalls. Er hatte es dank seines

9X

. Berg, Fritjof . . . . (Name, Vorname d. Antragst.)

. . Göttingen . . ., den 13.3.55.

Papendiek 16, Kriegsversehrtenheim (Anschrift am Ausbildungsort)

-140-

An das
Ausgleichsamt der Stadt
Göttingen
Reinhäuser Landstr. 23

(Antrag bitte in Druck- oder Maschinen-Schrift ausfüllen!).

Betr.: Antrag auf Weitergewährung der Ausbildungshilfe für mich ~~- meine(n) Tochter/Sohn~~ Fritjof Berg . . . . . zum Besuch der . . . .
. . Universität Göttingen . . . . . . (Ausbildungsstätte).

Für die Zeit vom 1.4.54. bis 31.3.55. wurde mir durch das Ausgleichsamt der Stadt Göttingen Ausbildungshilfe, zuletzt in Höhe von monatlich 171.– DM, bewilligt.

Da die Ausbildung noch nicht abgeschlossen ist und an der gleichen Ausbildungsstätte fortgesetzt wird, bitte ich um Weitergewährung der Ausbildungshilfe.

1. Angaben über den Auszubildenden:

Die Ausbildung an der vorgenannten Ausbildungsstätte dauert an bis Ende/Anfang 1955/1956

Stand der Ausbildung: . . . . Klasse . . . . 7. tes . . . . Semester.

Zusatz für Studierende: vorgeschriebene Pflichtsemesterzahl: . . . . 6 . . . .
Hauptstudienfach: . . . Jura . . . . in der Rechts- u. Staatsw. Fakultät.
Der techn. Fragebogen wird bei Semesterbeginn im Univ.-Sekretariat eingereicht.

2. Ausbildungskosten (monatlich):

Schulgeld – Semestergebühren (nicht von Studierenden der Universität auszufüllen)	. . . .
Lehr- und Lernmaterial	20.–
Berufsbekleidung	. . . .
Fahrtkosten zwischen Wohn- und Ausbildungsstätte ~~+ Einl~~	. . . .
Sonstiges (Wäschereinigung, Ausbesserungen oder Anschaffungen	10.–
Tatsächliche Kosten bei Unterbringung in Heimen Heizung, Licht, Gas	12.–
Miete, (ohne Heizung und Beleuchtung)	20.–
Kosten der Heimreise zu den nächsten Angehörigen im Bundesgebiet (Schülerrückfahrkarte).	15.40

Die entsprechenden Nachweise und Belege über die Höhe der Kosten sind beigefügt.

. . . . 1 . . . . Anlagen.

3. Angaben über die Unterhaltspflichtigen mit Familie:

a) Eltern: wohnhaft in Leese, Kr. Nienburg – W. . . . . . Land Niedersachsen

	Name, Vorname	geb. am	Beruf	mtl. Netto-Eink. (einschl. Renten Unterstütz. usw.)	Miete DM
Vater:	Berg, Heinrich	4.9.99.	Bäckermstr.	siehe Bescheinigung	
Mutter:	Berg, Hildegard	12.9.05.	Ehefrau	—	—

Geschwister: (Soweit sie noch zum Haushalt der Eltern gehören und von diesen wirtschaftlich abhängig sind).

Name, Vorname	geb. am	Beruf	mtl. Netto-Eink.	Miete
Berg, Heilwig	13.5.36.	Haustochter	—	
Berg, Eginhart	14.10.39.	Sohn	—	

XBS 289 X

Antrag auf Weitergewährung der Ausbildungshilfe

Akademisches Hilfswerk der Georg-August-Universität zu Göttingen

Fakultät: Rechts- u. Staatswissenschaftliche Studienfach: Jura

~~Sommer~~-Winter-Semester 1955/56 Fachsemester des Antragstellers: 2tes

Darlehns-Antrag

des/~~der~~ stud. Berg (Zuname) Fritjof (Vorname)

geb. am 9.6.31 zu Königsberg (Pr.) Staatsangehörigkeit deutsch Ostflüchtling? ja

Konfession: ev.luth. Wohnung in Göttingen: Papendiek 16 Heimatanschrift: Leese, Kr. Nienburg-Weser

Beantragt wird ein Darlehn von insgesamt DM 1200.– zahlbar in Monatsraten von DM 100.–

vom 1.10.55 ab.

Familie	Geburtsjahr	Beruf und Wohnort	Höhe des Vermögens	Monatliches Einkommen (auch Renten usw.)	ggf. Todesjahr
Vater	1899	Bäckermeister, Leese	—	siehe Bescheinigung	
Mutter	1905	Ehe ~~Haus~~frau, Leese	—		
Gattin Gatte	—				

Zahl und Alter der eigenen Kinder: —

Zahl der Geschwister: 4 Davon sind unversorgt: 4 Einkommen der berufstätigen Geschwister:

Des Antragstellers

Vermögen (Ersparnisse)	Monatliches Einkommen (auch Renten usw.)	Bestand an Barmitteln insgesamt	Bestand an Barmitteln für das laufende Semester
—	~~Ausbildungsbeihilfe wird angerechnet~~ 2 siehe Anlage	—	—

Erhalten Sie Stipendien oder sonstige Beihilfen? —

Wenn ja, von welcher Stelle, in welcher Höhe? —

Wer übernimmt Bürgschaft für das Darlehn?

Name und Anschrift: Margot Boss, Werl i.W., Kr. Soest, Soester Straße 15 II

Sind Sie durch politische Zwangsmaßnahmen der nationalsozialistischen Regierung in Ihrer Ausbildung geschädigt worden?

~~ja~~ — nein. Wenn ja, inwiefern?

Waren Sie am 28. 6. 48 oder vorher bei der Universität Göttingen oder einer Hochschule Niedersachsens immatrikuliert?

nein

Kriegsversehrte!

Art der Verwundung: Versehrtenstufe: Versorgungsbezüge monatlich?

Flüchtlinge?

Ort, aus dem Sie vertrieben sind? Königsberg (Pr.) Haben Sie Flüchtlingsausweis? ja; ~~A A~~

Wo befinden sich Ihre Angehörigen? Eltern in Leese, Kr. Nienburg-W.

Darlehensantrag beim Akademischen Hilfswerk, Seite 1

Bisheriges Studium

Semester	Hochschule	Studienfächer (Hauptfach unterstreichen)	Gebührenerlaß (wieviel %) Freitisch, Stipendien usw.
z. B. W.-S. 42/43	U Göttingen, TH München	Dtsch., Engl., Gesch.	50 % Gebührenerlaß 100 DM Stip. von ______
1. Sem. 51/52	U Göttingen	Jura	—
2. Sem. S.S. 52	" "	"	—
3. Sem. W.S. 52/53	" "	"	100 %
4. Sem. S.S. 53	" "	"	100 %
5. Sem. W.S. 53/54	" "	"	50 %
6. Sem. S.S. 54	" "	"	—
7. Sem. W.S. 54/55	" "	"	—
(8.) Sem. S.S. 55	" "	"	beurlaubt
(9.) Sem. W.S. 55/56	" "	"	~~Antrag auf Beurlaubung~~ gestellt
10. Sem.			Beurlaubung beantragt

(soweit erinnerlich. Studienbuch liegt beim Justizprüfungsamt beim OLG Celle)

Geplante Abschlußprüfung? Referendar- u. Ass. Examen Berufsziel? Verwaltungsbeamter

Wann und Wo? 1. Jahreshälfte 1956, Justizprüfungsamt beim OLG Celle

Bereits abgelegte Prüfungen, außer Fleißprüfungen (Jahr und Prädikate)? ——

Besondere Bemerkungen zur Begründung des Antrages

Der vom hiesigen Ausgleichsamt für mich errechnete Fürsorgerichtsatz liegt über 160.– DM. Auf Grund der Einkommenserrechnung 1954 für meinen Vater ist laut Auskunft des Ausgleichsamts mit einer weiteren Ausbildungsbeihilfe von lediglich etwa 65.– monatlich bis zum Abschluß des Studiums zu rechnen. Die tatsächliche wirtschaftliche Lage gestattet es meinem Vater nicht, Zuschüsse zu meinem Lebensunterhalt zu leisten, zumal drei meiner Geschwister wirtschaftlich unselbständig sind und zahlreiche ehrenamtliche Nebentätigkeiten die Finanzkraft meines Vaters belasten. Zur Gewährleistung einer ~~unbeschwerten~~ Examensvorbereitung ist eine ~~ausreichende~~ geregelte und ausreichende materielle Versorgung erforderlich.

Anlagen zum Darlehnsantrag

1. Lebenslauf mit Bericht über Studienverlauf und die Berufsabsichten.
2. Bürgschaftserklärung.
3. Bescheinigung des Finanzamtes und Vordruck A zur Anmeldung von Reichsmarkkonten bei Geldinstituten.
4. Gutachten von zwei Professoren. (Anm.: laut Auskunft der Sekretärin von Herrn Prof. Weber liegt das Gutachten von Prof. Weber dem Akafö bereits vor.)

Ich bin mit den mir vorgelegten Darlehnsbedingungen einverstanden.

Ich versichere, daß ich vorstehende Fragen wahrheitsgemäß und vollständig beantwortet habe. Wissentlich falsche Angaben würden meinen Ausschluß vom Hochschulstudium zur Folge haben.

Göttingen, den 27. 10. 55 Gottfried Honig

Straße: Papendiek 16, Kriegsversehrtenheim (Vor- und Zuname)

Bemerkungen und Vorschläge des Referenten

Entscheidung: Bewilligt: DM ______ 1. Auszahlung am ______

Darlehensantrag beim Akademischen Hilfswerk, Seite 2

1X

- 147.2 -

STÄDTISCHE SPARKASSE ZU GÖTTINGEN

Älteste deutsche kommunale Sparkasse

Gegründet 1801

Herrn
Fritjof Berg

Hannover
Geibelstr. 2

Hauptstelle:
Weender Straße 69 · Ruf 24553

Zweigstelle I:
Am Markt (Ecke Rote Straße)
Ruf 57363

Zweigstelle II:
Groner-Tor-Straße 35 (Am Wall)
Ruf 24557

Zweigstelle III:
Hollenser Landstraße 54
(Am Hagenberg), Ruf 24553

Ihre Zeichen | Ihre Nachricht vom | Unsere Zeichen Hi/Hi | (20b) GÖTTINGEN, den 17.10.58
Schließfach 30

Betr.: Studienabschlußdarlehn St 936

Sehr geehrter Herr Berg!

Das Ihnen am 14.11.55 gewährte Studienabschlußdarlehn in Höhe von DM 1.200,-- ist voll zurückgezahlt worden.

Wir übersenden Ihnen daher als Anlage
1. Ihre Schuldurkunde vom 14.11.55
2. die Bürgschaftserklärungen der Frau Margot Boss und des Herrn Heinrich Berg

zu unserer Entlastung.

Hochachtungsvoll

STÄDTISCHE SPARKASSE
ZU GÖTTINGEN

Anlage

Bankverbindungen: Niedersächsische Landesbank-Girozentrale-Hannover Konto 41-118
Landeszentralbank Göttingen Konto 288/5118 · Postscheckamt Hannover Konto 536

Bestätigung über voll zurückgezahltes Studienabschlußdarlehen

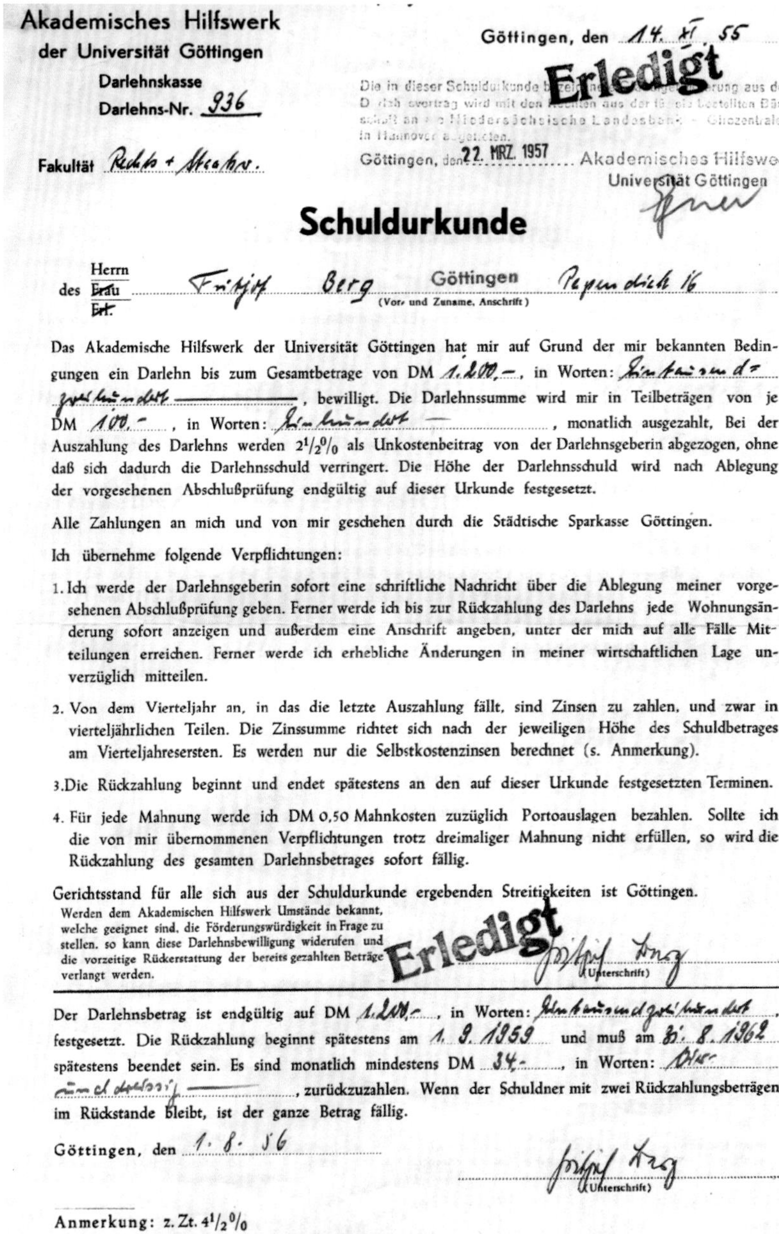

Akademisches Hilfswerk der Universität Göttingen
Darlehnskasse
Darlehns-Nr. 936

Göttingen, den 14. XI. 55

Erledigt

Die in dieser Schuldurkunde bezeichnete Forderung aus dem Darlehnsvertrag wird mit den Rechten aus der für sie bestellten Bürgschaft an die Niedersächsische Landesbank – Girozentrale – in Hannover abgetreten.

Göttingen, den 22. MRZ. 1957 Akademisches Hilfswerk Universität Göttingen

Fakultät Rechts + Staatsw.

Schuldurkunde

des Herrn ~~Frau~~ ~~Frl.~~ Fritjof Berg Göttingen Papendiek 16 (Vor- und Zuname, Anschrift)

Das Akademische Hilfswerk der Universität Göttingen hat mir auf Grund der mir bekannten Bedingungen ein Darlehn bis zum Gesamtbetrage von DM 1.200,–, in Worten: Eintausendzweihundert ——, bewilligt. Die Darlehnssumme wird mir in Teilbeträgen von je DM 100.–, in Worten: Einhundert —, monatlich ausgezahlt, Bei der Auszahlung des Darlehns werden $2^1/_2\%$ als Unkostenbeitrag von der Darlehnsgeberin abgezogen, ohne daß sich dadurch die Darlehnsschuld verringert. Die Höhe der Darlehnsschuld wird nach Ablegung der vorgesehenen Abschlußprüfung endgültig auf dieser Urkunde festgesetzt.

Alle Zahlungen an mich und von mir geschehen durch die Städtische Sparkasse Göttingen.

Ich übernehme folgende Verpflichtungen:

1. Ich werde der Darlehnsgeberin sofort eine schriftliche Nachricht über die Ablegung meiner vorgesehenen Abschlußprüfung geben. Ferner werde ich bis zur Rückzahlung des Darlehns jede Wohnungsänderung sofort anzeigen und außerdem eine Anschrift angeben, unter der mich auf alle Fälle Mitteilungen erreichen. Ferner werde ich erhebliche Änderungen in meiner wirtschaftlichen Lage unverzüglich mitteilen.
2. Von dem Vierteljahr an, in das die letzte Auszahlung fällt, sind Zinsen zu zahlen, und zwar in vierteljährlichen Teilen. Die Zinssumme richtet sich nach der jeweiligen Höhe des Schuldbetrages am Vierteljahresersten. Es werden nur die Selbstkostenzinsen berechnet (s. Anmerkung).
3. Die Rückzahlung beginnt und endet spätestens an den auf dieser Urkunde festgesetzten Terminen.
4. Für jede Mahnung werde ich DM 0,50 Mahnkosten zuzüglich Portoauslagen bezahlen. Sollte ich die von mir übernommenen Verpflichtungen trotz dreimaliger Mahnung nicht erfüllen, so wird die Rückzahlung des gesamten Darlehnsbetrages sofort fällig.

Gerichtsstand für alle sich aus der Schuldurkunde ergebenden Streitigkeiten ist Göttingen.

Werden dem Akademischen Hilfswerk Umstände bekannt, welche geeignet sind, die Förderungswürdigkeit in Frage zu stellen, so kann diese Darlehnsbewilligung widerufen und die vorzeitige Rückerstattung der bereits gezahlten Beträge verlangt werden.

Erledigt

Fritjof Berg (Unterschrift)

Der Darlehnsbetrag ist endgültig auf DM 1.200,–, in Worten: Eintausendzweihundert, festgesetzt. Die Rückzahlung beginnt spätestens am 1. 9. 1959 und muß am 31. 8. 1962 spätestens beendet sein. Es sind monatlich mindestens DM 34.–, in Worten: Vierunddreissig ——, zurückzuzahlen. Wenn der Schuldner mit zwei Rückzahlungsbeträgen im Rückstande bleibt, ist der ganze Betrag fällig.

Göttingen, den 1. 8. 56

Fritjof Berg (Unterschrift)

Anmerkung: z. Zt. $4^1/_2\%$

Erledigte Schuldurkunde beim Akademischen Hilfswerk

Akademisches Hilfswerk
der Universität Göttingen

Erledigt

Bürgschaftserklärung

Hierdurch übernehme ich dem Akademischen Hilfswerk der Universität Göttingen gegenüber

für die dem Berg (Name) Fritjof (Vorname) Göttingen (Ort)

gewährten bzw. noch zu gewährenden Darlehen bis zur Höhe von DM 1.200,–

(in Worten: DM Eintausendzweihundert ——————————)

und für die Zinsen gemäß den Verpflichtungen des Darlehnsnehmers gegen das Akademische Hilfswerk die selbstschuldnerische Bürgschaft. Ich verzichte auf die Einrede der Vorausklage (gemäß §§ 771 und 773 Ziff. 1 BGB.). Als Gerichtsstand wird Göttingen vereinbart.

Leese (Ort), den 10. 11. (Tag) 1955 Name: Heinrich Berg (Unterschrift)

Alter: 56

Staatsangehörigkeit: deutsch

Stand, Beruf: Bäckermeister

Wohnort: Leese

Straße: Uhlenberg Nr. —

Erledigt

Daß Herr ~~Frau~~ Heinrich Berg

obige Erklärung eigenhändig unterschrieben hat, wird hiermit beglaubigt

Leese (Ort), den 10. Nov. (Tag) 1955

Gemeinde Leese Krs. Nienburg/Weser (Stempel) i.A. Gotha

(Minderjährige können keine Bürgschaft leisten! Der Bürge soll nicht jünger als 25 Jahre und — wegen der 6jährigen Laufzeit der Darlehn — nicht älter als 58 Jahre sein! Bei Bürgschaften bei verheirateten Frauen ist das schriftliche Einverständnis des Ehemannes beizubringen.)

Bürgschaftserklärung meines Vaters

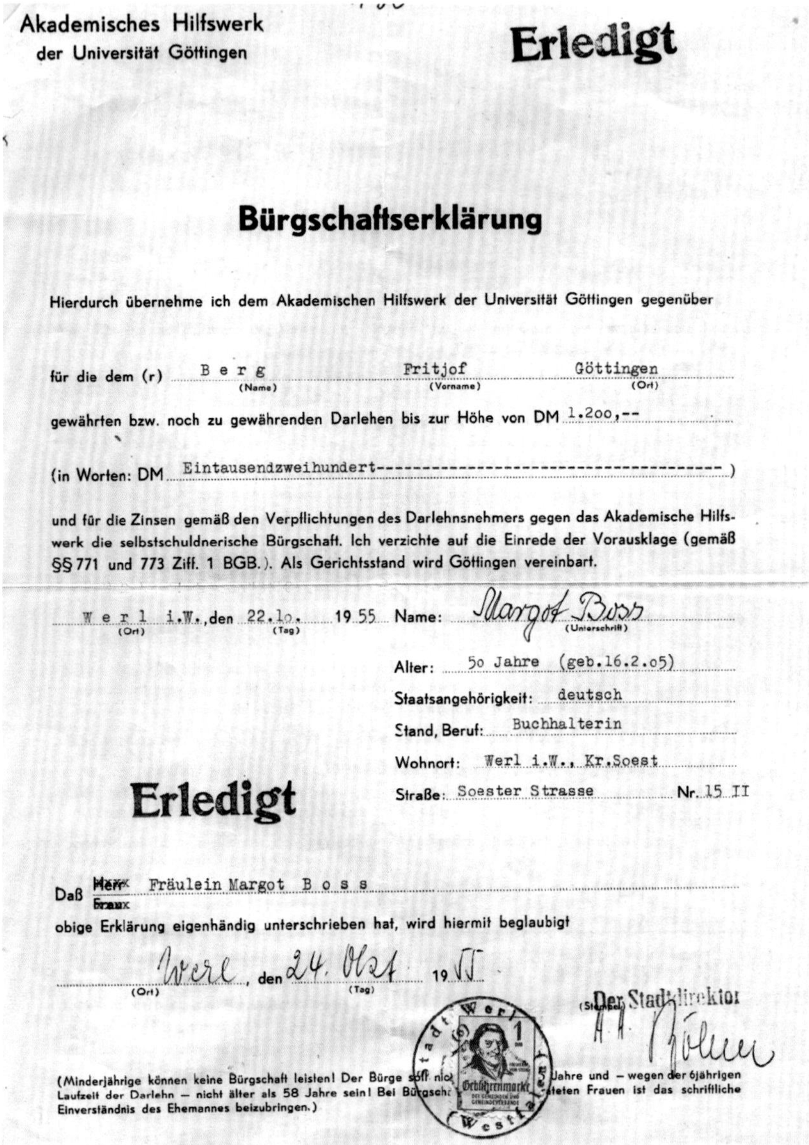

Akademisches Hilfswerk
der Universität Göttingen

Erledigt

Bürgschaftserklärung

Hierdurch übernehme ich dem Akademischen Hilfswerk der Universität Göttingen gegenüber

für die dem (r) B e r g (Name) Fritjof (Vorname) Göttingen (Ort)

gewährten bzw. noch zu gewährenden Darlehen bis zur Höhe von DM 1.200,--

(in Worten: DM Eintausendzweihundert--------------------------------------)

und für die Zinsen gemäß den Verpflichtungen des Darlehnsnehmers gegen das Akademische Hilfswerk die selbstschuldnerische Bürgschaft. Ich verzichte auf die Einrede der Vorausklage (gemäß §§ 771 und 773 Ziff. 1 BGB.). Als Gerichtsstand wird Göttingen vereinbart.

W e r l i.W. (Ort), den 22.10. (Tag) 1955 Name: Margot Boss (Unterschrift)

Alter: 50 Jahre (geb.16.2.05)

Staatsangehörigkeit: deutsch

Stand, Beruf: Buchhalterin

Wohnort: Werl i.W., Kr.Soest

Straße: Soester Strasse Nr. 15 II

Erledigt

Daß ~~Herr~~ ~~Frau~~ Fräulein Margot B o s s

obige Erklärung eigenhändig unterschrieben hat, wird hiermit beglaubigt

Werl (Ort), den 24. Okt (Tag) 1955

(Stempel) Der Stadtdirektor
A. A. Böhm

(Minderjährige können keine Bürgschaft leisten! Der Bürge soll nicht ... Jahre und — wegen der 6jährigen Laufzeit der Darlehn — nicht älter als 58 Jahre sein! Bei Bürgschaften ... teten Frauen ist das schriftliche Einverständnis des Ehemannes beizubringen.)

Bürgschaftserklärung meiner Tante Margot Boss

Könnens und Einsatzes in Ebingen zwar zu einem florierenden Malerbetrieb und offensichtlich auch zu einem beachtlichen Vermögensstand gebracht, aber es fehlte das Vertrauen, er und Tante Maria würden das nötige Verständnis für meine Lage und ihrerseits das Vertrauen in die Erreichung meines Berufszieles und damit die Erlangung einer gesicherten Position ohne Eintritt des Bürgschaftsfalles haben. Ganz zeitnah und unmittelbar drückt meine diesbezüglichen Nöte, Überlegungen und Bitten mein Brief an meine Mutter vom 1. November 1955 aus, in dem ich ihr schrieb:

> „... Heute wurde mir termingemäß meine Sechswochenarbeit, d. i. die Aufgabe für die häusliche Examensarbeit, zugestellt ... Ein weiterer widriger Umstand gerade während der kommenden Zeit ist, daß ich laufend ohne ausreichende finanzielle Sicherung bin. Mein Antrag auf Ausbildungsbeihilfe ist noch immer nicht beschieden – trotz zahlreicher Besuche auf dem LAG-Amt –, das Darlehen beim AkaHi konnte ich erst in der vergangenen Woche beantragen, da die Papierchen nur nach und nach beschafft werden konnten. Der Antrag läuft jetzt, wird aber erst in etwa 14 Tagen beschieden. Das Dumme ist auch, daß man entgegen einer mündlichen Auskunft nun noch einen weiteren Bürgen haben will; als ersten Bürgen hatte ich Tante Margot (die Gute!) gewonnen. Wen soll ich da bitten? Ihr könnt es nicht sein, da Ihr laut meiner Antragstellung mich nicht fördern könnt, die Omi ist wegen der Bedingungen zu alt, sonst fällt mir im Augenblick niemand ein, dem gegenüber ich diese Bitte frei äußern könnte ... Ich habe nun eine Bitte: Mir wäre bis zum Erhalt des Geldes aus den eben genannten Einkunftsquellen sehr geholfen, zumal das dauernde Geldschnurren viel dringend benötigte Zeit kostet, wenn Ihr mir demnächst einen kleineren Betrag sen-

den könntet. Diese Bitte gilt nicht, wenn Vati sie nicht ohne überaus große Schwierigkeiten erfüllen kann. Die z. Zt. fälligen Schulden werde ich in der Weise decken, daß ich mir an anderer Stelle Geld pumpe und hier nach dem Anlaufen von Darlehen und Ausbildungsbeihilfe abzahle ... Da ich aber meine Lebenskosten mit 115,– und gelegentlichen kleinen Zuschüssen nicht decken konnte, habe ich mir bei Freunden kleinere Beträge pumpen müssen. Doch kann ich diese nicht warten lassen und muß daher das Loch stopfen, indem ich ein anderes einreiße ... Denk Dir nichts dabei und glaube nicht, daß mir nun besonders viel geschickt werden müßte. Ich komme nicht um, ebenso wenig wie bisher, und habe auch gute Freunde. Meine Bitte gilt nur insoweit, als ich für die nächsten 14 Tage gesichert leben möchte."

Ziemlich als einziger, der für alle diesbezüglichen Zusammenhänge und Rechtsfragen Kenntnis und Urteilsvermögen besaß und der mir auch beruflich zur Übernahme einer Bürgschaft in der Lage zu sein schien, trat Onkel Erwin Damm ins Blickfeld. Zu ihm waren in der Göttinger Studentenzeit auch die nötige Nähe und das Vertrauen entstanden, er würde eine entsprechende Bitte nicht als Zumutung zurückweisen. Also wagte ich diesen Schritt. Seine Antwort vom 5. November 1955, die ich ungekürzt folgen lasse, versetzte mir einen Schlag.

„Lieber Fritjof!

Deinen Brief vom 3.11. fand ich bei Rückkehr von einer Reise nach Bonn vor, und ich will Dir nun schreiben, wie ich zur Sache stehe:

1.) Die Bürgschaftserklärung kann, da ich über 58 Jahre alt bin, nur Tante Gerda ausstellen, wie Du ja auch ganz richtig erkennst. Dazu kann ich aber meine Zustimmung nicht geben und zwar aus der einfachen Erwägung heraus, daß, wenn ich einmal die Augen zumache, und das kann bei meinem Gesundheitszustand jeden Tag eintreten, Tante Gerda dann nur auf die Pension angewiesen ist. Diese Pension, deren Höhe von unveränderten politischen Verhältnissen abhängt, was nicht zu übersehen ist, muss dazu herhalten, auch das Studium von Wolfgang und seinen Bedarf in der Referendarzeit sicherzustellen; damit ist alles erschöpft, und es bleibt kein Raum für irgend welche Abzahlungen auf Bürgschaftsverpflichtungen.

2.) Ich vermag nicht einzusehen, daß Dein Vater deshalb als Bürge untauglich ist, weil er jetzt, wie Du schreibst, ein höheres Einkommen hat; er soll ja die Bürgschaftsverpflichtung nach Jahren abdecken und nicht jetzt, so daß ich wirklich nicht weiß, worin die Schlüssigkeit Deiner Begründung für die Unterstellung Deines Vaters als untauglichen Bürgen liegt.

3.) Was Deine Bereitwilligkeit angeht, anstelle der Bürgen die verbürgte Summe abzudecken, so weiß ich nicht, wie Du Deine Lage als Referendar einschätzt; aus den dann gewährten Unterstützungsgeldern bleibt auch nicht ein Pfennig für Abtragung von Schulden übrig, wie die Dinge nun heute einmal liegen.

4.) Bei einer Bürgschaftserklärung ist immer Voraussetzung, und ich selbst kann davon auch nicht abgehen, daß man zunächst eine vollkommene Übersicht über den Schuldenstand hat und zwar versehen mit der Unterschrift und zwar in diesem Falle mit Deiner Unterschrift.

Es ist mir auch unverständlich, daß von dem Geschäftsführer des akademischen Hilfswerks nur eine Bürgschaftserklärung verlangt wurde, dann aber später zwei Bürgschaftserklärungen.

Wenn Deine Tante Margot erste Bürgin ist und wir zusätzlich selbstschuldnerische Bürgen sein sollen, so würde das immerhin bedeuten, daß der Gläubiger es in der Hand hat, sich den ihm genehmeren Bürgen auszusuchen.

Alles das ist unklar.

Wenn Du willst, daß wir die Sache weiter prüfen sollen, muß ich zunächst die Bedingungen des akademischen Hilfswerks über die Gewährung von Darlehen mit Bürgschaftssicherungen zur Hand haben, die Du ja unschwer von diesem Hilfswerk wirst beschaffen können.

Mit der Wahl Deiner Referendararbeit hast Du Dir selbst eine Aufgabe gestellt, von der ich Dir unbedingt abgeraten hätte.

Mit der Wahl dieses Themas leistest Du Zubringerdienste für Deinen Professor, aber auch kein bißchen mehr und im Gegenteil: die anderen Examinatoren werden bei der Bewertung dieser Arbeit nach meiner Auffassung außerordentlich gelangweilt sein und Dir mit Zivil- und Strafrecht auf den Zahn fühlen und zwar deshalb umso mehr, weil Du nicht eine Arbeit gehabt hast, in der Du Dein Wissen und Können in der den Praktikern unter den Examinatoren liegenden Linie gezeigt hast.

Es ist ja im übrigen auch so, daß man durch eine zivil- oder strafrechtliche Arbeit enorm viel zulernt, insbesondere auch für gewisse Gebiete, die in der Arbeit selbst nicht zu berühren sind, aber von dern Praktikern in der Prüfung gern gefragt werden und dem Prüfling so auf leichte Weise Punkte einbringen.

Laß Dich nicht durch diese Bemerkungen abschrecken, aber Du mußt Dir darüber klar sein, daß Du Dir durch Deine an sich sehr verdienstvolle Absicht etwas Schweres aufgepackt hast; Dein Thema ist ein ‚Luxusthema', das man sich nur in besonderen Fällen leisten soll.

Es ist schade, daß wir Deine Lage nicht persönlich erörtern können, denn Dich in Göttingen zu treffen, kann ja nur eine Zufallssache sein, und auch wir auf der anderen Seite bei uns sind so ein- und angespannt, daß wir auch nicht jederzeit greifbar sind.

Zum leichteren Ertragen der Schockwirkung dieses Briefes füge ich Dir einen Scheck bei, mit dem Du die erste Bekümmernis überwinden sollst.

Mit herzlichen Grüßen von uns zu Dir

Dein Onkel Erwin"

Was er schrieb, war ja mit kühlem Verstand nachvollziehbar und schlüssig. Aber dennoch wurmte es mich und verletzte sogar mein Selbstgefühl, daß er sich nicht zu der Gewißheit aufraffte, alle seine angedachten Eventualitäten würden angesichts der Kenntnis meiner Person doch substanzlose Theorie bleiben. Es hat mich umso mehr mit Genugtuung erfüllt, als ich mich schon ein Dreivierteljahr später als Referendar bei ihm melden und ihm nach unserer Verlobung am 9. Juni 1957 bei unserem „Antrittsbesuch" bei der Clausthaler Verwandtschaft Damm-Tappe mit Hannelotte eine wohlerzogene, umgangssichere, gebildete, kultivierte junge Dame vorstellen konnte, die er sofort mit familiärer Wärme und vollendeten Kavaliersformen für sich einnahm, und die auch noch in Gestalt ihres Vaters als ehedem leitender preußischer Kommunalbeamter wie er selbst eine „standesgemäße" Person in den Bergschen Familienkreis einbrachte. Und es geschah Außergewöhnliches: Onkel Erwin führte mit sichtbarem Stolz seine neue „Nichte" durch sein sonst für weniger „Würdige" verschlossenes Reich, so in die Kanzlei und Bibliothek, erklärte ihr seine Gemäldesammlung. Ein Ereignis, das – in Kenntnis von Onkel Erwins oft als reserviert-abweisend wirkender Mentalität – in Familienkreisen mit den Worten „sie kann sich darauf etwas einbilden“ vermerkt wurde und ihr dort bereits vorhandenes Renommeé nur noch steigerte.

Aber nochmals zurück in den November 1955, zu der Frage, was oder wen nun als Bürgen an Stelle von Onkel Erwin? Meinem Vater hatte ich in einen Brief vom 7. November, in dem es auch um ein evtl. weiteres Darlehen des Landkreises Nienburg/ Weser ging, noch geschrieben:

> „Um die zweite Bürgschaft für mein Darlehen bat ich in gehöriger Form und mit ausreichender und lückenloser Begründung in der vergangenen Woche Onkel Erwin. Ich bat um möglichst raschen Bescheid – ob ja oder nein. Wenn er bis morgen abend nicht geantwortet hat, schreibe ich an Tante Erika. (Anm.: Tilsiter Klassenschwester meiner Mutter, Patentante meiner zweiten Schwester, Volksschullehrerin, unverheiratet, kinderlos: Meine Mutter hatte sie auf eine evtl. Anfrage von mir vorbereitet.) Schreiben muß ich ihr jetzt sowieso. Oh, diese zahlreichen Schreibereien ... Ich möchte nicht vergessen, in diesem Zusammenhang meiner Mutter für ihre Mühe zu danken.“

Und nun kam ich, nach Onkel Erwins Ablehnung einer Bürgschaft, entgegen aller ursprünglichen Absicht doch nicht umhin, meinen Vater brieflich am 9. November 1955 um sein Eintreten für mich als Bürgen zu bitten:

> „... Onkel Erwin übernimmt die Bürgschaft nicht. Auf dem AkaHi erfuhr ich, daß zur Erledigung meines Antrags nur noch die zweite Bürgschaftserklärung fehlt. Auch wenn der gesetzlich unterhaltsverpflichtete Vater keinen Unterhaltszuschuß leisten könne, so könne er doch die Bürgschaft für das Darlehen übernehmen. Die Bürgschaftsübernahme widerlege nicht die tatsächliche Unfähigkeit zur Leistung dieses Zuschusses, sei andererseits bedenkenlos, da Du ein Einzelhandelsgeschäft betreibst, das laufende Einnahmen

bringt. Da es für mich der kürzeste Weg ist, bitte ich Dich, die Bürgschaft für mich zu übernehmen und beiliegende Erklärung mir ausgefüllt umgehend zuzusenden ..."

Mein Vater erfüllte meine Bitte um Eintritt als Bürgern unverzüglich, seine Bürgschaftserklärung trägt das Datum des 10.11.1955.

Tante Margot hatte mir bereits mit monatlichen Darlehensbeträgen von 50,– DM ab Mai 1955 zu einer insoweit festen Grundsicherung ohne die „beihilfe-akzessorischen" Unterbrechungen verholfen, die mit einer Sonderzahlung von 300,– DM im Mai 1956 bis zum Juli 1956 liefen und den Gesamtbetrag von 1000,– DM ergaben. Irgendein schriftliches Darlehensanerkenntnis meinerseits gab es nicht, „Vertragsform" war Tante Margots Vertrauen auf meine Zuverlässigkeit. Ich habe meine Darlehensschuld von März 1961 bis November 1962 in 17 Teilbeträgen getilgt.

Die Ausbildungshilfeverfahren bei den Ämtern Nienburg, Göttingen, Hannover, auf die ich nun noch einmal für die Jahre 1955/56 zurückkomme, hatten für die Eltern natürlich auch eine psychologische Seite. Wurden sie durch diese Verfahren doch ständig daran erinnert, daß sie, die in Königsberg auf dem Fundament ihrer dortigen Vermögensverhältnisse die Ausbildung ihrer Kinder mit Sicherheit „mit links" hätten finanzieren können, nun in einem staatlichen Unterstützungsverfahren zu Antragstellern geworden waren, die stets aufs neue ihre gänzlich unzureichenden Einkommensverhältnisse, richtiger: ihre nicht von ihnen selbst verschuldete Armut darlegen und unter Beweis stellen mußten. Sie empfanden sich ein weiteres Mal im Rahmen ihrer sozialen Deklassierung als Vertriebene, als Bittsteller.

Mein Vater hat dem, als es zu streitigen und dann auch gerichtlichen Auseinandersetzungen wegen angeblich wissentlich herbeigeführter überzahlter Ausbildungshilfe kam, zwei Mal schriftlich Ausdruck gegeben. In seinem Schreiben vom 11.1.1956 an das Landesausgleichsamt Hannover sagt er: „Ich bedauere es außerordentlich, daß meine eigenen Kräfte nicht ausreichen, ohne die Hilfe des Staates meinen Kindern den Weg dahin zu ebnen, wo sie hingehören, wie es in der Heimat eine Selbstverständlichkeit gewesen wäre." Sodann in seinem Schriftsatz vom 15.3.1957 an das Landesverwaltungsgericht Hannover: „Ich lese mit Trauer, daß ich in den Schriftsatz (Anm.: des beklagten Regierungspräsidenten Hannover von 18.2.1957) als ‚Bedürftiger' nach dem LAG eingestuft bin. Meine heimatlichen Lebensverhältnisse hätten es mir erlaubt, meinen 5 Kindern noch ganz andere Ausbildungsmöglichkeiten zu bieten und vieles andere für die Ausbildung anderer Kinder zu tun." Als nach meiner Antragstellung vom 13.3.55 auf Weitergewährung von Ausbildungshilfe meine die Geschwister betreffenden Angaben offenbar nicht ausreichten (auf dem Vordruck hatte ich in der Spalte „mtl. Netto-Eink." Striche gemacht), habe ich meinen Vater auf einer nicht erhalten gebliebenen Postkarte um diesbezügliche Nachweise bzw. Auskünfte gebeten. Meine Mutter hat meine Anfrage wie folgt erledigt, ihr „platzte dabei die Galle", sie ließ dem Gallenfluß in diesem Brief freien Lauf:

> „1.6.55 Lieber Fritjof,
>
> heute mittag kam Deine Karte an. Warum schreibst Du nicht gleich an mich, wo Du doch weißt, daß Vati in Hamburg ist?
>
> Zum Thema:
>
> Heilwig ist Haustochter oder mithelfendes Familienmitglied. Geld bekommt sie kaum in die Hand, auch ihre Schuhsohlen werden mit Ware im Laden bezahlt. Ich will noch vor Abgang der Post zu Frau Gotha nach einer Bescheinigung, daß sie keine Steuerkarte besitzt. Morgen vormittag werde ich zur AOK nach Stolzenau und mir eine Bescheinigung lassen, daß sie freiwilliges Mitglied der AOK ist.

Dann werde ich an den Heimleiter in Ulsnis schreiben und mir bescheinigen lassen, wieviel der 15-Jährige im Jugendaufbauwerk Schleswig-Holstein verdient, um seinem studierenden Bruder die Wechsel bezahlen zu können. Sodann werde ich mir Stempel anfertigen lassen für die Wörter ‚Bescheinigung' und ‚bescheinigen', da mir allmählich die Hand vom Schreiben derselben Wörter weh tut!

Beide Geschwister bestreiten ihren Unterhalt aus Vatis Tasche und haben keinen eigenen Verdienst!

Mehr kann ich im Augenblick nicht tun. In Ulsnis kommt und geht die Post 2x wöchentlich. Es wird also mit der Antwort etwas dauern.

Ich gestatte gern, daß Du diesen Brief dem zuständigen Beamten zu lesen gibst.

Muß ich meine Unterschrift beglaubigen lassen?

Gruß! Mutti"

Von meinem Vater erhielt ich diese Bescheinigung:

„Meine Tochter Heilwig, geb. am 13.5.36, gehört meinem Hausstand an und wird von mir unterhalten. Sie war lediglich in einer Lehrprobezeit vom 15.7.54 bis 11.8.54 bei der Firma Potthoff & Abbenthern, Hannover, beschäftigt.

Da sie meinem Hausstand angehört und von mir unterhalten wird, erfüllt sie durch ihre Mithilfe in meinem Einzelhandelsgeschäft in Leese lediglich eine ihr gesetzlich obliegende Verpflichtung zur Dienstleistung im Geschäft der Eltern.

Da infolge Unentgeltlichkeit ihrer Mithilfe ein eigentliches Arbeitsverhältnis nicht begründet wird und sie mangels der Voraussetzungen der §§ 2 Abs. 3 Ziff. 4,19 EStG kein einkommensteuerpflichtiges Einkommen erzielt, ist für sie auch keine Steuerkarte angelegt. (Voraussetzungen der zit. §§: nichtselbständige Arbeit in einem Arbeitsverhältnis und daraus fließende Einkünfte.) Andere Einkunftsquellen liegen nicht vor.

Für den Antrag meines Sohnes Fritjof ist daher zu berücksichtigen, daß meine Tochter Heilwig ohne Einkommen ist."

Ich selbst hatte am 2.6.55 eine eigene Anfrage, meinen Bruder Eginhart betreffend, an das Jugendaufbauwerk in Ulsnis gerichtet:

„Als Unterlage zu meinem dem hiesigen Lastenausgleichsamt vorliegenden Antrag auf Ausbildungsbeihilfe benötige ich von Ihnen eine Bescheinigung über den Aufenthalt meines Bruders Eginhart bei Ihnen. Ich bitte darin außerdem zu vermerken, welcher Art eine etwaige Beschäftigung meines Bruders ist und welche Einkünfte er gegebenenfalls aus dieser bezieht, auch ob Sie die Kosten des Lebensunterhalts bzw. welchen Anteil Sie daran tragen.

Da die Bearbeitung meines Antrags dringlich ist, wäre ich für die umgehende Erledigung meiner Anfrage sehr dankbar.

Hochachtungsvoll

Fritjof Berg"

Auf meine Anfrage erhielt ich vom Jugendaufbauwerk Schleswig-Holstein, Jungenheim, landw. Grundllehrgang, mit Datum des 6. Juni 1955 diese Bescheinigung:

„Bescheinigung (Abschrift)

(Zur Vorlage beim LAG-Amt)

Der Jugendliche Eginhart Berg, geb. am 14.10.1939, wohnhaft in Leese, Kr. Nienburg (Weser), ist seit dem 1.4.55

Angehöriger des hiesigen Aufbauwerkes. Berg erhält neben freier Verpflegung und Unterkunft ein tägliches Taschengeld von DM –,40.

Stempel
gez. Unterschrift“

Nach Einreichung dieser Unterlagen erging der bereits erwähnte Bescheid des Ausgleichsamtes Göttingen vom 16.6.1955.

Für die Weitergewährung der Ausbildungshilfe ab 1.10.1955 mußte also ein neuer Antrag gestellt werden, wozu ich mit Sammelvordruck des Ausgleichsamtes Göttingen an alle Empfänger von Ausbildungsbeihilfe vom 1. September 1955 aufgefordert wurde, in dem es zum Einkommensnachweis der selbständigen Unterhaltsverpflichteten (mit den schon bekannten Formulierungen) heißt, daß dieser, vom Finanzamt ausgestellt, für das Jahr 1954 vorzulegen sei. Und weiter, was für meinen Vater zutraf: „Wo noch keine Veranlagung vorgenommen ist, wird um eine Bestätigung des zuständigen Finanzamtes gebeten, aus welcher hervorgeht, welche zu versteuernden Einkünfte für 1954 angemeldet wurden.“

Die Bescheinigung des Finanzamtes Nienburg (Weser) vom 16. September 1955, daß mein Vater „lt. eingereichter vorläufiger Gewinnermittlung für das Kalenderjahr 1954 einen Reingewinn aus Gewerbe von 4362 DM erklärt hat“ und „die Veranlagung zur Einkommensteuer 1954 noch nicht durchgeführt ist“, reichte ich als Anlage zu meinem Antrag vom 17.9.1955 ein, mit der zusätzlichen Versicherung, daß ich „alle Einkünfte ab 1. April 1955 (Anm.: eigene: keine!) ohne Ausnahme angegeben habe“ und „in den sonstigen Voraussetzungen keine Änderung eingetreten“ ist. Das Finanzamt teilte seinerseits dem Ausgleichsamt Göttingen am 17.10.1955 mit, daß Vaters Gesamteinkommen „nach der nunmehr eingereichten Jahressteuererklärung ... im Kalenderjahr 1954“ 4362 DM beträgt, wovon Sonderausgaben in Höhe von 200,– DM und ein Flüchtlingsfreibetrag von 960,– DM = 1160,– bei der Veranlagung abgesetzt würden, so daß 3202,– DM zu versteuern seien. „Privatentnahmen sind von den Einkünften nicht abgesetzt“, heißt es weiter.

Diese steuerrechtlich möglichen Absetzungen konnte mein Vater aber bei der Berechnung ihm möglicher Unterstützungszahlungen an Karin und mich im Rahmen der LAG-Verfahren nicht zu seinen Gunsten geltend machen. Im nachfolgenden Rechtsstreit gegen den Regierungspräsidenten Hannover, der uns noch näher beschäftigen wird, ging dieser gerichtlich und außergerichtlich weiter von Gesamteinkünften in Höhe von 4362,– DM aus, da Absetzungen für Freibeträge gem. § 33a EStG nach Ziff. 10(2) der Durchführungsbestimmungen zur Weisung über die Ausbildungshilfe nicht gewährt werden könnten.

Nun hieß es wieder, auf einen Bewilligungsbescheid warten, wie lange diesmal? Wären da nicht die monatlichen Darlehensraten des Akademischen Hilfswerks und von Tante Margot gewesen, hätte ich – mit einem damals überall geläufigen Ausdruck – „ganz schön in die Röhre geguckt“. Schneller, zwischendurch, erfolgte die Bewilligung von Auslagen im Zusammenhang mit dem Abschluß meines Jurastudiums. Ich hatte am 1.10.1955 auf dem formell vorgeschriebenen Wege an den „Herrn Vorsitzenden des Justizprüfungsamtes bei dem Oberlandesgericht Celle“ mein „Gesuch um Zulassung zur ersten juristischen Staatsprüfung“ abgeschickt. Außer meinem Reifezeugnis, Studienbuch, Übungs- und Seminarscheinen, polizeilichem Führungszeugnis und einem solchen der Universität Göttingen, der Versicherung, daß ich bisher bei keinem anderen Prüfungsakt um Zulassung zur ersten juristischen Staatsprüfung nachgesucht habe, dem Zeugnis über die in der Justizausbildungsordnung vorgeschriebene Beschäftigung bei Gericht und meinem handgeschriebenen Lebenslauf mußte ich auch die Bescheinigung über die Zahlung der Prüfungsgebühr von 75,– DM beibringen. Auf meinen Erstattungsantrag von 12.10.55 an das Ausgleichsamt Göttingen mit Quittung des Postamts Göttingen über die Einzahlung erging der Bewilligungsbescheid vom 2.12.1955 mit der Ankündigung der Auszahlung „nach Rechtskraft“ (also erst einen Monat nach Zustellung des Bescheids ...). Genauso verhielt es sich mit den Schreibkosten für meine Hausarbeit zur Ablegung der ersten juristischen Staatsprüfung im Höhe von 41,20 DM, die bestimmungsgemäß in Maschinenschrift anzufertigen war (handschriftliche Ausarbeitungen waren damals noch die Regel, der Besitz einer Koffer- oder gar noch wertvolleren Schreibmaschine war ein Luxus, der bei Studenten kaum vorkam.). Auf meinen Antrag vom 15.12.1955 wurde mir mit Bescheid des Ausgleichsamts vom 10.1.1956 ein Erstattungsbetrag von 40,– DM zugesprochen, wiederum erst zahlbar nach Unanfechtbarkeit des Bescheids, also im Februar 1956 ... (ich komme auf die Hausarbeit und nun schon ihre Begleitung durch Hannelotte in Teil II dieses Bandes zurück). Zu den laufenden Ausbildungskosten erging schließlich der Bescheid vom 29.12.1955, mit dem mir für Oktober 1955 115,– DM, für die Zeit vom 1.11.1955 bis 31.3.1956 monatlich 124,– DM und eine Semestergebührenerstattung von 41,– DM angekündigt wurden. Im Bescheid heißt es am Ende: „Am 9.1.56 werden angewiesen: Oktober 115,– DM, Nov.–Jan. 372,–, Sem.Geb. 41,– = 528,– DM.“ Mit welchem Betrag und mit welcher Verzögerung die Auszahlung tatsächlich erfolgte, mögen die beiden nachstehenden „Einladungen“ des Ausgleichamts Göttingen vom 16. und 20. Januar 1956 veranschaulichen.

Mein Vater hatte dem Ausgleichsamt Göttingen mit Schreiben vom 10.10.1955 mitgeteilt, daß Bruder Eginhart sofort mit einer Handwerkslehre beginnen und daß das Ausgleichsamt Nienburg die Kosten der Unterbringung im Lehrlingsheim am Schneiderberg in Hannover übernehmen würde. „Des weiteren teile ich Ihnen mit, daß ich in Kürze den vorgelegten vorläufigen Steuerbescheid des Finanzamts ergänzen werde, aus dem hervorgeht, daß mein Einkommen im Jahre 1954 nicht, wie im vorläufigen angegeben, sondern im Höchstfälle 4300,– DM betragen hat.“

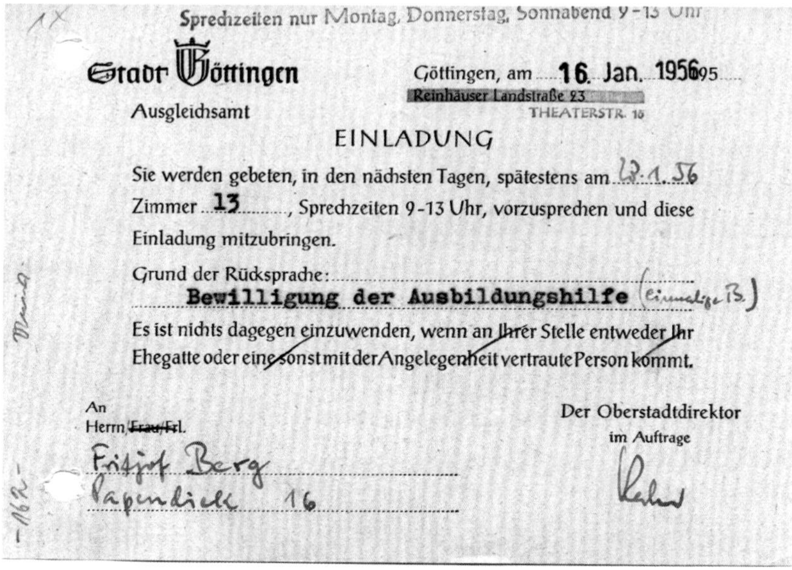

Sprechzeiten nur Montag, Donnerstag, Sonnabend 9-13 Uhr

Stadt Göttingen
Ausgleichsamt

Göttingen, am 16. Jan. 1956 95
Reinhäuser Landstraße 23
THEATERSTR. 16

EINLADUNG

Sie werden gebeten, in den nächsten Tagen, spätestens am 23.1.56
Zimmer 13, Sprechzeiten 9-13 Uhr, vorzusprechen und diese Einladung mitzubringen.

Grund der Rücksprache:
Bewilligung der Ausbildungshilfe (einmalige B.)

Es ist nichts dagegen einzuwenden, wenn an Ihrer Stelle entweder Ihr Ehegatte oder eine sonst mit der Angelegenheit vertraute Person kommt.

An
Herrn/~~Frau/Frl.~~
Fritjof Berg
Papendiek 16

Der Oberstadtdirektor
im Auftrage

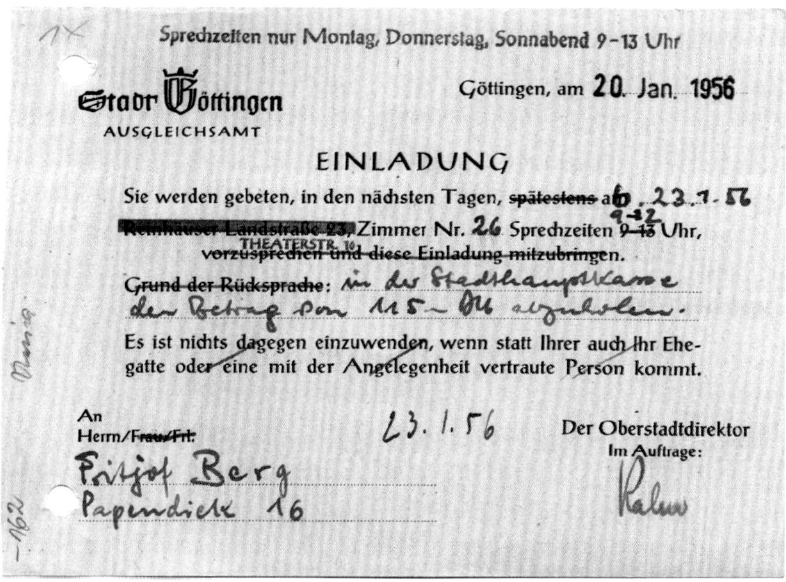

Sprechzeiten nur Montag, Donnerstag, Sonnabend 9-13 Uhr

Stadt Göttingen
AUSGLEICHSAMT

Göttingen, am 20. Jan. 1956

EINLADUNG

Sie werden gebeten, in den nächsten Tagen, ~~spätestens~~ am 23.1.56
[redacted] THEATERSTR. 16 Zimmer Nr. 26 Sprechzeiten ~~9-13~~ 9-12 Uhr,
~~vorzusprechen und diese Einladung mitzubringen~~.

~~Grund der Rücksprache~~: in der Stadthauptkasse den Betrag von 115,– DM abzuholen.

Es ist nichts dagegen einzuwenden, wenn statt Ihrer auch Ihr Ehegatte oder eine mit der Angelegenheit vertraute Person kommt.

An
Herrn/~~Frau/Frl.~~
23.1.56
Fritjof Berg
Papendiek 16

Der Oberstadtdirektor
Im Auftrage:

„Einladungen" des Ausgleichsamtes Göttingen vom 16. und 20. Januar 1956

In unserer Examenszeit ein Ende mit Schrecken:

Ausbildungshilfe für Karin auf monatlich 44,– DM zusammengestrichen, meine eigene reduziert, mein Vater soll 917,– DM zurückzahlen, im Verwaltungsrechtsstreit hierüber werde ich sein Prozeßbevollmächtigter

Die Weiterzahlung der Ausbildungshilfe an Karin ab November 1955 entwickelte sich zu einem annähernden Nullsummendrama bis hin zu einem Verwaltungsrechtsstreit, in dem ich (nun schon als Gerichtsreferendar) schließlich die prozessuale Vertretung übernahm und dabei – rückschauend – auch in eigener Sache engagiert war.

Mein Vater hatte für Karin am 28.2.1955 Weiterzahlung der Ausbildungshilfe für die Zeit vom 1.4.1955 bis 31.3.1956 beantragt.

Es traf mich wie ein Schock, als mein Vater mich mit seinem Brief vom 28.11.1955 vom Inhalt des ihm am 25.11.1955 per Einschreiben zugestellten Widerrufsbescheides vom 14.11.1955 unterrichtete. Er beschrieb dann die Aufteilung der künftig zu zahlenden Ausbildungshilfe zwischen Karin, Eginhart und mir so:

> „... bei der Überprüfung im Oktober hat sich ergeben, daß bei 4300 jährlichem Einkommen, umgerechnet auf den Monat, der anrechnungsfähige Betrag um 160,– DM überschritten ist. Diese 160 DM (abgerundet 150 DM) sind nun von der an Karin, Eginhart und Dich zu zahlenden Ausbildungsbeihilfe zu kürzen.
>
> Demnach haben die Ausgleichsämter Hannover, Göttingen und Nienburg darüber abgestimmt und, um nicht an allen drei Stellen je 50,– DM monatlich abzuziehen, dies an ei-

HAUPTSTADT HANNOVER
Ausgleichsamt

Postanschrift: Hauptstadt Hannover · Ausgleichsamt · (20a) Hannover · Postfach

Einschreiben

Herrn
Heinrich B e r g
L e e s e Nr. 105
Krs. Nienburg/Weser

Ihre Zeichen	Ihre Nachricht vom	Unser Hausruf	Unsere Zeichen	Hannover-Linden Marktplatz 1
		2193	434 / 2 B 15984 Sch.	14.11.55

Bescheid.

Ausbildungshilfe.

Auf Ihren Antrag zur Gewährung von Ausbildungshilfe vom 28.2.1955 ist Ihnen für ~~Ihren Sohn~~ – für Ihre Tochter Karin, geboren am 9.6.1931, in Ihrer Eigenschaft als Vertriebener (§ 11 LAG) – ~~XXXXXXXXXXXXXXXXXXXXXXXXXXXX~~ – aus Mitteln des Ausgleichsfonds für die Berufsausbildung ~~als~~ in der Päd. Hochschule Hannover ~~bei~~ .... Ausbildungshilfe bewilligt worden:

vom: 1.4.55 bis: 31.3.56 monatlich 44,-- DM (vierundvierzig)
vom: – bis: – monatlich – DM (–)
vom: – bis: – monatlich – DM (–)

Die Beihilfe wird unter dem Vorbehalte bewilligt, daß die Voraussetzungen, die zu der Gewährung geführt haben, weiterhin erfüllt sind.

Sie wird Ihnen monatlich durch die Post ausgezahlt.

Jede Veränderung in den Einkommensverhältnissen, dem Familienstand und den Ausbildungsverhältnissen ist dem Ausgleichsamt unverzüglich anzuzeigen (§ 289 LAG). Leistungen, deren Höhe den tatsächlichen Verhälinissen nicht entsprechen, sind zu erstatten (§ 290 LAG). Schuldhaftes Verhalten kann zu strafrechtlicher Verfolgung und zum Ausschluß von weiteren Leistungen an Ausbildungshilfe führen.

Gegen diesen Bescheid können Sie innerhalb eines Monats nach Zustellung, der Vertreter der Interessen des Ausgleichsfonds innerhalb eines Monats nach Bekanntgabe, die Entscheidung des Beschwerdeausschusses beim Regierungspräsidenten in Hannover anrufen. Die Beschwerde ist bei unserem Amt, Hannover-Linden, Marktplatz 1, einzureichen.

Der Oberstadtdirektor
Im Auftrage
[Unterschrift]
Stadtoberinspektor.

BAA 4/1

bitte wenden!

Fernruf
8 66 31

Postscheckkonto: Postscheckamt Hannover Nr. 9276

Bescheid über 44 DM Ausbildungshilfe für Karin

Für die Monate April - Oktober 1955 ist eine Überzahlung von 917,-- DM entstanden. Diese Überzahlung wird bis zum Betrage von 220,-- DM von der noch zu zahlenden Ausbildungshilfe einbehalten. Der Restbetrag von 697,-- DM ist zu erstatten.

Der Bescheid vom 9.5.55 wird aufgehoben.

Der Oberstadtdirektor
Im Auftrage

Stadtoberinspektor

Rückseite: Überzahlung von 917 DM!

ner Stelle getan, und zwar an Karins Ausbildungsbeihilfe. Demnach mußt Du bereits einen Bescheid in Göttingen erhalten haben (Anm.: nein, erst nach dem 29.12.1955), daß Deine Ausbildungsbeihilfe monatlich in Höhe von 115 DM + Studiengebühr von 6,93 DM ohne Unterbrechung weitergezahlt wird. Der nun noch an Karin zu zahlende Betrag bis zum 31.3.56 beträgt 220,– DM. Dieser Betrag wird einbehalten und verringert den von mir zurückzuerstattenden Beitrag auf 697 DM. Damit ist einwandfrei klar, daß Karin keinen Pfennig Geld mehr vom Ausgleichsamt zu sehen bekommt.“

Aus dem Schriftsatz des Regierungspräsidenten Hannover vom 17.8.1956 im späteren Verwaltungsrechtsstreit ergibt sich, daß für Karin und mich ein Ausbildungsbedarf von zusammen 326,60 DM ermittelt worden war. Bei dem für meinen Vater errechneten Einkommensüberschuß von 160,55 DM, mit dem dieser Bedarf teilgedeckt war, ergab sich eine restliche Ausbildungshilfe von 326,60 ./. 160,55 = 166,05 DM. Dieser Restbetrag wurde mit

Beträgen von 44,– DM für Karin und 122,– DM für mich aufgeteilt.

In seiner Verzweiflung, Karin finanziell bei weitem nicht so unter die Arme greifen zu können, daß damit der Abschluß ihres Studiums gesichert war, bat mein Vater mich in seinem Brief vom 28.11.55 um meine Mithilfe. Er schrieb:

> „... Wenn nun die Sache nach allen Seiten richtig betrachtet wird, ist es vielleicht richtig, daß, wenn schon 150 DM gestrichen werden und ich diese aufbringen muß, sie an einer Stelle gestrichen werden. Es wäre mir sehr viel unangenehmer, wenn ich zu Eginharts Ausbildungskosten, die von Nienburg aus mit 120 DM übernommen sind, noch dem Lehrlingsheim 50 DM monatlich hätte zahlen müssen. Ob es mir gelingen wird, für Karin die 44 DM monatlich zu retten, wird die Verhandlung in Hannover ergeben ...
>
> Nun mein Vorschlag: Karin kann natürlich nicht ohne Geld bleiben! Ich kann ihr auch nicht pünktlich monatlich die 150 DM geben. Ihre Selbsthilfe durch ebenfalls ein Darlehen von irgendwo und irgendwem würde sie zu stark verschulden. Deshalb meine ich: Soweit ich von hier aus Deine Lage beurteilen kann, sieht es so aus, daß Du im Augenblick 120 DM Ausbildungsbeihilfe erhältst, dazu 100 DM Darlehen und 50 DM von Tante Margot. Das sind also 270 DM. Wenn das stimmt, dann möchte ich Dich bitten, daß Du nun an Karin 50 DM monatlich gibst, und zwar ab 1.10. (weil Deine Bewilligung ja nicht unterbrochen wurde, lediglich verzögert, und Du die Nachzahlung erhalten haben mußt).
>
> Damit glaube ich zu erreichen, daß Karin diese 50 DM von Dir + 44 DM Weiterzahlung von Hannover und 50 DM Zuzahlung von mir monatlich, also 144 DM zur Verfügung hätte, um wenigstens ihr Studium beenden zu können.“

Für die Nachwelt erhalten bleiben soll dieses Zahlenwerk meines Vaters, das er bei Zugrundelegung eines Monatseinkommens 1954 von 4362,– DM : 12 = 363,50 in seiner Klageschrift vom 11.7.1956 gegen den Regierungspräsidenten Hannover Außenstelle des Niedersächsischen Landesausgleichsamtes als Existenzbasis aufgeschlüsselt hat:

Versicherungsbeiträge	17,– DM
Nachholbedarf	80,– DM
Tochter Karin	125,–DM
Sohn Fritjof	60,– DM
Tochter Heilwig, Unterhalt	120,–DM
Sohn Eginhart etwa	50,– DM
	347,–DM
Bleiben für meine Frau und mich	16,– DM

Mein Vater hat durch Vorsprachen beim Ausgleichsamt Hannover und Eingaben u. a. an den Vertriebenenminister des Landes Niedersachsen vom 4.12.55 die Aufhebung des Bescheides vom 14.11.1955 und die Weitergewährung der vollen Ausbildungshilfe an Karin, wenigstens aber eines Teilbetrages zu erreichen versucht. Er hatte hiermit insoweit Erfolg, als vom Ausgleichsamt Hannover am 24.1.1956 ein Änderungsbescheid erging, durch den der Bescheid vom 14.11.1955 aufgehoben und für die Zeit vom 1.4.1955 bis 31.10.1955 eine Ausbildungshilfe für Karin von 44,– DM und für die Zeit vom 1.11.1955 bis 31.3.1956 eine solche von 54,– DM bewilligt wurde. Der Änderungsbescheid ließ jedoch ausdrücklich die gleichzeitig auf 917,– DM erhöhte Rückforderung bestehen.

Hiergegen wandte mein Vater sich mit Schreiben vom 17.2.1956 an das Ausgleichsamt Hannover: „Ich erkenne den genannten Bescheid soweit nicht an, als Sie mir eine Forderung in Höhe von 917,– DM aufzuerlegen versuchen. Als Begründung verweise ich auf den zweiten Teil meines Schreibens vom

13.12.1955“, in dem mein Vater auf seine Eingabe an Minister Schellhaus verwies und im letzten Satz sagte: „Dies Schreiben gelte gleichzeitig als Einspruch gegen Ihren Bescheid vom 14.11.55.“

Aus dem Beschluß des Regierungspräsidenten Hannover – Außenstelle des Landesausgleichsamtes – vom 14.5.1956 über die Zurückweisung dieses als Beschwerde gewerteten Schreibens ergibt sich, daß mein Vater in seinem Antrag vom 28.2.1955 sein monatliches Einkommen mit 266,– DM angegeben hat (das sind 3192,– DM jährlich). Im Beschluß heißt es hierzu weiter:

> „... Auch im Prüfbogen, den der Beschwerdeführer am 23. August 1955 angefertigt hat, verweist er bei der Frage nach dem monatlichen Nettoeinkommen auf seinen Antrag vom April 1955 (Anm.: April?) und gibt an, daß es unverändert geblieben sei. Erst eine Nachfrage beim Finanzamt in Nienburg (Anm.: Ausdruck „Nachfrage“ mit suggestiver Unterstellung verfehlt, siehe Vaters Schreiben vom 10.10.1955 an das Ausgleichsamt Göttingen und meine eigenen Angaben gegenüber diesem Amt vom 17.9.1955) ergab, daß sein Gewinn im Jahre 1954 4362,– DM betragen hat, während er im Jahre 1953 3200,– DM ausgemacht hatte. Diese Werte weisen eine Gewinnsteigerung von 1162,– DM aus. Die infolge dieser Erhöhung des Familieneinkommens vorgenommene Berechnung ergab, daß dem Beschwerdeführer ab 1. April 1955 nicht 175,– DM, sondern nur 44,– DM an Ausbildungshilfe gezahlt werden durften. Für die Monate April bis Oktober ist eine Überzahlung von 917,– DM entstanden, die dem Ausgleichsfonds zu erstatten ist. Diese Überzahlung ist durch alleiniges Verschulden des Beschwerdeführers entstanden, denn bestimmungsgemäß war er verpflichtet, sämtliche Veränderungen in seinen wirtschaftlichen und persönlichen Verhältnissen unverzüglich anzuzeigen.“

Dies hieß mit anderen Worten doch nichts anderes, als daß mein Vater die behauptete Überzahlung von Ausbildungshilfe wissentlich, d. h. sogar in betrügerischer Absicht herbeigeführt und den ihn, Karin und letzten Endes auch mich begünstigenden Verwaltungsakt – Bescheid Ausgleichsamt Hannover vom 9.5.1955 über Ausbildungshilfe von monatlich 175,– DM an Karin – im verwaltungsrechtlichen Sinne erschlichen hat – mit der Rechtsfolge des Widerrufs.

Wie Vaters „Verschulden“ konkret beschaffen gewesen sein soll, liest sich im Antwortschreiben des Niedersächsischen Ministers für Vertriebene, Flüchtlinge und Kriegssachgeschädigte vom 22.12.1955 auf seine Eingabe vom 4.12.1955 so:

> „... daß ich Bedenken habe, ob man Ihren Ausführungen ... insoweit wird folgen können, daß Sie am 28.2.55 – bei der Antragstellung – nicht gewußt haben, wie hoch Ihr Einkommen 1954 gewesen ist. Es ist zuzugeben, daß gewisse Veränderungen durch die Berechnungen des Finanzamtes nachträglich eintreten können. Ich glaube jedoch, daß Sie zu diesem Zeitpunkt in etwa haben übersehen können, welches Einkommen Sie im Jahre 1954 gehabt haben. Dafür sprechen auch Ihre Ausführungen in Ihrem Schreiben vom 28.6.54 an das Ausgleichsamt der Hauptstadt Hannover, in dem Sie bitten, nicht den Bescheid des Finanzamtes für das Jahr 1952 bei der Berechnung der Ausbildungshilfe zugrundezulegen, da sich Ihr Einkommen inzwischen verringert hätte. Sie schreiben dort folgendes: ‚Der Steuerbescheid für 1953 kann noch nicht vorgelegt werden, da z. Zt. die Steuererklärung 1953 fertiggestellt (Anm.: durch Vaters Steuerberater) und in etwa 4 Wochen dem Finanzamt eingereicht wird. Ich versichere aber, daß mein Umsatz 1953 nur 58 696,06 DM beträgt. Demnach wird der Steuerbescheid nach meinem Familienstand höchstens an 3000,– DM Einkommen herankommen. Der Umsatz des

ersten Halbjahres 1954 beträgt nach meinen Aufzeichnungen höchstens 30 000,– DM.‘ Ich meine, daß Sie am 28.2.55 eine entsprechende Erklärung auch für Ihr Einkommen für das Jahr 1954 hätten abgeben können.“

Oder aber es wurde meinem Vater im späteren Verwaltungsrechtsstreit gegen den Regierungspräsidenten Hannover vorgehalten, z. B.

a) in dessen Klageerwiderung von 17. August 1956, der Kläger versuche, „... seine Unterlassung damit zu entkräften, daß er weder z. Zt. der Antragstellung noch später – etwa im August 1955 – in der Lage gewesen wäre, eine Steuererklärung des Finanzamtes beizubringen, die sein tatsächliches Einkommen belegte. Zwar soll im allgemeinen die Bescheinigung des Finanzamtes Aufschluß über die Einkommensverhältnisse der Antragsteller geben, das schließt jedoch nicht aus, daß dieser Nachweis auch auf andere Art geführt werden kann. Der Kläger hätte auch durch vierteljährliche Zwischenabschlüsse sich einen Überblick über seine gestiegenen Gewinne aus seinem Lebensmittelgeschäft ... verschaffen können. Bereits im April 1955 hätte er anhand dieser Zwischenabschlüsse feststellen können, daß sein Gewinn um rd. 100,– DM monatlich gestiegen war, spätestens war das jedoch bei Rückgabe des Prüfbogens im August 1955 möglich.“ Es folgt dann der abermalige Hinweis auf Vaters Schreiben vom 28.6.54 an das Ausgleichsamt Hannover mit seiner Gewinneinschätzung, „obwohl der Steuerbescheid für 1953 noch nicht vorgelegt werden könnte“.

b) in dessen Schriftsatz vom 3.11.1956 auf das diesbezügliche Vorbringen meines Vaters in seinem Schriftsatz vom 15.10.1956: „Es mag unterstellt werden, daß es in der vom Kläger betriebenen Einzelhandelsbranche im allgemeinen nicht üblich ist, vierteljährliche Zwischenabschlüsse zu machen. Damit ist jedoch keinesfalls anzuerkennen, daß er zu einen derartigen Abschluß nicht in der Lage gewesen wäre, umsomehr als die erhöhten monatlichen Umsätze dem Kläger sicher nicht verborgen geblieben sein können. Seine Pflicht wäre es gewesen, die Zwischenbilanz von sich aus aufzustellen, um einer entstehenden Überzahlung der Ausbildungshilfe vorzubeugen.“

Es bleibt auch nach Jahrzehnten bemerkenswert, daß die Verfahrensgegner, die Vaters Schreiben vom 28.6.54 an das Ausgleichsamt Hannover als Argument dafür anführen, daß er, so wie in der Mitte des Jahres 1954 für 1953, nun auch schon Anfang 1955 zu einer exakten Einschätzung seines Einkommens 1954 in der Lage gewesen wäre, den entscheidenden Teil dieses Schreibens weglassen, der meinem Vater auch ohne Einkommensteuerbescheid die Aussage über die Halbierung seines Einkommens 1953 im Vergleich zu 1952 ermöglichte. Da im nachfolgenden Verwaltungsrechtsstreit bezüglich des Parteivorbringens die Offizial- und nicht die Parteimaxime gilt, und Vaters Schreiben vom 28.6.54 Bestandteil der Verfahrensakten war, wäre es bei der gerichtlichen Entscheidungsfindung also berücksichtigt und nicht „überlesen“ worden. Da sein vollständiger Wortlaut die Unredlichkeit entlarvt, durch Weglassen ein „Verschulden“ meines Vaters an der Überzahlung von Ausbildungshilfe zu konstruieren und das Schreiben zugleich einen Blick auf den Geschäftsalltag der Eltern 1952/53 wirft, sei der weggelassene und eben entscheidende Teil dieses Schreibens hier (noch einmal im Sachzusammenhang) wiedergegeben:

„... Was die Höhe der Ausbildungshilfe betrifft, so bitte ich von dem Bescheid des Finanzamtes abzusehen, da es sich hierbei um den Bescheid des Jahres 1952 handelt, bei dem ich mit einem Gewinn von 6000,– DM aus dem Gewerbebetrieb veranlagt worden bin. Ich hatte im Jahre 1952 eine Filiale errichtet, die sich in einer Baracke der Industrieverwaltungsgesellschaft befand (Anm.: im Heim Uhlenberg, wo nun hunderte Vertriebene wohnten). Schon am 15.10.52 mußte ich diese Filiale aufgeben, weil in dem Raum Schwamm festgestellt wurde und die Baracke räumlich abgebaut wurde. Damit fiel zwar der hohe Umsatz von über 100 000,– DM an, jedoch konnte das Einkommen niemals für mich in Erscheinung treten, da mein Betrieb mit einem Aufbaukredit in Höhe von 5000,– DM belastet ist und für die Filiale große Investierungen nötig waren. Das Ergebnis ist, daß ich ab 15.10.52 wieder nur mit dem kleineren Umsatz zufrieden sein muß, aber die Abdeckung der Waren- und Steuerschulden zu leisten habe ..."

Es folgt dann der von den Verfahrensgegnern angeführte Teil des Schreibens vom 28.6.54.

Um dem Vorwurf eines „Verschuldens" meines Vaters an der Überzahlung noch mehr Gewicht zu verleihen, hatten die Ausgleichsbehörden ausgeführt, daß mein Vater selbst im Prüfbogen vom August 1955 sein Jahreseinkommen 1954 immer noch als unverändert angegeben habe. In der Sache gleichlautend auch im Schriftsatz des beklagten Regierungspräsidenten vom 8.7.1958, in dem die Vorhaltungen an Vater nunmehr in „zumindest leichtes Verschulden" herabgestuft werden. Zur „Seriosität" dieses „Arguments" zitiere ich aus meinem Schriftsatz an das Landesverwaltungsgericht Hannover vom 14.8.1958:

> „Nach Ansicht des Beklagten besteht der gegen den Kläger gerichtete Rückforderungsanspruch vor allem deshalb, weil der Kläger im Überprüfungsbogen vom August 1955 bezüglich seines Einkommens auf den Antrag vom 28.2.1955 verwiesen und dadurch schuldhaft unrichtige Angaben gemacht habe. Wie im bisherigen Verwaltungsstreitverfahren, so trägt der Beklagte auch in seinem neuesten Schriftsatz vor, der Kläger habe diesen Prüfbogen unterzeichnet und eingereicht. Die Ausbildungshilfeakten Karin Berg erge-

ben jedoch, daß der fragliche Prüfbogen am 16.8.1955 an Karin Berg abgesandt und von dieser am 23.8.1955 unterschrieben und zurückgereicht worden ist. Nicht der Kläger hat also auf den ersten Antrag verwiesen und das Einkommen als unverändert bezeichnet, sondern dessen Tochter Karin (der indessen von einer Verbesserung der Einkommensverhältnisse des Klägers nichts bekannt war und sein konnte). Somit ist diejenige Tatsache, auf die der Rückforderungsanspruch im wesentlichen gestützt ist, überhaupt nicht gegeben."

Mein Vater hatte mit seiner Klageschrift vom 11.7.1956 Klage gegen den Regierungspräsidenten Hannover erhoben, bei diesem eingegangen mit dem Antrag, „den Beschluß des Regierungspräsidenten Hannover – Außenstelle des Niedersächsischen Landesausgleichsamtes Hannover – vom 14. Mai 1956 aufzuheben und den Bescheid des Ausgleichsamtes Hannover vom 9.5.1955 wirksam werden zu lassen bis zur Beendigung der Ausbildung meiner Tochter einschließlich März 1956." Nach Übernahme des Mandats für meinen Vater habe ich unter Hinweis auf seine Erklärung vom 17.2.1956, daß er keine neue Errechnung der Ausbildungshilfe begehrt, sondern die Rückforderung von 917,– DM im Änderungsbescheid vom 24.1.1956 nicht anerkennt, schriftsätzlich am 31.5.1958 den Klageantrag dahingehend abgeändert, „den Beklagten für verpflichtet zu erklären, das Ausgleichsamt der Hauptstadt Hannover anzuweisen, den Bescheid vom 24.1.1956 aufzuheben, soweit darin eine Rückforderung in Höhe von 917,– DM geltend gemacht wird."

Nach einer umfangreichen prozeßleitenden 6 Punkte-Verfügung des Gerichts vom 3. März 1958 hatte ich mit Vaters Prozeßvollmacht vom 5.4.1958 die Prozeßführung übernommen. Der Streitgegenstand betraf ganz unmittelbar ja auch meine Lage in den Abschlußsemestern meines Studiums. Eine besondere „Delikatesse" meines Mandats bestand darin, daß ich durch Verfügung meines Dienstvorgesetzten – Oberlandesgerichtspräsident Celle – vom 18. April 1958 „mit Wirkung vom 1 . Juni 1958 zur Fortsetzung Ihres Vorbereitungsdienstes für die Dauer von 12 Monaten dem Herrn Regierungspräsidenten in Hannover überwiesen" worden war – der ja nun seit April auch mein Prozeßgegner war! In einem ausführlichen Erörterungsgespräch mit dem Berichterstatter in der Sache, Verwaltungsgerichtsrat Sachweh, darüber meinte er (lt. meinem Aktenvermerk vom 28.5.1958), „daß auch nach meiner Übernahme an die Regierung Bedenken gegen eine weitere Prozeßführung durch mich nicht bestehen würden". Auf meine diesbezügliche Unterrichtung und Anfrage beim Ausbildungsleiter Dr. Leß nach meinem Dienstantritt beim Regierungspräsidenten am 3.6.1958, ob eine Niederlegung meines Mandats erforderlich sei, hatte dieser lt. meinem Vermerk vom gleichen Tage „keine Einwendungen gegen die weitere Vertretung meines Vaters im Prozeß durch mich". Die Dezernate und Materien meiner einzelnen Ausbildungsabschnitte beim Regierungspräsidenten Hannover hatten mit dem prozessualen Streitgegenstand auch nicht das Geringste zu tun: Veterinärdezernat, Abteilung Schulwesen, Vorortgemeinde Langenhagen, Landkreis Hannover, vom 1. Februar bis 31. März Landesverwaltungsgericht Hannover. Da war aber das bei diesem Gericht anhängige Verfahren bereits durch Beschluß vom 18. November 1958 eingestellt worden, und deshalb lasse ich die weiteren Ausbildungsstationen in meiner Dienstzeit beim Regierungspräsidenten Hannover an dieser Stelle fort.

Außer der materiellrechtlichen Streitfrage der Rückerstattungsforderung von 917,– DM an den Ausgleichsfonds ging es auch um die Frage der Zulässigkeit der Klage, da mein Vater nach Ansicht des Gerichts die Klagefrist versäumt hatte. Hier stand der Beklagtenvertreter auf meiner Seite, ganz offensichtlich deshalb, weil ein Sachbearbeiter des Beklagten meinem Vater eine irreführende und falsche Auskunft über den Fristenlauf und dessen Hemmung erteilt hatte. Ich beschränke mich an dieser Stelle auf diesen Hinweis, da es sich hier nicht um die Ausarbeitung von Bericht und Gutachten im Sinne einer Relation handelt, sondern um die Sichtbarmachung der wirtschaftlichen Nöte, die wir und ich als Student bei unserem Kampf um Befreiung aus unserem Flüchtlingselend durchzustehen hatten. Deshalb werde ich auch nicht im einzelnen auf die zwischen den Parteien gewechselten Schriftsätze, Replik und Duplik eingehen, sondern aus meinem Schriftsatz vom 31. Mai 1958, mit dem zugleich der Verfügung des Gerichts vom 3.3.1958 entsprochen wurde, die Passagen wiedergeben, die in vielem unsere damalige wirkliche Lebenslage beschreiben. Nur soviel sei zusammenfassend bemerkt, daß ich, jeweils mit Beweisantritt, dezidiert zu den Behauptungen und Unterstellungen der Gegenseite Stellung genommen und diese widerlegt habe, mein Vater hätte seine effektiven Einkünfte 1954 bereits bei der Antragstellung für Karin am 28.2.1955 „auch auf andere Art – etwa durch vierteljährliche Zwischenabschlüsse – als durch einen Steuerbescheid feststellen und den Einkommensnachweis auf diese Art führen können" und daß er es nach seinen „schuldhaft unzutreffenden" Angaben im Prüfungsbogen vom 23.8.1955 erst auf eine Anfrage des Ausgleichsamtes beim Finanzamt Nienburg habe ankommen lassen.

Es soll hier festgehalten werden, was ich Hannelotte zu meinem Schriftsatz vom 31. Mai am 3.6.58 schrieb: „Ich bin heute, d. h. eben, endlich mit dem Konzept zu einem ungewöhnlich langen (Anm.: 16 Seiten) aber erschöpfenden Schriftsatz fertig geworden. Vaters Vortrag in dieser Sache war bislang zu dürftig und teilweise unsachlich. Ich habe nicht weniger Wut über diesen Mist, aber allein damit ist es nicht getan. Hoffentlich hat dann die liebe Seele Ruh, vor allem ich." Nicht so ganz. In meinem Brief an Hannelotte vom 18.6.1958 lese ich:

„Morgen habe ich im Dezernat schwer zu wirken und will deshalb möglichst bald ins Bett gehen. Heute war sehr lange Arbeitsgemeinschaft. Ich habe noch in Vaters Sache einen kürzerem Schriftsatz verfaßt und bin dann zum Landgericht gesaust."

Ausführlicher dann wieder im Brief an Hannelotte vom 1.7.1958, der dazu mit dem Satz beginnt: „Leider muß ich mich noch einmal gründlichst mit Vaters Sache beim Verwaltungsgericht befassen ..."

Und in der ist in den bereits mit Datum angegebenen Schriftsätzen einiges festgehalten, was ein Gesamtbild über den Geschäfts- und Lebensalltag der Eltern in Leese wie auch über das finanzielle „Staceato" meines Studentenalltags ergibt, vor allem in dem vom 31. Mai 1958, aus dem ich nun einige insoweit aussagekräftige Passagen folgen lasse (die Abschnittsziffern beziehen sich auf die Verfügung des Gerichts vom 3.3.1958):

„Zu 3):

Das Einkommen des Klägers im Jahre 1955 betrug 4012,– DM.

Es wurden folgende Geschäftseinnahmen erzielt, die Ausgaben belaufen sich wie folgt:

Monat	Gesch. Einnahmen	Ausgaben insges.	Davon Gesch.Ausg.	Barentn. privat
Jan.	5820,70	5961,43	5694,88	266,55
Feb.	5367,84	5670,66	5464,03	206,63
März	5784,29	6395,87	5968,37	427,50
April	5366,69	4883,33	4535,55	347,78
Mai	5095,89	5911,33	5607,34	303,99
Juni	5015,07	5306,99	4970,56	336,43
Juli	5641,41	5919,56	5621,31	298,25
Aug.	6601,52	6996,78	6626,53	370,25
Sept.	6216,02	6184,38	5863,92	320,46
Okt.	6207,57	5531,96	5108,30	423,66
Nov.	5924,45	5490,03	5227,01	263,02
Dez.	6487,64	6600,01	6440,31	159,70
Summe	69529,09	70852,33	67128,11	3724,22

Obige Ergebnisse sind den Tagebüchern 1955 über Einnahmen und Ausgaben entnommen. Der steuerbare und von der Betriebsprüfung anerkannte Umsatz 1955 einschließlich Eigenverbrauch beläuft sich auf 71 233,30 DM, der reine Wareneinkauf auf 61 814,47 DM.

Beweis: Auskunft des Finanzamtes

Daraus ergibt sich ein Warenrohgewinn von 9418,83 DM.

Beweis: wie vor

Nach Abzug der sonstigen Geschäftsaufwendungen verbleibt das vom Finanzamt festgestellte Einkommen von 4012,– DM.

Beweis: wie vor

Zu 4):

Die Einkommensteuererklärung für 1954 nebst Unterlagen wurde am 12.10.1955 an das Finanzamt Nienburg (Weser) übersandt und ist dort am 13.10.1955 eingegangen.

Beweis: Auskunft des Finanzamtes

Der Kläger wiederholt, daß bei der Antragstellung im Februar ein Einkommensteuerbescheid schon deshalb nicht vorgelegt werden konnte, weil noch nicht einmal die Veranlagungsvordrucke zugestellt, geschweige denn die Einkommensteuererklärung abgegeben war. Diese ist in der Regel bis Mitte Mai beim Finanzamt einzureichen. Im vorliegenden Falle wurde die Abgabe der Erklärung erst am 12.10.1955 durch Gewährung einer Nachfrist seitens des Finanzamtes ermöglicht.

Beweis: wie vor

Um etwaigen diesbezüglichen Behauptungen des Beklagten von vornherein zu begegnen, bemerkt der Kläger vorsorglich, daß die Abgabe der Erklärung in einem früheren Zeitpunkt nicht möglich war. Die Geschäftszeit des Klägers, d. h. seine Tätigkeit im Laden, dauerte im Alltag durchschnittlich von 7 bis 20 Uhr. Zwischendurch verließ er das Geschäft nur zum Zwecke des

Mittagessens, sofern dies überhaupt möglich war. Die Erwerbstätigkeit wurde besonders dadurch erschwert, daß Geschäftsraum und Wohnung 2 km voneinander entfernt lagen und dieser Weg zu Fuß oder mit dem Fahrrad zurückgelegt werden mußte. Die Einstellung einer Verkäuferin war nicht möglich, da die geringe Ertragslage des Ladens dies nicht zuließ. Demzufolge war der Kläger bei der Bewältigung des gesamten Arbeitsanfalls auf sich allein angewiesen und erhielt lediglich von der noch bei ihm befindlichen Tochter Heilwig eine Hilfe, die seine dauernde Mitarbeit keineswegs überflüssig machte.

Beweis für alles, vorbehaltlich anderer Beweismittel:

1. Ehefrau des Klägers, Frau Hildegard Berg, zu laden beim Kläger

2. Fräulein Heilwig Berg, Stuttgart-S., Liststr. 70 bei Arndt

Hinzu kommt, daß der Kläger in jener Zeit u. a. folgende Ehrenämter bekleidete, die eine zusätzlich starke Inanspruchnahme mit sich brachten:

a) Mitglied des Gemeinderats der Gemeinde Leese

b) Mitglied des Kreistages des Landkreises Nienburg/W.

c) Vorsitzender des Ostpreußischen Bäckerhandwerks und assoziiertes Mitglied im Vorstand des Zentralverbandes des Deutschen Bäckerhandwerks.

Beweis: wie vor

In den beiden Kommunalparlamenten gehörte der Kläger außerdem mehreren Ausschüssen an.

Beweis: wie vor

Auf Grund dieser Tatsachen sollte es ohne weiteres verständlich sein, daß der Kläger nicht in der Lage war, die Steuererklärung bzw. die einer solchen zugrunde liegenden, in einem Einzelhandelsgeschäft sehr umfangreichen Berechnungen fristgemäß vorzunehmen, zumal auch das laufende Geschäftsjahr

1955 ständig neue buchhalterische Arbeiten brachte. Daher hatte der Kläger auch einen Helfer in Buchführungs- und Steuersachen zu Hilfe gezogen und ihn vor allem mit der Erstellung der Einkommensteuererklärungen beauftragt.

Beweis: Herr Dipl.-Volkswirt Karl-Heinz Hoppe, Nienburg (Weser), Biskuitstr. 3

Selbst diesem war eine frühere Einreichung offenbar nicht möglich. Im übrigen hat der Beklagte bislang das Unvermögen des Klägers, weder im Zeitpunkt der Antragstellung noch später – etwa im August 1955 – eine Steuererklärung bzw. einen Steuerbescheid für 1954 beizubringen, nicht bestritten.

Mit der bloßen Mitteilung von Einnahmen und Ausgaben an das Ausgleichsamt wäre es nicht getan gewesen, da diese Zahlen noch keinen Aufschluß über den tatsächlichen Gewinn gegeben hätten, wie aus den Ausführungen zu 3) ohne weiteres ersichtlich ist. Die Gewinnermittlung verlangt vielmehr eingehende betriebswirtschaftliche und steuerrechtliche Nachprüfungen. Getrennte Angaben über Einnahmen und Ausgaben einerseits und Gewinnermittlung andererseits hat der Kläger auch dem Finanzamt gegenüber nicht gemacht, sondern beides zusammen in einer vorläufigen Gewinnermittlung mitgeteilt.

Beweis: Auskunft des Finanzamtes

Im übrigen war das Ausgleichsamt Hannover von Amts wegen verpflichtet, aufzuklären, welche eigenen Mittel der Kläger für den Ausbildungsbedarf aufwenden konnte. Wenn der Beklagte nunmehr in Zwischenabschlüssen eine Maßnahme erblickt, die eine Veränderung der Vermögensverhältnisse aufgezeigt hätte, so hätte das Ausgleichsamt den Kläger dazu schon vor der Weitergewährung auffordern können und müssen. Dies ist nach dem eigenen Vortrag des Beklagten nicht geschehen. Indem das Ausgleichsamt Hannover keinen neuen Einkommensteuerbescheid verlangte, sondern sich mit dem von 1953 begnügte, trifft es ein starkes eigenes Verschulden an der etwa eingetretenen Überzahlung, das sich der Beklagte anrechnen lassen muss.

Der Beklagte gibt im Schriftsatz vom 17.8.1956 zu, daß im allgemeinen die Bescheinigung des Finanzamtes Aufschluß über die Einkommensverhältnisse eines Antragstellers geben soll – wie es auch ausschließlich Praxis der Ausgleichsämter war. Der Kläger tritt jedoch entschieden der wiederholt geäußerten Ansicht des Beklagten entgegen, daß dieser Nachweis auch auf andere Art hätte geführt werden können, etwa durch vierteljährliche Zwischenabschlüsse. Unter Bezugnahme auf Seite 2 oben seines Schriftsatzes vom 15.10.1956 betont er nochmals, daß solche Bilanzen bei der damaligen Umsatzbewegung und seiner Betriebsgröße bedeutungslos sind.

Beweis: Sachverständigengutachten

Der Beklagte gibt dies auch in seinem Schriftsatz vom 3.11.1956 im wesentlichen zu. Seine weiteren Ausführungen nötigen den Kläger aber zu einer kurzen Stellungnahme.

Ob es sich bei der Erzielung eines Gesamtumsatzes von 73 900 DM im Jahre 1954 gegenüber 64 600 DM im Jahre 1953

Beweis: Auskunft des Finanzamtes

um eine „wesentliche“ Erhöhung handelt, mag dahingestellt bleiben. Der bloße Vergleich von Umsatzzahlen gibt keinen Aufschluß über eine etwaige Gewinnsteigerung und ist für diese Frage daher wertlos. Für die Ermittlung des Gewinns sind ausschlaggebend diejenigen Faktoren, die außerhalb der Warenverkehrszahlen liegen.

Wie bereits erwähnt, war die Gewinnermittlung gerade beim Kläger sehr langwierig. Im fehlte daher auch noch bei Rückgabe des Prüfbogens im August jeglicher Anhaltspunkt für einen etwa gestiegenen Gewinn.

Wie unrichtig die Behauptung des Beklagten ist, der Kläger hätte eine Steigerung des Gewinns um rund 100 DM monatlich feststellen können, geht daraus hervor, daß das Finanzamt für 1954 schließlich einen Gewinn von 4200 DM festgestellt hat, was eine Erhöhung gegenüber 1953 von durchschnittlich 83,40 DM pro Monat bedeutet. Hierbei handelt es sich um Endwerte, die von einer Zwischenbilanz nicht erfaßt werden würden. Eine so geringe Erhöhung ist auch generell gar nicht geeignet, in einem Gewerbebetrieb wie dem des Klägers in Erscheinung zu treten.

Außerdem kann der Beklagte sich überhaupt nicht darauf berufen, der Kläger hätte seine Einkommensverhältnisse auch auf andere Art nachweisen können. Hierbei hätte es sich notwendig um nicht amtliche, private Darstellungen des Einkommens gehandelt. Der Kläger hat bereits im Schriftsatz vom 15.10.1956 unwidersprochen vorgetragen, daß Einkommensnachweise anderer Art, die er oft genug zu führen versuchte, von keiner Ausgleichsbehörde anerkannt wurden. Schon mit Schreiben vom 11.1.1956 an das Landesausgleichsamt hat er geltend macht, daß er jedesmal angehalten wurde, den Anträgen amtliche Bescheinigungen beizufügen, ohne die die Ausgleichsämter eine Bearbeitung der Anträge nicht vornahmen. Die Richtigkeit dieser Angaben wird in vollem Umfange durch die Akten des Ausgleichsamts Göttingen über den Unterzeichneten und die des Ausgleichsamts Hannover über die Tochter Karin des Klägers bestätigt, die herbeigezogen werden mögen.

Insbesondere kann der Beklagte sich nicht auf Bl. 27 der Akte Ausbildungshilfe Karin Berg stützen, bei dem es sich offenbar um das Schreiben des Klägers vom 28.6.1954 an das Lastenausgleichsamt Hanover handelt. Es verschlägt auch nichts, daß der Herr Niedersächsische Minister für Vertriebene, Flüchtlinge und Kriegssachgeschädigte dem Standpunkt des Beklagten beitritt. Einmal datiert das angezogene Schreiben vom 28.6.1954, während der Antrag am 28.2.1955 gestellt wurde, soweit die Antragstellung im Februar 1955 gemeint ist, kann der Beklagte schon wegen des Unterschieds von vier Monaten nicht folgern, daß der Kläger in diesem Zeitpunkt zur Abgabe einer entsprechenden Erklärung in der Lage gewesen wäre. Im übrigen kommt es nicht darauf an, ob der Kläger seine Einnahmen und Ausgaben kannte oder sein tatsächliches Einkommen zu irgendeinem späteren Zeitpunkt hätte übersehen können (dies war nach obigem Vortrag vor Kenntnis der vorläufigen Gewinnermittlung nicht der Fall), sondern entscheidend ist allein, ob private Berechnungen bzw. Angaben im Bewilligungsverfahren berücksichtigt worden wären. Gerade der vom Beklagten angezogene Vorgang aus dem Jahre 1954 beweist eindeutig, daß dies nicht der Fall gewesen wäre, mindestens aber der Kläger damit nicht rechnen konnte.

Für die Zeit ab 1.4.1954 mußten sowohl der Unterzeichnete als auch der Kläger für seine Tochter Karin neue Anträge auf Ausbildungshilfe stellen. Neben den üblichen Unterlagen waren die neuesten Einkommensnachweise beizubringen. Der Kläger verfügte lediglich über den Bescheid des Finanzamtes für 1952. Der Unterzeichnete schickte seinen Antrag am 24.4.1954 ab, der Kläger den für Karin Berg schon früher. Nachdem trotz zahlreicher mündlicher Rücksprachen auf den Ausgleichsämtern in Hannover und Göttingen sowohl dem Kläger als auch dem Unterzeichneten selbst Ende Juni noch kein Bescheid erteilt oder ein Auszahlungstermin bekanntgegeben worden war

Beweis für alles: Akten der Ausgleichsämter

und die finanzielle Situation in beiden Ausbildungsfällen einfach unerträglich geworden war (Beweis bleibt ausdrücklich vorbehalten), sandte der Kläger beiden Ämtern die in Abschrift beigefügten Schreiben vom 28.6.1954. Er machte darin detaillierte Angaben über die stark gesunkenen Umsatzzahlen sowie über das von ihm auf etwa 3000 DM geschätzte Einkommen für 1953. Seiner Bitte, die von ihm geschilderten Umstände bei der Berechnung zugrunde zu legen und von dem dem Kläger ungünstigen Steuerbescheid 1952 abzusehen sowie die Bewilligung sofort vorzunehmen, wurde nicht entsprochen. Dies, obwohl der starke Umsatzrückgang und das dementsprechend geringere Einkommen ganz offensichtlich waren und in zahlreichen Rücksprachen auf den Ämtern die katastrophale Lage der Auszubildenden noch näher erläutert wurde. Vermerke hierüber müssen sich in den Akten über die Ausbildungshilfe befinden.

Auch ein Schreiben des Unterzeichneten vom 7.7.1954 an das Ausgleichsamt blieb unberücksichtigt. Dieses lautet an den hier interessierenden Stellen wie folgt:

Fritjof Berg — Göttingen, den 7.7.54
cand.jur.
Papendiek 16

An das Ausgleichsamt
der Stadt Göttingen

Betr.: Mein Antrag auf Ausbildungshilfe

Unter Bezugnahme auf meine zahlreichen Vorstellungen und die Eingabe meines Vaters vom 28.6.54 teile ich dem Ausgleichsamt mit dem Ersuchen um Berücksichtigung meines Antrages heute ergänzend mit:

Das tatsächliche Vorbringen meines Vaters über den von ihm erzielten Umsatz im Jahre 1952 und das unverhältnismäßig geringe Einkommen daraus sowie über die augenblickliche Geschäftslage deckt sich mit den von mir meinem Antrag beigelegten Angaben und ist als wahrheitsgemäß zu unterstellen. Es kann als Berechnungsgrundlage nicht das vom Finanzamt errechnete steuerpflichtige Einkommen angenommen werden.

Da nach alledem die sofortige Entscheidung meines Antrages gerechtfertigt ist und die Unterhaltspflicht meiner Eltern nicht so in Ansatz gebracht werden kann, daß von Ihnen lediglich ein Betrag von 91 DM zu leisten ist, erwarte ich die Bescheidung meines Antrages innerhalb einer angemessenen Frist. Ich möchte darauf hinweisen, daß a) es für meine Kommilitonen und mich unzumutbar ist, diese weiterhin (seit April) für Geldkredite in Anspruch zu nehmen, b) wegen meines Unvermögens zur Zahlung der fälligen Studiengebühren ich mein Studienbuch nicht erhalten kann und die Hinauszögerung der Geldzahlung bis Semesterende die Beibringung der zur Anerkennung des Semesters erforderlichen Testate unmöglich machen kann.

Hochachtungsvoll

Unterschrift

Beweis: 1. Akten des Ausgleichsamtes Göttingen
2. dieses Schreiben

Nicht einmal das in Abschrift beigefügte Schreiben des Unterzeichneten vom 21.7.1954 an den Herrn Niedersächsischen Minister für Vertriebene, Flüchtlinge und Kriegssachgeschädigte, in dem die eigenen und die Einkommensverhältnisse des Klägers nochmals ausführlich dargelegt sind, hatte den gewünschten Erfolg. Ganz im Gegenteil führt der Herr Minister in seinen Antwortschreiben vom 30.7. und 19.8.54 aus, daß „Änderungen in den persönlichen und wirtschaftlichen Verhältnissen, die eine höhere Beihilfegewährung rechtfertigen", vom Ausgleichsamt berücksichtigt werden, „wenn die dafür notwendigen Unterlagen vorliegen". Als „notwendige Unterlagen" für die geltend gemachte Einkommensminderung des Klägers wird trotz der zahlreichen inhaltsgleichen Eingaben ausslchließlich eine „entsprechende Bescheinigung des zuständigen Finanzamtes" bezeichnet.

Beweis: anliegende Schreiben vom 30.7./19.8.1954

Damit werde sich die Möglichkeit ergeben, die bisherige monatliche Beihilfe zu erhöhen.

Beweis: wie vor.

Hiernach waren der Kläger und der Unterzeichnete gezwungen, die nach dem Steuerbescheid für 1952 errechneten viel zu niedrigen Ausbildungshilfen anzunehmen, um nach viermonatigem Warten wenigstens in den Genuß dieses Geldes zu kommen. Sämtliche angeführte Schreiben – abgesehen von dem vom 7.7.54 – müssen sich in den vom Beklagten beigezogenen Akten Abt. I/ LA 6 Az. – (48) 736 des Herrn Niedersächsischen Ministers für Vertriebene pp. befinden.

Auch in der Folgezeit wichen die Ausgleichsämter unter Bezugnahme auf die Schreiben des Herrn Ministers nicht von dem Erfordernis einer Bescheinigung durch das Finanzamt ab und änderten die Bescheide erst nach deren Vorlage ab. Dies war am 25.9.1954 bzw. 22.11.1954 der Fall.

Beweis: Akten der Ausgleichsämter

Während 1954 bis Ende September bzw. November der alte Bescheid zugrunde gelegt und den Angaben des Klägers solange keine Bedeutung beigemessen wurde, will der Beklagte für 1955 genau das Gegenteil gelten lassen.

Die Gewährung von Ausbildungshilfe ist auch in dem sonstigen, langjährigen Ausbildungszeitraum in beiden Fällen außer nach amtlichen Bescheinigungen nie erfolgt.

Beweis: wie vor

Das Verfahren der Ausgleichsämter, das einheitlich aufeinander abgestimmt war, ist dem Kläger in allen Einzelheiten bekannt gewesen, so daß er bei der Antragstellung für Karin Berg von dem Gesamtkomplex ausgehen mußte.

Es sei auch bemerkt, daß der Rückgang der Geschäftseinnahmen von 1952 nach 1953 (annähernd 40 000 DM) unverhältnismäßig größer war als die Zunahme von 1953 nach 1954 (etwas über 9000 DM).

Beweis: Auskunft des Finanzamtes

Wenn sowohl der Beklagte als auch der Herr Niedersächsische Minister für Vertriebene, Flüchtlinge und Kriegssachgeschädigte im Verwaltungsstreitverfahren behaupten, der Kläger hätte seine

Einkommensverhältnisse auch auf andere Art als durch Finanzamtsbescheinigungen nachweisen können, so übersehen sie ihr früheres, völlig entgegengesetztes Verhalten in dieser Frage und können damit nicht gehört werden. Nach allgemeinen Verwaltungsgrundsätzen kann es dem Kläger nicht zum Nachteil gereichen, wenn er sich nach diesem Verhalten richtete und 1955 seinen Anträgen die letzte Einkommensteuerveranlagung beilegte.

Für die Frage des Verschuldens auf Seiten des Beklagten ist erheblich, daß er den Kläger zur Einkommensnachweisung auf andere Art umso mehr hätte ausdrücklich auffordern müssen, als er entsprechende Bemühungen des Klägers im Vorjahre zurückgewiesen hatte.

Im übrigen konnte der Kläger die aus dem Einkommensteuerbescheid 1954 ersichtliche Gewinnsteigerung nicht bemerken. Es handelt sich dabei um Zahlen, die sich im täglichen Geschäftsgang praktisch nicht auswirkten. Wie schwierig die wirtschaftliche Lage des Klägers in Wirklichkeit geworden war, mag allein die Tatsache erhellen, daß seine Schwiegermutter ihm in zunehmendem Maße den größten Teil ihrer Hinterbliebenen- und Ausgleichsrente zur Bezahlung von Firmenrechnungen zur Verfügung stellte.

Beweis: Frau Maria Terner, Leese, Kr. Nienburg/Weser

Die monatliche Wohnungsmiete betrug 36,65 DM.

Beweis: Quittungen

Für Stromverbrauch war monatlich ebenfalls ein Betrag zwischen 30 und 40 DM zu zahlen.

Beweis: Quittungen

An Arzt- und Arzneikosten für die Ehefrau des Klägers, die nicht krankenversichert und stets in einem sehr schlechten Gesundheitszustand war, waren monatlich durchschnittlich mindestens 20 DM aufzubringen.

Beweis: vorbehaltlich anderer Beweismittel Zeugnis der Ehefrau des Klägers

Neben den sonstigen Lebenshaltungskosten entstanden allein hierdurch monatliche Ausgaben in Höhe von rund 100 DM, die annähernd ein Drittel des vom Finanzamt sowohl für 1954 als auch 1955 festgestellten Einkommens ausmachten. Diese Ausgaben waren im Verhältnis zum ermittelten Gewinn viel zu hoch und zwangen zu einem laufenden Eingriff in die Betriebssubstanz. De facto hatte der Kläger infolgedessen nicht nur größte Schwierigkeiten bei der Bezahlung der Lieferanten, sondern befand sich auch in einer äußerst angespannten und bescheidenen Lebenshaltung. Von einem Unterhaltsüberschuß für den Ausbildungsbedarf konnte überhaupt keine Rede sein. Für die Ausbildung des Unterzeichneten und seiner Tochter Karin erübrigte der Kläger außer gelegentlichen Lebensmittelpaketen jährlich höchstens zwei bis drei Mal je 50 DM, wenn diese nicht mehr aus noch ein wußten.

Beweis: bleibt ausdrücklich vorbehalten

Da ein Unterhaltsüberschuß nicht bestand und der Ausbildungsbedarf weit höher war als die gewährten Ausbildungsbeihilfen,

Beweis: Akten der Ausgleichsämter

mußte z. B. der Unterzeichnete am 27.10.1955 in einer ausweglosen Situation beim Akademischen Hilfswerk der Universität Göttingen ein Darlehen zur Förderung des Studienabschlusses in Höhe von 1200 DM aufnehmen.

Beweis: Auskunft des Akademischen Hilfswerks der Universität Göttingen, Göttingen, Papendiek 16

Der Kläger, der hierfür eine Bürgschaft übernahm,

Beweis: wie vor

hätte dies bestimmt nicht zugelassen, wenn er zur Unterhaltsleistung imstande gewesen wäre.

Nach alledem unterblieb eine Mitteilung von Einnahmen und Ausgaben für 1954, weil die Ausgleichsämter im gesamten früheren Verfahren entsprechende Angaben überhaupt nicht zur Kenntnis genommen hatten und eine für den Kläger vorteilhafte Änderung der wirtschaftlichen Verhältnisse nicht zu bemerken war. Den Kläger trifft daher auch kein Verschulden an der etwa eingetretenen Überzahlung, da er zur Bescheiderteilung nichts verschwiegen oder unterlassen hat. Eine Rückforderung ist nach dem Rundschreiben des Bundesausgleichsamtes betr. Aufhebung und Änderung von Bescheiden vom 12.9.1956 nicht möglich, Ziff. 4 (3) a.a.O.

Zu 5)

Für die Kinder Karin und Fritjof hatte der Kläger in dem sich aus den Ausführungen zu 4) ergebenden Rahmen zu sorgen, für die Tochter Heilwig in vollem Umfang. Für den Sohn Eginhart hatte der Kläger in sehr starkem Maße zu sorgen, obwohl dieser sich in der Zeit vom 1.4.1955 bis Ende Juli 1955 in freier Heimunterkunft befand und ab Mitte Oktober auf Kosten des Ausgleichsamts des Landkreises Nienburg (Weser) in einem Lehrlingsheim in Hannover untergebracht war.

In der Ausbildung befanden sich die Kinder Karin und Fritjof und der Sohn Eginhart seit Mitte Oktober.

Die Kinder Karin, Fritjof und Heilwig hatten keinerlei eigene Einkünfte. Die Tochter Roswitha hatte ein für ihren Lebensunterhalt ausreichendes Einkommen. Der Sohn Eginhart bezog während der Heimunterbringung vom 1.4.1955 bis Ende Juli ein tägliches Taschengeld von 0,40 DM.

Beweis: Jugendaufbauwerk Schleswig-Holstein, Ulsnis-Schlei

Und nochmals schriftsätzlich im gleichen Sinne am 14.8.1958:

In der Verwaltungsrechtssache Berg ./. Regierungspräsident Hannover (AV 318/56) wird zum Schriftsatz des Beklagten vom 8.7.1958 wie folgt Stellung genommen:

Der Kläger kann nur wiederholen, daß er keinerlei Gewinnsteigerung bemerken konnte. Ganz im Gegenteil nahmen die Zahlungsschwierigkeiten im Warenverkehr ständig zu – was sämtliche damaligen Lieferanten des Klägers erforderlichenfalls bekunden können, während gleichzeitig der eigene Lebensstandard des Klägers und seiner Familie immer bedrückender wurde. Mag auch lt. Einkommensteuerbescheid der nachträglich für 1954 ermittelte Gewinn im Verhältnis zu 1953 gestiegen sein, so stellte sich die Situation des Klägers und seiner Angehörigen im täglichen Geschäftsgang und Leben des Jahres 1955 einfach als katastrophal dar. Wenn auch das Finanzamt für 1954 einen Gewinn von 4200,– DM ermittelt hat, so war der auf den Monat umgerechnete, an sich schon unzureichende Geschäftsüberschuß von 350,– DM in Wirklichkeit nicht bemerkbar. Mag der Beklagte beweisen, daß bei dieser Sachlage dem Kläger im Vergleich zum Vorjahre eine „nicht unerhebliche monatliche Steigerung des Gewinns auffallen mußte“. Der Kläger hat auch bereits darauf hingewiesen, daß er infolge der Geschäftslage den Einzelhandel in Leese als soziale Deklassierung betrachtete und sich von Anfang an um Wiedereingliederung in seinen früheren Beruf bemühte und sein Geschäft in Leese zu Beginn des Jahres aufgegeben hat.

Sowohl die Mitteilungen des Klägers als auch des Finanzamtes vom Oktober 1955 bestätigen, daß der Kläger die Höhe des Einkommens für 1954 sofort nach Bekanntwerden von sich aus gemeldet hat und es nicht erst einer Anfrage des Ausgleichsamts an das Finanzamt bedurfte. Sie widerlegen zugleich die Ansicht des Beklagten, der Kläger hätte sein Einkommen schon in einem früheren Zeitpunkt kennen müssen. Damit entfällt auch die Berechtigung des Beklagten, den Kläger als „seriösen Kaufmann und im öffentlichen Leben stehenden Menschen“ an seine Pflicht zur Abgabe wahrheitsgetreuer Erklärungen gegenüber dem Ausgleichsamt zu erinnern.

Sowohl der Kläger, dessen Tochter Karin als auch der Unterzeichnete haben sich bei Rücksprachen auf den Ausgleichsämtern immer wieder bemüht, eigene überschlägliche Feststellungen des Einkommens für die Festsetzung der Ausbildungshilfe zum Tragen zu bringen bzw. überreichte Bescheinigungen zu erläutern. Wenn der Beklagte meint, ein solches Verfahren hätte die Ausgleichsbehörden wenigstens zu einer vorläufigen Regelung veranlaßt, so übersieht er die völlig entgegengesetzte Praxis der Ausgleichsämter, derzufolge solche Angaben – trotz der vom Beklagten angeführten Pflicht zur Anzeige aller Änderungen der Einkommensverhältnisse – stets unberücksichtigt blieben. Entsprechend der Bearbeitungspraxis wurde den Antragstellern immer entgegengehalten, daß nur von Bescheinigungen ausgegangen werden könne. Abgesehen davon, daß der Kläger auch im Jahre 1955 stets die neuesten ihm zugänglichen Bescheinigungen vorgelegt hat, bestand in Würdigung seiner wirtschaftlichen Verhältnisse keinesfalls ein Anlaß, auf eine Aufwärtsentwicklung seines Einkommens gegenüber dem Bescheid für 1953 hinzuweisen.

Der Beklagte kann den Vortrag des Klägers auch nicht mit dem Hinweis auf die soziale Dringlichkeit der Ausbildungshilfe entkräften. Trotz form- und fristgerechter Antragstellung und des häufigen Versuchs, die Einkommenverhältnisse anders als durch Bescheinigungen nachzuweisen, beanspruchte das sehr förmliche Verfahren ausweislich der Ausbildungshilfeakten zwischen den einzelnen Bewilligungsabschnitten jeweils einen Zeitraum von 3 bis 5 Monaten, in dem die Auszubildenden in größte wirtschaftliche Not gerieten. Aber kein noch so dringender Hinweis auf diese unerträgliche Situation konnte die Ausgleichsämter auch nur ein einziges Mal dazu bewegen, wenigstens einen Teilbescheid zu erlassen.

Von einem Verschulden des Klägers kann nach alledem nicht die Rede sein."

Meinem in Auszügen wiedergegebenen Schriftsatz vom 31.5.1958 war ein ausführliches Erörterungsgespräch am 28.5. im Landesverwaltungsgericht Hannover, Am Schiffgraben 10, vorausgegangen, zu dem mich der Berichterstatter in der Sache, Verwaltungsgerichtsrat Sachweh, gebeten hatte. Ich habe hierüber noch am 28.5.55 einen ausführlichen Aktenvermerk gefertigt, auf den ich mich im folgenden stütze. Nach meinen immerhin schon in mehreren Ausbildungsstationen gemachten Erfahrungen war ich über die Offenheit verblüfft, mit der Herr Sachweh das Sach- und Rechtsgespräch mit mir führte, der ich doch Parteivertreter und selbst Betroffener gewesen war. Er tat das, weil er, wie er mir sagte, „das Versteckchenspielen der Gerichte nicht liebe und die Richtung einer offenen Prozeßführung vertrete. Schließlich sei es ja das Interesse der Parteien zu wissen, woran sie seien. Er laufe lieber Gefahr, einmal wegen Besorgnis der Befangenheit abgelehnt zu werden." Herr Sachweh ging davon aus, „daß das Ausgleichsamt Hannover ein erhebliches Verschulden trifft, weil es unterließ, von Amts wegen nach den Einkommensverhältnissen des Antragstellers zu forschen. Eine geringfügige Einkommensänderung von etwa 50,–, 100,– DM monatlich wäre im übrigen unerheblich. Auf Grund meiner Angaben zu der vom Beklagten aufgeworfenen Frage des Verschuldens, die ich noch schriftsätzlich vortragen würde, ließ Herr Sachweh durchblicken, daß er einen für uns günstigen Standpunkt einnimmt ... Unsere Lage würde sich entscheidend verschlechtern, falls mein Vater seinerzeit aufgefordert worden ist, seine neuesten Verhältnisse darzulegen und dann einfach auf den Bescheid für 1953 verwiesen hat. Dann müßten wir „sehr kämpfen". Er sei selbst Anwalt gewesen und könnte nur das Unvermögen eines kleinen Gewerbetreibenden bestätigen, jederzeit den Reinverdienst genau zu kennen. Den gegenteiligen Standpunkt teile er nicht."

Als Herr Sachweh die Rückseite einiger Durchschriften von Vaters Schriftsätzen gesehen hatte – es waren Wahlaufrufe des

Gesamtdeutschen Blocks-BHE an alle Wähler in Kreis Nienburg-Weser zur Gemeinde- und Kreistagswahl am 28. April 1955 –, wurde Herr Sachweh ganz persönlich: Der juristische Beruf sei ihm „nicht Bedürfnis“, er würde ihn nicht noch einmal wählen. Er sei selbst Vertriebener und aktives Mitglied im BHE gewesen, wo wir gemeinsame Bekannte hatten. 1953 sei er aber wegen der Unvereinbarkeit mit dem Richteramt aus der Partei ausgetreten. Er riet mir schließlich, „während der Ausbildung zum Landesverwaltungsgericht zu kommen, falls eine diesbezügliche spätere Berufsabsicht besteht.“ Die Arbeit sei zwar schwer und eine „befriedigende“ Beurteilung nicht leicht zu erreichen, aber der Nutzen sei groß. Ich bin dann seinem Rat gefolgt und war vom 1. Februar bis 31. März 1959 Stationsreferendar beim Landesverwaltungsgericht Hannover – und kann seine Bemerkungen über Anforderungen, Schwierigkeitsgrad, Beurteilung – zumal durch einen sehr grantigen Kammervorsitzenden, der obendrein ostpreußischer Landsmann aus Allenstein war –, aber auch über den Nutzen, nur vollauf bestätigen.

Bei der Erörterung der Sach- und Rechtslage am 28.5.1955 hat Herr Sachweh lt. Aktenvermerk auch erklärt, er gehe „in erster Linie von dem im Jahre 1955 tatsächlich erzielten Einkommen aus“. Und zu einem Abschluß des Verwaltungsrechtsstreits auf dieser Basis kam es am Ende dann auch. Wie die Erledigung der Sache aussah, besagen ohne weitere Worte das Sitzungsprotokoll des Landesverwaltungsgerichts vom 18. November 1958 und der Beschluß des Regierungspräsidenten Hannover – Landesausgleichsamt – vom 26. November 1958 am besten selbst. Die von meinem Vater zu tragenden Gerichtskosten betrugen 2,20 DM. Der Anspruch auf Rückerstattung von 569,– DM ist mit Vaters Hauptentschädigung verrechnet worden.

Auf meinen Antrag an das (für mich nunmehr zuständige) Ausgleichsamt Nienburg vom 23.2.1956 auf Weitergewährung der Ausbildungshilfe bis zum Studienabschluß wurde mir durch Be-

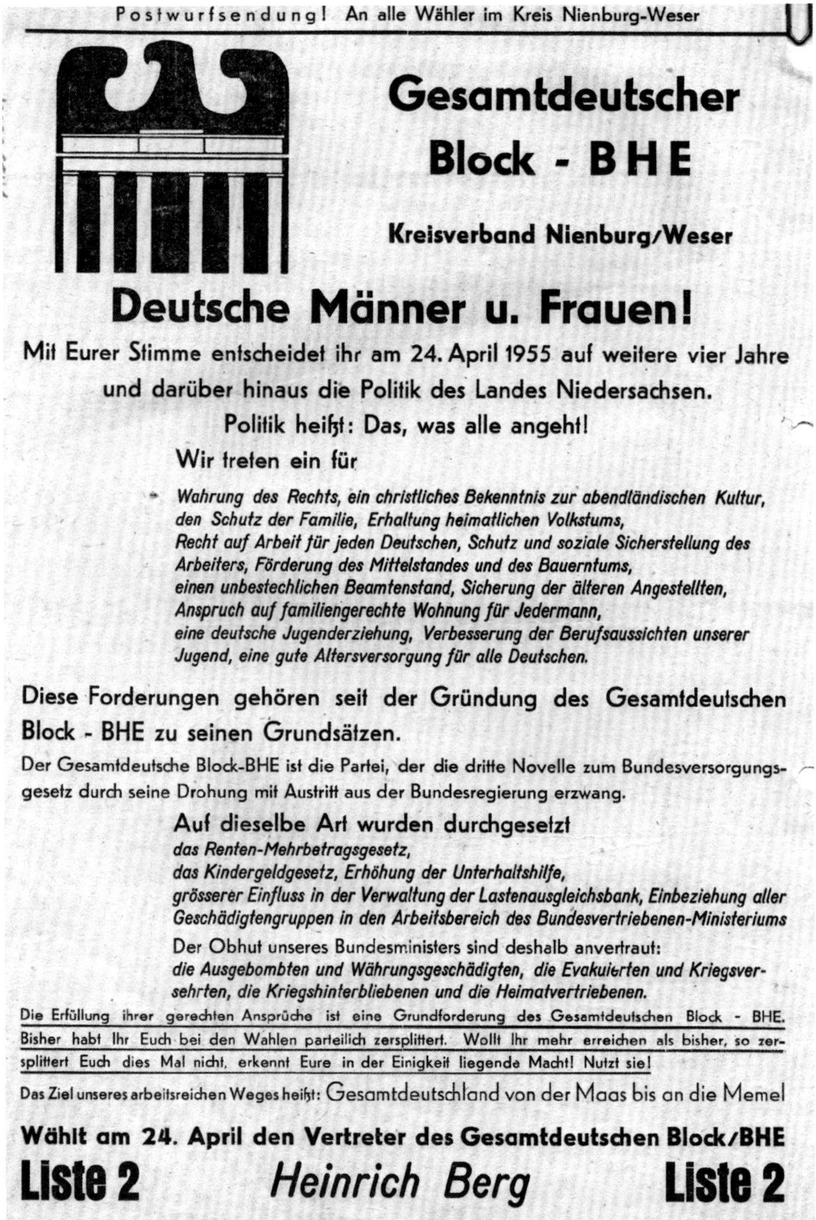

Postwurfsendung! An alle Wähler im Kreis Nienburg-Weser

Gesamtdeutscher Block - BHE

Kreisverband Nienburg/Weser

Deutsche Männer u. Frauen!

Mit Eurer Stimme entscheidet ihr am 24. April 1955 auf weitere vier Jahre und darüber hinaus die Politik des Landes Niedersachsen.

Politik heißt: Das, was alle angeht!

Wir treten ein für

Wahrung des Rechts, ein christliches Bekenntnis zur abendländischen Kultur, den Schutz der Familie, Erhaltung heimatlichen Volkstums, Recht auf Arbeit für jeden Deutschen, Schutz und soziale Sicherstellung des Arbeiters, Förderung des Mittelstandes und des Bauerntums, einen unbestechlichen Beamtenstand, Sicherung der älteren Angestellten, Anspruch auf familiengerechte Wohnung für Jedermann, eine deutsche Jugenderziehung, Verbesserung der Berufsaussichten unserer Jugend, eine gute Altersversorgung für alle Deutschen.

Diese Forderungen gehören seit der Gründung des Gesamtdeutschen Block - BHE zu seinen Grundsätzen.

Der Gesamtdeutsche Block-BHE ist die Partei, der die dritte Novelle zum Bundesversorgungsgesetz durch seine Drohung mit Austritt aus der Bundesregierung erzwang.

Auf dieselbe Art wurden durchgesetzt

das Renten-Mehrbetragsgesetz, das Kindergeldgesetz, Erhöhung der Unterhaltshilfe, grösserer Einfluss in der Verwaltung der Lastenausgleichsbank, Einbeziehung aller Geschädigtengruppen in den Arbeitsbereich des Bundesvertriebenen-Ministeriums

Der Obhut unseres Bundesministers sind deshalb anvertraut:

die Ausgebombten und Währungsgeschädigten, die Evakuierten und Kriegsversehrten, die Kriegshinterbliebenen und die Heimatvertriebenen.

Die Erfüllung ihrer gerechten Ansprüche ist eine Grundforderung des Gesamtdeutschen Block - BHE. Bisher habt Ihr Euch bei den Wahlen parteilich zersplittert. Wollt Ihr mehr erreichen als bisher, so zersplittert Euch dies Mal nicht, erkennt Eure in der Einigkeit liegende Macht! Nutzt sie!

Das Ziel unseres arbeitsreichen Weges heißt: Gesamtdeutschland von der Maas bis an die Memel

Wählt am 24. April den Vertreter des Gesamtdeutschen Block/BHE

Liste 2 *Heinrich Berg* **Liste 2**

Postwurfsendung des BHE, mein Vater steht auf der Liste

scheid des Amtes vom 10.7.56 vom 1.4. bis zum 30.9.56 ein Monatsbetrag von 104,– DM zugesprochen. Er lag also nicht nur unter den im Beschluß des Regierungspräsidenten Hannover vom 26. November 1956 genannten Ausbildungskosten von 147,10 DM/Monat, sondern kam auch diesmal wieder erst fast fünf Monate nach Antragstellung, am 11.7.56 für vier Monate mit 416,– DM, mit Postanweisung bei mir an. 280,– DM davon zahlte ich sofort an das Akademische Hilfswerk der Universität für ein von diesem – neben den schon laufenden Darlehenszahlungen von monatlich 100,– DM – gewährtes Darlehen zurück. Ohne diese Überbrük-kung und die monatlichen Darlehensbeträge von 50,– DM seitens Tante Margot wäre ich abermals in eine ausweglose Situation geraten, und dies in der Zeit der letzten Vorbereitungen auf mein Referendarexamen am 24. August 1956!

Mit meinem Studienabschluß an diesem Tag hing die noch bis zum 30.9.56 gewährte Ausbildungshilfe „in der Luft“. Durch mein Schreiben an das Ausgleichsamt Nienburg vom 29.8.56 und dessen Antwort vom 6.9.56 schien die Zahlung aber auch für den letzten Monat des Bewilligungszeitraumes – September – eine sichere Grundlage erhalten zu haben – bis aber eben dieses Amt Anfang 1957 dann aber doch noch einmal „nachfaßte“. Nach meinem Schreiben vom 8.3.1957 verlief die Sache dann aber „im Sande“ – der soviel Schweißperlen bei der Finanzierung meines Studiums geschluckt hatte!

Beschluß des Landesverwaltungsgerichts Hannover

„In der Verwaltungsrechssache des Bäckermeisters Heinrich Berg in Leese Nr. 5, Kreis Nienburg/Weser, des Klägers

– Gerichtsreferendar Fritjof Berg in Hannover, Geibelstr. 2, –

gegen

den Regierungspräsidenten, Außenstelle des Nieders. Landesausgleichsamts – Beschwerdeausschuß – in Hannover, Beklagten,

– beteiligt: Der Vertreter der Interessen des Ausgleichsfonds in Hannover –

wegen Ausbildungshilfe

erschienen nach Eröffnung der mündlichen Verhandlung durch den Vorsitzenden und nach Aufruf der Sache:

1) der Kläger in Person und Gerichtsreferendar Fritjof Berg als Prozeßbevollmächtigter,

2) für den Beklagten: Regierungsrat Fuhrmann – Dauervollmacht –,

3) der VIA, Oberregierungsrat z. Wv. Dr. Tiebel.

Vor Eintritt in die mündliche Verhandlung erklärte der Vertreter des Beklagten, er sei bereit, auf Grund eines neuen, vom Kläger vorgelegten Steuerbescheides für das Jahr 1955 den Fall erneut durch den Beschwerdeausschuß prüfen zu lassen.

Daraufhin erklärte der Vertreter des Klägers: „Ich nehme die Klage zurück."

Beschlossen und verkündet:

1. Das Verfahren wird eingestellt.

2. Der Kläger trägt die Kosten des Verfahrens.

Dem Beklagten wurden die Vorgänge des Ausgleichsamtes, des Beschwerdeausschusses und der Steuerbescheid vom 28.2.1957 (Bl. 70 der Gerichtsakten) übergeben."

Beschluß des Landesausgleichsamtes Niedersachsen

„Beschluß in der Sache des Heinrich Berg, wohnhaft in Leese Nr. 5 / Kreis Nienburg/W., hat der Beschwerdeausschuß auf die Beschwerde des Antragstellers vom 17.2.1956, eingegangen am 20.2.1956, gegen die Entscheidung des Ausgleichsamtes der Hauptstadt Hannover vom 24.1.1956, abgesandt am 7.2.1956, über den Antrag auf Ausbildungshilfe für Tochter Karin in der Sitzung vom 26.11.1958, an der teilgenommen haben als

Vorsitzender: Regierungsrat Fuhrmann

1. Beisitzer: Heinrich Klenke, Lahausen

2. Beisitzer: Paul Schieweck, Hoya

beschlossen:

1) Es werden aufgehoben

a) Bescheid des Ausgleichsamtes der Hauptstadt Hannover vom 9.5.55

b) Bescheid des Ausgleichsamtes der Hauptstadt Hannover vom 14.11.55

c) Bescheid des Ausgleichsamtes der Hauptstadt Hannover vom 24.11.56

d) Beschluß des Beschwerdeausschusses vom 14.5.56

2) Dem Beschwerdeführer wird für seine Tochter Karin für die Zeit vom 1.4.55 bis 31.3.56 eine Ausbildungshilfe in Höhe von DM 926,– bewilligt.

3) Der aufgrund der nunmehr aufgehobenen Verwaltungsentscheidungen zu Ziff. 1 überzahlte Betrag von DM 569,– ist dem Ausgleichsfonds vom Beschwerdeführer zurückzuerstatten.

4) Der Rückforderungsanspruch in Höhe von DM 569,– ist mit dem Anspruch auf Hauptentschädigung des Beschwerdeführers zu verrechnen.

Gründe:

In dem anhängig gewordenen Verwaltungsrechtsverfahren hat der Beschwerdeführer anhand seines Steuerbescheides für 1955 vom 28.2.1957 ein Einkommen von DM 4012,– nachgewiesen. Die zu Ziff. 1 des Tenors aufgeführten Entscheidungen, die von anderen Einkommenverhältnissen ausgegangen sind, widersprechen somit den ergangenen Weisungen, sind daher rechtswidrig und mußten aufgehoben werden.

Unter Zugrundelegung des nachgewiesenen Einkommens ergibt sich für die strittige Zeit folgendes Berechnungsbild:

Bedürftigkeitsgrenze:	1.4.55–31.10.55	1.11.55–31.3.56
Dopp. Fürsorgegerichtsatz des Haushaltsvorstandes	96,–	96,–
Dopp. Fürsorgerichtsatz Ehefrau	70,–	76,–
einfache Miete	36,65	36,65
	202,65	208,65
Einkommen des Haushaltsvorstandes:		
jährlich	4012,–	4012,–
monatl.	334,30	334,30
Ausbildungskosten:		
Lernmaterial	25,–	25,–
dopp. Fürsorgerichtsatz	98,–	102,–
Miete am Ausbildungsort	35,–	35,–
Fahrtkosten z. d. Eltern	1,50	1,50
Taschengeld	20,–	20,–
	179,50	183,50
Ausbildungskosten f. Sohn Fritjof	147,10	147,10

Gesamtausbildungskosten	326,60	330,60
Einkommenüberschuß des Haushaltsvorstandes		
334,30-202,65 / 334,30-208,65	131,65	125,65
ungedeckte Ausbildungskosten	194,95	204,95
durch Ausgleichsamt Göttingen für Sohn Fritjof gezahlte Ausbildungshilfe	121,93	121,93
zu zahlende Ausbildungshilfe	rd. 73,–	83,–

Es sind für die Tochter Karin folgende monatliche Ausbildungshilfe-Beträge zu zahlen:

v. 1.4.55–31.10.55	7 x 73,–	=	511,–
v. 1.11.55–31.3.56	5 x 83,–	=	415,–
		zus.	926,–

Durch das Ausgleichsamt sind gezahlt:

v. 1.4.55–31.10.55	7 x 175,–	=	1225,–
v. 1.11.55–31.3.56	5 x 54,–	=	270,–
			1495,–
Demnach sind dem Ausgleichsamt zu erstatten:			569,–

Der Beschwerdeführer hat die Rückzahlungsverpflichtung in dieser Höhe anerkannt.

Nach § 350 a Abs. 2 Satz 2 ist, soweit der Rückforderungsanspruch offensichtlich durch einen Anspruch auf Hauptentschädigung gedeckt ist, mit diesem zu verrechnen. Diese Voraussetzungen sind hier gegeben, so daß die Entscheidung zu Ziff. 4 des Tenors gerechtfertigt ist.

Rechtsmittel

Gegen diesen Beschluß können der Antragsteller binnen eines Monats nach Zustellung, der Vertreter der Interessen des Ausgleichsfonds binnen eines Monats nach Bekanntgabe Klage bei dem Landesverwaltungsgericht Hannover, Am Schiffgraben 10, schriftlich oder zur Niederschrift des Urkundbeamten der Geschäftsstelle erheben."

Schreiben an das Ausgleichsamt der Stadt Nienburg/Weser vom 29.8.1956

Betr.: Ausbildungshilfe.

Am 24. August habe ich vor einer Prüfungskommission des Oberlandesgerichts Celle mein Referendarexamen abgelegt und damit das Ziel meiner Ausbildung an der Universität Göttingen erreicht. Ich teile Ihnen pflichtgemäß diese Tatsache mit, bitte aber höflichst um Auszahlung der letzten Monatsrate in Höhe von 104,– DM der mir bis zum 30.09.56 bewilligten Ausbildungsbeihilfe, da ich mit meiner Ernennung zum Referendar und der Übernahme in den juristischen Vorbereitungsdienst nicht vor dem 1. Oktober rechnen kann und bis zu diesem Zeitpunkt ohne Einkünfte bin. Die Abwicklung einiger über das Studium hinausgehender, mit diesem aber zusammenhängender Geschäfte erfordert meine Anwesenheit in Göttingen auch im September.

Des weiteren bitte ich um Erstattung der mir aus Anlaß der Prüfung entstandenen Fahrtkosten zwischen Hannover und Celle in Höhe von 10,40 DM (Hin- und Rückfahrt einschließlich D-Zuschlag). Für die Fahrt Göttingen – Hannover habe ich bei einem Besuch meiner Eltern die Schülerfahrkarte benutzt. Die Belege für die Fahrt von Hannover nach Celle habe ich nicht bei mir, ich werde sie aber umgehend nachreichen und versichere, daß mir diese Kosten entstanden sind.

Antwort des Ausgleichsamtes vom 6.9.1956

Betrifft: Ausbildungshilfe nach dem LAG. Die letzte Monatsrate der Ihnen bis einschließlich 30.9.56 bewilligten Ausbildungshilfe ist angewiesen und wird inzwischen in Ihrem Besitz sein. Bezüglich der Erstattung von Fahrtkosten, die anläßlich der Prüfung entstanden sind, muß ich Ihnen zu meinem Bedauern mitteilen, daß mir hierfür Mittel nicht zur Verfügung stehen.

Schreiben an das Ausgleichsamt vom 8.3.1957

Bezug: Ihr Schreiben vom 4.2.1957 an meinen Vater Heinrich Berg in Leese.

Mein Vater schickte mir o. a. Schreiben zur weiteren Erledigung. Die Universität Göttingen hat die mit diesem Schreiben verbundene Bescheinigung darüber, daß ich am 1.9.1956, an dem die letzte Zahlung von Ausbildungsbeihilfe im Rechnungsjahr fällig war, am Leben war und das Ausbildungsverhältnis noch bestand, unausgefüllt zurückgesandt. Es geht beiliegend daher unerledigt zurück. Die Universität hat lediglich auf einem eigenen Vordruck, den ich ebenfalls einreiche, unter dem 6.3.1957 bescheinigt, daß ich vom Wintersemeter 1951/52 bis einschließlich Sommersemester 1956 (31.7.1956) als Student der Rechte an der Universität Göttingen eingeschrieben war.

Da Sie mit der verlangten Bescheinigung offenbar prüfen wollen, ob ich am 1.9.1956 zum Empfang von Ausbildungshilfe nach dem LAG berechtigt war, ist die Auskunft der Universität für diese Frage kein geeigneter Nachweis. Es ist hierzu jedoch folgendes zu bemerken:

1. Am 24.8.1956 habe ich vor dem Prüfungsamt bei dem Oberlandesgericht Celle die erste juristische Staatsprüfung abgelegt.

Beweis: Zeugnis des Prüfungsamtes

Das in der Bescheinigung der Universität angegebene Datum des 31.7.1956 bezeichnet zwar den Schluß des letzten Semesters, in dem ich eingeschrieben war, und mag Bedeutung haben für meine Rechte und Pflichten der Universität Göttingen gegenüber, es hat aber keinen Einfluß auf das Fortbestehen meines Ausbildungsverhältnisses über diesen Zeitpunkt hinaus, wie ja überhaupt unbeschadet des eingetretenen Semesterendes oder einer Beurlaubung für einzelne Semester die Ausgleichszahlungen weitergehen, sofern nur die übrigen Voraussetzungen fortdauern, die für die Bewilligung maßgeblich waren. Das Ausbildungsverhältnis wird also nicht allein durch eine rechtlich oder räumlich irgendwie geartete Beziehung zur Universität und ihren Einrichtungen oder durch den Besuch von Kollegs und Übungen bestimmt, sondern besteht ganz allgemein für die Dauer zweckdienlicher Vorbereitungen auf das Ziel des Studiums.

Durch rechtskräftigen Bescheid des Landkreises Nienburg/Weser vom 10.7.1956 wurde mir Ausbildungshilfe bis zum 30.9.1956 bewilligt. Dies entsprach meinem aus den dortigen Akten AH (48) 733 ersichtlichen Antrag, in dem ich Beihilfe bis zur Erreichung des Studienabschlusses beantragte und den Zeitpunkt des Examens nur ungefähr angeben konnte. Bezüglich der Monate August und September war in die Bewilligung also eine Zeit inbegriffen, die von vornherein über Semesterschluß hinausreichte und die jetzt deshalb über meine Zugehörigkeit zur Universität hinausgeht, weil die (ausweislich des Studienbuchs) am 28.9.1956 vorgenommene Exmatrikulation rückwirkend als Tag des Abgangs das Semesterende erscheinen läßt.

Entscheidend ist nach alledem, daß das Ausbildungsverhältnis bis zu jedem innerhalb des Bewilligungszeitraumes liegenden Examenstermin bestand und auch von Ihnen bis dahin als existent angesehen wurde. Da meine Prüfung auf den 24.8. festgesetzt wurde, war meine Berechtigung zum Bezug der Beihilfe bis zu diesem Tage gegeben.

2. Bezüglich der Monatsrate für September 1956 verweise ich auf mein bei den dortigen Akten befindliches Gesuch vom 29.8.1956 und Ihr hierauf bezogenes Antwortschreiben vom 6.9.1956. Obwohl am 1.9.1956, dem Tag der letzten fälligen Rate, das Ausbildungsverhältnis nicht mehr bestand und die Grundlage der Bewilligung damit entfallen war, ist eine evtl. beabsichtigte Rückforderung dieser Rate ausgeschlossen. Denn Ihr Schreiben vom 6.9.1956 befürwortet inhaltlich, soweit die September-

rate gemeint ist, mein Gesuch vom 29.8.1956 und bestätigt die Zahlungsanweisung. Ihre Bestätigung und Zahlungsanweisung stellen in rechtlicher Hinsicht einen begünstigenden Verwaltungsakt dar, der nicht widerrufen werden kann. Allgemein sind begünstigende Verwaltungsakte im Interesse der Rechtssicherheit aufrechtzuerhalten, es sei denn daß sie erschlichen sind. Davon kann hier nicht die Rede sein, da ich Ihnen das Ende der Ausbildung unverzüglich nach dem Examen angezeigt habe.

In der Hoffnung, Ihnen hiermit die abschließende Bearbeitung meiner Akte ermöglicht zu haben, zeichne ich

hochachtungsvoll

Fritjof Berg

Band 3.2

Meine Göttinger Studentenzeit

Teil 2

Zu diesem Schlußband, im Überblick:

Die Hochschulgruppe Ostpreußischer Studierender / Hochschulgruppe Ostpreußen – Landsmannschaft Ordensland, ihre Arbeit, ihr Freundeskreis, ihre „Casa Prussia“

Enge Verbindung zur Landsmannschaft Ostpreußen und zur Ostpreußischen Arztfamilie

Festkommers 700 Jahre Königsberg

Ostdeutsche Studentenbünde im VHDS (Verband Heimatvertriebener und Geflüchteter Deutscher Studenten)

Der Bund Ostpreußischer Studierender (BOSt) entsteht

Cherchez la femme: Von Schwärmereien/Freundschaften bis zur endgültigen Bindung

Referendarexamen und Göttinger Abschiede

Dieser Band behandelt den Bereich meiner Studentenzeit, der mir gesellschaftlichen „Schliff“, Sicherheit im Auftreten bei meiner staatsbürgerlichen Teilnahme an der Führung, Erhaltung, Ordnung von öffentlich wirksamen Gruppierungen und Kräften des Gemeinwesens und mir durch beides ein unschätzbares, immer bewährtes „Haben“ im späteren Leben verlieh, und der mich mit meinem Lebensglück aus unserer gemeinsamen ostpreußischen Heimat, mit Hannelotte Behrend aus Angerburg, zusammenführte. Die vorstehenden Überschriften stehen in einem inneren Zusammenhang, hier geht eins in das andere über, gehört ganzheitlich zusammen.

Gleich nach Semesterbeginn 1951/52 wurde ich mit Einladungen der unterschiedlichsten Studentenbünde überhäuft, von Korporationen, politischen und konfessionellen Gruppierungen. Aber es war alles nicht das, was ich suchte. Ich wollte Anschluß an eine ostpreußisch-landsmannschaftliche Vereinigung finden, aber die gab es im akademischen Raum augenscheinlich nicht. Ich bemühte mich, die so vielfältige „ostpreußische“ Typologie in den Gesichtern der an mir vorbeigehenden Kommilitonen zu erkennen, paßte genau auf, ob nicht wenigstens einer von ihnen das Ostpreußenabzeichen mit der Elchschaufel am Revers tragen würde. Ein einziges Mal begegnete mir ein solcher, aber im Gedränge der Kollegpause war er plötzlich wieder verschwunden. Wie sich später herausstellen sollte, war es stud. theol. Horst Biddermann, als dieser zu unserer ostpreußischen Studentenvereinigung stieß.

Eine landsmannschaftlich-ostpreußische Studentenvereinigung neuen Typs entsteht

Auftakt im Deutschen Garten bei ostdeutscher Heimatkunde und Tanzvergnügen

Der Weg zur schließlichen Neugründung einer solchen, unserer Hochschulgruppe Ostpreußischer Studierender – es hatte bereits um 1950 eine Studentengruppe „Albertina“ gegeben, aber sie war bald wieder „eingegangen“ – führte über die örtliche Gruppe der Landsmannschaft Ostpreußen und den pommerschen Kommilitonen Erhard W. Appelius. „Gleich um die Ecke“, von meinen Zimmern in der Gaußstraße wie auch vom Stegemühlenweg, befand sich die Gaststätte „Deutscher Garten“. Sie hatte einen großen Saal, der vielen hundert Personen Platz bot. Bald hatte ich erfahren, daß hier monatlich Veranstaltungen der örtlichen Landsmannschaft stattfanden. Ich habe natürlich sofort daran teilgenommen. Vorsitzender der Landmannschaftsgruppe war Arnold Woelke aus Ebenrode. Er war eine Führungspersonlichkeit mit klaren Zielsetzungen und Aussagen und verstand es, die monatlichen Zusammenkünfte von hunderten Landsleuten so zu gestalten, daß am Ende der einen schon voller Erwartung der nächsten entgegengesehen wurde. Sie bestanden immer aus zwei Teilen. Der erste Teil gehörte geschichtlichen, heimatkundlichen Gegenwartsthemen, nach einer Übergangspause spielte im zweiten Teil eine Kapelle zum Tanz auf (ohne elektronische Lautverstärker, die es zum Glück damals noch nicht gab; die Musiker mußten noch gut Instrumente spielen können, die grausame brüllende Lautstärke brauchte noch nicht mangelndes Können zu überdröhnen). Im ersten Teil hörte ich den Bericht von General Hoßbach über die Planungen zu dem nicht durchgeführten Durchbruch der 4. Armee aus dem Kessel Ostpreußen nach Westen, um in ihrem Schutz die Flucht der Zivilbevölkerung zu ermöglichen. Der Schlesier Walter Lommel lehrte uns mit viel Humor und Witz, was zum. Beispiel eine „Breslauer Lärje“ ist. Dr. Alfred Lau, vormals Intendant des Reichssenders Königsberg, nahm das „ABC“ der miteinander keifenden Königsberger „Fischweiber“ auf dem Altstädtischen Markt oder auf dem Fischmarkt am Pregel durch: „Du schielaugsche Saddrach, prachrige Schlorr, verbeulte Kasserolle, hachrige Kos’, obeinsche Null, Drangtonn’, mannstolle Lachodder, zoddrige Schabull, verlauste Rachull“ usw. Ich verzichte hier auf „Übersetzungen“ aus dem Preußischen Wörterbuch, der Sinngehalt der unverständlichen Verbalinjurien ist auch so eindeutig.

Ja, der 2. Teil! Da saß ich nun, ich armer Tor, der keinen Tanzstundenunterricht gehabt hatte und somit nicht tanzen konnte. Die ganz große Mehrheit im Saal war damals noch jugendlich bis „mittelalt“, die attraktiven Marjellens wurden von anderen „eingeschwungt“, ich mußte zusehen. Gleich um die Ecke, in der Reinhäuser Landstraße, wohnte Frau Brombach mit ihrer bildhübschen Tochter. Sie waren Ermländer und somit wahrscheinlich katholisch. Ich wurde etliche Male zum Nachmittagskaffee eingeladen. Frau Brombach hatte eine lebensbejahende, frische Art, war nicht „auf den Mund gefallen“: „Der eine liebt die Mutter, der andere die Tochter, der dritte liebt sie beide!“ Töchting verhielt sich Abstand haltend korrekt; um auf etwas „Tuchfühlung“ zu kommen, konnte ich sie im benachbarten Deutschen Garten nicht einmal zum Tanz auffordern.

So konnte, durfte es nicht weitergehen. Obwohl mir das Geld dazu fehlte, nahm ich im Frühjahr 1952 also schleunigst Tanzstunden in einer Tanzschule in der Theaterstraße. Für ein Vorzugshonorar erhielt ich Einzelunterricht vom Inhaber in allen damals gängigen Tanzarten, schneller und langsamer Walzer, Rheinländer, Foxtrott, Tango usw. Er tanzte als „Dame“, ich eben als „Herr“. Hony soi qui mal y pense! Der Vorzugspreis war ein Entgegenkommen an den geldarmen ostpreußischen Studenten.

Den sehr effektiven Einzelunterricht erhielt ich deshalb, weil die anderen Tanzschüler doch alle um Jahre jünger waren, das paßte aus naheliegenden Gründen nicht zusammen. Ich lernte schnell, so schnell und offenbar auch gut, daß ich bei der landsmannschaftlichen Monatsveranstaltung am 9. Juni 1952 meinem Volljährigkeitsgeburtstag, mehr oder weniger ausschließlich mit einer jungen ostpreußischen Krankenschwester durch den Saal wirbelte. Mit Sicherheit haben wir beide auch die damals üblichen Schlußtakte zum immer langsamer werdenden „Auf Wiedersehn, auf Wiedersehn" o. ä. miteinander getanzt, denn ich habe sie danach zu ihrem Schwesterwohnheim im Klinikviertel Kirchweg „nach Hause" gebracht. Bei der Verabschiedung gab sie mir an der Haustür, wohl zum Dank für mitternächtliche Begleitung, spontan einen Kuß. Ich wußte gar nicht, wie mir geschah. Es war der erste Kuß, den ich in meinem Leben von einem weiblichen Wesen (als Frau!) erhalten hatte, ein wirklicher „Volljährigkeitskuß"! Meine darauf folgende Frage nach einer Verabredung lehnte sie in ganz sanfter Form ab und entschwand mit einem Schlüssel, den sie mit einer leisen Andeutung offenbar gar nicht besitzen durfte, durch die Haustür. Ich bin ihr im Deutschen Garten oder anderswo nie wieder begegnet.

Der bereits erwähnte pommersche Kommilitone Erhard W. Appelius besuchte gezielt die Ostpreußenveranstaltungen im Deutschen Garten in der Erwartung, dort auch ostpreußische Studenten kennenzulernen und sie zur Gründung einer landsmannschaftlich-ostpreußischen Studentenvereinigung anzuregen. Er stieß also irgendwann auf mich und sagte mir, daß er einer pommerschen Studentenvereinigung angehöre, die sich bereits ein Jahr vorher, also 1951, konstituiert habe. Die Ostpreußen müßten dasselbe tun. Er habe in seiner Pommerngruppe ostpreußische Kommilitonen kennengelernt, die Anschluß an andere Ostpreußen suchten, er würde sie mit mir bekanntmachen, damit wir die Gründung einer eigenen Hochschulgruppe besprechen könnten. So geschah es. Wir besorgten uns mit Hilfe von Fräulein Reinecker in der Quästur, der wir bereits in Teil I dieses Bandes begegnet sind, aus den Karteikästen der neu Immatrikulierten die Anschriften der durch ihren Geburtsort ausgewiesenen Ostpreußen, und so konnte der folgende Gründungsaufruf ergehen, der im wesentlichen von Harald Knuth und mir formuliert worden war und bereits den Namen der noch zu gründenden Vereinigung vorwegnahm.

„Ostpreußische Hochschulgruppe Göttingen
Göttingen im Juni 1952
Stumpfebiel 2

Einladung

Liebe ostpreußische Studentinnen und Studenten!

Wissen Sie, daß an der Universität Göttingen 150 Ostpreußen studieren!

Sie kommen aus Königsberg, Tilsit, Gumbinnen, Allenstein und anderen Orten unserer Heimat. Dort sind sie aufgewachsen, und dort haben sie zusammen die Schule besucht.

Und sie haben sich noch nie getroffen?

Haben Sie sich schon einmal überlegt, daß die vorläufige Abtrennung des gesamten deutschen Ostens von Deutschland zu einem dauernden und endgültigen Verlust wird, wenn bei Einheimischen und Vertriebenen der Wille erlischt, diesen deutschen Osten dem ganzen Deutschland zu erhalten und wiederzugewinnen?

Sind Sie nicht der Meinung, daß die Verwirklichung dieses Zieles Sache des ganzen deutschen Volkes sein muß, daß aber die aus ihrer Heimat Vertriebenen aus ihrer besonderen Verbundenheit und Kenntnis des deutschen Ostens heraus hier eine besondere Aufgabe haben?

Und fühlen Sie nicht die Verantwortung, daß in diesem Kampf um den deutschen Osten, der ein Kampf mit geistigen Waffen ist, der Student und Akademiker an erster Stelle stehen muß?

Dann lassen Sie uns auch in Göttingen zusammenkommen und in der Form einer studentischen Hochschulgruppe unser Teil an der Bewältigung dieser großen Aufgabe beitragen.

Wir treffen uns am Montag, dem 16. Juni 1952 20 Uhr c. t., im Deutschen Garten, Rheinhäuser-Landstraße.

Neu immatrikulierte Studenten, deren Anschriften wir im allgemeinen noch nicht erfahren konnten, bitten wir mitzubringen.

gez. Peter Gädeke stud. jur.
gez. Fritjof Berg cand. jur.
gez. Widwald Hübner stud. rer. pol.
gez. Harald Knuth cand. jur.
gez. Hans H. Steinberg cand. phil

PS: Der Arbeitskreis Pommerscher Studierender, Hochschulgruppe Göttingen, lädt Sie alle zu einem Referat von Herrn Prof. Dr. Werner Weber: ‚Das Preußische Verwaltungssystem in den östlichen Provinzen' am 11. Juni 1952 20 Uhr c.t., Herzberger Landstraße 3 (Mittagstisch Dierkes) herzlich ein. Abgesehen von dem interessanten Thema, können Sie hier zugleich die Arbeit einer Schwestergruppe kennenlernen und so Anregungen für unser eigenes Vorhaben mitnehmen."

Die Gründungsversammlung fand am 16. Juni 1952 im Deutschen Garten statt. Zum 1. Vorsitzenden der unter diesem Namen ins Leben gerufenen Hochschulgruppe Ostpreußischer Studierender wurde stud. jur. Harald Knuth (Angerburg), zum 2. Vorsitzenden stud. jur. Peter Gädeke (Nadrau/Samland), zur Schriftführerin stud. rer. pol. Gisela Grimm (Tilsit?), ich selbst (Königsberg) zum Kassenwart gewählt. Unsere Satzung, die wir in vielem nach meiner Erinnerung wortgleich von der pommerschen Hochschulgruppe übernommen hatten, wurde einstimmig beschlossen. Außer den vereinsrechtlich üblichen Regularien wie Mitgliedschaft, Organe, Geld- und Kassenwesen bestimmte sie im I. Teil als Ziel der Gruppe:

(1) Die ostpreußische Hochschulgruppe zu Göttingen ist ein Zusammenschluß ostpreußischer Studierender an der Georgia Augusta. Sie hat zum Ziel, das Gedankengut des deutschen Ostens zu pflegen und ostpreußische Kulturwerte zu erhalten. Sie erstrebt die kameradschaftliche Verbundenheit ihrer Mitglieder.

(2) Parteipolitische, wirtschaftliche und konfessionelle Ziele werden von der ostpreußischen Hochschulgruppe nicht verfolgt.

(3) Die ostpreußische Hochschulgruppe ist Mitglied der „Vereinigung Heimatvertriebener deutscher Studenten".

Bemerkenswert ist, daß § 5 Abs. 2 der Satzung zwingend bestimmte: „Die Vorstandsmitglieder müssen Ostpreußen sein." Damit sollte der ostpreußisch-heimatliche Charakter der Gruppe gewahrt, jede Verwässerung der Arteigenheit verhindert werden. Offensichtlich rechneten wir auch in den Ostfragen mit einer politischen Entwicklung zugunsten Deutschlands in absehbarer Zeit, die vorsorgliche Gedanken an eine evtl. notwendig werdende Führung der Gruppe durch Nichtostpreußen überflüssig machte. Die vorstehend in Ziffer (3) genannte Vereinigung war der Zusammenschluß aller überregionalen ostdeutschen Studentenbünde auf Bundesebene, eine örtliche Untergliederung entstand in Göttingen zunächst aus dem Zusammenschluß der Pommern und Ostpreußen, die Danzig-Westpreußen, Schlesier kamen bald hinzu.

Peter Gädeke nahm am Gruppenleben bald nicht mehr teil, so daß ich im Wintersemester 1952/53 an seiner Stelle zum 2. Vorsitzenden gewählt wurde. Der Vorstand wurde gem. § 5 Abs. 4 der Satzung ohnehin nur für die Dauer eines Semesters gewählt.

Da Harald Knuth examensbedingt aus der aktiven Gruppenarbeit ausscheiden mußte, erfolgte meine Berufung zum 1. Vorsitzenden (Sprecher) im Sommersemester 1953. Ich blieb es bis zum Ende des Sommersemesters 1954, als am Gruppenabend des 22. Juli 1954 Kurt Fromm zu meinem Nachfolger gewählt wurde. Bereits zu Beginn des Semesters hatten die in Göttingen anwesenden aktiven Mitglieder in einer Semestervorbesprechung zu Vorsitzenden „gleichzeitig (Anm.: soll heißen „paritätisch") Klaus Wisotzki und Fritjof Berg bestimmt, da die zu erwartenden Anforderungen des Studiums (Anm.: ich befand mich im 5. Semester, Klaus Wisotzki hatte eine noch höhere Semesterzahl) die Übernahme des Sprecheramtes durch einen einzelnen unzumutbar erscheinen ließen", wie ich es in dem von mir gefertigten Tätigkeitsbericht dar Hochschulgruppe vom 15.10.1954 über das Sommersemester 1954 formuliert habe. Aber die in der Zeit meines Sprecheramtes vornehmlich nach außen entwickelten Initiativen der Hochschulgruppe, über die im einzelnen noch zu sprechen sein wird, bewirkten, daß ich praktisch bis Ende meines Studiums viele Fäden in der Hand behielt und Impulsgeber blieb. Dem gab ich in einem Brief vom 26.12.1954 an den Memelländer Harald Lankisch, der zu den profiliertesten „politischen Köpfen" der Gruppe gehörte und mit dem ich auf dieser Basis fest befreundet war, mit diesen Worten Ausdruck: „Neben aller erfreulichen Fortentwicklung bestehen die Sorgen in puncto Gruppe natürlich weiter. Auch für mich, obwohl ich nicht mehr Vorstand bin. Das offizielle Amt und sein Wechsel bedeutet eben bei dem Charakter unserer Gruppe (Anm.: siehe hierzu weiter unten die Ausführungen zum „Freundeskreis" und zur Umformung der Hochschulgruppe in die „Landsmannschaft Ordensland") nicht auch gleichzeitig die Einstellung der aktiven Arbeit. Für mich wird die Frage des Examens nun auch dringend. Ich bin im 7. Semester und möchte 1955 fertig werden."

Sicherlich gab Hannelotte mehr als nur einer persönlichen Sorge Ausdruck, als sie mir – im noch ganz frühen Stadium unseres sich anbahnenden Lebensbundes – in ihrem Bericht vom 21.10.55 über die Arbeitstagung der Landeskulturwarte der Landsmannschaft Ostpreußen in der Ostdeutschen Akademie Lüneburg vom 7.–9. Oktober 1955 schrieb, an der sie auf meine Benennung hin als Delegierte unserer Hochgruppe teilgenommen hatte: „Was sollen wir machen, wenn Du Examen gemacht hast?“. Dies war drei Semester nach meiner Amtsübergabe, Gruppenvorsitzender war jetzt Manfred Bormann. Fatal, daß es wie Eigenlob klingt, wenn ich aus einem Brief von Herbert Reinuß, eine „Seele von Ostpreuße“, dem ich auf dieser Basis besonders verbunden war, diese Worte wiedergebe, den er mir nach seinem Studienortwechsel von Göttingen nach Erlangen am 4.11.55 schrieb: „Göttingen will mir nicht aus dem Kopf (es sind keine ‚Weibergeschichten‘ daran schuld, sondern Göttingen an sich, Ihr, die ganze Erinnerung an eine phantastische Zeit), ich komme mir wie ein Vengtiner vor (Anm.: ostpreußischor Ausdruck für Herumtreiber, Landstreicher) ... Ihr werdet ohne mich gut fertig – was ist ein Einzelner, der nicht mehr ist als ich? – aber ich wäre zu gerne dabei. Nun, es läßt sich nicht ändern, sonst hätte ich es getan ... Ich möchte nicht vergessen ... allen zu danken, besonders Dir ...“

Damit bin ich aber bereits in einer Zeit angekommen, in der eine wenig zielorientierte Gruppenführung wie auch eine um sich greifende Beliebigkeit in der Wahrnehmung der aus der Mitgliedschaft folgenden Rechte und Pflichten eine tiefgreifende Verfestigung der inneren Strukturen verlangte und mit der Konstituierung der Landsmannschaft Ordensland zu Göttingen am 1. November 1955 auch bewirkte. Hierauf werde ich an gegebener Stelle näher zurückkommen. Drei Jahre vorher, in unserem Gründungsstadium im Sommersemester 1952 und noch lange Zeit danach, muß uns alle etwas beseelt haben, was ich in der Rückschau so beschreiben möchte:

Einige von uns waren Soldat gewesen und hatten ihre Schulzeit noch in Ostpreußen mit dem Abitur beendet oder vor ihrer Einberufung zur Wehrmacht einen „Reifevermerk“ o.ä. erhalten. So z.B. Gerd Brausch, Kurt Fromm, Gerd Grzybinski, Bruno Kolwe, Georg Tonding, Klaus Wisotzki, Horst Wollermann. Bei den Mädchen waren z.B. Irmtraut Grigoleit und Dagmar Lohmeyer etwa gleichaltrig mit ihnen. Die überwiegende Mehrzahl von uns aber war bei Flucht und Vertreibung etwa zwischen 13 und 16 Jahre alt gewesen. Wir hatten in Nord-, West- und Süddeutschland die Schulbank gedrückt, evtl. sogar mit vielen ostdeutschen Klassenkameraden, wie z. B. ich mit vielen Schlesiern in Nienburg/Weser. Aber wir waren nirgends so richtig „unter uns“, d. h. in einer echt-ostpreußischen Klassengemeinschaft mit ihren unverwechselbaren landsmannschaftlichen Besonderheiten gewesen. Wir waren zwar „graduiert, stud. iur., phil., med., theol.“ usw., und siezten uns anfangs selbstverständlich generell, waren in unseren selbst gewählten Aufgabenstellungen der Hochschulgruppe selbstverständlich „erwachsen“. Aber, mir kommt die „Feuerzangenbowle“ mit Heinz Rühmann in den Sinn, wir waren nicht weniger sofort „Klasse“, die etwas einhellig beschloß und tatkräftig durchführte, sich auch bald gegenseitig „auf die Schippe“ nahm und Spitznamen verlieh. Diesbezügliche „Jahresendabrechnung“ war immer mit viel Ulk und Spaß der vorweihnachtliche „Julklapp“. Auch hierauf komme ich an anderer Stelle noch näher zurück. Dies scheint mir in einer analytischen Rückschau das Faszinosum unserer damaligen „LO“ gewesen zu sein (unsere Hochschulgruppe Ostpreußen hieß erst seit dem Jahreswechsel 1955/56 Landsmannschaft Ordensland, unter uns abgekürzt „LO“, aber wenn wir von ihr später sprachen, war es für uns seit Anbeginn immer die „LO“): Wir holten in ihr unsere jugendliche Reifezeit wie in einer gewachsenen Klassengemeinschaft nach, die uns unbeschwert lustig, jugendlich-frisch, zu entsprechenden Späßen aufgelegt, ebenso mit der jugendlichen Suche nach „absoluten“ Wahrheiten in der geraubten heimatlichen, rein ost- oder westpreußisch geprägten Umwelt entgangen war.

Teilnahme am Hilfswerk „Bruderhilfe Ostpreußen“

Am Anfang unserer Arbeit als ostpreußische Hochschulgruppe in Göttingen stand ein Werk, auf das alle, die „dabei“ waren, heute noch stolz sein dürfen. Die Bundeslandsmannschaft Ostpreußen mit Sitz in Hamburg hatte eine „Bruderhllfe Ostpreußen“ ins Leben gerufen, die unsere Schicksalsverbundenheit mit den noch Zehntausenden von Landsleuten bekunden sollte, die im polnisch okkupierten Teil unserer Heimat verblieben waren und dort unter stärkstem polnischen Entnationalisierungsdruck standen und in großer Existenznot ihr Leben fristeten. Wie bereits geschildert, hatte sich bei den monatlichen Veranstaltungen der örtlichen landsmannschaftlichen Gruppierung im Deutschen Garten ein näherer Kontakt einiger von uns zu ihrem Vorsitzenden Woelke ergeben. Ihm unterbreiteten wir nun unser Vorhaben, ganz Göttingen nach Sachspenden für die Bruderhilfe „abzuklappern“. Ob er uns zum Einsammeln ein Gefährt vermitteln könne? Er konnte, griff unsere Idee begeistert und tatkräftig auf. In Göttingen hatte Landsmann Donder (nach meiner Erinnerung Insterburger) bereits einen Gewerbebetrieb mit Lkw, ein anderer nach damals noch üblicher Art ein Fuhrgeschäft mit Pferdegespann. Sie „spannten“ für unsere Sammelaktion sofort an, die allwöchentlich – auch in den Semesterferien – nach diesem Fahrplan ablief:

In einem genau abgezirkelten Straßenviertel verteilten wir diese hektographierten Handzettel:

> Studentischer Abholdienst Bruderhilfe Ostpreußen.
>
> Am Sonnabend dieser Woche zwischen 14 und 17 Uhr werden ostpreußische Studenten bei Ihnen vorsprechen, um Ihnen den Weg zur Annahmestelle der Bruderhilfe Ostpreußen abzunehmen (Annahme jeden Mittwoch und Freitag zwischen 16 und 18 Uhr im Herkulesbräu, Weender Straße). Erschütternde Dankesbriefe aus Ostpreußen mah-

nen jeden von uns. Vergiß nicht die 80.000 deutschen Brüder und Schwestern in Ostpreußen!

Der Abholdienst würde sich freuen, wenn er für Sie die bereitgestellten gebrauchten sauberen Bekleidungsstücke, ferner Wäsche, Schuhwerk usw. zur Annahmestelle schaffen könnte. Das Abzeichen der Bruderhilfe Ostpreußen mit der Bernsteinperle ist beim Abholdienst zum Preise von 1,– DM erhältlich."

Zur angekündigten Zeit erschien dann unser mot. oder Hafer PS-Gefährt mit uns Studenten auf der Ladefläche. Ein Trompeter machte (unentgeltlich, ja, das gab es damals noch!) mit dem Sendezeichen des Reichssenders Königsberg, den beiden Anfangstakten der Melodie des Masurenliedes „Wild flutet der See" (siehe Band 3.2, Teil I), auf unser Erscheinen aufmerksam. Wieder ging es treppauf, treppab, um die Spenden in Empfang zu nehmen; viele Spender kamen uns aber auch an der Haustür entgegen. Ein Extra war die nachfolgend abgebildete Brosche mit dem stilisierten Ordenskreuz und dem eingefaßten Bernstein, die für 1,– DM erworben werden konnte. Unser Sammelergebnis wurde zur Sammelstelle gefahren, dort in großen Behältern verstaut und dann per Bahn zur Landsmannschaft nach Hamburg verfrachtet, wo es von vielen fleißigen Händen in Einzelpakete verpackt wurde.

Unser Einsatz ist in der von der Landsmannschaft Ostpreußen herausgegebenen Zehnjahresschrift „Landsmannschaft Ostpreußen 1948–1958" im zweiseitigen Bericht über die Bruderhilfe auf Seite 65 weit über Göttingen hinaus bekanntgemacht worden: „Ostpreußische Studenten in Göttingen sammelten, mit Fahrzeugen von Haus zu Haus fahrend, die dortigen Spenden."

Unvergeßlich ist mir geblieben, wie eine ältere Dame mir einen ganzen Stoffballen mit den Worten übergab, es handele sich um bestes Uniformtuch der kaiserlichen Marine, das einem ver-

PS-Gefährt der Bruderhilfe Ostpreußen

PS-Gefährt der Bruderhilfe Ostpreußen`

Brosche mit Ordenskreuz und eingefaßtem Bernstein

storbenen Angehörigen gehört habe (ich glaube, sie nannte ihren Ehemann). Ich schrak innerlich zusammen, denn mir war klar, daß diese Gabe angesichts der im ausgeplünderten Ostpreußen wahrscheinlich fehlenden Verarbeitungsmöglichkeiten nicht nur denkbar ungeeignet war, sondern daß dieser auf den ersten Blick so wertvolle Stoff niemals einen deutsehen Empfänger in Ostpreußen erreichen würde. Aber diese brutale Wahrheit konnte ich dieser Frau unmöglich ins Gesicht sagen. Ich versuchte, sie von ihrem Übergabewillen mit den Worten abzubringen, daß ich

Bereits 1952 stapelten sich in der engen Baracke in der Wallstraße die Spendenpakete bis zur Decke. Landsleute, die mit den Versandschwierigkeiten nicht fertig wurden, schickten die Pakete für ihre Angehörigen zu treuen Händen und zur Weiterleitung an die Landsmannschaft. Aus: Landsmannschaft Ostpreußen 1948–1958, von ihr herausgegeben, Seite 64.

eine solche Spende mit einem derartig hohen persönlichen Wert nicht annehmen könne. Aber sie bestand darauf, und so lieferte ich „meinen“ Stoffballen mit großem Unbehagen auf unserem Abholfahrzeug ab.

In Erinnerung ist mir auch geblieben, daß ein anderes Mal an der Vorgartentür einer Villa am Göttinger Hainberg zwei adrett gekleidete etwa 10jährige Mädchen erschienen. Ob sie nur durch unser Trompetensignal angelockt waren oder uns auch etwas übergaben, weiß ich nicht mehr. Jedenfalls erklärten sie in makellosem Deutsch, sie seien Engländerinnen, ihre Eltern seien nicht zu Hause. Und so ergab sich die Gelegenheit, diesen jungen, mindestens neugierigen Engländerinnen im lernfähigen Alter ein paar Bezugspunkte unserer Sammelaktion zu vermitteln.

In meinem Bericht über unsere Semesterarbeit im Sommersemester 1953 für das Ostpreußenblatt vom 15.10.1953 (ob er abgedruckt worden ist, kann ich nicht mehr feststellen) steht als Ergebnis unseres Einsatzes zu lesen:

> „Eine neue Aufgabe entstand ihr (Anm.: der Hochschulgruppe) in der ‚Bruderhilfe Ostpreußen‘. Durch die dankenswerte Mithilfe verschiedener Landsleute wurden wir motorisiert, und nun rollte unter dem Sendezeichen des Königsberger Rundfunks jeden Sonnabend ein geräumiges Gefährt nach vorausgegangener Ankündigung von Straße zu Straße. Der Abholdienst wurde zu einem unerwarteten Erfolg. Es darf hier an den derzeitigen Bericht im Ostpreußenblatt erinnert werden. Ergänzend sei mitgeteilt, daß insgesamt 5147 Stücke zusammenkamen, darunter 55 Herrenmäntel, 120 Damenmäntel, 371 Kleider, 954 Paar Schuhe. Diese studentische Aktion hat die allgemeine Spendenfreudigkeit für die Bruderhilfe belebt und soll im Wintersemester fortgesetzt werden.“

Im Lichte des materiellen Überflusses und Überangebots, der Verschwendungssucht der nachfolgenden Jahrzehnte mögen die von mir mitgeteilten Sammelergebnisse anders bewertet werden, als sie es damals für alle Beteiligten waren. Acht oder neun Jahre nach Kriegsende war zwar alles wieder käuflich zu erwerben, auch die aus dem heutigen (Massen-) Warenangebot verschwundenen damals wohlbekannten überlieferten Qualitäts-Markenartikel der deutschen Schuh- und Bekleidungsindustrie. Aber es gab immer noch nur eine kleine Käuferschicht, die „den Pfennig nicht umzudrehen" brauchte. Beim größten Teil des Volkes sah es gänzlich anders aus, hier herrschte obendrein nach den kriegsbedingten Einschränkungen, nach den Totalverlusten durch Bombenkrieg und Vertreibung ein ungeheurer Nachholbedarf an allem und jedem. Deshalb stellten die Sach- und auch Geldspenden in den allermeisten Fällen ein bedeutendes persönliches Opfer dar, mit dem zugleich die Verbundenheit mit den abgetrennten Landsleuten im Osten bekundet wurde.

Über die Fortsetzung unseres Bruderhilfe-Einsatzes im Wintersemester 1953/54 habe ich im Tätigkeitsbericht der Hochschulgruppe über dieses Semester vom 24.4.1954 geschrieben:

> „Der Abholdienst wurde trotz teilweise sehr winterlichen Wetters an sieben Sonnabenden durchgeführt und brachte Ergebnisse, die hinter denen des Sommers nicht zurückbleiben. Die Fuhrwerke vermittelte Herr Woelke, bei ihm wurden auch die Handzettel hergestellt. Die Unterlagen über die Ergebnisse des Abholdienstes sind leider nur unvollständig vorhanden, jedoch sind mindestens 2700 kg oder 6000 Einzelsachen und 250,– DM aus Spenden und Plakettenverkauf zusammengekommen. Auf eine abfällige Äußerung über diese Tätigkeit der Hochschulgruppe hin im „Heimatvertriebenen", dem Mitteilungsblatt des BvD – Göttingen Stadt und Land, wurden die Herren Wisotzki.

und Berg bei Herrn Fromme, 1. Vorsitzender des BvD, ... vorstellig, und verwahrten sieh gegen jede Einmischung des BvD in die Angelegenheiten der Hochschulgruppe. Über das Gespräch wurde eine Aufzeichnung angefertigt."

Ich lasse hier die vollständige Gesprächsaufzeichnung vom 17.3.54 folgen. Sie wirft ein bezeichnendes Licht auf die schon damals im Gange befindliche Selbstentzweiung und -schwächung des – wäre es nach innen und außen einig gewesen – an sich einen ungeheuren politischen Machtfaktor darstellenden Vertriebenenpotentials, die im vorliegenden Falle ganz maßgeblich auch auf der parteipolitischen Frontstellung des gebürtigen Westfalen und naturalisierten Schlesiers Hugo Fromme (CDU) gegenüber unserem Landsmann Woelke (es hieß, er sei SPD) beruhte. Das Delikate an dem von Fromme heraufbeschworenen Affront war, daß er und ich „Sangesbrüder" im Göttinger Ostland-Chor waren.

„Aufzeichnung

Auf Bitte von Herrn Wisotzki hatten am 27. Februar die Herren Wisotzki und Berg von der ostpreußischen Hochschulgruppe eine Unterredung mit Herrn Fromme, dem I. Vorsitzenden des BvD-Göttingen, Stadt und Land, in dessen Wohnung.

Anlaß zu dieser Unterredung war der Anfangssatz ‚In aller Stille, ohne Fanfarenstöße und lautes Getön ...' des Artikels ‚BvD-Landsmannschaften helfen!', ‚Der Heimatvertriebene', Februar 1954.

Eingangs erklärte Herr W., daß der oben erwähnte Artikel einiges Befremden in der Hochschulgruppe hervorgerufen habe, und man hoffe, daß dieses Gespräch eine Klärung bringen würde. Herr F. erwiderte von sich aus, er selbst habe den beanstandeten Artikel geschrieben, der auch weiterhin seine Meinung wiedergebe.

Im weiteren Gespräch bemühten sich die Herren W. und B. herauszufinden, aus welchem Grunde Herr F. der Hochschulgruppe eine Spitze bieten wollte. Herr F. konnte aber immer nur die Erklärung geben, daß sich seine Äußerung nur gegen die Landsmannschaftsgruppe Woelke – Grigoreit, nicht aber gegen die Hochschulgruppe selbst gerichtet habe, die allerdings er als durchaus höriges Organ der ostpreußischen Landsmannschaft e.V. Göttingen angesehen habe. Die beiden Herren wiesen mit Nachdruck darauf hin, daß diese Annahme ein glattes Mißverständnis sei, die Hochschulgruppe im Gegenteil sich strengstens bemühe, autonom und ohne Bevormundung, gleich von welcher Seite, zu bleiben. Der Abholdienst für die Bruderhilfe Ostpreussen sei aus vollkommen eigener Initiative heraus entstanden. Die Zusammenarbeit mit der Landsmannschaft e.V. gründe sich auf die in Göttingen schon lange eingeführte Annahmestelle für die Bruderhilfe. Die Teilnahme am allgemeinen landsmannschaftlichen Leben sei das Recht der ostpreußischen Studentenschaft, die für die zerrissenen Verhältnisse in Göttingen nicht verantwortlich sei.

Darauf erklärte Herr F., daß er die Art und Weise der Durchführung nicht gutheißen könne. Eine übertriebene Propaganda (‚oft dreifache Ankündigungen in den Göttinger Zeitungen an einem Tag‘) lasse aber auf die übergeordnete Regie der Landsmannschaft schließen. Das ‚Fanfarengeschmetter‘ überdies erinnere doch sehr an vergangene Zeiten. Es sei auch mißliebig aufgefallen; aber ‚junge Menschen handeln ja oft unüberlegt‘. Die Herren W. und B. sagten, ihnen sei keine derartige Häufigkeit von Zeitungsartikeln bekannt. Form und Inhalt seien durchaus im Sinne der Hochschulgruppe gewesen. Handzettelverteilung, Trompeten und Transparente seien wohlüberlegte Maßnahmen gewesen (der Altersdurchschnitt sei doch erheblich höher) und doch wohl durch die großen Ergebnisse gerechtfertigt worden. Wenn Herr F. einerseits selbst der Landsmannschaft Ostpreußen e. V. in Hamburg Spenden zugesandt habe, andererseits aber die Arbeit der Hochschulgruppe in seinem Blatt zu torpedieren versuche, müßten wir natürlich annehmen, daß es ihm nicht um die Sache, d. h. die tätige Hilfe für Masuren, sondern allein um die Gewinnung von Pluspunkten in dem oben erwähnten Machtkampf gehe.

Sehr enttäuscht waren die Herren W. und B. über die geradezu haßerfüllte Polemik, mit der Herr F. das Gespräch immer wieder auf die Kontroverse BVD – Landsmannschaft e.V. zu führen versuchte. Die beiden Herren deuteten mit aller Schärfe darauf hin, daß sich die Hochschulgruppe auf keinen Fall in eine Frontstellung hineindrängen lassen möchte. Daher hielten sie es für fair, wenn in der folgenden Ausgabe des ,Heimatvertriebenen' in einer Form, die die Hochschulgruppe großzügigst dem BvD überlasse, der Abholdienst als eigenständiges Werk der Studenten dargestellt würde. Diese mehrfach an Herrn F. gerichtete Bitte schlug er glattweg ab mit der Bemerkung, daß er keine Veranlassung sehe, einen solchen Schritt zu tun, denn: ,Wer hat schon den Artikel gelesen?' Herr F. mußte allerdings die Antwort darauf schuldig bleiben, warum er dann überhaupt den Artikel geschrieben habe!

Herr W. erklärte, nachdem die Bitte auf Richtigstellung endgültig abgeschlagen worden war, daß er es als Zeitverschwendung ansehe, dieses Gespräch weiterzuführen. Er bat Herrn F., dieses Gespräch aufzeichnen und ihm (Herrn F.) zur Durchsicht und Unterzeichnung zusenden zu dürfen. Die Erwiderung des Herrn F. lautete: ,Nach diesem Gespräch muß ich Ihnen überhaupt die Fähigkeit absprechen, ein ordentliches Protokoll anfertigen zu können.'

> Mit dem Ausdruck des Bedauerns über die Ergebnislosigkeit des Gesprächs, das eineinhalb Stunden gedauert hatte, verabschiedeten sich die Herren W. und B.“

In Anerkennung unseres Einsatzes für die Bruderhilfe und zur finanziellen Unterstützung unserer landsmannschaftlichen Arbeit im universitären Raum erhielt die Hochschulgruppe zu Beginn des Wintersemesters 1953/54 von der Landsmannschaft in Hamburg einen Geldbetrag in Höhe von 300,– DM (ein damals hoher Geldwert). Da wir kein eigenes Bankkonto besaßen, wurde er bis auf Abruf durch die Hochschulgruppe auf das Konto der örtlichen Göttinger Landsmannschaftsgruppe eingezahlt. Das Vertrauen der Landsmannschaft in eine preußisch-korrekte und gewissenhafte Verwendung des Geldes durch uns kam darin zum Ausdruck, daß kein Verwendungsnachweis verlangt wurde.

Eine sehr schöne Würdigung unseres Einsatzes stand in dem nachstehenden Artikel im Ostpreußenblatt (Erscheinungsdatum s. Zt. leider nicht aufgeschrieben), den offensichtlich der von Hugo Fromme angefeindete Arnold Woelke geschrieben hat:

> „Das Tun entscheidet, nicht das Wort
>
> Studenten in Göttingen setzen sich ein
>
> Die tausendjährige und unzerstörte Stadt Göttingen zeigte, daß sie die Hilfe für die Ostreußen, die noch in der Heimat leben müssen, als eine Aufgabe aller Deutschen versteht. Die Ostpreußengruppe Göttingens richtete den Ruf an die Einwohner, die Bruderhilfe, zu unterstützen, die von den Ostpreußen allein nicht mehr getragen werden kann. Die Antwort überraschte selbst die Optimisten. Die freiwilligen Helfer in den Annahmestellen hatten alle Hände voll zu tun, die Kleiderspenden zu sortieren und zu verpacken und der Zentrale der Bruderhilfe in Hamburg zuzuleiten. Es zeigte sich auch, daß es vielen nicht möglich war, ihre Spenden zu den Annahmestellen zu schaffen. Sollten gro-

ße Möglichkeiten für die Bruderhilfe ungenutzt, sollte der Inhalt für viele Pakete in den Schränken bleiben?

Die ostpreußischen Studenten erkannten eine Aufgabe. In ihrer Hochschulgruppe beschlossen sie, einen Abholdienst zu schaffen. Kurz darauf, in der Mitte der Woche, erschienen sie in einigen Straßen und kündigten durch Handzettel an, daß sie am Wochenende wieder da sein würden, um die den Deutschen in Ostpreußen zugedachten Sachen abzuholen.

Am Sonnabendnachmittag ertönte in den gleichen Straßen ein Zeichen, das jeder schon irgendwann einmal gehört hatte: ‚Wild flutet der See', das Pausezeichen des Reichssenders Königsberg. Um einen Lastwagen, von dem das Zeichen erklang, sammelte sich sogleich eine Zuschauerschar und vor allem ein neugieriger Kinderhaufe. Ein Trompeter stand da oben und blies manches ostpreußische Lied. Inzwischen aber klopften die Studenten an die Türen, fast nirgends vergeblich. Meist standen die Pakete schon fertig oder wurden den Helfern entgegengetragen. Hochbeladen kamen die Sammler zurück, und in kurzer Zeit fuhr der Lastwagen mit blasendem Trompeter hoch auf Kleiderballen davon. Tagelang arbeiteten wiederum die Helfer, um die Sendung weiterzuleiten, ehe das nächste Wochenende kam. Denn wer gleich zu Anfang solchen Erfolg hat, dem verdoppelt sich die Freude an der Sache. Straßenzug für Straßenzug sind die Studenten nun dabei, Göttingen für die Bruderhilfe durchzukämmen. Die Ergebnisse stapeln sich bei den Annahmestellen in Göttingen und in der Zentrale in Hamburg. Die Sammlung wird noch etliche Wochen dauern, die Studenten sind dabei.

Wie steht es da nun mit dem oft gehörten Satz, daß die jungen Leute sich für nichts begeistern können und nicht bereit seien, sich für eine gute Sache einzusetzen? In ihrer Einsatzfreudigkeit stehen die Göttinger Studenten durchaus nicht allein. Ihnen ist es aber gelungen, eine echte Aufgabe zu finden, die den Einsatz auch lohnt. Materiell haben sie nichts davon, und es ist auch nicht ein Sport für sie, sich die Langeweile zu vertreiben. Denn daß gerade unsere Studenten danach trachten müssen, so schnell wie möglich durch die Ausbildung zu kommen, und daß kaum einer von ihnen den altberühmten Monatswechsel auch nur vom Ansehen kennt, das weiß wohl jeder. So ist auch die Hochschulgruppe der Ostpreußen in Göttingen kein lustiger Verein für freie Stunden, sondern sie hat sich wissenschaftliche Aufgaben gestellt. Wenn sie es jetzt für richtig hält, ihre Freizeit für die Bruderhilfe zu opfern, so gehört dazu schon einige Einsatzfreude.

So kommen echte Leistungen für die Heimat zustande. Nicht nur in Göttingen wird es so sein, wenn den jungen Menschen echte Aufgaben gestellt werden."

Das uns zugedachte Lob sollte ein „Schwanengesang" werden. In einem Artikel, den das Göttinger Tageblatt in seiner Ausgabe vom 22./23. Mai 1954 unverändert und ungekürzt abgedruckt hat, habe ich dargelegt, warum unsere Mitarbeit in der Bruderhilfe Ostpreußen ein abruptes Ende fand:

„Polen unterbindet Bruderhilfe

Erhöhte Zolltarife zwingen zur Einstellung – Die Wahrheit

Zu Beginn des Sommersemesters1953 richtete die Hochschulgruppe Ostpreußen an der Georgia Augusta einen Abholdienst für die ‚Bruderhilfe Ostpreußen' ein, um an diesem von der Landsmannschaft Ostpreußen im ganzen Bundesgebiet eingeführten Liebeswerk mitzuarbeiten, das der Linderung der großen materiellen Not in Südostpreußen und dem geistigen Brückenschlag zu der dort noch zurückgehaltenen deutschstämmigen Bevölkerung diente.

Das ‚Göttinger Tageblatt' brachte zu Beginn der vergangenen Semester wiederholt Hinweise auf diese Aktion der ostpreußischen Studenten, deren äußeres Erscheinungsbild – das motorisierte oder bespannte Gefährt mit seinen Transparenten, die aufgesessenen Studenten und das Kindergefolge, das Sendezeichen des Königsberger Rundfunks – wohl allen erinnerlich ist, an deren Tür die Studenten klopften. All denen, die daran mithalfen, daß beispielsweise im Wintersemester 1953/54 in sieben Abholdiensten über 2700 kg an Kleidung, Wäsche, Schuhen usw. sowie über 250 DM zusammenkamen, sei an dieser Stelle nochmals zutiefst gedankt. Ermutigt durch dieses Hilfsbereitschaft der Stadtbevölkerung wollte die Hochschulgruppe auch im begonnenen Sommersemester den Abholdienst fortsetzen. Wenn in der Vergangenheit die Bruderhilfe Ostpreußen den Landsleuten im Osten das Gefühl der Verlassenheit teilweise nehmen konnte und auch geeignet war, bekannter kommunistischer Propaganda innerhalb des kommunistischen Machtbereichs selbst entgegenzuwirken, so erhielt sie dadurch auch politische Bedeutung.

Aus diesem Grund wird deutlich, warum der polnische Staat durch Erlaß vom 9.2.1954 die Zolltarife für Geschenksendungen rigoros erhöhte und die Landsmannschaft dadurch zur einstweiligen Einstellung der Bruderhilfe Ostpreußen zwang, von der auch der Abholdienst der Studenten betroffen ist. Vor der Kulisse eines namenlosen Elends, das durch immer neue Briefe aus den ostdeutschen Landschaften belegt ist und angesichts der menschlichen Motivation der Bruderhilfe wird eine amtliche Erklärung der Erhöhung der Zolltarife zum Geständnis einer Katastrophenlage und zur Selbstanklage: ‚Der kapitalistische Westen, besonders ei-

nige sogenannt Hilfskomitees, lassen eine wahre Paketflut auf unseren volkspolnischen Staat los, um Stauungen und Schwierigkeiten zu verursachen. Mit dieser Paketflut soll vorgetäuscht werden, daß in den zentralpolnischen Woiwodschaften und den wiederrungenen Westgebieten Mangel an Lebensmitteln und Textilien sowie Genußmitteln besteht. Allein im Jahre 1953 kamen rund 400 000 Pakete aus dem kapitalistischen Ausland nach Volkspolen, von denen der größte Teil an Empfänger in den Westgebieten adressiert war. Damit versucht der Feind, in unserer demokratischen Ordnung Verwirrung und Unruhe zu stiften; insbesondere sind die Komitees der sogenannten Heimatvertriebenen und das Vertriebenenministerium der Adenauer-Regierung zu nennen, wo revanchlüsterne Elemente und Ostlandritter sitzen, die einen neuen Raub der polnischen Westprovinzen planen. Die Gegenmaßnahmen unserer Regierung, besonders des Finanzministeriums, werden hier Einhalt gebieten, und nicht wenige gierige Personen werden auf die Übersendung von Luxusgegenständen, die sie dann zu überhöhten Preisen verkaufen, verzichten müssen.'
In dieser Erklärung reiht sich Lüge an Lüge. Was es mit dem ‚vorgetäuschten Mangel' in den ‚wiedererrungenen Westgebieten', in denen ‚gierige Personen Luxusgegenstände zu überhöhten Preisen verkaufen' auf sich hat, sagt stellvertretend für andere ein Brief vom 15. 1. 1954: ‚Heute kam Dein Paket an. Du kannst Dir die Freude nicht vorstellen. Sie steigerte sich mit jedem Stück, das wir auspackten. Gleich kamen wir alle zusammen und berieten über die Verteilung, und jeder, der etwas bekam, war richtig glücklich. Aber im stillen kamen mir die Tränen. Alles Sachen, die früher so ganz selbstverständlich waren! Und jetzt ist es ein großes Fest, so etwas in der Hand zu haben. Nun ist für den Rest dieses harten Winters die Not gemildert.'

Es ist nicht erforderlich, auf Lebenshaltungskosten und Preisgefüge im gegenwärtigen Ostdeutschland einzugehen. Wenn man aber bedenkt, daß beispielsweise eine deutsche Frau im Monat in schwerster Arbeit an einer Betonmischmaschine 212 Zloty verdient, das Brot allein für sie und ihre drei Kinder jedoch schon etwa 240 Zloty in demselben Zeitraum kostet, so wird leicht zu begreifen sein, was der Wegfall der Geschenkpakete bedeutet. Denn für 1 kg Schmalz werden jetzt 20 Zloty als Zoll erhoben, für 1 kg Kunsthonig 35 Zloty, für 1 kg Milch in jeder Verpackung 30 Zloty, für 1 Paar gebrauchte Herrenlederschuhe 75 Zloty (neue das Doppelte), für 1 kg gebrauchte Wollkleidung 100 Zloty (neu das Doppelte), für 1 kg gebrauchte Bettwäsche 320 Zloty (neu 800 Zloty!), von Genußmitteln gar nicht zu reden. Das kann einfach niemand mehr aufbringen. Werden aber die Geschenkpakete nicht eingelöst, so verfallen sie dem polnischen Staat oder werden auf Kosten des Absenders zurückgeschickt (ein 20-kg-Paket kostete einfach bisher schon 35 DM).

Viele im deutschen Osten haben bisher auch dem brutalsten Zwang zur Option für Polen und zur Unterwerfung unter ein System, das ihnen so viel Leid zufügte, in dem Bewußtsein widerstanden, daß außerhalb ihnen verbundene Menschen für sie tätig sind. Der polnische Staat will sie sich nun durch die Abdrosselung der Unterstützung gefügig machen. Die ostpreußischen Studenten haben an dieser Stelle darauf hingewiesen, daß der polnische Staat durch sein Verhalten gegenüber den ihm Anvertrauten in Gebieten, die völkerrechtlich einwandfrei deutsches Staatsgebiet sind, aufs schwerste gegen die ihm nach internationalem Recht obliegenden Verpflichtungen verstößt."

Es ist müßig, an dieser Stelle auf die verkrampften „Lockerungen" der verlogenen und menschenverachtenden polnischen

Zollbestimmungen einzugehen, mit denen die Verbindungen zu noch rd. einer Million Deutschen in den abgetrennten deutschen Ostgebieten erdrosselt werden sollten. Als „Relaisstation“ in beiden Richtungen bestand bei der Landsmannschaft in Hamburg die Bruderhilfe Ostpreußen weiter. Nach unserer Eheschließung ließen Hannelotte und ich uns von dort drei Unterstützungsanschriften geben, von denen 1968 die der Familie Eduard und Dorothea Waudick in Bischofsburg übrig blieb. Der Briefwechsel zwischen unseren Familien von 1968 bis zur Übersiedlung der Waudicks in die Bundesrepublik im Frühjahr 1981 füllt zwei Aktenordner. Er wurde auf der Seite von Waudicks ausschließlich von Dorothea geführt. Sie hatte vor dem Eindringen der Roten Armee Anfang 1945, die ihren Vater, Fahrdienstleiter bei der Reichsbahn, auf Nimmerwiedersehn abführte und ihre Mutter zu Tode vergewaltigte, noch ein Dreivierteljahr die Volksschule besucht. Eine deutsche Nachbarin am Stadtrand von Bischofsburg, von Dorothea „Tante“ genannt, hatte sich der nunmehrigen Vollwaise angenommen, bei ihr die (öffentlich verbotene) deutsche Sprache erhalten und ihr das Lesen und Schreiben auf deutsch beigebracht. Womit Hannelotte und ich anfangs an einigen Briefstellen aber Schwierigkeiten hatten. Bis wir herausfanden, daß Dorothea ihre – ostpreußische! – „Lautsprache“ zu Papier gebracht hatte; die uns beiden ja noch wohl vertraut war, so daß Dorotheas Briefe von da ab keine „Problemlektüre“ mehr waren. Sie sind Zeitzeugen der Lebensbedingungen in den von Polen „wiedererrungenen Westgebieten“ und spiegeln die Erfüllung einer nationalen Pflicht gegenüber den dort zurückgebliebenen Deutschen im Rahmen der Bruderhilfe Ostpreußen. Hannelotte, unsere beiden Söhne und ich haben 1977 bei der ersten Nachkriegsreise in unsere Heimat unsere „Patenfamilie“ Waudick in Bischofsburg und ihr dortiges Leben kennengelernt. Mein Buch „Über die Weichsel – Eine deutsche Rückkehr“ (Düssledorf 1978) gibt eingehend darüber Auskunft. Familie Waudick ist auch nach ihrer Übersiedlung in die Bundesrepublik, 1981 in unsere Nähe nach Kiel, in vielem in unserer Obhut geblieben. Ihr „Fall“ wurde der Öffentlichkeit durch den Zeitungsartikel „Ein langer und dorniger Weg“ in den „Kieler Nachrichten“ vom 8.5.1980 bekannt, nachzulesen in meiner Dokumentation „60 Jahre Ostpreußen-Hilfsgemeinschaft Kiel – 1948–2008“, Seite 80, herausgegeben von der Ostpreußen-Hilfsgemeinschaft Kiel, Kreisvereins Kiel e. V. Was alles an zäher Einzelarbeit und Aufregung vorausgegangen war, ist im einzelnen in den bereits erwähnten Briefordnern nachzulesen.

Das ganze Deutschland sollt’ es sein – Hemmnisse und erste Risse im Willen zu Einheit und Freiheit

Aber: Unser Flammengruß bis weit nach Thüringen hinein

Wir waren Ostpreußen mit einer aus unseren Wurzeln und unserem Schicksal erwachsenen besonderen Bindung an unsere Heimat. Aber wir waren noch in einem größeren Deutschland aufgewachsen, sangen immer noch im „Lied der Deutschen“ von Hoffmann von Fallersleben „von der Maas bis an die Memel, von der Etsch bis an den Belt“, jeder Teil unseres Vaterlandes war auch unser eigener. Und so suchten wir nach dem „Aus“ für die Bruderhilfe neue Betätigungsfelder, die durch praktisch-persönlichen Einsatz unser Hineingestelltsein in das Schicksal ganz Deutschlands verwirklichen sollten.

Dem sollte eine machtvolle Kundgebung der in sich geschlossenen Göttinger Studentenschaft zum ersten Jahrestag des mitteldeutschen Volksaufstandes vom 17. Juni 1953 weithin Ausdruck geben. Nach einleitenden und offenbar erfolgversprechenden Schritten verpuffte meine Initiative aber in einer Weise, wie sie alsbald zum charakteristischen Politikstil der Bundesrepublik werden sollte. Ich lasse hier zwei Schriftstücke zur „Erledigung“ des Vorhabens für sich allein sprechen:

> Rektorat der Georg-August-Universität
>
> Göttingen, den 31. Mai 1954
>
> Herrn stud. Berg, Göttingen
>
> Sehr geehrter Herr Berg!
>
> Seine Magnifizenz Herr Professor ten Bruggencate bittet Sie dringend, ihm bis Dienstag, den 1. Juni d. J., genaue Nachricht über die für den 17.6.54 geplante Veranstaltung zu geben.

Falls Sie morgen vormittag nicht persönlich in das Rektorat kommen können, empfehlen wir Ihnen, einen Vertreter zu entsenden oder einen schriftlichen Bericht bis morgen mittag einzureichen.

Die Angelegenheit ist insofern eilig, als am Mittwoch, 2.6. eine Senatssitzung stattfindet.

Im Auftrage

gez. Schütze

Univ.-Oberinspektor"

„Hochschulgruppe Ostpreußen Göttingen, d. 2.6.54.

Aufzeichnung

Dem Gedenken der Volkserhebung am 17. Juni 1953 in der sowjetischen Besatzungszone sollte ein von der Hochschulgruppe Ostpreußen angeregter Fackelzug der gesamten Studentenschaft der Universität Göttingen dienen. Nachdem von der Landsmannschaft Ostpreußen e. V. Hamburg eine Geldmitterunterstützung von 300.-DM bereitgestellt worden war, wurden die hierzu erforderlichen Schritte unternommen.

Die Initiative der Gruppe fand die Unterstützung von Herrn Generalkonsul a. D. Dr. Seelheim, Göttingen. Um eine feststehende und große Teilnehmerzahl für dies Unternehmen zu gewinnen, trat der Sprecher der Gruppe mit den im I.C.C. zusammengeschlossenen Traditionsverbindungen in Verhandlungen ein, unterstützt von der Burschenschaft Gothia. Man kam überein, auf das hier sehr strittige Farbentragen bei einem gemeinsamen Fackelzug zu verzichten. Die meisten Verbindungen sagten zu, die Demonstration am 17. Juni zum Pflichtinstitut zu erklären.

Nach diesem informativem Gespräch fand die Konsultation von Rektor und AStA statt. Der Sprecher wies darauf hin, daß das Vorhaben der Gruppe im Einvernehmen mit der Universität verwirklicht werden solle. Im Falle des 17. Juni trete die Einzelgruppe zurück, so daß sich die unglücklichen Vorgänge während der Tausendjahrfeier und die sich für die Universität daraus ergebenden Komplikationen nicht wiederholen dürften. Se. Magnifizenz äußerte sich dahingehend, daß er den Senat unterrichten werde. Der Sprecher betonte, daß die Demonstration mit der zu erzielenden Einigkeit stehe und falle.

Auf Wunsch der in der VHDS zusammengeschlossenen anderen Gruppen sollte statt eines Fackelzuges ein Schweigemarsch stattfinden.

Das Einvernehmen mit dem AStA mußte deshalb hergestellt werden, weil nach der Verfassung der Studentenschaft der AStA legitimiertes Exekutivorgan derselben ist. Da er infolge des Richtungsstreites nur noch von ‚freien' Studenten beschickt ist, war die Übereinkunft auch mit dieser Seite entscheidend. Der Plan der Gruppe fand bei dem 1.Vorsitzenden, Grünewald, keinen Anklang. Ein Marsch widerstrebe ihm grundsätzlich, er sei dem tiefen Sinn des 17.Juni nicht adäquat; es handle sich um einen Arbeiteraufstand, die Stadt Göttingen plane eine eigenen Kundgebung in Friedland, er müsse auch erst mit dem hiesigen Vorsitzenden des DGB sprechen. Eine gemeinsame Auffassung konnte nicht erzielt werden.

Während einer neuen Audienz beim Rektor erfolgte die Darstellung der bisherigen Verhandlungsergebnisse. Der Rektor eröffnete, daß er jede Art von Demonstrationszug nicht gutheißen könne, da noch eine Repräsentativklage von drei Verbindungen wegen Lizenzentzugs auf zwei Semester gegen die Universität anhängig sei und die Duldung einer erkennbaren Teilnahme von Einzelverbindungen als Nachgiebigkeit der Universität ausgelegt werden würde; eine Separierung sei auch nicht sinngemäß. Er empfahl, von einer öffentlichen Demonstration abzusehen, die Universität wolle gern einen Hörsaal zur Verfügung stellen. Es blieb nur die Erwiderung, daß das Gedenken des Aufstandes und der Protest gegen die Zerreißung Deutschlands gerade öffentlich und nicht innerhalb akademischer Wände bezeugt werden müsse. Dem am nächsten Tage versammelten Studentenrat wurde i.S. der bisherigen Bemühungen vorgetragen:

‚Die westdeutsche Politik, die auf den Zustand der Zerteilung Deutschlands bezogen ist, hat sich bisher im wesentlichen auf Proklamationen beschränkt. Mit der Wiederkehr des Tages des Volksaufstandes am 17. Juni bietet sich die Gelegenheit zu aktivem Handeln. Die ostpreußische Hochschulgruppe nimmt im Einvernehmen mit den übrigen ostdeutschen Gruppen innerhalb der VHDS dieses Ereignis im Hinblick auf die im Ausland oft bemängelte Gleichgültigkeit der Deutschen gegenüber ihrem politischen Schicksal zum Anlaß, die Studentenschaft der Universität zu einem gemeinsamen machtvollen Bekenntnis aufzurufen. Dieses Bekenntnis soll der Verbundenheit zu den Mitteldeutschen Ausdruck geben und gleichzeitig ein Protest gegen die Dreiteilung Deutschlands sein. Eine Gesamtdemonstration der Studentenschaft wird sicherlich im In- und Ausland einige Beachtung finden und die politische Aktivität der studentischen Jugend ins allgemeine Bewußtsein rücken. Den heimatvertriebenen Studenten liegt der Aufstand als ein Ereignis, das ihnen die Zurückdrängung des Kommunismus als möglich erwies, besonders am Herzen. Sie wünschen, weil dabei die Bezogenheit zu ihren Heimatgebieten jenseits von Oder und Neiße hergestellt wird, die Vorbereitung der Aktion selbst zu übernehmen.

Als Form wird ein gemeinsamer Schweigemarsch vorgeschlagen. Um im Namen der Studentenschaft hierzu aufrufen zu können, wird um das Einverständnis des Studentenrates ersucht. Es ist zu bedenken, daß die Überlassung der Initiative auch deshalb zweckmäßig ist, weil der Studentenrat in die unglücklichen Ereignisse des Vorjahres verwikkelt war, während hier ein neutraler Boden gegeben ist. Ein Schweigemarsch hätte gleichzeitig die Funktion, die Auseinanderentwicklung seit dem Sommer 1953 zu beseitigen. Sollten sich gegen das Datum des 17. Juni Bedenken erheben, weil etwa die Stadt und die öffentlichen Verbände eine Kundgebung in Friedland planten, so kommt der Vorabend des 17. Juni in Frage.‘

Der Studentenrat erklärte den AStA für eine etwaige Durchführung als sachlich zuständig. Auf die Antragstellung bezogen, fiel das Wort von „Gebieten, die nicht mehr zu Deutschland gehören“, der 17. Juni entspringe nicht dem Wunsch nach Wiedervereinigung, eines Arbeiteraufstandes könne nicht exklusiv unter Studenten gedacht werden, waren andere Entgegnungen. Nach zahlreichen Gegenvorstellungen und nach Ablehnung eines Antrags, auf eine studentische Aktion zu verzichten, durch den Studentenrat fand eine Entschließung eine Mehrheit, wonach der AStA mit der Vorbereitung eines Schweigemarsches beauftragt wurde und auf die Verlegung der Kundgebung der Stadt nach Göttingen hinwirken sollte. Die Erwähnung der Initiative der ostdeutschen Gruppen in der Resolution wurde auf Antrag des heimatvertriebenen Studentenratsmitglieds Appelius gestrichen. Der Rektor sollte von dem Beschluß umgehend durch den 1. Vorsitzenden des AStA unterrichtet werden.

Wie aus einer nochmals vom Rektor gewünschten Unterredung hervorging, ist eine ordentliche Unterrichtung nicht geschehen. Vorbereitung und Durchführung einer eigenen studentischen Kundgebung sind unterblieben, eine Erklärung hierüber ist durch den AStA nicht erfolgt.

Der Geldbetrag von 300,– DM wurde am 4.6.54 an die Landsmannschaft Ostpreußen e.V. zurücküberwiesen."

Zusammenfassend heißt es in meinem Semesterbericht vom 15.10.54: „Das Scheitern des Versuches, anläßlich der Wiederkehr der Erhebung am 17. Juni die Studentenschaft der Georgia Augusta zu einem Treuebekenntnis zu dem Deutschland jenseits des Eisernen Vorhangs aufzurufen und einen Fackelzug zu veranstalten, hat bei der Gruppe tiefe Enttäuschung über das Verhalten von AStA und Rektor hervorgerufen."

Aber dies haben wir ohne und abseits der Göttinger Dunkelmänner weit nach Mitteldeutschland hineinleuchtend dennoch zustande gebracht, ich zitiere wiederum aus meinem Semesterbericht vom 15.10.1954: „Am 17. Juni unternahm die Hochschulgruppe eine Radfahrt nach Reiffenhausen unmittelbar an der Zonengrenze. Auf einer Erhöhung, von der aus der Blick in die russische Zone geht, versammelte sie sich mit der Dorfbevölkerung und gelobte, die Willkürgrenze stets als Mahnung und Verpflichtung aufzufassen. Nach Anbruch der Dunkelheit wurde ein Holzstoß angezündet, und in einem Fackelspalier geleitete sie die Dorfbevölkerung zum Dorf hinab."

Das Göttinger Tageblatt hat wie folgt hierüber berichtet:

„Dorfbewohner und Studenten

Reiffenhausen. Die ostpreußische Studentengruppe der Universität Göttingen hatte die Bewohner von Reiffenhausen gebeten, mit ihr zusammen in einer abendlichen Feierstunde den Tag der Deutschen Einheit abzuschließen. So zogen beim Dunkelwerden unter dem Läuten der Kirchenglocken Studenten und Dorfbewohner zum nahen Uhlenkopf hinauf. Hier, wo man weit in das Land jenseits der Willkürgrenze hineinschauen kann, wurden bewußt nicht große Worte gesprochen. Der ostpreußische Landsmann Jurkat begrüßte die zahlreich Erschienenen. Der Männergesangverein Reiffenhausen eröffnete die schlichte Feierstunde mit einem Lied und ein Vorstandsmitglied der Landsmannschaft Ostpreußen sprach über den Sinn des 17. Juni. In kurzen Ansprachen und Gedichtvorträgen wandten sich dann die Studenten selbst an die Menschen, die mit ihnen zur Feier dieser Stunde hinausgekommen waren. Das Deutschlandlied am flammenden Feuerstoß, der weithin leuchtete nach Kirchgandern, Hohengandern und Ahrenshausen, beendete die eindrucksvolle Feierstunde. Nach einigen gemeinsamen Liedern am Thie löste sich der lange Zug, voran die Studenten mit brennenden Fackeln, auf."

Nicht mehr als treibende Kraft, aber als Teil des Ganzen nahm die Hochschulgruppe lt. Semesterbericht vom 22.12.1955 für das Sommersemester 1955 am Tag der deutschen Einheit (17. Juni 1955) geschlossen an einer Feierstunde des BvD (Bund vertriebener Deutscher) auf dem Göttinger Marktplatz teil. Letztmalig für meine Studentenzeit habe ich in mein Notizbuch 1956 für den Vorabend dieses Gedenktages eingetragen: „Gedenkstunde Rosengarten, Ansprache Prof. Weber 19.30 Uhr, Mahnfeuer Zonengrenze."

(Keine) Paketaktion nach Mitteldeutschland

Wie schon zuvor die Initiative für eine Mahnkundgebung der gesamten Göttinger Studentenschaft am 17. Juni 1954 verlief der Versuch, nach dem Vorbild der Bruderhilfe Ostpreußen die gesamte Göttinger Einwohnerschaft in eine permanente Hilfsaktion für Bewohner Mitteldeutschlands einzubeziehen, ebenfalls „im Sande". Um die erwünschte Breitenwirkung zu erzielen und das Vorhaben auch „rechtlich" abzusichern, konsultierten Gerd Brausch und ich die insoweit zuständigen Dienststellen der Stadt Göttingen, siehe folgende Notiz vom 22.11.54. Hierauf nimmt das nachstehende Schreiben der Stadt Göttingen vom 27. November 1954 Bezug:

> „Sehr geehrter Herr Brausch!
>
> Ihr von der Hochschulgruppe Ostpreußen eingereichtes Schreiben ist dem Sozialamt übergeben worden. Ich wäre Ihnen dankbar, wenn Sie evtl. mit Herrn Berg an einem der nächsten Tage im Amtshaus, Am Geismartor, Zimmer 202, sich zu einer Besprechung einfinden könnten. Das Amtshaus ist geöffnet von 8 bis 13 Uhr und von 14.30 bis 18 Uhr, Mittwoch jedoch nur bis 13 Uhr. Ab Sonnabend werde ich jedoch ausserhalb sein. Ich nehme jedoch an, daß wir bereits vorher die Angelegenheit besprechen können. Evtl. können Sie mich unter Telefon-Nr. 4851 erreichen.
>
> Mit vorzüglicher Hochachtung
>
> i.A. Klapprott, Stadtamtmann."

Es folgt eine Notiz von Gerd Brausch vom 22.11.1954:

> „Am heutigen Tage fand eine Gespräch des Herrn Kulturreferenten der Stadt Göttingen, Herrn Dr. Rente, mit den Herren Berg und Brausch von der Hochschulgruppe Ostpreußen statt. Das Gespräch betraf eine Paketaktion für hilfsbedürftige Brüder und Schwestern der Sowjetzone.

Ausgehend von den Erfahrungen der ostpreußischen Studenten bei dem Abholdienst für die Bruderhilfe Ostpreußen plant die Hochschulgruppe eine Paketaktion im obigen Sinne, die vor Weihnachten nur noch einen kleineren Teil der Stadt erfassen könnte. Da die übrigen Hochschulgruppen der Vereinigung Heimatvertriebener Studenten(VHDS) an der Georgia Augusta bereit sind, die Aktion zu verbreitern, wird vorgeschlagen:

1. Die Stadt Göttingen beruft baldmöglichst eine Konferenz der Charitativen Verbände, des BVD und der VHDS.

a. Die Studenten führen einen durch Handzettel angekündigten Abholdienst durch, für den – falls notwendig – die Stadt Fuhrwerke vermittelt.

b. Die Stadt stellt Raum zur Lagerung zur Verfügung.

c. Die Verbände übernehmen am gleichen Ort Verpackung und Versand.

2. Es wird dabei geklärt, ob die obigen Verbände zur Mitarbeit nach folgendem Plan bereit sind.

3. Es sind Anschriftenlisten zu erstellen.

4. Es ist die Frage zu klären, ob eine Gegenaktion des Regimes der Sowjetzone bei der Auslieferung der Pakete zu befürchten ist."

Über das Gespräch mit Stadtamtmann Klapproth habe ich am 29.11.54 vermerkt:

1. Abholdienst braucht Sammelgenehmigung.
2. Päckchenversand nicht mehr rechtzeitig vor Weihnachten.
3. „Päckchenhilfe Ost", Frau Thadden-Trieglaff wird beteiligt. Hier Adressen vorhanden. Raum für erweiterte Aktion wird bereitgestellt.

Wir wollten unsere Kraft und Zeit einsetzen. Was wir heimatvertriebenen Studenten ausnahmslos nicht von unserem kümmerlichen Salär „abzweigen“ konnten, waren die Versandkosten für die geplante Dauer-Päckchenaktion. In der sicheren Erwartung, die diesbezüglich notwendige Unterstützung seitens der zuständigen Bonner Dienststellen zu erhalten, wandte ich mich deshalb mit dem nachfolgenden Schreiben vom 22.11.1954 an das Bundesministerium für Vertriebene in Bonn.

> „Betr.: Paketaktion für Hilfsbedürftige in der Sowjetzone.
> Bezug: Keiner.
>
> Die Hochschulgruppe Ostpreußen an der Universität Göttingen ist seit ihrem Bestehen bemüht, mit den ihr zur Verfügung stehenden Mitteln in die Lebensverhältnisse notleidender Deutscher im kommunistischen Machtbereich helfend einzugreifen. Ihrer besonderen Verpflichtung gegenüber ihren in Südostpreußen zurückgehaltenen Landsleuten entsprang ein mehrsemestrig durchgeführter Abholdienst für die „Bruderhilfe Ostpreußen“ der Landsmannschaft Ostpreußen e. V. in der Stadt Göttingen, der unerwartet hohe Ergebnisse hatte, aber infolge der durch die Erhöhung der Zollsätze erzwungenen Einstellung zum Erliegen kam.
>
> Um die Fortführung einer materiell wie ideell wirksamen Hilfstätigkeit bemüht, glaubt sie eine neue Aufgabe in der Versendung von Lebensmittelpaketen an Hilfsbedürftige in der Sowjetzone zu erkennen. Der wieder aufzunehmende Abholdienst soll in den durch Handzettel angesprochenen Haushalten gespendete haltbare Lebensmittel oder Pakete abholen. Für die Versendung in die Sowjetzone stehen der Hochschulgruppe Kenntnisse und Erfahrungen einiger ihrer bis vor kurzem dort ansässigen Mitglieder zur Verfügung.

Die Hochschulgruppe benötigt jedoch zur Aufnahme der eben skizzierten Aktion Anschriftenmaterial und ist auch nicht in der Lage, die Versandkosten (Verpackung und Porto) selbst aufzubringen. Sie wendet sich daher mit der Bitte um Überlassung von Adressen und die Bereitstellung von Geldmitteln an das Bundesministerium für Vertriebene. Die Abrechnung kann an einem von Ihnen zu bestimmenden Zeitpunkt erfolgen. Die Hochschulgruppe Ostpreußen befindet sich mit ihrem Vorhaben in Übereinstimmung mit den anderen ostdeutschen Studentengruppen, die der hiesigen VHDS (Vereinigung Heimatvertriebener Deutscher Studenten) angehören und wird unter der Voraussetzung der erbetenen Zuschüsse einen weiteren Kreis zur Mitarbeit aufrufen.

Sollte die Zuständigkeit des Bundesministeriums für Vertriebenen nicht gegeben sein, so bitten wir um umgehende Weiterleitung dieses Schreibens an das Ministerium für gesamtdeutsche Fragen, damit der Paketversand in die Sowjetzone noch rechtzeitig vor Weihnachten aufgenommen werden kann.

Für die Hochschulgruppe Ostpreußen

Fritjof Berg“

Zunächst erhielten wir diese Abgabenachricht vom 6. Dezember 1954:

„Betr.: Paketaktion für hilfsbedürftige Bewohner der sowjetischen Besatzungszone.

Bezug: Ihr Schreiben vom 22.11.1954.

In Beantwortung Ihres Schreibens vom 22.11.1954 teile ich Ihnen mit, daß mir leider keine Mittel zur Verfügung stehen, um Ihnen in dem von Ihnen vorgeschlagenen Sinne helfen zu können.

Ich habe jedoch Ihr Schreiben an das Bundesministerium für gesamtdeutsche Fragen in Bonn weitergeleitet, das Ihnen das erbetene Adressenmaterial zur Verfügung stellen dürfte.

Im Auftrage

Dr. Vogl"

Der Abgabenachricht vom 6. Dezember 1954 folgte das Schreiben des Bundesministeriums für Gesamtdeutsche Fragen vom 22. Dezember 1954:

„Betr.: Hilfe nach der Sowjetzone.

Bezug: Ihr Schreiben an den Herrn Bundesminister für Vertriebene, Flüchtlinge und Kriegsgeschädigte, Bonn, vom 22.11.1954.

Der Herr Bundesminister für Vertriebene, Flüchtlinge und Kriegsgeschädigte, Bonn, hat mir Ihr o. a. Schreiben zugeleitet.

Ich begrüße es sehr, wenn Sie eine neue Aufgabe darin suchen, hilfsbedürftigen Menschen in der Sowjetzone zu helfen.

Leider kann ich Sie jedoch nicht mit Anschriften sowie Mitteln für Porto und Verpackung unterstützen. Ich darf Ihnen aber raten, wie andere private, ehrenamtlich arbeitende Kreise zu verfahren, die solche Kosten aus eigenem Spendenaufkommen bestreiten. Es wird hoffentlich auch Ihnen möglich sein, wenn auch in kleinem Umfange, zu helfen.

In diesem Zusammenhang darf ich darauf hinweisen, daß nur Sendungen privaten Charakters den Empfänger erreichen und empfehle Ihnen deshalb, das beigefügte Merkblatt über den Geschenkpaketverkehr nach der Sowjetzone zu beachten. Ich wünsche Ihnen für Ihre Arbeit viel Erfolg.

Im Auftrag

gez. Dr. Liebrich“

Es las sich für uns wie ein Hohn, wenn wir darin zur Bestreitung der Auslagen auf „eigenes Spendenaufkommen“ verwiesen werden – dessen Fehlen ja gerade zu meinem Schreiben vom 22.11.1954 Anlaß gegeben hatte! Hatte der Unterzeichnete des Antwortschreibens vom 22. Dezember denn meinen ausdrücklichen Hinweis „überlesen“, daß „die Hochschulgruppe ... nicht in der Lage ist, die Versandkosten (Verpackung und Porto) selbst aufzubringen“?

Das gleichwohl (von mir verfaßte) Gesuch an das niedersächsische Innenministerium um Erteilung der notwendigen Sammelgenehmigung vom 10.1.1955 ist unbeantwortet geblieben, jedenfalls ist eine Antwort nicht in meinen Handakten nachweisbar.

„Betr.: Lebensmittel-, Medikamente- und Päckchenabholdienst für Bewohner der Sowjetzone.

Die Hochschulgruppe Ostpreußen nahm bis zum Ende des W.S. 53/54 in der Stadt Göttingen mit einem eigenen Abholdienst an der ‚Bruderhilfe Ostpreußen‘ der Landsmannschaft Ostpreußen teil. Da die Bruderhilfe Ostpreußen seitdem infolge der durch Polen erhöhten Zolltarife ruhen mußte, beschloß die Hochschulgruppe zu Beginn dieses Semesters, einen Lebensmittel-, Medikamente- und Päckchenabholdienst für ihr bekanntgemachte hilfsbedürftige Bewohner der Sowjetzone einzurichten. Dieser Abholdienst sollte wieder in der Weise vor sich gehen, daß ein durch Handzettel in den einzelnen Haushalten und Zeitungsnotizen angekündigtes Fuhrwerk jeden Sonnabend durch die jeweils vorgesehenen Straßen fährt und Angehörige der Hochschulgruppe in den einzelnen Haushalten vorsprechen. In einer Rücksprache mit Herrn Stadtamtmann Klapproth am 29.11.54 wurde der Hochschulgruppe mitgeteilt, daß ein derartiger Abholdienst auf Grund ministerieller Verordnung genehmigungsbedürftig ist.

Die Hochschulgruppe Ostpreußen hat bei ihrem Abholdienst für die Bruderhilfe Ostpreußen ein starkes öffentliches Interesse vorgefunden und glaubt, mit der Fortführung einer entsprechenden Aktion für die Sowjetzone in gesamtdeutscher Verantwortung dem öffentlichen Interesse weiter zu dienen. Damit ihr Einsatz noch in diesem Semester wirksam werden kann, bittet sie um baldmögliche Erteilung der Genehmigung für einen solchen Abholdienst."

(Keine) Agnes-Miegel-Oberschule für Mädchen in Göttingen

Als letzte unserer Initiativen zur Verankerung des ostdeutschen Schicksals und Erbes im öffentlichen Leben Göttingens sei der Vorschlag zur Namensgebung für die bislang namenlose Oberschule für Mädchen dokumentiert. Sie lief sich, wie alles andere, im „Geschäftsgang“ der desinteressierten oder wahrscheinlich sogar ablehnenden zuständigen Stellen tot. „Die Zeit“ begann, gegen alle ost- und kulturpolitischen Ziele der Vertriebenen zu „wirken“ ...

Über das ebenfalls enttäuschende Ergebnis der Initiative für einen „dies“ (akademischen Feiertag), alljährlich zu Ehren und zum Gedenken an die Albertus-Universität Königsberg, und für eine Dichterlesung von Agnes Miegel in der Aula der Universität habe ich in Band 3.2 Teil I berichtet.

Es folgt mein Schreiben namens der Hochschulgruppe an den Oberbürgermeister der Stadt Göttingen vom 20.2.54:

> „Sehr geehrter Herr Oberbürgermeister!
>
> Erlauben Sie bitte, daß wir als derzeitige Bürger der Stadt Göttingen Ihnen heute ein Anliegen vortragen. Wir haben als heimatvertriebene Studenten in Ihrer Stadt stets ein großes Maß von Verständnis für das Schicksal unseres Landes jenseits von Oder und Neiße und dessen Menschen gefunden, was uns den Mut gegeben hat, diese Zeilen an Sie zu richten.
>
> Es ist uns bekannt geworden, daß die Städtische Oberschule für Mädchen sich den Namen einer bekannten deutschen Dichterin zulegen will und Vorschläge auch von Außenstehenden gemacht werden dürfen. Nun hat Göttingen insbesondere durch die Errichtung des niedersächsisch-ostpreußischen Ehrenmales im vergangenen Sommer nicht nur

vielen Ostpreußen eine seelische Heimstatt gegeben, sondern auch die Beziehungen zwischen diesen und sich selbst vertiefen wollen. Wir würden es dankbar als Fortsetzung dieses Bemühens betrachten, wenn die Mädchenoberschule den Namen der ostpreußischen Heimatdichterin Agnes Miegel erhielte. Es ist uns nicht bekannt, wie die Schülerschaft dieser Schule abstammungsmäßig zusammengesetzt ist. Das dürfte auch nicht entscheidend sein, da der Gehalt der Dichtung von Agnes Miegel eine allgemein prägende Kraft besitzt. Vor allem aber würde eine entsprechende Benennung eine geistige Beziehung der Schülerinnen zum deutschen Osten von Dauer herstellen, die uns allen als sehr wertvoll erscheinen muß. Das Einverständnis der noch lebenden Dichterin mit einer solchen Maßnahme darf vorausgesetzt werden.

In der Hoffnung auf wohlwollende Erwägung dieses Schreibens versichern wir Sie des Ausdrucks unserer vorzüglichen Hochachtung.

Für die Hochschulgruppe

Fritjof Berg“

Wir erhielten folgende Antwort vom 1.3.1954:

„Sehr geehrte Herren!

Für Ihr Schreiben vom 10.2. betr. Namensgebung der Oberschule für Mädchen danke ich Ihnen sehr. Ich freue mich über das Interesse, welches Sie an dieser Angelegenheit nehmen, und über Ihr sehr richtiges Bestreben, das Andenken an Ihre alte Heimat aufzubewahren und mit Ihrer neuen Heimat zu verknüpfen. Was die Namensgebung für eine Schule angeht, so ist es damit ein eigenes Ding. Die Stadt kann gewiß formellrechtlich gesehen darüber entscheiden, welchen Namen eine Schule tragen soll. Wenn sie aber gut beraten ist, wird sie sich zunächst nur höchstens auf Anregungen beschränken. Das Beste ist, wenn der Wunsch nach einem bestimmten Namen sich freiwillig und im Laufe der Zeit aus der lebendigen Gemeinschaft von Elternschaft, Lehrerschaft und Schülerschaft heraus entwickelt. Denn nur dann ist die Gewähr gegeben, daß der Geist des Namensträgers in der Schule lebendig ist, in ihr wirkt und sie mitformt. Das ist keine einfache Sache und speziell bei unserer Oberschule für Mädchen haben wir mit einigen Versuchen bisher keine sonderlich günstigen Erfahrungen gemacht. Wir haben daher beschlossen, ganz besonders vorsichtig und behutsam vorzugehen und vor allem die Zeit wirken zu lassen.[1)]

Ich darf um Ihr freundliches Verständnis für diese Haltung der Stadt bitten und werde Ihre Anregung gelegentlich gern an die Schule weitergeben.

Mit verbindlichen Grüßen bin ich Ihr

Föge“

---

1) „... die Zeit wirken zu lassen“ – dazu kann ich heute nur noch bitter und ironisch anmerken: Ja, das hat sie mit der fast vollständigen Miegel-Verdrängung aus dem öffentlichen Gedächtnis, Tilgung ihres Namens von Straßen und Schulen verleumderisch und in ideologischer Verranntheit getan.

Der Freundeskreis

Hatte es im Gründungsaufruf vom Juni 1952 noch genügt, die noch durch ihre ostpreußische Herkunft durch und durch geprägten, eben ostpreußischen Studenten hiermit und hierauf anzusprechen, so wuchs doch bald die Erkenntnis, daß dieses bindende/verbindende Urelement/Ferment sich bei den nachwachsenden Jahrgängen naturgegeben ständig abschwächen mußte. Vor diesem Hintergrund mußten der Wechsel das Studienortes oder der Weggang von Göttingen nach dem Examen den Fortbestand einer landsmannschaftlich-ostpreußischen. Studentengruppe zusätzlich gefährden. Im Gegensatz zu den Traditionsverbindungen verfügten wir über keine Altherrenschaft, die im Kommen und Gehen der ihr zugehörigen jungen Mannschaft nicht nur ein bundesbrüderlich-geistig-mentaler Stabilitätsfaktor war, sondern auch bei der Ausgestaltung des Gemeinschaftslebens manche Hilfestellung geben konnte. Könnte es möglich sein, auch ohne einen solchen alt-korporativen Hintergrund an der Göttinger Georgia-Augusta eine Alt-Akademikerschaft zu finden, die das Bestehen einer ostpreußengebundenen Studentengemeinschaft begrüßte und bereit war, sich in dieser Aufgabenstellung mit ihr zu verbinden?

Die ersten Anläufe in dieser Richtung verliefen erfolgversprechend:

> „Aufzeichnung vom 16.7.1953
>
> Betr. ostpreußische Altakademiker in Göttingen.
>
> Bez.: Gespräch: Herr Professor Kraus mit den Herren Berg und Brausch.
>
> In der seit einem Jahr an der Georgia Augusta bestehenden ostpreußischen Hochschulgruppe besteht die Befürchtung, daß ihr Weiterbestehen in einiger Zeit gefährdet sein könnte. Die Generation ostpreußischer Studenten, welche die

Heimat im Alter von 10–13 Jahren verlassen mußte, hat von ihr keine klare Vorstellung mehr. Die folgenden Jahrgänge werden immer stärker ihr Heimaterlebnis aus ihrer neuen Umgebung empfangen. Aus dieser Erkenntnis erwächst die Notwendigkeit, die ostpreußischen Studenten in Zukunft in starkem Maße von außen her zu betreuen. Zu diesem Zwecke scheint es geeignet, die aus Ostpreußen stammenden Altakademiker zu Zusammenschluß und Mitarbeit aufzurufen.

Abgesehen von der besonderen geistigen Verpflichtung des akademischen Standes der alten Heimat gegenüber, könnte dieser Kreis im Kommen und Gehen der Studenten ein Kontinuum darstellen. Darüber hinaus würden sicherlich weitere Aufgaben daraus erwachsen, daß die Georgia Augusta die Patenschaft der alma mater Albertina übernommen hat.

Die bisher hierauf angesprochenen Herren zeigten volles Verständnis und Bereitschaft, sich in diesem Sinne zur Verfügung zu stellen. Es wird beabsichtigt, ein Schreiben in obigem Sinne an die ostpreußischen Altakademiker in Göttingen vorzubereiten und den angesprochenen Herren zur Unterschrift vorzulegen. Es wäre nützlich, die organisatorischen Maßnahmen während der Semesterferien zu erledigen, damit mit Beginn des WS 1953/54 eine lebendige Wechselwirkung zwischen Altakademikern und Studenten sich entfalten kann."

Und so folgte schon am 27. Oktober 1953 der Aufruf zur Gründung des „Freundeskreises der ostpreußischen Studenten in Göttingen", der von bekannten Wissenschaftlern und durch ihr Amt stadtbekannten Persönlichkeiten unterzeichnet war:

„Seit dem Sommersemester 1952 besteht an Georgia Augusta die ‚Hochschulgruppe ostpreußischer Studierender‘. Sie ist ein Zusammenschluß ostpreußischer Studenten, die in heimatlicher Verbundenheit innerhalb der Studentenschaft landsmannschaftliches Eigenleben bewahren und ihren heimatpolitischen Anliegen unter den westdeutschen Kommilitonen Gehör verschaffen wollen. Die Ausrichtung auf diese beiden Ziele gibt dieser studentischen Vereinigung ein besonderes Gepräge, das sich durch die grundsätzlich freiwillige Mitarbeit eines jeden bestimmt, dem das Schicksal unserer Heimat Verpflichtung ist.

Die Gruppe hat schon in der Vergangenheit Gelegenheit gehabt, für unsere ostpreußische Heimat praktische Arbeit zu tun. Wir dürfen daran erinnern, daß sie den Abholdienst für die Bruderhilfe Ostpreußen zu einem großartigen Erfolg geführt hat. Diese Aktion läuft auch im kommenden Semester weiter. Sie hat auch wiederholt mit gutem Erfolg bei der Ausgestaltung landsmannschaftlicher Abende mitgewirkt.

Es kann aber nicht übersehen werden – und das haben die jungen Studenten bereits empfunden –, daß sie bei ihrer Arbeit auf die Unterstützung der älteren ostpr. Generation angewiesen ist. Es hat sich gezeigt, daß bei vielen jungen Studierenden das Heimatbewußtsein nur noch recht schwach ausgeprägt ist. Hier wird es Aufgabe und Pflicht der älteren Generation sein, dafür zu sorgen, daß die Erinnerungen an die Heimat, das Verständnis für ihren Wert bei der jungen Generation nicht verloren gehen und die Studenten sich auf die sich hieraus ergebenden Verpflichtungen für die Zukunft besinnen. Wir möchten annehmen, daß gerade die Älteren, die in Ostpreußen gelebt und gewirkt haben, den jungen Menschen die Heimat nahe bringen können. Davon wird es abhängen, ob die Jüngeren sich tatkräftig für die ostpreußische Heimat einsetzen werden.

Wir wollen die Ostpreußen der älteren Generation, die in Göttingen und Umgebung leben und sich besonders mit der Jugend verbunden fühlen, in dem ‚Freundeskreis der ostpreußischen Studenten in Göttingen' sammeln. Dieser Kreis soll mit der bestehenden Hochschulgruppe alle noch abseits stehenden ostpreußischen Studenten zur Mitarbeit in der Hochschulgruppe heranziehen.

Wir möchten hoffen, daß Sie den oben skizzierten Bestrebungen wohlwollend gegenüberstehen.

Am 6.11. um 20 Uhr c.t. findet eine Zusammenkunft statt, auf der die Gründung des ‚Freundeskreises der ostpreußischen Studenten in Göttingen' besprochen werden soll. An diesem Abend wird Herr Prof. Dr. Spohr im Deutschen Garten einen Vortrag über ‚Ostdeutschland in anthropologischer und geistesgeschichtlicher Sicht' halten.

Wir laden Sie zu dieser Veranstaltung ein und bitten Sie, uns bis zum 3.November mitzuteilen, ob wir mit Ihrem Erscheinen rechnen können, oder ob Sie – bei evtl. Verhinderung an diesem Tage – zur Mitarbeit bereit sind.

gez. Boukies, Rechtsanwalt
gez. Dr. Forstreuter, Archivrat
gez. Leiskau, Pfarrer
gez. Pätzold, Amtsgerichtsrat
gez. Woelke, Landwirtschaftsrat
gez. Prof. Dr. Wolfrum
gez. Grimm, Landgerichtsrat"

Wie schnell und persönlich-harmonisch die Verklammerung von Freundeskreis and Hochschulgruppe vonstatten ging, ist in meinem Tätigkeitsbericht der Hochschulgruppe Ostpreußen über das Sommersemester 1954 vom 15.10.1954 nachzulesen: „Der Intensivierung der Beziehungen zwischen Freundeskreis und Hochschulgruppe galten mehrere gemeinsame Veranstaltungen während des Sommersemesters." In der Übersicht über die Semesterveranstaltungen im einzelnen erwähnt der Tätigkeitsbericht u.a. einen Vortrag von Dr. Curth vom Göttinger Arbeitskreis ostdeutscher Wissenschaftler am 21. Mai im „Frankfurter Hof" zum Thema „Die Publizistik der Heimatvertriebenen", einen Gesprächsabend mit Prof. Dr. Spohr über das Thema „Deutschland-Polen" am 24. Juni im Haus der Königsberger Burschenschaft Gothia, Flugplatz, ein geselliges Beisammensein mit dem Freundeskreis am 15. Juli in der Gaststätte „Schwarzer Bär".

Der Semesterbericht fährt fort:

> „Erfolgreich für das gegenseitige Kennenlernen war vor allem die erstmals durchgeführte Einladungsaktion von Studenten zu Mittagstischen. Die Pflicht des Chronisten ist es, besonders dem Einsatz des Vorsitzenden, Herrn Amtsgerichtsrat Pätzold, sowie Frau Kurator Hoffmann den gebührenden Dank auszusprechen, deren Bemühen auch eine vermehrte materielle Unterstützung des Gruppenlebens entspringt. Z.B. werden alle, die dabei waren, sich hier sofort an das 2. Gründungsfest, zusammen mit dem Freundeskreis, am 3. Juli im Haus des VDSt (Verein Deutscher Studenten) erinnern mit einem Auge und Inneres erfreuenden kalten Bufett, dessen Umwandlung zur tabula rasa trotz vorausgegangenem 75köpfigem Ansturm um vier Uhr morgens als endgültig gescheitert angesehen werden mußte."

Da sich der Freundeskreis auch helfend der Sicherstellung eines eigenen Heims für unsere heimatpolitischen, kulturellen, geselligen Veranstaltungen und Abende annahm, sei nunmehr über die zentrale Bedeutung dieses Punktes für den Fortbestand und die erfolgreiche Arbeit unserer Hochschulgruppe berichtet, über unsere Casa Prussia.

In einem Artikel für das Ostpreußenblatt, Organ der Landsmannschaft Ostpreußen, vom 15. Oktober 1953 (wurde er abgedruckt?, ein Beleg ist nicht vorhanden) bemerkte ich allgemein: „Neben der im studentischen Bereich allgemeinen Erscheinung des fluktuierenden Mitgliederstandes wirkt sich der Umstand besonders nachteilig aus, daß die Gruppe infolge ihres spärlichen Haushalts kein eigenes Heim mieten kann und nomadenhaft zwischen verschiedenen Versammlungsräumen umherzieht." Mein Tätigkeitsbericht der Hochschulgruppe für das Wintersemester 1953/54 vom 24.4.1954 schildert beispielhaft, welchem ständigen Ortswechsel unsere Gruppenarbeit unterworfen war:

„Im einzelnen fanden folgende Veranstaltungen statt:

19. Nov.	Fleckessen im ‚Braunen Hirsch', Zindelstraße.
3. Dez.	Vortragsabend zusammen mit dem Freundeskreis im ‚Frankfurter Hof', Kurze Geismarstraße: ‚Die Oder-Neiße-Linie. 10 Jahre Teheran.' Gehalten von Herrn Marzian, Göttinger Arbeitskreis, Sternstraße 2.
11. Dez.	Tanzabend im Haus der ‚Blauen Sänger', Düstere Eichenweg 26.
17. Dez.	Weihnachtsfeier im Haus des VDSt, Nikolausberger Weg 75.
14. Januar	Vortrags- und Ausspracheabend, Studentenwohnheim Stumpfebiel.
20. Jan.	Gemeinsamer Vortragsabend mit der Burschenschaft Holzminda auf deren Haus, Wilhelm Weber-Straße 36. Herr Marzian.
28. Jan.	Gemeinsame Veranstaltung mit dem Freundeskreis im ‚Frankfurter Hof', Vortrag Herr Dr. Se-

raphim, Institut für Völkerrecht: ‚Deutschland – Rußland 1940/41‘.

4. Feb. Inoffizieller Umtrunk in der ‚Plaudertasche‘.

11. Feb. Lichtbildervorführung über ostpreußische Städte im Haus des VDSt, gehalten von Herrn Krebber, Kurze Geismarstraße 18, und einigen Mitgliedern.

17. Feb. Diskussionsabend mit dem Freundeskreis im ‚Deutschen Garten‘: Aktuelle Probleme der Oder-Neiße-Frage! Leitung Herr Marzian.

26. Feb. Semesterabschiedsfeier im Haus der ‚Blauen Sänger‘.

Weiterhin folgten einige Mitglieder der Hochschulgruppe einer Einladung der Burschenschaft Gothia, Flugpatz, zu einem Vortragsabend mit Herrn Prof. Dr. Weber. Sie beteiligte sich mit den anderen Hochschulgruppen innerhalb der VHDS – Göttingen an einer Harzfahrt am 7. Februar.“

Aber in meinem Tätigkeitsbericht der (nun so benannten, weil auch für Nichtostpreußen offen sein wollenden) Hochschulgruppe Ostpreußen über das Sommersemester 1954 vom 15.10.1954 konnte ich frohgestimmt mitteilen:

„Dem langen Streben der Hochschulgruppe nach einem eigenen Heim war Anfang August dieses Jahres endlich Erfolg beschieden. Die Semester hindurch heimgesuchten Völkerschaften der Gothen, Holzminden, Hannoveraner, Blauen Sänger und VDSter (Verein Deutscher Studenten) werden nunmehr beobachten können, wie sich ein Nomadenstamm zur höheren Kulturstufe der Seßhaftigkeit weiterentwickelt. Die Gruppe domiziliert fortan in einem massiv gebauten Gartenhaus in der Königsallee 38 (Haltestelle der Buslinie 1). Sollte auch der gegenwärtig gemeinschaftlich unternommene Versuch, das Gartenhaus in ein

„Heim“ zu verwandeln (dem, der einen Namen findet, eines Orden!), am Ende auch erfolgreich sein, so wird der assoziative Begriff ‚an der Kö‘ infolge des unwandelbaren Aussehens der Anliegerstraße sich wohl nicht durchsetzen können.

Die mangelhafte Innenausstattung und die Monatsmiete in Höhe von 40,– DM zuzüglich 10,– DM Reinigung erfordern die finanzielle Unterstützung derer, die der Gruppe verbunden sind. Wenngleich die Mithilfe des Freundeskreises gesichert ist, so sind doch zusätzliche Petitionen an die Landsmannschaften in Hamburg und in Göttingen unumgänglich. Die Existenz einer bewußt ostdeutschen Gruppe innerhalb der Universität stellt ein gravierendes heimatpolitisches Faktum dar. Da nach allgemeiner Erfahrung der Bestand einer studentischen Gemeinschaft erst durch ein eigenes ‚Haus‘ gesichert ist (man denke besonders an die dadurch gegebenen Kontaktmöglichkeiten und an die optische Wirkung), wird von diesen Stellen die Bereitschaft zu Subventionen erhofft. Die Gruppe glaubt, daß sie wegen ihrer bisherigen aktiven Teilnahme an den landsmannschaftlichen Aktionen dieses Anliegen beiden gegenüber aussprechen darf.“

Und so war unser Heim Tagesordnungspunkt 2 der Hochschulgruppe-Freundeskreisveranstaltung am 28. Oktober 1954:

„Der Freundeskreis der ostpr. Studenten und die Hochschulgruppe der ostpr. Studierenden laden Sie, Ihre Angehörigen und Ihre ostpr. Bekannten freundlichst zu einem Vortrag ein, den Herr Gerd Brausch, Göttingen, am Donnerstag, den 28. Okt. 1954 um 20 Uhr im Hotel ‚Frankfurter Hof‘, Kurze Geismarstr. 3, halten wird.

Thema: Die Entwicklung der deutsch-polnischen Beziehungen von Herbst 1938 bis Frühjahr 1939.

Anschließend findet eine Mitglieder-Versammlung des Freundeskreises statt. In ihr sollen erörtert werden:

1. Förderung des persönlichen Kontakts zwischen den Mitgliedern des Freundeskreises und der ostpr. studierenden Jugend.
2. Beteiligung des Freundeskreises an der Einrichtung des Heimes der ostpr. Studenten, Königsallee 38.
3. Werbung für den Freundeskreis,
4. Veranstaltungen im kommenden Winter-Semester.

Die Mitglieder des Freundeskreises werden um möglichst zahlreiches Erscheinen gebeten.

Für die Hochschulgruppe

Fromm, cand. rer. nat.

Für den Freundeskreis

Pätzold, Amtsgerichtsrat“

In meinem Tätigkeitsbericht der Hochschulgruppe Ostpreußen über das Wintersemester 1954/55 vom 25.6.1955 konnte ich über den Fortgang unserer „Seßhaftwerdung“ mitteilen:

„I. Das gegen Ende des Sommersemesters von der Hochschulgruppe in der Königsallee 58 gemietete Heim befand sich bei Abschluß des Mietvertrages in verwohntem Zustand. Daher wurden die dem Wintersemester (im folgenden W.S.) vorausgehenden Ferien dazu ausgenutzt, diesem Heim ein freundlicheres Aussehen zu geben. Es gab einige, die sich zu handwerklichen Talenten bekannten oder solche in sich entdeckten, und nachdem sie unter dem Ruf ‚Hier laßt uns Hütten bauen‘ in den Wochen des Oktober gescheuert, gestrichen, tapeziert und gehämmert hatten, stand (zum Lobe der namenlosen Meister) das Heim in freundlicherem Aussehen einzugsbereit für das W.S. da. Allerdings war die Innenausstattung mit

13 Stühlen und ein paar brüchigen Tischen höchst unvollständig und war die Miete für die folgende Zeit nicht gesichert.

II. Es ist daher mit Dank zu erwähnen, daß die diesbezüglichen Sorgen der Gruppe bei der Landsmannschaft Ostpreußen e. V. in Hamburg, bei der örtlichen Landsmannschaft und beim Freundeskreis der ostpreußischen Studenten ein offenes Gehör fanden.

Am 28. Oktober hatte Herr Berg Gelegenheit, bei der Landsmannschaft in Hamburg um erneute Unterstützung der Gruppe zu bitten (Aufzeichnung vom 7.11.54). In der Folgezeit gingen von dieser Stelle 300.-DM in bar, 20 Stühle, Wandbilder mit ostpr. Photographien und der Grundstock zu einer Bücherei ein. Die Gruppe erhält auch seit November ein Freiexemplar des Ostpreußenblattes.

Die örtliche Landsmannschaft überreichte der Gruppe ein Geldgeschenk von 120.– DM.

Neben Geldspenden trug der Freundeskreis eine Vielzahl von Einrichtungsgegenständen zusammen, die aufzuzählen eine besondere Seite erfordern würde. Ein von Frau Kurator Hoffman angeregter und auf ihr Betreiben von der Universität genehmigter Spendenaufruf an die Göttinger Professoren sollte den ursprünglichen Mangel an Einrichtungsgegenständen beheben helfen und gleichzeitig einen konkreten Beitrag zur Ausformung des Patenschaftsverhältnisses des Georgia Augusta für die Albertina durch die Professoren herbeiführen. Da das Heim aber bereits durch die erwähnten Hilfsleistungen ausreichend ausgestattet war, konnte den Bemühungen von Frau Kurator Hoffmann die Ausführung nicht mehr folgen.

Für die Benennung des Heims wurden aus der Gruppe heraus viele Vorschläge gemacht: Flickerkist, Kaluppche,

Sommersemester 1952, nach der Gründung, Haus der Burschenschaft Hannovera, durch Harald Knuth, Mitgründer der Hochschulgruppe und Angehöriger der „Hannovera“

Zu Gast bei Vortragsveranstaltung von Professor Weber im „Haus“ der Gothia, einer von ihren Bundesbrüdern in Eigenhilfe umgebauten vormaligen Luftwaffenbaracke auf dem Flugplatz.

Auch „Keilgäste“?

„Bierlein rinn’, Bierlein rinn’ ...“
„Nie kehrst du wieder, gold’ne Zeit ...“

Weihnachtsfeier 1953 im Hause des Vereins Deutscher Studenten (VDSt)

Über mich als Vorstand:

„Vorstand werden ist nicht schwer,
Vorstand sein dagegen sehr.
Wenn ein Mädchen er gewonnen,
Wird es stets ihm weggenommen.
Dafür ist bei Tag und Nacht
Er auf gute Form bedacht.
Sein Gedächtnis für Personen
Müßte man wahrhaftig lohnen.
Darum ist bei hoch und nieder
Stets beliebt der gute Frieder."

Ein anderes Mal zu Gast bei „Gothens"

Hüttenbau 1954

Hüttenbau 1954

Hüttenbau 1954. Rechts im Bild: Kurt Fromm

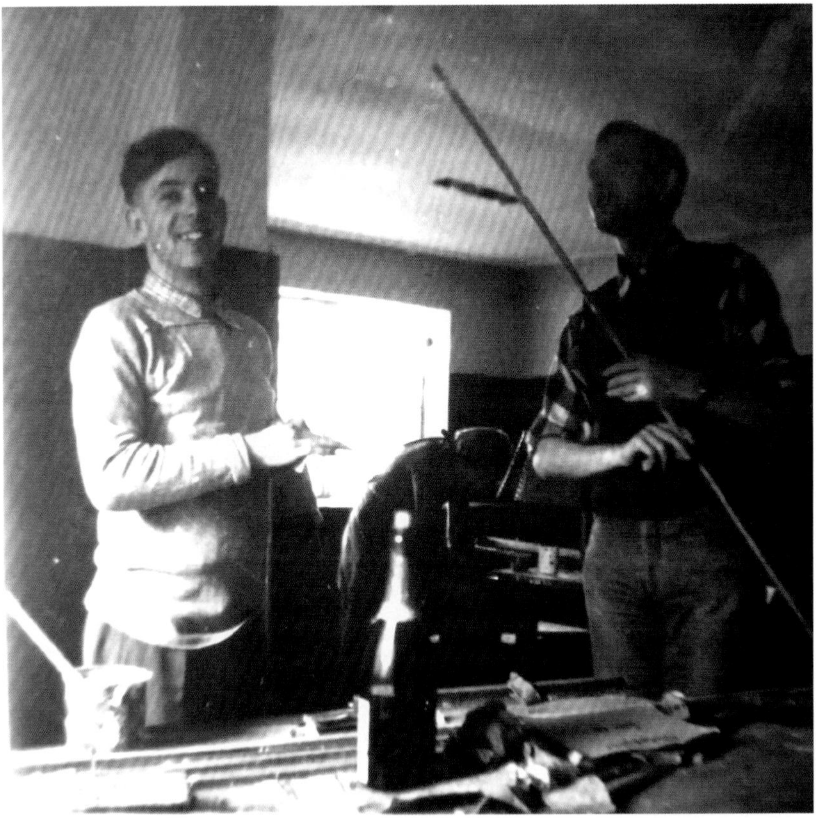

Unsere „Casa“ entsteht aus einem Ex-Pferdestall, danach Ex-Waschküche, dann zur „Casa“, dem Zuhause der Hochschulgruppe Ostpreußen/Landsmannschaft Ordensland, auf „akademisches“ Niveau gebracht.

von links nach rechts: Walter Mertineit/Trakehnen; Ursula Schneider – immer „an vorderster Front“ dabei! Sie und Fritjof Berg.

Domus Albertina, Prussenheim usw. Die Mehrheit hielt ‚Casa Prussia' für den besten Vorschlag. Dieser Name ist geeignet, neben der bescheidenen Größe des Heims auch dessen Charakter auszudrücken."

Statt der noch „echt" ostpreußischen Wortschöpfungen für das Heim hatte unser Senior Gerd Brausch den seinen „Hütten"- und ostpreußischen Charakter trefflich beschreibenden Namen „Casa Prussia" gefunden. Er wurde einstimmig angenommen. Im Semesterbericht vom 25.6.1955 habe ich zum Gruppenabend am 11.11. 1954 vermerkt: „Geschäftsübergabe durch Herrn Fromm und Berichterstattung über Innen- und Außenarbeit der Gruppe durch Herrn Berg. Namensgebung und fröhlicher Ausklang." In der Veranstaltung „Gemütliches Beisammensein mit Neuimmatrikulierten" am 18.11.1954 in der „Casa" wurde Gerd Brausch in einer lustigen Zeremonie als Namensfinder mit einem Orden geehrt. Für den 9.12.1954 heißt es: „Offizielle Einweihung der Casa mit Gästen befreundeter Vereinigungen."

Von den anderen Wintersemester-Veranstaltungen möchte ich an dieser Stelle das „Fleckessen mit Prof. Spohr" am 2.12.1954 erwähnen. Professor Spohr war Dorpater Universitätsprofessor gewesen und über die Albertina Königsberg nach Göttingen gekommen, ein äußerst engagiertes Mitglied unseres Freundeskreises mit ausgeprägtem deutsch-baltischen soi vivre. Ja, das ostpreußische „Winter"-Gericht „Königsberger Rinderfleck": In Vorfreude hierauf wurden fünf Stunden lang Rindermägen gereinigt, in kleine Würfelstücke geschnitten, gekocht, mein Königsberger Burgschulkamerad Bernd Moeschke war einer der robustesten Vorbereiter, bis schließlich der heimatlich so vertraute Duft von reichlich Majoran die Casa erfüllte und wir uns in ausgelassener Stimmung genüßlich tellerweise labten.

Einer der Höhepunkte in unserem Gruppenleben war stets die Advents- bzw. Weihnachtsfeier. Es ging ja jedesmal recht weltlichfröhlich zu, aber nach Erlangung der Casa waren wir diesmal fast wie Kinder familiär „außer Rand und Band". In Julklappweise gingen die Geschenkverpackungen durch mehrere Hände zum schließlichen Empfänger, wo dann meistens unter großem Hallo der Kern zum Vorschein kam. In meinem Tätigkeitsbericht vom 25.6.1955 über das Wintersemester 1954/55 steht über die Adventsfeier am 16.12. geschrieben:

> „9.12. Offizielle Einweihung der Casa mit Gästen befreundete Vereinigungen.
>
> 16.12. Adventsfeier. Im Bericht des Schriftführers Dieter Kantelberg heißt es: Jeder beschenkte irgendwen. Nette Verse und Reime wurden außerdem den Beschenkten gemacht. Herr Brausch, H. Wisotzki und H. Naunien gaben aus Weihnachtsfreude die würdigen Festgedanken. Den das Los traf, unseren Schriftführer zu beschenken, erfüllte einen stillen Wunsch und sprach nicht weniger erlesen: Mein lieber Freund, du wirst dich wundern, / nicht nur im Samland gab es Flundern. / Dies mag dich trösten im Advent, wenn still vor dir die Kerze brennt."

Noch ausgelassener, ja, wir waren wirklich „aus dem Häuschen", ging es beim Julklapp am 20. Dezember 1955 in der Casa Prussia zu, wo jede/r jede/n „veräppeln" konnte, wie Hannelotte, die alles zum ersten Mal miterlebte, in einem ihrer Semesterbriefe an ihre „parentes" schrieb. Klaus Wisotzki, der seine Ruhestatt so liebte, erhielt ein Kissen mit eingestickt „Ruhe sanft", ein weibliches Gruppenmitglied, dessen Name hier ungenannt bleiben muß, packte eine Kokosnuß aus. Ich bekam (wieder einmal!) gehörig „mein Fett weg", neben anderem bekam ich den „Bundesschweigeorden" und den LO-„Eigennamen" „mons orator" verpaßt.

Hannelotte, die viel verehrte und männlicherseits vielbegehrte, war nicht Zielscheibe von der Art der mir und anderen zugedach-

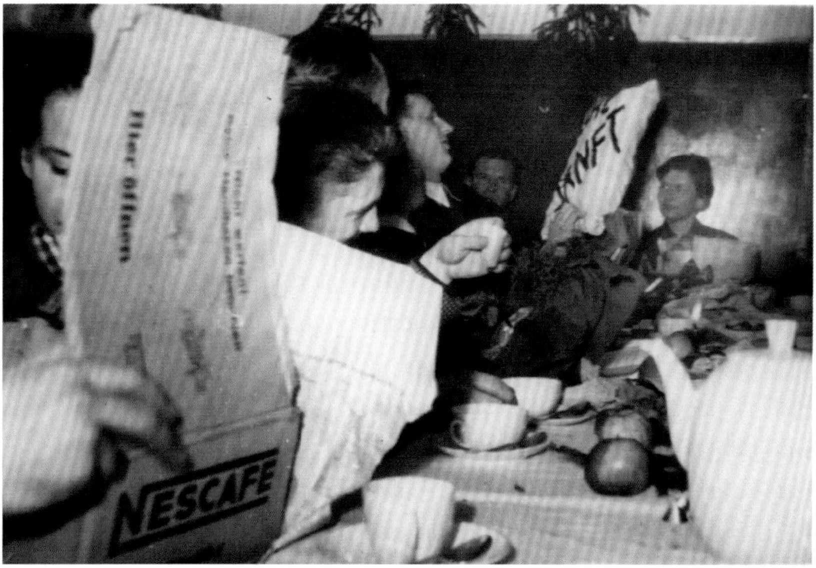

Hannelotte mit angebissenem „Bundesherzchen“, ich mit „Bundesorden“

ten „Späße". Durch die Vielfalt ihrer Ideen, ihren Tatendrang, ihre ausgleichend-vermittelnde Art und ihren überlegen-versöhnlichen Humor war sie trotz ihrer erst einsemestrigen Zugehörigkeit längst in den Mittelpunkt des Gruppenlebens gerückt. Und sie wußte natürlich längst, was das tief angebissene Pfefferkuchenherz, hinter dem sie beim Auspacken gewiß keinen „Incognito" vermutete, und auf das sie im Bild herabblickt, mit der Zuckergußaufschrift „Dem Bundesherzchen" für sie bedeutete. Ich hatte es für sie von der Spitzenkonditorei Cron & Lanz oder vom Göttinger Weihnachtsmarkt anfertigen lassen.

„Der Berge gibt es viele in der Welt,
sie sind zu unserer Freude hingestellt
von ihnen weit zu blicken in das Tal,
das in Entfernung wird ganz schmal.
Und tiefes Schweigen rings umher,
die Seele zittert, wir verehren sehr
das Große und das Edle!

Doch einer dieser Berge,
ein kleiner noch, wenn auch kein Zwerge,
er stört der Seelen tiefe Ruh'
durch lautes Reden immerzu!
Gar manches auch persönlich nehmend,
was sachlich richtunggebend
nur war gemeint.
Darin sind wir vereint,
das Lob ihm auch zu geben
für rastlos schaffend Leben.
Die Akten meterdick es zeigen,
welch Schaffen ihm zu eigen!
Drum hör auf die Kritik, mein Freund,
besonders, da sie gut gemeint!

Zum Schluß noch einen Namen,
der Dich beliebter macht, nicht nur bei Damen,

zur Stimme wie ein Stentor
ist passend ‚mons orator'!

Examen, Geld und feste Ziele
und sonst der guten Dingen viele,
das wünscht zum Fest, das glaube mir,
der Nikolaus, von Herzen Dir.

Lieber Fritjof, du stehst nun am Ende.
Das Päckchen fällt Dir hiermit in die Hände.
Pack sorgsam es aus und schau mit Bedacht,
Was Dir der Weihnachtsmann zugedacht."

„Also spricht der Weihnachtsmann!

Nach langer Fahrt um's Erdenrund
Mach ich mich hier ans Werk.
Nicht komm' ich dabei auf den Hund
I wo, hier komm' ich auf den BERG!

Was muß ich hören von dem Wicht?!
Was dringt bis an den fernsten Ort:
Er findet nie ein Ende nicht
Und redet nur in einem fort??!!

Mit vielem Eifer und Geschick
Legt er die Tagesordnung an,
Und zaudert keinen Augenblick,
Daß er nur tüchtig reden kann.

Nur nicht verzagt ihr armen Leut',
Die ihr drum traget bittres Leid!
Auch bring ich meine Hilfe heut',
Gerade noch zur rechten Zeit!

Wo süße Mahnung nichts genutzt,
Wo Pech und Schwefel keinen Sinn,

Weil man auch diesem stolz getrutzt,
Gehört dies kleine Schloß hierhin.

Der Klappe wird es vorgehängt,
Der Schlüssel dreimal umgedreht.
Schon ist die Stelle eingeengt,
Aus der der Redeschwall sonst geht.

Versieget ist er ganz und gar,
Geknacket diese harte Nuß.
Bestaunen tut die ganze Schar
Den BERG, der nunmehr schweigen muß.

Die Menge jubelt: trallalla!
Den armen BERG, den packt der Graus.
Zum Trost sei diese Flasche da.
Drum heb' sie an und trink sie aus.

Und sei dem Weihnachtsmann nicht gram,
Der diesen Scherz sich ausgedacht.
Der extra von den Sternen kam,
Wünscht dir jetzt FROHE WEIHNACHT!"

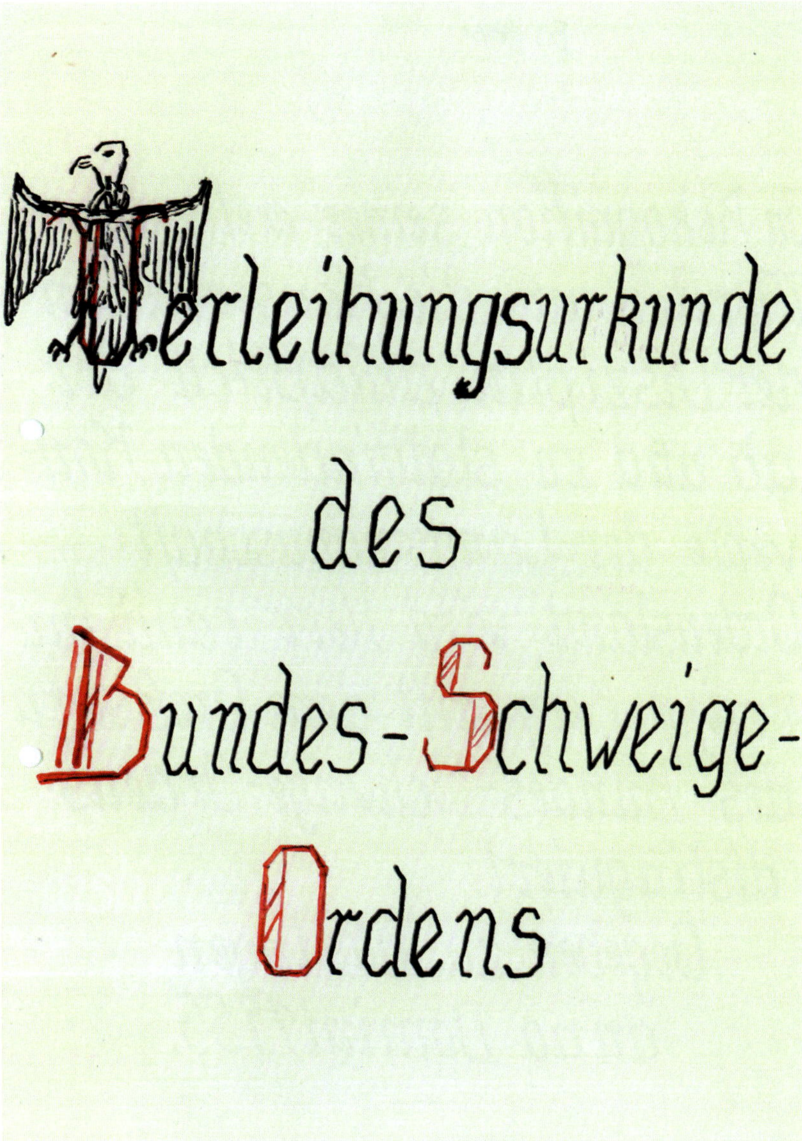
Verleihungsurkunde
des
Bundes-Schweige-
Ordens

Verleihungsurkunde des „Bundes-Schweige-Ordens“

In Rekognition seiner exellenten Meriten um die Konservation der Disziplin anläßlich der ab und zu stattfindenden Konvente der Landsmannschaft Ordensland wird Herr cand. iur. Fritjof Berg mit dem Großstern des Bundes-Schweige-Ordens distinguiert.

Gegeben zu Göttingen,
anno Domini 1955.

Verleihungsurkunde des „Bundes-Schweige-Ordens“

Ausländische Gäste in der Casa Prussia im Wintersemester 54/55

Dietmar Onigkeit im Gespräch mit einer Norwegerin, sie beherrschte sogar Redensarten wie „der hat ja wohl nicht alle Tassen im Schrank“!

Links Prof. Dr. Edmund Spohr aus Dorpat im Gespräch mit Gerd Brausch, im Vordergrund Horst Biddermann

In dem Semesterbericht vom 25.6.1955 habe ich mit der nach außen gebotenen Zurückhaltung das Scheitern der Mission der penetrant auf die Anrede mit der Amtsbezeichnung ihres verstorbenen Ehegatten als „Frau Kurator" bestehenden (unbestritten ständig um uns besorgten und fürsorglichen) Frau Erna Hoffmann geschildert. Wie wir ihre diesbezügliche Hartnäckigkeit, ja Aufdringlichkeit und schließliche Enttäuschung empfanden, habe ich in meinem Brief vom 28.9.1956 an Hannelotte wiedergegeben:

> „Kennst Du eigentlich schon folgende Geschichte über die Frau Kurator? Als wir Einrichtungsgegenstände für die Casa brauchten, hatte sie sich Gedanken darüber gemacht, was sie dazu beitragen könnte. Völlig eigenmächtig ging sie zum Rektor und ließ sich Listen und Bescheinigungen ausstellen, daß sie berechtigt sei, von uns in den Professorenhaushalten ... Lumpen, Knochen, Eisen und Papier ... sammeln zu lassen (Anm.: dies war eine uns allen damals noch geläufige Parodie zu Mangel und Altmaterialsammeln, das wir in den HJ-Organisationen mitgemacht hatten). Sie hatte die Idee, daß wir dabei im Sinne ihres Mannes wirken könnten und das Bewußtsein der Patenschaft festigen würden. Die Sache erschien mir unmöglich und kurios, andererseits fand ich sie rührend. Da Landsmannschaft und Freundeskreis inzwischen dies und jenes gespendet hatten, glaubten wir, unter Hinweis hierauf um die Kurator-Hoffmann-Aktion herumzukommen. Wir kannten die Empfindlichkeit der Gnädigen und wollten sie nicht vor den Kopf stoßen. Zuerst verhandelte ich, dann wurde Brausch beauftragt. Aber vergeblich, sie verlangte kategorisch die Ausführung ihrer Idee. Wohin sollten wir mit dem ganzen dann anfallenden Kram? Außerdem Rebellion in der Gruppe. Man ließe sich nicht zwingen und wollte sich nicht lächerlich machen. Na, ein paar fanden sich. Wir wollten den guten Willen zeigen und ihre Gunst nicht verscherzen. Man

ging zu ein paar bekannten Professoren und ließ die Sache dann einschlafen. Die Kuratorin merkte den Dreh, und weil ich damals bei Landsmannschaft und Freundeskreis unseren Bedarf angemeldet hatte, legte sie bei einem Mittagessen los. Sie sei enttäuscht von uns, kein Idealismus, wir verstünden gar nicht die Idee der Patenschaft ... Na, ich dachte, jetzt mußt du viel Geduld und Geschicklichkeit aufbieten, denn ihre Freundschaft muß bleiben. Ich redete also gut zu. Wir hätten doch schon genug Inventar für den Kleinen Raum, die Patenschaft läge uns doch am Herzen, und Idealismus könne sie uns doch auch nicht absprechen. Mich wurmte es, daß sie in ihrer Blindheit den Stab über uns brach. Ich habe ihre Vorwürfe entkräftet und sie besänftigen können, aber seitdem habe ich in ihr einige Eigensucht und Überheblichkeit entdeckt."

Unsere jährlichen Stiftungsfeste und andere Bälle fanden – mit dem stets vom Freundeskreis spendierten überreichlichen Büfett – auch nach der Konzentration unserer Arbeit in der Casa weiterhin im Haus des Vereins Deutscher Studenten statt, zu dem ich – in der Sache sowieso – ein freundschaftliches Verhältnis hergestellt hatte. Ich werde hierauf noch an anderer Stelle zurückkommen.

Das folgende Schreiben schickten wir am 16.6.53 an neu immatrikulierte ostpreußische Kommilitonen:

„Liebe ostpreußische Kommilitonen!

Wir haben der Immatrikulationsliste entnommen, daß Sie jetzt in Göttingen sind. Es besteht an der Georgia Augusta eine ostpr. Hochschulgruppe, die aus Anlaß ihres einjährigen Bestehens am Sonnabend, dem 20. Juni, um 20.00 Uhr im Hause des VDSt, Nikolausberger Weg 75, ein Sommerfest veranstaltet.

Dazu möchten wir Sie herzlichst einladen.

Sei es, daß Sie allein oder auch in Begleitung unserer Einladung folgen, in beiden Fällen würden wir Sie gern begrüßen.

Mit landsmannschaftlichem Gruß

i. A. Berg

Unsere Veranstaltungen werden ständig am schwarzen Brett in Aula, Mensa, Auditoriengebäude und Hofauditorium bekannt gemacht."

Zum Thema „Einrichtung der Casa" ist noch nachzutragen, daß das von der Bundeslandsmannschaft besorgte Inventar zur Casa-Einweihung am 9.12.1954 noch nicht eingetroffen war und wir uns von der Burschenschaft Gothia kurzfristig u.a. die fehlenden Stühle ausgeliehen hatten. Zur Einweihungsfeier sandte uns die Landsmannschaft diese Grußbotschaft, die auf der folgenden Seite im Original abgebildet wird.

Landsmannschaft Ostpreußen

Telefon Hamburg 24 28 51/52 • Telegrammanschrift „Deutschost" • Postscheckamt Hamburg 7557
Bankkonto:
Hamburgische Landesbank
Girozentrale Konto-Nr. 9234

An die
Hochschulgruppe Ostpreußen
G ö t t i n g e n
Papendiek 16 / Kriegsversehrtenheim
z.Hd. Herrn cadniur.Fritjof B e r g

Ihr Zeichen | Ihr Schreiben vom | Unser Zeichen HW | (24a) Hamburg 24, den 8. Dez. 1954
Wallstraße 29

Sehr geehrter Herr Berg,

wie ich Ihnen bei Ihrem Hiersein vor einer Woche schon sagte, sind wir jetzt in der Vorweihnachtszeit arbeitsmäßig derart überlastet, daß es weder Fräulein Wangerin noch mir möglich ist, an der morgigen Einweihungsfeier Ihres Heimes in Göttingen teilzunehmen. Jedoch möchten wir Ihnen und der ganzen ostpreußischen Hochschulgruppe zu diesem Ereignis unsere herzlichsten Glückwünsche aussprechen und dabei der Hoffnung Ausdruck geben, daß das eigene Heim weiterhin den Zusammenhalt der ostpreußischen Kommilitonen festigt und Ihre bisher bewiesene Tatkraft und Einsatzfreudigkeit unterstützt.

Wir wünschen Ihrer Feier einen guten und frohen Verlauf und verbleiben mit den besten Wünschen und heimatlichen Grüssen

Ihre

Hanna Wangerin
(Hanna Wangerin)

Werner Guillaume
(Werner Guillaume)
Geschäftsführer

Grußbotschaft der Landsmannschaft Ostpreußen

Und dies folgte mit Datum des 15.12.1954:

„Lieber Herr Berg!

Als Weihnachtsfreude für die ostpreußische Hochschulgruppe in Gottingen schickt Ihnen die Landsmannschaft Ostpreußen die Grundlage für eine kleine Bücherei in Ihrem neuen Heim! Beiliegend folgende Bücher:

1 ‚Wir Ostpreußen‘

1 ‚Ostpreußische Gutshäuser‘

1 ‚Ostdeutschland‘

1 ‚Ostdeutsche Wissenschaft‘ Band 1, Jahrbuch des Ostdeutschen Kulturrates

1 ‚Die Kanther-Kinder‘ / Gertrud Papendiek

1 ‚Ostpreußische Dorfgeschichten‘ / E. v. Olfers-Batocki

1 ‚Der ehrliche Zöllner‘ / Erhard Wittek

1 ‚Aus der Geschichte Ostpreußens‘ / B.Schumacher

1 ‚Ostpreußen‘ / Dr.Walter Maschlanka

1 ‚Deutscher Osten – Deutsche Heimat‘ / Hans Mann

1 ‚Dokumente der Menschlichkeit‘

1 ‚Preußenland‘ / Walther Hubatsch

1 ‚Volkskunde des Preußenlandes‘ / E. Riemann

1 ‚Geographie Ostpreußens‘ / Hans-Peter Kosack

1 ‚Westpreußen und die Weichsel‘ / H. v. Krannhals

1 ‚Geschichte der Stadt Königsberg‘ / Walter Pranz

1 ‚Nikolaus Kopernikus‘ / Hans Schmauch

1 ‚Immanuel Kant‘ / Götz von Selle

1 ‚Vertriebenen Fibel‘

1 ‚Deutsche Jugend im Wirkungsfeld sowjetischer Pädagogik‘

„Geisterstunde im Blutgericht“ – Kostümfest am 1. Februar 1956

Gerd Morgenroth (?), Elisabeth v. Mauschwitz („Mauschi“), Heinz Graffenberg

Kurt Pätzold Frau Pätzold

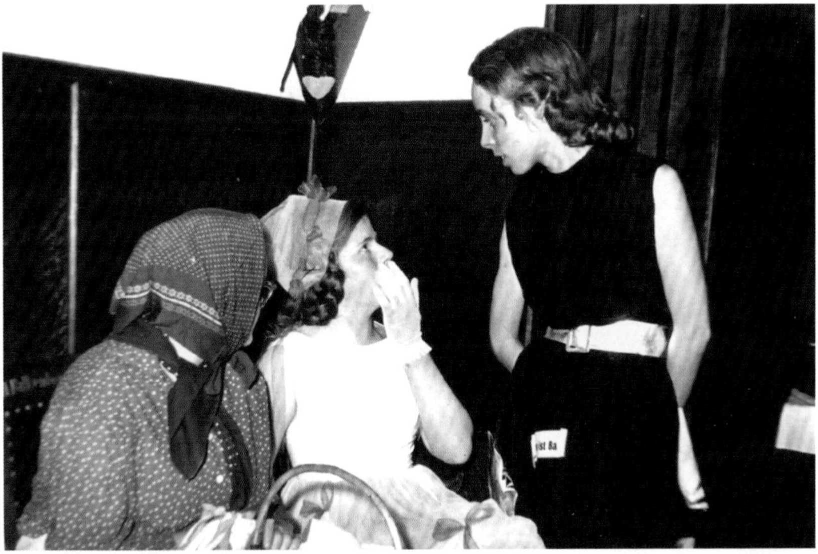

Kuratortochter Heide Hoffmann, Alex oder „B-lex“?, Brigitte Kummer

„Der bestirnte Himmel über mir und das moralische Gesetz in mir.“

Stiftungsfest 23. Juni 1956

Die beiden Unzertrennlichen: Hannelotte und „Blacky“

Bildunterschrift von Hannelotte: „Noch steifer geht es nicht ...“

„Koto“ und „Oni“: Helga Kotowski und Dietmar Onigkeit

Marianne Wannow und Horst Brodowski („Brodo“)

1 Heimatkarte von Ostpreußen

1 Liederbuch ‚Der Brummtopf'

1 Heimatkalender ‚Der redliche Ostpreuße'

Außerdem schicken wir Ihnen in diesen Tagen noch das versprochene Foto der Marienburg, gerahmt, gesondert zu.

Sobald ich Zeit finde, gehe ich auf Ihren letzten Brief, für den ich Ihnen noch herzlich danke, näher ein.

Mit guten Wünschen und herzlichen Heimatgrüßen zum Weihnachtsfest bin ich

Ihre Hanna Wangerin"

Weitere Hilferufe von unserer (meiner!) Seite an die Landsmannschaft blieben nicht ungehört. Unter Bezugnahme auf einen vorausgegangenen Schriftwechsel zwischen dem jetzigen Gruppenvorsitzenden Manfred Bormann und der Referentin für Jugend und Kultur der Landsmannschaft Hanna Wangerin schrieb ich dieser am 11.8.1955:

„... Ich komme auch diesmal nicht umhin, Ihnen zu der Meinung Anlaß zu geben, daß ein Brief von mir scheinbar unvermeidlich auf einem besonderen Interesse beruhen muß ... Es ist uns nicht mehr möglich, auch nur eine Monatsmiete zu zahlen. Sie würden unseren Sorgen um die Erhaltung der Casa schon abhelfen, wenn Sie vorerst die Überweisung wenigstens einer (inzwischen fällig gewordenen) Ferienmiete von 20,– DM bewirken könnten ... Unser eigenes Aufkommen aus 2,– DM Semesterbeitrag pro Mitglied würde selbst bei einer Erhöhung nicht ausreichen, um die Mietkosten zu decken. Es geht neben gelegentlichen Zuweisungen des Freundeskreises in den sonstigen Ausgaben voll auf ..."

Daraufhin erhielt ich postwendend die beiden folgenden Bescheide vom 16. August 1955:

„Lieber Herr Berg,

da ich etwas unterwegs war, ist leider Ihr Schreiben auch etwas liegen geblieben, ich konnte dafür aber gestern mit Herrn Grimoni darüber sprechen. Ich selbst hatte Herrn Bormann bereits kurz die Genehmigung mitgeteilt, Herr Grimoni hat ihm persönlich geschrieben, – das muß also alles auf seinem Schreibtisch liegen oder im Postkasten stecken. Da die Genehmigung vorliegt, habe ich für die 1. Rate (DM 225,–) eine Zahlungsanweisung ausgeschrieben, sie ist bereits der Buchhaltung übergeben worden, so daß Sie in Kürze mit dem Erhalt des Geldes rechnen können. – So, das wäre erst mal klar! Ich lasse bald mal mehr von mir hören, aber dieser Schrieb soll unbedingt noch heute fort.

Mit herzlichem Heimatgruß

Ihre Hanna Wangerin"

„Zahlungsanweisung:

Hamburg, den 16. August 1955

Bei der letzten Vorstandssitzung wurde der Antrag der Hochschulgruppe Ostpreußen in Göttingen genehmigt und die beantragten DM 450,– bewilligt, zahlbar in zwei Raten.

Da die Hochschulgruppe dringend einen Betrag für Mietzahlung usw. benötigt, bitte ich um baldigste Überweisung der ersten Rate in Höhe von DM 225,– an folgende Anschrift:

Herrn cand. iur. Fritjof Berg

Göttingen

Papendiek 16 / Kriegsversehrtenheim

Für die Richtigkeit:

Hanna Wangerin"

Manfred Bormann hat die Casa-Kostenfrage in ihren ganzen Dimensionen nochmals in seinem Tätigkeitsbericht der Hochschulgruppe Ostpreußen für das Sommersemester 1955 vom 22.12.1955 aufgegriffen:

„Tätigkeitsbericht der Hochschulgruppe Ostpreußen über das Wintersemester 1955

A. Allgemeines:

Das Sommersemester 1955 ist das zweite Semester gewesen, in dem die Hochschulgruppe Ostpreußen im Besitz eines eigenen Heimes war. Nachdem im vorangegangenen Wintersemester dieses Heim seine Instandsetzung erfahren und die notwendigen Einrichtungsgegenstände erhalten hatte, konnte sich im Sommersemester 1955 eindeutig der Einfluß des Besitzes eines Heimes auf das Eigenleben der Hochschulgruppe erweisen. Da somit die Raumfrage, die vordem stets ein wesentlicher Faktor bei der Planung und Durchführung der Semesterarbeit gewesen war, fast ganz zurücktrat, konnte nunmehr bereits zu Beginn des Semesters fast bis in Einzelheiten ein Arbeitsplan festgelegt und schon auf weitere Sicht mit Vorbereitungen begonnen werden. Die wöchentlichen Zusammenkünfte der Hochschulgruppe konnten in Ort und Zeit weitgehend konstant durchgeführt werden, was zur Folge hatte, daß die Veranstaltungen eine gleichmäßigere Besucherzahl auswiesen. Abgesehen davon, daß schon die Tatsache allein, im Besitz eines eigenen Heimes zu sein, das Bewußtsein der Gemeinschaft in der Gruppe zu fördern vermochte, so waren jetzt auch in ganz besonderer Weise die Möglichkeiten gegeben, einen engeren Kontakt unter den Mitgliedern der Gruppe herbeizuführen. Leider aber zeigten sich diese guten Entwicklungen, kaum erst eingeleitet, zu Ende des Semesters auch schon wieder bedroht, und zwar dadurch, daß sich klar herausstellte, daß die Hochschulgruppe die mit der Mietung des Heimes verbundenen Unkosten fernerhin auch nur teilweise aus ihren festen Einnahmen – die sich im wesentlichen auf die Mitgliederbeiträge und Zuwendungen des Freundeskreises beschränkten – zu decken, nicht in der Lage ist. Als einzig möglicher Ausweg aus diesem Übelstand, abgesehen von einer Wiederaufgabe des Heimes, was aber unter allen Umständen vermieden werden sollte, erschien ein bei der Landsmannschaft Ostpreußen e.V. im Hamburg einzureichender Antrag auf Übernahme der monatlichen Heimmiete sowie der Unkosten für Licht, Reinigung, Heizung usw.. Dankenswerterweise ist dem diesbezüglichen Antrag von der Landsmannschaft in Hamburg auch entsprochen und die Übernahme der mit dem Heim verbundenen Unkosten für 1 Jahr (beginnend mit dem 1. August 1955) zugesagt worden."

Das Ende unserer „prussischen" Casa mit qualmendem Kohlenofen im Winter und anderen Unzulänglichkeiten – die wir aber belustigt lächelnd in Kauf nahmen, weil unsere Eltern und wir mit ihnen damals ja privat immer noch in ähnlichen Verhältnissen leben mußten – habe ich nicht mehr miterlebt. Sie war für uns ein wirklich ganz von Ostpreußen erfüllter Raum. Der 1. Sprecher der (seit Wintersemester 1955/56) Landsmannschaft Ordensland zu Göttingen (LO) Bernd Piesker hat in seinem Rundbrief vom Januar 1963 auch die „Ehemaligen" der LO folgendermaßen in Kenntnis gesetzt:

„Liebe Mitglieder der Landsmannschaft Ordensland!

Wie sooft geriet auch bei mir die letzte Aufgabe des Sprechers, der Rundbrief, in Verzug, doch bin ich der Meinung, daß es diesmal eher von Nutzen war, da Ihr auf diese Weise nämlich Genaueres über die jüngsten Veränderungen im Leben der L.O. erfahrt: Seit dem Beginn des gegenwärtigen Semesters stehen uns im Hause Burgstr. 52 (zwischen Wilhelmsplatz und Rote Str., d. h. im Zentrum der Stadt!) zwei gemütliche Räume zur Verfügung. Damit gehört nun die ‚Casa Prussia' der Vergangenheit an. Aber: Wenn unser Kontakt weiterhin so intensiv bleibt wie anläßlich des 10. Stiftungsfestes, so glaube ich, daß die Erinnerung an diese ‚legendäre' Stätte noch lange lebendig bleiben wird.

Im gleichen Hause hatten im Frühjahr schon die Hochschulgruppe Pommern und die Schlesische Hochschulgruppe gemeinsam einen Raum bezogen. Dort trug der Freundeskreis der Pommerschen Studierenden zum allergrößten Teil die Kosten für die Renovierung und Einrichtung, während wir das Glück hatten, durch die freundliche Vermittlung von Herrn Univ.-Amtmann Schütze zunächst die Räume zugesprochen zu bekommen, und dann, gleichfalls auf Herrn Schützes Bemühen hin, in den Genuß einer Spende des Universitätskuratoriums zur Ausgestaltung und Ausstattung der Räume gelangten. Ich möchte an dieser Stelle Herrn Schütze nochmals sehr herzlich für die großzügige Unterstützung danken!

Am 9. Nov. 1962 veranstalteten die drei Gruppen gemeinsam einen Empfang zur Übergabe der Räumlichkeiten, wozu wir als prominenteste Persönlichkeiten Herrn Oberbürgermeister Prof. Jungmichel und Se. Mangnifizenz Prof. Dr. Scheibe begrüßen konnten. Se. Magnifizenz überreichte bei dieser Gelegenheit jeder der Gruppen eine große gerahmte Landkarte aus dem 18. Jahrhundert."

In den neuen Räumlichkeiten der LO ist eines Tages wohl das gesamte Archivmaterial der LO verloren gegangen, abtransportiert worden, darunter ihr Veranstaltungs- und Gästebuch von Anbeginn, mit vielen Vignetten und Zeichnungen, die nach meiner Erinnerung von Martin Albrecht stammten.

Ofenqualmen in der Casa – und Klaus Wisotzki (links) und Manfred Bormann (rechts) ins Gesicht geschrieben? Sitzend: neben Wisotzki Bischoff, am Tisch von links nach rechts: Irmtraud Grigoleit, Katrin Dumann, Gerd Brausch.

Die Hochschulgruppe Ostpreußen und die Landsmannschaft Ostpreußen

In den Kapiteln über die Bruderhilfe Ostpreußen, den Freundeskreis und die Casa Prussia ist wiederholt auf die guten und sich immer weiter verfestigenden Beziehungen zwischen der Hochschulgruppe und der örtlichen landsmannschaftlichen Vereinigung wie auch der Bundsslandsmannschaft Ostpreußen und auf die von dort gewährten beträchtlichen materiellen Hilfen hingewiesen worden. In der bereits erwähnten Vorlage für das Ostpreußenblatt vom 15.10.1953 hatte ich gesagt: „Seit ihrer Gründung betrachtet sich die Hochschulgruppe als einen Zusammenschluß der ostpreußischen Studenten, die in heimatlicher Verbundenheit innerhalb der Studentenschaft landsmannschaftliches Eigenleben bewahren und ihrem heimatpolitischen Anliegen unter den westdeutschen Kommilitonen Gehör verschaffen wollen. Ein weiteres Ziel war von Anfang an der Anschluß an die sehr rege hiesige Ostpreußenfamilie und die Betätigung in dem sehr weitläufigen landsmannschaftlichen Aufgabenbereich.“ Hierzu konnte ich in meinem Tätigkeitsbericht der Hochschulgruppe Ostpreußen über das Wintersemester 1954/55 vom 25.6.1955 in einem erfreulich weit fortgeschrittenen und gefestigten Stadium sagen: „... Um die Zugehörigkeit zur Landsmannschaft auszudrücken, übernimmt die Hochschulgruppe von Zeit zu Zeit die Ausgestaltung eines Abends bei der hiesigen Landsmannschaft, so z.B. im Wintersemester am 6. Dezember. Der Briefverkehr ist nicht mehr auf das rein Sachliche beschränkt, sondern hat auch zu einem die sachliche Arbeit fördernden persönlichen Austausch geführt ...“

Es sollte sich herausstellen, daß die gruppeninterne Wirklichkeit differenzierter war. Zwar betrachtete sich zweifelsohne die ganz überwiegende Mehrheit von uns als Teil der in der Landsmannschaft Ostpreußen bestehenden Schicksalsgemeinschaft und bejahte vorbehaltlos alles, was damals „heimatpolitische Anliegen“ genannt wurde. Aber es gab auch einige wenige, die den Vertriebenenorganisationen gleichgültig bis ablehnend gegenüberstanden. Hier bedurfte es immer wieder neuer Überzeugungsarbeit, daß die Herstellung eines konstruktiv-positiven Verhältnisses zur Landsmannschaft allein ein Gebot der praktischen Vernunft sei, weil, wie am Beispiel Casa Prussia bereits dargelegt, materielle Hilfen von ihrer Seite der Hochschulgruppe erst manche Vorhaben und Einrichtungen ermöglicht hätten. Kommilitonen/innen, bei denen hier eine unüberwindliche mentale Sperre bestand oder die nur einmal „hineinschnupperten“, weil sie Vergnügen oder evtl. männliche/weibliche „Bekanntschaft“ suchten, blieben ohnehin von vornherein oder nach dem ihre Erwartungen enttäuschenden „Hereinschnuppern“ wieder weg.

Ich jedenfalls ging unbeirrt und entschlossen mit breiter Unterstützung aus der Gruppe als deren Sprecher auf die Landsmannschaft zu, auch um dort den Boden für die Erkenntnis zu bereiten, daß eine Integration und verantwortliche Mitarbeit hierzu bereiter und befähigter akademischer Nachwuchskräfte in Führungsaufgaben der Landsmannschaft für den Fall überlebensnotwendig sei, daß die Gewißheit bzw. Hoffnung auf baldige Rückkehr nach Ostpreußen nicht in Erfüllung gehen sollte. Um es an dieser Stelle vorauszuschicken: Zur Einrichtung eines besonderen Studentenreferats nach pommerschem Vorbild zu diesem Zweck, wie ich es in meinem Schreiben vom 18.3.1954 an den Geschäftsführer der Bundeslandsmannschaft Guillaume ins Gespräch gebracht hatte, ist es nie gekommen. Dazu führte ich in meinem Schreiben aus:

> „Was die Einrichtung eines Studentenreferates anbetrifft, so handelt es sich um eine grundsätzliche Frage, die mindestens einem Vorstandsbeschluß unterliegen muß und also nicht sofort entschieden werden kann. Vorausgehen müßte sowieso eine Klärung von Nutzen und Möglichkeit einer übergeordneten ostpreußischen Studentenorganisation

> durch die Studenten selbst, da wir den Bund ostpreußischer Studenten de facto ja noch nicht erreicht haben. Ich selbst bin gegenüber einer geldzehrenden Kopforganisation grundsätzlich skeptisch und gebe dieser nur eine Chance und Berechtigung, wenn in den Einzelvereinigungen wirklich erfolgreich gearbeitet wird. Immerhin ist der Nutzen gegenseitiger Information und Konsultation innerhalb einer solchen Einrichtung oder bei gelegentlichen Zusammenkünften nicht zu bestreiten und stehe ich weiterhin zu meinem Vorschlag, die Landsmannschaft möge in absehbarer Zeit einmal die Vertreter sämtlicher Studentengruppen zu sich einladen. Es müßte auch einmal die die Studentenschaft angehende Problematik der ostdeutschen Jugendarbeit überhaupt angepackt werden."

Was die rein praktische Zusammenarbeit angeht, sollte das Fehlen eines legitimierten studentischen Sachwalters bei der Landsmannschaft fürs erste keinen Nachteil bedeuten. Denn uns erwuchs dort eine zuverlässige, stets hilfsbereite und auch erfolgreiche „Botschafterin". Es war wohl der verdienstvolle, unermüdliche und ideenreiche Sprecher der Göttinger Ostpreußen Arnold Woelke, der in diesem Sinne die Verbindung zur Referentin für Jugend und Kultur im Bundesvorstand der Landsmannschaft in Hamburg Hanna Wangerin herstellte. Wahrscheinlich ergab sich eine erste Begegnung mit ihr bei einer Veranstaltung der Göttinger Landsmannschaftsgruppe. Sie war offensichtlich in der Jugendarbeit erfahren, eine kultivierte Erscheinung, umfassende Wissensträgerin über die ost-westpreußische Landeskultur und in der Lage, diese unter Wahrung von Form und inhaltlichem Anspruch für jedermann sichtbar zu machen. Hanna Wangerin war Bearbeiterin vieler von der Landsmannschaft Ostpreußen herausgegebenen Arbeitsbriefe, die sämtlich in der Hausbibliothek von Hannelotte und Fritjof Berg vorhanden sind, z. B. „Erntedank", „Nun kommt für uns die schöne Zeit", „Erhalten und Gestalten“, „Sing, sing, was geschah ...“, „Mütter und Kinder“, „Mütter und Kinder zur Weihnachtszeit“, mit noch vielen anderen eingebunden mit dem Titel „Vom Bernsteinland“.

Hanna Wangerin nahm sofort, ohne jedes weitere Wort einer Erklärung oder Begründung meinerseits, die Fährte zur Bundeslandsmannschaft auf. Sie mahnte aber zur Geduld bezüglich Erwartungen auf eine schnelle „institutionelle“ Zusammenarbeit zwischen ostpreußischer Studentenschaft und Bundesvorstand. Ich sollte erfahren, woran das lag. Nicht nur auf Seiten der Hochschulgruppe gab es Ressentiments und Vorbehalte – nein, auch in umgekehrter Richtung. Generell standen „die Studenten“ bei einigen Landsmannschaftsvertretern in keinem guten Ruf. Vielleicht wollte man auch keinen Präzedenzfall schaffen, auf den sich andere Berufsgruppen berufen konnten. Und dann waren die Führungsgremien der Landsmannschaft jetzt, acht oder neun Jahre nach 1945, augenscheinlich immer noch weitestgehend so strukturiert, wie es der maßgebenden gesellschaftlichen Schichtung in Ostpreußen bis 1945 entsprach. Über solche Persönlichkeitsmerkmale konnte ein 1945 vierzehn Jahre alter ostpreußischer Jüngling wie ich nun einmal nicht verfügen. Hanna Wangerin hatte es gleichwohl geschafft, mich unter Übernahme der Reisekosten zu einer Sitzung des Bundesvorstandes in Hamburg einzuladen, um mich dort und durch mich die Hochschulgruppe dem Bundesvorstand bekanntzumachen. „Herr Guillaume schlägt vor, daß Sie ... herkommen und Ihnen Gelegenheit gegeben wird, vor den Herren des Vorstandes Ihre Gedanken zur Lage und Arbeitspläne darzulegen ... Eine mündliche Aussprache im Kreis des Vorstandes müßte unseres Erachtens Ihrem Anliegen am besten förderlich sein“, so kündigte sie mir mit Schreiben vom 10. April 1954 meine Einladung zur nächsten Vorstandssitzung an. Zu der ich dann, nach telegraphischer Vorankündigung und Rückantwort meinerseits, am 2. Mai nach Hamburg reiste. Die Sitzung fand im Haus des Sports, Schäferkampsallee, Nähe S-Bahnhof Sternschanze statt. Nach geraumer Wartezeit auf einer Holzbank vor dem Beratungszimmer erhielt ich Einlaß und Wort. Eigentlich wären eine herzliche Begrüßung und Beifall für unseren Wunsch nach Miteinander und Nähe die angemessene Form einer Antwort hierauf gewesen. Aber die Atmosphäre blieb sachlich, ein wenig unterkühlt. Ich hatte den Eindruck, daß die Gewißheit einer schließlich doch stattfindenden Rückkehr nach Ostpreußen der Einsicht in die Notwendigkeit entgegenstand, ohne weitere Zeitverluste mit der Einbeziehung der Nachfolgegeneration in landsmannschaftliche Mitarbeit und Verantwortung zu beginnen. Ich empfand einige Äußerungen prominenter Vorstandsmitglieder in dieser Richtung als schockierend. Da ich in meinen Unterlagen aber keine wortgetreue Aufzeichnung hierüber finde, scheidet eine wörtliche Wiedergabe an dieser Stelle aus. Diese Worte im Schreiben von Hanna Wangerin vom 4. Mai 1954 bestätigen aber den etwas gequälten Verlauf des Gesprächs mit dem Bundesvorstand: „... Ich freue mich, daß wir uns näher kennen gelernt und mal gründlich unterhalten haben – bis zum schließlichen Enderfolg bei der Vorstandssitzung – ...“

Wie er aussah, ist der nachfolgenden Aufzeichnung vom 7.5.54 zu entnehmen. Mit Bezug zu den vorstehenden Ausführungen ist bezeichnend, daß Ziffer 3 nur den Vorschlag einer engeren Verknüpfung von Studentenschaft und Landsmannschaft nennt, die Nichterwähnung irgendeiner Stellungnahme also die fehlende Gesprächsbereitschaft des Bundesvorstands hierüber belegt.

Gemäß Vorstandsbeschluß erging sogleich eine Zahlungsanweisung über den (damals namhaften!) Betrag von 300,– DM zu meinen Händen „für die Vorbereitung (Druck von Handzetteln) und Durchführung (Kauf von Fackeln und Deckung sonstiger Unkosten) eines Fackelzuges in Göttingen durch die dortige Studentenschaft bei späterer Abrechnung ...“ Wie bereits an anderer Stelle erwähnt, habe ich den Betrag nach dem Scheitern meiner Initiative zurücküberwiesen.

Aufzeichnung der Hochschulgruppe Ostpreußen vom 7.5.54:

„Am 2. Mai 1954 fand in Hamburg im Haus des Sports eine Vorstandssitzung der Landsmannschaft Ostpreußen statt, zu der Herr Berg von der Hochschulgruppe Ostpreußen in Göttingen geladen war. Bezugnehmend auf den über Frau Wangerin (Jugend und Kultur) geleiteten Schriftwechsel mit der Landsmannschaft und nach vorausgegangener Unterredung mit Frau Wangerin dankte Herr Berg dem Vorstand zunächst dafür, dass der Studentenschaft Gelegenheit gegeben werde, die aus ihrer Sicht erkennbaren Sorgen und Möglichkeiten landsmannschaftlicher Arbeit vorzutragen und sprach zu folgenden drei Gegenständen:

1. Die Hochschulgruppe beabsichtigt, aus Anlaß des 17. Juni die Studentenschaft der Universität zu einem Fackelzug aufzufordern. Sie möchte damit eine wesentliche und weithin sichtbare Demonstration für die Verbundenheit mit den Mitteldeutschen und gegen die dreifache Zerrissenheit Deutschlands zustande bringen. Die Demonstration soll beweisen, daß die heimatvertriebenen Studenten entgegen einer oft geäußerten Ansicht das Unrecht der Oder-Neiße-Linie bewußt ist und diese an der politischen Willensbildung beteiligt sein wollen. Die Hochschulgruppe erwartet von einem Fackelzug unter diesem Motto Gewinn für die landsmannschaftliche Sache überhaupt und für sich selbst eine bessere Unterstützung ihrer Arbeit seitens der Studentenschaft. Deshalb erscheint es gerechtfertigt, die Landsmannschaft um die Bereithaltung eines entsprechenden Geldbetrages zu bitten.

Herr Dr. Gille sagte, die Hochschulgruppe habe von allen ostpreußischen studentischen Vereinigungen die meiste landsmannschaftliche Arbeit geleistet. Auf seinen Vorschlag beschloß der Vorstand, für die Aktion am 17. Juni 300,–

DM bereitzuhalten. Er selbst werde am 17. Juni an der Bundestagssitzung in Berlin teilnehmen und daher keine Ansprache an die Studenten halten können.

2. Wie die anderen Landsmannschaften, so befürchtet auch die Hochschulgruppe eine nicht ausreichende Teilnahme an ihrer Arbeit seitens der nachfolgenden Kommilitonen. Sie schlägt deshalb vor, psychologische, soziologische und pädagogische Möglichkeiten zu durchdenken, um die junge Generation zu beeinflussen, und das Ostpreußenblatt in dieser Hinsicht zweckmäßig zu gestalten.

Herr Berg wurde aufgefordert, in einem diesbezüglichen Artikel die Hochschulgruppe zu Wort kommen zu lassen.

3. Nach dem Vorbild der anderen Landsmannschaften schlägt die Hochschulgruppe eine engere Verknüpfung von Studentenschaft und Landsmannschaft vor.

Die Landsmannschaft wird dem Wunsche, eine Zusammenkunft von Vertretern sämtlicher ostpreußischer Studentengruppen zum Kennenlernen, Erfahrungsaustausch und Koordinierung zu ermöglichen, entgegenkommen. An den Vorbereitungen hierzu wird sich Herr Prof. Dr. Müller (Frankfurt a.M., Emil-Claasstr. 12, III) beteiligen."

Unauffindbar ist die mir übertragene Ausarbeitung zu „psychologischen, soziologischen und pädagogischen Möglichkeiten" der Jugendarbeit und „zweckmäßiger Gestaltung des Ostpreußenblattes in dieser Hinsicht". Zuletzt schrieb ich hierzu Hanna Wangerin am 11.10.54: „... Außerdem übersende ich Ihnen den Beitrag zur landsmannschaftlichen Arbeit im Jugendsektor, der mir sehr unter den Nägeln brennt, in Kürze. Im Rohbau ist er schon vorhanden." Evtl. ist es dann hierbei geblieben. Über die durchgeführten wie auch zunächst nicht zustande gekommenen Zusammenkünfte ostpreußischer Studentenvereinigungen werde ich im Kapitel „Überregionaler Zusammenschluß und gemeinsames Handeln mit anderen ostpreußischen Studentenvereinigungen?" ausführlich berichten.

In der Ägide des Sprechers Dr. Gille vollzog sich eine radikale Umkehr in der Haltung der Landsmannschaft gegenüber „ihrem" dann bundesweiten Bund Ostpreußischer Studierender (BOSt), was bei manchem „BOSt'ler" dann sogar – unbegründete – Ängste vor einer „Vereinnahmung" und Widerhaken hiergegen erzeugte. Der Bundesgeschäftsführer dieser Zeit Egbert Otto war durch einige psychologische Fehlleistungen bei seinen Auftritten/Reden auf BOSt-Studententagen hierbei ein unglücklicher Katalysator. Mit drastischen und sogar lasziven Redensarten verwechselte er manchmal ein auch weibliches Auditorium mit einer derben Männergesellschaft.

Am Anfang hatte mein Brief an den Sprecher der Landsmannschaft Ostpreußen Dr. Alfred Gille vom 8.2.54 gestanden. Ich lasse ihn ungekürzt in Kopie auf den nächsten Seiten folgen, da er die sich bereits damals abzeichnenden Sorgen um den Fortbestand eines „Heimatstammes im Exil" anspricht und hier mit Sicherheit einige Gedanken vorwegnimmt, die ich in dem mir übertragenen Artikel für das Ostpreußenblatt dargelegt habe, der aber unauffindbar oder gar nicht in seiner Endfassung zustande gekommen ist. Er geht ferner auf Fragen des Mit- und Nebeneinander einer Königsberger Traditionsverbindung und einer landsmannschaftlichen Studentenvereinigung neuen Typs am gleichen Universitätsort und in einem überörtlichen Verbund ein, die uns an anderer Stelle noch ganz konkret beschäftigen werden. Der Antwortbrief von Dr. Gille ist auch insoweit ein Zeitdokument, als er die mangelhafte finanzielle Ausstattung und Selbstbescheidung aller ostdeutschen Arbeit darin aufzeigt, daß nicht einmal der Sprecher einer Landsmannschaft, d. h. einer ganzen ostdeutschen Provinz, über gedrucktes und damit „repräsentatives" Geschäftspapier verfügte.

Die landsmannschaftliche Zusammengehörigkeit mit einer sie betonenden und forcierenden Studentenvereinigung zeitigte mir gegenüber offensichtlich auch eine persönliche Note. Man hatte mich „in Hamburg“ insoweit schon richtig „geortet“, als – es war wohl im März 1955 – die Anfrage an mich erging, ob ich – gegen Vergütung – in den Ferien nach dem Sommersemester eine vierteljährliche Mitarbeit im Heimatpolitischen Referat der Landsmannschaft übernehmen würde. Das war für einen 24jährigen cand. iur. schon eine Auszeichnung und ein „tolles“ Angebot, handelte es sich bei der Landsmannschaft Ostpreußen damals noch um einen ernst zu nehmenden politischen Faktor. Aber das Sommersemester war bereits mein 8. Studiensemester, ich war von der Weitergewährung der Ausbildungshilfe abhängig, mußte jetzt alles unterlassen, was für die Examensvorbereitung einen weiteren Zeitverlust herbeiführen würde. Schweren Herzens, es ging nicht anders, mußte ich das Angebot ausschlagen.

> „Sehr geehrter Herr Dr. Gille!
>
> Ihre starke Beanspruchung im öffentlichen Leben und in unserer Landsmannschaft verbieten es eigentlich, daß ich mit diesen Zeilen Ihnen Ihre sehr knapp bemessene Zeit raube. Es sind aber drei konkrete Anlässe gegeben, diesen Brief an Sie zu schreiben.
>
> 1. Als derzeitigem Vorsitzenden der hiesigen ostpreußischen Studentengruppe obliegt mir seit langem die Pflicht, Ihnen im Namen meiner Kommilitonen für die bei Beginn des Wintersemesters erfolgte Überweisung eines Geldbetrages in Höhe von 300,– DM sehr herzlich zu danken. Dieser Geldbetrag sollte eine Anerkennung für unseren Einsatz für die Bruderhilfe Ostpreußen sein und uns für die Folgezeit eine fruchtbare landsmannschaftliche Arbeit an der Universität ermöglichen. Ich habe gleich nach Erhalt des Geldes anläßlich eines Besuches von Herrn Guillaume auf ei-

nem sehr gut besuchten Abend der Ostpreußen in Göttingen öffentlich dem Vorstand in Hamburg gedankt und Herrn Guillaume gebeten, diesen Dank nach dort mitzunehmen. Da wir zu jener Zeit begründete Hoffnung hatten, für die Hochschulgruppe ein eigenes Heim mieten zu können, wollte ich mit einer entsprechenden Form warten, bis wir Ihnen die zweckdienliche Verwendung des Geldes bestätigen konnten. Leider sind die beiden Räume, um die wir uns bemühten, noch immer nicht freigeworden und bin ich durch diese Verzögerung dem Vorstand gegenüber in eine peinliche Lage geraten. Ich bitte daher um Entschuldigung und Ihr Verständnis dafür, daß ich Ihnen so spät für die Förderung unseres Bemühens um ostpreußisches Gemeinschaftsleben an der Universität meinen persönlichen Dank sage – wobei ich hoffen darf, daß dieser nicht wirklich zu spät kommt. Bitte teilen Sie ihn auch gelegentlich den Herren Strüvi und Guillaume mit, mit denen ich im vergangenen Spätsommer ein erstes Gespräch über die landsmannschaftliche Arbeit im studentischen Bereich führen konnte.

2. In diesem seinem Ende entgegengehenden Semester war unser Gruppenleben durchweg sehr rege. Es ist dennoch erforderlich, die Schwierigkeiten aufzuzeigen, die in Zukunft der ostpreußischen Jugendarbeit auch bei uns entgegenstehen könnten.

Während in der Vergangenheit unsere landsmannschaftliche Arbeit sich im wesentlichen auf die bei den einzelnen Kommilitonen noch vorhandenen Erinnerungswerte und ein aktives heimatpolitisches Bewußtsein stützen konnte, wird sich in Zukunft wohl erheblich die Tatsache auswirken, daß den jüngeren Jahrgängen beides mehr und mehr fehlt. Aus meiner Erfahrung in der studentischen Arbeit kann ich sagen, daß schon heute in vielen Fällen der Appell an die

Verpflichtung Ostpreußen gegenüber oft unverstanden und erfolglos bleibt. Diese Intransigenz den ostdeutschen Fragen gegenüber dürfte hauptsächlich zwei Ursachen haben: Einmal ist es ein natürlicher Vorgang, daß der junge Mensch mit dem Bild und den Anschauungen seiner Umgebung verwächst und von ihr geformt wird. Zum anderen liegt das daran, daß die bei den Studierenden meistens noch vorhandenen Elternhäuser wohl nicht konsequent genug auf eine heimatpolitische Ausrichtung hinwirken. Was nun uns hier in Göttingen anbetrifft, so haben wir uns als Hochschulgruppe bemüht, dieser Entwicklung vorzubeugen. Da wir eine junge studentische Gemeinschaft sind, der der materielle und in diesem Falle besonders dringende ideale Rückhalt fehlt, den eine Altherrenschaft bieten könnte, haben wir bei den hier wohnhaften Altakademikern für einen Zusammenschluß zu einem „Freundeskreis der Hochschulgruppe" geworben. Hierin sollte ein Kontinuum entstehen, das im Kommen und Gehen der Studenten ein Rückgrat der Hochschulgruppe bleibt, und das vor allen Dingen die bei den Jüngeren erforderliche heimatpolitische Ausrichtung bewirken kann. Wir haben bei den älteren Ostpreußen teilweise sehr großes Verständnis und Bereitschaft gefunden, aber unser Vorhaben ist uns bisher nicht gänzlich geglückt. Obwohl wir in Göttingen in der glücklichen Lage sind, den „Göttinger Arbeitskreis" und an der Universität namhafte Vertreter des ostdeutschen Geisteslebens zu haben, erfahren wir gerade von dieser Seite her eine in unseren Augen unzureichende Unterstützung. In gewissem Grade mag als Erklärung dafür die große Arbeitsbelastung der eben Genannten gelten. Aber ich kann meine Enttäuschung darüber nicht verbergen, daß man den wirklich aktiven Einsatz einzelner Kommilitonen auch aus den anderen Landsmannschaften nicht bereitwilliger unterstützt, uns in unseren Sorgen berät und vor allen Dingen nicht den Wert unserer Arbeit gerade im akademischen Bereich begreift. Wenn immer betont wird, daß der Anspruch auf unsere Heimat unabdingbar sei und die Rückkehr nach dort nicht mit kriegerischen Mitteln erzwungen werden solle, dann sollte man doch auch den notwendigen zweiten Schritt tun und den Studenten das geistige Rüstzeug vermitteln, mit dem sie den Kampf gegen die Weltanschauung des Ostens und das ablehnende Verhalten in weiten Kreisen des Westens bestehen können. Und weiterhin sollte man sich doch darüber im klaren sein, daß ohne eine einsatzbereite Jugend, die einmal wieder unsere Heimat dem Deutschtum erschließen soll, alles Mühen in der Gegenwart wertlos ist. Allerdings ist heimatpolitische Erziehung am besten innerhalb einer echten Gemeinschaft möglich, ja sind die menschlichen Kontakte geradezu Voraussetzung für alles andere. Doch würde die Erörterung der sich hieraus ergebenden Fragen über den Rahmen dieses Briefes hinausgehen. Es war mir nur um eine Analyse zu tun, bevor ich mich mit zwei Anliegen an Sie wende.

Die Gründung unserer Hochschulgruppe hatte den Sinn, die in Göttingen studierenden Landsleute allgemein für die landsmannschaftliche Arbeit zu interessieren. Da die hiesige Studentenschaft sehr stark durch die Auseinandersetzung über die Formen des Gemeinschaftslebens gespalten ist, ein Teil der Landsleute aber in verschiedenen Korporationen aktiv ist, für diese eine weitere Mitgliedschaft in einer exklusiven Gemeinschaft nicht mehr in Frage kam, mußten wir eine Form des Zusammenschlusses wählen, die nicht in den Streit einbezogen werden konnte. Diese mußte notwendig neutral sein. Das geht leider oft auf Kosten eines festgefügten und disziplinierten Gemeinschaftslebens.

Die freie Verpflichtung auf die Heimatarbeit ist oft zu schwach.

Aus diesem Grunde scheiterte hier in Göttingen schon im Jahre 1949 eine ostpreußische Landsmmnschaft, die sich ‚Albertina' nannte. Einzelne Angehörige derselben gründeten damals die Burschenschaft ‚Gothia' neu, die in Anlehnung an die noch vorhandene Altherrenschaft die Königsberger Tradition fortsetzen und damit der Heimat dienen wollte. Die korporative Verfassung machte es einem anderen Teil der Landsleute unmöglich, sich an der weiteren Arbeit zu beteiligen. Vielleicht liegt es in unserem Wesen begründet, daß trotz eines anderen persönlichen Bekenntnisses der Großteil der nicht korporierten Ostpreußen den Korporationen nicht polemisch gegenübersteht. So gestalten sich denn unsere Beziehungen zur Gothia durchaus freundschaftlich. Leider haben wir im Interkorporativen Konvent kein Mitspracherecht und können an diesen unsere heimatpolitischen Anliegen nur von außen herantragen. Eine den Gothen eher mögliche Einflußnahme auf die in diesem vertretenen westdeutschen Verbindungen ist meines Wissens nicht kräftig genug erfolgt. Die Kanäle von unserer Seite her konnten inzwischen geöffnet und werden in Zukunft vertieft werden.

Es ist klar, daß unsere ostpreußische Fraktion selbst in Göttingen zu schwach ist, um das Doppelleben zweier ostpreußischer Vereinigungen zu ertragen. Die Inanspruchnahme einzelner durch eine der beiden verbietet meistens die Mitarbeit in der anderen aus zeitlichen Gründen. Unsere Heimatarbeit würde viel effektiver sein, wenn wir sie zusammen tun könnten. Aber das ist wohl ein Wunschtraum. Denn wäre man zu einer breiteren Zusammenarbeit bereit, so wären Konzessionen auf Kosten des traditionsbewußten Eigenlebens erforderlich. Das Dilemma, daß Königsberger Korporationen Heimatarbeit tun wollen, aber nicht alle heimatbewußten Kommilitonen und die Kommilitoninnen überhaupt nicht in sich aufnehmen können, stellt sich an anderen Universitäten in gleicher Weise. Es ist erfreulich, im Ostpreußenblatt von Zeit zu Zeit die Berichte der einzelnen landsmannschaftlichen Gruppen zu lesen. Schade ist aber, daß diese bisher nicht miteinander sondern nebeneinander bestehen. Es ist daher eine dringende Frage, wie weit es Ihnen möglich ist, einmal die Vertreter der einzelnen studentischen Vereinigungen zur Klärung der eben angeschnittenen Fragen zusammenzurufen und innerhalb der Landsmannschaft zu koordinieren. Ich meine, daß dieser Schritt von größtem Nutzen für unsere Sache sein könnte.

Weil wir unser Anliegen innerhalb der westdeutschen Studentenschaft nicht genügend verbreiten konnten, ist die immer wieder geäußerte Meinung verständlich, unsere-ostdeutschen Gruppen würden sich im Laufe der Zeit am Desinteresse unserer eigenen Landsleute totlaufen. Viel gefährlicher ist aber der häufig hörbare Standpunkt, die Vertriebenenjugend finde im Westen eine ausreichende Lebensbasis; damit sei das Problem der Ostgebiete de facto abgetan. Hier gilt es, umgehend eine Änderung herbeizuführen. Was uns im örtlichen Bereich möglich war, ist geschehen. Dennoch haben wir uns erst die Ausgangsposition für eine Meinungsbeeinflussung erarbeitet. Diese werden wir nur halten können, wenn unser Bestand auch weiterhin gesichert ist. Dazu ist erforderlich, daß im Ostpreußenblatt die Erwachsenen immer wieder zur Gewinnung der Jugend für Ostpreußen aufgefordert werden. Vor allem wird es aber unumgänglich sein, daß von Regierungsseite her die Probleme der Ostgebiete forcierter in das öffentliche Bewußtsein gerückt werden. Ich kann mich des Eindrucks nicht erwehren, daß man es statt einer aktiven Politik bei gelegentlichen Proklamationen bewenden läßt und unsere Sorgen auf Eis legt. Jeder Student kennt heute den Begriff Europa, kaum einer erkennt die nationale Lebensfrage der Oder-Neiße-Linie, fast niemand kennt die Probleme Osteuropas.

Um nun in Göttingen die in diesem Semester noch vorhandene Aktivität der heimatvertriebenen Studenten ausnutzen zu können und die Meinung der westdeutschen Kommilitonen zu reformieren (das gilt selbstverständlich nur cum grano salis), trage ich mich mit einem Plan, der auch über Göttingen hinaus von weittragender Bedeutung sein würde. Bevor ich aber diesbezügliche Schritte unternehmen kann, wende ich mich an Sie mit der Bitte, dieses Vorhaben persönlich zu unterstützen. Ein Fackelzug, den wir als ostdeutsche Studenten für das Recht auf unsere Heimat durchführen würden, hätte sicherlich einen großen Erfolg. Ich glaube nicht fehlzugehen in der Annahme, daß ich die Unterstützung sämtlicher Korporationen finden würde und auch Teile der anderer Studentenschaft mobilisieren könnte. Eine große zahlenmäßige Beteiligung würde diese Kundgebung der studentischen Jugend zu einem machtvollen Bekenntnis werden lassen. Damit hätten wir einmal eine Akklamation nicht nur der Ostdeutschen, die obendrein direkt aus dem Volke käme. Als Zeitpunkt käme vielleicht das Ende der Berliner Konferenz in Frage oder ein früherer im Verlauf derselben, bei dem sich womöglich bedrohliche Entwicklungen für uns ergeben könnten. Dürfte ich Sie, sehr geehrter Herr Dr. Gille, bitten, in einer anschließenden Kundgebung zu uns zu sprechen? Es handelt sich um ein Projekt, von dem ich natürlich nicht weiß, ob Sie es für richtig oder für opportun halten, und zu dem ich erst Ihre Meinung hören muß.

3. Anbei übersende ich Ihnen auf Bitten meines pommerschen Mitstreiters Appellius ein Schreiben, in dem dieser so freundlich ist, für uns Ostpreußen das Wort zu ergreifen. Ich wollte es erst nach Abfassung dieses Briefes an Sie weiterleiten. Aus gewissen Gründen hielt ich es für unangebracht, es über unseren ehemaligen Gruppenvorsitzenden Harald Knuth an Sie zu schicken. Zu dem Inhalt des Schreibens von Herrn Appelius habe ich im allgemeinen nichts hinzuzufügen. Es ist aber bei diesem und bei dem Gesamtvorstand der VHDS die Neigung vorhanden, alles zu überorganisieren und den Wert einer Gemeinschaft zu stark an der satzungsmäßigen Perfektionierung zu messen. Was den Bund der ostpreußischen Studenten anbetrifft, so müßte nach meiner oben vertretenen Ansicht erst einmal eine Fühlungnahme der einzelnen Gliedgemeinschaften ermöglicht werden. Die Bedeutung dieses Gebildes kann sich also erst in Zukunft erweisen. Das sollte aber den Vorstand der VHDS nicht daran hindern, die von allen zusammen geleistete Arbeit als für das ‚Bestehen' ausreichend anzusehen.

Zum Schluß darf ich hoffen, daß dieser sehr lange Brief Ihr freundliches Interesse findet.

Genehmigen Sie, sehr geehrter Herr Dr. Gille, bitte den Ausdruck meiner vorzüglichen Hochachtung.

Mit ostpreußischem Gruß!

Fritjof Berg"

Es folgte diese Antwort von Dr. Gille am 16. Februar 1954:

„Sehr geehrter Herr Berg!

Ich danke Ihnen für Ihr ausführliches Schreiben vom 8.2.54, das ich mit großem Interesse gelesen habe.

Zur Frage der Aktivierung der heimatpolitischen Arbeit der studentischen Jugend möchte ich die Geschäftsführung in

Hamburg einschalten. Ich habe eben mit Herrn Guillaume telefonisch gesprochen und ihm Ihr Schreiben sowie das beigefügte Schreiben des Herrn Appelius in Aussicht gestellt. Herr Guillaume wird dann in der grundsätzlichen Frage näheres von sich hören lassen.

Ich möchte Ihnen nur auf den Vorschlag antworten, durch eine studentische Demonstration den Willen der ostdeutschen Studenten wirkungsvoll zum Ausdruck zu bringen. Zunächst freue ich mich aufrichtig, daß Sie derartige Pläne erwägen und damit erkennen lassen, daß Sie nicht passiv alles hinnehmen wollen, was über uns und unsere Heimat im Rate der Weisen entschieden werden könnte. Ich will Ihnen nicht verschweigen, daß ich mich schon seit einigen Monaten mit dem Gedanken trage, in welcher Form wir in der Öffentlichkeit einmal in Aktion treten müßten, wenn Verrat an Ostpreußen droht. Ich habe in diesem Zusammenhang von einem Mobplan gesprochen, der alle Vorbereitungen treffen müßte, damit durch einen Druck auf den Knopf in allen Teilen der Bundesrepublik machtvolle Bekenntnisse sichtbar werden. Sie werden also verstehen, daß mich Ihre Anregung herzlich gefreut hat.

Dennoch meine ich, daß nach aller Voraussicht das bevorstehende Ende der Berliner Konferenz noch nicht einen solchen Anlaß zur öffentlichen Demonstration gibt. Wir hatten für die Berliner Konferenz nur den einen dringenden Wunsch, daß die Oder-Neiße-Grenze vor Bildung einer deutschen Regierung nicht verhandelt wird. Insoweit ist die Einstellung der West-Alliierten wohl durchaus positiv zu werten. Deshalb halte ich es zur Zeit nicht für erforderlich, daß wir von unserem geringen Pulvervorrat vorzeitig etwas verschießen.

Ich empfehle Ihnen, auch diese Frage mit Herrn Guillaume zu erörtern und eine gewisse Planung durchzuführen. Dabei wäre zu ermitteln, mit wieviel Teilnehmern man rechnen kann und wieviel Zuhörer und Zuschauer durch einen Fackelzug herbeigelockt werden könnten. Die Planung müßte so vorbereitet sein, daß sie auch überraschend schnell zur Aktion führen kann.

Wenn ich richtig vermute, daß Sie der Sohn der Eltern sind, die ich schon lange wegen ihrer heimatpolitischen Aktivität schätze, dann bitte ich meine Grüße auszurichten.

Mit landsmannschaftlichem Gruß verbleibe ich Ihr

Dr. A. Gille“

Die nächste Offerte folgte wenig später. Die zu jener Zeit allgemein bekannte Kampfgruppe gegen Unmenschlichkeit, die aktiv in der „Konterrevolution“ stand und deshalb vom SBZ/DDR-Regime scharf beobachtet und ausgespäht wurde, hatte Dr. Gille zu ihrer Tagung „Die Jugend der Sowjetzone in Deutschland“ am 25. März 1955 in Berlin eingeladen. In seinem Auftrag bat mich Landsmannschafts-Geschäftsführer Guillaume, für ihn an der Tagung teilzunehmen. Sein diesbezügliches Schreiben vom 23.3.1955 enthielt den Hinweis: „... Ich würde vorschlagen, daß Sie die Einladung ebenso wie das Schreiben an Dr. Gille nicht mitnehmen. Den Tagungsort müssen Sie sich merken. Wenn Sie als Zweck der Reise Besuch Ihrer Tante in West-Berlin angeben, so kümmert sich kein Mensch darum. Interzonenpaß wird nicht mehr benötigt, dagegen gültiger Bundespersonalausweis ...“ Trotz der Warnhinweise sollte ich also nach und von Berlin auf dem Landweg reisen, wofür im Reisekostenvorschuß ein Fahrgeld von 52,– DM veranschlagt war. Nach Befragung von „einschlägig“ erfahrenen Kommilitonen in der Hochschulgruppe und im Kriegsversehrtenheim kam es für mich nicht mehr in Frage, an der Tagung unter Inkaufnahme eines erheblichen persönlichen Risikos teilzunehmen. Sie rieten mir dringend, zu einer solchen Veranstaltung nur zu fliegen. Die Nachrichtenübermittlung an den SSD könne sehr schnell sein, und schon die bloße Teilnahme, sofern sie bekannt würde, könne alle Folgen haben. Ich konnte bei Anruf Herrn Guillaume nicht erreichen; Schatzmeister Müller genehmigte nach Darlegung des Sachverhalts die um 50,- DM teurere Flugkarte. Die Landsmannschaft hatte mir – hierin großzügig – insgesamt 4 Tage- und 3 Übernachtungsgelder bewilligt, so daß mir außer der Teilnahme an der Tagung noch ein zusätzlicher Aufenthalt von drei Tagen für die persönliche Berlin-Erkundung möglich war. Über die hochrangige Analyse der aktuellen SBZ/DDR-Situation auf der Tagung mit Handlungsauftrag habe ich am 15.4.55 ein elfseitiges Protokoll gefertigt, das ich am 25.4.1955 Dr. Gille mit nochmaligem Dank für meine Entsendung an seiner Stelle zusandte.

Hanna Wangerin, mit der das Band der Zusammenarbeit immer enger wurde – ab Sommersemester 1955 vor allem auch dank Hannelottes Erscheinen, siehe weiter unten –, hatte als erstes eine Einladung zum Festakt zu Ehren des 75. Geburtstags von Agnes Miegel am 9. März 1954 in Bad Nenndorf besorgt, an dem Gisela Grimm, Klaus Wisotzki und ich teilnahmen. Unsere Reisekosten von Göttingen mußten wir selbst tragen.

Wir befanden uns in der Gesellschaft von Menschen, von denen viele damals noch Ostpreußen Rang und Namen gaben. Nachdem Agnes Miegel eine lange Reihe von Grußworten – man darf es schon so ausdrücken – über sich hatte ergehen lassen, durfte ich als letzter für uns ostpreußische Studenten Glückwünsche aussprechen, nicht ohne den vorherigen diskreten leisen Hinweis: „Aber bitte kurz!“ Dessen hätte es nicht bedurft, es war angesichts der weit fortgeschrittenen Zeit und der angestrengt verharrenden Agnes Miegel selbstverständlich. Als sie uns erblickte, ging ein warmes Lächeln über ihr Gesicht, und sie sagte zu uns: „Ach Kinderchen, ihr seid ja rührend!“ Auf meiner Einladungskarte habe ich meine „Aber bitte kurz!“-Worte festgehalten: „Hochverehrte Frau Agnes Miegel! Für die Studenten der Ostpreußischen Hochschulgruppe Göttingen ist es eine große Freude und sehr große Ehre, an diesem Tage bei Ihnen zu sein. All das, was wir Ihnen aus ganzem Herzen wünschen wollten, ist bereits gesagt worden, aber eines noch nicht: Als junge Menschen und ostpreußische Kommilitonen sind wir stolz, unser Mutterland mit Ihnen gemeinsam zu haben. Möge daher in den kommenden Jahren Ihres Lebens das „große Herz“ weiterschlagen, damit es seine starke Kraft in unser junges Leben gebe!“ Gisela Grimm überreichte unsere drei spärlichen Osterglocken – und nach dem feierlichen Ausklang (nach meiner nicht mehr zuverlässigen Erinnerung unter Wegfall oder Kürzung der im Programm vorgesehenen Rezitationen wegen der stark fortgeschrittenen Zeit) mit dem Es-Dur-Menuett von Joseph Haydn begaben sich die mit höheren Weihen ausgestatteten Teilnehmer der Feierstunde wahrscheinlich zu einer Mittagstafel, zu der sie geladen waren. Aber niemand der Regisseure der die Feierstunde ausrichtenden Landsmannschaft Ostpreußen war auf den Gedanken gekommen, uns drei junge Studiker hinzuzubitten. Es wäre eine symbolhafte Geste

„Ach Kinderchen, ihr seid ja rührend!“

gewesen, deren Unterlassung eben Ausdruck der verbreiteten Blindheit für die Notwendigkeit einer vorsorglichen Hineinführung Jüngerer in landsmannschaftliche oder überhaupt Vertriebenen-Führungsaufgaben war. Ein Hotel-Mittagessen konnten wir drei „Göttinger" uns nicht leisten, Gisela und Klaus fuhren also sogleich nach Schluß der Veranstaltung nach Göttingen zurück, ich weiter zu meinen Eltern im nicht weit entfernten Leese. Nicht mit dem „geringsten Schimmer einer Ahnung", daß nur 100 m vom Ort des Nenndorfer Geschehens entfernt im Galeriegebäude keine eineinhalb Jahre später mein Lebensweg mit Hannelotte Behrend seinen Anfang nehmen sollte – die und der Agnes Miegel innerlich sehr nah stand, die sich in ihren Briefen an Hannelotte stets „Ihre Freundin" nannte und die bei unserer zweiten Begegnung in ihrem Geburtstagsgratulanten den Verlobten eben dieser Hannelotte wieder- und bei späteren Begegnungen im Nenndorfer Kurpark in den Kinderwagen mit beider Sohn hineinsah ... Schon die erste Bewirtung im Hause Behrend am 12. August 1955 stellte mit Sicherheit alles in den Schatten, was das Agnes-Miegel-Festessen am 9. März 1954 hätte bieten können. Hannelottes Mutter mit ihrer begnadeten Kochkunst, ihr Vater mit Mosel-Weinen, die zur ersten Wahl aus Offizierskreisen unter Kdt. HQu.OKH Generalleutnant v. Gündell gehörten, mit denen er als Bürgermeister von Angerburg im Oberkommando des Heeres (OKH) in ständiger dienstlicher Verbindung gestanden und die ihn jetzt als ständigen Teilnehmer ihrer Jahrestreffen bei sich „eingegliedert" hatten.

Wie bereits erwähnt, war Hannelotte nach ihrem Studienortwechsel von Tübingen nach Göttingen in kurzer Zeit tragendes Mitglied der Hochschulgruppe geworden. Durch meine Vermittlung nahm sie als deren Vertreterin an der Tagung der Kulturreferenten der Landsmannschaft Ostpreußen vom 7. bis 9. Oktober 1955 in der Ostakademie Lüneburg teil. Mit dieser Charakte-

Die

LANDSMANNSCHAFT OSTPREUSSEN

gibt sich die Ehre,

Sie aus Anlaß des 75. Geburtstages von Frau Dr. h. c.

Agnes Miegel

am Dienstag, dem 9. März 1954 um 11 Uhr

zu einer Feierstunde in das Kurtheater des Staatsbades Bad Nenndorf

ergebenst einzuladen.

Wir bitten um schriftliche Zusage mit beiliegender Karte bis zum 1. März 1954.

Adagio - Allegro *aus der Sonate g-moll a' due stromenti da arco e Basso cont.*
Johann Rosenmüller, 1682

Begrüßung der Gäste

Literarische Würdigung Staatssekretär a. D. Dr. Ottomar Schreiber
Ehrenpräsident der Landsmannschaft Ostpreußen

Adagio *aus der Sonate g-moll a' due stromenti da arco e Basso cont.*
Johann Rosenmüller, 1682

Glückwünsche

Rezitationen

Menuett Es-Dur Joseph Haydn

Einladung und Programm der Agnes Miegel-Feierstunde

LANDSMANNSCHAFT OSTPREUSSEN E.V.

TEILNEHMERKARTE

zur Feier anläßlich des 75. Geburtstages von
Frau Dr. h. c. AGNES MIEGEL

AM 9. MÄRZ 1954, UM 11 UHR, IM KURTHEATER
des Staatsbades Bad Nenndorf

Teilnehmerkarte der Agnes Miegel-Feierstunde

risierung hatte ich sie am 19.9.55 bei Hanna Wangerin angemeldet:

> „Im Einverständnis mit dem Sprecher der Gruppe, Bormann, fährt für diese zur Lüneburger Tagung Fräulein stud. jur. Hannelotte Behrend, Bad Nenndorf, Galerie. Ich persönlich freue mich, daß gerade Fräulein Behrend teilnimmt. Sie ist eine der zuverlässigsten und treuesten Kommilitoninnen in der Gruppe und wird sicherlich in Lüneburg für die Gruppe eine gute Vertreterin sein und dadurch die Kontakte weiter ausbauen. Auch wenn Fräulein Behrend zunächst sich mehr auf das Zuhören beschränken sollte, so werden Sie in ihr doch bald eine bereite und interessierte Mitarbeiterin finden. Um die Voraussetzungen dafür zu schaffen, worum es in Lüneburg geht, wäre es nützlich, wenn Sie Fräulein Behrend die nötigen Informationen über den Zweck der Tagung und die Teilnehmer zugehen ließen."

In ihrem Antwortschreiben vom 20. September 1955 an mich sagte Hanna Wangerin:

> „... Ich persönlich freue mich recht, daß durch sie (Anm.: Hannelotte) die weibliche Teilnehmerschaft verstärkt wird und hoffe, daß Fräulein Behrend sich in unserem Kreis recht wohl fühlt – wobei ich natürlich sagen muß, daß der Kreis in dieser Zusammensetzung noch nie existiert hat und gerade durch dieses Wochenende der so nötige persönliche Kontakt geschaffen werden soll. Na, wir werden's ja erleben. Ich habe Fräulein Behrend eben geschrieben und habe ihr unser erstes Einladungsschreiben sowie die offizielle Einberufung und einen Plan von Lüneburg zugesandt."

Und in ihrem Schreiben vom gleichen Tage an Hannelotte:

„Liebes Fräulein Behrend!

Mit einem heute eingegangenen Schreiben teilt Herr Fritjof Berg mir Ihre Teilnahme als Vertreterin der Hochschulgruppe Ostpreußen in Göttingen mit. Wir freuen uns sehr auf Ihr Kommen! Beiliegend finden Sie die Einladung an unsere Landeskulturwarte, die Vorsitzenden der Landesgruppen der Landsmannschaft und unsere ‚Mitarbeiter'. Da wir mit Ihrer Hochschulgruppe immer im engen Kontakt stehen, baten wir Herrn Berg, für diese Arbeitstagung einen Vertreter zu entsenden, wie auch unser Bundesgruppenwart der ostpreußischen Jugend dabei sein wird, denn die jüngere Generation soll und muß unbedingt vertreten sein. Wir freuen uns, daß durch Ihr Kommen auch die weibliche Teilnehmerschaft eine Stärkung erfährt. Ich hoffe, daß die Tagung auch für Sie interessant ist und Sie werden ja sehen und erleben, wie es um unser kulturelles Anliegen bestellt ist, – und wie unendlich viel zu tun bleibt.

Mit heimatlichen Grüßen!

Ihre Hanna Wangerin"

Dies und unser persönlicher Briefwechsel hierüber sollte zur Initialzündung für unseren Lebensbund werden! Darin haben wir dem beklemmenden Gefühl der Einseitigkeit, daß wir Studenten stets als Bittsteller gegenüber der Landsmannschaft auftreten, es aber an wenigstens symbolischen Gesten unserer Dankbarkeit fehlen lassen, im Gleichklang unserer Worte Ausdruck gegeben.

In ihrem Tagungsbericht für die Landsmannschaft und für mich vom 21.10.55 schrieb Hannelotte: „... Diesen (den Verantwortlichen) in ihren Sorgen und Nöten eine Erleichterung und kleine Anerkennung ihrer Arbeit zu verschaffen, sollte uns selbstverständlich sein, wenn wir nicht nur als die Fordernden und Nehmenden bei der Landsmannschaft auftreten, sondern durch Berichte über unsere Gruppenarbeit, durch kleine Aufmerksamkeiten, wo diese am Platz und unseren Verhältnissen angepaßt sind, und unser persönliches Verhalten ihrer Arbeit gegenüber unser Interesse zum Ausdruck bringen."

Hannelottes Brief vom gleichen Tage mit vielen Schilderungen über „Mensch und Maß" der Tagung löste meinen 14doppelseitigen, also 28seitigen Antwortbrief vom 25.10.55 aus, in dem ich sie durch meine gesamte studentisch-landsmannschaftliche Arbeit seit 1952 führte und zum Punkt „Wir und die Landsmannschaft" weit ausholte:

> „... Ich bin heute noch froher über Deine Anwesenheit in Lüneburg als damals, als ich Dich bei Fräulein Wangerin meldete. Meine Freude darüber, daß Du für uns fuhrst, habe ich ihr dabei nicht verschwiegen, und sie hat Dir ja auch gleich eine wenig offizielle Bestätigung geschickt. Um gleich diesen Punkt zu erledigen: Als Fräulein Wangerin nach der Agnes Miegel-Feier bei Euch in Nenndorf an mich herantrat, da ahnte ich nicht, welch schöne und für die Gruppe nützliche Bekanntschaft geschlossen wurde. Die Gute hat uns bzw. mir den Weg zu den geneigten oder begehrten Ohren in Hamburg geebnet und tut, was sie kann. Obwohl mancher von uns ein warmes Herz in die landsmannschaftliche Arbeit eingebracht hat und die Gruppe insgesamt auch manche landsmannschaftliche Aktivität entfaltet hat (die größte war bisher die Bruderhilfe), so stehen wir wegen der ewigen Bittstellereien doch in der Schuld der Landsmannschaft und besonders in der von Fräulein Wangerin, da sie, wenn ich nicht persönlich die Anträge vorbrachte, in den meisten Fällen das Geld für uns bei Herrn Guillaume aus dem Feuer holte (Anm.: letzter Satz von Hannelotte mit Randstrich angestrichen). Neben vielem anderen in Deinem Brief hat mich vor allem auch gefreut, daß Du hier so richtig gefühlt hast, was geschehen muß. Ich selbst habe

in die sachliche Korrespondenz persönliche Mitteilungen eingeflochten, um ihr das Gefühl zu nehmen, es handele sich um rein geldliche Beziehungen. Und in der Gruppe habe ich oft genug betont, daß es, wenn nicht ein Gebot des Herzensanstandes, dann doch ein Gebot der Klugheit sei, mich einmal davon zu befreien zu schreiben: ‚Ich danke im Namen der Gruppe ...' Wer war denn eigentlich die ‚dankbare Gruppe', die kaum von dem warmen Regen aus Hamburg Notiz nahm? Baaske schrieb einmal ein kleines Gedicht; an einem Adventsabend schickten wir gemeinschaftliche Grüße, aber auch hier ging die Liste nicht ohne mein Betreiben herum. Fromm hatte ich ein Dutzend Male angehalten, doch (auf Kosten der Gruppe!) ein paar Schnappschüsse aus der Casa nach Hamburg zu senden; er war damals 1. Vorsitzender und hätte seine Negative abziehen und die Abzüge – wenn er schon keine eigenen Ideen hatte – aus eigenen Stücken absenden müssen. Aber es geschah nichts. Ein Beispiel, ich könnte Bücher schreiben. Und schließlich konnte ich allein doch nicht alles und jedes besorgen, schon rein zeitlich nicht. Es wäre gut, wenn Du Dich dieser Angelegenheit so annehmen würdest, wie Du es schriebst. Es ist wohl viel Versäumtes nachzuholen mit Geschick und Umsicht. Wenn Herr Grimoni (Anm.: Bundeskulturreferent der Landsmannschaft, Landesvorsitzender Nordrhein-Westfalen der Landsmannschaft, Mitglied der Stadtvertretung Königsberg) Dich so herzlich begrüßte, dann wird er wohl auch daran gedacht haben, daß die Mühe einzelner seiner Gastgeber während des Stiftungsfestes und danach wohltuend von dem allgemeinen Verhalten abstach. Bormann, der Dussel, hatte doch zum Beispiel vergessen, ihn zu begrüßen und holte es nicht nach, als ich ihm während seiner Ansprache ein Zettelchen rüber schob. Und dann saß er leider sehr oft allein."

Auf diesen Brief, den ich am Ende als den „längsten“ bezeichnete, den ich bisher geschrieben hatte, erhielt ich mit Datum 28.10.55 die Antwort, daß es auch für Hannelotte der längste war, „... den ich bis jetzt empfangen habe. Um 9 Uhr morgens brachte Mutsch ihn mir ans Bett und um 10 Uhr las ich ihn noch immer daselbst. Als ich dann Anstalten machte, in Ruhe nochmals alles zu bedenken, wurde ich ziemlich unsanft aus den Federn gespenkert.“ (Ostpreußischer Ausdruck, etwa „gejagt“.) Und weiter an anderer Stelle: „Ich schicke Dir ein mir in Lüneburg sehr liebgewordenes Liedchen mit ... Der Text ist extra für uns geschrieben, finde ich. Wie wenn Storm es gewußt hätte! – Guck' es Dir schon mal an.“ Und am Schluß des Briefes: „Besonders mit der dritten Strophe grüße ich Dich bis auf baldiges Wiedersehen, Hannelotte.“

Sie lautet:

> Immer schwerer wird das Päckchen,
> kaum noch trägt es sich allein,
> und in immer engre Fesseln
> schlinget uns die Heimat ein.

Was wollte Hannelotte damit sagen, wen alles meinte sie damit? Ich hoffender Jüngling bezog es auf unser beider Verhältnis – und „lag“, wie sich bald bei unserem Wiedersehen erweisen sollte, richtig damit.

Außerordentlich interessierte die Landsmannschaft meine „ausführliche Stellungnahme zu der Haltung der Göttinger Universität“ (Anm.: zur Albertina-Patenschaft), wie Hanna Wangerin mir am 3. Mai 1955 schrieb, die ich ihr in meinem Brief vom 27.4.55 geschickt hatte:

> „P.S. Da von Seiten der Landsmannschaft und anderen Stellen aus immer auf die Übernahme der Patenschaft für die Königsberger Albertus-Universität durch die hiesige Georgia Augusta hingewiesen wird, wollte ich Ihnen schon immer

einmal die authentische Auslegung dieses Patenschaftsverhältnisses durch den Senat und den Rektor der Universität Göttingen mitteilen. Danach handelt es sich hier keineswegs um ein bekräftigtes Verhältnis, das rechtlich und geistig – traditionell verpflichtend – wirkt. Wir hatten im Wintersemester in zwei Rücksprachen beim Rektor und einem Exposé für den Senat darum gebeten, uns für einen Abend mit Agnes Miegel als Ehrendoktorin der Albertina die Aula der Universität zur Verfügung zu stellen und zur Ausgestaltung des Patenschaftsverhältnisses vorgeschlagen, der Gründung der Albertina durch einen jährlichen Dies und eine Feierstunde in der Aula zu gedenken. Der Rektor antwortete, daß der Senat in ‚Aussicht genommen habe, in Abständen von 5 oder 10 Jahren eine akademische Feierstunde abzuhalten, um das Andenken an die Albertus-Universität zu erhalten. Ihren weitergehenden Anregungen kann der Senat nicht entsprechen. Zumal die Übernahme der Patenschaft für die Albertus-Universität durch die Georg-August-Universität noch keine formale Konstituierung erfahren hat.‘ Für den geplanten Agnes Miegel-Abend wurde die Aula uns nicht zugesprochen, sondern auf einen Raum verwiesen, der der Verwaltung der Universität überhaupt nicht untersteht. Dies war der Punkt, von dem ich oben sprach. Wir sind hier immer ärgerlich, wenn der hiesigen Universität die Ehre der geistigen Nachfolge der Albertina zugesprochen wird, obwohl sie nicht nur nichts dafür tut, sondern sogar ihre Scheu vor einer offenen Bekundung dieser Nachfolge zeigt. Nach der ausdrücklichen Versicherung von Frau Kurator Hoffmann ist die Übernahme der Patenschaft beschlossen worden. Vielleicht fehlte allerdings die Formalität eines Stückchens Papier hierüber. Als ob es auf dies Papierchen und nicht auf den Geist und den Mut ankäme, den wir heute im allgemeinen und dort, wo die führende Schicht unseres Volkes herangebildet wird, besonders brauchen. Elende Rückversicherer! Diese geistige Penetranz wurde in einer mündlichen Rücksprache beim Rektor außerdem noch so ummantelt, daß erst die Konferenz der Kultusminister über die Verteilung der Patenschaften für alle geistigen Stätten Ostdeutschlands befinden müsse, ehe Göttingen sich tatkräftig des Erbes der Albertina annehmen könne. Auf welche Kultusministerkonferenz soll denn noch gewartet werden, ehe etwas geschieht? Die hiesige Universität hat Autorität genug, um ein Vorangehen in diesem Punkt bestätigt zu bekommen, wenn sie nur wollte. Leider war an Minister Oberländer bei seinen Besuchen in Göttingen nicht heranzukommen. Wir hätten ihm hierüber, über den schleppenden Gang der Ausbildungsbeihilfe und einiges andere manches berichten können. Von mir aus sollten die Landsmannschaft und andere politisch bedeutenden Institutionen diese Dinge ruhig in der Öffentlichkeit anprangern."

„Zaungäste“ der Ostpreußischen Arztfamilie und mehr

Der Studienort Göttingen bescherte mir eine weitere Bereicherung für mein ganzes Leben: In Göttingen traf sich alljährlich die Ostpreußische Arztfamilie. Das Einladungsschreiben des Freundeskreises vom 31. Mai 1955, welches auf den folgenden Seiten abgedruckt wird, beschreibt die Arztfamilie als „Zusammenschluß aller einst in Ostpreußen tätig gewesenen Ärzte und ihrer Hinterbliebenen“. Aber sie war weitaus mehr. Sie war die ostpreußisch-landsmannschaftliche Vereinigung mit dem höchsten sonst nirgends erreichten kulturellen und gesellschaftlichen Niveau. Das Miteinander ihrer Mitglieder war vornehm, kollegial-herzlich, frei von jeder „Vereinsmeierei“ und jeglichem Intrigantentum. Die Organisationsstruktur war ebenso einfach wie effektiv: „Pater familias“ und „Antipode Nord“ war Dr. med. Paul Schröder in Dänischenhagen bei Kiel, „Antipode Süd“ Dr. med. Schnorrenberg in München. Sie hielten die „Familie“ innerlich und äußerlich zusammen. Dem dienten auch die Familiennachrichten, die in halbjährlicher Folge herausgegebenen Rundbriefe der Ostpreußischen Arztfamilie. Ihr – auch mit vielen humorvollen Einlagen gewürzter – Stil entsprach dem eben geschilderten Wesen der Arztfamilie. Sie sind ein einzigartiger Kulturspiegel Ostpreußens und eine ebensolche Dokumentation seines Schicksals.

Ich vermag nicht mehr zu sagen, wie es zu meinem Kennenlernen mit der Arztfamilie kam. Vermutlich war es Elisabeth Reinecker in der Universitätsquästur, die viele Familienmitglieder bereits aus Königsberg kannte und Dr. Schroeder auf das Bestehen unserer Göttinger ostpreußischen Studentengruppe und auf mich als ihren Sprecher aufmerksam gemacht hatte. Jedenfalls konnte ich in meinem Tätigkeitsbericht vom 15.10.1954 sagen: „Zu dem Jahrestreffen der ‚Ostpreußischen Arztfamilie‘ erging eine en bloc-Einladung an die Gruppe, die sich auch in stattlicher Zahl zum Gesellschafts- und Begrüßungsabend auf dem

Rohns traf und bei der Arztfamilie eine betont herzliche und gastlich-freie Aufnahme erfuhr." Dort fand auch das erste herzliche und auf meiner Seite mit großer Dankbarkeit erfüllte Wiedersehen mit meiner Königsberger Kinderärztin Dr. med. Ruth Lindstädt (ihre dortige Praxis befand sich in der Kantstr. 2) statt, die so manches „Wehwehchen" bei mir auskuriert hat, vor allem aber meinen schweren Gelenkrheumatismus von Anfang Januar bis Ende Mai 1939 nach vielen Rückschlägen bezwungen hat.

Zu einem zeitgeschichtlich bedeutsamen Ereignis wurde der Ärztetag 1954 durch den Vortrag „Ost-West-Berührung hinter Palisaden" des erst zu Beginn dieses Jahres aus sowjetischer Gefangenschaft entlassenen Professors Dr. med. Wilhelm Starlinger. Vom Beginn der Königsberger Schreckenszeit unter den sowjetischen Eroberern bis zu seiner Verschleppung in Regimelager in der Sowjetunion war er u. a. Leiter zweier von den Sowjets geschaffener „Seuchenkrankenhäuser", und so erfuhr die deutsche Öffentlichkeit erstmals authentisch, daß von den beim Einmarsch der Roten Armee noch 125 000 lebenden Deutschen in der Stadt „im Gefolge von Mord, Totschlag, Freitod, Hunger, Kälte und Pestilenz" deren Zahl bis zum Frühling 1947 „auf ungefähr 25 000, also auf ein Sechstel" abgesunken war. Aus seiner Begegnung mit inhaftierten leitenden Persönlichkeiten aus allen staatlichen Bereichen der Sowjetunion analysierte Starlinger einen für Rußland bedrohlich werdenden Machtfaktor China, woraus er geostrategische Perspektiven auch für Deutschland ableitete. Der Sommerrundbrief 1954 der Arztfamilie enthält eine ausführliche Mitschrift zu Starlingers Vortrag. Er selbst hat darin wesentliche Teile seiner Vortragstexte in zwei Artikeln veröffentlicht. Auf der Basis seines Vortrags vor der Arztfamilie hat Starlinger das Buch „Grenzen der Sowjetmacht im Spiegel einer West-Ost-Begegnung hinter Palisaden von 1945–1954" geschrieben, das der Göttinger Arbeitskreis als Veröffentlichung Nr. 123 in der Reihe „Beihefte zum Jahrbuch der Albertus-Universität

Königsberg/Pr. IX" herausgegeben hat (Würzburg 1955). Die Ausführungen Starlingers fanden zunehmend publizistische und politische Beachtung, und Bundeskanzler Dr. Adenauer bat ihn eines Tages zu einem persönlichen Konsilium.

Die Einladung der Arztfamilie an den Freundeskreis gemäß dessen Schreiben vom 31. Mai 1955 zur Teilnahme an ihren Veranstaltungen am 4. und 5. Juni zeigt auf, welches Beziehungsgeflecht mit dem Wunsch nach Breitenwirkung die Arztfamilie in Göttingen in kurzer Zeit hergestellt hatte:

> „I. Die Ostpreußische Arztfamilie – der Zusammenschluß aller einst in Ostpreußen tätig gewesenen Ärzte und ihrer Hinterbliebenen – die alljährlich in Göttingen zusammenkommt, feiert am 4. und 5. Juni d. Jahres ihr 10jähriges Bestehen. Zu den aus diesem Anlaß in Göttingen stattfindenden Veranstaltungen ist der Freundeskreis herzlich eingeladen worden. Die Arztfamilie hat mich auch gebeten, ihre Einladung an alle sonst noch interessierten Kreise weiterzuleiten. Ich bitte Sie deshalb, auch Ihre Angehörigen und Ihre Bekannten für den Besuch der nachstehenden Veranstaltungen zu werben:
>
> 4. Juni 1955:
>
> 12 c. t. – 13.30: Prof. Dr. Vogt – Flensburg: Die Entwicklung der Medizin im Spiegel der Karikatur.
>
> 16 c. t.:
>
> 1. Prof. Dr. Mauz – Münster: Krankheit und Persönlichkeit.
> 2. Prof. Dr. Wiesner – Freiburg: Virchow als Altertumsforscher.
>
> Die Vorträge finden im Hörsaal d. Hygienischen Instituts, Kreuzbergring 57, statt.
>
> 5. Juni 1955 im Rohns, Beginn 10 c. t.:

1. Festvortrag v. Prof. Dr. Starlinger – Oldenburg: Die Preußische Passion – eine Mahnung an uns.
2. Dr. Paul Schroeder – Dänischenhagen: 10 Jahre Ostpr. Arztfamilie.
3. Med. Rat Dr. Seeger: Erlebnisplauderei aus dem Land der unbegrenzten Unmöglichkeiten

II. Vor der Hochschulgruppe Ostpreußen und dem Freundeskreis spricht Herr Univ. Professor Dr. W. Hubatsch – Göttingen am 16. Juni 1955 20 c. t. im Frankfurter Hof, Kurze Geismarstr. 3 zu dem Thema: Die Bedeutung des deutschen Ostens in der deutschen Geschichte.

Der Freundeskreis lädt Sie, Ihre Angehörigen und Bekannten zu den vorgenannten Veranstaltungen freundlichst ein,

Für den Vorstand:

Pätzold, Amtsgerichtsrat."

Laut Eintragung in meinem Notizbuch 1955 war ich selbstverständlich wieder bei allen Veranstaltungen „dabei", so auch beim Diner und Tanzbeinschwingen am Festabend des 4. Juni auf dem Rohns. Ob Hannelotte, die nun ja schon „dazu" gehörte, mit von der Partie war, weiß ich nicht mehr. Da hatte es bei mir noch nicht „gefunkt", sonst wüßte ich es selbstverständlich.

Brigitte Steiner

Ich war gerade erst mit Brigitte Steiner, der anderen ostpreußischen Bürgermeisterstochter aus Eydtkau, dem bedeutenden deutsch-russischen Grenzbahnhof im nordöstlichen Ostpreußen, in der Göttinger „Springmühle“ beschwingt in der Walpurgisnacht in den 1. Mai getanzt – hoffnungsvoll und doch hoffnungslos in sie verliebt. Mit zwei anderen Gruppenangehörigen, der eine war Dietmar Onigkeit aus Trakehnen, und ihrer weiblichen Begleitung waren wir ein „gut aufgelegtes“, lustiges Doppeltrio.

Brigitte war eine hervorragende, „federleichte“ Tänzerin. Sie hatte einen erlesenen modischen Geschmack, fast zu jeder Ausgeh-Verabredung kam sie in einem anderen Kleid. Fast jedes davon erhielt einen „Namen“ von mir, was ihr sichtlich gefiel, „der chinesische Lampion“ für ein längsfarbig gestreiftes ist mir im Gedächtnis geblieben. Brigitte sang wie ich im Göttinger Ostlandchor, sie sang Alt, unsere Freundschaft begann, als ich sie, völlig überrascht, bei einem Arztbesuch bei Dr. Kindermann als Arzthelferin antraf (sie war ausgebildete Säuglingskrankenschwester). Zur Erinnerung an jenen wunderschönen 30. April/1. Mai-Abend und an eine ebensolche Zeit mit Brigitte (ich übernahm ihren Kosenamen aus ihrer Kindheit „Biechen“) möchte ich ihr diese Zeilen aus einem Brief an Hannelotte vom 28.4.1956 widmen:

> „... Der 30. April vor einem Jahr war auch ein netter Tag. Soll ich's Dir erzählen? Aber keine dummen Gedanken, ich erzähle nur etwas, was Du noch nicht weißt, und vergleiche nicht. Klaus und Gisela, Oni und die Dumännin, Bialluch (hast Du nicht mehr erlebt) mit Onis ältester Tochter und ich mit Brigittchen Steiner, die ich etwa 14 Tage vorher bei Dr. Kindermann das erste Mal gesehen hatte (Anm.: nicht überhaupt, sondern eben in der dortigen Praxis), zogen in die ‚Knochenmühle‘ hinter Grone, um mit-

einander in den Mai zu tanzen. Mit Brigitte war alles völlig neu und zwanglos, und wir hatten einen sehr amüsanten Abend. Ich glaube, ich war geistvoll, höflich und sogar charmant, wie ich es am Anfang immer war und dadurch wohl angenehmer auffalle. Jedenfalls war sie sehr zierlich, hatte ein entzückendes neues Kleidchen an (wie sie mir sagte, das erste Mal), das ich den ‚Lampion' taufte (es sah tatsächlich so aus, ich werde Dir mal den Lampion vorführen, von dem ich diese Vorstellung bezog), ich erntete ihretwegen Komplimente. Welchem Mann schmeichelt das nicht. Wir tanzten auch draußen und philosophierten, es war alles ganz harmlos und schön. Bei Cron & Lanz hatte ich sieben ganz kleine Maikäfer besorgt, sie auf grüne Papierblätter geklebt und in eine Blechdose gesteckt. Um 24h holte ich die Bescherung dann aus der Tasche und sagte, wir wollten jetzt Maikäfer suchen. Mensch, war sie erschrocken. Sie erzählte dann, daß ihr ‚Mienchen', die Hausangestellte, einmal ihre Fingerhandschuhe vollgestopft hätte mit Maikäfern und sie sich dabei entsetzt hätte. Na, nachher hat sie sich an diese Exemplare doch gewöhnt, aber ich glaube, es dauerte 14 Tage, bis sie aufgeputzt waren. – War es taktlos, so lange bei einem netten Augenblick meiner ‚Vergangenheit' zu verweilen? Nicht böse sein!"

Brigitte war in vielem mit Hannelotte, man kann fast sagen: wesensgleich. Sie liebte Ostpreußen und stand genauso fest zu unserer Heimat wie Hannelotte, war grundanständig, aufrichtig-ehrlich zu mir, schenkte mir ihr Vertrauen, war einfühlsam und stets friedfertig-ausgleichend. Ganz offensichtlich hatte ich bei ihrer etwas älteren Schwester, die in Göttingen am Markt ein Photogeschäft betrieb, und bei Haushälterin „Mienchen" aus Eydtkau, die Steiners auch in Göttingen die Treue hielt, mehr als nur „einen Stein im Brett". Als meine Zwillingsschwester Karin mich einmal in Göttingen besuchte, fanden Brigitte und sie rasch in guter Freundschaft zu einander. Aber: Obwohl ich am 7. September im ganz kleinen Kreis Gast am 70. Geburtstag ihres Vaters in der Steinerschen Wohnung am Nikolausberger Weg sein durfte und sie mich auch in ihre weitere Familie einführte, als sie mich am 1. Oktober zum Erntedankfest auf dem Hof ihres Onkels in Dannhausen/Harz mitnahm – beides waren nach den damals noch geltenden gesellschaftlichen Begriffen Zeichen einer eigentlich eindeutigen Zuwendung und Bindung –, war sie immer wieder einer dauerhaften Perspektive unserer schönen, eben auch ostpreußisch-heimatlichen Beziehung mit den Worten ausgewichen: „Freundschaft, mehr nicht!“ Es ging mir doch nicht um irgendwelche „Grenzüberschreitungen“, sondern um Gewißheit über das Ziel unserer Beziehung, die nach meinem Wunsch mehr sein sollte als „nur Freundschaft“. Die stattdessen aber bleibende Verengung hierauf hatte längst zu einer mich bewegenden inneren Hinwendung zu Hannelotte geführt. (Eine erkennbar andere Haltung von Brigitte hätte mich in schwere innere Konflikte gestürzt, ich wäre einer von beiden gegenüber zum moralischen „Schuft“ geworden.)

Ich brauchte mir keine moralischen Vorwürfe mehr zu machen, daß ich dieser nun ungehindert und „frei“ folgte, als Brigitte ausgerechnet beim Erntedankfest bei ihrem Onkel die wenn auch „nur Freundschaft“-Beziehung durch ein Verhalten verletzte, das abrupt endgültig Klarheit für mich schuf und dieser „Freundschaft“ ein sofortiges Ende bereitete. Um ein gleichwohl versöhnliches Zeichen zu setzen und Brigitte noch einmal zu zeigen, was sie mir bedeutet hatte, bastelte ich zu ihrem 26. Geburtstag am 17. Dezember aus Pappe einen konisch abgeflachten Kerzenhalter mit 26 Kerzen in „goldenen“ Stern-Kerzenhaltern, was sie sichtlich bewegt hat. Aber es war „vorbei“. Hannelotte war nun endgültig und für immer in mein Leben eingetreten. Nach meinem Referendarexamen traf ich beim Abschiednehmen von Göttingen Brigitte ein letztes Mal auf der Straße.

Sie habe Miènchen gegenüber darüber geklagt, daß sie im letzten Jahr nicht ein einziges Mal habe tanzen können. Darauf habe Miènchen ihr, eine Anspielung auf mich, zu verstehen gegeben: „Siehste? Biechen, siehste ...“

Meine letzte persönliche Begegnung mit der Arztfamilie fand am 26. Mai 1956 beim Festabend auf dem Rohns statt. Unter für die nunmehrige Landsmannschaft Ordensland, die wiederum von der Arztfamilie „freigehalten“ wurde, nicht sonderlich schmeichelhaften Umständen, wie ich sie in meinem Brief an Hannelotte vom 27.5.56 geschildert habe. Er zeigt zugleich, wie wir mit Dingen, die keinen Aufschub duldeten, damals auch ohne Telephon und Auto fertig wurden:

> „... Wie in jedem Jahr, so hielt auch diesmal die Ostpreußische Arztfamilie ihren ‚Familientag‘ eine Woche nach Pfingsten hier in Göttingen ab. Vor zwei Jahren war man auf uns Studentchens aufmerksam geworden und hatte die damalige Hochschulgruppe dann geschlossen zu jedem Familientag, besonders zum Festabend mit freiem Abendessen und einer Geldhilfe für Weinbestellung eingeladen. Man nannte uns den ‚Kindertisch‘ und mich den ‚filius familias‘ (was mir sehr schmeichelte) und war also sehr familiär. Der Festabend war jedes Mal ein gesellschaftliches Ereignis, am Sonntag fanden dann stets Vorträge über aktuelle Probleme mit beachtlichem Niveau statt. In den beiden letzten Jahren sprach z. B. Prof. Starlinger über Rußland und uns und verkündete vor der Arztfamilie zum ersten Mal seine Thesen, die dann die politische Praxis stark beschäftigt haben. Auch sonst wurde viel geboten, was aber für die Älteren bestimmt war und uns Außenstehende weniger interessierte. Dem stud. und cand. iur. Berg imponierte aber immer die große Kollegialität unter der ostpreußischen Ärzteschaft, die feine, aber darum nicht weniger herzliche und humorvoll-ostpreußisch gesellige Art und auch die Eleganz, mit der die Routinearbeit, der sonst so

verdrießliche offizielle und geschäftliche Kram, erledigt wurde. Jedenfalls hatten wir uns in diesem Jahr sehr über das Ausbleiben einer Einladung gewundert; beim letzten Konvent wurde verschiedentlich gefragt, ob denn diesmal der Ärztetag nicht stattfinde. Einige suchten den Grund darin, daß wir doch immer nur als Verzehrer erschienen seien und man uns sich nun wohl wie Heuschrecken vom Leibe halten wollte. Aber ich glaubte das nicht so recht. Wir hatten uns stets öffentlich (mons orator – Kindergeschrei am Mikrophon) und dann auch schriftlich in gehöriger Form beim pater familias Dr. Schröder bedankt. Klaus und Gisela hatten im vergangenen Jahr auch vollendet ‚Tantche ihr Hund is gestorben' vorgeführt. Diesmal hatte es ganz einfach mit der Benachrichtigung nicht geklappt. Dr. Schröder war gestern zu Reinecker gegangen und hatte sie gefragt, warum wir uns auf seine Einladung nicht gemeldet hätten. Da das Anbandeln mit der Ärztefamilie unter meiner Ägide erfolgt war, besann man sich auf mich. Reinecker sockte also los und meinte, ich müßte die Sache ‚wieder in Ordnung bringen'. Sie ist doch rührend rührselig, nicht? (Hat auch wieder die Adressen rausgeschrieben!) Dr. Schröder war bei Gebhard. Er hatte eine Drucksache und ein persönliches Schreiben an Klährchen (Anm.: Irmgard Klahr) geschickt, aber ich konnte ihm ja nun erzählen, wie sich alles zugetragen hatte. Wo seine Einladungen stecken, ist auch mir rätselhaft. ‚Wir laden Sie alle wieder herzlichst ein. Für das Essen wollen wir sorgen, für das Tanzen müssen Sie sorgen!' So war wieder der Ton. Man fühlt sich aus freien Stücken mit uns verbunden und bietet uns einen landsmannschaftlichen Kreis, der den feinsten Schliff hat, den ich in diesem Umfang erlebt habe. Es klang fast wie eine Bitte, alles ‚zusammenzutrommeln' – konnte ich mich da mit irgendeiner fadenscheinigen Ausrede versagen? Wahrscheinlich wäre auch nie wieder eine Einladung gekommen, wenn ich mich gedrückt hätte. Es hätte in diesem Augenblick wie Desinteresse ausgesehen, das man auf die ganze L.O. übertragen hätte. Die Pflicht führte mal wieder zu einem Fall des ‚Verzettelns'. Ich also noch schnell gefrühstückt und im Marktgewühl eingekauft, dann zu Klährchen nach den Adressen auch der Neulinge. Gute Gelegenheit zu kaschen – Klährchen war Gott sei Dank auf der Bude, aber ich konnte sie gerade dazu bewegen, auch drei Leutchen aufzusuchen. Es gibt eben wenige Weibsen, die ihre persönlichen Dinge zurücksetzen können! Das Pech wollte es, daß ich niemand antraf, dem ich ein paar Adressen abgeben konnte ... Zum Gästeabend auf dem Rohns wollte ich nicht gehen, hatte überall nein gesagt. Aber man schleifte mich abends quasi am Rockärmel mit. Wir waren oben mit elf Leutchen, darunter Gisela, die Dich herzlichst grüßen läßt ... Du warst also im Geiste zugegen. Der Gästeabend fand statt in einem Raum, der sonst ‚Schuppen 18' genannt wird. Ich hatte ehrlich schlechtes Gewissen. Was Du denken würdest, war mir klar. Aber den ganzen Tag verschettert und abends feten? Außerdem war ich hundemüde und hatte nicht einmal Lust zu geselligem Treiben. Als um 23.15 Uhr noch immer nicht getanzt wurde – die Schönen im Lande waren auch nicht allzu dicht gesät, allein der ästhetische Anblick hätte mich noch gestützt (!!!!!) – und eine etwas mondän wirkende Dame ein widerlich plumpes und aufdringliches ‚ostpreußisches' Quizz am Mikrophon vollführte, schob ich los und lag um 24h im Bett. Oni war erst um 4 ½ to Hus. Unsere Bagage soll wieder einmal den Saal abgeschlossen haben. An sich ja die Art, zu der ich mich bekenne ... Immerhin habe ich mich an dem Abend gefreut, als ich meine Tante Doktor aus Königsberg – ich erzählte Dir schon von ihr – wieder traf. Übrigens war ich gestern bei meinem Radrennen kreuz und quer durch Göttingen auch kurz bei der Landesmutter (Anm.: L.O.interne Bezeichnung von Frau Kurator Hoffmann)."

Ich habe es nicht mehr miterlebt, bin aber ein wenig stolz darauf, daß ich sicherlich maßgeblich die Grundlage für diesen Wunsch der Arztfamilie geschaffen habe, den sie an den Freundeskreis richtete und der am 29.6.57 seinen Mitgliedern mitteilte:

„An unsere Mitglieder!

I. Im Anschluß an d. Vortrag d. Herrn Prof. Dr. Andrée am 11. Juli soll eine Mitgliederversammlung stattfinden.

Tagesordnung:

1. Stellungnahme zu d. Wunsch der ‚Ostpr. Arztfamilie', zu d. ostpr. Studenten in Göttingen in enge Beziehungen zu treten und diese nach bestandenem Examen in die Arztfamilie als Mitglied aufzunehmen.
2. Mitteilungen d. Vorstands.
3. Anträge aus d. Versammlung.

II. Das Stiftungsfest d. Landsmannschaft Ordensland ist auf den 6. Juli 57 verlegt worden. Es besteht also noch Gelegenheit, sich an Geld- oder Sachspenden für das Fest (vgl. Rundschreiben v. Mai d. J.) zu beteiligen.

Pätzold"

Mit Brigitte Steiner beim Hagebuttensammeln im Wald

Am 70. Geburtstag ihres Vaters zwischen den beiden Schwestern Steiner, die ältere Inhaberin von „Photo-Steiner“ in Göttingen.

Phototüte des Photogeschäfts Steiner

Brigitte

Ostpreußisches Erntedankfest

Wohl ein kleiner Neffe am 17.12.

Der Göttinger Ostlandchor

Das Kennenlernen mit Brigitte Steiner hatte im Göttinger Ostlandchor begonnen. Bald nach Studienbeginn war ich auf ihn aufmerksam geworden – und trat sogleich in ihn ein. Dirigent war Professor Dehne. Er stammte aus der Harz/Göttinger Gegend und war am Konservatorium der Musik in Elbing tätig gewesen. Der Hinweis bei meiner Vorstellung, daß ich im Königsberger Heinrich-Albert-Chor Sopran gesungen hätte, machte jedes „Vorsingen" überflüssig. Bei Dehne sang ich nun Tenor. In der ersten Zeit stand vor meinem inneren Auge immer noch mein Königsberger Dirigent Konrad Opitz neben ihm, aber dann „verblaßte" dieses Bild. Prof. Dehne dirigierte den Chor mit milder, aber ebenso bestimmender Hand. Er hatte ein verbindendes, freundliches, humorbegabtes Wesen. Er war bereits im fortgeschrittenen Alter, aber immer noch ein rüstiger, von Tatendrang erfüllter Dirigent. Als er 80 Jahre alt wurde, bemerkte er in der Geburtstagsrunde seiner Sänger

Aufnahme beim 70. Geburtstag von Brigitte Steiners Vater, links im Bild Prof. Dehne

trocken: „Zwischen 18 und 81 sind die besten Jahre, danach fängt das Alter an!“ Wie wahr, kann ich heute selbst sagen.

Die Ostlandchorsänger waren größtenteils Schlesier. Von den Ostpreußen habe ich bereits Brigitte Steiner erwähnt. Frau Steinke aus Adlig-Paddeim fand eine entfernte Verwandtschaft mit Terners heraus. Ihr Mann soll, als er in der Nähe des Königsberger Nordbahnhofs bei den Endkämpfen um Königsberg Anfang April 1945 als Parlamentär mit weißer Flagge (wohl ohne höheren Befehl) zur russischen Seite überlaufen wollte, aus den eigenen Reihen erschossen worden sein. Herr Grawunder war wohl berufsfremd im Reichsbahnausbesserungswerk (RAW) Göttingen beschäftigt; er war eine hünenhafte Erscheinung, kam aus Gumbinnen und sprach ein breites, sehr warmes Ostpreußisch. Herr Bittihn war Insterburger. Was ich zu jener Zeit noch nicht wußte: Brigitte Milthaler und Hannelotte kannten sich aus Angerburg. Chorkamerad war auch Hugo Fromme, der ja in Sachen „Bruderhilfe“ geglaubt hatte, uns Lehren erteilen zu müssen. Tischlermeister Tobien kam aus dem unserer Schrötterstraße benachbarten Stadtteil Charlottenburg, wir pflegten im Chor Königsberger Nachbarschaft. Nach mir und über mich trat auch der Rastenburger Dieter Rondeck in den Chor ein. Wir kannten uns aus der engen Beziehung Hochschulgruppe Alte Königsberger Burschenschaft Gothia, der Dieter angehörte. Dieter war Kradmelder in der 21. ost-westpreußischen Infanteriedivision gewesen und an der mörderischen Wald-Sumpf-Wolchowfront südlich Leningrad schwer verwundet worden. Kameraden hatten ihn aus hohem Schnee vor dem Verbluten gerettet. Sein linkes oder rechtes Bein mußte noch auf dem Hauptverbandsplatz amputiert werden. Er hatte seine Erkennungsmarke mit der eingestanzten Blutgruppe verloren. Blutgruppe 0-Konserven waren nicht mehr vorhanden. Der Feldarzt-Chirurg habe ihn gefragt: „Rondeck, Blutgruppe?“ Er, Dieter, habe bei schwindendem Bewußtsein seine Blutgruppe gehaucht (es muß also A, B oder AB gewesen sein). Darauf habe der Feldarzt laut und ernst zu ihm gesagt: „Wenn das nicht stimmt, Rondeck, ist das Dein Tod!“ Es stimmte! Und da Dieter so den Lebenden erhalten geblieben war, konnten wir in Göttingen nicht nur manches Bierchen miteinander „stemmen“ oder danach an der „Wursteluffe“ auf der Heimfahrt noch eine Thüringer Rostbratwurst „verdrücken“, sondern in seiner „Bude“ in der Reinhauser Landstraße auch so manches Mal nach „Rinderfleck“ und zu Bier und „Bärenfang“ die Nacht hindurch mit einem „dritten Mann“ „Skat kloppen“, was das Zeug hergab, die nicht gerade „gesellschaftsfähigen“ Skat-Sprüche gehörten dazu. Dieter erhielt zur Pflege seines Beinstumpfes spiritus delutus, reinen Alkohol. Ein nicht geringes Quantum davon wurde zur Herstellung von „echt“ ostpreußischem Bärenfang abgezweigt. Dieter war auch zivil Motorradfahrer geblieben, für ihn als Beinamputierten war seine NSU (Neckar-Sulm-Union, eine ehedem berühmte Motor- und Fahrradfabrik) „98er Kubik“ ein unentbehrliches Fortbewegungsmittel. Ungezählte Male hieß er auch mich auf dem Sozius seines schwankenden Gefährts Platz nehmen, selbst wenn wir „mehr als einen intus“ hatten. Er duldete da keinen Widerspruch – mir wird noch nachträglich „anders“ – Glück gehabt! Als wir Referendare waren und Hannelotte ihre Berufsausbildung an der Landeswohlfahrtsschule Braunschweig begann, ich selbst als „Gast“ im Oberlandesgerichtsbezirk Braunschweig meine beiden ersten Ausbildungsstationen beim Amtsgericht Wolfenbüttel und am Landgericht Braunschweig absolvierte, trafen wir uns dort wieder – in eingeschränktem Maße unter Fortsetzung unseres Göttinger Tun und Treibens. Dieter sollte 1971 Patenonkel unseres zweiten Sohnes werden. Er wohnte zu dieser Zeit in Hannover, wir in Bad Nenndorf. Als wir ihm nach Rückkehr von unserer ersten Ostpreußen-Nachkriegsreise 1977, bei der wir auch seine Heimatstadt Rastenburg besucht hatten, von dieser Reise erzählen wollten, erfuhren wir von seiner Frau, die ebenfalls Ostpreußin war, daß Dieter kurze Zeit vorher verstorben war.

Das Liedgut des Ostlandchores bestand aus allen bekannten ostdeutschen Liedern und aus vielem volkstümlichen Liedgut mehr. Späterhin haben mich viele Pommern, Schlesier, Sudetendeutsche immer wieder erstaunt gefragt, woher ich als Ostpreuße denn ihre Heimatlieder so genau kennen würde.

Der Chor erfüllte in der Zeit meines Eintritts eine nicht zu unterschätzende psychische Aufgabe. An fast jedem Wochenende sangen wir in einem Dorf/Ort in der näheren oder weiteren Umgebung Göttingens im Saal einer Gastwirtschaft, der bis auf den letzten Platz gefüllt war, die ostdeutschen Heimatlieder unserer Zuhörer. Teilweise immer noch von der einheimischen Bevölkerung abgelehnt und in wohnungsmäßigem wie wirtschaftlichem Elend lebend, in schmerzvoller, unerfüllt-ungewisser Sehnsucht auf Rückkehr in die Heimat wartend, sprach nun diese aus unseren Liedern zu ihnen. Nicht nur dies, wir eröffneten jedes Konzert mit dem bekenntnishaft gesungenen Hymnus:

> Schließt die Reihen, deutsche Brüder,
> aus des Ostens weiten Gau'n.
> Laßt erklingen Heimatlieder,
> daß wir sie im Geiste schau'n.
> Niemals geben wir verloren,
> beten, daß bald wieder frei

nach Gehör aufgezeichnet

Ostland, wo wir einst geboren,
unser Schwur heißt:
fern doch treu!

Ihr aus Schlesiens reichen Fluren,
aus dem schönen Böhmerwald,
aus den Wäldern von Masuren
und von Pommerns Ostseestrand,
von der Weichsel, von der Warthe,
wir bekennen stets aufs neu?
Ostland, wo wir einst geboren,
unser Schwur heißt:
fern doch treu!

Hat man uns auch ausgetrieben
aus dem fernen Heimatland,
unser Herz ist dort geblieben,
wo einst uns're Wiege stand.
Niemals geben wir verloren,
wir bekennen stets aufs neu
Ostland, wo wir einst geboren,
unser Schwur heißt:
fern doch treu!

Für mich als ewig hungrigen Studenten hatten unsere Konzerte außer dem Erlebnis tiefster Schicksalsverbundenheit mit den von der befreienden Kraft des Liedes, ihrer Lieder, ergriffenen Zuhörern noch einen schönen nahrhaften, sättigenden Gewinn: Schlesische, pommersche, ostpreußische Frauen hatten für den Chor nach ihren heimatlichen Rezepten Kuchen gebacken oder bewirteten uns in anderer Form als Dank für unser Konzert.

Der Chor hatte einen gewissen Bekanntheitsgrad erreicht. Er sang auf Großveranstaltungen der Vertriebenen, es gab auch Rundfunkaufnahmen seines Repertoires im NDR (Norddeutscher Rundfunk). Hannelotte hatte mich, der in diesen Tagen bei meinen Eltern in Leese, Kr.

Nienburg/W. war, auch im Namen ihrer Eltern, meiner späteren Schwiegereltern, zum Lichterfest mit zigtausend Kerzen im Bad Nenndorfer Kurpark am 13. August 1955 eingeladen. Aber ich mußte wegen solch einer Großveranstaltung am 13. und 14. August in Hannover, auf der der Chor auftrat, für diesen Tag absagen. So blieb es nur bei einer Begrüßung und einem überaus ostpreußisch-stimmungsvollen Vorabend bei ihren Eltern im (später abgebrannten) alten Nenndorfer Galeriegebäude. Hätte ich nicht zum Vertriebenentreffen am Wochenende in Hannover abreisen müssen und wäre stattdessen in Nenndorf geblieben – vielleicht hätte dann unser etwas näheres Kennenlernen und die Abkoppelung von Brigitte Steiner schon ein Vierteljahr früher stattgefunden ...

Als das Referendarexamen im August 1956 näherrückte, konnte ich die Pflichten eines Sängers gegenüber seinem Chor – Teilnahme an Proben und Auftritten – nicht länger ordnungsgemäß erfüllen. Da ich Göttingen nach dem Examen ohnehin verlassen würde, schied ich aus dem Ostlandchor aus. Mit Professor Dehne blieb ich noch einige Zeit lang in brieflicher Verbindung.

Burschenschaft Alemannia
zu Göttingen

Göttingen, den 5.November 1951.
Herzberger Landstraße 3
Tel. 3722

Wir erlauben uns, Herrn stud.jur. Fritjof Berg zu folgenden Veranstaltungen unseres Bundes ergebenst einzuladen:

1. Donnerstag, den 8.11. 2o c.t. auf unserem Hause Herzberger Landstr.3:
   Ausspracheabend mit Gästen.
2. Montag, den 12.11. 2o c.t. auf unserem Hause:
   Vortragsabend mit anschließender Diskussion über das Thema:
   "Hat das Studentenkorporationswesen heute noch seine Berechtigung?"
   Referent: Staatsarchivdirektor Dr. Diestelkamp, Hannover.
3. Sonnabend, den 17.11., Treffpunkt 14.3o Uhr vor unserem Hause:
   Gemeinsamer Spaziergang.

Wir wünschen Ihnen für den Beginn Ihres Studiums alles Gute und würden uns freuen, wenn Sie unserer Einladung Folge leisten würden.

(1.Sprecher)

Einladung der Burschenschaft Alemannia zu Göttingen

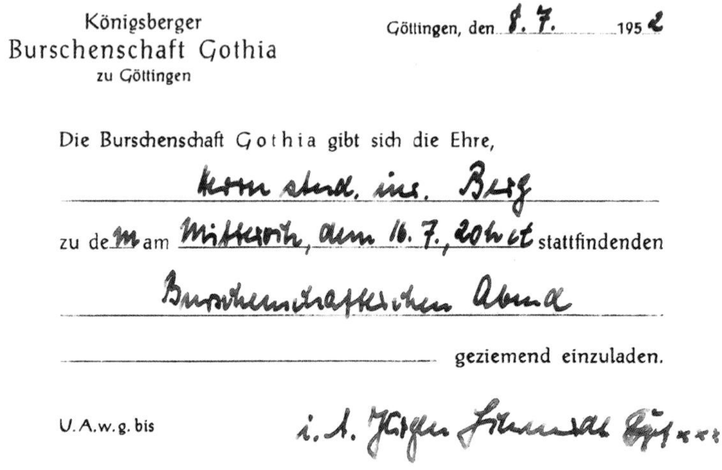
Königsberger
Burschenschaft Gothia
zu Göttingen

Göttingen, den 8. 7. 1952

Die Burschenschaft Gothia gibt sich die Ehre,

Herrn stud. ing. Berg

zu dem am Mittwoch, dem 16. 7., 20 h ct stattfindenden

Burschenschaftlichen Abend

geziemend einzuladen.

U. A. w. g. bis

i. A. [illegible]

Einladung der Königsberger Burschenschaft Gothia zu Göttingen

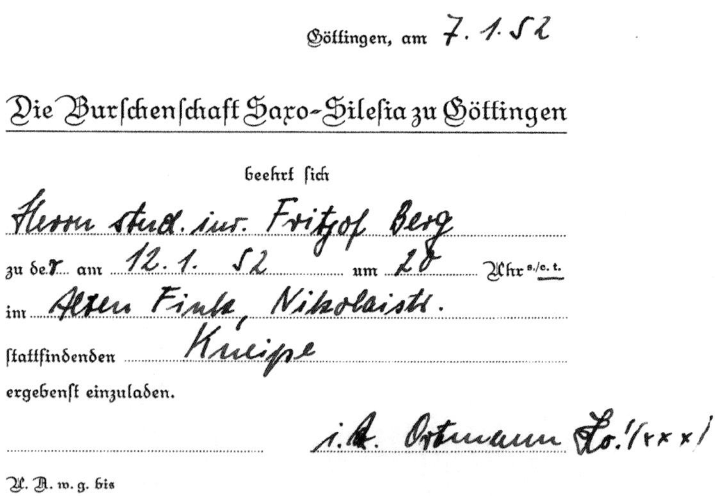
Göttingen, am 7. 1. 52

Die Burschenschaft Saxo-Silesia zu Göttingen

beehrt sich

Herrn stud. jur. Fritjof Berg

zu der am 12. 1. 52 um 20 Uhr s./c. t.

im Alten Fink, Nikolaistr.

stattfindenden Kneipe

ergebenst einzuladen.

i. A. Ortmann Fo.! (xxx)

U. A. w. g. bis

Einladung der Burschenschaft Saxo-Silesia zu Göttingen

Zusammenarbeit mit Traditionsverbindungen

Ich habe bereits ausgeführt, daß ich nach meiner Immatrikulation viele Offerten von Traditionsverbindungen, von Burschenschaften, Landsmannschaften, von Corps wohl kaum, erhalten habe.

Ich war absolut kein Verbindungsgegner, habe im Gegenteil gegenüber allen damaligen Anfeindungen, Verfolgungsmaßnahmen, Verboten zum Farbentragen in der Öffentlichkeit, Mensurenschlagen grundsätzlich immer auf ihrer Seite gestanden. Aber ich fand im Verbindungswesen zu wenig Einsatz für unser daniederliegendes Vaterland und suchte dort, wie ebenfalls erwähnt, vergeblich eine spezifisch ostdeutsche Orientierung. Ich fand sie in durchaus ausgeprägter Form bei der Alten Königsberger Burschenschaft Gothia zu Göttingen. Aber ich wollte eine Studentengruppe mit aufbauen, die auch Gegnern eines exklusiv korporationsmäßigen Studentenlebens, insonderheit auch Kommilitoninnen, die Möglichkeit des Beitritts und der aktiven Mitarbeit eröffnete und ihre deutschlandpolitischen Zielvorstellungen nicht auf geschlossene Konvente beschränkte. Dies erforderte, wie sich bald zeigen sollte, „neben" dem Studium sehr viel Einsatz und Zeit. Zusätzlich hierzu für einen frisch gekürten Verbindungsstudenten noch „Fuchsenstunden", pflichtgemäße Teilhabe am gesamten Verbindungsleben in den „aktiven" Semestern und evtl. die Übernahme von Chargen, dazu Geldbeiträge für den „Bund" – es war ausgeschlossen, wollte ich nicht die von mir gewählte höherrangige Aufgabenstellung als „Zweibändermann" selbst wieder in Frage stellen. Ihr wollte ich eher durch eine möglichst breite Zusammenarbeit mit Traditionsverbindungen Geltung verschaffen.

Ich habe bereits den anfangs erfolgversprechenden Anlauf zu einer Mahnkundgebung am 17. Juni 1954 erwähnt, der vom Corps Saxonia aufgegriffen wurde, das zunächst aber seinen SC (Seniorenconvent) unterrichten wollte. Das Corps hatte zu dieser Zeit eine zentrale Stellung unter den Göttinger Traditionsverbindungen, da es den Vorsitz im I.C.C. (Intercorporativer Convent) innehatte, wie sich aus der nachstehenden Postkartenmitteilung des Konsuls Dr. Seelheim, Göttingen, ergibt:

> „Sehr geehrter Herr Berg!
>
> Den Vorsitz im I.C.C. führt z. Zt. das Corps Saxonia, dessen Vertreter, Freiherrn von Cramm, ich am Sonnabend flüchtig kennengelernt habe. Wir hatten dabei verabredet, am Sonntag über die betreffende Angelegenheit eingehender zu sprechen. Leider traf ich ihn dann aber doch nicht, und so habe ich ihm am Sonnabend Abend nur sehr kurz andeuten können, worum es sich handelt.
>
> Vielleicht suchen Sie ihn einmal auf.
>
> Ich würde mich freuen, wenn Ihre Anregung entweder in der von Ihnen vorgeschlagenen oder einer anderen Form verwirklicht werden könnte."

Eine allgemein breite Zusammenarbeit mit den Göttinger Traditionsverbindungen entwickelte sich daraus jedoch nicht mehr. Als Einzelveranstaltung ist in meinem Tätigkeitsbericht für das Wintersemester 1953/54 vom 24.4.54 ein gemeinsamer Vortragsabend mit der Burschenschaft Holzminda auf deren Haus am 20. Januar 1954 mit Herrn Marzian vom Göttinger Arbeitskreis Ostdeutscher Wissenschaftler erwähnt. Für dasselbe Semester habe ich abschließend geschrieben: „Weiterhin folgten einige Mitglieder der Hochschulgruppe einer Einladung der Burschenschaft Gothia, Flugplatz, zu einem Vortragsabend mit Herrn Prof. Dr. Weber." Des weiteren habe ich im Tätigkeitsbericht vom 15.10.1954 über das Sommersemester 1954 für den 24.6.1954 vermerkt: „Haus der Königsberger Burschenschaft Gothia, Flugplatz, Gesprächsabend über das Thema ‚Deutschland-Polen' mit Herrn Prof. Dr. Spohr, eingeleitet von Herrn Fromm mit einem Bericht über die unter dem gleichen Thema stehende Freizeit in Lüneburg." In meinem Tätigkeitsbericht für das Wintersemester

1954/55 vom 25.6.1955 heißt es dann: „Die Beziehungen zu den Göttinger Burschenschaften Gothia, Holzminda und zum Verein Deutscher Studenten (VDSt) gestatteten es, mit diesen Verbindungen einen ostpreußischen Lichtbilderabend in der 2. Semesterhälfte im Hause des VDSt zu verabreden. Infolge technischer Schwierigkeiten ließ sich diese Abrede leider nicht einhalten. Die Veranstaltung soll im Sommersemester nachgeholt werden." Bei dem „soll" blieb es aber, der für das Sommersemester neu gewählte Vorstand hat die von mir geschaffenen Querverbindungen nicht weiter aufgebaut.

Vorstehend und aus dem Kapitel „Casa Prussia" geht hervor, daß wir bis zu deren Anmietung besonders häufig Gäste in den Häusern der Burschenschaft Gothia und des VDSt waren und es bei letzterem auch weiter bei größeren und repräsentativen Veranstaltungen blieben. Die „Gothen" hatten auf dem Göttinger Flugplatzgelände eine ehemalige Luftwaffenbaracke erworben und in Eigenleistung zu ihrem „Haus" umgebaut (zum Billigzins nachgeworfene Baudarlehen gab es damals noch nicht, Eigenmittel waren auch bei der – oft vor einem Neuanfang stehenden – Altherrenschaft knapp). Naturgemäß ergab sich eine besondere Nähe zwischen unserer Hochschulgruppe und der Gothia damals aus der gemeinsamen ostpreußischen Abkunft unserer Mitglieder und der meisten Angehörigen der Aktivitas der Gothen. Aber sie war seitens der Gothia auch nicht gänzlich uneigennützig. Ihre Gäste bei uns oder, wenn wir zu Gast in ihrem Haus und sie die dortigen Hausherren waren, hielten aufmerksam Ausschau nach Neuimmatrikulierten, die bei unseren Veranstaltungen erschienen waren – und offenbar als geeignete „Keilgäste" für Gothia eingeschätzt wurden. Was mich selbst angeht, komme ich hierauf noch einmal zurück.

Drei Veranstaltungen bei „Gothens" sollen dem Gedächtnis erhalten bleiben. Nach einem gemeinsamen Abend im Gothenhaus waren Gerd Brausch und ich die letzten von unserer Hochschulgruppe, die dort noch zu einem „Abschlußbierchen" mit einigen Gothiakämpen zusammenblieben. Aus dem „einen" wurden einige mehr ... Randvoll des Gerstensafts verließen wir um Mitternacht bei frostklarem Januarhimmel und Neuschnee das Gothenhaus. In einem kleinen Wäldchen am Eingang zum Flugplatz verschufen wir uns „Marscherleichterung" von dem reichlich genossenen „Stoff". Aber statt nun mit mir den Weg in Richtung Göttingen-Stadt fortzusetzen, kehrte Gard Brausch noch einmal zu den Zechkumpanen im Gothenhaus zurück. Irgendwann mittags erreichte mich per Boten die besorgte Mitteilung von „Muttchen Brausch", daß ihr Sohn Gerd, der noch unverheiratet war und bei ihr in ihrer „flüchtlingsgemäßen" Dachkammerwohnung kampierte, verschollen sei. Sie würde sich große Sorgen machen. Ich ging schnurstracks zu ihr und versuchte, sie zu beruhigen. Ich wisse wohl, wo Gerd sei und würde ihn unverzüglich „heimholen". Also von dem einen Stadtrand, an dem der „verlorene" Sohn wohnte, hinaus an den anderen Göttinger Stadtrand zu „Gothens". Und richtig, dort saß noch immer die nächtliche Runde vollzählig beieinander. Mir bot sich das Bild von einem einzigartigen Saufgelage: Inmitten von Gothen saß Gerd, vor ihm und den anderen waren in mehreren Halbkreisen leere Bierflaschen aufgereiht ... Ich wurde mit lautem Hallo begrüßt und zum Mitmachen aufgefordert. Ich entledigte mich jedoch meines Auftrags „unter vier Augen" und verschwand schleunigst wieder. Was sich dann zwischen Mutter und Sohn abgespielt hat, entzieht sich meiner Kenntnis.

Im Juni 1954 beging die Alte Königsberger Burschenschaft Gothia zu Göttingen ihr 100. Stiftungsfest. Ich war „natürlich" zum Festkommers am 26. Juni eingeladen und saß neben dem mir besonders verbundenen Dieter Rondeck. Der Sonderdruck aus der „Allgemeinen Bierbibel" (Kommersliederbuch) mit Liedern zum Festkommers wurde von Dieter mit Bier, pardon: Pregelwasser getauft. Auf Seite 2 sind 32 der vielen „canti" aufgezählt, die ich längst „vorwärts und rückwärts und im Schlaf" singen konnte – ein Dokument, das viele wehmütige Erinnerungen aufkommen läßt ...

Offizielle Vertreter unserer Hochschulgruppe Ostpreußen und Ehrengäste am Gesellschafts- und Galaabend des 27. Juni waren Gerd Grzybinski mit Urte Laupichler sowie ich selbst mit Elisabeth H., Medizinstudentin aus Allenstein. Was ich damals noch nicht wußte: Auch mein späteres „Hannelchen" wurde an diesem Abend in Gedanken aus ihrem Tübinger Studienort herbeigeholt, von ihrem Nenndorfer Pfarrer, dem Gothia-Bundesbruder „Pussi" Klatt. Nach unserem Kennenlernen und dem Auftauchen dieser Postkarte war dies natürlich ein verblüffendes, zu allen möglichen ex tunc-Orakeln Anlaß gebendes Ereignis ...

Die Damenrede des Gothia-„Alten Herrn" Rechtsanwalt Dr. Rogalski war ein Feuerwerk an Bildung und Esprit, in ihr reihte sich ein galanter Blumenstrauß an die Damenwelt an den anderen. Und an meiner Seite saß dabei Elisabeth H.

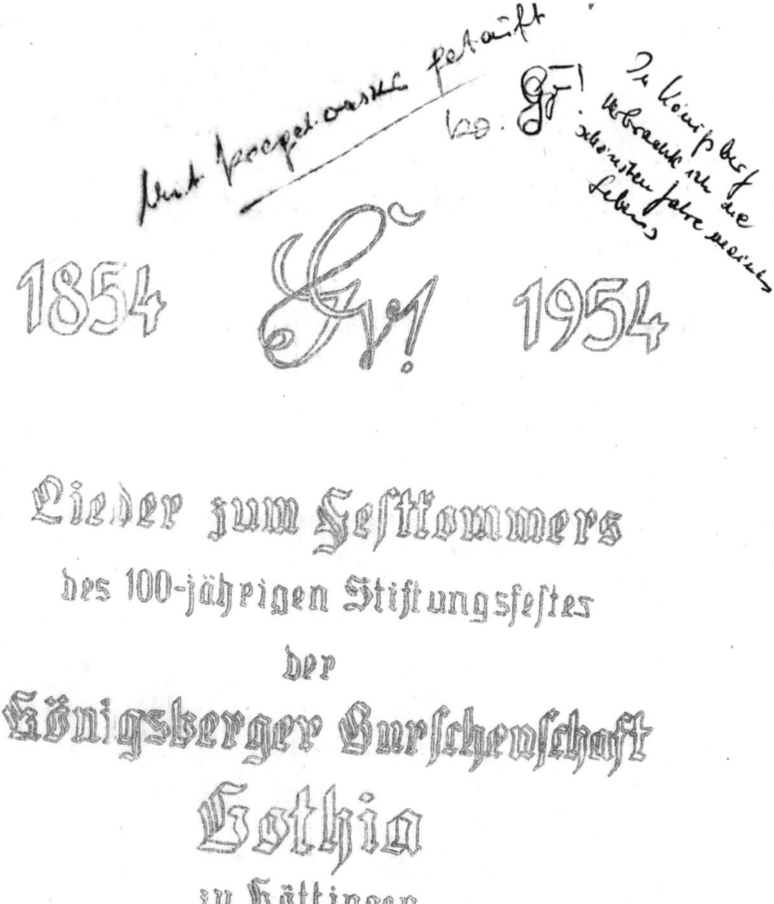
1854 1954

Lieder zum Festkommers
des 100-jährigen Stiftungsfestes
der
Königsberger Burschenschaft
Gothia
zu Göttingen

Bierliedertitelblatt „Lieder zum Festkommers“

Noch in Tübingen, aber schon im Göttinger Studentenleben „dabei“

Damenrede Dr. Rogalski. Keine Literatur!!

von links nach rechts: Urte Laupichler, Gerd Grzybinski, Elisabeth, Fritjof Berg

Elisabeth

Sie war für mich mehr als nur „Gesellschafterin" und „Tischdame" bei der ehrenvollen Teilnahme an einem großen ostpreußischen gesellschaftlichen Ereignis, zu der meine Gedanken bei allen geistreichen Wortspielen von Dr. Rogalski hin und her gingen ... Elisabeth und ich hatten uns in unserer Hochschulgruppe kennengelernt und angefreundet. Offenkundig bedeutete auch ich ihr mehr als nur eine flüchtige Semesterbekanntschaft, schien sie perspektivisch viel weiter zu denken. Sie war grundanständig, aufrichtig und ehrlich zu mir. Mir fehlte bei ihr etwas das spaßvolle oder auch verliebte gegenseitige „Zerrjen" (ostpreußisch) oder „Pliggern" (deutschbaltisch, für necken). Aber es stärkte mein Selbstbewußtsein, in ihr endlich jemand gefunden zu haben, der mich nicht „versetzte", sondern mich in erkennbarer Treue achtete und schätzte. Nach meiner Erinnerung war Elisabeth katholisch. Aber der (kraft Taufe) erworbene konfessionelle Unterschied war ganz offensichtlich formeller Natur, für unsere Freundschaft belanglos. Nach alledem und umso mehr bleibt es an mir, gerade in der Damenwelt als „anständiger Kerl" eingeschätzt, „hängen", daß ich mich nach unserem vertrauensvollen Abschied am Semesterende 1954 von ihr ab- und „neuen Ufern" zuwandte. Hätte ich es nicht getan, wer weiß, ob die Treue von Elisabeth dann noch hätte dazu führen können, daß im zu Ende gehenden Sommersemester 1955 mein Blick immer stärker auf Hannelotte fiel und bald für immer an ihr „hängen" blieb. Aber obwohl so etwas als „Schicksal" bezeichnet zu werden pflegt, ist der mit meinem Verhalten einhergehende „moralische" Schuldvorwurf gegen mich selbst nie von mir gewichen.

Elisabeth wohnte am oberen Ende des Nikolausberger Weges. Niemand von uns besaß damals ein Auto, Motorroller o. ä. (die Ausnahme von Dieter Rondeck hing ganz entscheidend mit seiner Beinamputation zusammen), schon ein Fahrrad war ein großer Reichtum. Es war nicht nur eine selbstverständliche, sondern ebenso selbstverständlich gern wahrgenommene Kavalierspflicht, „seine“ Dame, Freundin, Verehrte auf ihrem Fußweg bis zur Haustür ihrer Behausung zu begleiten. Auf dem Rückweg von einem solchen „Begleitspaziergang“ mit Elisabeth kam ich gleich hinter der Straßenkreuzung Nikolausberger Weg/Düstere Eichen an unserem „Feste-Domizil“, Haus des VDSt, vorbei. Auf der gegenüberliegenden Straßenseite befand sich ebenfalls ein Verbindungshaus. Es war eine frostige, sternenklare Winternacht. Ich traute meinen Ohren nicht: Von gegenüber erscholl Gesang aus den Lüften, wohl vertraute Studentenlieder. Und richtig: Auf dem Schornstein stand der Präside und dirigierte die rittlings auf dem Dachfirst hintereinander sitzende Corona! Wohl alkoholische, nicht aber körperliche „Bierleichen“ hat es bei diesem Dach-Kommers gegeben, über die Anzugreinigung hat sich gewiß die Göttinger Wäscherei „Schneeweiß“ gefreut!

Noch einmal zurück zur Gothia! Mir war von Anfang an klar, daß man mich dort überaus gern als „Bundesbruder“ begrüßt hätte. Aber ich hatte zu keiner Zeit auch nur andeutungsweise zu erkennen gegeben, daß ich mich mit einem solchen Gedanken in irgendeiner Weise überhaupt beschäftigte. Trotzdem geschah es völlig überraschend bei einem Umtrunk morgens etwa um 1.30 Uhr, es muß irgendwann nach dem 100. Stiftungsfest gewesen sein, daß Theo W. mit einem Gothia-Couleurband an mich herantrat, es mir über die Schulter legte und sagte: „Ich freue mich, Dich als neuen Bundesbruder begrüßen zu dürfen!“ Eine fatale, peinliche Situation! Ich war perplex, wollte mich „so“ nicht „einkleiden“ lassen und wußte, daß meine Zurückweisung den Gothia-Ehrenkodex berühren, meinen bisherigen freundschaftlichen Beziehungen zur Korporation als solcher ein Ende bereiten würde. Mit den Worten, das käme mir so zu schnell, ich müßte erst einmal in Ruhe und allein darüber nachdenken, verließ ich schnell die jetzt als stickig gefühlte Atmosphäre des Hauses. Enge persönliche Gothia-Freundschaften bestanden u. a. zu Dieter Rondeck. Er wußte, daß ich Versprechen halten und Vertrauen nicht enttäuschen würde. Und so erzählte er mir bald darauf, daß sein Bundesbruder F. im Konvent beantragt habe, allen Bundesbrüdern jegliche Kontakte mit mir zu untersagen. Meinen Gothia-Freundschaften hat das F.-Verdikt keinen Abbruch getan.

„Heimisch“ beim VDSt

Anders als bei der Gothia bestand zu den Angehörigen des VDSt (Verein Deutscher Studenten) keine vergleichbare ostpreußisch-landsmannschaftliche Identität. Aber auf seiner Seite und bei mir gab es eine viel umfassendere: Der VDSt war eine Gründung aus der Zeit des Bismarck-Reiches, seine Bünde waren wohl an allen deutschen Universitäten entstanden, so auch in Königsberg (und, wie ich später erfahren sollte, ebenfalls in Kiel). In einer Zeit, in der nach dem Zeitenbruch von 1945 der Begriff „Reich“ quasi verfemt und überall aus dem öffentlichen Bewußtsein verdrängt wurde, bekannte er sich – gerade auch im Angesicht der Zerreißung Deutschlands – zur geschichtsmächtigen Idee und Kraft des Reiches. Hierauf beruhte das Offensein der Göttinger VDSt-Kommilitonen für eine landsmannschaftliche Studentenvereinigung aus den abgetrennten ostdeutschen Reichsteilen. Hinzu kam das Wissen, daß ihr Sprecher Fritjof Berg, ohne förmliches Mitglied zu sein, in seinen Überzeugungen selbst „VDSter“ war. Nach dem ersten Kennenlernen wurde ich als Sprecher der Hochschulgruppe wie selbstverständlich zu allen Semesterantritts- und -abschlußkommersen des Göttinger VDSt eingeladen. Ich hatte längst rednerisches Talent entwickelt und erhielt für meine Gruß- und Dankesworte im VDSt-„Corpsgeist“ stets donnernden Applaus – sowie den zugehörigen „Zuspruch“ aus den Gerstensaftgemäßen. In den Ulk, die Herausforderungen des Präsiden, Freundschaftsbekundungen, Gesänge beim Bier-Comment war ich, einem „Bundesbruder“ gleich, fest eingebunden. Ich gehörte auch immer zu denen, die um Mitternacht zu der uns allen vertrauten Melodie des „Reiterliedes“ aus Schillers „Wallenstein – Wallensteins Lager“ „Wohl auf, Kameraden, aufs Pferd, aufs Pferd! / Ins Feld, in die Freiheit gezogen!“ den frohlockenden Jubel-Cantus anstimmten:

„Und wenn sich der Schwarm verlaufen hat
um die mitternächtliche Stunde,
dann findet unter den Edleren statt
eine würdige Tafelrunde,
es sind erhaben ob Raum und Zeit
die Ritter von der Gemütlichkeit.“

Und so kam es, daß mir der Präside gegen Ende meiner Studentenzeit eröffnete, der Göttinger VDSt habe freundschaftliche Beziehungen zu einem Studentenbund an der Bergakademie Clausthal-Zellerfeld. Man würde mit gegenseitigen Besuchen Semesterantritts- bzw. -abschlußkneipen durchführen. Diesmal kämen die „Clausthaler“ nach Göttingen. Ob ich mithelfen würde, daß die Göttinger sich als trinkfester erweisen würden, ich glaube sogar, daß er die gar nicht anstößige, eher übliche Formulierung benutzte, die anderen „unter den Tisch zu saufen“. Das war eine ganz außerordentliche Reverenz an einen Nicht-Bundesbruder. Ich sagte selbstverständlich zu. Die „Clausthaler“ traten in ihrer schmucken Bergmanns-Uniform an. Als Kommerslied wurde selbstverständlich auch das Bergmannslied „Glück auf! Glück auf! Der Steiger kommt ...“ gesungen. Fritjof Berg gehörte am Ende zu den überlegenen Trink- und Standfesten des VDSt.

Um evtl. falschen Schlußfolgerungen aus der vorstehend geschilderten VDSt-Fidelitas vorzubeugen: Bei den VDSt-Veranstaltungen, deren Gast ich war, hatte ich außer der nationalen Übereinstimmung auch ein geistiges Format kennengelernt, das den anderen Bünden, deren Bekanntschaft ich gemacht hatte, überlegen zu sein schien. Zu den VDSt-“Institut“-, d. h. verbindungsoffiziellen Veranstaltungen wie auch zu unseren Festen im VDSt-Haus wurde stets die VDSt-Fahne mit den schwarz-weiß-roten Farben des Bismarck-Reiches gehißt. Wäre ich zum Eintritt in eine Traditionsverbindung entschlossen gewesen, so hätte ich mich aus diesen beiden Gründen für den VDSt entschieden.

Läßt sich eine institutionelle Zusammenarbeit von Alt-Königsberger Korporationen und landsmannschaftlichen Neugründungen von Dauer erreichen?

Die überregionalen ostdeutschen Studentenbünde

Als hätte ich nicht bereits mit den bisher geschilderten Aktivitäten „genug um die Ohren" gehabt – ein „Streifzug" durch das Eigenleben der Hochschulgruppe Ostpreußen folgt noch –, trieb mich auch die in der Überschrift gestellte Frage und die nach dem Weg dorthin um. Ostpreußische Studentenvereinigungen: Welche landsmannschaftlichen Neugründungen wie unsere Hochschulgruppe und Königsberger Traditionsverbindungen wie die Gothia gab es außerhalb von Göttingen überhaupt?

Im Oktober 1950 hatten die 50 Teilnehmer eines ostdeutschen Studententreffens aus allen reichs- und außerreichsdeutschen Vertreibungsgebieten in der Hessischen Landvolkshochschule Neustadt bei Marburg/Lahn die Vereinigung Heimatvertriebener Deutscher Studenten e. V. (VHDS) mit Sitz in Bonn gegründet (Umbenennung in „Verband Heimatvertriebener und Geflüchteter Deutscher Studenten e. V." auf der Jahreshauptversammlung am 12.7.1959 in Berlin, auf der ich zum Vorsitzenden des Verbandes gewählt wurde). Die Gründung der/des VHDS erfolgte vor allem aus zwei Gründen:

1. zur Wahrung des ostdeutschen Kulturerbes und aus der Notwendigkeit der Heranbildung von akademisch ausgebildeten Führungskräften, die zu gegebener Zeit bereit sein sollen, die Anliegen der Vertriebenen zu vertreten,
2. aus der Notwendigkeit, auf Hochschulebene die einheimische Studentenschaft sowie das In- und Ausland mit den aus der Vertreibung herrührenden Problemen bekannt zu machen und durchzusetzen, daß die Anliegen der Heimat-

vertriebenen als gesamtdeutsche und -europäische angesehen werden.

Die Aufgabenstellung, die sich die/der VHDS gegeben hat, wurde seit 1950 auf breiter Ebene wirkungsvoll durch die ihr/ihm angehörenden überregionalen Verbände in Angriff genommen:

- den Deutsch-Baltischen Jugend- und Studentenring,
- den Bund Ostpreußischer Studierender
- die Gemeinschaft Danzig-Westpreußischer Studierender,
- den Arbeitskreis Pommerscher Studierender,
- den Verband Mecklenburgischer Studenten,
- den Schlesischen Studentenbund,
- den Hochschulring der (sudetendeutschen) Ackermann-Gemeinde,
- den Hochschulring der (sudetendeutschen) Seliger-Gemeinde,
- den Arbeitskreis Sudetendeutscher Studenten,
- den Südostdeutschen Studentenring,
- den Verband Katholischer Donauschwäbischer Hochschüler,
- den Jugend- und Studentenring der Deutschen aus Rußland[1].

Die Gründung des Bundes Ostpreußischer Studierender (BOSt) erfolgte auf Betreiben des Mitbegründers unserer Göttinger Hochschulgruppe Ostpreußen Harald Knuth auf der Jahreshauptver-

---

[1] Weitgehend wörtlich übernommen aus „VHDS – der Verband Heimatvertriebener und Geflüchteter Deutscher Studenten e.V“ von Walter Fr. Schleser, Ehrenvorsitzender des VHDS, in „Jenseits von Elbe und Oder – 10 Jahre VHDS“, Hannover, Erlangen, Bonn 1960, S. 76 ff.

sammlung der VHDS 1953 in Königswinter. Ihr gehörten damals zwei studentische Vereinigungen in Hamburg und München, die den gleichen Namen „Akadmische Vereinigung Ordensland" trugen, sowie die Hochschulgruppe Ostpreußen Göttingen an. Ihr Zusammenschluß zum BOSt war nach der Satzung der VHDS erforderlich, um einen stimmberechtigten Vertreter der ostpreußischen Studentenschaft zu den Hauptversammlungen der VHDS entsenden zu können. Sie mußte aus mindestens drei eigenständigen Studentengruppen an verschiedenen Hochschulen in einem „Bund" auf Bundesebene organisiert sein. Obwohl zwischen den drei genannten Vereinigungen keine, wenn auch nur lockere Verbindung entstanden war, von einem „Bund" also keine Rede sein konnte, war es mir in langwierigen Bemühungen gelungen, als stimmberechtigter „BOSt"-Vertreter an der VHDS-Jahreshauptversammlung am 30.3.1954 in Aachen teilzunehmen. Dies obendrein ungeachtet der Tatsache, daß die Vollmacht des Vorsitzenden des BOSt Harald Knuth vom 28.3.1954 mich nicht mehr vor der Abreise nach Aachen erreichte und ich also meine Legitimation mittels verbaler Zusicherungen glaubhaft machen mußte. Ich füllte seitdem mit quasi „verlängerter Vollmacht" von Harald Knuth eine satzungsrechtliche und funktionelle Lücke in der so etwas wie Scheinexistenz des BOSt aus, war mit der „normativen Kraft des Faktischen" sein kommissarischer Vorsitzender:

> „Vollmacht!
>
> Hiermit beauftrage und ermächtige ich Herrn Fritjof Berg, Vorsitzender der Hochschulgruppe Ostpreußischer Studierender in Göttingen, die Interessen des Bundes Ostpreußischer Studierender auf der Jahreshauptversammlung 1954 der Vereinigung Heimatvertriebener Deutscher Studenten in Aachen in Vertretung des Vorsitzenden wahrzunehmen. Er ist insbesondere berechtigt, das Stimmrecht für den BOSt selbst auszuüben und auf andere Mitglieder des BOSt zu delegieren sowie Anträge zu stellen.

Knuth

Vorsitzender des BOSt"

Obwohl statutenmäßig „unvollendet", war ich in Aachen voll „akzeptiert". Der nach Walter Schleser neu gewählte Vorsitzende, bisherige Geschäftsführer Theo Tupetz lud mich nach Schluß der Tagung zu einer Spritztour" mit „seinem" Mercedes (war es ein mit Bundeszuschüssen finanzierter „Dienstwagen"?) ein. Sie ging – damals noch mit Reisepaß – zu später Stunde nach Holland, wo kräftig auch Wein „getankt" wurde, und von hier, mit „Bleifuß" von Tupetz auf dem Gaspedal, d. h. mit einem Irrsinnstempo zwischen Chausseebäumen zurück in die Bundesrepublik; die Grenzbeamten müssen unweigerlich unseren „Odem" gerochen haben, waren hierfür aber offenbar nicht „zuständig" ...

Es war sicherlich nicht nur ein Strapazieren der VHDS-Satzung mit „Magenknurren", sondern entsprach mit Sicherheit auch einem Eigeninteresse des VHDS-Vorstands, den Bonner Geldgebern gegenüber die Mitgliedschaft eines BOSt in der VHDS erwähnen zu können, wenn der ebenfalls neu gewählte Geschäftsführer Adam Stupp (Donauschwabe, er wurde 1959 in dem von mir geleiteten Bundesvorstand 4. Beisitzer) am 31.1.55 pro futuro an mich schrieb:

> „Hiermit teile ich Ihnen offiziell mit, daß der Vorstand der VHDS in seiner Sitzung in Bonn am 30.1.55 auf Grund der ihm vorliegendenden Berichte beschlossen hat, den BOSt als eine überregionale Vereinigung im Sinne der Satzungen anzuerkennen und ihn aufzufordern, auf der nächsten Hauptversammlung drei Stimmen wahrzunehmen.
>
> Der Vorstand war sich dabei darüber einig, daß der BOSt heute noch nicht über die Konsistenz der anderen anerkannten Vereinigungen verfügt, und daß diese Anerkennung damit in gewisser Hinsicht einen Wechsel für die Zukunft bedeutet, den es einzulösen gilt. Er hat indes volles Ver-

trauen in Ihre Person und wünscht, Ihre Aktivität zu fördern.

Ich darf Sie daher bitten, mir für die Mitgliederliste der VHDS gemäß der Satzung drei Angehörige des BOSt bekanntzugeben, die Ihren Verband in der VHDS vertreten bzw., da Sie selbst wohl einer davon sein dürften, noch zwei weitere ...“

Am Ende seines Briefes hatte Adam Stupp geschrieben, unter Bezugnahme auf diesbezügliche Intentionen meinerseits:

„Die VHDS hat zu keiner Zeit zur Frage der Korporationen Stellung genommen, und zwar ganz bewußt nicht. So gehören der VHDS heute die baltischen Korporationen ebenso an wie viele nichtkorporierte Gruppen. Diese Frage war für den Verband nie eine Frage von Bedeutung: Der entscheidende Punkt muß bleiben, ob die Arbeit der Mitgliederverbände in Geist und Thematik den deutschen Osten im Mittelpunkt stehen hat. Wir wissen auch, daß es schwer ist, den eigengesetzlichen Tendenzen der Korporationsverbände übergeordnete Bindungen aufzuerlegen.“

Den Faden zur örtlichen Göttinger Gruppierung und zur Bundes-VHDS nehme ich an anderer Stelle wieder auf. Zunächst aber soll die Entwicklung auf ostpreußischer Seite zu überörtlichen Zusammenschlüssen, ihrer Sichtbarmachung nach außen und ihrer schließlichen Konsolidierung in einem flächendeckenden, untereinander gefestigten Bund Ostpreußischer Studierender (BOSt) dargestellt werden.

Wir gehen aufeinander zu

Allgemein ostpreußisch-studentischer Festkommers „700 Jahre Königsberg“

Mit der Zielsetzung einer – die „eigengesetzlichen“ Strukturen der jeweiligen korporativen oder nicht korporativen studentisch-ostpreußischen Vereinigung unberührt lassenden – geordneten Zusammenarbeit hatte ich zwischenzeitlich mehr als nur „kommissarisch“ die Initiative ergriffen. Durch Vermittlung eines (niedersächsischen) Kommilitonen im Arbeitskreis Pommerscher Studierender hatte ich mit dem Vorsitzenden des Altakademikerkreises der Hamburger Akademischen Vereinigung Ordensland Dr. iur. Claussen Verbindung aufgenommen, und dieser hatte den Bogen weiter gespannt zu Reinhold Heling von der Alten Königsberger Burschenschaft Germania zu Hamburg, zu der lt. Claussen in seinem Brief vom 2. Juni 1954 ein „sehr guter Kontakt“ bestand – was sich bald bestätigen und bewähren sollte. Mit Reinhold Heling entwickelte sich sofort eine im obigen Sinne zielgerichtete, sachbezogene, vertrauensvoll-freundschaftliche Zusammenarbeit. Auf seine Veranlassung schickte mir sein Bund am 16. November 1954 eine Einladung zum Thema „Zusammenarbeit“ am 1.12.1954 in Hamburg – „Unser Bund begrüßt Ihren Vortrag und wird Ihre Bestrebungen wärmstens unterstützen“ –, wofür er brieflich (4.11.) diese Vorgaben empfahl:

„1. Kein Heimatverein
2. Keine finanzielle oder sonstige Abhängigkeiten von der Landsmannschaft, was gute Zusammenarbeit allerdings nicht ausschließt
3. Herstellung einer Verbindung zum Göttinger Arbeitskreis

4. Verbindung und Zusammenarbeit mit der Ostdeutschen Akademie in Lüneburg
5. Vorschläge für Veranstaltungen anläßlich der 700-Jahrfeier von Königsberg im nächsten Jahr."

Von diesem Beginn und auch von Reinhold Heling persönlich ermutigt, schickte ich den nachstehenden Aufruf vom 21. November 1954 mit der Bitte um Stellungnahme und dem Vorschlag einer Zusammenkunft in der zweiten Semesterhälfte an diese mir jetzt bekannt gewordenen ostpreußischen Studentenbünde bzw. Vereinigungen:

- Alte Königsberger Burschenschaft Germania zu Hamburg
- Alemannia Königsberg zu Kiel
- Königsberger Burschenschaft Gothia zu Göttingen
- Königsberger Burschenschaft Teutonia in Marburg
- Studentenkreis Ordensland München
- Studentenvereinigung Ordensland Hamburg
- Corps Albertina Hamburg
- Landsmannschaft Hammonia-Marko-Natangia Hamburg
- Hamburger Wingolf

„Aufruf

Von dem Willen getragen, in dem vom sowjetischen Zugriff freigebliebenen Teil ihres Vaterlandes ihrem ostpreußischen Ursprungsland zu dienen, schlossen sich am 25. Juni 1952 Studenten der Georg August-Universität zu Göttingen zur „Hochschulgruppe ostpreußischer Studierender" (jetzt: Hochschulgruppe Ostpreußen) zusammen. Das Bestehen der Hochschulgruppe Ostpreußen seit diesem Tage gründet sich auf das Bekenntnis zu dem Land zwischen Weichsel und Memel. Von hier aus werden Gemeinschaftsform, Stellung innerhalb der Studentenschaft und

Handeln der Hochschulgruppe bestimmt. Ihre Gemeinschaft wächst aus dem kameradschaftlichen Füreinander aller, die dieses Bekenntnis ernst nehmen, eine Entsprechung der geistig-politischen Akzente schafft die Beziehungen zu anderen studentischen Vereinigungen, das Handeln der Gruppe zielt auf Tatbestände, denen im Zusammenhang mit der Dreiteilung Deutschlands öffentliche Bedeutung zukommt.

Dem Wachsen der Hochschulgruppe selbst und ihrem Bemühen kommt nur noch in Ausnahmefällen ein intensives Erlebnis Ostpreußens zugute. Das bedeutet, daß ihr im studentischen Bereich die Aspekte derer begegnen, die sich nicht aus Erinnerung, sondern aus einem anderen Gesamtzusammenhange demselben Anliegen verpflichtet fühlen.

Nach dieser Selbstvorstellung erlauben wir uns, die Zusammenarbeit unserer Vereinigungen in einem übergeordneten Verband vorzuschlagen. Sei es, daß Sie auf eine Tradition an der altehrwürdigen Alma mater Albertina zurückblicken können und in dieser den Ausgangspunkt für Ihr hiesiges Fortbestehen gefunden haben, sei es, daß Sie unsere Entstehungsgeschichte teilen:

Uns allen muß das Schicksal Ostpreußens und des gesamten Deutschen Ostens viel bedeuten, vor diesem Schicksal treten die Unterschiede von Herkunft und äußerer Form zurück. Dieses Schicksal wird nur eine Haltung wenden, bei der auch die als Mahner für einen Teil Deutschlands einstehen, denen er Heimat im eigentlichen Sinne weder ist noch war.

Wo diese Zwecksetzung anerkannt und in die Semesterarbeit übernommen ist, da erhält ein übergreifender Zusammenschluß seine Berechtigung und seinen Wert. Aus der Gleichheit des Wollens wird hier nicht ein „Heimatverein“ geboren, sondern eine Einheit, die an dem Wohl oder Wehe deutschen Landes hinter den beiden Willkürgrenzen gestaltend teilnimmt. Es handelt sich hier unseres Erachtens um eine echte Aufgabe, die die Zeit unseren Vereinigungen stellt.

Im Auftreten nach außen würden wir den Aktionen der ostdeutschen Landsmannschaften begegnen. Wenn beispielsweise im kommenden Jahre die Stadt Königsberg (Pr.) ihres 700jährigen Bestehens gedenkt, so würde – ohne Selbstüberschätzung – das Hervortreten einer dieser Stadt und ihrer Universität verpflichteten Studentenschaft ein kleines Gewicht zu der Bedeutung dieses Jubiläums hinzubringen. Gedacht ist hier an Repräsentativveranstaltungen wie eine akademische Feierstunde und einen Festkommers.

Die Hochschulgruppe kann in diesem Zusammenhang bemerken, daß sich die Zusammenarbeit mit der Landsmannschaft Ostpreußen in der Vergangenheit gut gestaltet hat. Die Landsmannschaft ist auch vorbehaltlos bereit, eine Zusammenkunft der berufenen Sprecher und ihrer Stellvertreter aller angeschriebenen Vereinigungen zwecks Kennenlernens und Beratung über einen Zusammenschluß und seine Form geldlich zu ermöglichen. Für später etwa beabsichtigte Arbeitstagungen wäre nach den Erfahrungen der Hochschulgruppe die Ostdeutsche Akademie, vom Göttinger Arbeitskreis als eines wissenschaftlichen Gremiums für Ostfragen unterstützt, der geeignete Ort. Hier könnte die Kenntnis von Vergangenheit und Gegenwart des Deutschen Ostens unter den mannigfaltigsten Gesichtspunkten vertieft werden.

Für die Hochschulgruppe Ostpreußen

Fritjof Berg“

Die beispielhaft abgedruckte Antwort der Kieler „Alemannen" fiel vorbehaltlos positiv aus, die der Göttinger „Gothen" vom 26. November 1954 „eigengesetzlich". (Der unterzeichnende Drittchargierte Hans-Günther Parplies, Mitglied unserer Hochschulgruppe Ostpreußen, sollte in der Folgezeit außerkorporativ immer klarere Konturen zeigen und Leitungsaufgaben übernehmen.)

Dies war die Antwort der Göttinger „Gothen" vom 26.11.1954:

> „Hiermit bestätigen wir den Eingang Ihres Schreibens vom 22.11.54. Wir haben Ihren Aufruf auf dem Convent eingehend durchgesprochen, und er hat Ihre Anregung wohlwollend aufgenommen. Leider sind wir jedoch nicht in der Lage, in einer so wichtigen Angelegenheit so kurzfristig eine endgültige Entscheidung zu treffen, zumal unseres Erachtens Form und Ziele nicht klar und eindeutig genug aus dem Aufruf hervorgehen, die Sie für die gewünschte Zusammenarbeit anstreben. Vor allem der Ausdruck ‚Zusammenschluß' rief starken Widerspruch im Convent hervor. Zu einer engeren Fühlungnahme und zum Eingehen einer Arbeitsgemeinschaft wären wir jedoch grundsätzlich bereit.
>
> Außerdem erlauben wir uns, Sie zu einem Vortragsabend mit Herrn Prof. Hubatsch über das Thema: ‚Die kulturelle Bedeutung des deutschen Ostens für die Gesamtentwicklung' ergebenst einzuladen, der am 6. Dezember 54 auf unserem Hause am Flugplatz stattfindet. Wir würden uns über recht zahlreiches Erscheinen sehr freuen und erbitten höflichst Antwort bis zum 4.12. Der Vortrag beginnt pünktlich 20 Uhr ct.
>
> Mit den besten Wünschen für ein recht erfolgreiches Semester sind wir
>
> mit studentischem Gruß!
>
> Die Königsberger Burschenschaft Gothia zu Göttingen

i. A.

Hans-Günther Parplies"

Und dies antworteten uns die Kieler „Alemannen" am 28.11.1954:

„Sehr geehrte Herren!

Wir danken Ihnen für die Übersendung Ihres Aufrufs. Auch wir halten ein Näherkommen der ostpreußischen Studentenverbindungen und -gruppen untereinander für zweckmäßig und fruchtbringend. Der Gedanke an die Heimat im Osten muß in jedem Deutschen wachgehalten werden. In diesem Zusammenhange ist die 700ste Wiederkehr des Gründungsjahres der Stadt Königsberg ein Ereignis, das auf keinen Fall unbeachtet vorübergehen kann. Ihren Vorschlag, einen Festkommers aller ostpreußischen Verbindungen und studentischen Zusammenschlüsse stattfinden zu lassen, halten wir für durchaus empfehlenswert.

Bei der Veranstaltung der Königsberger Germanen in Hamburg am 1. Dez. werden wir wahrscheinlich durch einen Inaktiven vertreten sein, eventuell läßt sich dort im persönlichen Gespräch zwischen den anwesenden Herren die Frage der 700-Jahr-Feier Königsbergs bereits etwas klären."

Um das gemeinsam Bindende bewußt werden zu lassen und eine Grundlage für entsprechendes Handeln zu finden, sollte eine Zusammenkunft von je zwei Vertretern aller Vereinigungen am 26./27.2.1955 in der Ostdeutschen Akademie Lüneburg stattfinden, es war der einzige dort noch freie Termin vor Semesterende. Dem aber stand die „übergeordnete Eigengesetzlichkeit" der meisten von mir am 16.2.1955 angeschriebenen Verbindungen entgegen: Wegen „hochoffizieller" Semesterschlußveranstaltungen erklärten sie sich zur Entsendung auch nur eines Vertreters außerstande. Zwei von ihnen hatten gar nicht geantwortet, die Göttinger Gothia schickte am 26.2. dieses Telegramm: „Kommen wegen Unfall unmöglich.“ (Zur Teilnahme war Hans-Günther Parplies vorgesehen. Er war es, der den telegraphisch mitgeteilten Unfall erlitten hatte. Damit war ein argumentativ starker und konzeptionell klarer Vordenker ausgefallen.) Der Vertreter der Akademischen Vereinigung Ordensland war erkrankt. Sie und die Landsmannschaft Hammonia-Marko-Natangia ließen sich durch die Burschenschaft Germania vertreten. Und so blieben, wie bisher, die Herren Heling und Sarkowski von der Alten Königsberger Burschenschaft Germania zu Hamburg sowie Dietmar Onigkeit und ich von unserer Hochschulgruppe als zielbewußt Handelnde unter sich.

Die Landsmannschaft Ostpreußen hatte für die „Wochenendtagung ostpreußischer Studenten an der Ostdeutschen Akademie Lüneburg am 26./27.2.55 den (für die damaligen Verhältnisse und ihren eigenen Etat) namhaften Betrag von 450,– DM zur Verfügung gestellt, so daß ich allen Bünden/Vereinigungen in meinem Einladungsschreiben vom 16.2.1955 die Übernahme der Reise- und Aufenthaltskosten für je zwei Vertreter durch die Landsmannschaft hatte ankündigen können. Da sie fast alle weggeblieben waren, hatten wir wenigen nur 107,98 DM verbraucht, 343,02 DM wurden von mir am 10.3.1955 an die Landsmannschaft zurückerstattet.

Bemerkenswert sind bezüglich eines gedachten, irgendwie gearteten „Überbaus“ aller Vereinigungen diese Sätze in dem von Reinhold Heling gefertigten Protokoll über unsere Lüneburger Mini-Konferenz:

> „Das Gedenken etwa an das Land zwischen Weichsel und Memel sollte also nicht oder nicht grundsätzlich in der Pflege ostpreußischer Eigenheit bestehen, sondern dem Zweck dienen, seine überlieferte und gültige geistige Aussage sichtbar zu machen und den gegenwärtigen Zustand als einen

Eingriff in das Leben des Volkes und des Einzelnen zu kennzeichnen.

Die Anwesenden haben erörtert, ob gemeinsame Maßnahmen der angeschriebenen Vereinigungen der Verwirklichung der aufgezeigten Ziele dienlich und förderlich sein könnten.

Nach ihrer Auffassung kann das angestrebte Ziel im wesentlichen durch die der einzelnen Vereinigung mögliche und ihrem Wesen entsprechende Beschäftigung mit diesen Fragen in der Semesterarbeit erreicht werden. Es wurde nicht verkannt, daß die vielfältigen anderen Aufgaben und Bindungen der Korporationen einem engeren Zusammenschluß entgegenstehen. Andererseits aber waren die Anwesenden sich darin einig, daß die persönliche Fühlungnahme unter den Mitgliedern der verschiedenen Vereinigungen dem gemeinsamen Anliegen außerordentlich förderlich sein könnte und jede Gelegenheit dafür genutzt werden sollte. Um einen weiteren Teil der Studentenschaft ansprechen zu können und sich der Öffentlichkeit gegenüber als eine für das deutsche Anliegen im Osten eintretende Studentenschaft zu zeigen, wäre es nach Ansicht der Anwesenden wünschenswert, die Gleichheit des Denkens aller Vereinigungen durch ein Zusammenwirken auf gemeinsamen Veranstaltungen zum Ausdruck zu bringen.

Zur vorläufigen Ausgestaltung dieses Gesamtplans wurden erörtert:

1.) Festkommers anläßlich des 700jährigen Bestehens der Stadt Königsberg i.Pr.

2.) Tagung an der Ostdeutschen Akademie in Lüneburg.

Zu 1.) Danach soll der Kommers am 21.5.1955 im Restaurant Sagebiel, Karl-Muck-Platz, Hamburg, stattfinden. Für die Damen werden auf der Galerie Plätze reserviert ... Die

Leitung wird bei einer der Hamburger Korporationen liegen. Die Begrüßung wird die AV Ordensland übernehmen. Herr Pastor Linck hat bereits zugesagt, die Totenehrung zu übernehmen. (Anm.: P. Hugo Linck war 1945 in Königsberg geblieben und unter der Sowjetherrschaft von 1945 bis 1948 Leiter der evangelischen Kirche Königsbergs. Er hat über diese Schreckenszeit und seine seelsorgerische Tätigkeit in seinem Buch „Im Feuer geprüft" berichtet, Leer 1973.)

Einladungen werden bis zum 2.5.1955 ergehen an: den Senat der Hansestadt Hamburg, Rektor und Senat der Universität Hamburg, vormals Königsberger Dozenten an der Universität Hamburg, die gesamte organisierte Studentenschaft und den AStA der Universität Hamburg und die Landsmannschaft Ostpreußen ...

Herr Berg ... sagte zu, Herrn Professor Hubatsch vom Göttinger Arbeitskreis im Namen der Hamburger Vereinigungen die Bitte vorzutragen, das historisch orientierte Hauptreferat zu übernehmen. Er wird sich außerdem bemühen, über den Göttinger Arbeitskreis das ehemalige Mitglied des Lehrkörpers der Albertina, Herrn Professor Starlinger für die Wiederholung seines vielbeachteten und kürzlich in Buchform erschienenen Vortrags „Über die Grenzen der Sowjetmacht" zu gewinnen.

Die Vertreter der Hochschulgruppe Ostpreußen, Göttingen, schlugen weiterhin vor, auch die Universität Göttingen zur Teilnahme an dem Kommers einzuladen, damit diese erkennen möge, daß die Studentenschaft der einladenden Vereinigungen die Festigung der übernommenen Patenschaft für die Albertina in Königsberg i. Pr. wünscht. Hierfür wäre allerdings erforderlich, daß auch die Hochschulgruppe als einladende Vereinigung auftritt ...

Zu 2.): Zum Zwecke der wissenschaftlichen Vertiefung in den Ostfragen und um ein persönliches Kennenlernen auf breiter Basis möglich zu machen, schlugen die Anwesenden vor, daß alle Vereinigungen ihre Teilnahme an einem Ferienkurs vom 1.10. bis 7.10.1955 an der Ostdeutschen Akademie in Lüneburg erklären ...

Für die Antragstellung (Anm.: öffentlicher Mittel) wird es ... notwendig sein, daß die teilnehmenden Vereinigungen unter einem gemeinsamen Namen auftreten. Die Anwesenden halten hierfür die Bezeichnung ‚Arbeitskreis ostpreußischer studentischer Vereinigungen' geeignet."

Wie bereits zu seinem Auftreten vor der Ostpreußischen Arztfamilie ausgeführt, sei im Zusammenhang mit dem geplanten Festkommers ostpreußischer Studentenschaft wiederholt, daß Professor Starlinger, dem die Sowjets 1945 die Leitung der von ihnen in Königsberg eingerichteten Seuchen-(=Sterbe-)krankenhäuser übertragen und den sie nach Schließung dieser Krankenhäuser nach Sibirien verbannt hatten, dort in sog. „Regimelagern" zu Zwangsarbeit verurteilte sowjetische Führungspersönlichkeiten aus KPdSU, Militär, Wirtschaft und anderen Bereichen des öffentlichen Lebens der Sowjetunion kennengelernt hatte. Er hatte dadurch einzigartige Einblicke hinter die Kulissen der Sowjetunion gewonnen, die ihn in der Bundesrepublik zu einem gefragten Wissensträger machten, der vor allem auch hieraus die künftige Entwicklung der Beziehungen Sowjetunion/China analysierte. Sein Wissen und seine Urteilskraft waren so bedeutsam, daß beispielsweise Bundeskanzler Dr. Adenauer ihn zu einer Konsultation zu sich bat.

Also wäre es nicht nur eine Auszeichnung für uns gewesen, sondern mehr noch ein Ereignis mit unschätzbarer politischer Multiplikatorenwirkung, wenn Professor Starlinger am 21. Mai 1955 in Hamburg vor der bewußt ostpreußischen Jungakademikerschaft und einem hochgestellten Auditorium gesprochen hätte. Der mit meiner Anfrage und seiner Zusage beginnende und mit einer endgültigen Absage endende Schriftwechsel hierüber soll in seinen wesentlichen Teilen festgehalten werden, da er – auch unkommentiert – Einblick hinter die in der jungen Bundesrepublik ebenfalls bereits erwachsenen Kulissen gewährt.

In Ausführung der Lüneburger Beschlüsse schrieb ich am 20.3.1955 handschriftlich an Professor Starlinger:

> „Hochverehrter Herr Professor!
>
> Die an den Universitäten Göttingen, Hamburg, Kiel und Marburg bestehenden neun ehemaligen Königsberger Korporationen und landsmannschaftlichen ostpreußischen Studentenvereinigungen beabsichtigen, aus Anlaß des 700jährigen Bestehens der Stadt Königsberg (Pr) am 21.5.55 gemeinsam einen Festkommers in Hamburg zu veranstalten, durch den sie nach außen hin ihre Treue zu dieser Stadt und der altehrwürdigen Alma mater Albertina bekunden wollen. Ihr geschlossenes Auftreten soll durch die Auswahl der Gäste und die einzuladende führende westdeutsche Presse einen möglichst großen Widerhall finden.
>
> Um nicht nur durch den offiziellen Rahmen die Beziehung des Kommerses zu dem denkwürdigen Jubiläum auszudrükken, soll der Kommers auch ein geistiges Gepräge erhalten, das ihn aus der Reihe ähnlicher Veranstaltungen heraushebt und durch die Verdeutlichung der geschichtlichen und gegenwärtigen Gegebenheiten um Königsberg (Pr) und seinen Raum herum gekennzeichnet ist.
>
> Es wäre eine sehr hohe Auszeichnung für unsere Veranstaltung und würde ihr das gewünschte gravierende Gewicht geben, wenn Sie auf ihr Ihren Vortrag über die ‚Grenzen der Sowjetmacht‘ wiederholen würden, den Sie 1954 auf dem Jahrestreffen der ostpreußischen Ärztefamilie hier in

Göttingen hielten und dessen tiefe Wirkung allen Zuhörern in Erinnerung geblieben ist. Erlauben Sie daher, daß ich Ihnen im Namen der oben erwähnten ostpreußischen studentischen Vereinigungen die Bitte antrage, vor uns zu diesem Thema zu sprechen. Sie würden uns in unserem Bemühen unterstützen, daß auch in der ausweglos erscheinenden Gegenwart unsere Verpflichtung auf Ostpreußen und das Gedenken an Königsberg (Pr) und seine über die Zeiten fortwirkende Universität mithilft, das ganze deutsche Vaterland wiederzuerringen.

Wir bemühen uns außerdem, Herrn Prof. Dr. Hubatsch, Göttingen, für die historische Zusammenschau Königsbergs und seiner Bezogenheiten zu gewinnen.

In der Hoffnung, daß es Ihnen möglich ist, auf unsere Bitte einzugehen, bin ich

Ihr sehr ergebener

gez. Fritjof Berg."

Professor Starlinger antwortete darauf mit dem folgenden Schreiben vom 25.3.55. (Da mir seine Anschrift nicht bekannt gewesen war, hatte ich Freiherrn v. Braun um Weiterleitung meines Briefes gebeten. Herr v. Braun war Leiter/Geschäftsführer des Göttinger Arbeitskreises, der Herausgeber des Starlinger-Buches „Grenzen der Sowjetmacht ..." war):

„Sehr geehrter Herr Berg,

ich danke Ihnen für Ihren liebenswürdigen Brief vom 20.3., den mir Baron v. Braun freundlich übermittelte.

Ich nehme Ihre Einladung, die ich als ehrende Auszeichnung betrachte, gerne und freudig an, nicht nur überhaupt, weil sie von Deutschen Studenten kommt, sondern umso mehr als sie von solchen kommt, die sich der Albertusuniversität tief verbunden fühlen – wie auch ich es tue.

Ich werde Ihnen also am 21.5. in Hamburg zur Verfügung stehen und, wenn es Ihnen so recht ist, über: ‚Der Rätebund, Rußland und Wir' sprechen. Ich möchte damit nicht meinen Göttinger Vortrag wiederholen, wenngleich ich natürlich auf die wichtigsten Voraussetzungen des Verständnisses auch in Hamburg kurz eingehen muß, sondern auf die uns alle so bewegende Frage eingehen, was wir von der Zukunft menschlicher Wahrscheinlichkeit nach zu erwarten haben und was wir unsererseits dazu tun können, um vielleicht die reifende Zeit zu beschleunigen, ohne Wunschträumen zu verfallen. Ich werde nicht ‚aktuell politisieren', aber es würde sich nicht vermeiden lassen, Grundsätzliches zu sagen.

Dieses wollte ich andeuten, um Sie nicht zu enttäuschen oder vielleicht Zwiespalt bei Ihnen zu erregen. Aber ich glaube, daß in diesen schwankenden Zeiten offen ausgesprochen werden muß, was man für wahr und wichtig hält.

Wollen Sie mir bitte auch mitteilen, auf welche Redezeit ich mich einrichten darf.

Mit besten Grüßen

Ihr W. Starlinger"

Auf meine dankbare Bestätigung der Zusage von Professor Starlinger erhielt ich deren Widerruf mit Schreiben vom 13.4.55, den ich zunächst fassungslos zur Kenntnis nahm und der unsere Vorbereitungen, u. a. den bereits eingeleiteten Druck von Einladungskarten und Begleitschreiben, aus dem Konzept brachte:

„Sehr geehrter Herr Berg,

ich danke Ihnen für Ihre Karte vom 11.4. und möchte mir erlauben, Ihnen folgende Bedenken vorzutragen.

Ich hatte ursprünglich Ihre erste Mitteilung offenbar mißverstanden, in dem Sinne, als ich glaubte, daß es sich bei

Ihrer Zusammenkunft in Hamburg gewissermaßen um eine Art Arbeitstagung handle, die dann von einem Festkommers gekrönt würde. Ich sehe aber nun und verstehe bei nochmaliger Lektüre Ihres ersten Briefes erst richtig, daß Sie einen Festkommers allein planen, auf dem mehrere Festredner, darunter ich, auftreten sollen.

Erlauben Sie mir, Ihnen offen Folgendes zu sagen. Ich hatte mich auf einen Vortrag über den Rätebund und Rußland eingerichtet, in dessen Rahmen ich versuchen wollte, dieses Thema wenigstens im Umriß darzustellen. Aber das geht weder im Rahmen einer Ansprache noch im Rahmen von 45 Minuten, und überhaupt nicht im Rahmen eines festlichen Kommerses. Ich glaube auch, daß ein solcher Abend, wie Sie ihn planen, grundsätzlich nur einen Festredner verträgt. Schon zwei Ansprachen von je 45 Minuten würden die Hörer, die ja zum Kommers und nicht zum Kolleg kommen, über Gebühr beanspruchen und ermüden, auf diese Weise kämen weder die Vortragenden noch die Zuhörer zu ihrem Recht.

Darum glaube ich, daß es das Beste wäre, wenn Sie mir erlauben wollten, meine Zusage zurückziehen zu dürfen, und bitte Sie herzlich, dies nicht mißverstehen zu wollen. Aber ich möchte Ihnen die Enttäuschung einer unzureichenden Darstellung und mir die Enttäuschung eines unbefriedigenden Vortrages ersparen.

Mit besten Grüßen

Ihr

W. Starlinger“

Um die für die Absage angeführten Gründe evtl. doch noch zu entkräften, schrieb ich am 27.4.1955 an Professor Starlinger u. a.:

„... Der Grundgedanke des Vorhabens, daß alle ostpreußischen studentischen Vereinigungen des 700jährigen Bestehens unserer Stadt Königsberg (Pr) gemeinsam gedenken, war, dies auch in einer würdigen Form zu tun und dabei gleichzeitig ein öffentliches Echo zu finden. Ein Kommers wurde also von vornherein nicht als Bierabend aufgefaßt und mußte im äußeren Verlauf so gestaltet werden, daß keiner der verschiedenen Vereinigungen eine Form aufgepreßt wurde. Da zu den Veranstaltern auch nichtkorporierte Vereinigungen gehören und auf viele Gäste Rücksicht zu nehmen ist, war von vornherein klar, daß auf Wichs und Schläger zu verzichten ist. Die Gesamtleitung wird in der Hand von Herrn Dr. Claussen, dem Leiter der nichtkorporierten AV Ordensland in Hamburg, liegen, im Präsidium sollen sich die einzelnen Hamburger Korporationen abwechseln. Es bestanden gegen diese Besetzung des Präsidiums keine Bedenken, da die Verbindungen in der Gestaltung eines Kommerses erfahren sind. Jeder Comment ist ausgeschaltet. Es werden auch Damen eingeladen, die ausgewählten Lieder sind nicht auf eine allgemeine Bierfröhlichkeit abgestimmt und sollen dem Gesamtcharakter des Kommerses entsprechen (‚Sind wir vereint zur guten Stunde'; ‚Wir hatten gebauet ein stattliches Haus'; ‚Andere mögen andere preisen als der Musenstädte Zier'; ‚Ostpreußenlied').

Schon diese kurze Schilderung mag bezeugen, daß es uns wirklich nicht auf einen Bierabend ankommt ... Außerdem sollen der tiefere Ernst und das ehrende Gedenken an diesem Abend in einer Totenehrung ausgedrückt werden, die Herr Pfarrer Linck halten wird. Selbstverständlich wird das gemeinsame Erlebnis dieses Abends und wohl manches Wiedersehen auch heitere Töne wecken. Und ich glaube, es wäre ein schlechter Dienst an Königsberg, wollten wir, die ‚Hinterbliebenen', dieser Stadt nur in trauriger Wehmut statt auch in Fröhlichkeit und Zuversicht gedenken.

Herr Prof. Hubatsch, Göttingen, wird zu dem Thema ‚Königsberg – das geschichtliche Profil der 700jährigen deutschen Stadt‘ sprechen.“

Aber ich hatte Professor Starlinger nicht umstimmen können. Er blieb bei seiner Absage, aus Gründen, die sich nun doch etwas anders lasen als diejenigen, die er mir in seinem Brief vom 13.4.55 genannt hatte:

„Sehr geehrter Herr Berg,

Ihr so freundlicher Brief vom 27.4. – für den ich Ihnen herzlich danke – macht es mir doppelt schwer, Sie zu bitten, auf der Rückziehung meines von Ihnen geplanten Vortrages auf Ihrem Festkommers in Hamburg bestehen bleiben zu dürfen. Aber ich muß es trotzdem. Es gibt viele Gründe dafür, die ich Ihnen nicht im Einzelnen auseinandersetzen kann. Ich habe daher Freiherr v. Braun gebeten, mein Dolmetscher und Fürsprecher zu sein, daß Sie meine Haltung verstehen mögen.

Seien Sie versichert, daß es kein Auditorium gibt, welches mir wichtiger ist als das Deutscher Studenten, zumal solcher, die mit der Albertusuniversität zusammenhängen. Aber es gibt Umstände, die sehr zwingend sind und Berücksichtigung verlangen.

Wenn Sie mir nicht Ihre Gunst entziehen – vielleicht läßt sich zu einem anderen, späteren Zeitpunkt noch einmal eine Vereinbarung treffen, die Ihnen paßt und mir möglich ist.

Ich wäre Ihnen sehr dankbar, wenn Sie Baron Braun besuchen wollten, um mit ihm die ganze Lage zu besprechen.

Mit besten Grüßen und Wünschen

Ihr ergebener

W. Starlinger“

Freiherr v. Braun hatte mir bereits vorher diese Aufforderung zu einem erläuternden Gespräch geschickt:

„Lieber Herr Berg!

Sehr nett wäre, wenn Sie kurz einmal bei mir vorbeikommen könnten. Auf Wunsch von Prof. Starlinger würde ich gern dessen nachträgliche Absage nochmals mit Ihnen erörtern.

Mit den besten Grüßen

bin ich Ihr

Frhr. v. Braun"

Am 2.5.1955, vor Eingang des Starlinger-Briefes vom gleichen Tage, teilte ich Herrn Heling im Hamburger Vorbereitungskomitee mit, was mir Herr v. Braun eröffnet hatte:

„Lieber Herr Heling!

Von Prof. Starlinger habe ich bisher keine Antwort auf mein Schreiben. Ich wurde stattdessen heute zum Göttinger Arbeitskreis gerufen und über die wahren Hintergründe der Absage und ihre Endgültigkeit unterrichtet. Danach hat Prof. Starlinger auf Anraten des Göttinger Arbeitskreises seine Zusage zurückgezogen, da ebenfalls am 21. Mai in Frankfurt a. M. eine Pressekonferenz stattfindet, zu der ein Mann eingeladen hat, der in Bezug auf Südosteuropa Konzeptionen vertritt, die vom Arbeitskreis nicht gebilligt werden und dem ostdeutschen Anliegen abträglich sein sollen. Jedenfalls war in den Augen des Arbeitskreises Starlinger der einzige Mann, der genug Gewicht besitzt, um hier den Thesen des anderen etwas entgegenzuhalten. Prof. Starlinger hat den Arbeitskreis ausdrücklich ersucht, für diese Umstände Verständnis zu haben und sie mitzuteilen. Es hätte ihm sehr am Herzen gelegen – so auch der Inhalt seines Schreibens, das die Zusage enthielt – vor Studenten zu sprechen, besonders gelegentlich unserer Tagung. Nun, ich habe Verständnis für die wirkliche Gewissensfrage, wo Starlingers Auftreten mehr zu Buche geschlagen hätte und auch für die Auffassung, daß dies in Frankfurt der Fall sein würde, aber es ist mindestens inkorrekt, daß der Göttinger Arbeitskreis, nachdem er ursprünglich zu meinem Schreiben an Starlinger noch eine Befürwortung mitgeschickt hatte, mir und uns in dieser Weise dazwischenfunkt. Unverständlich ist mir, warum Starlinger seine Quasi-Absage mit Bedenken motiviert hat, die angeblich in der Sache selbst liegen sollten und durch eine dadurch veranlaßte Rückfrage einen unangenehmen Zeitverlust verursacht hat, statt gleich die wahren Gründe zu nennen.

Ich stehe nicht an zu sagen, daß die Zurückziehung einer Zusage sonst nicht unter solchen Umständen erfolgen kann. Es handelt sich hier um ein Dilemma, und wir können die von Starlinger nachträglich getroffene Entscheidung nicht vollauf beurteilen. Es wäre auch nutzlos. Es bleiben uns die Schwierigkeiten, die diese Lage mit sich bringt. Ich möchte mich nicht überheben, aber ich würde Ihnen morgen wirklich gern zur Verfügung stehen, da ja auch aus anderen Gründen für die Vorbereitung des Kommerses jede Mithilfe wünschenswert für Sie in Hamburg sein muß. Ich fürchte, das ganze Hin und Her wird für alle weiteren gemeinsamen Vorhaben nicht ermutigend wirken."

In meinem im wesentlichen mit meinem Brief an Professor Starlinger gleichlautenden Schreiben vom 20.3.1955 hatte ich den zu einem Forschungsvorhaben in Nicosia/Zypern weilenden Professor Hubatsch gebeten, am 21. Mai „vor uns zu einem Thema zu sprechen, das Königsberg im Werden und Vergehen und seiner über sein Weichbild hinausgehenden Bedeutung umfaßt. Sie würden uns in unserem Bemühen unterstützen, an der Erhaltung Ostpreußens und dieser Stadt für Deutschland mitzuwirken.

Wir bemühen uns außerdem, Herrn Prof. Dr. Starlinger für die Wiederholung seines Vortrags ‚Grenzen der Sowjetmacht‘ zu gewinnen.“

Die Antwort von Professor Hubatsch vom 30.3.1955 (wie der allermeiste damalige handschriftliche Schriftwechsel derer, die sie noch gelernt hatten, in „deutscher“ Schrift) war klar, knapp, erfreulich:

> „Da Sie mich in so erfreulicher Weise in Ihrem Brief vom 20. d. Mts. in meiner doppelten Eigenschaft als Historiker und als gebürtiger Königsberger angesprochen haben, will und kann ich mich Ihrem Wunsche nicht entziehen und werde am 21. Mai an der Hamburger Veranstaltung teilnehmen.
>
> Ich werde mich auf einen Vortrag von einer akademischen Stunde, höchstens 60 Minuten, einrichten und schlage als Thema vor: ‚Königsberg – das geschichtliche Profil der 700jährigen deutschen Stadt.‘“

Professor Hubatsch hat dann zu dem abgewandelten Thema „Geschichte und Bedeutung der Universität Königsberg“ gesprochen.

Am Ende dieses Kapitels soll nicht unerwähnt bleiben, was zu jener Zeit für fast jeden von uns „nervus rerum“ war und vielen Wünschen eine Fessel anlegte. Am 18.5.55 mußte ich Reinhold Heling zur Teilnahme der Hochschulgruppe und von mir selbst an der Festveranstaltung am 21. Mai per Eilbrief mitteilen:

> „Das Päckchen mit den Einladungen habe ich an den Freundeskreis und an ehemalige, nicht mehr in Göttingen befindliche Gruppenmitglieder sowie an einige außenstehende Persönlichkeiten verteilt. Über eine etwaige Teilnahme dieser Herren ist mir natürlich nichts bekannt. Und nun komme ich zu dem Punkt der Teilnahme der Hochschulgruppe selbst. Da ich diese Angelegenheit zwar auf der ersten

Semesterveranstaltung zur Sprache gebracht hatte, aber die Teilnahme Einzelner bisher wegen der Reisekosten ungeklärt geblieben ist, mußte ich den für die Meldung gesetzten Termin des 18. Mai, also heute, überschreiten. Wir kommen morgen nochmals zusammen, aber es dürfte sich hierin kaum etwas ändern. Die Unkosten für jeden Göttinger Teilnehmer belaufen sich auf etwa 50,– DM. Und dieses Geld hat für eine Einzelfahrt, auch wenn der Anlaß noch so würdig und wichtig ist, niemand übrig. Wenn ich an unsere Gespräche über die Teilnahme der Hochschulgruppe denke, so erinnere ich mich eines von Skepsis getrübten Optimismus, aber dieses Ergebnis hätte ich nicht erwartet. Ich bitte Sie um Ihr einsehendes Verständnis und unser Fernbleiben nicht mit Gleichgültigkeit gleichzusetzen. An dem Gelingen des Kommerses war die Gruppe, wie Sie aus dem Schriftwechsel ersehen können, zu jeder Zeit aufrichtig interessiert. Ich habe bisher von meiner persönlichen Teilnahme nicht gesprochen. Als ich es damals als sicher annahm, dabei zu sein, ging ich von der Voraussetzung aus, daß im augenblicklichen Zeitpunkt meine Geldversorgung geregelt sein würde. Entgegen dieser Erwartung und auch der ursprünglichen Zusage der betreffenden staatlichen Stelle sind aber seit dem Ablaufen der alten Anträge auf Ausbildungsbeihilfe am 31. März die neuen Anträge nicht beschieden und bin ich während dieser Übergangszeit praktisch ohne Geld. Da ich von Angehörigen oder privater Seite keinerlei Zuwendungen erhalten kann, bin ich praktisch im Dauerzustand der Verschuldung, wobei es immer schwieriger wird, neue Kreditgeber zu finden. Unter den gegebenen Umständen jedenfalls ist es mir nicht möglich, für die eine Fahrt 50,– DM aufzubringen oder dies zu rechtfertigen. Ich brauche Ihnen nicht zu versichern, daß das Miterleben des Hamburger Tages ein großer Wunsch von mir war und ich in diesem den Höhepunkt meiner studentischen Gemeinschaftsarbeit, in diesem Falle besser der Teilnahme an ihr, sah. Ich empfinde es als Verlust, aus diesem dämlichen Grunde fernbleiben zu müssen. Von der Gruppe kann ich keinen Zuschuß verlangen; ein solcher würde aus mancherlei Gründen auch eher dem amtierenden Vorstand zustehen. Da Herr Guillaume auf meine Schreiben, die sich auf den Kommers beziehen, nicht geantwortet hat (hoffentlich haben Sie in Hamburg alles Erforderliche mit der Landsmannschaft arrangieren können), konnte ich in einem nochmaligen Schreiben meine Teilnahme aus geldlichen Gründen nicht in Frage stellen und damit eine indirekte Bitte aussprechen. Sicherlich wird sie von der Landsmannschaft gewünscht, aber unter objektiven Gesichtspunkten ist sie wiederum nicht so wichtig. Aus zeitlichen Gründen konnte ich mich bisher nicht dazu entschließen, per Anhalter zu kommen. Ich stehe in der Examensvorbereitung. Falls sich hierin unter dem guten Zureden anderer noch etwas ändert, bin ich am Sonnabend bei Ihnen."

Es kennzeichnet unser in enger praktischer Zusammenarbeit für ein Ziel erreichtes Mit- und Füreinander, wenn Reinhold Heling mir darauf dieses Telegramm schicken und damit meine Teilnahme an der studentischen 700-Jahrfeier für Königsberg doch noch ermöglichen konnte:

„Landsmannschaft wünscht Ihr Erscheinen und trägt Kosten = Heling."

Anläßlich der

700-Jahrfeier der Stadt Königsberg

geben wir uns die Ehre

Herrn ______________________

zu dem

AM SONNABEND, DEM 21. MAI 1955, UM 19 UHR s. t.
in Sagebiels Festsälen, Hamburg, Dragonerstall

stattfindenden Festkommers ergebenst einzuladen.

FESTVORTRAG: Prof. Dr. Walther Hubatsch, Göttingen:
Geschichte und Bedeutung der Universität Königsberg

U. A. w. g. bis 18. 5. 55
an A. V. Ordensland
Hamburg, Universität
Postkasten

Für den Festausschuß:
i. A.

Für die Damen sind auf der Galerie Plätze reserviert

Akademische Vereinigung
ORDENSLAND
zu Hamburg

Alte Königsberger Burschenschaft
ALEMANNIA
in Kiel

Alte Königsberger Burschenschaft
GERMANIA
zu Hamburg

Alte Königsberger Burschenschaft
GOTHIA
zu Göttingen

Alte Königsberger Burschenschaft
TEUTONIA zu Marburg
vereinigt mit der Greifswalder
Burschenschaft **Germania**

Corps **ALBERTINA** zu Hamburg
Traditionscorps der Königsberger Corps
Baltia, Hansea, Lituania

Corps
PALAIOMARCHIA-MASOVIA
zu Kiel

Hochschulgruppe
OSTPREUSSEN
zu Göttingen

Landsmannschaft
HAMMONIA-MARKO NATANGIA
im CC zu Hamburg

SLESVIGIA-NIEDERSACHSEN
im CC zu Hamburg
Traditionsbund der alten Königsberger
Turnerschaften **Cimbria, Franconia, Frisia**

Einladung zum Festkommers „700-Jahrfeier der Stadt Königsberg“

Texte und Lieder zum Festkommers:

Bundeslied (Sind wir vereint zur guten Stunde), Ernst Moritz Arndt, 1815

1.) Sind wir vereint zur guten Stunde,
wir starker, deutscher Männerchor,
so dringt aus jedem frohen Munde
die Seele zum Gebet hervor;
denn wir sind hier in ernsten Dingen
mit hehrem, heiligen Gefühl;
darum muss die volle Brust erklingen,
ein volles, helles Saitenspiel.

2.) Wem soll der erste Dank erschallen?
Dem Gott, der groß und wunderbar
aus langer Schande Nacht uns allen
in Flammenglanz erschienen war;
der unsrer Feinde Trotz zerblitzet,
der unsre Kraft und schön erneut
und auf den Sternen waltend sitzet
von Ewigkeit zu Ewigkeit.

3.) Wem soll der zweite Wunsch ertönen?
Des Vaterlandes Majestät!
Verderben allen, die es höhnen!
Glück dem, der mit ihm fällt und steht!
Es geh, durch Tugenden bewundert,
geliebt durch Redlichkeit und Recht,
stolz von Jahrhundert zu Jahrhundert,
an Kraft und Ehren ungeschwächt.

4.) Rückt dichter in der heiligen Runde
und klingt den letzten Jubelklang!
Von Herz zu Herz, von Mund zu Munde
erbrause freudig der Gesang.
Das Wort, das unser Bund geschürzet,
das Heil, das uns kein Teufel raubt
und kein Tyrannentrug uns kürzet,
das sei gehalten und geglaubt!

Wir hatten gebauet ein stattliches Haus,
August Daniel Binzer, 1819

1.) Wir hatten gebauet ein stattliches Haus
und drin auf Gott vertrauet
trotz Wetter, Sturm und Graus,
und drin auf Gott vertrauet
trotz Wetter, Sturm und Graus!

2.) Was Gott in uns legte, die Welt hat's veracht't,
die Einigkeit erregte bei Guten selbst Verdacht!

3.) Die Form ist zerbrochen, von außen herein,
doch, was man drin gerochen, ist eitel Dunst und Schein.

4.) Das Band ist zerschnitten, war Schwarz, Rot und Gold,
und Gott hat es gelitten, wer weiß, was er gewollt!

5.) Das Haus mag zerfallen – was hat's dann für Not?
Der Geist lebt in uns allen, und unsre Burg ist Gott!

Andre mögen andre preisen,
Martin Lichtenberg CvG! 1954

1.) Andre mögen andre preisen
als der Musenstädte Zier!
Alma mater Albertina,
unser Lob erschalle Dir.
Können wir Dich auch nicht schauen,
weil das Schicksal so entschied;
Sehnsuchtsvoll aus weiter Ferne
sei gegrüßt mit unser'm Lied.

2.) Das Geschick, das Dich betroffen,
wie so vieles, was uns wert,
Zwingt uns auf ein trotzig Hoffen,
daß zum Guten es sich kehrt.
Unser Mühen, unser Streben
wollen wir dem Ziele weih'n,
Dich aus Knechtschaft zu erlösen,
Freie wieder unter Frei'n.

3.) Stolze Stadt dort hoch im Osten,
prangend in des Ruhmes Flor,
Die die Väter uns'rer Bünder
sich zum Stammessitz erkor'n.
In der Näh' wie in der Ferne,
wie ein stattlich Vaterhaus,
Alma mater Albertina,
übst Du Deinen Zauber aus.

Denk ich der Wälder und der grünen Auen
Jens Rohwer

1.) Denk ich der Wälder und der grünen Auen,
sollen meine Augen denn die Heimat nicht mehr schauen?

2.) Träumt sie die Sprache, kennt sie noch die Lieder,
Heimat, laß die Hoffnung nicht, wir kommen alle wieder.

3.) Kommen mit Singen, mit bereiten Händen,
bringen Dir ein'n hellen Mut, die Not, die Not zu wenden.

Land der dunklen Wälder (Ostpreußenlied)
Erich Hannighofer

1.) Land der dunklen Wälder
und kristall'nen Seen,
über weite Felder
lichte Wunder gehn.

2.) Starke Bauern schreiten
hinter Pferd und Pflug,
über Ackerbreiten
streicht der Vogelzug.

3.) Und die Meere rauschen
den Choral der Zeit,
Elche stehn und lauschen
in die Ewigkeit.

4.) Tag ist aufgegangen
über Haff und Moor,
Licht hat angefangen,
steigt im Ost empor.

Die Einladung zum Festkommers und die auf ihm gesungenen Lieder sowie der nachstehend abgedruckte Auszug aus meinem gleich am nächsten Tag geschriebenen Brief an Prof. Starlinger (22.5.) zeichnen ein bleibendes Bild vom Wesen einer Veranstaltung, für deren Gelingen auch ich viel Zeit aufgewendet habe und die Auftrieb für ein weiteres großes Vorhaben gab: die Herstellung eines großen Zusammenschlusses Ostpreußen verpflichteter Studenten mit Mitgliedsgruppen an möglichst vielen Universitäten.

Aus meinem Brief an Prof. Starlinger:

> „Der Kommers liegt nun schon hinter uns und hatte wegen der gründlichen Vorbereitung im wesentlichen durch den Hamburger Vorbereitungsausschuß einen guten Verlauf. Die gediegene Räumlichkeit in „Sagebiels Etablissement" und die Anwesenheit von etwa 300 festlich gekleideten Menschen schufen von vorneherein eine dem feierlichen Ereignis angemessene Atmosphäre. Von der Hamburger Bürgerschaft, dem Hamburger Senat war niemand zugegen; die Hamburger Universität war durch den Dekan der Rechts- und Staatswissenschaftlichen Fakultät vertreten, die die Tradition der Albertina fortführende (unter dem neuen Rektorat hoffentlich bewußter!) hiesige Universität schenkte dem Kommers nur die Aufmerksamkeit einer Absage. Neben dem Vertreter von Königsberg-Stadt und einem Herrn der Landsmannschaft waren keine Persönlichkeiten aus dem öffentlichen Leben in der Eigenschaft als geladene Gäste anwesend. Für den Erfolg der Veranstaltung dürfte dennoch entscheidend sein, daß unter der akademischen Jugend eine erhebliche Anzahl von Kommilitonen keine direkte Beziehung zum Osten hat und diese hier durch ein würdiges Ereignis den Willen eines Kreises von Menschen vorgeführt bekamen, das Fortwirken einer Stätte deutschen Geistes im Osten sichtbar zu machen und den diese umgebenden ost-

preußischen Raum und die Nachbarn in unser Denken einzubeziehen. Dieser Aufgabe diente vor allem der wissenschaftlich fundierte, aber als Postulat verstandene Festvortrag von Herrn Prof. Hubatsch über „Geschichte und Bedeutung der Universität Königsberg“. Herr Dr. Claussen konnte in seiner Begrüßung darauf hinweisen, daß der Kommers, als von den verschiedensten Vereinigungen veranstaltet, eine Gemeinsamkeit ausdrücke, die entgegen den sonst üblichen Erscheinungen im öffentlichen Leben von Achtung und Verständnis füreinander getragen sei. P. Linck warf im Zusammenhang mit dem Gedenken dieses Tages die Frage auf, was den Überlebenden der Katastrophe in Ostpreußen an geistig-seelischer Substanz geblieben sei.

Ich hoffe auf Ihr Interesse an den letzten Zeilen und grüße Sie

in Ergebenheit

Ihr Fritjof Berg“

Ein in Aufgabenstellung und Verbandsstruktur nun wirklicher Bund Ostpreußischer Studierender entsteht

In meinem Arbeitsbericht des Bundes Ostpreußischer Studenten (BOSt) im Sommersemester 1955 vom 20.10.1955 habe ich geschrieben: „Zwar handelt(e) es sich hier um keine eigene Veranstaltung des BOSt. Aber er hat(te) an dem Zustandekommen nicht unbedeutenden Anteil, und es liegt ... im Zuge seiner Gesamtentwicklung, zu einer erweiterten Zusammenarbeit zu gelangen."

Der Wunsch auf studentischer Seite, dieses Vorhaben möglichst bald, noch im „Stimmungssog" des Festkommerses, durchzuführen, scheiterte an Termin- und Raumfragen. Bei unserer „interkorporativen" Besprechung Ende Februar in der Ostdeutschen Akademie hatten wir vorbehaltlich einer ausreichenden Finanzierung bereits eine dortige „Freizeit" für die Zeit vom 1. bis 7. Oktober 1955 in Aussicht genommen. Dies war dem Landesvorsitzenden der Landesgruppe Nordrhein-Westfalen der Landsmannschaft Ostpreußen, Grimoni, der als Bundeskulturreferent dem Bundesvorstand angehörte, gleich am 15.3. mitgeteilt worden. Von ihm erhielt ich dann mit Schreiben vom 14.6. die Nachricht, die Landsmannschaft wolle nach einem kürzlich gefaßten Vorstandsbeschluß eine Freizeit mit 60 Studenten und Studentinnen Anfang August in der Ostdeutschen Akademie in Lüneburg durchführen und finanzieren. Diese Entscheidung war ohne Beteiligung der studentischen Seite gefallen. Sowohl Herrn Grimoni als auch der Akademie gegenüber hielt ich mit Schreiben vom 19.6. an dem für Anfang Oktober in Aussicht genommenen Termin fest, „da nach damals übereinstimmender Ansicht aus den verschiedensten Gründen zu dieser Zeit sich mehr Teilnehmer finden würden als gleich nach Semesterende". Für zusätzliche Verwirrung sorgte dann nach einer „Aufforderung zum Gespräch" (bei dem die Landsmannschaft, die meinen Anruf verlangte, die Kosten trug) die fernmündliche Mitteilung von Kulturreferent

Grimoni, daß die Landsmannschaft unser Studententreffen Anfang August auf Schloß Vaihingen Enz durchführen wolle. Die Akademie ihrerseits hatte mir mit Schreiben vom 20.6. geschrieben: „Für die Freizeit der Ostpreußischen Studenten halten wir den von Ihnen vorgeschlagenen Termin (1.–7.10.) fest. Der von Ihrer Landsmannschaft in Aussicht genommene Zeitpunkt für diese Freizeit in der 1. Augusthälfte kollidiert mit anderen Veranstaltungen in unserem Hause und ist deshalb kaum geeignet." Dann jedoch widerrief die Akademie ihrerseits den Oktobertermin, indem die u. a. für den Terminplan der Akademie zuständige, mir von vorausgegangenen Tagungen wohlbekannte, uns Ostpreußen sehr „zugetane" deutschbaltische Baronin Sass mit ihrem betörenden Persönlichkeitsformat mich mit Schreiben vom 9.8.55 davon in Kenntnis setzte: „Nachdem Fräulein Wangerin den Termin für die Ostpreußische Landes-Kulturreferententagung nunmehr definitiv auf den 7.-10.10. des Jahres mit uns festgelegt hat, erlaube ich mir die Bitte an Sie, uns auch Ihrerseits baldmöglichst einen Termin für die von Ihnen geplante Tagung ostpreußischer Studenten in unserer Akademie zu nennen. Da Oktober und September bereits voll besetzt sind, kämen in diesem Jahre noch diverse November- und Dezembertermine in Frage ..."

Da der Terminvorschlag der Akademie für die Durchführung der Tagung irgendwann im November oder Dezember denkbar ungeeignet war und ihre Räumlichkeiten für 60 Teilnehmer nicht ausgereicht hätten, Herr Grimoni mich am 7.7. davon unterrichtete, „daß die Burg nun doch erst im Oktober zur Verfügung steht", und der stellvertretende Geschäftsführer der (geldgebenden!) Landsmannschaft Müller mir bereits am 29.7. geschrieben hatte: „Ich muß Sie leider darüber unterrichten, daß aus unserer geplanten studentischen Freizeit in diesem Jahr nichts mehr wird", kam die Freizeit mit dem Ziel der Etablierung einer Zusammenarbeit aller unserer Vereinigungen 1955 nicht mehr zustande.

Für mich persönlich sollte das ein für mein ganzes Leben glücklicher Umstand sein. Die Landsmannschaft hatte „unseren" Anfang-Oktober-Termin in der Akademie für ihre eigene Arbeitstagung der Landeskulturwarte „usurpiert", an der als Vertreterin der Hochschulgruppe Ostpreußen Hannelotte Behrend teilnahm. Wäre es nicht dazu gekommen – hätte es dann den durch Hannelottes Teilnahme ausgelösten Gedankenaustausch als Weg zueinander gegeben? Bezug nehmend auf das Thema „Ostpreußische Studentenfreizeit" in Lüneburg, schrieb sie mir in ihrem Tagungsbericht-Brief vom 21.10.55 und sprach mich dabei auch in diesem Punkt instinktiv richtig an: „Ich halte es jedenfalls für durchaus notwendig, daß sich ostpreußische Hochschulgruppen überall an den Universitäten bilden, damit auch unter der akademischen Jugend ostpreußische Sitte und Brauch gepflegt werden und heimatpolitisches Interesse geweckt und wachgerüttelt wird. Doch Du hast sicherlich schon Schritte unternommen, um diese Freizeit zu organisieren, nur bin ich nicht unterrichtet davon. Das einzige, was mir in diesem Sinne zu tun übrig blieb, war Propaganda für unsere Hochschulgruppe und Hochschulgruppen überhaupt zu treiben ... Ich hätte vielleicht ganz gut Herrn Guillaume anhauen können, doch wollte ich keine unbedachten Schritte unternehmen und dadurch vielleicht uns schaden."

So wie bei uns beiden, noch neben- und nicht miteinander denkenden und handelnden Hochschulgruppenmitgliedern rumorte der Wunsch nach Zusammenschluß aller aus Schicksalsverbundenheit und gemeinsamer Zielsetzung zusammengehörigen ostpreußischen Kommilitonen in einem übergeordneten und wirklich repräsentativen Bund immer stärker unter uns „Göttingern". Es galt, im Bewußtsein der Zusammengehörigkeit den Einsatz und die Tatkraft gegenseitig zu stärken und durch Erfahrungsaustausch die Arbeit der einzelnen Gruppen zu koordinieren, ohne jedoch in deren Eigenleben einzugreifen. Dadurch sollte die Wirkungsmöglichkeit der aktiven ostpreußischen Studentenschaft über den Bereich der jeweiligen Hochschule hinaus erweitert und dem ostpreußischen Element die ihm gebührende Geltung verschafft werden. Die sichtbare Teilnahme am heimatpolitischen Geschehen würde dazu gehören.

Die Hochschulgruppe Ostpreußen / nunmehrige Landsmannschaft Ordensland hatte bisher schon die Arbeit des BOSt fast allein getragen. Aber die, die sie sich jetzt mit der eben geschilderten Zielsetzung vornahm, war im Vergleich dazu eine Herkulesaufgabe. Allein die heute aus Gründen des (überstrapazierten!) individualrechtlichen „Datenschutzes" gar nicht mehr denkbare Ermittlung der ostpreußischen Studenten anhand ihrer Geburtsorte aus den Universitätskarteien – ihre Kenntnis gehörte damals noch zum allgemeinen nationalen Bildungsgut, es gibt sie nicht einmal mehr hinsichtlich der ostdeutschen Großstädte! – und der Versand von 2000 Einladungen erforderte ein hohes Maß an Idealismus und Leistungsbereitschaft.

Der Wunsch und die Bemühungen, von Göttingen aus den BOSt an vielen anderen Univsersitäten seßhaft zu machen, gelangten durch die Einberufung eines allgemeinen ersten ostpreußischen Studententages mittels dieser 2000 Einladungen zur Verwirklichung und zum Erfolg:

> „Unter der Schirmherrschaft Se. Magnifizenz des Herrn Rektors der Georg-August-Universität zu Göttingen, der Patenuniversität unserer Albertina zu Königsberg, veranstaltet der Bund Ostpreußischer Studierender vom 27. Oktober bis 2. November 1956 in Osterode/Harz den ersten ostpreußischen Studententag.
>
> Dieser Studententag soll uns neben anderen Themen vereinen zu fruchtbarer Aussprache über die Aufgabe und Leistung unserer Heimat in der Geschichte des Abendlandes und die geistesgeschichtliche Wirkung der Albertina.

Ein besonderes Anliegen ist es uns dabei, die Frage der Situation der heimatvertriebenen Studierenden zu behandeln.

Wir würden auch Sie sehr herzlich bei diesem Tag begrüßen. Sie werden im ‚Haus der Jugend' Osterode/Harz kostenlose Unterkunft und Verpflegung finden. Der Tagungsbeitrag soll DM 20,– nicht übersteigen, kann jedoch in Härtefällen ermäßigt oder ganz erlassen werden. Die Fahrkosten werden Ihnen erstattet werden.

Aus Gründen des uns zur Verfügung stehenden Raumes muß die Teilnehmerzahl auf 150 beschränkt bleiben. Wir bitten deshalb, Ihre baldmöglichste Anmeldung an die mit der Durchführung des Studententages beauftragte Landsmannschaft Ordensland, Göttingen, Robert-Koch-Straße 2, zu richten.

Letzter Anmeldetermin: 25. September 1956.

Sie erhalten von uns dann einen Antrag auf Fahrpreisermäßigung.

Mit heimatlichem Gruß

Bund Ostpreußischer Studierender

i. A.

gez. Burkart Naunin

i. V. Hanna Wangerin (Abteilung ‚Jugend und Kultur' bei der Landsmannschaft Ostpreußen"

Es folgt das Programm des Studententages:

„Programm des 1. ostpreußischen Studententages vom 27. Oktober bis 2. November 1956 im ‚Haus der Jugend' zu Osterode/Harz.

Samstag, 27.10.56: Anreisetag

Sonntag, 28.10.56

16.00 Uhr: Begrüßung durch den Sprecher des Bundes Ostpreußischer Studierender; Eröffnung durch Se. Magnifizenz, den Herrn Rektor der Georg-August-Universität, Prof. Dr. Werner Weber; Prof. Dr. W. Weber: Das politische Kräftesystem in der wohlfahrtsstaatlichen Massendemokratie

20.00 Uhr: Lichtbildervortrag über Ostpreußen vor 1945 von Herrn Stark

Montag, 29.10.56

10.00 Uhr: Prof. Dr. Kurth: Die Frage der Oder-Neiße-Linie im Rahmen der Ost-/Westbeziehungen

16.00 Uhr: Prof. Dr. Friedensburg: Probleme der Wiedervereinigung Deutschlands

20.00 Uhr: Aussprache im Plenum zum Tagesthema

Dienstag, 30.10.56

9.00 Uhr: Prof. Dr. P. E. Schramm: Hindernisse auf dem Wege zur Einheit Europas

16.00 Uhr: Dipl. Volkswirt N. Neumann: Ostpreußen 1945/55

20.00 Uhr: Fragen der studentischen Gruppenbildung

Mittwoch, 31.10.56

9.00 Uhr: Prof. Dr. W. Hubatsch: Die Bedeutung Ostpreußens in der Geschichte des Abendlandes

16.00 Uhr: Prof. Dr. W. Hubatsch für Prof. Dr. v. Selle: Die geistesgeschichtliche Wirkung der Albertina

20.00 Uhr: Organisationsfragen der heimatvertriebenen Studenten

Donnerstag, 1.11.56

9.00 Uhr: Harzwanderung (bei ungünstiger Wetterlage Filmvorführung zum Thema der Tagung)

16.00 Uhr: Allgemeine Aussprache und Zusammenfassung der Ergebnisse unseres Studententages

20.00 Uhr: Heiter-besinnlicher Ausklang

Freitag, 2.11.56: Abreise“

Der Studententag fand mit 200 Teilnehmern vom 27. Oktober bis 2. November 1956 in Osterode/Harz statt. Von hier aus konnte der BOSt viele neue Kräfte und Mitarbeiter an anderen Universitäten gewinnen, die dort auch neue Mitgliedsgruppen gründeten. Solche bestanden und entstanden binnen kurzer Zeit an 20 Studienorten, nämlich in Aachen, Berlin, Bonn, Bremen, Erlangen, Frankfurt a. M., Freiburg, Göttingen, Hamburg, Hannover, Heidelberg, Kiel, Köln, Mainz, Marburg, München, Münster, Osnabrück, Tübingen, Wuppertal. Der in der Folgezeit alljährlich stattfindende Studententag wurde zu einer bewährten, auch öffentlichkeitswirksamen Institution.

Leider liegt mit als Beispiel für die – auch nach den örtlichen Gegebenheiten in manchem unterschiedliche – Semesterarbeit der einzelnen Hochschulgruppen nur die kursorische Zusammenfassung des langjährigen Sprechers der Bonner Gruppe Martin Lehmann[1)] vom Juni 2020 vor, die ich mit seiner Zustimmung hier folgen lasse:

---

1) Martin Lehmann hat sich als Vorsitzender des Förderkreises Kirche Mülhausen Kr. Pr. Eylau e. V. um die Erhaltung und originalgetreue Restaurierung dieser Kirche unter hohen persönlichen Opfern aller Art ein bleibendes geschichtliches Verdienst nicht nur bei seinen ostpreußischen Landsleuten erworben. Die Politik hat es auch an dieser Stelle versäumt, seine Zusammenarbeit mit der russischen Seite, hier vor allem mit dem uns Deutschen so aufgeschlossen und freundschaftlich begegnenden Architekten Sabuga, als richtungsweisend aufzugreifen (Fortsetzung S. 586)

„Die Hochschulgruppe Bonn im Bund Ostpreußischer Studierender (BOSt), auch: ‚Ostpreußische Studentengruppe Bonn' – ein Rückblick aus dem Jahr 2020 auf die Studentenvereinigung, die etwa von Mitte der 1950er bis Mitte der 1960er Jahre bestand

Im Jahr 1956 gründete sich, angeregt durch den von der Göttinger Gruppe organisierten Ostpreußischen Studententag in Osterode/Harz, auch in Bonn eine Gruppe ostpreußischer Studenten. Den Kern des Zusammenschlusses bildeten die Bonner Teilnehmer von Osterode; die meisten hatten sich zuvor nicht gekannt; in der Folgezeit kamen weitere hinzu, vor allem von denjenigen Studienanfängern, die wir über die Uni-Verwaltung als in Ostpreußen geboren feststellen konnten (damals war eine solche Auskunft noch möglich; auf diese Weise hatte auch die Göttinger Gruppe die Adressen der zum Studententag Einzuladenden erhalten).

(Fortsetzung Fußnote 1, S. 585) Die Kirche Mülhausen, die wahrscheinlich Mitte des 14. Jahrhunderts errichtet wurde, galt einmal als die schönste ganz Ostpreußens. Mit ihrem Tonnengewölbe, ihrem reichen Wandschmuck war sie nach der Eroberung Ostpreußens durch die Rote Armee wie alle anderen ordens- oder auch neuzeitlichen Kirchen im sowjetisch annektierten Teil Ostpreußens durch mutwillige Zerstörung, Ausplünderung und „Backsteingewinnung" dem Verfall preisgegeben. Die Kirche Mülhausen war auch religionsgeschichtlich von herausragender Bedeutung. Hatte doch der Gutsherr und Amtsinhaber von Mülhausen, Georg von Kunheim, im Hause Melanchthons in Wittenberg die jüngste Tochter Luthers Margarethe kennengelernt. Die Eheschließung beider fand 1555 in Wittenberg statt, und Margarethe folgte ihrem Gemahl nach Mülhausen, wo sie verdiente Patronin und tüchtige Gutsherrin wurde. Der Liebe Luthers zu seiner Tochter Margarethe verdankt die Christenheit das Weihnachtslied „Vom Himmel hoch, da komm' ich her". (Angaben zu Georg und Margarethe von Kunheim nach „Kirche Mülhausen – Natangen/Ostpreußen", herausgegeben vom Förderkreis Kirche Mülhausen Kr. Pr. Eylau e. V. Verden/Aller; Text: Martin Lehmann.)

Zweck der Vereinigung war, Ostpreußen im Bewußtsein der Uni-Angehörigen zu bewahren, auf das Vertreibungsunrecht hinzuweisen und überhaupt politisches Interesse zu wecken. Durch die Behandlung der historischen und politischen Themen haben wir selbst unmerklich viel über die Geschichte, Geografie und Kultur der Heimat gelernt (Geschichte hatte in der Schule zu den langweiligsten Fächern gehört), wir lernten automatisch auch, wie eine geordnete Diskussion geführt wird, was Satzung und Geschäftsordnung bedeuten, und damit die Spielregeln der Demokratie. Das politische Interesse ergab sich natürlich auch daraus, daß Bonn Bundeshauptstadt war ...

Die Zahl der aktiven Mitglieder schwankte im Lauf der Semester zwischen 10 und 20; die Nachwuchswerbung war, durch die starke Fluktuation an der Uni, immer schwierig. Nach dem Examen traten die meisten Mitglieder dem ‚Freundeskreis' bei. Dessen Gründung, der Zusammenschluß meist ansässiger, angesehener Ostpreußen ... erfolgte 1959.

Zur damaligen Zeit gab es an der Uni Bonn nur zwei Gruppen mit wirklich interessanten politischen Diskussionen: unsere ostpreußische Studentengruppe und den Liberalen Hochschulbund. Ende der 1960er und Anfang der 1970er Jahre schaute ich erneut in die Universität hinein und war entsetzt über den Verfall der Diskussionskultur: Wer am längsten und lautesten redete, setzte sich durch, andere Meinungen wurden niedergeschrien, Professoren gedemütigt. Die Weiterführung der Gruppenarbeit in der bisherigen Form war unmöglich.

Wir lernten viel über unsere östlichen Nachbarländer. So boten wir 1956 nach der Niederschlagung des Aufstands in Ungarn geflohenen ungarischen Studenten ein Forum und ließen keinen der damals von Andrzej Wajda (Polen) gedrehten Filme aus.

Wir schickten Pakete an bedürftige Landsleute im südlichen Ostpreußen.

Die geselligen Veranstaltungen gehörten auch dazu: die Teilnahme am Winterfest der Kreisgruppe Bonn unserer Landsmannschaft, unser eigenes Sommerfest auf Schloß Annaberg (das damals Flüchtlingen aus dem Baltikum als Unterkunft diente) und der Ausflug ins Siebengebirge. Im Rückblick erwies sich die Gruppe auch als Heiratsmarkt.

Ebenfalls im Rückblick: Nicht wenige der Mitglieder holten sich in der Hochschulgruppe das Rüstzeug für die spätere Übernahme von Verantwortung in der landsmannschaftlichen Arbeit."

„Osterode" folgten die Studententage 1958 in Marienberg/Westerwald und 1959 in Dassel/Solling. Die durchschnittliche Teilnehmerzahl betrug 170. Vorsitzende des BOSt wurden von 1957 bis 1960 im jährlichen Wechsel Hans-Günther Parplies, Hartmut Gassner, Hubertus Nehring.

Die Vorbereitung und Durchführung des 1. Ostpreußischen Studententages hatte vor allem in den Händen von Gerd Brausch, Kurt Fromm, Burkart Naunin und Hans-Günther Parplies von unserer Göttinger Landsmannschaft Ordensland gelegen. Der Bericht über den Ersten Ostpreußischen Studententag nennt darüber hinaus in dieser Reihenfolge die Namen derer, die sich für seine Durchführung einsetzten: Fritjof Berg, Klaus Wisotzki, Gerhard Lucka, Elisabeth v. Mauschwitz, Urte Laupichler, Dieter Drews, Helena Zimmermann, Brigitte Kummer, C. Bartholomeyczik.

Ich selbst bin zwar (mit dem Zusatz „Sachverständiger für BOSt") in dieser Namensliste aufgeführt, mußte mich aber nach der jahrelangen Vernachlässigung meiner Studiengänge durch ostpolitische studentische und Verbandsarbeit in der Vorbereitungsphase des Jahres 1956 auf mein Referendarexamen konzentrieren, das ich am 24. August 1956 vor dem Justizprüfungsamt beim Oberlandesgericht Celle mit „ausreichend“ bestand. Dies war die „Quittung“ für die vielen Schwerpunktverlagerungen weg von Hörsaal und Studierzimmer. Dem Examen folgte der Dienstantritt als Rechtsreferendar am 15. Oktober 1956 beim Amtsgericht Wolfenbüttel, gastweise im Oberlandesgericht Braunschweig, ich gehörte an sich zum OLG-Bezirk Celle. Hannelotte begann ihre Ausbildung an der Landeswohlfahrtsschule Braunschweig am gleichen Tag. Examensvorbereitung, Haushaltsauflösung, Erledigung aller Universitäts- und behördlichen Formalitäten, Verabschiedung von einem riesigen Bekanntenkreis, Zimmersuche und Neueinrichtung in Braunschweig bedingten mein Ausscheiden aus der Avantgarde für den Osteroder Studententag. Um an ihm noch am Montag, dem 29. Oktober, teilnehmen zu können, mußten Hannelotte und ich dienstfrei bzw. Befreiung vom Unterricht beantragen – was nach Dienstantritt bzw. Schulbeginn zwei Wochen zuvor nicht gerade leicht fiel. Unsere, vor allem meine, durch all dies bedingte Abstinenz fand bei den Studententagsprotagonisten, die ja noch allesamt „bloße“ Studenten und von den von mir beschriebenen Umständen weder betroffen waren noch sie richtig beurteilen konnten, wenig Verständnis. In wenig freundschaftlicher Weise wurde ich von ihnen Anfang Oktober daran erinnert, daß ich meine Zusage des Entwurfs einer BOSt-Satzung bisher nicht eingehalten hätte. Nun, sie gelangte noch rechtzeitig zu den Beschwerdeführern und wurde später mit geringfügigen Änderungen in ein paar Nebenbestimmungen angenommen.

Aber mehr noch, ich wurde sogar „bekniet“, die Eröffnungsansprache zum Studententag zu übernehmen und mich zum Vorsitzenden des – wie erhofft – zu Größe und Bedeutung aufgestiegenen Bundes Ostpreußischer Studierender (BOSt) wählen zu lassen. Ersteres habe ich bereits deshalb abgelehnt, weil meine Worte zu Beginn unweigerlich zu meiner Nominierung als Vorsitzender mit entsprechendem „moralischen“ Zwang zur Annahme von Wahlvorschlag und so gut wie sicherer Wahl geführt hätten. Die Übernahme eines Amtes, dem ich wiederum viel Zeit, die Aussicht auf günstigere Beurteilungen und viel Zusammensein mit Hannelotte – deshalb war ich doch nach Braunschweig gegangen! – geopfert hätte, das bei meiner Pflichtauffassung betreffend die Ausübung eines übernommenen Ehrenamtes und dem Wunsch nach Wachsen des BOSt auch zu Unvereinbarkeiten mit den, wie sich nach wenigen Tagen Dienst bereits abzeichnete, erheblichen dienstlichen Anforderungen an mich als Referendar geführt hätte – nein, eine Wiederholung der Göttinger „Touren“ kam diesmal nicht mehr in Frage. (1959 ließ ich mich trotzdem „breitschlagen“, die Leitung des ja noch viel größeren Gesamtverbandes aller überregionalen ostdeutschen Studentenbünde (VHDS) zu übernehmen – dies obendrein während der überaus bedeutsamen Ausbildungsstation beim Oberlandesgericht Celle und „natürlich“ wiederum mit der „Quittung“ der Examensnote „ausreichend“ beim Assessorexamen am 15. Dezember 1960.)

In einem meiner letzen Briefe aus Göttingen (4.10.56) an Hannelotte habe ich mich seitenweise mit all diesen ineinander verwobenen Fragen auseinandergesetzt und ihr dann nochmals in meinem ersten Brief aus Braunschweig vom 10.10.56 zum Gerangel um meine Person geschrieben:

> „... Sie wollten mich abends dazu kriegen, Vorsitzender des Bundes Ostpreußischer Studierender in Osterode zu werden oder zu bleiben. Ist ja überall so, daß man auf einen einreden muß, ehe man ihn dazu kriegt, solch einen Posten zu übernehmen. Aber die Tour, auf meinen Ehrgeiz anzuspielen, wäre mir selbst vor Jahren zu billig gewesen. Klaus (Anm.: Wisotzki), dieser erfahrene Psychologe und z. T.

auch Seelenkneter, hat da meines Wissens zum ersten Mal das falsche Register gezogen. Gewiß, einer muß es werden – aber nicht ich ... Sie sahen es nicht ein, daß ich mich nicht bereit erklärte, zu einem Vorkonvent nach Göttingen zu kommen ... Mit Klaus habe ich dann noch bis morgens gegen 4 Uhr auf der Straße disputiert, weil er meinte, er hätte das Gefühl, daß ich an der Arbeit uninteressiert sei und dem Studententag ablehnend gegenüberstünde. Ich hätte doch früher gewaltig viel Idealismus gehabt, eine Flamme könne doch nicht so schnell verlöschen. Ich habe ihm gesagt, daß man sich immer wieder auf seine Umwelt einstellen müsse. Als Kind sei ich still und zurückhaltend gewesen, nach dem Beginn des Studiums sei viel in mir aufgebrochen, jetzt ginge es mir so, daß ich mein Privatleben mit dem Einsatz für allgemeine Belange in ein ausgewogenes Verhältnis bringen wolle ... Es ginge auch nicht an, daß ich mit derselben ungenügenden Vorbereitung und mit derselben Note mein nächstes Examen machte. In Göttingen sei mir die Vertriebenenarbeit zwei Semester Alibi für ein Minimum an Studium gewesen. Das gebe es nicht mehr. Ich glaubte auch, in einer gehobenen beruflichen Position für Ostpreußen mehr tun zu können als in der bisherigen Weise ... Klaus meinte, er könne mich verstehen. Aber er schien es auch gestern an der Bahn (Anm.: meine Abreise für immer von Göttingen nach Braunschweig) noch für nötig zu halten ‚vergiß uns nicht!' zu sagen."

Die Hochschulgruppe Ostpreußen/Landsmannschaft Ordensland in der Göttinger Hochschulgruppe der Vereinigung/des Verbandes Heimatvertriebener und Geflüchteter Deutscher Studenten (VHDS)[1)]

Die jeweilige, durch ihre Vertreter als „geborene" Verbandsmitglieder vermittelte Mitgliedschaft der überregionalen ostdeutsch-landsmannschaftlichen bzw. außerreichsdeutschen und konfessionell geprägten Vertriebenen-Studentenbünde und der diesen angehörenden örtlichen Einzelvereinigungen in der/im VHDS ist bereits erwähnt worden. Wesen und Bedeutung der örtlichen VHDS-Hochschulgruppen, deren Leiter („Vertrauensstudenten") gem. § 3 I.2) der (Bundes-) VHDS-Satzung ebenfalls unmittelbare „geborene" Verbandsmitglieder sind, hat der von uns Göttinger Ostpreußen scherzhaft als „Pommernfürst" titulierte, verbandspolitisch allüberall regsame Erhard W. Appelius in seinem Beitrag „Aufbau, Gliederung und Organe des VHDS" in der zum 1960 zehnjährigen, in meine Amtszeit als Verbandsvorsitzender fallenden Bestehen des Verbandes herausgegebenen Schrift „Jenseits von Elbe und Oder – 10 Jahre VHDS" wie folgt, leicht überzogen, gleichwohl aber prägnant, beschrieben (S. 83):

---

1) Die Umbennung in – Geschlossenheit und Handlungsbereitschaft ausdrückend! – „Verband" erfolgte auf Beschluß der Jahreshauptversammlung am 25. März 1959, die die Übernahme der Verbandsführung durch mich am 11. Juli 1959 in die Wege leitete. Zu Beginn der 60er Jahre, als die jetzigen Studentenjahrgänge nicht mehr das unmittelbare Heimat-, Flucht- und Vertreibungserlebnis der VHDS-„Gründergeneration" besaßen, als die Verzichtstendenzen auf den Deutschen Osten in Parteien, Kirchen, Zeitungen, Rundfunkanstalten Fahrt aufnahmen, nahmen jedenfalls die führenden Köpfe des Verbandes diese Herausforderung an und sorgten für den aktuellen und klar konturierten Namen „Ostpolitischer Deutscher Studentenverband e. V."

„Die Grundzelle des als Dachverband errichteten VHDS ist seine Hochschulgruppe. VHDS-Hochschulgruppen bestehen an 35 Universitäten und Hochschulen des Bundesgebietes und Österreichs. Sie treten jedoch in drei verschiedenen Formen auf:

1. Die überwiegende Regel ist die in landsmannschaftliche Studentengruppen untergliederte VHDS-Hochschulgruppe. Diese landsmannschaftlichen Gruppen – mindestens zwei, oft mehr, in einem Falle fünf – führen ihr eigenständiges Leben, verwirklichen jedoch ihre Zugehörigkeit zur örtlich übergeordneten VHDS-Hochschulgruppe und damit ein geschlossenes Auftreten als ein Verband gegenüber Universitätsbehörden, Studentenschaft und VHDS-Bundesorganen durch Herausstellen eines gewählten gemeinsamen Vorsitzenden, des ‚Vertrauensstudenten' Ihn unterstützen meistens einige Vorstandsmitglieder ... Der Vertrauensstudent leitet und vertritt also die VHDS-Hochschulgruppe – und damit all ihre landsmannschaftlichen Studentengruppen – auf Hochschulebene; er führt die örtlichen VHDS-Veranstaltungen durch und zeichnet überhaupt für die ost- und mitteldeutsche Arbeit in ihrer Gesamtheit an seiner Hochschule verantwortlich ..."

Unsere Göttinger VHDS-Hochschulgruppe war eine der von Appelius genannten 35 Hochschulgruppen an Universitäten und Hochschulorten der Bundesrepubliken Deutschland und Österreich. Mit zu ihrer Hochzeit (1956) 95 Mitgliedern der in ihr zusammengeschlossenen Hochschulgruppen der Balten, Ostpreußen, Pommern, Schlesier, Mitteldeutschen war sie zu diesem Zeitpunkt die zweitstärkste Hochschulgruppe des Verbandes.

Vornehmlich von einem Spötter in unserer Hochschulgruppe Ostpreußen ist die Göttinger VHDS-Hochschulgruppe als „Hydrokephalos" (Wasserkopf) ins Lächerliche gezogen worden. Das lag an ihrer leicht überzogenen Selbsteinschätzung durch den semesterlangen Vertrauensstudenten Appelius und seinem in manchem primär funktionalen Denken, wie beides ja in seinem auszugsweise wiedergegebenen VHDS-Organisationsbericht anklingt. Gleichwohl war eine solche Charakterisierung letztlich eher Ausdruck der Freude des Betreffenden an ätzendem Spott als berechtigt. Erhard W. Appelius, der ja wohl nicht zufällig dem Spaßvogelverein der „Schlaraffen" angehörte, war, seinen formalen Denkschemata entgegengesetzt, ein äußerst geistreicher, humorbegabter Freund und Kommilitone. Unserer ostpolitisch-freundschaftlichen „Verdichtung" half so manche Buddel „Rotspon" nach, zu der er mich allein, oft aber auch zusammen etwa mit unseren schlesischen Freunden Klaus Maack und Dr. Werner Strietzel einlud.

Erhard war ja nicht nur ein nicht wegzudenkender Initiator unserer Hochschulgruppe Ostpreußen und der Göttinger VHDS-Hochschulgruppe gewesen. Er führte zusammen, bemühte sich um Mitwirkung und Einflußnahme der ostdeutschen Studentenschaft in öffentlichen Institutionen und Vertriebenenverbänden. So berief er beispielsweise eine „Niedersächsische Landeskonferenz der Vereinigung Heimatvertriebener Deutscher Studenten (VHDS)" am 14.2.1954 im Sitzungssaal des BvD-Landesverbandes (Anm.: BvD = Bund vertriebener Deutscher) im Anzeiger-Hochhaus Hannover" ein. In seinem „Bettelbrief" um finanzielle Unterstützung unserer Arbeit, den er als Vertrauensstudent unserer Göttinger VHDS-Gruppe an die ostdeutschen Abgeordneten des Bundestages aus Niedersachsen und des Niedersächsischen Landtags am 20.2.1953 schrieb und den das Mitglied unserer Hochschulgruppe Ostpreußen stud. theol. Siegfried Biddermann und ich als stellvertretende Vertrauensstudenten mitunterzeichnet haben, hat er – werbewirksam – das Wesen unserer – und nicht nur unserer! – ostdeutschen Hochschulgruppe beschrieben (ich habe an der „Ausformulierung" des Briefes mitgearbeitet):

> „Seit einem Jahr existiert an der niedersächsischen Landesuniversität Göttingen eine Hochschulgruppe der ‚Vereinigung Heimatvertriebener Deutscher Studenten e. V.' In ihr haben sich in ihren eigenen landsmannschaftlichen Gruppen die fern ihrer verlorenen Heimat studierenden Kommilitonen aus Pommern, Ostpreußen, Sudetenland, Schlesien, Brandenburg und von der Weichsel und Warthe zusammengeschlossen. Alle diese Gruppen mühen sich, ihren Landsleuten ein Stückchen Heimat zu sein ... Das Gefühl landsmannschaftlicher Verbundenheit in der Pflege liebgewonnener heimatlicher Werte ist ein außerordentlich dankbarer und fruchtbarer Ansatzpunkt für eine neuartige, aber fruchtbare und echte Gemeinschaftsbildung.
>
> In unseren Gruppen finden sich in der Mehrzahl Landsleute zusammen, die sich nach den für sie meist grauenvollen Erlebnissen der hinter uns liegenden Jahre abkapselten und bisher als Einzelgänger jeder Begegnung mit außerhalb des Fachstudiums liegenden Dingen scheu aus dem Wege gingen. Das landsmannschaftliche Element erwies sich jedoch als so stark, daß es diese Kommilitonen auf dem Wege über unsere Gemeinschaft wieder für eine umfassende Beschäftigung mit den vielen Problemen des geistigen und politischen Lebens aufgeschlossen machte. Denn in unseren Gruppen, deren Hauptarbeitsgebiet auf der ostkulturellen und heimatpolitischen Ebene liegt, werden gerade diese Dinge aus dem Gefühl einer Verpflichtung gegenüber Gesamtdeutschland heraus, begründet auf dem eigenen Schicksal ... angepackt ... So mag es auch zu verstehen sein, daß sich in unseren Gruppen zudem die Angehörigen der beiden das Bild der Studentenschaft bestimmenden Formen akademischen Gemeinschaftslebens – die der traditi-

onellen Korporationen alten Stiles und die der freien und politischen Studentenvereinigungen – in gegenseitiger persönlicher Achtung zu harmonischer Teamarbeit zusammenfinden ...

Weil wir keine Studentengemeinde sind, fördert uns keine Kirche, weil wir keine Korporation traditionellen Stils sind, dotieren uns keine Alten Herren, weil wir keine politische Studentengruppe sind, greift kein Parteischatzmeister in sein Säckel. Wir sind nichts als eine Handvoll ostdeutscher Studenten, die ihre Heimat nicht vergessen wollen, nicht vergessen können.

In dieser Notlage wenden wir uns an Sie ... mit der herzlichen Bitte, uns mit einer ... finanziellen Spende zu bedenken, die uns ein Stückchen weiterhelfen soll. Seien Sie ... versichert, daß dieser Schritt uns wirklich nicht leicht geworden ist. Den Mut dazu nehmen wir uns aus der Hoffnung, daß Sie Verständnis für den Sinn und Vertrauen zum Wert der Aufgabe haben, die wir hier in Göttingen erfüllen wollen ..."

Erhard W. Appelius war auch der Veranlasser und maßgebende Organisator von mehreren sowohl geminschaftsbildenden als auch den Wissens- und wissenschaftlichen „Stoff" über Ostmitteleuropa und zum aktuellen Geschehen um die Oder-Neiße-Gebiete vermittelnden Freizeiten in der Nordostdeutschen bzw. ab Ende 1954 Ostdeutschen Akademie Lüneburg, Herderstr. 1-11. (Der Straßenname belegt für unzählige andere, daß damals die nord-, west- und süddeutschen Kommunen durch solche Namensgebungen hauptsächlich in Neubaugebieten noch ihre Verbundenheit mit Land und Leuten des Deutschen Ostens Ausdruck verleihen wollten.)

Warum kontinuierlich, ohne Ausnahme, an diesem Ort? Erhard W. Appelius (Pommern) und Dr. Werner Strietzel (Schlesien)

Erhard W. Appelius

Die Nordostdeutsche Akademie

haben in ihrem 21seitigen Bericht über die Freizeit der VHDS-Hochschulgruppe Göttingen vom 1.-10. März 1953 das Wesen und die Atmosphäre der Akademie – kongenial zur VHDS-Aufgabenstellung – wie folgt beschrieben:

> „Der Neuankömmling ... sieht beim Nahen schon von weitem dort, wo sich ... Kant- und Herderstraße kreuzen, das neue, langgestreckte und hell in der Frühlingssonne leuchtende Gebäude mit dem an eine dem ganzen niederdeutschen Raum gemeinsame Bautradition gemahnenden Treppenhausgiebel. Die an diesen ersten, äußeren Eindruck geknüpften Erwartungen werden noch übertroffen, wenn man die Schwelle der Akademie überschreitet: Durch die lichtdurchflutete ... Bücherei ... und vor allem durch die vier symbolischen Traditionsstätten des deutschen Nordostens: Die als Empfangs- und Konferenzraum dienende repräsentative ‚Schwarzhäupterstube', in der der berühmte Silberschatz der Rigaer Schwarzhäupterkompagnie Aufstellung fand (Anm.: Er wurde später von der Bundesrepublik der Sowjetrepublik Lettland „zurückgegeben"), den ‚Ernst-Moritz-Arndt-Hörsaal', das geistige Zentrum der Akademie, die gemütliche und bequeme, an Danzig mit ihrem Namen ‚Artushof' gemahnende Mensa, in der die liebenswerte und stets hilfsbereite Frau von Hunnius (Anm.: aus der einstigen kulturell-geistig-gesellschaftlich-wirtschaftlich deutschbaltischen Führungsschicht des Baltikums) mit ihrem Gefolge für unser leibliches Wohl sorgt, und das zur Erinnerung an Königsberg ‚Blutgericht' getaufte behaglich-heimelige Weinstübchen (Innenaufnahme vom Königsberger Original folgen), in dem beim Roten (Anm.: Hausmarke des Königsberger Blutgerichts war der Rotwein Blutgericht Nr. 7) und beim Rauch der Pfeifen und guter Zigarren nach ostdeutscher Art manch blitzendes Wortgefecht in abendlich angeregter Laune ausgetragen wird.

Riga, Schwarzhäupterhaus

Riga, Schwarzhäupterhaus. Henning von der Heide, Georgsreliquiar

Danzig, Langer Markt, der Artushof mit Neptunsbrunnen

Die Akademie ist keine Hochschule, es gibt keine festbesoldeten Dozenten, keine immatrikulierten Studenten, kein planmäßig ausgearbeitetes Vorlesungsverzeichnis und keine ordentlichen Examina. Sie arbeitet vielmehr in den bewährten und bekannten Formen der Evangelischen Akademien. Das Haus ist so ein Ort freier lebendiger Begegnung im Geiste der Wahrheit ...

Es ist jedoch von vornherein Absicht der Studienleitung gewesen, ... der Akademie einen festen Platz im zeitgemäßen akademischen Leben zu schaffen. Daher war es auch ihr Wunsch, insbesondere mit den ostdeutschen Studenten – und gerade über diese mit der deutschen Studentenschaft schlechthin – zusammenzuarbeiten. So ist es nur folgerichtig gewesen, daß die VHDS-Hochschulgruppe Göttingen als erste deutsche Studentenvereinigung überhaupt die Akademie bezog."

Die Begegnung Dr. Gehrmanns mit dem ehemaligen Luftwaffenhelfer Winhold, dessen Batterie ihn einst über dem Berliner Luftraum abgeschossen hatte, nun nicht in den Lüften, sondern auf dem Erdboden im Akademie-„Blutgericht", verdient, in die Annalen der Akademie aufgenommen zu werden: Da wir alle damals, ob alt oder jung, ob in Zivil oder Uniform, die Kriegszeit und den Kriegsverlauf miterlebt hatten, konnte es gar nicht ausbleiben, daß irgendwann und von irgendwem über persönlich Erlebtes berichtet wurde. Und so ließ sich denn Winhold eines Abends im „Blutgericht" vernehmen: „Einmal haben wir sogar eine eigene Maschine runtergeholt" (Anm.: Kriegsjargon, Ausdruck für abgeschossen). Darauf Dr. Gehrmann scharf, an Winhold gewandt: „Wann war das?" Winhold antwortete mit präziser Angabe von Tag und Uhrzeit, jeder spürte, „es liegt etwas in der Luft". Und der Donnerschlag kam. Dr. Gehrmann: „Dann seid ihr Schweine es gewesen, die mich runtergeholt haben!" Es folgte ein tragischer wie belustigter Aufschrei, Gelächter – die

Hintere Bildreihe: links Winhold, rechts Dr. Gehrmann, zwischen US-Freizeitteilnehmern; rechts unten: Prof. Dr. Max Hildebert Boehm.

Letzten verließen nach nicht versiegendem Rotweinzufluß das „Blutgericht" morgens zum Rasieren vor dem Frühstück.

Die VHDS-Freizeit, deren Tagungsbericht die eben zitierte Skizze über Architektur und „Lehrgebäude" der Lüneburger Ost-Akademie entnommen ist, stand unter dem Leitthema „Ostdeutschland – Neuaufbau, nicht Restauration." Freizeitleiter Erhard W. Appelius kommentierte dies in seiner Eröffnungsansprache so: „Ostdeutsche Studenten, die willens sind, einmal wieder Oder und Neiße zu überschreiten, sollten heute bereits eine gedankliche Konzeption für jene Tage erarbeiten. Ihre Gemeinschaft muß darin den eigentlichen Sinn ihres Daseins, ihrer Arbeit und ihrer Ziele sehen." Mehrere Referenten dieser Freizeit hatten bereits oder sollten bald bekannte und anerkannte Namen in der anschwellenden Auseinandersetzung um die Oder-Neiße-Linie erwerben, so Prof. Dr. Schüßler, Dr. Laeuen, Dr. habil.

Blutgericht in den Kellergewölben des Königsberger Schlosses

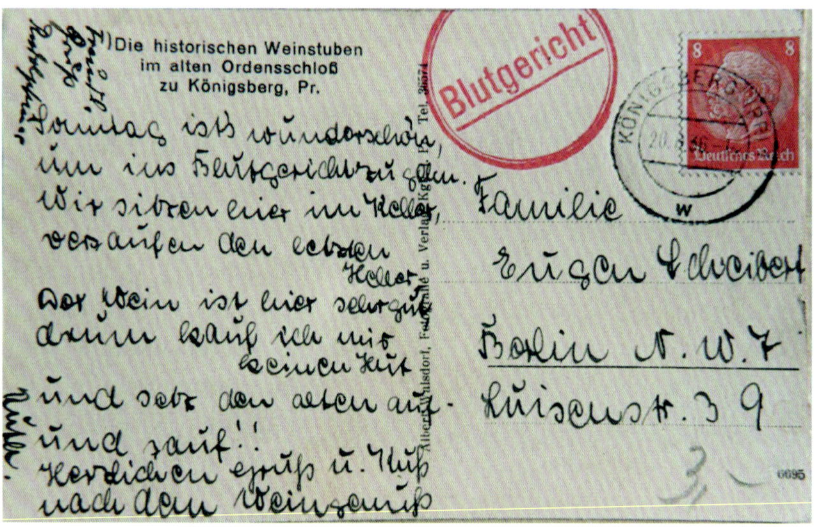
Die historischen Weinstuben
im alten Ordensschloß
zu Königsberg, Pr.

Blutgericht

Sonntag ists wunderschön,
um ins Blutgericht zu gehn.
Wir sitzen hier im Keller,
versaufen den letzten
Heller.
Der Wein ist hier sehr gut
drum kauf ich mir
keinen Hut
und setz den alten auf-
und sauf!!
Herzlichen Gruß u. Kuß
nach dem Weingenuß

Familie
Eugen Schweibert
Berlin N.W. 7
Luisenstr. 39

Und das war einmal wirklich Königsberger Wirklichkeit ...

Rohde. Prof. Dr. Max Hildebert Boehm, Dr. H. G. Seraphim, allein drei der eben Genannten waren Baltendeutsche (Dr. Laeuen, Prof. Boehm, Dr. Seraphim).

Natürlich lösten Fakten, Schlußfolgerungen, Thesen der Referate zum zukunftsorientierten Leitthema der Tagung vertiefende oder kontroverse Diskussionen aus, die oft die sonst peinlich genau beachtete Hausordnung außer Kraft setzten. In diesem Zusammenhang ruft der Tagungsbericht (Ziff. 3) mich auf den Plan: „Daß oftmals unter Überschreitung der Tischzeiten heiß und „ohne Rücksicht auf Verluste“ (Anm.: Redewendung der damaligen Zeit, das militärische Geschehen eines oder gar beider Weltkriege war erlebte Wirklichkeit aller Deutschen gewesen!) durchdiskutiert worden wäre, wenn nicht durch Besonnenheit – oder der knurrende Magen eines Teilnehmers – sich gemeldet hätten, mag aus folgendem Laufzettel ersichtlich werden, der als Kuriosität zu den Akten genommen wurde:

„Lieber Erhard! (Anm.: Er war ja Freizeitleiter!) Der Mittagstisch ist gedeckt. (Anm.: Frau v. Hunnius hatte mich nachdrücklich hierauf hingewiesen, in diesem Punkt galten im Haus und ihr gegenüber als Dame, zumal einer Baltendeutschen, noch strenge Höflichkeits- und Anstandsregeln.) Ließe es sich einrichten, daß wir dieses Gespräch nach dem Essen fortsetzen?“ (Berg) – „Dr. Gehrmann (Studienleiter, s.u.) urschriftlich z. gfl. Kenntnisnahme. Wenn die Kommilitonen bereit sind, die Mittagspause zu opfern, wäre das die beste Lösung. Ich bin daran interessiert.“ (Appelius) – „Ich hatte auch vor, das vorzuschlagen!“ (Dr. Gehrmann)

In Punkt 4.) „Teilnehmer und Freizeitgemeinschaft“ zitiert der Tagungsbericht den Ostfriesen Obendiek zur Zielgruppe der Tagung und unserer studentischen ostpolitischen Arbeit überhaupt: „Die gute Gemeinschaft, die insbesondere von unseren ausländischen Gästen empfunden wurde, war ein nicht zu unterschätzender Beitrag zu einer der Aufgaben der Akademie: die menschliche Begegnung zwischen heimatvertriebenen, westdeutschen und ausländischen Menschen zu ermöglichen." Tagungsteilnehmer waren ein Baltendeutscher, fünf Ostpreußen, vier von der Weichsel-Warthe, vier (Hinter-) Pommern, drei Schlesier, vier Niedersachsen, fünf US-Amerikaner, alle Göttinger Studenten.

Zur Gruppe der US-Amerikaner gehörte die auffallend hübsche Ella Eisenmenger. Ihre Eltern waren ausgewanderte Königsberger. Sie hatte noch diesen typisch ostpreußischen Vornamen „Ella", den Kosenamen für Elisabeth. Sie sprach noch fließend deutsch mit leichtem US-Akzent, wir verstanden uns gut. Ja, ich fand sie sogar sympathisch, sie zeigte ihrerseits Zutrauen zu mir, was aber erkennbar auch ihrem ganz natürlichen Wesen entsprach. Ich hatte jedoch Hemmungen, eine weitergehende Annäherung an sie zu versuchen – wie hätte sie reagiert? –, und so ist Ella ein oder zwei Semester später ohne eine evtl. nähere und mit Sicherheit nicht nur entfernungsbedingt „problemgespickte" Beziehung zu mir in die USA, die wesensmäßig so gar nicht „Heimat" für sie war, „zurückgekehrt".

Die vier anderen US-Kommilitonen waren mindestens qua deutschem Studienort des Deutschen „kundig". Aber im Hinblick auf die ihnen durchweg unbekannte Thematik der Freizeit war es für uns alle sehr hilfreich, daß der wissenschaftliche Mitarbeiter der Akademie, ihr stellvertretender Studienleiter Edwin Gülcher (Niedersachse), mit seinen perfekten englischen Sprachkenntnissen und jahrzehntelanger Auslandserfahrung „ein letzte Mißverständnisse klärendes „summing up" in ihrer Muttersprache geben und auch ihre Diskussionsbeiträge den anderen Teilnehmern übersetzen konnte", wie Ziff. 3 des Tagungsberichts festhält.

Zum Freizeitprogramm gehörte ein mehrstündiger Besuch des Flüchtlingsdurchgangslagers Uelzen-Bohldamm, wo viele Gespräche insbesondere mit jungen Menschen stattfanden. Gerade in diesem Erlebnis und seiner Wiedergabe in einem Brief der US-Kommilitonen Carol L. Hoorn and Jennifer Lee spiegelt sich

Die Gemeinschaft bei der VDHS-Freizeit

Die bildhübsche US-Amerikanerin Hella Eisenmenger (zum Flügelspieler gebeugt) mit Königsberger Elternteil beim „Kein schöner Land“-Singen, ich mit Königsberger Geige im Hintergrund.

das Erfassen, besser: die Problematik des Erfassens der gesamten Oder-Neiße-Vertreibungsproblematik und deutscher Heimatgebundenheit für Menschen mit „westlich“ geprägter Denkungsart und quasi „0“-Wissensstand (Tagungsbericht, Teil „Briefe, die uns erreichten“):

> „‚For us as foreign students the privilege to be with the German students at Luneburg and to become acquainted with the problems which they as future German leaders have to face, was an enlightening experience. Our feeling about the subject matter is that the problems of German relations with the Soviet Zone are no longer only of local and emotional importance but have become very vital problems for the entire world.‘ The author then goes on to say that to them as foreigners the emotional approach from the ‚Heimatgefühl‘ was very hard to understand, that the theme should be treated with a view to „incorporating the experiences of Germany into the world picture ... Most valuable to us were the visit of the ‚Flüchtlingslager‘ and the lecture and following discussion about present conditions in the Soviet Zone. This was practical and realistic. It did show a sincere effort to find a plan of action to follow when attacking these problems.“

Erhard W. Appelius wäre nicht er selbst gewesen, wäre der von ihm als Erstunterzeichner mitverfaßte Tagungsbericht nicht bis zum letzten i-Tüpfelchen gerade auch in formaler Hinsicht „fugendicht“, wofür – welch eine Augenweide wäre das für den „Hydrokephalos“-Spötter gewesen – Ziff. 2) „Der hohe Stab“ Zeugnis ablegen mag:

> „Studienleiter: Herr Dr. Karlheinz Gehrmann
>
> Stellvertr. Studienleiter und Chefdolmetscher:
>
> Herr Edwin Gülcher

Freizeitleiter: Erhard W. Appelius

Stellvertr. Freizeitleiter und Protokolldienst: Dr. Werner Strietzel

z.B.V. (Anm.: aus dem Militärischen: „zur besonderen Verwendung): Siegfried Biddermann

Leiter des Innendienstes: Fritjof Berg (Anm.: Mein „Appell“ zum Mittagessen kam also „qua Amt“)

Ausländerbetreuung: Ingrid Schneider

Finanz- und Kassenwesen: Udo Wenzel“

Bis zum Abschluß meines Studiums habe ich noch an vier weiteren Studien-Freizeiten in der Akademie teilgenommen. Organisator war immer die VHDS-Hochschulgruppe Göttingen, auch wenn Einladung und Programm eine andere VHDS-Gruppierung nannten. Die derart – auf dem Papier! – von der „VHDS-Arbeitsgemeinschaft Nord“ veranstaltete nächste Freizeit fand vom 1.–10.3.1954 unter dem Generalthema „Grundlagen und Möglichkeiten einer deutsch-polnischen Politik“ statt. Teilnehmer, die bereits Gast der Akademie gewesen waren, erwarben vom „Hausherrn“ Professor Boehm die – mit dem unnachahmlichen baltischen „r“ ausgesprochene-Klassifizierung „Wiederkehrer“. Ich selbst erhielt für diese und die folgenden Freizeiten das Amt, für den geselligen Hauptabend die Bowle anzusetzen. Die Früchte wurden am Vorabend mit aufgekochtem und wieder abgekühltem Zuckerwasser sowie mit Wein oder gar Cognac zum Durchziehen übergossen und dann am „Festabend“ in die Trinkflüssigkeit gegeben, Mischungsverhältnis 2 Flaschen Weißwein, 1 Flasche Sekt, allenfalls Selters.

Erhard W. Appelius war immer auf Wahrung der Form, protokollarischer Regeln und Fragen der Repräsentation, Steigerung der Bedeutung durch Einbeziehung von Persönlichkeiten und Namen in seinen schon breiten verbandspolitischen Wirkungskreis bedacht. Und so erging an mich als „Bundesvorstand des

Bundes Ostpreußischer Studenten" am 30. Juli 1954 die Einladung des zentralen Arbeitskreises Pommerscher Studierender zur Teilnahme an seiner Jahresfreizeit vom 21.–30.10.1954 in der Nordostdeutschen Akademie Lüneburg, die mit damals hochinteressanten und aktuellen Referaten unter dem Generalthema „Ist Pommern zweigeteilt?" stand. Der in Hochschulgruppen gegliederte Arbeitskreis hatte Hochschulgruppen in Göttingen, diese war die regste und bedeutendste, in Hamburg und Kiel und Gründungsausschüsse in Berlin, Münster, München und Würzburg. Ich tat mich mit der (grundsätzlich selbstverständlichen) Teilnahme an der ganzen Tagung schwer und antwortete dem mit mir inzwischen gut befreundeten Geschäftsführer des Arbeitskreises mit diesem Brief vom 8.10.54, der meine ganze damalige Situation zusammenfaßt:

> „Lieber Gustav!
>
> Es könnte von jemand, der mir nicht wohlgesonnen ist, als Undankbarkeit ausgelegt werden, daß ich auf alle Einladungen aus Eurem Kreise, seien sie nun mündlich oder schriftlich erfolgt, an der Lüneburger Freizeit vom 21. Oktober an teilzunehmen, bisher gar nicht oder nur unverbindlich geantwortet habe. Besonders Dir versprach ich, schon unter einem früheren Datum zu antworten. Nun verhielt es sich so, daß ich bis Ende September abwesend war und ich bisher keinen genauen Überblick über die mir vor Semesterbeginn zur Verfügung stehende Zeit hatte. Da ich zur Zeit den Pflichten, die die fortschreitende Semesterzahl stellt, mehr genügen muß als bisher – ich besuche auch den Repetitor – und bis zu dem Augenblick, in dem der neue Vorstand meiner eigenen Gruppe eingearbeitet ist und seine Arbeit aufnimmt – gegenwärtig beschäftigt mich wieder sehr die Ankurbelung der Zusammenarbeit mit der Landsmannschaft in Hamburg und den anderen ostpreußischen studentischen Vereinigungen sowie die Einrichtung eines

seit August gemieteten Heimes für unsere Gruppe – noch sehr stark ausgelastet bin, kann ich nicht an der ganzen Freizeit teilnehmen. Leider nicht! Denn einmal hat mich Lüneburg nie enttäuscht, zum anderen würde ich mich gern wieder einmal mit den Mitstreitern mit den pommerschen Farben ausquatschen, und schließlich scheint in puncto VHDS nun ja wirklich das Maß voll zu sein. Statt meiner wird an der ganzen Freizeit Herr Fromm, der neue 1. Vorsitzende meiner Gruppe, teilnehmen. Fräulein Gobrecht hat seine Meldung sicherlich schon weitergeleitet. Ich selbst hoffe mein Wort halten zu können und wenigstens zu dem mir als besonders wichtig bezeichneten Wochenende des 23. und 24. Oktober bei Euch sein zu können. Vorher oder hinterher will ich die Landsmannschaft in Hamburg aufsuchen. Wenn diese Übereinstimmung der Termine sich nicht durchsetzen läßt, treten natürlich die Kategorien Geld und Zeit hervor. Aber wir wollen abwarten. Wenn ich mich nicht mehr bei Dir melde, kannst Du mit meinem Erscheinen wenigstens in diesen Tagen rechnen.

So, lieber Gustav, das ist in der Diagonale alles Neue aus dem Bereich der aktuellen Themen. Im September habe ich einige sehr schöne Ferientage in Baden-Baden, Württemberg und auf der 1630 Meter hoch gelegenen Ostpreußenhütte südlich von Salzburg und Berchtesgaden verlebt. Bei den Klettereien (u. a. zum 2941 m hohen Hochkönig) habe ich den Körper wieder einmal ganz durchtrainieren können. Die Ferienzeit als solche war recht billig, da ich nur per Anhalter fuhr und auch sonst den Weg des geringsten finanziellen Widerstandes ging.

Heute mit den herzlichsten Grüßen

Dein Fritjof Berg“

Aber der Bundesvorsitzende Erhard W. Appelius „faßte“ nach und bewog mich, doch noch länger als nur zwei Tage in Lüneburg zu bleiben:

> „... auf alle Fälle bitte ich Dich, das Wochenende des 23./24.10. in Lüneburg zu verbringen. Wir feiern das dreijährige Bestehen unseres Arbeitskreises ... 11 h Festakt mit Rede Dr. Eggert (Anm.: war Sprecher der Pommerschen Landsmannschaft). Hierbei ist auch für Dich als unseren guten alten Freund eine kleine Ehrung vorgesehen, schon aus dem Grunde darfst Du nicht fehlen ... Wir haben die ganze Sache als Dokumentation der Einheit der reichsdeutschen Studentenschaften des ostelbischen Preußens aufgezogen. Die Gemeinsamkeit Ostpreußen-Pommern-Schlesien steht im Vordergrund! Also bitte, komme auf alle Fälle. Du bist natürlich dort unser Gast.“

Die „kleine Ehrung“ bestand in der Verleihung der silbernen Ehrennadel der Pommerschen Landsmannschaft durch deren Sprecher Dr. Oskar Eggert am 23.10.1954, gleichzeitig erhielt sie u. a. unser vormaliger enger Göttinger Mitstreiter Claus Maack, der Sprecher des Schlesischen Studentenbundes und von dessen Göttinger Hochschulgruppe gewesen war. Ich habe diese Auszeichnung, die ohne jeden Zweifel Erhard W. Appelius veranlaßt hatte, immer zusammen mit dem Elchschaufel-Abzeichen der Landsmannschaft Ostpreußen getragen, wenn ich dieses anlegte.

War dies für mich persönlich ein Höhepunkt der pommerschen Jahresfreizeit 1954, so erwähnt der von Erhard W. Appelius verfaßte umfangreiche Tagungsbericht einen weiteren, allabendlichen, wie er auch zu allen anderen Tagungen gehörte, die ich an der Nordostdeutschen, ab 1.11.1954 in Ostdeutsche Akademie umbenannt, mitgemacht habe:

„Die Freizeitgemeinschaft

Aber nicht nur dieser Arbeit allein waren die Tages- und Abendstunden der pommerschen Studenten und ihrer ostpreußischen und schlesischen Gäste gewidmet. Der Katalog der ‚sonstigen' Veranstaltungen weist eine Reihe von Veranstaltungen aus, die der Kunst, der Entspannung, der Geselligkeit und der frohen Erinnerung dienten. Fast jeden Abend vereinte das „Blutgericht" für wenigstens noch eine Stunde noch alle in einer frohen Runde, in der nach gut pommerscher Art die Trink- und Sangesfreudigen dominierten. Und so fiel der Abschied allen Teilnehmern recht schwer, denn er trennte einen Kreis von Landsleuten, die in dieser bindungsfeindlichen Zeit den Weg zu einer echten Gemeinschaft gefunden hatten."

Erhard W. Appelius läßt seinen Tagungsbericht mit einer faktisch eindrucksvollen und bewahrenswerten Dokumentation der Organisation pommerscher landsmannschaftlicher Arbeit enden und mit meinem Dankesbrief vom 31. Januar 1955 schließen:

„Lieber Arbeitskreis Pommerscher Studierender!

Erst die Anhäufung offizieller, halboffizieller und persönlicher Einladungen seitens derer, die unverdrossen am Entstehen und Ausbau Ihres Arbeitskreises mitgewirkt haben, konnte den Schreiber dieser Zeilen zur Teilnahme an Ihrer 3. Geburtstagsfeier im Oktober 1954 an der Ostdeutschen Akademie in Lüneburg bewegen. Er stand durch die Gleichheit des Wirkens für das deutsche Anliegen im Osten dem Arbeitskreis zu nahe, um unter noch so berechtigtem Hinweis auf Semesterzahl und Arbeitslast die Einladung ablehnen zu dürfen. Der bis dahin permanent hiergegen geübte Verstoß trug von sich aus dazu bei, alle Bedenken aufzuheben.

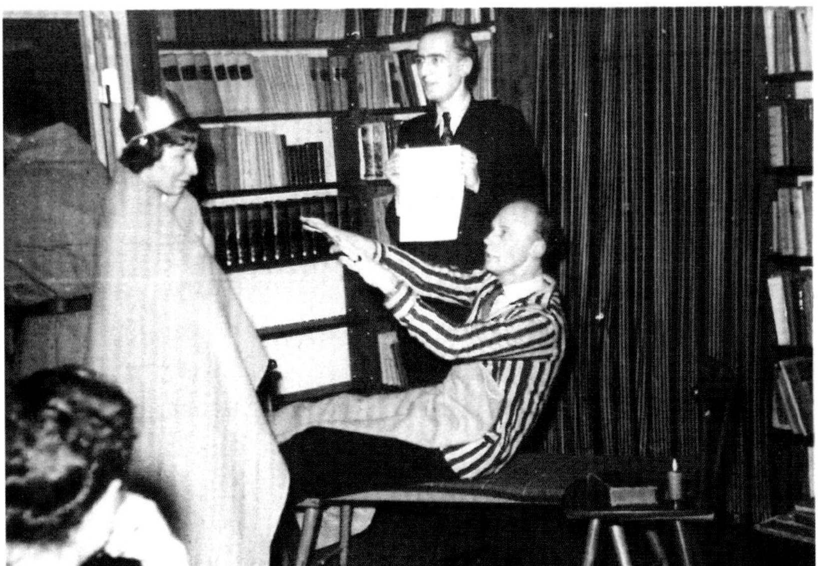

Eine Scharade in der Parties-Ahnen-Schuh-Lee

Heute bin ich über die in der Wiederholung der Einladungen sich ausdrückende stammeseigene Unnachgiebigkeit der Einladenden froh (nur weil ich augenblicklich in keinem Glashaus sitze, darf die Feder so weit ausrutschen) und schreibe Ihnen meinen Dank dafür, daß ich bis zum Ende der Freizeit Ihr Gast sein durfte. Dies gilt auch für Herrn Fromm, der mit mir der Hochschulgruppe Ostpreußen Göttingen angehört, und unbeschadet des Umstandes, daß diese Zeilen erst so spät auf den Tisch der Freizeitredaktion flattern. – Sie sollen nicht der Resonanzboden übersteigerter Worte sein, wenn ich sage, daß die beglückende Aufnahme bei den pommerschen Menschen und die mir zugedachte ehrende Auszeichnung mit der silbernen Pommernnadel mir das Recht geben, diesen Aufenthalt an der Akademie als den schönsten und nachhaltigsten zu bezeichnen. Das Persönliche und das Sachliche hatten zusammenwirkend außerdem eine solche Gemeinschaftlichkeit hervorgebracht, die sich nicht selbst überdrüssig wurde und über das Ende der Freizeit hinaus in Erinnerung bleiben muß.

Honi soit qui mal y pense, meine Freunde: Es war ein guter Einfall, die Freizeit mit einer Exkursion nach Lübeck zu beschließen. Den vorübergehenden Besucher aus Pommern und Ostpreußen führte das architektonische Bild dieser Stadt mit ihren vielen gotischen Backsteinbauten und die in ihrer Luft spürbare Nähe der heimatlichen Ostsee so kräftig auf das hin, dem die Arbeit in der gemeinsamen Zeit in Lüneburg galt und die Pflicht und Liebe darüber hinaus bleiben: das Land der Väter.

Mögen dem Arbeitskreis Pommerscher Studierender stets neue und kräftige Förderer zuwachsen, solange dies Land an der Ostsee auf uns wartet und Nacht über ihm liegt.

In treuer Freundschaft (trotz Examensausblick) und mit nochmaligem herzlichen Dank

Ihr

Fritjof Berg“

Kristin Maronn

Mit den Worten „Honi soi qui mal y pense" spricht mein Brief das Ereignis der pommerschen Jahresfreizeit 1954 an, das das Potential enthielt, meinem Leben menschlich eine endgültige Festlegung und Richtung zu geben: die Begegnung und das Kennenlernen von Kristin aus Pölitz nördlich von Stettin. Sie war jahrgangsgleich mit mir, wohnte bei ihren Eltern in Lübeck und studierte Germanistik, Anglistik, Musikwissenschaft, Volkskunde und Philosophie an der Freien Universität (FU) in West-Berlin. Als Kristin und ich miteinander ins Gespräch kamen, tat sich in mir ein Zauber auf, den sie spürte und dem sie nicht auswich: die gleiche Heimatliebe und -bindung, unsere Liebe zur Musik und hier besonders zu Johann Sebastian Bach. Dies war meinerseits kein „falscher Ton" der Sympathiewerbung. Hatte ich doch in meinem Bildungsgang vom 1. Dezember 1950 zur Zulassung zum Abitur zu meinem geistig-seelischen Befinden in unserem dörflichen Flüchtlingsmilieu geschrieben: „... Das Anhören klassischer Musik und Bachscher Kontrapunktik, deren religiöse Tiefe und weltschöpferischen Wert ich erst durch die erlebten seelischen Depressionen erfahren konnte, in einem der gesamten geistigen Arbeit widersinnigen Milieu, brachte die Ausrichtung meines Strebens und Wollens." Kristin besorgte mir bald nach ihrer Rückkehr zum Beginn des Wintersemesters in Berlin über eine Freundin in Ost-Berlin das dort nach der DM/Mark der DDR-Relation wesentlich preisgünstiger als „im Westen" zu erwerbende Werk von Albert Schweitzer „Johann Sebastian Bach".

Unsere gemeinsamen Lüneburger Tage vergingen wie im Fluge. Abgekoppelt von den anderen, fuhren wir zunächst allein nach Lübeck. Kristin verschaffte mir von dort aus das erste Wiedersehen mit der Ostsee seit 1945 – die Hand ins Wasser zu halten, das ganz sanfte Plätschern des Wassers ans Ufer – es war für mich ein bewegendes Erlebnis.

Dann begann das Briefeschreiben aus Göttingen und Berlin, Kristins Briefe, am Ende 31 ihrer Zahl, sind vollzählig erhalten. Kristin sparte darin nicht an Selbstreflexionen und -analysen (ich in den meinerseitigen – da nach den damals noch geltenden Anstanderegeln handgeschrieben, für „dienstliche" Schreiben mußte ich mir auch immer in einem Fachgeschäft gegen Geld eine Schreibmaschine ausleihen – im einzelnen nicht mehr erinnerlichen wahrscheinlich auch nicht), mitunter auch nicht mit solchen in Bezug auf Eigenheiten von mir. Was uns in Lüneburg zusammengeführt hatte, schien uns zunächst in unseren Briefen weiter zusammenzuführen. Sollten wir, so wünschte ich mir, für einander bestimmt sein?

Kristin in ihrem ersten Brief aus Berlin am 2.11.1954:

> „... Der Tag (Anm.: der Rückreise nach Berlin) war schön klar, und ich schaute mir die schöne herbstliche Landschaft an ... Schon in Mecklenburg wird das Land weiter. Die Knicks, die in Schleswig-Holstein die Felder so einengen, hören bald nach Schwanheide auf ... Als ich dann ankam und die Trümmer der Gedächtniskirche sah, erfüllte mich fast ein Gefühl wie Heimatahnung ... Ich sitze nun in meinem möblierten Zimmer u. bin zum ersten Mal auf mich allein gestellt. Wenn die kleine getigerte Katzenjungfrau nicht ihr anmutiges Spiel auf meiner Couch treiben würde, hätte ich vielleicht Anwandlungen von Katzenjammer. Du müßtest sehen, wie das kleine Ding mit allem spielt, was es unter die Pfoten bekommt, sogar mit seinem eigenen Schwanz und seinen Beinen. Es kugelt, rollt und überschlägt sich und sitzt dann ganz unbeweglich und sieht mich mit seinen großen Augen stumm an ..."

„Ich schwanke hin und her. Ich habe, glaube ich, in fast nichts einen festen Standpunkt oder irgendeinen Maßstab ... Aus Deinen Schreiben sprechen Ruhe, Ordnung, Überlegung, Zielstrebigkeit, mir erstrebenswerte Dinge. Die Zielstrebigkeit habe ich auch, aber ich verzettele mich doch noch zu leicht ...“ (11.11.54)

„Deinen Ärger über die Gruppenarbeit kann ich wohl verstehen. Trotzdem ist mir nicht ganz klar, weshalb Du so an dem Kreis hängst. Versprichst Du Dir denn irgendeinen Fortschritt durch derartige Zusammenschlüsse? Die Frage kann ich mir auch selbst beantworten. Was habt Ihr bisher zustande gebracht? Habt Ihr einen cm Heimatboden zurückgewonnen? Nichts. Es ist auch nicht möglich. Wir können gar nichts tun. Selbst Menschenopfer wären sinnlos. Zur Zeit jedenfalls. Mir scheint, daß im Lebensablauf doch nur Macht, aber nicht die Gerechtigkeit entscheidet. Das ist furchtbar trostlos, aber wenn wir wirklich erkennen, wie machtlos und getrieben wir sind, müssen wir über dieser Erkenntnis auch wieder ruhig werden ... Es nützt doch alles Aufbegehren nichts. Du darfst mich nicht falsch verstehen. Ich meine nicht, daß ich mich in mein Vertriebensein jemals schicken werde, daß ich resigniere. Ich glaube nur, daß alles Gerede – wie wir es z. B. in Lüneburg gehört haben – zu nichts führt. Diejenigen, die uns in gut formulierten Wendungen gewisse Problemkreise, die die Heimat betrafen, nahe bringen wollten, haben – so scheint es mir fast – den inneren Zusammenhang mit der Heimat längst verloren. In der ersten Zeit nach unserer Flucht – jetzt auch noch manchmal – kam ich mir wirklich oft sehr losgelöst – entwurzelt – vor, und die Trennung von zu Hause war mir furchtbar schmerzlich, ich will nicht sagen, daß ich jetzt weniger Heimweh habe, aber mir ist, als ob gerade durch diese Trennung eine innigere Bindung verursacht wurde, daß die Dinge, die mir entrückt sind, mir zu einem inneren Besitz werden, daß ich sie in mich hineinnehme, daß sie mir ganz gehören und zu einem Teil meines Ich werden. Es ist sehr bedauerlich, daß vielen dieser Zusammenhang mit der Heimat verloren gegangen ist. Aber von mir weiß ich, daß ich immer noch davon lebe. Mir ist die Heimat Gleichnis, Symbol geworden, Mitte, von der ich ausgegangen bin, und in die ich heimkehren werde ...

PS. Du bist doch wohl bald davon überzeugt, daß ich keine Liebesbriefe schreiben kann?" (16.11.54)

Kristin, jetzt 23 Jahre alt wie ich, hatte bereits vorher in voller menschlicher Reife dieses Gedicht geschrieben, in dem sich ihr Gedankenkreis, wie in ihrem Brief vom 16. November in Prosa, wieder zu einem Ganzen schließt, es hat mich nie verlassen:

Auf einen Wiesenweg bei Pölitz

Die Zeit scheint hinterm Flusse stillzustehen,
und Not und Irrsal sind mir nun vergangen.
Ich kann den Weg noch einmal gehen,
den ich in meiner Kindheit angefangen.

Ich weiß nicht, wo der Weg zu Ende ist;
die grauen Ufer hüllt der Nebel ein.
Ich weiß nur, daß der Kreis sich wieder schließt
und seh' am Brückenbogen hellen Schein.

„... Deine Schrift ist übrigens sehr hübsch ausgeglichen. Ich mache mir manchmal das Vergnügen und vergleiche unsere Handschriften. Gemeinsamkeiten habe ich in dieser Hinsicht noch nicht entdecken können. Aber es steht doch trotzdem fest, daß wir in grundsätzlichen Dingen übereinstimmen, wie z. B. in unserer Haltung zur Heimat und in der Einstellung zur Musik (bes. Barock). Das Wort ‚Einstellung' ist natürlich schlecht gewählt. Ich wollte nur nicht

‚Liebe‘ sagen, weil es auch schon so entsetzlich abgegriffen ist. Was besagt schon die Wendung ‚Liebe zur Musik‘? Wenn Du kannst, schreib’ bald, so bald wie immer ...“ (21.11.54)

Stand dem noch etwas entgegen, ich hielt es sogar für geboten: Ich unterrichtete meine Mutter von der Existenz dieses Mädchens, sicherlich in dem Sinne, daß Kristin eine ganz heimattreue Pommerin ist, meine Mutter würde schon die von mir gewünschten Schlußfolgerungen daraus ziehen ... Eine ihrer Schwägerinnen, mit der sie sich ausgezeichnet verstand, war Stettinerin. Meine Mutter, da war ich mir sicher, würde schon allein deshalb die Mitteilung ihres Ältesten über seine Bekanntschaft mit einer Nahe-Stettinerin mit einem erwartungsfrohen Schmunzeln zur Kenntnis nehmen. Kristin, etwas besorgt darüber (21.11.): „Hab Dank für den Gruß Deiner Mutter. Hoffentlich hast Du Ihr nicht allzu viel von mir erzählt ...“ Nein, das hatte ich nicht, konnte ich ja noch gar nicht!

Ich kündigte ihr meinen Besuch in Berlin zur Adventszeit an. Sie:

„Ich freue mich sehr auf Dich. Bringst Du Deine Geige mit?“ Jetzt von mir aus verschiedenen Briefen zusammengefaßt: „Vergiß bloß nicht, Dein Ostpreußenabzeichen zu entfernen! (Anm.: bei der Reise durch die DDR.) Du darfst, glaube ich, kein Ostgeld bei Dir haben, wenn Du kommst. Nun haben wir ja fast nur noch eine Woche bis zum Wiedersehen.“

„Ich hole Dich mit Freuden ab ... Weißt Du, mit dem Tanzen ist das so eine Sache! Wenn wir ein anständiges Lokal suchen, können wir nur zum Kudamm gehen. Es ist dort aber der Wein derart teuer, daß ich keine Lust dazu habe. Meinst Du nicht, daß wir uns auch ohne Tanz vergnügen? Ich tanze sehr gern, mir vergeht aber jede Lust dazu, wenn ich weiß, daß uns dieses Vergnügen in große Unkosten stürzt. Also: Laß den dunklen Anzug bei der Geige. Wir finden sicherlich etwas Nettes. Ich bin trotz gelegentlicher Gelüste (Kino und Tanz) auch wieder anspruchslos. Der Grünewald genügt mir schon." (26.11.54)

Ja, dorthin gingen wir, als ich vom 2. bis 6. Dezember in Berlin war – zum ersten Mal in meinem Leben, dank Kristin angereist mit vielen Fragen und Erwartungen im Gepäck. Ich wohnte irgendwo in ihrer Nähe billigst-primitiv-privat. Kristin zeigte mir ihre Universität, die FU. In einem Hörsaal sprach an einem Abend der SPD-Spitzenmann Willy Brandt, mit einer Demagogie, die dem neun Jahre zuvor in der gleichen Stadt noch wortgewaltigeren Reichspropagandaministsr Dr. Joseph Goebbels zur Ehre gereicht hätte. Wir besuchten ein Symphoniekonzert mit dem zu jener Zeit berühmten Dirigenten Keilberth, hörten die grandios vorgetragene 7. Symphonie von Beethoven. In der Städtischen Oper ließen wir die „Zauberflöte" von Mozart auf uns wirken. Kristin blieb mit mir in West-Berlin, mied die von der DDR-Reichsbahn betriebene S-Bahn, weil es in ihr immer wieder zu Entführungen/Verhaftungen kam. Aus dem gleichen Grund blieb auch für mich Ost-Berlin damals noch eine terra incognita. Ob wir uns wirklich „über Dinge aussprachen, die wir uns beide in Lüneburg zu berühren scheuten" (ihr Brief vom 21.11.54) – ich weiß es nicht mehr genau. Wahrscheinlich „scheuten wir uns" weiter, es mit allen daraus sich ergebenden Konsequenzen zu tun.

Weihnachten nahte. Ich krempelte buchstäblich den letzten Pfennig aus der Hosentasche heraus (natürlich war es ein Portemonnaie!), überhäufte Kristin mit Beweisen meiner ..., sagen wir es weniger „abgegriffen", daß ich ihr auch ganz gegenständlich vor Augen führen wollte, daß ich sie sehr gern hatte. Für den 19. Dezember hatte sie in mein Notizbuch eingetragen: „An Kr. zu Weihnachten schreiben (Lübeck), lang. Brief!" Und so bekam ich mit dem Datum dieses Tages die Mitteilung:

„Du, stell' Dir vor, als ich heute früh (genauer: gegen 11 Uhr) im Bett lag, brachte jemand von Fleurop einen Nelkenstrauß – acht große, duftende Nelken: 2 rote, 2 weiße, 3 rosa – ein Gedicht. Ich war einfach hingerissen, und auch meine Eltern standen staunend vor dieser Pracht. Mutter stellte den Strauß auf den Flügel, und ich habe mich vom Bett aus daran gelabt. Was hältst Du von dem Mann, der mir solche Blumen schickt? Ich finde es ganz, ganz reizend und danke diesem unbekannten (?) Spender von Herzen. Es kann – nach meiner Meinung – wohl nur jemand gewesen sein, der weiß, daß ich Nelken Rosen vorziehe. (Anm.: Ja, das hattest Du mir einmal gesagt!) Wenn Du den Strauß gesehen hättest! Ich gehe mal (Wort nicht lesbar) und rieche wieder daran – zauberhaft. Schreib mir bald wieder und genieße im Geiste mit mir den Duft der wunderbaren Nelken."

Zu meinem Weihnachtspaket schrieb sie am 24.12.1954 (Anm.: Wie das von ihr in ihrem Brief vom 19. Dezember angekündigte „weihnachtliche Gedenken" beschaffen war, weiß ich nicht mehr):

„Heute, am Nachmittag, kam Dein liebes, rührend sorgfältig und liebevoll gepacktes Paket. Ich habe mich besonders darüber gefreut, da diesmal in unserer Familie beschlossen wurde, einander nichts zu schenken. Habe tausendmal herzlichen Dank für die reizenden Überraschungen, die mich von einem Entzücken in das andere fallen ließen. Du hast doch Phantasie! Meinst Du, ich bringe so ein Weihnachtspäckchen zustande? Nee! Die Nußschnur – der Hase mit Gedicht (wonnig!) – die Teegläser (weißt Du noch, wie der „Pfefferminztee" schmeckte – die Taschentücher (die ich ja so nötig brauche) – die Kerzen (von denen ich gleich eine ansteckte, zwei nehme ich mit nach Berlin) – die Apfelsinen und dann Dein langer schöner Brief mit den Bildern. Ich habe mich riesig über die Aufnahmen gefreut, besonders über die Strandbilder. (Anm.: Es kann sich nur um ostpreußische gehandelt haben, in memoriam meiner Wiederbegegnung mit der Ostsee). Daß Du so an mich gedacht hast ... Und dann denke ich immer so an unser Zuhause. Ich kann mir nicht vorstellen, daß da nun fremde Menschen sind, die da vielleicht gar nicht sein mögen. Ich denke immer, alles ist da so verlassen und braucht uns. Die Toten liegen da allein. Es ist ganz unaussprechlich. Wie waren wir geborgen ... weil wir die Zeit und damit die Vergänglichkeit noch nicht entdeckt hatten. Alles war Gegenwart, Vergangenheit gab es noch nicht, allenfalls eine Zukunft, die lockte.

Meine Mutter zog den Puppen neue hübsche Kleider an. Ich bekam Möbel für die Puppenstube, wir hatten viele Überraschungen, und mein Bruder war noch klein. Das ist nun alles vorbei. Unser Klavier – die Flügeltüren – ach, laß mich aufhören – es nimmt kein Ende. Mir ist, wenn ich an die Heimat denke, oft, als würde mir der Boden unter den Füßen weggezogen.

Aufmuntern kann ich Dich nicht. Ich brauche selbst Geborgenheit. (Anm.: Kristin und Hannelotte waren in ihrer im Inneren verankerten Heimatliebe und der Fähigkeit, sie anschaulich-schön, ja schriftstellerisch, für jedermann verständlich, zu beschreiben, wesensgleich. Aber in dem eben von Kristin angesprochenen Punkt bestand ein krasser Unterschied: Sie hatte empfangen und empfing laufend weiter Geborgenheit von und bei ihren Eltern, konnte sie an mich weitergeben, Kristin, die in Pommern ebenfalls ein wohlbehütetes Zuhause gehabt hatte, nach ihren eigenen Worten nicht. Und die fehlte mir wie ihr!) Aber ich glaube, mein Lieber, außen finden wir die nicht, und Menschen können sie uns wohl nur in seltenen Augenblicken geben.

Es bleibt uns nur unsere innere Welt, in die wir uns versenken müssen, wenn wir etwas Ruhe finden wollen – dann ist alles Entfernte nah, dann steht dieses ewig sich drehende Rad der Welt still ... Manchmal, wenn ich mir vorkomme wie bei einem Regenwetter auf freiem Feld, dann schließ ich für Augenblicke die Augen, und dann fallen mir die blühenden Kastanien und Akazien zu Hause ein, die Weidenwege und die Brücke, die Fischerhäuser und das Wasser, und ich höre dann auf zu existieren, ich meine, ich spüre dieses Hineingeworfensein nicht mehr und bin glücklich."

Welch eine Lebensphilosophie eines damals 23jährigen Menschen! Wie habe ich sie damals in mich aufgenommen, wie bin ich in meinem Antwortbrief darauf eingegangen? Kristin schloß ihren Brief: „Habe vielen Dank für alle Deine Liebe. Gute Nacht!" Dies war ihre Liebe, ihr Inneres so vor mir aufzuschließen und darauf zu vertrauen, daß ich sie verstehe, begreife, ihr folge.

Doch dann folgte ihr nicht datierter Neujahrsbrief, dessen Absage an die von mir erhoffte fortschreitende Verdichtung unserer Beziehung mich damals gewiß zutiefst erschreckte, traurig und ratlos machte, wie ich gegen ihre Festlegung mit Überzeugungskraft noch „andenken" und meinen Gedanken schriftlich Ausdruck geben konnte. Denn hier hatte sie ja nicht emotional, gefühlsmäßig-weiblich „gedacht" und Stellung bezogen, sondern rein verständesmäßig-rational. Sie hatte diese beiden in ihr vorhandenen Pole oft betont. Ich kenne nichts aus meinem Antwortbrief mehr, daß er wirkungslos geblieben war, geht aus den Irritationen hervor, die weitere Briefe von ihr verursachten. Sie müssen wie kalte Duschen auf mich gewirkt haben, auch wenn dies von Kristin nicht im geringsten beabsichtigt war.

Hier nun aus ihrem Neujahrsbrief:

„... heute komme ich nun erst dazu, Dir für den wunderbaren Fliederstrauß und Deinen letzten Brief zu danken. Der Flieder ... wirkt wie ein Wunder in dieser winterlichen Zeit. Aber warum hast Du Dir solche Ausgaben gemacht? Du weißt doch, daß mich das bedrückt; denn was kann ich Dir dafür geben? Ich muß noch immer an Dein liebes Weihnachtspaket denken. Mit welcher Mühe, Sorgfalt und Liebe hast Du an alles gedacht und eingepackt. Die Nußschnur hat mehrere Tage über meinem Leuchter gehangen, weil ich mich nicht zum Öffnen der zierlichen Verpackung entschließen konnte. Die Nüsse rochen so angenehm nach Nelken, und da habe ich eines Abends alle Nüsse ausgepackt und fand Deine sinnigen und zierlichen Verse. Habe also nochmals vielen Dank für Dein liebes weihnachtliches und neujährliches Gedenken. Aber gib bitte in Zukunft nicht meinetwegen derart viel aus! Schon die Berliner Reise ist für Dich so teuer geworden. Und das alles meinetwegen! Mir wird ganz schwer ums Herz, wenn ich an die Last und Verantwortung denke, die mir dadurch vielleicht auferlegt sind ...

Daß wir uns in diesen Ferien nicht sehen (Anm.: doch, s. u.), läßt sich nicht ändern. Du bist sicher traurig darüber, aber ich finde es ganz richtig, wenn wir durch eine längere Trennungszeit Abstand gewinnen, der ja in allen Lebenslagen etwas Erstrebenswertes ist. Entschuldige die salbungsvolle Sentenz! Ich möchte, daß Du annähernd meine Einstellung verstehst. Ich kann und will meine Freiheit noch nicht und in keiner Weise irgendwie aufgeben. Möglich, daß es mir an Reife fehlt; sicherlich. Vielleicht denke ich später einmal anders. Denn bei unserer Jugend ändern wir uns sicherlich noch sehr. Ich habe Deinen Lebenslauf gelesen (Anm.: gemeint wohl mein Abitur-Bildungsgang) und

> verschiedene Paralellen zu meinem festgestellt. Mich hat bei der Abfassung meines Bildungsganges sehr geärgert, daß ich sprachlich die Erlebnisse nicht bewältigen und gestalten konnte."

Kristins nächster Brief, wieder ohne Datum, Poststempel Lübeck 10.1.55, war sozusagen der „zweite Satz" des Stimmungstiefs, in dem ich mich nun befand. Nach Schilderung einer Silvesterfeier bei einem gemeinsamen Bekannten aus dem Arbeitskreis Pommerscher Studierender – „Du kannst ganz beruhigt sein" – und dem Übergang zu mir:

> „Ich hätte es Dir ... nicht verdacht, wenn Du irgendwo Silvester mit Freunden oder Bekannten gefeiert hättest" fährt sie fort: „Wir sind ja nicht verlobt, folglich kann jeder tun und lassen, was er will." (Anm.: Wirklich? So einfach ist das, Kristin? Der andere ein Wegwerfartikel? War alles nur nicht ernst gemeinte „Spielerei" gewesen? Es klang für mich erschreckend, beinahe skrupellos. Ich weiß nicht, was ich darauf geantwortet habe, ob ich wahrhaben wollte, was mir bevorstehen könnte.) Kristin weiter: „Du weißt, daß ich vorerst für Dich nur freundschaftliche Gefühle habe. (Anm.: Widerspruch, zum „Warum" gibt es bekanntlich das Endwort „Der Berg schweigt"!) Du weißt auch, daß ich Dich durch solche Äußerungen nicht verletzen will, aber Du hast mich ja selbst um Offenheit gebeten. Wir dürfen uns auf keinen Fall in irgendwelche Illusionen hineinsteigern, die sich nachher nicht erfüllen."

Aber, der Willensmensch Fritjof Berg verharrte nicht in seinem Stimmungstief und war nicht bereit, ein in Dur begonnenes Zusammenspiel in Moll enden zu lassen. Kristin fand bei ihrer Rückkehr in ihr Berliner Studierzimmer einen weiteren weißen Fliederstrauß von ihrem „illusionären und Freund" vor. Wiederum ohne Datum, mit Poststempel 14.1.55, schreibt sie: „Ich muß gestehen, daß ich mich fast noch mehr über diesen Strauß als über den zu Neujahr gefreut habe. Das war ja ganz reizend von Dir ... Meine Stimmung war ziemlich unter Null, als ich mein Zimmer betrat. Du kannst Dir denken, daß mir da der Anblick des weißen Flieders ganz besonders wohltat ..." Um dann auf den nächsten Freudenbringer, die schon bekannte Katze ihrer Zimmervermieterin, einzugehen: „... Binchen hat sich ganz furchtbar gefreut. Während meiner Abwesenheit war sie gar nicht in mein Zimmer gegangen. Nun, als ich kam, sprang sie gleich auf mein Bett und tat dort ganz verrückt. Dann nahm ich sie auf den Arm und da lag sie minutenlang ganz still auf meiner Schulter ..." Wieder auf ihren individualistischen Pfad einschwenkend: „... Inzwischen wirst Du nun meinen letzten Brief aus Lübeck erhalten haben. Hoffentlich hat er Dich nicht allzu enttäuscht. Ich komme immer mehr zu der Auffassung, daß ich mich für Gemeinschaften in jeder Hinsicht kaum eigne. Am wohlsten ist mir jedenfalls, wenn ich allein bin und mich mit mir selbst beschäftigen kann. In Deinem letzten Brief nennst Du mich unglücklich. Ich glaube, diese Bezeichnung trifft nicht zu. Ich kann sehr, sehr zufrieden sein. Ich habe meine Eltern, mein Studium. Ich kann mir den Tag so einrichten, wie es mir paßt, ich brauche keine kleinen Kinder zu versorgen, brauche nicht ihr gräßliches Gebrüll anzuhören, das mich nur beim Arbeiten stören würde. Ich brauche nicht einmal einen Ofen zu heizen und für mehrere Personen Essen zu kochen. Ich bedauere meine Mutter, aber sie scheint das Leben, das sich in diesem Bereich abspielt, schön zu finden. Mir kommt Staubwischen u. s. w. immer wie eine große Zeitvergeudung vor ..."

Diesen Teil des Briefes hatte Kristin im Englischen Seminar in Dahlem geschrieben, wo sie Aufsicht zu führen hatte. Sie schloß ihren Brief am nächsten Tag in ihrem Zimmer in Zehlendorf: „Lieber Frechdachs, tausend Dank für Dein liebes nettes Päckchen. Auf beides gehe ich noch später ein ...Viel zu tun. Denke trotzdem an Dich. Flieder entzückend, von Binchen einmal erst umgestoßen. Ich bin ein Dussel, und Du bist nett und lieb ... Tausend liebe Grüße ..." (Anm.: So hatte sie noch nie geendet.) Ich war verdutzt: Erst so, und nun doch so, wie ich es mir wünschte, kaum noch zu hoffen gewagt hatte? Ging sie nun doch wieder mehr auf mich zu, als sie es zuletzt wahrhaben wollte?

Ihr nächster Brief vom 21.1.55 schien es zu bestätigen: „... Ich nehme an, daß wir uns sicherlich in Lüneburg sehen. Du hast mir noch nicht geschrieben, ob im März die ostpreußische oder pommersche Freizeit stattfindet. Du hast so reizende Einfälle. Die Gutscheine haben mich ganz entzückt. Nicht die Scheine an sich, sondern eben Deine liebevolle Aufmerksamkeit. Ich bin in der letzten Zeit doch etwas sicherer geworden, etwas gewisser, ich sperre mich nicht mehr so gegen die Außenwelt, sondern versuche, die Widerstände zu überwinden. Ich trage übrigens Dein hübsches Taschentuch in meiner Samthose, es sieht etwas heraus, ganz neckisch. Ja, ich bin ein eitler Fratz, mein Vater sagt, ich sei kokett; er hat sicherlich recht."

Den Inhalt meines hierauf folgenden Briefes kenne ich natürlich nicht mehr. Ich muß mich darin mit dem Wort des 1917 bei den Kämpfen um die Ostseeinsel Ösel gefallenen Dichters Walter Flex in seinem 1918 in München erschienenen Werk „Der Wanderer zwischen beiden Welten" auseinandergesetzt haben, wohl bezogen auf eine dritte Person: „Rein bleiben und reif werden – das ist schönste und schwerste Lebenskunst." Kristins Antwortbrief – wiederum ohne Datum, Poststempel 29.1.55 – hatte es nach Ton und Inhalt „in sich". Die Katzenliebhaberin fauchte, aber mit dem von ihr gewünschten Resultat war es am Ende doch ein Schnurren. Hatte sie in ihren bisherigen Briefen manche Äußerlichkeiten an mir angesprochen wie zum Beispiel die von ihr abgelehnten Hosenträger oder ihre Bevorzugung von breiten Hosenkrempen, so ging sie jetzt frontal gegen meine, wie sie es sah, innere „Abkapselung" an, aus der ich herauskommen müßte, denn: „Wir kommen anders nicht zusammen. Vielleicht merkst Du, was ich will.“ Und: „Ich will, daß Dir dieser Brief über Sonntag zu denken gibt.“ Sicherlich hat er es getan, ob ich ihn in seiner Schicksalhaftigkeit damals ganz begriffen habe – ich weiß es nicht, mein Antwortbrief würde hierüber vielleicht Aufschluß geben. Heute erkenne ich, daß Kristin – ja, es war mehr als ihre erträgliche Launenhaftigkeit und verspielte Sprunghaftigkeit – damit den Pfad von „nur Freundschaft“ verlassen hatte und ein anderes, mehr „Zusammenkommen“ wollte. Wer so direkt Erwartungen an mich stellte, tat es nicht aus bloßer „Freundschaft“ – er zog heftig an einem inneren Band. Wegen meiner Zustimmung zur Lebensphilosophie von Walter Flex bekam ich diese Gegenphilosophie und Erkenntnis eingebrannt: „... Dieser Standpunkt ‚Rein bleiben und reif werden‘ kann wohl nur von Menschen vertreten werden, die das Leben noch nicht oder nicht mehr kennen, die anscheinend nicht wissen, daß man nur dann reif wird, wenn man sich auseinandersetzt mit dem, was auf einen zukommt, daß man sich nicht verschließt. Das geht aber nicht ohne Brüche und in Stille und ‚Reinheit‘ vor sich. Und gerade diese Brüche, diese Scherben, Enttäuschungen und sinnlosen Umwege, dieses bittere und oft auch schmutzige und grausam harte Erleben ist das, was uns reifen läßt. Nichts anderes, gar nichts anderes. Ich glaube, wir stehen noch auf nicht ganz gleichen Ebenen. Vielleicht gleichen sie sich aus.“ Zum Schluß schreibt Kristin: „Jeden Montag freue ich mich auf Deinen Brief und warte darauf.“

Wie meine Antwort im einzelnen ausgesehen hat, ich weiß es nicht mehr. Mit Sicherheit habe ich der Vorhaltung einer „Abkapselung“ auf meiner Seite widersprochen. Denn davon konnte mit Blick auf meinen studentischen Alltag mit seinen dicht gedrängten, sich vielfach überlagernden Inhalten, wie Kristin ihn längst kannte und auch miterlebt hatte, überhaupt keine Rede sein. Ich schickte ihr abermals einen Nelkenstrauß. Sie bedankte sich, aber meine Antwort muß sie nicht befriedigt haben, an mehreren Stellen ihres Briefes vom 4.2.55 klang für mich wieder ein stutzig machendes Ritardando durch:

> „Du hast Dich wieder so in Unkosten gestürzt – meinetwegen. Die wunderbaren roten Nelken kamen am Donnerstag, kurz bevor ich gehen wollte. Ich denke nun in allen unbequemen Sitationen an die herrlichen Blumen. Du bist sehr liebevoll und hast als Dank nichts als ein paar dürftige u. kümmerliche Briefe ... Ich habe mir neulich einen hellblauen Wollpullover gekauft, der Dir vielleicht gefällt ... Hier gibt es diverse Maskenbälle. Auch die Germanisten starten einen. Ich bin von 2 Seiten mindestens eingeladen. Gehe aber nicht. Bin nicht mehr so für Masken. Außerdem habe ich mich gefälligst mit Phonetik zu beschäftigen. Aber ich will mich nicht besser machen, als ich bin. Ich esse zwar tapfer in der Mensa und lerne Gotisch im Vorübergehen; aber sonst hast Du nicht viel an mir. Das weißt Du bloß nicht, Du liebes Kind.
>
> Daß ich von Deinem Strauß entzückt war, glaubst Du mir doch. Aber Frau K. (Anm.: ihre Vermieterin) war es auch. Sie sagte neulich: ‚Ja, so muß ein Mann sein, er muß um eine Frau werben. Den heiraten Sie man. Heiraten Sie aus Vernunft! Ich rate Ihnen gut!‘ – Bei ihrer Heirat hatte nämlich das Geld ihres Mannes die Hauptrolle gespielt. Versorgung – ruhiges, gesichertes, gut durchschnittliches bürgerliches Eheleben – das ist ihr Teil gewesen. Ich bin mit meinen Ansichten, die in jeder Hinsicht von ihren spießigen abweichen, schon mehrmals mit ihr hart aneinandergeraten.“

In ihrem dritten Brief danach (vom 15.2.55) kam Kristins Einstimmung auf unser Wiedersehen bei der „Ost-Tagung“ der VHDS Anfang März in Lüneburg, sie machte es spannend:

„Du bist doch einfach zu nett! Ich weiß nicht, wie ich anfangen soll, um Dir einen lieben Brief zu schreiben ... Sicher hätte ich nicht so gut übersetzt, wenn Du nicht an mich gedacht hättest. Du siehst daran, daß ich gleich von mir zu sprechen begann, wie egoistisch ich bin. Nun zu Dir, Du Liebevoller und Besorgter. Heute erhielt ich Dein liebes Paket. Habe herzlichen Dank für die Riesenapfelsinen, den niedlichen Topf und die sorgfältig verpackten Gläser. Ich freue mich, daß Du mir den Gefallen tatst und Frau K. die Gläser besorgtest. Das Geld gebe ich Dir in Lüneburg. Es dauert ja nicht mehr lange.

Für Deinen letzten Brief danke ich Dir. Besonders habe Dank für den vorletzten, der mich innerlich recht getroffen hat. Es wird Zeit, daß wir uns wiedersehen. Ich werde Dir wohl vielleicht eine Generalbeichte über mein bisheriges Leben ablegen, denn Du verdienst Aufrichtigkeit, mein Lieber. Ich möchte, daß Du mich so siehst, wie ich in Wirklichkeit bin, und nichts übersteigerst. Denke nie, ich könnte Dich nicht verstehen. Ich habe in einer Beziehung mehr erlebt als Du und habe vielleicht mindestens ebenso viel Einsichten wie Du. Na, laß. Ich habe mich jedenfalls sehr über Deinen vorletzten Brief gefreut ... Ich schreibe Dir von Lübeck aus, wann ich komme. Ich freue mich ...“

Ja, ich holte Kristin – gewiß frohgelaunt und erwartungsvoll – am 1. März um 16.19 Uhr vom Bahnhof Lüneburg ab (ich befand mich ja bereits nach der Vorbesprechung über den Königsberg-Kommers und eine Zusammenarbeit aller ostpreußischen studentischen Vereinigungen seit dem 26. Februar in der Akademie), und wir nahmen an der Jahresfreizeit der Arbeitsgemeinschaft Nord teil, einer Untergliederung der VHDS, bestehend aus den studentischen ostdeutschen Gruppen im Nordwesten der Bundesrepublik. Der von Kristin und mir gefertigte Tagungsbericht vom

10.3.55 gibt einen Überblick über den thematisch-sachlichen Ertrag der Freizeit und über gezielte Fragen zum Selbstverständnis der VHDS:

> „Vom 1. bis 10.3.1955 trafen sich dreißig Studenten auf der Jahresfreizeit der Arbeitsgemeinschaft Nord der VHDS (Vereinigung Heimatvertriebener Deutscher Studenten) in der Ostdeutschen Akademie in Lüneburg.
>
> Das Thema der Freizeit war: Diesseits und jenseits der Oder-Neiße. Der Leiter der Ostdeutschen Akademie, Prof. Boehm, ging in seinem Vortrag ‚Abendländisches und sowjetisches Geschichtsbild' von der unterschiedlichen Geschichtsauffassung im bolschewistischen Bereich aus. Im Gegensatz zum sowjetischen Geschichtsdenken wurzelt das abendländische in Antike und Christentum und stellt die persönliche Freiheit in den Mittelpunkt. Im sowjetischen Geschichtsbild ist die Entwicklung auf die klassenfreie Gesellschaft in einem paradiesischen Endzustand hin unter Überwindung der sozialen Antagonismen ausgedrückt. Die Freiheit der Person wird durch die Grundlagen des sowjetischen Geschichtsbildes in Frage gestellt. In dem Vortrag über die ‚Strukturwandlung in Wirtschaft und Landschaft', den Dr. v. Crannhals hielt, wurde das gewandelte Bild der Ostgebiete sichtbar gemacht und die wirtschaftliche Umstrukturierung und Verflechtung mit den sowjetischen Wirtschaftszentren dargelegt. Den Zuhörern wurde offenbar, daß sich durch Versteppung, nur schwerpunktartige Besiedlung und extensive Bewirtschaftung grundlegende Wandlungen in diesem Raum vollzogen haben. ‚Der Sowjetmensch und die Sowjetisierung der Jugend in der SBZ' wurde den Teilnehmern von Dr. Müller-Sternberg durch anschauliche Beispiele vor Augen geführt. Vielleicht drückt sich das Bestreben des Sowjetstaates, den Menschen aus persönlichen Bindungen herauszulösen, ihn dem Kol-

lektiv total einzuordnen und sein selbständiges Denken durch den Glauben an den Parteimythos zu ersetzen, am besten in der Zeile eines Gedichtes aus, wonach ‚der Einzelne wie der Pfiff einer Maus ist'. Auf die Frage, wie die Beziehungen zwischen Deutschland, besonders den deutschen Heimatvertriebenen, und einem in den sowjetischen Machtbereich einbezogenen Volk in Zukunft geregelt werden können, lief das Referat von Prof. Raschhofer zu dem Thema ‚Deutschland und die Tschechoslowakei' hinaus. Anhand eines Ganges durch die Geschichte der Beziehungen zwischen Menschen beider Nationalitäten wies Prof. Raschhofer nach, daß ein Nebeneinander- und Miteinanderleben möglich sein kann. Dr. Boettcher ging auf ‚Die soziale Verlustbilanz des europäischen Ostens' ein. Durch die Entstehung des in sich geschlossenen Ostblocks sind die alten Wirtschaftsbeziehungen Westeuropas abgeschnitten worden und haben sich im Osten selbständige Wirtschaftsstrukturen und -formen entwickelt. Etwa das Vorliegen des Kolchossystems führt zu Überlegungen, ob im Falle eines ‚Tages X' neben der Auswechslung der ‚technischen' Funktionäre auch die Änderung der Wirtschaftsweise zweckmäßig sein kann. ‚Ist der Aufstand die isolierte Revolte eines betroffenen Volkes oder Anfang einer zukünftigen Entwicklung in den gesamten Satellitenstaaten gewesen?' war die Aufgangsfrage eines Vortrags über ‚Die Krise des 17. Juni', den Herr Gülcher hielt. Die Aussprache über das Phänomen des Aufstandes ergab, daß es nötig ist, der Verstrickung des Menschen in den Kommunismus durch die Vertiefung menschlicher Beziehungen entgegenzuarbeiten.

Die Begegnung heimatvertriebener, west-, mitteldeutscher und ausländischer Kommilitonen auf einer ‚Freizeit' der VHDS an der Ostdeutschen Akademie stellt die Frage, welches der Inhalt und die Aufgabe der Tätigkeit dieses

Verbandes heimatvertriebener Studenten überhaupt sein muß. Liegt diese darin, sich durch Satzung, bürokratische Betriebsamkeit, funktionelle Amtsauffassung und juristische Ausgestaltung des Verhaltens zueinander als Organisation darzustellen, oder liegt sie darin, eine Gemeinschaft zu bilden, die von dem Willen getragen ist, sich mit dem Problemkreis ‚diesseits und jenseits Oder und Neiße' auseinanderzusetzen und bewahrend und richtungweisend für das deutsche Anliegen im Osten zu wirken? Das Vorhaben der ‚Freizeit' und die intensive Teilnahme an den Aussprachen an den oben genannten Themen zeigte, daß bei den Teilnehmern an organisatorischer Übergründlichkeit kein dringendes Interesse besteht. Vielmehr schien die ‚Freizeit' die Aufgabe zu stellen, mit den Mitteln der Wissenschaft die Gegebenheiten diesseits und jenseits der Oder und Neiße zu erkennen und in freier Selbstverantwortung hier eine Pflicht zu erfüllen, die gerade dem ostdeutschen Studenten aufgegeben ist. Die Pflicht, alle neben dem reinen Fachstudium freie Arbeitsenergie nicht in organisatorische Betriebsamkeit zu verlagern, sondern sich auf das mahnende und antreibende Erbe Ostdeutschlands zu besinnen.

Gezeichnet Kristin ... und Fritjof Berg"

Ich kann mich eigentlich nur an wenig von dieser Tagung erinnern, an die von Kristin angekündigte „Generalbeichte" kaum. Wenn sie sie abgelegt hat, hatte sie keinerlei „Widerhaken" bei mir hinterlassen. Ebensowenig kann ich mich an auch nur geringste Zerwürfnisse zwischen uns beiden erinnern. Vielleicht oder wahrscheinlich hat Kristin mir nach ihrem vorausgegangenen brieflichen Schlingerkurs nunmehr mit aller Entschiedenheit deutlich gemacht, daß sie ihren Berufsweg endgültig allein und ohne jede ihr hinderliche Bindung gehen wolle. Jedenfalls leitete „Lüneburg" das Ende unserer Beziehung ein, auf deren dortige Verdichtung ich gehofft, an die ich geglaubt hatte. Ich begleitete Kristin am Ende der Freizeit am 10. März nach Lübeck, wo es einen bestimmt trübsinnigen Abschied gab. Ich reiste nach Hamburg zur Landsmannschaft Ostpreußen weiter, um dort u. a. die Abrechnung der in der Akademie vorausgegangenen Arbeitsbesprechung über den Königsberg-Kommers vorzunehmen. Kristin hatte meine sicherlich stark spürbare Hoffnung, der Besuch bei und das Kennenlernen mit ihren Eltern könne eine vielleicht wundersame, abermalige Wende herbeiführen, zunichte gemacht. Es muß auch sie alles sehr bewegt haben, denn noch am gleichen Tag schrieb sie mir:

> „Nun bist Du vielleicht schon wieder in Göttingen. Ich habe öfter an Dich gedacht. Ich habe heute, als Mutti Dich einlud, gemerkt, daß es an mir lag zu entscheiden. Ich mußte also so handeln, obwohl es mir schrecklich (!) leid tat – Deinetwegen. Aber wenn Du mit zu uns gekommen wärest, glaube ich, wäre es Dir noch schwerer geworden abzufahren. Bitte, sei mir nicht böse ... Eine Schilderung der augenblicklichen Atmosphäre bei uns möchte ich Dir ersparen, um Dir nicht das Herz schwer zu machen ... Du bist sicherlich von allem, was ich Dir dort (Anm.: in Lüneburg) geboten habe, sehr müde ... Der entzückende Topf von Dir ist vielseitig bewundert worden. Mutti meinte auch, ich dürfe auf keinen Fall die Kirschen essen. Ich tue es auch nicht! Ich ergötze mich im Geiste ... Mutti läßt Dich recht schön grüßen!“

A conto ihrer Lebenserfahrung und gewiß in Kenntnis des Gegenständlichen der Lüneburger „Generalbeichte“ ihrer Tochter hätte sie wahrscheinlich einer beständigen Bindung von Kristin mit mir keine Hindernisse in den Weg gelegt. Ich hatte ja schon in anderen gänzlich anders gelagerten Fällen erfahren, daß Frauen in ihrem Alter mir Sympathie und unbedingtes Vertrauen entgegenbrachten. Aber was nützte das – Kristin hatte ihren eigenen Kopf und ihr eigenes Herz.

Ihrem Brief vom 10. März hatte sie einen Zettel mit diesem Gedicht von Herrmann Hesse beigelegt:

„Glück

Solang du nach dem Glücke jagst,
Bist Du nicht reif zum Glücklichsein,
Und wäre alles Liebste dein.

Solang du um Verlornes klagst
Und Ziele hast und rastlos bist,
Weißt Du noch nicht, was Friede ist.

Erst wenn du jedem Wunsch entsagst,
Nicht Ziel mehr noch Begehren kennst,
Das Glück nicht mehr mit Namen nennst,

Dann reicht Dir des Geschehens Flut
Nicht mehr ans Herz, und Deine
Seele ruht.“

Auf der Rückseite dieses Zettels habe ich damals in meiner Traurigkeit mit diesem mir von Kristin als letzten Takt von allem gewidmeten Gedicht, als hätte sie es eigens zum Scheitern einer großen Liebe zu ihr verfaßt, Ausdruck gegeben:

„Abendgang

Im Wasser glänzt der Abendstern.
Ich geh’ durchs Dunkel ganz allein.
Die letzte Brücke ist noch fern;
Wann werde ich zu Hause sein?

Der Weg erscheint mir plötzlich weit.
Bei den Weiden hör’ ich den Nachtvogel schrein.
Vom Himmel fällt die Dunkelheit
und fällt in mich hinein.

Kristin ...“

Drei Jahrzehnte lang hatten wir nichts mehr von einander gehört. Ich glaubte, meinen Augen nicht zu trauen, als ich zu Weihnachten 1987 einen Brief von Dr. Kristin ... erhielt, in dem sie als erstes schrieb, wie sie mich wieder entdeckt hatte: „Durch Zufall fand ich einen Katalog der Neuwerk-Buchhandlung ... die Anzeige Deines Buches ‚Über die Weichsel' Ich bestellte es mir sogleich und fand durch das Foto am Schluß meine Annahme bestätigt: Du bist es!" Sie hatte durch Zufall ihren „derzeitigen medizinischen Verlobten" wiedergefunden und – entgegen aller Ankündigung! – doch geheiratet. Und mehr noch an Preisgabe ihrer persönlich-beruflichen Selbstbestätigung, die sie sich doch – im Verhältnis zu mir – einst auferlegt hatte: „Ich habe vor Jahren, eigentlich meinem Mann zuliebe, d. h. um mehr Zeit für ihn zu haben, den Schuldienst quittiert, was mir schon lange leid tut; aber ein Zurück ist kaum möglich." Sie war, wie sie in ihrem Brief schreibt, nach ihrem Staatsexamen in Berlin in den Schuldienst gegangen.

Zwischen unseren Familien entwickelte sich eine freundschaftliche Beziehung, die nach Hannelottes Tod am 2. März 2012 in eine gewisse Zweiseitigkeit Fritjof-Kristin zurücklief. Kristin stand bei Hannelottes Beerdigung am 12. März 2012 vor dem offenen Grab plötzlich mit der Frage vor mir: „Hast Du uns nicht erkannt?" Nein, ich war trotz aller Selbstbeherrschung so benommen, daß ich mein ehemaliges „Tineken" am Grab meines „Hannelchens" nicht wahrgenommen hatte.

Kristin hat keine eigenen leiblichen Nachkommen. Aber aus der von ihr bewahrten Liebe und Bindung an ihre Heimat, die sie durch unsere Bekanntschaft auch zu der meinigen gemacht hat, hat sie der Nachwelt diese bleibenden Zeugnisse der deutschen Vergangenheit und, trotz aller Zerstörungen und Verfremdungen, in vielem immer noch in Stein gehauenen Gegenwart geschenkt, mit ihrem stolzen Mädchennamen Kristin Maronn:

1.) Stettins Umgebung in alten Ansichtskarten, Husum 1999

2.) Stettin-Pölitz und -Messenthin – Bilder, Dokumente, Chronik – Gedanken und Erinnerungen, herausgegeben vom Historischen Arbeitskreis Stettin, 5. Aufl. 2000

3.) Schöne Gaststätten in und um Stettin in alten Ansichtskarten von 1890–1943, Husum 2001

4.) Straßen und Plätze in Stettin in alten Ansichtskarten, Husum 2002

5.) Straßen und Plätze in Stettin auf alten Ansichtskarten, Lübeck 2004

6.) Dorfkirchen im Umfeld von Stettin, Alte und Neue Ansichten, Lübeck 2005

7.) Stettiner Fabrikanlagen auf alten Ansichten bis 1945, Lübeck 2007

8.) Pönitz und Messenthin in alten Ansichten, Lübeck 2008

Leider nicht ganz vollständig vorhanden, sind diese geschichts- und kulturwahrenden Dokumentationen von Kristin Maronn über ihre heimatliche und geliebte Stettin-Pölitz-Messenthin-Oder-Region ein ganz besonderer Schatz im ostdeutschen Buchbestand von Fritjof Berg.

Zum letzten Mal sah mich die Akademie in meiner Studentenzeit bei der Pommern-Freizeit vom 21.–30.10.1955. Ich tat mich schwer, der Einladung Folge zu leisten. Da die Gründe hierfür meine damalige Situation beleuchten, seien sie aus einem Brief vom 12.10.1955 an Dieter Radau, den Vorsitzenden des Arbeitskreises Pommerscher Studierender, wiedergegeben, ihre Offenheit kennzeichnet zugleich das freundschaftlich-kameradschaftliche Verhältnis zwischen uns „Göttingern“: „... Unabhängig von der Frage der Person hängt die Teilnahme eines Ostpreußen davon ab, ob unsere Landsmannschaft in Hamburg uns das nötige Fahrgeld schickt. Ich habe dieserhalb nach dort geschrieben und bin bisher ohne Bescheid ... Unsere eigene Kasse ist leer. Und nun zur Frage der Person. Ich selbst habe mich inzwischen zur Prüfung gemeldet und erwarte die Hausarbeit zum 1. November. Daher ist es auf keinen Fall möglich, die ganze Freizeit über Euer Gast zu sein ... Sollte ich einen Vertreter finden (wir sind hier in G. nur spärlich vertreten), so schicke ich diesen und komme auch nicht über das Wochenende ... Übrigens: Wegen der Hausarbeit ist meine Teilnahme an der VHDS-Jahreshauptversammlung auch in Frage gestellt ... (Anm.: Diese fand am 28. Oktober in Erlangen statt, ich fungierte ja noch als Vorsitzender des Bundes Ostpreußischer Studierender; ich fuhr also nicht hin, und für den BOSt nahm als Delegierter unser Göttinger Studentengruppenmitglied Bernhard Moeschke teil, Schulkamerad auf der Königsberger Burgschule.) ... Kristin habe ich doch auf ihren Wunsch ... beim Arbeitskreis abgemeldet; ihre Gründe sind in dem bezügl. Schreiben angegeben und sind nach meiner Meinung ernst zu nehmen. (Anm.: Bei ihren Fahrten nach und von Berlin durch die SBZ/DDR sah sie sich bei weiterer Zugehörigkeit und Mitarbeit in unseren Verbänden gefährdet.) Ich glaube nicht, daß sie kommt. Aber das wäre kein Grund für mich, nicht teilzunehmen – umgekehrt auch nicht. (Anm.: Wie bereits geschildert, war unsere ganz persönliche Beziehung, die ein movens für unsere Teilnahme hätte sein können, ja erloschen.)

Nachdem die Landsmannschaft Ostpreußen mit Schreiben vom 19.10.55 eine Übernahme der Reisekosten „für einen Kommilitonen nach Lüneburg diesmal“ abgelehnt hatte – „Anders würde es wohl ausschauen, wenn es sich um eine allgemein ostdeutsche Arbeitstagung handeln würde. Haben die Pommern nicht Geld genug, um auch diese Reisekosten zu übernehmen?“ –, schickte ich Dieter Radau in die bereits begonnene Tagung ein Brieftelegramm: „Landsmannschaft trägt nicht Reisekosten. Eigene finanzielle Lage gestattet nicht Übernahme ... Erbitte Antwort.“ Worauf er prompt telegraphierte: „Sofort kommen Unkosten tragen wir Herzlichst Dieter." Und so machte ich mich denn am 22. Oktober auf den Weg nach Lüneburg, von wo ich am 25. Oktober nach Göttingen zurückkehrte. In Lüneburg war ich Gast der Pommern, d.h. sie übernahmen auch meine Aufenthaltskosten. Die ermäßigte Lehrgangsrückfahrkarte 3. Klasse (ja, Ihr Heutigen, das war damals die Standardwagenklasse beinahe aller Reisenden, sie wurde später abgeschafft, es gab fortan nur noch zwei Wagenklassen) kostete 22,– DM zuzüglich 2 x 2,– = 4,– DM Schnellzugzuschlag, auch das war damals für jeden von uns immer noch ein anständiger Batzen Geld!

Ja, warum war ich also doch, wenn auch nicht für die ganze Dauer, zur Pommern-Freizeit nach Lüneburg gefahren? Hannelotte, die ja als Vertreterin unserer Hochschulgruppe Ostpreußen an der vorausgegangenen Tagung der Landeskulturwarte der Landsmannschaft Ostpreußen vom 7.–9. Oktober in der Akademie teilgenommen hatte, war in ihrem Briefbericht vom 21. Oktober auch auf die wiederholten Pommern-Freizeiten in der Akademie eingegangen. In meinem Antwortbrief vom 25.10. nannte ich ihr die Gründe für meine wenn auch nur kurze Teilnahme an der Pommern-Tagung: „... Die Pommern halten vom 21.–30. Oktober ihre diesjährige Jahresfreizeit ab. Ich persönlich war geladen, wäre aber nicht gefahren. Es war außerdem ein Vertreter der Gruppe geladen, und die Vertretung war zur Vertiefung der Beziehungen geboten. Wie ich jetzt sagen kann, war sie auch zweckmäßig. Denn es kam diesmal während der eigentlichen Jahreshauptversammlung zu einem gewinnbringenden Erfahrungsaustausch. In Göttingen fand ich niemand, der fahren wollte, eine ausgedehnte schriftliche Umfrage brachte nur Absagen ein. Und so machte sich denn der Berg wieder auf die Reise, um Ehre für die Gruppe einzulegen und nicht die Unfähigkeit ihrer Vertretung zu dokumentieren. Auch wenn mancher objektiv verhindert war, ist doch die Frage geboten, ob denn nicht auch ein anderer mal mir etwas abnehmen kann. Obwohl ich offiziell nach allen

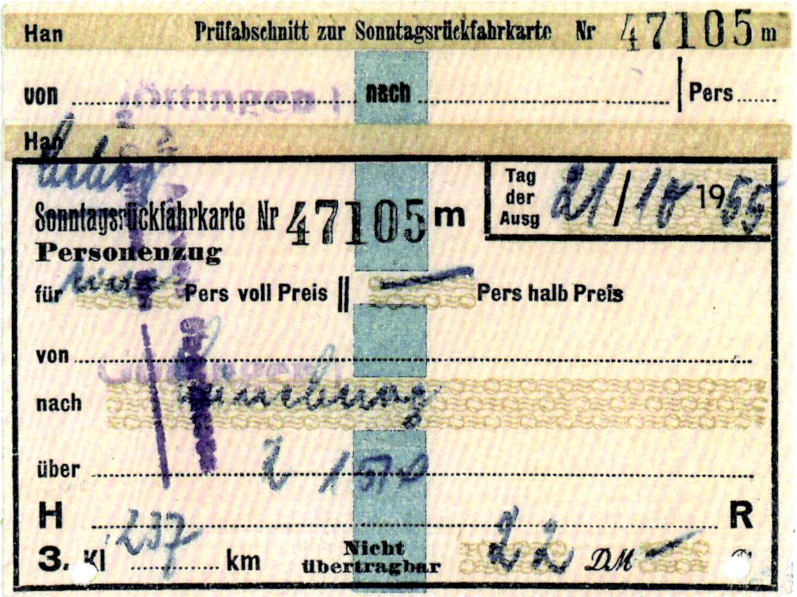

Fahrkarten zur Pommern-Freizeit

Seiten abgeschaltet habe, meine Zuverlässigkeit und gute Seele ist eben zu bekannt... Und Freitag fahre ich evtl. bis Sonntag nach Erlangen, weil praktisch niemand sonst dort richtig zum Zuge kommen kann. Teufel, daß ich am besten eingearbeitet bin und eine Lücke besteht. Aber das wird jetzt ja wohl anders werden, wenn die Reform über die Bühne gegangen ist. (Anm.: Umwandlung der Hochschulgruppe in die Landsmannschaft Ordensland mit einer korporationsähnlichen straffen inneren Ordnung einschließlich Pflichtenkodex.) Ich hatte mich auch im Sommer schon weitgehend zurückgezogen. Und mir fällt das ... jetzt leicht, seitdem Deine Teilnahme in Lüneburg und Dein Brief alles so gewendet haben ..."

Der Vollständigkeit halber ist noch die Freizeitplanung des Arbeitskreises Pommerscher Studierender für die Zeit vom 20.-31.10.1956 in der Ostdeutschen Akademie Lüneburg zu erwähnen, die wie alle vorausgegangenen in einem erweiterten, d. h. VHDS-Rahmen stattfinden sollte und zu der auch ich deshalb eine Einladung erhalten hatte. Es waren zwei Themenkomplexe vorgesehen: Für die Zeit vom 20. bis 25. Oktober „Probleme der Wiedervereinigung" (Anm.: Eine Wiedervereinigung schloß für uns begriffsnotwendig, staats- und völkerrechtlich und deshalb auch satzungsgemäß den Zusammenschluß aller getrennten Deutschlandteile und damit auch Ostdeutschlands ein.) und vom 25. bis 31. Oktober „Ostpolitik und Ostarbeit". Wegen einer nicht ausreichenden Zahl von Anmeldungen fiel jedenfalls dieser zweite Teil der Tagung aus. Sie lag bereits außerhalb meiner Studentenzeit. Aber nicht dies wäre ausschlaggebend für eine Nichtteilnahme gewesen, ließ ich mich doch sogar auch drei Jahre später, als ich bereits auf das Assessorexamen zuging, zum Vorsitzenden des Gesamtverbandes VHDS küren.

Ausschlaggebend war vielmehr, daß ich gerade erst am 15. Oktober als Gerichtsreferendar, d.h. als niedersächsischer Landesbeamter (auf Widerruf) meinen juristischen Vorbereitungsdienst angetreten hatte und überdies in derselben Zeit der 1. Ostpreußische Studententag in Osterode stattfand.

Die VHDS Motor der Studienförderung ostdeutscher Studenten – mit ihrer ostpreußischen Fraktion wächst auch ihr ostpolitisches Profil

Die Erlangung der Vollmitgliedschaft des Bundes Ostpreußischer Studierender mit drei stimmberechtigten Vertretern in der VHDS hatte zwangsläufig dazu geführt, daß er zunehmend nun auch in alle personellen, fiskalischen und politischen Entscheidungsprozesse des Gesamtverbands eingebunden war. Da unsere Hochschulgruppe Ostpreußen/Landsmannschaft Ordensland unzweifelhaft die mitgliedsstärkste und aktivste BOSt-Gruppe war und ich als dessen kommissarischer Vorsitzender in Göttingen fungierte, hatte dies weiterhin zur Folge, daß BOSt-Vertreter bei allen zentralen VHDS-Veranstaltungen zunächst fast immer drei Angehörige unserer Göttinger Gruppe waren. Unsere in Semestern gewachsene gegenseitige Verflechtung machte eine einheitliche Willensbildung und Stimmabgabe bei Abstimmungen und Entscheidungen des Gesamtverbandes leicht.

Wie bei unserer Göttinger VHDS-Hochschulgruppe mag und wird auch bei manch einer anderen örtlichen ein- oder multilandsmannschaftlichen VHDS-Gruppe die ostpolitische damals noch „heimatpolitisch“ genannte Arbeit einen bedeutenden Stellenwert gehabt haben. Beim VHDS-Gesamtverband war davon hingegen nichts zu spüren, jedenfalls nicht, als ich nach Anerkennung des BOSt als der VHDS zugehörige Mitgliedsvereinigung nach und nach in die Verbandsarbeit hineinwuchs. Zwar entsprach die auf Beschluß der Jahreshauptversammlung am 29.3.1956 in Stadt Blankenberg/Sieg mit einer Zweidrittelmehrheit in § 2 Abs.1 als Ziff. 2 (neu) in die Satzung eingefügte Bestimmung der eben nahezu einhelligen Überzeugung und dem Willen aller Verbandsangehörigen:

> „Sie (Anm.: die VHDS) tritt für die Wiedervereinigung Deutschlands einschließlich der friedlichen Rückgewin-

nung der deutschen Ostgebiete ein. Sie bejaht die Charta der Heimatvertriebenen und wahrt das ostdeutsche Kulturerbe."

Aber die VHDS als politischer Studentenverband mit zu jenem Zeitpunkt acht überregionalen Einzelbünden:

- Arbeitskreis Pommerscher Studierender
- Bund Ostpreußischer Studierender
- Deutschbaltischer Jugend- und Studentenring
- Hochschulring der Ackermanngemeinde
- Südostdeutscher Studentenring
- Schlesischer Studentenbund
- Verband Katholischer Donauschwäbischer Hochschüler
- Arbeitskreis Sudetendeutscher Studenten,

denen 47 Einzelvereinigungen mit zusammen 1753 studentischen Mitgliedern angehörten, hat von dem hierin enthaltenen Gewicht, im Gegensatz zu den parteipolitischen Studentengruppierungen, zum Schaden des Großen-Ganzen keinen Gebrauch gemacht. Das sollte sich schlagartig ändern, als ich im Juli 1959 die Verbandsführung übernahm.

Als ich funktionell und zielorientiert immer enger mit dem Zuständigkeitsbereich des Gesamtverbandes in Verbindung kam, hieß es, der Hauptaufgabenbereich der VHDS habe in den Anfangsjahren im sozialpolitischen Bereich, der Verbesserung der katastrophalen finanziellen Studienbedingungen der Ostdeutschen gelegen. Wie die hierauf gerichtete Arbeit der VHDS auf der großen Linie oder gar im Einzelfall ausgesehen haben soll, irgendeine faktengestützte Kenntnis hierüber war bis dahin nicht und auch lange danach noch nicht zu mir vorgedrungen, bis ich im Beitrag des VHDS-Ehrenvorsitzenden und meines sudetendeutschen Freundes Walter Fr. Schleser „VHDS – Der Verband Heimatvertriebener u. Geflüchteter Deutscher Studenten e. V.", hier „IV: Die soziale Arbeit des VHDS" für die Jubiläumsschrift zum

10jährigen Bestehen des Verbandes im Jahre 1960 „Jenseits von Elbe und Oder – 10 Jahre VHDS“ (S.78f) las:

> „Zunächst richtete sich das besondere Augenmerk des VHDS als Dachverband ... auf die Möglichkeiten einer Besserung der sozialen Lage der ostdeutschen Studierenden mit dem Ziel einer Vermehrung des Verhältnisanteils der heimatvertriebenen Studenten an der Gesamtstudentenschaft, da derselbe weit unter dem Anteil aller Vertriebenen an der deutschen Bevölkerung lag.
>
> Bevor staatliche Studienbeihilfen gewährt werden konnten, war es nur unter größten Entbehrungen möglich, das Studium fortzusetzen oder zu beginnen. Die Väter waren ohne Vermögen, oftmals ohne Verdienst. Der zufällige Wohnort der Eltern lag abseits der Hochschulstädte. Diese selbst waren zerstört, möblierte Zimmer kaum zu haben. Es war ein absolut neues Beginnen! Die soziologische Struktur hatte sich geändert.
>
> Nach dem Verlust der angestammten Heimat war es daher das selbstverständliche Bestreben jedes einzelnen, die frühere soziale Stellung wieder zu erringen, sich durch eine gut fundierte Ausbildung vor erneuten Rückschlägen nach Möglichkeit zu schützen ...
>
> Dennoch war mit dem Zeitpunkt der Währungsreform (Anm.: 20. Juni 1948) die Gefahr eines unausweichlichen Abbruchs des Studiums für die meisten vertriebenen Studenten gegeben, und in der Tat haben mehr als ein Zehntel von ihnen ihr Studium wirklich unterbrechen müssen. Im Hinblick auf die zu erwartende ‚Soforthilfe‘-Regelung schlossen sich bereits im Wintersemester 1948/49 mit Unterstützung der Allgemeinen Studentenausschüsse die vertriebenen Studenten an den Hochschulen der westlichen Besatzungszonen zu Interessengemeinschaften zusammen.

Flüchtlingsreferate wurden an den Asta eingerichtet und mit dem gewählten Obmann der ,Flüchtlingsstudenten' besetzt. Diese Zusammenschlüsse wurden neben den landsmannschaftlichen Studentengemeinschaften zur zweiten Keimzelle des VHDS. Im Zusammenwirken mit dem Verband Deutscher Studentenschaften wurden vom VHDS dem Hauptamt für Soforthilfe und späteren Bundesausgleichsamt und den mit dieser Materie befaßten Abgeordneten die sich aus der Situation ergebenden Forderungen der vertriebenen Studenten auf zweckentsprechende Regelung ihrer Studienförderung nach dem Soforthilfegesetz und später dem Lastenausgleichsgesetz vorgetragen. Die Entwicklung dieser Ausbildungshilfe von ursprünglich 70,– DM im Semestermonat bis zur Übernahme der vollen Ausbildungs- und Lebenshaltungskosten der Studierenden im Bedarfsfall ist unter unermüdlichen Bemühungen der Vertreter der davon betroffenen Studenten zustande gekommen. (Anm.: Zum Gang dieser Studienförderung für mich persönlich und meine Zwillingsschwester Karin siehe das Kapitel ,Die Finanzierung meines Studiums'). Zur Lösung dieser Aufgabe hat wesentlich beigetragen, daß der Verband Deutscher Studentenschaften den früheren Geschäftsführer und zeitweiligen Vorsitzenden des VHDS zum Sozialreferenten bestellte[1]. Schließlich wurde vom Verband Deutscher Stu-

---

[1] Es handelt sich um Theo Tupetz, der in seinem Beitrag „Die Flüchtlingsstudenten an den Universitäten und Hochschulen der Bundesrepublik und Westberlins und ihre Eingliederung in das Hochschulleben" (S. 25 ff der Zehnjahresschrift) sehr kompetent die legislatorische Entwicklung vom „tragischen Schicksal Tausender Vertriebener, denen ein Hochschul-Studium trotz erweislicher Begabung aus wirtschaftlichen Gründen versagt geblieben ist", bis zu der „im wesentlichen als konsolidiert anzusehenden Lage jener Flüchtlinge, die heute (Anm.: 1960) studieren, frei von wirtschaftlicher Not", beschrieben hat.

dentenschaften und dem VHDS gemeinsam eine ‚Flüchtlingsberatungsstelle' eingerichtet, die unter derselben verdienstvollen Leitung, die zugleich das heutige Sozialamt des Deutschen Bundesstudentenrings schuf und ausbaute, auch den Fragen der aus Mitteldeutschland flüchtenden Studenten und Abiturienten, der Spätausgesiedelten und Abiturienten und der Exilstudenten, darunter besonders der Ungarnflüchtlinge (Anm.: nach dem gescheiterten Ungarnaufstand 1956), in vorzüglicher Weise zu vorbildlicher Regelung verhalf. Der unermüdlichen Arbeit des Leiters dieser Einrichtungen und anderer auf diesem Gebiet wirkender VHDS-Mitglieder ist es mit zu verdanken, daß eine weitgehende soziale Sicherheit der heimatvertriebenen und geflüchteten Studenten erreicht wurde. Hierdurch konnte sich die Arbeit des VHDS heute wesentlich auf andere Gebiete verlagern."

Nicht unerwähnt bleiben darf, daß die Verbandsführung dieser Jahre neben der Schwerpunktbildung im sozialpolitischen Bereich, dem Bemühen um eine auskömmliche Studienförderung insonderheit mit Blick auf die heimatvertriebenen und aus der Sowjetischen Besatzungszene (SBZ)/Deutschen Demokratischen Republik (DDR) geflüchteten Studenten, auf einen mit diesem Bereich verzahnten Teilaspekt der deutschen Teilung durchaus ihr Augenmerk gerichtet hatte: die Bewahrung einer gesamtdeutschen Zusammengehörigkeit der Studentenschaft hüben und drüben, dem Offensein für Kontakte. So heißt es wohl mit Bezug auf eine Arbeitstagung des erweiterten Bundesvorstandes und des satzungsmäßigen Vereinsorgans Vertrauensrat (ihm gehörte Erhard W. Appelius an) vom 7.–9.1.1955 in Baad u. a. für ehemalige politische Häftlinge aus der SBZ und aus Zwangsarbeitslagern in der Sowjetunion in Nr. 1/Jahrgang 1955 der vom Vorstand herausgegebenen VHDS Informationen einleitend unter der Überschrift „Ost-West-Begegnung":

„Eine Intensivierung der Kontakte zwischen Abiturienten und Studenten aus der SBZ mit Studenten der Bundesrepublik ist unerläßliche Forderung, die heute eines der vordringlichsten Anliegen unserer Vereinigung ist.

Es ist daher zu begrüßen, wenn – wie es einzelne Gruppen bereits getan haben – ein Gespräch und einzelne Begegnungen mit Studenten aus der SBZ durchgeführt werden. Über die Möglichkeiten solcher Begegnungen sind die Vorsitzenden der in der VHDS zusammengeschlossenen Verbände unterrichtet.“

Daß Vorhaben über Einzelkontakte hinaus auch für die/den VHDS allerdings eine Luftnummer bleiben mußten, ergibt sich aus dem weiteren Inhalt dieser Erklärung:

„Es bedarf keiner besonderen Erwähnung, daß bei der Förderung solcher Kontakte die Vereinigung sich an die Beschlüsse der deutschen Studentenschaften halten muß. Auf der 24. ordentlichen Delegiertenkonferenz des VDS (Anm.: Verband Deutscher Studentenschaften) in Berlin am 15. und 16.11.1954 wurde folgender Beschluß gefaßt:

Der Verband Deutscher Studentenschaften sieht seine vornehmste und dringendste Aufgabe darin, alle deutschen Studenten in einem freien, geeinten Deutsehland wieder zusammenzuführen.“

Es folgt dann die Aufzählung von politischen Tatsachen und Umständen in der SBZ, die diesem Ziel damals entgegenstanden, um daraus diese Schlußfolgerung zu ziehen, die alle Bekundungen leerlaufen ließ:

„... Die offiziellen Vertreter der Studentenschaften der Sowjetzone sind Funktionäre der FDJ (Anm.: Staatliche Jugendorganisation der SBZ/DDR „Freie Deutsche Jugend“) und nicht frei gewählt. Sie vertreten nicht die Interessen der Studentenschaft, sondern dienen allein den politischen Zielen des Regimes.

Der VDS sieht trotz zeitweiliger taktischer Zugeständnisse der FDJ keine Möglichkeit, mit denen zu verhandeln, die für diese Zustände verantwortlich sind. Das schließt auch entsprechende Beziehungen auf fachlicher, kultureller und sportlicher Ebene aus.

Der VDS ist der Überzeugung, daß alle Verbindungen zu Repräsentanten des in der sowjetischen Besatzungszone herrschenden bolschewistischen Systems die deutsche Wiedervereinigung in Freiheit auf die Dauer gefährden würden.

Der VDS erklärt jedoch ausdrücklich seine Solidarität mit den Studenten der Sowjetzone, die unter dem Zwang der Verhältnisse gegen ihren Willen und ihre Überzeugung dem bolschewistischen System ausgeliefert sind.

Der VDS wird alles tun, um die inneren Bindungen und persönlichen Beziehungen zu diesen Kommilitonen zu stärken, ihnen zu helfen, ihre Interessen zu wahren und ihrer Stimme Gehör zu verschaffen."

Unter Bezugnahme auf die Arbeitstagung des erweiterten VHDS-Vorstandes in Baad fügt dieser dann als eigene Position hinzu:

„... Wenn auch die Legitimität der sowjetzonalen Vertreter nicht anerkannt werden kann, weil sie nicht aus freien Wahlen hervorgegangen sind, so scheint eine persönliche Diskussion mit einzelnen Studentenvertretern dann möglich zu sein, wenn sie zu keiner offiziellen Kontaktaufnahme führt. In den letzten Monaten haben die Studentenschaften einzelner Hochschulen Besuche aus der SBZ von solchen Studentenvertretern erhalten. Es hat sich dabei gezeigt, daß

Diskussionen mit diesen Studenten hier keinen Schaden anrichten können, wohl aber Zweifel an ihrer bisherigen Haltung unter diesen Delegationen geweckt werden können. Es sollte die besondere Aufgabe der Vereinigung sein, in diese Diskussionen durch diskussionsfähige Vertreter einzugreifen, die in der Lage sind, den Argumentationen der Delegationen aus der SBZ entgegenzutreten ..."

Zum Kontaktversuch des Deutschen Jugendringes der DDR mit einem „Arbeitskreis Ostpreußischer Studenten" über meine Person im August 1955: In der Rückschau bedauere ich, darauf nicht eingegangen zu sein.

Bei dem Schriftwechsel über die Anerkennung des BOSt mit drei stimmberechtigten Vertretern auf den Jahreshauptversammlungen der VHDS hatte mich der damalige 2. Beisitzer im Vorstand, Reinhard Stumpf, in seinem handschriftlichen Schreiben vom 16. Januar 1955 (fast der gesamte Schriftwechsel zwischen uns „Ostlern" erfolgte damals handschriftlich, wer von uns verfügte schon über eine Schreibmaschine, nur in ganz besonderen Ausnahmefällen mußte eine solche ausgeliehen werden, in Göttingen verlieh die ostpreußische Firma Nöthel Schreibmaschinen gegen das rare Geld) namens des Vorstandes um Mitteilung „über den jetzigen Stand und die Gruppierung ostpreußischer Studentengruppen" gebeten, „um einem nochmaligen heftigen Meinungsaustausch (Anm.: wie in Aachen 1954) über die Gewährung von 3 Stimmen oder nur einer für Ihre Landsmannschaft aus dem Wege zu gehen". In meinem (handschriftlichen![1]) Antwortschreiben mit den erbetenen Auskünften hatte ich Stumpf und damit dem Vorstand meine grundsätzliche Einstellung zu Person und Sache in Erinnerung gebracht: „... Sie wissen ja, daß nach meiner Grund-

---

[1] Mit Abschriften, aus denen ich schon an vielen Stellen zitiert habe, also immer zweifach geschrieben!

auffassung die persönliche und nicht funktionelle Nähe unsere Arbeit voranbringt und etwaige Schwierigkeiten leichter und erträglicher macht ... Selbstehrliche Tätigkeitsberichte der überregional bestehenden und tätigen Studentenvereinigungen und der diesen angeschlossenen Einzelvereinigungen sowie der örtlichen VHDS-Hochschulgruppen sollen dem Vorstand zeigen, welches Gewicht der Gesamtverband innerhalb der Studentenschaft einnimmt und welchen Nachdruck er daher den postulierten Zielen des Gesamtverbandes verleihen kann ..."

Das war ehrlich gemeint und abstrakt gedacht. Ich hatte auch nicht die geringste Absicht, ein Amt im Bundesvorstand zu erlangen und dabei gar einen anderen aus seinem Amt zu verdrängen. Von dem Vorsitzenden, Ehrenvorsitzenden, Geschäftsführer abgesehen, kamen zu jener Zeit sämtliche Vorstandsmitglieder aus dem baltischen und den mitgliedsstarken Südost-Studentenverbänden. Sie mochten in ihrer Amtsführung ehrbar, unbescholten, tüchtig und strebsam sein, aber es war ein Manko nach innen und außen, daß zur Verbandsführung kein Reichsdeutscher gehörte (Walter Fr. Schleser war es nach dem Münchener Abkommen des Jahres 1938 über die Angliederung der sudetendeutschen Gebiete an das Reich geworden, aber er war bei der Vorstandswahl am 30.3.1954 ausgeschieden und „nur noch" Ehrenvorsitzender). Und so stellte der in seiner VHDS-AG Nord so triebsame Erhard W. Appelius in einem vertraulichen Schreiben vom 18.2.1956 an die Vorsitzenden/Delegierten der reichsdeutschen Studentenbünde, die VHDS-Vertrauensstudenten von Göttingen, Wilhelmshaven, Hamburg und einige Einzelmitglieder zur Vorbereitung der im März anstehenden Hauptversammlung mit Neuwahl des Bundesvorstands sachlich-nüchtern fest (er war Mitglied des Sozialistischen Deutschen Studentenbundes/SDS und dadurch entsprechend „geeicht"):

> „... Die VHDS-HV ist kein Treffen von Schöngeistern und edlen Schwärmern, sondern ein Feld nüchterner Politik. Nur

der Starke wird – in ehrenhafter Weise, aber ohne Pathos und mit den Mitteln heute üblicher parlamentarischer Demokratie und Geschäftsordnung – sowohl sein Recht wahren und seine Forderungen durchsetzen und zugleich des Wohles der Allgemeinheit und der anderen eingedenk sein können ... Wir sind keine Feinde der Südostdeutschen, obwohl sie in Aachen ein undurchsichtiges Spiel trieben. Aber sie decken im Bundesvorstand ein Mitglied, dessen Abtreten wir schon lange wünschen. Und sie versuchen, die Zahl ihrer und ihnen nahestehender Vertrauensstudenten mit Praktiken zu vermehren, die wir ablehnen ... Die (Anm.: sudetendeutsch-katholisch-konfessionelle) Ackermanngemeinde sieht heute ein, daß sie in Aachen einen Fehler machte, als sie uns von der Mitverantwortung im Vorstand ausschloß ... Zusammen mit Ackermännern und Deutschbalten wollen wir – so eine starke Mehrheit bildend – für eine saubere und klare Linie in Zukunft, ein stark tragendes Fundament und einen fruchtbaren Ausgleich der Interessen sorgen ...“

Aus einem Schreiben ein Mitglied der Ackermanngemeinde zitierend („Fanatiker, die eine frühere Frontbildung nicht überwinden können und eher das Ganze leiden lassen als sich mit dem Gegner von gestern zu heute nötiger und für alle fruchtbarer Arbeit zusammenzufinden, sind fehl am Platz.“) fährt Appelius dann fort: „Diese Voraussetzungen sehen Ackermanngemeinde, Deutsch-Balten und wir in folgendem Vorstand: Vorsitzender Theo Tupetz, Stellvertreter Karl Spies, 1. Beisitzer Erhard W. Appelius, 2. Beisitzer Dr. Valentin Oberkersch und – später hinzutretend – Geschäftsführer Heilmann.“ Die Hauptversammlung am 29.3.1956 in Stadt Blankenburg folgte mit satzungsmäßiger Mehrheit diesem Wahlvorschlag, allerdings wurde Appelius nicht der erste, sondern zweiter und Dr. Oberkersch dritter Beisitzer. Erster Beisitzer wurde der Ostpreuße Gerhard Drabe vom Arbeitskreis Ostdeutscher Studenten an der Universität Münster. Ich selbst ließ mich in den aus sieben Mitgliedern bestehenden Vertrauensrat wählen, der satzungsmäßiges Vereinsorgan war (§ 6) und lt. § 8 Abs. 1 der Satzung den Vorstand beraten und überwachen sollte. Auf meinen für den BOSt, Arbeitskreis Pommerscher Studierender, den Schlesischen Studentenbund und die Arbeitsgemeinschaft Nord gestellten schriftlichen Antrag erhielt § 3 Abs.1 Ziff.1 der Satzung („Ordentliche Mitglieder des Verbandes sind: 1. je drei Mitglieder jeder überregional bestehenden und tätigen Studentenvereinigung, die an mindestens drei Hochschulen und in mindestens zwei Bundesländern aktive Gruppen unterhält.") hinter dem Wort „unterhält" diesen Zusatz: „erfüllen die überregionalen Studentenvereinigungen der Deutschbalten, Ostpreußen, Pommern, Schlesier, Sudetendeutschen und Südostdeutschen die Bedingungen des ersten Halbsatzes nicht, so verringert sich ihre Mitgliederzahl im Verhältnis zu ihren bestehenden Gruppen."

Zweck dieser Ergänzung war, allen diesen Landsmannschaften ihr Mitspracherecht im Gesamtverband zu erhalten bzw. zu sichern, auch wenn sie statt der bisher geforderten drei eben nur in einer einzigen örtlichen Hochschulgruppe in Erscheinung traten.

Meine Wahl zum Vertrauensratsmitglied war praktisch bedeutungslos. Ein einziges Mal erhielt ich mit Schreiben des neu berufenen Geschäftsführers Heilmann vom 24.4.56 eine Einladung zur erweiterten Vorstandssitzung am 6. Mai 1956 in Hamburg, angelehnt an den dort vom 2.–6. Mai stattfindenden 4. Deutschen Studententag, mit Platzreservierung in einem via Göttingen fahrenden Sonderzug, Übernachtung und Frühstück in Hamburg. Ich mußte mit (handschriftlichem) Schreiben vom 27.4.56 meine Teilnahme leider absagen:

> „... Es entspräche meinen dringenden Wünschen, an diesem Treffen teilzunehmen, an dem die Arbeit unseres Verbandes festgelegt werden soll. Leider ist mir dies nicht

möglich, da am 9. Mai meine 1. Klausur für das Referendarexamen steigt und ich die Tage vorher auch noch für die Vorbereitung benutzen möchte und muß. Herr cand. phil. Brausch, hier, Goßlerstr. 38, der mein vollstes Vertrauen besitzt und in die Arbeit der VHDS gut eingeführt ist, wäre bereit, mich zu vertreten. Die Satzung läßt die Frage offen, ob eine Vertretung eines Vertrauensratsmitglieds zulässig ist. Ich bitte um wohlwollende Prüfung dieser Frage und gegebenenfalls Herrn Brausch die Fahrkarte nach Hamburg an seine hiesige Adresse zu schicken. Es läge auch im Interesse unseres Verbandes, wenn dadurch die Gelegenheit gegeben ist, mit unseren ostpreußischen Kommilitonen in Hamburg wieder einmal persönlich Fühlung zu nehmen."

Das Vorstandsmitglied (!) Erhard W. Appelius war bei Versendung der Einladungen zu dieser Sitzung offensichtlich „übersehen" worden. Er erbat, „da die Bonner ja irgendwo unerreichbar in Hamburg auf dem Studententag sind", gegen Rückgabe mein Einladungsexemplar, das ich – im Gegensatz zu dem schließlich der Ablehnung verfallenen Saarstatut Adenauers – auch zurückerhalten habe.

Es sollte mir drei Jahre später beschieden sein, mit der Übernahme der Führung eines vorher in sich zerstrittenen, weitgehend konzeptionslosen VHDS binnen weniger Monate einen in sich geschlossenen und darum auch nach außen handlungsfähigen Verband zu machen, der das wurde, was er nach seiner Bestimmung sein sollte und dem dann auch einige Jahre später mit seiner Namensänderung Ausdruck verlieh: Der Ostpolitische Deutsche Studentenverband (ODS).

Zu den folgenden Seiten: Obwohl das von Erhard W. Appelius unter dem Pseudonym „Barnim Greif" über mich verfaßte Portrait in den VHDS-Informationen 1960 Nr. 3, S.47 ff (sie wurden in meiner Amtszeit als Vorsitzender von einem Mitteilungsblatt überwiegend verbandstechnischen Inhalts zu einem nach innen wie nach außen gerichteten Verbandsorgan umgestaltet, Pressereferent und verantwortlich für den Inhalt war jetzt Hans-Günther Parplies) im eigentlichen Sinne meiner Amtszeit als VHDS-Vorsitzender vom 12. Juli 1959 bis zum 25. Februar 1960 gilt, lasse ich eine Abschrift als Abschluß der VHDS-Kapitel folgen, weil es einen zusammenfassenden Blick auf meine gesamte Studentenzeit wirft. Da sich in dieses Portrait über mein ostpolitisches Wirken zur Studentenzeit, wie wir gesehen haben, in einer ständigen Wechselbeziehung immer wieder die Namen von Erhard W. Appelius und Hans-Günther Parplies einfügen, gehört dazu auch meine Sicht auf ersteren als „Mons Regiomontanae“ in den VHDS-Informationen 1961 Nr. 1, S. 85 ff, und die in seiner gewohnten analytischen Urteilskraft und nüchternen Argumentationsstärke von Hans-Günther Parplies: „Zum Aussterben verurteilt – wohin geht der VHDS?“ gestellte Frage in der schon erwähnten Monographie „Jenseits von Elbe und Oder – 10 Jahre VHDS“, S. 32 ff.

Aus Anlaß des

zehnjährigen Bestehens

unseres Verbandes

findet am Sonntag, dem 28. Februar 1960 um 11 h

in Göttingen, Gymnasium für Mädchen, Friedländer Weg,

ein

FESTAKT

statt.

Die Festansprache hält der Präsident des Bundes

der Vertriebenen, Herr Rechtsanwalt

Hans Krüger MdB.

Die Feierstunde wird umrahmt von einem Streichquartett

und dem Göttinger BVD-Chor, Leitung Prof. Paul Dehne.

Fritjof Berg

Vorsitzender

VHDS

Verband Heimatvertriebener

und Geflüchteter Deutscher Studenten e. V.

Arbeitskreis Pommerscher Studierender

Arbeitskreis Sudetendeutscher Studenten

Bund Ostpreußischer Studierender

Deutschbaltischer Jugend- und Studentenring

Hochschulring der Ackermann-Gemeinde

Hochschulring der Seliger-Gemeinde

Schlesischer Studentenbund

Südostdeutscher Studentenring

Verband Katholischer Donauschwäbischer Hochschüler

Verband Mecklenburgischer Studenten

Die VHDS-Informationen

Das Wort zu Beginn

Unsere Meinung

- Zehn Jahre Charta der Vertriebenen
- Das Bild des Ostens lebendig erhalten

Ein Blick nach draußen

- Frankreich; Pariser Streiflicht
- Polen: Tannenberg 1960

Was sonst noch geschah

- Das Bewußtsein von der Einheit der Nation
- Noch ein Beispiel
- Die Barsinghausener Gespräche
- Deutschland – was ist das?
- Wider Martini und die Kapitulation vor dem Defensivdenken

In Sachen VHDS

- Die Wandlung eines Reisenden in Sachen VHDS
- Das Portrait: Fritjof Berg

Ein Buch, das uns angeht

- Freunds „Deutsche Geschichte“

Aus den Verbänden

- Der Bund Ostpreußischer Studierender
- Die Jahrestagungen
- des Deutschbaltischen Jugend- und Studentenringes,
- des Bundes Ostpreußischer Studierender,
- des Schlesischen Studentenbundes und
- des Arbeitskreises pommerscher Studierender

Das Portrait

Als im Januar 1952 einige der Gründer der Göttinger Hochschulgruppe der damaligen Vereinigung Heimatvertriebener Deutschen Studenten – der ersten, die sich bewußt „VHDS-Gruppe" nannte und trotz ihres „förderativen" Aufbaus nach außen immer geschlossen auftrat – auf die Suche nach einigen ostpreußischen Kommilitonen gingen, die eine Hochschulgruppe dieser Landsmannschaft ins Leben zu rufen sich bereitfänden, wurden sie mit einem frischen, jungen, an Körpermaß nicht gerade überragenden Jurastudenten im ersten Semester bekanntgemacht: im „Ostland-Chor" des Göttinger Vertriebenen-Kreisverbandes, in dem er seine Liebe zur Heimat als Stimmführer des Tenors bekräftigte. Er wurde für die ostdeutsche studentische Arbeit erworben, und so kam es, daß Fritjof Berg das geliebte Notenblatt zur Seite legte und zu einer der bekanntesten und bedeutendsten Führerpersönlichkeiten unseres Verbandes reifte, deren Name noch heute mehr als oft fällt und der sich die Mehrzahl der heute tägigen Mitarbeiter des Verbandes noch freundschaftlich oder kameradschaftlich verbunden wissen.

Fritjof Berg gründete mit anderen am 16.7.1952 die Göttinger „Hochschulgruppe Ostpreußen" – heute Landsmannschaft Ordensland genannt –, wurde im Wintersemester 1952/53 ihr Stellvertretender Vorsitzender und leitete sie dann für anschließende fünf Semester. Da diese Gemeinschaft die Stammgruppe des Bundes Ostpreußischer Studierender wurde, kam auch das Amt des Vorsitzenden dieses Bundes auf ihn zu; er füllte es vom Wintersemester 1953/54 bis zu dem des Jahres 1955/56 und ebenfalls mit Erfolg aus, legte er mit seiner Arbeit doch den Grund für das stürmische und beachtliche Wachstum des ostpreußischen Studentenverbandes.

Bergs Leistung erschöpft sich nun aber gerade nicht mit dieser ostpreußischen Seite seiner Tätigkeit. Von vornherein galt sein

Einsatz stets dem Ganzen. Im Wintersemester 1952/53 wurde er bereits zu einem der beiden Stellvertretenden VHDS-Vertrauensstudenten in Göttingen gewählt und blieb mehrere Semester in diesem Amt. Er trat damit in einen Kreis von pommerschen, ostpreußischen und schlesischen Kommilitonen, die – als „Göttinger Schule" teils beargwöhnt, teils als Vorbild empfunden – nicht nur eine beispielhafte ostdeutsche Universitätsarbeit entfalteten, ihre landsmannschaftlichen Bünder, sich gegenseitig unterstützend, aufbauten und deren gemeinsamen Interessen Gehör zu schaffen wußten, sondern auch durch immer stärkere Mitarbeit im Gesamtverband selbst dessen derzeitiges Gesicht prägen halfen. Als stellvertretender Sprecher der reichsostdeutschen „Fraktion" im VHDS führte Berg deren Sache und zugleich sich selbst geschickt zuerst auf der Aachener Hauptversammlung 1954 ein. In Stadt Blankenberg 1956 setzte er – inzwischen mit der Silbernen Ehrennadel der Pommerschen Landsmannschaft ausgezeichnet – im Heimatpolitischen Ausschuß und dann in der Hauptversammlung die von ihm namens seiner Freunde beantragte heute gültige Fassung der Satzungsbestimmung durch, die die Zielsetzung unseres Verbandes beinhaltet. Damit wurde für den VHDS das Streben nach der Wiedervereinigung Deutschlands in seinen völkerrechtlichen Grenzen verbindlich.

Einige Jahre trat Berg aus beruflichen Gründen in den Hintergrund. Erst 1959 auf der unglücklich verlaufenen Berliner Hauptversammlung, die heute überwundene innere Gegensätze zum letztenmal aufbrechen ließ, sah ihn der Verband wieder, der ihm zwischenzeitlich freilich einen Sitz im damals vom Vorstand nicht eingeschalteten Vertrauensrat übertragen hatte. Und als nach dem reinigenden Gewitter vom 25. März 1959 am nächsten Tage eine neue Ära vertrauensvoller Zusammenarbeit aller Bünder im VHDS anbrach, da hieß sie – personell ausgedrückt – Fritjof Berg. Von allen Seiten gedrängt, unterstützt von einigen alten Gefährten aus Göttingen, den Vorsitz des Verbandes zu übernehmen, nach sich jagenden Beratungen mit Freunden und Vertretern aller Lager, nach einem mehrstündigen Ringen nahm Berg trotz des drohend anstehenden beruflichen Abschlußexamens den Auftrag an, wieder einmal den Dienst fürs Vaterland über das Persönliche setzend.

Die Vorstandsperiode Berg, die am 11. Juli 1959 begann und bis zum 25. Februar 1960 dauerte, liegt zu kurz hinter uns, um sie schon abschließend würdigen zu können – vieles trägt erst heute seine Früchte, was Berg gesät und gepflanzt. Zudem ist sie uns allen noch in lebhaftester Erinnerung, wie Berg ja selbst, der – so viel sei gesagt – den letzten Schutt von Berlin ausräumte, den Verband zusammenfaßte, ihm Ansehen in der Öffentlichkeit erwarb und seinem ostpolitischen Urteil Gewicht verlieh, noch kein blasses Schemen ist, sondern weiterhin als unentbehrlicher Ratgeber oft genug unter uns weilt. Mit Recht entlastete die Hauptversammlung ihn und seine Vorstandskollegen „mit Dank und Anerkennung", und seine alte Göttinger VHDS-Hochschulgruppe dankte ihm dadurch, daß sie ihn als ersten ihrer Ehemaligen zu ihrem Ehrenmitglied ernannte.

Wer ist nun Fritjof Berg? Am 9. Juni 1931 wurde er, Sohn eines Bäckermeisters, in Königsberg/Pr. geboren. Nach den üblichen Volksschuljahren besuchte er dort von 1941 bis zum Winter 1944/45 die Burgschule, eine Oberschule, deren berühmter Schüler Ernst Wiechert war. Schon damals sang der Knabe in einem bekannten Chor. Ende August 1944 wurde das Elterhaus durch englischen Luftangriff völlig zerstört; Berg kam für einige Monate nach Mohrungen, Herders Geburtsort.

Auf dem Seeweg begann im Januar 1945 die Flucht; sie gelang und endete 1946 an der Weser, 1951 bestand Berg in Nienburg/Weser die Reifeprüfung; nach einem halben Jahr Werkarbeit nahm er im Wintersemester 1951/52 in Göttingen das Jurastudium auf, das er 1956 mit dem Referendar beschloß. Inzwischen hat Berg 1960 in Hannover auch die Große Juristische Staatsprüfung bestanden – womit unser Verband entlastet ist. Seit einigen Jahren verlobt, dürfte einer Heirat mit seiner gleichfalls aus Ostpreußen stammenden Braut, die ihm getreulich und tapfer während seiner Vorsitzendenzeit und im Examen beistand, nun nichts mehr im Wege stehen. Voraussetzung dürfte freilich sein, daß sich bald ein geeigneter Beruf findet – es muß nicht unbedingt ein juristischer sein.

Denn Fritjof Berg ist vielseitig gebildet. Seine Kenntnisse in deutscher und preußischer Geschichte setzen seine Freunde stets aufs Neue in Erstaunen, mit Kants Philosophie fühlt er sich aufs Innigste verbunden, seine sachkundige theologische Auseinandersetzung mit einem unlängst verstorbenen Professor einer evangelischen Fakultät gehört zu den glänzendsten Abfuhren, die ein Vertreter jenes kleinen, aber lautstarken Lagers, in dem sich einige verzichtbereite, politisch-illusionäre kirchliche Wirrköpfe gesammelt haben, jemals einstecken mußte. Während seine an sich begrüßenswerte, aber nicht jedem sympathische Übergenauigkeit und seine ungeheure Arbeitswut, an der er die Leistungen seiner Mitarbeiter mißt, zumindest bei diesen gefürchtet sind, vermenschlicht ihn und macht ihn doppelt liebenswert sein – wohl auf seine Statur und seinen harten bisherigen Lebensweg zurückführendes – Bemühen, in allen Lebenslagen auf eine Haltung angemessener Würde bedacht zu sein, die manchmal mit dem ihm eigenen Sinn für Humor in Streit gerät.

Fritjof Berg ist eine der wertvollsten Persönlichkeiten – verantwortungsfreudig, fleißig und in allen Sätteln gerecht –, die unser Verband der Vertriebenenbewegung stellt. Sie sollte sich seiner versichern.

Barnim Greif

Das Portrait: Erhard W. Appelius

Wer hat ihn nicht schon einmal so erlebt: den Kopf nachdenklich sinnend oder grübelnd auf die linke Hand gestützt und mit der Rechten den Zucker in einer sich langsam abkühlenden Tasse Tee zerrührend, auf irgendeiner Tagung oder Freizeit irgendeiner Landsmannschaft, VHDS-Hochschulgruppe, irgendeines Verbandes an irgendeinem Orte in Westdeutschland oder Berlin zu irgendeiner Jahres- bzw. Tageszeit – kein einprägsameres Bild aus einem so bewegten und vielseitigen Verbandsleben könnte einer Studie über Erhard W. Appelius vorangestellt werden. Immer gibt es nämlich für unseren jetzigen Vorsitzenden etwas zu bedenken oder zu tun. Auf der Grundlage einer unerschütterlichen Verbundenheit mit seiner pommerschen Heimat, die noch von reichen und prägenden persönlichen Erlebnissen getragen ist, sind sein Denken und Handeln und damit der Jahresablauf ausgefüllt von pflichtbewußter und unermüdlicher Arbeit für das geteilte deutsche Vaterland. Hier ist es das Östliche, jenseits von Oder und Neiße liegende Deutschland, dem seine besondere Sorge zugewandt ist. Die großen Opfer im persönlichen Bereich, die die ehrenamtlich geleistete Tätigkeit mit sich bringt, hat Erhard W. Appelius stets mit schweigender Geduld auf sich genommen.

So nimmt es nicht wunder, daß die vollständige Aufzählung seiner früheren und jetzigen Ämter mehrere Seiten füllen würde. Hier seien nur die wichtigsten genannt; auch wenn sie auf verschiedenen Ebenen liegen, haben sie in der Sache doch einen gemeinsamen Bezug: die Wiedervereinigung Deutschlands. Schon 1949 nach seinem Abitur fungierte der Nimmermüde als Mitbegründer der Ortsgruppe Walsrode der pommerschen Landsmannschaft, und im folgenden Jahr errichtete er für diese eine Jugendgruppe, deren Leiter er anfangs wurde, obwohl der Abiturient Appelius zu jener Zeit mit großen wirtschaftlichen Schwierigkeiten zu kämpfen hatte und das Studiengeld für die ersten

Semester selbst verdienen mußte. Denn der Vater, der als Reserveoffizier 1939 zur Wehrmacht eingezogen war und erst 1949 aus russischer Kriegsgefangenschaft entlassen wurde, mußte damals noch längere Zeit mit Millionen anderen Vertriebenen das bedrückende Los der Arbeitslosigkeit teilen, was völliges Unvermögen zur Unterstützung des Sohnes bedeutete. Und eine Studienförderung nach dem Soforthilfegesetz, dem Vorläufer der späteren LAG-Ausbildungshilfe, oder etwa nach dem „Honneffer Modell", das heute den Weg des einigermaßen begabten Studenten ebnet, gab es 1949/50 als materiellen Ausgleich noch längst nicht.

So sehen wir dann Erhard W. Appelius in diesen beiden schweren Lebensjahren hauptberuflich als Lokalreporter Stoff für Zeilengeld sammeln. Vielleicht kam ihm hierbei jene Beweglichkeit zugute, die seinen Lebensablauf bereits bis dahin kennzeichnet. Am 2. März 1929 als Sohn eines jetzigen Steueramtmannes in Deutsch Krone im äußersten Hinterpommern geboren – in seinem Blut haben sich übrigens u. a. holländische Mennoniten, Salzburger und eine schlesische Linie vererbt –, verzog Erhard schon im Jahre 1938 nach Stettin. Fünf entscheidende Lebensjahre formte dieser schöne und große deutsche Ostseehafen, bis Erhard 1943 nach dem provinziellen Neustettin kam. Sein Bleiben war hier von kurzer Dauer, denn bereits 1944 verzog die Familie Appelius nach Cammin, der letzten Wohnstatt vor dem Schicksalsjahr 1945. Dieses kündigte sich, von dem Vater im Felde einmal abgesehen, schon 1944 an, als Erhard mit Hunderttausenden seiner Altersgenossen im deutschen Osten in den Ruf „schipp, schipp, hurra" einstimmen mußte und beim Bau des „Pommernwalles" eingesetzt wurde. Daß man ihm schon damals verantwortungsvolle Aufgaben anvertraute, sein organisatorisches Talent und seinen kameradschaftlich-menschlichen Charakter erkannt hatte, bezeugt die Tatsache, daß er als Feldscher mit der Verwaltungsleitung eines Krankenrevieres in Gr. Born betraut wurde. Der „totale Krieg“ und sein grausamer Ernst griffen dann immer mehr in das Leben von Erhard W. Appelius ein. Hatte er Abertausende ostdeutsche Jungen dieser Jahrgänge später dazu ausersehen, im Strudel des Untergangs etwa in den „Festungen“ Königsberg (Pr.) und Breslau oder im Berliner „Tiergarten“ einen erschütternden, frühen Tod zu erleiden, so kam auch Erhard im März 1945 zum „Volkssturm 3. Aufgebot“ und wurde dem „HJ-Panzerjagdkommando Rügen“ zugeteilt. Der rechtzeitige Abtransport mit einer anderen Einheit, einem „HJ-Einsatzbataillon“, über die Ostsee nach Kopenhagen und Kiel rettete unseren Vorsitzenden vor dem Verderben im Osten. Immerhin hatte er auch im Westen an dem Eingriff eines unabwendbaren Schicksals in sein junges Leben zu leiden: Vom Engländer wurde er 1945 in Holstein noch drei Monate in den „Kraal“ gesteckt – wie Appelius Vorgänge im eigenen Leben mit einem untergründigen Humor zu beschreiben pflegt. Danach bestimmte ihn das Los des verlorenen Krieges dazu, acht Monate Landarbeiter in der Lüneburger Heide zu spielen. Als er dann den Schulbesuch (bis zur mittleren Reife erst einmal) in Walsrode fortsetzen konnte, war es auch jetzt noch bis zum Abitur im Jahre 1949 ein weiter Weg in des Wortes wahrster Bedeutung. Erhard W. Appelius mußte anfangs nämlich einen Fußweg von 11 km zurücklegen. Mag sein, daß seine Liebhaberei für Pferde – seit 1954 ist er im Besitz des Reiterscheines – hierdurch bestärkt worden ist.

Nach diesem und anderen Intermezzi wandte sich der Held dieses Portraits dann seiner, wie er sie nennt, „Haßliebe“ zu: Er begann 1950 mit dem Jurastudium an der Alma mater der Rebenstadt Würzburg. Über den dreisemestrigen Anfangsgründen des stud. jur. an den Gefilden des Main muß der Chronist einen auffallenden Mangel an Daten – auch in den Ostpolitica – feststellen. Die Vermutung wird wohl zutreffen, daß E. W. Appelius, wegen der späterhin berühmtberüchtigt gewordenen Appelius’schen Rotsponabende im Freundeskreise von Über- und Miterlebenden auch „Meister aller Rotweintrinker“ genannt, hier bei manchem Boxbeutel Zunge und Sinn für seine erklärte Freude an einem guten Tropfen geübt hat. Nach der Fahrt ins Frankenland ließ er sich in Göttingen immatrikulieren, wo er bis zum Referendarexamen 1955 blieb. In dieser Metropole seines VHDS-Wirkens beteiligte er sich 1951 an der Gründung des Arbeitskreises pommerscher Studierender und seiner Hochschulgruppe Göttingen, während er im gleichen Jahre als jüngstes Mitglied in die pommersche Abgeordnetenversammlung gewählt wurde, der er bis 1958 angehörte. 1952/53 war Appelius Bundes- und niedersächsischer Landesstudentenreferent seiner Landsmannschaft, 1953/54 Vorsitzender des Arbeitskreises pommerscher Studierender. Seine tatkräftige Mitwirkung auch im VHDS – so war er 1952 Vertrauensstudent der VHDS-Hochschulgruppe Göttingen und rief die Arbeitsgemeinschaft Nord u. a. als Veranstalterin der Jahresfreizeiten an der Ostdeutschen Akademie Lüneburg ins Leben – hinderte ihn nicht, sich zeitweilig in der studentischen Selbstverwaltung (als ASTA- und Studentenratsmitglied) zum Segen der von uns vertretenen Sache einzusetzen. Wegen seines dauernden Strebens, neue Freunde zu finden, mit ihnen weitere Arbeitszentren zu bilden, die gemeinsame Zielsetzung an möglichst vielen Stellen zu verankern und mit Hilfe eines sehr praktischen Verstandes einen funktionsfähigen Rahmen zu schaffen, konnte F. W. Appelius sich berühmen, 1952/53 Geburtshelfer ostpreußischer und schlesischer Hochschulgruppen in Göttingen gewesen zu sein. Daneben leitete er manche Freizeit mancher genannten studentischen Vereinigung an der Lüneburger Akademie und trat auf den Jahreshauptversammlungen seit 1952 zunehmend in das Licht der VHDS-Öffentlichkeit. Hier war es wieder F. W. Appelius der starke Anregungen bei der Gründung anderer studentischer Zusammenschlüsse, so des BOSt und des SSB, gab.

Im Anschluß an eine kurze, durch das Referendarexamen bedingte Unterbrechung trat Appelius während seines juristischen Vorbereitungsdienstes als Referendar wieder stark in Erscheinung. 1956 wurde er Mitglied des Heimatpolitischen Beirates der Pommerschen Landsmannschaft, 1956–1958 war er Vorsitzender der Kreisgruppe Verden (Aller) seiner Landsmannschaft. War er im VHDS bereits seit 1952 (bis 1960) Mitglied des Vertrauensrates, so wurde er 1957 dessen Vorsitzender. Dem Vorstand gehörte er 1956/57 als Rechtsreferent an und hatte 1959/60 den Vorsitz im Freundeskreis Ostdeutscher Akademiker inne. In Bonn ist er Mitglied des gesamtdeutschen Ausschusses des BdV. Es würde über den Rahmen dieser Darstellung hinausgehen, wollte man die sehr zahlreichen und auch verdienstvollen Mitgliedschaften in Ausschüssen und alle Fälle aufzählen, in denen er Tagungsleiter war. Unvergessen wird aber allen Beteiligten die ruhige und besonnene Art bleiben, mit der E. W. Appelius in einer sehr stürmischen nächtlichen Debatte der Berliner Hauptversammlung den Verband wahrscheinlich vor dem Zerfall rettete. Seine ausgleichende Art hat sich seitdem auch in anderen verwickelten Fällen gut bewährt und ist oft gelobt worden. Seit der Friedland-Tagung 1960 ist er Vorsitzender des VHDS. Noch ist der Abstand zu kurz, um aus dem Fortwirken seiner hier geleisteten Arbeit das rechte Wort über diese sprechen zu können. Schon heute kann jedoch gesagt werden, daß der Vorsitzende Appelius sich um die finanzielle Gesundung des Verbandes und seine Integration bleibende Verdienste erworben hat.

Daneben absolvierte er den juristischen Vorbereitungsdienst in Verden, Aurich und Oldenburg und legte Ende 1959 die große juristische Staatsprüfung ab. Kurz darauf trat er in den Göttinger Arbeitskreis als wissenschaftlicher Mitarbeiter ein. Und was seine Freunde nie recht hatten glauben wollen, geschah dann unverhofft im Jahre 1960; hatte es im bewegten Auf und Ab seines Alltags schon lange einen ruhenden Pol gegeben, so wurde dieser nun zum festen Grund, auf dem der Ost-Fahrensmann Appelius vor Anker ging: im August 1960 heiratete er Christa Wunsch, die beste Lebensgefährtin, die Gott Amor für ihn erwählen konnte. Ein beschwingter Ton schwebt seitdem über der ab und an verfestigten pommerschen Mentalität. Daß Erhard W. neben alledem noch die Zeit fand, die Ortsgruppe Göttingen seiner Landsmannschaft zu leiten und im Verein anderer Käuze dem Nachtvogel Uhu zu huldigen, darf zur Abrundung nicht verschwiegen werden.

Erhard W. Appelius tat sich im Umgang mit seinen Freunden eben diesen gegenüber und zu deren Kummer manchmal etwas schwer mit protokollarischen Rangfragen und in der Handhabung formaler Hilfsmittel, die ein großer Verband mitunter nicht entbehren kann. Aber was hier eine schmunzelnd ertragene Eigenheit sein mochte, hat sich im Umgang mit Außenstehenden immer wieder gut bewährt. Er hat es auf diese Weise vermocht, mit Oldenburgern und Süddeutschen, mit entschiedenen Linkstheoretikern und Korporationen gut auszukommen und bei ihnen Achtung für unsere Bestrebungen zu erwecken, wenn ihm nicht gar mehr gelang. Dabei hat sich einer seiner hervorstechenden Wesenszüge, große politische Toleranz und nicht nachtragende Duldsamkeit, bewährt. Seit jeher war er extremistischem und sensationseifrigem Getue abhold.

Zahlreiche Ehrungen sind unserem Vorsitzenden – von Schelmen ob seines Gefallens an solchen herausstellenden Anerkennungen mit „apius“ geneckt – zuteil geworden. Für seine studentische Arbeit erhielt er 1953 die silberne Ehrennadel der Pommerschen Landsmannschaft. 1955 wählte ihn die pommersche Hochschulgruppe „Rugard“ in Hamburg zu ihrem Ehrenmitglied. Die Pommersche Landsmannschaft verlieh ihm 1956 für den Einsatz in der Landsmannschaft und die Ausarbeitung ihres Statuts die goldene Ehrennadel. 1959 errang er die Würde des Ehrenvorsitzenden der Pommerschen Hochschulgruppe Göttingen und die Ehrennadel des Bundes der Vertriebenen.

1960 wurde er schließlich mit der silbernen Ehrennadel der Landsmannschaft Schlesien ausgezeichnet.

Mons Regiomontanae

Zum Aussterben verurteilt? – Wohin geht der VHDS

Von Hans-Günther Parplies, Pressereferent des VHDS

Das vergangene Jahr seit dem sowjetischen Berlin-Ultimatum vom 27. November 1958 hat auf der politischen Bühne eine nicht abreißende Kette höchst alarmierender Äußerungen von offiziellen Stellen des In- und Auslandes gebracht, die Deutschlands Recht auf seine Ostprovinzen in Frage stellten oder zumindest das ostdeutsche Anliegen verzerrten und entstellten. Als Folge davon fanden sich die ostbewußten demokratischen Kräfte im deutschen Volk alsbald auf allen Ebenen zu engerer Geschlossenheit und in noch stärkerer Aktivität zusammen. Auch die – damalige – Vereinigung Heimatvertriebener Deutscher Studenten zog aus dieser neuen Situation dementsprechende Folgerungen.

Aber die studentischen Vertriebenenverbände befinden sich noch in einer besonderen Lage: Für sie nämlich stellt sich darüber hinaus die Frage „Zum Aussterben verurteilt?" bereits heute brennend, weil im studentischen Bereich das Generationsproblem schon wirksam wird.

Wir leben im 15. Jahre nach der Vertreibung. Die meisten Ostdeutschen haben sich inzwischen (wie auch die betreffenden Statistiken ergeben) in West- oder auch in Mitteldeutschland eine neue Existenz geschaffen, haben einen Bekanntenkreis gefunden, der sich aus Schwaben, Rheinländern und Sachsen zusammensetzt, haben zum größeren Teil westdeutsche Kollegen am Arbeitsplatz, westdeutsche Nachbarn in der Straßenbahn und im Haus. Sie sind eingegliedert, wie der terminus technicus lautet. Als Ostdeutsche und speziell als Angehörige ihrer jeweiligen Landsmannschaft leben sie in der Diaspora, über das ganze restliche Deutschland verstreut. Gewiß, sie treffen sich noch von Zeit zu Zeit unter Heimatfreunden, auf Kreistreffen, bei Stiftungsfesten von Vereinen, denen sie noch von Hause her angehören, usw. Aber sind die in Mittel- und Westdeutschland geborenen Kinder noch Ostpreußen, Schlesier bzw. Siebenbürger Sachsen? Für unsere Hochschulgruppen jedenfalls wird sich in wenigen Jahren die Frage stellen: Woran erkennen wir sie noch? Bislang ist es möglich, die Kartei der Neu-Immatrikulierten an der Universität an Hand der Geburtsorte beispielsweise auf ostpreußische Studierende durchzusehen; und so verfährt denn auch der Bund Ostpreußischer Studierender. Ähnliches gilt für die anderen landsmannschaftlichen Studentenbünde.

Doch in drei, höchstens vier Jahren wird der Verband der Entscheidung nicht mehr ausweichen können: Sollen wir unsere Studentengruppen schließen, weil es keine nach dem Geburtsort pommerschen, Danziger und sudetendeutschen Abiturienten mehr gibt oder was ist zu tun? Mindestens zu dem Zeitpunkt stoßen wir dann ganz unentrinnbar auf die Thema-Frage: Ergo zum Aussterben verurteilt?

Es handelt sich also – für den VHDS – keineswegs um eine rein theoretische Fragestellung, deren eventuelle Folgerungen irgendwann in ferner Zukunft einmal eintreten mögen, sondern um ein höchst aktuelles Problem, ja für den VHDS geradezu um die Existenzfrage, zumindest als Frage nach der weiteren Existenzberechtigung. Denn schon die Mehrzahl der jungen Ostdeutschen, die heute die Universität beziehen, kennen ja kein eigenes persönliches Erlebnis der Heimat Ostpreußen oder Sudetenland mehr; das ist doch bereits für die Jahrgänge problematisch, die gegenwärtig das Gruppenleben tragen, wieviel stärker für jeden späteren! Nun wäre es an sich noch kein Schade, die Söhne und Töchter der Vertriebenen, die im Westen Deutschlands geboren und aufgewachsen sind, nicht mehr als Ostdeutsche erkennen zu können, wenn man die Gewißheit haben dürfte, daß unter Nur-Westdeutschen der Sinn für die Lebensgrundlagen der Nation genauso gut bewahrt würde. Doch solche Hoffnungen zu hegen, haben wir, wie das vergangene Jahr seit dem sowjetischen Berlin-Ultimatum lehrte, leider wenig Veranlassung.

Mag sein, daß einige Studiker sich in der Abgeschiedenheit ihres Studierstübchens ohne äußeren Anstoß selber an jene Fragen herantasten, die mit dem Wort „Osteuopa“ umrissen seien. Ihnen gilt besondere Hochachtung. Sicher aber ist, daß die Mehrheit der jungen akademischen Generation, ausgesetzt einem Übermaß, erst an das ostdeutsche Anliegen herangeführt werden muß. Im – oft gerügten – Wirtschaftswunderland der Bundesrepublik wächst nämlich die Jugend der östlichen Bedrohung gegenüber viel zu unbeteiligt, viel zu gleichgültig auf. Sie hat andere Probleme, die ihr – leider – näher liegen und dringlicher erscheinen. Das mag man bedauern und unverständlich finden; aber man muß es als Tatsache einkalkulieren.

Die westdeutsche Jugend (und in unserem Bereich eben die akademische) auf die Frontsituation der Bundesrepublik im geistigen Abwehrkampf des Abendlandes gegen den Machtanspruch aus dem Osten immer wieder aufmerksam zu machen, ist eine brennende deutsche Aufgabe. Eine Aufgabe, die nur zu erfüllen sein wird, wenn ihr die Beachtung der Grundtendenzen der Sowjetpolitik und der allgemeinen weltpolitischen Entwicklung zumindest der letzten Jahrzehnte zugrunde liegt. In diesem Sinne liegen dann Königsberg und Breslau durchaus mit dem Berlin von 1959 auf einer Linie. Nur, wenn es gelingt klarzumachen, daß diese Linie längst ebenso auf München wie auf Köln, auf Hamburg wie auf Stuttgart zielt, wird man Westdeutschen heute Berlin und darüber hinaus den deutschen Osten zum eigenen Problem machen können. Und eben dahin müssen wir doch kommen.

Es scheint historisch uns Ostdeutschen zuzufallen, auf diesem Wege der moralischen Aufrüstung oder der inneren Widerstandsbildung – oder wie man es nun nennen will – voranzugehen, da unsere Beziehungen zu diesem Komplex auf Grund eigenen bitteren Erlebens am natürlichsten und am lebhaftesten sind.

Auf diesem Gebiet hat sich der VHDS daher einer wichtigen politischen Aufgabe zu stellen. Daß sich VHDS-Arbeit heute mit sozialpolitischen Gesichtspunkten alleine nicht mehr rechtfertigen läßt, liegt auf der Hand. Es ist eine Banalität zu bemerken, daß sich die deutsche Situation seit 1950 grundlegend gewandelt hat. Es wäre einfach unrichtig zu behaupten, daß diese Wandlungen an den Universitäten spurlos vorübergegangen seien. Die nackte Notlage des vertriebenen Studenten vor einem Jahrzehnt, da oft die Frage der bloßen Existenzsicherung mehr Zeit in Anspruch nahm, als für das Studium übrigblieb, ist durch die heutige Ausgestaltung der Förderung nach dem LAG und dem Honnefer Modell längst behoben.

Die großen Anstrengungen der Vereinigung und vor allem die erstaunlichen Leistungen einiger ihrer Vorsitzender in jenen Jahren auf dem Gebiete der Studienförderung sind bekannt; brachten sie der Vereinigung doch einst sogar den Anspruch ein, das Sozialreferat im Verband Deutscher Studentenschaften zu besetzen. Diese Verdienste sollen weder geschmälert noch vergessen werden. Aber wie dem VHDS das Sozialreferat des VDS schon längst nicht mehr selbstverständlich zusteht, kann ebenso nicht geleugnet werden, daß es an den westdeutschen Hochschulen heute ein soziales Problem – jedenfalls als ein spezifisches Problem der heimatvertriebenen und geflüchteten Studierenden – kaum noch gibt. Längst ergreift ein umfassend reglementiertes staatliches Förderungssystem jeden noch so ausgefallenen „sozialen Fall".

So sieht sich der VHDS im 10. Jahre seines Bestehens vor die Notwendigkeit gestellt, sich sehr ernsthaft auf seine Grundlagen zu besinnen und seinen Standort im Universitätsleben von 1960 zu bestimmen. Er wird dabei auch als Dachverband den Schwerpunkt seiner Betätigung auf den heimatpolitischen Sektor verlagern müssen, auf welchen die einzelnen (im VHDS zusammengeschlossenen) landsmannschaftlichen Studentenbünde seit langem das Hauptgewicht ihres Wirkens legen.

Wenn die aktiven Träger des Verbandes in diesem Sinne ihre Verpflichtung auf die deutsche Aufgabe im Osten ernstnehmen, wird der VHDS nicht aussterben, solange sie nicht gelöst ist. In ihr besitzt er vielmehr in einer Zeit, die an wirklichen Idealen so arm zu sein scheint, einen echten Auftrag und ein hohes Ziel, für das alle Kräfte einzusetzen sich lohnt.

Zwischen Göttingen und Clausthal

Zugleich ein wenig Familiengeschichte

Dort wohnten Onkel Erwin und Tante Gerda Damm mit einem etwas älteren Cousin Bernhard und dem etwas jüngeren Wolfgang Damm. Onkel Erwin hatte ich noch von gelegentlichen Besuchen in unserem Königsberger Haus Schrötterstr. 87 in Erinnerung behalten, wir sind ihm auch bereits mehrfach begegnet. Er war Jurist und hatte wohl dem Königsberger Magistrat angehört. Dann ging er als Bürgermeister nach Elbing und von hier in der zweiten Kriegshälfte als Oberbürgermeister nach Glogau in Schlesien. Meine Mutter hat immer wieder erzählt, Onkel Erwin habe den Frondeuren des 20. Juli 1944 nahe gestanden oder ihnen sogar angehört. Tante Gerda war nach meiner Erinnerung Tochter des Memeler Oberpostrats Sabinski, wir sind uns in Ostpreußen nur selten begegnet. Das eine Mal war es anläßlich eines Besuchs bei Großmutter in Tilsit, von wo es eines Tages zu ihren Schwestern, meinen Großtanten, Emma Damm geb. Klamant und Ida Gerhard geb. Klamant ging. Dort spielten die Damen (Großmutter nicht, Tante Gerda gehörte zu ihrer Runde) Romey oder Bridge. Die Konversation verlief in Teilen auf französisch, und deshalb ist mir diese Begegnung mit Tante Gerda unvergeßlich geblieben.

Wie waren Damms nach der Flucht aus Glogau nun ausgerechnet nach Clausthal-Zellerfeld gekommen? Einzelheiten ihres Fluchtwegs sind mir nicht bekannt. Im Ortsteil Clausthal lebte eine Cousine von Omi, Tante Emma und Ida, Tante Meta Tappe geb. Giese. Sie hatte den verstorbenen (Ober-?) Wiesenbaurat Tappe geheiratet und besaß ein stattliches Haus mit Höhenblick auf den gesamten Ort. Dort lebte auch ihre Tochter (Tante) Lotte Adami geb. Tappe (ihr eigentlicher familiärer Wohnort war Nordenham) mit ihrem Enkel, deren Sohn, Ulrich Adami. Tante

Lottes Mann ist wohl Wasserbauingenieur gewesen. Er war im Krieg Luftwaffenoffizier (Wasserbauer wurden deshalb zur Luftwaffe eingezogen, weil sie als Fachkräfte für die Trockenlegung und Anlage von Flugplätzen benötigt wurden). Er ist (1944?) vom französischen Maquis ermordet worden.

Onkel Erwin war nicht mehr in eine seiner Stellung als preußischer Beamter vergleichbare dienstliche Funktion zurückgekehrt. Er hatte sich als Fachanwalt für Verwaltungsrecht mit Zulassung beim Landgericht Göttingen und an allen Verwaltungsgerichten in Clausthal-Zellerfeld, Stadtteil Zellerfeld, niedergelassen. Er war – wohl über den BHE (Block der Heimatvertriebenen und Entrechteten) – Landrat des Kreises; dies war aber nicht mehr der preußisch verbeamtete Behördenleiter des Kreises, sondern die nach der von der britischen Besatzungsmacht „umgekrempelten, entpreußten" niedersächsischen Kommunalverfassung politische Spitze des Kreises.

Nicht nur als jüngerer Verwandter (Neffe), sondern auch als darbender Göttinger Jurastudent wurde ich nun regelmäßig zu Damms eingeladen.

Eine enge Beziehung entwickelte sich trotz geringer verwandtschaftlicher Nähe zu Ulrich Adami. Ulli hatte eine feinsinnig-humorige-hanseatische Art, ein unkompliziert-verbindendes Wesen. Er studierte wie ich Jura in Göttingen, war zuletzt im 5. Semester. Unser beider Kennenlernen in Göttingen und Clausthal-Zellerfeld trug alle Anzeichen für die Entwicklung einer lebenslangen engen Verbindung, aber dazu kam es nicht mehr. Ulrich war Motorradfahrer. Er verunglückte bei einem Verkehrsunfall am 13. Juni 1954 in Göttingen tödlich – auf der dem VDSt-Verbindungshaus nahe gelegenen Straßenkreuzung Nikolausberger Weg/Düsterer Eichenweg, in dem wir immer die Bälle und repräsentativen Veranstaltungen unserer ostpreußischen Studentenvereinigung feierten. Bei ihnen war für mich fortan nun nicht der Gedanke an das entsetzliche Geschehen in unmittelbarer Nachbarschaft ein seelischer „Überbau“ der Freude am Feiern, aber ich konnte ihm auch nicht ganz ausweichen. Die Schuld an dem tödlichen Verkehrs-Unfall trug die daran beteiligte Mercedes-Fahrerin. An den Inhalt das Urteilsspruchs kann ich mich nicht erinnern, aber daran – ich hatte der Hauptverhandlung vor der Strafkammer das Landgerichts Göttingen beigewohnt –, daß sie auf mich ziemlich gleichgültig-unbeteiligt wirkte, und daß mir nie irgendeine Beileidsbekundung von ihr gegenüber Tante Lotte bekannt geworden ist.

Der folgende Zeitungsartikel erschien nach Ulrichs tödlichem Verkehrsunfall:

> „Wieder schlug der Verkehrstod zu
>
> 24 Jahre alter Student war das Opfer – Zusammenstoß an der Kreuzung Nikolausberger Weg – Düsterer Eichenweg
>
> Auf der Kreuzung Nikolausberger Weg – Düsterer Eichenweg ereignete sich gestern um 13 Uhr ein schwerer Verkehrsunfall, der leider wieder ein junges Menschenleben gefordert. Der gerade 24 Jahre alt gewordene Jurastudent Ulrich Adami aus Clausthal-Zellerfeld erlitt bei einem Motorrad-Zusammenstoß mit einem Pkw so schwere Verletzungen, daß er kurz nach seiner Einlieferung in die Klinik starb.
>
> Zu dem folgenschweren Unfall kam es, als ein Pkw aus dem Düsteren Eichenweg kam, den Nikolausberger Weg überquerte und in Richtung Kreuzbergring weiterfahren wollte. Adami kam auf einem Motorrad den Nikolausberger Weg hinunter gefahren und stieß auf der Kreuzung mit dem Pkw zusammen. Die Fahrerin des Pkw konnte den Zusammenstoß nicht mehr verhindern. Adami stürzte mit der Maschine auf die Fahrbahn und blieb schwer verletzt liegen. Der sofort eintreffende Unfallwagen der Berufsfeuer-

wehr brachte ihn im bewußtlosen Zustand in die Klinik. Dort starb Adami kurz darauf an einem schweren Schädelbasisbruch.

Dieser schwere Verkehrsunfall ist erneuter Anlaß, auf die Unübersichtlichkeit der Ecke Düsterer Eichenweg – Nikolausberger Weg hinzuweisen. Bäume, Sträucher und ein Zaun versperren an dieser Ecke den Verkehrsteilnehmern die Sicht. Vielleicht ist es im Zuge der augenblicklichen Arbeiten an der Beseitigung mehrerer Verkehrshindernisse im Stadtgebiet möglich, auch diesen Gefahrenherd aus der Welt zu schaffen."

Den folgenden Nachruf haben Ulrichs Klassenkameraden verfaßt:

„In memoriam Ulrich Adami

Geboren am 1.6.1930 in Nordenham, tödlich verunglückt am 13.6.1954 in Göttingen

Von einem Klassenkameraden

Unser Ulli ist nicht mehr! Wir schlugen die Zeitung auf, und da stand es – sprang in die Augen: „Wieder schlug der Verkehrstod zu ... gerade 24 Jahre alt gewordener Jurastudent Ulrich Adami erlitt bei einem Motorrad-Zusammenstoß mit einem Pkw so schwere Verletzungen, daß er kurz nach seiner Einlieferung in die Klinik starb ... – Es stand noch mehr da, wir haben nicht weitergelesen, wir haben noch einmal gelesen: ‚... Jurastudent Ulrich Adami ...' und konnten und wollten es einfach nicht fassen. Ulli – gestern hatten wir doch noch mit ihm zusammengesessen! Es war nicht zu fassen.

Ulli, unser kleiner Ulli! ‚Mit A fängt an das Alphabet, Adami der kam stets zu spät' stand in der Klassenzeitung, damals beim Einjährigen. Stünde es uns jetzt an, Kritik an höheren

Entscheidungen zu üben, würden wir die Ironie beklagen, daß unser Ulli, der stets zu spät kam, zu früh gehen mußte! Er mußte gehen, noch ehe er zu leben begonnen hatte.

Wie oft wird das Wort gesagt, wenn ein junger Mensch von uns abberufen wird: ‚Er gab zu großen Hoffnungen Anlaß!' und wie sehr drängt es sich jetzt auf! Unser Ulli war nicht nur der zu jedem Unsinn aufgelegte, fröhliche Mensch, der so gerne feierte, Morgenstern und Ringelnatz rezitierte, so gern Motorrad fuhr und so wunderbar genial unordentlich war, wie wir – seine Klassenkameraden und Studienfreunde – ihn so unbedingt liebenswert in Erinnerung haben; er war ein begabter, ehrgeiziger und äußerst fleißiger Student mit hohen Zielen und dabei – das wußten die meisten nur allzu wenig – ein hart um Glaube und Wahrheit ringender, ein tief innerlicher und durch und durch sauberer Mensch. Was breit angelegt war, Abitur (1949), 2 Jahre ernsthaftes Studium in Amerika in Geschichte, Sozialwissenschaften und Philosophie, nachfolgendes Jurastudium in Göttingen (er stand im 5. Jurasemester), zerbrach in wenigen Augenblicken – da er in Göttingen in ein Auto raste, das die Vorfahrt nicht beachtet hatte! Es fällt so schwer, hierin einen Sinn zu sehen, menschliche Vernunft allein kann das nicht.

Zu unserem Ehemaligen-Treffen Ende August wollte er mit dem Motorrad nach Nordenham kommen; am 17. Juni aber haben wir ihn beerdigt, auf dem Friedhof in Clausthal im Harz – unseren Ulli. Wir werden ihn nie vergessen!"

Im April 1954 war ich durch Aufnahmebescheid vom 9.4.1954 Mitglied der Sektion Königsberg Pr. des Deutschen Alpenvereins geworden.

„Sehr geehrter Herr Berg!

Wir teilen Ihnen hierdurch höflichst mit, daß unser Vorstand in seiner letzten Sitzung Ihrem Aufnahmeantrag entsprochen und Sie als B-Mitglied in die Sektion Königsberg Pr. des Deutschen Alpenvereins aufgenommen hat.

Wir heißen Sie in unserer Sektion herzlich willkommen und hoffen, daß Sie sich im Kreise der ostpreußischen Bergsteiger wohlfühlen werden.

Durch den Beitritt zu unserer Sektion sind Sie gleichzeitig Mitglied des über hunderttausend Mitglieder zählenden Deutschen Alpenvereins, der größten Bergsteigervereinigung der Welt, geworden. Wenn Sie zum ersten Male in den Alpen wandern, werden Sie verspüren, welche Bedeutung der Alpenverein, dem die touristische Erschließung der Ostalpen in der Hauptsache zu verdanken ist, in den Bergen besitzt, und mit Stolz das Alpenvereins-Edelweiß tragen.

Wir überreichen Ihnen anbei Ihre Mitgliedskarte mit der Jahresmarke 1954.

Unsere Satzung und unsere letzten Rundschreiben lassen wir Ihnen gesondert zugehen.

Wir würden uns freuen, wenn Sie unserer Ostpreußenhütte Ihren ‚Antrittsbesuch‘ abstatten würden, und grüßen Sie in landsmannschaftlicher Verbundenheit

bei nächster Gelegenheit

mit Bergsteigergruß

Ihre Sektion Königsberg

gez. v. Halle“

Nicht etwa wegen der Empfehlung im Aufnahmebescheid, es war vielmehr auch mein eigener dringender Wunsch, die Ostpreußenhütte der Sektion südlich von Salzburg, oberhalb von Werfen in 1630 m Höhe am Aufstieg zum Hochkönig (3000 m), sobald wie möglich kennenzulernen. Als Hütte aus dem „Altreich“ war sie nach 1945 enteignet worden, sequestriert, aber de facto war sie „unsere“ Hütte geblieben, wurde von der Sektion als solche betrieben und bewirtschaftet, wir Mitglieder genossen bei Hüttenaufenthalten den Respekt als rechtmäßige Träger der Hütte und die zuvorkommendste Behandlung durch den „Verwalter“, den Hüttenwirt K.u.K. Oberst a. D. Justus. Ich habe zu keiner Zeit von anderen Sektionsmitgliedern auch nur die Andeutung eines irgendwie nachteiligen Wortes über ihn gehört, das Gegenteil war der Fall. Um also meinen Wunsch nach einem Kennenlernen der Ostpreußenhütte und der für mich noch mit einem fernen Zauber umgebenen Alpenregion überhaupt zu verwirklichen, machte ich mich nach Semesterschluß Ende August auf den Weg nach Süden, wegen des Geldmangels zum allergrößten Teil „per Anhalter“; die Abfahrt von Göttingen, das an der hier noch vor Kriegsbeginn fertiggestellten Reichsautobahn lag, war insoweit günstig, die Polizei schritt damals noch nicht gegen die am Autobahnrand wartenden und winkenden „Anhalter“ ein. Einmal las mich im Raum Stuttgart ein Schrotthändler mit seinem Kleinlaster am Straßenrand auf. Er gab sich als Jude aus, war sehr gesprächig und freundlich und gab mir beim Aussteigen noch ein paar Äpfel auf den Weg mit. Beim Weitertrampen auf der Autobahn nach München hielt völlig unerwartet ein Borgward-Isabella neben mir, der Wagen mit der bis heute verzücktschwärmerisch wie eine weibliche Schönheit gepriesenen Karosserie. Fahrerin war eine auffallend gut aussehende Ärztin im mittleren Alter. Sicherlich um alle Gedanken bei mir, warum sie mich als wildfremden jungen Mann auf ihrem Beifahrersitz nach München beförderte, in die richtige Bahn zu lenken, erzählte sie mir alsbald von ihren Kindern. Bis München ergab sich eine angenehme, ungezwungene Unterhaltung, ich habe bestimmt von der Ostpreußenhütte als Reiseziel gesprochen, und ich wurde dort abgesetzt, von wo aus ich am besten zu meinem Tagesziel, dem bundesdeutsch-nachkriegsösterreichischen Freilassing, gelangen konnte. Ich hatte wiederum Glück und wurde von einem freundlichen Fahrer in Freilassing bis vor die Tür des Hotels gebracht, in dem ich vor der Weiterfahrt am nächsten Tag nach Salzburg und Werfen übernachtete.

Zurück zu Adamis und nach Clausthal. Mit Unterbrechungen auf dem Hinweg zunächst zu Verwandtenbesuchen in Ebingen und dann in Baden-Baden machte ich hier vom 26. bis 30. August Station. Tante Lotte befand sich dort nach Ullis Tod zu einem Erholungsaufenthalt. Ich selbst hätte nicht einmal einen auf Stunden beschränkten Besuch in diesem Nobel-Kurbad „berappen" können, Tante Lotte hielt mich inklusive Hotelaufenthalt mehr oder weniger in allem „frei". Einzelheiten sind mir kaum noch erinnerlich. Aber das von ihr gestiftete Diner im Luxus-Restaurant „Süßes Löchl" habe ich für immer im Gedächtnis behalten, lernte ich dort doch ein Schlemmer-Krebs-Essen kennen und wurde von ihr in den „technischen" Umgang mit den Schalentieren eingewiesen, wodurch sie erst speisefertig gemacht werden mußten.

Der Landkreis Clausthal-Zellerfeld hatte eine englische Jugendgruppe zu einem Clausthal- und Harz-Aufenthalt in der zweiten Augusthälfte 1953 eingeladen. Onkel Erwin fragte mich nun in seiner Eigenschaft als Landrat, mit Blick auf meine englischen Sprachkenntnisse und meine „gestandene" Tätigkeit in der studentischen Gemeinschaftsarbeit, ob ich die Führung und sprachliche Betreuung dieser Jugendgruppe übernehmen würde. Natürlich sagte ich zu, nicht ohne Stolz und mit Freuden. Auf dem Programm standen u. a. Besichtigung des Bergwerkmuseums, der Brauerei und ein Tanzabend in Hahnenklee. Viele English boys erwiesen sich als recht ungezwungene, recht „männliche" Burschen, beim Besuch der Clausthaler Brauerei und zugehörigem unbegrenzten Umtrunk tauften sie diese „bravery" und gaben von sich: „English boys would knock the ceiling off!" Das konnte aber nicht verhindern, oder vielleicht bewirkten solche ungezügelten Temperamentausbrüche erst, daß die beiden Freundinnen

Ostpreußenhütte im Salzburger Land. Erster Besuch 1954, Hütte sequestriert. „Wirt“ der ehem. K.u.K.-Oberst Justus

Küchen-Liesl

Wo 1954 die Kühe weideten, bekam ich in der Senner-Almhütte für ein paar Groschen 1 Liter Milch-Sahne halb und halb – die Alm jetzt nicht mehr bewirtschaftet – und nur noch, indessen wunderbar erfrischender „Werfener Bergquell“

Was für die Tal-Werfener ein Aufstieg mal eben zur „Ostpreiß'n" ist, löste für die ostpreußischen „Flachlandtiroler" gänzlich andere Gefühle aus, wenn sie die Wegebiegung an dieser Stelle erreicht hatten und der „Ostpreiß'n" ansichtig wurden. Das Schild hat immer wieder „Liebhaber" gefunden, ist dann aber schließlich nicht mehr erneuert worden.

Und da tut es sich endlich vor uns auf, das mit viel Schweiß erklommene Ziel: die Ostpreußenhütte.

Wir sind „zu Hause“, nehmen viel Ostpreußisches innen in uns auf, in 1630 m Höhe! Siehe Aufnahmen nächste Seite

Der Wiener Hüttenwirt Cocandrle, dessen Kochkünste die Hütte zu einer Feinschmeckerstation in den Bergen machten.

Jean und Phyllis ihren „leader" und den German boy Fritjof Berg interessant fanden und sich aufgeschlossen für mich zeigten. Jean war bildhübsch, Phyllis sehr warmherzig. Das abendliche Tanzvergnügen in Hahnenklee fand auf einer gläsernen Tanzfläche statt, die von unten angestrahlt wurde. Beim Herumwirbeln mit Jean erhielt ich ein Kompliment von ihr, das ich noch niemals zu hören bekommen hatte und auch nie wieder von einer Tanzpartnerin einschließlich Hannelotte zu hören bekommen sollte: „You are dancing divine!" Aber die Ernüchterung und der Absturz meines seelischen Höhenflugs sollten bald folgen, als Phyllis mir bei einem der nächsten Tänze anvertraute: „You have lost Jean." Und dieses Ende eröffnete nun eine Romanze mit Phyllis, die des bevorstehenden Besuchsendes der Gruppe wegen kurz war, es aber – eben ganz „Harz" – „in sich hatte".

Dem Tanzen, nun fast ausschließlich mit Phyllis, und der anschließenden Rückfahrt zu den Clausthaler Quartieren folgte am nächsten Abend ein Wiedersehen mit Phyllis. Eng beieinander sitzend, erzählte ich ihr auf einer Bank im Freien unweit vom Tappe-Adami-Haus etwas über meine ostpreußische Herkunft, unsere Ausbombung durch die Royal Air Force in Königsberg, daß ich Jura studiere, mit den daraus sich ergebenden Berufschancen u. a. in der Justiz, deklamierte verseweise Shakespeare. In ihrer Hinwendung zu mir, ihrem Offensein für mich schien sie das Ansehen, das die Richter ihres Landes genießen, auf den deutschen Jurastudenten Fritjof Berg zu übertragen. Phyllis kam aus Chepstow/Wales, belehrte mich, dies sei „not England, but United Kingdom". Wir schrieben uns Briefe, Phyllis schien dauerhaft in Verbindung mit mir bleiben zu wollen. Ich wollte es ja auch, die Gunst dieses Mädchens empfand ich als ein wundersames Geschenk, das ich nicht verlieren wollte. Aber es überforderte mich. Mit meinen gerade 22 Jahren war ich in allem ein noch vollkommen unfertiger Mensch. Ich glaube nicht, daß mich konkret ganz rational durchdachte Fragen beschäftigten wie: sie spricht kein Wort Deutsch, würde sie überhaupt zu näherem Kennenlernen nach hier kommen, ich selbst würde nie nach England gehen; bis zu dem von mir angestrebten Berufsziel war es noch ein langer, mit viel Ungewißheiten verbundener Weg. Phyllis dagegen war insoweit mit sich selbst im reinen und fertig, dachte deshalb offensichtlich längst viel weiter, als sie in ihrem Brief vom 23.9.53 an mich unreifen Jüngling schrieb:

> „... I will always remember the lovely time I always had when in your company ... Now in England I am sadly aware of how unromantic life is. I wish there were little cafès here, where you could dance & drink till 1.0 in the morning. And I wish the men were more gentlemanly, like you ... I shall never be able to resign myself to the company of any of the conde (?) local boys, since I have met better ones in Germany ... Fritjof, I wish I was like you. But I cannot ...(?) to make myself study. I don't like studying so perhaps that is why. In school I would nearly have a nervous breakdown with studying for an examination. Now I ought to study nursing, but it is such a hard and penniless three years ... Only one day I hope to marry someone nice, so why waste my time on studying? It would be wasted when a first child came along. (And I should also like 4 children!)"

Wie und was sollte ich darauf bloß antworten, so einfach neben diesem brieflich in sich schlüssigen und fertigen Lebensprogramm herlaufen, das ging nicht mehr. Und es berührte schon meinen Stolz: Wer war gemeint, würde es mit diesem noch so unbestimmt (?) gemeinten „someone nice" sein, she wanted to marry one day? Sie erwartete offenbar mit vollem Recht eine Antwort, nachdem sie sich in so vielem offenbart und mir anvertraut hatte. Obendrein mit einer für eine Engländerin so außergewöhnlichen, für ihre männlichen deutschen Altersgenossen so vorteilhaft-schmeichelhaften, für ihre englischen dagegen verheerenden Charakterisierung. Ich schob die von Phyllis voll berechtigter Ungeduld erwartete umgehende Beantwortung ihres Briefes vor mir her, zumal sich die Wiederbegegnung mit meiner Ex-Schulkameradin Liselotte neben oder sogar über die mit soviel Problemen belastete Beziehung zur jenseits des Englischen Kanals geographisch auch noch fernen Phyllis gelagert hatte. Phyllis fühlte sich zu Recht brüskiert und in ihrer Würde als Frau verletzt und „pfefferte“ mir diesen Brief mit der für einen Engländer steifsten Grußformel auf den Tisch:

> „Dear Fritjof,
>
> I don’t mind if you don’t write anymore – only just let me know why, first I was looking forward to receiving another letter from you, but have not had one, yet. Perhaps you are too busy?
>
> I would like to know how you are progressing in your studies of the law, and have you been selling newspapers again?
>
> Yours sincerely
>
> Phyllis“

Ich habe wahrscheinlich auch hierauf nicht mehr geantwortet. Wäre ich „reifer“ und beruflich „fertiger“ gewesen, wäre alles vielleicht anders gekommen, in einer Richtung, für die Phyllis offen zu sein schien. Das jetzige Ergebnis war am Ende wahrscheinlich unvermeidbar, aber ich bin mit der schnöden Art, wie ich (ich!) der Beziehung zu diesem wunderbaren und wertvollen Menschen ein Ende gesetzt habe, innerlich nie (nie!) fertig geworden.

Clausthal wird Grenzschutz-Garnison

Wehrmachtsreminiszenzen im Angesicht deutsch-deutscher Konfrontation

Ein Clausthal-Ereignis mag aus heutiger Sicht belanglos erscheinen, darf aber nicht unerwähnt bleiben. Denn es war nach der militärischen Niederlage von 1945 und der nachfolgenden jahrelangen Demütigung und Verhöhnung von allem Deutschen und „der“ Deutschen eine sichtbare Wiederannäherung an deutsche Wehrhaftigkeit, wenn auch im Angesicht der deutschen Teilung von wiederum bedrückender Gegenwart und Bedeutung. Clausthal-Zellerfeld sollte Garnison des Bundesgrenzschutzes werden. Dazu hatte mich Onkel Erwin nach Clausthal eingeladen. Und da marschierten sie nun auf, drei Kompanien in der altbekannten straffen Wehrmachtsdisziplin und -ordnung, unter deutschem Stahlhelm und Gewehr (Maschinenpistolen) in einer der Wehrmachtsuniform viel näheren Uniform als die wenige Jahrs später folgende anfängliche, den Siegeruniformen angeglichene zivilähnliche Bekleidung der Bundeswehr unter US-Stahlhelm. (Aus welchen Gründen auch immer: In der Zeit seiner Kanzlerschaft behielten die beiden Wach- bzw. Ehrenposten am Eingang des Kanzleramtes Palais Schaumburg von Bundeskanzler Konrad Adenauer ihre deutsche Uniformierung einschließlich Stahlhelm, ergänzt durch den Wehrmachtskarabiner 98 k.) In bekannter Formation, unter den bekannten Ordnungsbefehlen, der Größe nach in Reih und Glied, (ausgestreckte) Hände an der Hosennaht, standen sie nun da, die wiederauferstandenen deutschen „Soldaten“. Es erhöhte das Gesamtbild, als der Kommandeur dieser Bundesgrenzschutzeinheit, der soldatisch einst bewährte und geehrte ostpreußische Wehrmachtsgeneral Lenkeit, nach altem Zeremoniell bei Onkel Erwin als dem Landrat des Kreises Meldung machte und beide die Front abschritten. Aber es verhinderte jedes Hochgefühl und lastete im Gegenteil niederdrückend über dem ganzen Vorgang, daß auf der anderen Seite der nahen Zonen- und sich zunehmend verdichtenden „Staatsgrenze West der DDR“ ebenfalls deutsche Männer und viele ehemalige Wehrmachtskameraden standen, gegen die diese hier evtl. einmal mit Waffengewalt antreten mußten.

Von der Hochschulgruppe Ostpreußen zur Landsmannschaft Ordensland

Die allmählich entstandenen Standards und die Routine unserer Semesterarbeit führten hier und da merklich zu einer persönlichen Beliebigkeit in der aktiven Teilhabe an der Erfüllung der Mitgliedspflichten. Und so reifte – und eben nicht bei allen! – die Einsicht heran, daß in dieser Hinsicht für die Hochschulgruppe eine straffere innere Ordnung herbeigeführt werden müßte. Die biologisch bedingte schleichende Ausdünnung der starken gefühlsmäßigen Heimatbindung der LO-„Gründungssemester" und die allenthalben einsetzenden Verzichtstendenzen auf Deutschlands Osten machten es zusätzlich erforderlich, das Ziel einer entsprechenden Bewußtseinsbildung und eine dies alles markierende Würde und geschichtsbezogene Größe in einer neuen auch persönlich verpflichtenden Satzung zum Ausdruck zu bringen. Lagebeschreibung und erkannte Notwendigkeiten habe ich in meinem nachstehend auszugsweise wiedergegebenen Brief an Hannelotte vom 25.10.1955 zum Ausdruck gebracht. Er stand im Zeichen unseres Zusammenwachsens, wie ich es schon mehrfach beschrieben habe:

> „... Der bestehende Zustand soll geändert werden, und wir werden die Verfassung der Gruppe hoffentlich bis Semesterbeginn reformiert und ausgearbeitet haben. Diese wird eine äußere (hier ergänzt: und innere) Ordnung herstellen, die das menschliche Miteinander als wichtigste Bestandsgarantie einer Gemeinschaft stärken und die Stellung des einzelnen in der Gruppe festlegen wird. Er bekommt keine genormte Rolle wie der Fuchs in einer Korporation zugewiesen. Jeder hat die gleichen Rechte, ohne Hinblick auf Semesterzahl und Dauer der Zugehörigkeit, und er kann sich daher ungehindert in die Avantgarde hineinspielen. Von

jedem Mitglied wird die Anteilnahme am Gruppenleben erwartet, vom Vorstand eine pflichtbewußte, weitschauende und repräsentative Führung. Wo der einzelne oder ein Vorstandsmitglied bummelig wird oder sonst unter dem gebotenen Maß von Gemeinschaftsleistung zurückbleibt, wird er von der Gemeinschaft zur Rechenschaft gezogen. Vor allem aber werden die Ziele, für jeden Neuling genau erkennbar, herausgearbeitet. Neben dem schludrigen Betrieb hat vor allem die Phrasenhaftigkeit vieler Werbungsansprachen, wobei ich selbst keine rühmliche Ausnahme mache, manchem die Gruppe nicht attraktiv genug erscheinen lassen, um bei ihr zu bleiben. Ein Bekenntnis auf die Gruppenziele und die Anerkennung und Unterwerfung unter die Ordnung der Gruppe sollen künftig die Zugehörigkeit zur Gruppe begründen. Neben der Einwirkung in den akademischen Bereich, der Pflege der Beziehungen etwa zur Landsmannschaft, der Werbung für die Gruppe und der Arbeit an der Gemeinschaft und an sich selbst soll auch immer eine praktische Tätigkeit gesucht werden. Wir reden alle zu viel. Außerdem bildet dies Gemeinschaft wie selten etwas. Man lernt dabei den anderen kennen und sich auf ihn verlassen. Soweit der allgemeine Fahrplan. Beispielsweise Dein Interesse soll nicht künftig zu einem guten Teil an den Widerständen der Unordnung verpuffen müssen. Wer das Opfer der Einordnung und des Dienstes in der Pflicht unserer Heimat gegenüber und für die kleine Gemeinschaft nicht zu bringen vermag, der kann nicht zum Stamm der Gruppe gehören. Das Gastrecht wird ihm nicht verwehrt sein. Die bisherige Freiheit hat bisher nicht jeden dazu bestimmt, sie durch verantwortungsbewußtes Verhalten auszufüllen oder sich durch sie gebunden zu fühlen.

Ich habe nun eine Bitte an Dich. Setze Deinem Willen zum Mitdenken und Mitgestalten keine Grenze durch das Gefühl, Du könntest den 1. oder 2. Vorsitzenden aus seinen Rollen verdrängen. Es ist wohl so, daß sich die regsamste Kraft faktisch durchsetzt. So war es auch bei meinem Beginn in der Gruppe. Bedenke aber, daß die Gruppe auf ein schlagendes Herz wie auf eine Erlösung wartet. Wenn die neue Ordnung den Bestand sichern soll, so ist es ein umso größeres Glück, wenn sie gleich einen so starken Impuls erhält, wie Du ihn geben kannst. Ich will nicht verschweigen, daß Du mich von einer ständigen Sorge darüber, daß ich nicht mehr genug tun kann, befreien kannst, wenn mein warmes Herz für die Gruppe in Dir weiterschlägt. Ich weiß, daß Du von allen wärmstens anerkannt und geachtet wirst. Und wehe dem, der das nicht täte! ... Die übrige Weiblichkeit kannst Du zu nützlichem Tun besser ansetzen, als wir alle zusammen das könnten."

Ich machte mich also an die Arbeit, besorgte mir als – in toto natürlich völlig ungeeignetes – Muster das Statut einer Traditionsverbindung und arbeitete die daraus sich ergebenden Änderungen ein, daß wir ja eine aus dem Vertreibungsschicksal entstandene moderne studentische Landsmannschaft mit einer ebenso weiblichen wie männlichen Substanz und Trägerschaft waren. Offensichtlich ein Ärgernis und Anlaß zu Hohn und Verleumdungen für diese oder jene der – angesichts der Taten verlangenden Not unseres Vaterlandes – „vergreisten" Traditionsverbindungen, wie ich es Hannelotte in meinem Brief vom 3. Juni 1956 geschildert habe:

„Ich will Dir noch eine Begebenheit aus dem Ratskeller erzählen. Ein Landsmann, der bei Urte Laupichlers Geburtstag im Januar ebenfalls da war – CDU-Mann und Verbindungsstudent – aber noch nie bei uns, kam leicht angetrunken zu mir und fragte, ob wir noch immer Damen bei uns hätten. Er fragte weiter, ob wir sie behalten wollten. Ich antwortete im Ergebnis vielleicht zu direkt, weil ich ihn nun nicht mehr ausholen konnte, was man in Göttinger Korporationskreisen spricht – diese Leute haben in diesen Fragen ja kaum eine eigene Meinung –, ‚selbstverständlich' und wies darauf hin, daß Ihr Frauen unser Gedankengut viel wirksamer weitergeben würdet als wir. Jetzt ließ er die Katze aus dem Sack. Er frage mich aus folgendem Grunde: Im Auditorium habe er unseren Anschlag mit ‚Liebe Kommilitoninnen und Kommilitonen' gelesen. Im Umkreise hätte ein Bekannter gestanden und ihn gefragt – öffentlich –: ‚Ist dies nun ein Puff oder eine studentische Verbindung?' Es muß ein Verbindungsstudent gewesen sein, denn eine solche überhebliche Niedertracht und Blindheit für das Schicksal, das Ursache für das Bestehen einer Landsmannschaft Ordensland ist, wächst nur auf dem Boden einer Gemeinschaft, die ihre Farben für der Welt größte Schöpfung hält. Weil nun dieser Student neben mir diese Äußerung offenbar ziemlich gelassen hingenommen hatte, dazu als Landsmann, wischte ich ihm eine aus. Es sei mir unbegreiflich, wie ein Student so etwas ungestraft aussprechen dürfe. Es würde mich interessieren, wer der Betreffende gewesen sei. Aber da habe ich an dem Abend absichtlich noch nicht alles drangesetzt, um den Kommilitonen neben mir zum Reden zu bringen. Wenn ich den Namen des Betreffenden erfahren habe, werde ich mich für eine Beleidigungsklage einsetzen. Man soll nicht glauben, daß wir in Göttingen nicht ernst genommen werden wollen. So ein Prozeß gegen einen Studenten hat erhebliche Publikumswirkung. Und dann ging es weiter gegen die Weiblichkeit. Unter den Umstehenden hätte jemand geäußert, eine Trennung von den Damen sei bei uns selbst erwogen worden (Idee von Bruno). Ich sagte, diese Absicht bestünde ganz und gar nicht; aber irgend jemand muß über einen Konvent geplappert haben. Sodann war unser Name ‚Landsmannschaft‘ dran. Unter Landsmannschaft verstünde man etwas Bestimmtes. Ich sagte, die Institutionalisierung dieses Begriffs im Korporationsleben verpflichte uns nicht im geringsten, uns nicht den Namen zu geben, den wir für zweckmäßig hielten. Aber das genügte ihm nicht, und da wischte ich ihm die nächste Ohrfeige aus. Ich könnte es nur bedauern, daß Leute, die von der Schulbank kämen, sich in den studentischen Vereinigungen in einem geistigen Getto verfingen, in dem sie intolerant und uneinsichtig für anderes würden. Dann ging er wieder gegen Euch Frauen los. Ich werde Anwaltsgebühren erheben. Mir wurde es sachte zu viel. Als er sagte, er könne es sich nicht vorstellen, wie eine Verbindung mit Studentinnen funktionieren könnte, sagte ich ihm, daß Frauen zwar ein Element der Sprengung sein könnten. Aber das hinge doch von allen Beteiligten ab. Ich könnte jede Göttinger Korporation nur beglückwünschen, wenn sie solche Damen zu Mitgliedern hätten, wie wir sie haben. Und damit schieden wir. Aber diese Sache konnte ich nicht auf uns sitzen lassen. Geringschätzung für alle lieben Frauen in unserem Kreis kann ich nicht ertragen. Im Durchschnitt habt Ihr besser abgeschnitten bei uns als wir. Krieg trotzdem aber keinen Höhenfimmel ...“

In zahllosen „Buden“-Klausuren, Mensa-Tischgesprächen und Casa-Gruppenabenden wurden schließlich diese tragenden Säulen unserer neuen Landsmannschaft Ordensland in Worte gegossen. Daß es dabei auch psychotisches Aufbegehren der („typisch“) weiblichen gegen die („typische“) Männerwelt mit ihren in Diskussionsbeiträgen und den beschlossenen Regelungen hervortretenden „beinharten“ Vorstellungen gab, mag diese „Mitschrift“ von Hannelotte und Franziska Schwarz („Blacky“), die sich zum

Aushecken von harmlosem Unsinn „gesucht und gefunden“ hatten, verdeutlichen:

„Hannelotte: Den Bruno Kolwe murksen wir ab. Machste mit?

Blacky: Heute abend, ohne Mondschein, mit Seziermesser, rrrr!

Hannelotte: Ist aber gerade Vollmond. Schieben wir noch ein bißchen auf. Aber vor Weihnachten noch, dann kriegt er von uns kein Weihnachtspäckchen mehr. Sparen wir wieder money! Dieses blöde Geschwafele hier!

Blacky: Wenn der Mond aber scheint, dann gehen wir eben in den Schatten ... Ich bin für heute abend c. t. Im Schatten der Johanniskirche Treffpunkt Johannisstr. 26 („Bude“ Kolwe) Ich bin für die Tat.

Hannelotte: Gut, ich mache mit! Merkst Du, wir ringen um die Seelen! Zwei haben wir schon gerettet!

Blacky: Was steht auf Mord, Frl. stud. jur.??? (Im Affekt!)

Hannelotte: Natürlich lebenslänglich Zuchthaus! Aber wir fallen dann schon unter §51 StGB. Nicht zurechnungsfähig.

Blacky: Ich habe nichts gegen lebenslänglich, wenn wir zusammen sitzen.

Hannelotte: Mensch, da haben wir ausgelitten! Lebensunterhalt auf Staatskosten etc.

Blacky: Praktisch leben wir ja nicht auf Staatskosten, sondern auf Kosten Kolwes! Hi hi hi hi!

Wenn wir erst reiner Mädchenverein sein werden, dann schmeißen wir den Papel raus und laden uns nur ‚schöne Männer‘ ein.“

Und so konnte schließlich unser Schriftwart Irmgard Klahr (LO-eigener Name „Klährchen", ihr Vater wurde nicht lange darauf in meiner Referendar-Ausbildungsstation „Staatsanwaltschaft" mein Ausbilder bei der StA Hannover) den zu einem anderen Studienort übergewechselten Mitgliedern die Umwandlung der Hochschulgruppe Ostpreußen in die Landsmannschaft Ordensland bekanntgeben.

Damit der/die Leser nun erkennen, was die LO nach den Bestimmungen ihrer neuen Verfassung im Innersten zusammenhält (Wortspiel-Anleihe aus Goethes „Faust") und ihr nach außen Gesicht und Auftrag gibt, sei dies anhand einiger Artikelinhalte sichtbar gemacht:

1. Abschnitt, Allgemeines

Art. 1. Die Hochschulgruppe Ostpreußen Göttingen trägt ab 1. November 1955 den Namen Landsmannschaft Ordensland zu Göttingen.

Art. 2. Die Landsmannschaft Ordensland zu Göttingen ist ein Bund von Studenten und Studentinnen an der Georgia Augusta. Im Bewußtsein ihres Namens will sie das ostpreußische Gedanken- und Kulturgut wahren und richtet sich darüber hinaus auf ganz Ostdeutschland aus. Sie bekennt sich in ihrem Handeln zu den in der Charta der deutschen Heimatvertriebenen niedergelegten sittlichen Grundsätzen ... Die Landsmannschaft Ordensland betont die fortdauernde staatsrechtliche Zugehörigkeit der ostdeutschen Gebiete zum Deutschen Reich unter Wahrung des Verständnisses für die Lebensfragen der anderen Völker. Die politische und religiöse Gesinnung des einzelnen ist frei und bleibt unangetastet.

Art. 3. Jedes Mitglied der Landsmannschaft Ordensland bekennt sich zu den Werten, die für das gedeihliche Zusammenleben innerhalb jeder Gemeinschaft unabdingbar sind und zu Freundschaft und gegenseitiger kameradschaftlicher Hilfe verbinden. Die männlichen Mitglieder gebrauchen das persönliche Du.

Art. 4. Über die Einhaltung der Grundsätze wacht der Konvent.

Art. 5. Die Angehörigen der Landsmannschaft Ordensland tragen eine kleine Anstecknadel, die auf weißem Grund ein schwarzes Kreuz zeigt. Sie wird beim Erwerb der Mitgliedschaft als Ehrennadel verliehen und ist nicht übertragbar.

Art. 6. Die Landsmannschaft Ordensland gehört der Vereinigung Heimatvertriebener Deutscher Studenten (VHDS) an. Ein überregionaler Zusammenschluß ostpreußischer studentischer Vereinigungen wird angestrebt. Die Zusammenarbeit und der freundschaftliche Verkehr mit anderen studentischen Vereinigungen sind erwünscht und weitgehendst zu fördern.

Art. 8. Die Landsmannschaft Ordensland pflegt enge und freundschaftliche Beziehungen zum Freundeskreis. Nach Beendigung des Studiums werden die Angehörigen der Landsmannschaft Ordensland Mitglieder des Freundeskreises mit dessen Zustimmung. Ihnen obliegt die Pflege der Beziehungen zur Landsmannschaft Ordensland und deren Förderung nach besten Kräften. Die Landsmannschaft Ordensland kann eine Aufnahme von Nichtmitgliedern in den Freundeskreis empfehlen.

2. Abschnitt. Besonderer Teil

1. Kapitel. Erwerb und Verlust der Mitgliedschaft.

Art. 9. Der Landsmannschaft Ordensland können deutsche und ausländische Studenten und Studentinnen beitreten, die an der Georgia Augusta immatrikuliert sind oder ihr Studium unterbrochen haben ... Ihnen gleichgestellt sind die Studierenden anderer Institute in Göttingen. Soweit diese Voraussetzungen nicht vorliegen, ist die Aufnahme als Verkehrsgast möglich. Verkehrsgäste sind nicht Mitglieder im Sinne dieser Verfassung. Sie unterstehen der Ordnung auf Veranstaltungen und Konventen.

EINTRITTSKARTE № 1111

für die

öffentliche Festsitzung
der Akademie der Wissenschaften

in Göttingen, am 10. November 1951, 10 Uhr
in der Aula der Georg-August-Universität
Göttingen, Wilhelmsplatz 1

Einmal ein Blick in das nicht landsmannschaftlich-deutschland-ostpolitische „Begleitprogramm" meines Studiums mit wissenschaftlichen, kulturellen Festveranstaltungen wie dieser, vollständigem Beethoven-Symphoniezyklus des Göttinger Symphonieorchesters, Konzerten weltberühmter Violinvirtuosen, Pianisten, Schauspielern im Deutschen Theater ...

P R O G R A M M

der öffentlichen Festsitzung
anläßlich des 200 jährigen Jubiläums
der Akademie der Wissenschaften in Göttingen
am 10. November 1951 vormittags 10 Uhr
in der Aula der Universität Göttingen.

*

Wolfgang Amadeus Mozart: Symphonie Nr. 9 C-Dur K. V. 73
(komponiert 1769) Allegro - Andante - Menuetto - Allegro molto

Begrüßung
durch den Präsidenten der Akademie Herrn Heisenberg

Ansprache des Präsidenten der Deutschen Bundesrepublik
Professor Dr. Theodor Heuss

Begrüßungsansprachen der Gäste

Joseph Haydn: Largo (Thema und Variationen) aus der
G-Dur Symphonie (Pariser)

Festrede: Albrecht von Haller und die Physiologie.
Herr v. Muralt (Bern)

Vorlage der Festschrift durch den Vizepräsidenten der Akademie
Herrn Latte

Johannes Brahms: Variationen über ein Thema
(Choral St. Antoni). op. 56a

*

Musik: Göttinger Symphonie-Orchester unter Leitung seines
Dirigenten Kapellmeister Weissenborn.

... Kinobesuchen (einschließlich der „Wildwest"-Filme im Belustigungskintop „Krone"), nach dem Zusammenfinden mit Hannelotte in den wenigen uns noch verbliebenen Göttinger Monaten in konzentrierter Dichte alles mit ihr.

Art. 10. Die Mitgliedschaft wird erworben durch Zustimmung des Konvents zur Aufnahme ... und durch die schriftliche Verpflichtung, sich der inneren und äußeren Ordnung der Landsmannschaft Ordensland zu unterwerfen.

Art. 11. Jedes Mitglied erachtet es als seine Pflicht, andere für den Beitritt zur Landsmannschaft Ordensland zu interessieren. Diese nehmen zunächst als Gäste an allen Veranstaltungen außer an Konventen teil.

Art. 12. Jeder Neuaufgenommene wählt ein Mitglied, das ihn in das Leben der Landsmannschaft Ordensland einführt.

2. Kapitel. Rechte und Pflichten der Mitglieder

1. Die Aktiven

Art. 15. Die Gesamtheit der Mitglieder unterteilt sich in Aktive und Inaktive. Die Aktivenzeit soll mindestens drei Semester betragen ... Die Aktiven tragen das Bundesleben. Sie sind verpflichtet, an allen Veranstaltungen und Konventen teilzunehmen. Beurlaubungen sind unter Angabe von Gründen beim Konvent vorher zu beantragen ...

2. Die Inaktiven.

Art. 17. Die Inaktiven treten wie die Aktiven mit aller Kraft für den Bund ein. Sie sind verpflichtet, an allen offiziellen Veranstaltungen und Konventen teilzunehmen.

Art. 19. Mitglieder, die an anderen Universitäten studieren wollen, werden vom Konvent beurlaubt. Es wird gewünscht, am neuen Studienort sich um ein Verkehrsverhältnis bei einer Vereinigung zu bemühen, die ähnliche Ziele verfolgt. Besteht keine solche Vereinigung, so sollte der Betreffende nach Möglichkeit sich um die Gründung einer solchen Vereinigung bemühen.

3. Der Freundeskreis.

Art. 20. Die Mitglieder des Freundeskreises sind berechtigt, mit beratender Stimme am Konvent teilzunehmen. Ihre Teilnahme an den offiziellen Veranstaltungen der Landsmannschaft Ordensland ist erwünscht. Ist jemand, ohne in der Landsmannschaft Ordensland aktiv gewesen zu sein, in den Freundeskreis aufgenommen worden, so stehen ihm dieselben Rechte zu. Das Tragen der Anstecknadel ist nach der Überweisung in den Freundeskreis erwünscht.

Art. 21. Die ehemaligen Mitglieder der Landsmannschaft Ordensland im Freundeskreis unterstützen die Landsmannschaft Ordensland weiterhin und bekunden ihre Verbundenheit durch einen Semesterbeitrag nach eigenem Ermessen.

3. Kapitel. Die Organe der Landsmannschaft Ordensland.

1. Der Konvent.

Art. 23. Der Konvent ist das oberste Organ der Landsmannschaft Ordensland. Er ist die Versammlung aller aktiven und inaktiven Mitglieder. Er entscheidet in allen Angelegenheiten mit der Mehrheit seiner Mitglieder, soweit nicht die Verfassung ein anderes bestimmt. Mehrheit im Sinne dieser Vorschrift ist die absolute Mehrheit.

2. Präsidium und andere Ämter.

Art. 27. Das Präsidium setzt sich zusammen aus dem 1. Sprecher, dem 2. Sprecher, dem Schriftwart, dem Kassenwart.

Den Vorsitz im Präsidium führt der 1. Sprecher. Er vertritt die Landsmannschaft Ordensland nach außen und stellt die Richtlinien für die Semesterarbeit auf. Der 1. Sprecher trifft seine Entscheidungen im Einvernehmen mit den übrigen Mitgliedern des Präsidiums. In dringenden Fällen entscheidet er allein. Besteht bei Entscheidungen des Präsidiums Stimmengleichheit, so entscheidet die Stimme des 1. Sprechers. Alle Entscheidungen des Präsidiums bedürfen der Billigung des Konvents.

4. Kapitel. Die Arbeit der Landsmannschaft Ordensland.

Art. 38. Der Pflege eines tätigen Bundeslebens dienen Gemeinschaftsabende, die möglichst wöchentlich stattfinden sollen.

Art. 39. Die heimat- und kulturpolitischen Belange Ostdeutschlands sind in der praktischen Arbeit der Landsmannschaft Ordensland zu berücksichtigen. Dieser Arbeit dient auch die Erkenntnis der anderen osteuropäischen Probleme. Die Zusammenarbeit mit anderen ostdeutschen Gremien, die die gleichen Ziele wie die Landsmannschaft Ordensland haben, ist zu fördern.

Art. 40. Die Landsmannschaft Ordensland fühlt sich verpflichtet, das Gedenken an die Alma Mater Albertina zu pflegen, wie es auch in der Patenschaftsübernahme seitens der Georgia Augusta zum Ausdruck kommt.

Art. 43. Zur Wahrung eines möglichst engen Verhältnisses zur Universität bemüht sich die Landsmannschaft Ordensland um einen Vertrauensdozenten.

Art. 45. Die Bundesangehörigen entrichten einen Semesterbeitrag von mindestens 3,– DM. Der Konvent kann die allgemeine Höhe des Beitrages zeitweilig ändern, ihn im Einzelfall auf Antrag herabsetzen und erlassen.

5. Kapitel. Übergangs- und Schlußbestimmungen.

Art. 49. Die aktiven Angehörigen der Hochschulgruppe Ostpreußen sind mit dem Tage des Inkrafttretens dieser Verfassung Mitglieder der Landsmannschaft Ordensland ...

Art. 50. Auswärtigen und ehemaligen Angehörigen der Hochschulgruppe Ostpreußen Göttingen ist diese Verfassung nach ihrem Inkrafttreten schriftlich bekanntzugeben. Sie haben sich binnen Monatsfrist darüber zu erklären, ob sie diese Verfassung billigen oder nicht. Schweigen gilt als Ablehnung. Bejahendenfalls befindet der Konvent darüber, ob sie sogleich dem Freundeskreis zur Aufnahme empfohlen werden.

Art. 51. Diese Verfassung ist von 3/4 der bei der Beschlußfassung anwesenden aktiven Angehörigen der Hochschulgruppe Ostpreußen Göttingen anzunehmen. Sie tritt mit dem Tage ihrer Annahme in Kraft.

Zugehörig zu der nach Maßgabe des Art. 51 in Kraft getretenen Verfassung (wahrscheinlich am 1. Dezember 1955, der Semesterbericht ohne Unterschrift und Datum enthält insoweit kein präzises Datum, nach der Erwähnung von Satzungsdebatten bei Gruppenveranstaltungen am 3. und 10.11. taucht für die Veranstaltung am 1.12. zum ersten Mal der Begriff der Verfassung „1. Konvent" auf) waren eine Konventsordnung und eine Strafordnung. Diese nannte als Maßregeln für Verstöße gegen die verfassungsmäßige Ordnung der Landsmannschaft Ordensland Rüge, Verweis und Strafe, die tatbestandlich jeweils beispielhaft erläutert wurden, das Ordnungsverfahren wurde darin ebenfalls geregelt. Übrigens erwähnt der vorgenannte unpräzise Semesterbericht für das Amt des 2. Sprechers der neuen Landsmannschaft Ordensland im Wintersemester 1955/56 neben Burkart Naunin Hannelotte Behrend (sie hatte im Hinblick auf die von ihr in Gang gesetzte Aufgabe ihres Jurastudiums jede weitergehende Führungsposition abgelehnt, Näheres hierzu weiter unten).

Was wir als innere und äußere Bestandsgarantie einer Studentenvereinigung mit einer nunmehr auch politischen Aufgabenstellung sowie einer landsmannschaftlichen Bindung an Ostpreußen und den Deutschen Osten „über die Zeiten hinweg" angesehen hatten, wurde schon wenige Jahre später von denen, die nach uns kamen, mit einer am 24.2.1961 beschlossenen Verfassungsänderung ganz aufgegeben oder aufgeweicht. Die von Hans-Günther Parplies in seinem Artikel „Zum Aussterben verurteilt ...?" gestellte Generationsfrage hatte die Landsmannschaft Ordensland erreicht. Einige Protagonisten dieser Umwandlung hatten sich in einem Rundschreiben an die Mitglieder vom 16.2.1961 sogar erdreistet, Hans-Günther Parplies, der noch in Göttingen war und eben argumentationsstark, ehern für die Beibehaltung der gerade erst fünf Jahre alten Verfassung focht (wir standen hier natürlich fest zusammen, mein Engagement konnte sich aber nach meiner Eheschließung mit Hannelotte am 20. Januar, meinem Dienstantritt beim Göttinger Arbeitskreis am 1. Februar und dem hierdurch bedingten Getrenntleben von meiner in Hannover Dienst tuenden jungen Ehefrau nicht voll entwickeln), nahezulegen, „sich künftig im Hinblick auf alle mit der neuen Satzung in Zusammenhang stehenden (Anm.: hier fehlt das Wort „Fragen") Stellungnahmen zu enthalten und auf sein Stimmrecht zu verzichten oder seinen freiwilligen Austritt zu erklären. Die oben Genannten behalten sich vor, entsprechende Anträge gegebenenfalls im Konvent zu stellen".

Der zeitliche Rahmen meines Lebensberichts und die andernfalls eintretende Länge stehen einer Darlegung der Auseinandersetzungen und der Kommentierung des Ergebnisses der nun auch wieder vereinsmäßig „Satzung" genannten, geänderten Verfassung entgegen.

Wie wir auf uns aufmerksam machten

Hinaus in die Ferne – von einem eiskalten Bach springt ein Funke über und brennt sich in mein Leben ein – und nochmals etwas Casa-Allotria

Kehren wir noch einmal zu unserer wesensmäßig noch so ganz ostpreußischen Hochschulgruppe/LO zurück. Unserem Bemühen, nach außen in Erscheinung zu treten, auf die geschichtliche, volkstumsmäßige, kulturelle, völkerrechtliche, politische Kohäsion der abgetrennten deutschen Ostgebiete und hier speziell Ostpreußens mit der deutschen Teilung insgesamt hinzuweisen sowie für den Beitritt zu unserer studentischen Vereinigung zu werben, dienten einmal schriftliche Einladungen an die ost-, westpreußischen, Danziger Neuimmatrikulierten. Eine noch breitere Aufmerksamkeit sollten unsere schreibmaschinengeschriebenen, hektographierten Aushänge auf billigem Saugpostpapier am Schwarzen Brett der Mensa und Fakultätsgebäude erzeugen. (Die Photokopiertechnik gab es noch nicht, ihre hemmungslose Anwendung im heutigen Umfang wäre auch wegen des für alle einschließlich der staatlich-universitären Institutionen einschneidenden Kostenfaktors undenkbar gewesen. Ich selbst habe noch viele Schreiben auf einer Matritze verfaßt, von der dann mit einem geliehenen oder Handkurbelgerät in einem Büro Vervielfältigungen abgezogen wurden.)

Martin Albrecht hatte manchen Aushang auf besserem Papier mit kunstvollen ostpreußischen Motiven fabriziert, dies auch in unserem Veranstaltungstagebuch getan. Der Verbleib von beidem liegt im Dunkeln. Möglicherweise sind sie in dem vor Aussonderung aus Unwissenheit, Dummheit, politischer Verhetzung sicheren Aufbewahrungsort des Schlesiers Michael Fiedler, der vieles von den ostdeutschen Studentenvereinigungen bei sich in Sicherheit gebracht hatte, verbrannt, als sein Domizil in seiner Abwesenheit – ich vermute durch Brandstiftung – abbrannte.

Ein beliebter Anziehungspunkt waren unsere sommerlichen Radausflüge in die weitere Göttinger Umgebung mit entsprechend hoher Teilnehmerzahl. Für manchen von uns, der es wegen elterlicher und eigener Geldknappheit noch nicht (wieder) zu einem eigenen „Wocken“ (ostpr. Ausdruck für Fahrrad) gebracht hatte, mit einem geliehenen.

Fahrradtour 1954

Himmelfahrtsausflug bei strahlendem Wetter per Rad nach Hannoversch-Münden, Hedemünden und Schloß Berlepsch, wo der Regisseur Veit Harlan einen seiner berühmten Ufa-Filme, wohl „Unsterbliche Geliebte“, gedreht hatte. Vor Kriegsende 1945 überall im Reich aufgeführt, hatten die meisten von uns wegen des mit Sicherheit erst „ab 14“ oder gar erst „ab 18“ zugelassenen Eintritts den Film noch nicht gesehen, aber Produzent und Ufa waren für uns alle selbstverständlich feststehende Begriffe.

Der Funke aus dem eiskalten Bach

Hannelotte

Es war der später mit dem „Arbeitstitel" „Klopstour nach Bollensen" versehene Radausflug am 24. Juli 1955 im ausgehenden Sommersemester 1955, der die Fahrt in mein ganzes späteres Leben einleiten sollte. An ihm nahm ganz selbstverständlich auch Hannelotte Behrend teil, die, wie schon mehrfach gesagt, trotz ihrer erst kurzen Zugehörigkeit zu unserer Studentengruppe zu einem nicht mehr wegzudenkenden, deren Wesen und Weg immer stärker mitbestimmenden Mitglied geworden war. Wie sie mich anfangs als männliches Wesen sah, welche Gefühle oder richtiger Nichtgefühle umgekehrt ich für sie bei ihrem ersten Erscheinen zu Semesterbeginn in der Casa hatte, hat Hannelotte, fußend auf einem späteren Geständnis von mir, in ihrem autobiographischen Manuskript „Meine Jugendlieben" (von mir nach ihrem Tod in Reinschrift gebracht und eingebunden) so beschrieben:

> „Dann kam der Wechsel an die Uni Göttingen, es kam die Begegnung mit der ostpreußischen Studentengruppe, es kam zu einer Begegnung im Sommersemester 1955 auf den Treppen der alten Uni mit einem gewissen Fritjof Berg, damals im 8. Semester, kurz vor dem 1. Examen, der nicht gerade ein Beau war, aber mich in seiner Art als ‚Hans Dampf in allen Gassen' irgendwie an meinen Vater erinnerte. Es gab in der studentischen Vertriebenenarbeit keine Satzung, die er nicht formuliert, es gab keine Aktivität, die ‚Bruderhilfe Ostpreußen', den ‚Ausländertee', die er nicht initiiert hätte, und vieles mehr.
>
> Er sah mich das erste Mal in der ‚Casa Prussia', einem von Mitgliedern unserer ostpreußischen Studentenvereinigung umgebauten ex-Pferdestall ex-Waschküche zu unserem eigenen Vereinstreffpunkt mit ‚Bullerofen'. ‚Schon wieder ein

Weib! Und hübsch ist sie auch nicht einmal!‘ (Anmerkung von mir in meiner späteren Reinschrift: Diese meine Reaktion bei ihrem ersten Erscheinen habe ich ihr später gestanden. Aber sie kreuzte da wirklich nicht sonderlich vorteilhaft auf: mit einem „Dutt“, den wir unbeweibten Studiker beispielsweise als „Pietistenzwiebel“ verspotteten, und mit einem dunkel karierten Rockstoffmuster; beides ließ sie äußerlich als recht „streng“ erscheinen.) Aber er muß es sich dann wohl überlegt haben, anders. (Auch hierzu Anmerkung von mir in der Reinschrift: Hat er, bald, total, heftig und konsequent! Und sie führte mir bald vor, welch einen kultiviert-erlesenen Geschmack sie besaß, der sie auch aus diesem Grunde für mich zur wirklich schönsten und begehrenswertesten Frau werden ließ. Bei meinen Garderobeneinkäufen war sie fortan stets dabei, sie wollte immer etwas leicht Verspieltes für mich ...)“

Aber hier, bei unserer „Klopstour nach Bollensen“, sprang nun an einem eisigen Bergbach mittels vier Worten von Hannelotte ein Funke von ihr über, der meine Gefühlswelt für sie immer stärker so entzündete, wie Schiller es in seinem „Lied von der Glocke“ für den Glockenguß so beschrieben hat: „Und das siedet und brauset und wallet und zischt, wie wenn Feuer und Wasser sich mengt und mischt.“ Diese vier Worte hatte Hannelotte, den Rock leicht angehoben, beim Schreiten durch das Wasser gesagt: „Au, ist das kalt!“ Waren es auch nur vier – die in ihnen liegende Komik, theatralische Betonung, ihr Ulk, die erschöpfende Aussagekraft über das doch gesuchte schneidend Kalte mit dem dennoch Angenehmen – dazu die Gestalt des wie ein Storch watenden Mädchens – hier trat für mich etwas ganz Wesenhaftes dieses Mädchens in Erscheinung, das mich in ihren Bann zog und nicht mehr losließ.

Als wir dann in Bollensen auf die Königsberger Klops-Mahlzeit warteten – sie war vorzüglich originalgetreu mit der eigelb-

„Au, ist das kalt!“

süß-zitronensauren Soße und eben „ostpreußisch" überreichlich –, saß Hannelotte neben Klaus Wisotzki auf der Bank vor einem Hauseingang, beide spielten mit einem kleinen Mädchen. Mich beschlich unverkennbar Eifersucht! Aber ich war doch noch mit Brigitte Steiner befreundet – ich konnte es nicht ändern, neben die von ihr immer wieder betonte, letzten Endes Perspektivlosigkeit unserer an sich schönen, harmonischen Freundschaft schob sich immer stärker das Denken an eine solche Perspektive mit Hannelotte Behrend. (Die schließliche Trennung von Brigitte habe ich bereits beschrieben.)

Den Wunsch nach einer solchen Perspektive konnte und wollte ich nicht länger verschweigen, als Hannelotte und ich uns am Ende des Sommersemesters 1955 voneinander verabschiedeten. Sie schreibt hierzu in ihren „Jugendlieben": „Dann kam seine Frage auf den Treppen der alten Uni: ‚Ich meine es ernst. Kannst Du Dir vorstellen, mit mir auszukommen? Ich will keine Spielerei. Sonst fangen wir gar nicht erst an.'" Ja, auf der Treppe zum alten Auditoriengebäude habe ich Hannelotte mit diesen Worten angesprochen, vielleicht sogar „überfallen". Sie gibt meine Worte richtig und vollständig wieder, nur die Anrede „Du" stimmt für jenen Zeitpunkt noch nicht. Aber ich konnte ihr doch nicht, im Stande unserer Noch-nicht-Beziehung, einen förmlichen Heiratsantrag machen. Ich wußte ja auch noch gar nicht genau, ob auf ihrer Seite evtl. eine anderweitige Bindung bestand (obwohl ihr Offensein für schwärmerische Bekundungen aus der gesamten LO ein Anzeichen dafür zu sein schien, daß es eine solche nicht oder nicht mehr gab). Sollte eine solche aber nicht existieren, dann wollte ich nach Semesterschluß und ihrer bevorstehenden Abreise zu ihren „parentes" nach Bad Nenndorf keinen seelischen „Leerraum" bei ihr entstehen lassen, der evtl. von einem anderen besetzt werden könnte. Sie sollte also mit Bestimmtheit wissen, daß ich mir ernsthaft und ehrlich eine dauerhafte Verbindung zu ihr wünschte. Nochmals: Meine eigene noch bestehende freundschaftliche Beziehung zu der ebenfalls ostpreußischen Bürgermeisterstochter Brigitte Steiner aus Eydtkuhnen/Eydtkau war bereits durch meine tiefe Zuneigung zu Hannelotte überlagert und zerbrach aus von dieser zu vertretenden Gründen zu meinem Lebensglück in den Semesterferien und vor Hannelottes Rückkehr nach Göttingen.

Hannelotte nahm die bei unserer Verabschiedung gelegte Spur auf (sie hat, was ich erst nach ihrem Tod entdeckte, meine Worte offenbar sogleich aufgeschrieben) und lud mich mit ihrer nachfolgend abgedruckten Postkarte zu einem Besuch in Bad Nenndorf ein. Ich wurde dort auch von ihren Eltern mit einer ostpreußischen Gastfreundschaft und Herzlichkeit empfangen, die alle förmlichen Barrieren auf Anhieb sprengte. Das Lichterfest am 13. August konnte ich nicht mit Hannelotte erleben, da der Göttinger Ostland-Chor, dem ich ja angehörte, an diesem Tag ein Konzert in Hannover gab.

SBZ-DDR-„konterrevolutionäre“ Momente in Bollensen:

Hannelottes Angerburger Freundin Eva Schumann, die noch in Jena Medizin studiert, ist auf Besuch „im Westen“ und hat sich uns, dem „revanchistischen Klassenfeind“ angeschlossen ...

Die ostpreußischen Kommilitoninnen stud. med. Eva Schumann (Jena) und stud. med. dent. Franziska Schwarz im heimatverbundenen Medizinerinnengespräch – und das zu Königsberger Klopsen!

„Gesamtdeutsches“ Kartoffelschälen

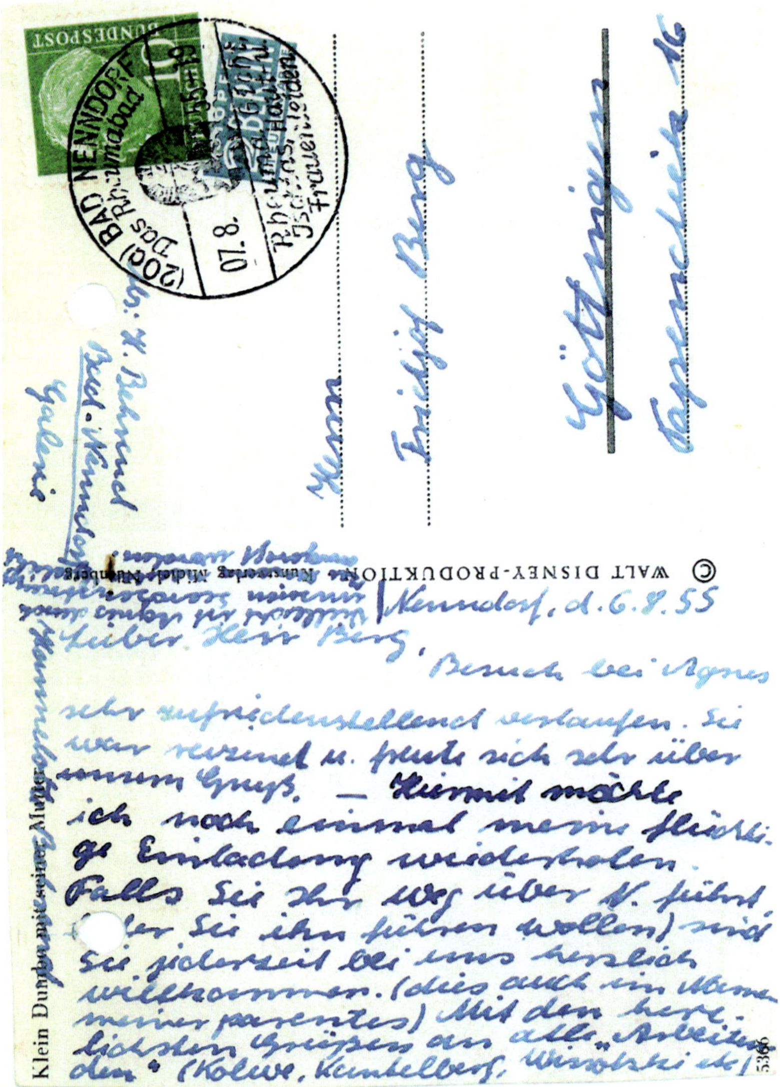
Nenndorf, d. 6.8.55

Lieber Herr Berg,

Besuch bei Agnes sehr zufriedenstellend verlaufen. Sie war reizend u. freute sich sehr über unsern Gruß. — Hiermit möchte ich noch einmal meine flüchtige Einladung wiederholen. Falls Sie Ihr Weg über N. führt (oder Sie ihn führen wollen) sind Sie jederzeit bei uns herzlich willkommen. (dies auch im Namen meiner parentes) Mit den herzlichsten Grüßen an alle „Arbeitenden" (Kolwe, Kembelberg, Wisotzki etc)

WALT DISNEY-PRODUKTION

Klein Dumbo mit seiner Mutter

Hannelottes Postkarte mit Einladung nach Bad Nenndorf

Hannelottes Postkarte mit Einladung nach Bad Nenndorf

„Dem Bundesherzchen“

Noch eine Prise LO-Allotria

Eine ganz starke gegenseitige Integrationswirkung in unserer Hochschulgruppe übten, wie bereits an anderer Stelle beschrieben, nicht verletzender Scherz mit Andeutung von Schwächen aus der Sicht des anderen, Humor, ostpreußische Redensarten und geistreiche Einfälle aus. Die Durchreichung eines Kohlkopfes oder einer Kokosnuß mit zahlreichen Zwischenadressen beim weihnachtlichen Julklapp lagen zwar hart an der Grenze, waren aber absolute Ausnahmen. Als Klaus Wisotzki ein Kissen mit der eingestickten Aufschrift „Ruhe sanft" erhielt, gab es ein lautes Lachen von allen, auch von ihm, die ihn auch am Vormittag einmal sprechen, aber nicht zu ihm vordringen konnten, weil er da noch seinen oft verlängerten Nachtschlaf pflegte. Er selbst war es wohl gewesen, der Marianne Wannow eine Negerfigur (dieses Wort war damals noch nicht anstößig, die ideologischen Sprachveränderer waren noch nicht geboren oder lagen noch in den Windeln) mit u. a. diesen Versen zuleitete:

My name is Ovamba,
I come, o caramba,
from Africa far.
Ich sprechen auch German,
they call me here „Herman"...

Über die Gründe für das rasante Zusammenwachsen mit Hannelotte habe ich an zahlreichen Stellen, zuletzt auf den vorstehenden Seiten berichtet. Dem wollte ich ihr und der gesamten LO gegenüber – es hegten da nicht wenige offene oder auch geheime Sympathien für die von mir Erkorene – unmißverständlich Ausdruck verleihen durch julklappmäßige Überreichung eines von mir als Extraanfertigung besorgten und angebissenen Pfefferkuchen-„Bundesherzchens" bei unserer Weihnachtsfeier 1955 – in der sicheren Erwartung natürlich, daß sie und alle anderen den Urheber dieser Liebeserklärung mühelos erraten würden.

Als wir uns eine neue Verfassung gegeben hatten und zur „Landsmannschaft Ordensland“ geworden waren, widmeten Burkart Naunin („Naunos“) und Manfred Bormann („Schlemihl I.“) dieser Umwandlung und einigen daran besonders engagiert beteiligten „Strategen“ zur allgemeinen Belustigung als „Einlage“ beim Stiftungsfest 1956 diese „Ordenshymne“:

„Ordenshymne (verzapft zum Stiftungsfest 1956 von Held Naunos und Schlemihl I.)

Als zwei Prussen frech geworden, simserim-sim-sim-sim-sim
b’sangen sie den neuen Orden, simserim-sim-sim-sim-sim.
Wenn es auch nicht alles stimmt, täterä-tä-tä-tä-tä
Selber schuld, wer’s übelnimmt, täterä-tä-tä-tä-tä
wie man ihn zerpliesert, wau-wau-wau-wau-wau-wau
wie man ihn zerpliesert, schnetteräteng-schnetteräteng,
schnetteräteng-teng-teng.

Noch ist Prussia nicht verloren, simserim-sim-sim-sim-sim
durch die Satzung neu geboren, simserim-sim-sim-sim-sim
nach viel Wehen, großem Knall, täterä-tä-tä-tä-tä
unter unserm Feldmarschall, täterä-tä-tä-tä-tä
unserm Bruno Kolwe, wau-wau-wau-wau-wau-wau
unserm Bruno Kolwe, schnetteräteng-schnetteräteng,
schnetteräteng-teng-teng.

Viele mußten von uns gehen, simserim-sim-sim-sim-sim
nach ’nem Herd sich umzusehen, simserim-sim-sim-sim-sim
doch manch neues Angesicht, täterä-tä-tä-tä-tä
macht die Casa warm und licht, täterä-tä-tä-tä-tä
wie z. B. die Mauschwitz, wau-wau-wau-wau-wau-wau
wie z. B. die Mauschwitz, schnetteräteng-schnetteräteng,
schnetteräteng-teng-teng.

Um die Freundschaft zu vertiefen, simserim-sim-sim-sim-sim
zog man nachts, als alle schliefen, simserim-sim-sim-sim-sim

von dem fernen Eschenberg, täterä-tä-tä-tä-tä
heimwärts; und das war das Werk, täterä-tä-tä-tä-tä
vom Fettwanst Petrusche, wau-wau-wau-wau-wau-wau
vom Fettwanst Petrusche, schnetteräteng-schnetteräteng,
schnetteräteng-teng-teng.

Unter schwankenden Lampionen, simserim-sim-sim-sim-sim
saßen lallende Personen, simserim-sim-sim-sim-sim
dichtgedrängt ums Bowlenfaß, täterä-tä-tä-tä-tä
jankernd nach dem kühlen Naß, täterä-tä-tä-tä-tä
vom Mundschenk Wisotzki, wau-wau-wau-wau-wau-wau
vom Mundschenk Wisotzki, schnetteräteng-schnetteräteng,
schnetteräteng-teng-teng.

Das Examen naht in Eile, simserim-sim-sim-sim-sim
dennoch hat er lange Weile, simserim-sim-sim-sim-sim,
managete mit Müh' und Plag', täterä-tä-tä-tä-tä
unseren Studententag, täterä-tä-tä-tä-tä
doch Marx Brausch vergebens, wau-wau-wau-wau-wau-wau
doch Marx Brausch vergebens, schnetteräteng-schnetteräteng,
schnetteräteng-teng-teng.

Drum soll uns der Mut nicht sinken, simserim-sim-sim-sim-sim
Einmal wird Erfolg schon winken, simserim-sim-sim-sim-sim
unserm Streben neue Kraft, täterä-tä-tä-tä-tä,
verheißt die junge Landsmannschaft, täterä-tä-tä-tä-tä,
an die wir alle glauben, wau-wau-wau-wau-wau-wau
an die wir alle glauben, schnetteräteng-schnetteräteng,
schnetteräteng-teng-teng.

Examenszeit

Göttinger Abschiede

Zugleich ein Portrait meiner späteren Ehefrau Hannelotte Behrend

Nach Hannelottes Rückkehr in den ersten Novembertagen 1955 zu ihrem 4. und letzten Jurasemester nach Göttingen standen über unserer sich rasch entwickelnden engen Beziehung bald – wenn auch noch längere Zeit unausgesprochen – die Worte „für immer". Wir wuchsen zusammen bei Hannelottes verantwortungsbereiter, schöpferischer, einfallsreicher Mitarbeit in unserer ostpreußischen Studentenvereinigung (das ihr angetragene Amt der stellvertretenden Vorsitzenden lehnte sie mit Blick auf die wachsenden Fragezeichen über den Fortgang ihres Jurastudiums jedoch ab), die sich zu Beginn des Wintersemesters in letzten Debatten für ihr Innenleben wie auch ihr Wirken nach außen eine neue „Verfassung" und den sowohl stolzen als auch verpflichtenden Namen „Landsmannschaft Ordensland" gegeben hatte. Wir nahmen am Göttinger Kulturleben teil durch Konzertbesuche und Besuche von Aufführungen im Deutschen Theater, das noch unter der Leitung des damals bedeutenden Intendanten Heinz Hilpert stand, gingen zusammen ins Kino, hier u. a. in die „Krone", wo Spätvorführungen amerikanischer Wildwest-Filme das konträr studentische auf der einen und spießige Publikum auf der anderen Seite mit geistvoll-satirischen Zwischenrufen und empört-hilflosen „Ruhe!"-Ordnungsrufen zur begleitenden „Wildwest"-Komparserie machten. Wer hinging und diese allabendliche „Gaudi" erwartete, kam immer auf seine Kosten! Vor dem Hauptfilm wurde stets die „Welt im Film" genannte Wochenschau gezeigt, vor deren Bildteil sich der Globus um die eigene Achse drehte. Ich war dabei, als ein Studiker hierzu kindlich-weinerlich rief „Ich will den Ball haben!", was natürlich Beifallsstürme auslöste. Nachdem Hannelotte Göttingen verlassen hatte, schickte ich ihr in manchem Brief Zeitungsausschnitte mit der Vorankündigung des neuesten „Wildwest“-Reißers mit, damit sie wenigstens auf diesem Wege „dabei“ war.

Wir pflegten Geselligkeit in unserer „LO“, im Ratskeller mit seinem nächtlichen Musik-Gesangspektakel „Bullerjahn“ der zumeist Korporationsstudenten mit Band und Mütze, in der „Kupferkanne“ und „Plaudertasche“, mit Hannelottes ebenfalls von Tübingen nach Göttingen übergewechselter Memelländer Freundin Anni Makait und ihrem intelligent-geistreich-humorbegabtem schlesischen Freund Ulli Herzog. Wir wurden von Hannelottes Wirtsleuten/Betreuern v. Reedern-Podszuweit als fest zusammengehörig betrachtet und behandelt, machten Winterwanderungen durch die verschneite Göttinger Hainberg-Landschaft und zu opulenten, von der Suppe bis zur Nachspeise hausgemachten und dennoch äußerst preiswerten Mittagessen in das jenseits des Hainbergs gelegene Herberhausen. Mit gegenseitigen finanziellen Aushilfen halfen wir uns gegenseitig kurzfristig „über die Runden“, wenn es bei einem von uns beiden insoweit „haperte“. Hannelotte schneiderte aus Rohseide für uns beide Russentracht zum Kostümfest der Zahnmediziner, zu dem uns und Hans-Günther Parplies unsere LO-Freundin stud. med. dent. Franziska Schwarz („Blacky“) mitnahm. Wir aßen regelmäßig gemeinsam Abendbrot, abwechselnd auf einer der „Buden“ von uns beiden. Hier waren Dauerthemen Hannelottes Kummer, ihrem Vater („Paps“) ihren zur Unumstößlichkeit herangereiften Entschluß zur Aufgabe ihres Jurastudiums und zum Beginn einer Fürsorgerinnenausbildung verständlich und vor allem für ihn annehmbar zu machen – und auf der anderen Seite ihre Begleitung meiner Hausarbeit zum Referendarexamen mit Sicherheit ausstrahlender Ruhe, Ablenkung, freudigen Überraschungen in der Adventszeit, aber auch Appellen an mein von ihr erkanntes und richtig eingeschätztes Selbstbewußtsein, meine von ihr so

Beim Kostümfest der Zahnmediziner

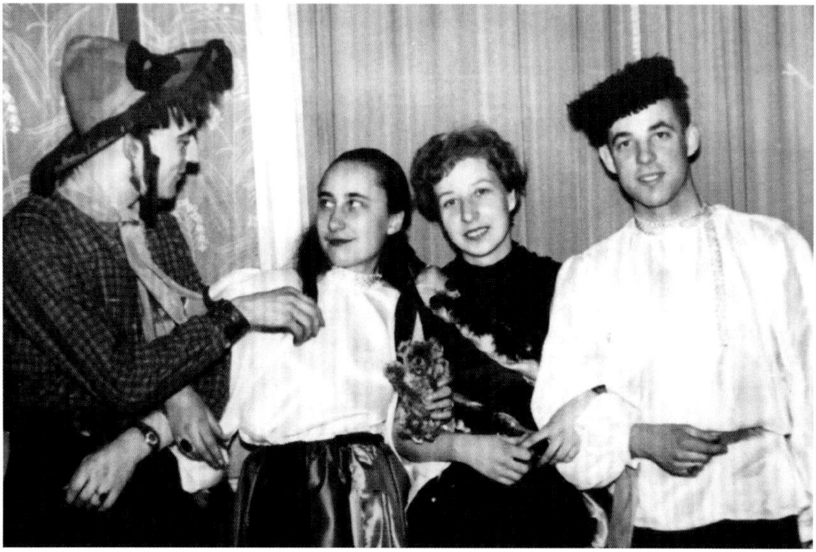

Beim Kostümfest der Zahnmediziner

gesehenen geistigen und juristischen Fähigkeiten und die daraus folgende Selbstsicherheit.

Bei dieser Hausarbeit, deren Gelingen ja Voraussetzung für berufliches Weiterkommen und damit auch Gründung einer Lebensgemeinschaft mit Hannelotte war – unausgesprochen von uns beiden –, möchte ich nun ein wenig verweilen. In meinem Gesuch um Zulassung zur ersten juristischen Staatsprüfung „An den Herrn Vorsitzenden des Justizprüfungsamtes bei dem Oberlandesgericht Celle“ hatte ich als Aufgabe für die häusliche Arbeit zum 1.11.1955 um einen Fall „möglichst aus dem Gebiet des Verfassungsrechts“ gebeten. Meiner Bitte wurde bei der Zustellung des Zulassungsbescheides vom 25. Oktober 1955 am 1. November (Ablauf der sechswöchigen Bearbeitungsfrist also am 13. Dezember 1955) entsprochen, allerdings mit einem Themenkomplex, mit dem ich auch nicht im entferntesten gerechnet hatte, schon weil seine rechtssystematischen Zusammenhänge in dieser kompakten Form kein Vorlesungs-, Hausarbeits-, Klausuren- oder Seminarstoff gewesen waren:

„An den Rechtskandidaten Herrn Fritjof Berg, in Göttingen, Papendiek 16 / Kriegsversehrtenheim

Sie werden hiermit zur ersten juristischen Staatsprüfung zugelassen.

In der Anlage lasse ich Ihnen eine Aufgabe zur häuslichen Bearbeitung binnen 6 Wochen zugehen. Die Arbeit ist innerhalb dieser Frist in Reinschrift persönlich oder durch Aufgabe zur Post abzuliefern. In letzterem Fall müssen Sie den Nachweis der Rechtzeitigkeit sichern. Der Arbeit ist die Versicherung beizufügen, daß Sie sie ohne fremde Hilfe angefertigt und sich anderer als der von Ihnen angegebenen Hilfsmittel nicht bedient haben.

gez. Schmid

Ein ausländischer Staatsmann kommt mit dem Bundespräsidenten in ein Gespräch über die Verfassung der Bundesrepublik. Er sagt: wenn er das Grundgesetz richtig verstehe, so seien die beiden Pinzipien der Trennung der Gewalten und der Föderation unantastbare politische Grundentscheidungen. Damit sei es doch nicht zu vereinbaren, wenn

1) ein Bundestagsabgeordneter oder ein Landtagsabgeordneter

   a) Bundesminister

   b) Landesminister

   c) Verwaltungsbeamter

   d) Richter

sein dürfte,

2) ein Bundestagsabgeordneter ein Landtagsmandat bekleiden dürfte.

Der Bundespräsident möchte wissen,

1. wie nach der geltenden Verfassung in Bund und Ländern diese Inkompatibilitätsfragen zu beantworten sind,
2. ob etwa das Bundesverfassungsgericht einen Antrag als unzulässig zurückweisen würde, mit dem er über diese Inkompatibilitätsfragen ein Rechtsgutachten erbitten würde.“

Ich hatte Staatsrecht, Verwaltungsrecht und Verfassungsgeschichte bei den Professoren Weber und Köttgen gehört, wobei ersterer nach seiner Persönlichkeitsstruktur, Fundiertheit, Gesamtheitsschau, argumentativen Kraft seiner wissenschaftlichen Aussagen stets maßgebend für mich gewesen war. Auch seine die rechtssystematischen Zusammenhänge der Fragestellungen meiner Examensarbeit am ehesten beantwortenden Publikationen „Parlamentarische Unvereinbarkeiten (Inkompabilitäten)“ und „Spannungen und Kräfte im westdeutschen Verfassungssystem“ stellten bei Beantwortung der Fragen eine Art Leitfaden für mich dar. Da die Bundesrepublik gerade erst sechseinhalb Jahre alt war, die übrige Literatur und Judikatur nach meiner Erinnerung deshalb allenfalls fragmentarisch etwas für die Beantwortung der Fragen hergab, hatte Weber jedoch mit Blick auf das Gewaltenteilungsdogma und die parteipolitische Durchdringung des gesamten Staatswesens vorausschauend dessen Löcherigkeit im Kolleg und in den genannten Aufsätzen bzw. Monographien immer wieder deutlich gemacht. Ich nahm deshalb auch an, daß er die Examensarbeit ausgegeben hatte, und fühlte mich in meinen Darlegungen deshalb auch ziemlich sicher. Das Pech wollte es jedoch, daß Prüfer für öffentliches Recht in der mündlichen Prüfung am Oberlandesgericht Celle am 24. August 1956 Professor Köttgen war. Ich weiß es nicht, nehme aber an, daß er es also gewesen war, der meine Hausarbeit „ersonnen“ hatte. Er und Weber waren sich nicht sonderlich „grün“.

Sein schriftliches Votum und dasjenige eines Zweitgutachters habe ich nie zu Gesicht bekommen. Jedenfalls wurde sie mit „ausreichend“ zensiert. Nach meiner Erinnerung hat Köttgen bei der Verkündung der Examensergebnisse bemängelt, daß die Fragen der Hausarbeit nicht auch unter dem Aspekt der Grundrechte des Grundgesetzes geprüft worden seien. Wollte er a conto meiner in vielem erkennbaren Anlehnung an Weber mittelbar auch diesem „eins auswischen“, der im Kolleg die Grundrechte, die einen als „natur“-, die anderen als „staatsgegeben“, unterschied und den aus ihrem insoweit unterschiedlichen Ursprung folgenden Wesensgehalt erläuterte, sie nach meiner Erinnerung eher nur „katalogartig“ denn als Glaubenssätze behandelte. Die geordnete Funktionalität des Staatswesens als Daseinssicherung des verfassunggebenden Souveräns stand im Zentrum seines Denkens. Jedenfalls habe ich bis heute nicht verstanden, inwiefern laut Köttgen ein Grundrechtszusammenhang bei den Fragen der Hausarbeit bestanden haben und übersehen worden sein soll.

Als Examenskandidat mit Referendar-Hausarbeit genoß ich im Juristischen Seminar das Vorrecht, alle Bücher und Zeitschriftenbände des gerade benötigten „Handapparats“ auf meinem in dieser Zeit festen Arbeitsplatz aufzustellen und dort stehen zu lassen, also nicht sofort und vor einer evtl. nochmaligen Benutzung in die Regale zurückzubringen. Denn hier wären sie, da alles nur einmal vorhanden war, möglicherweise vor mir von noch „normalen Semestern“ weggeschnappt worden oder, was häufig vorkam, absichtlich „verstellt“ worden und damit unauffindbar gewesen. Das Computer- und Internet(un)wesen war ja noch jahrzehnteweit entfernt. Ich kann mir auch keine andere Arbeitsmethode effektiver und wissenschaftlicher vorstellen als die aus „vortechnischer grauer Vorzeit“, meine gerade benötigten Druckwerke vor mir liegen zu haben und mit ihren gegenseitigen Bezugnahmen und Verweisen zu vergleichen und erforderlichenfalls „gleichzeitig“ zu lesen. Den nachstehenden Platzzettel mit seiner „deutschen Schrift“ konnten damals eigentlich noch alle Studiensemester lesen.

Die beiden LO-„Ordensschwestern“ Hannelotte und „Blacky“ verstanden – und ergänzten! – sich seit Hannelottes Ankunft im Sommersemester 1955 in Göttingen blendend, heckten manchen Unsinn gemeinsam aus. Hannelotte beschrieb ihr Wesen im Brief an ihre „parentes“ vom 25.11.55 so, wie ich es eben geschildert habe: „Nachmittags ... wird bei mir Advent gefeiert ... Franziska Schwarz (der Name paßt nicht zu dem Wesen) 4. Sem. Zahnmedizinerin aus Königsberg. Esprit u. Temperament ... Fritjof Berg kennt Ihr ja.“ Dazu noch ergänzend diese Kostprobe von „Blackys“ Briefstil aus ihrem Brief vom 9.9.55: „P. S. Unser Kater (Anm.: Er wurde „Titus“ genannt, Titus war römischer Kaiser, der 70 n. Chr. Jerusalem zerstörte) versucht, mit unendlicher Ausdauer auf diesem kostbaren Schriftstück Platz zu nehmen.

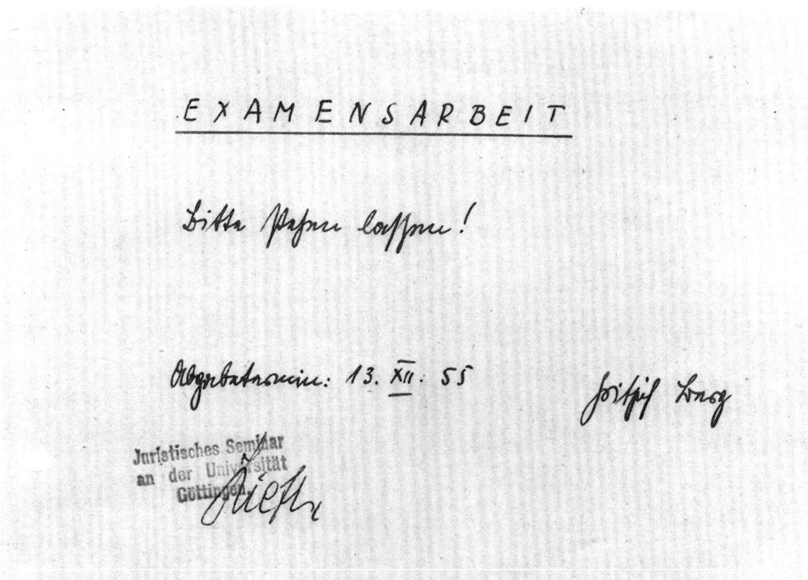

Platzzettel des Handapparats

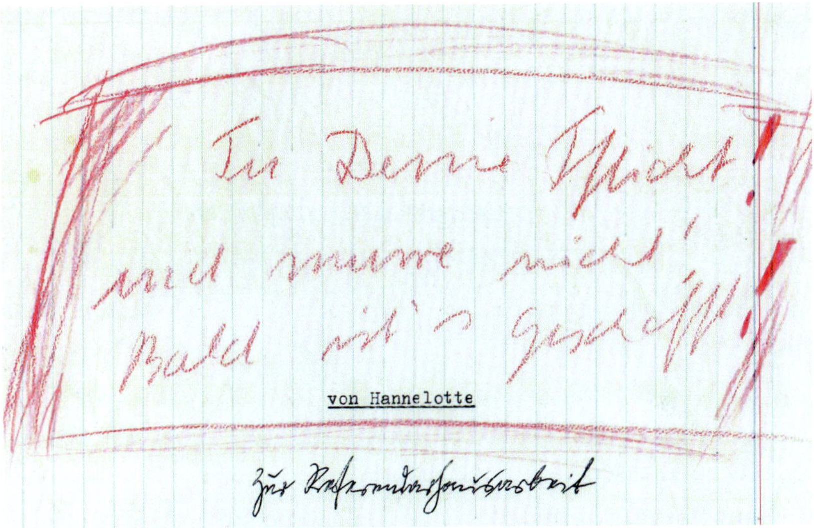
Tu Deine Pflicht! und murre nicht! Bald ist's geschafft!

von Hannelotte

Zur Sechswochenarbeit

Weiblicher Ansporn zur Sechswochenarbeit von Hannelotte

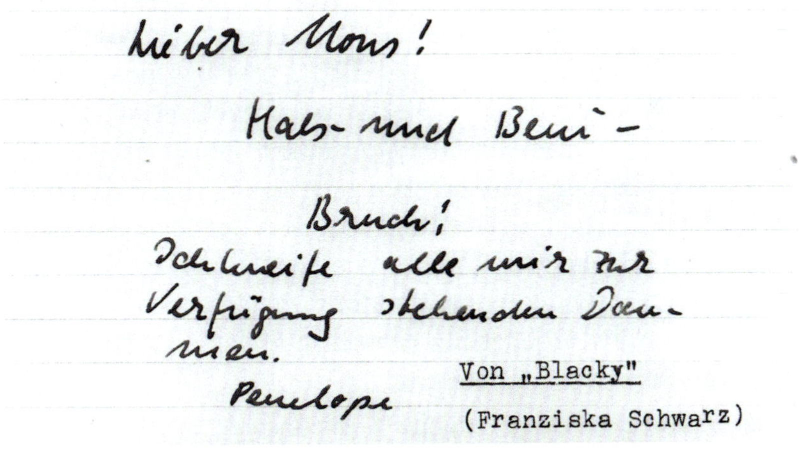
Lieber Mons!

Hals- und Bein-Bruch!

Ich werfe alle mir zur Verfügung stehenden Daumen.

Penelope

Von „Blacky"

(Franziska Schwarz)

Weiblicher Ansporn zur Sechswochenarbeit von „Blacky“ (Franziska Schwarz)

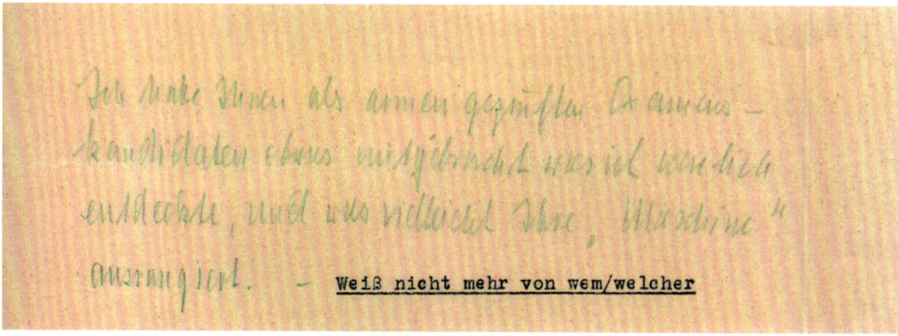

Ich habe Ihnen als armen geprüften Examens-kandidaten etwas mitgebracht was ich neulich entdeckte, und was vielleicht Ihre „Maschine“ [illegible]. – Weiß nicht mehr von wem/welcher

Weiblicher Ansporn zur Sechswochenarbeit von ... ich weiß es nicht mehr.

Er hat offenbar den Hang zur guten Literatur – aber würden Sie so etwas zulassen? Ich auch nicht!“

Hannelottes schriftstellerische Teilnahme am Examensgeschehen um die parlamentarischen Inkompatibilitäten beschränkten sich auf wenige Bekundungen, da wir uns ja beinahe täglich sahen. Diese hatte es freilich – für uns beide! – „in sich“, die Wiedergabe eines bekannten Merseburger Zauberspruches in einer Art schriftlicher Morsezeichen. „Ich bin din ...“ mit dem Randvermerk in Druckbuchstaben „Ehrlich“: „Du bist min, ich bin din,/ des solt du gewiß sin,/ Du bist beszlozzen/ in minem herzen,/ verloren ist das slüzzelin,/ du muost immer drinne sin.“ Dieses Morsezeichen-Versprechen hing dann, von mir vergrößert nachgeschrieben, an der Wand über dem Bett in meiner Bude. Fragesteller erhielten als Antwort den Hinweis auf einen damals noch zur Oberschulallgemeinbildung gehörigen Minnesang. Mochte die Antwort jeder für sich selbst finden oder nicht – die Frage war beantwortet. Punktum!

Der Zettel „Tu Deine Pflicht!“: Zu unserer Erziehung hatte noch der preußische Pflichtbegriff gehört, und zwar auch in dem Sinne, Pflichten nicht als Last widerwillig, sondern bejahend zu erfüllen. Von Hannelottes Vater, meinem späteren Schwiegervater, habe ich immer wieder aus der endlosen Vielzahl seiner Sentenzen diese gehört: „Das größte Glück, o Menschenkind, o denke doch mitnichten, es sind erfüllte Wünsche nicht, es sind erfüllte Pflichten!"

Und dann war es geschafft. Mit der Erleichterung, es fristgerecht geschafft zu naben, aber natürlich auch mit der Ungewißheit, ob auch in jedem Falle mindestens ausreichend, zogen Hannelotte und ich am 13. Dezember 1955 abends gegen 20 Uhr mit dem Briefumschlag „An den Herrn Vorsitzenden des Justizprüfungsamtes bei dem Oberlandesgericht Celle" und seinem schicksals-

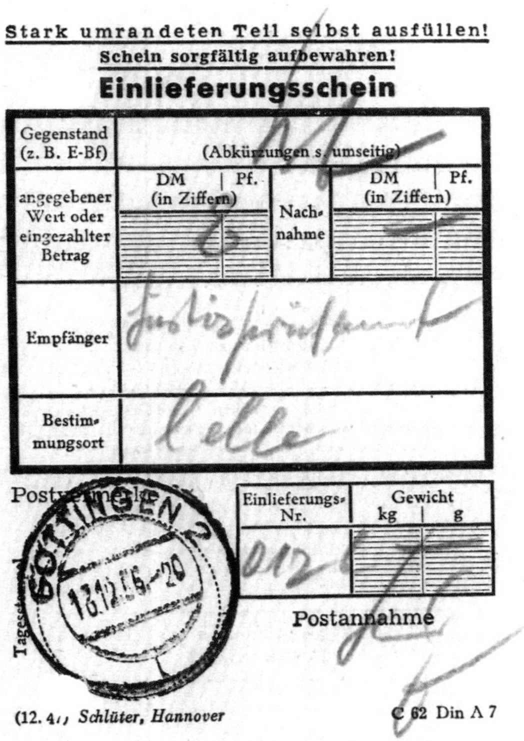

Stark umrandeten Teil selbst ausfüllen!
Schein sorgfältig aufbewahren!
Einlieferungsschein

Gegenstand (z. B. E-Bf) — (Abkürzungen s. umseitig)
angegebener Wert oder eingezahlter Betrag — DM | Pf. (in Ziffern) — Nachnahme — DM | Pf. (in Ziffern)
Empfänger
Bestimmungsort
Postvermerke
Tagesstempel
Einlieferungs-Nr.
Gewicht kg | g
Postannahme
(12. 4/) Schlüter, Hannover
C 62 Din A 7

Einlieferungsschein an das Justizprüfungsamt

trächtigen Inhalt zum Bahnhofspostamt Göttingen. Zu dem als letztes die vorgeschriebene und absolut wahrheitsgetreue Versicherung gehörte, „daß ich die vorliegende Arbeit selbständig angefertigt und mich nicht anderer als der von mir angegebenen Hilfsmittel bedient habe“. Symbolisch „spuckte“ Hannelotte trokken drei Mal „Toi, toi, toi“ vor Übergabe an den Postbeamten über das Kuvert.

Und dann wollten wir uns, befreit vom Druck der letzten sechs Wochen und zur Feier des Ereignisses, „etwas gönnen“, mit Geld, das wir beide eigentlich gar nicht dafür hatten. Wir gingen in den Dortmunder-Unions-Keller gleich neben dem Rathaus in der Weender Straße, der ein wahres Aushängeschild der berühmten Dortmunder Brauerei war. Der Ober im Frack brachte uns in den selbstverständlich vollendeten Umgangsformen die Speisekarte – in der wir erstaunt und froh „Königsberger Rinderfleck“ entdeckten. Klar, dies und nichts anderes wurde bestellt! Neutral und wiederum in gehöriger Form nahm der Ober unsere Bestellung entgegen. Um dann zu hören, daß er beim Durchgang durch eine halbhohe Klapptür laut in die Küche hineinrief: „Zwei Mal das Zeug!“ „Das Zeug“ hat uns köstlich geschmeckt und nach den ausgestandenen Anstrengungen wohlgetan. Ich glaube, daß ich dem Ober beim Bezahlen ein bißchen Königsberg-Kunde zur dortigen Fleck-Spezialität für seine künftige Order an die Küche mit auf den Weg gegeben habe.

Meine Hausarbeit bedeutete den Beginn des Abschieds von meiner Studentenzeit. Hannelotte ihrerseits berichtete in ihrem ersten Brief aus dem Wintersemester 1955/56 an ihre „parentes“ zwar ausführlich über ihren Vorlesungsplan und die Professoren. Auch daß sie Hilfe habe (ein ständiges Drängen ihres Vaters schon seit Tübingen, sich einer solchen zu bedienen), „daß man so brummt. Selbst die Klausur in der öffentl. rechtl. Übung will man mir schreiben. (Anm.: mit „man“ konnte nur ich gemeint sein, ich fand in den Briefen an ihre Eltern vorerst noch nur vorsichtig-zurückhaltende Erwähnung), wogegen ich mich aufs strengste verwahrte. Selbst ist die Frau, u. wenn es eine 5 ist!!" (Mit der Dauer unseres Kennenlernens, vor allem nach der Silvesterfeier 1955 in der Familie Behrend, gingen via Tochter die wechselseitigen Grüße zwischen mir und den „parentes" immer häufiger hin und her, es gab auch schon direkt an mich oder die „parentes" gerichtete Zusätze oder Beilagen in Briefen beider, die „Mutsch" unterschrieb dann – zum Mißfallen ihrer Tochter – bereits mit „Mutter Behrend"; vom Inhalt der intensiven und vollständig erhaltenen Briefpost zwischen Hannelotte und ihren Eltern habe ich jedoch erst Kenntnis erlangt, als ich diese nach ihrem Tod entdeckte.) Aber der nächste Brief an die „parentes" vom 9.11.55 ist nicht nur in dieser Hinsicht bereits widersprüchlich, sondern offenbart bereits Zweifel an der Sinnhaftigkeit einer Fortsetzung ihres Jurastudiums: „... Ich pauke. Dies Semester ist für mich angefüllt von öffentlichem Recht. Ich versuche die Übung mitzumachen. Die 1. Hausarbeit liegt mir vor ... Ich bin bis jetzt noch ziemlich ratlos, aber ich habe treue Helfer, und so liegt auch schon die Gliederung, der Aufbau, die Probleme der Arbeit neben mir. Nur bin ich bis jetzt so wenig in der Materie drin, daß ich selbst diese Stützen nicht verstehe ... mir fehlt es an nichts als an Geist und Gedächtnis. Wissenschaft treiben ist eine Viecherei sondergleichen. Manchen macht das Spaß. Die haben dann wohl besonders gebaute Gehirne. Meins ist ein Sieb!"

In ihrem Bildungsgang zum Abitur am 16. März 1954 hatte Hannelotte ihre Entscheidung für das Jurastudium und ihr Berufsziel „Jugendrichterin" so begründet:

> „... Ich habe mich entschlossen, Jura zu studieren und später einmal vor allem jungen gefallenen Menschen wieder auf den Weg zu helfen. Ich möchte Jugendrichterin werden. Ich weiß, daß der Weg, der vor mir liegt, gerade für eine Frau sehr schwer ist, doch ich werde mich durch die trockenen ... (im Konzept Kurzschriftwort, ich habe die von

mir ebenfalls erlernte Kurzschrift vollständig verlernt) und Artikel nicht abschrecken lassen.

So wie ich als Kind die alten Akten geordnet habe, so werde ich versuchen, über die Gesetze Herr zu werden, und wenn ich Fehltritte und Vergehen nach ihnen verurteilen muß, werde ich versuchen, nicht nur sie sprechen zu lassen, sondern auch den Menschen aus mir. Natürlich kann mir da entgegnet werden, daß das Gesetz nicht durch gefühlsmäßige menschliche Regungen beeinflußt und abgeschwächt werden darf, und daß ich mit einer solchen Einstellung zu meinem zukünftigen Beruf fehl am Platze sei. Um den Menschen aus mir sprechen zu lassen, gibt es gerade für eine Frau viele Berufe, die ihr wesensverwandter sind.

Doch da ist noch etwas anderes, das mich immer wieder bestimmt Jura zu studieren. Ich interessiere mich sehr für Politik, und wenn ich heute das politische Geschehen und darin das außenpolitische Geschehen verfolge, weiß ich, daß es noch schwere Kämpfe geben wird, um Deutschland wieder zu vereinigen, um die lastende Hand einer heute sehr um sich greifenden Macht auch von meiner Heimat zu nehmen. Ich hoffe, daß in diesem Kampf das alte Recht auf diese Gebiete sprechen und siegen wird. Durch das juristische Studium möchte ich mich schulen und stärken zu diesem Kampf, in dem ich mitwirken, zu dem ich mich durch die Verpflichtungen den vielen entwurzelten Heimatvertriebenen gegenüber gerufen fühle.

Dahinter aber steht die Idee der absoluten Gerechtigkeit, für die ich begeistert meine Kräfte einsetzen will. Wir Menschen sind dem ewigen Kampf zwischen Gut und Böse ausgesetzt. In meinem zukünftigen Beruf werde ich immer das Gute verteidigen, das Recht."

Das hat sie bedingungs- und kompromißlos bis an ihr Lebensende getan. Aber nicht auf dem Weg, wie sie ihn sich in ihrem Bildungsgang vorgestellt hatte. Endgültig in ihrem 4. Jurasemester, das deshalb auch ihr letztes werden sollte, hatte Hannelotte für sich erkannt, daß sie keinen Zugang zu den abstrakten Denkgesetzen der Juristerei hatte, daß ihr die juristische Methodik und ihre Anwendung wesensfremd waren, daß – mit ihren eigenen Worten aus ihrem Bildungsgang „um den Menschen aus mir sprechen zu lassen, es gerade für eine Frau sehr viele Berufe gibt, die ihr wesensverwandter sind". Im Finden des konkreten Weges dorthin erwuchs ihr eine große Hilfe in dem Mitglied unserer Landsmannschaft Ordensland Gisela Grimm. Gisela – nebenbei bemerkt: eine traumhaft gute Tänzerin, gut aussehend, natürlich, offen-unverkrampft und zu jener Zeit noch liiert mit dem Allüberall Klaus Wisotzki in unserer LO –, Tochter eines vordem wohl Tilsiter und jetzt Göttinger Landgerichtsdirektors und seiner Ehefrau aus der bekannten ostpreußischen Adelsfamilie v. Boyen, hatte vor Hannelotte ihr Volkswirtschaftsstudium aufgegeben und studierte jetzt Wohlfahrtspflege an der Landeswohlfahrtsschule Braunschweig. Sie hat, da geachtet und anerkannt, dort wohl bei der Leiterin Dr. Holste so etwas wie für Hannelotte sofort „die Türen geöffnet". Hierzu Hannelotte selbst in ihrem Brief an ihre „parentes" vom 11.1.1956: „... Meine Lust nach G. zu fahren, war nicht groß, das habt Ihr sicherlich gemerkt, denn irgendwie ist dies zwischen zwei Stühlen sitzen hier nicht schön. Es ist gut, daß Fritjof gestern Gisela Grimm u. Klaus Wisotzki zu sich einlud und mir die Möglichkeit bot, mit Frl. Grimm zusammenzukommen. Ich finde sie erst einmal reizend. So natürlich und echt. Die Unterhaltung war für mich sehr wichtig. Ich möchte möglichst diese Woche noch den Brief an Dr. Holste fertigschreiben, damit ich bald klarsehe, was los ist." Das hat sie am 24.1.1956 getan. In ihrem Antwortbrief vom 26.1.1956 teilte Dr. Holste mit: „Ich ... bin gern bereit, Ihnen bei Ihrer neuen

Berufsplanung zur Seite zu stehen. ... Ich halte es nun aber auch für notwendig, daß wir die Angelegenheit einmal mündlich klären und möchte Sie aus diesem Grunde um eine persönliche Rücksprache in der Landeswohlfahrtsschule bitten, damit Sie zu einer Entscheidung in Ihrer Berufsfrage kommen können ..." Hannelottes 12seitiger (DIN A5) Jubelbrief, den sie mir nach ihrem Vorstellungsgespräch bei Dr. Holste mit der Festlegung des Ausbildungsweges auf der Rückfahrt von Braunschweig nach Bad Nenndorf – „es schaukelt sehr" – am 10.2.56 im Zuge schrieb, liest sich wie ein Befreiungsschlag von einer lange drückenden Last. „Trage es also, dies Gekritzels, mit Geduld", so beginnt sie. „Es ist nicht Ausdruck meiner inneren Zerrissenheit. Eigentlich müßte es die sauberste Handschrift sein, die ich je von mir gegeben habe, denn in mir sieht es sehr froh und licht wie der Schnee draußen aus."

Vorerst aber setzte Hannelotte noch ihr Jurastudium mit dem Semesterschwerpunkt „Übungen im öffentlichen Recht" fort. Nicht ohne das Bemühen und den Ehrgeiz, es zu schaffen. Jedoch war alles eher nur noch ein „Mitgehen" mit dem nach Amts-, Heimatverlust und ausgebliebener Wiedereinstellung in den öffentlichen Dienst einzig ihm noch verbliebenen großen Lebenswunsch ihres Vaters, daß seine Tochter Hannelotte, einziges Kind, eine akademische Ausbildung absolvieren und einen akademischen Beruf ergreifen sollte, und zwar den „staatstragenden", den des Juristen. Im Wissen hierum und durch die innige Herzensbindung zwischen Vater und Tochter litt Hannelotte – es ist das einzig zutreffende Wort – monatelang darunter, nun ein gänzlich anderes Ziel zu verfolgen, unter der Notwendigkeit, es ihrem Vater unumwunden zu offenbaren, sein Verständnis und seine Bejahung ihrer Entscheidung zu erlangen. Die Ausbildung zur Fürsorgerin war obendrein ja auch nur auf der Grundlage der weiteren Vollfinanzierung aus seiner bescheidenen „131er" Beamtenpension möglich. (Grundgesetzartikel 131 und hierauf beruhendes Gesetz über die Rechtsverhältnisse von Personen einschließlich der Flüchtlinge und Vertriebenen, die am 8. Mai 1945 im öffentlichen Dienst standen, aus anderen als beamten- oder tarifrechtlichen Gründen ausgeschieden sind und bisher nicht oder nicht ihrer früheren Stellung entsprechend verwendet werden.) Ihrer inneren Zerrissenheit und ihrem ganzen Kummer hatte Hannelotte im Brief an die „parentes“ vom 13.11.55 mit Blick auf ihre Kommilitonen in unserer LO (und dabei vielleicht schon ganz besonders mit Blick auf mich) Luft gemacht:

> „... Wenn ich in der Uni-Bibliothek oder im jur. Seminar sitze, vergeht die Zeit wie im Fluge, nur erscheint es mir hinterher oft, daß diese Zeit völlig vergeblich abgesessen war, weil ich nichts Positives aus all den dicken Wälzern herausgeholt habe. Die ganze nächste Woche werde ich in diesem Stil noch weitermachen u. am 21. die Arbeit abgeben (Anm.: was dann doch nicht geschah).
>
> Wenn ich meine Ostpreußen nicht hätte, würde alles ganz zappenduster aussehen. Die sorgen noch dafür, daß man Mensch bleibt ... Paps, Dein Gesicht bei diesem Bericht kann ich mir vorstellen. Aber ich kann unmöglich nur über Büchern sitzen. Es sind dies nur ganz wenige, die von der Natur von vornherein mit einem passenden Gehirn und abstrakter Denkweise begabt sind. Ich will nicht jammern, ich will Euch nur sagen, daß ich mir Mühe gebe, aber auch ganz genau mich selbst dabei beobachte.“

Um alles in der Welt wollte ich nicht in den Augen von Hannelottes Eltern den Anschein erwecken, daß ich hinter ihrem Entschluß stecke und sie darin bestärke. Bezug nehmend auf ihren ersten Weihnachtsbrief vom 23. Dezember, den ich am 25. Dezember erhalten hatte (damals wurde die Post auch noch am 1. Weihnachtstag ausgetragen), schrieb ich ihr am 26. Dezember 1955:

„... Du schreibst, daß Du Dir Gedanken machst, ob Du am Befinden Deines Vaters ‚schuld' bist. Aber, aber, von Schuld als etwas Vorwerfbarem kann hier doch gar nicht die Rede sein. Wenn es so ist, daß Dein Vater sich wegen Deines Entschlusses viele und ernste Gedanken gemacht hat, so kannst Du für seinen Zustand eine Ursache mitgesetzt haben. Dein Vater will für Dich das Beste, und er ist anscheinend ernsthaft besorgt, daß Dein Entschluß dies vereiteln würde, weil er selbst nur in der Juristerei das Heil aller Dinge sieht. Ich glaube, Du mußt die Geduld haben, bis zum Semesterende durchzuhalten in der Jurisprudenz und ihm Dein Bemühen um diese Materie und Dein Verständnis für seinen Willen zu zeigen. Wenn Du dann endgültig ein finis in der Juristerei aussprichst, kommt dieses nicht mehr ganz unvorbereitet, und außerdem hättest Du dann genug guten Willen bewiesen. Ich weiß nicht, ob es nicht auch ihm eine Umorientierung erleichtern würde, wenn Du dann einmal Deine ganze Verzweiflung über die juristische Berufsausbildung offenbaren würdest. Sicher ist, daß ihn Deine Freude an dem neu- und selbstgewählten Beruf umstimmen würde, wenn Du erst einmal in Braunschweig angefangen hast. Wenn die Umstände es gestatten würden, daß ich in der ganzen Angelegenheit vermitteln könnte, wäre wohl manches für Dich und Deine Eltern leichter. Aber diesen Satz verbirg sorgsam und behalte ihn für Dich – denn aus ihm könnte ein Maß der Beeinflussung herausgelesen werden, das ich so nicht will und auch nicht verantworten kann. Ich meine, daß Du als freier Mensch (Behrend, Bahnfahrt Göttingen-Hannover 22.12.55, 12 Uhr) Deine Entschlüsse allein treffen mußt – dann weißt Du immer, daß Du sie allein getroffen hast. Ich muß mich darauf beschränken, Deinen Entschluß für richtig zu halten und zu bejahen. In welcher Weise ich Dir in Deinen Sorgen in der ganzen Angelegenheit helfen könnte, müßtest gegebenenfalls Du bestimmen."

In ungezählten Briefen – mündlich gewiß ebenso – hat Vater Behrend versucht, Hannelotte von den Vorteilen eines juristischen Berufs zu überzeugen, ihr unter Betonung ihrer geistigen Gaben Mut und Selbstsicherheit einzuflößen, ihr – nach evtl. enttäuschenden Zwischenergebnissen - Gewißheit über den am Ende doch eintretenden Erfolg zu geben. Er, der die preußische Korrektheit in Person war, scheute zu diesem Zweck auch nicht davor zurück, seiner Tochter bei der Anfertigung schriftlicher Arbeiten die Assistenz/Mithilfe Dritter zu vermitteln und anzuraten, was sich nach einem ersten „fremden" Anlauf dann auf meine Person konzentrierte. „Daß er (Anm.: Herr Berg) Dir (Anm.: bei der ersten öffentlich-rechtlichen Hausarbeit, s. u.) geholfen hat, braucht Dich nicht weiter zu betrüben. Die Welt will betrogen sein", schrieb Vater Behrend in einem Anflug von Selbstentfremdung seiner in ehernen preußischen und christlichen Maßstäben erzogenen Tochter am 25.11.55.

Um dem seelisch und nervlich nagenden Schwebezustand ein Ende zu bereiten, fuhr Hannelotte zum 2. Advent zu ihren Eltern nach Bad Nenndorf. In ihrer Besuchsankündigung vom 25.11.55 schrieb sie ihren „Parentes": „... ich will mit Euch allein sein und mit Euch sprechen ... Ich freue mich auf den 2. Advent, an dem wir uns wiedersehen, allerdings auch ernste Dinge zu bequakeln haben. Ich möchte nicht gern, daß wir erst Weihnachten darüber sprechen. (Es handelt sich um mein Studium!)." Längst waren Hannelotte und ich so auf einander eingestimmt, daß sie mir ihren ganzen Kummer mit der Beendigung ihres Studiums als Schock und Zumutung für ihren Vater anvertraut hatte und froh war, daß sie in mir jemand hatte, der ihr zuhörte und sie als fortgeschrittenes Jurasemester aus eigener Erfahrung und Sachkenntnis – war ich doch selbst einmal in eine selbstkritische Phase hineingeraten und hatte mich nach der Sinnhaftigkeit einer Fortsetzung des Jurastudiums gefragt – verstand und nicht mit Thesen und allgemeinen Prinzipien „Hilfen“ zur Entscheidung und zu ihrem Vorgehen gab, die für sie keine waren. Am 4. Dezember schrieb Hannelotte mir aus Bad Nenndorf: „Alles steht gut, obwohl Paps und ich heute kaum geschlafen haben.“

Aber wie unvollendet und brüchig dieses „Alles steht gut“ noch war, kam in ihrem zweiten Weihnachtsbrief an mich vom 25. Dezember zum Vorschein: „Paps und ich kommen blendend miteinander aus, aber sobald das Gespräch aufs Studium, Examen, Beruf kommt, ist es aus. Ich soll studieren – so ein Käse –, von seinem Gesichtspunkt aus verständlich, aber so eine veraltete Ansicht, daß der „Kakademiker“ der einzig allein würdige Mensch ist. – Sch! – Geduld und Spucke! – Nur tut mir das alles leid und weh. Bei Agnes (Anm.: Miegel) war ich am 23. mit dem Pungel (Anm.: ostpreußischer Ausdruck für Beutel o. ä.) und einem entzückenden Christrosenstrauß von uns (Kartchen dran, „von Ihren Kinderchens“ aus Göttingen). Sie war reizend, die Mater Borussia zur Mater Prussia. Sie war über mein Aussehen entsetzt und empfahl mir Lebertran, den ich zum Erstaunen meiner Umwelt brav schlucke, weil ihn mir Agnes ans Herz gelegt hat. Sie sah gleich, daß ich Kummer hatte und empfahl mir das zu tun, was ich vorhabe.“

Auch wenn die von „Paps“ Behrend angeregte oder sogar von ihm besorgte „Mithilfe“ Dritter keine strafbare Handlung war, so wären die strafrechtlichen Begriffe „Betrug“ und „Beihilfe“ hierfür dennoch angebracht. Denn die nicht selbst, sondern von Dritten ganz oder auch nur teilweise besorgte Ausarbeitung beruhte nicht nur auf unwissenschaftlichen und unehrenhaften Methoden. Der auf solche Weise herbeigeführte „Erfolg“ war eine grobe Täuschung und genoß das gleiche Unwerturteil wie eine Straftat. Was – ungeachtet aller verständlichen persönlichen Motive auf meiner Seite – unvermindert – auch für meinen gescheiterten „Beihilfe“-Versuch bei Hannelottes erster nicht abgegebener öffentlich-rechtlicher Hausarbeit und zwei weitere Arbeiten gilt.

Wie um ein zweites Mal zu sagen „Wenn ich meine Ostpreußen nicht hätte“, schreibt Hannelotte am 25.11.55: „Nachmittags um 16 Uhr 30 wird bei mir Advent gefeiert.“ Es folgt dann die Aufzählung einiger Namen, darunter meiner. „Wie wir Platz haben werden, ist noch ein bißchen rätselhaft, aber die Hauptsache, der Kranz, steht in der Mitte und wir hucken drum herum. (Kekse bringen die Marjellens noch mit, aber sonst wird wohl der Kuchen hops gehen, den ich sicherlich heute oder morgen bekommen werde. Wenn nicht, hole ich einen billigen Stritzel.)“

Schon in ihrem Brief vom 4.11.55 gleich zu Semesterbeginn hatte Hannelotte ihren „parentes“ eine etwa personengleiche Tafelrunde auf ihrem Göttinger „Olymp II“ angekündigt: „Am Sonntagnachmittag werden wir schwer über die einzelnen Art. (Anm.: des Entwurfs der neuen Satzung für unsere LO) debattieren. Vorher werden bei mir im kleinen Kreis Kartoffelkeilchen gegessen... (Anm.: Bei den Baltendeutschen, Russen, Polen als „Piroggen“ mit einer zumeist fleischartigen Füllung ebenso beliebt wie die „Heilsberger Keilchen“ bei uns Ostpreußen; statt mit einer solchen Füllung gab es eine Speckwürfel = „Spirkel“-Zwiebelsoße dazu; Hannelotte hat später als meine Ehefrau gern von sich aus Keilchen gemacht, es war für mich ein Festessen!) Wisotzki (Anm.: über Hannelottes Patentante Edith Böhm der Familie Behrend ein Begriff) hat schon heute das Essen eingestellt, um ordentlich reinhauen zu können.“

Auf den Pfaden unseres gegenseitigen Kennenlernens sagten beide „Freßrunden“ etwas über Wesenszüge von Hannelotte aus, die mich verblüfften und fesselten. Da war einmal die „soziale“ Komponente, die sich als Grundzug ihres gesamten Wesens herausstellen sollte. Hannelottes Bedürfnis nach Geselligkeit, zumal nach der ostpreußischen, hier unter uns Jüngeren. So etwas hatte es für uns Jüngere nach dem Verlust unserer Heimat und der damit verbundenen

Zerstreuung der Ostpreußen in alle Winde bisher nicht gegeben. Hier wurde sie in gemeinschaftlicher und konzentrierter ostpreußischer Form Wirklichkeit. Mit ihrem Keilchen(fr)essen wollte Hannelotte obendrein ihren ostpreußischen Kommilitonen außerhalb des tristen Mensaessens mit etwas Freude bereiten, von dem sie wußte, daß sie einen regelrechten „Janker" danach haben würden. Dies entsprang wohl der Fürsorge-Komponente in ihr.

Hannelotte hatte, wie ich immer häufiger erfahren sollte, für das gesellige Leben (und nicht nur hierfür, sondern einfach für alles und jedes) stets treffsichere Einfälle. Der, um den es hier geht, war einer ihrer ersten, den ich kennenlernte. Als wir nach ihrer Rückkehr ins Wintersemester auf einer unserer beiden „Buden" gemütlich beim Abendbrot zusammensaßen oder juristische Probleme wälzten, überraschte sie mich mit der Idee, einige LO'ler zu einem Mittagessen mit Keilchen einzuladen. Ich war natürlich in Erinnerung an Tante Gretes Keilchen mit Spirkeln „Feuer und Flamme". Ich wußte aber auch durch meine diesbezügliche Mitarbeit bei Tante Grete, wieviel Arbeit die Herstellung von Keilchen bedeutete: Mischungsverhältnis zwischen geriebenen rohen Kartoffeln und vorgekochten (Pellkartoffeln) 2:1 oder gar 3:1. Mein – in Freude über etwas wie erste gemeinsame Hauswirtschaft mit ihr – doch ganz selbstverständliches und eben erwartungsvolles Angebot an Hannelotte, das Reiben und Auspressen der doch großen Menge roher Kartoffeln zu übernehmen, lehnte sie zu meiner großen Überraschung und Enttäuschung kategorisch ab. Auch als ich „nachlegte" und sie mit dem Argument, das Reiben auf der Raspel könne „ganz schön" in die dann blutenden Finger gehen, für die Annahme meiner Mitarbeit gewinnen wollte, blieb sie bei ihrer für mich unverständlich starren Haltung. Ich war also lediglich als Mitesser in dieser Hinsicht allen anderen gleichgestellt ... Für mich gab es nur die eine „abkühlende" Erklärung hierfür, daß Hannelotte offensichtlich zu viel schon ganz „häusliche" Nähe zu mir vermeiden, jedenfalls den anderen gegenüber nicht sichtbar werden lassen wollte. Aber dies änderte auch bei mir nichts daran, daß wir, als der große „Keilchen-Sonntag“ kam, dicht gedrängt in ihrem kleinen „Olymp II“ in ihre Keilchen „reinhauten wie die Bürstenbinder“. Bis dann Klaus Wisotzki eine Entdeckung aussprach, die auch insoweit für mich zum ersten Mal einen schönen Charakterzug von Hannelotte offenbarte, nämlich mit (masurischer) Schläue, Verschmitztheit und Humor sich selbst und andere „hinters Licht“ zu führen, damit für Heiterkeit zu sorgen und, wenn nötig, selbst schwierige Situationen – war die Herstellung ostpreußischer Keilchen in solch großer Menge etwa keine? – zu meistern. „Das ist ja Pfanni“ (Kartoffelpulverfertigprodukt) rief Klaus Wisotzki belustigt in unsere genüßlich schmatzende Runde hinein. Womit er eine brüllende Lachsalve auslöste – und Hannelotte noch zusätzliches Lob dafür erntete, uns außer der unechten Keilchenfreude auch noch diese Überraschung und Gaudi beschert zu haben.

Ich selbst war nun nicht nur von allen Ungewißheiten und Fragen nach dem „Warum“ ihrer vorherigen Ablehnung meiner Mithilfe befreit, sondern stellte mich innerlich ab sofort darauf ein, daß dies wohl nicht das einzige und letzte Mal gewesen sein dürfte, sondern solche „Spielchen“ mit dem anderen auf den künftigen Wegen von uns beiden wohl noch häufiger vorkommen würden – was denn ja auch geschah, nicht nur am 1. April beinahe eines jeden Jahres!

Während all dessen wogte es zwischen Vater und Tochter um die Aufgabe oder Fortsetzung ihres Jurastudiums weiter hin und her. Aber so sehr auch alles in ihm dagegen rebellierte, „Paps“ Behrend mußte sich allmählich der Einsicht fügen, daß der Entschluß seiner Tochter zur Beendigung ihres Jurastudiums unabänderlich war und noch soviel von väterlicher Liebe und fürsorglichen Absichten getragene Beredsamkeit von seiner Seite sie nicht mehr umstimmen konnte. Ganz ab- und zurechtgefunden hat er sich damit nie.

Auf ihren Vater eingehend, schreibt Hannelotte in ihrem Brief vom 21.1.56: „Lieber Paps, sei nicht traurig, daß alles so kommt, ich kann nicht Examen machen, wenn dazu die Vorbedingung fehlt, das Verständnis für die Probleme der Juristerei überhaupt. Vielleicht erwächst es mir aus meiner praktischen Tätigkeit, und ich kann Versäumtes bzw. Unterbrochenes wieder aufnehmen. Doch halte ich es für richtig, diesen Grundstock erst einmal auf meine 4 Semester graue Theorie aufzubauen.“

Damit war die ganze Thematik und zwistige Angelegenheit im entscheidenden Punkt ausgeschrieben, die Gemüter waren erschöpft. Am 10. Februar 1956 fuhr Hannelotte, natürlich in Absprache und insoweit auch im vollen Einverständnis mit „Paps“ nach Braunschweig, um dort mit dar Leiterin der Landeswohlfahrtsschule Dr. Holste den Beginn ihrer Ausbildung zu besprechen. Im Jubelbrief, den sie mir auf der Rückfahrt zu ihren Eltern im Zuge schrieb, geht sie auch auf den Fortgang der Beziehung zwischen uns beiden ein: „„... Für uns beide wird die Zeit, die wir zusammen sind, jetzt kurz. Vielleicht nur noch 14 Tage, vielleicht noch den März, der dann aber durch Rosdorf für mich (Anm.: s. u.) noch mehr ausgelastet wird. Es ist nicht schön für uns, aber hast Du schon Vollkommenes erlebt? Sei nicht traurig. In Briefen gibt es nur Sonne. Ich schreibe gern. Es sind ja alles keine Entfernungen ... Und ab Oktober ändert sich wieder die Adresse. Aber da hast Du ja vor –“ (Anm.: Wir hatten darüber gesprochen, daß ich nach meinem Referendarexamen nach Braunschweig komme.)

Gleich am nächsten Tag, am 11.2.56, schrieb ich ihr darauf: „„... werde ich mich so langsam wieder darauf einstellen müssen, daß zwischen den glücklichen Stunden des Wiedersehens Gedanke, Brief und andere Lebenszeichen über die Kilometerchen hinweg uns verbinden. Na, es ist unabänderlich, muß sein und ist ja auch nur ein Zwischenstadium. Traurig bin ich eigentlich nicht, zumal ich auf diesen Verlauf ja eingestellt war. Ich werde mein beklagenswertes Schicksal männlich ertragen und, da die sich gelegentlich ganz bestimmt einstellende Sehnsucht nicht das beseitigen kann, was klar ist, und ich alle Kraft dem Examen zuwenden muß, viel Zeit zum Lernen haben ... Im übrigen läge Wunstorf für mich äußerst günstig (Anm.: Nach dem mit Dr. Holste festgelegten Ausbildungsplan sollte Hannelotte dort ihr erstes halbjährliches pflegerisches Praktikum in der Jugendpsychiatrie absolvieren, es war Bahnstation auf der/den Strecken nach Leese, Wohnort meiner Eltern) und werden wir, wenn Du wieder hier bist, den Turnus und die „Stätte der Begegnung" ausklamüsern. Die Zeit, die ich mir trotz Examensnähe vorbehaltlos für uns beide nahm und bis Ende Februar noch nehme – an die kann ich nur so denken, daß sie mir ein Geschenk war ... Wie mag Deine Invasion der Zuversicht und guten Laune in Nenndorf wohl gelungen sein? ... und gib Deinem lieben Paps Kraft zum Tragen des Unabänderlichen."

Dies war meine „Verarbeitung" des Ergebnisses von Braunschweig, der Versuch, mich auf das vorläufige Ende des inzwischen so vertrauten beinahe täglichen Beisammenseins mit Hannelotte, mit allen darin lauernden Unbekannten, einzustellen. „Paps" schrieb seinem „lieben, guten Hannelottchen" zu dem sie so freudig stimmenden Besprechungsergebnis mit Dr. Holste am 16.2.1956: „... Im übrigen habe ich mir Deine Pläne in Ruhe noch einmal überlegt u. bin mit allem einverstanden! Ich habe es in meiner Jugend auch nicht anders gemacht. Wenn Du willst, kannst Du später immer noch Vollakademikerin werden. Die Seligkeit hängt ja nicht davon ab. Wenn Du mit Deiner Ausbildung fertig bist, mußt Du sowieso an Kochen, Nähen, Backen und Hausfrauenwirtschaft denken, damit Du auch in dieser Hinsicht Deinen Mann stehen wirst."

„Dein Brief hat mich erschüttert“, antwortete Hannelotte ihrem Vater am 18.2.56. „Der Umschwung ist so schnell da. Aber ich danke Dir von Herzen, daß Du versuchst mich zu verstehen bzw. meinen Weg anzuerkennen, denn ohne Deine Zustimmung alles zu machen, fällt mir nicht leicht, da unser Verhältnis immer so gut war. Es wäre so schade, wenn wir jetzt etwas zwischen uns hätten, das Dich und mich bedrücken würde. Ich weiß genau, daß es Dir schwerfallen muß, das braucht mir niemand erst zu sagen und ich warte, bis Du wirklich von Herzen alles bejahst.“

Hannelotte hatte ihrem „Paps“ am 28.2.56 mitgeteilt, daß das ihrem Studienbeginn an der Landeswohlfahrtsschule Braunschweig vorausgehende halbjährige Praktikum in der Jugendpsychiatrie Wunstorf am 1. April beginnen würde. Wie seinerseits nun endgültig von einer an ihm zehrenden Last befreit, schrieb er ihr am 2.3.56, jetzt wieder ganz „der Alte“: „Zuerst meine herzlichsten Glück- und Segenswünsche zu Deinem neuen Vorhaben und für Deinen neuen Lebensweg und Deine Zukunft! Mögen Deine Hoffnungen und Wünsche, die Du auf Deinem Herzen hast, restlos in Erfüllung gehen! Dann wären auch meine Träume erfüllt, so daß ich zufriedenen Herzens auf mein Leben zurückschauen kann.“

Hannelotte besuchte bis zum Semesterende Ende Februar 1956 die von ihr belegten Vorlesungen weiter, aber es war im Grunde kein akademischer Lerneifer mehr mit dem Ziel eines universitären Studienabschlusses. Sie war jetzt ganz gefordert und mit der ihr gegebenen Pflichtauffassung und Zuverlässigkeit eingebunden in ihr erstes Sozialberufspraktikum, das sie am 20. Januar 1956 im Landesjugendheim in Rosdorf bei Göttingen begonnen hatte. Gisela Grimm, die vor ihr dort sechs Wochen gearbeitet hatte, hatte sie dorthin begleitet und mit der Leiterin Walpurski, einer 31jährigen Ostpreußin und Schülerin von Dr. Holste, bekanntgemacht. Noch vor Dienstantritt schrieb sie ihren Eltern am 20. Januar: „... Um 10 Uhr heute morgen gehe ich das erste

Mal ins Jugendheim (Schwersterziehbare!). Wenn es heute Abend geworden ist, bin ich vielleicht klüger geworden ...“

Wie der Beginn ihrer Praktikantentätigkeit ausgesehen hat, hat Hannelotte dann im Brief an die „parentes vom 21.1.56 festgehalten:

„... Meine Zeit ist ja für eine Arbeit als Praktikantin ... beschränkt. Ich habe mir überlegt, daß ich am Mittwoch und Freitag ganztägig, d. h. von 8 oder 9 bis 17 Uhr 30 etwa da sein kann und Dienstag und Donnerstag von 14 Uhr bis 17 Uhr 30. Das kann ich mit meinen Vorlesungen vereinbaren. Psychologie höre ich, Verwaltungerecht ebenfalls, Erbrecht, Staatskirchenrecht, Arbeitsrecht. Testate habe ich schon eifrig gesammelt ... Es handelt sich bei diesem Heim, Mädchenabteilung des Landesjugendheims, um das Heim, das in der Bundesrepublik als das schwierigste angesehen wird. 37 Mädchen, die in die Fürsorgeerziehung gekommen sind ... Ich fuhr mit bangem Herzen hinaus ... Aber der erste Tag war meines Erachtens ganz gut. Die Hauptsache, man hat ein sicheres Auftreten, läßt sich nichts gefallen und überhört geflissentlich Dinge, die man nicht hören will. Ich habe den ganzen Tag mit einer Erzieherin zusammen u. etwa 20 Mädchen Kappen für ein Kostümfest gebastelt. Fest findet mit der Jungenabteilung statt. Ganz große Aufregung, sie sind alle außer Rand und Band. Mein erstes Kostümfest wird also dieses im Jugendheim für Schwersterziehbare sein, den Hang zum Seltenen hatte ich schon immer ... Es ist gut, wenn sie Vertrauen zu mir fassen. Ich habe manchmal ja auch schon liebliche Kraftausdrücke parat, aber bei meinen Lieben ist das der gepflegte Umgangston. („Scheiße“ ist nichts!) In den einzelnen Gesichtern steht viel. Ich hoffe fertig zu werden (einige sind schon 20-21). Mein Äußeres finden sie jedenfalls ganz passabel, wie Frl. Walpurski gehört hat, und das ist bei ihnen viel wert. „Die muß doch ganz in Ordnung sein.“ Habt keine Sorgen um mich. Ich glaube, daß es so richtig ist, wie ich es jetzt sehe. Das Studium hat mich schon weitgehend geformt, sonst hätte ich den gestrigen Tag nicht so überstanden. (Bei einem Ringkampf von 2 Mädchen, die sich in die Haare kriegten, war ich noch nicht einmal entsetzt.)"

Zu Hannelottes erstem Bericht über das zu ihrem angestrebten Beruf gehörige Praktikum schrieb ihre „Mutsch" am 26.1.1956: „... Papa will die Wohlfahrtspflegerin noch immer nicht in den Kopf – heute ist wieder ein Prospekt vom Sozialpädagogischen Institut aus Hamburg angekommen – den wird er Dir nachher auch wieder zuschicken..." Was er mit Brief vom 27.1.56 tat und in der Einleitung schrieb: „Da heute der 27. Januar an unsere früheren Kaisergeburtstage bis 1918 gute und schöne Erinnerungen wachruft, anbei in treuer Verbundenheit eine kleine Sonntagsspende in der Annahme, daß Deine Pinke erschöpft sein wird!" Um dann die Frage zu stellen: „... Was sagst Du zu meiner neuen Idee bzgl. des Studiums der Sozialwissenschaften? ... Akademiker mit Persönlichkeitswerten, die im Leben besser bezahlt werden." Mutsch fuhr in ihrem Brief fort: „... Tue, was Du für richtig hältst – wir können ja doch nur raten – und möchten Dein Bestes! ... Morgen wirst Du wieder bei Deinen schwer Erziehbaren sein – könnte mich wenig reizen. Na, auf das Kappenfest wäre ich aber auch gespannt und noch mit Jungens zusammen – da werdet Ihr wohl gut aufpassen müssen."

Für all diese aus Briefen wieder zurückgerufene Zeit galt, was Hannelotte eine Woche später am 3. März ihren „parentes" schrieb:

> „Abends um 6 Uhr bin ich meistens zu Hause, dann essen Fritjof u. ich entweder bei mir oder ihm und abends wird etwas unternommen. Heute wollen wir ins Kino (O. W. Fischers neuester Film ‚Ich suche Dich'). Morgen Theater ‚Antonius und Kleopatra' von Shakespeare."

Ja, diese Briefe sind ein kostbarer Besitz! In ihnen kehrt nicht nur die – wie in einer ganz fernen Vergangenheit versunkene –

Zeit wieder, sondern vieles von dem, was Hannelotte und ich uns – die wir für einander doch noch ganz „neu" waren – über die grundlegende Umstellung in ihrem Leben zu erzählen und zu sagen hatten. Wie arm und bedauernswert kommt mir die heutige elektronisch „kommunizierende" Jugend vor, von der kaum noch jemand einen richtigen Brief schreiben kann, die nur noch unentwegt an ihren Handgeräten „herumpingsert" (ostpr. Ausdruck = herumfingern), wovon alles in der Luft verfliegt und nichts mehr für die Erinnerung in ihrem Alter erhalten bleibt. Und so kann ich nun noch einmal mit ihr – deren Todestag nun schon mehr als neun Jahre zurückliegt – erleben, was sie den „parentes" über den Fortgang ihrer Arbeit im Landesjugendheim schrieb:

> „... Gestern war es ein ziemlich anstrengender Tag für mich. Um 8 Uhr im Heim bis 17 Uhr. Dann eine Vorlesung des Leiters des Jugendheims Dr. Patschke (Pädagoge) im Auditorium Maximum und dann um 19 Uhr schon Ausländertee in einem Studentenhaus von unserer Landsmannschaft Ordensland. Ich fiel nur so ins Bett ... Im Heim gefällt es mir schon ganz gut, vor allem bin ich schon ganz stolz, daß einige der Mädchen schon ankommen und zutraulich werden. Ich muß mich nur vorsehen, daß sie nicht aufdringlich werden, weil sie dann keinen Respekt haben. Distanz zu wahren ist wichtig. Frl. Wapuski ist für den Anfang ein Mensch, der es großartig versteht, einem langsam den Weg in die Arbeit zu zeigen. Paps, Dein Prospekt aus Hamburg ist ja dieselbe Angelegenheit wie in Braunschweig und Wilhelmshaven und nichts Rechtes. Dann kann ich auch an eine Uni gehen bzw. bleiben, um so eine Ausbildung zu machen ... Auch muß ich sagen, daß ich jetzt schon merke, daß ich viel gelernt habe, denn gegen all die Schicksale, die mir da im Heim begegnen, bin ich wohl aufgeschlossen, aber sie erschüttern mich nicht mehr, weil ich seit dem 1. Semester weiß, was es für einen Dreck auf der Welt gibt,

und ich kann nun mal nicht an ihm vorübergehen. Der Psychotherapeut des Heims, Dr. Haritz, versuchte mich gleich am 1. Tag zur Psychologie zu bekehren (12 Semester, und dann ist man nicht mehr normal!) Jetzt läßt er seine Versuche schon fallen."

(Ich erinnere mich ganz genau an Hannelottes diesbezüglichen „Abendbericht" auf meiner „Bude", der wegen der versuchten Einflußnahme auf meine Lebenshoffnung Hannelotte Anwandlungen von Eifersucht in mir hervorrief, was ihr natürlich nicht verborgen blieb und mir die erste „Gardinenpredigt" unseres Miteinanders einbrachte. Daraus ist „hängen" geblieben ihr Richtspruch: „Eifersucht ist eine Leidenschaft, die mit Eifer sucht, was Leiden schafft.") Hannelotte in ihrem Brief weiter: „Im Augenblick liegen bei mir schöne Maskenseiden, aus denen ich mit den Mädels Kappen basteln will, Kopfzerbrechen macht mir dabei das Maschinennähen, das ich nicht beherrsche. Natürlich dürfen sie es nicht merken ... heute abend ..." (Anm.: Als fünf Jahre später unser erster Sohn heranwuchs, hat sie mit unserer wohl mühsam „abgestotterten" hochmodernen Pfaff-Nähmaschine auf viele Jahre hinaus begonnen, geldsparend, mit der sich jetzt bezahlbar machenden Nähmaschine, oft ebenfalls geldsparend „aus alt mach neu", manches Kleidungsstück herzustellen.) „... heute abend alles jüngere Semester eingeladen sind, die wir uns für unsere Landsmannschaft warm halten wollen ... Morgen abend gibt es das Magnificat von Bach. Es wird mir ‚Öl auf die Seel' sein."

Natürlich war auch dies eine „Zweierveranstaltung" von uns beiden, „Öl auf die Seel" – das vom Magnificat und anderer Balsam taten ihr gut. Ein „Dauerbrenner" aus diesem Heim für gefallene Mädchen waren die Ausreißer, die sich als Fernfahrer-Liebchen ihren Unterhalt besorgten, bis sie irgendwo von der Polizei wieder aufgegriffen und nach Rosdorf zurückgebracht wurden, wo Hannelotte sie dann in Empfang nehmen durfte.

Natürlich ist diese täglich neu aufgerührte Mischung aus gegenseitigem Kennenlernen, in dieses hineinbrechendem Abschied vom Jurastudium, Universität und Göttingen, Fertigwerden mit allem Neuen und viel abstoßend Fremdem in Rosdorf nicht ohne Einfluß auf unsere nähere allabendlichen Begegnungen geblieben. Hannelotte war manchmal nicht mehr die frohsinnig-unbeschwerte „alte“, sondern psychisch und physisch erschöpft, mußte mit dem in Rosdorf erlebten Gassen- und Gossenniveau junger Menschen fertig werden – gegenüber einem Jüngling, der auf Klärung des beiderseitigen Verhältnisses drängte, das doch in zunehmendem Maße „klar“ war, der aber deshalb umso mehr oft verzweifelt auf Erklärung des „Unausgesprochenen“ wartete ... Und so blieb bisweilen der Tonartwechsel von Harmonie zu Disharmonie nicht aus, der aber – bei Abwesenheit des anderen mit brieflicher Hinterlassenschaft auf seinem Zimmer – wieder in Einklang zurückverwandelt wurde.

Hannelottes Abschied vom Studium, unserer Landsmannschaft Ordensland – ihren beiden „ins Blut übergegangenen“ Buchstaben „LO“ –, von Göttingen und mir stand nun bald bevor, mein eigener würde nun ebenfalls in absehbarer Zeit folgen. Ein paar gemeinsame Unternehmungen mit ihr habe ich bereits erwähnt. Wenn ich mir die Eintragungen in meinem Notizbuch 1956 von Anfang Februar bis zu unserer gemeinsamen Abreise am 17. März ansehe, so scheint es mir, als hätten wir vor Eintritt des „nie kehrst du wieder goldne Zeit, so frei und ungebunden“ aus dem Studentenlied „O alte Burschenherrlichkeit, wohin bist du entschwunden“ die Verse „so frei und ungebunden“ in den uns noch verbliebenen Wochen voll auskosten wollen. Etliche Male hatte ich als „Herr Vertreter“ meiner Hochschulgruppe Ostpreußen auf Kommersen der einladenden Burschenschaften und des VDSt dieses Lied aus voller Brust mitgesungen – mit frohem Lachen, daß dieses „Entschwinden“ ja noch nebulös in ganz weiter Ferne lag. Nun aber war es herangekommen. Dies also hat der insoweit mit Hannelotte gemeinsame Terminkalender festgehalten:

„Amerika-Abend Casa“, „Zahnmediziner-Fasching“, zwei Mal „Spaziergang Herberhausen“, die bereits erwähnte „Entführung aus dem Serail“, „Skat“, „Bilder Bollensen“, „Monsignore Dr. Krahe: Friedland im Zeichen der großen Heimatlosigkeit unserer Zeit“, „Agnes-Miegel-Abend“, „Arbeitsbesprechung in Rastenburg“ (Hannelotte wohnte im Rastenburger Weg 2, wir nannten ihr Dachdomizil „Rastenburg“) und andere LO-Veranstaltungen, „Bullerjahn“, „Wir wollen tanzen gehen“, „Schibi Geismar“, „Hilpert/Morgenfeier“, „VHDS-Rundgespräch“, „Alpenverein/ Ostpreußenhütte“, „Pätzold-Hochzeit“ (ich war als so etwas wie LO-Vertreter zur Hochzeitsfeier der ältesten Tochter Karin unseres Freundeskreis-Vorsitzenden Pätzold eingeladen, nicht aber Hannelotte, die von Pätzolds offenbar noch nicht als die mir eigentlich zugehörige Tischdame eingestuft wurde, vielleicht wollte man mich auch mit einem anderen jungen weiblichen Familienmitglied „zusammenbringen“, das dann meine Tischdame war), „Ludwigstein“, „Spaziergang Nikolausberg“, „Capitol – Ich denk’ so oft an Pitoschka“, „Antonius und Cleopatra“, „Anni Makait“ (ein opulentes Abendessen bei Hannelottes Memelländer Freundin, sie hatten sich ja in Tübingen kennengelernt), „Theater, Der Unbestechliche“, Film „Ein Mädchen aus Flandern“, „Einladung Frau v. Reedern“, „Fleck Podszuweit“, „Abschiedsabend“ und noch so manches steht da ...

Aus der Reihe unserer Unternehmungen möchte ich diese herausgreifen:

Der schon im Brief über meine „Justierung“ auf Hannelottes Rosdorf-Praktikum erwähnte „Faschingsfleiß“. Mit ihren Rosdorf-„Damen“ hatte sie ja schon ihr „erstes Kostümfest“ gefeiert. „Mit einem leichten Kater von meinem ersten Kostümfest“ (Anm.: Es war ihr zweites!) berichtete sie ihren „parentes“ am 4.2.56: „... An diesem Freitag, abends, hatten wir, d. h. Blacky

Schwarz, nette Zahnmedizinerin, und Parplies und Fritjof und ich uns vorgenommen, Kostümfest mitzufeiern bei den Zahnmedizinern. Zwei Tage war die Kostümfrage sehr akut. Schließlich wurden aus Maskenseide zwei Russenkittel geschneidert. Pelzmütze, Stiefel. Ich hatte einen Rock aus blau, rot, grün, schwarzen Streifen. Stiefel von Tante Paula. Aus Dutt Pferdeschwanz gemacht. Sah alles sehr nett aus. Tante Paula und andere waren begeistert. Fritjof gewann bei einem Wettspiel eine Flasche Henkel (16,– DM). Wir soffen. Es war nett. Um 4 Uhr war ich in Rastenburg. Jetzt beim Mittagessen versuche ich meinen Durst mit einem Bierchen zu stillen ..." Zu ihrem „leichten Kater" und Nachdurst noch meine Randnotiz im Brief an die „parentes"[1]: „Gestern abend waren wir zünftig russisch: Kostüme (hoffentlich sind die Schnappschüsse gut geworden!) – Stimmung (himmelhoch-jauchzend, zu Tode betrübt), Getränke (Bärenfang, Wodka, Sekt, Bordeaux), heute leicht verkatert." (Anm.: Das war bestimmt gewollt recht abschwächend formuliert!)

Und: „Um 4 Uhr war ich in Rastenburg" (in ihrer Dachkemenate im Rastenburger Weg 2), schrieb sie ihrem Vater, ihm, der gelegentlich seine Sittenstrenge hinter väterlichen Liebesbeteuerungen für seine tugendsame Tochter verbarg, worauf sie stets „gar nicht so lieb", sondern erbost reagierte. Um 4 Uhr am frühen Morgen! Das verstieß eklatant gegen alle damals noch gültigen Gesellschafts- und Anstandsregeln, die ein „unbescholtenes, junges Mädchen aus gutem Hause", wie die normativen Termini für diesen gesellschaftlichen Bereich lauteten, und in gleicher Weise ein junger Mann im Umgang mit ihm zu beachten hatte. Danach war mit Herrenbesuch – wenn überhaupt – auf

---

[1] Wiederholung; aber die Brieftexte an ihre Eltern, denen ich noch etwas hinzufügen durfte, las ich grundsätzlich nicht und hätte sie mir auch von sich aus nicht zu lesen gegeben, und so wußte ich nicht, ob und was sie ihnen über den Abend geschrieben hatte.

ihrem Zimmer spätestens um 22 Uhr Schluß und gemeinsames Ausgehen, selbstverständlich nur in Lokale „mit gutem Namen“, allenfalls bis gegen Mitternacht statthaft. Aber Hannelotte hatte längst erfahren, und ihre Eltern wußten es auch, daß ich kein rücksichtsloser Lüstling war, sondern die Grenzen kannte und beachtete, die der Status eines Mädchens mit dem ehrenhaften Namen Hannelotte Behrend setzte und der meinige in gleicher Weise auch. Es ist nie darüber gesprochen worden, aber bei der Beobachtung ihrer Eltern von uns beiden sind diese bestimmt mit zunehmender Gewißheit davon ausgegangen, daß ich mich irgendwann „erklären“ und Fritjof Berg ihr Schwiegersohn werden würde. Aber das hing nun einmal von Hannelottes Zustimmung zu diesem formalen Schritt ab, und bis dahin sollte es noch eine gute Weile dauern. Schon jetzt, Anfang Februar, war jedoch Wirklichkeit, was sie mir nach Abbruch ihrer Göttinger Zelte gleich nach Rückkehr nach Bad Nenndorf am 18.3.56 schrieb: „... Schade, daß Du nicht mitkommen konntest. Muttchen hatte schon alles vorbereitet. Du solltest auf dem Olymp schlafen. Tante Käthchen wollte Kuchen backen. (Anm.: Berlinerin und als Nachbarin auf der anderen Korridorseite im Nenndorfer Galeriegebäude „Familienmitglied“ geworden, in Zeiten der Trennung war sie unsere „Herzensbewahrerin“.) Du siehst, Du hast Deinen Platz hier erobert.“ Und so brauchte Hannelotte keine Scheu zu haben, ihren „parentes“ unsere reichlich „frühe“ Rückkehr zu früher Morgenstunde vom Zahnmediziner-Ball brieflich mitzuteilen.

Der „Bullerjahn“! Das war ein Göttinger Spezifikum, wie es dies wohl in keiner anderen deutschen Universitätsstadt von Königsberg bis Köln und von Kiel bis nach Graz jemals gegeben haben dürfte, an den bundesrepublikanischen Universitätsneugründungen mit ihrer rein utilitaristischen Ausrichtung ohnehin nicht. Nach meiner Erinnerung alltäglich, mindestens aber mehrmals wöchentlich versammelten sich im Göttinger Ratskeller gegen Mitternacht an die hundert und mehr zumeist Korporationsstudenten mit Band und Mütze, um den Bullerjahn nach einem eingefahrenen Ritual zu feiern oder besser mit zu veranstalten. Punkt 0 Uhr erscholl aus allen Kehlen als „Ouvertüre" in tonleiterartigem Auf und Ab „Herr Direktor Bullerjahn, Bullerjahn, Bullerjahn, Herr Direktor Bullerjahn, Bullerjahn ist da." Danach, provozierend, nach der damals allen noch geläufigen Melodie „Reserve hat Ruh!": „Die Musik hat Schlaf, die Musik hat Schlaf, und wenn die Musik Schlaf hat, dann hat die Musik Schlaf!" Die Kapelle – nach meiner Erinnerung alle „Holz", nicht auch „Blech"- und ihr Kapellmeister ließen sich erst mehrmals mit dieser „Aufforderung" bitten. Wenn sie dann zu ihren Pulten anstolziert kamen – sie spielten routiniert, frei – schwenkte der Gesang sofort um in ein mit rhythmischen Tonintervallen fröhlich klingendes „Ist das nicht der wunderschöne Meyer? Ja, es ist der wunderschöne Meyer!" womit hundert(e) ausgestreckte Arme den Herrn Kapellmeister begrüßten. Nach einigen Da Capos fiel die Kapelle ein, und nun ging es los, ein pausenloses Repertoire von Studenten- und evtl. auch „vaterländischen" Liedern aus der „Bierbibel", wie das Kommersbuch in den Verbindungen genannt wurde. Von „O alte Burschenherrlichkeit, wohin bist du entschwunden" bis zum „Lied der Lieder", dem „Gaudeamus igitur iuvenes dum sumus". Hierzu erhob sich feierlich die gesamte Corona im Ratskeller, die aktiven Verbindungsstudenten mit ihrer Farbenmütze vor der Brust, die schon „inaktiven", falls mit „Tönnchen", mit Handauflegen auf dieses. Die eben erwähnte „Bierbibel" brauchte zum Absingen niemand, alle Texte und Melodien saßen „wie im Schlaf" – auch bei mir. Zum „Bullerjahn"-Chorkonzert floß natürlich der „Gerstensaft" pausenlos ..., und wenn sich nach den letzten Takten der Ratskeller entvölkerte, wollten immer wieder einige, wahrscheinlich Erstsemester – in Schlips und Kragen, das war damals unsere selbstverständliche Kleidung bei studentischen Zusammenkünften – dem Göttinger Wahrzeichen „Gänseliesel" vor dem Rathaus, auf einem Sockel in einem Wasserbecken stehend, der nur durch einen Sprung von der Beckenwand über das Wasser zu erreichen war, ihre Liebesbezeugung mit einem Kuß auf Liesels erzenen Mund machen.

Mit Sicherheit ist der eine oder andere mit einem mißlungenen Sprung dabei im wahrsten Sinns des Wortes auch „baden" gegangen, ich habe es selbst nicht miterlebt. Dagegen sehe ich immer noch die Polizei-Doppelstreife in unmittelbarer Gänseliesel-Nähe, die nicht immer, aber oft den Gänseliesel-Anspringer zur Feststellung der Personalien auf das benachbarte Polizeirevier mitnahm. Die Erregung öffentlichen Ärgernisses, als das der Kuß auf den kalten Mund des Göttinger Wahrzeichens offensichtlich eingestuft wurde, war damals noch eine strafbare Handlung.

Selbstverständlich erschien manch ein studiosus auch in weiblicher Begleitung. Hannelotte hat zu unserer „Bullerjahn"-Teilnahme am Freitag, dem 17. Februar 1956, in meinem Notizbuch für diesen Tag mit Bleistift eingetragen: „Bullerjahn gegrölt! Furchtbar! Schluß 1 Uhr." Das war aber keineswegs Ausdruck des Entsetzens. Eher der einer weiblichen Verlegenheit gegenüber dem Ausbruch geballter jugendlich-männlicher Lebensfreude, dem sie sich nicht verschlossen, sondern an dem sie mit ihrer warmen Alt-Stimme freudig mitgewirkt hatte. Sie war so belustigt von diesem Göttinger Ratskeller-Sangesspektakel, daß sie einem der ihr Studierzimmer mit bewohnenden Stoff-Kunststofftierchen, einem niedlichen kleinen Äffchen, den Doppelnamen „Neckarius-Bullerjahn" gegeben hatte (nach örtlichen Kennzeichen ihrer Almae Matres, dem Neckar in Tübingen und eben dem Bullerjahn im Göttinger Ratskeller).

18. Februar 1956, einen Tag – richtiger: Abend – nach unserem Bullerjahn-Abend im Göttinger Ratskeller. Wir feiern die Verlobung unseres LO-Freundes Gerd Grzybinski, der gestern Geburtstag hatte, mit Annelore Ritter. Hannelotte hat noch am Verlobungstag den „parentes" unser Mitfeiern bei diesem Ereig-

nis angekündigt, das für uns Jüngere in der LO etwas Besonderes war: „nachdem ich nach Empfang des so lieben Päckchens mich ergiebig ausgeruht habe, will ich nun, bevor es zu einer Verlobungs- und Geburtstagsfeier unseres Kumpels Schibinsky geht, den schon angekündigten Brief vom Stapel lassen ... Obwohl ich mein süßes Fliederkleid anhabe, zog ich die dicken Strümpfe über, denn wir müssen nachher über Land. Hin geht es ja mit dem Bus, aber zurück wird es schon eine Wanderung werden. Sie sind herrlich warm und passen zum Mantel, zum Dirndl und Rock sehr gut. Habt vielen lieben Dank." Von unserer LO war mindestens noch Hans-Günther Parplies dabei. Die Verlobungsfeier fand im Kindergarten von Geismar statt, wo Annelore, die dort Kindergärtnerin und bei ihren Kleinen wie bei deren Eltern sehr beliebt war, in hohem Ansehen stand. Bei Speisen und Getränken ohne Ende wurde diese ostpreußische Familienfeier unter uns ziemlich Gleichaltrigen ein „tolles" Ereignis. Angefeuert von der überbordenden Hochstimmung – und in Gedanken wohl auch an eine hoffentlich bald kommende gleiche offizielle Bestätigung meiner Beziehung zu Hannelotte –, stieg ich um Mitternacht in die Kasperlebühne in Annelores Kindergarten. Und deklamierte „ex tempore", ohne Stottern oder Denkpausen, und in lautgerechten Reimen etliche Zeit, was mir die freudige Stimmung zur „Schibi"-Verlobung so eingab. Kein Wort davon ist in meinem Gedächtnis haften geblieben, aber es soll ein großartiger „Gedicht"-Vortrag gewesen sein. Ich kann mich auch kaum an den Heimweg zu Hannelottes Haustür und dann zu meinem Zimmer im Papendiek 16 erinnern. Wir hatten strengen Frost, und die im Brief an die „parentes" gelobten dicken Wollstrümpfe haben ihr bestimmt gut getan. Hannelotte hat in mein Notizbuch „Schluß 5 Uhr" eingetragen. Zu der wiederum „frühen" Stunde unseres Aufbruchs habe ich ihr danach – weil sie so ein bißchen die über sich selbst Erstaunte und Entrüstete spielte – erzählt und vorgesungen, was mein Großvater Wilhelm Berg, der in seinem Heimatdorf Goldbach ja ein begehrter Gesellschafter und Unterhalter bei Geselligkeiten aller Art gewesen war, zu solchen „Schluß"-Zeiten mit einer Melodie von sich gab: „Frühmorgens um 6, da ist's an der Zeit zum Nachhausgehn für anständ'ge Leut!"

Annelore stammte aus dem Raum Mohrungen. Ihr Vater war dort Revierförster gewesen. Sie hatte ihn schon im Alter von 10 Jahren verloren, er starb an einem Nierenleiden. Nach seinem Tod zog ihre Mutter nach Mohrungen. Sie hatten dort ein Haus unweit des Herder-Gymnasiums. Gemeinsam mit ihr hatte ich in der Zeit meiner Evakuierung von Königsberg dort die Schulbank gedrückt (siehe Band 2.1). Zweifelsohne sind wir uns in den Pausen auf dem Schulhof begegnet. Aber Annelore war ein oder zwei Klassen über mir, es hat Erinnerungen an die gleichen Lehrer gegeben, aber nicht an irgendwelche persönlichen Begegnungen. Erst über Gerd Grzybinski haben wir uns in Göttingen kennengelernt. Die in dem Ganzen liegende Komik hat uns – ohne ihren tragischen Hintergrund des Kennenlernens nicht in Mohrungen, sondern in Göttingen zu vergessen – immer belustigt. Annelore hatte ein sanftmütiges Wesen, sprach von ihrem Auserwählten und redete ihn so ganz ostpreußisch nur mit „Gerdchen" an (wie ich mein „Hannelchen"). Hannelotte hat mit ironischem Blick auf sich selbst oft den Bibelspruch „Selig sind die Sanftmütigen" zitiert, was sie durchaus nicht immer war, wenn in ihr „wild der See flutete" (Anfang des Masurenliedes „Wild flutet der See") oder „die Pussiwansche" (Ahnin väterlicherseits, geborene Pussiwan) in ihr durchbrach (auch dies ihre selbstbezogene Charakterisierung bei anschwellenden Gemütswallungen, wozu dann auch das „Hermannzeiten!" aus ihren beiden Jungmädchenjahren in Bayern und die Drohung „ich werde fuchsteufelswild" gehören konnten). Was aber nichts daran änderte, daß sie ein durch und durch gütiges, ausgleichendes und versöhnendes Wesen hatte. Sie hat sich mit Annelore ausgezeichnet verstanden.

Gerd hatte in Rastenburg die Herzog-Albrecht-Oberschule besucht. Sein Vater war Finanzoberamtmann. Gerd wurde in der staatlichen Jugendorganisation Deutsches Jungvolk/Hitlerjugend Stammführer im Bann 4/Rastenburg und stand damit im Rang gleich unterhalb eines Bannführers. Ich bin überzeugt, daß er auch in dieser Position genauso ehrenhaft, charakterstark, geradlinig, pflichtbewußt, zuverlässig, kameradschaftlich, freundschaftlich, mit Entscheidungsstärke gedacht und gehandelt hat, wie Hannelotte und ich ihn später in Göttingen kennengelernt haben. Charaktereigenschaften, die nun einmal herausragende Führungseigenschaften waren, sind und immer bleiben werden. Wenn er gleichwohl keine Führungsaufgabe in unserer Hochschulgruppe/LO übernahm, sondern ohne Ablenkungen und anderweitige Inanspruchnahmen zielstrebig sein juristisches Referendarexamen ansteuerte, so lag das an dem sechseinhalbjährigen persönlichen und beruflichen Zeitverlust, den er durch Krieg und Kriegsgefangenschaft erlitten hatte. Nach Ableistung seiner Arbeitsdienstzeit wurde Gerd am 1. Juli 1943 Soldat im Infanterieregiment 2 in Allenstein. Als Leutnant und verwundet geriet er am 23. Februar 1945 in dem zur Festung erklärten Posen in sowjetische Kriegsgefangenschaft – in der er, wie Millionen andere deutsche Soldaten in Ost und West, kriegsvölkerrechtswidrig noch lange Jahre über die (nur) militärische Kapitulation Deutschlands am 8. Mai 1945 hinaus festgehalten wurde. Er befand sich in einem Offizierslager in der Nähe von Dorpat. Er hat sich immer gewundert, daß, wie es in der Roten Armee der Fall war, in der „Alle sind gleich-Diktatur" auch die deutschen Offiziere insgesamt besser behandelt und versorgt wurden als die Unteroffiziers- und Mannschaftsdienstgrade. Am 6. Januar 1950 wurde er aus der Sowjetischen Kriegsgefangenschaft entlassen und nahm dann in Göttingen sein Jurastudium auf. In der Hochschulgruppe Ostpreußen lernten wir uns kennen. An einem winterlichen Spätnachmittag haben wir uns einmal in der Nähe des Theaters lange darüber unterhalten, ob, wann und auf welche Weise der Wunsch nach Rückkehr in unsere ostpreußische Heimat in Erfüllung gehen würde. Da noch kein Friedenszustand eingetreten war und im Gegenteil die wenige Jahre vorher gegen Deutschland verbündeten Feindmächte in einer zunehmend gefährlichen Konfrontation mitten in Deutschland einander gegenüberstanden und er das Handeln der Staaten auch mittels Krieg selbst erfahren hatte, meinte er am Ende lakonisch: „Es wird einmal einen großen Knall geben, und dann ist alles geregelt." Da zu dieser Zeit noch keiner der beiden deutschen Nachkriegsstaaten wieder über eigene reguläre Streitkräfte verfügte, war klar, daß diesen Knall nur unsere Siegermächte auslösen konnten, ebenso aber auch, daß wir ihn uns nicht wünschen dürften, sondern er um alles in der Welt nicht stattfinden dürfe.

Als Gerd und Annelore, Hannelotte und ich, „Schibis" und wir, er und ich im Bundesdienst, uns in Hannover wiedersahen, wurde Gerd Patenonkel des ersten Berg-Sohnes, ich danach Patenonkel des zweiten „Schibi"-Sohnes. Wir besuchten uns oft gegenseitig, unsere beiden Frauen, die nicht mehr berufstätig waren und sich ganz ihren Familien widmen konnten, trafen sich mitsamt ihrem Nachwuchs hoch häufiger. Wenn eine von beiden einmal ganz- oder mehrtägig und allein außer Hauses sein mußte, wurden die Söhne der anderen „in Pension" gegeben. Diese schöne und nützliche Nachbarschaft(shilfe) fand durch meine Versetzung mit Umzug nach Bonn am Jahresende 1963 ihr Ende.

Gerd, der in Hannover Rechtsberater der dort stationierten Bundeswehr-Panzergrenadierdivision geworden war, wurde, wie ich nach Bonn, nach mir nach Münster versetzt und übte für den im dortigen Raum dislozierten Bundeswehrverband die gleiche Funktion aus. Nach meiner auf meinen eigenen Wunsch erfolgten Rückversetzung von Bonn in die „Provinz", zu Hannelottes und meiner großen Freude wieder zur Wasser- und Schiffahrtsdirektion Hannover, habe ich „Schibis" gelegentlich meiner häufigen Dienstreisen nach Münster mitunter in ihrem ersten Wohnort Handorf bei Münster besucht. In Handorf bei Münster befand sich die Lützow-Kaserne. In ihr war ein würdevoll, eindrucksvoll und mit dem damals noch gegebenen Traditionsverständnis der Bundeswehr ein von dieser soldatisch betreutes Traditionszimmer für das berühmte Königsberger IR 1 (Infanterieregiment 1) eingerichtet. Zu diesem Vorhaben im Handorfer IR 1-Traditionszimmer, zu dem Gerd mit seinem Pkw Kurierdienste für mich geleistet hat, zitiere ich mich selbst aus dem Königsberger Bürgerbrief Sommer 1993, S. 83, dessen Redaktionskollegium ich als damaliger Stadtvorsitzender der Stadtgemeinschaft Königsberg (Pr) angehörte: „Beim diesjährigen Treffen der Kameradschaft das früheren IR 1 – Königsberg überreichte der Stadtvorsitzende im Auftrage eines Königsberg-Berliner Arztes eine Fahnenschleife dieses traditions- und ruhmreichen Truppenverbandes aus dem Jahre 1913, die der Vater dieses Arztes als einstiger Regimentskommandeur unter nicht näher bekannten Umständen gerettet hatte. Die Fahnenschleife ist in das Traditionszimmer des Regiments überführt und dort in die Obhut der Bundeswehreinheit übernommen worden, die die Patenschaft für die Kameradschaft IR 1 pflegt."

Die Übergabe an mich war durch den Sohn besagten Kommandeurs K. Bethge in Berlin erfolgt. Seine Mutter war Deutschbaltin, er selbst Panzeroffizier der Wehrmacht gewesen. Er zeigte mir Aufnahmen von sich in der schwarzen Uniform der Panzerwaffe – ein „Bild von Mann", bei dem die Mädels, wenn sie sich heimlich nach ihm umgesehen haben, die Genickstarre bekommen haben müssen. Er war zum Buddhismus konvertiert, hatte seine Berliner Wohnung in einen Buddha-Tempel verwandelt und trennte sich jetzt von allem, was nicht dazu gehörte. In mein Notizbuch habe ich über die Übergabehandlung am 14. Mai 1993 noch eingetragen: „Kurzansprache zu aktuellen Entwicklungen in Königsberg und Überreichung Fahnenschleife Reservebataillon

Fahnenschleife aus dem Jahr 1913

Fahnenschleife – Detailaufnahme

Fahnenschleife – Detailaufnahme

Fahnenschleife – Detailaufnahme

Fahnenschleife – Detailaufnahme

Fahnenschleife – Detailaufnahme

des 1. Ostpreußischen Bataillons (1813/1913) von K. Bethge Kgb./ Bln. an Dr. Weißenberg (IR 1) im Vortragssaal.“ Im Zuge der Umwandlung der Bundeswehr in eine Interventionsarmee für fremde Interessen mit der daher einhergehenden Abschaffung jeglichen Traditionsbewußtseins für die früheren deutschen Armeen ist das Handorfer Traditionszimmer aufgelöst worden. In einer ausführlichen Korrespondenz mit zwei dafür zuständigen Bundeswehroffizieren im Jahre 2017 habe ich mich treuhänderisch um eine würdige Sicherstellung der Fahnenschleife bemüht. Mir ist dabei im Ergebnis mitgeteilt worden, daß sie entweder bei der Militärgeschichtlichen Sammlung (MGS) in der Lützow-Kaserne in Münster-Handorf verbleibt oder dem Militärgeschichtlichen Museum in Dresden übergeben wird.

In ihrem Brief vom 21. Februar beschrieb Hannelotte dann den Beginn dieser „letzten Tage“ im einzelnen: „Die Feier (Anm.: Verlobung) am Samstag war sehr nett und dauerte bis 5 Uhr morgens. Am Sonntag waren Fritjof und ich um 11 Uhr in einem Kulturfilm über Dresden, Meißen, Bautzen etc. Gestern abend waren Vertreter unseres Bundes (Anm.: Hannelotte und ich gehörten dazu) zu den Schlesiern (Studenten) eingeladen, u. zwar zum „Monklissla“ essen. Mohnklöße. Das Rezept habe ich mir aufgeschrieben. Prima, prima, wie unsere Kartoffelkeilchen, ein schles. Nationalgericht ... Dies Wochenende startet nun unsere Wochenendfreizeit auf dem Ludwigstein, einer alten Burg oberhalb des Fuldatals. Es wird sicherlich prima.“

Ungefähr 15 LO’ler waren auf dem Ludwigstein. Einige waren wohl schon in die Semesterferien abgereist oder hatten Göttingen für immer verlassen, den Studienort gewechselt, und auch Hannelottes Ludwigstein-Bericht im parentes-Brief vom 28.2.56 ist schon von Abschiedsstimmung gekennzeichnet:

„Unsere Wochenendfreizeit auf dem Ludwigstein war herrlich. Das Wetter war gut. Die Sonne schien auf die Schneelandschaft.

Hannelotte im Schnee ...

Wochenendfreizeit auf dem Ludwigstein

Die Burg (erbaut 1460) liegt in einem Eckchen, wo Thüringen, Hessen und Niedersachsen zusammenstoßen. Aus unserem Schlafzimmerfenster konnte man den Hanstein sehen, eine Ruine, die schon in der russ. Zone liegt, etwa 5 km weit weg. Am Samstagnachmittag wurde gerodelt und im Schnee getobt. Abends Gesellschaftsspiele und vorgelesen. Klaus Wisotzki war natürlich der Obermanager. Sonntag wieder schöne Spaziergänge ... Der Abschied fiel mir doch recht schwer, als mir so recht deutlich wurde, daß ich nie mehr so in diesem Kreis stehen werde wie eben jetzt. Aber immer kann es ja nicht so schön bleiben ... Die Studentchen fahren alle heim u. Göttingen wird leer. Gestern waren wir mit Uli Herzog und Anni Makait zusammen, die nun auch bald abdampfen."

Ich erlebte wegen meiner Teilnahme an der Paetzold-Hochzeit ja nur noch die Sonntagsstunden auf dem Ludwigstein und hier die von Hannelotte beschriebene Stimmung. Dazu gehörte z. B. der Versuch von Klaus Wisotzki, mich zu „waschen", wie wir dieses allwinterliche Zubehör zum Schneeballieren u. a. in Ostpreußen nannten. Der zu „Waschende" wird in den „Schwitzkasten" genommen und sein Gesicht dann gehörig mit Schnee abgerieben, wie es auf der folgenden Seite photographiert worden ist.

Für unsere Ausgelassenheit wie unter Fünfzehnjährigen gibt es nur dieselbe Erklärung, wie ich sie schon allgemein für das ganze LO-„Klima" gefunden habe: Wir holten hier in Sonne, Schnee und Frost nach, was wir als Heranwachsende nicht mehr in dieser Zusammensetzung, eben unter „Lorbassen" und „Marjellens", in unserer Heimat erlebt hatten.

Hannelotte leitete nun ihren bevorstehenden Abschied von Göttingen ein. Sie wollte noch bis Donnerstag, 15. März, ihr Praktikum im Jugendheim einschließlich Nachtwache weitermachen und dann am Wochenende nach Bad Nenndorf zurückkehren,

Beim „Waschen“ im Schnee

Wochenendfreizeit auf dem Ludwigstein

Abschiedsfoto

worauf sie sich sehr freute. Auf meine Bitte, einen Tag früher, am 14. März, Schluß zu machen, da der sonst einzig verbleibende Freitag für die vielen Einzelabschiede und ein abendliches Beisammensein mit ein paar besonders LO-Vertrauten nicht ausreichen würde, reagierte sie zunächst sehr ungehalten. Aber sie hat dann die Notwendigkeit einer Beendigung ihres Praktikums schon am 14. März eingesehen oder selbst erkannt.

Jedenfalls fand der Abschiedsabend am Donnerstag, 15. März, statt, an einem von Hannelotte reich gedeckten Tisch in „Tante Häschens“ „guter Stube“ mit den vielen „adligen“ Requisiten derer v. Reedern, im nur noch kleinen Kreis mit „Blacky“, Bruno Kolwe, Gisela Grimm, Klaus Wisotzki, Anni Makait, Guido Schluff, Hannelotte und mir.

Hannelotte hatte ihr Dachzimmerchen zum 1. März gekündigt, das mir so vertraut geworden war, wie sie es nach ihrer Ankunft zum 3. Jurasemester an ihrem neuen Universitätsort Göttingen den „parentes“ in ihrem Brief vom 2.5.55 beschrieben hatte. Frau v. Reedern („Tante Häschen“ und Frau Podszuweit („Tante Paula“) hatten unsere feste Bindung rasch erkannt, alle „bemutternden“ Einladungen an Hannelotte galten bald auch mir, ich besaß bald das Vertrauen der beiden Damen in gleichem Maße wie Hannelotte. Ich erhielt ohne Umschweife einen Schlüssel zu Hannelottes Dachstübchen, wenn sie ihr Praktikum in Rosdorf absolvierte, damit ich ihren „Bullerofen“ anheizen konnte und sie es schön warm vorfinden sollte, wenn sie zurückkam – die in jenem strengen Winter mitunter nur unter Schwierigkeiten lieferbaren Union-Braunkohlen-Briketts behielten noch viele Stunden ihre Glut. In der so heimeligen Atmosphäre von Hannelottes „Olymp II“ war so mancher „Kitt“ für das fast familiäre Miteinander aller in unserer LO entstanden. Ade nun, aber nicht vergessen!

Hannelotte wohnte nun für den Rest ihrer Göttinger Tage für 25,– DM inkl. Küchen- und Badezimmerbenutzung „adlig“, wie sie es nannte, in „Tante Häschens“ „guter Stube“, und wie sie es im „ Brief an die „parentes“ vom 3. März „10 Uhr morgens in der adligen Wohnung“ im einzelnen beschrieb:

> „... Ich fühle mich in Tante Häschens guter Stube sauwohl. Am bequemsten ist die Gasheizung, die ich natürlich auf Hochtouren laufen lasse, so daß man den Eindruck eines tropischen Gewächshauses haben kann, denn Tante Häschen hat sehr viel Gewächse hier herumstehen. Herrlich ist auch das Bad und die Küche. Ich denke immer daran, daß Ihr es doch auch bald so bequem haben könntet. Es geht doch nichts über eine schöne Wohnung. Für uns wäre diese Wohnung auch gerade passend. 2 Zimmer u. oben meine frühere Kemenate genügte mir doch völlig. Aber wir wollen zufrieden sein, daß es uns jetzt schon so gut geht. Wenn ich an Beckedorf denke, haben wir allen Grund zufrieden zu

Mit Marianne Wannow und ihrem „Zotty“ (I), der sich ihr im Januar mit dem nebenstehenden Gedicht vorgestellt hatte ...

Zu einer der an sie gerichteten „Brauschiaden“: „Aber jehn se!“

Ich bin Zotty, gestatten, Madame?
Ein Sprößling von jenem Bären-Stamm,
der früher hauste in jener Gegend,
wo später Du wohntest, Hannelo Behrend.

Weil oft ich an Ostpreußens Wälder gedacht,
hab ich mich jetzt auf den Weg gemacht –,
zwar hast du kein' Wald, doch ich komm zu Dir,
denn Du bist gut zu Mensch und Tier.

Es war eine kalte Januarnacht,
als ich war auf dieser Wanderschaft.
Mir war so schubbrig und bang im Herzen,
glaub mir, der Weg war voller Schmerzen.

Mein Fell ist ruppig, doch treu mein Sinn,
und quietschen tu' ich, wenn vergnügt ich bin.
Am liebsten ich immer bei Dir blieb' –
Gefall ich Dir? Dann hab' mich lieb!

sein.

Diese alten Stilmöbel hier würde ich am liebsten mitnehmen. Alte Gemälde, Ahnenbilder (eins besonders für Omchen interessant), der Leibadjutant des letzten Kaisers, der der Großvater von Tante Häschen war. Er sieht so herrlich versaufen (Anm.: wohl Schreibfehler) u. gemütlich aus. Die erste Nacht war mein Schlaf hier etwas beklemmend, denn die schweren Möbel und Bilderrahmen waren so ungewohnt. Doch jetzt liebe ich schon alles, vom gläsernen Buddha, der einen leuchtenden Bauchnabel abends hat, bis zur Kupferkanne auf der Heizung. Tante Häschen freut sich, daß ich da bin. Wir kommen glänzend aus. Ich kann schalten und walten wie ich will."

Und so hatte auch ich tagsüber freien Zutritt zur v. Reederschen Wohnung. Einzig unschön war, daß bei jedem Schritt über die schweren Teppiche im „Salon" die Hundehaare von Frau v. Reederns Spaniel durch die Luft flogen, für die Ästhetin Hannelotte ein Greuel!

Im Brief vom 3. März schildert Hannelotte noch einmal, mit Sicherheit zum Grausen von „Paps", ihre Rosdorfer Arbeitsatmosphäre:

„... In meinem Schwersterziehbarenheim geht alles gut. Man bedauert, daß ich weggehe (sicherlich Phrase). Ich mache meistens Hausdienst, d. h. gucke dem Hausdienst auf die Finger, denn wenn die ohne Aufsicht sind, verkommt man im Dreck. Zwei Entwichene sind gestern zurückgebracht worden. Bis Pirmasens sind sie gekommen und wollen dort gearbeitet haben. Manchen Tag ist es oben schön, manchen nicht auszuhalten. Die Mädel sind sehr Stimmungen unterworfen und lassen diese dann an den Erziehern aus (frech und faul)."

Wehmütig schreibt Hannelotte ihren „Abgesang" auf Göttingen im Brief an die „parentes" vom 9.3.56:

„Dies ist der letzte Brief, den ich Euch an einem Wochenende aus Göttingen sende. Aber es ist besser, wenn ich mir die Einmaligkeit meiner Situation jetzt nicht so bewußt mache, sonst wird es alles nur viel schwerer.

Nach einer sehr arbeitsreichen Woche (Tante Häschen guckt besorgt auf meine schwindenden Umfänge) habe ich heute endlich meinen freien Tag, den ich genieße. Lange geschlafen, (10 Uhr) gebadet, in Tante Häschens Gesellschaft gefrühstückt, die mir Anekdoten ihres Großvaters erzählte, der in Lebensgröße über meinem Bett hängt. Sie weint schon immer, wenn sie an den Abschied denkt u. ich ebenfalls, denn so komfortabel und bequem werde ich es lange nicht mehr haben, es sei denn, die BVD-Wohnungen schießen wie die Pilze aus dem Boden ...

Nächste Woche sind Fritjof, Blacky Schwarz u. ich einen Abend zu Leberchen (weil ich es so gern esse) zu Tante Häschen eingeladen. Am Mittwoch fand bei Ratsherrin ein Fleckessen statt. Um 24 Uhr schwankte ich zwei Treppen höher. Wir waren alle blau. (Seit Rosenmontag das erste Mal wieder.) Der Donnerstag war sehr verkatert. Muß ich auch zu Super Schmidt mich verabschieden? Bei Paetzoldt war ich gestern. Am Mittwoch gehe ich das letzte Mal ins Heim. Es wird mir auch schwer, von dort wegzugehen, denn so nett wird es in Wunstorf sicherlich nicht. Dort soll der Tag sehr lang sein. Hier haben die Mädel jetzt Vertrauen zu mir u. kommen zu mir und erzählen. Aber es ist nuscht zu ändern. Am Donnerstag mache ich bei mir eine kleine Abschiedsgesellschaft. Tante Häschen ist prächtig. Sie stellt mir die Küche zur Verfügung. Etwa 7-8 Mann werden wir sein. Am Freitag ist dann allerhand zu tun u. am Samstag geht es ab heidi. Ich trudele dann mal ganz überraschend ein. Sicherlich wird es Sonntag sein. Wäre es Euch recht, wenn Fritjof am Sonntagnachmittag zu Kaffee trinken nachkommt?

Mutsch, zum Donnerstagabend möchte ich ja gern eine schöne Glumstorte haben. Mutsch, wenn Du mir irgendetwas schickst, würde ich mich freuen, denn Kuchen von Müttern sind so beliebt. Ich kann ja auch kaufen, aber das ist doch nuscht. Mach' es, wie es Dir paßt. Wenn bis Donnerstagvormittag nichts da ist, besorg ich etwas. Wisotzki + Gisela Grimm, Bruno Kolwe, Berg, Blacky, Schluff. Ein kleiner netter Kreis."

Die liebe Mutsch schickte dann am 13. März den erbetenen Abschiedskuchen für unsere LO-Achterrunde:

„... eben habe ich das letzte Päckchen für Göttingen fertig gemacht u. den Kuchen mit viel Liebe für Euch gebacken, laßt ihn Euch gut schmecken – ich glaube, er wird besser schmecken als Quarkkuchen. (Anm.: Tat er gewiß, Hannelotte hatte ihre unübertroffene Backkunst in vielem geerbt und brachte diese Kostbarkeit in unsere Ehe mit.) Den Kaffee dazu hat Papa spendiert, u. das nötige Rauchzeug dazu mußt Du einkaufen. Schön wäre ja noch ein bißchen Schlagsahne dazu. Also viel Vergnügen!!! ... Ich freue mich schon sehr auf Dein Kommen, schönen Gruß auch an Fritjof, er ist uns auch jederzeit willkommen ..."

Ich bin dann aber doch nicht, so gern ich es auch getan hätte, nach der Examensfeier von Zwillingsschwester Karin am 17. März in Hannover, nach Nenndorf mitgefahren, wo ich ja, es sei an dieser Stelle aus Hannelottes Brief vom 18.3.56 wiederholt, erwartet wurde: „... Schade, daß Du nicht mitkommen konntest. Muttchen hatte schon alles vorbereitet. Du solltest auf dem Olymp schlafen. Tante Käthchen wollte Kuchen backen..." Ich weiß heute

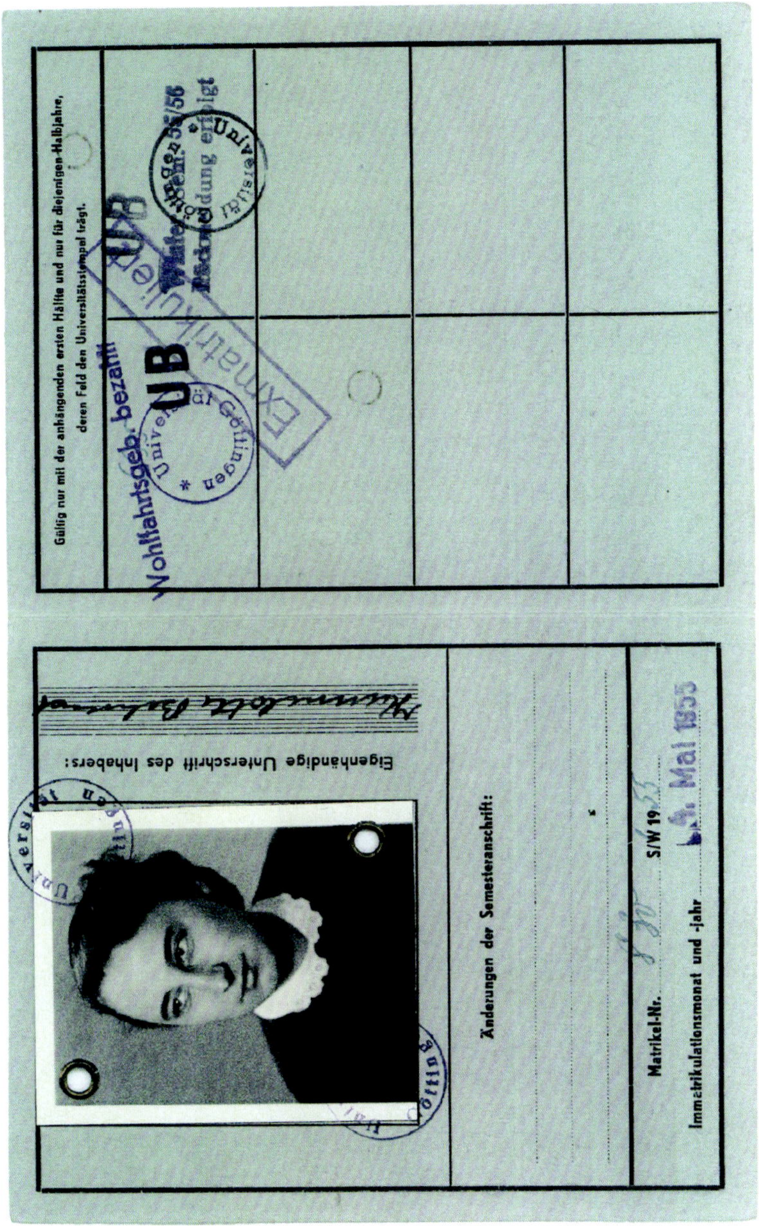

Exmatrikuliert! – Nie kehrst du wieder, gold'ne Zeit ...

Hannelotte bei der Abreise aus Göttingen, Handfeger und Schaufel wurden über mich unserer LO für ihre Casa vermacht.

Han
Schülerfahrkarte Nr 58437 h
Tag der Ausg
Personenzug
von Göttingen 2
nach
über
3. Kl. 143 km
Nicht übertragbar
4 DM 4

die Gründe für meine Entscheidung nicht mehr. Wenn es kein anderer war, hat mir wahrscheinlich eine innere Stimme gesagt, daß es wahrscheinlich richtiger ist, erst einmal Hannelotte mit ihren Eltern ganz allein zu lassen. Denn nach allem mündlichen und schriftlichen Hin und Her der letzten Monate und „Papchens" scheinbarem Sichabfinden mit Hannelottes künftigem Berufsweg stand ihm nun ja zum ersten Mal die tatsächliche ex-stud. iur. Hannelotte Behrend gegenüber – das sollte besser ohne meine Anwesenheit vor sich gehen!

Jetzt begann für Hannelotte und mich ein halbes Jahr lang das Briefeschreiben. Die erste Post von uns trägt noch das Datum des 18. März: „... Meinen beiden geht es nicht gut." (Anm.: So bezeichnete sie in vertrauter Umgangssprache immer ihre Eltern.) und fährt dann fort: „Mensch, Fritjof, das Winken war doch gräßlich grausam, nicht? Wie eine arme Irre stickte ich mein Deckchen, um etwas zu tun zu haben. Aber es gab Augenblicke nachmittags, wo das H_2O nicht mehr weit war. Aber was hilft das Heulen. Es geht jetzt nicht. Jedenfalls haben wir in den vier Monaten doch viel viel gemeinsam gemacht u. uns dabei kennengelernt. Es ist blöde, großartig über das alles zu schreiben. ‚Worte gehen noch am Unsäglichen aus!' (Rilke) Du fühlst vielleicht, wie mir zumute ist ... Ich bin zu müde und traurig, um noch groß etwas zu sagen. Eine Gute Nacht von Deiner Hannelchen."

Sie schreibt dann in einer Fortsetzung am 19.3.56 zunächst wieder: „Meinen beiden geht es nicht gut. Mutsch sogar schlecht" und dann an anderer Stelle des Briefes berichtet:

> „... Nachmittags mußte ich ja endlich zu Agnes (Anm.: Miegel), weil der Kuchen ja sonst wohl eingetrocknet wäre. Sie war reizend. Eine halbe Stunde haben wir uns sehr gut unterhalten. Für 1,10 hatte ich Perlblümchen von uns mitgenommen und gratulierte ihr noch nachträglich (Anm.: Sie hatte am 9. März Geburtstag.) Sie erkundigte sich nach Gisela Grimm, Wisotzki u. nach Dir („die drei, die damals da waren"; Anm.: zu ihrem 75. Geburtstag am 9. März 1954). Ich mußte ihr von Euch erzählen. Meine Pläne kamen dann, u. zum Schluß nahm sie mich in den Arm, was sie noch nie getan hat. Richtig mütterlich."

Dazu ich am 21. März 1950: „Agnes hätte ich auch zu gern wieder begrüßt ... Sie muß ein starkes Einfühlungsvermögen und Deine Lage erkannt haben, sonst hätte sie doch nicht diese sehr menschliche Seite gezeigt. Daß Dir eine große Frau solche menschliche Nähe schenkt, darauf bin ich stolz ... Das Denken an die lange gemeinsame Zeit und an die kommende wird die Trennung reichlich ausfüllen. Der Deinige Fridolin!"

Die Briefe, die zwischen Hannelotte und mir in der Zeit ihres halbjährigen Praktikums in der Jugendpsychiatrie Wunstorf vom 3. April bis Ende September 1956 hin und her gegangen sind, waren ausgefüllt vom Berichten und „Verarbeiten" ihres dortigen pflegerischen Dienstes im „Lebensraum“ der geistig Behinderten, der sie physisch und psychisch in einem Höchstmaß gefordert hat. Auf meiner Seite waren es natürlich die Examensvorbereitungen, vor allem die Klausuren (s. u.), aber bei weitem nicht in demselben Umfang und psychischen Gewicht, wie es bei Hannelotte der Fall war (die auch etliche Pfunde allein durch die endlosen Laufereien in ihrem Verantwortungsbereich „schmiß“!). In ihren Briefen schrieb sie sich von viel Schwere des täglich Erlebten „frei“ – zu dem die Anhänglichkeit nicht weniger ihrer liebebedürftigen Zöglinge ein gewisses Gegengewicht bildete. Ich lernte zuzuhören und zurückzustecken, wenn ihre Reserven für eine Wiederkehr des „alten“ Hannelchen aus den insoweit unbeschwerten Anfängen unseres Kennenlernens, noch ohne Schwersterziehbare in Rosdorf und z. T. psychisch schwerkranke Kinder in Wunstorf, nicht ausreichten. Sie hat in ihren Briefen aus Wunstorf mehrfach ihrer Erleichterung darüber Ausdruck gegeben, daß sie in mir jemanden besaß, der an die Stelle eines dynamischen „Ich“ das „Wir“ im Tragen und Abarbeiten ihrer schon „hauptberuflichen“ alltäglichen Anforderungen und Belastungen setzte. Es hat Hannelotte nicht nur „gewurmt“, sondern traf den innersten Kern ihres Selbstbewußtseins und ihrer Lebensauffassung, als ihr gleich zu Beginn ihres Dienstantritts in Wunstorf die pflegerische Stationsleiterin, ihr, die sich obendrein so ungern „etwas sagen“ ließ, mangelndes Verantwortungsbewußtsein vorhielt, da sie Neuankömmlingen auf der Station das „Bettenbauen“ nicht peinlichst genau ohne auch nur das geringste Fältchen in der Bettwäsche und gradgenaue exakt rechtwinklige Ausrichten beigebracht hatte – wie ich selbst es ja als Pimpf in Sarkau erfahren hatte, siehe Bd. 2.1, vorhielt. Ich habe daraufhin, was Hannelotte nicht „hundertprozentig“ wegen der daraus evtl. erwachsenden, von ihr befürchteten Schwierigkeiten gefiel, zwei oder drei an sie gerichtete Postsendungen mit „Fräulein stud. V-Gefühl Hannelotte Behrend, Wunstorf, Südstr.

25, Jugendklinik" adressiert. Auch unsere private Post ging ja über die Posteingangsstelle, wurde dort gewiß neugierig „registriert" und wenn, wie hier, auffällig-interessant, bestimmt auf dem „inneren Dienstweg" weiter verbreitet. Einmal ist sogar ein Brief von mir an Hannelotte unbefugt geöffnet worden, es war natürlich niemand gewesen, die Nachforschungen verliefen im Sande ... Jedenfalls hörten die Zurechtweisungen wegen „mangelnden Pflichtgefühls" auf, zumal der ärztliche Stationsleiter, ein Medizinalprofessor, bald nach Hannelottes Beginn in Wunstorf in einer Dienstbesprechung – sie nahm an allen teil – verlauten ließ, man könne Fräulein Behrend ihre Tätigkeit ruhig etwas eigenverantwortlicher ausüben lassen.

Von Jungen und Mädchen fast noch im Kindesalter hörte sie ordinärste Ausdrücke und perverseste Aufforderungen, die diese aus ihren gar nicht vorhandenen „Elternhäusern" mitgebracht hatten – und „überhörte" sie geflissentlich. In ihren Briefen an mich verschaffte sie sich dann „Luft" von einem Schmutz, dem sie vor „Rosdorf und Wunstorf" noch nie begegnet war. (Ich z. T. auch noch nicht!) Einen heillosen Schreck mit den schlimmsten Befürchtungen erlitt sie einmal, als ein Junge in einem unbewachten Augenblick, als sie sich um etwas anderes in einer anderen Ecke kümmern mußte, ein Rektal-Fieberthermometer zerbrochen und das Quecksilber „getrunken" hatte. Aber der herbeigerufene Arzt konnte Hannelotte bald beruhigen, da nur Quecksilberdämpfe in der Luft, nicht aber wie hier körperintern, gefährlich seien. Ein anderes Mal hatten Bengels aus der Abteilung der „Älteren" bei einem Ausflug mit der Steinhuder Meerbahn Steine auf die Schienen gelegt und Betriebsstörungen, wenn nicht gar Schäden verursacht. Es war für Hannelotte beruhigend, daß sie, die als Praktikantin über keine eigene Haftpflichtversicherung verfügte, in mir, „ihrem" Juristen, erste (briefliche!) Beratung bezüglich einer etwaigen Haftbarmachung wegen Verletzung ihrer Aufsichtspflicht fand. Außer ihrer Sorge, daß es so kommen könnte, kam aber nichts. Mit dem ihr eigenen Humor schrieb sie ihre Briefe aus der „Pischatrie“, eine Klinikbezeichnung aus dem Munde ihrer Schutzbefohlenen.

Eine starke seelische Stütze wurde für Hannelotte die etwa 10/15 Jahre ältere Stationskollegin, die Rheinländerin (wohl Kölnerin) Dreesen, die mit „auflockernden“ Sprüchen viel Ballast aus den angespannten Gedankenbahnen hinausbeförderte. Eine gute Hilfe für Hannelotte war auch das tägliche Gespräch mit Renate Delbrück, die einen Braunschweiger Ausbildungsjahrgang älter war als sie und mit ihr eine Zeitlang ein Zimmer im Wohnheim der Jugendklinik teilte. An ihren freien Tagen fuhr Hannelotte nach Hause ins benachbarte Bad Nenndorf, wo sie sich von „Mutsch“ leiblich und seelisch wieder auf die Beine bringen ließ, während sie von „Paps“ schwerpunktmäßig immer wieder berichtete, wie er neugierig aber vergeblich hinter meinen so oft auch bei ihren Aufenthalten in Nenndorf eintreffenden Briefen her war. Und wie sie häufige Stimmungstiefs bei ihm in Lachen verwandelte, wenn sie den Hefter mit meinen Briefen frohlockend in der Luft schwenkte. Allein bei ihren Eltern im Nenndorfer Zuhause haben wir uns in der Zeit unseres siebenmonatigen Getrenntlebens neun Mal getroffen, wobei ich nach Möglichkeit meine Reisen aus Göttingen mit einem Besuch meiner Eltern in Leese verband. Ich konnte dann die Fahrpreisermäßigung auf der Bahn für „Schülerfahrkarten“ zwischen Ausbildungs- und Wohnort der Eltern in Anspruch nehmen.

Der erste dieser Nenndorf-Besuche fand über Ostern vom 31. März bis 3. April statt. In Nenndorf hatte sich zu Ostern auch Verwandtenbesuch von Hannelotte angesagt: Familie Dr. Otto Gehrmann. Er war nach meiner Erinnerung Heeresbakteriologe gewesen, jetzt ohne Anstellung. Seine Frau Althèe war eine geborene Frerichs, Tochter des aus Bremen stammenden Besitzers von Gut Angerburg Adolf Frerichs und seiner Ehefrau Gertrud geb. Wolff. Sie war eine vier Jahre ältere Schwester von „Mutsch“

und Hannelottes Lieblingstante, wurde von ihr „Tante Trude/Trudchen“ genannt. Sie verstarb im September 1944, ihr blieb so das einige Wochen später einsetzende Drama Ostpreußen erspart. Althèe und ihre am 11. Februar 1940 in Königsberg (Pr) geborene (und inzwischen auch schon verstorbene) Tochter/spätere Patentante unseres Sohnes Monika betrieben zunächst in Münster und danach in Düsseldorf eine Wäscherei, von den frühen Morgen- bis in die späten Abendstunden, die eine „Knochenmühle“ für sie war. Otto Gehrmann war einmal Besitzer des Gutes Neumühl südlich von Allenburg/Ostpr. gewesen. Gewiß hatte die Kunde von Hannelottes (nach Fritz „neuem“) Freund in ihrer Verwandtschaft hier und da bereits die Runde gemacht. Ob bei Gehrmanns, die dann bestimmt dem Kennenlernen mit mir mit einigem Interesse entgegensahen, weiß ich nicht.

Am 9. Juni, meinem Geburtstag, kam es dann zum längst überfälligen „Antrittsbesuch“ von Hannelotte bei meinen Eltern in Leese. Weniger meine Mutter, die da immer recht verstandesmäßig und abwartend reagiert hatte, umso mehr aber mein Vater war bestimmt auf das Kennenlernen von Hannelotte gespannt. Wie bei allen vorausgegangenen, gescheiterten Bekanntschaften, so auch hier, war ich meinem Vater gegenüber immer wenig mitteilsam gewesen. Meine Zurückhaltung ebenso wie die vage Zahl früherer Bekanntschaften mischten in seine Fragen vielleicht auch Skepsis, wer da wohl kommen würde. Und die, die ich nun ins Haus brachte, gewann augenblicklich die Herzen meiner Eltern und Großmutter Maria Terner geb. Klamant. Karin war bei dieser ersten Begegnung meiner Eltern mit ihrer künftigen Schwiegertochter dabei, sie hatte ja schon ein ganz enges Verhältnis zu Hannelotte gewonnen und unsere Eltern vielleicht schon ihrerseits auf Hannelotte vorbereitet. „Veni, vidi, vici“ (ich kam, ich sah, ich siegte), mit dem ich mich ja auf Hannelottes Nenndorfer „Olymp“ verewigt hatte, trat nun auch für sie gegenüber meinen Eltern und Großmutter ein. Diese war von ihrer taktvollen Art,

Hannelotte beim „Antrittsbesuch“ bei Familie Berg

Hannelotte beim „Antrittsbesuch“ bei Familie Berg

Hannelotte beim „Antrittsbesuch“ bei Familie Berg

Gewandtheit, unkomplizierten Natürlichkeit angetan. Als Hannelotte Jahre später Hannelotte Berg war, hat sie bei unseren Leese-Besuchen immer viele Stunden Großmutter Gesellschaft geleistet und vieles aufgeschrieben, was sie über die Ternersche Familienseite zu erzählen hatte.

Für meine Mutter war Hannelotte sofort, wie sie sie in einem späteren Brief an mich vom 21.3.57 bezeichnete, „Deine Prachtsmarjell". Eine noch weiter gehende Steigerung des so modulationsfähigen ostpreußischen Wortes „Marjell" für ein Mädchen konnte es nicht geben!

Dann aber das Debakel bei meinem ersten Anlauf mit den Examensklausuren. Natürlich kannte Hannelotte den Ablauf meiner Examenszeit und wußten durch sie/und/oder mich auch ihre Eltern, daß, wie es in der Ladung des „Rechtskandidaten Fritjof Berg" vom 23. April 1956 heißt, „in Fortsetzung" meiner „Prüfung die vorgeschriebenen drei Klausuren" im Landgericht Göttingen geschrieben werden mußten. Das war gewiß; ungewiß blieb allerdings bis zum Eingang dieser Ladung, wann der wohl schwerste Teil des Examens vonstatten gehen würde. Brieflich wurden wochenlang vorher Mutmaßungen angestellt, daß ich den mir (doch un-) bekannten Termin verschweigen würde, um dann mit einer umso größeren Überraschung aufzuwarten. Noch mit Briefdatum 26. April 1956 kam aus Wunstorf diese „Gardinenpredigt": „... Mir ist jetzt völlig klar, daß Du im Augenblick Klausuren schreibst, denn anders kann ich mir nicht erklären, daß Du seit Sonntag nichts mehr von Dir hast hören lassen. (Anm.: Sonntag war der 21.4., das war in der Tat eine für unsere Briefintervalle lange Sendepause. Aber ich wußte nicht immer eindeutig, an welchem Tag Hannelotte in Nenndorf war und ob ich meine Post also nach dort oder nach Wunstorf schicken sollte, und so ist Post, die ich „seit Sonntag" an sie nach Nenndorf geschickt hatte, durch Nachsendung erst verspätet bei ihr in Wunstorf angekommen.) ... Ich nehme an, daß ... ich am Sonntag erfahren werde, wie die Klausuren waren (hier wird auch am Sonntag ausgetragen).“ Am 27.4.56 konnte ich nun endlich die Spannung lösen und Hannelotte wahrheitsgemäß mitteilen: „... Damit Du nun siehst, daß ich Dich mit den Klausuren nicht begaunert habe, schicke ich Dir zur Ansicht die Ladung mit. Bitte zurück! BGB also am 9. Mai (!). (Anm.: Geburtstag ihrer Mutter). Ich bekam die Ladung vorgestern ... Ich bin zwar nicht flattrig und aufgeregt und habe klaren Kopf, aber ein Pappenstiel ist es in meiner Lage doch nicht, jedenfalls so, wie ich mich (nicht aus Zweckpessimismus) einschätze“. Nun erhielt ich „Aufmunterungspost“ aller Art, darunter in einem überreichlich und vielseitig gefüllten Päckchen einen Brief, auf dessen letzte Seite sie – auf meine vorausgegangene Bitte – Lippenstiftküsse gedrückt hatte: „Mit Liebe gedrückt! Delbrücken (Anm.: wie schon erwähnt, ihre Zimmergenossin) schrie eben Kakao!“

Aber dann war die Zeit für solcherart Scherze vorbei, es wurde bitterer Ernst. In der Ladung vom 23. April hatte schon in strengem Prüfungston gestanden: „... Gesetzestexte werden Ihnen zur Verfügung gestellt. Die Mitnahme von Büchern, Papier und Aufzeichnungen jeder Art in den Prüfungsraum ist untersagt.“ Noch am 9. Mai erstattete ich Hannelotte auf einer „Mecki“-Karte Bericht (sie hatte davon schon eine ganze Serie erhalten, auf dieser hielt Herr Igel-Mecki einen Federkiel über einem großen Tintenfaß in der Hand und raufte sich die „Borstenhaare“): „in einem Wort zu sagen, was für ein übles Ding die heutige Klausur war. Was o.k. und was – (von Hannelotte vorgeschlagenes Minuszeichen für die von ihr erbetenen Kurzinformationen) ist, weiß ich vielleicht heute nach der Besprechung bei Zunft. (Anm.: Repetitor, Richter, nicht wieder im Justizdienst.) 1 Fehler weiß ich schon, aber sonst hat jeder was anderes. Steinforth führte Aufsicht (Taschen abgeben, Begleitung zum Lokus, wie Strafgefangener) und rümpfte die Nase über den Fall ... Ich hatte Tisch Nr. 15 (jeder ist allein!). Leider nicht ganz fertig geworden.“

Die Strafrechtsklausur am 11. Mai begann mit einer Überraschung: Die Aufsicht führte der Vorsitzende unseres LO-Freundeskreises Pätzold, hier natürlich in seiner hoheitlichen Funktion eines Richters am Amtsgericht Göttingen. In meinem Brief vom 12. Mai an Hannelotte lese ich hierzu: „... Also, Donnerstag kommt Pätzold, klopft mir auf die Schulter und drückt mir ein Freßpaket in die Hand ... Bei einer vorherigen Begegnung mit Familie Pätzold auf der Straße hatte man mir kein Sterbenswörtlein davon gesagt. Ging wohl auch nicht, da alles furchtbar streng und geheim zugeht", wie ich Hannelotte schreibe und mich noch einmal detailliert über die Rahmenbedingungen des Klausurenschreibens auslasse: „Jeden Tag ein anderer Platz. Erst Nr. 15, Donnerstag Nr. 4, heute Nr. 9. Punkt acht Verlesung der „Kriegsartikel" (Täuschungsversuche, Abgabe 13 Uhr, Namensunterschrift usw.), zum Lokus in Begleitung eines Justizwachmeisters, der noch möglichst zusieht – wär mir scheißegal. Heute wurde uns sogar bedeutet, daß Austreten vor 11 Uhr unzulässig sei. Jedes Austreten wird auf Zeit genau eingetragen, Abgabe ebenso, jede ‚verdächtige' Regung. Die menschenunwürdige Behandlung, die bei der Ausbildung üblich ist, hat schon begonnen." Es folgt dann ein Exkurs über die Strafrechtsklausur – tatbestandlich Unterschlagung § 246 StGB oder Diebstahl § 242 StGB – gegenüber einer Ex-Jurakollegin, die Hannelotte ja nun einmal auch war. Daran schließt sich die auch für Hannelotte niederschmetternde Nachricht an: Ich bin „ausgestiegen"! Warum? Ich zitiere mich selbst aus meinem Brief vom 12. Mai:

> „... Auf jeden Fall mußte die heutige Klausur stehen. Die kleine Gefahr, daß bei öffentlich-rechtlicher Hausarbeit BGB-Klausur wahrscheinlich in den Teich gegangen, wollte ich in Kauf nehmen ... Wenn im Mündlichen nicht 100 % unbekannte Sachen gefragt werden, können sie mich mündlich nicht kaputt machen. Dazu schalte ich zu schnell, habe Einfühlungsvermögen, lese im Gesicht des Prüfers und bin

zu gewandt. Diese Prüfungseigenschaften neben wirklichem Wissen haben sie mir alle attestiert. Na, keine Vorschußlorbeeren. Heute früh also 3. Klausur. Man hatte arbeitsrechtliche Gesetzestexte zusätzlich auf den Tisch gelegt. Wir erwarteten eine Pleite. Stattdessen kam ein Fall, den Schütt vor einiger Zeit einmal besprochen hatte. Gemeinde- und Anstaltsrecht. Und trotzdem habe ich versagt. Der Sachverhalt ließ Zweifel darüber, ob neben der materiell-rechtlichen Seite auch die Rechtsmittel zu prüfen waren. Ich fing auf alle Fälle vorsichtshalber mit der Zulässigkeit des Rechtswegs an. Und plötzlich verlor ich den Überblick, verlor die Konzentration und sah die Zeit vergehen. Es hatte keinen Sinn, ich konnte nicht mehr, war fertig. Alles guckte und feuerte mich an – gegen alle Ordnung –, als ich aufstand und zurückgeben wollte. Der Amtsrichter sagte nichts, als ich es ein zweites Mal versuchte. Aber ich konnte nicht und stand um 12 Uhr endgültig auf. Keiner hatte das im öffentlichen Recht von mir erwartet, sie trauten mir da einiges zu. Ja, ich hatte nicht die Ausdauer verloren, aber was nützt das, wenn die Kraft nicht reicht. Alle Erwartung, alle Teilnahme sind betrogen. Ich habe Zeit verloren, bin niedergeschlagen. So ein Glück, keine Klausur mit langwierigen theoretischen Erörterungen, nur Ansprüche und Tatbestände, und trotzdem gescheitert. Was nützt es, daß ich nun weiß, wie schnell 5 Stunden verfliegen, daß ich selbst juristische Abhandlungen so schnell schreiben kann wie einen Alltagsbrief, wenn es sein muß ... Die nächsten Klausuren muß ich schreiben. Auch wenn ich mich noch ein bißchen vorbereiten kann und noch nichts verloren ist und so etwas jedem passieren kann – ich bin so niedergeschlagen und ärgerlich ... Alle Zeitpläne sind durchkreuzt. Aber ich bin zu müde, um mit meinem selbstverschuldeten Schicksal zu hadern. Es ist auch so schwer, weil alle so lieb an mich gedacht hatten und selbst das nicht helfen konnte und nicht der schöne Erfolg am Ende steht."

Hannelotte fand, wie immer, in ihrem Antwortbrief vom 13. Mai und den noch folgenden den richtigen Ton: „... Wenn auch beim nächsten Mal die Panik der letzten Chance da ist, hast Du die Sicherheit des Schon-Kennens den anderen voraus ... Laß den Kopf nicht hängen. Götz v. Berlichingen ..." (Anm.: Diese Redewendung kannte früher so ziemlich jeder, sie bezog sich auf die Götz-Worte in Goethes „Götz von Berlichingen": „Sagt eurem Kaiser, er kann mir mal ...!")

Hannelottes Mutsch hatte mir nahegelegt, den zweiten Klausurenanlauf für mich zu behalten, Hannelotte würde sich zu sehr aufregen. Das wollte ich schon tun, aber: Am Sonnabend, 23. Juni, fand unser LO-Stiftungsfest statt, und Hannelotte wollte schon vorher nach Göttingen kommen. Mit Verfügung vom 1. Juni war ich zu den neuen Klausurenterminen am 20., 22. und 23. Juni geladen worden. Nun hieß es: Friß Vogel oder stirb!

Hannelotte kam am Sonnabend, dem 23. Juni, um 10.48 Uhr in Göttingen an, wurde, da ich selbst ja über meiner letzten Klausur im Landgericht festsaß, von ihrer seit Tübinger Tagen engen Freundin Anni Makait auf dem Bahnhof in Empfang genommen, ging in mein Zimmer im Papendiek 16, wozu sie einen Schlüssel besaß, bereitete ein zünftiges Mittagessen vor und holte mich um 13 Uhr am Portal des nahe gelegenen Landgerichts ab, den wohl schwierigsten Teil meines Examens hinter mir lassend. Nach bestandenem Examen am 24. August wurde mir eröffnet, daß meine BGB-Klausur mit „noch ausreichend", die Strafrechtsklausur „ausreichend" und die öffentlich-rechtliche mit „voll befriedigend!" bewertet worden war. Hannelotte hat bis zu ihrer Abreise von Göttingen am 26. Juni in den ihr vertrauten Gefilden in „Rastenburg" (Rastenburger Weg) bei „Tante Paula" kampiert, die uns mitsamt Frau v. Reedern am 25. Juni zu einem fest-

Bildunterschrift Hannelotte: „Noch steifer geht es nicht ...“

Helga Kotowski und Dietmar Onigkeit

lichen Abend-Diner mit Beschlag belegte. Das (wie immer gelungene) Stiftungsfest im VdSt-Haus am Nikolausberger Weg hatte mit einem nächtlichen Lampion-Umzug geendet. Der befreiende „Überbau“, der sich an einem schönen gemeinsamen Wochenende über alle Last der vorausgegangenen Tage für Hannelotte in der Wunstorfer Kinderpsychiatrie (sie hatte vier Tage lang den Stationsdienst allein versehen müssen!) und für mich im Göttinger Klausuren-Ghetto gelegt hatte, inspirierte Hannelotte am 28. Juni zu einem sprühend-charmant-liebevollen Brief, wie sie ihn bisher selten zustande bekommen hatte.

Der Ablauf meiner Göttinger Zeit war jetzt fast nur noch von den Examenszwängen bestimmt. Zwar hatte ich mich nicht wie sprichwörtlich Diogenes in seine Tonne zurückgezogen, aber die Eintragungen in meinem Notizbuch über Vorhaben, Termine usw. sind doch wesentlich spärlicher ausgefallen, als es vorher der Fall gewesen war. Die Ablenkungen durch die LO und die dortigen langsemestrigen Kumpane hörten mit dem Abschluß-Konvent zum Ende des Sommersemesters 1956 am 26. Juli gänzlich auf.

Ein herausragendes Ereignis war die Hochzeit von Gerd Grzybinski und Annelore Ritter am 7. Juli. Die Trauung fand natürlich unter Beteiligung von „Tante Annelores“ (damals selbstverständlich noch rein deutscher und großer!) Kinderschar und ihrer Muttis/Mamas in Geismar statt. Ich war Brautführer, meine Begleiterin und Tischdame eine Cousine von Annelore, ein Elternteil Ostpreuße, gelernte Krankenschwester.

Frau Erna Hoffmann wurde am 10. Juli 70 Jahre alt und lud mich zu einer Geburtstagsfeier am Nachmittag dieses Tages im idyllisch gelegenen Gartenlokal „Kehr“ am Stadtrand von Göttingen ein. Sie war die Gattin des letzten, verstorbenen Kurators der Universität Königsberg und fügte ihrem Namen, wie es damals nicht mehr allgemein üblich war, aber eben noch vorkam, sehr selbstbewußt und energisch weiterhin die Amtsbezeichnung „Kurator“ ihres Gatten hinzu. Als ich ein einziges Mal die bloße Anrede „gnädige Frau“ „riskierte“, wurde ich mit „Frau Kurator bitte“ zurechtgewiesen. Dieser „Frau Kurator“-Kult entsprang aber sicherlich nicht oder nicht nur dem Geltungsbedürfnis einer starken Persönlichkeit, die Frau Hoffmann von Natur aus war. Sie hatte damit erkennbar auch im Sinn, mit dem Bestehen auf der Kurator-Amtsbezeichnung als Bestandteil ihres Namens ein Zeichen für den geistig-wissenschaftlichen Fortbestand der Universität Königsberg mit einer besonderen Verpflichtung der „Paten“-Universität Göttingen zu setzen. Sie nahm sich selbst dabei in die Pflicht, indem sie laufend Mitglieder unserer LO zum Mittagstisch, Nachmittagskaffee oder z. B. mich auch zum Skatspiel einlud, das sie sehr liebte. Ihre Tochter Heide, die unverheiratet war und es wohl auch bis zu ihrem Lebensende blieb, war ein geistig, ethisch und auch in ihrer Haltung zum eigenen Volk ganz hochstehender Mensch, mit dem Hannelotte und ich über die Jahre hinweg in lockerer Verbindung blieben. Sie war „durch und durch“

Hochzeit von Gerd Grzybinski und Annelore Ritter

Hochzeit von Gerd Grzybinski und Annelore Ritter

An meiner rechten Seite: Kurator-Tochter Heide Hoffmann

Geburtstagsansprache: NN, an seiner rechten Seite: Frau (Prof. Dr. †) v. Selle, rechts neben ihr Elisabeth Reinecker, unten links mit Brille: Univ.-Inspektor Schütze – alle Albertina Königsberg – Georgia Augusta Göttingen

An der Geburtstagstafel, Frau Kurator Hoffmann

Ostpreußin wie ihre Mutter. Hier, auf dem „Kehr“, hatte „Frau Kurator“ eine illustre Gesellschaft um sich versammelt, darunter viele Angehörige von Lehrkörper und Universitätsverwaltung Königsberg. Mich selbst hatte sie links neben ihre Tochter plaziert. Ob sie dabei schon genau um meine eng-unauflösliche Bindung an Hannelotte wußte, ist mir natürlich nicht bekannt gewesen. In jedem Fall war es eine mir zugedachte Ehrung. Frau Hoffmann wurde für ihr Fortwirken im Sinne ihres Gatten bis hin zur Errichtung und dem „mit Königsberg-bezogenem Leben erfüllen“ des Studentenwohnheims Albertinum, für ihren immerfort preußisch-selbstlosen und auch materiell aufopferungswilligen Einsatz hierfür, u. a. mit der Ehrenbürgerschaft der Universität Göttingen und der Goldenen Ehrennadel der Landsmannschaft Ostpreußen ausgezeichnet. Sie verstarb am 31. Juli 1974.

Am Sonnabend, 11. August, fuhr ich zur letzten „Auflockerung“ vor dem Termin zur mündlichen Prüfung zum alljährlichen „Lichterfest“ in Bad Nenndorf, wo immer zigtausende „Hindenburg“-Lichter in phantasievollen Figuren im Kurpark aufgestellt wurden – und das im Vorjahr, obwohl ich es wegen meiner Abreise als Sänger des Göttinger Ostland-Chores zu einem Konzert in Hannover ja nicht mehr miterleben konnte, durch die Einladung von „Fräulein Behrend“ an „Herrn Berg“ zum Startschuß für die nunmehr unauflösliche Bindung zwischen uns beiden werden sollte. Meine Ladung zur mündlichen Prüfung am 24. August 1956, 8.30 Uhr im Oberlandesgericht Celle hatte ich am 20. Juli erhalten. Ein Fernbleiben ohne die Folge „nicht bestanden“ könne „nur dann zugelassen werden, wenn Sie durch amtsärztliches Zeugnis unverzüglich nachweisen, daß ernstliche Erkrankung Sie am Erscheinen in dem Termin verhindert hat, oder wenn ein anderer wirklich stichhaltiger Entschuldigungsgrund glaubhaft gemacht wird. Ärztliche Zeugnisse, die lediglich Erschöpfung oder nervösen Zusammenbruch bescheinigen, können nicht berücksichtigt werdden. (Anm.: Auf einen solchen Gedanken wäre ich nie gekommen. Ich wolte jetzt endgültig „durch“! ... Ein bestimmter Anzug ist für den Prüfungstag nicht vorgesehen.“ (Anm.: a) Gedeckter Anzug war damals selbstverständlich. b) „Anzug“: Im juristischen Metier waren wir damals mit wenigen Ausnahmen – eine solche war Hannelotte gewesen! – noch eine reine Männergesellschaft!)

Die Prüfer waren als Vorsitzender Generalstaatsanwalt Biermann im Strafrecht, Professor Ebel im Zivilrecht, Professor Köttgen im Öffentlichen Recht und Rechtsanwalt Blanke im Wirtschaftsrecht. Auch hier war Köttgen mit allem und jedem wieder unzufrieden – es ging um enteignungsgleiche Eingriffe – und Biermann leistete sich gegenüber einem Prüfling einen ganz schweren Bolzen. Er trug als meinen Prüfstoff in Gedichtsform einen Strafrechtsfall vor, in dem der Täter meinen verniedlichten Vornamen „Fridolin“ trug. Ein belustigtes Lächeln ging über mein Gesicht, das er, da ich in seinen Augen die Sache offenbar nicht ernst nahm, mit den Worten quittierte: „Ihnen wird das Lachen noch vergehen!“ Es war für mich eine zusätzliche psychische Belastung zu allem anderen, ich sah meine Hoffnung auf ein „Bestanden“ schwinden. Biermann hat dann wohl in der Beratung den Namenszusammenhang und die fatale Wirkung seiner Worte erkannt und sich bei der Verkündung des Ergebnisses in aller Form und ehrlich bei mir entschuldigt. Aber da hatte ich das „Bestanden“ ja bereits „in der Tasche“ und konnte nun gelassen-großzügig die Angelegenheit so „herunterspielen“, daß sie für ihn nicht mehr peinlich sein mußte.

Es fielen Zentnerlasten von Herz und Gemüt, mir öffnete sich die Tür zur Zukunft – auch mit Hannelotte, als um 14 Uhr das „Bestanden“ verkündet wurde. Zwar nur „ausreichend“, aber danach würde im späteren Berufsleben niemand mehr fragen, bei vorausgehenden Bewerbungen schon. Hier sollte sich am Ende jedoch zu meinem Vorteil wieder auszahlen, was ich durch meinen deutschland- und ostpolitischen Einsatz zum Nachteil einer besseren Examensnote verloren hatte. Auf „ausreichend" „eingenordet", erhielt ich im Mündlichen im Bürgerlichen Recht „ausreichend", im Strafrecht und Öffentlichen Recht „voll ausreichend", im Wirtschaftsrecht „befriedigend".

Auf dem Wege zum Bahnhof gab ich dieses Telegramm an Hannelotte auf: „Bestanden. Eintreffe in Kürze. Fridolin."

Ich bin ja nicht dabei gewesen, als sie es erhielt. Aber sie wurde bestimmt von den gleichen Gefühlen und Gedanken auch an die Zukunft aus dem zermürbend-ungewissen Wartestand davongetragen wie ich. In Wunstorf wurde mir ein Empfang in Feststimmung bereitet. Zusammen mit Hannelottes rheinischer Kollegin Dreesen leerten wir eine köstliche Flasche Wein. Danach ging es in frohester gelöster Stimmung zu den „parentes" in Bad Nenndorf. Auch wenn noch keine offiziellen Familienbeziehungen bestanden, hatte sich „Paps" Behrend jetzt bestimmt endgültig mit der Jura-ex-Entscheidung seiner Tochter abgefunden, da ja nun eine äußerst wahrscheinliche „Kompensation" eingetreten war. Wir waren an diesem Tage zu sehr erschöpft, um das Ereignis mit den Eltern noch „groß" zu feiern. Natürlich wurde es noch mit mindestens einer Flasche Wein „begossen". Aber die „standesgemäße" Feier für den Referendar Fritjof , wie sie nun einmal zur Reputation von Bürgermeister a. D. „Paps" Behrend gehörte, wurde auf den nächsten Tag, Sonnabend d. 25. August 1956, verschoben.

Nach Göttingen zurückgekehrt, begann jetzt das große Abschiednehmen aus einem Lebenskreis, der mich entscheidend geformt hatte und weit über den Universitätsbereich hinausging. Damit alles so nah und wirklich erscheint, als wäre es gerade vonstatten gegangen, werde ich in vielem auch hier wieder die mit Hannelotte gewechselten Briefe sprechen lassen.

Hannelotte hat mir am 25.9.56 den Eingang des Zeugnisses des Landesjugendheims mitgeteilt: „Tolles Zeugnis, sag ich Dir!", das sie zu ihren Bewerbungsunterlagen nach Braunschweig nachgesandt hat und von dem ich eine Kopie der von ihr gefertigten Abschrift folgen lasse:

> „Abschrift.
>
> Der Direktor des NS. Landesjugendheims Göttingen.
>
> Fräulein stud. iur. Hannelotte Behrend war in der Zeit vom 25. Januar bis 12. Februar 1956 an zwei Tagen in der Woche, vom 15. Februar bis 15. März 1956 täglich außer dem Wochenende in der hiesigen Mädchenabteilung als Praktikantin tätig, um sich einen Einblick in die Erziehungsarbeit an gefährdeten Jugendlichen zu verschaffen. Es war erfreulich zu sehen, wie ihr Interesse an den Mädchen und ihren Problemen immer mehr wuchs, von den Jugendlichen empfunden und mit Zuneigung und gutem Willen erwidert wurde. Ihre gleichbleibend freundliche und doch bestimmte Art läßt sie für sozialpädagogische Arbeitsgebiete recht geeignet erscheinen.
>
> Göttingen, d. 21. September 1956
>
> gez. Dr. Gerson
>
> Obermedizinalrat“

„... gleichbleibend freundliche und doch bestimmte Art ...“, das war zugleich eine treffliche allgemeine Charakterisierung eines Charakterzuges von Hannelotte bei ihrem Auftreten nach außen.

Besagter Brief vom 5.9.56 über mein eigenes Abschiedstreiben in Göttingen beginnt so:

> „Damit Du Bescheid weißt: Ich bin total blau!!! ½ Flasche Cognac für jeden bei Schibi + 1/2 Flasche franz. Weißwein. Aber ich will und muß schreiben; es ist 21 Uhr 15 MEZ. Excusè! Und nun chronologisch, der Reihe nach ... Vom Mächenheim aus fuhr ich am Kiessee vorbei zu Pätzold.

Ich wollte nur eine Besuchszeit vereinbaren, man behielt mich aber gleich zum Kaffee da. Es war 1/2 6 Uhr. Wir haben uns sehr, sehr nett unterhalten ... Von Pätzolds aus fuhr ich zu dem guten, ostpreußisch-treuen Schibi nach Geismar. Er hat schon täglich nach mir gefragt. Zunächst kredenzte man mir ein Glas Karottensaft. Annelore servierte Kaffee und Kuchen, Schibi holte Gesöff. Ich habe mich gewehrt, aber er packte mich so an meiner Ehre, daß ich nicht kneifen konnte. Übermorgen abend werde ich wohl meine Bude zur Destille erklären. Es soll unter Männern gesoffen werden. Zum Glück sind die meisten Kumpane j.w.d. Ich mußte Schibis ausführlich vom Examen berichten ... Wann wir uns verloben würden? Ich sagte, was geheim sei, darüber könnte ich nicht sprechen. Schibi meinte, er habe damals auch geschwiegen. Dann zurück nach Göttingen. Ich war bläulich, aber Schibi wird infolge seiner Nötigungen keinen schlechten Rausch haben. Dafür habe ich gesorgt ... Und Du armes Wesen mußt nun diesen alkoholisierten Geistesschaum lesen ... In der Stadt war Polizeikontrolle. Berg – mit ‚Fahne' und ohne Rücklicht – bemerkte sie rechtzeitig, stieg ab und passierte unbehelligt ..."

Im nächsten Brief vom 7.9.56 folgt dann die Vorschau auf meine persönliche LO-Abschiedsrunde:

„... Es ist 18 Uhr 20, und in 1 ½ Stunden steigt bei mir ein Bierabend unter Freunden. Alle Freunde meiner langjährigen Göttinger Zeit, Oni, Klaus, Kurt Fromm, Naunos, Brodo, Schibi, Moescher, Heinz Graffenberg – die anderen prosten mit in absentia ... ich habe die Kneipen immer sehr nett gefunden, mit diesem urwüchsigen mannhaften Bierton, und deshalb betrachte ich diesen Abend als würdigen Abschluß meiner Studentenzeit. Ja, ich freue mich auf den neuen Lebensabschnitt und auf die neue Umgebung, aber es ist doch ein Abschied von einer Welt, in der ich mich lange wohl gefühlt und in der ich mich seit 1945 zum ersten Male wieder zu Hause fühlte. Das lag aber auch zu einem wesentlichen Teil an den treuen lieben Seelen in der damaligen Hochschulgruppe, und heute werden wir wohl irgendwie mit der Erinnerung an diese Zeit anfangen. Eine Insel, von der einer nach dem anderen geht. Oh alte Burschenherrlichkeit – obwohl die meisten von ihnen dieses Lied zu burschig und daher scheußlich finden.

Mein liebes Hannelchen, auch nach Dir und der von vielen vorhergesehenen Verlobung werden sie fragen. Ich werde das Lächeln des weisen Buddha aufsetzen, dann antworten: ‚Es wird alles offenbar werden zu seiner Zeit' – oder ‚Was geheim ist, darüber kann man nicht sprechen', sind unzweideutige Anspielungen und gehen wohl zu weit. Übrigens meinte auch neulich Frau Pätzold, ich wüßte doch, wen und was ich in Dir vor mir hätte – und Du umgekehrt wohl auch ... Es war ein nettes Kompliment, der Ton war so herzlich wie in ‚alten Zeiten' an diesem Nachmittag. Na, ich freue mich, daß alles mit uns so geworden ist, das ist die Hauptsache. Was ich den anderen heute nicht sagen kann, das kann ihnen auch egal sein. Aber sie alle freuen sich über das, was zwischen uns ist und in ihren Augen in der Luft hängt. Onis Verlobung wird heute abend auch beprostet werden, und schon deshalb wird die Anspielung auf mich und Dich nicht ausbleiben ... Neben mir stehen 25 Pullen Dortmunder Actien, Kostenpunkt 13,– DM. Du wirst wohl etwas traurig sein, wenn Du an diese Bierdestille bei mir denkst ... Die Szene bei mir wird so aussehen, daß ich 5 Sessel und Stühle aufstelle, den Bierkasten zur Selbstbedienung in der Mitte, die Wände werden stark voll Tabakqualm ziehen ..."

Am nächsten Tag, dem 8. September, fuhr ich dann zum stud. iur. ex-Abschiedsbesuch zu meinen Verwandten nach Clausthal-Zellerfeld, mein Cousin Wolfgang Damm, der an diesem Tag zu seinen Eltern nach Hause fuhr, nahm mich, winterlich verpackt, (zum Entsetzen von Hannelotte, sie dachte an Ulli Adami) auf dem Sozius seines Motorrads mit. Aus Clausthal schickte ich Hannelotte am 9. September über den LO-Abschiedsabend am 7. in meiner Bude diesen Bericht:

„... Ich behause hier das Erkerzimmer, das Jungmädchengemach meiner reizenden Tante Lotte ...

Der Saufabend war prima. Kurt Fromm brauchte anscheinend die Zeit, um sich mit Dumann zu versöhnen. Moescher kam ebenfalls nicht. Er war aber nicht zu Hause, muß also wieder wo anders rumgegammelt haben. Leider blockierte zuerst mein Magen ein bißchen, aber dann ging es. Ich weine der bei mir verminderten Saufkapazität keine Träne nach. Am besten in Form war Schibi. Was so ein Eheleben doch ausmacht. Auf seiner Verwaltungsstation reißt er sich kein Bein aus, und sein ganzer häuslicher Dienst besteht darin, daß er Karottensaft macht. Masuren ist mal wieder ganz groß raus gekommen. Naunos hatte sich zum Schluß ziemlich die Klumpen vollgeschöpft. (Anm: Ostpreußische Redewendung für betrunken sein.) Er überreichte mir im Namen des Ordens ohne Land ein Feuerzeug, leider verträgt das Material keine Gravur, sonst hätten sie etwas für alle Zeiten einritzen lassen. Ein sehr gefälliges Modell, habe mich sehr gefreut. Liebes, wie ich voraussah, es kamen natürlich die Fragen, wer nach Onis Verlobung als nächster dran sei. Wir sind in Göttingen der reinste Klatschverein geworden, aber nicht im üblen Sinne. Schibi wollte auch unbedingt wissen, was Du mir zum Examen geschenkt hättest. Ich sagte: ‚Du Dussel!' ‚Na, denn is ja gut', meinte er. Er wollte auch mal wieder wissen, was die Morsezeichen an der Wand bedeuten (für: Du bist min, ich bin din ...). Ich habe es ihm jetzt gesagt. Als die Stimmung auf dem Höhepunkt war, wurden piano Landsknechtslieder, shanties und Lieder der Nation angestimmt. Die Hauskollegen zeigten bis auf einen viel Verständnis, wir haben ungefähr 1 ½ Std. leise gesungen. Um halb zwei war Schluß. Mit vier Mann gingen wir noch ein Schaschlik essen."

Und dann die anderen „landsmannschaftlichen" Abschiede:

Das zufällig zustandegekommene Kaffeestündchen beim Vorsitzenden unseres LO-Freundeskreis-Vorsitzenden Kurt Pätzold am 5. September war ja noch nicht der ihm und Frau Pätzold gebührende offizielle Dankbarkeitsabschied des vormaligen Hochschulgruppen-Vorsitzenden/Sprechers Fritjof Berg. In diesem Lebensbericht will ich seiner mit den Worten aus meinem Brief an Hannelotte vom 6.10.56 gedenken:

„... Um 17 Uhr bin ich zu Pätzolds eingeladen. Ich traf Kurtchen, als ich heute vormittag aus Peppmüllers Laden auf die Straße trat. Er war gerade zum Amtsgericht unterwegs. Ich nahm die Gelegenheit wahr und fragte, ob ich mich heute oder morgen von ihnen verabschieden könnte. Er war einfach reizend, hakte mich in meiner etwas schäbigen Aufmachung (brauner Anzug und der alte grüne Schlapphut) unter, schien sich mindestens so wie ich über den guten Verlauf der Dinge zu freuen und sagte beim Auf-Wiedersehen lachend ‚Herr Referendar'. Der netteste Mensch, den ich in den ganzen letzten Wochen unter allen Freunden und Bekannten hier gesprochen habe. Weißt, ich hatte gerade ‚meine' Finanzen ein bißchen aufgebessert; Deinen Capelle-Handelsrecht bei Peppmüller verscheuert, einen Schneeweiß-Leihsack zurückgegeben (Anm.: Göttinger Großwäscherei) und bei Kohlen-Nolte Deine noch immer hier liegenden Säcke aus dem Winter wieder zu Geld gemacht. Insgesamt 8,– DM, die Dir davon gebührenden

6,– kriegst dann bald mal in Braunschweig. Also beschloß ich, nun doch unserem lieben Vorsitzenden des Freundeskreises eine kleine Erinnerung mitzunehmen. Ich habe die ‚Brunnenstube' ausgesucht und werde schlicht und ergreifend reinschreiben: ‚In herzlicher Dankbarkeit und Verehrung Ihr F.B., Göttingen, den 5.10.56.' Der Inhalt ist mit meinem Weg und Geschick ja nicht identisch, aber besonders Kurtchen hat mir vor allen anderen Pätzolds doch immer so viel Anerkennung, Gerechtigkeit und Herz entgegengebracht, daß mir die Anspielung auf den Inhalt des Buches nicht völlig abwegig oder geheuchelt erscheint. Meinst nicht auch, daß dieses Buch passend ist? Jetzt, wo ich weggehe, geht mir noch mehr auf, was für eine Seele von Mensch doch unser Amtsgerichtsrat ist. Er ist uns allen immer sehr freundschaftlich gesonnen gewesen, auch wenn wir es nicht immer in gleicher Weise erwidert haben. Sie sollen ihn sich warm halten! Einen besseren finden sie nicht in ganz Göttingen ..."

Kurt Pätzold, Oberamtsrichter a. D., ist am 14. Juni 1970 plötzlich im Alter von 69 Jahren verstorben. In der Traueranzeige heißt es über ihn: „Seine Liebe und Treue galten neben seiner Familie seiner ostpreußischen Heimat." Hannelotte und ich sind zu seiner Beisetzung am 18. Juni nach Göttingen gefahren. Für auch „seine" LO, den von ihm so selbstlos, vorbildlich und langjährig geleiteten Freundeskreis und die Gemeinnützige Gesellschaft Albertinum habe ich an seinem Grab in Dankbarkeit und Verehrung den Nachruf gesprochen.

Über andere „landsmannschaftliche" Abschiede schrieb ich Hannelotte am 10.10.56, nun schon aus meinem neuen Wohn- und auch Dienstort Braunschweig:

„... Am Tag vorher (Anm.: vor meiner Abreise von Göttingen nach Braunschweig am 9. Oktober) hatte ich überall ungefähr 10 Minuten Zeit zum Händeschütteln, leider habe ich es bei Spohr (Anm.: deutschbaltischer Professor an den Universitäten Dorpat/Königsberg/Göttingen, Mitglied des Freundeskreises) und meinen Repetitoren nicht geschafft ... In Göttingen war es zuletzt so turbulent hergegangen, daß irgendwelche Erinnerungen oder wehmütigen Gedanken gar nicht kamen. Aber als ich dann für meinen Nachfolger – es wird vermutlich Oni sein – die Wand bespuckte und meine Bude im Papendiek zuknallte, meldete sich ein komisches Gefühl. Fünf Jahre hat man da nun gehaust, gelebt und gelitten und einen großen Bekanntenkreis gefunden – und dann schon wieder Nomade, wie so oft in den letzten 12 Jahren ... Ulli hat mir gestern tatkräftig geholfen, meine neun Stücke Handgepäck (171 kg!) und drei ansehnliche Postpakete aufzugeben, Anni hat von mir den Freßschrank ... und andere überflüssig gewordene Sächelchen geerbt. Sie kamen beide zum Zug um 12 Uhr 22 mit, zum Schluß stieß noch Klaus mit einer Tüte Weintrauben dazu. Winken bis zum letzten Moment – ex war die aura academica – ... Auf dem Wege zu Paula traf ich Brigitte Steiner. Es war so ziemlich der komischste Gang meines Lebens. Ein Gespräch mit offenen Karten und ohne Ressentiments. Aber eins wurmte Brigittchen doch – ob das typisch weiblich ist, weil es gegen die Würde oder Eitelkeit der Frauen geht? –: Sie hat bisher alle Männer abgewiesen und ist dann immer sehr enttäuscht gewesen, wenn diese sie sehr bald und sehr gründlich vergessen haben. Dazu wird sie jetzt auch noch immer von ihrem langgedienten Hausmädchen ‚Minchen', einem ostpreußischen Faktotum, die mich in ihr Herz geschlossen hat, gefrotzelt. Zum Beispiel hat sie ihr Tanzkleid in diesem Jahr nur einmal angezogen. ‚Siehst, Bichen, siehst ...' Na, wir haben uns gegenseitig eine gute Zukunft gewünscht ... Paula wirkte gerade in der Küche, sie hatte viel Besuch. Aber dies ‚Auf Wiedersehn' quasi zwischen Tür und Angel waren doch mit die herzlichsten Minuten, die ich jemals bei ihr erlebt habe. Vielleicht lag es auch an mir. Hannelchen, was soll ich bloß wieder dazu sagen: ‚Und unterm Weihnachtsbaum, da gibt's die goldenen Ringelein?' Diese sich häufenden Fragen sind ja der reinste Sturmangriff auf Dein Gemüt und verlangen von mir immer neue kunstvolle Diskretion. Ich muß an unsere Heimlichkeit denken und kann doch das Ganze andererseits nicht als ein Nichts hinstellen, aus meinem Herzen eine Mördergrube machen. Wie würdest Du und wie würde ich dastehen? Manchmal ist Schweigen das Beste, aber hier, wo man doch gute Augen und uns lange genug beobachtet hat, geht es nicht so und ist deshalb ziemlich schwer. Das ganze Haus läßt Dich herzlichst grüßen. Abends bei der Landsmannschaft konnte ich sozusagen 30 Fliegen mit einer Klappe schlagen. Der ganze offizielle Kurs und das Treiben von W. und BvD usw. widert mich an und interessiert mich nicht – ich kann auch ohne den Vereinsrummel und ohne diese Herren, die die Person nicht mehr von der Sache unterscheiden können, durch und durch Ostpreuße bleiben und in dieser Freiheit wahrscheinlich meine Pflicht besser tun –, aber viele liebe Menschen wollte ich noch einmal sehen. Bittihns aus Insterburg, Schadewinkels aus Wehlau ... Bis ½ 11 Uhr plidderte und pladderte Dr. Lau, dieser Mundartheld, Arzt und Mitarbeiter am Sender Königsberg. Ich habe zwei seiner Bändchen mitgenommen. Ausdrücke habe ich wieder gehört! Zum Brüllen! Ich habe die Unterhaltung zweier Fischweiber auf dem Altstädtischen Markt in Königsberg mitgeschrieben, sieh Dich beim nächsten ‚A...' vor! Anschließend waren wir ja noch im Neuen Fink. Thema fast nur Studententag."

Ein „Abschied“ von ganz besonderer Art war der von „Frau Kurator Hoffmann“, obwohl er per Besuch und Handschlag gar nicht stattgefunden hat. Obwohl die Wurzel der Beziehungen zwischen ihr und uns zu Beginn noch durch und durch ostpreußischen Studenten im universitären Bereich lag, will ich den „Abschied“ von ihr dem landsmannschaftlichen zuordnen. Denn ihre unbestreitbar vorhandene Geltungssucht und ihr Anspruch als im Geiste ihres verstorbenen Gatten fortwirkende „Frau Kurator“ auf Zugehörigkeit zur „Führungsetage“ der Göttinger Georgia Augusta hin und her – oberster Antrieb für alles und ihre sowohl „landesmütterliche“ als auch wahrhaft mütterliche Fürsorge für uns ostpreußische Studiker, vor allem die jüngeren, war ihre Treue und beispielgebende Energie für die Bewahrung Ostpreußens als Verpflichtung unseres Landes und Volkes.

Was war geschehen? Gerade ich als mehrsemestriger Hochschulgruppensprecher und unter den männlichen Kommilitonen wohl ansprechbarster und vielleicht auch am deutlichsten die Form wahrender von allen, der häufig ihr Gast zu einem Nachmittagskaffee mit dem von ihr geliebten Skatspiel gewesen war, hatte es nicht mehr schafft, Frau Kurator meine Aufwartung zu machen und sie vom bestandenen Referendarexamen zu unterrichten. Irgendwann vorher hatte sie über einen geplanten Kuraufenthalt in Bad Nenndorf gesprochen und mich gebeten, über die ja nicht mehr in Göttingen wohnhafte, sondern nach Nenndorf zurückgekehrte Hannelotte Erkundigungen nach einem geeigneten Hotel einzuziehen. Sie hatte über das Verhältnis zwischen uns beiden kein Wort aus meinem Mund erfahren, aber sie hatte ja „Augen im Kopf“ und wahrscheinlich auch von dritter Seite erfahren, daß da zwischen uns beiden „etwas in der Luft lag“. Nach Antritt ihrer Kur Ende September machte sie sich nun auf den Weg zu Familie Behrend im Galeriegebäude – mit einem Debüt, wie es sich für eine „Frau Kurator“ wahrlich nicht geziemte. Dieses hat Hannelotte in ihrem Brief vom 25.9.56 so geschildert:

„... Man (Anm.: ihre Eltern) erzählte mir etwas stark empört, daß meine Kuratorin (wie Mutsch sich ausdrückte) da sei. Sie hat am Samstag Besuch machen wollen u. meine Eltern zur Hälfte oben und zur Hälfte unten angetroffen. Mutsch muß ihr auf der Treppe begegnet sein. Sie stellte sich mit ‚Kuratorin Hoffmann' vor und wollte ‚Hannelotte' sprechen. Dann fragte sie plötzlich unvermittelt und wandte sich dabei zu Mutsch: ‚Und der Berg ist durchgefallen!?' Mutsch war empört, erst einmal über das Ansinnen, das ‚der Berg' fand sie impossibel. Mutsch hat ihr höflich darauf Bescheid gegeben. Du hast an dieser Stimmung bei Kuratorin sicherlich auch Dein Teil Schuld. Sie war ja gerade Dir gegenüber immer sehr zuvorkommend. Aber wer denkt im Erleichterungstaumel auch gleich an Landesmutter. Ich bitte Dich inständigst, schreib' ihr sofort einen lieben Brief. Bad Nenndorf, Deisterhaus, wohnt sie. Ich gehe morgen, spätestens Donnerstag hin und lade sie zu irgendeinem Nachmittag ein. Mich graust es ehrlich. Aber wir biegen sie schon wieder hin."

Hannelotte hatte ja im Grunde recht. Aber dennoch saß mir die Kuratorin um einiges zu hoch auf ihrem Roß, ihr Schwingen mit der Dressurpeitsche forderte mich in meinem Antwortbrief an Hannelotte vom 26.9.56 zu dieser Charakterisierung heraus:

„... An die Kuratorin habe ich ebenfalls geschrieben. Liebes, lies es durch und gib es ab, wenn Du es für gut befindest. Diese poltrige Art ist nun eine doppelte Taktlosigkeit. Aber so ist es bei ihr, sie hat ein starkes Geltungsbedürfnis. Ich achte in ihr all ihren Idealismus und Opfersinn und bin ihr zu Dank verpflichtet, hofiere sie natürlich auch nach allen Regeln der Kunst. Sie ist von Natur aus eine imposante Erscheinung, deshalb hat sie diese herausfordernde Art gar nicht nötig. Du weißt ja, als sie einmal meine Anrede – ‚gnädige Frau' monierte, sagte ich ihr, daß ich die Kuratorin in ihr sowieso voraussetze. Seitdem hatte ich vor ihrer bevormundenden Art Ruhe, sie war höflich und oft sogar herzensgut. Sicher hat sie einen Bescheid von mir erwartet. Du weißt ja, ich wollte hingehen, aber die Zeit langte nicht. Aber sie weiß ja gar nicht, weshalb sie bisher nichts von mir hörte und soll nicht gleich in dieser etwas abfälligen und überheblichen Weise reagieren. Na, Du wirst mich schon vor ihr vertreten."

Hannelotte schrieb in ihrem Brief vom 28.9.56: Frau Kurator „quittierte den Empfang (Anm.: meines Briefes) mit strahlendem Lächeln ... Ich habe Dich wieder ausgesöhnt ... So schlimm war es nicht ..." In ihrem Brief vom 5.10. erfahre ich dann jedoch: „... Von Frau Kurator einen schönen Gruß und sie hätte sich über eine Drucksache ‚Bestanden. Fritjof Berg' mehr gefreut als über diesen langen Brief. ‚Die vielen Worte hätte er sich sparen können.' Sie ist ganz reizend gestern bei uns gewesen. Familie hat ihre abfälligen Äußerungen über Kaltschnäuzigkeit zu meiner Genugtuung revidiert. Sie war gestern von einem bezaubernden Charme und Esprit. Paps trank auf das Wohl der Landesmutter, u. sie meinte etwas traurig, daß diese Bezeichnung mit Bergs Weggang wohl auch verschwinden würde, worauf ich wieder ein paar gutgemeinte Phrasen für die LO einlegte ..." (Anm.: „Landesmutter" von Prof. Spohr entlehnt, der bei seiner Schilderung über die Eröffnung der 400-Jahrfeier der Königsberger Albertina 1944 in der Aula der Universität sagte: „Herein trat die Landesmutter und führte den Kurator.")

Die „akademischen" Abschiede

Auch wenn die Examensergebnisse insgesamt nicht befriedigend oder gar besser waren, war ich dennoch den Repetitoren Dr. Zunft (BGB, ehem. Landgerichtsrat oder -direktor) und Dr. Schütt (Öffentliches Recht) zu Dank verpflichtet. Denn durch ihre praxis- und prüfungsfallorientierte Verdichtung des theoretischen Lehrkatheder- und Lehrbuchstoffss mit Frage- und Antwortspiel unter mehreren „Kandidaten" schufen sie mehr Selbstsicherheit und Routine im Umgang mit Klausuren und mündlichen Prüfungsfragen.

Am 13. September war ich vormittags von meinem Verwandtenbesuch in Clausthal abgefahren und schrieb Hannelotte noch am gleichen Tage: „Ansonsten war ich vorhin zur Berichterstattung bei Schütt. Er hatte bei mir mit Prädikat gerechnet und kondolierte fast zu diesem Ergebnis. Es war also kein Hohn von ihm damals (Anm.: nach dem ersten gescheiterten Klausurenanlauf). Aber die ganze Jurisprudenz besteht ja nicht lediglich aus den eingedrillten Schütt-Touren, und das wußte ich ..." Natürlich hat Schütt sich für seine Examensstoffsammlung eingehend über den Prüfungsverlauf berichten lassen, er war immer „wie ein Fuchs" dahinter her und war oft stolz über seine Beihilfe zu Erfolgen bei „eingepaukten" Fällen und sozusagen auch Überlistung von Prüfern.

Zu meinen weiteren „akademischen" Abschieden lese ich in meinem Brief an Hannelotte vom 28.9.56:

> „... Mit Busse, Brodowski und Oni haben wir gestern abend Skat gespielt und anschließend Bridge, bis heute 2 Uhr 30! Ich war entsetzlich müde und habe bis gegen 10 Uhr geschlafen. Heute früh habe ich meine Entlastungsstempel für die Exmatrikulation besorgt. Im Seminar habe ich mich von Liefländer (Anm.: der Büchereiverwalter und aufmerk-

same -wächter) verabschiedet. Ich bin mit ihm meistens gut ausgekommen. Mir gegenüber hatte er nie die übergroßen Direktor-Allüren des kleinen Mannes. Im Hinblick auf eine später vielleicht erforderliche Dissertation halte ich es für richtig, mich bei Magnifizenz Weber zu verabschieden. Als ich die Gruppe leitete, hatte er für meine Anliegen stets ein offenes Ohr, und auch sonst war er mir wohlgesonnen. Denk an seine Tips bei der Hausarbeit! Er hat mir einmal ein Stipendium von 150,– DM zukommen lassen und meine Leistungen gut zensiert. Es ist ja wahr, daß er auf korrektes Benehmen und Auftreten Wert legt und auch eine disziplinierte nationale Haltung und Einstellung bewertet – aber ich bin bei ihm nie Rad gefahren, und wenn mir meine Art Vorteile gebracht hat, dann brauche ich dabei kein schlechtes Gewissen zu haben ..."

In mein Notizbuch habe ich für den 3. Oktober eingetragen: „bei Weber 11 Uhr 45 Aula?" Aber das war nur eine Vormerkung, denn an diesem Tag war ich in Braunschweig. Ich bin ihm aber an irgendeinem anderen Vormittag auf der Treppe zum Audimax, dem größten Hörsaal im Auditoriengebäude an der Weender Straße, wo er seine Vorlesungen hielt, entgegengegangen, um ihn dort mit Sicherheit zu treffen. Wir trafen uns dort tatsächlich nach Vorlesungsschluß. Weber liebte es, in seinem Vortrag französische Begriffe und Redewendungen zu gebrauchen, sicherlich nicht um zu brillieren, das hatte er nicht nötig, sondern wohl, weil sie ihm substantieller vorkamen und ihm das deutsche „Pendant" vielleicht etwas „holpriger" erschien. Und so fragte er mich: „Wie haben Sie reüssiert?" Bei der Antwort „leider nur ausreichend" fuhr keine Enttäuschung über sein Gesicht. Er fragte vielmehr ohne Pause und jedes Zeichen von Nachdenken, ob ich promovieren wolle. Das war ein weiteres Zeichen seines großen persönlichen Wohlwollens. Denn bei einem „ausreichend" wäre ein förmlicher Fakultätsbeschluß für die

Zulassung zur Promotion erforderlich gewesen, den er selbstverständlich herbeigeführt oder erforderlichenfalls auch durchgesetzt hätte. Ich mußte eine Riesenchance ungenutzt lassen, als ich mich in gehöriger Form für sein ehrenvolles Angebot bedankte, es aber mit der Begründung ausschlagen mußte, daß es für mich keinerlei finanzielle Unterstützung von irgendeiner Seite für die Dauer meiner Promotion geben könnte, an erster Stelle meine Eltern seien dazu überhaupt nicht in der Lage. Ich sei unausweichlich darauf angewiesen, sofort mein finanzielles Auskommen zu sichern und wolle deshalb möglichst umgehend meinen juristischen Vorbereitungsdienst antreten. (Eine weitere Folge unseres Vertreibungsschicksals!) Webers Bedauern hierüber war ehrlich, wir verabschiedeten uns mit seinen besten Wünschen für meine Zukunft. Mir war natürlich auch bewußt, daß die Mühen mit einer Dissertation (bei den hohen Anforderungen eines Werner Weber!) wahrscheinlich die von mir gewünschte baldmögliche Begründung einer Lebensgemeinschaft mit Hannelotte weiter verzögert und einem ständigen Zusammensein mit ihr in Braunschweig im Wege gestanden hätten. Diese Ziele standen für mich an oberster Stelle, und deshalb hätte ich vor einem zielführenden Gespräch mit Weber über Thema und Anlage einer Dissertation zunächst eine Klärung mit Hannelotte über die Auswirkungen eines solchen Vorhabens für uns beide gesucht. Sie wußte natürlich so wie ich, daß der juristische Doktortitel die beruflichen Aussichten, gleich in welchem Tätigkeitsbereich, beträchtlich vergrößern würde. In richtiger Einschätzung des „höheren Scheins“ spottete sie freilich über „Kakademiker“-Ehrgeiz und Dünkel und hatte oft genug gezeigt, daß sie in der Lage ist, mit nüchternem Verstand die Dinge in ihren Gesamtzusammenhang zu stellen und danach zu urteilen und zu entscheiden. Aber zu einer Abstimmung über eine Promotion ihres „Fridolin“ konnte/brauchte es eben deshalb nicht zu kommen, weil die fehlende finanzielle Basis mir den Weg zum Dr. iur. versperrte.

Ausblicke

Meine Exmatrikulation am 28. September 1956 beendete die Aura des civis academicus Georgiae Augustae Göttingensis Fritjof Berg.

Hannelotte erhielt ihre Einberufung vom 26.9.1956 „für den am Dienstag, dem 16. Oktober 1956 um 8.00 Uhr beginnenden Lehrgang der Niedersächsischen Landeswohlfahrtsschule ... Anreisetag ist der 15. Oktober“ zwar erst ganz am Monatsende oder Anfang Oktober. Aber nach ihrem Vorstellungsgespräch bei der Leiterin am 10. Februar, der nachfolgenden Korrespondenz betreffend Bewerbungsunterlagen und dem zeitlich mit Dr. Holste abgestimmten Praktikum in der Jugendpsychiatrie Wunstorf bestand kein Zwiefel, daß es zu diesem Ausbildungsbeginn Mitte Oktober kommen würde. Es war deshalb zwischen uns abgemacht, daß ich nach bestandenem Referendarexamen versuchen würde, meinen juristischen Vorbereitungsdienst ebenfalls im Oberlandesgerichtsbezirk Braunschweig zu beginnen, bei einem Amtsgericht in möglichst großer Nähe zu Braunschweig. Der für meine praktische Ausbildung zuständige Oberlandesgerichtsbezirk war a conto meines 1. Wohnsitzes Leese, Kr. Nienburg/W., Celle. Also sandte ich nach Erhalt meines Zeugnisses über die erste juristische Staatsprüfung am 6.9.56 noch an diesem Tag mein Gesuch an den Herrn Oberlandesgerichtspräsidenten des Oberlandesgerichts in Celle um Ernennung zum Referendar und Übernahme in den juristischen Vorbereitungsdienst zum 1.10.1956 unter gastweiser Übernahme für den ersten Ausbildungsabschnitt in den Oberlandesgerichtsbezirk Braunschweig und hier Überweisung an das Amtsgericht Wolfenbüttel, Königslutter oder Helmstedt, mit Rücksicht auf meinen Wohnsitz Braunschweig und die insoweit günstigsten Verkehrsverbindungen an das Amtsgericht Wolfenbüttel.

Nun ging es Schlag auf Schlag dem Ende meiner fast fünfjährigen Göttinger Zeit entgegen. Am 4. Oktober kündigte ich

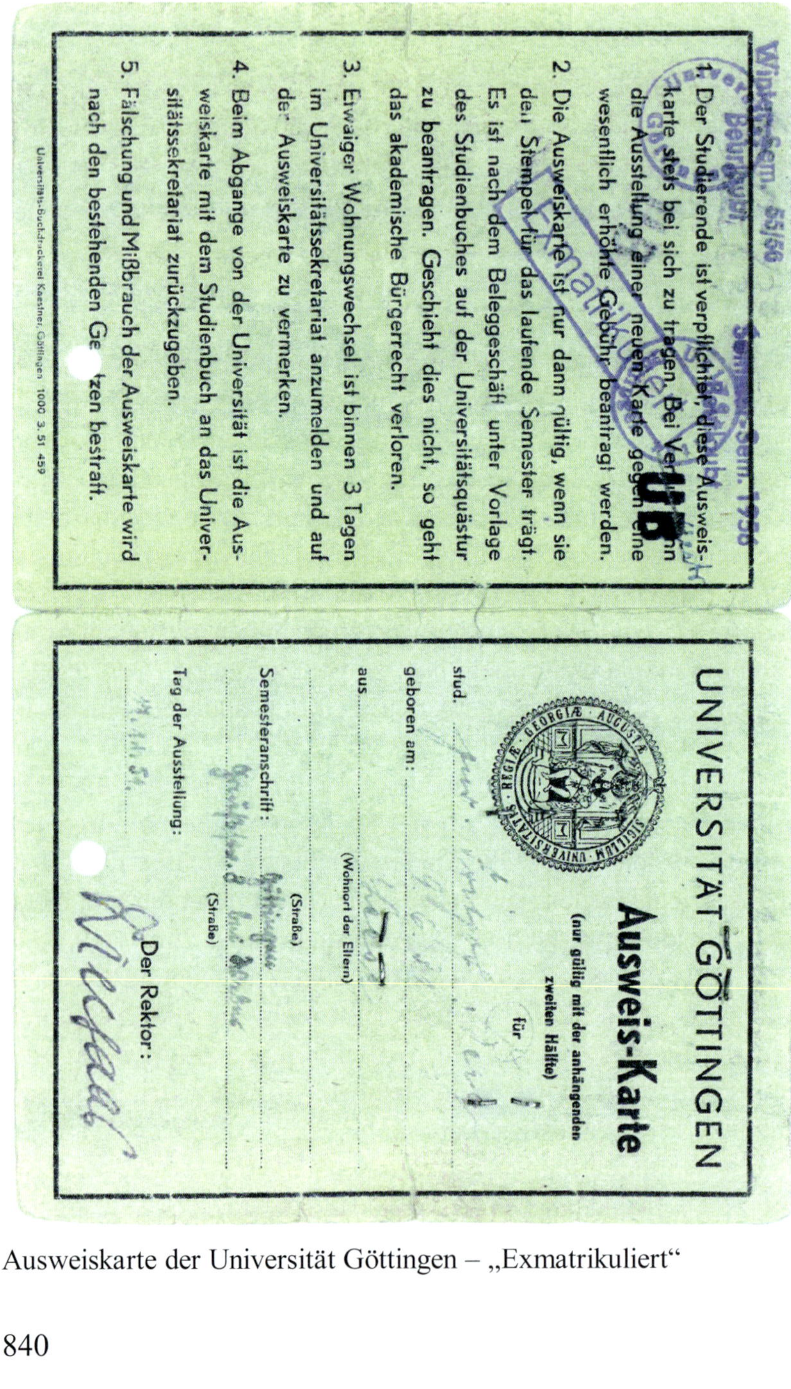
1. Der Studierende ist verpflichtet, diese Ausweiskarte stets bei sich zu tragen. Bei Verlust kann die Ausstellung einer neuen Karte gegen eine wesentlich erhöhte Gebühr beantragt werden.
2. Die Ausweiskarte ist nur dann gültig, wenn sie den Stempel für das laufende Semester trägt. Es ist nach dem Belegegeschäft unter Vorlage des Studienbuches auf der Universitätsquästur zu beantragen. Geschieht dies nicht, so geht das akademische Bürgerrecht verloren.
3. Etwaiger Wohnungswechsel ist binnen 3 Tagen im Universitätssekretariat anzumelden und auf der Ausweiskarte zu vermerken.
4. Beim Abgange von der Universität ist die Ausweiskarte mit dem Studienbuch an das Universitätssekretariat zurückzugeben.
5. Fälschung und Mißbrauch der Ausweiskarte wird nach den bestehenden Gesetzen bestraft.

Universitäts-Buchdruckerei Kaestner, Göttingen 1000 3. 51 459

Winter-Sem. 55/56 Beurlaubt

Sommer-Sem. 1956

Exmatrikuliert

UNIVERSITÄT GÖTTINGEN

Ausweis-Karte

(nur gültig mit der anhängenden zweiten Hälfte)

für

stud. ......

geboren am: ......

aus ...... (Wohnort der Eltern)

Semesteranschrift: ...... (Straße)

...... (Straße)

Tag der Ausstellung:

Der Rektor:

Ausweiskarte der Universität Göttingen – „Exmatrikuliert“

Ausweiskarte der Universität Göttingen – mit Passbild

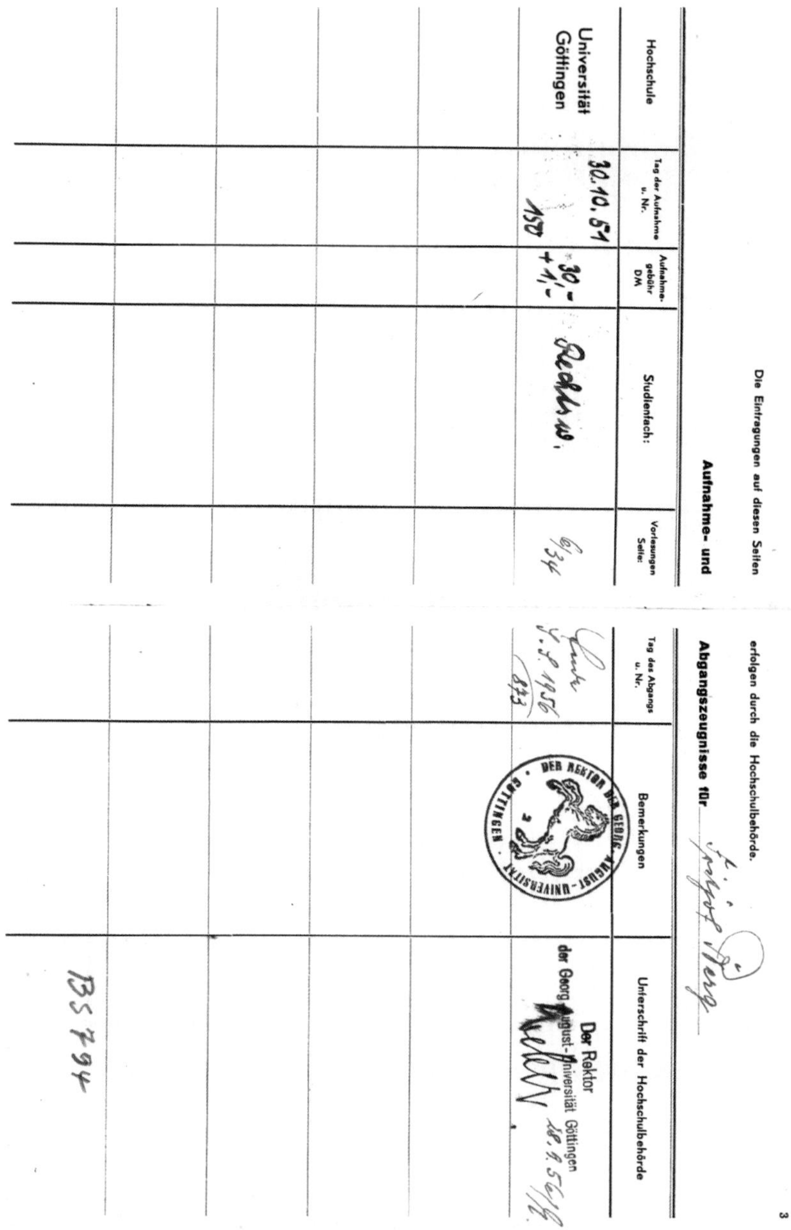

Die Eintragungen auf diesen Seiten erfolgen durch die Hochschulbehörde.

3

Aufnahme- und Abgangszeugnisse für [illegible]

Hochschule	Tag der Aufnahme u. Nr.	Aufnahmegebühr DM	Studienfach:	Vorlesungen Seite:	Tag des Abgangs u. Nr.	Bemerkungen	Unterschrift der Hochschulbehörde
Universität Göttingen	30.10.51 150	30.- +1.-	Rechtsw.	6/34	5.3.1956 873	DER REKTOR DER GEORG-AUGUST-UNIVERSITÄT GÖTTINGEN	Der Rektor der Georg-August-Universität Göttingen 28.9.56

135794

Abgangszeugnis der Hochschulbehörde

mein Zimmer beim Vermieter Akademisches Hilfswerk zum 10.10.56 mit der Bitte, „im Falle einer vor Monatsende erfolgenden Neubelegung mir anteilmäßig die Monatsmiete für Oktober zu erlassen.“ Es folgte die polizeiliche Abmeldung von Göttingen, Papendiek 16, am 5.10.56 nach Braunschweig, Wiesenstr. 6. Mit Datum des 6.10.1956 erhielt ich die endgültige Bestätigung meiner gastweisen Übernahme in den OLG-Bezirk Braunschweig (die dann später auf meinen Antrag um den sechsmonatigen Ausbildungsabschnitt beim Landgericht Braunschweig verlängert wurde).

Die Hoffnung auf den Altpapiererlös von ein paar DM ist dann doch nicht aufgegangen. Die Zeitungsstöße wurden bis zu meiner Abreise nach Braunschweig nicht abgeholt. Ich habe sie notgedrungen auf dem Dachboden des Hauses Papendiek 16 deponiert, von wo sie dann sicherlich eines Tages abtransportiert worden sind. Die letzte Rate Ausbildungshilfe nach dem LAG hatte ich für den Monat September erhalten. Es waren ganze 104,– DM, sonst hatte ich außer den, aus Verkäufen zum größten Teil Hannelotte zustehenden DM – nichts! Durch Bescheid des Oberlandesgerichtspräsidenten Celle war mir ein Unterhaltszuschuß von 230,– DM ab 15. November 1956 bewilligt worden. Meiner Bitte um Gewährung bereits ab Dienstantritt am 15. Oktober wurde gemäß Bescheid vom 30. Oktober 1956 „aus grundsätzlichen Erwägungen“ nicht stattgegeben. Hannelotte hat nach ihrem Eintreffen in Braunschweig am 15. Oktober vielleicht hin und wieder für ein gemeinsames Abendbrot eingekauft, mir wohl auch ein paar DM „gepumpt“. Aber sie selbst war auf die Hilfe ihres Vaters angewiesen und mußte sparsam wirtschaften, unser offiziell noch immer Stand als „Freund, Freundin – Bekannter/Bekannte“ schloß nach den damals noch bestehenden strengen Anschauungen alle weitergeherden finanziellen Subsidien überdies aus. Wie ich es trotz allem bis zur ersten Unterhaltszuschußzahlung Mitte November „über die Runden“ geschafft habe –

jetzt setzten ja auch noch die Rückzahlungsraten aus den Darlehen zur Förderung des Studienabschlusses ein! –, ich weiß es nicht mehr. Das seit 1945 erlernte „Sich-durchbeißen-müssen", meine jugendliche Belastbarkeit und erfolgsgewisse Lebenshaltung und das nun wieder Zusammensein-Können mit Hannelotte sind mit Sicherheit eine große Hilfe dabei gewesen. Mag auch sein, daß Karin, die ja seit kurzem als Volksschullehrerin in Amt und Würden und damit auch Gehaltsempfängerin war, ihrem Zwillingsbruder mithelfend „unter die Arme gegriffen" hat. Ich bin auf keine Unterlagen hierüber gestoßen, sonst hätte ich es exakt angegeben.

Bei den Mitgliedern unserer ostpreußischen Studentengemeinschaft zeigt sich beispielhaft die ungeheure Namensvielfalt der Ostpreußen auf, die kein „Stamm" im engeren Sinne wie die Niedersachsen, die Westfalen, die Schwaben, Bayern, die vielgliedrigen Deutsch-Österreicher waren, aber wahrscheinlich gerade darum der deutscheste von allen, weil sich in Ostpreußen sie alle, die im Laufe der Jahrhunderte von der Maas bis an die Memel, von der Etsch bis an den Belt in das Land zwischen Weichsel und Memel aufgebrochen waren, sich dort durchmischt haben, ein Prozeß, der 1945 noch nicht abgeschlossen war. Eine örtliche Zusammenballung noch ganz ostpreußischer Menschen auch in jugendlichem Alter, wie unsere Göttinger Hochschulgruppe/LO es war, wird es nie mehr geben. An uns Ostdeutschen ist durch physische Vernichtung und Vertreibung, mit Billigung der Hauptmächte der verlogenen „westlichen Wertegemeinschaft", Völkermord begangen worden. Das gilt auch für uns damals noch Jüngere. Nicht in stammeserhaltender Geschlossenheit, sondern in der Vereinzelung bauten wir unsere berufliche und familiäre Existenz auf. Wo wir nicht als spätere Eltern und Großeltern auf Tradition und Bewahren geachtet haben, sind selbst unsere individuellen Spuren in Raum und Zeit verweht.

„Meine“ LO hat mich auch später nicht losgelassen. Schon deshalb nicht, weil die inneren stabilisierenden und Kontinuität schaffenden Strukturelemente, die wir mit unserer neuen LO-Verfassung 1955 geschaffen hatten, alsbald wieder zerfielen oder ganz abgeschafft wurden. Der geschichts-, gebiets-, schicksalsbezogene und aussagestarke Name „Landsmannschaft Ordensland“ wurde aus dem Selbstverständnis gestrichen und durch die primär nicht mehr hieran, sondern durch die vorrangig wissenschaftsorientierte und hierin Zuspruch suchende „Akademische Vereinigung Albertina“ ersetzt. Vor allem Hans-Günther Parplies hat sich – vergeblich – der Abkehr von dem von uns mit Konstituierung der LO als richtig erkannten Weg entgegengestemmt. Ich konnte, da nicht mehr in Göttingen ansässig, nur unzureichend wenig an seiner Seite gegen den letztendlichen Weg in Bedeutungslosigkeit und Vergessen tun.

Montag, der 15. Oktober 1956, war der Tag meines Dienstantritts beim Amtsgericht Wolfenbüttel. Um 17.01 Uhr schloß ich dann Hannelotte bei ihrer Ankunft auf dem Braunschweiger Hauptbahnhof in meine Arme. Was auf dem unzerstörbaren Fundament unserer gemeinsamen ostpreußischen Heimat in Göttingen begonnen hatte, in siebenmonatigem intensivem Briefeschreiben und Nenndorf-Besuchen weiter verankert worden war, konnte in der nun wieder beinahe täglichen Angleichung von Lebensinhalten, Lebensformen und Lebenskultur „vom Ich zum Wir“ weiter seinen Lauf nehmen. Ich war in Hannelottes Klassengemeinschaft mit ihrem „Männerunterschuß“ 1 : 7 „integriert“, sie und die Schulleiterin Dr. Holste haben unser Miteinander mit allen Zeichen der Freundschaft begleitet.

In unsere Braunschweiger Zeit fiel unsere offizielle, nun auch öffentliche Verlobung an meinem 26. Geburtstag, am 9. Juni 1957. Ihre Feier fand im allerengsten Familienkreis mit den beiderseitigen Eltern, Omi Terner und Zwillingsschwester Karin statt. In der Behrendschen noch richtigen Flüchtlingswohnung im Nenn-

Die Verlobung unserer Tochter Hannelotte mit Herrn Gerichts-referendar Fritjof Berg geben wir hiermit bekannt.

Bürgermeister a. D. Fritz Behrend
und Frau Elfriede geb. Wolff

Pfingsten 1957

Bad Nenndorf, Kurpark-Galerie
(früher Angerburg/Ostpr.)

Hannelotte Behrend
Fritjof Berg

Verlobte

Braunschweig, Wiesenstraße 6
(früher Angerburg/Königsberg i. Pr.)

Verlobungsanzeige Hannelotte Behrend und Fritjof Berg

25 Jahre später: Abstieg (von der „Ostpreiß'n“) aus 1630 m Höhe zurück in die Niederungen des Lebens!

dorfer Galeriegebäude, mitten im Kurpark und bei herrlichem Pfingstwetter, davor unter schattigen Lindenbäumen.

Es war ein längst überfälliger Schritt, wo doch alle Welt wußte oder auf den ersten Blick erkennen mußte, daß wir für immer zusammengehörten und trotzdem zu der Frage Anlaß gaben, warum wir uns immer noch gegenseitig „mein Freund/Bekannter, meine Freundin/Bekannte“ nannten und als solche vorstellten, eine Frage, die zu nicht sonderlich schmeichelhaften Rückschlüssen führen konnte. Bei einigen hatten wir uns bereits die Bezeichnung „das komische Brautpaar“ eingehandelt.

Die Verlobung an meinem Geburtstag war ein mit keinem anderen vergleichbares, das schönste Geburtstagsgeschenk in meinem Leben. Ich war stolz auf meine stolze, selbstbewußte Angerburgerin und glücklich, daß eine solche Frau Teil meines Lebens werden wollte und es in vielem auch schon war. Hannelottes Status als angehende Ehefrau eines Juristen hat auf ihrer Seite ihrer persönlichen wie gesellschaftlichen Reputation und beruflichen Anerkennung bereits im Ausbildungsstadium an der LWS, die sie ohnehin genoß, noch einige „Treppchen nach oben“ hinzugefügt, wie sich schnell erweisen sollte.

Ich beende hiermit die ausführliche Niederschrift über das erste Vierteljahrhundert plus 1 meines Lebens. Sie enthält mitunter Ausblicke auf spätere Jahre, mein 26. scheint in allen entscheidenden Dingen, ansonsten aber nur bruchstückhaft auf. Mein erster Lebensabschnitt hat, zuletzt auch im Zusammenwachsen mit Hannelotte, die Wurzeln für alle nachfolgenden Entscheidungsprozesse in unserem und meinem Leben gelegt.

Die unsere ostdeutschen Studentenvereinigungen und Bünde betreffenden Akten werde ich den dafür in Frage kommenden Archiven anbieten.

Anhang

Exposé zu Fragen der Heranführung und Gewinnung fernab der ostdeutschen Heimatgebiete heranwachsender und nachgeborener Jugendlicher an die spezifisch ostdeutsche (landsmannschaftliche) Arbeit

Für nachdenkbereite Vertriebenensprecher gefertigt (Verteiler nicht mehr nachweisbar)

Die Jugend der Heimatvertriebenen und die landsmannschaftliche Arbeit

In dem nachfolgenden Beitrag sollen die Grundlagen und Möglichkeiten landsmannschaftlicher Jugendarbeit untersucht werden. Der Verfasser geht dabei besonders von den Erfahrungen aus, die er seit 1952 innerhalb der Hochschulgruppe Ostpreußen an der Universität Göttingen, in der Zusammenarbeit mit anderen ostdeutschen studentischen Vereinigungen und bei mehreren studentischen Arbeitstagungen an der Ostdeutschem Akademie in Lüneburg gewinnen konnte.

Für die Betrachtung der landsmannschaftlichen Jugendarbeit bieten sich zwei Blickwinkel an: a) die Teilnahme der heimatvertriebenen Jugend an der landsmannschaftlichen Arbeit aus eigenem Willen und in u. U. eigenen Gruppierungen und b) das Verständnis des landsmannschaftlichen Anliegens durch die Jugend der Vertriebenen im allgemeinen Wirkungsbereich der ostdeutschen Landsmannschaften. Wenn die Überschrift dieses Aufsatzes Jugend der Vertriebenen und Landsmannschaft begrifflich gegenüberstellt, so soll damit keineswegs eine Beziehungslosigkeit zwischen beiden ausgedrückt werden. Immerhin aber ist dies der Ort, an dem nicht das wunschbestimmte Bild altersmäßiger Geschlossenheit der Vertriebenenschaft den Gedankengang vorzuzeichnen hat, sondern ein geistig – heimatpolitisches Verschiedensein, das die Thematik der landsmannschaftlichen Arbeit zwischen den Altersgruppen hat entstehen lassen.

Der Begriff „landsmannschaftliche Arbeit“ bedarf einer näheren Bestimmung. Als die Gründung ostdeutscher Landsmannschaften im westdeutschen Staats- und Verfassungsleben von den Besatzungsmächten und auch den bis dahin ablehnenden innerdeutscher Stellen freigegeben wurde, begriff sich die landsmannschaftliche Arbeit als diejenige Tätigkeit, die es sich zum Ziel macht, „die Heimat im Herzen zu bewahren, um sie dereinst wiederzugewinnen“. Der Appell an die Heimat im Herzen als eines unverlierbaren Persönlichkeitswertes hat es vermocht, die ostdeutschen Landsmannschaften zu in sich gefestigten und nach außen profilierten Institutionen des öffentlichen Lebens in Westdeutschland werden zu lassen und in ihnen die mehr oder weniger lockere Streuung der Vertriebenen über ein weites Gebiet so weit wie möglich aufzuheben.

Dieser inhaltlichen Festlegung landsmannschaftlicher Arbeit kann insoweit die Bewährung nicht versagt werden, ihre Weitergeltung ist durchaus zu bejahen. Es fragt sich aber, ob sie für sich allein tragfähig genug ist, um in Zukunft dieselbe Wirksamkeit landsmannschaftlicher Arbeit zu gewährleisten oder gar zu erhöhen. Ohne vom Thema dieses Aufsatzes abgehen zu wollen, sei hier nur darauf hingewiesen, daß die Landsmannschaften, seitdem sie in ihren großen jährlichen Treffen stellvertretend für ein ganzes Gebiet und seine Einwohnerschaft vor die Öffentlichkeit getreten sind, den Einwirkungsbereich derer überschritten haben, denen (im Falle des Verfassers Ostpreußen) die „Heimat im Herzen“ ist. Die Landsmannschaften fordern die Revision der sowohl Deutschland als auch das internationale Leben schwer belastenden Oder-Neiße-Linie. Dadurch soll der Rechtsbruch der

Austreibung beseitigt werden, der die Grundlagen des westlichen Kulturkreises schwer erschüttert hat. Außerdem wollen sie an der Wiederordnung der von ihnen rechtmäßig beanspruchten Gebiete mitwirken, um dort dem eigenen Volk einen ihm gemäßen Lebensraum bereitzustellen und im Interesse einer europäischen Friedensordnung den Ausgleich zu den östlichen Nachbarn zu vermitteln. Diese Verhaltensweise der Landsmannschaften trägt alle Kennzeichen politischen Handelns und tritt neben den Auftrag, die „Heimat im Herzen zu bewahren". Wollen sie also nicht nur Traditionsverband, sondern auch „Stoßtrupp" sein und im politischen Leben zur Geltung kommen. So hängt die Nachhaltigkeit ihrer Einflußnahme auf das öffentliche Leben von dem Grad des Verständnisses ab, den ihre Akklamationen bei der breiten Öffentlichkeit finden.

Da „Heimat im Herzen" nicht als etwas Fertiges mit der Geburt erworben wird, sondern parallel zum Reifen des Menschen organisch wachsen muß, steht außerhalb dieses Einwirkungsbereichs auch ein erheblicher Teil der Vertriebenenjugend. So bedauerlich diese Tatsache auch ist, und so sehr sie politische Falschmünzer auch zu der Ansicht verleiten mag, die Oder-Neiße-Frage werde sich mit dem Generationenwechsel erledigen, sie ist durch überaus zahlreiche Beispiele belegt. Es fällt schwer, einen erheblichen Teil der Vertriebenenjugend sozusagen außerhalb der Landsmannschaften und statt dessen innerhalb der oben erwähnten weiteren Öffentlichkeit zu sehen, auf die die Landsmannschaften einwirken wollen. Es widerspricht eigentlich auch ihrer inneren Vernunft, daß die Landsmannschaften ihre heimatpolitische kämpferische Funktion auf eine Gruppe anwenden, die der Abstammung nach in sie einbezogen ist. Welche Ansicht im einzelnen hier auch möglich sein mag: Im Ergebnis wird es wesentlich sein – gleichgültig, ob die Vertriebenenjugend von außen her gewonnen werden muß oder von innen her in das Wirkungsgebiet der Landsmannschaften hineinwächst –, in welchem Maße diese

Jugend das landsmannschaftliche Anliegen erfaßt und dann handelnd vertritt. Ausgangs- und Mittelpunkt jeglicher Aktionen der Landsmannschaften war bisher ausschließlich der schillernde und oftmals unverstandene Heimatbegriff. Ob er allein geeignet ist, die heimatvertriebene Jugend an das landsmannschaftliche Anliegen heranzuführen, erscheint zweifelhaft. Seine Bedeutung für die Arbeit im Jugendsektor ist im folgenden zu würdigen.

Der Zweck der Darstellung gebietet eine Zerlegung des im deutschen Sprach- und Vorstellungsbereich sehr komplexen Heimatbegriffs in fünf gestaltgebende Elemente: a) Raum, b) Klima, c) Geschichte, d) Kultur, e) Familie und Gemeinschaft. Hierbei ist zu bemerken, daß erst das bewußt oder unbewußt empfundene Zusammenwirken aller dieser Heimat-„Teile“ das Heimischwerden des Einzelmenschen ermöglicht.

a) Die kontinentale oder insulare Lage eines Raumes und seine geologische Ausformung bestimmen die Seinsweise der in ihm Eingesessenen und ihr Verhältnis zur Umwelt.

b) Die klimatischen Gegebenheiten hängen eng mit der räumlichen Lage und der Beschaffenheit einer Landschaft zusammen. Sie setzen die Lebensbedingungen und prägen wesentlich die typischen Merkmale der Bewohnerschaft.

c) Schaffen Raum und Klima günstige Lebensbedingungen für eine eingesessene oder sich später ansiedelnde Bewohnerschaft, so besitzt sie damit die Möglichkeit, geschichtsträchtige Leistungen zu erzielen und geschichtlich bedeutsam zu werden.

d) Kultur sei hier als die Seinsweise einer Bevölkerung verstanden, die sich in einem Raum und der mit ihm verbundenen Geschichte sichtbar formt.

e) Unterliegt die Familien- und Gemeinschaftsgebundenheit des Menschen auch den soziologischen Veränderungen, so bleibt sie doch der soziale Rahmen, in dem sich seine Persönlichkeitswerdung vollzieht.

Auf die heimatvertriebene Jugend bezogen, führt diese Vielheit der Heimat-„Teile“ zu folgendem Verständnis eines ostdeutschen Gebietes als Heimat, d.h. als Gebiet, in dem der Einzelne verhaftet ist:

Dem jüngeren Menschen fehlt infolge der Verdrängung in andere Gebiete gegenwärtig das unmittelbare Erlebnis oder die Anschauung von Raum und Landschaft, Klima, geschichtlicher Wirklichkeit und Kultur etwa Ostpreußens. Die unmittelbare soziale Auswirkung der Heimat ist allenfalls noch in der Familie oder in landsmannschaftlichen Gemeinschaften möglich, denen der junge Mensch u. U. begegnet. Die für die landsmannschaftlichen Treffen oder Zusammenschlüsse konstitutiven Erlebnisbereiche von Heimat und Vertreibung sind bei den Jüngeren jedoch nur unvollkommen vorhanden, so daß beides von ihnen nicht als Bedürfnis empfunden wird, nicht sozial bindend oder einordnend ist. Ursächlich dafür ist neben dem sich stets vergrößernden zeitlichen Abstand vor allem eben der Umstand, daß „Heimat im Herzen“ noch nicht gewachsen war, solange ihr unmittelbares Erlebnis möglich war. Die Familie, soweit sie überhaupt die Katastrophe von 1945 überdauert hat, füllt den sozialen Rahmen einer ostdeutschen Heimat nur teilweise aus. Das liegt einmal in der Natur der Sache, denn sie nimmt nur einen Teil der menschlichen Beziehungen ein. Zum anderen vermittelt sie aus den verschiedensten Gründen manchmal nur wenig, was als „heimatlich“ anzusprechen wäre.

Anstelle eines unmittelbaren Heimischwerdens kommt für die Jüngeren nur noch ein mittelbares Erleben ihres Herkunftslandes durch Wort und Bild in Frage. Wenn diese Feststellung sich so ausnimmt, als ob die Heimat für sie nur noch als Bildungswert angelegt ist, so gilt das selbstverständlich nur unter dem Vorbehalt einer sehr weitgehenden Verallgemeinerung. Denn immer bricht auch bei Jüngeren etwas scheinbar Verlorenes hervor in Sprache und Wesen, was z.B. spezifisch ostpreußisch genannt werden kann und nicht etwa bewußt nachgeahmt ist. Richtig ist in jedem Falle, daß in dem Maße, in dem eine ostdeutsche Heimat mittelbar erworben wird, sich auch die Akzente von einer gewachsenen zu einer synthetischen Heimatbindung verschieben und dementsprechend weniger unbedingt sind.

In welcher Weise ergänzt der außerlandsmannschaftliche Bereich diesen möglichen Einfügungsvorgang oder inwieweit wirkt er ihm geradezu entgegen? Die Persönlichkeitswerdung der in Ostdeutschland geborenen Jugendlichen vollzieht sich in einer Umgebung, deren Verbindungslinien zum Osten nur von den allgemeinen staatspolitischen, wirtschaftlichen, kulturellen und gesellschaftlichen Gegebenheiten gezeichnet wurden und werden. Mögen zwar graduelle Unterschiede bestehen: die so aufwachsende Vertriebenenjugend hat dem Osten gegenüber die Perspektiven ihrer Umgebung, d. h. in der Wirklichkeit manchmal gar keine. In die politische Gegenwartssprache übersetzt, sie wird die Schaffung eines dem Karolingerreich gebietskongruenten Europa bejahen und in einer gewissen Gefaßtheit auf die rasch wandelbaren Zwecksetzungen der Weltpolitik sowohl den Gedanken von der Befreiung des unterdrückten Osteuropa als auch den der Koexistenz anhören. Nicht etwa wird sie eine westwärtige Verlagerung der historisch-europäischen Aufgabe des Deutschen Ostens spüren und hier um Verständnis und Auseinandersetzung mit den östlichen Nachbarn bemüht sein und die ehemals dem Osten eigene Grundlebenshaltung eines Dualismus von Abwehr und Vermittlung erwerben. Nur ausnahmsweise wird sie sich mit den derzeitigen geistigen Grundlagen des Ostblocks und seines Staatsaufbaus auseinandersetzen. Nimmt man an, daß das Bewußtsein, Erbe und Mahner Ostdeutschlands zu sein, ein emotionales und ein rationales Element enthält, so müßte das bei der „Eingliederung“ der Vertriebenenjugend verlorengegangene emotionale Element durch die Vermehrung des rationalen kompensiert werden. Und hier schlägt leider das Fehlen einer sichtbar nach Ostdeutschland übergreifenden Staatsraison in der Bundesrepublik durch. Hier ist nur die Tatsache, daß es so ist, zu nennen. Warum das so ist, gehört nicht in den Zusammenhang des Themas.

Das durch das Fehlen gewachsener Heimatbindung bedingte landsmannschaftliche Jugendproblem wird noch dadurch erschwert, daß sich besonders bei der Jugend eine im Profitdenken wurzelnde Selbstbezogenheit gegenüber dem landsmannschaftlichen Anliegen ausbreitet. Der Gedanke, sich für ein allgemeines Interesse einzusetzten, das nicht Entgelt sondern persönliches Opfer mit sich bringt, erscheint unzeitgemäß und wird von den Trägern des „modernen" Zeitgeistes als Requisit einer Epoche extremen Staatsdenkens verpönt. Den Gründen hierfür, die wohl in der reeducation und der sehr liberalen Staatsauffassung unserer Tage liegen, nachzugehen, ist ebenfalls nicht Aufgabe dieser Ausführungen. In die lichten Reihen der jungen Mannschaft der Landsmannschaften schleicht sich allenthalben der Funktionär ein, den nicht eine seelische Kraft antreibt, sondern der in Pseudo-Ergebenheit in das Anliegen der Landsmannschaften dieses pervertiert und in ihrem Organisationsgefüge sein Fortkommen sucht. Dieser Ungeist bürokratischer Perfektion neigt dazu, lebensvolleren Einsatz als existenzgefährdend anzusehen und möglichst auszuschalten.

Damit sind die Gründe für den begrenzten Umfang landsmannschaftlicher Jugendarbeit durch die Jugend selbst aufgezeigt. Die Frage drängt sich auf, in welcher Weise die ohne einen Teil der Vertriebenenjugend bestehenden Landsmannschaften ihre Jugendarbeit zweckmäßig ausgestalten können. Läßt sich die Verpflichtung des jungen Menschen auf ihr Anliegen nicht durch den Appell an die bei ihm nur unvollkommenen Erlebnisbereiche erzielen, dann reicht der auf ein bestimmtes ostdeutsches Gebiet zielende Begriff „Heimat" für die Jugendarbeit nicht aus. Dies um so mehr, als das landsmannschaftliche Anliegen auch ein gesamtdeutsches ist und seine Geltendmachung sich hier auf die rechtliche und staatspolitische Ebene verlagert und der Betonung des Heimatgedankens, wenigstens soweit die reichsdeutschen Gebiete betroffen sind, eigentlich nur subsidiär bedarf – der Heimatgedanke wird für die, bei denen „Heimat im Herzen“ nur unvollständig besteht, auch aus diesem Grunde nicht tragend für irgendeinen Einsatz sein.

Die obigen Ausführungen wollen keineswegs den Heimatbegriff für die Jugendarbeit bedeutungslos machen. Sie beziehen sich nicht auf die Lehre vom Heimatrecht. Die verschiedenen ostdeutschen Heimaten sind in den von ihnen geformten Trägern durchaus existent und können durch starke Persönlichkeiten auf das Leben der Jüngeren nachhaltig wirken. Diese Heimaten können auch durch das malende Wort, besser noch durch das Bild bewußt gemacht werden. Einer intensiven Ausschöpfung dieser Mittel wird der Erfolg nicht versagt bleiben. Diese Mittel bieten auch die Gewähr dafür, daß die Wesenheiten der einzelnen ostdeutschen Landschaften sich erkennbar voneinander abheben. Zwar kann diese sehr schulmäßige Art z. B. dem Kind ostpreußischer Eltern Ostpreußen nicht zu der Heimat machen, sie vermag ihm aber die Achtung vor dieser Heimat, der Heimat seiner Eltern, und das Gefühl des Unverlierbaren zu geben. Achtung und Unverlierbarkeitsgefühl können dann u. U. in die Persönlichkeit des Kindes eingehen, wodurch dann ein Bildungserlebnis zum Heimischwerden und damit zu echter Bindung führen kann.

Da aber insgesamt der Heimatbegriff auf die Vertriebenenjugend nicht diselbe Wirkungskraft ausüben kann wie auf die Älteren, sollte er ergänzt werden durch den Gedanken der Verpflichtung auf die ostdeutschen Lande als „der Väter Land“. Dem Verfasser ist bekannt, daß auch damit nicht der Stein der Weisen gefunden ist, mit dessen Hilfe das landsmannschaftliche Jugendproblem abschließend gelöst ist. Es wird letzten Endes darauf ankommen, daß der einzelne junge Mensch sich zur Mitarbeit in seiner Landsmannschaft aufgerufen fühlt. Der Aufruf zu seiner Landsmannschaft muß aber bedenken, daß der junge Mensch sich grundsätzlich an das Gegenständliche und ihm Erkennbare hält. Und das ist nicht der Erlebnisbereich „Heimat", den er nicht erlebt hat und schwer erleben kann, sondern das verstandesmäßig eher greifbare „Land der Väter".

Heimat und der Väter Land bilden denselben Gegenstand, werden aber durch verschiedene Betrachtung gewonnen. Daß die Betrachtung dieses Gegenstandes bei alt und jung notwendig verschieden ist, sollte dieser Beitrag zur landsmannschaftlichen Jugendarbeit sichtbar machen. Möge dazu beigetragen sein, die Chance des Verständnisses für das landsmannschaftliche Anliegen bei denjenigen zu vergrößern, ohne die der Väter Land nicht wiedererstehen kann!

Fritjof Berg

Göttingen, den 2.2.1955